Studium und Praxis

Rüpke/v. Lewinski/Eckhardt
Datenschutzrecht

Datenschutzrecht

Grundlagen und europarechtliche Neugestaltung

Dr. Giselher Rüpke MCL
Privatdozent an der Goethe-Universität
Rechtsanwalt, Frankfurt a. M.

Dr. Kai von Lewinski
Professor an der Universität Passau

Dr. Jens Eckhardt
Rechtsanwalt in Düsseldorf

2018

C.H.BECK

www.beck.de

ISBN 9783406501999

© 2018 Verlag C.H. Beck oHG
Wilhelmstraße 9, 80801 München
Druck und Bindung: Nomos Verlagsgesellschaft mbH & Co. KG/Druckhaus Nomos
In den Lissen 12, 76547 Sinzheim

Satz und Umschlaggestaltung: Druckerei C.H. Beck Nördlingen

Gedruckt auf säurefreiem, alterungsbeständigem Papier
(hergestellt aus chlorfrei gebleichtem Zellstoff)

Vorwort

Der Worte sind genug gewechselt,
lasst mich auch endlich Taten sehen!
Indes ihr Komplimente drechselt,
kann etwas Nützliches geschehen.
(J. W. G.)

Das Jahr 2018 ist durch einen Umbruch gekennzeichnet, der in der EU-Rechtsordnung durch die Geltung der Datenschutz-Grundverordnung (DS-GVO) unmittelbar bewirkt wird, in der Bundesrepublik Deutschland begleitet durch das Inkrafttreten einer völligen Neufassung des Bundesdatenschutzgesetzes. Neu formulierte Grundsätze, neue Definitionen und veränderte Hierarchien rechtlicher Regelungen – auch in Bezug auf Vorschriften im öffentlichen (Sicherheits-)Bereich – begründen intensive Befassung und Bearbeitung durch den Juristen.

Dahinter liegt seit langer Zeit eine weitere Ebene der Problembehandlung zur rechtlichen Erfassung gesellschaftlicher Fragestellungen/sozialer Konflikte, die durch die Möglichkeiten der Informationsverarbeitung durch EDV aufgeworfen wurden und werden, und zwar auf dem Hintergrund tradierter Gewährleistungen des Schutzes der Persönlichkeit. Ein (erster) Kulminationspunkt des daraus zumal in Deutschland entbrannten „Kampfes der Wagen und Gesänge" *(F.S.)* stellt die Entscheidung des Bundesverfassungsgerichts (BVerfG) vom 15.12.1983 zum seinerzeitigen Volkszählungsgesetz dar, in einer Rezension in der Fachzeitschrift *Die Öffentliche Verwaltung* kritisch beleuchtet als „Bergpredigt des Datenschutzes". Zwar trat diese Kritik in den Folgejahren eher in den Hintergrund, um in jüngerer Zeit wieder an Fahrt zu gewinnen, dies z.B. in der Schrift des vormaligen/ersten Bundesdatenschutzbeauftragten *Informationelle Selbstbestimmung – Vision oder Illusion?*, 2009/11. Die europarechtliche Diskussion hat ihrerseits solche Kritik aus sich heraus entwickelt und in sich aufgenommen.

Das vorliegende für Studium und Praxis bestimmte Buch widmet sich beiden Ebenen, deren enger Zusammenhang sich in der juristischen Praxis nahezu von selbst versteht. Denn das nunmehr geltende Datenschutzrecht ist eine junge, offene Materie im Schnittpunkt nationaler/europäischer Traditionen und Wertungen, erklärungs-, ausfüllungs-, auch harmonisierungsbedürftig.

Das Autorentrio hat auf der Grundlage unterschiedlich ausgerichteter Erfahrungsbereiche darauf abgestellt, entsprechende fachliche Perspektiven zusammenzuführen. Für die technische Aufarbeitung des Textes vor Drucklegung gilt unser Dank Frau Franziska Dunker, bezüglich des Sachverzeichnisses Frau Ariana Bendix. Engagierte Mit- und Zuarbeit haben für einen Teil des Werks Herr Dirk Pohl und Frau Annika Kieck geleistet, Herr Maximilian Gerhold bei der Fahnenkorrektur.

Frankfurt a. M., Passau, Düsseldorf
im Februar 2018

Rüpke/von Lewinski/Eckhardt

Inhaltsverzeichnis

2. Abschnitt. Rechtlich vorgegebene Grundstruktur für die Verarbeitung personenbezogener Informationen

4. Abschnitt. Datensicherheit.
Technischer/organisatorischer Datenschutz

Abkürzungsverzeichnis

a. A.	anderer Ansicht
a. a. O.	am angeführten Ort
a. E.	am Ende
a. F.	alte Fassung (einer Rechtsvorschrift)
ABl. EG	Amtsblatt der Europäischen Gemeinschaft(en)
ABl. EU	Amtsblatt der Europäischen Union
Abs.	Absatz
AcP	Archiv für die civilistische Praxis (Zeitschrift)
AEUV	Vertrag über die Arbeitsweise der Europäischen Union
AG	Amtsgericht
AGG	Allgemeines Gleichbehandlungsgesetz
AktG	Aktiengesetz
Alt.	Alternative
Amtl. Begr.	Amtliche Begründung
Anm.	Anmerkung
AO	Abgabenordnung
AöR	Archiv des öffentlichen Rechts (Zeitschrift)
APEC	Asia-Pacific Economic Cooperation (Asiatisch-Pazifische Wirtschaftsgemeinschaft)
ArbG	Arbeitsgericht
ArbGG	Arbeitsgerichtsgesetz
Art.	Artikel
ATDG	Antiterrordateigesetz
AufenthG	Aufenthaltsgesetz
AuslG	Ausländergesetz
Az.	Aktenzeichen
AZRG	Ausländerzentralregistergesetz
BAG	Bundesarbeitsgericht
BAnz.	Bundesanzeiger
BArchG	Bundesarchivgesetz
BauGB	Baugesetzbuch
BayLDA	Bayerisches Landesamt für Datenschutzaufsicht
BayObLG	Bayerisches Oberstes Landesgericht
BayVBl.	Bayerische Verwaltungsblätter (Zeitschrift)
BB	Betriebs-Berater (Zeitschrift)
BBankG	Bundesbankgesetz
BBG	Bundesbeamtengesetz
Bd.	Band
BDG	Bundesdisziplinargesetz
BDO	Bundesdisziplinarordnung
bDSB	behördlicher/betrieblicher Beauftragter für den Datenschutz
BDSG	Bundesdatenschutzgesetz
BeamtStG	Beamtenstatusgesetz
BeckOK DatenSR	→ Wolff/Brink (Lit.-Verzeichnis)
Beschl.	Beschluss
BetrVG	Betriebsverfassungsgesetz
BfD	Bundesbeauftragter für den Datenschutz
BfDI	Bundesbeauftragter für den Datenschutz und die Informationsfreiheit
BFH	Bundesfinanzhof
BGB	Bürgerliches Gesetzbuch
BGBl.	Bundesgesetzblatt
BGH	Bundesgerichtshof

BGHSt	Bundesgerichtshof in Strafsachen (Entscheidungssammlung)
BGHZ	Bundesgerichtshof in Zivilsachen (Entscheidungssammlung)
BHO	Bundeshaushaltordnung
BImSchG	Bundes-Immissionsschutzgesetz
BKA	Bundeskriminalamt
BKAG	Bundeskriminalamtsgesetz
BKGG	Bundeskindergeldgesetz
BKR	Zeitschrift für Kapitalmarktrecht (Zeitschrift)
BMA, BMAS	Bundesministerium für Arbeit und Sozialordnung
BMI	Bundesministerium des Innern
BMG	Bundesmeldegesetz
BMinG	Bundesministergesetz
BMJ	Bundesministerium der Justiz
BMJV	Bundesministerium der Justiz und für Verbraucherschutz
BMWi	Bundesministerium für Wirtschaft und Energie
BND	Bundesnachrichtendienst
BNDG	Gesetz über den Bundesnachrichtendienst
BNotO	Bundesnotarordnung
BPersVG	Bundespersonalvertretungsgesetz
BPolG	Bundespolizeigesetz
BR	Bundesrat
BRAO	Bundesrechtsanwaltsordnung
BR-Drs.	Bundesrats-Drucksache
BReg	Bundesregierung
BRHG	Bundesrechnungshofgesetz
BSI	Bundesamt für Sicherheit in der Informationstechnik
BStatG	Bundesstatistikgesetz
BStBl.	Bundessteuerblatt
BStU	Bundesbeauftragter für die Unterlagen der Staatssicherheit der ehemaligen Deutschen Demokratischen Republik (Stasiunterlagenbehörde)
BT	Bundestag
BT-Drs.	Bundestags-Drucksache
BVerfG	Bundesverfassungsgericht
BVerfGE	Bundesverfassungsgericht (Entscheidungssammlung)
BVerfGG	Gesetz über das Bundesverfassungsgericht
BVerfSchG	Bundesverfassungsschutzgesetz
BVerwG	Bundesverwaltungsgericht
BVerwGE	Bundesverwaltungsgerichts (Entscheidungssammlung)
BWG	Bundeswahlgesetz
BWO	Bundeswahlordnung
BZR	Bundeszentralregister
BZRG	Bundeszentralregistergesetz
c.i.c.	Culpa in contrahendo
CR	Computer und Recht (Zeitschrift)
CuA	Computer und Arbeit (Zeitschrift)
d.h.	das heißt
DANA	Datenschutz-Nachrichten (Zeitschrift)
DB	Der Betrieb (Zeitschrift)
dbr	Der Betriebsrat (Zeitschrift)
DDV	Deutscher Direktmarketing Verband
De-Mail-G	De-Mail-Gesetz
DIHK	Deutscher Industrie- und Handelskammertag
DÖV	Die öffentliche Verwaltung (Zeitschrift)
DRiG	Deutsches Richtergesetz
DRiZ	Deutsche Richterzeitung (Zeitschrift)
DSB	Datenschutz-Berater (Zeitschrift)

DS+DS	→ DuD
DS-GVO	EU-Datenschutz-Grundverordnung
DSRL	Richtlinie 95/46/EG zum Schutz natürlicher Personen bei der Verarbeitung personenbezogener Daten
DSWR	Datenverarbeitung in Steuer, Wirtschaft und Recht (Zeitschrift)
DtZ	Deutsch-Deutsche Rechts-Zeitschrift (Zeitschrift)
DuD	Datenschutz und Datensicherheit (Zeitschrift)
DVBl.	Deutsches Verwaltungsblatt (Zeitschrift)
DVD	Deutsche Vereinigung für Datenschutz e. V.
DVO	Durchführungsverordnung
DVR	Datenverarbeitung im Recht (Zeitschrift)
EDPL	European Data Protection Law Review (Zeitschrift)
EDV	Elektronische Datenverarbeitung
EG	Europäische Gemeinschaft
EGGVG	Einführungsgesetz zum Gerichtsverfassungsgesetz
EGMR	Europäischer Gerichtshof für Menschenrechte
EGV	Vertrag über die Europäische Gemeinschaft
Einf.	Einführung
EKD	Evangelische Kirche in Deutschland
DSG-EKD	Kirchengesetz über den Datenschutz in der Evangelischen Kirche in Deutschland
EMRK	Europäische Menschenrechtskonvention
EnWG	Energiewirtschaftsgesetz
ErgLfg.	Ergänzungslieferung
Erl.	Erläuterung
ErwGr	Erwägungsgrund
EthRG	Ethikratgesetz
EU	Europäische Union
EuG	Gericht der Europäischen Union
EuGH	Europäischer Gerichtshof
EUV	Vertrag über die Europäische Union
EuZW	Europäische Zeitschrift für Wirtschaftsrecht (Zeitschrift)
EV	Einigungsvertrag
evtl.	eventuell
EWR	Europäischer Wirtschaftsraum
f., ff.	folgend(e), fortfolgende
Fa.	Firma
FAG	Gesetz über Fernmeldeanlagen
FamFG	Gesetz über das Verfahren in Familiensachen und in den Angelegenheiten der freiwilligen Gerichtsbarkeit
F.A.Z.	Frankfurter Allgemeine Zeitung
FernAbsG	Fernabsatzgesetz
FG	Finanzgericht, Festgabe
FGO	Finanzgerichtsordnung
Fn.	Fußnote
FS	Festschrift
FTC	Federal Trade Commission
FuR	Film und Recht (Zeitschrift)
FVG	Finanzverwaltungsgesetz
G 10	Gesetz zur Beschränkung des Brief-, Post- und Fernmeldegeheimnisses (Artikel 10-Gesetz)
GBl.	Gesetzblatt
GBO	Grundbuchordnung
GDD	Gesellschaft für Datenschutz und Datensicherheit
gem.	gemäß

GenA .... Generalanwalt (beim EuGH)
GenDG .... Gendiagnostikgesetz
GenG .... Genossenschaftsgesetz
GewO .... Gewerbeordnung
GewSchG .... Gewaltschutzgesetz
GG .... Grundgesetz für die Bundesrepublik Deutschland
GGO .... Gemeinsame Geschäftsordnung der Bundesministerien
GmbH .... Gesellschaft mit beschränkter Haftung
GmbHG .... Gesetz betreffend die Gesellschaften mit beschränkter Haftung
GMBl. .... Gemeinsames Ministerialblatt
GO BR .... Geschäftsordnung des Bundesrats
GO BReg .... Geschäftsordnung der Bundesregierung
GO BT .... Geschäftsordnung des Bundestages
GRCh .... Charta der Grundrechte der Europäischen Union
GRUR .... Gewerblicher Rechtsschutz und Urheberrecht (Zeitschrift)
GS .... Gedenkschrift
GVBl. .... Gesetz- und Verordnungsblatt
G-VIiS .... Gewährleistung der Vertraulichkeit und Integrität informationsrechtlicher Systeme
GVG .... Gerichtsverfassungsgesetz
GWB .... Gesetz gegen Wettbewerbsbeschränkungen
GwG .... Geldwäschegesetz

h.M. .... herrschende Meinung
Hs. .... Halbsatz
HDSG .... Hessisches Datenschutzgesetz
HGB .... Handelsgesetzbuch
HHSp AO.................... Hübschmann/Hepp/Spitaler, Abgabenordnung, Finanzgerichtsordnung (Loseblatt)
HRLJ .... Human Rights Law Journal (Zeitschrift)
Hrsg. .... Herausgeber
HSOG .... Hessisches Gesetz über die öffentliche Sicherheit und Ordnung
HwO .... Handwerksordnung

i.d.F. .... in der Fassung
IDPL .... International Data Privacy Law (Zeitschrift)
i.d.R. .... in der Regel
i.d.S. .... in diesem Sinne
i.S.v. .... im Sinne von
i.V.m. .... in Verbindung mit
IFG .... Informationsfreiheitsgesetz
insb. .... insbesondere
IPbpR .... Internationaler Pakt über bürgerliche und politische Rechte
IPwskR .... Internationaler Pakt über wirtschaftliche, soziale und kulturelle Rechte
ISDN .... Integrated Services Digital Network
IT .... Informationstechnologie
IuKDG .... Informations- und Kommunikationsdienstegesetz

JGG .... Jugendgerichtsgesetz
JI-RL .... Richtlinie (EU) 2016/680 des Europäischen Parlaments und des Rates vom 27. April 2016 zum Schutz natürlicher Personen bei der Verarbeitung personenbezogener Daten durch die zuständigen Behörden zum Zwecke der Verhütung, Ermittlung, Aufdeckung oder Verfolgung von Straftaten...
JuS .... Juristische Schulung (Zeitschrift)
JVA .... Justizvollzugsanstalt
JZ .... Juristenzeitung (Zeitschrift)

K&R .... Kommunikation und Recht (Zeitschrift)
Kap. .... Kapitel

KDO	Anordnung über den kirchlichen Datenschutz (der römisch-katholischen Kirche)
KG	Kammergericht
KO	Konkursordnung
KSchG	Kündigungsschutzgesetz
KUG	Kunsturhebergesetz
KWG	Kreditwesengesetz
LAG	Landesarbeitsgericht
LDSG	Landesdatenschutzgesetz
LfD	Landesbeauftragter für Datenschutz
LfDI	Landesbeauftragter für Datenschutz und Informationsfreiheit
LG	Landgericht
Lfg.	Lieferung
LKV	Landes- und Kommunalverwaltung (Zeitschrift)
LSG	Landessozialgericht
LT-Drs.	Landtags-Drucksache
LuftVG	Luftverkehrsgesetz
m.w.N.	mit weiteren Nachweisen
MADG	Gesetz über den militärischen Abschirmdienst
MDR	Monatsschrift für Deutsches Recht (Zeitschrift)
MDStV	Mediendienstestaatsvertrag
MiStra	Anordnung über Mitteilungen in Strafsachen
MMR	MultiMedia und Recht (Zeitschrift)
MS	Mitgliedstaat
N&R	Zeitschrift für Netzwirtschaft & Recht (Zeitschrift)
NJ	Neue Justiz (Zeitschrift)
NJOZ	Neuen Juristischen Online-Zeitschrift (Zeitschrift)
NJW	Neue Juristische Wochenschrift (Zeitschrift)
NJW-RR	NJW-Rechtsprechungsreport (Zeitschrift)
Nr.	Nummer
Nrn.	Nummern
NVwZ	Neue Zeitschrift für Verwaltungsrecht (Zeitschrift)
NVwZ-RR	NVwZ-Rechtsprechungsreport (Zeitschrift)
NZA	Neue Zeitschrift für Arbeitsrecht (Zeitschrift)
NZM	Neue Zeitschrift für Miet- und Wohnungsrecht (Zeitschrift)
NZWehrr	Neue Zeitschrift für Wehrrecht (Zeitschrift)
OECD	Organisation for Economic Co-operation and Development
OHG, oHG	Offene Handelsgesellschaft
OLG	Oberlandesgericht
OVG	Oberverwaltungsgericht
OWiG	Ordnungswidrigkeitengesetz
PC	Personal Computer
PersR	Der Personalrat (Zeitschrift)
PersV	Die Personalvertretung (Zeitschrift)
PinG	Privacy in Germany (Zeitschrift)
PolG	Polizeigesetz
PostG	Postgesetz
PrALR	Allgemeines Landrecht für die Preußischen Staaten
PStG	Personenstandsgesetz
R.a.i.S.	Recht auf informationelle Selbstbestimmung
RÄStV	Rundfunkänderungsstaatsvertrag
RBerG	Rechtsberatungsgesetz
RdA	Recht der Arbeit (Zeitschrift)

RDG	Rechtsdienstleistungsgesetz
RDV	Recht der Datenverarbeitung (Zeitschrift)
RefE	Referentenentwurf
RegE	Regierungsentwurf
RFID	Radio-Frequency Identification
RGBl.	Reichsgesetzblatt
RGSt	Reichsgericht in Strafsachen (Entscheidungssammlung)
RGZ	Reichsgericht in Zivilsachen (Entscheidungssammlung)
RiA	Recht im Amt (Zeitschrift)
RL	Richtlinie
Rn.	Randnummer
RPflG	Rechtspflegergesetz
Rs.	Rechtssache
RStV	Rundfunkstaatsvertrag
RVO	Reichsversicherungsordnung
S.	Seite
s.	siehe
Schufa	Schutzgemeinschaft für allgemeine Kreditsicherung
SchwbG	Schwerbehindertengesetz
SG	Sozialgericht
SGB	Sozialgesetzbuch
SGG	Sozialgerichtsgesetz
SigG	Signaturgesetz
SigV	Signaturverordnung
SIS	Schengener Informationssystem
st. Rspr.	ständige Rechtsprechung
StGB	Strafgesetzbuch
StPO	Strafprozessordnung
str.	streitig
StUG	Stasiunterlagengesetz
StuR	Staat und Recht (Zeitschrift)
StVG	Straßenverkehrsgesetz
StVO	Straßenverkehrsordnung
SubvG	Subventionsgesetz
SÜG	Sicherheitsüberprüfungsgesetz
SZ	Süddeutsche Zeitung
TB	Tätigkeitsbericht
TDDSG	Teledienstedatenschutzgesetz
TDG	Teledienstegesetz
TKG	Telekommunikationsgesetz
TMG	Telemediengesetz
TPG	Transplantationsgesetz
TVG	Tarifvertragsgesetz
TVÖD	Tarifvertrag für den öffentlichen Dienst
u. a.	unter anderem
u. U.	unter Umständen
UAbs.	Unterabsatz
UIG	Umweltinformationsgesetz
ULD	Unabhängiges Landeszentrum für Datenschutz Schleswig-Holstein
UN	Vereinte Nationen
UrhG	Urheberrechtsgesetz
Urt.	Urteil
usw.	und so weiter
UWG	Gesetz gegen den unlauteren Wettbewerb
VDS	Vorratsdatenspeicherung
VereinsG	Vereinsgesetz

VerfGH	Verfassungsgerichtshof
VermA	Vermittlungsausschuss
VerschG	Verschollenheitsgesetz
VersR	Versicherungsrecht (Zeitschrift)
VerwArch.	Verwaltungsarchiv (Zeitschrift)
VG	Verwaltungsgericht
VGH	Verwaltungsgerichtshof
VO	Verordnung
VolkszählG	Volkszählungsgesetz
VSBG	Verbraucherstreitbeilegungsgesetz
VVDStRL	Veröffentlichung der Vereinigung der Deutschen Staatsrechtslehrer
VVG	Gesetz über den Versicherungsvertrag
VW	Versicherungswirtschaft (Zeitschrift)
VwGO	Verwaltungsgerichtsordnung
VwVfG	Verwaltungsverfahrensgesetz
WaffG	Waffengesetz
WBeauftrG	Gesetz über den Wehrbeauftragten
WM	Wertpapier-Mitteilungen (Zeitschrift)
WpHG	Wertpapierhandelsgesetz
WRP	Wettbewerb in Recht und Praxis (Zeitschrift)
WRV	Weimarer Reichsverfassung
z.B.	zum Beispiel
ZAfTDa	Zentralarchiv für Tätigkeitsberichte des Bundes- und der Landesdatenschutzbeauftragten und der Aufsichtsbehörden für den Datenschutz
ZD	Zeitschrift für Datenschutz (Zeitschrift)
ZfgK	Zeitschrift für das gesamte Kreditwesen (Zeitschrift)
Ziff.	Ziffer
ZIP	Zeitschrift für Gesellschaftsrecht und Insolvenzpraxis (Zeitschrift)
ZPO	Zivilprozessordnung
ZRP	Zeitschrift für Rechtspolitik (Zeitschrift)
ZUM	Zeitschrift für Urheber- und Medienrecht (Zeitschrift)
ZVersWiss	Zeitschrift für die gesamte Versicherungswissenschaft (Zeitschrift)

Literaturverzeichnis

Albrecht/Jotzo, Das neue Datenschutzrecht der EU, 2017
Auernhammer, EU-Datenschutz-Grundverordnung/BDSG, 6. Aufl. 2018

Bergmann/Möhrle/Herb, Datenschutzrecht (Loseblatt-Kommentar) Stand: 52. ErgLfg. 2017, März 2017
Bull, Informationelle Selbstbestimmung – Vision oder Illusion, 2. Aufl. 2011

Calliess/Ruffert (Hrsg.), EUV/AEUV, 5. Aufl. 2016

Dammann/Simitis, Kommentar zur EG-Datenschutzrichtlinie, 1997
Däubler/Klebe/Wedde/Weichert, Bundesdatenschutzgesetz, 5. Aufl. 2016
Dörr/Schmidt, BDSG – Neues Bundesdatenschutzgesetz, 2. Aufl. 1992
Dreier, Grundgesetz Kommentar, Band 1, Präambel, Art. 1–19, 3. Aufl. 2013

Ehmann/Helfrich, Kommentar zur EG-Datenschutzrichtlinie, 1999
Ehmann/Selmayr, Datenschutz-Grundverordnung, 2017

Fischer, Kommentar zum Strafgesetzbuch, 63. Aufl. 2016
Feiler/Forgó, EU-Datenschutz-Grundverordnung, 2017

Gallwas/Geiger/Schneider/Schwappach/Schweinoch, Datenschutzrecht: Kommentar und Vorschriftensammlung (Loseblatt), Stand 1986
Gola, Datenschutz-Grundverordnung, 2017
Gola/Schomerus, Kommentar zum Bundesdatenschutzgesetz, 12. Aufl. 2015
Gierschmann/Säugling, Systematischer Praxiskommentar Datenschutzrecht, 2014
Grabenwarter/Pabel, Europäische Menschenrechtskonvention, 6. Aufl. 2016
Grabitz/Hilf/Nettesheim (Hrsg.), Das Recht der Europäischen Union, Stand 58. ErgLfg. 2016
v. der Groeben/Schwarze/Hatje (Hrsg.), Europäisches Unionsrecht, 7. Aufl. 2015

Härting, Datenschutz-Grundverordnung, 2016
Hoeren/Sieber/Holznagel (Hrsg.), Handbuch Multimedia-Recht. Rechtsfragen des elektronischen Geschäftsverkehrs, 42. Aufl. 2015

Isensee/Kirchhof (Hrsg.), Handbuch des Staatsrechts, 3. Aufl. 2003 ff

Jarass, EU-Grundrechte, 2005, 2013
Jarass, Charta der Grundrechte der EU (GRCh), 3. Aufl. 2016
Jarass/Pieroth, Grundgesetz für die Bundesrepublik Deutschland, Kommentar, 13. Aufl. 2014

Kamlah/Schimmel/Schwan, Bundesdatenschutzgesetz, Kommentar, Stand: 31. Lfg. 6/1982
Kingreen/Poscher, Grundrechte Staatsrecht II, 32. Aufl. 2016
Kühling/Buchner, DS-GVO, 2017
Kühling/Martini et al., Die DSGVO und das nationale Recht, 2016
Kühling/Seidel/Sivridis, Datenschutzrecht, 3. Aufl. 2015

Laue/Nink/Kremer, Das neue Datenschutzrecht in der betrieblichen Praxis, 2016

v. Mangoldt/Klein/Starck, Kommentar zum Grundgesetz, 6. Aufl. 2010
Maunz/Dürig (Hrsg.), Kommentar zum Grundgesetz, Loseblatt, Stand: 79. ErgLfg. Dezember 2016
Meyer, Jürgen (Hrsg.), Charta der Grundrechte der Europäischen Union, 4. Aufl. 2014

Paal/Pauly, DSGVO, 2017
Plath, BDSG/DSGVO – Kommentar zum BDSG und zur DSGVO sowie den Datenschutzbestimmungen des TMG und TKG, 2. Aufl. 2016

Roßnagel, Handbuch Datenschutzrecht, 2003
Roßnagel (Hrsg.), Europäische Datenschutz-Grundverordnung, 2017

Schantz/Wolff, Das neue Datenschutzrecht, 2017
Schwarze/Becker/Hatje/Schoo (Hrsg.), EU-Kommentar, 3. Aufl. 2012
Simitis, Kommentar zum Bundesdatenschutzgesetz, 8. Aufl. 2014
Simitis/Dammann/Mallmann/Reh, Dokumentation zum Bundesdatenschutzgesetz, Stand 6/2017
Simitis/Hornung/Spiecker, Datenschutzrecht, 2018
Spindler/Schuster, Recht der elektronischen Medien, 3. Aufl. 2015
Sydow (Hrsg.), Europäische Datenschutzgrundverordnung, 1. Aufl. 2017

Taeger/Gabel, Bundesdatenschutzgesetz, Kommentar zum BDSG und den einschlägigen Vorschriften des TMG und TKG, 2. Aufl. 2013
Tinnefeld/Buchner/Petri, Einführung in das Datenschutzrecht, 5. Aufl. 2012

Wolff/Brink, BeckOK Datenschutzrecht, 21. Ed. Stand: 1.8.2017/1.2.2018
Wybitul (Hrsg.), Handbuch EU-Datenschutzgrundverordnung, 2017

§ 1. Einführung

A. Kommunikationstechnische Entwicklungsstufen

Zeiten ändern sich. Für den Umgang mit Information[1] sind die Entstehung von 1
Sprache[2] und Schrift[3] und zu Beginn der Neuzeit die Erfindung der Buchdruckerkunst[4] Markzeichen. Dasselbe gilt für die Einführung der elektronischen Datenverarbeitung im 20. Jahrhundert, kommunikativ potenziert durch das Internet. Dieses ist zugleich technische Grundlage für die sozialen Netzwerke, die den Benutzer zeitgleich zum Datenverarbeiter werden lassen.[5] Die Entwicklung im 21. Jahrhundert zeugt von einer exponentiellen Erweiterung der Verarbeitungsmöglichkeiten. Aus diesen folgt eine zuvor unbekannte Fülle verfügbarer Informationen – „**ubiquitous computing**"[6] hat den Weg zu „**big data**"[7] befördert. Diese kommen nicht nur als unmittelbare Ausgangsbasis für Kommunikation und Umgang mit Personen in Betracht. Vielmehr erstrecken sich die Erkenntnismöglichkeiten – vermöge ermittelbarer Korrelationen im Rahmen statistischer Auswertung – auf daraus herleitbare Einschätzungen (hohe Wahrscheinlichkeitswerte) über Sachverhalte, menschliche Befindlichkeiten und Verhaltensweisen. Beispiele dafür sind Ermittlungen/Prognosen über Gesundheitsgefahren, Epidemien, Nebenwirkungen von Medikamenten, über Verkehrsstaus, Energieverbrauch, Kreditkartenmissbrauch, Risiken des Marktes, soziale Notlagen... Gewissermaßen eine Urform dieser Verfahrensweise ist das schon seit einiger Zeit im Kreditwesen praktizierte und seit 2009 in § 28b des Bundesdatenschutzgesetzes (BDSG) geregelte Scoring.[8]

B. Das hergebrachte/fortwirkende deutsche Konzept

Im nachfolgenden Kapitel (§ 2) werden im historischen Überblick u.a. die An- 2
fänge des (west-)deutschen Datenschutzrechts herausgestellt, insbesondere die Gestaltwerdung des BDSG in den 1970er Jahren.[9] Der damals gewählte Ansatz war ungewöhnlich und kühn, indem der **Umgang mit (fast) jedweder Information** mit irgend einem **Bezug auf eine natürliche Person**[10] zum Gegenstand der gesetzlichen Regelung gemacht wurde. Dieser mit dem BDSG 1977 vollzogene Schritt blieb al-

---

[1] Zum „Konzept Information" Näheres → § 3 Rn. 15 ff.

[2] Vgl. *Vesting*, Die Medien des Rechts: Sprache, 2011, S. 70 ff., und passim; *Maturana/Varela*, Der Baum der Erkenntnis (1984), 2009, Kap. 9, S. 221 ff.

[3] Vgl. *Vesting*, Die Medien des Rechts: Schrift, 2011, § 2, S. 49 ff.; *Stetter*, Schrift und Sprache, 1999, passim.

[4] Vgl. *Vesting*, Die Medien des Rechts: Buchdruck, 2013, S. 52 ff.

[5] Anders noch die Systematik des TMG, gegenwärtig in der Fassung vom 26.2.2007, mit seiner Gegenüberstellung von Diensteanbieter und Nutzer; zum „ständige[n] Rollenwechsel" *Roßnagel*, Modernisierung des Datenschutzrechts für eine Welt allgegenwärtiger Datenverarbeitung, MMR 2005, 71 (72, 74 f.).

[6] Dazu *Roßnagel/J. Müller*, Ubiquitous Computing – neue Herausforderungen für den Datenschutz. Ein Paradigmenwechsel und die von ihm betroffenen normativen Ansätze, CR 2004, 625 ff.

[7] Zur kurzen Einführung *Bornemann*, Big Data – Chancen und rechtliche Hürden, RDV 2013, 232 ff.; ausführlich *Mayer-Schönberger/Cukier*, Big Data. Die Revolution, die unser Leben verändern wird, 2013, passim., ferner *BITKOM*, Big Data im Praxiseinsatz – Szenarien, Beispiele, Effekte, 2012, jeweils mit vielen Praxisbeispielen.

[8] Vgl. Näheres bei *Türpe/Selzer/Poller/Bedner*, Denkverbote für Star-Trek-Computer? Big Data, statistische Modelle und lernende Maschinen, DuD 2014, 31 ff.

[9] → § 2 Rn. 62 ff.

[10] Zum Personenbezug → § 10.

lerdings unter dem Eindruck der durch EDV eröffneten Möglichkeiten zunächst begrenzt auf den Verarbeitungsmodus „in Dateien".[11] Freilich wurde diese Eingrenzung im Hinblick auf Aussagen des Bundesverfassungsgerichts (BVerfG)[12] im BDSG 1990 für den „öffentlichen Bereich")[13] aufgegeben,[14] begleitet von Forderungen in der wissenschaftlichen Diskussion nach entsprechender Ausdehnung im „nicht-öffentlichen Bereich".[15] Doch der Versuch, menschliche Kommunikation – mit oft herstellbarem „Personenbezug" – mehr oder weniger vollständig unter die Kuratel staatlicher Regulierung zu stellen, kann kaum befriedigen.[16] Der Siegeszug des emphatischen, zugleich soziale Beziehungen verschleiernden Begriffs der *informationellen Selbstbestimmung*[17] ist wenig geeignet, darüber dauerhaft hinwegzutäuschen. Zu diesem Begriff gewidmeten Ausführungen des **BVerfG im „Volkszählungsurteil"** [18] schreibt der vormalige (erste) Bundesdatenschutzbeauftragte in seinen Erinnerungen: „Diese goldenen Worte sind so eingängig, dass lange Zeit niemand es gewagt hat, sie genauer zu analysieren."[19]

3 Der auf der Ebene unterhalb der Verfassung bislang geltende Regulierungsansatz nach deutschem Recht ist gekennzeichnet durch ein **Verarbeitungsverbot mit Erlaubnisvorbehalt:** Für die Zulässigkeit der jeweiligen Informationsverarbeitung bedarf es entweder einer gesetzlichen Erlaubnis oder einer entsprechenden Einwilligung durch den Betroffenen.[20] Zugleich ist – weit überwiegend – die Erforderlichkeit der Verarbeitung für bestimmte, vorab festzulegende Zwecke Voraussetzung der Zulässigkeit.[21] Diese Grundsätze beinhalten, sofern sie durchgängig zu beachten sind, für den Umgang mit Information empfindliche Restriktionen; sie können spontanitäts- und kreativitätsfeindlich sein.[22] Dem entspricht das weithin anerkannte Erfordernis einer Befreiung der Medien von der Anwendbarkeit großer Teile des Datenschutzrechts.[23] Im Übrigen gewinnen Konflikte mit Meinungsäußerungs- und Informationsfreiheit, die im Recht des Persönlichkeitsschutzes geläufig sind,[24] durch die weitergehenden Restriktionen, die das Datenschutzrecht bereithält, an Schärfe.[25]

---

[11] BDSG v. 27.1.1977, BGBl. 1977 I S. 201, § 1 Abs. 2 S. 1 i.V.m. § 2 Abs. 3 Nr. 3; dazu Näheres → § 8 Rn. 22 ff.

[12] Vgl. dazu zunächst grundsätzlich BVerfG, Urt. v. 15.12.1983 – 1 BvR 209/83 u. a., BVerfGE 65, 1 (41 ff.) – Volkszählungsurteil, sodann speziell BVerfG, Beschl. v. 9.3.1988 – 1 BvL 49/86, BVerfGE 78, 77 (84) – Entmündigungsbeschluss.

[13] Dazu → § 8 Rn. 16 ff.

[14] BGSG i. d. F. v. 20.12.1990, BGBl. 1990 I S. 2954, § 1 Abs. 2.

[15] Dazu kritisch → § 4 Rn. 38 f.

[16] Vgl. *Bull*, Netzpolitik: Freiheit und Rechtsschutz im Internet, 2013, S. 131 ff.; *Ladeur*, Das Recht auf informationelle Selbstbestimmung, DÖV 2009, 45 ff.; aus entstehungsgeschichtlicher Sicht *v. Lewinski*, GS Brandner, 2011, S. 107 (116 ff.).

[17] Dazu → § 4 Rn. 11 ff. m. umfangreichen Nachw.

[18] BVerfG, Urt. v. 15.12.1983 – 1 BvR 209/83 u. a., BVerfGE 65, 1 (43).

[19] *Bull*, Widerspruch zum Mainstream, 2012, S. 153.

[20] § 4 Abs. 1 BDSG-alt, Art. 6 DS-GVO; vgl. Gola/Schomerus/*Gola/Körffer/Klug*, BDSG § 4 Rn. 3 ff.

[21] → § 12 Rn. 17 ff., 38 ff.

[22] Daran knüpfen sich vom herkömmlichen Ansatz abweichende Überlegungen an, z. B. bei *Ladeur*, Datenschutz – vom Abwehrrecht zur planerischen Optimierung von Wissensnetzwerken, DuD 2000, 12 (u. a. 16 f.).

[23] Vgl. Art. 85 DS-GVO, § 41 BGSG-alt und Näheres im jeweiligen Landesrecht.

[24] Umfassende Darstellung auf verfassungsrechtlicher Ebene bei Maunz/Dürig/*Di Fabio*, GG Art. 2 Rn. 231 ff.; für die zivilrechtliche Ebene: Erman/*Klass*, 14. Aufl. 2014, BGB Anhang zu § 12 Rn. 244 ff.; *Ehmann*, JURA 2011, 437 (438 f.), mit Weiterverweisen auf Erman/*Ehmann*, 12. Aufl. 2008, BGB Anhang zu § 12.

[25] Vgl. *Koreng/Feldmann*, Das „Recht auf Vergessen", ZD 2012, 311 ff.; auch BGH, Urt. v. 23.6.2009 – VI ZR 196/08, *BGHZ* 181, 328 = NJW 2009, 2888 ff. – Spickmich; dazu *Taeger*/Gabel,

In das Spektrum einer Ab- bzw. Ausgrenzung gegenüber geltendem Daten- 4
schutzrecht gehört die jahrzehntelang in der Gesellschaft der BRD vorherrschende
Skepsis gegenüber den Zielsetzungen dieser Rechtsmaterie,[26] bestärkt respektive
bestätigt durch große Vollzugsdefizite.[27] Man mag es als eine Ironie ansehen, dass
erst in Zeiten zunehmenden, im wesentlichen auf bestehendes Recht gestützten Da-
tenschutzbewusstseins [28] die Unzulänglichkeit eben der geltenden rechtlichen
Schutzkonzepte klarer hervorgetreten ist.[29] Beide Erscheinungen sind nur indirekt
miteinander verkoppelt, nämlich aufgrund der in den letzten 20 Jahren hinzuge-
kommenen, technisch bedingten Verarbeitungsmöglichkeiten. Doch ist dabei wenig
Zufall im Spiel; man erkennt einen ursächlichen Zusammenhang, berücksichtigt
man die Ausgangsproblematik, die auf das in den 70er bis 80er Jahren entstandene
Konzept des deutschen Datenschutzrechts auf verfassungsrechtlicher und gesetzlicher Ebene zurückgeht.[30]

C. Europäische Rechtsentwicklung

Zunehmende Bedeutung hat unterdessen das Recht der Europäischen Union 5
(EU) erlangt, zunächst durch die auf der Grundlage der Binnenmarktkompetenz
erlassene „Richtlinie 95/46 EG ... zum Schutz natürlicher Personen bei der Verarbeitung personenbezogener Daten und zum freien Datenverkehr" (DSRL) vom
24.10.1995.[31] Diese führte zur Anpassung des BDSG ohne tiefgreifende Veränderung durch Bundesgesetz vom 18.5.2001. Nachhaltiger Einfluss kann von der mit
dem Lissabon-Vertrag am 1.12.2009 mit *primärrechtlichem* Rang[32] in Kraft getretenen Grundrechte-Charta (GRCh)[33] ausgehen. Art. 8 GRCh gewährleistet das Recht

---

BDSG § 29 Rn. 34. Eingehend *Langer*, Informationsfreiheit als Grenze informationeller Selbstbestimmung, 1992, S. 205 ff.; *Rüpke*, Freie Advokatur, anwaltliche Informationsverarbeitung und
Datenschutzrecht, 1995, S. 91 ff.; *Brossette*, Der Wert der Wahrheit im Schatten des Rechts auf informationelle Selbstbestimmung, 1991, S. 185 ff.

[26] Solche Skepsis reicht(e) weit hinein in den Kreis der Juristen, wie man z. B. dem Wortlaut einer
Fußnote bei *Weingärtner*, Dienstordnung für Notare, 1993, § 6 Rn. 101a, entnehmen kann, die
dieser dem Wort „Datenschutzgesetz" hinzufügte [hier in deutscher Übersetzung]: „*... so hat man
sich jedenfalls früher darum bemüht, Niederträchtigkeiten in Gesetze zu fassen.* (Tacitus, Annalen
3,25)"; übereinstimmend übrigens auch noch zu finden bei *Weingärtner*/Gassen, 12. Aufl. 2013,
DONot, § 6 Rn. 8 Fn. 15. Beachte zur seinerzeit bestehenden Situation weiterhin die vorsichtigen
einleitenden Bemerkungen des *Bundesbeauftragten für Datenschutz (Bull)* in dessen 5. Tätigkeitsbericht vom 13.1.1983, BT-Drs. 9/02386, Abschn. 1.1; auch *Ordemann/Schomerus*, BGSG, 1982,
Vorwort, Abs. 2.

[27] *Wytibul*, Datenschutz im Unternehmen, 2011, Vorwort, bemerkt dazu: „Noch vor wenigen
Jahren hatte das Datenschutzrecht für viele Unternehmen eine eher begrenzte Bedeutung." Das gilt
z. B. für die schleppende Bestellung eines Datenschutzbeauftragten im Unternehmen, wozu seit
1977 eine gesetzliche Pflicht bestand, auf die manche erst mit der BDSG-Novellierung (Umorgani-
sation der einschlägigen Bestimmungen) von 2001 aufmerksam (gemacht) wurden.

[28] Plath/*Plath*, BGSG/DSGVO, stellt im Vorwort zu Recht fest: „Das Thema Datenschutz hat in
den letzten Jahren einen Aufstieg genommen wie kaum eine andere Rechtsmaterie."

[29] Vgl. *J. Schneider/Härting*, Warum wir ein neues BGSG brauchen, ZD 2011, 63 ff.; *dies.*, Wird
der Datenschutz nun endlich internettauglich?, ZD 2012, 199 ff.; *Giesen*, Zivile Informationsord-
nung im Rechtsstaat: Aufräumen!, RDV 2010, 266 ff.

[30] Die Kritik an diesem ist alt; vgl. *Krause*, Das Recht auf informationelle Selbstbestimmung –
BVerfGE 65, 1, JuS 1984, 268; *H. Schneider*, DÖV 1984, 161 („Bergpredigt des Datenschutzes");
auch *R. Scholz/Pitschas*, Informationelle Selbstbestimmung und staatliche Informationsverantwor-
tung, 1984, z. B. S. 64 f., – dazu Rezension durch *Schlink*, NJW 1985, 1822 f.; weiterhin *Vogelgesang*,
Grundrecht auf informationelle Selbstbestimmung?, 1987, passim.

[31] ABl. 1995 L 281, 31.

[32] Art. 6 Abs. 1 Hs. 2 EUV.

[33] ABl. 2007 C 303, 1.

auf Schutz der den einzelnen betreffenden personenbezogenen Daten. Eine Verflechtung besteht insoweit mit der Festlegung des Rechts auf Achtung des Privatlebens in Art. 7 GRCh und in Art. 8 der Europäischen Menschenrechtskonvention (EMRK[34]).[35] Unmittelbare Bedeutung auf *sekundärrechtlicher* Ebene kommt nunmehr der **Datenschutz-Grundverordnung** (DS-GVO) vom 27.4.2016[36] zu, mit Geltung ab 25.5.2018. Sie wird nicht nur die zuvor genannte Richtlinie ablösen, sondern in weitgehendem Umfang auch bestehende deutsche datenschutzrechtliche Bestimmungen. Freilich schließt die DS-GVO im Rahmen einer beträchtlichen Zahl ihrer Bestimmungen die (nähere) mitgliedstaatliche Ausgestaltung nicht aus. Der Bundesgesetzgeber hat denn auch im Teil 1 und 2 des **BDSG 2018**[37] hiervon bereits Gebrauch gemacht. Insbesondere für den öffentlichen Bereich bestehen weiterhin partikulare Weiterentwicklungsmöglichkeiten.[38]

6 Die DS-GVO knüpft mit ihrer Regelungssystematik an die DSRL an. Sie weist insoweit auch beträchtliche Ähnlichkeit mit bereits gekennzeichneten Grundzügen des bislang geltenden deutschen Gesetzesrechts auf. Das betrifft etwa das Verbot mit Erlaubnisvorbehalt verbunden mit dem Erforderlichkeitsprinzip und der gebotenen Festlegung des Verarbeitungszwecks.[39] Die **Grundstruktur** der Verordnung **korreliert mit vorangegangenem Recht**.[40] Viele neue Bestimmungen sind darauf ausgerichtet, vor allem technischen Gegebenheiten Rechnung zu tragen. Wieweit es sich dabei um echte Neuerungen oder lediglich um präzisierte, durchsetzungsfähigere Vorgaben handelt, lässt sich nicht einheitlich beurteilen. Bisweilen wird der zugespitzte Vorwurf erhoben, der Verordnungsgeber sei dabei, alten Wein in neue Schläuche zu gießen.[41] Eine solche Annahme wird sich als voreilig erweisen.

D. Zur Gesamtdarstellung

7 Richtungweisender Einfluss des Datenschutzrechts der BRD auf die Entwicklung des EU-Rechts ist aus der DSRL und aus der DS-GVO leicht ablesbar. Die erfolgte Übersteuerung des deutschen Gesetzesrechts durch die deutsche Verfassung(sinterpretation)[42] fördert weiterhin die **Tendenz zur Harmonisierung**. Für die Interpretation der DS-GVO durch deutsche Behörden und Gerichte wird das von besonderer Bedeutung sein. Denn kaum jemand möchte einen Konflikt zwischen den unmittelbar anwendbaren europäischen Normen und denjenigen des Grundgesetzes – bzw. den Aussagen des BVerfG – herbeiführen.[43] Das Bedürfnis zur Anpassung gilt darüber hinaus auch dem Primärrecht der EU. Dies findet in dem Bestreben deutscher Autoren seinen Ausdruck, Art. 8 GRCh – entgegen seiner Entstehungsgeschichte – als eine Gewährleistung des vom BVerfG angenommenen Rechts auf informationelle Selbstbestimmung (R. a. i. S.) anzusehen.[44]

---

[34] BGBl. 2010 II S. 1198.
[35] Vgl. dazu Art. 52 Abs. 3, Art. 53 GRCh, Art. 6 Abs. 3 EUV.
[36] ABl. 2016 L 119, 1 vom 4.5.2016.
[37] BGBl. 2017 I S. 2097.
[38] So insbesondere Art. 6 Abs. 2 DS-GVO.
[39] Dazu Artt. 5–7, insbes. Art. 6 Abs. 1 DS-GVO; → Rn. 3.
[40] Vgl. *Härting*, ITBR 2016, 36–40; *Wiese Svanberg*, Getting the EU data protection reform back on track, PinG 2013, 18 f.
[41] Vgl. *Gierschmann*, ZD 2016, 51 (55).
[42] → Rn. 2; Näheres dazu → § 4.
[43] Allgemein überschaubar zur Problemstellung Oppermann/Classen/*Nettesheim*, 7. Aufl. 2016, § 10 Rn. 15 ff.
[44] Dazu Näheres → § 7 Rn. 37 ff.

Eine vertiefte Behandlung der DS-GVO kann nicht darauf verzichten, diese Zu- 8
sammenhänge mit in den Blick zu nehmen. Die Literatur weist zu Recht (kritisch)
auf die **Vielzahl unbestimmter/elastischer Formulierungen** im Text der Verordnung hin.[45] Von daher eröffnen sich Spielräume für die jeweilige (verfassungs- bzw.
primärrechtskonforme) Interpretation, zumal bei der Realisierung der vielfältig gebotenen Interessenabwägungen.[46] Die DS-GVO – auch i.V.m. dem BDSG 2018 –
ermöglicht zur Entscheidungsfindung kaum die enge Orientierung am Wortlaut.[47]
Umso mehr bedarf es zur sachgerechten Handhabung in der Praxis des Verständnisses von Sinn und Ziel des Datenschutzes in der gesellschaftlichen Realität, auch
i.V.m. der gemeinsamen Rechts- und Verfassungstradition der Mitgliedstaaten.

Weiter gilt es zu bedenken, dass der DS-GVO kein Ewigkeitswert beigemessen 9
werden kann, während das darüber stehende Verfassungs- und Primärrecht auf Be-
ständigkeit angelegt ist. Die Frage, welche Spielräume das höherrangige Recht den
Gesetzgebern belässt, ist somit von bemerkenswerter rechtspolitischer Bedeutung,[48]
auch im Rahmen künftiger Rechtsänderungen zwecks **globaler Anpassung**[49] des
Datenschutzes.

Aus diesen Überlegungen heraus ergibt sich der **Aufbau des Buches**. Der *erste* 10
Teil ist den *Grundlagen des Datenschutzes* gewidmet. Nach einer kurzen historischen Darstellung zum Datenschutzrecht werden zur grundlegenden Bestimmung
des zu schützenden Rechtsguts einige Aspekte aus Informations- und Kommunikationstheorie herausgearbeitet, und zwar im Anschluss an die stattgefundene
(rechts)wissenschaftliche Diskussion zur Bedeutung und zum Schutz von (personenbezogenen) Informationen. Daran knüpft die verfassungsrechtliche Darstellung
an, und zwar orientiert an den Schwerpunkten, die das BVerfG für den Datenschutz gesetzt hat. Sodann wird der Behandlung datenschutzrechtlicher Probleme
anhand von Entscheidungen des Europäischen Gerichtshofs für Menschenrechte
(EGMR) und des Gerichtshofs der Europäischen Union (EuGH) nachgegangen,
abschließend mit dem Ziel der Gewinnung von Maßstäben zur Interpretation der
Artt. 7 und 8 GRCh.

Gegenstand des *zweiten Teils* ist die *Datenschutz-Grundverordnung* in **syste-** 11
matischer Aufbereitung – i.V.m. jeweils einschlägigen Bestimmungen des BDSG
2018 –, begleitet mit Verweisen auf die gegenüber der bisherigen Rechtslage (nach
BDSG-alt) eintretenden Veränderungen. Soweit hierzu sachdienliche Rechtsprechung (auch zum bisherigen Recht) vorliegt, wird sie berücksichtigt – Im *dritten*
Teil werden ausgewählte Bereiche des Datenschutzrechts dargestellt, die *von der*
DS-GVO im wesentlichen *unberührt* bleiben.

---

[45] Vgl. *Gierschmann*, ZD 2016, 51 (55). *Roßnagel/Nebel/Richter*, Was bleibt vom Europäischen
Datenschutzrecht?, ZD 2015, 455 (460).

[46] Vgl. dazu auch die Übersicht über nach dem BDSG-alt gebotene Abwägungsprozeduren bei
Kühling/Seidel/Sivridis, DatSchR, Rn. 371 f.

[47] Beachte dazu *Veil*, DS-GVO: Risikobasierter Ansatz statt rigides Verbotsprinzip, ZD 2015,
347 ff.

[48] Vgl. aus rechtspolitischer Sicht *Härting/Schneider*, Datenschutz in Europa: Ein Alternativent-
wurf für eine DS-GVO, ITRB 2013, S 019-S 038; für einen Lösungsvorschlag (im Hinblick auf die
technischen Big-Data-Möglichkeiten) *Cate/Cullen/Mayer-Schönberger*, Data Protection Principles
for the 21th Century, Revising the 1980 OECD Guidelines, Dez. 2013.

[49] Vgl. dazu *Forgó*, Und täglich grüßt die DS-GVO, ZD 2014, 57 (57 f.).

1. Teil. Grundlagen des Datenschutzes

1. Abschnitt. Historisch-gesellschaftliche und sozialwissenschaftliche Orientierung

§ 2. Rechtsgeschichte des Datenschutzes

Literatur: *Aly/Roth*, Die restlose Erfassung, 2. Aufl. 2000; *Austermühle*, Zur Entstehung und Entwicklung eines persönlichen Geheimsphärenschutzes vom Spätabsolutismus bis zur Gesetzgebung des Deutschen Reiches, 2002; *Bohnen*, Die BDSG-Novellen 2009/2010, 2011; *Büllesbach/Garstka*, Meilensteine auf dem Weg zu einer datenschutzgerechten Gesellschaft, CR 2005, 720; *Degenhart*, Das allgemeine Persönlichkeitsrecht, Art. 2 Abs. 1 i.V. mit Art. 1 Abs. 1 GG, JuS 1992, 361; *Giesker*, Das Recht des Privaten an der eigenen Geheimsphäre, Zürich 1905; *Hattenhauer*, „Person" – zur Geschichte eines Begriffs, JuS 1982, 405; *Hondius*, Emerging Data Protection in Europe, 1975; *Klippel*, Historische Wurzeln und Funktionen von Immaterialgüter- und Persönlichkeitsrechten im 19. Jahrhundert, ZNR 1982, 132 ff.; *Leuze*, Die Entwicklung des Persönlichkeitsrechts im 19. Jahrhundert, 1962; *v. Lewinski*, Datenschutz: Ein Fach ohne (Rechts)Geschichte?, DuD 2003, 61; *v. Lewinski*, Geschichte des Datenschutzrechts von 1600 bis 1977, in: Arndt u. a., Freiheit – Sicherheit – Öffentlichkeit, 2009, S. 196; *v. Lewinski*, Datenschutzrecht in der DDR, in: Plöse/Fritsche/Kuhn/Lüders, „Worüber reden wir eigentlich?" (Festgabe für Rosemarie Will), 2016, S. 576; *Martin*, Das allgemeine Persönlichkeitsrecht in seiner historischen Entwicklung, 2007; *Pohle*, Datenschutz und Technikgestaltung, Diss. rer. nat. HU Berlin 2017; *Pohle*, Die immer noch aktuellen Grundfragen des Datenschutzes, in: Garstka/Coy (Hg.), Wovon – für wen – wozu. Systemdenken wider die Diktatur der Daten: Wilhelm Steinmüller zum Gedächtnis, 2014, S. 45; *Scheyhing*, Zur Geschichte des Persönlichkeitsrechts im 19. Jahrhundert, AcP CLXVIII (1960), 503; *Steinmüller*, Das informationelle Selbstbestimmungsrecht – Wie es entstand und was man daraus lernen kann, RDV 2007, S. 158; *Taeger*, (Hrsg.), Die Volkszählung, 1983; *Vismann*, Akten, 2000; *Wietog*, Volkszählungen unter dem Nationalsozialismus, 2001.

„In Dunkel ist aber auch die geschichtliche Entwicklung des [Datenschutzrechts] gehüllt, obwohl sich aus ihr für die heutige Betrachtung wertvolle Aufschlüsse ergeben."[1] In der Tat lassen die gängigen Kommentare und Lehrbücher zum Datenschutzrecht dessen Geschichte regelmäßig erst mit dem hessischen Datenschutzgesetz von 1970[2] beginnen,[3] frühestens mit der Diskussion um die „National Data Base" in den USA der sechziger Jahre.[4] In seiner Zukunftsgerichtetheit und auch politisch-aufklärerischen Note beschäftigt sich der Datenschutz kaum selbstreflexiv mit seinem Herkommen und Bedingtheiten und ist damit eine recht **geschichtslose** 1

---

[1] Diese Beschreibung des Forschungsstands bezüglich der Geschichte des allgemeinen Persönlichkeitsrechts aus dem Jahre 1962 (*Leuze*, Die Entwicklung des Persönlichkeitsrechts im 19. Jahrhundert, 1962, S. 11) lässt sich ohne weiteres auf das heutige Datenschutzrecht übertragen.

[2] HessGVBl. 1970 I S. 625.

[3] Z.B. *Gola/Schomerus*, BDSG, Einl., Rn. 1; Simitis/*Simitis*, BDSG Einleitung Rn. 1 ff.; sehr knapp bei *Dörr/Schmidt*, Neues Bundesdatenschutzgesetz, 2. Aufl. 1992, S. 10 ff.; *Gallwas/Schneider/Schwappach/Schweinoch/Steinbrinck*, BDSG, 1. Lfg. Juli 1978, Einleitung, Rn. 21 ff.; vgl. auch *Lutterbeck*, DuD 1997, 129 (130), und *Bizer*, DuD 2002, 582; anders *Hoeren*, Internet- und Kommunikationsrecht, 2008, Rn. 591, der das Datenschutzrecht als den ältesten Teil des Informationsrechts ansieht, älter noch als das Urheberrecht; ähnlich *Sydow*, NVwZ 2008, 481 (481): „ältere[n] Entwicklungsschicht".

[4] Roßnagel HdB DatenSR/*Abel*, 2003, Kap 2.7; *Jörg Pohle*, GS Steinmüller, 2014, S. 45 (45).

Disziplin.[5] Wenn man das Datenschutzrecht nicht gleichsetzt mit dem Recht der Datenschutzgesetze, reichen seine Wurzeln tiefer zurück als lediglich bis 1970 (erstes hessisches Datenschutzgesetz; → Rn. 59 ff.), bis 1977 (erstes Bundesdatenschutzgesetz; → Rn. 62 ff.) oder bis 1983 (Volkzählungsentscheidung; → Rn. 64 ff.). Doch sind seine Ursprünge und Wurzeln erst zu einem kleinen Teil freigelegt.[6]

2 Die ältesten Schichten des Datenschutzes sind das **Tabu**, die älteste Schicht des Datenschutzrechts ist das **Geheimnisschutzrecht**.

3 Datenschutz ist, auch wenn sich dies aus den Gesetzen nicht auf den ersten Blick ergibt, die **Regelung von Informationsasymmetrien** und die **Begrenzung von Datenmacht**.[7] Diesen Wurzelstrang entlang kann man das Datenschutzrecht bis zum Beginn der Neuzeit, bis zum Entstehen des modernen Staates zurückverfolgen. Historisch stehen dabei, abweichend von der heutigen Konzeption, objektivrechtliche Beschränkungen dieser Datenmacht im Vordergrund, die erst mit der Zeit von subjektivrechtlichen Beschränkungen abgelöst und überlagert wurden.[8]

4 Persönlichkeitsschutz im weitesten Sinne ist ebenfalls schon lange Gegenstand des Rechts. Allerdings ist das **Persönlichkeitsrecht als rechtliche Kategorie** erst in den fünfziger Jahren des 20. Jahrhunderts endgültig von der Rechtsprechung anerkannt worden.

5 Seit einigen Jahren schieben sich im Datenschutz technische Regelungsansätze und die Regelung von Technik (**Technikrecht**) in den Vordergrund. Dem Datenschutzrecht wächst hier also eine Luftwurzel zu.

A. Vormoderne

6 Privatheit, zumal als rechtliche Kategorie, ist eine neuzeitliche Kategorie. Zwar kannte auch die frühere Zeit Normen und sanktionierte Handlungsweisen, die man heute als persönlichkeitsschützend bezeichnen würde, etwa das **Tabu**[9] oder das **Refugium** als räumlichen Rückzugsraum. Doch war der Mensch viel stärker als heute in soziale Beziehungen eingebunden, ja er leitete seine Rechtstellung überhaupt von der Zugehörigkeit zu einer Familie, zu einem Haus oder zu einem Stand ab. Wegen dieser konstitutiven Bedeutung der **Vergemeinschaftung** konnte es damals keine Privatheit als rechtliche Figur geben.[10]

---

[5] *van Rienen*, Frühformen des Datenschutzes?, 1984, S. XXXV („bislang allzu sehr […] vordergründige und pauschale historische Bezugnahmen"); *Woertge*, Die Prinzipien des Datenschutzrechts und ihre Realisierung im geltenden Recht, 1984, S. VII („keine besondere Tradition"); *v. Lewinski*, DuD 2003, 61; *Simitis* beschränkt sich in seinem Kommentar ausdrücklich auf eine „Geschichte der Datenschutzgesetzgebung" (Simitis/*Simitis*, BDSG Einleitung Rn. 1).

[6] Erstmals umfassend *v. Lewinski* in Arndt u.a. (Hrsg.), Freiheit – Sicherheit – Öffentlichkeit, 2009, S. 196 ff.; zur bürokratischen Informationsverarbeitung: *Vismann*, Akten, 2000; zu (Amts-)Verschwiegenheitspflichten: *van Rienen*, Frühformen des Datenschutzes?, 1984; zum Geheimsphärenschutz: *Austermühle*, Zur Entstehung und Entwicklung eines Geheimsphärenschutzes, 2002 (dazu *v. Lewinski*, DuD 2003, 61); zu Ansätzen in der Märchenwelt der Brüder *Grimm Garstka*, FS Kloepfer, 2013, S. 63 ff.; besser erforscht ist das (privatrechtliche) Persönlichkeitsrecht, z.B. *Gottwald*, Das allgemeine Persönlichkeitsrecht, 1996; *Leuze*, Die Entwicklung des Persönlichkeitsrechts im 19. Jahrhundert, 1962, S. 11; *Scheyhing*, AcP CLVIII (1960), 503 ff.; Erman/*H. Ehmann*, BGB, 10 Aufl. 2000, Anh. § 12 BGB, Rn. 1–10. Verfassungsrechtlich tritt das Persönlichkeitsrecht erst mit dem GG in Erscheinung (vgl. *Degenhart*, JuS 1992, 361 (362f.)).

[7] *v. Lewinski* in Arndt u.a. (Hrsg.), Freiheit – Sicherheit – Öffentlichkeit, 2009, S. 196, 200; *Vesting* in Ladeur (Hrsg.) Innovationsoffene Regulierung des Internet, 2003, S. 155, (161 et pass.).

[8] *v. Lewinski* in Arndt u. a. (Hrsg.), Freiheit – Sicherheit – Öffentlichkeit, 2009, S. 196 (220).

[9] Sinnbildlich hierfür steht für die Vertreibung aus dem Paradies das Feigenblatt (Genesis 3,7).

[10] *Ariès/Duby*, Geschichte des privaten Lebens, 5 Bd.e, 1989, insb. Bd. I S. 101 ff.: „Das Private im Öffentlichen".

I. Antike

Dennoch finden sich in den Rechtsordnungen der Antike durchaus vereinzelt 7
Regelungen von **informationeller Asymmetrie**.

1. Antike Hochkulturen

Die ersten Regeln, die wir kennen, betreffen nicht den Schutz vor Datenverarbei- 8
tung, sondern sind Regeln über die Art der Datenverarbeitung. Vorgaben für die
Führung von Listen in den großen Staaten der Frühzeit (Babylon, Ägypten) sind
uns nicht überliefert, jedoch können diese ersten Bürokratien nicht ohne diesbezügliche einheitliche Vorgaben funktioniert haben.[11] Insoweit ist die Erfindung von
Schriftzeichen eine erste und notwendige Voraussetzung für Datenmacht.

Berichtet wird seit der frühesten Zeit auch über den **Geheimnisschutz**.[12] Neben 9
Staats- und Kriegsgeheimnissen ist hier insbesondere das Arztgeheimnis zu nennen,
wobei der Eid des Hippokrates aus dem 5. Jhdt. v. Chr. besonders erwähnenswert
erscheint.[13]

2. Altes Testament

Anklänge an heutiges Datenschutzrecht finden sich im 1. („Du sollst Dir kein 10
Bildnis machen.")[14] und 8. Gebot („Du sollst nicht falsch Zeugnis reden wider Dei-
nen Nächsten").[15] Auch das alte Jüdische Recht kannte die Konstellation, dass man
sich unter möglicher Beobachtung befangen verhält.[16]

3. Griechenland

Die **Trennung von Öffentlichem und Privatem** und damit der Beginn der Pri- 11
vatsphäre kann auf die Zeit des perikleischen Athens (ca. 500 v. Chr.) datiert werden. Sie machte sich fest an der Unterscheidung zwischen dem Landgut (oikos,
οἶκος) als dem Privaten und dem Stadtplatz (agora, ἀγορά) als dem Öffentlichen.[17]
Allerdings bezieht sich das noch weniger auf die heutigen Kategorien von Öffentlichem und Privatem, sondern mehr auf die Teilhabe und Teilnahme an den allgemeinen Angelegenheiten, der „Politik" im damaligen Sinne.

4. Rom

Auch im Römischen Recht war die Sphäre des Einzelnen als Teil der *familia* als 12
nach außen **abgeschlossenem sozialen Körper** geschützt. Einen Persönlichkeitsschutz des Individuums im eigentlich rechtlichen Sinne gab es allerdings nicht.
Auch zeigen sich Ansätze eines zumindest sozialen Geheimnisschutzes: In Rom
galt es als „unanständig", vertrauliche Briefe zu veröffentlichen.[18] Ob dies jedoch
auch rechtswidrig war, ist offen; das Corpus Iuris schweigt.

---

[11] *Vismann*, Akten, 2000, S. 21.
[12] *Horn*, Datensicherung, ÖVD 1971, 99 (100) („Neu ist nur das Wort.").
[13] *Polenz*, Datenschutz, in: Kilian/Heussen, Computerrechtshandbuch (Stand Februar 2011),
Ziff. 137, Rn. 16 („die wohl älteste Datenschutznorm"); vgl. *Fanselow*, DAngVers 2003, 17 (17).
[14] 2. Mose 20,4.
[15] 2. Mose 20,16; vgl. 2. Mose 23,1, Eph. 4,25.
[16] *Tinnefeld*, DuD 2005, 328 (329) m. w. N.
[17] V. a. *H. Arendt*, Vita activa oder Vom tätigen Leben, 1960 (engl.: The Human Condition, 1958);
kritisch zu diesem Konzept *Vasilache*, Der Staat und seine Grenzen, 2007, S. 159f.
[18] *Benöhr*, ZRG RA CXV (1998), 115ff.

13 Die wahrscheinlich populärste Erzählung der Datenschutzgeschichte beinhaltet die biblische **Weihnachtsgeschichte**.[19] Der deutsche Datenschutzrechtler erkennt unwillkürlich die Parallele zwischen seinem Stern von Bethlehem – der Volkszählung der 1980er Jahre – und der Erzählung von Christi Geburt.[20] Jedoch ist bei der Anweisung des Kaisers *Augustus*, dass (erstmals) „alle Welt sich schätzen lassen solle",[21] die Datenverarbeitung nicht selbst Reglungsgegenstand, sondern bloß Mittel zum Zweck. Der antike Zensus ist ein Zeugnis für den bürokratischen Entwicklungsstand des Römischen Imperiums (→ Rn. 12) bis in seine Provinzen hinein.

II. Mittelalter

14 Charakteristisch für das Mittelalter und seiner **feudalen Gesellschaft** ist das Fehlen der Kategorien von Privatheit und Öffentlichkeit.[22] Bedingt durch die überall in Europa (relativ) schwach ausgeprägte Zentralgewalt und die politische Zersplitterung durch das Feudalsystem kam es zu einer Bedeutungsabnahme der Bürokratie. Urkunden hatten eine weitaus größere Bedeutung als Akten, indem sie nämlich Privilegien verkörperten und Rechtszustände bestätigten. Auch war die administrative Geheimhaltung weniger an einer Institution als an dem Amtsträger festgemacht. Dies beruht auf dem Verbundcharakter der Herrschaft(en) im mittelalterlichen Deutschland.[23]

15 Jedenfalls ab dem 4. Laterankonzil v. 1215 war das **Beichtgeheimnis** als Aspekt der Geheimhaltung rechtlich geschützt.[24]

B. Frühe Neuzeit

16 Der eigentliche Beginn der Datenschutzgeschichte als der Regelung von (staatlicher) Datenmacht fällt mit dem **Aufkommen des modernen Staates** um (in Deutschland) etwa 1600 zusammen. Der (zunehmend) souveräne Staat nutzt Datenverarbeitungen, um seinen Macht- und Regelungsanspruch umfassend durchzusetzen.

I. Bürokratisierung

17 Das Aufbrechen der engen sozialen Strukturen der mittelalterlichen Gesellschaft führte zu sozialen Wanderungsbewegungen, vor allem vom Land in die Stadt. Städte boten anonyme Märkte. Personen entglitten der bisherigen personal geprägten Sozialordnung. Hierauf reagierte der Staat schon im 17. und 18. Jahrhundert mit **ersten systematischen Datensammlungen**, etwa über das als Risiko für die öffentliche Sicherheit und Ordnung empfundene „fahrende Volk".[25]

18 Von Ansätzen moderner **Aktenführung und Datenverarbeitung** kann man erst mit dem Aufkommen der Registraturen sprechen, mit denen Vorgänge dokumentiert wurden und nicht nur deren Ergebnisse. Diese Register lösten die Archive ab, die damals lediglich (ungeordnete) Aktengräber waren.[26]

---

[19] Dazu *Flohr*, BB 1993, 657 ff. (insb. zum steuerrechtlichen Hintergrund); auch im Alten Testament sind (jüdische) Volkszählungen erwähnt (4. Mose 1, 1–54, 26, 2–51; s. auch die Strafe Gottes in 1. Chronik 21,2 = 2. Samuel 24,1).

[20] Zur datenschutzrechtlichen Menschwerdung leicht spöttisch *Germann*, ZevKR 48 (2003), 446 (447).

[21] Lukas 2,1–3.

[22] *Habermas*, Strukturwandel der Öffentlichkeit, 1980, S. 19.

[23] *Trantas*, Akteneinsicht und Geheimhaltung im Verwaltungsrecht, 1998, S. 257–261 m.w.N.

[24] Canon 21; heute Canones 983, 1388 CIC [Codex Iuris Canonici]; vgl. Art. 9 des Reichskonkordats v. 20.7.1939.

[25] *v. Lewinski* in Arndt u.a. (Hrsg.), Freiheit – Sicherheit – Öffentlichkeit, 2009, S. 196 (203 m.w.N.).

[26] *Vismann*, Akten, 2000, S. 137 ff., 176 f.

Nicht nur Datenträger wurden inventarisiert, sondern auch die Welt und vor al- 19
lem auch die Menschen. Das Aufkommen des modernen Territorialstaats und die
Rationalisierung der Verwaltung im Lichte der Aufklärung führten erstmals zu systematischen Aufzeichnungen und **Datensammlungen über die Bevölkerung**. Erste
Volkszählungen in Deutschland lassen sich in den großen Städten nachweisen, etwa
in Nürnberg schon 1449. Hinzu tritt die Einführung von Personalakten bspw. für
Militär und Verwaltung in Preußen 1726 bis 1737 („Conduitenlisten").[27]

II. Faktische Grenzen

Wesentlicher Schutz wurde durch die faktischen Grenzen und **technische Be-** 20
grenztheiten der Datenverarbeitung bewirkt. Der Staat musste zwar rechtlich
keine wesentlichen Schranken hinsichtlich auch eines umfassenden Informationszugangs beachten, war aber durch die (noch) fehlenden Datenspeicherungs-
und -verarbeitungsmöglichkeiten an einem solchen umfassenden Zugriff gehindert.[28]

III. Entdeckung des Persönlichkeitsrechts

In die frühe Neuzeit reicht auch eine dogmatische Tiefwurzel des Datenschutz- 21
rechts – die **Entdeckung des Persönlichkeitsrechts**.[29] *Kant* vertrat, dass der Mensch
nicht als Mittel zu behandeln sei, sondern als Zweck an sich selbst.[30] Im Naturrecht
sind Persönlichkeitsrecht und Rechtsfähigkeit noch eng mit einander verbunden,
man unterscheidet eher zwischen status naturalis und status moralis. Diese Unterscheidung findet man auch in § 16 ABGB und § 83 Einl. pr. ALR.[31] Ursprünge der
Idee von Privatheit finden sich in den Vertragstheorien u. a. von *Hobbes*. In dogmatischer Hinsicht leitete *Hugo Donellus* (1527–1591)[32] aus *Ulpians* „alterum non laedere" die Pflicht ab, den anderen nicht herabzusetzen.[33] So galt in dieser Zeit auch
die Hausdurchsuchung in erster Linie als Eingriff in die Ehre, nicht in die Geheimnissphäre.[34]

C. Frühes technisches und bürokratisches Zeitalter (1800–1945)

I. Fortschreiten der Bürokratisierung

Die **Verwaltung des modernen Staates** sammelte immer mehr Daten an. Ausge- 22
hend von den ersten flächendeckenden Überwachungssystemen im 16. und 17.
Jahrhundert in den italienischen Stadtstaaten (z. B. Venedig) und spanischen Gebie-

---

[27] „Jährlicher wahrhaftiger Rapport" (Regelbeurteilung); *Döhner*, Von den geheimen Conduitenlisten bis heute, Beamte – heute, 2/1993, 12.
[28] *v. Lewinski* in Arndt u. a., Freiheit – Sicherheit – Öffentlichkeit, 2009, S. 196 (206 ff.).
[29] Überblick bei *Klippel*, ZNR 1982, 132 ff.
[30] *Kant*, Gesammelte Schriften (Akademie-Ausgabe), 1900 ff., Bd. 4, S. 440; dazu *Hohmann-Dennhardt*, NJW 2006, 545 (545).
[31] *Scheyhing*, AcP CLXVIII (1960), 503 (509 ff.); ebenso *Leuze*, Die Entwicklung des Persönlichkeitsrechts, 1962, S. 16 ff., der allerdings bezüglich des ABGB differenziert (*Leuze*, Die Entwicklung des Persönlichkeitsrechts, 1962, S. 37).
[32] Jurist und Professor in Bourges, Heidelberg, Leiden und Nürnberg; entwickelte ein von den Digesten unabhängiges System zur Darstellung des Rechts (zu ihm: *Kleinheyer/Schröder*, Deutsche und Europäische Juristen aus neun Jahrhunderten, 5. Aufl. 2008, S. 117 ff.).
[33] *Scheyhing*, AcP CLXVIII (1960), 503 (508); *Leuze*, Die Entwicklung des Persönlichkeitsrechts, 1962, S. 12 ff.
[34] *Austermühle*, Zur Entstehung und Entwicklung eines persönlichen Geheimsphärenschutzes, 2002, S. 117 ff., 120 ff., 127 ff., 145 ff.

ten (Sizilien)[35] ist diese Zeit auch durch eine Zunahme von bürokratisierter polizeilicher Fahndung und Überwachung geprägt.[36]

23   An der Wende zum 20. Jahrhundert hatten die **modernen Bürokommunikationsmittel** Telefon und Fernschreiber, etwa gleichzeitig mit der Schreibmaschine, Einzug in Büros in Wirtschaft und – etwas später – der Verwaltung gehalten.[37] Die Verbesserung der Kommunikationsfähigkeit ging einher mit effektiveren Speicherungstechniken, die in Deutschland mit dem Namen *Leitz*, in Amerika mit dem Namen *Shannon* verbunden sind. Auch wurden um 1920 Aktenpläne eingeführt.[38]

24   Die **Verschwiegenheit der Amtswalter** war schon immer eine Selbstverständlichkeit, so selbstverständlich, dass sie erst 1873 in § 11 RBeamtenG kodifiziert wurde. Allerdings galt die Amtsverschwiegenheit nicht dem Schutz des Einzelnen, sondern bestand zur Wahrung der Interessen des Staates und Dienstherrn. Insoweit sind die Amtsverschwiegenheitsvorschriften *keine* Vorläufer des Datenschutzrechts.[39]

II. Berufsrechtliche Verschwiegenheitspflichten

25   Schon eher eine Vorform des Datenschutzrechts sind die **Verschwiegenheitspflichten** und **Zeugnisverweigerungsrechte** für bestimmte Berufsgruppen,[40] die dann (ab etwa 1860) durch verfahrensrechtliche **Beweisverwertungsverbote** flankiert wurden.[41] Beispielhaft genannt werden kann die Verschwiegenheitspflichten im prStGB v. 1851 für „Medizinalpersonen" (später § 300 RStGB). Nicht zu Unrecht wird § 203 Abs. 2 S. 2 StGB als „historischer Prototyp eines datenschutzrechtlichen Straftatbestands" interpretiert.[42]

III. Beginn privater Datenmacht

26   Private tauchten als datenmächtige Akteure erst in der zweiten Hälfte des 19. Jahrhunderts auf. Die ersten **Persönlichkeitsverletzungen durch die Presse**, die die Gerichte erreichten, betrafen unberechtigte Bildaufnahmen von Toten. Im deutschen Rechtskreis ist besonders auf den Bismarck-Fall[43] hinzuweisen, der den Erlass des Kunsturhebergesetzes (KUG) und des darin verankerten Bildnisschutzes befördert hat.[44]

27   In diesen Zeitraum fällt außerdem die Gründung der ersten **Auskunfteien**, die teilweise heute noch bestehen (1841/1849: *Dun&Bradstreet*; 1872: *Schimmelpfeng*; 1879: *Creditreform*; 1885: *Bürgel*) und bereits damals mit einer sehr skeptischen

---

[35] Vgl. F.A.Z. v. 12.3.2014, S. N3.

[36] Vgl. dazu *Siemann*, „Deutschlands Ruhe, Sicherheit und Ordnung". Die Anfänge der politischen Polizei 1806–1866, 1985, insb. S. 460.

[37] *Vismann*, Akten, 2000, S. 267ff.

[38] *Vismann*, Akten, 2000, S. 276ff.

[39] *v. Lewinski* in Arndt u.a. (Hrsg.), Freiheit – Sicherheit – Öffentlichkeit, 2009, S. 196 (208ff.).

[40] *Austermühle*, Zur Entstehung und Entwicklung eines persönlichen Geheimsphärenschutzes, 2002, S. 133.

[41] *Austermühle*, Zur Entstehung und Entwicklung eines persönlichen Geheimsphärenschutzes, 2002, S. 142 (gegen *Rogall*).

[42] *Golla*, Die Straf- und Bußgeldtatbestände der Datenschutzgesetze, 2015, S. 37ff.

[43] RG, Urt. v. 28.12.1899 – VI 259/99, RGZ 45, 170ff. – Bismarck auf dem Totenbett.

[44] *Martin*, Das allgemeine Persönlichkeitsrecht in seiner historischen Entwicklung, 2007, S. 192 Fn. 706.

öffentlichen Meinung zu kämpfen hatten.[45] Kritikpunkte waren die Geheimhaltung und die Herabwürdigung der „Ehre der Mitbürger als Handelsware".[46] 1927 folgte die Gründung der SCHUFA („Schutzgemeinschaft für Absatzwirtschaft").

Auch zeigte sich die **Machtposition von Arbeitgebern** vereinzelt auf informationellem Gebiet. Zwar folgte aus der Inhaberschaft von Produktionsmitteln Datenmacht nicht unmittelbar. So kündigten etwa in einem Tarifkonflikt um die Jahrhundertwende die Arbeitnehmer. Der Arbeitgeber wandte sich daraufhin in einem Rundschreiben an andere Arbeitgeber und bat, die namentlich auf einer beigefügten Liste verzeichneten Arbeitnehmer nicht einzustellen.[47] Auch im Rahmen der Sozialistengesetze wurden von den Eisenbahngesellschaften „schwarze Listen" geführt.[48] **28**

IV. Anfänge der Telekommunikation

Die moderne Telekommunikation setzte Ende des 18. Jahrhunderts mit der optischen Telegraphie und dann zu Beginn des 19. Jahrhunderts der elektronischen Telegraphie ein.[49] Mit der TelegraphenO[50] und dem TelegraphenG[51] wurden die **ersten gesetzlichen Regelungen der Informationstechnik** geschaffen. **29**

D. Nationalsozialistische Zeit

Die Weimarer Republik war in ihrer Spätphase auf gesetzgeberischer Seite gelähmt war und trieb staatliche ADV- und IuK-Projekte nicht voran. Daneben rechtfertigt es die rüstungs- und kriegsbedingte Technikfixierung der nationalsozialistischen Zeit, vor allem aber die Wandlung vom Rechtstaat zur Diktatur mit gesellschaftsprägender Überwachung – die „restlose Erfassung"[52] mittels bürokratischer Mittel –, die Regierungszeit *Hitlers* jedenfalls **informations*rechts*geschichtlich als eigene Periode** zu begreifen.[53] **30**

Verstärkt wurde insbesondere die Informationsbeschaffung durch die **Systematisierung der Datenerfassung und Ausweitung der Eingriffsbefugnisse.** Die Volkszählungen 1933 und 1939 dienten der Vorbereitung der Erfassung der Bevölkerung, auch unter rassischen und kriegs- und bevölkerungsplanerischen Merkmalen;[54] zunehmend kam es auch zur Auswertung vieler Register (Kirchenbücher, Lexika einschl. „Kürschner" und „Gotha") und amtlicher Unterlagen.[55] Die Aussetzung von Fernmelde- und Postgeheimnis sowie der Unverletzlichkeit der Wohnung nach **31**

---

[45] *Peilert*, Das Recht des Auskunftei- und Detekteigewerbes, 1996, S. 76 ff., 91 f.; *Tiedemann/Sasse*, Delinquenzprophylaxe, Kreditsicherung und Datenschutz in der Wirtschaft, 1973, S. 36–38; einen guten Überblick über die Lage in Österreich und Europa gibt *Paneth*, Kritik und Reform des geschäftlichen Kreditauskunftswesens, 1933.

[46] *Moser*, Geheim-Auskünfte, 1928, S. 29.

[47] Dazu RG, Urt. v. 29.5.1902 – VI 50/02, RGZ 51, 369 (370).

[48] *Funk*, Polizei und Herrschaft im Modernisierungsprozeß, 1998, S. 263, 266, 268.

[49] *Kloepfer*, Technik und Recht im wechselseitigen Werden, 2002, S. 109 ff.

[50] Telegraphen-Ordnung für das Deutsche Reich v. 21.6.1872 (RGBl. S. 213).

[51] Gesetz über das Telegraphenwesen des Deutschen Reichs v. 6.4.1892 (RGBl. S. 467), das nach seinem § 1 auch das Telefon umfasst (zur Entstehungsgeschichte: *Kloepfer*, Technik und Recht im wechselseitigen Werden, 2002, S. 150).

[52] Vgl. *Aly/Roth*, Restlose Erfassung, 2000.

[53] In den USA wird der nationalsozialistische Überwachungsstaat teilweise auch als Grund für die europäische Affinität zum Datenschutz betrachtet (vgl. *Garfinkel*, Database Nation, 2001, S. 7, vgl. S. 14; differenzierender *Houck*, FS Dolf Weber, 2016, S. 177 ff.).

[54] *Wietog*, Volkszählungen Nationalsozialismus, 2001, S. 38 ff., 117 ff.

[55] *Wietog*, Volkszählungen Nationalsozialismus, 2001, S. 68 ff., 166 ff.; vgl. *Aly/Roth*, Restlose Erfassung, 2000, S. 67 ff., insb. 84 ff.

dem Reichstagsbrand durch NotVO[56] stärkten die Eingriffsmöglichkeiten der Behörden. Auch andere Regelungen wie bspw. die Einführung von Kehrbezirken für Schornsteinfeger[57] und damit einem Kehrmonopol führten dazu, dass jeder Dachboden von dem öffentlich beliehenen Bezirksschornsteinfegermeister betreten und auf verborgene Personen hin überprüft werden konnte. Daneben traten diverse Meldepflichten, etwa für Vermögen über 5000 RM,[58] die Reichsmeldeordnung[59] sowie eine allgemeine Ausweispflicht,[60] ferner stärkere Eingriffe in private Datensammlungen, bspw. der Auskunfteien.[61] Wurden Detekteien anfangs noch für Ermittlungen im Zusammenhang mit Ariernachweisen eingesetzt, führte ansonsten der Polizeistaat[62] zum Niedergang der Branche.

32 In der Volkskartei waren **moderne Datenbanken „vorgedacht";**[63] in Gestalt eines „Deutschen Turms" bestand der Plan einer umfassenden nationalen Datenbank.[64] Auf diese Weise sollte die Reichspersonalnummer ersetzt werden, was aber wegen des Kriegsendes über Probeläufe 1944 nicht mehr hinauskam.[65]

E. Nachkriegszeit

33 Die Elektronisierung, die die heutige Beschleunigung der automatischen Datenverarbeitung erst möglich gemacht hat, begann in der Zeit unmittelbar nach dem II. Weltkrieg mit der Entwicklung des Transistors als Vorstufe integrierter Schaltungen. Technisch ging die Entwicklung vor allem von den USA aus, auch wenn mit den Rechnern der Fa. *Zuse* Deutschland durchaus eine Rolle spielte. Das Potential der neuen Technik im Verwaltungskontext zeigt sich im Vorhaben „CyberSyn" in *Allendes* Chile, einem Projekt zur Steuerung der (sozialistischen) Planwirtschaft in Echtzeit in den frühen Siebziger Jahren, entwickelt vom britischen Informatiker *Stafford Beer* (1926–2002).[66] Es war eine Zeit der **Technikeuphorie,**[67] allerdings auch der (ersten) **Überwachungsdystopien** (früh schon *Huxleys* „Schöne neue Welt" (1932); ikonisch dann *Orwells* „1984" (1949)).

I. Verwaltung und Sicherheitsbehörden

34 Nach dem II. Weltkrieg wurde das Verwaltungsverfahren in Gesetze gefasst (VwVfG v. 1976). Hierbei handelte es sich allerdings nicht um die Konturierung eines neuen Rechtsgebiets, sondern im wesentlichen um eine Zusammenfassung und Systematisierung bereits bestehender Grundsätze. Doch war damit zugleich ein Schritt hin zu der Verrechtlichung des Binnenhandelns der Behörden getan. Ge-

---

[56] NotVO v. 28.2.1939 (RGBl. 1939 I S. 83).
[57] Gesetz zur Änderung der Gewerbeordnung (RGBl. 1935 I S. 508).
[58] VO über die Anmeldung des Vermögens von Juden v. 26.4.1938 (RGBl. 1938 I S. 414).
[59] *Mühlbauer*, Kontinuitäten und Brüche in der Entwicklung des deutschen Einwohnermeldewesens, 1995, S. 59 ff.
[60] *Aly/Roth*, Restlose Erfassung, 2000, S. 64 ff.
[61] *Peilert*, Das Recht des Auskunftei- und Detekteigewerbes, 1996, S. 82 f.
[62] *Peilert*, Das Recht des Auskunftei- und Detekteigewerbes, 1996, S. 93; vgl. auch das Gesetz zur Beseitigung von Missständen im Auskunfts- und Detekteiwesens vom 1.2.1939 (RGBl. 1939 I S. 266) und dazu *Tiedemann/Sasse*, Delinquenzprophylaxe, Kreditsicherung und Datenschutz in der Wirtschaft, 1973, S. 68–69.
[63] *Mühlbauer*, Kontinuitäten und Brüche in der Entwicklung des deutschen Einwohnermeldewesens, 1995, S. 87.
[64] *Aly/Roth*, Restlose Erfassung, 2000, S. 44–48.
[65] *Aly/Roth*, Restlose Erfassung, 2000, S. 54 ff., 132 ff.
[66] Romanhafte Beschreibung bei *Reh*, Gegen die Zeit, 2015.
[67] Vgl. *Liedtke*, Das Bundesdatenschutzgesetz, 1980, S. 91.

prägt war diese Zeit aus Perspektive der Verwaltung durch die Übernahme vieler neuer Aufgaben, **Rationalisierungsdruck und zunehmenden Rechnereinsatz**. Einige informationsrechtliche Aspekte waren daneben auch schon Gegenstand von ausdrücklichen gesetzlichen Regelungen wie bspw. das (steuerrechtliches) Bankgeheimnis, gestützt auf den „Bankenerlass" von 1949, der dann 1990 als § 30a AO übernommen wurde.

Die Elektronisierung führte auch zu einem weiteren **Ausbau des Sicherheitsapparats**. Teils wurden vorher bestehende Elemente wie der Kriminalpolizeiliche Meldedienst (KPMD) übernommen, andererseits wirkte aber das dezentrale Meldewesen als institutionelle Bremse; insbesondere ab 1970 war das BKA für die weitere Elektronisierung die treibende Kraft.[68] **35**

II. Vergrößerung privater Datenmacht

Zunächst stand die Informationsverarbeitung durch Private nicht im Mittelpunkt **36** der öffentlichen Diskussion – entsprechend **punktuell** waren die gesetzlichen Regelungen (s. bspw. § 38 Abs. 1 Nr. 4 GewO zu Auskunfteien/Detekteien) –, gleichwohl nahm sie in der Nachkriegszeit wieder deutlich zu. So fällt in diese Zeit die Rspr. zur wachsenden Datenmacht im Bereich von **Medien und Presse**[69] und im **Arbeitsleben**.[70] In diesen Zusammenhang gehört auch die Neugründung der SCHUFA (1948), jetzt als „Schutzgemeinschaft für allgemeine Kreditsicherung".[71]

III. Entwicklung des Persönlichkeitsrechts in der Rechtsprechung

Ein allgemeines Persönlichkeitsrecht ist weder im Grundgesetz noch im BGB **37** ausdrücklich erwähnt,[72] so dass dessen Entwicklung im einzelnen in der Rechtsprechung stattfand.[73] Ausgangspunkt dieser Entwicklung waren zivilgerichtliche Entscheidungen.[74] In der **Leserbrief-Entscheidung des Bundesgerichtshofs** vom 25.5.1954[75] fand das allgemeine Persönlichkeitsrecht Anerkennung. Deutlich erkennbar sind hier noch die Ursprünge des Rechts auch im Schutz von Ruf und persönlicher Ehre[76] (→ Rn. 21).

Eine weitere Stärkung erfuhr das Persönlichkeitsrecht im sog. **Herrenreiter-** **38** **Fall**,[77] in dem der BGH erstmals auch einen Geldersatz für Nichtvermögensschäden anerkannte und somit auch einen effektiven Schutz garantieren konnte. Wiederum

---

[68] Überblick bei *Liedtke*, Das Bundesdatenschutzgesetz, 1980, S. 102–106.

[69] S. bspw. BGH, Urt. v. 25.5.1954 – I ZR 211/53, BGHZ 13, 334 ff. – Leserbrief/Schacht; BGH, Urt. v. 14.2.1958 – I ZR 151/56, BGHZ 26, 349 ff. – Herrenreiter; BGH, Urt. v. 16.9.1966 – VI ZR 268/64, NJW 1966, 2353, 2354. – Vor unserer eigenen Tür. (arg.: Technikentwicklung); aus verfassungsrechtlicher Sicht *Gottwald*, Das allgemeine Persönlichkeitsrecht, 2000, S. 172 ff.

[70] BAG, Urt. v. 9.9.1975 – 1 ABR 20/74, NJW 1976, 261 ff.

[71] *Kloepfer/Kutzschbach*, MMR 1998, 650 (651).

[72] So auch *Degenhart*, JuS 1992, 361 (362); s. mit umfangreichen Nachweisen aus der Rspr. zur Verankerung in Art. 2 Abs. 1 iVm Art. 1 Abs. 1 GG, Maunz/Dürig/*Di Fabio*, GG Art. 2 Abs. 1 Rn. 128 Fn. 1.

[73] *Jarass*, Die Entwicklung des allgemeinen Persönlichkeitsrechts in der Rechtsprechung des Bundesverfassungsgerichts, in: Erichsen/Kollhosser/Welp (Hrsg.), Recht der Persönlichkeit, 1996, S. 89 ff.; *Baston-Vogt*, Der sachliche Schutzbereich des zivilrechtlichen allgemeinen Persönlichkeitsrechts, 1997, S. 11 ff.; umfassend zu bestehenden Forderungen hiernach in der Literatur *Gottwald*, Das allgemeine Persönlichkeitsrecht, 1996, S. 5 ff., insb. Fn. 2.

[74] BonnKommGG/*D. Lorenz*, 133. Aktual. 2008, Art. 2 Abs. 1 Rn. 228.

[75] BGH, Urt. v. 25.5.1954 – I ZR 211/53, BGHZ 13, 334 ff. – Leserbrief.

[76] *Degenhart*, JuS 1992, 361 (362).

[77] BGH, Urt. v. 14.2.1958 – 14.2.1958 – I ZR 151/56, BGHZ 26, 349 = NJW 1958, 827 – Herrenreiter.

erfolgte eine Bezugnahme auf die Ehre und den Ruf. Auch weitere zivilrechtliche Entscheidungen griffen die Figur des Persönlichkeitsrechts auf.[78] Später finden sich auch Bezugnahmen in der verwaltungsgerichtlichen Rechtsprechung.[79]

39 Im **Soraya-Fall** bekräftigte der BGH seine Herleitung aus der Wertenscheidung des Grundgesetzes in der Leserbriefentscheidung (→ Rn. 37; s.a. → § 4 Rn. 30), statt wie bisher auf § 847 BGB analog abzustellen.[80] Diese Entscheidung erfuhr eine Bestätigung durch das BVerfG.[81] Der immaterielle Schadenersatz wird seitdem als „systemimmanente Weiterentwicklung von Grundgedanken der verfassungsgeprägten Rechtsordnung"[82] angesehen. Das Bundesverfassungsgericht hatte sich aber auch schon in früheren Entscheidungen mit dem Allgemeinen Persönlichkeitsrecht befasst (→ § 4 Rn. 28ff.). Als frühe Entscheidung ist hier insbesondere das Elfes-Urteil[83] anzuführen.[84] Deutlichere Ausformungen finden sich – ohne zivilrechtlichen Bezug – bereits vor Soraya[85] und setzten sich danach fort,[86] sodass das Persönlichkeitsrecht heute sowohl zivil- als auch verfassungsrechtlich allgemein anerkannt ist.

Exkurs: Datenschutz in der DDR

1. Ausschließlich staatliche Datenmacht

40 Im Unterschied zu den westlichen Staaten bündelte sich in der DDR – wie auch im gesamten Ostblock – die **Datenmacht in der Hand des Staates (und der Partei)**.[87] Das Meldewesen hatte eine zentrale Funktion für die Erfüllung staatlicher Aufgaben, nicht nur im Sicherheits-, sondern auch im Fürsorgebereich.[88] Kernelement des ostdeutschen Überwachungsstaats war die Staatssicherheit, landläufig „Stasi" genannt. Ihre Tätigkeit setzte durchaus auf der allgemeinen Dateninfrastruktur der Verwaltung auf, besaß aber darüber hinaus auch eigene Datenbanken und Informationsverarbeitungssysteme. Gewissermaßen das Fundament des Über-

---

[78] Ärztliche Bescheinigung (BGH, Urt. v. 2.4.1957 – VI ZR 9/56, BGHZ 24, 72ff.); heimliche Tonbandaufnahme (BGH, Urt. v. 20.5.1958 – VI ZR 104/57, BGHZ 27, 284ff.); Künstlername in Werbeanzeige (BGH, Urt. v. 18.3.1959 – IV ZR 182/58, BGHZ 30, 7 (10)); Ginsengwurzel (BGH, Urt. v. 19.9.1961 – VI ZR 259/60, BGHZ 35, 363ff.); Fernsehansagerin (BGH, Urt. v. 5.3.1963 – VI ZR 55/62, BGHZ 39, 124ff.).

[79] BVerwG, Urt. v. 3.9.1970 – II C 130/67, NJW 1971, 70ff.

[80] BGH, Beschl. v. 14.2.1973 – 1 BvR 112/65, NJW 196, 685 – Soraya; s. auch *Degenhart*, JuS 1992, 361 (362).

[81] Bestätigt durch BVerfG, Urt. v. 14.2.1973 – 1 BvR 112/65, BVerfGE 34, 269ff.

[82] *Degenhart*, JuS 1992, 361 (362) zu BVerfG Urt. v. 14.2.1973 – 1 BvR 112/65, BVerfGE 34, 269ff.

[83] BVerfG, Urt. v. 16.1.1957 – 1 BvR 253/56, BVerfGE 6, 32ff. – Elfes.

[84] Gelegentlich wird auch bereits BVerfG, Urt. v. 20.7.1954 – 1 BVR 459 u.a., BVerfGE 4, 7 (15f.) als frühe Ausprägung erwähnt (bspw. Maunz/Dürig/*Di Fabio*, GG Art. 2 Abs. 1 Rn. 127 Fn. 5).

[85] S. bspw. Mikrozensus (BVerfG, Beschl. v. 16.7.1969 – 1 BvL 19/63, BVerfGE 27, 1ff.); Ehescheidungsakten (BVerfG, Beschl. v. 15.1.1970 – 1 BvR 13/68, BVerfGE 27, 344ff.); Tonband (BVerfG, Beschl. v. 31.1.1973 – 2 BvR 454/71, BVerfGE 34, 238ff.).

[86] Lebach (BVerfG, Urt. v. 5.6.1973 – 1 BvR 536/72, BVerfGE 35, 202ff.); BVerfG, Beschl. v. 3.6.1980 – 1 BvR 185/77, BVerfGE 54, 148–158 – Eppler; Volkszählung (BVerfG, Urt. v. 15.12.1983 – 1 BvR 209/83 u.a., BVerfGE 65, 1ff.); Kenntnis der eigenen Abstammung (BVerfG, Beschl. v. 31.11.1989 – 1 BvL 17/87, BVerfGE 79, 256ff.); Tagebuch (BVerfG, Beschl. v. 14.9.1989 – 2 BvR 1026/87, BVerfGE 80, 367ff.); Personalienangabe (BVerfG, Beschl. v. 7.3.1995 – 1 BvR 1564/92, BVerfGE 92, 191ff.).

[87] Dazu im einzelnen *v. Lewinski*, FG Will, 2016, S. 576ff.

[88] *Mühlbauer*, Kontinuitäten und Brüche in der Entwicklung des deutschen Einwohnermeldewesens, 1995, S. 153–156.

wachungsstaats waren die Personendatenbank (PDB) und das einheitliche Personenkennzeichen (PKZ).[89] Allerdings war die DDR zu einer umfassenden Verarbeitung aller Daten – ebenso wie damals im Westteil Deutschlands – informations- und
verwaltungstechnisch noch nicht in der Lage.

Der politisch und rechtlich sichtbarste und wohl auch kontroverseste Teil der DDR-Vergangen **41**
heit sind die sog. „Stasi-Unterlagen", die aktenförmige Hinterlassenschaft der Staatssicherheit.
Die Wende war zu plötzlich gekommen, um die mächtigen Datenbestände des ostdeutschen Geheimdienstes auch nur in nennenswerten Teilen zu vernichten. Die Unterlagen werden bis heute
von einer eigenen Behörde, dem „Bundesbeauftragten für die Unterlagen des Staatssicherheitsdiensts" (vgl. §§ 35 ff. StUG), verwahrt und verwaltet. Diese Behörde changiert(e) zwischen Sonderarchiv, Wahrheitskommission und nachgängiger Informationszugangsbehörde. Materiell ist der
Umgang mit den Stasi-Unterlagen durch das Spannungsverhältnis zwischen Aktenzugang, Persönlichkeitsschutz, Vergangenheitsbewältigung und gesellschaftlichem Frieden gekennzeichnet (vgl.
§ 1 Abs. 1 StUG).[90]

2. Verfassungsrechtliche und einfachgesetzliche Regelungen

Wenn auch ein Datenschutz im Sinne des westlichen Begriffes (→ Rn. 44) nicht **42**
bestand und unbestritten Abweichungen im Verständnis des Persönlichkeitsrechts
bestanden, gab es dennoch **punktuelle Regelungen zum Schutz von Daten**, informationellen Interessen und auch zum Schutz des Persönlichkeitsrechts.

Insbesondere ost- und westdeutsches **Straf- und Strafprozessrecht** unterschied sich auf der **43**
Textebene nur wenig. § 135 DDR-StGB schützte das in Art. 31 DDR-Verf garantierte Briefgeheimnis,[91] § 136 DDR-StGB diente dem Schutz des Berufsgeheimnisses; §§ 202–205 DDR-StGB
schützten das Post- und Fernmeldegeheimnis (s. Art. 31 DDR-Verf. v. 1968 u. v. 1974), wurden
aber faktisch nicht beachtet.[92] Eine deutlich prominentere Regelung erfuhr der **staatliche Geheimnisschutz** in Art. 1 S. 3 DDR-StGB 1977. Prozessual abgesichert wurde der Schutz des **Berufsgeheimnisses** durch ein Aussageverweigerungsrecht von Geistlichen, Ärzten, Apothekern,
Rechtsanwälten usw. (§ 29 DDR-StPO 1968). Das „Gesetz über Eintragung und Tilgung im
Strafregister"[93] postulierte hinsichtlich verurteilter Personen den Grundsatz der Datensparsamkeit.

3. Begriff und Bedeutung des „Datenschutzes" in der DDR

Der Begriff des „Datenschutzes" in der DDR entsprach der natürlichen Wortbe **44**
deutung, wie er durch ministerielle Weisung eingeführt[94] wurde, nämlich dem
Schutz der Daten (und nicht der durch sie beschriebenen Personen). So gilt deshalb die Datensicherheit und der Geheimnisschutz als Wurzel des DDR-
Datenrechts.[95]

---

[89] Durch (nicht veröffentlichten) Beschluss des Ministerrates v. 15.10.1969 und v. 13.7.1971 eingeführt (*Mühlbauer*, Kontinuitäten und Brüche in der Entwicklung des deutschen Einwohnermeldewesens, 1995, S. 156–157; *v. Lewinski*, FG Will, S. 576 (577)). – Zu ihrer Zusammensetzung Geiger/Klinghardt/*Pietrkiewicz/Burth*, Stasi-Unterlagen-Gesetz, 2006, § 2 StUG Rn. 4.
[90] Umfassend z.B. *Engel*, Die rechtliche Aufarbeitung der Stasi-Unterlagen auf der Grundlage
des StUG, 1995.
[91] *Autorenkollektiv*, Strafrecht der Deutschen Demokratischen Republik. Lehrkommentar zum
Strafgesetzbuch, Bd. II, 1969, § 136, S. 109.
[92] OLG Dresden, Beschl. v. 22.3.1993 – Ws 100/92, DuD 1994, 346 (347); *Reuter*, NJ 1991, 383
(384).
[93] Strafregistergesetz (StRG) v. 1.12.1957 (DDR-GBl. I S. 647).
[94] *Krapp/Thaten*, RDV 1991, 73 (75), vgl. zuletzt noch die „Anordnung zur Gewährleistung der
Datensicherheit" (DSAO) v. 23.2.1989 (dazu *Bergmann/Möhrle/Herb*, BDSG, Stand 09/91, § 9
BDSG 1990 Rn. 15; *Ehrhardt*, RDV 1990, 123 ff.).
[95] *Lau*, DuD, 1991, 391 (391).

45 Auch gab es in der DDR kein allgemeines Persönlichkeitsrecht im westlichen Sinne.[96] Persönlichkeitsrechtsschutz galt nicht der „schöpferischen Person [...] schlechthin", sondern der „schöpferischen Persönlichkeit in der sozialistischen Gesellschaft" (**sozialistischer Persönlichkeitsbegriff**).[97] Eine Mindermeinung verengte das (zivilrechtliche) Persönlichkeitsrecht sogar auf den Bereich des Urheberrechts.[98]

46 Gerade vor diesem Hintergrund ist es bemerkenswert, dass eine der wissenschaftlichen **Wurzeln des bundesdeutschen Datenschutzrechts** unter dem Eisernen Vorhang hindurchgewachsen war. In dem für das westdeutsche Datenschutzrecht maßgebliche Gutachten von *Steinmüller* u. a. wird an wesentlicher Stelle auf die Untersuchung *Günter Herzogs* zu „Problemen der Anwendung der kybernetischen Modellmethode in der Kriminologie" Bezug genommen (→ § 3 Rn. 11 m. w. N.).[99]

F. Erste Datenschutzgesetze und Volkszählungsurteil

I. Vorfeld

47 Nach starker Beschleunigung von Elektronisierung und dem immer stärkeren Anwachsen der Datenverarbeitungen folgte das **Ende der Technikeuphorie**.[100] Schon auf dem 42. DJT 1957 wurde gefragt: „Reichen die geltenden gesetzlichen Bestimmungen insbesondere im Hinblick auf die Entwicklung moderner Nachrichtenmittel aus, um das Privatleben vor Indiskretion zu schützen?". Erste skeptische Äußerungen im Parlament sind von *Hermann Schmidt-Vockenhausen* (1923–1979)[101] zu verzeichnen. In diese Zeit fällt auch das Aufkommen der Rechtsinformatik.[102]

48 Aus heutiger datenschutzpolitischer Perspektive bemerkenswert ist, dass **Amerika der Ausgangpunkt der Datenschutzdebatte** war. Der amerikanische Journalist *Vance Packard* thematisierte in seinem Buch „The Naked Society" (1964; dt.: „Die wehrlose Gesellschaft") die in das Privatleben der Menschen eindringende staatliche und private Bürokratie. Seine Untersuchung erschien jedoch zu früh, um das Problem der automatischen Datenverarbeitung mehr als nur am Rande zu erwähnen. Ein erstes Hearing im u. s.-amerikanischen Parlament 1959 gilt als Beginn der modernen Datenschutzdebatte.[103] 1973 wurde mit den „Fair Information Practices" (FIPs) des U. S.-Department of Health, Education and Welfare eine Regelung geschaffen, die aus dortiger Perspektive als „Urmutter des Datenschutzes" bezeichnet wird.[104] Anfänge u. s.-amerikanischer Datenschutzgesetzgebung markieren der bereichsspezifische Fair Credit Reporting Act v. 1970 und der Privacy Act v. 1974. Die Diskussion in den USA war Impuls für Rechtswissenschaftler in Deutschland, sich dieses Fragenkreises anzunehmen.[105] So wird insb. *Ruprecht Kamlahs* „Right to Privacy" (1969) als „bahnbrechend" für den Datenschutz in Deutschland angesehen.[106]

---

[96] *Gottwald*, Das allgemeine Persönlichkeitsrecht, 1996, S. 110; *Pleyer/Lieser-Triebnigg*, FS Schwinge, 1973, S. 153 (154); *Westen*, in: F. C. Schroeder (Hrsg.), Der Schutz individueller Rechte und Interessen im Recht sozialistischer Staaten, 1980, S. 194 f.

[97] *Nathan*, NJ 1964, 741 (745); vgl. *Püschel* u. a., Urheberrecht, 1969, S. 61 ff.

[98] *Nathan*, NJ 1964, 741; dazu *Fritsche*, Das Recht auf Achtung der Persönlichkeit und sein Schutz im Zivilrecht, Habil. Jena 1982, S. 102; *Pleyer/Lieser-Triebnigg*, FS Schwinge, 1973, S. 153 (154).

[99] *Günter*, StuR 1968, 781 ff., auf den sich *Steinmüller/Lutterbeck/Mallmann/Harbort/Kolb/Schneider*, BT-Drs. 6/3826, 86 ff. bezogen. – Den Hinweis auf diese deutsch-deutsche Beziehung verdanken wir *H. Garstka*.

[100] Überblick bei *Tiedemann/Sasse*, Delinquenzprophylaxe, Kreditsicherung und Datenschutz in der Wirtschaft, 1973, S. 89–106.

[101] Nach *Liedtke*, Das Bundesdatenschutzgesetz, 1980, S. 112 ff., dort auch mit tw. wörtlicher Wiedergabe.

[102] Z. B. *Steinmüller*, EDV und Recht – Einführung in die Rechtsinformatik, 1970; zuerst *Norbert Wiener*, Cybernetics, 1948 (dt.: Kybernetik, 1963).

[103] *Jörg Pohle*, GS Steinmüller, S. 45.

[104] *Garfinkel*, Database Nation, 2001, S. 7.

[105] *Büllesbach/Garstka*, CR 2005, 720 (721).

[106] *Tiedemann/Sasse*, Delinquenzprophylaxe, Kreditsicherung und Datenschutz in der Wirtschaft, 1973, S. 90.

1. Staat als „Großer Bruder"

Der moderne und immer umfassender zuständige **Leistungs- und Abgabenstaat** 49 stützte sich in weiter steigendem Umfang auf Datenverarbeitungssysteme. Datensätze wurden über Personenkennzeichen organisiert, die sich zunächst proprietär und spezifisch entwickelten, v.a. im Bereich des (kommunalen) Meldewesens, der Personalverwaltungen des Öffentlichen Diensts, bei den Sozialversicherungen und der Bundeswehr. Innerhalb einzelner Sektoren kam es nach und nach zu Vereinheitlichungen; so wurde von 1964 an in der Rentenversicherung ein „einheitliches Kennzeichen" eingeführt.[107]

Erstmals größere politische Relevanz bekam der Datenschutz dann im Rahmen 50 der **Diskussion um ein bundeseinheitliches Personenkennzeichen (PKZ)**,[108] eine einheitliche zwölfstellige Ordnungsnummer für alle Einwohner.[109] Sie beeinflusste die Mikrozensus-Entscheidung des BVerfG[110] und ist vielleicht überhaupt der Ausgangspunkt für die deutsche Datenschutzdiskussion. Einstweilen zu Grabe getragen wurde das Personenkennzeichen durch einen Beschluss des Rechtsausschusses des Bundestages von 1976.[111] Freilich wurden gleichwohl als funktionaler Ersatz in der Verwaltung Ordnungsnummern usw. verwendet.[112]

Ebenfalls nahm der Einsatz von Überwachungstechnik bei Sicherheitsbehörden 51 zu. Verbunden ist dies v.a. mit den riesigen **Datenbanken zur Terrorismusfahndung**, die unter BKA-Präsident *Horst Herold* aufgebaut worden waren,[113] und der Einsatz der **Rasterfahndung**.[114] Auch der **maschinenlesbare Personalausweis** wurde zeitgenössisch als Baustein einer staatlichen Überwachungsinfrastruktur begriffen.

2. Nicht-öffentlicher Bereich

Im nicht-öffentlichen Bereich erfolgte der Einsatz von Informationstechnologie 52 etwas zeitversetzt. Die **Automatisierung der Arbeitswelt** wurde zwar registriert und kritisch kommentiert, die spezifischen Gefahren einer informationellen Übermacht des Arbeitgebers wurden aber noch nicht spezifisch adressiert. Außerhalb des Beschäftigungskontexts beschränkten sich die gesetzlichen Regelungen ebenso wie die wissenschaftliche Diskussion auf Einzelaspekte (z.B. Regelungen in der GewO für Auskunfteien).

3. Begriff des „Datenschutzrechts"

Der Begriff „Datenschutz" ist **unbekannten Ursprungs**.[115] Zurückverfolgt wer- 53 den kann er nicht viel weiter als bis zu den Gesetzgebungsarbeiten zum hessischen

---

[107] Vgl. Allgemeine Verwaltungsvorschrift zur Einführung einer Versicherungsnummer in der gesetzlichen Rentenversicherung v. 15.2.1964 (BAnz. Nr. 37 v. 15.2.1964); Ruland/*Klässer*, Handbuch der gesetzlichen Rentenversicherung, 1990, Kap. 36 Rn. 1.
[108] *Kirchberg*, ZRP 1977, 137; *Bizer*, DuD 2004, 45.
[109] Zum Aufbau *BMI*, Personenkennzeichen, 1971, S. 10f.
[110] BVerfG, Beschl. v. 16.7.1969 – 1 BvL 19/63, BVerfGE 27, 1ff. – Mikrozensus.
[111] Zit. bei *Kirchberg*, ZRP 1977, 137 (137); *Mühlbauer*, Kontinuitäten und Brüche in der Entwicklung des deutschen Einwohnermeldewesens, 1995, S. 100ff.
[112] *Bölsche*, Der Weg in den Überwachungsstaat, 1985, S. 83ff.
[113] Interview mit *Herold*, in: Transatlantik, Nov. 1980, 29ff. (zu seinen Computerplänen).
[114] *Simon/Taeger*, Rasterfahndung, 1981.
[115] *Garstka*, DVBl. 1998, 981 (981, insb. Fn. 2, 3).

Datenschutzgesetz von 1970.[116] Er mag im amerikanischen „Data Protection Law" – im Sinne von Datensicherheit – liegen oder beim „Maschinenschutz", der in den 1960er Jahren kodifiziert worden ist.[117] Zunächst wurde er in Deutschland im Zusammenhang mit betrieblichen Datensicherheitsfragen verwendet[118] (zum Begriff in der DDR → Rn. 44). So war es z.B. ursprünglich noch das Ziel des hessischen Datenschutzgesetzgebers gewesen, die Nutzer – nicht die Betroffenen! – vor den Versuchen Dritter zu schützen, Einblick in die Daten zu nehmen[119] (was dann aber nicht Gesetz wurde, vgl. §§ 2–4 hessLDSG 1970)

54 Die **ursprüngliche Bedeutung**, die den Schutz der Daten impliziert, erweiterte und veränderte sich bald und umfasst seitdem (auch und vor allem) die materiellen Regelungen der personenbezogenen Datenverarbeitung. Diese Umdeutung geht auf *Ulrich Seidel* zurück.[120] In seiner Dissertation „Datenbanken und Persönlichkeitsrecht" (1972) und früheren Veröffentlichungen[121] wird „materielles Datenschutzrecht" als die Regelung (personenbezogener) Datenverarbeitungen insgesamt begriffen und gegenüber dem „formellen Datenschutzrecht" und der „Datensicherung" abgegrenzt.[122] Auch *Steinmüller* hat den Begriff „Datenschutz" 1970 als „Vorkehrungen zum Schutz der Privatsphäre" definiert.[123]

55 Hierdurch ist „Datenschutz" die seitdem allgemein und über Deutschland hinaus gebräuchliche Bedeutung gegeben. Im Ergebnis hat also eine **Begriffsverschiebung** stattgefunden. Das ganz ursprünglich mit „Datenschutz" Gemeinte wird seitdem als „Datensicherheit" bzw. „Datensicherung" bezeichnet. Der Begriff des „Datenschutzes" füllt dagegen die Lücke aus, die durch eine fehlende passende Übersetzung der amerikanischen „Privacy" bestand.[124] Diese Terminologie hat sich sehr schnell eingebürgert.[125] Anfängliches Unbehagen mit der Begriffswahl („überaus irreführend",[126] „eigentlich ganz unpassend" und „unglücklich",[127] Setzen des Begriffs in Anführungszeichen)[128] verebbte. Versuche, ihn zu ersetzen,[129] blieben folgenlos.

II. Erste Datenschutzgesetze

56 Für den Erlass der ersten Datenschutzgesetze lag **kein konkreter Anlass** vor, vielmehr bestand lediglich eine allgemeine Besorgnis vor zukünftigen Gefährdun-

---

[116] *Bull*, Datenschutz, 1984, S. 84f.; vgl. Hessische Zentrale für Datenverarbeitung (Hrsg.), Großer Hessenplan, Entwicklungsplan für den Ausbau der Datenverarbeitung in Hessen, 1970, S. 21f.; Regierungsentwurf zum hessDSG 1970 (hessLT-Drs. 6/3065, S. 7ff.).

[117] *Garstka*, DVBl. 1998, 981 (981 Fn. 2). – *Garstka* nimmt Bezug auf das früher „Maschinenschutzgesetz" und heute „Geräte- und Produktsicherheitsgesetz" genannte „Gesetz über technische Arbeitsmittel [und Verbraucherprodukte]" v. 6.1.2004 (BGBl. I S. 2). Mit diesem wurde ähnlich dem Datenschutzrecht „vorgreifender Gefahrenschutz" (*Doetsch/Schnabel*, Gesetz über technische Arbeitsmittel, 2. Aufl. 1970, S. 10) bezweckt.

[118] Pawlikowsky/*Reisinger*, Datenschutz, 1979, S. 14.

[119] Hessische Zentrale für Datenverarbeitung, Großer Hessenplan, 1970, S. 21.

[120] *Zielinski*, JuS 1973, 130 (131); *Kauch* (Hrsg.), Erfassungsschutz, 1975, S. 168.

[121] Zuvor schon *Seidel*, NJW 1970, 1581 (1583f.).

[122] *Seidel*, Datenbanken und Persönlichkeitsschutz, 1972, S. 130.

[123] *Steinmüller*, EDV und Recht, 1970, S. 86.

[124] Roßnagel HdB DatenSR/*Abel*, 2003, Kap. 2.7, Rn. 12.

[125] So schon *Steinmüller* u.a., BT-Drs. 6/3826, 44 Fn. 6 („bereits eingebürgert"); Begründung zu BDSG-Entwurf 1973, BT-Drs. 7/1027, 14 („seit geraumer Zeit allgemein gebräuchlich").

[126] *Simitis*, NJW 1971, 673 (676).

[127] *Bull*, Datenschutz, 1984, 83 (84).

[128] *Simitis*, NJW 1971, 673.

[129] *Steinmüller*, EDV und Recht, 1970, S. 87 Ziff. 6 („Informationsschutz").

gen. Die Initiative zum Datenschutz kam dementsprechend auch – ähnlich wie der Beginn der Diskussion über Umweltprobleme[130] – nicht aus der Öffentlichkeit oder von Betroffenen, sondern aus der Politik.

Die **ersten Datenschutzgesetze** in Deutschland (1970 Hessen, → Rn. 59ff.; 1970 **57** bayerisches EDV-G; 1974 Rheinland-Pfalz;[131] zuletzt Hamburg 1981) regelten, entsprechend der beschränkten Kompetenz der Länder, nur die Datenverarbeitung in deren Verwaltung. Das Bundesdatenschutzgesetz (→ Rn. 63ff.) erfasst auch den Bereich der Wirtschaft.

Vergleichbar gab es in **anderen europäischen Staaten** Initiativen und Vorarbei- **58** ten für Datenschutzgesetze.[132] Für die USA wurde bereits auf den Privacy Act v. 1974 verwiesen, dessen Gültigkeit sich auf die u.s.-amerikanische Bundesverwaltung erstreckt.

1. Hessisches Datenschutzgesetz von 1970

Hessen war damit das erste Bundesland – und sogar **das erste Land weltweit** –, **59** das ein Datenschutzgesetz erließ („Datenschutzgesetz" vom 7.10.1970, verkündet am 12.10.1970).[133] Es erfasste zunächst nur den Bereich der öffentlichen Verwaltung des Landes und war eine Reaktion auf die zur Umsetzung des „Großen Hessenplans" durch das hessische Datenverarbeitungsgesetz[134] (DVG) eingeführten Informationssysteme.

Anstoß zum hessDSG war ein Artikel von *Hanno Kühnert* in der F.A.Z.,[135] den **60** der damalige hessische Ministerpräsident *Zinn* zum legisfaktorischen Anlass nahm[136] und der von dessen Nachfolger *Osswald* weitergeführt wurde. Im Kontext des „Großen Hessenplans", eines großen Landesentwicklungsprogramms,[137] wurde im **Zusammenhang mit der Verwaltungsautomation** erstmals „Datenschutz" thematisiert.[138]

Wegweisend für die weitere Entwicklung des Datenschutzrechts war im **61** hessDSG die Einrichtung eines **unabhängigen Datenschutzbeauftragten als Kontrollinstitution**.[139]

2. Bundesdatenschutzgesetz

Erste gesetzgeberische Bemühungen auf Bundesebene waren zu Beginn der **62** Siebziger Jahre zu verzeichnen.[140] Die Bundesregierung plante bereits 1970/71 Datenschutzregelungen innerhalb einer Melderechtsreform;[141] es wurden Gutachten in

---

[130] *Vierhaus*, Umweltbewußtsein von oben, 1994, S. 33 Fn. 36, S. 39–182, S. 533f.

[131] *Simitis*, NJW 1971, 673 (677 Fn. 35, S. 678).

[132] Zeitgenössisch zum Diskussionsstand *Hondius*, Emerging Data Protection in Europe, 1975.

[133] HessGVBl. I S. 625.

[134] Gesetz über die Errichtung der Hessischen Zentrale für Datenverarbeitung (HZD) und Kommunaler Gebietsrechenzentren (KGRZ) v. 16.12.1969 (hessGVBl. I S. 304).

[135] *Hanno Kühnert*, Tücken der Computer, in: F.A.Z. v. 10.6.1969, S. 1.

[136] Hassemer/Möller/*Simitis,* 25 Jahre Datenschutz, 1996, S. 28 (28f.); *Simitis*, in: F.A.S. v. 4.1.2015, S. 17.

[137] Überblick hierzu bei Strubelt/Briesen/*van Laak*, Raumplanung nach 1945, 2015, S. 127ff.

[138] Hessische Zentrale für Datenverarbeitung (Hrsg.), Großer Hessenplan, 1970.

[139] Kurzer biographischer Abriss der bisherigen Amtsinhaber in Hessen bei *Vogt*, NJW-aktuell 20/2011, 14.

[140] Abriss bei *Liedtke*, Das Bundesdatenschutzgesetz, 1980, S. 126–138.

[141] Dokumentation und Zusammenfassung bei BMI, Personenkennzeichen (betrifft: 7), 1971.

Auftrag gegeben,[142] ein erster interfraktioneller BDSG-Entwurf (Entwurf der inter-parlamentarischen Arbeitsgemeinschaft, IPA-Entwurf) vom Oktober 1971[143] verfiel der Diskontinuität durch die Auflösung des Bundestages nach der Vertrauensfrage *Willy Brandts.*

63   Erneut eingebracht wurde ein Regierungsentwurf am 21.9.1973. Ausführliche Ausschusssitzungen in den Jahren 1974 bis 1976 folgten.[144] So wurde das **BDSG 1977** erst am 12.11.1976 auf der Basis des im Vermittlungsausschuss gefundenen Kompromisses verabschiedet. Nach damaliger Vorstellung diente das BDSG zunächst der „politischen Bewußtseinsbildung"[145] und trug deshalb ein „Stigma der Vorläufigkeit".[146]

III. Volkszählungsurteil

64   Die Mauerblümchenexistenz des Datenschutzrechts endete mit dem **Paukenschlag** der Volkszählungsentscheidung.

65   Zwar hatte es durchaus **Vorläufer** in der Rechtsprechung (→ § 5 Rn. 19) gegeben, meist mit Bezug auf sensitive Daten, z.B. zu Scheidungsakten,[147] Arztkarteien[148] und Suchtkranken-beratungsstellen,[149] weiterhin zum Mikrozensus,[150] zum Verbot, den Menschen in seiner Gesamtheit zu registrieren und katalogisieren, auch nicht in der Anonymität einer statistischen Erhebung.[151]

66   Anlass war die (ursprünglich) **für 1980 angesetzte Volkszählung.**[152] Sie traf auf „Beunruhigung" und „Furcht" in der Bevölkerung,[153] vor allem wohl der geplante Abgleich der statistischen Daten mit dem Melderegister. Hiergegen wandte sich politischer Protest, in dessen Zusammenhang Verfassungsbeschwerden zum BVerfG erhoben wurden.[154]

67   In der Entscheidung wurde ein „Recht auf informationelle Selbstbestimmung" vom Gericht aus Art. 2 Abs. 1 und Art. 1 Abs. 1 GG abgeleitet (→ § 4 Rn. 13 ff.) und im Ergebnis die gesamte Verarbeitung personenbezogener Daten (im öffentlichen Bereich) einem **Gesetzesvorbehalt** unterstellt (→ § 4 Rn. 22 f., 38).

68   Der **Begriff des** „**informationellen Selbstbestimmungsrechts"** ist vom Bundesverfassungsgericht erstmalig in einem Sondervotum erwähnt worden.[155] Im deutschen Schrifttum wurde er

---

[142] Besonders breit rezipiert wurde *Steinmüller/Lutterbeck/Mallmann/Harbort/Kolb/Schneider,* BT-Drs. 6/3826.
[143] BT-Drs. 6/2885.
[144] *Liedtke,* Das Bundesdatenschutzgesetz, 1980, S. 132 f. mit ausf. Analyse auf S. 143 ff.
[145] *Kloepfer,* VVDStRL 40 (1982), 61 (77).
[146] *Schomerus,* RDV 1986, 61.
[147] BVerfG, Beschl. v. 15.1.1970 – 1 BvR 13/68, BVerfGE 27, 344 (350) – Scheidungsakten.
[148] BVerfG, Beschl. v. 8.3.1972 – 2 BvR 28/71, BVerfGE 32, 373 (379) – Arztkartei.
[149] BVerfG, Beschl. v. 24.5.1977 – 2 BvR 988/75, BVerfGE 44, 353 (372) – Suchtkrankenbera-tungsstelle.
[150] BVerfG, Beschl. v. 16.7.1969 – 1 BvL 19/63, BVerfGE 27, 1 ff. – Mikrozensus.
[151] BVerfG, Beschl. v. 16.7.1969 – 1 BvL 19/63, BVerfGE 27, 1 (6) – Mikrozensus.
[152] *Taeger,* Die Volkszählung, 1983.
[153] BVerfG, Urt. v. 15.12.1983 – 1 BvR 209/83 u.a., BVerfGE 65, 1 (3); zur allgemeinen Diskussi-on um die Volkszählung *Bergmann,* Volkszählung und Datenschutz, 2009.
[154] Zum Ablauf des Verfahrens *Steinmüller,* RDV 2007, 158 (160 f.); *Wesel,* Risiko Rechtsanwalt, 2001, S. 220 ff.
[155] Sondervotum *M. Hirsch,* BVerfG, Beschl. v. 5.2.1981 – 2 BvR 646/80, BVerfGE 57, 170 (182, 201). Inhaltlich hat sich das BVerfG schon in früheren Entscheidungen zu einem zur informationellen Selbstbestimmung hinführenden Verständnis des Allgemeinen Persönlichkeitsrechts bekannt (BVerfG, Beschl. v. 31.1.1973 – 2 BvR 454/71, BVerfGE 34, 238 (246); BVerfG, Urt. v. 5.6.1973 – 1 BvR 536/72, BVerfGE 35, 202 (220) – Lebach).

zuerst 1971 von *Steinmüller* gebraucht,[156] geht aber wohl auf den u.s.-amerikanischen Juristen *Allan Westin* zurück.[157] In dem von *Steinmüller* u.a. im Auftrag des Bundesinnenministers erstatteten Gutachten wird das für die weitere Entwicklung so bedeutende und folgenreiche „Recht auf informationelle Selbstbestimmung" aus einem „einfachen kybernetischen Handlungsmodell"[158] entwickelt.

IV. BDSG 1990 und verfassungsgerichtliche Konturierung

Gerade aber der umfassende Gesetzesvorbehalt (→ Rn. 67) wurde bald als nicht **69** unproblematisch identifiziert, insoweit er zu einer **Normenflut** führte, v.a. durch das sog. bereichsspezifische Datenschutzrecht. Die Übersichtlichkeit und Verständlichkeit des Datenschutzrechts litt, die mit dem Gesetzesvorbehalt bezweckte Begrenzung (staatlicher) Datenverarbeitung stellte sich nicht ein.[159]

Ohne freilich an dem Normierungsansatz des BDSG grundsätzlich etwas zu än- **70** dern, weitete das **BDSG v. 1990** den Anwendungsbereich aus.

Die weitere Konturierung des Datenschutzrechts erfolgte v.a. durch die **Recht- 71 sprechung** des BVerfG (Rasterfahndung,[160] Vaterschaftsfeststellung,[161] Online-Durchsuchung,[162] Kfz-Kennzeichenerfassung,[163] Vorratsdatenspeicherung).[164] Aus der Rechtsprechung der Zivilgerichte ist aus dieser Zeit insb. das SCHUFA-Urteil[165] bemerkenswert, das den Datenschutz im nicht-öffentlichen Bereich weiter konturierte.

V. BDSG-Reformen I, II, III im Jahre 2009

Zum Ende der Regierungszeit der ersten schwarz-roten Koalition unter *Merkel* **72** ist das Datenschutzrecht – jedenfalls in textlicher Hinsicht – umfangreich novelliert worden (BDSG-Novellen I, II, III).[166] Nachdem einige Überwachungsmaßnahmen größerer Unternehmen (Deutsche Telekom, Lidl, Deutsche Bahn) Gegenstand öffentlicher Kritik geworden waren, sah sich der Gesetzgeber aufgerufen, das BDSG „zu verschärfen". Dass dies **in weiten Teilen politischer Aktionismus** war, zeigte sich darin, dass es zu einer strengeren Ausgestaltung des materiellen Arbeitnehmerdatenschutzrechts nicht kam; allerdings wurde mit dem § 32 BDSG-alt (heute § 26

---

[156] *Steinmüller/Lutterbeck/Mallmann/Harbort/Kolb/Schneider*, Grundfragen des Datenschutzes (= BT-Drs. 6/3826), 1971, S. 88 („Selbstbestimmungsrecht des Bürgers über sein informationelles Personenmodell"); autobiographisch *Steinmüller*, RDV 2007, 158 ff.; für eine gemeinsame Urheberschaft von *Steinmüller, Lutterbeck* und *Podlech Lutterbeck,* in: Büchner/Dreier, Von der Lochkarte zum globalen Netzwerk, 2007, S. 16 Fn. 5; vgl. *Bull*, Datenschutz, 1984, S. 81 f. mit Anm. 23a; *H. Ehmann*, AcP CLXXXVIII (1988), 230 (329–338).

[157] *Westin*, Privacy and Freedom, 1967, S. 7 et pass.; anders *Büllesbach/Garstka*, CR 2005, 720 (721), die eine Linie zu *Warren* und *Brandeis* ziehen.

[158] *Steinmüller/Lutterbeck/Mallmann/Harbort/Kolb/Schneider*, BT-Drs. 6/3826, 86 mit Bezug auf *Herzog*, StuR 1968, 781 ff.

[159] Vgl. den Befund bei *Simitis*, RDV 2007, 143 ff.

[160] BVerfG, Beschl. v. 4.4.2006 – 1 BvR 518/02, BVerfGE 115, 320 ff. – Rasterfahndung; dazu → § 5 Rn. 50 ff.

[161] BVerfG, Urt. v. 13.2.2007 – 1 BvR 421/05, BVerfGE 117, 202 ff. – Vaterschaftsfeststellung; auch → § 4 Rn. 29.

[162] BVerfG, Urt. v. 27.2.2008 – 1 BvR 370/07, BVerfGE 120, 274 ff. – Online-Durchsuchung; → § 5 Rn. 2 ff.

[163] BVerfG, Urt. v. 11.3.2008 – 1 BvR 2074/05, BVerfGE 120, 378 ff. – Kennzeichenerfassung; → § 5 Rn. 58.

[164] BVerfG, Urt. v. 2.3.2010 – 1 BvR 256/08, BVerfGE 125, 260 ff. – Vorratsdatenspeicherung; → § 5 Rn. 34 ff.

[165] BGH, Urt. v. 19.9.1985 – III ZR 213/83, NJW 1986, 46 ff.

[166] Überblick bei *Bohnen*, Die BDSG Novellen 2009/2010, 2011.

BDSG 2018) der Nukleus eines geschriebenen Arbeitnehmerdatenschutzgesetzes geschaffen. Die Novellierungen bezogen sich ferner auf eine stärkere Begrenzung der Werbung und eine spezifische Regelung für Auskunfteien und zum Scoring.

G. Datenschutz und Vernetzung

I. Telekommunikationsdatenschutz

73 Erste Regelungen des Telekommunikationsdatenschutzes finden sich in Anknüpfung an die bisherigen Regelungen zu Telegraphen (→ Rn. 29) in § 14 PostVwG i.V.m. §§ 449ff. Telekommunikationsordnung der Deutschen Bundespost (TKO).

74 Die ursprünglich nur den staatlichen Anbieter von Telekommunikationsdienstleistungen (Deutsche Bundespost adressierenden Regelungen (§ 30 Abs. 2 PostVerfG i.V.m. der TelekomDSV) mussten mit Beginn der Liberalisierung des Telekommunikationssektors nach der Postreform I (PostStruktG) einen Ausleger für private Anbieter bekommen (§ 14a FAG i.V.m. der UDSV). Beide Normwerke waren im wesentlichen inhaltsgleich, nur bezüglich der Aufsichtsbehörde (BfD für die Bundespost, Länderbehörden für die Privaten) unterschieden sie sich.

75 Die Privatisierung des Telekommunikationssektors[167] durch die Postreform II (PTNeuOG) führte dazu, da das grundgesetzliche Fernmeldegeheimnis (Art. 10 GG) nicht zwischen (privaten) Dienstanbietern und Nutzer wirkte (keine unmittelbare Drittwirkung), dass der Staat seiner Schutzpflicht nachkommen musste. Das Ergebnis war § 10 PTRegG i.V.m. TDSV 1996.[168]

76 1996 erging das Telekommunikationsgesetz (TKG), dass in § 89 den Telekommunikationsdatenschutz in Form einer Verordnungsermächtigung regelte. Die darauf basierende TDSV wurde jedoch erst im Jahre 2000 erlassen (TDSV 2000).

77 In der Zwischenzeit war die europäische Telekommunikationsdatenschutzrichtlinie 97/66/EG (nach einer früheren Fassung auch „ISDN-Richtlinie" genannt) in Kraft getreten. Ihre Vorgaben wurden, zusammen mit Zugriffbefugnissen der Sicherheitsbehörden auf Daten bei den Telekommunikationsunternehmen, durch das sog. Begleitgesetz[169] umgesetzt. 2002 wurde wiederum eine neue TDSV erlassen.

78 2002 trat auch die Datenschutzrichtlinie für elektronische Kommunikation 2002/58/EG in Kraft. Ihre Vorgaben sind 2004, leicht verspätet, durch das neue TKG in deutsches Recht umgesetzt worden. 2009 ist die Telekommunikationsdatenschutzrichtlinie 2002/58/EG durch die Richtlinie 2009/136/EG an die technischen und Marktgegebenheiten angepasst worden. Die Umsetzung erfolgte (größtenteils) durch eine Novellierung des TKG im Mai 2012[170] (Einzelheiten hierzu → § 26 Rn. 3). Eine Novellierung des europäischen Rechtsrahmens parallel zu DS-GVO wird derzeit geplant.[171]

---

[167] *Rieß*, Regulierung und Datenschutz im europäischen Telekommunikationsrecht, 1996, S. 178.

[168] Im Zusammenhang mit der TDSV 1996 bestanden praktische Unsicherheiten, weil zum einen die Verordnung wenige Tage vor Inkrafttreten des TKG noch auf der Basis der alten Ermächtigungsgrundlage erlassen worden war und zu anderen und erst recht, als die Umsetzungsfrist für die Telekommunikationsrichtlinie am 24.10.1998 abgelaufen war.

[169] BGBl. 1997 I S. 3108.

[170] Gesetz zur Änderung telekommunikationsrechtlicher Regelungen v. 3.10.2012 (BGBl. 2012 I S. 958).

[171] → Rn. 78; vgl. Auernhammer/*Heun/Assion*, Art. 95 DS-GVO Rn. 17–20.

II. Internet

Die Geschichte des deutschen Internet(datenschutz)rechts beginnt mit dem **Bildschirmtext** 79
(Btx). Die Kompetenz zur Regelung dieses Dienstes war zwischen Bund und Ländern umstritten,
so dass die Deutsche Bundespost den Btx-Staatsvertrag der Länder nicht anerkannte (sich aber
gleichwohl faktisch daran hielt).[172] Die **Kompetenzverteilung zwischen Bund und Ländern** mit
ihren Unklarheiten ist der Grund für die auch noch heute bestehende Zersplitterung des deutschen
Internet(datenschutz)rechts. Während dem Bund nach Art. 74 Abs. 1 Nr. 11 GG die (konkurrierende) Gesetzgebungskompetenz für den Bereich der Wirtschaft zusteht, obliegt den Ländern die
Gesetzgebung im Bereich der Presse – der Bund hat von seiner damals noch bestehenden Rahmen-
gesetzgebungskompetenz nach Art. 75 Abs. 1 Nr. 2 GG insoweit keinen Gebrauch gemacht – und
des Rundfunks. Doch fügen sich Internet- und andere digitalen Dienste (z.B. Pay-TV) nicht
ohne weiteres in die Kompetenzverteilung des GG ein. Da alle Beteiligten jedoch eifersüchtig über
ihre Kompetenz in diesem Bereich wachen, man gleichzeitig die Länder- und auch nationalen
Grenzen ignorierenden Dienste der Informationsgesellschaft nicht durch einen gesetzlichen Fli-
ckenteppich auf Ebene der Länder begegnen kann, hat man sich auf einen politischen Kompromiss
geeinigt.[173]

Der deutsche Gesetzgeber hat als einer der ersten spezielle Datenschutzregelun- 80
gen für das Internet geschaffen. Aufbauend auf den Regelungen des Btx-
Staatsvertrags trat im Rahmen des „**Informations- und Kommunikationsdienste-
gesetz" (IuKDG)**[174] bereits 1997 das Teledienstedatenschutzgesetz (TDDSG) in
Kraft. Zur gleichen Zeit beschlossen die Länder den **Mediendienstestaatsvertrag
(MDStV)** und fügten entsprechende Regelungen in den Rundfunkstaatsvertrag ein.
– Als Versuch der Lösung der unklaren und umstrittenen föderalen Kompetenzab-
grenzung war dies der Versuch eines materiellen Gleichlaufs der Regelungen zu
Telediensten, Mediendiensten und Rundfunk (**Parallelgesetzgebung**).

Dieser Regelungsansatz geriet an seine Grenzen, als 2001 bzw. 2002 die Regelungen des TDDSG 81
und des MDStV überarbeitet wurden. Ein synchrones Inkrafttreten war nicht zu gewährleisten.
Auch gab es **inhaltliche Differenzen**, insbesondere hinsichtlich der Sanktionen. Die nutzerbezoge-
nen Datenschutzregelungen des RStV wurden damals durch den 6. Rundfunkänderungs-
Staatsvertrag von 2002 nicht modifiziert, sondern blieben auf dem Stand des TDDSG und MDStV
von 1997.

Inzwischen sind die datenschutzrechtlichen Regelungen des MDStV und das 82
TDDSG entzerrt und **zwischen Bund und Ländern neu verteilt** worden.[175] Die
datenschutzrechtlichen Regelungen des alten RStV, die als Annexkompetenz des
Rundfunkrechts eigentlich in die Länderkompetenz fallen, sind durch eine pauschale Verweisung auf das TMG ersetzt worden. Der RStV enthält nun nur zum journalistischen Datenschutz inhaltliche Regelungen (§§ 54 ff. RStV).

H. Europäisierung des Datenschutzrechts

Der Ausgangspunkt des europäischen Datenschutzrechts ist die **Europaratskon-** 83
vention Nr. 108 (Übereinkommen zum Schutz des Menschen bei der automatischen Verarbeitung personenbezogener Daten vom 28. Januar 1981),[176] eine Rege-

---

[172] *Rieß*, Regulierung und Datenschutz im europäischen Telekommunikationsrecht, 1996,
S. 274 f.

[173] BT-Drs. 14/1191, 4.

[174] Umfassend *Engel-Flechsig/Maennel/Tettenborn* (Hrsg.), Beck'scher IuKDG-Kommentar,
2001.

[175] Zur Vorgeschichte *Bizer*, DuD 2004, 6 (10).

[176] An dieses Datum erinnert der Europäische Datenschutztag, der seit 2007 am 28. Januar be-
gangen wird.

lung auf der Ebene regionalen (europäischen) Völkerrechts. Vorangegangen waren drei Entschließungen in den Jahren 1973 u. 1974.[177]

84 Aber auch die Europäische (Wirtschafts-)Gemeinschaft, heute die **Europäische Union**, hatte den Datenschutz schon Mitte der Siebziger Jahre problematisiert.[178] So hatte das Europäische Parlament am 8.5.1979 eine europäische Harmonisierungsrichtlinie für den Datenschutz gefordert[179] und am 9.3.1982 die Datenschutzkonvention begrüßt.[180] Die Europäische Kommission beschäftigte sich, wenn auch zunächst nicht unter besonderer Beachtung des Persönlichkeitsschutzes, seit der gleichen Zeit mit dem Thema,[181] seit 1979 insbesondere mit dem Telekommunikationsmarkt. Der Datenschutz bei der Telekommunikation wurde erstmals im „Grünbuch über die Entwicklung des Gemeinsamen Marktes für Telekommunikationsdienstleistungen und Telekommunikationsendgeräte" (1987) thematisiert.[182]

85 Jedoch erst am 13.9.1990 legte die Europäische Kommission ein **Paket von Regelungsvorschlägen zum Datenschutz auf europäischer Ebene** vor.[183] Wegen der Maastrichter Beschlüsse wurde der allgemeine Datenschutz vom Telekommunikationsdatenschutz verfahrenstechnisch getrennt.[184] So machte die Kommission am 15.10.1992 einen ersten Vorschlag für eine allgemeine Datenschutzrichtlinie[185] und am 13.6.1994 einen Richtlinienvorschlag zum Telekommunikationsdatenschutz.[186] Der Vorschlag der Europäischen Kommission, der Datenschutzkonvention des Europarats (→ Rn. 83) beizutreten, wurde sodann aus rechtlichen und inhaltlichen Gründen nicht weiter verfolgt.[187]

I. Europarechtliche Regelungen

86 Eine umfassende Regelung erfuhr das allgemeine Datenschutzrecht in der EG durch die **Europäische Datenschutzrichtlinie 95/46/EG** v. 24.10.1995.[188] Insbesondere das Datenschutzrecht Deutschlands und Frankreichs waren hier prägend.

87 Das Telekommunikationsdatenschutzrecht erfuhr eine spezielle Regelung durch die **TK-Datenschutzrichtlinie 97/66/EG** v. 15.12.1997, die durch die Datenschutzrichtlinie für elektronische Kommunikation 2002/58/EG und die Richtlinie 2009/

---

[177] Entschließungen (73) 22 u. (73) 23 v. 26.9.1973 sowie (74) 29 v. 20.9.1974.

[178] Vgl. „Entschließung zum Schutz der Rechte des einzelnen angesichts der fortschreitenden Entwicklung auf dem Gebiet der Datenverarbeitung" (ABl. 1976 C 100, 27), „Entschließung zum Schutz der Rechte des einzelnen angesichts der fortschreitenden Entwicklung auf dem Gebiet der Datenverarbeitung v. 8.5.1979" (ABl. 1979 C 140, 34, BT-Drs. 8/2928) und v. 9.3.1982 (ABl. 1982 C 87, 39, BT-Drs. 9/1516).

[179] Vgl. BT-Drs. 8/2928 (sog. Bayerl-Vorlage); dazu *Knauth*, WM 1990, 209 (213, insb. Fn. 20).

[180] Vgl. BT-Drs. 9/1516 (sog. Sieglerschmidt-Vorlage); dazu *Sieglerschmidt*, DuD 1982, 189; weiter *Knauth*, WM 1990, 209 (213 Fn. 21).

[181] „Aktionsprogramm für die Politik im wissenschaftlich-technischen Bereich" v. 25.7.1973 KOM (73) 1256 endg.; „Politik der Gemeinschaft auf dem Gebiet der Datenverarbeitung" v. 21.11.1973 KOM (73) 4300 endg.; „Erste Vorschläge der Kommission für prioritäre Aktionen auf dem Gebiet der Informationspolitik" v. 5.5.1975 KOM (75) 35 endg.; *Europäische Kommission (Hrsg.)*, Data Protection, Data Security and Privacy, Luxemburg 1977; dazu *Mähring*, Institutionelle Datenschutzkontrolle, 1993, S. 24 ff.

[182] BT-Drs. 11/930.

[183] KOM(90)314 endg. – SYN 287–288 v. 13.9.1990.

[184] *Rieß*, Regulierung und Datenschutz im europäischen Telekommunikationsrecht, 1996, S. 76.

[185] KOM(92)422 endg. – SYN 287, ABl. 1992 C 311, 30 = BT-Drs. 12/8329, 4 ff.

[186] ABl. 1994 C 200, 4; zum Inhalt: *Rieß*, Regulierung und Datenschutz im europäischen Telekommunikationsrecht, 1996, S. 91 ff.

[187] *Rieß*, Regulierung und Datenschutz im europäischen Telekommunikationsrecht, 1996, S. 100 f.; *Jakob*, DuD 1994, 480.

[188] ABl. 1995 L 281, 31; zur Entstehung *Wuermeling*, Handelshemmnis Datenschutz, 2000, S. 17–28.

136/EG novelliert und an den technischen Fortschritt angepasst wurde. Gegenwärtig wird über eine neue E-Privacy-Verordnung diskutiert.[189]

Die **Umsetzung** erfolgte **in Deutschland** durch das BDSG v. 23.5.2001 und das 88 TKG v. 2004, jeweils unter mehr oder minder großzügiger Überschreitung des Umsetzungszeitraums.

II. Europäische Rechtsprechung

In der Folge wurde die **Rechtsprechung des EuGH zum Datenschutzrecht** 89 immer maßgeblicher (zur Unabhängigkeit der Datenschutzaufsichtsbehörden v. 9.3.2010;[190] Google Spain-Urteil;[191] Safe Harbor[192]).

Besonders umstritten in der ganzen EU war und ist die **Vorratsdatenspeiche-** 90 **rung**. Sie basiert(e) auf europäischen Vorgaben, war aber wegen verfassungsrechtlicher Prüfung[193] nicht ohne weiteres umzusetzen.[194] Neben datenschutzrechtlichen Bedenken artikulierten v. a. Telekommunikationsunternehmen Protest.[195]

III. Weiterentwicklung des europäischen Rechtsrahmens für den Datenschutz

Das heutige europäische Datenschutzrecht nahm seinen Ausgang vom „Stock- 91 holmer Programm" (benannt nach der seinerzeitigen schwedischen Ratspräsidentschaft).[196] Die Europäische Kommission ergriff 2009 mit öffentlichen Konsultationen und einer Anhörung am 1.7.2010 die Initiative. Ergebnis waren zunächst eine Kommissionsmitteilung zum „Gesamtkonzept für den Datenschutz in der Europäischen Union"[197] und schließlich Anfang 2012 die **Kommissionsentwürfe** „Vorschlag für Richtlinie des Europäischen Parlaments und des Rates zum Schutz natürlicher Personen bei der Verarbeitung personenbezogener Daten durch die zuständigen Behörden zum Zwecke der Verhütung, Aufdeckung, Untersuchung oder Verfolgung von Straftaten oder der Strafvollstreckung sowie zum freien Datenverkehr" v. 25.1.2012[198] und „Vorschlag einer Verordnung des Europäischen Parlaments und des Rates zum Schutz natürlicher Personen bei der Verarbeitung personenbezogener Daten und zum freien Datenverkehr (Datenschutz-Grundverordnung)" v. 25.1.2012.[199]

Das **Europäische Parlament** nahm Ende 2012 umfänglich mit einem „Entwurf ei- 92 nes Berichts über den Vorschlag für eine Verordnung des Europäischen Parlaments und des Rates zum Schutz natürlicher Personen bei der Verarbeitung personenbezogener Daten und zum freien Datenverkehr" („Albrecht-Entwurf")[200] Stellung. Am

---

[189] *Jan Pohle*, ZD-Aktuell 2017, 05452; Übersicht zu Debatten und Stellungnahmen ZD-Aktuell 2017, 05592.

[190] EuGH, Urt. v. 9.3.2010 – C-518/07, NJW 2010, 1265 ff.

[191] EuGH, Urt. v. 13.5.2014 – C-131/12, NJW 2014, 2257 ff. – Google Spain; dazu auch → § 11 Rn. 19.

[192] EuGH, Urt. v. 6.10.2015 – C-362/14, NJW 2015, 3151 ff. – Safe Harbor; dazu → § 18 Rn. 17 ff.

[193] BVerfG, Urt. v. 2.3.2010 – 1 BvR 256/08, MMR 2010, 356 ff. – Vorratsdatenspeicherung; dazu ausführlich → § 5 Rn. 74 ff.

[194] Vgl. jedoch BGBl. 2015 I S. 2218; → § 5 Rn. 81.

[195] F. A. Z. v. 3.7.2017, S. 15.

[196] Europäische Kommission, KOM(2010) 171 endgültig, 3.

[197] KOM(2010) 609 endgültig.

[198] KOM(2012) 10 endgültig.

[199] KOM(2012) 11 endgültig.

[200] Zur maßgeblichen Rolle des MdEP *Philipp Albrecht* (Grüne) s. den Film „Democracy – Im Rausch der Daten", 2015.

21.10.2013 einigte man sich im Innenausschuss (LIBE-Ausschuss). Zwischen den Organen der europäischen Gesetzgebung gab es zunächst einen informellen Trilog ohne greifbares Ergebnis. Am 12.3.2014 beschloss das Europäische Parlament in erster Lesung (Art. 294 Abs. 3 AEUV). Im **Rat der Europäischen Union** erfolgt die inhaltliche Abstimmung 2014–2015.

93   Ende 2015 dann führte der **Trilog** (Abschluss Dez. 2015) zu einem Abschluss.[201]

IV. Das BDSG 2018

94   Gegenstand des neuen BDSG 2018 ist zum einen die Anpassung an die Grundverordnung im Rahmen des den Mitgliedstaaten belassenen **Konkretisierungs- und Ausgestaltungsspielraum, welcher insbesondere die Datenverarbeitung im öffentlichen Bereich betrifft.** Zum anderen erstreckt sich das neue Gesetz auf die Umsetzung der Richtlinie 2016/680 für den Bereich der Verhütung, Ermittlung und Verfolgung von Straftaten. Im Verfahren besonders umstritten[202] waren der Umfang der dem Gesetzgeber zur Verfügung stehenden Spielräume, ferner die Vertretung Deutschlands im Europäischen Datenschutzausschuss[203] und die Einschränkung der Betroffenenrechte.[204, 205] sowie – außerhalb des BDSG selbst – die entsprechenden weiteren Artikel betreffend den Datenschutz bei den Nachrichtendiensten.

95   Der erste Referentenentwurf v. 5.8.2016 löste heftige Auseinandersetzungen aus, die weitere Überarbeitungen und insb. die Beteiligung von Verbänden und Ländern zur Folge hatte.[206] Der deutlich überarbeitete Referentenentwurf v. 11.11.2016[207] wurde in Gestalt des Kabinettsentwurfs v. 1.2.2017[208] zum Gegenstand des Gesetzgebungsverfahrens[209] und schließlich auf der Grundlage der Beschlussempfehlung des Innenausschusses des Bundestages[210] zum [Artikel-]**„Gesetz zur Anpassung des Datenschutzrechts an die Verordnung (EU) 2016/679 und zur Umsetzung der Richtlinie (EU) 2016/680 (Datenschutz-Anpassungs- und Umsetzungsgesetz EU – DSAnpUG-EU)“;**[211] Art. 1 enthält das neue Bundesdatenschutzgesetz. Die Regelungen treten zeitgleich mit der DS-GVO am 25.5.2018 in Kraft, bei gleichzeitigem Außerkrafttreten des alten BDSG (Art. 8 DSAnpUG-EU).

96   Parallel gab es eine letzte Änderung des BDSG-alt zur **Lockerung der Vorgaben zur Videoüberwachung.**[212] Sie hatte unmittelbar nicht die Anpassung des deutschen Datenschutzrechts an das neue EU-Datenschutzrecht zum Gegenstand, sondern hat die vom Terrorismus verschärften Sicherheitslage zum Anlass.[213]

---

[201] Umfassender Überblick zu den Neuerungen bei *Piltz*, Die Datenschutzgrundverordnung Teile 1 bis 5, K&R 2016, 557 ff., K&R 2016, 629 ff., K&R 2016, 709 ff.; K&R 2016, 777 ff., K&R 2017, 85 ff.

[202] Dazu bereits umfassend *Kühling/Martini*, Die Datenschutz-Grundverordnung und das nationale Recht, 2016.

[203] MMR-Aktuell 2017, 389117; ZD-Aktuell 2017, 05512.

[204] *Jensen*, ZD-Aktuell 2017, 05596.

[205] Übersicht bei *Helfrich*, ZD 2017, 97.

[206] Im einzelnen *Schantz/Wolff*, Das neue DatSchR, 2017, Rn. 206.

[207] Abrufbar unter www.computerundrecht.de/2016-11-11_DSAnpUG-EU-BDSG-neu_Entwurf-2_Ressortabstimmung.pdf, zuletzt abgerufen am 20.9.2017.

[208] BT-Drs. 18/11325.

[209] BT-Drs. 18/11655.

[210] BT-Drs. 18/12084.

[211] BGBl 2017 I S. 2097.

[212] BT-Drs. 18/10941.

[213] Videoüberwachungsverbesserungsgesetz v. 28.4.2017 (BGBl. 2017 I S. 968).

§ 3. Leitlinien für den Datenschutz auf informations- und kommunikationstheoretischer Grundlage*

Literatur: *Adams,* The Informational Turn in Philosophy, Minds & Machines 13 (2003), 471; *Albers,* Informationelle Selbstbestimmung, 2005; *dies,* Information als neue Dimension im Recht, RTh 33 (2002), 61; *dies.,* Die Komplexität verfassungsrechtlicher Vorgaben für das Wissen der Verwaltung. Zugleich ein Beitrag zur Systembildung im Informationsrecht, in: Generierung und Transfer staatlichen Wissens, hrsg. von Spiecker gen. Döhmann u.a., 2008, S. 50; *dies.,* Grundrechtsschutz der Privatheit, DVBl 2010, 1061; *dies.,* Umgang mit personenbezogenen Informationen und Daten, in: Grundlagen des Verwaltungsrechts Bd. II (GVwR II), 2012, Hoffmann-Riem u.a., Hrsg., § 22; *Augsberg,* „Il faut être absolument postmodern": Ladeurs Rechtstheorie, in: *Augsberg/Gostomzyk/Viellechner,* Denken in Netzwerken, Zur Rechts- und Gesellschaftstheorie Karl-Heinz Ladeurs, 2009, S. 5ff.; *Baecker,* Form und Formen der Kommunikation, 2005; *ders.,* Kommunikation, 2008; *Bateson,* Ökologie des Geistes, 1988; *Capurro/Hjorland,* The concept of information, Annual Rev. of Information Science & Technology 37 (2003), 343; *Cordeschi,* Cybernetics, Chapter 14, in: Floridi, Hrsg., The Blackwell Guide to the Philosophy of Computing & Information, 2004, S. 186/Online-Ausg. 2008; *Druey,* Information als Gegenstand des Rechts, 1995; *Esser,* Soziologie. Spezielle Grundlagen. Bd. 3: Soziales Handeln, 2000; *Fermandois,* Sprachspiele, Sprechakte, Gespräche, 2000; *Floridi,* Information, Chapter 4, in: *ders.,* Hrsg., Blackwell Guide to the Philosophy of Computing & Information, 2004, S. 40/Online-Ausg. 2008; *ders.,* The Philosophy of Information, 2011/2013; Fromkin u.a., An Introduction to Language, 2009; *Habermas,* Theorie des kommunikativen Handelns, Bd. II, 1981 [ND 2009]; *Joas/Knöbl,* Sozialtheorie, Zwanzig einführende Vorlesungen, 2011/ebook 2013; *Krämer,* Sprache, Sprechakt, Kommunikation, 2001 [ND 2006]; *Krüger,* Selbstreferenz bei Maturana und Luhmann. Ein kommunikationsorientierter Vergleich, Deutsche Zeitschrift für Philosophie, 40 (1992) 474; *Ladeur,* Computerkultur und Evolution der Methodendiskussion in der Rechtswissenschaft, ARSP 74, 218; *ders.,* Postmoderne Rechtstheorie, Selbstreferenz – Selbstorganisation – Prozeduralisierung, 1992; *Luhmann,* Die Gesellschaft der Gesellschaft (GdG), 1997; *ders.,* Was ist Kommunikation?, in: Soziologische Aufklärung, Bd. 6 (1988), 113; *Maturana/Varela,* Baum der Erkenntnis (1984), 2009; *Mead,* Geist, Identität und Gesellschaft aus der Sicht des Sozialbehaviorismus (1934), 2005; *Schönwälder-Kuntze u.a.,* George Spencer Brown. Eine Einführung in die „Laws of Form", 2009; *Steinmüller,* Das informationelle Selbstbestimmungsrecht – Wie es entstand und was man daraus lernen kann, RDV 2007, 158; *Srubar,* Sprache und strukturelle Kopplung. Das Problem der Sprache in Luhmanns Theorie, KZSS 2005, 599ff.; *Stäheli,* Sinnzusammenbrüche: Eine dekonstruktive Lektüre von Niklas Luhmanns Systemtheorie, 2000, S. 129ff.; *Stetter,* Schrift und Sprache, 1999; *Stichweh,* Niklas Luhmann (1927–1998), in: Klassiker der Soziologie, hrsg. von Kaesler, Bd. II, 2000, 206; *Ott,* Information, 2004; *Vesting,* Die Bedeutung von Information und Kommunikation für die verwaltungsrechtliche Systembildung, in: Grundlagen des Verwaltungsrechts Bd. II (GVwR II), 2012, Hoffmann-Riem u.a., Hrsg., § 20; *ders.,* Die Medien des Rechts: Sprache, Band 1, 2011; *ders.,* Das Internet und die Notwendigkeit der Transformation des Datenschutzes, in: Ladeur, Hrsg., Innovationsoffene Regulierung des Internets, 2003, S. 155; *Wagner,* Am Ende der systemtheoretischen Soziologie. Niklas Luhmann & die Dialektik, Zeitschrift für Soziologie 1994, S. 275; *v. Weizsäcker,* Sprache als Information, in: Die Einheit der Natur, 1971, S. 39; *Willke,* Symbolische Systeme, Grundriss einer soziologischen Theorie, 2005; *Wittgenstein,* Tractatus logico-philosophicus: Tagebücher 1914–1916; *ders.,* Philosophische Untersuchungen (PU), 1960; *Wygotski,* Denken und Sprechen (1934), 1974.

A. Ausgangslage

I. Neue Anforderungen

Persönlichkeitsschutz, zumal in seiner Ausprägung als Schutz der Privatheit,[1] hatte immer schon viel mit (der Abwehr von) Information zu tun. Das konnte im

1

---

* Wir danken Herrn Prof. Jörg Volbers für die kritische Durchsicht der in §§ 3 und 4 behandelten sprachphilosophischen Aspekte.
[1] Zur Privatheit Näheres → § 4 Rn. 24ff.

vorangegangenen Kapitel im Rahmen der Geschichte des Rechtsschutzes bis hin zur ersten Generation der Datenschutzgesetze der 1970er Jahre erläutert werden. In ihrer letzten Stufe war diese Entwicklung durch das Aufkommen einer besonders effektiven Technik zur Informationsverarbeitung gekennzeichnet. Mit der EDV trat das Schutzbedürfnis für personenbezogene – **persönlichkeitsbezogene** – *Informationen* ganz in den Vordergrund. Dem *BVerfG* ging es sodann im Volkszählungsurteil darum, dem das verfassungsrechtliche Siegel aufzudrücken.[2]

2 Doch *Datenschutz* ist auch in der heutigen „Informationsgesellschaft" noch keine Selbstverständlichkeit, obwohl sich dies unter den eingetretenen kommunikationstechnischen Bedingungen nahelegen sollte. Nach mehr als vierzigjährigem Bestehen des Rechtsgebiets kennzeichnet immer noch **Unsicherheit die (rechtspolitische) Diskussion** über Inhalt und Umfang gebotener Schutzmaßnahmen. Neben eher zurückhaltend-restriktivem Umgang mit dem Datenschutz auf der einen Seite steht auf der anderen die wiederholte Forderung nach weiterer Modernisierung und erhöhter Effektivität der den Umgang mit personenbezogenen Daten regelnden Rechtsbestimmungen. Die Bezugnahme auf eingetretene Rechtsverletzungen – angeprangerte „Skandale" – hat solchem Begehren Nachdruck verliehen.

3 Die deutsche Debatte ist zu einem wesentlichen Teil durch Leitbegriffe bestimmt gewesen, denen gestützt auf die Rechtsprechung des *BVerfG* verfassungsrechtliche Qualität beigemessen wird. Ein solcher Zusammenhang ergibt sich zunächst aus der aufgrund **Art. 2 Abs. 1 i. V.m. Art. 1 Abs. 1 GG**[3] abgeleiteten, zentralen **Gewährleistung des Persönlichkeitsrechts**, welches zugleich Schutzgut der Datenschutzgesetze wurde. Für eine Erörterung von Grundlagen im Kontext technischer und gesellschaftlicher Entwicklung gilt es deshalb, die vorfindlichen verfassungsrechtlichen Problemstellungen im Blick zu haben. Die nachfolgende Standortbestimmung, die die Eigenart und den Schutzbedarf von Information bzw. Kommunikation betrifft, wird aber auch geeignet sein, für die Interpretation und Weiterführung des einfachen Gesetzesrechts, zumal für die Ausfüllung datenschutzrechtlicher Abwägungsklauseln, Hilfestellung anzubieten. Umso mehr gilt das für die eingetretene Weiterentwicklung auf europarechtlicher Grundlage.

4 Das Folgende beinhaltet keine umfassende Grundlagendiskussion. Vielmehr erfolgt die Konzentration auf einige wenige **Kernprobleme** mitsamt **soziologischer Vertiefung**, die der gebotenen Fundierung der rechtlichen Positionen dient.

II. Informationelle Selbstbestimmung im deutschen Recht

5 Im **Volkszählungsurteil** hatte sich das *BVerfG* die Arbeit scheinbar leicht gemacht. Wie schon im BDSG 1977 wurden *alle* personenbezogenen Daten – von Telefonnummer, Adresse und Beruf bis zu religiöser Überzeugung und sexuellen Lebensgewohnheiten – in den Schutzbereich einbezogen, nunmehr als Ausfluss *verfassungs*rechtlich geschützter Persönlichkeitsentfaltung. Denn, so schrieb das Gericht, „unter den Bedingungen der automatischen Datenverarbeitung ... gibt es ... kein ‚belangloses' Datum mehr."[4] Das „Recht auf informationelle Selbstbestim-

---

[2] Vgl. BVerfG, Urt. v. 15.12.1983 – 1 BvR 209/83, BVerfGE 65, 1 (42 f., 45 f.).

[3] Art. 2 Abs. 1 lautet: „Jeder hat das Recht auf die freie Entfaltung seiner Persönlichkeit, soweit er nicht die Rechte anderer verletzt und nicht gegen die verfassungsmäßige Ordnung oder das Sittengesetz verstößt." Art. 1 Abs. 1 lautet: „Die Würde des Menschen ist unantastbar. Sie zu achten und zu schützen ist Verpflichtung aller staatlichen Gewalt."

[4] So BVerfG, Urt. v. 15.12.1983 – 1 BvR 209/83, BVerfGE 65, 1 (45). Allerdings hat die nachfolgende Rezeption den Kontext, in dem diese Worte stehen, wenig beachtet: „... ein für sich gesehen

mung" (R. a. i. S.), das Eingang in das Urteil fand, wurde dementsprechend auf die Entscheidungsfreiheit des Einzelnen über die Verwendung *aller* seiner personenbezogenen Daten erstreckt. Freilich beeilte sich das *BVerfG* festzuhalten, dass „[d]ieses Recht auf ,informationelle Selbstbestimmung' nicht schrankenlos gewährleistet" ist. Im Ergebnis entsprechen einem solchen, fast grenzenlosen Schutzbereich sehr weit gefasste Grundrechtsschranken im Interesse des Staates und Dritter.

Schwierige grundrechtsdogmatische Probleme waren die Folge. Anlass zur Kritik **6** gab auf der einen Seite die **Konturlosigkeit** des Rechts, verbunden mit unbestimmten Abwägungsprozeduren,[5] auf der anderen die entstandene Normenflut zu dessen Eingrenzung.[6] Zumindest verbale Einigkeit bestand und besteht insoweit, als das R. a. i. S. keine quasi-dingliche Verfügungsmacht des Betroffenen über seine „personenbezogenen Daten" beinhalten solle.[7] Eben einem solchen Verständnis haben allerdings weitgehend die vom BDSG ausgestalteten (Abwehr-)Rechte des Betroffenen entsprochen,[8] und zwar im Ausgangspunkt begründet auf dem Weg eines allgemeinen Verarbeitungsverbots mit gesetzlichem Erlaubnisvorbehalt.[9] Für den privatwirtschaftlichen Bereich[10] wird damit im Grundsatz die Vorrangigkeit gegenüber den (Freiheits-)Rechten des Datenverarbeiters[11] bewirkt, ein Ergebnis, das dem Gebot praktischer Konkordanz schwerlich gerecht wird, auch der Freiheitsvermutung des Art. 5 GG widersprechen kann.[12] Insgesamt hat sich von daher das Bedürfnis ergeben, die Gewährleistung des R. a. i. S. bzw. des Persönlichkeitsrechts larer zu strukturieren, einzugrenzen oder zu modifizieren.[13]

Wie noch zu zeigen sein wird, hat das *BVerfG* selbst in seiner jüngeren Rechtsprechung das **Strukturmodell des R. a. i. S.** – mag eben diese Bezeichnung auch zu **7** einem geflügelten Wort geworden sein – beträchtlich **relativiert**. Insbesondere ist es jenen Befürwortern des R. a. i. S. nicht gefolgt, die meinten, mit dessen Kreation sei ein gesteigerter Schutz der Privatheit entfallen.[14] Soweit diese weiterhin aus der gerichtlichen Feststellung, es gäbe kein belangloses Datum mehr, im „Umkehrschluss" folgern wollten, dementsprechend käme ein spezifisch gesteigerter Schutz

---

belangloses Datum... *kann...* einen neuen Stellenwert bekommen; *insoweit* gibt es ... kein ,belangloses' Datum mehr." (Hervorhebung hinzugefügt).

[5] Vgl. *Ladeur*, DÖV 2009, 45 ff.

[6] Vgl. *Hoffmann-Riem*, AöR 123 (1998), 513 (514 ff.).

[7] Vgl. *Simitis*, NJW 1984, 398 (400 l. Sp.); dessen Interpretation des Volkszählungsurteils dahingehend, das Gericht habe (im Ergebnis) kein Recht auf eigenes Datum anerkannt, bezweifelt zu Recht *Vogelgesang*, Grundrecht auf informationelle Selbstbestimmung?, 1987, S. 140.

[8] Zur quasi-dinglichen Wirkung des R. a. i. S. i. S. d. BVerfG *Spinner*, Die Wissensordnung, 1994, S. 115; *Trute*, JZ 1998, 822 (825); *Duttge*, DSt 36 (1997), 281 (304 f.); *Hoffmann-Riem*, JZ 2008, 1009 (1010 l. Sp.).

[9] Vgl. § 4 Abs. 1 BDSG-alt; weiterhin auch Art. 6 Abs. 1 DS-GVO; → § 12 Rn. 1 ff.

[10] Vgl. §§ 1 Abs. 2 Nr. 3, 2 Abs. 4, 27 ff. BDSG-alt zur Datenverarbeitung durch „nichtöffentliche Stellen".

[11] Insbesondere Artt. 12 und 14 GG.

[12] Vgl. *Langer*, Informationsfreiheit als Grenze informationeller Selbstbestimmung, 1992, passim; beachte *Druey*, S. 92: „Das Recht zur informationellen Selbstbestimmung ist damit geradezu konträr zur Freiheit der Information."; auch *Rüpke*, Freie Advokatur, anwaltliche Informationsverarbeitung und Datenschutzrecht, 1995, S. 91 ff.; vgl. dazu → § 4 Rn. 28 ff., insbes. → Rn. 38 f.

[13] Eine kritische Bestandsaufnahme geben z. B.: *Bull*, RDV 8, 47 ff.; *ders.*, Inf. Selbstbestimmung, passim; *Poscher*, Die Zukunft der informationellen Selbstbestimmung ..., in: Gander u. a., Hrsg., Resilienz in der offenen Gesellschaft, 2012, S. 167 ff.

[14] Vgl. dazu schon das – nachfolgend in → Rn. 11 ff. behandelte – Gutachten Steinmüller, BT-Dr. VI/3826 v. 7.9.1972, Abschn. B I (S. 48 ff.): „Die unbrauchbare Privatsphäre"; beachte auch Unterabschn. 5.1 zur „Privatheit". Auch → Rn. 26 zu *Albers*.

für sensitive Informationen nicht in Betracht, wurde ihr Standpunkt schon durch die Novellierung des BDSG im Mai 2001 – im Anschluss an die EG-Datenschutzrichtlinie (DSRL) – praktisch obsolet.[15] Hinter beiden genannten Thesen steckte denn auch ein problematisches soziologisches Verständnis von Information, worauf alsbald einzugehen sein wird.[16]

III. Personenbezug und Gesellschaft

8   Die umfassendste Kritik am Konzept des R.a.i.S. im Volkszählungsurteil hat *M. Albers* vorgelegt. Eins ihrer zentralen Ergebnisse ist:

> „Dass bereits der Personenbezug von Daten aus sich heraus ausreichen könnte, um der Person, auf die sich das Datum bezieht, ... eine **umfassende Entscheidungsbefugnis** zuzuweisen, stellte – wenn man die Weite des Datenbegriffs ernst nimmt und wenn man nicht die Idee pflegen will, Daten seien einer Person quasi anhaftende Eigenschaften – eine ersichtlich **absurde Vorstellung** dar."[17]

9   Entsprechende Kritik verdient die plakative Annahme des *BVerfG*, das R.a.i.S. beinhalte das Recht einer jeden Person, wissen zu können, **„wer was wann** und bei welcher Gelegenheit über sie weiß." Für die Eltern kranker Kinder ist wichtig, einen Kinderarzt und dessen Adresse zu kennen, ohne dass der Arzt wissen müsste, wer ihn und seine Adresse kennt.

10   Eine eigene **Adresse** zu haben, ist, wie sich daran zeigt, eine **gesellschaftliche Angelegenheit.** Robinson braucht keine Adresse, er findet sich selbst ohnehin. (Ähnliches kann für die Berufsbezeichnung gelten.) Dass die Adresse im Einzelfall eine höchst brisante Information sein kann (z.B. bei zu gewärtigender politischer oder rassistischer Verfolgung), stellt keine Grundlage für eine *generelle* Zuordnung der Adresse zum Persönlichkeitsschutz dar.[18]

IV. Informationeller „Start" für das BDSG

11   Das R.a.i.S. verdankt seine Entstehung Überlegungen anhand „eines einfachen **kybernetischen Handlungsmodells",** wie sie sich im Gutachten von *Steinmüller u.a.* finden,[19] das 1971 im Auftrag der Bundesregierung zur Vorbereitung eines Entwurfs für ein BDSG gefertigt wurde.[20] Kausalabläufe eines rückgekoppelten Mechanismus hatten zuvor schon den (Ost-)Berliner Kriminologen *G. Herzog* in seiner Untersuchung zur „Anwendung der kybernetischen Modellmethode in der Kriminologie" im Jahr 1968 besonders beschäftigt.[21] Diese Abhandlung diente ausdrücklich als Vorlage für die Ersteller des *Steinmüller*-Gutachtens.

---

[15] Vgl. Art. 8 DSRL, § 3 Abs. 9 BDSG-alt; beachte jetzt Art. 9 DS-GVO; Näheres dazu → § 14 Rn. 8ff.; auch → § 3 Rn. 26ff.

[16] Vgl. Näheres → Rn. 15ff., insbes. → Rn. 26ff.

[17] Vgl. *Albers*, 2005, S. 237f., Hervorhebung hinzugefügt; übereinstimmend *Grimm*, JZ 2013, 585 (588 r.Sp.): „Ein Selbstbestimmungsrecht über das Wissen anderer Personen von der eigenen Person dürfte illusorisch sein."; *Koops*, The trouble with European data protecion law, IDPL 2014, 250 (251); *v. Lewinski*, Die Matrix des Datenschutzes, 2014, S. 44f.; beachte die Beiträge in: Zukunft der informationellen Selbstbestimmung, hrsg. von der Stiftung Datenschutz, 2016.

[18] Wieweit diese Erkenntnis – auf verfassungsrechtlicher Ebene – zum Vorteil der Werbewirtschaft gereicht, ist an dieser Stelle nicht zu erörtern.

[19] BT-Drs. VI/3826 v. 7.9.1972, Abschn. C 2.2.3 vor I (S. 86–88); dazu auch Abschn. D I 1.1 (S. 132) zur Anwendung auf den nicht-öffentlichen Bereich; kritisch zur Position Steinmüllers auch *Donos*, Datenschutz – Prinzipien und Ziele, 1998, S. 28f.

[20] Vgl. *Steinmüller*, Das informationelle Selbstbestimmungsrecht – Wie es entstand und was man daraus lernen kann, RDV 2007, 158ff.

[21] *Herzog*, Staat und Recht, 1968, 781ff.

Diesen genügte zur Begründung möglicher Persönlichkeitsbeeinträchtigungen 12
dementsprechend die Darstellung eines von ihnen angenommenen **Kreislaufs** ausgehend vom individuellen Handeln des Einzelnen mit darauf beruhender informationeller Ausstrahlung, welche ihrerseits zur Kenntnisnahme und zur Reaktion durch Dritte führe. Eben letztere sei geeignet, auf den zunächst Handelnden (nachteilig) einzuwirken und ihn von daher in seiner Entfaltungsfreiheit zu beeinträchtigen.[22] – Fragen inhaltlicher Bedeutung und Gewichtung zwischenmenschlicher Kommunikation blieben bei der Erarbeitung dieses Befunds ausgeklammert. Solch erstaunliche Vereinfachung war nur möglich auf der Grundlage eines Modells, das einer (nicht-trivialen)[23] **Maschine** nachempfunden war.[24] Das Gutachten war insoweit Ausdruck einer damaligen wissenschaftlichen Strömung, die auch im Sozialbereich möglichst umfassende Orientierung anhand neuer technischer Erklärungsmuster suchte.[25] [26]

Leidet das R. a. i. S. an einem Geburtsfehler, so überraschen auch nicht nachfolgende Kinderkrankheiten. Für den Umgang mit dem Rechtsbegriff „informationelle Selbstbestimmung" bedürfte es im Hinblick darauf vor allem näherer Abklärung, **was unter „Information" verstanden wird** und in welcher Beziehung eben diese zum jeweils *selbstbestimmenden* Individuum bzw. zu dessen *Kommunikation mit anderen* steht. 13

Die Beantwortung der Frage danach, was in diesem Kontext Information sei, 14
wird durch den divergierenden Gebrauch des Begriffs in verschiedenen Wissenschaftsbereichen erschwert.[27] Die in juristischen Texten zumeist mangelnde terminologische **Abgrenzung zu *Daten*** erhöht die bestehende Unsicherheit. Bei alledem sollte es, wie sich von der Zielsetzung her versteht, nicht um reine Begriffsbestimmungen gehen. Wie verhält sich, so wollen wir vielmehr (u. a.) erfahren, „informationelle Selbstbestimmung" zu zwischenmenschlicher Erfahrung und sprachlicher Verständigung? Welche Folgen erwachsen daraus ggf. für die rechtliche Konzeption von „Datenschutz"?

B. Das Konzept *Information*

I. Entwicklung in neuer Zeit (20. Jhdt.)

Die verunsicherte juristische Diskussion zum Thema *Information* unterliegt, wie 15
schon die Entstehungsgeschichte des R. a. i. S. zeigt, dem Einfluss anderer Wissenschaftsbereiche, oft durch die Soziologie vermittelt. In der Sache geht es zumeist um Orientierung bzw. Abgrenzung im Hinblick auf moderne naturwissenschaftliche Erkenntnisse.

Ein *Highlight* unter diesen war *The Mathematical Theory of Communication* 16
von **Shannon/Weaver** im Jahr 1949, womit, wie manche meinen, die „Verwirrung"

---

[22] Zur entsprechenden Kritik an dem o. g. Gutachten vgl. Albers, 2005, S. 213 f.

[23] Zur Unterscheidung zwischen trivialen und nicht-trivialen Maschinen *v. Foerster*, Entdecken und Erfinden, in: *ders. u. a.*, Einführung in den Konstruktivismus, 1992, 41 (60 ff.).

[24] Vgl. zur Gegenposition – ihrerseits auf der Basis sozialer Wechselseitigkeit – den symbolischen Interaktionismus, dazu die Darstellung bei *Joas/Knöbl*, 2011/ebook 2013, S. 183 ff./175 ff., u. a. unter Bezug auf *Mead*, Geist, Identität u. Gesellschaft, 2005 [1934], und *A. Strauss*, Spiegel und Masken, 1974 [1959], S. 30 ff.

[25] Zur zeitlichen Eingrenzung – die 1960er und 70er Jahre – vgl. *Adams*, 2003, 471 (495); *Cordeschi*, in: Floridi, 2004, 186 (189 ff.)/online 2008; *Ott*, Information, 2004, S. 165.

[26] Übrigens verboten die zeitlichen Vorgaben des BMI den Gutachtern „solides wissenschaftliches Arbeiten", wie man später erfuhr, vgl. *Steinmüller*, RDV 2007, 158 (159).

[27] Dazu umfassend *Ott*, Information, 2004, passim; auch *Klemm*, Ein großes Elend, Informatik_Spektrum 2003, 267 ff.

eingeleitet wurde.[28] Quantitative und probalistische Aspekte von Information rückten in den Vordergrund. Pointiert war das Statement der Autoren dahingehend, dass semantische Kriterien der Kommunikation für das von ihnen zu behandelnde *engineering problem* (insbesondere Minimierung des Aufwands zur Informationsübermittlung) irrelevant seien.[29] Fraglich kann allerdings sein, ob der Begriff *Information* so reduziert überhaupt Verwendung finden oder besser statt dessen nur von Signalen bzw. Daten gesprochen werden sollte.[30] Doch hat sich die Rede von *Information* auch für den technisch-naturwissenschaftlichen Bereich klar durchgesetzt, in Besonderheit auch in der Biologie.[31]

17 Rechtliche Regelungen gehen demgegenüber über diesen Rahmen beträchtlich hinaus. Das gilt etwa für Schutz des geistigen Eigentums, für Persönlichkeitsschutz oder für die Tätigkeit der Verwaltung mitsamt der nach dem Informationsfreiheitsgesetz (IFG) geforderten Transparenz. Das Datenschutzrecht insbesondere enthält, was die *Daten* im technischen Sinn anbelangt, gesonderte Regelungen zur Datensicherung,[32] betrifft aber (im übrigen) personenbezogene „*Informationen*" (Art. 4 Nr. 1 DS-GVO) bzw. „*Einzelangaben über persönliche oder sachliche Verhältnisse einer … Person*" (§§ 1 Abs. 1 i.V.m. 3 Abs. 1 BDSG-alt).[33] Insoweit sind nicht irgendwelche Signale/Zeichen/Daten bestimmend für den Schutz(-umfang), sondern das jeweils Bezeichnete, die gemeinten **personenbezogenen Inhalte.** Das spricht dafür, dass man es in der Rechts- wie auch in der Sozialwissenschaft mit einem anderen Informationsbegriff zu tun hat als in der Informatik,[34] so dass insoweit die Gleichung Geltung hat: ***information minus meaning = data***.[35] Es sind die semantischen (wie auch pragmatischen) Bezüge der Information, die aufgrund eines solchen Verständnisses deren Besonderheit ausmachen.[36]

18 Demgegenüber wird in der juristischen Literatur[37] häufig zum Verständnis von *Information* die Definition **Batesons** herangezogen:

---

[28] So *Capurro/Hjorland,* 2003, S. 343 ff..

[29] Shannon/Weaver, The mathematical theory of communication, 1949, S. 31. Dazu auch *Adams,* 2003, 471 (472), und *Baecker,* Form & Formen, 2015, S. 16.

[30] So *Floridi,* 2004, S. 40 (52)/online 2008; sehr dezidiert *Janich,* Was ist Information?, 2006, passim.

[31] Zu den Besonderheiten genetischer Information beachte *Lyre,* Informationstheorie, 2002, S. 86 ff.; *v. Weizsäcker,* Die Einheit der Natur, S. 39 (53 f.).

[32] Vgl. § 9 sowie die Anlage zum BDSG; Art. 32 DS-GVO.

[33] Zur Charakterisierung von „Einzelangaben" als *Informationen* vgl. Simitis/*Dammann,* BDSG § 3 Rn. 5; Gola/Schomerus/*Gola/Körffer/Klug,* BDSG § 3 Rn. 3.

[34] Insoweit besteht Übereinstimmung mit *Albers,* 2005, S. 91, insbes. Fn. 242. Vgl. zur Problemstellung insgesamt *Capurro/Hjorland,* 2003, insbesondere im Abschn. „The Concept of Information in the Humanities and Social Sciences"; weiterhin *Spiecker gen. Döhmann,* Wissensverarbeitung im Öffentlichen Recht, RW 2010, 247 (255). – Von einer „Art Doppelstatus" des Informationsbegriffs (ein und desselben?) zu sprechen, wie es bei *Vesting* in GVwR II, § 20 Rn. 21 – 22, geschieht, ist weniger zielführend; klar differenzierend demgegenüber *Vesting* in GVwR II, § 20 Rn. 25 Abs. 2.

[35] So *Floridi,* 2004, S. 42 (52)/online 2008; *ders.,* The Philosophy of Inf., 2014, S. 83 ff., 136 f.; beachte *Hoffmann-Riem,* Verwaltungsrecht in der Informationsgesellschaft – Einleitende Problemskizze, 2000, S. 12.

[36] Zur Abgrenzung Syntax – Semantik – Pragmatik (ausgehend von *Ch. W. Morris,* Foudation of the theory of signs, 1938); vgl. *Kloepfer,* Informationsrecht, 2002, § 1 Rn. 53 ff.; *Druey,* S. 6 ff.; *Stohrer,* Informationspflichten Privater gegenüber dem Staat in Zeiten von Privatisierung, Liberalisierung und Deregulierung, 2007, S. 38 ff.

[37] So *Albers,* Zur Neukonzeption des grundrechtlichen Datenschutzes, in: Haratsch u.a., Hrsg., Herausforderungen an das Recht der Informationsgesellschaft, 1996, S. 113 (121); *dies.,* RTh 33 (2002), 61 (68); weniger pointiert *dies.* in nachfolgenden Publikationen, vgl. *dies.,* 2005, S. 91; *dies.* in GVwR II, § 22 Rn. 12; *Scherzberg,* Die Öffentlichkeit der Verwaltung, 2000, S. 32 Fn. 56; auch *ders.,* Die öffentliche Verwaltung als informationelle Organisation, in: Verwaltungsrecht in der

„Der terminus technicus ‚Information' kann vorläufig als *irgendein Unterschied, der bei einem späteren Ereignis einen Unterschied ausmacht*[38] definiert werden. Diese Definition ist grundlegend für jede Analyse kybernetischer Systeme ... Die Definition verknüpft diese Analyse mit dem Rest der Wissenschaft, wo die Ursachen von Ereignissen gewöhnlich nicht Unterschiede, sondern Kräfte, Einflüsse ... sind. Das klassische Beispiel ... ist die Wärmekraftmaschine, bei der die verfügbare Energie ... eine Funktion eines Temperatur*unterschiedes* ist." [39]

Man erkennt hier die Orientierung an **kausalen Naturprozessen**. Ansätze für 19 eine Anwendung dessen, was für Kraft/Energie gilt, auf zwischenmenschliche Verständigungsprozesse werden dabei allerdings kaum erkennbar. Deshalb ist zumindest die Nonchalance kritikwürdig, mit der Rechtswissenschaftler mitunter (auch) von der Definition *Batesons* Gebrauch machen.[40 · 41]

II. Information und Kommunikation bei Luhmann

*Luhmann*s Darlegungen sind nicht ohne Einfluss auf die Rechtswissenschaft ge- 20 blieben. Unter Bezugnahme auf das Informationsverständnis bei *Shannon* und bei *Bateson* geht es ihm zur Erläuterung von Kommunikation um die **Unterscheidung von Information und Mitteilung mit anschließendem Verstehen** (und nachfolgender Reaktion) durch den Empfänger.[42] Erst dadurch entstehe, „als Komponente dieser Unterscheidung, eine Information mit Informationswert..."[43] Das wirft allerdings die Frage auf, was denn – im von *Luhmann* angenommenen Ausgangspunkt – unter einer Information ohne Informationswert zu verstehen sei.[44]

Luhmanns Argumentation verbleibt auf hoch abstrakter Ebene.[45] Er weist für 21 seine Überlegungen auf unterschiedliche Quellen hin,[46] etwa auf *Karl Bühler,* dessen Darstellung vom Kratylos des Plato ihren Ausgang nimmt.[47] Doch sollte es da-

---

Informationsgesellschaft, Hoffmann-Riem u. a. Hrsg., 2000, 195; s. weiter *Luhmann*, GdG, S. 86, 190; *Willke*, Systemisches Wissensmanagement, 1998, 8.

[38] *„ a difference that makes a difference".*

[39] Bateson, Ökologie des Geistes, 1988, 488 f.

[40] Beachte die unmittelbare Anwendung der Unterschiedsthese auf einen verwaltungsrechtlichen Fall bei *Vesting* in GVwR II, § 20 Rn. 18. Wahrscheinlich gilt dieselbe Nonchalance für *Bateson* selbst, beachte dazu den Abschn. „Die Kybernetik des ‚Selbst': Eine Theorie des Alkoholismus", in: Bateson, Ökologie des Geistes, 1988, S. 400 ff.

[41] *Zech*, Information als Schutzgegenstand, 2012, S. 1, 51 ff., 441, unterscheidet demgegenüber zwischen strukturellen, syntaktischen und semantischen Informationsgütern. Der Schutz personenbezogener Daten nach dem BDSG gilt ihm als ein „Paradefall semantischer Zuordnung semantischer Information", S. 215, 193. *Im Ergebnis* besteht damit für das *Datenschutzrecht* Übereinstimmung mit den obigen Überlegungen. – An einer klaren Abschichtung fehlt es bei *Haase*, Datenschutzrechtliche Fragen des Personenbezugs, 2015, S. 125 ff.

[42] Vgl. *Luhmann*, Soziale Systeme, 1984/85, S. 195; *ders.*, GdG, S. 85 f.; plastisch am autopoietischen Verständnis orientiert *Sutter*, in: Greshoff/Schimank, Hrsg., Integrative Sozialtheorie?, 2006, S. 63 (73 f.); zu o.g. Dreigliederung auch *Esser*, Soziologie. Spezielle Grundlagen. Bd. 3, 2000, S. 260 ff.

[43] Vgl. nochmals *Luhmann*, GdG, S. 85 f.

[44] *Stichweh*, S. 213, meint, bei diesem ersten der drei Schritte ginge es um Information i. S. Batesons, also um die difference which makes a difference. Aber ist denn eine solche *difference* eine Information ohne Informationswert? Bei *Stichweh* selbst liest es sich anders, vgl. *ders.*, in: die Dialogfähigkeit der Soziologie, KZSS, Sonderheft 38, 1998, 433 (440).

[45] Sehr kritisch (auch) *Willke*, 2005, S. 104–119.

[46] Vgl. dazu *Luhmann*, Soziale Systeme, 1984/85, S. 196; *ders.*, Was ist Kommunikation?, in: Soziologische Aufklärung, Bd. 6 (1988), 113 (117).

[47] *Bühler*, Sprachtheorie. Die Darstellungsfunktion der Sprache, 1934 (ND 1965), S. 24 ff. zum Organon-Modell: „Kurz, es kann bei der Entscheidung des Kratylos bleiben ..." (S. 30); dazu *Esser*, Soziologie. Spezielle Grundlagen, Bd. 3, 2000, S. 263. Demgegenüber schrieb Wittgenstein die „Gegenstrophe zu Platons *Kratylos*", so *Stetter*, Schrift und Sprache, 1999, S. 563, ausführlich S. 555 ff.

bei nicht um die Übernahme von Aspekten unmittelbarer Repräsentation (Abbildung) der (Außen-)Welt durch Sprache gehen, weil dieses Konstrukt heutigem wissenschaftlichem Verständnis nicht (mehr) entspräche.[48] – *Luhmann* stellt zudem eine Verbindung zwischen dem Ansatz bei *Bateson* und dem **Differenzdenken bei Spencer Brown** her;[49] „drawing a distinction" ist dessen erkenntnistheoretischer Ausgangsmodus.[50] Dieser ansonsten wenig beachtete[51] Autor erschließt logisch-mathematische Erkenntnisse;[52] *Luhmann* geht davon aus, sie für die Sozialwissenschaften weiterführen zu können. Umstritten ist allerdings auch, ob er *Spencer Brown* korrekt interpretiert hat.[53]

22   Es bleibt zu fragen: besteht die in der Theorie hervorgehobene *Differenz* zwischen Information und Mitteilung wirklich?[54] Zwar ist Mitteilen wegen der zugrundeliegenden Intention des Mitteilenden von bloßem Verhalten zu unterscheiden, welches für natürliche Veränderungen ursächlich sein kann. Letztere können Information im technisch-naturwissenschaftlichen Sinn beinhalten und sind als solche von – kommunikativen – Mitteilungen zu unterscheiden. Aber der „Unterschied", um den es dabei geht, liegt offenbar auf einer anderen Ebene.

23   Aus pragmatischer Sicht ist Mitteilung *Sprachgebrauch* und somit –*Wittgenstein* zufolge – Teil einer Sprachpraxis:[55] *„die Bedeutung eines Wortes ist sein Gebrauch in der Sprache"*;[56] und auf die Praxis der Kommunikation bezogen: die „Bedeutung" *(meaning)* liegt im Vollzug der Mitteilung selbst.[57] Dieser Praxisbezug des erkenntnistheoretischen (sprachphilosophischen) *linguistic turn*[58] hat die Differenz zwischen Information und Mitteilung abgeschmolzen.

24   Auf der anderen Seite verbleiben Zweifel, ob *Luhmann* der sog. „linguistic turn" – den er eigengeprägt für sich in Anspruch nimmt[59] – vollends gelungen sei.[60] Das von Luhmann entwickelte

---

[48] Vgl. *Lorenz*, Stichwort „Abbildtheorie", in: Mittelstraß, Hrsg., Enzyklopädische Philosophie und Wissenschaftstheorie, Bd. 1, 2005, i. V. m. *H. J. Schneider*, ebenda, Stichwort „Bedeutung"; *Vesting*, Medien des Rechts I, S. 73, 77 f., 27 ff.; *L. S. Wygotski*, Denken und Sprechen, 1974, Kap. 7 Abschn. I, S. 294 ff.; auch *Furth*, Intelligenz und Erkennen. Die Grundlagen der genetischen Erkenntnistheorie Piagets, 1972, S. 104 ff.

[49] Vgl. *Luhmann*, Einführung in die Systemtheorie, hrsg. von Baecker, 2008, 69 f.

[50] Laws of Form (1969), 2008; dazu Kommentierung bei *Schönwälder-Kuntze u. a.*, George Spencer Brown. Eine Einführung in die „Laws of Form", 2009.

[51] Vgl. *Wagner*, ZfS 1994, S. 275 (277); bis heute hat Spencer Brown wenig Eingang in philosophische und mathematische Lexika bzw. Bibliotheken gefunden.

[52] Insbesondere fortgeführt offenbar von *Louis H. Kauffman* (University of Illinois); *Luhmann* selbst spricht ausdrücklich – hier in Bezug auf den Begriff des re-entry bei Spencer Brown – von „Schranken eines *auf Arithmetik und Algebra beschränkten mathematischen Kalküls*", GdG, 1997, S. 45.

[53] Vgl. *Hölscher*, in: *Schönwälder-Kuntze u. a.*, George Spencer Brown, 2009, S. 257 ff.; *Wagner*, ZfS 1994, S. 277 f.

[54] Beachte *Ladeur*, ARSP 74, 218 (233): „Luhmanns Theoriebildung ist zu sehr an einem Modell des Prozessierens von Differenzen orientiert ..."; *ders.*, Postmoderne Rechtstheorie, 1992, S. 132.

[55] *Wittgenstein*, PU, Nr. 23, dort unter der Bezeichnung *Sprachspiel*.

[56] *Wittgenstein*, PU, Nr. 43.

[57] Vgl. dazu *Wittgenstein*, PU, Nr. 23, 130, 198 ff.; *Majetschak*, in: Tilman Borsche, Hrsg., Klassiker der Sprachphilosophie, 1996, 365 (379 f.); *Krämer*, Sprache, Sprechakt, Kommunikation, 2001 [2006], S. 122 ff.; *Fermandois*, Sprachspiele, Sprechakte, Gespräche, 2000, S. 86 ff.; *Glock*, Wittgenstein-Lexikon, 2000, Stichwort „Gebrauch". Beachte *Habermas*, S. 11 ff., 30 ff.; *Ladeur*, ARSP 74, 218 (228).

[58] Dazu übersichtlich *Vesting*, Rechtstheorie, 2015, Rn. 54 ff.; zugleich kritisch *Floridi*, 2004, S. 21, der mit ähnlich pragmatischer Zielsetzung von *information turn in philosophy* spricht, S. 25.

[59] „Insofern folgen wir dem ,linguistic turn', der das transzendentale Subjekt durch Sprache, aber das heißt jetzt: durch Gesellschaft ersetzt...", so *Luhmann*, GdG, 1997, S. 219, wobei dieser sich in der daran anschließenden Fn. abschließend (nur) auf Wittgensteins Tractatus bezieht.

Kommunikationsmodell erweist sich als ein Versuch, das sprachliche Abbildverständnis zu verabschieden,[61] ohne die **Regelhaftigkeit** der Sprachspiele auszuloten. Er hat, soweit ersichtlich, eine direkte Auseinandersetzung mit den Aussagen *Wittgensteins* vermieden.[62] Die Defizite der *Luhmann*schen Theorie im Hinblick auf die zentrale Rolle der Sprache werden in einem Teil der Literatur beklagt.[63]

Zum Hintergrund des Ansatzes bei *Luhmann* gehört seine Annahme kommunikativ verfasster **25** gesellschaftlicher Autopoiesis (Selbstproduktion),[64] der zufolge die Verständigung zwischen Individuen erst einer „strukturellen Koppelung" auf dem Weg über das Sozialsystem bedarf.[65] Die darin enthaltene Übernahme eines zutreffenden **biologischen Strukturmodells**[66] in den gesellschaftlichen Bereich ist zumindest schwierig begründbar,[67] worüber auch das in großer Fülle[68] ausgebreitete Werk *Luhmanns* (seit 1984)[69] nicht recht hinweggeholfen hat. Festzuhalten ist, dass die Zugrundelegung in sich geschlossener, „autopoietischer" Sozial-/Gesellschaftssysteme (für die die Individuen jeweils Umwelt sind)[70] von soziologischer Seite oft skeptisch aufgenommen worden ist,[71] was in der rechtswissenschaftlichen Diskussion teilweise Berücksichtigung gefunden hat.[72]

---

[60] Vgl. dazu *Srubar*, KZSS 2005, 599 ff., insbes. 615, 620; *Ladeur*, Postmoderne Rechtstheorie, 1992, S. 132; *ders.*, ARSP 74 (1988), 218 (228 f.).; *Augsberg*, S. 14 ff., 34 f.; *H. P. Krüger*, Dtsch.Z. Philos. 40, (1992) 474 (480 f.); *Vesting*, 2011, S. 74 ff. Beachte *Stäheli*, Sinnzusammenbrüche, 2000, S. 129 ff.; anders – wenngleich zurückhaltend – zu Luhmann *Krämer*, Rechtshistorisches Journal 1998, 558 ff.

[61] Zu dem entsprechenden Weg bei Wittgenstein *Stetter*, Schrift und Sprache, 1999, S. 536 ff.

[62] Dem steht das Aufgreifen und die Diskussion der Aussagen des späten Wittgenstein im Neopragmatismus der letzten Jahrzehnte des 20. Jahrhunderts gegenüber, insbesondere bei *R. Rorty* und *Putnam*, vgl. die Darstellung bei *Joas/Knöbl*, 2011/ebook 2013, S. 689 ff./640 ff.

[63] Vgl. *Srubar*, KZSS 2005, 599 ff., insbes. 615, 620; *Ladeur*, Postmoderne Rechtstheorie, S. 132; *ders.*, ARSP 74 (1988), 218 (228 f.).; *Augsberg*, S. 14 ff., 34 f.; *H. P. Krüger*, Dtsch.Z. Philos. 40 (1992), 474 (480 f.); *Vesting*, 2011, S. 74 ff.

[64] „nur die Kommunikation … kann … kommunizieren", so *Luhmann*, in: Soziologische Aufklärung, Bd. 6 (1988), S. 113; *ders.*, GdG, 1997, 103 ff.

[65] Vgl. *Luhmann*, GdG, 1997, S. 109: „Erst die Annahme zweier verschiedener Arten autopoietischer Systeme ermöglicht es, die Voraussetzung der ‚Einheit der menschlichen Natur' durch den Begriff der strukturellen Kopplung zu ersetzen."; *ders.*, GdG, S. 221: „Sprache … strukturiert … die Autopoiesis der Kommunikation".

[66] Vgl. *Maturana/Varela*, passim.

[67] Ablehnend insofern *Maturana*, in: Siegfried J. Schmidt (Hrsg.), Der Diskurs des radikalen Konstruktivismus, 1987, 287 (292 ff.); *Hejl*, ebenda, S. 322 ff.; *Maturana Romesin*, in: Cybernetics & Human Knowing, 2002, S. 5 ff.

[68] Man möchte sagen: quasi-hegelianisch; dazu insbesondere *Wagner*, ZfS 1994, S. 275 (277).

[69] Vgl. zur seitherigen Radikalisierung der *Luhmann*schen Theorie anschaulich *Joas/Knöbl*, 2011/ebook 2013, S. 379 ff./355 ff.

[70] Vgl. *Luhmann*, GdG, S. 30.

[71] Vgl. dazu *Meulemann*, Soziologie von Anfang an…, 2006, S. 257; *Greshoff*, ZfS 2008, 450 ff.; *ders.*, ZfS 2008, S. 489 ff.; *Srubar*, ZfS 2008, S. 480 ff.; *Joas/Knöbl*, 2011/ebook 2013, S. 727 ff./ S. 675 ff., stellen unter Bezugnahme auf *Stichweh* und *Willke* eine „handlungstheoretische Öffnung der Luhmannschen Theorie" fest, ohne die „die empirische Relevanz systemtheoretischer Argumente wohl deutlich schwinden und die Systemtheorie insgesamt in Sterilität versinken dürfte." (S. 731/ 669 f.); vgl. dazu *Willke*, 2005, S. 104–119. *Stichweh*s (2000, S. 225) Fazit zu Luhmann: „Das Programm… wird in der Regel abgelehnt." Doch wären „eine nicht kleine Zahl von Kategorien aus dem… Repertoire unverzichtbar". Im Weltmaßstab stünde eine Rezeption noch aus. Eine solche dürfte schwerlich zu erwarten sein; in *Anthony Giddens*, Sociology, 7th ed., Cambridge 2013, bleibt Luhmann völlig unerwähnt; das gleiche gilt für *M. Francis Abraham*, Contemporary Sociology, Oxford University Press, 2006.

[72] So bei *Rüthers*, Rechtstheorie, 2008, Rn. 751a; auch *ders./Fischer/Birk*, Rechtstheorie, 2015, Rn. 751a; *M. Rehbinder*, Rechtssoziologie, 2014, Rn. 80, auch 164; *Büllesbach*, in: A. Kaufmann/ Hasssemer/Neumann, Hrsg., Einführung i. d. Rechtsphilosophie …, 2011, S. 428 (453 f.); *Mahlmann*, Rechtsphilosophie und Rechtstheorie, 2010, § 15 Rn. 68 ff.; *Bull*, Rezension zu Aulehner, DÖV 2011, 694 f.; Demgegenüber *Vesting*, Rechtstheorie, 2015, Rn. 113 ff., einschränkend bezüglich der Praxisrelevanz in Rn. 8; *Teubner*, Recht als autopoietisches System, 1989, insbesondere S. 39, 40. 41 ff., 102 ff.; *Paterson/Teubner*, in: Reza Banakar u.a., Hrsg., Theory and method in socio-legal resarch, 2005, S. 215 ff.; *Calliess*, in: S. Buckel u.a., Neue Theorien des Rechts, 2009, S. 53 ff.; *Di Fabio*, Offener Diskurs und geschlossene Systeme, 1991.

III. Information in Sozial- und Rechtswissenschaft

1. Kritischer Ansatz bei Albers

26 Die verfassungsrechtliche Untersuchung *Albers'* zur informationellen Selbstbestimmung war vom **dreigliedrigen Kommunikationsmodell** *Luhmanns* mit den genannten Komponenten Information, Mitteilung und Verstehen/Interpretation geprägt.[73] Informationen werden danach „[v]ollendet … erst durch die *Interpretations*leistung der sich informierenden Person oder Stelle in einem bestimmten sozialen *Kontext*."[74] Von daher gelangte die Autorin – trotz ihrer Kritik am pauschalen Schutzgutansatz des *BVerfG* im Volkszählungsurteil[75] – zu einer skeptisch distanzierten Beurteilung besonderen Privatheitsschutzes wie auch sonstiger Abstufungen verfassungsrechtlichen Schutzes je nach Herkunft oder Inhalt der Informationen. Denn für die Intensität erforderlichen Schutzes komme es im wesentlichen auf den Verwendungskontext an.[76] Die Quintessenz sollte demzufolge sein:

> „Mit der Thematisierung des Problems, dass der Gehalt von Daten kontext- und perspektivenabhängig ist, dass Daten also nicht privat oder sensitiv ‚sind', wird eine zentrale **Schwäche der Privatsphärenkonzeption** getroffen."[77]

27 Geht man von sprachlich verfasstem Informationsmaterial aus (mit dem man es im Datenschutzrecht überwiegend zu tun hat),[78] ist eine so starke Akzentuierung der sekundären/kontextbedingten Interpretationsleistung nicht gerechtfertigt.[79] Der **semantische Regelgehalt** in Rede stehender Einzelangaben wurde in der Darlegung *Albers'* gewissermaßen zum Verschwinden gebracht.[80] Mehr noch, wesentliche sprachpragmatische Aspekte von Sprach*regel* und -spiel i.S. *Wittgensteins* blieben insoweit unberücksichtigt. Nicht gefolgt werden kann auch der Annahme *Albers'*, es sei bei dem von ihr gewählten Ansatz um die Abwehr eines „ontischen Informationsverständnisses" gegangen,[81] welches man *Wittgenstein* schwerlich nachsagen kann.[82]

28 Die **Praxis** etwa **der Polizei** oder des Marketing steht der seinerzeit von *Albers* vorgenommenen Akzentuierung entgegen. Die „Daten", die der Polizist über Diebstähle, Trunkenheit am Steuer, Gewalttätigkeiten … dem Computer entnimmt, sprechen zunächst einmal für sich und sind oftmals Grundlage für rasche Entscheidungen, ohne dass große Interpretationsleistungen realisiert werden (können).[83] Für

---

[73] Vgl. *Albers*, RTh 33 (2002), 61 (72 f.); *dies.*, 2005, S. 88 Fn. 230, S. 91 Fn. 240.

[74] Vgl. *Albers,* in: Spiecker gen. Döhmann, 2008, S. 54 (Hervorhebung hinzugefügt).

[75] Vgl. dazu → Rn. 8.

[76] Das ist ein aus der bisherigen deutschen Datenschutzdiskussion zur Abwehr der Einführung besonderen Schutzes für sensitive Daten geläufiges Argument; vgl. dazu schon den Hinweis in → Rn. 7; beachte → § 14 Rn. 8 ff.

[77] *Albers*, 2005, S. 216; vgl. weiter 366 ff., 381 f., 621 Lts. 20; auch *dies.*, RTh 33, 61 (81 f.); *dies.* in GVwR II, § 22 Rn. 72; wesentlich andere Akzentsetzung: *dies.*, DVBl 2010, 1061 ff.

[78] Im übrigen ist von engem Bezug nonverbaler Zeichen/Wahrnehmung zu durch Sprachfähigkeit begründeten kognitiven Strukturen auszugehen; vgl. dazu *Rehberg*, in: H. Joas, Lehrbuch der Soziologie, 2007, 73 (89 f.); *Srubar*, in: Jürgen Raab u.a., Hrsg., Phänomenologie oder Soziologie, 2008, 41 (46 f.); *Krämer*, Sprache, Sprechakt, Kommunikation, 2001 [2006], S. 134.

[79] Beachte die umgekehrte Akzentsetzung bei *v. Weizsäcker*, Die Einheit der Natur, 1971, S. 50 ff.

[80] Vgl. auch den Hinweis zu *Albers* bei *Rüpke*, in: *Herzog/Mühlhausen*, Geldwäschebekämpfung und Gewinnabschöpfung, 2006, § 54 Fn. 14, m.w.Nw.

[81] *Albers*, 2005, S. 379.

[82] Vermittelnd schreibt *Krämer*, Sprache, Sprechakt, Kommunikation, 2001 [2006], S. 130: „Wollte man Wittgenstein eine ontologische Vision zuschreiben, so wäre das die Vorstellung einer ‚flachen Ontologie'."

[83] Vgl. dazu *Krämer*, Sprache, Sprechakt, Kommunikation, 2001 [2006], S. 133, *Wittgenstein* referierend, zur „blinden… Praxis des Regelfolgens… Auch im Fluss des Sprechens spielt das Interpre-

den Persönlichkeitsschutz ist durchaus von hohem Belang, was inhaltlich – richtig oder falsch – festgehalten ist, nicht erst die Art und Weise des Verstehens dessen, der die Information verwendet.

2. Information im Verwaltungsverfahren und nach IFG

Der Stand der juristischen Diskussion zum „Wissenschaftlichen Informationsbegriff" ist von *Schoch* in seiner Kommentierung zum Informationsfreiheitsgesetz festgehalten worden, wobei ein maßgeblicher Einfluss der Schriften *Albers'* von ihm nachgewiesen wird.[84] Der „(potentielle) Informationsgehalt, der Daten zukommt", werde „auf Grund einer *Interpretationsleistung* durch Ermittlung des Sinngehalts der Daten festgestellt."[85] Es bestehe darin Übereinstimmung, „dass die **Entwicklung von Zeichen bzw. Daten zu ‚Informationen'** eine *kontextabhängige Interpretationsleistung des Empfängers* voraussetzt". Unter Abweisung eines „ontologischen Begriffsverständnisses" wird dabei Bezug genommen auf Erkenntnisse der „Informatik und Kybernetik".[86] **29**

Unberücksichtigt bleiben solche der Sprachwissenschaft und Sprachphilosophie, obwohl letztere Disziplinen wesentliche Aussagen zur „Abgrenzung von syntaktischer, semantischer und pragmatischer Ebene" im Bereich sprachlicher Kommunikation machen,[87] von welcher auch das Verwaltungsverfahren und der Informationszugang nach IFG geprägt sind. Sprachliche (semantische) Gehalte – von Worten und Sätzen – sind das phylogenetische **Ergebnis gesellschaftlicher Entwicklung,**[88] ontogenetisch erworben insbesondere in frühkindlicher Praxis.[89] Nicht etwa „entwickeln" sie sich von den Zeichen her. Die Semantik wird also auch in der Darstellung bei *Schoch* weithin übersprungen. **30**

3. Folgerung

Die Verlagerung vom semantisch-sprachlichen Informationsgehalt auf die Interpretationsleistung seitens des je Angesprochenen, wie sie für das Verständnis rechtlichen Informationsschutzes insbesondere von *Albers* in Gang gesetzt wurde, dürf- **31**

---

tieren gewöhnlich gar keine Rolle....Was die Sprachspiele in Gang hält, sind eingeschliffene Muster, ...antrainierte Gepflogenheiten, ohne Nachdenken ausgeübte Handlungsweisen – soziale Gebräuche eben." Übereinstimmend *E. Fermandois*, Sprachspiele, Sprechakte, Gespräche, S. 71 ff.; zu fehlender Zeit zu langem Überlegen und Interpretieren *Esser*, Soziologie, Allgemeine Grundlagen, 1999, S. 485.

[84] *Schoch*, IFG, 2016, § 2 Rn. 17 ff. Vgl. zu diesem Einfluss auch *Britz*, in: Hoffmann-Riem, Offene Rechtswissenschaft, 2010, S. 562 ff.

[85] *Schoch*, IFG, 2016, § 2 Rn. 18; ähnlich Roßnagel HdB DatenSR/*Trute*, 2003, Abschn. 2.5 Rn. 18; *Kugelmann*, Die informatorische Rechtsstellung des Bürgers, 2001, S. 16 f., 281; auch *Willke*, Systematisches Wissensmanagment, 1998, S. 8 f.

[86] *Schoch*, IFG, 2016, Rn. 19 f., Hervorhebungen teilweise original.

[87] Vgl. zu Semantik und Pragmatik *Roman Jakobson*, in: Victoria Fromkin u.a., An Introduction to Language, 2009, 167 ff. Vgl. im übrigen, Simitis/*Dammann*, BDSG § 3 Rn. 5; Gola/Schomerus/*Gola/Körffer/Klug*, BDSG § 3 Rn. 3.

[88] Beachte dazu *Habermas*, S. 11 ff., 30 ff., im Anschluss an *G. H. Mead*, Geist, Identität und Gesellschaft, wobei ersterer auch die Verbindung zu *Wittgenstein* herstellt; *Terrence W. Deacon*, The Symbolic Species, 1997, 102 ff., 110 ff.; *Ernst Mayr*, Das ist Evolution, 2005 (2001), S. 309 f.; demgegenüber differenzierend – auch sich ausdrücklich von Wittgenstein unterscheidend – *Floridi*, The Philosophy of Inf., 2013, S. 180.

[89] Dazu Näheres bei *Wygotski*, etwa Kap. 5 Abschn. X, S. 132 ff. Allgemein zur „Ontogenese" *Maturana/Varela*, S. 251: „Geschichte rekursiver Interaktionen"; sowie S. 228: „Und Bedeutung/Sinn wird Teil unseres Bereiches der Erhaltung der Anpassung."

te, wie der Bezug auf *Luhmann* nahelegt, auf einem Fehlverständnis im Konstrukt sozialsystematischer „Autopoiesis" von Kommunikation beruhen. Die Rechtsordnung schützt primär Inhalte, nicht erst deren jeweilige Interpretation. Als Grundlage dafür begründet die Sprache eine beträchtliche Stabilität der an zwischenmenschlicher Verständigung orientierten Informationen. Der bisherigen Annahme *Albers'*, dem gezielten (verfassungsrechtlichen) **Schutz privater und sonstiger sensitiver Informationen** stünden prinzipielle Bedenken entgegen,[90] ist damit der Boden entzogen. Dieses Ergebnis steht, wie zu zeigen sein wird, in Übereinstimmung mit der Rechtsprechung des *BVerfG* und des *EGMR*, auch mit den Verfassungstexten zahlreicher EU-Mitgliedstaaten, mit der Verfassung der USA[91] sowie mit dem sekundären EU-Datenschutzrecht.[92]

C. Perspektiven

32　　Die Entwicklung des Konzepts *Information* ist nicht abgeschlossen. Das ist leicht nachvollziehbar vor dem Hintergrund fortschreitender elektronischer Vernetzung und der Ausdehnung des Internet. *Ubiquitous* computing[93] ist allerdings ein missverständliches Stichwort, weil – und solange – die EDV nicht qua (starker) künstlicher Intelligenz die semantische Dimension menschlicher Sprache einzuholen vermag. § 6a BDSG-alt/Art. 22 DS-GVO – das (begrenzte) Verbot rein automatisierter Einzelentscheidungen zu Lasten des Betroffenen[94] – sind (auch) Ausdruck der Erkenntnis unzulänglicher Fähigkeiten von Automaten.[95] So **entzieht sich** unser Leben als Individuum sowie in Gesellschaft und Staat naturgemäß einer **totalen Computerisierung**. Soweit Automatisierung stattfindet, geht sie als (schwache) Kreation – Simulation – umgekehrt auf vorangehende informationelle Eigenleistungen des Menschen zurück.[96]

33　　Dessen ungeachtet stellt sich die Frage, ob angesichts der immensen Steigerung der Erkenntnisse und Leistungen von Naturwissenschaften und Technik eine *unveränderte* Differenz zwischen technisch-naturwissenschaftlichem und sozialwissenschaftlichem Informationsbegriff angenommen werden kann. Dazu ist die Bemerkung *Vestings* von Interesse, der Computer sei in der Lage, das **Verhältnis von sinnhafter Kommunikation und technischer Umwelt** des Kommunizierens **zu destabilisieren**, was immer dies im einzelnen wird bedeuten können.[97]

34　　*Dirk Baecker* legte in diesem Zusammenhang in Anlehnung an *Luhmann* und *Spencer Brown* Untersuchungen vor,[98] die nicht nur die Autopoiesis des gesellschaftlichen Systems zugrunde legen, sondern sich zum Ziel setzen, in **Fortentwicklung der mathematisch orientierten Kommunikationstheorie** *Shannons* die-

---

[90] Beachte aber jetzt *Albers*, DVBl 2010, 1061.

[91] Vgl. *Solove/Schwartz*, Information Privacy Law, Austin .... Niederlande (Wolters Kluwer) 2015, passim.

[92] Vgl. schon den Hinweis in → Rn. 7; für Näheres → §§ 6, 7.

[93] Vgl. *Roßnagel/Müller*, Ubiquitous Computing ..., CR 2004, 625 ff.

[94] Vgl. dazu unten → § 16.

[95] Beachte dazu *Bull*, 2011, S. 65 f.; Näheres zu Art. 22 DS-DVO → § 16.

[96] Vgl. zu den Problemen künstlicher Intelligenz *Fetzer*, The philosophy of AI [Artificial Intelligence] and its critique, in: Floridi, 2004, S. 119 ff.; *Cordeschi* in: Floridi, 2004, S. 186 ff.; auch *Jaegwon Kim*, Philosophy of mind, 2006, S. 146 f.; zu *bisherigen* Problemen maschineller sprachlicher Übersetzung *Fromkin u.a*, An Introduction to language, S. 371 ff.

[97] Vgl. *Vesting* in: Ladeur (Hrsg.), Innovationsoffene Regulierung des Internets, 2003, S. 179; *ders.*, 2011, S. 25–27.

[98] *Baecker*, Form & Formen, 2005; weiterhin *ders.*, Kommunikation, 2008.

selbe „auf Fragen sozialer Kommunikation zu erweitern."[99] Die Ankündigung einer solchen Mathematisierung des Sozialbereichs mochte einem wohl eher rückläufigen Trend entsprechen.[100] Sie blieb bei *Baecker* zunächst uneingelöst. Einerseits, so wurde von ihm postuliert, trete „[a]n die Stelle der Technizität der shannonschen Theorie ... die Selbstreferenz des spencer-brownschen Kalküls."[101] Andererseits fasste er diesbezüglich jedoch nur „allererste Schritte" ins Auge.[102] Die soziologische Theorie beziehe „die Garantie der *bestimmbaren* Unbestimmtheit ... aus der *Differenz* von Kommunikation und Bewusstsein."[103] Solche (partiell tautologischen) Aussagen korrelieren mit der *(petitio principii* der) Autopoiesis sozialer Systeme.

Nach gegenwärtigem Forschungsstand wird **an der Unterscheidung** zwischen 35 mathematisch erfassbarer **technischer** Information einerseits und semantischer, insbesondere **sprachlicher Information** als Gegenstand menschlicher Kommunikation andererseits **festzuhalten** sein.[104] Die *Technik* automatisierter Datenverarbeitung entspricht nicht dem Denken und der gedanklich-sprachlichen Auseinandersetzung zwischen Menschen bzw. zwischen Bürgern und Verwaltung. Sie kann deshalb nicht Basis der Orientierung für das Verständnis gebotenen Persönlichkeitsschutzes sein. Wohlverstanden geht es für die pragmatische, die soziale Wirklichkeit einbeziehende (verfassungs-)rechtliche Darstellung nicht darum, die komplette Algorithmisierbarkeit menschlicher Kommunikation für die Zukunft kategorisch auszuschließen, mag die Realisierung eines solchen Vorhabens auch unwahrscheinlich sein.[105]

---

[99] Vgl. *Baecker*, Form & Formen, S. 11. Das führt auf einen einheitlichen Begriff von Information hin, deren Zustandekommen jeweils auf einem Selektionsvorgang beruhen soll, sei es aus einem technisch bestimmten, sei es aus einem „sozial konstruierten Auswahlbereich möglicher Nachrichten", so Kommunikation, S. 115. Freilich geht das technische Selektionsmodell von einer endlichen Menge möglicher Nachrichten aus (insbesondere um von daher Wahrscheinlichkeiten zur Berechnung des Optimums effektiver Nachrichtenübertragung bestimmen zu können), dazu Form & Formen, S. 11; Kommunikation, S. 66.

[100] Vgl. dazu zunächst die Darstellung bei *Floridi*, 2004, S. 53 ff./online 2008, der auch den theoretischen Ansatz von *MacKay*, Information, Mechanism and Meaning, 1969, mit erörtert, auf den sich *Baecker*, Form & Formen, S. 17, stützen möchte. Vgl. andererseits auch *Adams*, Knowledge, in: Floridi, 2004, S. 228 ff./online 2008; *ders.* Minds & Machines 13 (2003), 471 (495).

[101] *Baecker*, Kommunikation, S. 73.

[102] *Baecker*, Form & Formen, S. 83 f.

[103] *Baecker*, Form & Formen, S. 267.

[104] Einen Überblick bietet *Floridi*, 2004, S. 40 ff./online 2008; *J. Cohen*, Information and Content, in: Floridi, 2004, S. 215 ff./online 2008, insbesondere auch in Auseinandersetzung mit *Dretske*.

[105] Hierzu weiter ausgreifend *Floridi*, Philosophy of Inf., 2011/13, inbes. Kap. 7 „Action-based semantics", auch Kap. 14, 15.

2. Abschnitt. Verfassungsrechtliche Basis in der Bundesrepublik

§ 4. Grundrechtliche Gewährleistung des Datenschutzes – Probleme, Lösungsansätze, Alternativen –

Literatur: *Albers*, Der Umgang mit personenbezogenen Daten, in: Grundlagen des Verwaltungsrechts, Bd. II, 2012, Hoffmann-Riem u. a., Hrsg., § 22; *Amelung*, Der Schutz der Privatheit im Zivilrecht, 2002, S. 63 f.; *Buchner*, Informationelle Selbstbestimmung im Privatrecht, 2006; *Canaris*, Grundrechte und Privatrecht, AcP 184 (1984), 201; *Ehmann*, Informationsschutz und Informationsverkehr im Zivilrecht, AcP 188 (1988), 230; *Giesen*, Das Grundrecht auf Datenverarbeitung, JZ 2007, 918; *Horn*, Schutz der Privatsphäre, in: Handbuch des Staatsrechts, Isensee/Kirchhof, Hrsg., Bd. VII, 2009, § 149; *Placzek*, Allgemeines Persönlichkeitsrecht und privatrechtlicher Informations- und Datenschutz. Eine schutzbezogene Untersuchung des Rechts auf informationelle Selbstbestimmung, 2006; *Ruffert*, Vorrang der Verfassung und Eigenständigkeit des Privatrechts, 2001; *Stern/Becker*, Grundrechte-Kommentar, 2016; *Wittgenstein*, Philosophische Untersuchungen (PU), 1960.

A. Ausgangslage

1   Im Vorangegangenen wurden (sozial)theoretische Komponenten für das Verständnis (verfassungs)rechtlicher Grundlagen von Datenschutz erörtert. Darauf aufbauend soll zunächst die rechtliche Systematisierung und Konkretisierung primär mit Blick auf die deutsche verfassungsgerichtliche Rechtsprechung zum Grundgesetz vorgenommen werden. Der Einbau in die europarechtlich determinierte Rechtsentwicklung – insbesondere seit dem 1.12.2009 – wird in zwei weiteren Schritten erfolgen.[1] Für eine solche Aufgliederung dessen, was im Ergebnis als geltendes Recht zusammengehört, sind zwei Punkte von Bedeutung. Zum einen kommt man damit immer noch bisheriger Lern- und Lesegewohnheit entgegen, wie sie einstweilen den systematischen Darstellungen der Grundrechte im deutschen Verfassungsrecht entspricht.[2] Zum anderen ist es für das Problemverständnis aus deutscher Sicht wichtig, zuerst die hiesige Entwicklung zu analysieren.

2   Seit der *Elfes*-Entscheidung vom 16.1.57[3] ist das *BVerfG* in Sachen Entfaltungsfreiheit und Persönlichkeitsschutz einen langen Weg gegangen, mit vielen Verästelungen, denen zum Zweck der Explikation der verfassungsrechtlichen Grundlagen des Datenschutzrechts nachfolgend nur teilweise nachgegangen wird. Im übrigen ist auf verfassungsrechtliche (bzw. primärrechtliche) Aspekte in den weiteren Abschnitten des Buchs wieder zurückzukommen. Das Vorgehen in diesem Untersuchungsteil wird also nicht auf eine möglichst komplette, systematische Interpretation des Art. 2 Abs. 1 i. V. m. Art. 1 Abs. 1 GG ausgerichtet sein.[4] Insbesondere sind wichtige **Eckpunkte der für datenschutzrechtliche Belange wesentlichen Rechtsprechung** herauszustellen. Dabei ist das Volkszählungsurteil vom 15.12.1983 nach wie vor besonders zu berücksichtigen, ist es doch für lange Zeit richtungweisend für die Entwicklung des Rechtsgebiets geworden.

---

[1] → §§ 6, 7.

[2] Vgl. dazu z. B. *Kloepfer*, Verfassungsrecht II, 2010, passim; *Pieroth/Schlink*, Grundrechte – Staatsrecht II, 32. Aufl. 2016, passim und Rn. 57.

[3] Vgl. BVerfG, Urt. v. 16.1.1957 – 1 BvR 253/56, BVerfGE 6, 32.

[4] Vgl. zu diesen Vorschriften als Ausgangspunkt schon o. → § 3 Rn. 3.

Erforderliche Kritik am in dieser Entscheidung gewählten Ansatz, untermauert 3 durch die vorangehend angestellten sozial- und sprachwissenschaftlichen Überlegungen, wird hinführen auf ein **konsequenter angelegtes Spektrum des Persönlichkeitsschutzes**, wie es sich denn sowohl in der jüngeren Judikatur des *BVerfG* abgezeichnet hat als auch den europarechtlichen Problemlösungen entspricht.

Die Rechtsprechung des *BVerfG* ist insbesondere durch folgende Punkte ge- 4 kennzeichnet:

– Dem Schutz der Privatsphäre (Privatheit) kommt als Ausprägung des allgemeinen Persönlichkeitsrechts ein besonderer Platz zu,[5] auch in spezifisch eingegrenzter Gestalt, nämlich zugunsten eines „Kernbereichs privater Lebensgestaltung".[6]

– „schon auf der Stufe der Persönlichkeitsgefährdung … flankiert und erweitert … das R.a.i.S.… den grundrechtlichen Schutz von Verhaltensfreiheit und Privatheit".[7]

– Hinzu gekommen ist als Emanation des Persönlichkeitsrechts die „Gewährleistung der Vertraulichkeit und Integrität informationstechnischer Systeme" (G-VIiS);[8] als neue Rechtsposition wird sie nachvollziehbar im Rahmen eines durch technische Entwicklung ausgelösten datenschutzrechtlichen Perspektivenwechsels.[9]

Parallel zum Fortbestand bisheriger Rechtspositionen lässt sich ein **Umstruktu- 5 rierungsprozess** auf der Grundrechtsebene beobachten,[10] der zur weiteren Ordnung und Klärung datenschutzrechtlicher Problemstellungen auch auf der einfachrechtlichen Ebene hilfreich sein wird. Schärfere Konturen ergeben sich weiterhin bei der Bestimmung der durch automatisierten Datenabgleich zu gewärtigenden Beeinträchtigungen des Persönlichkeitsbereichs, insbesondere mit Blick auf eine klarere Abschichtung zwischen Daten und Information.[11]

B. Generalisierender Schutz personenbezogener Informationen

Datenschutzrecht hat den „Personenbezug" von Information zu seinem zentra- 6 len Anknüpfungspunkt genommen, um von daher Normen zugunsten des Einzelnen – des insoweit (vermutlich) „Betroffenen" – zu entwickeln. So ist nach § 1 Abs. 1 BDSG Gesetzeszweck, „den Einzelnen davor zu schützen, dass er durch den Umgang *mit seinen personenbezogenen Daten* in seinem Persönlichkeitsrecht be-

---

[5] Vgl. BVerfG, Beschl. v. 26.2.2008 – 1 BvR 1602/07, BVerfGE 120, 180 (197, 199) – Caroline von Monaco III : „Verhaltensfreiheit und Privatheit [als]… Elemente der Persönlichkeitsentfaltung"/ „Schutz der Privatsphäre"; BVerfG, Beschl. v. 26.2.2008 – 2 BvR 392/07, BVerfGE 120, 224 (238) – Inzestverbot : „Intim- und Sexualbereich … als Teil seiner Privatsphäre unter den Schutz des Art. 2 Abs. 1 i.V.m. Art. 1 Abs. 1 GG gestellt"; BVerfG, Urt. 27.2.2008 – 1 BvR 370/07, BVerfGE 120, 274 (311 f.)– Online-Durchsuchung : „das allgemeine Persönlichkeitsrecht … in seiner Ausprägung als Schutz der Privatsphäre"; übereinstimmende Formulierungen in BVerfG, Beschl. v. 13.6.2007 – 1 BvR 1550/03, BVerfGE 118, 168 (184) – Kontenabfrage; BVerfG, Urt. v. 11.3.2008 – 1 BvR 2074/05, BVerfGE 120, 378 (397) – Kfz-Kennzeichenerfassung; in BVerfG, Urt. v. 20.4.2016 – 1 BvR 966/09, NJW 2016, 1781 – BKAG – fungiert die Charakterisierung der in Rede stehenden Eingriffe als „tief in die Privatsphäre" reichend als zentraler Parameter für die verfassungsrechtliche Beurteilung, vgl. Rn. 92, 103, 105, 115.

[6] → § 5 Rn. 16 ff.

[7] Vgl. nochmals BVerfG, Urt. v. 27.2.2008 – 1 BvR 370/07, BVerfGE 120, 274 (311 f.); Beschl. v. 13.6.2007 – 1 BvR 1550/03, BVerfGE 118, 168 (184); Urt. v. 11.3.2008 – 1 BvR 2074/05, BVerfGE 120, 378 (397).

[8] Vgl. BVerfG, Urt. v. 27.2.2008 – 1 BvR 370/07, BVerfGE 120, 274 (313 ff.).

[9] Dazu Näheres → § 5 Rn. 13 ff.

[10] Dazu aus der Lit. explizit *Schoch*, FS Stern, 2012, S. 1491 ff.

[11] Dazu Näheres → § 5 Rn. 62 f.

einträchtigt wird." Dabei geht es gemäß § 3 Abs. 1 BDSG um „Einzelangaben über persönliche oder sachliche Verhältnisse einer bestimmten oder bestimmbaren natürlichen Person (Betroffener)". Entsprechend ist gemäß Art. 1 Abs. 1, 2, Art. 4 Nr. 1 DS-GVO der Schutz natürlicher Personen – als Grundrechtsschutz – „bei der Verarbeitung personenbezogener Daten", das sind „alle Informationen, die sich auf eine... ‚betroffene Person'... beziehen", zu realisieren.[12]

7   Diese Schutztechnik ist nicht selbstverständlich; sie beruht auf einer Entscheidung des Gesetzgebers. Die Lösung ist global, weil sie nach der Art der Daten nicht unterscheidet. Sie ist zudem fließend, sowohl im Hinblick auf die Bestimmung der jeweils betroffenen Person als auch auf die Abgrenzung gegenüber (faktisch) anonymisierten und rein sachbezogenen Informationen.[13] Die Wegbereiter des BDSG waren sich bei der Wahl eines solch **breiten und vagen Ansatzes** relativ unsicher. Sie verwiesen darum zur erforderlichen Präzision auf den jeweiligen, spezielleren Verwendungszusammenhang der Information, aus dem die Schutzwürdigkeit im Einzelfall herleitbar sei.[14] Das beinhaltet(e) einen Weiterverweis, der zur nachfolgenden Normenflut[15] beigetragen hat. So sehr dessen ungeachtet die gesetzgeberische Vorgabe des Schutzes „personenbezogener Daten" für die Interpretation des einfachen Rechts gegenwärtig feststehen mag, so wenig bindet sie das verfassungsrechtliche Verständnis.

8   Allerdings hat sich das *BVerfG* im **Volkszählungsurteil** an das vorgefundene legislatorische Konzept gehalten.[16] Für den Begriff der personenbezogenen Daten zitiert es wörtlich § 2 Abs. 1 BDSG 1977 (= § 3 Abs. 1 BDSG 2016).[17] Eben darauf baut auch das von ihm sodann aufgegriffene Prinzip informationeller Selbstbestimmung auf. Dieses erstreckt – und beschränkt[18] – sich auf eben die „personenbezogenen Daten" desjenigen, dem der Personenbezug inhaltlich gilt.

9   Es versteht sich, dass die offene, von Art. 5 Abs. 3 GG gewährleistete wissenschaftliche Diskussion daran **nicht gebunden** war und ist. Auch für eine rechtsförmliche Bindung i.S.d. § 31 Abs. 1 BVerfGG im Hinblick auf „tragende Gründe" der Entscheidung des *BVerfG* – ein in sich umstrittener Grundsatz[19] – ist wenig Raum.[20] Dies gilt umso mehr im Hinblick auf die bereits angesprochene Umorien-

---

[12] Vgl. dazu schon → § 3 Rn. 17.

[13] Für Näheres zur Bedeutung von Personenbezug → § 10.

[14] Vgl. Bericht der *Datenschutzkommission des Deutschen Juristentags*, Grundsätze für eine gesetzliche Regelung des Datenschutzes, 1974, S. 26 f.; beachte *Simitis*, DVR 2 (1973/74), 138 (148, 150 f.): was „personenbezogenen" sei, ließe sich nicht exakt angeben; der „Hinweis auf die ‚personenbezogenen Daten'" sei nur „der scheinbar weitaus konkretere" als die von ihm für ungeeignet erachtete Anknüpfung an die Privatsphäre als Schutzgegenstand einer Datenschutzregelung.

[15] Vgl. schon → § 3 Rn. 6.

[16] Vgl. dazu schon → § 3 Rn. 5 ff.

[17] BVerfG, Urt. v. 15.12.1983 – 1 BvR 209/83, BVerfGE 65, 1 (42) – Volkszählung.

[18] Nachdem „informationelle Selbstbestimmung" zum geflügelten Wort geworden ist, ist die Terminologie in Literatur und Rechtsprechung gegenüber der datenschutzrechtlichen Begriffsbildung mitunter weniger genau; vgl. die unterbliebene Abschichtung zum Anwaltsgeheimnis in BGH, Urt. v. 17.5.95 – VIII ZR 94/94, NJW 1995, 2026 (2027 r. Sp.). Etwaige Rechte aufgrund gesetzlich oder vertraglich vorgesehener Geheimnisse, die sich von ihrem Inhalt her oft gerade (auch) auf Dritte beziehen, sind als solche nicht Ausfluss des R. a. i. S.

[19] Vgl. einerseits Maunz/Schmidt-Bleibtreu/Klein/*Bethge*, BVerfGG § 31 Rn. 94 ff.; *Benda/Klein*, § 31 Rn. 1323 ff.; andererseits *Schlaich/Koriath*, § 31 Rn. 485 ff.; *Pestalozza*, § 20 Rn. 91.

[20] Vgl. dazu *Vogelgesang*, Informationelle Selbstbestimmung?, 1987, S. 83 ff. Beachte O. *Mallmann*, JZ 1983, 651 ff., der unter Ablehnung einer grundrechtlichen Herleitung informationeller Selbstbestimmung zu im wesentlichen mit der nachfolgenden Entscheidung des *BVerfG* übereinstimmenden Ergebnissen bezüglich der Verfassungswidrigkeit des Melderegisterabgleichs gelangte; von daher bestehen Zweifel am tragenden Charakter der allgemein-belehrenden Ausführungen des Gerichts zum R. a. i. S.; vgl. weiter *Ehmann*, AcP 188 (1988), 230 (302).

tierung des Gerichts in seiner jüngeren Rechtsprechung zum Persönlichkeitsrecht, in der sich ein partieller Bedeutungsverlust des R. a. i. S. abgezeichnet hat.[21]

Von Verfassungs wegen stehen für grundrechtlichen Persönlichkeitsschutz **Art. 2** **10** **Abs. 1 i. V. m. Art. 1 Abs. 1 GG** im Vordergrund; daneben sind weitere Grundrechte, insbesondere Art. 10 und 13, von beträchtlicher Bedeutung. Das entspricht ständiger Rechtsprechung. Der Begriff „personenbezogene Daten" ist demgegenüber – anders als in der Grundrechte-Charta der EU[22] – im Grundrechtskatalog des GG nicht enthalten.[23]

C. Sozialcharakter der – personenbezogenen – Information

Für die Interpretation der Art. 2 Abs. 1 i. V. m. Art. 1 Abs. 1 GG fällt es schwer, **11** zum Schutz der Persönlichkeit oder, wie es jüngst auch heißt, informationeller Privatheit,[24] einen Begriff einzuführen, der sich bei genauerem Zusehen als einigermaßen widersprüchlich entpuppt. Etwas überspitzt formuliert beinhaltet „personenbezogene Daten" eine *contradictio in adjectu.*

Vorab ist nochmals klar festzuhalten, dass es nicht (nur) um Daten, sondern um **12** Informationen geht,[25] und zwar solche nicht im technisch-naturwissenschaftlichen, sondern im **sozialwissenschaftlichen Verständnis.**[26] Von daher sind die Informationen, deren Regelung z. B. das BDSG zu seinem Gegenstand genommen hat, ein Phänomen der menschlichen Gesellschaft und als solche (primär) sozialbezogen.

I. Zur Rechtsprechung des BVerfG

Die „Gemeinschaftsgebundenheit" des Individuums hat das *BVerfG* auch im **13** Volkszählungsurteil nicht aus dem Blick verloren und ausgeführt:

> „Der Einzelne hat nicht ein Recht im Sinne einer absoluten, uneinschränkbaren Herrschaft über ‚seine' Daten; er ist vielmehr eine sich innerhalb der sozialen Gemeinschaft entfaltende, auf Kommunikation angewiesene Persönlichkeit. Information, auch soweit sie personenbezogen ist, stellt ein **Abbild sozialer Realität** dar, das nicht ausschließlich dem Betroffenen allein zugeordnet werden kann. Das Grundgesetz hat ... die Spannung Individuum – Gemeinschaft im Sinne der Gemeinschaftsbezogenheit ... der Person entschieden ... Grundsätzlich muss daher der Einzelne Einschränkungen seines Rechts auf informationelle Selbstbestimmung im überwiegenden Allgemeininteresse hinnehmen."[27]

In diesem Text wird eine enge **Verknüpfung** zwischen der „**Realität**" und der **14** jeweiligen **Information**, die sich auf sie bezieht, hergestellt. Diese sei ein Abbild der Realität, und da letztere sozial und somit gemeinschaftsgebunden sei, müsse das auch für ihr Abbild gelten. Das *BVerfG* zitiert zur Bekräftigung u. a. Vorentscheidungen, die sich mit der Sozialbindung wirtschaftlichen, nach Artt. 2 Abs. 1, 12 bzw. 14 GG geschützten Verhaltens befasst haben.[28] Es tendiert mit seinen Aussa-

---

[21] → Fn. 5.

[22] Dazu Näheres → § 7 Rn. 29.

[23] Das gleiche gilt für das R. a. i. S. Dazu *Albers*, in: Spiecker gen. Döhmann u. a. (Hrsg.), Generierung und Transfer staatlichen Wissens, 2008, S. 58: Die rein interpretative Herleitung seitens des BVerfG ließe sich „weiterentwickeln". Für diesbezügliche Aussagen der Verfassungen der Bundesländer *Kloepfer/Schärdel*, JZ 2009, 453 (454 f.).

[24] So *Rössler*, Der Wert des Privaten, 2001, S. 201 ff.

[25] Vgl. dazu → § 3 Rn. 15 ff.

[26] Vgl. → § 3 Rn. 11 ff., 15 ff., 30 ff.

[27] BVerfG, Urt. v. 15.12.1983 – 1 BvR 209/83, BVerfGE 65, 1 (43 f.) – Volkszählung.

[28] Vgl. dazu die in BVerfG, Urt. v. 15.12.1983 – 1 BvR 209/83, BVerfGE 65, 44, zitierten Entscheidungen: BVerfG, Urt. v. 20.7.1954 – 1 BvR 459/52, BVerfGE 4, 7 (15); Beschl. v. 12.11.1958 – 2 BvL 4/56, BVerfGE 8, 274 (329); Urt. v. 1.3.1979 – 1 BvR 532/77 u. a., BVerfGE 50, 290 (353).

gen dahin, die für das grundrechtsgeschützte Handeln des Bürgers geltenden Schranken auf entsprechende Informationen = Abbilder zu übertragen.

15 Gedanklich davor liegt der dafür erforderliche erste Schritt: So wie die individuelle Betätigung selbst qua Persönlichkeitsentfaltung **grundrechtlich gewährleistet** ist, so auch das **Abbild** davon, also die jeweilige „personenbezogene Information". Ohne diese Prämisse, den grundrechtlichen Schutzbereich betreffend, wäre die These zu je korrelierenden Schranken ohne substanzielle Grundlage.

16 Das *BVerfG* hat also im Volkszählungsurteil ein Verständnis von Information eingebracht, das, wie weiter oben dargelegt wurde, mit den Erkenntnissen von Sozial-, Sprach- und Informationswissenschaft nicht (mehr) in Übereinstimmung zu bringen ist.[29] Der Sozialcharakter von Information beruht nicht auf den Bildern, die sie jeweils vom gemeinschaftsgebundenen Leben wiedergeben würde, sondern auf ihrer eigenen kommunikativen Entstehung und Funktion.[30] Informationen sind als solche – unabhängig von ihren jeweiligen semantischen Gehalten – eine soziale Kreation und gewissermaßen **Werkzeuge zur Orientierung** und Lebensbewältigung der Menschen.[31]

17 Das *BVerfG* hat – vereinfachend gesprochen – das (vermeintliche) Abbild, die „personenbezogene" Information, mit der durch diese quasi abgebildeten Realität gleichgesetzt.[32] Demgegenüber ist z.B. festzuhalten, dass der Umstand, dass X schwarze Haare hat, nicht identisch ist mit einer Information, die die Haarfarbe des X zum Gegenstand hat. Dementsprechend lässt sich, wie leicht einsichtig ist, die verfassungsrechtliche Frage, ob Bürger gezwungen werden dürfen, ihre Haare anders zu färben,[33] nicht nach den gleichen Regeln entscheiden wie diejenige, ob die Erzwingung der Eintragung einer (geänderten) Haarfarbe im Reisepass zulässig ist. Eine vergleichbare **Vertauschung**[34] lässt sich beim Versuch des *BVerfG* beobachten, aus der sozialen Eingebundenheit des handelnden Bürgers eine entsprechende Schrankenziehung für dessen angenommenes Bestimmungsrecht über „seine" personenbezogenen Angaben abzuleiten.

II. Eingrenzung informationellen Persönlichkeitsschutzes
1. Geheimnisse

18 Dem grundlegenden Sozialcharakter von Information entspricht es, dass diese sich insgesamt schwieriger zugunsten einzelner rechtlich einbinden/zuordnen lässt als individuelles Handeln. Auf der anderen Seite sind klar eingegrenzte **Informationsschranken**, die dem Persönlichkeitsschutz dienlich sind, durchaus realisierbar und effektiv, z.B. die Berufsgeheimnisse, das Post- und Telekommunikationsgeheimnis,[35] auch der Schutz von Wohnung und ggf. Geschäfts- und Betriebsgeheim-

---

[29] Vgl. dazu die Nachw. → § 3 Fn. 48 und 61.

[30] Vgl. auch → § 3 Rn. 20, 30 f.

[31] Vgl. die Nachw. → § 3 Fn. 57, 58; *Wittgenstein*, PU, Nr. 11, 14 und dazu *Krämer*, Sprache, Sprechakt, Kommunikation, 2001 [ND 2006], S. 119.

[32] Ähnlich die Kritik bei *Bull*, 2011, S. 34; zur Abbildtheorie nochmals → § 3 Fn. 48.

[33] Vgl. zur Haar- und Barttracht die Entscheidung des Wehrdienstsenats, Beschl. v. 27.1.1983 – 2 WDB 17/82, BVerwGE 76, 60; auch BVerfG, Beschl. v. 14.2.1978 – 2 BvR 406/77, BVerfGE 47, 239 (246 ff.); v. Mangoldt/Klein/Starck/*Starck*, GG Art. 2 Rn. 112 m. w. Nachw. aus der Rechtsprechung.

[34] Vgl. dazu auch *I. Dammann*, Der Kernbereich der privaten Lebensgestaltung, 2011, S. 190, 197, 248: diesem Autor unterläuft dieselbe Vertauschung (mit anders gearteten Konsequenzen), indem er „eine informationsrechtlichen Grundsatz" dahingehend behauptet, dass – umgekehrt – „*Informationen nicht weitergehend geschützt werden können als das Verhalten, auf das sie sich beziehen.*" Das würde das Ende jedes selbständigen Geheimnisschutzes, auch des Beichtgeheimnisses, bedeuten. Vgl. weiter zu *I. Dammann* → § 5 Fn. 79, 112, 134.

[35] → § 26.

nisse. Bei diesen Beispielen handelt es sich um Abgrenzungen, die als solche **ohne das Kriterium „Personenbezug"** auskommen.[36]

2. Probleme informationeller Zuordnung

In Datenschutzgesetzen dient dieses Kriterium demgegenüber regelmäßig dem 19 Brückenschlag – der Gleichsetzung – zwischen der Zuordnung von Eigenschaften/Lebensverhältnissen einer Person (gegenständlicher Personenbezug) einerseits und der Zuordnung der mit diesen sich befassenden Informationen (informationeller Personenbezug) andererseits.

Wohnsitz, Eigentums- und Vermögensverhältnisse, berufliche Tätigkeit, Freizeit- 20 interessen sind Angelegenheiten, die überwiegend dem Leben des je einzelnen zugehören; oft liegen freilich Verknüpfungen mit entsprechendem, gleich gewichtigem Engagement anderer vor, was schon vom Lebenssachverhalt her das Problem **mehrfachen Personenbezugs** aufwirft.[37]

Doch wichtiger noch ist, dass der Kreis der Personen, den jeweilige *Informationen* von der Sache her etwas angehen – für den diese Informationen relevant 21 sind –, i.d.R. gar nicht deckungsgleich ist mit demjenigen, der in die zugrunde-liegenden Angelegenheiten unmittelbar involviert ist. Das Wissen über die Art der gewerblichen Tätigkeit, den Goodwill oder die Bonität sind im wirtschaftlichen Bereich **gerade für** *andere*, die selbst die in Rede stehende Tätigkeit nicht ausüben bzw. die zugrunde liegenden Vermögensgegenstände nicht innehaben, **von Interesse** (je nachdem auch für das Finanzamt).[38] Das gleiche gilt für die Kenntnis von Gefahren(quellen), die vom Verhalten eines Menschen ausgehen und andere bedrohen; ist noch nicht klar, wer im einzelnen überhaupt bedroht ist, so ist jedenfalls die Polizei für die Information „zuständig". Weiterhin ist noch einmal die Adresse als Information über den Wohnsitz hervorzuheben, deren Robinson selbst für seine – auf seine Person bezogene – Aufenthaltsstätte gar nicht bedarf.[39]

3. Folgerung

Die Beispiele zeigen, wie problematisch es sein muss, für verfassungsrechtlichen 22 Persönlichkeitsschutz alle „personenbezogenen" Informationen – gewissermaßen eine unendliche Weite – über einen Kamm zu scheren und aufgrund eines monistischen Theorieverständnisses zum Gegenstand je individueller Rechtspositionen zu machen.[40] Mag auch die Legislative in den Datenschutzgesetzen einen solchen Schutzansatz gewählt haben, das **GG bietet** für einen entsprechenden Interpretationsschritt **keine erkennbare Grundlage.**[41]

---

[36] Vgl. dazu noch → Rn. 27; → § 5 Rn. 8, 11; auch Gola/Schomerus/*Gola/Körffer/Klug* BDSG § 1 Rn. 10.

[37] Dazu Näheres → § 10 Rn. 9ff. Zum durch Namensgleichheit ausgelösten Konflikt zwischen Tochter und Vater vgl. BVerfG, Beschl. v. 24.3.1998 – 1 BvR 131/96, BVerfGE 97, 391 (400ff.); zur Abstammung vom nichtehelichen Erzeuger BVerfG, Beschl. v. 6.5.1997 – 1 BvR 409/90, BVerfGE 96, 56 (61ff.); BVerfG, Urt. v. 13.2.2007 – 1 BvR 421/05, BVerfGE 117, 202 (225ff.) – Feststellung der Vaterschaft, in Bezug auf welche das Persönlichkeitsrecht des – die Information begehrenden – Vaters dem R. a. i. S. des Kindes gegenübergestellt wird.

[38] Vgl. BVerfG, Urt. v. 27.6.1991 – 2 BvR 1493/89, BVerfGE 84, 239 (279f.) – Zinsbesteuerung.

[39] Vgl. schon § 3 Rn. 10.

[40] Ausführlich zur „Ungeeignetheit des Personenbezugs von Information als Wertungskriterium *Placzek*, insbes. S. 100.

[41] Zur Kritik an diesem Interpretationsschritt im Volkszählungsurteil → § 3 Rn. 6–8; *Aebi-Müller*, Personenbezogene Informationen im System des zivilrechtlichen Persönlichkeitsschutzes, 2005, S. 295f.; *Schneider/Härting*, ZD 2011, 63; *Bull*, 2011, passim.

23　　Zusammengefasst konstituiert sich menschenwürdige, freie Persönlichkeitsentfaltung nicht vorrangig auf der Grundlage informationeller Restriktionen.[42] Sie ist kommunikativ verwurzelt. Von daher lässt sich aus Art. 2 Abs. 1 i.V.m. Art. 1 Abs. 1 GG (wie erst recht aus den nachfolgenden Spezialgrundrechten) **nur selektiv Schutz** gegen Informationsprozesse herleiten. Die Vermutung für die Freiheit, die jeder grundrechtlichen Gewährleistung individuellen Verhaltens zugehört,[43] gebührt nicht ohne weiteres jeglichem Wunsch des Individuums, entsprechende Informationen generell zu verhindern. Eben letztere Vermutung wäre jedoch grundrechtssystematisch die Konsequenz eines Grundrechts auf „informationelle Selbstbestimmung".

D. Privatheit (nebst Intimität) insbesondere

24　　Privatheit als Ausfluss des Persönlichkeitsrechts begründet einen viel breiter angelegten informationellen Schutz im Vergleich zu den Informationsschranken, die durch spezifische Geheimhaltungsvorschriften[44] bewirkt werden. Die Psychologin *Kruse* spricht zur Charakterisierung vom „*Konzept der Privatheit, diesem erlebnismäßig offenkundigen, konzeptuell frustrierenden Begriff*".[45] Etwaige Frustrationen sind für den Juristen in Kenntnis fünfzigjähriger Rechtsprechungstradition abbaubar. Das *BVerfG* ist daran – neben dem *EGMR*[46] und der ordentlichen Gerichtsbarkeit[47] – bis in die Gegenwart hinein maßgeblich beteiligt gewesen. Dabei geht es, wie *Kruse* zutreffend zum Ausdruck gebracht hat, weniger um die Herausarbeitung eines theoretischen Konzepts als um die pragmatische Umsetzung dessen, was in der Lebenswirklichkeit von Mensch und Gesellschaft einem offenkundigen Schutzbedürfnis entspricht.

25　　Jüngst hat *Horn* zum Schutz der Privatsphäre einen neuen Akzent gesetzt: „**Privat ist, was andere nichts angeht**", lautet sein geflügeltes Wort,[48] wobei er sich im wesentlichen auf kultur- und entwicklungsabhängige Inhalte, auf die Konvention, bezieht.[49] In der Tat werden zumeist solche Angelegenheiten als privat angesehen, die – anders als Beruf, Good Will oder gefährliche Trunkenheit des Autofahrers[50] – einen nur begrenzten Kreis von Menschen, z.B. die Familie,[51] die

---

[42] Vgl. zur „Kommunikationslosigkeit als Folge eines Rechts auf informationelle Selbstbestimmung" *L. Gräf*, Privatheit und Datenschutz, 1993, S. 176 f.

[43] Vgl. Stern/Becker/*Horn*, GG Art. 2 Rn. 6 m. w. Nw.

[44] → Rn. 18.

[45] *Lenelis Kruse*, Privatheit als Problem und Gegenstand der Psychologie, 1980, S. 117, insoweit *Margulis*, Privacy as a behavioral phenomenon, zitierend.

[46] Darüber → § 6.

[47] Vgl. *Horn*, 2009, Rn. 48: für die verfassungsrechtliche Entwicklung „wegweisende Entscheidungen des Bundesgerichtshofs", mit umfangreichen Nachw. in Fn. 77 zu Rn. 28; so BGH, Urt. v. 25.5.1954 – I ZR 211/53, BGHZ 13, 334 = NJW 1954, 1404 – Leserbrief; BGH, Urt. v. 4.2.1957 – VI ZR 9/56, BGHZ 24, 72 = NJW 1957, 1146 – ärztliche Bescheinigung; BGH, Urt. v. 20.3.1968 – I ZR 44/66, *BGHZ* 50, 133 = NJW 1968, 1773 (1775 r.Sp.) – Mephisto; Palandt/*Sprau*, 76. Aufl. 2017, BGB § 823 Rn. 84; *Götting*/Schertz/Seitz, Hdb. PersönlichkeitsR, 2008, § 3 Rn. 6; *Hubmann*, Das Persönlichkeitsrecht 1967, S. 5 mit Fn. 10; → § 2.

[48] In Anlehnung an *J. S. Mill*, Über die Freiheit, 1859, Reclam 1974, S. 19.

[49] Vgl. *Horn*, 2009, Rn. 1, 6 f., 15; Stern/Becker/*Horn*, GG Art. 2 Rn. 42.

[50] Vgl. dazu umgekehrt BVerfG, Beschl. v. 24.6.1993 – 1 BvR 689/92, BVerfGE 89, 69 (82 ff.) zur von der Straßenverkehrsbehörde zu respektierenden Privatheit eines medizinisch-psychologischen Gutachtens trotz vorangegangenen einmaligen Haschisch-Konsums auf einem Parkplatz.

[51] Beachte dazu die der Amtshilfe hinderliche Zweckgebundenheit von Ehescheidungsakten, BVerfG, Beschl. v. 15.1.1970 – 1 BvR 13/68, BVerfGE 27, 344 (350 ff.); BVerfG, Beschl. v. 18.1.1973 – 2 BvR 483/72, BVerfGE 34, 205 (208 ff.).

Freunde,[52] ggf. Reisegefährten, oder ausschließlich einen selbst etwas angehen sollen. Dem entsprechend kommt es hier viel eher als in Ansehung der „personenbezogenen" Informationen im allgemeinen[53] zu einer Deckungsgleichheit zwischen dem Kreis der am Verhalten selbst Beteiligten und dem Kreis derjenigen, denen entsprechende Informationen zukommen sollen: während der Beruf oft „Aushängeschild" für andere ist, behalten die an einer privaten Beziehung Beteiligten ihre Kenntnisse über ihr Sexualverhalten unter sich.

Soweit solche Deckungsgleichheit der Kreise vorliegt, ergeben sich überschaubare Abgrenzungsmöglichkeiten bei der Schutzgutumschreibung bzw. der Bestimmung (un)zulässiger Informationsprozesse: beim Umgang der Eltern mit ihren Kindern bleiben die – am Geschehen selbst unbeteiligten – Presseorgane ausgeschlossen,[54] und von Ausnahmelagen abgesehen gilt dasselbe für die Behörden.[55] Privatheitsschutz vermag somit gezielter **am sozialen Befund** anzuknüpfen, als es auf der Grundlage abstrakten Personenbezugs machbar ist.[56] **26**

Dabei kann Privatheitsschutz allerdings nicht einfach auf der Basis bloßer Konkretisierung bzw. Eingrenzung von „Personenbezug" verstanden werden. Es geht vielmehr um einen anderes Schutzprinzip als jenes, das generell zum R.a.i.S. an personenbezogenen Informationen hinführen würde. Das erkennt man schon daran, dass Tagebucheinträge,[57] Selbstgespräche,[58] Familienklatsch[59] und „Gardinenpredigt"[60] privat sind unabhängig davon, ob sie (vorwiegend) **auf Dritte bezogene Aussagen enthalten.**[61] Die Schutzstruktur stimmt insoweit mit derjenigen der Geheimnisse z.B. nach Art. 10 GG überein (wo es nicht nur um private Inhalte geht). In all diesen Fällen ist Personenbezug nicht das Zuordnungs- oder Aufteilungskriterium. **27**

E. Grundrechtliche Bedeutung des Persönlichkeitsschutzes und des Rechts auf informationelle Selbstbestimmung im nicht-öffentlichen Bereich (Drittwirkung)

I. Persönlichkeitsrecht

Die Interpretation des Art. 2 Abs. 1 i.V.m. Art. 1 Abs. 1 GG ist nicht nur im Verhältnis des Bürgers zur öffentlichen Hand relevant. Das Persönlichkeitsrecht ist **28**

---

[52] Zum „religiösen Bekenntnis im nachbarschaftlich-kommunikativen Bereich ... dort, wo man sich nach Treu und Glauben unter sich wissen darf", als zum „Kern seiner Privatsphäre (‚privacy')" gehörend BVerfG, Beschl. v. 1.7.1987 – 2 BvR 478/86 u.a., BVerfGE 76, 143 (158 f.) – Ahmadiyya.

[53] Dazu → Rn. 21.

[54] Dazu BVerfG, Urt. v. 15.12.1999 – 1 BvR 653/96, BVerfGE 101, 361 (385 f., 395 f.) – Caroline II.

[55] Zur Informationsgewinnung für das „Wächteramt" i.S.d. Art. 6 Abs. 2 S. 2 GG v. Mangoldt/Klein/Starck/*Robbers*, GG Art. 6 Rn. 251.

[56] Vgl. zur offenen Interessenabwägung auf der Grundlage der Generalklauseln des Datenschutzrechts → § 12 Rn. 12 f., 28.

[57] Vgl. BVerfG, Beschl. v. 14.9.1989 – 2 BvR 1062/87, BVerfGE 80, 367 (373 ff.); Beschl. v. 14.7. 1964 – 1 BvR 352/64, BVerfGE 18, 146 f.; BGH, Urt. vom 9.7.1987 – 4 StR 223/87, NJW 1988, 1037.

[58] Vgl. BGH, Urt. v. 10.8.2005 – 1 StR 140/05, BGHSt 50, 206 = NJW 2005, 3295 – Mörder im Krankenzimmer; bzw. im PKW: BGH, Urt. v. 22.12.2011 – 2 StR 509/10, NJW 2012, 945.

[59] Zur Kommunikation aus der Untersuchungs- bzw. Strafhaft mit Familienangehörigen vgl. BVerfG, Beschl. v. 16.6.1976 – 2 BvR 97/76, BVerfGE 42, 234 (236 f.); Beschl. v. 5.2.1981 – 2 BvR 646/80, BVerfGE 57, 170 (177 ff.); Beschl. v. 26.4.1994 – 1 BvR 1689/88, BVerfGE 90, 255; BVerfG, Beschl. v. 24.6.1996 – 2 BvR 2137/95, NJW 1997,185.

[60] Vgl. BVerfG, Urt. v. 3.3.2004 – 1 BvR 2378/98, BVerfGE 109, 279 (329) – Großer Lauscheingriff – : „allein mit seinen engsten Familienangehörigen".

[61] Vgl. auch § 1 Abs. 2 Nr. 3, letzter Hs., BDSG-alt, bzw. Art. 2 Abs. 2 lit. c DS-GVO, und hierzu unten § 8 Rn. 30 ff.

Gegenstand des Schutzes auch für die Beziehungen unter Privaten, im sog. „nichtöffentlichen" Bereich.[62] Dem liegt die (mittelbare) Drittwirkung des Grundrechts zugrunde,[63] zusammen mit einer diese gewährleistenden **staatlichen Schutzpflicht**[64] (eingegrenzt durch das Untermaßverbot).[65]

29　　So können z. B. das „**Privatleben**" oder die **öffentliche Selbstdarstellung** des Individuums[66] oftmals durch Äußerungen/Publikationen beeinträchtigt sein, was Anlass zu *zivil*gerichtlichen Auseinandersetzungen (mit anschließenden Verfassungsbeschwerden) gibt. Dabei geht es (u. a.) um den Wahrheitsgehalt von Aussagen,[67] um Ruf und Ehre des Betroffenen[68] oder dessen Resozialisierungschance,[69] um Eindringen, Zudringlichkeit bei der Recherche,[70] um Rücksichtnahme, Takt, Respekt (vor Intimität),[71] um räumliche **Rückzugsbereiche**,[72] auch um Alltagsverhalten im öffentlichen Raum,[73] um das vertraulich gesprochene Wort[74] und das Recht am eigenen Bild.[75] Familienrechtliche Verfahren, etwa die Klärung der **Abstammung** betreffend, sind ihrerseits geeignet, Konflikte unter Privaten hervorzurufen, bei denen es um das Persönlichkeitsrecht der Beteiligten geht.[76 · 77]

---

[62] Dies ist die datenschutzrechtliche Terminologie, vgl. dazu die Aufgliederung der Bereiche im Zweiten bzw. Dritten Abschnitt des BDSG.

[63] Vgl. BVerfG, Urt. v. 15.1.1958 – 1 BvR 400/51, BVerfGE 7, 198 (203 ff.) – Lüth; Beschl. v. 26.2.1969 – 1 BvR 619/63, BVerfGE 25, 256 (263 ff.) – Blinkfüer.

[64] Vgl. BVerfG, Beschl. v. 6.5.1997 – 1 BvR 409/90, BVerfGE 96, 56 (64); Beschl. v. 27.1.1998 – 1 BvL 15/87, BVerfGE 97, 169 (175 f.) – Kleinbetriebsklausel; EGMR, Urt. v. 24.6.2004 – 59320/00, CEHD 2004-V, NJW 2004, 2647 (2649), Nr. 57 – Caroline; *Stern*, Das Staatsrecht der BRD, Bd. III/1, 1988, § 76 IV 5b (S. 1573 ff.); Jarass/Pieroth/*Jarass*, GG Art. 1 Rn. 56; Maunz/Dürig/*Herdegen*, GG Art. 1 Abs. 3 Rn. 65.

[65] Dieses spiegelbildlich zum Übermaßverbot bei staatlichen Eingriffen gedacht; vgl. *Canaris*, AcP 184 (1984), 201 (225 ff.); Stern/Becker/*Stern*, Einl. Rn. 47, 61; BVerfG, Urt. v. 28.5.1993 – 2 BvF 2/90, BVerfGE 88, 203 (254) – Schwangerschaftsabbruch II; die Konstruktion ist umstritten, zweifelnd Dreier/*Dreier*, GG, Vorb. 103 m. umfangr. Nachw.; ablehnend Friauf/Höfling/*Enders*, Berliner Komm. zum GG, 2000, C vor Art. 1 Rn. 67.

[66] Zu dieser insbesondere BVerfG, Beschl. v. 3.6.1980 – 1 BvR 185/77, BVerfGE 54, 148 (155) – Eppler.

[67] Vgl. BVerfG, Beschl. v. 10.11.1998 – 1 BvR 1531/96, BVerfGE 99, 185 (195 ff.) – Helnwein.

[68] Vgl. BVerfG, Beschl. v. 14.1.1998 – 1 BvR 1861/93, BVerfGE 97, 125 (147) – Almsick.

[69] Dazu insbesondere BVerfG, Urt. v. 5.6.1973 – 1 BvR 536/72, BVerfGE 35, 202 (218 ff.) – Soldatenmord von Lebach.

[70] Beachte zur Vertraulichkeit einer Redaktionskonferenz, deren „Privatheit" über Art. 5 GG geschützt wird, und zum Gewicht spezifischer Verletzung derselben durch Einschleichen und Täuschung BVerfG, Beschl. v. 25.1.1984 – 1 BvR 272/81, BVerfGE 66, 116 (137 ff.) – Wallraff; aus der Rechtsprechung der USA *Shulman v. Group W Productions, Inc.*, 955 P 2d 469 = 18 Cal 4th 200 (1998), dazu *Amelung*, S. 63 ff.

[71] Vgl. BVerfG, Beschl. v. 13.6.2007 – 1 BvR 1783/05, BVerfGE 119, 1 (34) – Esra.

[72] Vgl. BVerfG, Beschl. v. 2.5.2006 – 1 BvR 507/01, NJW 2006, 2836 – Luftbilder von Wohngrundstücken.

[73] Vgl. BVerfG, Beschl. v. 26.2.2008 – 1 BvR 1602/07, BVerfGE 120, 180 (207); Stern/Becker/*Horn*, GG Art. 2 Rn. 45; *Horn*, 2009, Rn. 64 ff.

[74] Diesbezüglich differenzierend zwischen Schutz der Privatsphäre und Recht am gesprochenen Wort BVerfG, Beschl. v. 9.10.2002 – 1 BvR 1611/96 u. a., BVerfGE 106, 28 (41 f.); beachte für hoheitlichen Eingriff in beide Rechtspositionen die verfassungsrechtliche Prüfung der StUG-Novelle von 2002 BVerwG v. 23.6.2004 – 3 C 41/03, NJW 2004, 2462 ff. – Kohl. Zu Wortprotokollen schon BGH, Urt. v. 19.12.1978 – VI ZR 137/77, BGHZ 73, 120 = NJW 1979, 647 – Telefonat Kohl – Biedenkopf.

[75] Vgl. BVerfG, Beschl. v. 26.2.2008 – 1 BvR 1602/07, BVerfGE 120, 180 (198); Urt. v. 17.2.1998 – 1 BvF 1/91, BVerfGE 97, 228 (268 f.) – Kurzberichterstattung.

[76] Vgl. BVerfG, Beschl. v. 6.5.1997 – 1 BvR 409/90, BVerfGE 96, 56 (61 ff.) und BVerfG, Urt. v. 13.2.2007 – 1 BvR 421/05, BVerfGE 117, 202 (225 ff.).

[77] Vgl. insgesamt die bei v. Mangoldt/Klein/*Starck*, GG Art. 2 Rn. 170 ff., gegebene Übersicht. Beachte auch die in das Restatement of Torts der USA eingegangene Aufgliederung – „four distinct

Rechtssystematisch ist zwischen dem grundrechtlich gebotenen Persönlichkeits- **30** schutz und dessen Ausgestaltung durch Gesetzgebung und Rechtsprechung zu unterscheiden. Diese Differenz verwischte sich zunächst in der Judikatur des *BGH*, der gerade durch die (unmittelbare) Anwendung der Artt. 1 und 2 GG der Anerkennung des allgemeinen Persönlichkeitsrechts im Rahmen des bürgerlichen Rechts zum Durchbruch verhalf.[78] Das *BVerfG* sah „keinen Anlass", dieser richterrechtlichen Entwicklung – vorbereitet durch „jahrzehntelange… Erörterung" in der Zivilrechtsdogmatik – hin zum „festen Bestandteil unserer *Privatrechtsordnung … von Verfassungs wegen* entgegenzutreten".[79] Dementsprechend hat sich das Persönlichkeitsrecht – gewohnheitsrechtlich[80] – zu einem **sonstigen Recht i. S. d. § 823 Abs. 1 BGB** herausgebildet und damit verselbständigt.[81] Die aus Art. 2 Abs. 1 i. V. m. Art. 1 Abs. 1 GG folgende staatliche Schutzpflicht gibt die Einzelheiten für entsprechende zivilrechtliche Ansprüche nicht vor.[82] Ausdrücklich hat das *BVerfG* in einer jüngeren Entscheidung hervorgehoben:

> „**Verfassungsrechtliches und zivilrechtliches Persönlichkeitsrecht sind nicht identisch** …. Der Gesetzgeber und die Zivilgerichte sind grundsätzlich nicht daran gehindert, den Schutz der Persönlichkeit weiter auszubauen, als verfassungsrechtlich geboten ist. Sie haben dabei allerdings auch gegenläufige Positionen Dritter zu wahren."[83]

II. Das Recht auf informationelle Selbstbestimmung insbesondere

Im **Volkszählungsurteil**, das eine staatliche Zwangserhebung zum Gegenstand **31** hatte, bestand keine Veranlassung, auf die Frage einer etwaigen Bedeutung des R. a. i. S. für den nicht-öffentlichen Bereich einzugehen. Aber nicht nur die Präjudizien des *BVerfG*, auf die sich dieses in derselben Entscheidung zur rechtlichen Fortentwicklung stützte,[84] umfassten wichtige zivilrechtliche Ausgangsfälle.[85] Vielmehr legte es seine grundsätzliche, soziologisch-informationell orientierte Argumentation sehr breit an, mit Blick auf die „soziale … Umwelt" und die Erfordernis-

---

kinds of invasion… of privacy" bei *Prosser*, 48 Cal. L. Rev. 383 (1960); vgl. dazu Solove/Schwartz, Information Privacy Law, 2015, Kap. 1, B 1 (b) + (c).

[78] So BGH, Urt. v. 25.5.1954 – I ZR 211/53, BGHZ 13, 334 = NJW 1954, 1404 – Leserbrief; BGH, Urt. v. 2.4.1957 – VI ZR 9/56, BGHZ 24, 72 = NJW 1957, 1146 – ärztliche Bescheinigung.

[79] So BVerfG, Beschl. v. 14.2.1973 – 1 BvR 112/65, BVerfGE 34, 269 (281, auch 286 ff.) – Soraya; Hervorhebung hinzugefügt.

[80] Vgl. MünchKommBGB/*Rixecker*, 2015, § 12 Anh, Rn. 2, wenngleich dazu kritisch.

[81] Vgl. BGH, Urt. v. 20.3.1968 – I ZR 44/66, BGHZ 50, 133 = NJW 1968, 1773 (1775 r. Sp.) – Mephisto; Palandt/*Sprau*, 76. Aufl. 2017, BGB § 823 Rn. 84; *Götting*/Schertz/Seitz HdB. PersönlichkeitsR, 2008, § 3 Rn. 6.

[82] Vgl. *Schwerdtner*, Das Persönlichkeitsrecht in der deutschen Zivilrechtsordnung, 1977, S. 74 f.

[83] BVerfG, Beschl. v. 22.8.2006 – 1 BvR 1168/04, NJW 2006, 3409 (3410 l. Sp.) – Blauer Engel (Marlene D.); daran anschließend BGH, Urt. v. 26.10.06 – I ZR 182/04, NJW 2007, 689 (690 f.) – Lafontaine; BGH, Urt. v. 5.6.08 – I ZR 96/07, NJW 2008, 3782, Nr. 14; zustimmend Erman/*Klass*, BGB, 2017, § 12 Anh., Rn. 9; ebenso die „Abgrenzung zum privatrechtlichen Persönlichkeitsrecht" bei *Jarass*/Pieroth, Art. 2 Rn. 36; *Baston-Vogt*, Der sachliche Schutzbereich des zivilrechtlichen allgemeinen Persönlichkeitsrechts, 1997, S. 122 ff.; gegen eine strikte Trennung, Maunz/Dürig/*di Fabio*, GG Art. 2 Abs. 1 Rn. 138; Staudinger/*Hager*, 15. Aufl. 2017, BGB § 823 Rn. C 4 f. – Deutlich tritt die Abschichtung bei der zivilrechtlichen Anerkennung vermögensrechtlicher Bestandteile des allgemeinen Persönlichkeitsrechts hervor, vgl. BGH, Urt. v. 1.12.1999 – I ZR 49/97, BGHZ 143, 214 = NJW 2000, 2195 – Musical Marlene D.; BVerfG, Urt. v. 15.12.1999 – 1 BvR 653/96, BVerfGE 101, 361 (385).

[84] BVerfG, Urt. v. 15.12.1983 – 1 BvR 209/83, BVerfGE 65, 1 (41 f.).

[85] nämlich insbesondere BVerfG, Beschl. v. 3.6.1980 – 1 BvR 185/77, BVerfGE 54, 148 (155) und BVerfG, Urt. v. 5.6.1973 – 1 BvR 536/72, BVerfGE 35, 202 (218 ff.).

se einer „Gesellschaftsordnung".[86] Das spricht für notwendige Auswirkungen in der Zivilrechtsordnung.[87] In der seitherigen Rechtsprechung des *BVerfG* findet sich allerdings überhaupt nur eine Handvoll Entscheidungen zur (mittelbaren) Drittwirkung des R. a. i. S.[88]

32   Beim Abschluss eines Wohnraummietvertrags, so befand das Gericht, sei der Mieter (der sich dabei wirksam vertreten ließ) vermöge der Ausstrahlungswirkung des R. a. i. S. auf das Zivilrecht **nicht verpflichtet, seine Entmündigung** wegen Geistesschwäche der anderen Vertragspartei **zu offenbaren**; diese sei deshalb entgegen der Auffassung des Fachgerichts nicht arglistig getäuscht worden.[89] – Demgegenüber stützte das Gericht (unter lediglich beiläufiger Erwähnung des R. a. i. S.) das Recht der Mutter, die Auskunft über die **Identität eines leiblichen Kindesvaters** zu verweigern, auf den Schutz der Privat- und Intimsphäre, zu denen „der familiäre Bereich und die persönlichen, auch die geschlechtlichen Beziehungen zu einem Partner … gehören".[90] – Andererseits geht es nach Auffassung des Gerichts bei der Eröffnung der **genetischen Merkmale des Kindes**, aus denen sich „Rückschlüsse auf die Abstammung ziehen lassen", um dessen R. a. i. S.[91] – Die Auslegung einer **Liste vormaliger IM** des Ministeriums für Staatssicherheit der DDR durch das Neue Forum wurde vom *BGH* in Abweichung von der Vorinstanz nicht nur als Verstoß gegen das R. a. i. S. der Betroffenen, sondern darüber hinaus als eine Verletzung „an der Basis ihrer Persönlichkeit" gewertet,[92] während das *BVerfG* das R. a. i. S. in seiner nachfolgenden Entscheidung unerwähnt ließ und feststellte, eine „Berichterstattung über die Intim-, Privat- oder Vertraulichkeitssphäre, die auch im Fall ihrer Wahrheit regelmäßig rechtswidrig ist…., lag nicht vor."[93, 94]

33   Dem diesbezüglich sehr begrenzten Entscheidungsmaterial zum R. a. i. S. steht eine Fülle sonstiger Urteile und Beschlüsse gegenüber, in denen sich das *BVerfG* zwar auch mit dem Schutz des Persönlichkeitsrechts im nicht-öffentlichen Bereich auseinander zu setzen hatte, **ohne dass** es jedoch das von ihm im Volkszählungsurteil **neu entwickelte Schutzgut überhaupt erwähnte**. Dabei ging es zumeist ebenfalls um Informationen, die Verhalten, Aussagen, Eigenschaften oder Vorleben von Individuen zum Gegenstand hatten,[95] von daher also um „personenbezogene Daten" i. S. d. § 3 Abs. 1 BDSG-alt und das an diese ggf. anknüpfende R. a. i. S.: Angaben über den Ausritt einer Prinzessin[96] sollten nicht weniger deren R. a. i. S. unterliegen, als dies für die Spritztour des Fahrers eines mit Kennzeichen versehenen Autos angenommen wurde.[97]

---

[86] BVerfG, Urt. v. 15.12.1983 – 1 BvR 209/83, BVerfGE 65, 1 (43).

[87] Vgl. *Giesen*, JZ 2007, 918 (920).

[88] Diese Beobachtung macht zuerst *Albers*, Informationelle Selbstbestimmung, 2005, S. 267; *dies.*, in: Grundlagen des Verwaltungsrechts Bd. II, 2012, § 22 Rn. 67; übergangen wurde das bei *Amelung*, S. 30 ff., 43 f.

[89] BVerfG, Beschl. v. 11.6.1991 – 1 BvR 239/90, BVerfGE 84, 192.

[90] BVerfG, Beschl. v. 6.5.1997 – 1 BvR 409/90, BVerfGE 96, 56 (61); ohne jeden Hinweis auf das R. a. i. S. BVerfG, Beschl. v. 24.2.2015 – 1 BvR 472/14, BVerfGE 138, 377, Rn. 26 ff.; für entsprechenden Schutz des potentiellen Erzeugers BVerfG, Beschl. v. 19.4.2016 – 1 BvR 3309/13, NJW 2016, 1939, Rn. 58.

[91] BVerfG, Urt. v. 13.2.2007 – 1 BvR 421/05, BVerfGE 117, 202 (228 ff.); auch BVerfG, Beschl. v. 13.10.2008. – 1 BvR 1548/03, NJW 2009, 423, Nr. 18; für ein entsprechendes Recht des potentiellen Erzeugers BVerfG, Urt. v. 19.4.2016 – 1 BvR 3309/13, NJW 2016, 1939, Rn. 56.

[92] Vgl. BGH v. 12.7.1994 – VI ZR 1/94, JZ 1995, 253 (254).

[93] BVerfG, Beschl. v. 23.2.2000 – 1 BvR 1582/94, NJW 2000, 2413 (2415 r. Sp.).

[94] Hinzuweisen ist weiterhin auf drei Kammerbeschlüsse des *BVerfG* zum R. a. i. S. im Zusammenhang mit versicherungsvertraglichen Fragen (und Privatgeheimnis nach § 203 StGB), nämlich BVerfG v. 14.12.2001 – 2 BvR 152/01, NJW 2002, 2164 (dazu die berechtigte Kritik bei *Placzek*, S. 67 f., 216); BVerfG v. 23.10.2006 – 1 BvR 2027/02, JZ 2007, 576 und. v. 17.7.2013 – 1 BvR 3167/08, ZD 2014, 84.

[95] Beispiele und Hinweise dafür → Fn. 67, 68, 71 bis 77.

[96] Vgl. BVerfG, Urt. v. 15.12.1999 – 1 BvR 653/96, BVerfGE 101, 361 (363 f.).

[97] So BVerfG, Urt. v. 11.3.2008 – 1 BvR 2074/05, BVerfGE 120, 378 (397 ff.).

Soweit in den zivilrechtlichen Ausgangsfällen Beeinträchtigungen des Persönlichkeitsrechts sei- **34** tens der *Medien* zur Entscheidung standen, kann die aufgezeigte Diskrepanz auf der verfassungsrechtlichen Ebene nicht etwa mit dem Verweis auf das in § 41 BDSG 2003/16[98] vorgesehene **Privileg für Presseunternehmen** beim Umgang mit Informationen „zu eigenen journalistisch-redaktionellen oder literarischen Zwecken" begründet werden. Diese einfach-gesetzliche Privilegierung hat als solche keinen Verfassungsrang[99] und ist zudem in ihrem (verfassungsrechtlich zulässigen) Umfang umstritten.[100] Keinesfalls steht sie als Konkordanzregel[101] dem von Verfassungs wegen bestehenden Erfordernis einer Abwägung mit dem Persönlichkeitsrecht respektive mit dem R.a.i.S. entgegen.[102]

III. Systematische Folgerungen

Versucht man, die gerichtliche Praxis im erwähnten IM-Verfahren zu generalisie- **35** ren, kann man schließen, dass die Berufung auf das **R.a.i.S. in der Auseinandersetzung zwischen** Privaten **kaum weiterhilft**, weil es hier für die Durchsetzbarkeit vorrangig um den Schutz gewichtigerer – sensitiver – Bereiche der Persönlichkeit geht. Auch der o.g. Mietrechtsfall beweist nichts anderes, handelte es sich doch um das Recht auf Verschweigen einer besonders gravierenden persönlichen Eigenschaft. Ähnliches gilt für genetische oder medizinische[103] Befunde. Auf der Grundlage dieser Beobachtungen verwundert es auch nicht, dass das *BVerfG* in seiner übrigen Entscheidungspraxis im nicht-öffentlichen Bereich gar nicht erst den Versuch gemacht hat, das R.a.i.S. mit in seine Überlegungen einzubeziehen. Dieses ist (auch) aus der Sicht des Gerichts regelmäßig kein geeignetes Kriterium, um die staatliche Schutzpflicht zugunsten des Persönlichkeitsrechts des Betroffenen – somit zu Lasten des jeweiligen Grundrechtsträgers auf der Gegenseite – zu mobilisieren. Das R.a.i.S. ist in diesem Bereich für die verfassungsgerichtliche Praxis gewissermaßen ein Leichtgewicht, worüber die datenschutzrechtliche Literatur gern hinwegsieht.[104]

Bisweilen wird sogar postuliert, **die Verfassung gebiete** im Hinblick auf ange- **36** nommene Drittwirkung des R.a.i.S.[105] für den öffentlichen und den nicht-öffentlichen Sektor **gleich intensiven** oder sogar gleichförmig ausgestalteten **gesetzlichen Datenschutz.**[106] Solche Folgerungen lassen sich aus der außerordentlich zauderlichen Rechtsprechung des *BVerfG* zur Wirkung des R.a.i.S. zwischen Pri-

---

[98] bzw. Vorgängerregelungen in § 41 Abs. 1 BDSG 1990, § 1 Abs. 3 BDSG 1977.

[99] Vgl. Taeger/Gabel/*Westphal*, BDSG § 41 Rn. 17–19 m. umfangr. Nachw. auch für die gegenteilige Auffassung; zu letzterer weiterhin, Simitis/*Dix*, BDSG § 41 Rn. 1; *Bergmann/Möhrle/Herb*, BDSG § 41 Rn. 6.

[100] Zur Kritik vgl. *Bull*, 2011, S. 55; MünchKommBGB/*Rixecker*, 7. Aufl. 2015, § 12 Anh, Rn. 107; beachte die (vergeblichen) Bestrebungen der *Datenschutzbeauftragten des Bundes und der Länder* zur „stärkeren Einbeziehung von Presse und Rundfunk in den Datenschutz" gem. Entschließung vom 14.3.1996, DuD 1996, 426 sub 6.

[101] Beachte dazu die Vorgabe in Art. 9 DSRL, für die Medien Abeichungen von den datenschutzrechtlichen Regeln „nur insofern vor[zusehen], als sich dies als notwendig erweist, um das Recht auf Privatsphäre mit den für die Freiheit der Meinungsäußerung geltenden Vorschriften in Einklang zu bringen."

[102] Vgl. dazu BGH, Urt. v. 9.2.10 – VI ZR 243/08, NJW 2010, 2432, Nr. 14 ff. – Mörder Sedelmayrs.

[103] Vgl. dazu nochmals die Entscheidung BVerfG, Beschl. v. 23.10.2006 – 1 BvR 2027/02, JZ 2007, 576 = MMR 2007, 93.

[104] Vgl. *Kühling/Seidel/Sivridis*, Datenschutzrecht, 2015, Rn. 158 ff.; die dort in Rn. 160 erörterte Entscheidung lässt das R.a.i.S. unerörtert; Taeger/Gabel/*Taeger/Schmidt*, BDSG, Einf Rn. 31 f.; *Bergmann/Möhrle/Herb*, Systematik, Abschn. 2.3.2; auch Gola/Schomerus/*Gola/Körffer/Klug*, Einl Rn. 6.

[105] Zur fehlenden unmittelbaren Drittwirkung des Art. 8 GRCh → § 7 Rn. 42.

[106] Vgl. Simitis/*Simitis*, BDSG § 1 Rn. 48 ff.; dagegen *Zöllner*, RDV 1991, 1 ff.

vaten schlechterdings nicht herleiten.[107] Sie stehen zugleich in klarem Widerspruch zur oben[108] dargelegten Abstufung zwischen der begrenzten – vom Untermaßverbot geprägten – grundrechtlichen Pflicht zum Persönlichkeitsschutz einerseits und dessen im übrigen offenen Ausgestaltung durch Gesetzgeber und Rechtsprechung andererseits.[109]

37   In ihrer **rechtsdogmatischen Pauschalität** wären jene Forderungen auch **schwerlich angemessen**, um etwaigen neuartigen Gefährdungen der Persönlichkeit durch nicht-staatliche Einrichtungen (zumal im Internet) gezielt zu begegnen.[110] Vermöge ihres behaupteten verfassungsrechtlichen Geltungsanspruchs sind sie eher geeignet, die erforderliche Kreativität der Legislative zu beschneiden.[111]

IV. Weiterreichende verfassungsrechtliche Fragen

38   Von verfassungsrechtlicher Seite ist demgegenüber – umgekehrt – erwogen worden, ob die relativ ähnliche Ausgestaltung des Datenschutzes in beiden Bereichen,[112] wie sie durch das BDSG-alt immerhin realisiert worden ist, ihrerseits verfassungswidrig sei, insoweit sie **Grundrechtspositionen der Datenverarbeiter** aus Art. 2 Abs. 1, Art. 5 Abs. 1, Art. 12 Abs. 1 und/oder Art. 14 Abs. 1 GG **zuwiderläuft**.[113] Dabei ist es vor allem um das aufgrund § 4 Abs. 1 (i. V. m. §§ 27 ff.) BDSG-alt auch für den nicht-öffentlichen Bereich bewirkte generelle Verbot mit Erlaubnisvorbehalt gegangen, also um das Erfordernis einer gesetzlichen Grundlage für jedwede privatwirtschaftliche Datenverarbeitung.[114]

39   Diese Frage ist offen für weitere Diskussion. Sie steht angesichts der *gesetzgeberischen* Möglichkeiten grundlegender Änderung der bisherigen rechtlichen Gestaltung, aber auch im Hinblick auf die weitläufigen Abwägungsklauseln des Datenschutzrechts nicht im Mittelpunkt der Aufmerksamkeit. Letztere – als Generalklauseln – eröffnen zugunsten sachangemessener Datenverarbeitung weite Interpretationsspielräume[115] bei der Anwendung durch Judikative bzw. Exekutive. Jedenfalls zur **verfassungskonformen Interpretation** darf man die aufgeworfene Frage nicht aus dem Blick verlieren. Entsprechendes sollte für eine primärrechtskonforme Interpretation der DS-GVO gelten.[116]

---

[107] In verfassungsrechtlicher Literatur wird davon ausgegangen, dass sich eine gesetzgeberische Pflicht, die Datenverarbeitung Privater von einer gesetzlichen Grundlage abhängig zu machen (wie es im BDSG geschieht → § 13 Rn. 1 f.), aus dem GG nicht herleiten lasse, vgl. v. Mangoldt/Klein/Starck/*Starck*, GG Art. 2 Rn. 177; Maunz/Dürig/*di Fabio*, GG Art. 2 Abs. 1 Rn. 189; weiterhin *Zöllner*, RDV 1985, 1 (12).

[108] → Rn. 30.

[109] Vgl. *Ruffert*, S. 490 f.; für eine selbständige – eigenwillige – Ausgestaltung plädiert *Buchner*, Informationelle Selbstbestimmung, 2006, passim.

[110] Vgl. *Rogall-Grothe*, Ein neues Datenschutzrecht für Europa, NJW 2012, 193 (195).

[111] Vgl. dazu schon → § 1 Rn. 3;

[112] Zu fehlenden förmlichen Aufteilung zwischen öffentlichem und nicht öffentlichem Bereich nach der DS-DVO → § 8 Rn. 10.

[113] Vgl. *Schmitt Glaeser*, in: Handbuch des Staatsrechts, Isensee/Kirchhof, Hrsg., Bd. VI, 2001, § 129 Rn. 93; *Brossette*, Der Wert der Wahrheit im Schatten des R. a. i. S., 1991, S. 184 ff.; *Breitfeld*, Berufsfreiheit und Eigentumsschutz als Schranke ..., 1992, S. 49 ff., 124 ff.; *M. Langer*, Informationsfreiheit, S. 163 ff., 198 ff.; *Buchner*, Informationelle Selbstbestimmung, 2006, S. 61; → § 3 Rn. 6.

[114] Zum „Prinzipienwechsel" *H. Ehmann*, AcP 188 (1988), 230 ff. mit Lts. 15 ff. (S. 377 f.); umfassende Kritik bei *Giesen*, JZ 2007, 918 (922 ff.); *ders.*, RDV 2010, 266 ff.

[115] Vgl. nochmals zur DS-GVO → § 12 Rn. 1; weiterhin → § 3 Rn. 6.

[116] Vgl. dazu → § 7 Rn. 36 ff. und → § 12 Rn. 33 ff.

§ 5. Ausgewählte Probleme des Datenschutzes gemäß Rechtsprechung des Bundesverfassungsgerichts

Literatur: *Baldus,* Der Kernbereich privater Lebensgestaltung, JZ 2008, 218; *Böckenförde, Th.,* Auf dem Weg zur elektronischen Privatsphäre, JZ 2008, 925; *Bäcker,* Das IT-Grundrecht: Funktion, Schutzgehalt, Auswirkungen auf staatliche Ermittlungen, in: Das neue Computer-Grundrecht, Uerpmann-Wittzack, Hrsg, 2009, S. 1; *ders.,* Terrorismusabwehr durch das Bundeskriminalamt, 2009; *ders.,* Das IT-Grundrecht – Bestandaufnahme und Entwicklungsperspektive, in: Privatsphäre mit System, Landesbeauftragte für den Datenschutz und die Informationsfreiheit NRW, (Hrsg.), 2010, S. 4; *Breyer,* Kfz-Massenabgleich nach dem Urteil des BVerfG, NVwZ 2008, 824; *Cornils,* Grundrechtsschutz gegenüber polizeilicher Kfz-Kennzeichenüberwachung, JURA 2010, 443; *Dammann, I.,* Der Kernbereich der privaten Lebensgestaltung. Zum Menschenwürde- und Wesensgehaltsschutz im Bereich der Freiheitsgrundrechte, 2011; *Dederer,* Die Garantie der Menschenwürde, JöR 2009, 89; *Denninger,* Verfassungsrechtliche Grenzen des Lauschens, ZRP 2004, 101; *Drallé,* Das Grundrecht auf Gewährleistung der Vertraulichkeit und Integrität informationstechnischer Systeme, 2010; *Eifert,* Das Recht auf Informationelle Selbstbestimmung im Internet. Das BVerfG und die Online-Durchsuchungen, NVwZ 2008, 521; *Gröschner/Lembcke,* Hrsg., Das Dogma der Unantastbarkeit, 2009; *Guckelberger,* Zukunftsfähigkeit landesrechtlicher Kennzeichenabgleichsnormen, NVwZ 2009, 352 (356 f.); *Hoffmann-Riem,* Der grundrechtliche Schutz der Vertraulichkeit und Integrität eigengenutzter informationstechnischer Systeme, JZ 2008, 1009; *Hornung,* Ein neues Grundrecht, CR 2008, 299; *Kloepfer,* Leben und Würde des Menschen, in: Badura/Dreier, Hrsg., Festschrift 50 Jahre BVerfG, Bd. II, 2001, S. 77; *ders.,* Grundrechtstatbestand und Grundrechtsschranken in der Rechtsprechung des BVerfG – dargestellt am Beispiel der Menschenwürde, in: Starck, Hrsg., BVerfG und GG, Festgabe aus Anlass des 25jährigen Bestehens des BVerfG, 1976, Band II, S. 405; *Kühling,* Der Fall der Vorratsdatenspeicherungsrichtlinie und der Aufstieg des EuGH zum Grundrechtsgericht, NVwZ 2014, 681; *Kutscha,* Mehr Schutz von Computerdaten durch ein neues Grundrecht? NJW 2008, 1042; Lepsius, Der große Lauschangriff vor dem BVerfG, Jura 2005, 433; *Lisken,* Zur polizeilichen Rasterfahndung, NVwZ 2002, 513; *Löffelmann,* Kaum betroffen, in: Staat und Recht, FAZ v. 30.4.2015, S. 7: „Verkehrsdatenregister"; *Martínez Soria,* Grenzen vorbeugender Kriminalitätsbekämpfung im Polizeirecht: Die automatisierte Kfz-Kennzeichenerkennung, DÖV 2007, 779; *Möstl,* Vorratsdatenspeicherung – wie geht es weiter?, ZRP 2011, 225; *Nettesheim,* Grundrechtsschutz der Privatheit, VVDStRL 70 (2011), 7 ff.; *Petri,* Das Grundrecht auf Gewährleistung der Vertraulichkeit und Integrität informationstechnischer Systeme, in: Der Hessische Datenschutzbeauftragte, 17. Wiesbadener Forum Datenschutz, S. 55; *Poscher,* Menschenwürde und Kernbereichsschutz, JZ 2009, 269; *Rixen,* Die Würde des Menschen, in: Heselhaus/Nowak, Hdb. der Europäischen Grundrechte, 2006, § 9; *Roggan,* Hrsg., Online-Durchsuchungen, Rechtliche und tatsächliche Konsequenzen des BVerfG-Urteils vom 27.2.2008, 2008; *Roßnagel,* Neue Maßstäbe für den Datenschutz in Europa, MMR 2014, 372; *ders.,* Kennzeichenscanning. Verfassungsrechtliche Bewertung der verdachtslosen automatisierten Erfassung von Kraftfahrzeugkennzeichen, ADAC-Studie, 2008, S. 22; *ders.,* Verfassungsrechtliche Grenzen polizeilicher Kfz-Kennzeichenerfassung, NJW 2008, 2547; *Roßnagel/Schnabel,* Das Grundrecht auf Gewährleistung der Vertraulichkeit und Integrität informationstechnischer Systeme und sein Einfluss auf das Privatrecht, NJW 2008, 3534; *Schantz,* Der Zugriff auf E-Mails durch die BaFin – zugleich eine Besprechung von VG Frankfurt a. M. vom 14.11.2008 = WM 2009, 948 und VGH Kassel vom 19.5.2009 = WM 2009, 2004 – , WM 2009, 2112; *Schlegel,* Warum die Festplatte keine Wohnung ist – Art. 13 GG und die Online-Durchsuchung, GA 2007, 648; *Schmidbauer,* Moderne Technik, das BVerfG & die Polizei – Vorstellungen zur Polizeiarbeit im Computerzeitalter, in: Uerpmann-Wittzack, Hrsg., Das neue Computergrundrecht, 2009; *Schnabel,* Zur Verletzung des Rechts auf informationelle Selbstbestimmung durch maschinellen Abgleich von Kreditkartenabrechnungen, Anmerkung zu *BVerfG* v. 17.2.09, CR 2009, 384; *Slobogin,* Government Data Mining and the Fourth Amendment, The University of Chicago Law Review, Vol. 75 (2008), 317; *Trute,* Grenzen des präventionsorientierten Polizeirechts in der Rechtsprechung des BVerfG, Die Verwaltung 42 (2009), 85; *Warntjen,* Heimliche Zwangsmaßnahmen und der Kernbereich privater Lebensgestaltung. Eine Konzeption im Anschluss an das Urteil des BVerfG zur akustischen Wohnraumüberwachung, BVerfGE 109, 279, 2007; *Welsing,* Das Recht auf informationelle Selbstbestimmung im Rahmen der Terrorabwehr. Darstellung anhand einer Untersuchung der präventiven Rasterfahndung, 2009; *Wolff,* Vorratsdatenspeicherung – Der Gesetzgeber gefangen zwischen Europarecht und Verfassung?, NVwZ 2010, 751.

1 Im vorangegangenen Kapitel wurden die verfassungsrechtlichen Grundstrukturen informationellen Persönlichkeitsschutzes erörtert. Die Rechtsprechung des BVerfG gibt Veranlassung, zu einem vertieften Verständnis die von ihm vorgenommenen verfassungsrechtlichen Analysen für besondere Konfliktlagen im Zusammenhang hoheitlicher Kontrolleingriffe mit darzustellen. Dadurch erlangt der in Rede stehende Grundrechtsschutz bedeutend schärfere Konturen, unabhängig davon, ob den vom Gericht gefundenen Lösungen durchweg uneingeschränkt gefolgt werden kann. Offen ist, in welchem Umfang diese Rechtsprechung Einfluss auf die Rechtsentwicklung in der EU haben wird. Im Fall der „Vorratsdatenspeicherung" hat sich bereits aufgrund einer Vorlage zum EuGH zwecks Prüfung der Gültigkeit der einschlägigen Richtlinie eine nachvollziehbare Parallelität zur vorangegangenen Entscheidung des BVerfG gezeigt.[1] Eine unmittelbare Anwendung der DS-GVO kommt hingegen in den nachfolgend erörterten hoheitlichen Bereichen wegen Art. 2 Abs. 2 lit. d insoweit nicht in Betracht.[2]

A. Das Grundrecht auf Gewährleistung der Vertraulichkeit und Integrität informationstechnischer Systeme

I. Schutzbereich

2 Mit Urteil vom 27.2.2008[3] erklärte das BVerfG die Bestimmung eines Landesverfassungsschutzgesetzes für nichtig. Die Entscheidung betraf u. a. die gesetzliche Grundlage für das nachrichtendienstliche Mittel eines „heimliche[n] Zugriff[s] auf informationstechnische Systeme... mit Einsatz technischer Mittel", kurz **„Online-Durchsuchung"** genannt. Nachfolgend erfolgte unter Berücksichtigung der zahlreichen Vorgaben des Gerichts eine Neuregelung für einen solchen Eingriff in anderem Rahmen, nämlich in § 20k BKAG 2008,[4] und aufgrund erneuter verfassungsgerichtlicher Prüfung[5] in § 49 BKAG 2018.[6]

3 Verfassungsrechtlicher Prüfungsmaßstab waren, wie das BVerfG in der erstgenannten Entscheidung klarstellte, **weder Art. 10 noch Art. 13 GG**. Wird nämlich (insbesondere) der Inhalt einer Festplatte zum Gegenstand einer Infiltration und Ausforschung gemacht, geht es insoweit nicht um laufende, gerade auf dem Übermittlungsweg besonders gefährdete Telekommunikation, deren Absicherung das Fernmeldegeheimnis gilt.[7] Auch steht spezifischer Schutz für ein informationstechnisches System nicht im Zusammenhang damit, ob dieses sich in Räumlichkeiten befindet, die als *Wohnung* geschützt sind.[8]

4 Systematisch folgerichtig war damit der einschlägige Schutz im allgemeinen Persönlichkeitsrecht (Art. 2 Abs. 1 i.V.m. Art. 1 Abs. 1 GG) zu verorten, allerdings

---

[1] Dazu → Abschn. D → Rn. 74 ff.

[2] Dazu → § 8 Rn. 6 f.

[3] BVerfG, Urt. v. 27.2.2008 – 1 BvR 370/07, BVerfGE 120, 274 (275, 282, 302–340): Tenor, Rn. 29–33, 165–287; beachte auch die vorangegangene Entscheidung BGH, Beschl. v. 31.1.2007, BGHSt 51, 211 zum Erfordernis einer speziellen gesetzlichen Grundlage (in der StPO). Insgesamt zur Entscheidung des BVerfG: *Drallé*, passim.

[4] BGBl. 2008 I S. 3083; beachte weiterhin in den Polizeigesetzen Art. 34d BayPAG, § 31c RhPfPOG.

[5] BVerfG vom 20.4.2016 – 1 BvR 966, 1140/09, BVerfGE 141, 220 = NJW 2016, 1781.

[6] Vom 1.6.2017, BGBl. I 1354, Inkrafttreten am 25.5.2018; beachte weiterhin § 100b StPO i.d.F. vom 17.8.2017, BGBl. I 3202.

[7] Vgl. BVerfG, Urt. v. 27.2.2008 – 1 BvR 370/07, BVerfGE 120, 274 (306–309) Rn. 182–190; → § 26.

[8] Vgl. BVerfG, Urt. v. 27.2.2008 – 1 BvR 370/07, BVerfGE 120, 274 (309–311) Rn. 191–195.

nicht ohne weiteres in dessen Ausprägung als Schutz der Privatsphäre. Denn die Informationen, die von den Menschen in ihren informationstechnischen Systemen verarbeitet werden und von daher regelmäßig vor einem Zugriff bewahrt werden sollen, haben nicht nur mit privaten Angelegenheiten zu tun, sondern z.B. auch mit beruflichen.[9] Hieran zeigt sich der angestrebte gesteigerte Schutz, der zugunsten jeweiliger Betreiber von Datenverarbeitungsanlagen[10] erforderlich geworden ist. Es gehe, so führt das Gericht aus, um

„Persönlichkeitsgefährdungen …, die sich daraus ergeben, dass der Einzelne zu seiner Persönlichkeitsentfaltung auf die Nutzung informationstechnischer Systeme angewiesen ist und dabei dem System persönliche Daten anvertraut …. Ein Dritter, der auf ein solches System zugreift, kann sich einen potentiell **äußerst großen und aussagekräftigen Datenbestand** verschaffen …. Nicht nur bei einer Nutzung für private Zwecke, sondern **auch bei einer geschäftlichen Nutzung** lässt sich aus dem Nutzungsverhalten regelmäßig auf persönliche Eigenschaften oder Vorlieben schließen. Der spezifische Grundrechtsschutz erstreckt sich ferner beispielsweise auf solche Mobiltelefone oder elektronische Terminkalender, die über einen großen Funktionsumfang verfügen und personenbezogene Daten vielfältiger Art erfassen und speichern können."[11]

Diese EDV-typische Gefahrenlage nimmt das Gericht zum Anlass, aus Art. 2 **5** Abs. 1 i.V.m. Art. 1 Abs. 1 GG eine weitere, neue Ausprägung des Persönlichkeitsrechts herzuleiten, nämlich das „Grundrecht auf Gewährleistung der Vertraulichkeit und Integrität[12] informationstechnischer Systeme" (Grundrecht auf G-VIiS), jetzt auch **IT-Grundrecht** genannt. Der Schutzbereich dieses Teil-Grundrechts[13] erstreckt sich nicht auf solche Anlagen, die nach ihrer „technischen Konstruktion lediglich Daten mit punktuellem Bezug zu einem bestimmten Lebensbereich" enthalten, z.B. „nicht vernetzte elektronische Steuerungsanlagen der Haustechnik"[14] oder RFID-Chips.[15]

II. Eingriffe/Schranken

Die G-VIiS bedingt als besondere Ausprägung des Persönlichkeitsschutzes gesteigerte Anforderungen an die Zulässigkeit gesetzlicher Einschränkungen, und zwar **6** insbesondere dann, wenn der Eingriff heimlich online und längerfristig durchgeführt werden soll.[16] Zur **Abwehr von Gefahren** ist ein solcher nur verfassungsgemäß, wenn diese für **überragend wichtige Rechtsgüter** bestehen, nämlich für Leib, Leben oder Freiheit der Person, ferner für „solche Güter der Allgemeinheit, deren Bedrohung die Grundlagen oder den Bestand des Staates oder die Grundlagen der Existenz der Menschen berührt [,wozu] auch die Funktionsfähigkeit wesentlicher Teile

---

[9] Vgl. dazu BVerfG, Urt. v. 27.2.2008 – 1 BvR 370/07, BVerfGE 120, 274 (311) Rn. 197.

[10] Zu diesem Begriff vgl. § 3 Abs. 2 S. 1 BDSG 2016, entsprechend zur „automatisierten Verarbeitung" i.S.d. Art. 2 Abs. 1 DS-GVO → § 8 Rn. 22; auch → Fn. 50.

[11] BVerfG, Urt. v. 27.2.2008 – 1 BvR 370/07, BVerfGE 120, 274 (312f., 314) Rn. 200, 203; ähnlich BVerfG, Urt. v. 27.2.2008 – 1 BvR 370/07, BVerfGE 120, 274 (322f.) Rn. 231 zur „gesteigerten Sensibilität".

[12] Zur „Integrität" insbesondere → § 19.

[13] Es handelt sich um eine *Ausprägung* des allgemeinen Persönlichkeitsrechts, der vom *BVerfG* wenig konsequent sogleich der Titel „Grundrecht" verliehen wird, BVerfG, Urt. v. 27.2.2008 – 1 BvR 370/07, BVerfGE 120, 274 (302) Rn. 166; dazu kritisch *Böckenförde*, JZ 2008, 925 (927); vgl. weiter *Hoffmann-Riem*, JZ 2008, 1009 (1014f., 1022).

[14] BVerfG, Urt. v. 27.2.2008 – 1 BvR 370/07, BVerfGE 120, 274 (313) Rn. 202.

[15] Zu diesen *Holznagel/Schumacher*, Auswirkungen des Grundrechts auf Vertraulichkeit und Integrität informationstechnischer Systeme auf RFID-Chips, MMR 2009, 3 (4–6).

[16] Allein diese Konstellation war bislang Gegenstand der verfassungsgerichtlichen Prüfung; vgl. BVerfG, Urt. v. 27.2.2008 – 1 BvR 370/07, BVerfGE 120, 274 (323–325) Rn. 234–238.

existenzsichernder öffentlicher Versorgungseinrichtungen … zählt".[17] Der Eingriff ist zudem nur angemessen, „wenn *bestimmte Tatsachen* auf eine *im Einzelfall* drohende Gefahr… hinweisen, selbst wenn sich noch nicht mit hinreichender Wahrscheinlichkeit feststellen lässt, dass die Gefahr schon in näherer Zukunft eintritt."[18] Dabei muss sich die Gefahrprognose auf die Beteiligung „bestimmte[r] Personen" richten, damit „die Überwachungsmaßnahme gezielt… eingesetzt… werden kann.[19] „[G]rundsätzlich… ist der Zugriff… unter den Vorbehalt **richterlicher Anordnung** zu stellen." [20]

III. Parallelen zu anderen Gewährleistungen des Persönlichkeitsbereichs

7　　Diese materiell-rechtlichen wie verfahrensrechtlichen Eingriffsvoraussetzungen zeigen abgestufte Ähnlichkeiten zu denjenigen für Eingriffe in das **Telekommunikationsgeheimnis**[21] und für **Lauscheingriffe** in Wohnungen.[22] Die strukturelle Verwandtschaft der *Schutzbereiche selbst* ist ihrerseits deutlich, insbesondere beim Vergleich zu Art. 10 GG (und zu anderen rechtsförmlichen Geheimnissen):[23] Bei diesen Gewährleistungen sind Gegenstand des Schutzes nicht Informationen eingegrenzter *inhaltlicher Bedeutungen*, sondern bestimmte – als eigene genutzte[24] – „*Räume*" *des Umgangs mit Information*. Damit geht – auch hier[25] – die Marginalisierung der Relevanz spezifischen Personenbezugs der einzelnen Information für die Grundrechtsträgerschaft einher. Ausdrücklich weist das *BVerfG* auf die „Streubreite" des Eingriffs in die VIiS hin, die sich aus der Speicherung kommunikativer Beziehungen mit *Dritten* im informationstechnischen System ergibt.[26] Eben dies entspricht auch den Gegebenheiten beim Eingriff in den Privatbereich.[27] In all diesen Konstellationen geht es um die Gewährleistung eines informationellen Bereichs, der dem Grundrechtsträger unabhängig von konkreten Inhalten als der Seine zur Persönlichkeitsentfaltung zuerkannt wird. Von daher lässt sich bei der G-VIiS *cum grano salis* vom Schutz einer **elektronischen Privatsphäre** sprechen.[28]

---

[17] BVerfG, Urt. v. 27.2.2008 – 1 BvR 370/07, BVerfGE 120, 274 (328 = Rn. 247). Entsprechend hohe Voraussetzungen für den Eingriff im Rahmen von Strafverfolgung erörtert *Bäcker* in: Uerpmann-Wittzack, S. 22 ff.

[18] BVerfG, Urt. v. 27.2.2008 – 1 BvR 370/07, BVerfGE 120, 274 (326 = Rn. 242), Hervorhebung hinzugefügt; vgl. weiter S. 328 f. = Rn. 249 ff., insbes. zum Erfordernis, „dass zumindest tatsächliche Anhaltspunkte einer konkreten Gefahr… bestehen". Das Merkmal einer konkreten Gefahr wird freilich mit dem bloßen Erfordernis einer zu erwartenden Realisierung der Gefahr *in näherer Zukunft* relativiert; vgl. *Kutscha*, NJW 2008, 1042 (1043 f.); *Hornung*, CR 2008, 299 (304 sub 1); *Roggan*, 2008, S. 103 f., 113 ff.

[19] BVerfG, Urt. v. 27.2.2008 – 1 BvR 370/07, BVerfGE 120, 274 (329) Rn. 251; im Anschluss daran BVerfG, Urt. v. 20.4.2016 – 1 BvR 966 u. a. –, BVerfGE 141, 220 Rn. 313 – BKAG.

[20] BVerfG, Urt. v. 27.2.2008 – 1 BvR 370/07, BVerfGE 120, 274 (331) Rn. 257.

[21] Z.B. gilt für dieses nach Gesetzesrecht der regelmäßige Richtervorbehalt; zum verfassungsrechtlichen Rang des Richtervorbehalts Dreier/*Hermes*, GG Art. 10 Rn. 98; BVerfG, Urt. v. 12.3.2003 – 1 BvR 330/96, BVerfGE 107, 299 (325 f.) – Schneider/Klein; BVerfG, Urt. v. 2.3.10 – 1 BvR 256/08, BVerfGE 125, 260, Rn. 247 ff. – Vorratsdatenspeicherung.

[22] Vgl. BVerfG, Urt. v. 3.3.2004 – 1 BvR 2378/98, BVerfGE 109, 279 (343 ff.) zur Verhältnismäßigkeit i. e. S., wenngleich im Kontext repressiver Eingriffe; ebenda S. 357 zum Richtervorbehalt; zu diesem Art. 13 Abs. 3 S. 3, 4 und Abs. 4; zur möglichen Parallelität mit Art. 13 Abs. 4 GG vgl. *Bäcker*, 2010, S. 13, anders *Th. Böckenförde*, JZ 2008, 925 (931); vgl. insgesamt zu den Parallelitäten *Nettesheim*, VVDStRL 70 (2011), 7 ff., Lts. 13.

[23] → § 4 Rn. 18.

[24] BVerfG, Urt. v. 27.2.2008 – 1 BvR 370/07, BVerfGE 120, 274 (315) Rn. 206.

[25] Vgl. → § 4 Rn. 22 f.

[26] BVerfG, Urt. v. 27.2.2008 – 1 BvR 370/07, BVerfGE 120, 274 (323) Rn. 233.

[27] → § 4 Rn. 27.

[28] So *Böckenförde*, JZ 2008, 925 (938 f.); sehr ähnlich *Gusy*, Gewährleistung der Vertraulichkeit und Integrität informationstechnischer Systeme, DuD 2009, 33 (38 f.).

IV. Erweiterte Bedeutung der G-VIiS

Die heimliche Online-Durchsuchung stellt nur einen besonders schweren Ein- **8**
griff in die VIiS dar. Insbesondere die **offene Beschlagnahme** von Festplatten – offline – oder die Fertigung von Kopien derselben zum Zweck der Auswertung sind
ihrerseits gravierende Eingriffe und dementsprechend an restriktive Voraussetzungen der Gefahrenabwehr bzw. der Strafverfolgung zu knüpfen.[29] Fraglos bedarf
dieser Bereich insgesamt noch näherer gesetzlicher Ausgestaltung.[30]

V. Abgrenzung zum Recht auf informationelle Selbstbestimmung

1. Begründung des BVerfG und Kritik

Wenig gelungen ist es dem *BVerfG* allerdings, die Eigenart und Bedeutung des **9**
Rechts auf G-VIiS gegenüber dem R.a.i.S. klar herauszuarbeiten. Im Kern beschränken sich seine diesbezüglichen Ausführungen hierauf:

„Ein Dritter, der auf ein solches [informationstechnisches] System zugreift, kann sich einen potentiell äußerst großen und aussagekräftigen Datenbestand verschaffen, ohne noch auf weitere Da-
tenerhebungs- und Datenverarbeitungsmaßnahmen angewiesen zu sein. Ein solcher Zugriff geht in
seinem **Gewicht** für die Persönlichkeit des Betroffenen **über einzelne Datenerhebungen**, vor denen das Recht auf informationelle Selbstbestimmung schützt, **weit hinaus.**"[31]

Das Gericht geht davon aus, dass sich dem in das System Eindringenden ein **10**
weitreichendes Persönlichkeitsprofil[32] des Benutzers unmittelbar darbieten wird.
Demgegenüber würden ohne eine sogeartete Informationsbasis regelmäßig[33] kom-
pliziertere Informationserhebungen bzw. -zusammenführungen aus diversen Lebensbereichen erforderlich sein, um zu einem „Querschnitt" oder Profil persönlicher Eigenschaften einer ausgewählten Person zu gelangen. Diese zutreffende
Beobachtung erklärt freilich nicht, weshalb das **R.a.i.S.** angesichts des massiveren,
schlagartigen Zugriffs auf informationstechnische Systeme eine ungeeignete Verteidi-
gungsposition ist. Sollte es nur gegenüber überschaubaren Einzelattacken Schutz
gewähren und damit zur „**kleinen Münze**" geworden sein? So haben sich viele Kri-
tiker gefragt und sind, einer solchen Folgerung entgegentretend, zu dem Schluss
gelangt, die Kreation des neuen Teil-Grundrechts sei letztlich überflüssig gewesen.[34]

2. Wesentliche Unterscheidung

Diese Kritik verkennt allerdings, dass es bei der G-VIiS nicht um schlichte Inten- **11**
sitätserhöhung eines gleich gerichteten Schutzes geht. Das *BVerfG* hat es nicht
deutlich genug zum Ausdruck gebracht: Man hat es nicht mit einem *Mehr*, sondern

---

[29] Vgl. dazu – der Findung der G-VIiS vorangehend – BVerfG, Beschl. v. 12.2.2005 – 2 BvR
1027/02, BVerfGE 113, 29 (44 ff., 52 ff.) – Rechtsanwaltskanzlei; auch *Hoffmann-Riem*, JZ 2008,
1009 (1015 f.); insbesondere die klare, zutreffende Darstellung bei *Bäcker*, 2010, S. 20 mit umfangr.
Nachw. zur gegenteiligen Auffassung; a.A. auch BVerfG, Beschl. v. 16.6.2009 – 2 BvR 902/06,
BVerfGE 124, 43 (57) Rn. 51 – Mailserver des Providers, in einem offenkundigen obiter dictum;
unzutreffend in Bezug auf eine sichergestellte, der Staatsanwaltschaft vorliegende Festplatte auch
OLG Koblenz, Beschl. v. 11.6.2010 – 2 VAs 1/10, Rn. 41.
[30] Vgl. *Bäcker*, 2010, S. 25; *Böckenförde*, JZ 2008, 925 (930 f.); *Hornung*, CR 2008, 299 (303 sub
4); *Drallé*, S. 131, 127.
[31] BVerfG, Urt. v. 27.2.2008 – 1 BvR 370/07, BVerfGE 120, 274 (313 = Rn. 200).
[32] Zu diesem Begriff → § 16.
[33] Auch bei Einsatz von EDV auf Seiten des Zugreifenden.
[34] Vgl. *Volkmann*, DVBl 2008, 590 (593); *Manssen*, in: Uerpmann-Wittzack, S. 61 ff.; *Eifert*,
NVwZ 2008, 521; *Lepsius*, in: Roggan, 2008, S. 21 ff.; *Kutscha*, ZRP 2010, 112 (114).

mit einem *Aliud* im Verhältnis zum R. a. i. S. zu tun.[35] Schutzgegenstand der G-VIiS sind nicht „Einzelangaben über persönliche oder sachliche Verhältnisse"[36] desjenigen, der das informationstechnische System nutzt, sondern dessen Umgang mit Informationen (auf wen sie sich auch immer von ihrem Inhalt her beziehen mögen) innerhalb des Systems, insofern also die **gesamte Kommunikation des Nutzenden** mit sich selbst bzw. mit anderen.[37]

12   Vergleichbar ist dies auch – neben den vorangehend bereits aufgewiesenen Parallelitäten[38] – einem *besonderen* Schutz für das **geschriebene Wort** als Ausfluss der Persönlichkeit.[39] Es besteht kein *generelles* Recht des Schreibenden dahingehend, dass das Geschriebene von anderen nicht gelesen wird.[40] Indes, die besondere Schutzbedürftigkeit elektronisch gespeicherter/niedergelegter Informationen wurde vom *BVerfG* klar dargelegt, wobei dessen Begründung von den informationstechnischen Gegebenheiten her wiederum große Ähnlichkeit hat mit derjenigen, die der Gewährleistung nach Art. 10 GG zugrunde liegt, dort im Hinblick auf die spezifische Verletzlichkeit von Information auf dem Transportwege.[41]

3. Perspektivenwechsel

13   Der Kreation des *BVerfG* liegt ein bemerkenswerter Perspektivenwechsel zugrunde. Das Volkszählungsurteil war z. T. noch geprägt durch die Überraschung oder Unheimlichkeit des Neuen, das die EDV für jedermann zunächst beinhalten mochte. Die „Angst vor dem Computer",[42] die Sorge vor dem Missbrauch der EDV, war zuvor gleichermaßen leitend für die Gestaltung des BDSG 1977 gewesen. Seinerzeit ging es vorrangig um Persönlichkeitsgefährdungen durch zentrale Großcomputer, die entweder von der öffentlichen Hand oder von wirtschaftsmächtigen Großunternehmen betrieben wurden.[43] Mit solch einseitigen Machtkonstellationen vor Augen konnte es sich nahelegen, den betroffenen Bürger als „kleinen Mann" so umfassend wie möglich und damit auch so pauschal wie (scheinbar) nötig zu schützen. Eben dies war die Geburtsstunde des Schutzes jedweder „personenbezogener Daten" und des R. a. i. S. 25 Jahre später haben sich die Gewichte deutlich verschoben. Bürger und **Bürgerinnen verfügen überwiegend über elektronische Gerätschaften** (wobei der von ihnen genutzte PC bei weitem die Leistungsfähigkeit der früheren Großgeräte übertrifft). Die eigene Informationsverarbeitung und der Schutz ihrer Funktionen stehen deshalb mindestens ebenso im Zentrum der Aufmerksamkeit wie die Frage möglicher Auswirkungen der Verarbeitung „eigener" personenbezogener Informationen bei anderen.[44] Dem hat das *BVerfG* durch die Findung eines neuen Teil-Grundrechts Rechnung getragen. Es geht davon aus, dass

---

[35] Vgl. dazu *Bäcker* in: Uerpmann-Wittzack, S. 9.

[36] S. § 3 Abs. 1 i. V. m. § 1 Abs. 1 BDSG-alt; entsprechend Art. 4 Nr. 1 DS-GVO, hierzu → § 10 Rn. 3 f.

[37] Wohlverstanden handelt es sich also nicht um ein apersonales technikbezogenes Grundrecht, vgl. *Hoffmann-Riem*, AöR 134 (2009), 513 (531).

[38] → Rn. 7.

[39] Vgl. dazu *Hubmann*, Das Persönlichkeitsrecht, 1967, § 44 „Das geschriebene Wort" (S. 316 ff.).

[40] Vgl. Erman/*Ehmann*, 2008, BGB § 12 Anh., Rn. 117 – 119; beachte andererseits § 110 StPO wie auch die Kritik an der sukzessiven Lockerung seiner Voraussetzungen in den vergangenen Jahrzehnten, dazu etwa *Schlegel*, GA 2007, 648 (661 f.).

[41] Vgl. Stern/Becker/*Schenke*, 2015, GG Art. 10 Rn. 9 nebst entsprechenden Nachw. aus der Rechtsprechung des *BVerfG*.

[42] Vgl. *Bull*, Datenschutz oder die Angst vor dem Computer, 1984, passim.

[43] Zur Vorgeschichte → § 2 Rn. 49 ff.

[44] Ähnlich *Böckenförde*, JZ 2008, 925 (927 r. Sp.).

der Einzelne gerade auch in seiner Funktion als Informationsverarbeiter in seinem Persönlichkeitsrecht verletzt sein kann.[45]

Der eingetretene Entwicklungsschub lässt sich auch anhand der bislang geltenden **14** datenschutzrechtlichen Systematik verdeutlichen.[46] Diese geht davon aus, dass sich jeweils die Information verarbeitende, „verantwortliche Stelle" und der **Betroffene** gegenüberstehen, vgl. § 3 Abs. 1 und Abs. 7 BDSG-alt,[47] und dass es darum geht, *letzteren* – den „Einzelnen" – in seinem Persönlichkeitsrecht zu schützen, § 1 Abs. 1 i.V.m. § 3 Abs. 1 BDSG-alt. Inzwischen ist dieser Einzelne **häufig selbst zur verantwortlichen Stelle** geworden (sofern sein Informationsumgang nicht *ausschließlich* persönlichen oder familiären Tätigkeiten gewidmet ist[48]). Er befindet sich dabei zwar nach wie vor auch in der Rolle eines Betroffenen – eines Inhabers des R.a.i.S. – im Hinblick auf seine „personenbezogenen Daten", wie sie zusammen mit *anderen* Informationen in seiner Datenverarbeitungsanlage (§ 3 Abs. 2 S. 1 BDSG-alt),[49] seinem informationstechnischen System,[50] regelmäßig gespeichert sind. Die Vertraulichkeit der erstgenannten, auf ihn selbst bezogenen Daten kann aber – schon wegen der Schwierigkeit entsprechender tatsächlicher wie begrifflicher Trennung von Informationen[51] – durch etwaige Pflichten als Datenverarbeiter gegenüber anderen nach §§ 33, 34 und 38 BDSG-alt – bzw. nach Artt. 12ff., 58 DS-DVO – konterkariert werden.[52] Vorrang kann ihm demgegenüber die G-VIiS vermitteln (mag auch deren Bedeutung in der Drittrichtung noch nicht voll ausgelotet sein[53]). Insgesamt vermittelt die G-VIiS gegenüber dem R.a.i.S. den spezielleren Schutz.[54]

Zusammengefasst betrifft die G-VIiS nicht primär die Abwehr fremder Daten- **15** verarbeitung, sondern den Schutz der eigenen. Die Abkehr von der ursprünglichen datenschutzrechtlichen Orientierung am Großrechner hat sich mit der Entscheidung des *BVerfG* vom 27.2.2008 vollendet. „Jedermann" ist Datenverarbeiter am PC (mit Internet-Anschluss) geworden und verlangt nach einem Schutzschirm für sein EDV-System. Im Mittelpunkt stehen damit nicht „personenbezogene" Informationen, schon weil der zu schützende Verarbeiter nicht nur Inhalte gesichert sehen möchte, die sich mit eigenen Verhältnissen und Eigenschaften befassen. Ge-

---

[45] Vgl. *Tinnefeld*, DuD 2009, 490ff.; zu parallelen Konstellationen bei Web 2.0-Anwendungen *Lerch/Krause/Hotho/Roßnagel*, Social Bookmarking-Systeme ..., MMR 2010, 454 (454).

[46] Für entsprechende Überlegungen zur DS-DVO auch → § 11 Rn. 1.

[47] z.B. i.V.m. § 28 Abs. 1 S. 1 Nr. 2 BDSG-alt; vgl. auch Art. 4 Nr. 1, 7 i.V.m. Art. 5ff. DS-DVO.

[48] was bei enger Interpretation dieser Begriffe relativ wenig der Fall ist; vgl. insgesamt zu dieser Einschränkung des Geltungsbereichs des BDSG-alt § 1 Abs. 2 Nr. 3 a.E., § 27 Abs. 1 S. 2; dazu Gola/Schomerus/*Körffer/Gola/Klug*, BDSG § 27 Rn. 11; beachte nunmehr Art. 2 Abs. 1 lit. c DS-GVO und dazu → 8 Rn. 30ff.

[49] Zur „automatisierten Verarbeitung" i.S.d. Art. 2 Abs. 1 DS-GVO → § 8 Rn. 21.

[50] nicht jede Datenverarbeitungsanlage i.S.d. BDSG bzw. automatisierte Verarbeitung im Sinne der DS-GVO ist nach den vom *BVerfG* aufgestellten Kriterien ein „informationstechnisches System", wohl aber gilt das Umgekehrte.

[51] Vgl. → § 4 Rn. 19ff.

[52] Vgl. → § 15.

[53] Vgl. *Roßnagel/Schnabel*, Das Grundrecht auf Gewährleistung der Vertraulichkeit ... und sein Einfluss auf das Privatrecht, NJW 2008, 3534; *Schmidbauer* in: Uerpmann-Wittzack, , S. 31ff.; *Schantz*, WM 2009, 2112; *Pötters*, Grundrechte und Beschäftigtendatenschutzes, 2013, S. 33ff., 120.

[54] Vgl. *Hoffmann-Riem*, JZ 2008, 1009 (1015f.); insbesondere die klare, zutreffende Darstellung bei *Bäcker*, 2010, S. 20 mit umfangr. Nachw. zur gegenteiligen Auffassung; **a.A.** auch BVerfG, Beschl. v. 16.6.2009 - 2 BvR 902/06, BVerfGE 124, 43 (57 = Rn. 51) – Mailserver des Providers, in einem offenkundigen obiter dictum; unzutreffend in Bezug auf eine sichergestellte, der Staatsanwaltschaft vorliegende Festplatte auch OLG Koblenz, Beschl. v. 11.6.2010 - 2 VAs 1/10, Rn. 41.

schützt wird vielmehr seine kommunikative – elektronisch gestützte – Entfaltung als solche.[55]

B. Schutz des (unantastbaren) Kernbereichs privater Lebensgestaltung

16 Eine weitere Vertiefung/Spezialisierung des Persönlichkeitsschutzes ist in den Blick zu nehmen. Sie hat, wenngleich länger in der Rechtsprechung des *BVerfG* vorbereitet, ihrerseits erst in jüngerer Zeit genauere Ausprägung erfahren und erweist sich systematisch als ein Gegenpol zum R.a.i.S. Während nämlich letzteres aufgrund seines weit ausgreifenden Schutzbereichs durch das Erfordernis vielfältig vorgesehener Abwägungsprozeduren gekennzeichnet ist, geht es nunmehr um einen an den Schutz der Privatheit anknüpfenden „Kernbereich". Von diesem wird im Grundsatz angenommen, dass er „unantastbar" sei und damit der Abwägung mit gegenläufigen Interessen nicht unterliege. Rechtspolitisch betrachtet hat man es gewissermaßen mit einem Bollwerk zu tun, das besonders geeignet sein kann, den Versuchungen staatlicher Organe zu **totaler Erfassung der Bürger entgegenzutreten.**

I. Entwicklung

17 Das *BVerfG* hat von Anfang an das Erfordernis **spezifisch gesteigerten Schutzes** eines Kerns der Persönlichkeitsentfaltung zu fokussieren versucht. Das geschah im Ausgangspunkt eher beiläufig – *obiter dictum* – in der bereits erwähnten *Elfes*-Entscheidung vom 16.1.57 (die zu ihrem konkreten Gegenstand die Freiheit der Ausreise hatte). Seinerzeit erstreckte das *BVerfG* die „freie Entfaltung der Persönlichkeit" i.S.d. Art. 2 Abs. 1 GG auf *allgemeine Handlungs*freiheit, letztere allerdings einschränkbar durch „jede ... verfassungsmäßige Rechtsnorm",[56] insoweit also dem Vorbehalt des Gesetzes unterworfen. Das allgemeine Persönlichkeitsrecht mit seinen privaten, informationell-kommunikativen Komponenten von Persönlichkeitsentfaltung stand nicht im Mittelpunkt der Überlegungen. Es war als solches noch nicht verfassungsrechtlich ausgebildet,[57] um von daher im Vergleich zur Handlungsfreiheit höherrangigen Schutz zu genießen. In dieser Lage kam es dem Gericht zunächst nur darauf an, eben wegen des angenommenen Gesetzesvorbehalts Bedenken gegen einen „Leerlauf" des Art. 2 Abs. 1 entgegenzutreten, wie folgt:

> „Vor allem dürfen die Gesetze ... die **Würde des Menschen** nicht verletzen ..., aber auch die geistige, politische und wirtschaftliche Freiheit ... nicht so einschränken, dass sie in ihrem Wesensgehalt angetastet würde ... Hieraus ergibt sich, dass dem einzelnen Bürger eine Sphäre privater Lebensgestaltung verfassungskräftig vorbehalten ist, also ein letzter unantastbarer Bereich menschlicher Freiheit besteht, der *der Einwirkung der gesamten öffentlichen Gewalt entzogen ist.*"[58]

18 Für eine schlüssige grundrechtliche Schutzsystematik waren diese Aussagen nicht wirklich befriedigend: Einem generell unter den Vorbehalt verfassungsmäßiger/verhältnismäßiger Gesetze stehenden Bereich wurde **übergangslos ein** *unantastbarer* **Bereich** gegenübergestellt.

---

[55] Vgl. nochmals *Th. Böckenförde*, JZ 2008, 925 (928).
[56] Vgl. BVerfG, Urt. v. 16.1.1957 – 1 BvR 253/56, BVerfGE 6, 32 (36 – 38).
[57] Ansätze zum Schutz des allgemeinen Persönlichkeitsrechts hatten sich zunächst in der zivilgerichtlichen Rechtsprechung entwickelt, dazu → § 4 Rn. 24 mit Fn. 47 sowie → § 4 Rn. 30 mit Fn. 78.
[58] BVerfG, Urt. v. 16.1.1957 – 1 BvR 253/56, BVerfGE 6, 32 (41) – Hervorhebung hinzugefügt.

Ausgefüllt wurde die Lücke – beginnend mit dem Mikrozensusbeschluss vom 19
16.7.69[59] – durch eine breiter angelegte verfassungsgerichtliche Herausarbeitung
von Konstellationen gebotenen Schutzes von Privatheit und sozialer, kommunikativer Selbstdarstellung der Person.[60] Entsprechende Fallgestaltungen führen in der
Regel nicht zur völligen Unantastbarkeit des Persönlichkeitsbereichs, sondern enthalten (lediglich) wegen ihrer besonderen Relevanz für Entwicklung und Lebensgestaltung des Individuums zugunsten desselben ein erhöhtes Abwägungspotenzial
im Rahmen **„strikter Wahrung des Verhältnismäßigkeitsgebots".**[61] Das wurde
vom *BVerfG* u. a. für die eng begrenzte Verwendbarkeit von Ehescheidungsakten,[62]
medizinischen Unterlagen[63] oder solchen einer Drogenberatungsstelle[64] für je andere (Verwaltungs-)Zwecke festgestellt, desgleichen für den gebotenen diskreten Umgang mit einem wegen Verschwendung oder Trunksucht ergangenen Entmündigungsbeschluss.[65]

II. Neu ausgeprägter Kernbereich

Ein zusätzlicher Entwicklungsschub wurde im Jahr 1998 durch die rechtspoli-   20
tisch umkämpfte Erweiterung des Art. 13 GG um die heutigen Absätze 3 – 6 ausgelöst. Sie hatte die Überwachung von Wohnungen mit technischen Mitteln – den
sog. Lauscheingriff[66] – zum Gegenstand.[67] Zeitgleich erfolgte zu Abs. 3 eine gesetzliche Ausgestaltung in der StPO.[68] Sowohl diese Gesetzesnovellierung als auch
Art. 13 Abs. 3 GG selbst wurden 2004 zum Gegenstand eines Urteils des *BVerfG*.
Die wegen Art. 79 Abs. 3 GG auch bei Verfassungsänderungen bindende Menschenwürdegarantie erlangte dabei besondere Bedeutung.[69] Die „Privatwohnung"
sei „als ‚letztes Refugium' ein Mittel zur Wahrung der Menschenwürde."[70] Letztlich ging es freilich nicht um die geschützten Räumlichkeiten selbst. Im Mittelpunkt
stand für das *BVerfG* in Anknüpfung an die oben zitierte Aussage im *Elfes*-Urteil
dies:

„Zur Entfaltung der Persönlichkeit im Kernbereich privater Lebensgestaltung gehört die Möglichkeit, innere Vorgänge wie Empfindungen und Gefühle sowie Überlegungen, Ansichten und **Erlebnisse höchstpersönlicher Art** zum Ausdruck zu bringen, und zwar *ohne Angst, dass staatliche Stellen dies überwachen.* Vom Schutz umfasst sind auch Gefühlsäußerungen, Äußerungen des unbewussten Erlebens sowie Ausdrucksformen der Sexualität."[71]

---

[59] BVerfG, Beschl. v. 16.7.1969 – 1 BvL 19/63, BVerfGE 27, 1.

[60] Dazu insgesamt BVerfG, Beschl. v. 3.6.1980 – 1 BvR 185/77, BVerfGE 54, 148 (153 ff.). – Eppler, wo der „allgemeinen Handlungsfreiheit" (auch) die „engere Persönlichkeitssphäre" gegenübergestellt wird, zur Selbstdarstellung der Person S. 155 f..

[61] So BVerfG, Beschl. v. 15.1.1970 – 1 BvR 13/68, BVerfGE 27, 344 (351); Beschl. v. 18.1.1973 – 2 BvR 483/72, BVerfGE 34, 205 (209).

[62] Vgl. BVerfG, Beschl. v. 15.1.1970 – 1 BvR 13/68, BVerfGE 27, 344 (350 ff.); Beschl. v. 18.1.1973 – 2 BvR 483/72, BVerfGE 34, 205 (208 ff.).

[63] Vgl. BVerfG, Beschl. v. 8.3.1972 – 2 BvR 28/71, BVerfGE 32, 373 (378 ff.) – ärztliche Karteikarte.

[64] Vgl. BVerfG, Beschl. v. 24.5.1977 – 2 BvR 988/75, BVerfGE 44, 353 (372 ff.).

[65] Vgl. BVerfG, Beschl. v. 9.3.1988 – 1 BvL 49/86, BVerfGE 78, 77 (84 ff.).

[66] Die Bezeichnung „Lauschangriff" ist populär; der Sache nach handelt es sich nicht um einen „Angriff", sondern einen hoheitlichen *Eingriff.*

[67] Dazu Näheres bei Dreier/*Hermes*, GG Art. 13 Rn. 5, 56 ff.

[68] S. dazu auch die *heutige* Fassung des §§ 100c, 100d StPO.

[69] BVerfG, Urt. v. 3.3.2004 – 1 BvR 2378/98 u. a., BVerfGE 109, 279 (310 f.).

[70] BVerfG, Urt. v. 3.3.2004 – 1 BvR 2378/98 u. a., BVerfGE 109, 279 (314).

[71] BVerfG, Urt. v. 3.3.2004 – 1 BvR 2378/98, 1 BvR 1084/99, BVerfGE 109, 279 (313) – Hervorhebung hinzugefügt.

21 Dieser Kernbereichsschutz gebühre privat-persönlicher **Kommunikation** des Einzelnen mit sich selbst oder **mit vertrauten Personen**, insbesondere mit engen Familienangehörigen, Geistlichen (Beichtvätern), Strafverteidigern und Ärzten.[72]

22 Ein weiteres Urteil – vom 27.7.2005[73] – hatte das Erfordernis entsprechender Intensivierung des Schutzes für höchstpersönliche Telekommunikationen auf der Basis des **Art. 10 GG** zum Gegenstand. Vergleichbares gilt nach der oben erörterten Entscheidung vom 27.2.08 im Rahmen der G-VIiS.[74] Der insgesamt aus Art. 1 Abs. 1 GG angelegten Begründung wie auch der Fokussierung auf private Lebensgestaltung als solche entspricht es, dass der vom *BVerfG* postulierte Höchstschutz nicht auf die insoweit angesprochenen drei Spezialbereiche beschränkt bleiben kann. Er erlangt vielmehr Bedeutung im Rahmen der Gewährleistung von **Privatheit überhaupt**.[75] Das gilt z.B. für Tagebücher[76] sowie gegenüber heimlichen Tonbandaufnahmen[77] und verdeckten Ermittlern.[78]

23 Die Konsequenz, mit der das Gericht der staatlichen Intervention ein *Bis hierher und nicht weiter!* entgegengehalten hat, ist beachtlich.[79] Der Gesetzgeber ist dem durch Novellierungen im wesentlichen gefolgt.[80] Er hat dabei allerdings durchweg darauf verzichtet, den „Kernbereich privater Lebensgestaltung" zu definieren bzw. näher zu beschreiben. Nach Auffassung des *BVerfG* kann darin ein Verstoß gegen den Bestimmtheitsgrundsatz nicht gefunden werden. Vielmehr sei es Aufgabe der **Fachgerichte, die Konkretisierung** in Ansehung des Einzelfalls **vorzunehmen**.[81]

24 Dieses Vorhaben ist noch in der Entwicklung begriffen.[82] Es sollte auf der Basis dessen, was Privatheit[83] – insbesondere (aber nicht nur) in Gestalt von Intimität[84] – ausmacht, nicht unausführbar sein. Ziel ist die **Auslotung eines Minimums soziopsychischer Bedürfnisse** bzw. Befindlichkeiten – zunächst von Fall zu Fall. Allerdings gibt es auf diesem Weg grundsätzliche Schwierigkeiten. Eine von ihnen ist grundrechtsdogmatischer Natur (dazu nachfolgend in Abschn. III. Die andere be-

---

[72] BVerfG, Urt. v. 3.3.2004 – 1 BvR 2378/98, 1 BvR 1084/99, BVerfGE 109, 279 (319, 322 f., 317).

[73] BVerfG, Urt. v. 27.7.2005 – 1 BvR 668/04, BVerfGE 113, 348 (390 -392) – TKÜ nach NdsSOG; dazu weiter BVerfG, Beschl. v. 16.6.2009 – 2 BvR 902/06, BVerfGE 124, 43 (69 f., 76 f.).

[74] BVerfG, Urt. v. 27.2.2008 – 1 BvR 370/07, 1 BvR 595/07, BVerfGE 120, 274 (335–339).

[75] Vgl. § 29 Abs. 6 BbgPolG; *Baldus*, JZ 2008, 218 (221); ausführlich *Warntjen*, S. 132 ff., zusammengefasst S. 182 f.; *Bäcker*, Terrorismusabwehr, S. 80 ff.; auch *Roggan*, NVwZ 2007, 1238 (1239).

[76] Vgl. dazu die kritikwürdige 4:4-Tagebuchentscheidung, BVerfG, Beschl. v. 14.9.1989 – 2 BvR 1062/87, BVerfGE 80, 367 (373 ff.).

[77] Vgl. dazu BVerfG, Beschl. v. 31.1.1973 – 2 BvR 454/71, BVerfGE 34, 238 (245, 248).

[78] Vgl. BVerfG, Urt. v. 20.4.2016 – 1 BvR 966, 1 BvR 1140/09, BVerfGE 141, 22, NJW 2016, 1781, Rn. 176 f. – BKAG; *Poscher*, JZ 2009, 269 (271).

[79] A. A. *I. Dammann*, der den Rechtsbegriff des unantastbaren Kernbereichs sogar für verfassungswidrig hält (S. 185 ff.) und an dessen Stelle durchgängig den Grundsatz der Verhältnismäßigkeit treten lassen will, vgl. S. 197, 226, 233. Zur Kritik an diesem Autor → § 4 Fn. 34 und → § 5 Fn. 134, 135.

[80] Vgl. § 100d StPO, §§ 45 Abs. 7 f., 46 Abs. 6 - 8, 49 Abs. 7 f., 51 Abs. 7 f. BKAG 2018, § 3a G 10, §§ 22a Abs. 2, 23a Abs. 4a, 32a Abs. 2 ZFdG; ferner die Polizeigesetze der Länder, z. B. §§ 15 Abs. 4 S. 4 f., 15b Abs. 5 HSOG.

[81] Vgl. BVerfG, Beschl. v. 11.5.2007 – 2 BvR 543/06, NJW 2007, 2753 Rn. 40 ff. – zur Neuregelung des § 100c a. F. StPO; auch BVerfG, Beschl. v. 16.6.2009 – 2 BvR 902/06, BVerfGE 124, 43 (69 f., 76 f.).

[82] Auch die jüngsten Konkretisierungsversuche des BVerfG, Urt. v. 20.4.2016 – 1 BvR 966, 1 BvR 1140/09, BVerfGE 141, 220, NJW 2016, 1781, Rn. 119–129, gelten vorrangig der Schutztechnik als solcher.

[83] Vgl. dazu → § 4 Rn. 24 ff.

[84] Zur Intim*sphäre Stern*, Der allgemeine Privatsphärenschutz durch das GG und seine Parallelen im internationalen und europäischen Recht, FS Ress, 2005, 1259 (1268) mit Nachw.

trifft die Zulässigkeit erforderlicher Tatsachenerhebungen zwecks Verifizierung des zu schützenden Kernbereichs im Einzelfall (nachfolgend Abschn. IV).

III. „Unantastbarkeit"

1. Problemstellung

Das *BVerfG* hatte 1957 mit dem Postulat eines der öffentlichen Gewalt insgesamt **25** entzogenen unantastbaren Bereichs privater Lebensgestaltung ein hohes Ziel aufgestellt. Es überrascht, dass dieser Rechtsgrundsatz erst 47 Jahre später in der Judikatur des Gerichts volle Wirksamkeit entfaltete und zur Feststellung der Verfassungswidrigkeit staatlichen Handelns führte.[85]

Das *BVerfG* hat eine starke Verkoppelung zwischen höchstpersönlicher privater **26** Lebensgestaltung und Unantastbarkeit vorgenommen. Der von ihm gewählte normative Ansatz mochte dazu verleiten, den Umfang des Kernbereichs weniger mit Rücksicht auf die zugrunde liegenden Bedürfnisse des Einzelnen als vielmehr mit Blick auf die Vereinbarkeit der *ausnahmslosen* Gewährleistung mit dem Gemeinwohl zu bestimmen.[86] M.a.W. begründete angenommene **völlige Unantastbarkeit die Tendenz zu möglichst enger Auslegung** dessen, was der Kernbereich beinhaltet.[87] Eben das dürfte für lange Zeit zu dessen Bedeutungsschwäche gegenüber staatlichen Informationszugriffen geführt haben.

2. Herkömmliche Regeln

Ausdrücklich anerkannter *uneingeschränkter* Schutz von (personenbezogener) **27** Information ist in der Rechtsordnung selten.[88] Ein Beispiel ist das **Beichtgeheimnis** des Geistlichen,[89] während umgekehrt sonstige Berufsgeheimnisse Ausnahmen unterliegen, was u.a. die Pflicht zur Anzeige geplanter Schwerstverbrechen nach §§ 138, 139 Abs. 3 StGB verdeutlicht.

Absoluten Schutz genießt die Verschwiegenheit des Beschuldigten bei der Straf- **28** verfolgung[90] und damit dessen Freiheit von der Pflicht, sich selbst zu bezichtigen: *nemo tenetur se ipsum accusare*.[91] Eng damit verbunden ist das Folterverbot, das Verbot der Misshandlung und Quälerei (zur Beschaffung von Information).[92] Wei-

---

[85] Vgl. dazu *Denninger*, ZRP 2004, 101.

[86] Vgl. dazu im Ansatz BVerfG, Urt. v. 10.5.1957 – 1 BvR 550/52, BVerfGE 6, 389 (433) – § 175 a.F. StGB: kein Kernbereichsschutz mit Rücksicht auf (intensiven) „Bezug auf das Soziale" und wegen Verstoßes gegen das „Sittengesetz"; zu persönlicher Information insbes. BVerfG, Beschl. v. 14.9.1989 – 2 BvR 1062/87, BVerfGE 80, 367 (376ff.) – Begründung der „Mehrheit".

[87] Vgl Maunz/Dürig/*Herdegen*, GG Art. 1 Rn. 48; *Kloepfer*, 2001, S. 97, 101.

[88] Vgl. *umkehrt* die in → Rn. 6, 7 erörterten – rechtsähnlich ausgeformten – informationellen *Schranken* der G-VIiS, der Wohnung und der Telekommunikation.

[89] Vgl. § 53 Abs. 1 Nr. 1 StPO, § 139 Abs. 2 StGB.

[90] So §§ 136 Abs. 1 S. 1, 243 Abs. 5 S. 1 StPO.

[91] Der Grundsatz wird nach der h.M. von der Menschenwürdegarantie umfasst, vgl. BVerfG, Beschl. v. 22.10.1980 – 2 BvR 1172/79 u.a., BVerfGE 55, 144 (150) – BinnenschifffahrtsG und BVerfG, Beschl. v. 13.1.1981 – 1 BvR 116/77, BVerfGE 56, 37 (43) – Gemeinschuldner; für Grenzfälle (beim verdeckten Ermittler) BGH, Urt. v. 26.7.2007 – 3 StR 104/07, NJW 2007, 3138ff.; BGH, Beschl v. 18.5.2010 – 5 StR 51/10, NJW 2010, 3670 (3671f.); Urt. v. 29.4.2009 – 1 StR 701/08, NJW 2009, 2463 (2466f.). Zu den Offenbarungspflichten im Besteuerungsverfahren *Ruegenberg*, Das nationale und internationale Steuergeheimnis im Schnittpunkt von Besteuerungs-und Strafverfahren, 2001, passim; Karpenstein/Mayer/*Meyer*, 2. Aufl. 2015, EMRK Art. 6 Rn. 133f.

[92] Vgl. Art. 3 EMRK; Art. 4 GRCh; Art. 104 Abs. 1 S. 2 GG; § 136a StPO. Zur Begrenzung zulässiger Maßnahmen zur Vorbereitung eines Gutachtens über den psychischen Zustand eines Beschuldigten Meyer-Goßner/Schmitt/*Schmitt*, 60. Aufl. 2017, StPO § 81 Rn. 5.

terhin unzulässig ist **erzwungenes Eindringen in die Psyche** mittels Lügendetektor[93] oder aufgrund mentaler Manipulation (Gehirnwäsche).[94] „Die *Gedanken* sind frei, wer kann sie erjagen?" bringt ein fundamentales menschliches Bedürfnis zum Ausdruck. Dieses erstreckt sich auch auf (abgegrenzte) Möglichkeiten persönlich-vertraulichen Gedanken*austausches.*

3. Unantastbarkeit im Grundgesetz

a) Grundlagen

29 Das verfassungsrechtliche Postulat der Unantastbarkeit – nicht nur für den Bereich persönlicher Information – ist im Text des **Art. 1 Abs. 1 GG** klar festgehalten.[95] Die Vorschrift verbietet, die Menschenwürde *anzutasten,*[96] sie verlangt deren Achtung und Schutz.

30 Die partielle Unantastbarkeit von Grundrechten ist auch noch anderweit im Grundgesetz geregelt. Deren **„Wesensgehalt"** darf gemäß Art. 19 Abs. 2 „in keinem Falle … angetastet werden." Diese Regelung spielt jedoch in der Praxis nur eine marginale Rolle.[97] Jeweiliger Bezug auf Art. 1 Abs. 1 hat – in weitem Umfang – ihren Platz eingenommen.[98]

31 Art. 1 Abs. 1 GG beinhaltet – entgegen dem Hinweis auf *„nachfolgende..* Grundrechte" in Abs. 3 der Bestimmung – nach überwiegender Auffassung nicht nur ein objektives Grundprinzip, sondern ein **subjektives Grundrecht** des Einzelnen.[99] Das entspricht dem historischen wie gegenwärtigen Gewicht der Vorschrift und verleiht dieser praxisorientierte Bedeutung. Dem Einzelnen steht ein Achtungs- und Schutz*anspruch* zu.[100] Die Menschenwürdegarantie erlangt so eine eigene, justiziable Ausprägung angesichts konkreter Bedrängnis des Individuums aufgrund besonders gesteigerter Eingriffe. Deren Spezifikum kann sowohl in der „Tiefe" der Beeinträchtigung (persönlicher Kommunikation) als auch in deren Breite (durch Rundum-Überwachung)[101] liegen. Ziel bleibt, in beiderlei Hinsicht Maßstäbe zu finden.

---

[93] Näheres zum Polygraphen bei *Eisenberg*, Beweisrecht der StPO, 8. Aufl. 2013, Rn. 693 ff.

[94] Vgl. *Rixen*, § 9 Rn. 15.

[95] Übereinstimmend Art. 1 GRCh; beachte dazu BVerfG, Urt. v. 30.6.2009 – 2 BvE 2/08 u.a, BVerfGE 123, 267 (334) – Lissabon-Vertrag.

[96] Die Vorschrift ist – ähnlich wie Art. 3 Abs. 1 GG – als tatsächliche Aussage formuliert („ist unantastbar"), hat aber normativen Inhalt, h.M.; dazu Nachweise bei Dreier/*Dreier*, GG Art. 1 I Rn. 128 Fn. 527.

[97] Vgl. *Jarass*/Pieroth, GG Art. 19 Rn. 9 a. E.; Dreier/*Dreier*, GG Art. 19 II Rn. 8.

[98] So die Entwicklung in der Rechtsprechung des *BVerfG*. Vgl. zum Verhältnis von Art. 19 Abs. 2 zu Art. 1 Abs. 1 GG Stern/Becker/*Brüning*, 2015, GG Art. 19 Rn. 41; Maunz/Dürig/*Remmert*, GG Art. 19 Abs. 2 Rn. 47; v. Mangoldt/Klein/*Starck*, GG Art. 1 Rn. 34 mit Fn. 130; für „strikte Trennung" plädiert Maunz/Dürig/*Herdegen*, GG Art. 1 Rn. 26; beachte zum Persönlichkeitsrecht *Horn*, in: HdbStR Bd. VII, Rn. 75 ff.

[99] Vgl. die Nachw. bei *Jarass*/Pieroth, GG Art. 1 Rn. 3; prägnant Gröschner/Lembcke/*Herdegen*, S. 89 (104); *Dederer*, JöR 2009, 89 (89–98); schwankend *Kloepfer*, 2001, S. 86, 87 f.; a. A. u.a. Dreier/*Dreier*, GG Art. 1 I Rn. 121 ff.; Stern/Becker/*Enders*, 2015, GG Art. 1 Rn. 35 ff. Zum Grundrechtscharakter des Art. 1 GRCh Gröschner/Lembcke/*Calliess*, S. 133 (148 f.).

[100] U. a. auch zur Abwehr menschenunwürdiger Haftbedingungen (durch Verfassungsbeschwerde), dazu BVerfG, stattgebender Kammerbeschl. v. 27.2.2002 – 2 BvR 553/01, NJW 2002, 2699; beachte weiter BVerfG, Urt. v. 9.2.2010 – 1 BvL 1/09, JZ 2010, 515 (516 f., Rn. 133 ff.) – Hartz IV; BVerfG, Urt. v. 30.6.2009 – 2 BvE 2/08, BVerfGE 123, 267 (334).

[101] Vgl. den Hinweis in BVerfG, Urt. v. 3.3.2004 – 1 BvR 2378/98 u.a., *BVerfGE* 109, 279 (323); ferner BVerfG, Urt. v. 12.4.2005 – 2 BvR 581/01, BVerfGE 112, 304 (319 f.) – GPS; BGH, Urt. v. 14.8.2009 – 3 StR 552/08, NJW 2009, 3448 Rn. 88 ff.; eingehend *Hornung*, in: Albers/Weinzierl, (Hrsg.), Menschenrechtliche Standards in der Sicherheitspolitik, 2010, S. 65 (72 ff.).

Anders als das für objektive Leitgrundsätze gilt, führt freilich die Grundrechts- **32** qualität, soll sie sich in Konflikten bewähren, zur Frage rechtssicherer Schranken-bestimmung hin.[102] Doch nach bislang vorherrschendem, **rigorosem Verständnis** ist die Menschenwürde im Hinblick auf den Wortlaut des Art. 1 Abs. 1 GG völlig frei von für Grundrechtsausübung sonst bestehenden Einschränkungen.[103] Hierzu heißt es z.B. in einer Fachzeitschrift für Studenten:

> „**Verfassungsimmanente Schranken kommen nicht in Betracht.** Auf abweichende… Gegen-auffassungen sollten sich Studierende nicht einlassen. Zwar ist es richtig, dass die ‚Unabwägbar-keitslehre' zu teilweise schwer lösbaren Konflikten und Problemen führt. Doch wäre der Preis für die Menschenwürde als Basis des Wertesystems der Bundesrepublik Deutschland viel zu hoch, wollte man sie einer allgemeinen Abwägung öffnen."[104]

Dass rechtsdogmatischer Rigorismus **nicht der Konfliktlösung dient**, wird dabei **33** eingeräumt. Um letztere muss es in der Praxis gehen, ohne dass die Verbindlichkeit des obersten Verfassungsgrundsatzes damit in Frage gestellt würde.[105]

b) Leitlinien in der Rechtsprechung des BVerfG zu Art. 1 Abs. 1 GG

Der Begriff Menschenwürde werde, so schreibt das *BVerfG*,   **34**

> „häufig *vom Verletzungsvorgang her* beschrieben… Anknüpfend an die Erfahrungen in der Zeit des Nationalsozialismus standen [bei Entstehung des GG] … zunächst Erscheinungen wie **Miss-handlung, Verfolgung…, Erniedrigung, Brandmarkung…** im Zentrum der Überlegungen."[106]

Eine dem verwandte Schutzintention kommt in der Rechtsprechung des *BVerfG* **35** zur Gewährleistung eines **humanen Strafvollzugs** zur Geltung.[107] Auch der An-spruch auf Sicherung des wirtschaftlichen **Existenzminimums**[108] – wenngleich (als Leistungsrecht) systematisch und inhaltlich anders beschaffen – weist vom Rechts-tatsächlichen her Ähnlichkeit auf. Denn extreme ökonomische Not und faktische Erniedrigung liegen nicht weit auseinander.

Bei alldem spiegelt sich im Postulat der Unantastbarkeit die Ausrichtung an be- **36** sonders *ernsten Bedrohungen* menschlichen Daseins. Eben damit korreliert die vom *BVerfG* hervorgehobene Orientierung am (zu verhindernden) *Verletzungsvor-gang*[109] – samt dessen (ggf. zu bekämpfenden) Zielsetzungen.[110] Das impliziert eine

---

[102] Vgl. *Baldus*, JZ 2008, 218 (224 f.).

[103] Vgl. dazu Gröschner/Lembcke/*Kunig*, S. 121 ff.; Dreier/*Dreier*, GG Art. 1 I Rn. 46, 130; Stern/Becker/*Enders*, 2015, GG Art. 1 Rn. 14; Sachs/*Höfling*, 7. Aufl. 2014, GG Art. 1 Rn. 6, 8, 11.

[104] *Hufen*, JuS 2010, 1 (9).

[105] Vgl. nochmals *Kloepfer*, 2001, S. 102 f., zur „Zukunftsfähigkeit von Art. 1 Abs. 1 … durch Be-schränkbarkeit"; *ders.*, Verfassungsrecht II, 2010, § 55. In diese Richtung weist auch die Rechtspre-chung des EuGH zu Art. 1 GRCh; vgl. dazu *Schorkopf*, in: Ehlers, Europäische Freiheiten und Grundrechte 2009, § 15 Rn. 16; *Jarass*, GrCh EU Art. 1 Rn. 13.

[106] BVerfG, Urt. v. 3.3.2004 –1 BvR 2378/98, 1 BvR 1984/99, BVerfGE 109, 279 (312); dazu Dreier/*Dreier*, GG Art. 1 I Rn. 24.

[107] Vgl. BVerfG, Kammerbeschl. v. 16.3.03 – 2 BvR 202/93, NJW 1993, 3190 – mit Fäkalien über-schwemmter Haftraum.

[108] Vgl. BVerfG, Urt. v. 9.2.2010 – 1 BvL 1/09, JZ 2010, 515 (516 f., Rn. 133 ff.) – Hartz IV; BVerfG, Urt. v. 30.6.2009 – 2 BvE 2/08, BVerfGE 123, 267 (334).

[109] Beachte dazu *Alexy*, Theorie der Grundrechte, 1986, S. 94 ff.

[110] Zur Finalität des Eingriffs Maunz-Dürig/*Herdegen*, GG Art. 1 Rn. 47; BVerfG, Beschl v. 20.2.2009 – 1 BvR 2266/04, BeckRS 9998, 54183 sub II 1b bb (1) – „Der Holocaust auf Ihrem Tel-ler"; BVerfG, Beschl. v. 11.3.2003 – 1 BvR 426/02, BVerfGE 107, 275 (284 f.) – Benetton II; *Poscher*, JZ 2009, 269 (275 f.). Die rein subjektive Intention ist nicht ausschlaggebend, Dreier/*Dreier*, GG Art. 1 I Rn. 55 mit Fn. 271; *Jarass*/Pieroth, GG Art. 1 Rn. 13; beachte abw. Meinung in BVerfG, Urt. v. 15.12.1970 – 2 BvF 1/69 u.a., BVerfGE 30, 1, 33 ff. (39 f.) – Abhörurteil; weiterhin BVerfG, Urt. v. 15.2.2006 – 1 BvR 357/05, BVerfGE 115, 118 (154, 160) – LuftSiG.

gesellschaftlich-rechtliche Bewertung des Befunds.[111] In der Rechtsprechung zu lebenslanger Freiheitsstrafe wird dies sehr deutlich. Das Gericht erörtert die beträchtliche Gefahr des Eintritts irreparabler Schäden psychischer oder physischer Art durch langjährige Haft und insbesondere die Bedeutung eines Lebens ohne Hoffnung auf die Chance, je wieder freizukommen. Eben darin ist eine massive **Würdebeeinträchtigung** zu finden, die über eine zeitweilige Aufhebung der Freiheit der Person (vgl. Art. 2 Abs. 2 S. 2, Art. 104 GG) wesentlich hinausgeht.[112] Andererseits sei es der staatlichen **Gemeinschaft nicht verwehrt, sich** gegen einen gemeingefährlichen Straftäter dauerhaft **zu schützen.**[113] Dasselbe gelte auch für langdauernde Sicherungsverwahrung, „wenn diese wegen fortdauernder Gefährlichkeit ... notwendig ist."[114]

c) Einschränkungen der Menschenwürde systematisch betrachtet

37   Eine Reihe von Grundrechten sind „unverletzlich", so gemäß Art. 2 Abs. 2 S. 2, Art. 4 Abs. 1, Art. 10 Abs. 1 und Art. 13 Abs. 1 GG. Dessen ungeachtet unterliegen sie, abgesehen von der Glaubens-, Gewissens- und Religionsfreiheit des Art. 4 Abs. 1, ausdrücklich im GG geregelten Schranken. Art. 4 Abs. 1 wird seinerseits, wie auch andere schrankenlose Grundrechte (z. B. die Kunstfreiheit, Art. 5 Abs. 3), durch verfassungsimmanente Schranken eingegrenzt, wie sie sich aus möglichen **Konflikten zwischen unterschiedlichen grundrechtlichen Gewährleistungen** nicht selten ergeben. Die verbale Steigerung von *unverletzlich* zu *unantastbar* in Art. 1 Abs. 1 GG ist für sich allein keine zwingende Grundlage für die Annahme, dass jedwede verfassungsimmanente Eingrenzung des Menschenwürdegrundrechts unzulässig sei, zumal wenn dies im Interesse des Lebens anderer oder zur Erhaltung grundlegender Daseinsvoraussetzungen des Gemeinwesens geschieht.[115]

38   Das Fanal, dass die Verfassungsgeber(innen) 1949 mit Art. 1 Abs. 1 gesetzt haben, wäre missverstanden, würde es als Grundlage dafür dienen, schwierigen (z. T. neuartigen) Abwägungsfragen auszuweichen. Auch wenn letzteres regelmäßig in der Fachdiskussion nicht geschieht, so besteht statt dessen doch die Neigung, für verfassungsgemäß erkannte Eingrenzungen der Menschenwürdegarantie mit verbalen Konstruktionen anders darzustellen. Nicht selten wird angenommen, dass sich der *Inhalt* der Menschenwürde *erst aus dem ableite*, was eine Austarierung zwischen (rudimentären) individuellen Existenzbedingungen mit (unabweisbaren) Bedürfnissen der Gesellschaft ergibt.[116] Im Ergebnis hat man es mit einer *bilanzierenden Gesamtbetrachtung* zu tun.[117]

39   Immerhin regen sich Zweifel daran, ob man es dabei bewenden lassen sollte. Die Transparenz sichernde Struktur der Grundrechtssystematik mit ihrer konfligieren-

---

[111] Kritisch zur damit verbundenen „Politisierung" *Nettesheim*, VVDStRL 70 (2011), 7 ff. (bei Fn. 69 ff.); beachte weiterhin *Diggelmann*, VVDStRL 70 (2011), S. 50 ff., Abschn. III 1.

[112] Vgl. BVerfG, Urt. v. 21.6.1977 – 1 BvL 14/76, BVerfGE 45, 187 (228 ff., 245); Urt. v. 24.4.1986 – 2 BvR 1146/85, BVerfGE 72, 105 (115 ff.), einen hochbetagten Auschwitz-Mörder betreffend; BVerfG, Beschl. v. 8.11.2006 – 2 BvR 578/02, 2 BvR 796/02, BVerfGE 117, 71 (89 ff.) – Sexualmord; Maunz/Dürig/*Herdegen*, GG Art. 1 Rn. 49; *I. Dammann*, S. 64 ff.

[113] BVerfG, Urt. v. 21.6.1977 – 1 BvL 14/76, BVerfGE 45, 187 (242).

[114] Vgl. BVerfG, Urt. v. 5.2.2004 – 2 BvR 2029/01, BVerfGE 109, 133 (151, 167); dazu *Dederer*, JöR 2009, 89 (113 f.); *Elsner/Schober*, DVBl. 2007, 278 ff.

[115] Vgl. *Kloepfer*, 1976, S. 405 (411).

[116] Diesbezüglich kritisch zur Definition des Kernbereichs privater Lebensgestaltung *Baldus* JZ 2008, 218 (224); ausführlich zur Menschenwürdegarantie *Dederer*, JöR 2009, 89 (112 ff.).

[117] So Maunz/Dürig/*Herdegen*, GG 1 Rn. 46 f.; *Rixen*, § 9 Rn. 23; *Dederer*, JöR 2009, 89 (112 ff.); dazu kritisch – aber letztlich zirkulär – *von Bernstorff*, JZ 2013, 905 (910 ff.).

den Interessen entsprechenden **Gegenüberstellung von Schutzbereich und Eingriffsrechtfertigung**[118] wäre insoweit preisgegeben. Dieses Freiheit sichernde systematische Konzept[119] sollte man durch eine formale (quasi-zivilreligiöse)[120] Verabsolutierung des Menschenwürdeschutzes nicht in Frage stellen.[121]

4. Praktische Ergebnisse für den Kernbereich privater Lebensgestaltung

Der *BGH* hat sich mit einer Lausch-Konstellation auseinandergesetzt, in der   **40**

„… die aufgenommenen Gebete in gefahrrelevante Gespräche über die Rechtfertigung von terroristischen Anschlägen oder die **Verherrlichung des ‚Märtyrertods'** eingebettet waren[122] und deshalb nicht höchstpersönliche Gefühle oder Gedanken und damit den Kernbereich berührten."[123]

Doch religiöse Überzeugungen und Handlungsmotive des Einzelnen als solche **41** sind höchstpersönlich, und dasselbe gilt, wie es dem Ansatz des *BVerfG* entspricht, auch für hierüber geführte Gespräche unter eng Vertrauten.[124] Allerdings deckt weder die Religionsfreiheit Menschenopfer noch die Freiheit privater Lebensgestaltung (intime) **Gewaltanwendung im Kernbereich.**[125] Damit werden verfassungsimmanente Schranken sichtbar, deren präventive oder repressive Realisierung entsprechende Informationsverarbeitung voraussetzt.

Den Darlegungen des *BVerfG* zufolge fällt die **Planung und Verabredung von 42** (schweren) **Straftaten** nicht in den Schutzbereich.[126] Das ist grundsätzlich überzeugend; zumal die Treffen der organisierten Kriminalität in einer (konspirativen)[127] Wohnung haben mit dem Kernbereich privater Lebensgestaltung nichts zu tun. Eine andere Beurteilung als die vom *BVerfG* vorgenommene wäre hingegen in jenem Fall am Platz gewesen, in dem sich jemand im Rahmen von Tagebuchaufzeichnungen mit seinem psychisch-sexuell bedingten Hang zu (bevorstehenden) Gewalttaten auseinandersetzt hatte.[128] Wenig konsequent ist insgesamt der Hinweis des *BVerfG*, dass „Gespräche, die Angaben über begangene Straftaten enthalten, … ihrem Inhalt nach nicht dem unantastbaren Kernbereich an … gehören" (können).[129] Für **Schuldbekenntnisse** eines reumütigen Täters gegenüber seiner

---

[118] Vgl. Dreier/*Dreier*, Vorb. 119ff., 134ff.; *Kloepfer*, 1976, S. 406f..

[119] Zur Nutzanwendung vgl. u. a. unmittelbar nachfolgend → Rn. 40ff. und → Rn. 45.

[120] „Die Absolutheit des Würdeschutzes kommt der menschlichen Sehnsucht nach einfachen Gewissheiten entgegen…", so, Maunz-Dürig/*Herdegen*, GG Art. 1 Rn. 47.

[121] Übereinstimmend *Hain*, Konkretisierung der Menschenwürde durch Abwägung?, DSt 45 (2006), 189 (212).

[122] Wenngleich die Einbettung taktische Gründe gehabt haben mag.

[123] BGH, Urt. v. 14.8.2009 – 3 StR 552/08, NJW 2009, 3448 Rn. 77.

[124] Vgl. zum Briefwechsel unter Geschwistern in „beleidigungsfreier Sphäre" BVerfG, Beschl. v. 26.4.1994 – 1 BvR 1689/88, BVerfGE 90, 255 (260f.).

[125] Übereinstimmend im Ergebnis BVerfG, Beschl. v. 10.6.2009 – 1 BvR 1107/09, NJW 2009, 3357 (3359) Rn. 24ff. – Vergewaltigung durch Fußballstar.

[126] Vgl. BVerfG, Beschl. v. 14.9.1989 – 2 BvR 1062/87, BVerfGE 80, 367 (376); Beschl. v. 16.6.2009 – 2 BvR 902/06, BVerfGE 124, 43 (70); Urt. v. 20.4.2016 – 1 BvR 966, 1140/09, BVerfGE 141, 221 Rn. 122.

[127] Dazu *Lepsius*, Der große Lauschangriff vor dem BVerfG., JURA 2005, 433 (440).

[128] Vgl. zum Sachverhalt BVerfG, Beschl. v. 14.7.1989 – 2 BvR 1062/87, BVerfGE 80, 367 (368f.); zur Kritik *Bull*, RDV 2008, 51 l. Sp.; zum Schutzbereich abweichend von der Bewertung durch die 4:4-„Mehrheit" des Senats die in derselben Sache zuvor erfolgte Beurteilung durch den BGH, Urt. v. 9.7.1987 – 4 StR 223/87, NJW 1988, 1037 (1038 l. Sp.).

[129] Vgl. BVerfG, Urt. v. 3.3.2004 – 1 BvR 2378/98 u.a., BVerfGE 109, 279 (319f.). Das *BVerfG* schert damit von den Rechtstatsachen her zwei verschiedene Dinge über einen Kamm, nämlich die kommunikative „Logistik" der organisierten Kriminalität einerseits und Geständnisse (über Kapitalverbrechen) gegenüber vertrauten Personen andererseits, vgl. *Meyer-Wieck*, NJW 2005, 2037ff.; *Warntjen*, S. 91f.

Mutter sollte das nicht gelten.[130] Ein so tief in höchstpersönliche Abläufe eindringender Abhörvorgang gerät in (zu) große Nähe zu erzwungener Selbstbezichtigung.[131]

43 Grundsätzlich lassen sich Aufzeichnungen und Gespräche mit konkreten Hinweisen auf Straftaten nicht einfach ausnehmen. Das würde darauf hinauslaufen, insofern den Kernbereich ausschließlich **vom öffentlichen Strafverfolgungsinteresse her zu definieren** und den psycho-sozialen Kontext zu vernachlässigen. Vielmehr gehören die in Rede stehenden Konstellationen in den Kernbereich, was, wie der vom *BGH* entschiedene Fall verdeutlicht, nicht ausschließt, dass im Einzelfall aufgrund vorgenommener Abwägung ein Eingriff gerechtfertigt sein kann. Das wird für präventive Zwecke öfter in Betracht kommen als für repressive.[132]

44 Aus diesen **praxisorientierten** Überlegungen wird deutlich, dass die Gegenüberstellung von Schutzbereich und Schranken – wie sie das *BVerfG* wegen eines „*absolut* geschützten Kernbereich[s] privater Lebensgestaltung"[133] vermieden hat – rechtliche Vorteile beinhaltet und zu bevorzugen ist.[134]

IV. Zweistufiges Kontrollverfahren insbesondere[135]

1. Erste Stufe: Abgrenzung im Echtzeit-(Live)Verfahren

45 Für die Gewährleistung gebotenen Schutzes ist es erforderlich, tatsächliche **Feststellungen** darüber zu treffen, ob und **inwieweit kernbereichsrelevante Kommunikationen** vorliegen. Das ist oft nicht möglich, ohne dabei schon in dieselben einzudringen, insoweit also einen *Eingriff* vorzunehmen.[136] Zur möglichen Vermeidung eines solchen hat das *BVerfG* beim Lauscheingriff **Vermutungsregeln** zugunsten von Privatwohnungen bzw. zu Lasten von Geschäftsräumen über das Vorliegen respektive das Fehlen von Kernbereichsrelevanz aufgestellt.[137] Für die Telefonüberwachung bzw. die Infiltration informationstechnischer Systeme versa-

---

[130] Vgl. auch BGH, Urt. v. 9.7.1987 – 4 StR 223/87, NJW 1988, 1037 (1038 l. Sp.) in Bezug auf das Telefonat, dass zur Sicherstellung des Tagebuchs führte.

[131] Insofern kritisch *Amelung*, Die zweite Tagebuchentscheidung des BVerfG, NJW 1990, 1753 ff.; weitere Nachw. → Fn. 91.

[132] Vgl. *Baldus*, JZ 2008, 218 (222, 226); *Dederer*, JöR 2009, 89 (120 sub dd).

[133] So die Formulierung in BVerfG, Urt. v. 3.3.2004 – 1 BvR 2378/98, BVerfGE 109, 279, Lts. 5; Urt. v. 27.7.2005 – 1 BvR 668/04, BVerfGE 113, 348 (390) – Hervorhebung hinzugefügt; im Grundsatz fortgeführt in nachfolgend in Rn. 48 näher erörterter Entscheidung des Gerichts BVerfG, Urt. v. 20.4.2016 – 1 BvR 966/09, BVerfGE 141, 220, Rn. 124.

[134] Obiges Ergebnis findet durch die Untersuchung *I. Dammann*s, insbes. zur einschlägigen Rechtsprechung, eine praktische Bestätigung. Das gilt, ohne dass man sich den von diesem gezogenen rigiden theoretischen Konsequenzen anzuschließen hätte (dazu → Fn. 79): die mit letzteren verbundene Abkoppelung jedes Kernbereichsschutzes von der Menschenwürdegarantie (u. a. S. 242 f., 245) widerspräche gebotenem verfassungsrechtlichen Schutz.

[135] Dazu BVerfG, Urt. v. 27.2.2008 – 1 BvR 370/07, 1 BvR 595/07, BVerfGE 120, 274 (338 f.); zustimmend *T. Böckenförde*, JZ 2008, 925 (932); *Schmidbauer* in: Uerpmann-Wittzack (Hrsg.), 2009, S. 46; *Baldus*, JZ 2008, 218 (226 f.); *Drallé*, S. 132 ff.; teilweise kritische Details bei *Hornung*, CR 2008, 299 (304 f.); Näheres auch bei *Perne*, DVBl 2006, 1486 ff. Die Bedeutung der Zweistufigkeit bleibt bei *I. Dammann*, S. 49 ff., 109, 177, unterbelichtet; uneingeschränkte Kritik an dieser bei *Barrot*, Der Kernbereich privater Lebensgestaltung, 2012, S. 162 ff., 213.

[136] Dies ist ein Hauptargument der dissentierenden Richterinnen *Jaeger* und *Hohmann-Dennhard* in der Lauscheingriff-Entscheidung, BVerfG, Urt. v. 3.3.2004 – 1 BvR 2378/98, 1 BvR 1084/99, BVerfGE 109, 279, 382 (383 f.); im Anschluss daran *Denninger*, ZRP 2004, 101 (102); *Lepsius*, JURA 2005, 433 (439); *Kutscha*, NJW 2008, 1042 (1044); *Sachs/Krings*, JuS 2008, 481 (485 f.).

[137] BVerfG, Urt. v. 3.3.2004 – 1 BvR 2378/98, 1 BvR 1084/99, BVerfGE 109, 279 (320 f.).

gen solche Ansätze mangels entsprechender räumlicher Abschichtung.[138] Bei Beeinträchtigung der VIiS kommt angesichts des regelmäßig automatisierten Überwachungsverfahrens auch die Orientierung an augenblicklich erfassbaren Überwachungsinhalten, die wegen Zugehörigkeit zum Kernbereich zum sofortigen Abbruch der Erhebung führen müssen,[139] kaum in Betracht.[140]

2. Zweite Stufe: Einschaltung eines Unabhängigen

Auf der Basis der absoluten Unantastbarkeitsthese wäre die aufgezeigte Abgrenzungsproblematik auch mithilfe einer gesteigert restriktiven Interpretation des Kernbereichs nicht sinnvoll lösbar.[141] Statt dessen ist im Hinblick auf den zur Feststellung von Kernbereichsrelevanz erforderlichen informationellen Eingriff (nur) die Forderung strikter Befolgung des Grundsatzes der Verhältnismäßigkeit zugrunde zu legen,[142] hier in Gestalt des Gebots der **Auswahl des mildesten Eingriffsmittels**. Bestmögliche Schonung des engsten Bereichs privat-persönlicher Kommunikation bei der Abschichtung von allen übrigen Informationen kann die Prüfung durch eine neutrale, unabhängige Instanz bieten.[143]   **46**

Insbesondere kann ein **Richter** damit beauftragt werden, das durch technischen Zugriff erlangte **Informationsmaterial zu sichten** und die Löschung zu veranlassen, soweit der Kernbereich unzulässig betroffen ist.[144] Es entspricht rechtsstaatlicher Tradition, besonders schwerwiegende Grundrechteingriffe unter den Vorbehalt einer Entscheidung durch den Richter zustellen, damit dieser je nach Sachlage ungerechtfertigte Beeinträchtigungen abwende.[145] Die ihm aufzuerlegende strenge Verschwiegenheit für den Fall, dass er in seiner Beurteilung zur Löschungspflicht gelangt, gehört zu seinem Berufethos.[146]   **47**

Allerdings hat der Gesetzgeber in der StPO diesen Lösungsweg so nicht eingeschlagen, und zwar (zunächst)[147] mit Billigung des *BVerfG*.[148] Im 2008 in das   **48**

---

[138] BVerfG, Urt. v. 27.7.2005 – 1 BvR 668/04, BVerfGE 113, 348 (392); Urt. v. 27.2.2008 – 1 BvR 370/07, BVerfGE 120, 274 (337f.); Beschl. v. 12.10.2011 – 2 BvR 236/08, BVerfGE 129, 208 (247) = NJW 2012, 833 Rn. 217.

[139] Vgl. dazu BVerfG, Urt. v. 3.3.2004 – 1 BvR 2378/98, 1 BvR 1084/99, BVerfGE 109, 279 (323f.); jetzt in § 100d Abs. 4 S. 2ff. StPO geregelt.

[140] So BVerfG, Urt. v. 27.2.2008 – 1 BvR 370/07, 1 BvR 595/07, BVerfGE 120, 274 (337 = Rn. 277f.); beachte nunmehr die Regelung in § 100d Abs. 3 StPO.

[141] Vgl. Stern/Becker/*Enders*, 2015, GG Art. 1 Rn. 67f.

[142] Dazu mit besonderem Nachdruck BVerfG, Urt. v. 27.7.2005 – 1 BvR 668/04, BVerfGE 113, 348 (392).

[143] Vgl. *Bäcker*, Terrorismusabwehr, S. 85; *Volkmann*, DVBl. 2008, 590 (593); beachte die neuen Regelungen in § 3a S. 3, 4 G 10, §§ 46 Abs. 7, 49 Abs. 7, 51 Abs. 7 S. 4 BKAG 2018; § 15 Abs. 5 S. 10 HSOG.

[144] Vgl. *Poscher*, JZ 2009, 269 (273, 275f.); *Kutscha*, NJW 2008, 1042 (1044); BVerfG, Urt. v. 3.3.2004 – 1 BvR 2378/98, 1 BvR 1084/99, BVerfGE 109, 279 (333f.); kritisch mit Blick auf die Realisierung *Schlegel*, GA 2007, 648 (661ff.); für eine offene Flanke im Rahmen des § 110 StPO vgl. BVerfG, Beschl. v. 16.6.2009 – 2 BvR 902/06, BVerfGE 124, 43 (76f.).

[145] Zum verfassungsrechtlichen Rang des Richtervorbehalts vgl. Dreier/*Hermes*, GG Art. 10 Rn. 98; v. Mangoldt/Klein/Starck/*Gusy*, GG Art. 10 Rn. 74; BVerfG, Urt. v. 14.7.1999 – 1 BvR 2226/94, BVerfGE 100, 313 (361f.) – Strategische Überwachung III; BVerfG, Urt. v. 12.3.2003 – 1 BvR 330/96, BVerfGE 107, 299 (325f.) – Schneider/Klein; BVerfG, Urt. v. 2.3.10 – 1 BvR 256/08, NJW 2010, 833, Rn. 247ff.

[146] Vgl. dazu § 43 DRiG.

[147] Der nachfolgende Wandel wird ausdrücklich hervorgehoben von *Schluckebier*, BVerfG, Urt. v. 20.4.2016 – 1 BvR 966/09, BVerfGE 141, 220, NJW 2016, 1781, Abweichende Meinung Rn. 14; ungenau die Mehrheitsentscheidung, Rn. 200, mit der Bezugnahme auf BVerfG, Urt. v. 3.3.2004 – 1 BvR 2378/98, BVerfGE 109, 279 (333f.).

[148] Vgl. § 100c Abs. 7 a.F. StPO und dazu BVerfG, Beschl. v. 11.5.2007 – 2 BvR 543/06, NJW 2007, 2753 Rn. 65f.; § 100a Abs. 4 a.F. StPO und dazu BVerfG, Beschl. v. 12.10.2011 – 2 BvR

BKAG eingefügten Unterabschnitt zur „Abwehr von Gefahren des internationalen Terrorismus" wurde die Rolle des Richters teilweise stärker ausgestaltet, vgl. dazu die §§ 20h Abs. 5 S. 4, 20l Abs. 6 S. 4,[149] auch § 20k Abs. 7 S. 3 BKAG 2008. Das BVerfG hat freilich eine Überprüfung der Bestimmungen der §§ 20a ff. BKAG 2008[150] zum Anlass genommen, darüber hinausgehend die verfassungsrechtlich gewährleistete Rolle einer unabhängigen Instanz[151] zur Herausfilterung kernbereichsrelevanter Informationen *vor Kenntnisnahme* und Nutzung durch das BKA herauszustellen. Dabei hat es **Abstufungen** vorgenommen, und zwar (insbes.) zwischen der **Wohnraumüberwachung** und dem Zugriff auf informationstechnische Systeme[152] einerseits und der **Überwachung der Telekommunikation** andererseits. Diese ist nicht in gleichem Ausmaß durch Eindringen in die Privatsphäre gekennzeichnet wie die beiden erstgenannten Eingriffe.[153] Deshalb kann insoweit die unabhängige Sichtung automatischer Aufzeichnungen auf Situationen beschränkt werden, in denen behördlicherseits Zweifel im Hinblick auf eine etwaige Kernbereichszugehörigkeit der gespeicherten Information bestehen.[154]

49   Anders verhält es sich nach Auffassung des BVerfG in den beiden erstgenannten Fällen, in denen das Prinzip **unabhängiger Sichtung und Prüfung vor der zulässigen Verwendung durchweg** Platz greifen müsse.[155] Dieser Forderung entspricht die in §§ 46 Abs. 6, 7, 49 Abs. 7 BKAG 2018 vorgesehene Lösung. Demgegenüber hat der Richter *Schluckebier* in seiner abweichenden Meinung zutreffend zu bedenken gegeben, dass es „im Rahmen der Gefahrenabwehr und Straftatenverhütung…typischerweise um Fallgestaltungen geht, bei denen die Auswertung von Erkenntnissen oft in hohem Maße beschleunigungs- und eilbedürftig ist."[156] Das impliziert die Frage, ob die gebotene Abwägung nach Verhältnismäßigkeitsgrundsätzen (o. Rn. 46) zwingend die vorangehende unabhängige (richterliche) Prüfung gebietet. In der Senatsentscheidung hat das BVerfG beiläufig einen Ausweg zugunsten von „besondere[n] Regelungen…für **Ausnahmefälle bei Gefahr im Verzug**" angedeutet.[157] Dieser Weg wird in §§ 45 Abs. 8, 46 Abs. 8, 49 Abs. 8, 51 Abs. 8 BKAG 2018 realisiert. – Andererseits hat der Gesetzgeber bei der Novellierung der StPO durch Gesetz vom 17.8.2017[158] in § 100d Abs. 3 S. 2 für die online-Durchsuchung und in § 100d Abs. 4 S. 4, 5 für die akustische Wohnraumüberwachung

---

236/08, BVerfGE 129, 208 (249 f. = Rn. 221 ff.); zum Schutz des Kernbereichs bei Eingriffen nach §§ 94 ff. StPO vgl. noch BVerfG, Beschl. v. 16.6.2009 – 2 BvR 902/06, BVerfGE 124, 43 (69 f. = Rn. 90), dazu krit. *Schwabenbauer*, Kommunikationsschutz durch Art. 10 GG im digitalen Zeitalter, AöR 137 (2012), 1 (30 ff.).

[149] Vgl. auch § 3a S. 4 G 10.

[150] BVerfG, Urt. v. 20.4.2016 – 1 BvR 966, 1140/09, BVerfGE 141, 220, NJW 2016, 1781, Rn. 176 f. – BKAG; kritisch zu dieser Entscheidung *Durner*, DVBl 2016, 780 ff.

[151] Siehe BVerfG, Urt. v. 20.4.2016 – 1 BvR 966/09, 1 BvR 1140/09, BVerfGE 141, 220, NJW 2016, 1781, Rn. 224.

[152] Zu diesem → Rn. 1 ff.

[153] BVerfG, Urt. v. 20.4.2016 – 1 BvR 966/09 u. a., BVerfGE 141, 220, NJW 2016, 1781 Rn. 238.

[154] Dazu § 51 Abs. 7 BKAG 2018 S. 3, wonach in Zweifelsfällen nur eine automatische Aufzeichnung fortgesetzt werden darf. Nach S. 4 gilt: „Automatische Aufzeichnungen sind unverzüglich dem anordnenden Gericht vorzulegen." Beachte näher BVerfG, Urt. v. 20.4.16 – 1 BvR 966/09 u. a., BVerfGE 141, 220, Rn. 244.

[155] BVerfG, Urt. v. 20.4.2016 – 1 BvR 966/09 u. a., BVerfGE 141, 220, NJW 2016, 1781 Rn. 200, 204, 220, 223 f.

[156] BVerfG, Urt. v. 20.4.2016 – 1 BvR 966/09 u. a., BVerfGE 141, 220, NJW 2016, 1781, Abweichende Meinung *Schluckebier*, Rn. 15; dazu auch *Wiemers*, NVwZ 2016, 840 (841).

[157] BVerfG, Urt. v. 20.4.2016 – 1 BvR 966/09, 1 BvR 1140/09, BVerfGE 141, 220 = NJW 2016, 1781, Rn. 204 a. E.

[158] BGBl I S. 3202.

eine im Ausgangspunkt flexiblere Lösung vorgesehen, die die (erneute) Einschaltung des Richters (als unabhängige Stelle) in von der Strafverfolgungsbehörde zweifelsfrei entscheidbaren Fällen vermeidet.

C. Automatisierter Datenabgleich, auch „Rasterfahndung"

I. Bedeutung für die Praxis und für das grundrechtliche Verständnis

Der automatisierte Datenabgleich verdient im Rahmen der verfassungsrechtlichen Darstellung aus zwei Gründen besondere Beachtung. Zum einen wird er in diversen Rechtsbereichen – ausdrücklich – vom Gesetz zugelassen. Dabei ist er im Hinblick auf die **Tiefe des mit ihm ggf. verbundenen Eingriffs in das Persönlichkeitsrecht häufig umstritten.** Zum anderen führt die verfassungsrechtliche Analyse auf eine Grundsatzfrage, bei der es um die bereits weiter oben erörterte Abschichtung zwischen Daten und Information geht.[159] Erst wenn man diese Frage in die Überlegungen einbezieht, wird der vom *BVerfG* nach Überwindung einiger Unklarheiten letztlich gewählte Ausgangspunkt klar nachvollziehbar. **50**

„Rasterfahndung" ist ein eher politisch geprägtes Schlagwort. § 98a Abs. 1 S. 1 StPO spricht von der Möglichkeit, dass „personenbezogene Daten von Personen, die bestimmte, auf den Täter vermutlich zutreffende Prüfungsmerkmale erfüllen, mit anderen Daten *maschinell abgeglichen* werden.." Ähnlich sprechen die **Landespolizeigesetze** vom *(automatisierten) Abgleich* von Daten mit anderen Datenbeständen. Dabei gilt der Abgleich als besonders einschneidende Maßnahme dann, wenn personenbezogene Daten von *anderen Stellen* – seitens der Wirtschaft oder seitens anderer öffentlich-rechtlicher Einrichtungen – an die Polizei erst zu übertragen sind, bevor diese den Abgleich mit weiteren, bei ihr bereits vorhandenen Daten durchführen kann.[160] In Betracht kommen auch Fälle, in denen die Polizei sich die Daten zum Zweck des Abgleichs selbst unmittelbar verschafft, wie das mit Hilfe automatischer Kfz-Kennzeichenlesesysteme,[161] beim Einsatz von IMSI-Catchern[162] und bei der Schleppnetzfahndung[163] geschieht. **51**

Zur Übertragung an die Polizei kommen z. B. Daten von Reisebüros oder Fluggesellschaften über Reisende in bestimmte Länder zu bestimmten Zeiten in Frage.[164] Sie können Gegenstand des Abgleichs mit vorläufigen Erkenntnissen über mögliche Geldwäscher, Drogen- oder Frauenhändler werden, welche der Polizei aufgrund bislang unbestätigter Hinweise bekannt geworden sind. So ausgerichtete Fahndung impliziert eine partielle **Umkehrung üblicher Ermittlungstätigkeit,** soweit letztere sich gezielt gegen als verdächtig bzw. gefährlich angesehene Personen richtet. Beim jeweiligen Heranziehen weiterer Daten zum Abgleich geht es demgegenüber zunächst darum, aus einem Kreis weit überwiegend Unverdächtiger Aussagen über Verdächtige herauszufiltern.[165] **52**

---

[159] Dazu Näheres → § 3 Rn. 15 ff.; zur Entstehung des insoweit irreführenden Begriffs „Datenschutz" → § 2 Rn. 53 ff.

[160] Vgl. §§ 98a, 98b StPO, § 48 BKAG 2018, § 26 HSOG einerseits und § 98c StPO, § 34 BPolG, § 25 HSOG andererseits; zur polizeirechtlichen Gegenüberstellung Lisken/Denninger/*Petri,* Handbuch Polizeirecht, 5. Aufl. 2012, Teil G Rn. 519 ff.

[161] Vgl. dazu etwa § 14a HSOG; zur hierzu erfolgten Rechtsprechung des *BVerfG* → Rn. 59.

[162] Vgl. § 100i Abs. 1 Nr. 2 StPO; dazu die Entscheidung des BVerfG, Beschl. v. 22.8.2006 – 2 BvR 1245/03, NJW 2007, 351 Rn. 73–76.

[163] § 163d StPO, dazu *Kühne,* Strafprozessrecht, 9. Aufl. 2015, Rn. 546 ff.

[164] Vgl. dazu die Spezialregelung in § 31a BPolG.

[165] Vgl. *Kühne,* Strafprozessrecht, 9. Aufl. 2015, Rn. 543; KK-StPO/*Greven,* StPO § 98a Rn. 11, 2. Mit der Herstellung von Persönlichkeitsprofilen hat das, anders als das in BVerfG, Beschl. v.

53   Der Datenabgleich im **Sozialrecht** gilt der Bekämpfung missbräuchlicher (Doppel-)Inanspruchnahme von Leistungen.[166] Beispiele im nicht-öffentlichen Bereich finden sich bei der Realisierung interner Sicherungsmaßnahmen der Kreditinstitute durch EDV-Monitoring,[167] insbesondere auch zur **Geldwäschebekämpfung,**[168] weiterhin etwa für *Compliance* gegenüber Beschäftigten.[169] Abgleich von Dateien lässt sich als eine Art des *Data Mining* verstehen, welches vor allem als ein Instrument des Customer Relations Management[170] – mit ungeklärter gesetzlicher Grundlage[171] – fungiert.[172]

54   Für die Beurteilung des Datenabgleichs geht es insgesamt nicht vorrangig um Privatheit i. e. S., um Kernbereichsschutz oder erhöhte Vertraulichkeit. Vielmehr können Informationen niedrigen Sensitivitätsgrades Gegenstand des – in seinem Umfang umstrittenen – verfassungsrechtlichen Schutzes sein. Die angenommene Bedrohlichkeit ergibt sich wesentlich aus der Menge oder **Streubreite des involvierten personenbezogenen Datenmaterials** und der damit oft (über)großen Zahl der von der Datenverarbeitung erfassten Personen.

II. Kein Grundrechtseingriff bei Nichttreffern gemäß jüngerer Rechtsprechung des BVerfG

55   Besonders anschaulich zeigt sich die zentrale Problematik automatisierter Datenabgleiche im Verhältnis zum R. a. i. S. in einer jüngeren Entscheidung des *BVerfG.* Diese hatte die Verfassungsmäßigkeit eines durchgeführten Ermittlungsverfahrens zum Gegenstand, das der Auffindung von Beziehern kinderpornographischer Dokumente im Internet galt.[173] Letztere waren auf einer bestimmten Website zugänglich, und zwar zum Preis von $ 79,99, zahlbar per Kreditkarte an eine philippinische Bank. Die Staatsanwaltschaft richtete deshalb an die Institute, die Mastercard- und Visakarten in Deutschland ausgeben, die Aufforderung, alle Kreditkartenkonten anzugeben, die innerhalb einer bestimmten Zeitperiode entsprechende Überweisungen aufwiesen. Der **Abgleich mit ca. 20 Mio. Konten** führte zu 322 Treffern.

56   Ein so geartetes Massen-Screening, das sich auf die Daten einer großen Menge völlig unbeteiligter Personen mit erstreckt, kann Anlass zu Zweifeln an der Verhältnismäßigkeit des Vorgehens geben. Allerdings ist deren Prüfung erst am Platz, wenn man sich über die Eingriffsqualität des Vorgangs klar geworden ist. Hierzu schreibt das *BVerfG:*

4.4.2006 – 1 BvR 518/02, BVerfGE 115, 320 (350 f.) – Schläferraster – dargestellt wird, wenig zu tun; vgl. dazu *Trute,* Die Verwaltung 42 (2009), 85 (99 f.); *Welsing,* S. 400, 466; *Warntjen,* S. 173 ff.

[166] Vgl. z. B. § 52 SGB II; § 41 Abs. 4 BAföG.

[167] Vgl. § 25h Abs. 2 KWG.

[168] Hierzu auch §§ 4–6 GwG; zur verfassungsrechtlichen Bewertung Herzog/Mülhausen/*Rüpke,* Geldwäschebekämpfung, 2006, § 55 Rn. 21 ff.

[169] Dazu auch § 32d Abs. 3 des Reg.-Entwurfs eines Gesetzes zur Regelung des Beschäftigtendatenschutzes. BT-Drs. 17/4230; Kommentierung bei *Wybitul,* Handbuch Datenschutz im Unternehmen, 2011, S. 471 ff.

[170] Vgl. dazu *Schweizer,* Customer Relationship Management. Datenschutz- und Privatrechtsverletzungen beim CMR, 2007, passim.

[171] Vgl. Gola/Schomerus/*Gola/Körffer/Klug,* BDSG § 28 Rn. 11.

[172] Beachte den weiter gefassten Sprachgebrauch in den USA, wo gerade auch von *Government Data Mining* gesprochen wird; und: „Computer matching programs are an example of data mining.", so *Solove/Schwartz,* Information Privacy Law, 2015, S. 689; Näheres bei *Rubinstein/Lee/Schwartz,* Data Mining and Internet Profiling, 75 UniChi. L. Rev. 261 ff. (2008); *Slobogin,* Government Data Mining ..., 75 U. Chi. L. Rev. 318 ff. (2008).

[173] BVerfG, Beschl. v. 17.2.2009 – 2 BvR 1372/07, 2 BvR 1742/07, NJW 2009, 1405 ff.

„Für die Annahme eines Eingriffs [in das R. a. i. S.] genügt es nicht, dass die Daten bei den Unternehmen in einen maschinellen Suchlauf mit eingestellt wurden, da … [die] Daten [der jetzigen Beschwerdeführer] anonym und spurenlos aus diesem Suchlauf ausgeschieden wurden und nicht im Zusammenhang mit dieser Ermittlungsmaßnahme behördlich zur Kenntnis genommen wurden…"[174]

Das bedeutet also, dass ein **Eingriff** nicht etwa gegenüber 20 Mio. Personen 57 stattgefunden habe, sondern **nur in den 322 Treffer-Fällen.** Nur diesen gegenüber war der Zugriff der Strafverfolgungsbehörde denn auch nach allgemeinen strafprozessualen Grundsätzen – nämlich wegen Vorliegens der in Rede stehenden Überweisung – aufgrund „zureichender tatsächlicher Anhaltspunkte" für das Begehen einer Straftat[175] letztlich gerechtfertigt.

Ganz ähnlich hat sich das *BVerfG* in einer Entscheidung geäußert, die das auto- 58 matisierte **Kraftfahrzeug-Scanning** auf öffentlichen Verkehrswegen betraf:

„Zu einem Eingriff in den Schutzbereich des R. a. i. S. kommt es daher … nicht, wenn der Abgleich mit dem Fahndungsbestand unverzüglich vorgenommen wird und negativ ausfällt (sog. Nichttrefferfall) sowie zusätzlich rechtlich und technisch gesichert ist, dass die Daten anonym bleiben und sofort spurenlos und ohne die Möglichkeit, einen Personenbezug herzustellen, gelöscht werden."[176]

III. Kritische Prüfung der (Nicht-)Eingriffsthese

1. Breit angelegte Überwachung?

Diese Annahmen des *BVerfG*, die sich auch schon auf frühere Äußerungen des 59 Gerichts zurückführen lassen,[177] haben in der Literatur ablehnende Stellungnahmen ausgelöst.[178] Zudem wurde der aufgestellte Grundsatz in der Kfz-Scanning-Entscheidung selbst nicht konsequent berücksichtigt. Denn in einem nachfolgenden Teil der Urteilsbegründung trat das Gericht einer „**flächendeckenden"** Erfassung von Kfz.-Daten als einer verfassungsrechtlich unzulässigen, „grundrechtseingreifenden Ermittlung… ‚ins Blaue hinein'" entgegen.[179] Außerdem bezieht sich das Gericht zur Darlegung der Unverhältnismäßigkeit eines zu breit angelegten Screenings – hier wie auch in einer Reihe anderer Entscheidungen[180] – auf die **Beeinträchtigung der Unbefangenheit** der Bürger unter dem „Eindruck ständiger Kontrolle" und die damit möglicherweise verbundene Einschüchterung durch das Gefühl des Überwachtwerdens.[181]

---

[174] BVerfG, Beschl. v. 17.2.2009 – 2 BvR 1372/07 u. a., NJW 2009, 1405 ff. Rn. 17 – 19.

[175] Vgl. §§ 152 Abs. 2, 160 Abs. 1 StPO.

[176] BVerfG, Urt. v. 11.3.2008 – 1 BvR 2074/05 u. a., BVerfGE 120, 378 (399); übereinstimmend Bull, RDV 2008, 47 (53 r. Sp).; ausführlich *ders.,* FS Selmer, 2004, S. 29 (34 ff.).

[177] Vgl. insbesondere BVerfG, Urt. v. 12.3.2003 – 1 BvR 330/96 u. a., BVerfGE 107, 299 (328); ferner BVerfG, Urt. v. 28.4.1999 – 1 BvL 22/95 u. a., BVerfGE 100, 313 (366); Beschl. v. 4.4.2006 – 1 BvR 518/02, BVerfGE 115, 320 (343).

[178] Vgl. *Cornils,* JURA 2010, 443 (445 f.); *Breyer,* NVwZ 2008, 824 (824 f.); *Schnabel,* CR 2009, 384 (384 f.); *Martínez Soria,* DÖV 2007, 779 (782 f.); *Schenke,* Polizei- und Ordnungsrecht, 2016, Rn. 213d; eingehend mit von der nachfolgenden Entscheidung des *BVerfG* abweichendem Ergebnis *Roßnagel,* Kennzeichenscanning, 2008, S. 22 f.; ferner *Lisken,* NVwZ 2002, 513 (515). Beachte aber *Roßnagel,* NJW 2008, 2547 (2548 l. Sp.); *Guckelberger,* NVwZ 2009, 352 (356 ff.) mit Nachw.

[179] Vgl. BVerfG, Urt. v. 11.3.2008 – 1 BvR 2074/05, 1 BvR 1254/07, BVerfGE 120, 378 (430); zur diesbezüglichen Inkonsequenz *Breyer,* NVwZ 2008, 824 (825); *Cornils,* JURA 2010, 443 (446).

[180] BVerfG, Urt. v. 11.3.2008 – 1 BvR 2074/05, BVerfGE 120, 378 (402, 430); Beschl. v. 4.4.2006 – 1 BvR 518/02, BVerfGE 115, 320 (354 f.); im Kontext der Telekommunikation BVerfG, Urt. v. 12.3.2003 – 1 BvR 330/96 u. a., BVerfGE 107, 299 (328 sub cc); nachfolgend BVerfG, Urt. v. 2.3.2010 – 1 BvR 256/08 u. a., BVerfGE 125, 260 (332) – Vorratsdatenspeicherung – mit abweichender Auffassung im Dissent *Eichberger,* S. 380.

[181] Vgl. zu einem grundrechtsdogmatischen Lösungsansatz im Zusammenhang von Online-Streifen *Oermann/Staben,* DSt 52 (2013), 620 ff.

60 Insgesamt verbleibt trotz umfangreicher verfassungsrechtlicher Entscheidungspraxis sowie Behandlung dieser Thematik in der Literatur beträchtliche Unsicherheit bei der Beurteilung des automatisierten Datenabgleichs. Symptomatisch ist, dass eine etwas früher ergangene Entscheidung des *BVerfG* – zur polizeigesetzlichen **Rasterfahndung nach „Schläfern"** – durch ein dezidiertes abweichendes Votum mit geprägt wurde, zu dessen Begründung die Richterin *Haas* in Abwehr der Überlegungen der Senatsmehrheit über die angenommene Breitenwirkung der Maßnahme u. a. ausführte:

„Erst bei einer geringen Zahl Betroffener... wird der Einzelne bei der konkreten Überprüfung in seiner Individualität wahrgenommen"[182]

61 Legt man eben diese Aussage als „psychologisches" Leitprinzip zugrunde und verbindet es mit dem zuvor dargestellten Grundsatz eines *fehlenden Eingriffs* bei den Nichttreffern aufgrund **anonymer und spurenloser Ausscheidung** aus dem Suchlauf, dann mag die etwaige Problematik allgemeiner Betroffenheit, Verunsicherung oder gar Einschüchterung durch die Möglichkeiten automatisierter Datenabgleiche in einem anderen Licht erscheinen.

2. Involvierte Daten und/oder personenbezogene Informationen?

62 Die Kritik an der Annahme eines fehlenden Eingriffs bei Nichttreffern geht davon aus, dass der einzelne als Inhaber des R. a. i. S. von jedwedem Datenverarbeitungsvorgang betroffen sei, der *Daten*material einbezieht, welches Träger – Zeichen – für auf die jeweilige Person bezogene Information ist.[183] Dabei wird jedoch gerade die Besonderheit digitaler Codierung verkannt, auf deren Grundlage der automatisierte Abgleich realisiert wird. Personenbezogene *Informationen* spielen für diesen keine Rolle. Der Vergleich von Zeichenketten findet ausschließlich **auf der technischen Datenebene** statt, ohne dass, soweit sich kein Treffer ergibt, eine „Decodierung" stattfindet. An dem informationellen Status des Basismaterials ändert sich insofern nichts (vergleichbar dem Regen, der über eine Steinplatte mit eingravierter Schrift plätschert). Kreiert wird eine neue Datei, in die die Treffer hineinkopiert werden. Allein insoweit kommt eine Nutzung der involvierten personenbezogenen *Informationen* in Betracht.

63 Dass zur Erzielung des jeweils angestrebten Ergebnisses nichts *mehr* an *Information*sverarbeitung im Spiel ist oder sein müsste, lässt sich anhand eines alternativen Lösungswegs zur Suche nach den erwähnten Erwerbern von Kinderpornographie verdeutlichen. Er nimmt seinen Ausgang von der **Verschlüsselung der Namen** und aller sonstiger Identitätsmerkmale durch die jeweiligen Kreditkarteninstitute. Diese würden sodann die Gesamtheit der Datensätze – mit Überweisungsbeträgen und empfangender Bank in Klarschrift – der Staatsanwaltschaft übergeben, den entsprechenden Schlüssel jedoch streng geheim halten. Die Daten wären insoweit für die Behörde faktisch anonym i. S. d. § 3 Abs. 6 Alt. 2 BDSG-alt.[184] Sie könnte mit diesem Datenmaterial die Suche nach den Datensätzen mit dem relevanten Überweisungskriterien selbst vornehmen und die Treffer kopieren, während sie alles Übrige zu löschen hätte. Erst danach würden ihr die Schlüssel von den Instituten bekannt gegeben. Die Staatsanwaltschaft würde also schließlich über die gewünschte Information bezüglich der genannten 322 Fälle verfügen, über die *allein* auch eine Übermittlung und Nutzung personenbezogener Informationen i. S. d. § 3 Abs. 4 Nr. 3[185] und des Abs. 5 BDSG-alt, Art. 4 Nr. 2 DS-GVO stattgefunden hätte.

---

[182] BVerfG, Beschl. v. 4.4.2006 – 1 BvR 518/02, BVerfGE 115, 320 (374); beachte dazu *Ladeur*, DÖV 2009, 45 (53); auch *Slobogin*, Government Data Mining ..., 75 U. Chi. L. Rev. 338.
[183] Vgl. dazu die in → Fn. 178 genannten Autoren nebst Fundstellen.
[184] Näheres zur faktischen Anonymität auch im Kontext der DS-DVO → § 10 Rn. 25 ff.
[185] Dazu im Kontext der DS-GVO → § 10 Rn. 31 mit Fn. 74.

3. Eingeschlossene Übermittlungsvorgänge

Übermittlungsprobleme stellen sich dann nicht, wenn das erforderliche Da- 64 tenmaterial insgesamt bereits bei derjenigen verantwortlichen Stelle vorhanden ist, welche die Recherche für ihre eigenen Zwecke vornehmen möchte. Dies gilt u. a. für die meisten **Compliance-Screenings**,[186] wie etwa für dasjenige im Jahre 2008 von der deutschen Bahn-AG durchführte.[187] Der Abgleich als solcher vermochte nach dem zuvor Dargelegten nur die Rechtssphäre derjenigen zu betreffen, bei denen sich wegen übereinstimmender Kontonummer bei jeweiligen Mitarbeitern und jeweiligen Lieferanten ein Treffer ergab. *Informationell* wurde nur eben dieser Personenkreis erfasst. Als flankierende Maßnahme der Datensicherheit kommt in solchen Fällen zusätzlich die Verschlüsselung von Namen und Adressen (Pseudonymisierung) vor Durchführung des Abgleichs mit nachfolgender Entschlüsselung der Treffer in Betracht.[188]

Soweit eine **Datenübermittlung** zum Zweck der Durchführung des Da- 65 tenabgleichs **erforderlich** ist, wird die *involvierte Information* dem Empfänger grundsätzlich erstmalig zugänglich gemacht. Dieser bedarf ihrer allerdings zur Realisierung des technischen Suchlaufs nicht, sondern erst zum Erkennen und Verwerten der Treffer. Jedweder Zugriff des Empfängers auf den Informationsgehalt von Nichttreffern widerspräche der Zielsetzung des Abgleichs, hätte also mit diesem sachlich nichts zu tun.

Gegen solchen **Missbrauch** kann freilich nur in einem Teil der Fälle – wie bereits 66 am Beispiel der Recherche nach den Erwerbern des Pornomaterials erläutert wurde – eine Verschlüsselung weiterhelfen. Anders verhält es sich, wenn die Feststellung von *Namens*übereinstimmungen in verschiedenen Dateien (z. B. der Polizei einerseits und einer Fluggesellschaft andererseits) das Ziel ist, wenn es also um die Ermittlung des Zusammentreffens mehrerer, in verschiedenen Dateien festgehaltener Merkmale jeweiliger Personen geht. Denn ein Abgleich auf der Basis effektiv verschlüsselter Daten – hier der Namen – ist nach gegenwärtigem Kenntnisstand nicht möglich.[189]

Insoweit entspricht es also durchaus den involvierten erhöhten Gefährdungen 67 des Persönlichkeitsrechts, dass sowohl StPO als auch die Polizeigesetze **schärfere Voraussetzungen für den Abgleich mit Fremdmaterial** aufstellen. Richtigerweise geht es dabei aus verfassungsrechtlicher Sicht nicht um die Gefährlichkeit des *Daten*abgleichs als solchen,[190] sondern darum, dass, um diesen durchführen zu können, eine Fülle personenbezogener *Informationen* dem möglichen – auch miss-

---

[186] *Thüsing*, Datenschutz und Compliance, 2010, Rn. 146 ff.; *Zikesch/Reimer*, DuD 2010, 96; auch *Brink/S. Schmidt*, MMR 2010, 592.

[187] Vgl. *Diller*, BB 2009, 438.

[188] Vgl. nochmals § 32d Abs. 3 des Reg.-Entwurfs eines Gesetzes zur Regelung des Beschäftigtendatenschutzes. BT-Drs.17/4230 v. 15.12.2010.

[189] Das hängt damit zusammen, dass eine starke Verschlüsselung nach einem – gesteuerten – Zufallsprinzip dazu führt, dass mehrfache Verschlüsselung desselben Wortes bzw. Textes nicht zu jeweils identischen Chiffraten führt, vgl. zu polyalphabetischen Chiffrierungen *Beutelspacher*, Kryptologie, 2014, Kap. 5, S. 111 ff.

[190] Anders noch BVerfG, Urt. v. 28.4.1999 – 1 BvL 22/95 u.a., BVerfGE 100, 313 (366), wonach „[d]em Abgleich selbst... als Akt der Auswahl... Eingriffscharakter" zukomme, „unabhängig davon, ob er maschinell vor sich geht oder durch Mitarbeiter... erfolgt..., die zu diesem Zweck den Kommunikationsinhalt zur Kenntnis nehmen." Unscharf, eher schwankend, BVerfG, Beschl. v. 4.4.2006 – 1 BvR 518/02, BVerfGE 115, 320 (343 f.) für die 1. Stufe bei mehrstufigem Datenabgleich; für weithin fehlenden Eingriffscharakter Abweichende Meinung *Haas*, ebenda S. 371.

bräuchlichen – Zugriff insbesondere durch Polizei und Strafverfolgungsbehörden ausgesetzt werden.

4. Hohe Einschreitschwelle?

68 Das hat **zunächst** zu den eher ambivalenten Aussagen der Senatsmehrheit in der Schläferraster-Entscheidung geführt. Der dieser zugrunde liegende Sachverhalt erstreckte sich, ausgehend von millionenfachen Datensätzen, auf drei Stufen des Screening, und zwar mit zwei zwischengeschalteten Übermittlungen jeweils von einer Behörde zur anderen (Meldebehörde – Landespolizei – BKA). Ggf. hilfreiche bzw. behördlicherseits versäumte Verschlüsselungsmöglichkeiten hat das Gericht seinerzeit nicht erörtert; auch blieben die erforderlichen Differenzierungen hinsichtlich der Eingriffsqualität noch unscharf. Die Quintessenz, die das *BVerfG* zog, hat die nachfolgende Diskussion wenig überzeugt.[191] Sie lautete:

> „Nach diesen Maßstäben darf eine Rasterfahndung **nicht schon im Vorfeld einer konkreten Gefahr** ermöglicht werden, denn sie würde zu vollständig verdachtslos und mit hoher Streubreite erfolgenden Grundrechtseingriffen führen, die Informationen mit intensivem Persönlichkeitsbezug erfassen können."[192]

69 Doch „Rasterfahndung" versteht sich als eine **Vorfeldmaßnahme**, bei der es gerade darum geht, erst einmal potenzielle Gefahren bzw. Täter zu entdecken.[193] Verfassungsrechtlich ist sie durchaus akzeptabel, soweit es gelingt, eine hohe Streubreite von *Grundrechtseingriffen* auszuschließen. Hierfür kann ein klar eingegrenztes und **sachlich begründetes**,[194] voll automatisiertes **Research-Programm** Sorge tragen, dass in weitestmöglichem Umfang unverschlüsselte Übermittlungsvorgänge vermeidet. Eben dieses Resultat deckt sich denn auch, wie vorangehend in Abschn. II[195] aufgezeigt wurde, mit den jüngeren Aussagen des *BVerfG* zum Rechtscharakter der Nichttreffer.

IV. Ausblick

70 EDV ermöglicht einen **rasanten Umgang mit den *Zeichen***, und das bleibt nicht ohne Auswirkung auf das „Schicksal" der *Informationen*, für die sie stehen, in unserer Gesellschaft (die sich deshalb gern Informationsgesellschaft nennt). Verfassungsrechtlicher Persönlichkeitsschutz hat nicht per se die Aufgabe, diese Entwicklung abzubremsen. Generell lässt sich auch nur schwer darstellen, dass EDV für die

---

[191] Vgl. *Trute*, Die Verwaltung 42 (2009), 85 (98 ff.); *Welsing*, S. 379 ff.; *Hillgruber*, JZ 2007, 209 (212–214); *Bausback*, NJW 2006, 1922.

[192] BVerfG, Beschl. v. 4.4.2006 – 1 BvR 518/02, *BVerfGE* 115, 320 (362); zustimmend *Hohmann-Dennhardt*, RDV 2008, 1 (6); *Geis/Geis*, MMR 2006, 540. – BVerfG v. 20.4.2016 – 1 BvR 966/09, BVerfGE 141, 220, Rn. 207, setzen, wenngleich unter Bezugnahme auf die erstgenannte Entscheidung, durch Bestätigung der Verfassungsmäßigkeit des § 20j Abs. 1 HS 2 BKAG a.F. andere Akzente.

[193] Vgl. hierzu *Möstl*, DVBl 2010, 808 (809 ff.); *Frenz*, NVwZ 2007, 631 (634); *Volkmann*, JZ 2006, 918; demgegenüber versucht *Bäcker*, Terrorismusabwehr, S. 102, durch ein sehr weites Verständnis *konkreter* Gefahr zu helfen; ähnliche Bemühungen bei *Poscher*, Die Verwaltung 41 (2008), 345 (365 f.); teilweise ähnlich auch *Schewe*, NVwZ 2007, 174 (177).

[194] Nur solche Eingrenzung führt zu fundierten Treffern; aus dem Bereich der Steuerfahndung BFH, Beschl. v. 25.7.2000 – VII B 28/99, NJW 2000, 3157, und BVerfG, Beschl. v. 1.3.2002 – 2 BvR 972/00, NJW 2002, 1940, – Tafelgeschäfte; dazu *Son*, Heimliche polizeiliche Eingriffe in das R. a. i. S., 2006, S. 366 f.; zum Geldwäsche-Research Herzog/*Warius*, Geldwäschegesetz, 2010, § 9 Rn. 59 f.; *Herzog/Mülhausen*, Geldwäschebekämpfung, 2006, § 42 Rn. 22 ff.; *Bergles/Eul*, BKR 2002, 556; *Findeisen*, WM 1998, 2410 (2417 ff.); *Scherp*, WM 2003, 1254 (1257 f.).

[195] → Rn. 55 ff.

Persönlichkeitsentfaltung gefährlicher sei als Zeichen auf Papier. Die Stasi-Akten sind dafür ein eklatantes, bizarres Beispiel.

Die Besonderheit *automatisierter* Datenverarbeitung ist gerade darin zu finden, **71** dass sie Information*sträger* – **abgelöst von ihrem sprachlich-kommunikativen Sinn** – auf der Basis von Programmiersprachen zu ordnen und **umzuordnen** vermag.[196] Damit ist es möglich geworden, Abgleiche auf der Grundlage von Zeichenketten durchzuführen, ohne deren Bedeutung zu erkennen.[197] Zugleich kann dabei gewährleistet sein, dass bei der Durchführung des technischen Ablaufs die Zielsetzung des Screenings streng eingehalten wird, während z.B. ein Sachbearbeiter bei der Durchsicht von Papierakten, um bestimmte Informationen herauszusuchen, sehr leicht auftragswidrig („neugierig") abweichen kann.[198]

Es ist nach allem **keine Grundlage** dafür zu erkennen, dass sich das **Persönlich- 72 keitsrecht** von Verfassungs wegen **unmittelbar auf** („personenbezogenes") *Datenmaterial* in rein information*stechnischen* Verarbeitungsprozessen **erstreckt**. Wäre dies der Fall, dann müsste sich der Schutz auch auf jedwede statistische Benutzung solchen Ausgangsmaterials erstrecken.[199] Ganz ähnlich kann nicht angenommen werden, dass ein Polizist, der – mangels Einschreibefugnis rechtswidrig – aus *telefonbuch.de* zum Namen des konkret Betroffenen die entsprechende Rufnummer oder Adresse abfragt, damit vielmillionenfach in die Rechtssphäre aller dort namentlich verzeichneten, abzugleichenden Telefonanschlussinhaber eingreift.[200] Insofern erweist sich also das vom *BVerfG* entwickelte restriktive Verständnis als voll gerechtfertigt.

Das soeben genannte Beispiel findet auch eine Parallele im Verhalten eines **73** Polizisten, der anhand eines ihm vorliegenden Passbildes auf belebter Straße nach dem Abgebildeten durch „Abgleich" fahndet, wodurch er das Persönlichkeitsrecht derjenigen, in deren Gesichter er *vergeblich* prüfend blickt, nicht beeinträchtigen würde.[201] Letztere bleiben bei einem solchen Vorgang, anders als bei einer Passkontrolle, (faktisch) anonym. Das gilt umso mehr für einen ausschließlich maschinellen Abgleich auf digitaler Basis. Grundlage für diese Erkenntnis ist die **Abschichtung zwischen Daten und Information**, zwischen Zeichen und Bezeichnetem.[202] Festgestellte Unsicherheiten bei der Bestimmung des verfassungsrechtlichen Schutzumfangs gegenüber *automatisiertem* Datenabgleich beruhen dementsprechend nicht selten auf der Vernachlässigung eben dieser Differenz.[203]

---

[196] Das hebt *Wieczorek*, DuD 2011, 476 (478) hervor.

[197] Dazu *Posner*, Privacy, Surveillance, and Law, 75 U.Chi.L.Rev 245, 254 (2008): "Computer searches do not invade privacy because search programs are not sentient beings. Only the human search should raise constitutional or other legal issues." Zur „Einkapselung" von Suchprozessen auch *Ladeur*, in: Götting, Hrsg., Hdb. des Persönlichkeitsrechts, 2008, § 8 Rn. 36.

[198] Dazu *Loschelder*, DSt 20 (1981), 349 (372).

[199] Vgl. dazu Simitis/*Dammann*, BDSG § 3 Rn. 191.

[200] Das *BVerfG* schränkt freilich in seiner jüngeren Rechtsprechung die Eingriffsqualität bei Informationen aus allgemein zugängliche Quellen ohnehin stark ein, auch hinsichtlich intendierter Erhebungsergebnisse, vgl. zur Internet-Recherche BVerfG, Urt. v. 27.2.2008 – 1 BvR 370/07 u.a., BVerfGE 120, 274 (344–346) – Online-Durchsuchung; dazu kritisch *Eifert*, NVwZ 2008, 521 (522), auch *Böckenförde*, JZ 2008, 925 (935f.). Vgl. weiter BVerfG, Beschl. v. 10.3.2008 – 1 BvR 2388/03, BVerfGE 120, 351 (361f.) – Domizilgesellschaften; im übrigen → § 14 Rn. 2f.

[201] Beachte dazu die Überlegungen bei *Britz*, Freie Entfaltung durch Selbstdarstellung, 2007, S. 63f.

[202] Vgl. dazu Näheres → § 3 Rn. 15ff.; beachte noch den ganz andersartigen Abschichtungsversuch bei *Albers*, § 22 Rn. 7ff. und zur Kritik dazu → § 3 Rn. 27ff.

[203] Dazu weiterhin auch → § 3 Rn. 33ff.

D. „Vorratsdatenspeicherung"

74 Zur weiteren Verdeutlichung und Vertiefung der Darstellung verfassungsrechtlichen Persönlichkeits- und Datenschutzes ist die in diesem Bereich gegenwärtig wohl meistumstrittene Problemstellung zu erörtern. Sie betrifft das gesetzliche Gebot mehrmonatiger Speicherung einer großen Anzahl von **Verkehrsdaten der Telekommunikation**[204] – respektive ein entsprechendes Löschungsverbot – ohne konkreten Anlass, jeweils gerichtet an die Erbringer öffentlich zugänglicher Telekommunikationsdienste.[205] Zugleich ist hierbei ein wesentlicher Zusammenhang mit dem (Primär-)Recht der EU aufzuzeigen, welches im Übrigen Gegenstand eines anderen Untersuchungsteils sein wird.[206]

I. Entwicklung bis hin zu einer Entscheidung des BVerfG

75 Die „Vorratsdatenspeicherung" hat bereits Rechtsgeschichte gemacht: Im Rahmen verstärkter Bemühungen der Terrorismusbekämpfung legte die **Richtlinie 2006/24/EG vom 15.3.2006**[207] unter teilweiser Abänderung der Datenschutzrichtlinie für elektronische Kommunikation vom 12.7.2002[208] eine Pflicht der Mitgliedstaaten fest, dafür Sorge zu tragen, dass im einzelnen aufgelistete Verkehrsdaten, soweit sie (ohnehin) im Zuge der Bereitstellung der betreffenden Kommunikationsdienste erzeugt oder verarbeitet werden, für mindestens sechs und höchstens 24 Monate „auf Vorrat gespeichert werden."[209]

76 Etliche Mitgliedstaaten waren zögerlich mit der Umsetzung der neuen Richtlinie.[210] Gegen einige von ihnen ging die Kommission deshalb im Vertragsverletzungsverfahren vor dem EuGH erfolgreich vor.[211] Diverse Verfassungsgerichte der Mitgliedstaaten erklärten umgekehrt die jeweiligen Umsetzungsgesetze für verfassungswidrig.[212] In der Bundesrepublik erfolgte die **Umsetzung mit Gesetz vom 21.12.2007,**[213] durch welches insbesondere § 100g StPO geändert und die §§ 113a, **113b in das TKG** eingefügt wurden. Gegen diese Regelungen erging zunächst am 11.3.2008 eine dieselben einschränkende einstweilige Anordnung durch das BVerfG.[214] Sodann traf die Vorschriften mit 6 : 2 Stimmen der Bannstrahl des Gerichts mit Entscheidung vom 2.3.2010[215] wegen **Verstoßes gegen Art. 10 Abs. 1 GG.**

77 Allerdings hielt das BVerfG die Vorratsdatenspeicherung für „mit Art. 10 GG nicht schlechthin unvereinbar".[216] Das GG verbiete dieselbe „nicht unter allen Umständen."[217] Vielmehr stützte das BVerfG seine Beurteilung auf die konkrete gesetz-

---

[204] Siehe § 3 Nr. 30, § 96 TKG und → § 26.

[205] Siehe § 3 Nr. 24, 17a TKG und → auch § 26.

[206] → § 7.

[207] ABl. 2006 L 105, 54 ff.

[208] Dazu → § 26.

[209] So Art. 3, 6 der RL 2006/24/EG.

[210] Dazu Übersicht bei *Szuba*, Vorratsdatenspeicherung, 2011, S. 262 ff.

[211] So EuGH, Urt. v. 4.2.2010 – C-185/09, Slg. 2010, I-00014 – Kommission./.Schweden.

[212] nämlich Bulgarien (2008), Rumänien (8.10.2009), Tschechien (22.3.2011), Zypern (2011) – hier mitgeteilt nach *Lynskey*, 51 CMLRev 1789, 1799 (2014).

[213] BGBl 2007 I S. 3198.

[214] BVerfG, Beschl. v. 11.3.2008 – 1 BvR 256/08, BVerfGE 121, 1.

[215] BVerfG, Urt. v. 2.3.2010 – 1 BvR 256 u. a., BVerfGE 125, 260.

[216] So schon Leitsatz 1 und sodann BVerfG, Urt. v. 2.3.2010 – 1 BvR 256, 1 BvR 263/08, 1 BvR 586/08, BVerfGE 125, 260 (316, 321, Rn. 205, 213); Näheres dazu bei *Hornung/Schnabel*, DVBl 2010, 824 ff.

[217] Deshalb bestehe auch kein unlösbarer Konflikt mit der RL 2006/24/EG, vgl. BVerfG, Urt. v. 2.3.2010 – 1 BvR 256, BVerfGE 125, 260 (308 f.).

liche Ausgestaltung bis hin zu Defiziten der Datensicherheit.[218] Nach Verhältnismäßigkeitsgrundsätzen sei die vorgesehene Speicherung durchaus *geeignet* und *erforderlich*. Eine „Rekonstruktion gerade der Telekommunikationsverbindungsdaten...[sei] für eine effektive Strafverfolgung und Gefahrenabwehr von besonderer Bedeutung." Jedoch bedürfe es zur Wahrung der Verhältnismäßigkeit im engeren Sinn im Hinblick auf das Vorliegen eines „**besonders schweren [Grundrechts-] Eingriff[s]** mit einer Streubreite, wie sie die Rechtsordnung bisher nicht kennt", bei möglicher Auswertung der gespeicherten Daten „bis in die Intimsphäre hineinreichend" und im Hinblick auf ein zu gewärtigendes „diffus bedrohliches Gefühl des Beobachtetseins" in der Bevölkerung spezifischer gesetzlicher Ausgestaltung.[219] Diese solle insbesondere detaillierte, eingrenzende Regelungen über die jeweils zulässige *Verwendung* der vorsorglich gespeicherten Informationen beinhalten. Vor allem gehe es dabei (1.) repressiv um die Beschränkung auf die Verfolgung auch im Einzelfall schwerwiegender Straftaten auf der Grundlage eines abschließenden Straftatenkatalogs und (2.) präventiv um die Konzentration auf die Abwehr von Gefahren für Leib, Leben, Freiheit, Bestand der Republik und von gemeinen Gefahren.[220] *Weiterhin*[221] legte das Gericht Anforderungen an die Transparenz des Verfahrens (nachträgliche Benachrichtigung bei heimlicher Verwendung der abgefragten Informationen) und zum Richtervorbehalt dar.[222] Die Ausführungen des Gerichts wurden in den abweichenden Voten[223] insbesondere hinsichtlich der Annahme eines *besonders schweren* Grundrechtseingriffs (wie er etwa bei der akustischen Wohnraumüberwachung gegeben ist) heftig kritisiert.[224]

II. Die weitere Entwicklung – geprägt durch Urteile des EuGH

Die Entscheidung des BVerfG enthob die Bundesrepublik freilich nicht der europarechtlichen Pflicht, der Richtlinie 2006/24/EG (erneut) nachzukommen. Da dies nicht geschah,[225] eröffnete die Europäische Kommission im Jahr 2012 auch gegen Deutschland ein Vertragsverletzungsverfahren. **78**

Doch gelangte der **EuGH** mit Urteil vom 8.4.2014[226] in einem die Richtlinie betreffenden Vorabentscheidungsverfahren[227] nunmehr zu einer der Entscheidung des BVerfG insgesamt ähnlichen[228] rechtlichen Beurteilung der „Vorratsdatenspeicherung" und **erklärte die Vorschrift für ungültig**. In den abschließenden Ausführungen des Gerichtshofs heißt es zusammenfassend allerdings: **79**

---

[218] Vgl. BVerfG, Urt. v. 2.3.2010 – 1 BvR 256, BVerfGE 125, 260 (325ff.„ 348ff., Rn. 220ff., 271ff.).

[219] BVerfG, Urt. v. 2.3.2010 – 1 BvR 256 u.a., BVerfGE 125, 260 (318ff.) Rn. 210ff.

[220] Vgl. BVerfG, Urt. v. 2.3.2010 – 1 BvR 256 u.a., BVerfGE 125, 260 (328ff.) Rn. 228ff.

[221] Die vom Gericht aufgelisteten Voraussetzungen für die Verhältnismäßigkeit i.e.S. sind kumulativ zu verstehen, wie sich aus der Wortwahl „zunächst" (S. 321 Rn. 214), „und" (S. 325 Rn. 220 und Leitsatz 2), „weiterhin" (S. 327 Rn. 226; S. 334 Rn. 239; S. 337 Rn. 245), „auch" (S. 339 Rn. 251) und „schließlich" (S. 339 Rn. 252) ergibt.

[222] Vgl. BVerfG, Urt. v. 2.3.2010 – 1 BvR 256 u.a., BVerfGE 125, 260 (334ff.) Rn. 239ff.

[223] Vgl. Richter *Schluckebier* und *Eichberger*, BVerfG, Urt. v. 2.3.2010 – 1 BvR 256 u.a., BVerfGE 125, 260 (364ff., 380ff.) Rn. 310ff., 337ff.

[224] Übereinstimmend in der Kritik an der Annahme eines besonders schweren Eingriffs *Möstl*, ZRP 2011, 225.

[225] Vgl. zur entstandenen Situation *Möstl*, ZRP 2011, 225 (225ff.).

[226] EuGH, Urt. v. 8.4.2014 – C 293/12, C-594/12, NVwZ 2014, 709ff.; die in diesem Verfahren eingenommene Position des Generalanwalts wird näher erläutert bei *Busch*, ZRP 2014, 41ff.

[227] Siehe Art. 267 AEUV.

[228] Vgl. dazu *Roßnagel*, MMR 2014, 372 (375) bezüglich der „meisten Detailergebnisse"; *Durner*, DVBl 2014, 712 (714). Beachte → Rn. 93 mit Fn. 272.

„Aus der *Gesamtheit* der vorstehenden Erwägungen ist zu schließen, dass der Unionsgesetzgeber beim Erlass der Richtlinie 2006/24 die Grenzen überschritten hat, die er zur Wahrung des Grundsatzes der Verhältnismäßigkeit im Hinblick auf die Art. 7, 8 und 52 Abs. 1 der Charta einhalten musste."[229]

80 Das Gericht war also außerordentlich vorsichtig bei seiner Schlussfolgerung zur Begründung der **Unverhältnismäßigkeit** der vom Gesetzgeber getroffenen Regelung. Es hat sich seinerzeit nur auf die Aussage festgelegt, dass dieser durch Nichtbeachtung *aller* in der Entscheidung aufgestellten Voraussetzungen das Fass zum Überlaufen brachte,[230] insbesondere also wegen

(1.) völlig undifferenzierter Erfassung der gesamten europäischen Bevölkerung; (2.) mangelnder Festlegung der materiell- und verfahrensrechtlichen Kriterien für den Zugang der nationalen Behörden zu den Daten; (3) mangelnder Differenzierung bezüglich des jeweils angemessenen Zeitraums der Speicherung; (4) defizitärer Regelung der Datensicherheit; (5) fehlenden Ausschlusses der Speicherung außerhalb des Unionsgebiets.

81 Im Ergebnis hatte damit auch diese Entscheidung dem Gesetzgeber deutlich den Weg zu einer grundrechtsfreundlicheren Neugestaltung offen gelassen.[231] Das Parlament des Vereinigten Königreichs hat in Reaktion darauf im Juli 2014 ein neues Gesetz zur Vorratsdatenspeicherung verabschiedet.[232] In der Bundesrepublik geschah dies durch das **„Gesetz zur Einführung einer Speicherpflicht** und einer Höchstspeicherfrist für Verkehrsdaten" **vom 10.12.2015.**[233] Besonders markantpolemisch wird dieser Weg der deutschen Legislative von einem vormaligen Richter am BVerwG allerdings als „Neustart der Geisterfahrer" bezeichnet.[234] Die Irritation, die die Thematik ausgelöst hat, ist damit gut gekennzeichnet.

82 Die Vorabentscheidung des EuGH vom 21.12.2016, welche insbesondere auf einer Vorlage durch den Court of Appeal (England & Wales) wegen des zuerst genannten Gesetzes beruhte,[235] hat sich durch häufige Bezugnahme auf die EuGH-Entscheidung vom 8.4.2014 um die Darstellung von Kontinuität der eigenen Rechtsprechung bemüht.[236] Doch die teilweise verschachtelte Argumentation führte – in Abweichung von der dezidierten Stellungnahme des Generalanwalts[237] – im Ergeb-

---

[229] EuGH, Urt. v. 8.4.2014 – C 293/12, NVwZ 2014, 709 ff. Rn. 69, Hervorhebung hinzugefügt.

[230] Darin ist ein wesentlicher Unterschied zur vorangegangenen Entscheidung des BVerfG zu finden, der in der deutschen Literatur oft übersehen wird, vgl. z.B.*Boehm/Cole*, MMR 2014, 569 (570); *Kühling*, NVwZ 2014, 681 (683) meint, trotz „unklar[er]" Formulierung durch das Gericht „dürften die 5 Anforderungen kumulativ zu verstehen sein."

[231] Vgl. *Simitis*, NJW 2014, 2158 (2160): „Anerkennung der Vorratsdatenspeicherung"; abwägend *Kühling*, (683 f.); stark einschränkend *Roßnagel*, MMR 2014, 372 (375 ff.); a. A. *SpieckerDöhmann*, JZ 2014, 1109 (1112): „Vorratsdatenspeicherung … faktisch zu Grabe getragen"; *Leutheusser-Schnarrenberger*, Das Ende der anlasslosen Vorratsdatenspeicherung, PinG 2014, 125 ff.

[232] Data Retention and Investigatory Powers Act 2014 (DRIPA); dazu und zur Überprüfung durch den High Court *Woods*, EDPL 2015, 236 ff.

[233] Gegen dieses Gesetz wurde Verfassungsbeschwerde zum BVerfG eingelegt – 1 BvR 229/16; der Antrag auf Erlass einer einstweiligen Anordnung wurde am 8.6.2016 abgelehnt; so auch schon BVerfG, Beschl. v. 12.1.2016 – BvQ 55/15.

[234] *Graulich*, Vorgänge, 7/2015, 85 ff.

[235] Sowie aufgrund einer Vorlage durch das Oberverwaltungsgericht Stockholm wegen entsprechender schwedischer Regelung; beachte dazu die gegenläufige Entscheidung des EuGH, Urt. v. 4.2.2010 – C-185/09, Slg. 2010, I-00014 – Kommission./.Schweden (vgl. Rn. 76 mit Fn. 211).

[236] EuGH, Urt. v. 21.12.2016 – C-203/15 u. a., ECLI:EU:C:2016:970 – Tele2 Sverige AB bzw. Secretary of State … ./.Watson u. a., vgl. z. B. Rn. 96, 98 – 103, usw.; dazu *Frenz*, DVBl 2017, 181 ff.; *Derksen*, NVwZ 2017, 1005 ff.

[237] Zur Interpretation des Verhältnisses dieser Voraussetzungen zueinander vgl. *Generalanwalt Saugmandsgaard*, Schlussanträge v. 19.7.2016 – C-203/15 u. a., ECLI:EU:C:2016:572 Rn. 192 ff.

nis hin zu einem kumulativen Verständnis der seinerzeit (→ Rn. 80) alternativ aufgestellten Voraussetzungen.[238]

Zusammengenommen kann man in der europäischen wie auch mitgliedstaatlichen Behandlung der Thematik erhebliche Schwankungen der (primär)rechtlichen Beurteilung ausmachen. Umso mehr legt es sich nahe, gerade auch mit Blick auf die für die BRD realisierte Lösung eine vertiefte (verfassungs-/primär-)rechtliche Zuordnung vorzunehmen. 83

III. Anzuwendender Grundrechtsschutz

Ausgangspunkt im deutschen Verfassungsrecht ist die Gewährleistung des Fernmeldegeheimnisses nach Art. 10 GG als speziellere Garantie gegenüber dem R.a.i.S.[239] Verkehrsdaten gehören allerdings **nicht zum zentralen Schutzbereich** jener Vorschrift, der von der Bewahrung der Vertraulichkeit der transportierten Kommunikations*inhalte* gekennzeichnet ist. Andererseits gehört es seit jeher zur verfassungsrechtlichen Garantie von Brief-, Post- und Fernmeldegeheimnis, dass Informationen über Absender, Empfänger und die weiteren Umstände des Transports vom Schutzbereich umfasst sind, wenngleich – mit Blick auf gesetzliche Einschränkungsmöglichkeiten – nicht mit der gleichen Intensität wie die Inhalte.[240] Dies hat übrigens sowohl beim BVerfG als auch beim EuGH zu der Folgerung geführt, dass jedenfalls der **Wesensgehalt des Art. 10 GG** durch die „Vorratsdatenspeicherung" **nicht betroffen** sei.[241] 84

Den Verkehrsdaten der Telekommunikation – „Metadaten" – kommt mit Blick auf die technische Entwicklung eine besondere Qualität zu. Die meisten von ihnen, wie sie heutzutage erzeugt, gespeichert oder (sofort) gelöscht werden, beruhen auf *digitaler* Übertragung der Kommunikation, waren also **dem Fernmeldewesen vor einigen Jahrzehnten noch fremd.** Weder bei manueller Vermittlung durch das „Fräulein vom Amt" noch bei der sodann angewandten elektro-mechanischen Vermittlungstechnik waren Aufzeichnungsleistungen des jetzt in Rede stehenden Umfangs irgendwie denkbar.[242] Das gibt der gegenwärtigen Diskussion um die „Vorratsdatenspeicherung" im gesellschaftlich-politischen Bereich ihr eigenes Gepräge: Bewertungen, auch Befürchtungen, bewegen sich, so will es scheinen, noch im Neuland. Es mag sein, dass eine kommende Generation von Nutzern und Nutznießern von Handy, Internet und Big-Data-Projekten von vornherein eine 85

---

[238] EuGH, Urt. v. 21.12.2016 – C-203/15 u.a., ECLI:EU:C:2016:970 – Tele2 Sverige AB bzw. Secretary of State … ./. Watson u.a.; beachte hierzu die offene Aneinanderreihung zweier Aussagen in der abschließenden Tenorierung, insbes. auch den Hinweis in Rn. 113, ferner Rn. 89, 95 ff. insgesamt; zur Kritik an der Entscheidung insbes. noch → Rn. 93.

[239] Das BVerfG geht allerdings – ohne (nachvollziehbare) Begründung – davon aus, dass „Maßgaben", die es aus Art. 2 Abs. 1 i.V.m. Art. 1 Abs. 1 GG entwickelt habe, auf die speziellere Garantie übertragbar seien, BVerfG, Urt. v. 2.3.2010 – 1 BvR 256/08 u.a., BVerfGE 125, 260 (310); Urt. v. 14.7.1999 – 1 BvR 2226/94 u.a., BVerfGE 100, 313 (359) – Strategische Überwachung III.

[240] Vgl. BVerfG, Urt. v. 14.7.1999 – 1 BvR 2226/94 u.a., BVerfGE 100, 313 (358); Urt. v. 12.3.2003 – 1 BvR 330/96 u.a., BVerfGE 107, 299 (312f., 317f.) – Schneider/Klein; zur Abstufung der Einschränkungsmöglichkeiten vgl. z.B. den Straftatenkatalog des § 100a Abs. 2 StPO einerseits mit der bloßen Voraussetzung des Verdachts einer Straftat von „erheblicher Bedeutung" andererseits; Näheres hierzu → § 14 Rn. 4f.; beachte aber BVerfG, Urt. v. 2.3.2010 – 1 BvR 256/08 u.a., BVerfGE 125, 260 (328), Rn. 227.

[241] Vgl. BVerfG, Urt. v. 2.3.2010 – 1 BvR 256/08 u.a., BVerfGE 125, 260 (322) Rn. 215; EuGH, Urt. v. 8.4.2014 – C-293/12 u.a., NVwZ 2014, 709ff. Rn. 39; EuGH, Urt. v. 21.12.2016 – C-203/15 u.a., ECLI:EU:C:2016:970 Rn. 101.

[242] Vgl. zur Bedeutung der technischen Entwicklung BVerfG, Urt. v. 12.3.2003 – 1 BvR 330/96 u.a., BVerfGE 107, 299 (318f.).

höhere Akzeptanz in Bezug auf damit verbundene massive Datenspeicherungen mitzubringen bereit sein wird.[243] Und die erhöhte Anonymität, die neue Kommunikationstechniken (auch) mit sich bringen, ist ihrerseits nicht selbstverständlich.[244] – Gerade auch vor diesem Hintergrund ist ein Versuch, die Erfassung von Metadaten mit der ganz andersgearteten Überwachung von Kommunikationsinhalten unter Hinweis auf die jeweils mögliche Eingriffstiefe auf eine Stufe zu stellen,[245] nicht hilfreich.[246]

IV. Bisherige staatlich verordnete anlasslose Speicherungen

86　Melderegister[247] und steuerliche Identifikationsnummer[248] sind staatliche Instrumente, mit denen die Verwaltung erkennbar **jeden Bürger** von Geburt an **erfasst.**[249] Ähnliches gilt späterhin, nämlich sobald sich der Bürger einen Telefonanschluss zulegt,[250] ein Konto bei einem inländischen Kreditinstitut eröffnet[251] oder Halter eines Kraftfahrzeugs wird.[252] All diese staatlich verordneten, zum Teil von der öffentlichen Verwaltung selbst durchgeführten Registrierungen personenbezogener Informationen haben gemeinsam, dass sie zur Realisierung hoheitlicher Aufgaben zunächst vorsorglich, „anlasslos" erfolgen, also ohne unmittelbaren, konkreten Handlungsbedarf. Insgesamt erstrecken sie sich kaum auf Informationen höheren Sensitivitätsgrads,[253] insbesondere nicht auf kommunikative Inhalte, sondern routinemäßig auf Personalien und gewisse technische Gegebenheiten. (Fast) alle Bürger werden gleichermaßen („flächendeckend")[254] betroffen.

87　Dieses **Gleichmaß der Betroffenheit** unterscheidet die genannten Registrierungen schon im Ansatz von einem Eintrag einer Person in eine Datei der Polizei oder der Staatsanwaltschaft wegen Vorliegens „tatsächlicher Anhaltspunkte" für eine (zu

---

[243] Vgl. dazu *Nettesheim*, in: Protecting privacy in private international and procedural law and by data protection, Hess, Mariottini, Hrsg., 2015, S. 62 f.

[244] Vgl. die Hinweise bei *Wolff*, NVwZ 2010, 751 (753); BVerfG, Urt. v. 2.3.2010 – 1 BvR 256/08 u. a., BVerfGE 125, 260 (322 f.).

[245] So der Generalanwalt *Saugmannsgaard Øe*, Schlußanträge v. 19.7.2016 – C-203/15 u. a., ECLI:EU:C:2016:572 Rn. 254 ff., und ihm folgend EuGH, Urt. v. 21.12.2016 – C-203/15 u. a., ECLI:EU:C:2016:970 Rn. 99; hierher gehört auch die Vorbehaltlosigkeit, mit der sich der EuGH für Fragen der durch Vorratsdatenspeicherung bewirkten Grundrechtseinschränkung auf EMRK-Rechtsprechung zum Abhören von Telefonaten bezieht, vgl. Rn. 109 unter Bezugnahme auf EuGH, Urt. v. 8.4.2014 – C-293/12 u. a., NVwZ 2014, 709 ff. Rn. 54.

[246] Dazu Weiteres → § 14 Rn. 4 f.

[247] Vgl. § 3 BMG.

[248] Vgl. § 139b AO.

[249] Die wechselseitige Beziehung zwischen Meldebehörden und dem Bundeszentralamt für Steuern zum Zwecke der erstmaligen Zuteilung der Identifikationsnummer wird in § 139b Abs. 6 S. 1 AO festgelegt. Zur Verfassungsmäßigkeit der Identifikationsnummer vgl. BFH, Urt. v. 18.1.2012 – II R 49/10, BFHE 235, 151.

[250] Flächendeckendes Telekommunikationsnummernregister nach § 111 TKG mit automatisierter hoheitlicher Zugriffsmöglichkeit nach § 112 TKG; dazu BVerfG, Beschl. v. 24.1.2012 – 1 BvR 1299/05, BVerfGE 130, 151 (186 ff.).

[251] Vom Kreditinstitut zu führende Datei über Kontostammdaten mit automatisierter hoheitlicher Zugriffsmöglichkeit, § 24c KWG; dazu BVerfG, Beschl. v. 13.6.2007 – 1 BvR 1550/03 u. a., BVerfGE 118, 168 (168 ff.).

[252] Vgl. §§ 31 ff. StVG.

[253] Vgl. zu § 139b AO BFH, Urt. v. 18.1.2012 – II R 49/10, BFHE 235, 151 Rn. 66, 82; zu den Stammdaten nach § 111 Abs. 1 TKG BVerfG, Beschl. v. 24.1.2012 – 1 BvR 1299/05, BVerfGE 130, 151 Rn. 136, 159; zu den Kontostammdaten BVerfG, Beschl. v. 13.6.2007 – 1 BvR 1550/03 u. a., BVerfGE 118, 168 (185, 198).

[254] So die Terminologie des BVerfG z. B. in BVerfG, Beschl. v. 24.1.2012 – 1 BvR 1299/05, BVerfGE 130, 151 (158).

gewärtigende) strafbare Handlung,[255] umso mehr von einem Eintrag in die Antiterrordatei,[256] zumeist auch von einem Zugriff auf Information zum Zweck der „Rasterfahndung".[257]

Die Registerpflichten sind im Gefolge verfassungsgerichtlicher Überprüfung nur **88** in Randbereichen Gegenstand der Korrektur geworden.[258] Im Übrigen sind sie als **verfassungsrechtlich zulässige Maßnahmen vorbereitender hoheitlicher Steuerung** anzusehen, sei es zum Zwecke der Gefahrenabwehr, der Bekämpfung von Kriminalität (inklusive Geldwäsche), der gerechteren Besteuerung oder der Realisierung sozialstaatlicher Maßnahmen. Dabei ist freilich zu beachten, dass die jeweilige Abfrage aus einem Register ihrerseits als ein gesonderter Eingriff anzusehen ist, der regelmäßig einer eigenen gesetzlichen Grundlage bedarf.[259] Eben dies entspricht den Ausführungen von BVerfG und EuGH über die Speicherung der Vorratsdaten einerseits und deren Verwendung andererseits.

Registerpflichten entsprechen staatlichen Verwaltungsbedürfnissen, ohne dass **89** der Einzelne damit von vornherein dem Verdacht ausgesetzt würde, ein Rechtsbrecher zu sein. Umgekehrt können die Freiheitsbedürfnisse der Bürger dahin führen, dass die Gemeinschaft z.B. auf die Einführung eines Melderegisters verzichtet, wie es in Großbritannien und in den USA der Fall ist. Dabei handelt es sich um eine politische Entscheidung, die wohl nirgends verfassungsrechtlich festgelegt ist.[260] Wichtig ist die Erkenntnis, dass die *Allgemeinheit* des Betroffenseins durch staatlich vorgegebene Registrierungen – auch „Streubreite" genannt – als solche kein Kriterium für die besondere Tiefe des damit jeweils für den Grundrechtsträger (ggf.) verbundenen Eingriffs ist.[261] Insbesondere wird – im Gegenteil – hierdurch jedwede **Diskriminierung vermieden.**[262]

V. Das Metadaten-Register:[263] Speicherung/Nutzung. Datensicherung

Die unterschiedslose – anlasslose, durch Gesetz bekannt gemachte – Registrie- **90** rung von Metadaten kann verfassungsrechtliche Bedenken wegen unzulässiger Gleichbehandlung[264] unbescholtener Bürger und solcher, die dem Kreis „Verdächti-

[255] Vgl. dazu z.B. § 20 Abs. 1 i.V.m. § 13 Abs. 2 Nr. 1 HSOG; § 152 Abs. 2 i.V.m. § 483 StPO.

[256] Vgl. § 2 ATDG; dazu BVerfG, Urt. v. 24.4.2013 – 1 BvR 1215/07, BVerfGE 133, 277.

[257] Dazu → Rn. 50.

[258] Vgl. BVerfG, Beschl. v. 24.1.2012 – 1 BvR 1299/05, BVerfGE 130, 151; BFH, Urt. v. 18.1.2012 – II R 49/10, BFHE 235, 151; BVerfG, Beschl. v. 13.6.2007 – 1 BvR 1550/03 u.a., BVerfGE 118, 168.

[259] Vgl. z.B. §§ 33ff., 44ff. BMG; § 113 TKG (nebst weiterer Rechtsgrundlage nach dem „Doppeltür"-Modell, s. BVerfG, Beschl. v. 24.1.2012 – 1 BvR 1299/05, BVerfGE 130, 151 (184f.); § 93b i.V.m. § 93 Abs. 7 und 8 AO; §§ 35ff. StVG; auch § 139b Abs. 2 AO.

[260] Demgegenüber hat das BVerfG allerdings eine Obergrenze verfassungsrechtlicher Zulässigkeit von Registerpflichten des Bürgers in Betracht gezogen, ohne diese Grenze genauer konkretisieren zu können: Unzulässig sei „eine möglichst flächendeckende vorsorgliche Speicherung aller für die Strafverfolgung oder Gefahrenprävention nützlichen Daten". Die in Rede stehende Speicherung dürfe „auch nicht im Zusammenhang mit anderen vorhandenen Dateien zur Rekonstruierbarkeit praktisch aller Aktivitäten der Bürger führen.", BVerfGE 125, 260 (323f.). Dazu *Roßnagel*, NJW 2010, 1238 (1240f.).

[261] Vgl. *Bull*, in: Handbuch BVerfG im politischen System, van Ooyen/Möllers, Hrsg., 2015, S. 627 (640); *Kathrin Weber*, Die Sicherung rechtsstaatlicher Standards im modernen Polizeirecht, 2011, S. 179.

[262] Vgl. hierzu *Ladeur*, DÖV 2009, 45 (53); *Möstl*, ZRP 2011, 225; dazu schon → Rn. 60, unter Bezugnahme auf das Votum der Richterin *Haas* in der Schläferraster-Entscheidung des BVerfG.

[263] Ähnliche Begriffsbildung bei *Löffelmann*, Kaum betroffen, FAZ v. 30.4.2015, S. 7.

[264] Vgl. zur unzulässigen Gleichbehandlung von wesentlich Ungleichem Kurzübersicht bei Jarass/Pieroth/*Jarass*, GG Art. 3 Rn. 8 mit Nachw. aus der Rspr. des BVerfG.

ger" zuzurechnen seien, begründen.[265] Damit würde jedoch der Charakter der vorgeschriebenen Datenspeicherung verkannt. Sie steht umfangmäßig in Abhängigkeit von den technischen Prozessen, die bei den Telekommunikationsdiensten zur Realisierung ihrer vertragsgemäßen Leistungen ablaufen.[266] Für die besondere Vorratshaltung vorgesehen ist dabei nur die Fixierung rein technisch ausgewählten Datenmaterials unabhängig von den entsprechenden Informationsinhalten, nicht etwa deren unterschiedslose Nutzung.[267] Für den nachfolgenden Zugriff der Sicherheitsbehörden auf personenbezogener Grundlage gilt eben dasselbe, was oben im Zusammenhang des automatisierten Datenabgleichs bereits dargelegt wurde: In die Rechte der von einer Abfrage aus dem Metadaten-Register nicht betroffenen Personen (bei den „Nicht-Treffern") wird nicht eingegriffen.[268] Die erforderliche Ungleichbehandlung personenbezogener Informationen ist also gewahrt.

91   Zur rechtsstaatlichen Absicherung gehört dabei – das ist inzwischen Routine unter dem GG – die vorgelagerte Steuerung von Inhalt und Umfang des hoheitlichen Abfragevorgangs durch richterliche Entscheidung. Sie entspricht gleichermaßen den vom BVerfG und vom EuGH aufgestellten Anforderungen und wird auch von dem neuen Gesetz zur Einführung einer Speicherpflicht[269] im Anschluss an vorangegangene Ausgestaltungen (der StPO und des Polizeirechts) verwirklicht.

92   Besondere Beachtung verdient vorliegend der gegenüber dem regelmäßigen temporären Geschäftsbedarf der Telekommunikationsdienste wesentlich größere Umfang des zeitgleich vorhandenen Datenmaterials in den jeweiligen Metadaten-Registern. Im Hinblick auf das strikte Verbot der Verwendung dieses „überschüssigen" Materials außerhalb der eng gesteckten gesetzlichen Grenzen für den Bedarf der Sicherheitsbehörden verbleibt insoweit das Erfordernis der Abwehr von Missbrauch durch unzulässige Zugriffe. Nicht umsonst hat das BVerfG die Frage der Datensicherheit (inklusive „anspruchsvolle Verschlüsselung") in seinen Darlegungen zu den erforderlichen gesetzlichen Einschränkungen an die erste Stelle gesetzt.[270] Solchen technischen Anforderungen ist unabhängig von der verfehlten Annahme des Vorliegens eines „besonders schweren Eingriffs" hohes Gewicht beizumessen, und zwar höheres als bei den oben erwähnten sonstigen Registern, weil das Metadaten-Register wesentlich sensitivere Informationen in sich birgt.[271]

93   Demgegenüber ist die Überlegung, zur Eingrenzung des Umfangs der Vorratsdatenspeicherung einen inhaltlichen Bezug zwischen den zu speichernden Daten/Informationen und den jeweiligen Zielsetzungen der Sicherheitsbehörden zu

---

[265] Vgl. dazu BVerfG, Urt. v. 2.3.2010 – 1 BvR 256/08, BVerfGE 125, 260 (318) Rn. 210 : „Erfasst werden … alle Bürger ohne Anknüpfung an ein zurechenbar vorwerfbares Verhalten"; EuGH, Urt. v. 8.4.2014 – C-293/12 u. a., NVwZ 2014, 709 ff. Rn. 58 „… gilt also auch für Personen, bei denen keinerlei Anhaltspunkt dafür besteht, dass ihr Verhalten in einem auch nur mittelbaren oder entfernten Zusammenhang mit schweren Straftaten stehen könnte."

[266] Vgl. Wortlaut des § 113a Abs. 1 TKG sowie die Begründung zu dieser Vorschrift in BT-Dr. 18/5088, S. 37, Abs. 1 letzter Satz; Wortlaut des Art. 3 der Richtlinie 2006/24/EG; Näheres (zur alten Fassung des §§ 113a TKG) bei Gausling, Verdachtsunabhängige Speicherung von Verkehrsdaten auf Vorrat, 2010, insbesondere S. 72.

[267] Sehr deutlich zu dieser Abschichtung die Ausführungen des BVerfG im Verfahren der Einstweiligen Anordnung, BVerfG, Beschl. v. 11.3.2008 – 1 BvR 256/08, BVerfGE 121, 1 (20).

[268] → Rn. 55 – 63, 70 ff.; übereinstimmend Löffelmann, FAZ v. 30.4.2015, S. 7: „Verkehrsdatenregister" unter Bezugnahme auf die Rechtsprechung des BVerfG; bei Wolff, DÖV 2014, 608 (610 bei Fn. 29) wird dies nicht berücksichtigt.

[269] → Rn. 81, hier § 101a i. V. m. § 100e StPO.

[270] BVerfG, Urt. v. 2.3.2010 – 1 BvR 256/08 u. a., BVerfGE 125, 260 (325 ff.) Rn. 220 ff.

[271] Dazu BVerfG, Urt. v. 2.3.2010 – 1 BvR 256/08 u. a., BVerfGE 125, 260 (319 f.) Rn. 211 ff.: „tiefe Einblicke in das soziale Umfeld und die individuellen Aktivitäten …"

verlangen,[272] nicht zielführend. Denn der Telekommunikationsdienstleister kann und soll sich für die Informationsinhalte nicht interessieren (müssen). Auch ist aus der Sicht der Sicherheitsbehörden nicht generell vorab bestimmbar, welche Informationsbeziehungen im konkreten Fall Aufschluss zur Bekämpfung schwerer Straftaten geben werden.[273]

VI. Neue gesetzliche Regelung/verbleibende Bedenken

Der deutsche Gesetzgeber hat durch das genannte Gesetz vom 10.12.2015 mit **94** §§ 113d ff. TKG ein detailliertes, sanktionsbewehrtes Sicherheitskonzept vorgegeben.[274] Auch wenn man davon ausgeht, dass demgemäß alles dem Stand der Technik Entsprechende (vgl. § 113d TKG) realisiert wird, lässt sich – immer noch – die **Frage *hinreichender* technischer Sicherheit** erheben. Die politische Diskussion um das Für und Wider wird deshalb nicht beendet sein. Begreift man den Ernst, mit der sie von den Gegnern des vorsorglichen Metadaten-Registers mit Blick auf das Persönlichkeitsrecht des Bürgers geführt wird, lässt sie sich mit einem ähnlichen Diskurs über technische Sicherheit – seinerzeit (insbes.) mit Blick auf Leben und körperliche Unversehrtheit geführt – vergleichen, nämlich demjenigen über die Nutzung der Kernenergie für friedliche Zwecke. Allerdings war und ist aus der Kompetenznorm des Art. 73 Abs. 1 Nr. 14 GG (früher Art. 74 Nr. 11a) die verfassungsrechtliche Zulässigkeit dieser Energiegewinnung (Erdbebensicherheit vorausgesetzt)[275] herzuleiten.[276] Der Gesetzgeber hat sich in jener Sache jedoch einschlägigen Besorgnissen angeschlossen und den verbindlichen Ausstieg festgeschrieben. Diese Freiheit lässt ihm die Verfassung auch bezüglich der „Vorratsdatenspeicherung", um den Bedenken gegenüber der Sicherheit einer Massenspeicherung Rechnung zu tragen, es sei denn, dass ihn umgekehrt zum Zwecke der Kriminalitätsbekämpfung eine grundrechtliche Schutzpflicht träfe, diesen Weg der Datenverarbeitung zwingend vorzuschreiben. Doch ist eine entsprechende Handlungspflicht als Ausfluss des Untermaßverbots schwer belegbar.

Demgegenüber wird von den Kritikern der „Vorratsdatenspeicherung" nicht sel- **95** ten (sogar) vorgetragen, diese sei **zur Bekämpfung von Kriminalität** wenig oder überhaupt **nicht geeignet**.[277] BVerfG und EuGH haben das Gegenteil angenommen.[278] Auch ist davon auszugehen, dass die Strafverfolgungsbehörden, die seit längerem eine solche Regelung einhellig fordern,[279] nicht nach einer untauglichen Waffe verlangen.

Zusammengefasst stehen sich unter Zugrundelegung der vorangegangenen Erwä- **96** gungen – nur noch – diese zwei technischen Argumente gegenüber: Bedenken gelten dem Maß der Datensicherheit der Speicherung auf der einen Seite und der Ef-

---

[272] So – ansatzweise – EuGH, Urt. v. 8.4.2014 – C- 293/12 u. a., NVwZ 2014, 709 ff. Rn. 59; nachdrücklicher EuGH ,Urt. v. 21.12.2016 – C-203/15 u. a., ECLI:EU:C:2016:970 Rn. 106; anders BVerfG, Urt. v. 2.3.2010 – 1 BvR 256/08 u. a. , BVerfGE 125, 260 (316 ff.) Rn. 204 ff. → Rn. 77.

[273] Vgl. Generalanwalt Saugmannsgaard Øe, Schlussanträge v. 19.7.2016 – C-203/15, u. a., ECLI:EU:C:2016:572 Rn. 213.

[274] Vgl. dazu auch BT-Drs. 18/5088, S. 41 ff.

[275] An dieser Voraussetzung scheiterte das Kernkraftwerk Mühlheim-Kärlich – lange vor dem Unfall in Fukushima im März 2011 – vgl. BVerwG, Urt. v. 14.1.1998 – 11 C 11/96, BVerwGE 106, 115.

[276] Vgl. Jarass/Pieroth/*Pieroth*, GG Art. 73 Rn. 39 mit Nachw. aus der Rspr. des BVerfG.

[277] Vgl. *Leutheuser-Schnarrenberger*, PinG 2014, 125 (127) mit Nachw.

[278] → Rn. 77; übereinstimmend *Dix*, DANA 1/2012, 15 (16).

[279] Vgl. *Münch*, Praktische Nutzung der „Vorratsdatenspeicherung", ZRP 2015, 130 ff.; *C. Frank*, PinG 2015, 141 (142); *Möstl*, ZRP 2011, 225 (227 f.).

fektivität vorgesehener informationeller Auswertungen auf der anderen. Zwar können beide grundsätzlich auch von verfassungsrechtlicher Relevanz sein. Bei gründlicher **Erfassung** der beiderseitigen Kriterien **durch den Gesetzgeber** käme das schwerlich in Betracht, auch im Hinblick auf die diesem zukommende Einschätzungsprärogative in Prognosefragen.[280]

97 Ob die „Vorratsdatenspeicherung" tatsächlich, wie BVerfG und EuGH übereinstimmend erwägen,[281] geeignet ist, in (erheblichen Teilen) der Bevölkerung **diffuse, freiheitsbeeinträchtigende Gefühle** des Beobachtet-Werdens bei der Inanspruchnahme von Telekommunikation auszulösen, ist **ungewiss.**[282] Wohlverstanden geht es nicht um eine *spezifische* Bedrohung in *konkreten* Situationen jeweiliger Grundrechtsausübung. Allein dem parlamentarischen Gesetzgeber kann es erforderlichenfalls zustehen, auf der Basis der Mehrheitsbildung den „Gefühlen" seiner Wählerschaft gerecht zu werden.[283] Diese hat es auch nicht, wie die beiden Gerichte ungenau angenommen haben, mit einer unbemerkt – hinter ihrem Rücken – vorgenommenen staatlichen Registrierung zu tun. Vielmehr ist die letztere gerade wegen ihrer anlasslosen Allgemeinheit undifferenziert für jedermann erfahrbar und dem Bürger jedenfalls bei mittlerer Aufmerksamkeit für den etwaigen Inhalt von Gesetzen zumeist bekannt.

---

[280] Zu Fragen der Kontrolldichte bei Tatsachenfeststellungen und Prognoseentscheidungen im Verfahren vor dem BVerfG vgl. *Schlaich/Korioth*, Das BVerfG, 2015, Rn. 532 ff. Zum AtomG vgl. BVerfG, Beschl. v. 8.8.1978 – 2 BvL 8/77, BVerfGE 49, 89 (130 ff.) – Kalkar.

[281] BVerfG, Urt. v. 2.3.2010 – 1 BvR 256/08 u. a., BVerfGE 125, 260 (320) Rn. 212; EuGH, Urt. v. 8.4.2014 – C- 293/12 u. a., NVwZ 2014, 709 ff., Rn. 37.

[282] Skepsis bezüglich dieses Kriterium bei *Kühling*, NVwZ 2014, 681 (682). Ausführlich dazu *Bull*, Sinn und Unsinn des Datenschutzes, 2015, S. 94 ff.; *ders.*, Netzpolitik, 2013, S. 72 ff.

[283] Vgl. insgesamt zur Kritik an der Entscheidung des BVerfG zur Vorratsdatenspeicherung wegen des eingetretenen Schadens für die Demokratie *Wolff*, NVwZ 2010, 751.

3. Abschnitt. Europarechtliche (primärrechtliche) Basis

Literatur: *Aebi-Müller,* Personenbezogene Informationen im System des zivilrechtlichen Persönlichkeitsschutzes. Unter besonderer Berücksichtigung der Rechtslage in der Schweiz und in Deutschland, 2005; *Belser*/Epiney/Waldmann, Datenschutzrecht, Grundlagen und öffentliches Recht, 2011; *Bygrave,* Data Protection Law, Approaching its rationale, logic an limits, 2002; *Grabenwarter/Pabel,* Europäische Menschenrechtskonvention, 2016; *Kranenborg,* Access to documents and data protection in the European Union: On the public nature of personal data, CMLR 45 (2008), 1079; *Moreham,* The right to respect for private life in the European Convention on Human Rights, European Human Rights Law Rev. 2008, 44; *Oliver,* The Protection of privacy in the economic sphere before the European Court of Justice, CMLRev 46 (2009), 1443; *Roßnagel/Pfitzmann/Garstka.* Gutachten im Auftrag des BMI, Modernisierung des Datenschutzrechts, 2001; *Siemen,* Datenschutz als europäisches Grundrecht, 2006; *Weber/Sommerhalder,* Das Recht der personenbezogenen Information, 2007.

Deutsches Verfassungsrecht und mit ihm gerade die grundrechtlichen Gewährleistungen befinden sich schon seit längerer Zeit in einem europarechtlichen Transformationsprozess, wie er etwa durch die *Solange*-Entscheidungen des *BVerfG* signalisiert wurde.[1] Mit dem In-Kraft-Treten des Lissabon-Vertrags unter Einschluss der *Charta der Grundrechte der EU* (GRCh) vollzog sich ein besonderer, positivrechtlicher Einschnitt auf der verfassungsrechtlichen bzw. primärrechtlichen Ebene. Die gegenwärtige, auf einem (partiell eingegrenzten) **Vorrang**[2] **des Europarechts** beruhende Rechtslage geht über das hinaus, was in der Entwicklung europäischer Grundrechte in der Rechtsprechung des *EuGH* und mehr noch durch die Aussagen des *EGMR* zur EMRK angelegt war. Für den Bereich des Datenschutzrechts spielen insgesamt Art. 16 Abs. 2 AEUV,[3] Artt. 7 und 8 GRCh und Art. 8 EMRK eine hervorragende Rolle.. **1**

Die Straßburger und die Luxemburger europäische Rechtsprechung gehören zwei verschiedenen völkerrechtlichen/konstitutionellen Systemen zu, welche nicht nur von einem unterschiedlichen Kreis beteiligter Staaten, sondern vor allem von sehr unterschiedlichen Strukturen, Zielsetzungen und Kompetenzen geprägt sind. Doch alle 28 Mitgliedstaaten der EU sind auch Mitglieder des Europarats und damit Vertragsparteien der Konvention.[4] Daraus folgt der ständige Einfluss der EMRK – zusammen mit den „gemeinsamen Verfassungsüberlieferungen" der Mitgliedstaaten – auf die Grundrechtsrechtsprechung des EuGH und des EuG.[5] **2**

---

[1] BVerfG, Beschl. v. 29.5.1974 – 2 BvL 52/71, BVerfGE 37, 271; Beschl v. 22.10.1986 – 2 BvR 197/83, BVerfGE 73, 339 – „Solange" I und II.

[2] Dazu ausführlich Oppermann/Classen/Nettesheim/*Nettesheim,* Europarecht, 7. Aufl. 2016, § 10; EuGH, Urt. v. 26.2.13 – C-399/11, ECLI:EU:C:2013:107 – Melloni; *F. Kirchhof,* Grundrechtsschutz durch europäische und nationale Gerichte, NJW 2011, 3681 (3684), sowie *ders.,* Nationale Grundrechte und Unionsgrundrechte, NVwZ 2014, 1537, kann so nicht gefolgt werden.

[3] Nach herrschender Auffassung kommt Art. 16 Abs. 1 AEUV neben Art. 8 GRCh keine gesonderte Bedeutung zu; vgl. dazu *Spiecker-Döhmann,* JZ 2011, 169 (172 r. Sp.), m. w. Nachw.

[4] Für den Zusammenhang zwischen Mitgliedschaft im Europarat und Beitritt zur Konvention vgl. Art. 59 Abs. 1 EMRK; dazu Karpenstein/Mayer/*Arndt/Schubert,* 2. Aufl. 2015, EMRK Art. 59 Rn. 1. – Nach Art. 59 Abs. 2 EMRK kann die EU ihrerseits der Konvention beitreten und nach Art. 6 Abs. 2 S. 1 EUV ist die EU eben dazu gehalten. Das Verfahren hierzu erfuhr eine Unterbrechung durch Gutachten des EuGH, Gutachten 2/13 v. 18.12.2014, ECLI:EU:C:2014:2454, durch welches eine den Beitritt vorsehende Übereinkunft für mit dem Vertragswerk der EU unvereinbar erklärt wurde.

[5] Insoweit bekräftigen Art. 6 Abs. 3 EUV, auch Art. 52 Abs. 4 GRCh, nur den bisherigen Rechtszustand.

3   **Deutsches Datenschutzrecht** befindet sich – hier zunächst auf der verfassungsrechtlichen Ebene betrachtet – perspektivisch in einer **besonderen Situation** in Europa. Der Weg, den das *BVerfG* im Volkszählungsurteil eingeschlagen hat, ist Sonderweg geblieben. [6] Die Idee, *informationeller Selbstbestimmung* als solcher Grundrechtsschutz zuzuweisen, ist in der gemeineuropäischen Rechtsentwicklung nicht angelegt und hat außerhalb des deutschen Sprachraums keine ins Gewicht fallende Gefolgschaft gefunden. [7] Auch für Österreich[8] und die Schweiz[9] ist lediglich zögerliche Akzeptanz zu vermerken.

4   Daneben finden sich bemerkenswerte **Unterschiede der Akzentuierung** in der Rechtsprechung des **EGMR einerseits** und des **EuGH andererseits**. Dem ist im folgenden näher nachzugehen, auch zur Präzisierung des geltenden deutschen Verfassungsrechts. Für die Interpretation der EMRK durch den EGMR hat das *BVerfG* das Erfordernis einer entsprechenden Analyse mehrfach ausgesprochen: „Die Gewährleistungen der Konvention... und die Rechtsprechung des EGMR... dienen auf der Ebene des Verfassungsrechts als Auslegungshilfen für die Bestimmung von Inhalt und Reichweite von Grundrechten ...“[10] – Für die Judikatur des EuGH ergab sich (auch) vor dem 1.12.2009 eine Pflicht zur Berücksichtigung/Beachtung der EMRK und der „gemeinsame[n] Verfassungsüberlieferungen der Mitgliedstaaten“ aus Art. 6 Abs. 2 EUV a.F., oftmals realisiert im Rahmen eines Vorabentscheidungsverfahrens nach Art. 234 EGV.[11] Die Erörterung des Gehalts der Artt. 7 und 8 GRCh – als Ergebnis vorangegangener Entwicklung – hat vor diesem Hintergrund[12] stattzufinden.[13]

§ 6. Art. 8 EMRK in Anwendung auf personenbezogene Informationen durch den EGMR

A. Ausgangspunkt: Privatleben i. w. S

5   Art. 8 EMRK, der das „Recht auf Achtung“ des „Privat- und Familienlebens“, der „Wohnung und ... Korrespondenz“ gewährleistet, ist für den *EGMR* Grundlage zur Beurteilung datenschutzrechtlicher Problemstellungen. So fand die Vorschrift u.a. in zwei Entscheidungen aus 1987 und 2000 Anwendung auf die Speicherung von Informationen in geheimen **Unterlagen von Polizei und Nachrichtendiensten**. Insbesondere ging es dabei um zeitlich weit zurückliegende politische Aktivitäten, die z.Zt. ihres Geschehens öffentlich wahrnehmbar waren.[14]

---

[6] Vgl. *Stentzel*, PinG 2015, 185 (186).

[7] Näheres dazu → § 7 Rn. 39.

[8] Dezidiert kritisch aus österreichischer Sicht *Berka*, in: Eilmannsberger u. a., (Hrsg.), Geheimnisschutz, Datenschutz, Informationsschutz, 2008, S. 61 ff.

[9] Einen Überblick zur dortigen Rechtsprechung und Literatur gibt Belser/Epiney/Waldmann/*Belser*, Datenschutzrecht, 2011, § 6 Rn.115 ff.; weiter zur Kritik am R.a.i.S. aus schweizerischer Sicht *Aebi-Muller*, § 13.

[10] So BVerfG, Beschl v. 14.10.2004 – 2 BvR 1481/04, BVerfGE 111, 307 (317) – Görgülü; dazu *Payandeh,* DÖV 2011, 382 ff.

[11] Vgl. zu § 267 AEUV *Britz*, NJW 2012, 1313 ff.

[12] Anders der Untersuchungsgang bei *Siemen*, die sich bemüht, von einem vorausgesetzten Begriff des Datenschutzes her zu ergründen, wieweit die Rechtsprechung europäischer Gerichte dem gerecht werden; zur Kritik an diesem Ansatz *Bull*, Buchbesprechung, DVBl. 2007, 687 f.

[13] → 7 Rn. 29 ff.

[14] Vgl. EGMR, Urt v. 26.3.1987 – 9248/81, Série A no. 116, Rn. 17, 48 – Leander ./. Schweden; ausführlicher EGMR (Große Kammer), Urt. v. 4.5.2000 – 28341/95, CEDH 2000-V, Rn. 42 ff. – Rotaru ./. Rumänien; weiterhin EGMR Urt. v. 6.6.2006 – 62332/00, CEDH 2006-VII, Rn. 71 f. – Segerstedt-Wiberg ./. Schweden. Allgemein zur Löschung einer zurückliegenden strafrechtlichen

Das Gericht entwickelte in diesem Zusammenhang den von ihm im Urteil vom 17.2.2011 erneut festgehalten Grundsatz:

„Selbst *öffentliche* Daten können zum *Privat*leben gehören, wenn sie von Behörden systematisch in ihren Registern gesammelt und gespeichert werden…"[15]

Darin kommt das Dilemma, zugleich aber auch ein Stück Produktivität der **6** Rechtsprechung des *EGMR* zum Ausdruck. Das ‚Dilemma' ist ein aus der datenschutzrechtlichen Diskussion bekanntes, welchem man sich gegenüber sieht, wenn immer man versucht, den Schutzzielen des Datenschutzrechts ein einheitliches Rechtsgut – hier das Privatleben – zuzuordnen.[16] Umgekehrt signalisiert das Gericht, dass es mit Blick auf Möglichkeiten der Informationsverarbeitung diesen entsprechend pragmatische Lösungen zum Zweck des Persönlichkeitsschutzes anstrebt. Das öffnet den Weg zu einem **flexiblen Verständnis von „Privatleben"**:[17]

„Es wäre jedoch zu eng, wenn dieser Begriff auf einen ‚inneren Kern' beschränkt würde,… und davon die von diesem Kreis nicht umfasste Außenwelt völlig auszuschließen. Die Achtung des Privatlebens muss auch bis zu einem gewissen Grad das Recht umfassen, Beziehungen zu anderen Menschen herzustellen und zu entfalten." [18]

B. Beruf. Wirtschaft[19]

Eine **klare Trennung** zwischen der privaten Lebenswelt und dem Berufs- und **7** Geschäftsbereich ist nach Auffassung des *EGMR* **nicht realisierbar**. Die meisten Menschen hätten auch „gerade in ihrem Berufsleben eine signifikante… Möglichkeit zur Entwicklung der Beziehungen mit der Außenwelt…",[20] welche als solche der Persönlichkeitsentfaltung zugehörig seien. Dank dieser Argumentation erhält Art. 8 EMRK zugleich eine lückenfüllende Funktion; denn die Konvention enthält keine dem Art. 12 GG entsprechende Bestimmung.[21] Die Ausweitung des Schutzes

---

Verwarnung: EGMR, *Urt. v.* 13.11.12 – 24029/07, ECLI:CE:ECHR:2012:1113JUD002402907 Rn. 187 ff. – M. M. ./. UK.

[15] EGMR, Urt. v. 17.2.2011 – 12884/03, NVwZ 2011, 1503, Rn. 74 – Wasmuth ./. Deutschland, Hervorhebung hinzugefügt.

[16] Vgl. umgekehrt zum R. a. i. S. → § 4 Rn. 22 f.

[17] Dazu kritisch *Harris/O'Boyle/Warbrick*, Law of the European Convention on Human Rights, 2009, S. 361 ff.; *Moreham*, The right to respect for private life in the European Convention on Human Rights, European Human Rights Law Rev. 2008, 44 (45).

[18] EGMR, Urt. v. 16.12.1992 – 13710/88, Ser. A no. 251-B, NJW 1993, 718, Rn. 29 – Niemietz ./. Deutschland; vgl. weiterhin EGMR, Urt. v. 28.5.2009 – 26713/05, ECLI:CE:ECHR:2009: 0528JUD002671305, Rn. 22 – Bigaeva ./. Griechenland –: „soziales Privatleben"; EGMR, Urt. v. 7.2.2012 – 40660/08, CEDH 2012-I, NJW 2012, 1053, Rn. 95 – v. Hannover (Caroline) ./. Deutschland; EGMR, Urt. v. 9.1.2013 – 21722/11, CEDH 2013-I, 165 f. – Oleksandr Volkov ./. Ukraine.

[19] Einen guten Überblick vermittelt *Oliver*, CMLRev 46 (2009), 1443 (1449 ff.).

[20] EGMR, Urt. v. 16.12.1992 – 13710/88, Ser. A no. 251-B, NJW 1993, 718, Rn. 29 – Niemietz ./. Deutschland; vgl. weiterhin EGMR, Urt. v. 28.5.2009 – 26713/05, ECLI:CE:ECHR:2009: 0528JUD002671305, Rn. 22 – Bigaeva ./. Griechenland –: „soziales Privatleben"; EGMR, Urt. v. 7.2.2012 – 40660/08, CEDH 2012-I, NJW 12, 1053, Rn. 95 – v. Hannover (Caroline) ./. Deutschland; EGMR, Urt. v. 9.1.2013 – 21722/11, CEDH 2013-I, 165 f. – Oleksandr Volkov ./. Ukraine; EGMR, Urt. v. 16.2.2000 – 27798/95, CEDH 2000-II, ÖJZ 2001, 71, Rn. 65 – Amann ./. Schweiz; EGMR, Urt. v. 25.6.1997 – 20605/92, CEDH 1997-III, Rn. 42 – Halford ./. Vereinigtes Königr.; EGMR, (Große Kammer) Urt. v. 4.5.2000 – 28341/95, CEDH 2000-V, Rn. 42 ff. – Rotaru ./. Rumänien.

[21] Vgl. dazu EGMR. Urt. v. 27.7.2004 – 55480/00 u. a., CEDH 2004-VIII, Rn. 46 ff. – Sidabras ./. Litauen; EGMR, Urt. v. 28.5.2009 – 26713/05, E CLI:CE:ECHR:2009:0528JUD002671305, Rn. 23 – Bigaeva ./. Griechenland; Urt. v. 23.3.2006 – 77962/01, ECLI:CE:ECHR:2006:0323JUD 007796201 Rn. 44 ff. – Vitiello ./. Italien; *Grabenwarter/Pabel*, EMRK, § 25 Rn. 27 ff.

auf diese Bereiche wirkt sich wesentlich auf den Inhalt der Begriffe „Wohnung" –
durch Hineinnahme von Kanzlei- und Geschäftsräumen[22] – und „Korrespondenz"
aus. Letztere umfasst auch die beruflich-gewerbliche Telekommunikation.[23] Auch
vertrauliche Wirtschaftsdaten können umfasst sein.[24]

8   Information über das *Einkommen einer Person des öffentlichen Lebens* wurde als
nicht deren Privatleben betreffend angesehen.[25] Demgegenüber gilt in Bezug auf
Freizeitaktivitäten solcher Personen eher das Umgekehrte.[26] Daraus erkennt man,
dass das Gericht nicht etwa zu einer generellen Nivellierung der Schutzwürdigkeit
von Informationen aus verschiedenen Lebensbereichen neigt. Soweit es im übrigen den informationellen Schutz aus Art. 8 auf berufliche Kommunikation aus-
dehnt, hat es ausdrücklich darauf hingewiesen, dass insoweit zulässige Eingriffe
nach Abs. 2 „durchaus weitreichender" sein können als im eigentlichen Privatbereich.[27] Es bleibt damit bei **deutlichen Abstufungen.**[28]

C. Besondere Arten personenbezogener Informationen

9   Das Recht auf Achtung des Privatlebens aktualisiert sich in der Rechtsprechung des *EGMR* insbesondere[29] in Bezug auf **sensitive Informationen**, wie sie
schon in Art. 6 der Datenschutzkonvention des Europarats, dem Vorläufer von
Art. 8 DSRL, § 3 Abs. 9 BDSG-alt und Art. 9 GS-GVO,[30] vorgezeichnet wurden.
Relativ häufig sind die Fälle, in denen es um Informationen über politische Über-

[22] Vgl. EGMR Urt. v. 16.12.1992 – 13710/88, Ser. A no. 251-B, NJW 1993, 718, Rn. 30–32
– Niemietz ./. Deutschland; EGMR, Urt. v. 6.4.2002 – 37971/97, CEDH 2002-III, Rn. 40 ff. – Soc.
Colas Est ./. Frankr.; EGMR, Urt. v. 28.4.2005 – 41604/98, CEDH 2005-IV, NJW 2006, 1495,
Rn. 32 f. – Buck ./. Deutschland; EGMR, Urt v. 9.4.2009 – 19856/04, NJW 2010, 2109, Rn. 29 –
Kolesnichenko/Russland; EGMR, Urt. v. 21.1.2010 – 43757/05, ECLI:CE:ECHR:2010:0121JUD
004375705, DÖV 2010, 365 – Da Silveira/Frankr.

[23] Vgl. EGMR, Urt. v. 16.2.2000 – 27798/95, CEDH 2000-II, ÖJZ 2001, 71, Rn. 44 – Amann ./.
Schweiz; EGMR, Urt. v. 25.6.1997 – 20605/92, CEDH 1997-III, Rn. 42 ff. mit umfangr. Nw – Hal-
ford ./. Vereinigtes Königr.; EGMR, Urt. v. 25.3.1998 – 23224/94, CEDH 1998-II, Rn. 50 – Kopp
./. Schweiz.

[24] So in Bezug auf die Beschlagnahme von Bankunterlagen EGMR, Urt. v. 7.7.2015 – 28005/12,
ECLI:CE:ECHR:2015:0707JUD002800512, Rn. 51 ff. – M. N. ./. San Marino.

[25] EGMR, Urt. v. 21.1.1999 – 29183/95, CEDH 1999-I, Rn. 46 Abs. 2, Rn. 50 a. E., 53 – Fressoz
& Roire ./. Frankr. – unter Bezugn. auf die vorausgegangene Entsch. des Court de Cassation zur
franz. Rechtslage; vgl. EGMR, Urt. v. 4.1.2007 – 39658/05, ECLI:CE:ECHR:2007:0104DE
C003965805, Abschn. „The Law" Abs. 2 – Smith ./. Vereinigtes Königr. – bezüglich des Inhalts
einer Verhandlung mit der Geschäftsbank. – Beachte die in → § 7 Rn. 25 ff., 32 f. diskutierte Rechtsprechung des *EuGH*.

[26] EGMR, Urt. v. 24.6.2004 – 59320/00, CEDH 2004-VI, Rn. 48 ff., NJW 2004, 2647 = JZ 2004,
1015, auch EGMR, Urt. v. 7.2.2012 – 40660/08, CEDH 2012-I, NJW 2012, 1053, Rn. 95 –
v. Hannover (Caroline) ./. Deutschl., I + II.

[27] So EGMR, Urt. v. 16.12.1992 – 13710/88, Ser. A no. 251-B, NJW 1993, 718, Rn. 31 a. E. –
Niemietz ./. Deutschland; EGMR, Urt. v. 6.4.2002 – 37971/97, CEDH 2002-III, Rn. 49, 42 –
Soc. Colas Est ./. Frankr.; EGMR, Urt. v. 14.3.2013 – 24117/08, ECLI:CE:ECHR:2013:
0314JUD002411708 Rn. 104 a. E.– Bernh Larsen Hold. ./. Norwegen; *Moreham*, European
Human Rights Law Rev. 2008, 44 (51); *Weber/Sommerhalder*, Das Recht der personenbezogenen
Informationen, S. 77.

[28] Das lässt *Hanschmann*, in: Matz-Lück, (Hrsg.), Grundrechte und Grundfreiheiten im Mehr-
ebenensystem, 2012, S. 293 (300 ff.), unbeachtet.

[29] Nicht etwa ausschließlich, wie der EGMR mehrfach ausdrücklich hervorgehoben hat, vgl.
EGMR, Urt. v. 7.7.2015 – 28005/12, ECLI:CE:ECHR:2015:0707JUD002800512, Rn. 51 – M. N. ./.
San Marino.

[30] Für Näheres dazu → § 14 Rn. 8.

zeugungen[31] und über die Gesundheit[32] (unter Einschluss genetischen Materials)[33] geht.

D. Öffentlichkeit

Schon unabhängig von besonderem Modebewusstsein geht jedermann auf nicht 10 unbelebter Straße davon aus, wahrgenommen/betrachtet zu werden.[34] Er ist so im Rechtssinn eine **„allgemein zugängliche Quelle".**[35] Eine solche unterliegt, wie der Begriff zum Ausdruck bringt, aus tatsächlicher Sicht der ungehinderten Informationsgewinnung. Der *EGMR* spricht insofern von „öffentlichen Daten", die, wie eingangs schon zitiert,[36] dem Schutz des Art. 8 (nur) gegenüber *systematischer* Sammlung und Speicherung unterfallen.[37] Dabei sind je nach den (örtlichen) Gegebenheiten *„berechtigte Erwartungen* der Vertraulichkeit ein wichtiges, aber nicht notwendig entscheidendes Kriterium" zugunsten von Privatheitsschutz,[38] was vor allem für die Beurteilung verdeckter Informationsbeschaffung relevant ist.[39] Ausgangspunkt ist bei alledem die Beurteilung *behördlicher* Aktivitäten gewesen. Doch legt der *EGMR* im *Zivilrechts*bereich korrelierende staatliche Schutzpflichten für das Privatleben zugrunde.[40]

Auch die bloße Beobachtung mittels einer **Videoanlage** (Erhebung von In- 11 formation)[41] ohne Aufzeichnung wird vom *EGMR* als eingriffsneutral angesehen.[42]

---

[31] Vgl. EGMR, Urt v. 26.3.1987 – 9248/81, Série A no. 116, Rn. 17, 48 – Leander ./. Schweden; EGMR (Große Kammer), Urt. v. 4.5.2000 – 28341/95, CEDH 2000-V, Rn. 42 ff. – Rotaru ./. Rumänien; EGMR, Urt. v. 6.6.2006 – 62332/00, CEDH 2006-VII, Rn. 71 f. – Segerstedt-Wiberg ./. Schweden; EGMR, Urt. v. 18.11.2008 – 22427/04, ECLI:CE:ECHR:2008:1118JUD002242704, Rn. 5 ff., 33 ff. – Cemalettín Canli ./. Türkei.

[32] EGMR, Urt. v. 25.2.1997 – 22009/93, CEDH 1997-I, Rn. 94 ff. – Z ./. Finnland; vom 10.10.06, Nr. 7508/02, Rn. 32 ff. – L.L. ./. Frankreich; EGMR Urt. v. 17.7.08 – 20511/03, ECLI:CE:ECHR: 2008:0717JUD002051103 Rn. 6 ff., 38 ff. – I ./. Finnland.

[33] EGMR, Urt. v. 4.12.08 – 30562/04, CEDH 2008-V, NJOZ 2010, 696, Rn. 70 ff. – Marper ./. Vereinigtes Königr., mit dem Ergebnis millionenfacher Löschungspflicht.

[34] Vgl. dazu EGMR, Urt. v. 25.9.2001 – 44787/98, CEDH 2001-IX, ÖJZ 2002, 911, Rn. 57 – P.G. & J.H. ./. Verein. Königr.

[35] Vgl. zu diesem Begriff Art. 5 Abs. 1 S. 1 GG; dazu gehören sowohl zutage liegende Sachverhalte als auch die Medien; für Näheres → § 14 Rn. 2 f.

[36] EGMR, Urt. v. 17.2.2011 – 12884/03, NVwZ 2011, 1503, Rn. 74 – Wasmuth ./. Deutschland, Hervorhebung hinzugefügt.

[37] Diesbezüglich zeichnet sich eine deutliche Parallelität zu der der in → § 5 Rn. 67 Fn. 190 erwähnten jüngeren Rechtsprechung des *BVerfG* ab.

[38] EGMR, Urt. v. 2.9.2010 – 35623/05, CEDH 220-VI, NJW 2011, 1333, Rn. 44 (Hervorhebung hinzugefügt) – Uzun ./. Deutschland.

[39] Vgl. dazu EGMR, Urt. v. 15.6.1992 – 12433/86, Ser. A no. 238, Rn. 40, für einen verdeckten Ermittler gegenüber Drogenhändler, welcher nach Auffassung des Gerichts mit einer solchen Maßnahme rechnen musste – Lüdi ./. Schweiz; anders die Beurteilung z.B. in der Entscheidung EGMR, Urt. v. 17.7.2003 – 63737/00, CEDH 2003-IX, Rn. 37 ff. – Perry v. Verein. Königr.

[40] Zum Privatheitsschutz gegenüber Ermittlungen durch einen Detektiv vgl. Entscheidung EGMR, Entsch. v. 28.6.2001 – 41953/98, CEDH 2001-VII – Verlière ./. Schweiz; ferner die Entscheidungen des EGMR zum Schutz gegenüber Presseorganen, z.B. EGMR, Urt. v. 24.6.2004 – 59320/00, CEDH 2004-VI, Rn. 57, NJW 2004, 2647 = JZ 2004,1015; EGMR, Urt. v. 15.11.2007 – 12556/03, NJW-RR 2008, 1218, Rn. 37 f. – Pfeiffer ./. Österr.; weiterhin EGMR, Urt. v. 17.7.08 – 20511/03, ECLI:CE:ECHR:2008:0717JUD002051103 Rn. 36 – I ./. Finnland.

[41] Vgl. zur differenzierten Einstufung der Video-Beobachtung als Erhebung Simitis/*Dammann*, BDSG § 3 Rn. 109 f.; auch Gola/Schomerus/*Körffer/Klug/Gola*, BDSG § 6b Rn. 10.

[42] Vgl. dazu insbesondere EGMR, Urt. v. 1.7.2008 – 42250/02, ECLI:CE:ECHR:2008: 0701JUD004225002, Rn. 130 – 132– Calmanovici ./. Rumänien; EGMR, Entsch. v. 14.1.1998 – 32200/96 u.a., Série A no. 92, Abschn. „The Law" sub 3 – Herbecq ./. Belgien; auch EGMR, Urt. v. 25.9.2001 – 44787/98, CEDH 2001-IX, ÖJZ 2002, 911, Rn. 57; EGMR, Urt. v. 17.7.2003 –

Doch mit der Speicherung und damit dem nicht nur momentanen Verfügbar-Sein einer Information wandele sich hier der Charakter der Maßnahme.[43] Ähnlich differenziert bewertet das Gericht die bloße Herstellung von **Fotos im öffentlichen Raum** einerseits[44] und deren Verwertung[45]/Weitergabe[46] andererseits.

12 Was mit *systematischem* Sammeln und Speichern[47] gemeint ist, hat das Gericht zumindest grob umschrieben. Es geht ihm um die Zusammenstellung – **Kompilation – von Informationen „über jeweilige Individuen"**.[48] Diese Eingrenzung wird man nicht als eine Beschränkung auf die Erstellung von Persönlichkeitsprofilen[49] in dem Sinn verstehen können, dass es von vornherein auf die Ansammlung einer großen Anzahl personenbezogener Informationen/Merkmalsausprägungen[50] ankäme. Vielmehr ist systematisches Vorgehen gegenüber einem bestimmten Individuum dann anzunehmen, wenn dieses z.B. zum **gezielten** Gegenstand von **Ermittlungen** seitens der Sicherheitsbehörden wird.[51] Dasselbe kann u.U. gelten, wenn ein (neuer) Geschäftspartner Veranlassung sieht, über den jeweils anderen Akten (einen Daten-

---

63737/00, CEDH 2003-IX, Rn. 38, 40 – Perry v. Verein. Königr.; EGMR, Urt. v. 28.1.2003 – 44647/98, CEDH 2003-I, ÖJZ 2004, 651, Rn. 59 – Peck ./. GB.

[43] Vgl. nochmals EGMR, Urt. v. 17.7.2003 – 63737/00, CEDH 2003-IX, Rn. 37 ff. – Perry v. Verein. Königr.

[44] Vgl. EKMR v. 19.5.1994 – 15225/89, Rn. 48 ff. (i.V.m. EGMR, Urt. v. 31.1.1995 – 15225/89, Série A no. 305-B) – Friedl ./. Österreich.

[45] Aber kein Eingriff, wenn die Fotos in anderem Verfahren – z.B. bei Passanträgen – freiwillig gegeben wurden, vgl. EGMR vom 7.12.92, Nr. 18395/91 – Lupker ./. Niederlande, gemäß Hinweis in EGMR, Urt. v. 17.7.2003 – 63737/00, CEDH 2003-IX, Rn. 42 – Perry v. Verein. Königr.

[46] Vgl. EGMR, Urt. v. 11.1.2005 – 50774/99, CEDH 2005-I, Rn. 26 ff. – Sciacca ./. Italien; EGMR, Urt. v. 28.1.2003 – 44647/98, CEDH 2003-I, ÖJZ 2004, 651, Rn. 60 ff. – Peck ./. GB.

[47] Vgl. das Zitat → Rn. 5; die Formulierung ist gleichermaßen enthalten in EGMR (Große Kammer), Urt. v. 4.5.2000 – 28341/95, CEDH 2000-V, Rn. 43 a.E. – Rotaru ./. Rumänien; EGMR, Urt. v. 31.5.2005 – 64330/01, ECLI:CE:ECHR:2005:0531JUD006433001,Rn. 62 – Antunes Rocha ./. Portugal; EGMR, Urt. v. 6.6.2006 – 62332/00, CEDH 2006-VII, Rn. 72 – Segerstedt-Wiberg ./. Schweden; EGMR, Urt. v. 1.7.2008 – 42250/02, ECLI:CE:ECHR:2008:0701JUD004225002, Rn. 130 – Calmanovici ./. Rumänien; EGMR, Urt. v. 18.11.2008 – 22427/04, ECLI:CE:ECHR: 2008:1118JUD002242704 Rn. 33 – Cemalettin Canli ./. Türkei. Eine Abweichung findet sich in einigen überwiegend älteren Entscheidungen, in denen von „systematisch[em] *oder* dauerhaft[em]" Speichern die Rede ist (Hervorhebung hinzugefügt): EGMR, Urt. v. 25.9.2001 – 44787/98, CEDH 2001-IX, ÖJZ 2002, 911, Rn. 57 – P.G. & J.H. ./. Verein. Königr.; EGMR, Urt. v. 28.1. 003 – 44647/98, CEDH 2003-I, ÖJZ 2004, 651, Rn. 59 – Peck ./. GB; EGMR, Urt. v. 17.7. 2003 – 63737/00, CEDH 2003-IX, Rn. 38 – Perry v. Verein. Königr.; in jüngerer Zeit noch EGMR, Urt. v. 2.9.2010 – 35623/05, CEDH 220-VI, NJW 2011, 1333, Rn. 44 – Uzun ./. Deutschland; diese Abweichung war für den Inhalt der jeweils getroffenen Entscheidung jedoch belanglos.

[48] Im Originaltext: „the compilation of data ... on particular individuals", EGMR Urt. v. 28.1.2003 – 44647/98, CEDH 2003-I, ÖJZ 2004, 651, Rn. 59 – Peck ./. GB.; übereinstimmend EGMR, Urt. v. 17.7.2003 – 63737/00, CEDH 2003-IX, Rn. 38 – Perry v. Verein. Königr; ähnlich EGMR, Urt. v. 25.9.2001 – 44787/98, CEDH 2001-IX, ÖJZ 2002, 911, Rn. 57 – P.G. & J.H. ./. Verein. Königr. : „files gathered ... on a particular individual"; EGMR, Urt. v. 2.9.2010 – 35623/05, CEDH 220-VI, NJW 2011, 1333, Rn. 46 – Uzun ./. Deutschland : „systematic collection and storing of data ... on particular individuals", franz.: la collecte et la conservation systématiques d'informations ... sur certains individus". „Particular" bzw. „certain" mit „bestimmt(e)-" zu übersetzen, wäre wegen Verwechslungsgefahr mit der Definition für personenbezogene Daten in Art. 2 lit. a der Konvention 108 (unten Fn. 56), in Art. 2 lit. DSRL, auch in § 3 Abs. 1 BDSG-alt irreführend, wo es im Englischen „identified" bzw. franz. „identifié" heißt.

[49] Näheres dazu → § 16.

[50] Dazu → § 10 Rn. 3 f.

[51] Vgl. die dementsprechende Regelung in § 1 Abs. 7 des britischen Data Protection Act 1984 – „Processing ... by reference to the data subject; dazu *Bygrave*, Data Protection Law, S. 49 f.; *H. Rowe*, Data Protection Act: a practical guide, 1999, Kap. 5 sub (4), (g).

satz) anzulegen. Umgekehrt entbehrt die Erwähnung eines Namens in einem Gesprächsprotokoll oder eines Zeugen in einem Unfallbericht der „Systematik" gegenüber den in dieser Weise „betroffenen" Personen.[52] Noch mehr sollte das für die Funktion personenbezogener Informationen im Rahmen des technischen Ablaufs der Datenverarbeitung – auch bei reinen Suchprozessen – gelten.[53]

E. Persönlichkeitsschutz

Zusammengefasst beinhaltet die sachorientierte Bemühung um eine extensive Interpretation des Art. 8 Abs. 1 EMRK **nicht etwa die** *grenzenlose* **Ausweitung auf jegliche personenbezogenen Informationen.**[54] Diese sind für den *EGMR* nicht per se Schutzgut i.S.d. Art. 8 Abs. 1 EMRK.[55] Daran ändert sich auch nichts durch gelegentliche *Hinweise* des Gerichts auf die mit dem BDSG (1977) korrelierende Definition personenbezogener Daten in der Datenschutzkonvention des Europarats.[56] Auch die Frage, ob es überhaupt „belanglose Daten" gäbe oder nicht,[57] ist beim *EGMR* kein Thema. Denn für die Menschenrechtsgarantie des Art. 8 verbleibt es ungeachtet möglicher zusätzlicher Schutzelemente auf anderer Ebene bei der Herausarbeitung **gesonderter inhaltlicher Kriterien** des „Privatlebens",[58] mögen diese auch für Bereiche außerhalb der „Wohnung" und in der Öffentlichkeit durchaus Bedeutung erlangen. Vom Wortlaut herkommend geht es vorrangig um Privatleben bzw. *Privatheit*; dieser Topos ist jedoch vom Gericht weiterentwickelt und ausgeweitet worden zu dem, was Persönlichkeitsschutz gerade auch im sozialen Bereich ausmacht. Das Ergebnis mag man, stellt man auf dem Ein- **13**

---

[52] Vgl. EGMR, Urt. v. 4.1.2007 – 39658/05, ECLI:CE:ECHR:2007:0104DEC003965805, Abschn. „Facts" und „The Law" – Smith ./. Vereinigtes Königr.; *Kranenborg*, CMLR 45 (2008), 1079 (1092f., 1105ff.); zum Sprecher in der Öffentlichkeit (eines Parlamentariers) EGMR Urt. v. 13.4.2009 – 37374/05, ECLI:CE:ECHR:2009:0414JUD003737405 Rn. 37 – Társaság ./. Ungarn. Zur anders orientierten Rechtsprechung des *EuGH* → § 7 Rn. 10ff.

[53] Vgl. dazu *Roßnagel/Pfitzmann/Garstka*, Gutachten, 2001, 68f.; dies., Modernisierung des Datenschutzrechts, DuD 2001, 253 (257).

[54] An diesem Befund richten *De Hert/Gutwirth*, in: Reviewing Data Protection?, S. Gutwirth u.a. (Hrsg.), Dordrecht 2009, S. 3 (insbes. 24–26), – umgekehrt – ihre weitreichende Kritik an der Rechtsprechung des EGMR aus.

[55] Vgl. dazu die Entscheidung EGMR, Urt. v. 4.12.2008 – 30562/04, CEDH 2008-V, NJOZ 2010, 696, Rn. 67 – Marper ./. Vereinigtes Königr.: „zu berücksichtigen [ist] … der besondere Zusammenhang …, in dem die Informationen gesammelt und gespeichert wurden, sowie die Art der Informationen, die Form ihrer Verwendung und Verarbeitung und das Ergebnis, zu dem das führen kann".

[56] Vgl. Art. 2 lit. a des Übereinkommens zum Schutz der Menschen bei der automatisierten Verarbeitung personenbezogener Daten (Konvention 108) v. 28.1.81, BGBl. 1985 II S. 539, Änderung vom 16.8.02, BGBl. 2002 II S. 1882. Entsprechende Hinweise des EGMR u.a. in EGMR Urt. v. 16.2.2000 – 27798/95, CEDH 2000-II, ÖJZ 2001, 71, Rn. 65 – Amann ./. Schweiz; in EGMR (Große Kammer), Urt. v. 4.5.2000 – 28341/95, CEDH 2000-V, Rn. 42ff. – Rotaru ./. Rumänien; in EGMR, Urt. v. 2.9.2010 – 35623/05, CEDH 220-VI, NJW 2011, 1333, Rn. 46 – Uzun ./. Deutschland; dazu *Oliver*, CMLRev 46 (2009), 1443 (1450); auch *Kranenborg*, CMLR 45 (2008), 1079 (1084f., 1091f.); *Siemen*, S. 121; dem bloßen Hinweischarakter trägt *R.J. Schweitzer*, DuD 2009, 462 (465), nicht Rechnung.

[57] Vgl. dazu → § 3 Rn. 5.

[58] Übereinstimmend zur Rechtsprechung des EGMR *Kokott/Sobotta*, The Distinction between privacy and data protection in the jurisprudence of the CJEU and the ECtHR, in: Data Protection Annno 2014, Contributions in honour of Peter Hustinx, Hijmans u.a., Hg., S. 83 (86f.); *dies.*, IDPL 2013, 222 (223f.); *Hustinx*, The EU data protection law, S. 7 mit Fn. 25; beachte *Schiedermair*, Der Schutz des Privaten als internationales Grundrecht, 2012, S. 239ff.

zelnen daraus erwachsende Autonomieaspekte[59] ab, **informationelle *Mit*bestimmung**[60] nennen.[61]

[59] Ausdrücklich nimmt der EGMR den Autonomiegedanken – ein Selbstbestimmungsrecht als Bestandteil des Art. 8 EMRK – in seiner Entscheidung EGMR, Urt. v. 29.4.2002 – 2346/02, CEDH 2002-III, Rn. 61 – Pretty ./. Vereingt. Königr. – auf; dabei ging es aber gerade nicht um Information, sondern darum, den Freitod zu wählen.

[60] Vgl. zu dieser Formulierung *Bygrave* , Data Protection Law, S. 154; Gola/Schomerus/*Gola*/*Köffer*/*Klug* BDSG § 1 Rn. 13; *Tinnefeld*/*Buchner*/*Petri*, S. 100, sprechen von einem „(Mit-)Gestaltungsrecht", S. 104 von „(mit)bestimmen".

[61] Das R. a. i. S. ist aus der Rechtsprechung des EGMR zu Art. 8 EMRK nicht herleitbar; übereinstimmend *Albers*, Informationelle Selbstbestimmung, 2005, S. 297; desgl. zu Art. 8 Pabel/Schmahl/*Wildhaber*, IntKommEMRK, Lfg. 4/92, Art. 8 Rn. 336f.; auch *R. H. Weber*/*Sommerhalder*, Das Recht der personenbezogenen Informationen, S. 76; *Florian Fischer*, Rheinischer Kommentar zur europäischen Menschenrechtskonvention, 2015, Rn. 144. A. A. Dörr/Grote/Marauhn/*Marauhn*/*Thorn*, EMRK/GG Konkordanz Kommentar, 2013, Kap. 16 Rn. 28f.; *Mehring*, Europarecht 1991, 369 (371ff.); Schulze/Zuleeg/Kadelbach/*Holznagel*/*Dietze*, Europarecht, 2015, § 37 Rn. 2; Grabenwarter/*Pabel*, § 22 Rn. 40; Belser/Epiney/Waldmann/*Epiney*/*Schleiss*, § 3 Rn. 12.

§ 7. Grundrechtliche Gewährleistungen in der EU

Literatur: *Adamski,* Approximating a workable compromise on access to official documents: The 2011 developments in the European courts, CMLRev 49 (2012), 521; *Buchner,* Grundsätze und Rechtmäßigkeit der Datenverarbeitung unter der DS-GVO, DuD 2016, 155; *De Hert/ Gutwirth,* Data Protection in the Case Law of Strasbourg and Luxemburg: Constitutionalisation in Action, in: Reviewing Data Protection?, Gutwirth u. a., Hrsg., 2009; *Hustinx,* The EU data protection law: The review of directive 95/46/EG and the proposed general data protection regulation, 2015, www.secure.edps.europa.eu/EDPSWEB/webdav/site/mySite/shared/Documents/ EDPS/Publications/Speeches/2014/14-09-15_Article_EUI_EN.pdf; *Kirchhof,* Steueranspruch und Informationseingriff, in: Festschrift für *Tipke,* Hrsg. von J. Lang, 1995, S. 27; *Kranenborg,* Access to documents and data protection in the European Union: On the public nature of personal Data, CMLRev 45 (2008), 1079; *Lynskey,* From Market-Making Tool to Fundamental Right: The Role of the Court of Justice in Data Protecion's Identity Crisis, in: Gutwirth u. a., Hrsg., European Data Protection: Coming of Age, 2013; Peers/Hervey/Kenner/Ward/*Kranenborg,* The EU-Charter of Fundamental Rights, Art. 8 Rn. 08.25; *Seer,* Datenschutz im Besteuerungsverfahren, in: Festschrift für Meilicke, Hrsg. von Herlinghaus, 2010, S. 687.

A. Rechtlicher Rahmen

I. Rechtsetzungskompetenz der EU

Art. 16 Abs. 2 AEUV begründet nunmehr eine ausdrückliche, selbständige **1** Rechtssetzungskompetenz für unionsrechtliches Datenschutzrecht. Zuvor war wesentlicher Anknüpfungspunkt die Kompetenz zur **Verwirklichung des Binnenmarktes,**[1] worauf sich insbesondere die Datenschutzrichtlinie vom 24.10.1995 (DSRL)[2] gestützt hat.

2003 hat der *EuGH* im Urteil zum *Österreichischen Rundfunk (ORF)*[3] eine un- **2** gewöhnliche Ausweitung des Geltungsbereichs dieser Richtlinie vorgenommen. Danach ist Binnenmarktrelevanz einer die Informationsverarbeitung betreffenden nationalen Regelung unabhängig davon gegeben, ob die von einer solchen Regelung erfassten Sachlagen jeweils von zwischenstaatlicher Bedeutung sind. Die vom österreichischen Gesetzgeber vorgesehene Offenlegung der Höhe von Gehältern Bediensteter der öffentlichen Hand – auf den ersten Blick eine rein innerösterreichische Angelegenheit – gehörte dazu. Die Kompetenz der europäischen Gemeinschaft zur Verwirklichung des gemeinsamen Binnenmarkts[4] verbunden mit der Tatsache, dass „**alle** personenbezogenen **Daten zwischen den Mitgliedstaaten übermittelt werden können**", ließen den *EuGH* auf die Anwendbarkeit der Richtlinie schließen. Es könne nicht darauf ankommen, ob beim jeweiligen konkreten Sachverhalt ein hinreichender Zusammenhang mit der Ausübung der im EG-Vertrag garantierten Grundfreiheiten – hier insbesondere mit der Arbeitnehmerfreizügigkeit – bestehe; andernfalls bliebe eine Abgrenzung des Anwendungsbereichs der Richtlinie immer ungewiss und von Zufälligkeiten abhängig. Es handele sich *nicht* um eine Tätigkeit, die im Sinne des Art. 3 Abs. 2 der Richtlinie „nicht in den *Anwendungsbereich des Gemeinschaftsrechts*" falle. – Die besondere Qualität von Information lässt diese Lösung pragmatisch gerechtfertigt erscheinen.[5]

---

[1] Vgl. Art. 100a EGV i. d. F. bis 1997 bzw. nachfolgend Art. 95 EGV, jetzt Art. 114 AEUV.

[2] ABl. 1995 L 281, Einleitungssatz.

[3] EuGH, Urt. v. 20.5.2003 – C-465/00 u. a., Slg. 2003, I-04989, RDV 2003, 231, Rn. 39 ff.; nachfolgende Hervorhebungen sind hinzugefügt.

[4] Gemäß der damaligen gesetzlichen Formulierung „zur schrittweisen Verwirklichung" desselben.

[5] Vgl. zu dieser Entscheidung (kritisch) *Lynskey,* 66 f.: *Britz,* EuGRZ 2009, 1 (4 f.); *Ruffert,* EuGRZ 2004, 466 (467 ff.; *Siemen,* EuR 2004, 306; *Classen,* CMLRev 41, 1377 (1382); anders *Coudray,* CMLRev 41, 1361 (1369 ff.).

3 Der Ansatz ist von Bedeutung für die Interpretation von Art. 16 Abs. 2 AEUV geworden. Denn dieser räumt der EU u. a. die Kompetenz ein, Vorschriften über den Schutz personenbezogener Daten bei der Verarbeitung durch die Mitgliedstaaten zu erlassen, wenngleich dem Wortlaut nach nur „im Rahmen der Ausübung von Tätigkeiten, die in den *Anwendungsbereich des Unionsrechts* fallen". Doch hat die Entwicklung dahin geführt, dass, sieht man von Informationsverarbeitung im privat-persönlichen Bereich ab, neben dem allgemeinen Subsidiaritäts- und Verhältnismäßigkeitsgrundsatz[6] **keine Kompetenzgrenzen** mehr greifbar sind.[7]

4 Losgelöst von Marktrelevanz hat sich die Kompetenz insbesondere ausgeweitet auf weite Bereiche der **öffentlichen Verwaltung**[8] und der Justiz.[9] Das gilt insbesondere auch für die Bekämpfung von Straftaten, welche – vormals der „Dritten Säule" gem. Art. 29 ff. EUV a. F. unterfallend – vom Anwendungsbereich der DSRL ausdrücklich ausgeschlossen wurde.[10] Aufgrund der alten Rechtslage ist noch 2008 der Rahmenbeschluss „über den Schutz personenbezogener Daten ... [bei] der polizeilichen und justiziellen Zusammenarbeit in Strafsachen" ergangen,[11] gemäß Art. 1 Abs. 2 eingeschränkt auf Datenverarbeitungsvorgänge jenseits der nationalen Ebene der Mitgliedstaaten. Demgegenüber gilt Art. 16 Abs. 2 AEUV als die erforderliche Rechtsgrundlage für die Regelung auch der lokalen Datenverarbeitung in der öffentlichen Verwaltung.[12]

II. Grundrechtlicher Gewährleistungsbereich in der EU

5 Diese Entwicklung hat nachhaltige Konsequenzen für den grundrechtlichen Gewährleistungsbereich. Schon die ungeschriebenen Grundrechte aufgrund gemeinsamer Verfassungsüberlieferungen der Mitgliedstaaten galten und gelten gemäß Rechtsprechung des *EuGH* **im Anwendungsbereich** des Gemeinschaftsrechts.[13] Art. 51 Abs. 1 S. 1 GRCh enthält eine restriktivere Formulierung, insoweit sie den Geltungsbereich der Grundrechte gegenüber den Mitgliedstaaten „ausschließlich" auf die **„Durchführung** des Rechts der Union" erstreckt. Nach der Rechtsprechung des *EuGH* und nach vorherrschender Auffassung ist hierin jedoch keine Änderung gegenüber der früheren Terminologie zu finden.[14] Im Ergebnis gelangt

---

⁶ Gemäß Art. 5 EUV.

⁷ Vgl. Calliess/Ruffert/*Kingreen*, EUV/AEUV, AEUV Art. 16 Rn. 6 i. V. m. Art. 51 GRCh Rn. 8; *Streinz*, AEUV Art. 16 Rn. 8; *Spiecker Döhmann*, JZ 2011, 172: „umfassende datenschutzrechtliche Kompetenznorm"; *J.-P. Schneider,* in: BeckOK, Datenschutzrecht, Völker- und unionsrechtliche Grundlagen, 2017, Rn. 36; *v. Lewinski*, DuD 2012, 564 (566); a. A. *Giesen*, CR 2012, 550 (554).

⁸ Vgl. für die Kommunalverwaltung schon vor In-Kraft-Treten des Lissabon-Vertrags, auch im Anschluss an *ORF* (→ Fn. 3) EuGH Urt. v. 7.5.2009 – C-553/07, Slg. 2009, I-03889 – Rijkeboer.

⁹ Diesbezüglich zur Gerichtsbarkeit mit Bezug auf die DS-GVO → § 25 Rn. 2.

¹⁰ Vgl. Art. 3 Abs. 2 Spiegelstr. 1 derselben.

¹¹ Rahmenbeschluss 2008/977/JI des Rates vom 27.11.2008, ABl. 2008 L 350/60; dessen Aufhebung per 6.5.2018 durch Art. 59 Abs. 1 JI-RL; dazu → § 8 Rn. 6 ff.

¹² *Europäische Kommission,* Stellungnahme, KOM(2012)9638 endg.; *dies.,* KOM(2012)10 endg., S. 2; *Nguyen*, Zeitschr. für europ. Studien (ZEuS) 2012, 277 (288); *Hijmans/Scirocco*, CMLRev 46 (2009), 1485 (1494, 1502, 1519); auch *Bäcker/Hornung*, ZD 2012, 147 (149); a. A. *Bundesrat*, BRDrs. 51/12 (Beschluss) (2) v. 30.3.2012, Abschn. 5, 6; kritisch auch *Kugelmann*, Datenschutz bei Polizei und Justiz, DuD 2012, 581 ff.

¹³ Vgl. dazu die Erläuterungen des Präsidiums des *Grundrechte-Konvents* zu Art. 51 GRCh, ABl. 2007 C 303, 17 (32), und zwar unter Bezugnahme auf EuGH, Urt. v. 13.7.1989 – C-5/88, Slg. 1989, 02609, Rn. 16 ff – Wachauf; EuGH, Urt. v. 18.6.1991 – C-260/89, Slg. 1991, I-02925, Rn. 42 f., JZ 92, 682 – ERT; EuGH, Urt. v. 18.12.1997 – C-309/96, Slg. 1997, I-07293, Rn. 12 ff. – Annibaldi.

¹⁴ Zustimmend *Jarass*, NVwZ 2012, 457 ff.; jüngst bekräftigt und vertieft durch EuGH, Urt. v. 26.2.2013 – C-617/10, NJW 2013, 1415 = JZ 2013, 613, Rn. 19 ff. – Akerberg Fransson; hierzu kritisch BVerfG, Urt. v. 24.4.2013 – 1 BvR 1215/07, JZ 2013, 621 = ZD 2013, 328, Rn. 88 ff. – ATDG,

man damit im Fall umfassender unionsrechtlicher Legeferierung des Datenschutz-rechts auch zu umfassender Wirksamkeit der entsprechenden grundrechtlichen Gewährleistungen im Unionsrecht.[15] Diese verdrängen die grundrechtlichen Bestimmungen der Mitgliedstaaten jedenfalls insoweit, als das unionsrechtliche Sekundärrecht Umsetzungsspielräume nicht vorsieht.[16]

B. Der vor Inkrafttreten der Grundrechte-Charta (bis zum 1.12.2009) gewährleistete Schutz

I. Persönlichkeitsschutz und Transparenz bei der öffentlichen Hand

1. Namen(sliste) von Lobbyisten

Im Verfahren *Bavarian Lager ./. Europäische Kommission* vor dem EuG[17] ver- **6** langte die Klägerin – die in England bayerisches Bier vertreiben wollte – die Einsicht in das Protokoll einer bei der Kommission durchgeführten Sitzung,[18] an welcher auch Vertreter europäischer Bierbrauer teilgenommen hatten. Rechtsgrundlage für das Verlangen war die VO über öffentlichen Zugang zu Dokumenten der EG-Organe.[19] Die Kommission stützte sich für ihre Weigerung, die im Protokoll enthaltenen **Namen der Teilnehmer** offen zu legen, auf eine Ausnahmeregelung in Art. 4 der VO, der zufolge der Zugang verweigert wird, sofern ein solcher den „Schutz der Privatsphäre und der Integrität des Einzelnen, *insbesondere gemäß den Rechtsvorschriften… über den Schutz personenbezogener Daten*", untergraben würde.[20]

Das Gericht setzte dem – in wesentlicher Übereinstimmung mit dem Europä- **7** ischen Datenschutzbeauftragten[21] – entgegen:

> „Auch bedeutet der Umstand, dass der Begriff ‚Privatleben' nach der Rechtsprechung des *EGMR* weit gefasst ist und dass das Recht auf Schutz personenbezogener Daten einer der Aspekte des Rechts auf Achtung des Privatlebens sein kann…, nicht, dass alle personenbezogenen Daten notwendig unter den Begriff ‚Privatsphäre' fallen… Erst recht sind **nicht alle personenbezogenen Daten** ihrer Art nach **geeignet, die Privatsphäre** des Betroffenen **zu beeinträchtigen.**"[22]

Damit nahm das *EuG* zur Ausfüllung sekundären Gemeinschaftsrechts auf die **8** oben dargestellte Rechtsprechung zu Art. 8 EMRK Bezug und bestätigte diese zugleich. Es gab der Klage mangels einer zu gewärtigenden Beeinträchtigung der Privatsphäre durch Offenlegung der Namen statt.[23]

Man kann zwei Kriterien unterscheiden, die hier zusammen gekommen sind und **9** die dem Erfordernis von Persönlichkeitsschutz vermindertes Gewicht zukommen ließen. Zum einen handelte es sich bei der Tätigkeit von Verbandsvertretern/ Lobbyisten gegenüber mit Hoheitsgewalt ausgestatteten Organen um **öffentliche**

---

sowie *Grimm*, JZ 2013, 585 (590 ff.); demgegenüber zustimmend *Winter*, NZA 2013, 473, sowie *Weiß*, EuZW 2013, 287; beachte dazu *Fontanelli*, European Constitutional Law Review 9 (2013), 315 ff.; beachte weiterhin EuGH Urt. v. 30.4.2014 – C-390/12, EuZW 2014, 597 – Pfleger.

[15] Vgl. Grabitz/Hilf/Nettesheim/*Sabotta* Das Recht der EU, 61. ErgLfg, AEUV Art. 16 Rn. 14.

[16] Vgl. *Thym*, NVwZ 2013, 889 ff.; *Kingreen*, JZ 2013, 801 (806 ff.); *Streinz*, in: Festschrift für Dauses, 2014, S. 429 ff.

[17] EuG, Urt. v. 8.11.2007 – T-194/04, Slg. 2007, II-04523.

[18] Die im Rahmen eines zwischenzeitlich beendeten Vertragsverletzungsverfahrens stattfand, vgl. zu diesem Art. 258 AEUV.

[19] VO (EG) 1049/2001 v. 30.5.2001, ABl. 2001 L 145, 43.

[20] EuG, Urt. v. 8.11.2007 – T-194/04, Slg. 2007, II-04523 Rn. 69 ff.

[21] Vgl. EuG, Urt. v. 8.11.2007 – T-194/04, Slg. 2007, II-04523 Rn. 67 f.

[22] EuG, Urt. v. 8.11.2007 – T-194/04, Slg. 2007, II-04523 Rn. 118 f.

[23] Zustimmend *Kranenborg*, CMLRev 45 (2008), 1079 (1093).

Angelegenheiten, die typischerweise dem demokratischen Transparenzgebot unterliegen.[24] Zum anderen ging es der Klägerin erkennbar nicht darum, über *jeweilige natürliche Personen systematisch* Informationen zu sammeln,[25] sondern vielmehr darum, der interessengeleiteten Geschäftspolitik konkurrierender Firmen in Brüssel genauer nachzuspüren.

10　　Im Rechtsmittelverfahren hat der **EuGH diese Entscheidung aufgehoben.**[26] Das fiel ihm subsumtionstechnisch nicht schwer.[27] Denn das *EuG* hatte dem Weiterverweis in Art. 4 der VO auf die „Rechtsvorschriften über den Schutz personenbezogener Daten" kein eigenes Gewicht beigemessen. Inhaltlich führte der Verweis auf die Datenschutz-VO für Organe der EG.[28] Art. 8 lit. b dieser VO sieht vor, dass der Empfänger einer Informationsübermittlung deren „Notwendigkeit" nachweisen muss. Ein entsprechender Nachweis war, wie der Gerichtshof feststellte, vom Kläger nicht erbracht worden.[29]

11　　Das für das Datenschutzrecht kennzeichnende Erforderlichkeitsprinzip[30] kam dabei voll zur Geltung.[31] Allerdings verblieb der *EuGH,* anders als das erstinstanzliche Gericht, bei seiner Argumentation ganz auf der sekundärrechtlichen Ebene, unter Verzicht auf eine verfassungs-(primärrechts-)konforme Interpretation zumal im Kontext der EMRK. Dennoch kann man die Aussagen dieser Entscheidung für verfassungsrechtliche Fragestellungen nicht einfach beiseite legen. Aus ihr leitet sich nämlich die Erkenntnis ab, dass, soweit man von der Schutzwürdigkeit *jedweder* „personenbezogener Daten" ausgeht, der verfassungsrechtliche **Konflikt zwischen Persönlichkeitsschutz** einerseits **und Informationszugangsfreiheit** andererseits **kaum zu lösen** ist. Denn immerhin enthält ein großer Teil der für diese in Betracht kommenden Dokumente die Namen irgendwie am jeweiligen Vorgang beteiligter Personen, so dass vom diese Freiheit ausmachenden *ungehinderten* (unbegründeten, nicht „erforderlichen") Zugang des Bürgers wenig übrig bleiben könnte.[32] Hinzu kommt der verfassungsrechtlich bedeutsame, enge Zusammenhang mit der aus Informationszugangsfreiheit schöpfenden Pressefreiheit,[33] zu deren Absicherung datenschutzrechtlich umgekehrt gerade ein weitgehendes Medienprivileg vorgesehen ist.[34]

---

[24] Vgl. Art. 15 AEUV; Art. 42 GRCh.

[25] Vgl. dazu → § 6 Rn. 12; beachte die GA *Scharpston,* SchlA v. 15.10.2009 – C-28/08 P, Slg. 2010, I-06055 Abschn. 138 f., 158 ff. – Bavarian Lager.

[26] EuGH, Urt. v. 29.6.2010 – C-28/08 P, Slg. 2010, I-06055, EuGRZ 10, 469, und zwar entgegen dem Votum der GA *Scharpston,* SchlA v. 15.10.2009 – C-28/08 P, Slg. 2010, I-06055 Abschn. 226.

[27] Beachte dazu die Kritik an der EuG-Entscheidung bei *De Hert/Gutwirth,* S. 39 ff.

[28] VO (EG) 45/2001 v. 18.12.2000, ABl. 2001 L 8, 1.

[29] EuGH, Urt. v. 29.6.2010 – C-28/08 P, Slg. 2010, I-06055, Abschn. 78, EuGRZ 20, 469; beachte demgegenüber für eine insgesamt andere Bewertung in Bezug auf eine Gästeliste der deutschen Kanzlerin VG Berlin, Urt. v. 7.4.2011 – 2 K 39.10, ZD 2011, 94, bestätigt durch OVG Berlin-Bbg, Urt. v. 20.3.2012 – OVG 12 B 27.11, DuD 2012, 687.

[30] Vgl. → § 12 Rn. 17 ff.

[31] Beachte dazu auch EuGH, Urt. v. 16.7.2015 – C-615/13 P (EuG), ZD 2015, 470 Rn. 58, wo die Erforderlichkeit bejaht wurde.

[32] Vgl. dazu *Kranenborg,* CMLRev 45 (2008), 1079 (1099), unter Bezugnahme auf entsprechende Äußerungen des Europäischen Bürgerbeauftragten und des Europäischen Datenschutzbeauftragten. Beachte immerhin die Ausnahmeklauseln zugunsten des Antragstellers nach § 5 Abs. 3, 4 IFG; ferner den Kommissionsvorschlag vom 30.4.2008 zur Änderung der VO (EG) 1049/2001, KOM(2008)229 endg., Art. 4 Abs. 5 (neu): „Namen, Titel und Funktionen von Inhabern öffentlicher Ämter, von Beamten und Interessenvertretern im Zusammenhang mit ihrer Berufstätigkeit sind offenzulegen …"

[33] Vgl. *Adamski,* CMLRev 49 (2012), 521 (547 ff.); weiter dazu → Rn. 25 f.

[34] Vgl. Art. 9 DSRL; § 41 BDSG-alt; Artt. 85 f. DS-GVO.

Insgesamt ist es deshalb schwer nachvollziehbar, weshalb der *EuGH* in *Bavarian* 12
Lager meinte, gerade zugunsten des Persönlichkeitsschutzes von Lobbyisten ein
Exempel statuieren zu sollen.[35]

2. Parlamentarische Aktivitäten

Im Verfahren *Dennekamp ./. Europäisches Parlament*[36] hat sich das EuG den 13
Vorgaben des EuGH in dessen *Bavarian-Lager*-Entscheidung voll angeschlossen.
Der klagende Journalist befasste sich mit den Kosten eines vom Parlament verab-
schiedeten Konzepts für zusätzliche Versorgungsbezüge der Abgeordneten, an dem
teilzuhaben letzteren die Möglichkeit eröffnet war. Er begehrte Zugang zu der Liste
derjenigen Parlamentsmitglieder, die an dem Zusatzversorgungsmodell partizipier-
ten, um etwaige **Interessenkonflikte auszuleuchten,**
Das Gericht meinte hingegen, dass die *Erforderlichkeit* i.S.d. EG-Datenschutz- 14
VO für die vom Kläger geforderte Informationsübermittlung nicht gegeben sei.
Dafür stützte es sich u.a. auf das von der Kommission vorgetragene Argument, die
notwendige Finanzkontrolle würde durch den Europäischen Rechnungshof und
den Haushaltsausschuss des Parlaments hinreichend realisiert. Dies ist ein Aspekt, den der EuGH bereits Jahre zuvor in seiner Entscheidung *Rechnungshof ./.
Österreichischer Rundfunk (ORF)* zugunsten von Datenschutz für (höhere) Ge-
hälter ins Spiel gebracht hatte.[37] Der Fall *Dennekamp* zeigt, wie ein solches
Argument die primäre **Verantwortlichkeit des Parlaments gegenüber den (Uni-
ons-)Bürgern** und die erforderliche „Beteiligung der Zivilgesellschaft … unter
weitestgehender Beachtung des Grundsatzes der Offenheit" (Art. 15 AEUV) ins
Leere laufen lässt.[38]

II. Persönlichkeitsschutz und Transparenz individueller wirtschaftlicher Verhältnisse

1. Überblick zu Einkünften (Deutschland, Österreich)

Das Merkmal Gehalt/Einkünfte – nebst entsprechender Steuerpflicht – hat im 15
übrigen seine eigene europäisch-datenschutzrechtliche Dimension insoweit, als
ausweislich einschlägiger Regelungen in den Mitgliedstaaten der Schutzbedarf unterschiedlich eingeschätzt wird.
In Deutschland ist die Einkommenshöhe vieler Beschäftigter bei jeweils be- 16
kannter beruflicher Position aus **Besoldungsordnungen** oder **Tarifverträgen**
überwiegend ableitbar. Für die je einzelnen Vorstandsmitglieder börsennotierter
Aktiengesellschaften findet die Offenlegung im Bundesanzeiger statt.[39] Die Veröf-
fentlichungspflicht für die Vergütung von Vorstandsmitgliedern der gesetzlichen

---

[35] Vgl. *Erd*, Lobbyismus vs. Datenschutz: Zugang zu Dokumenten der Gemeinschaftsorgane,
K&R 10, 562 ff.; *Schoch*, IFG, 2. Aufl. 2016, Einl Rn. 124; ausführliche Kritik bei *Leino*, CMLRev
48 (2011), 1215 (1234 ff.); schwankend in der Bewertung *Sanner*, EuZW 2010, 774 ff.; der Entscheidung zustimmend *Skouris*, MMR 2011, 423 (424).

[36] EuG, Urt. v. 23.11.2011 – T-82/09, Slg. 2011, II-00418.

[37] Vgl. EuGH, Urt. v. 20.5.2003 – C-465/00 u.a., Slg. 2003, I-04989, RDV 2003, 231, hier
Rn. 88.

[38] Vgl. *Adamski*, CMLRev 49 (2012), 521 (543 ff.) – Beachte dazu auch die die journalistische Erfassung blockierende Interpretation des § 5 Abs. 2 IFG durch Annahme der Mandatsbezogenheit
bei Informationen über Geräteanschaffungen (Füller, Digitalkameras) für BT-Abgeordnete, so VG
Berlin, Urt. v. 11.11.2010 – 2 K 35.10, und zwar sogar bei Schwärzung der Namen (Rn. 46).

[39] Im Anhang als Teil des Jahresabschlusses, vgl. §§ 285 Nr. 9a S. 4, 325 HGB.

Krankenversicherungen nach dem SGB[40] fand den Segen sowohl des BSG[41] als auch des BVerfG.[42]

17 Auch der österreichische Gesetzgeber hatte dem öffentlichen Informationsinteresse an den Bezügen (u.a.) von Mitarbeitern des Österreichischen Rundfunks den Vorzug gegeben. Demgegenüber äußerte der EuGH – unter Verweis auf Art. 8 Abs. 2 EMRK[43] – erhebliche Zweifel an der Notwendigkeit der vorgesehenen **namentlichen Offenlegung**,[44] überließ die Letztentscheidung allerdings dem Österreichischen Verfassungsgerichtshof. Dieser erklärte daraufhin die Veröffentlichung der Namen wegen Vorrangs des Gemeinschaftsrechts für unzulässig.[45]

18 Eher einen Sonderfall stellt die in vielen Staaten vorgesehene, weitgehende Transparenzpflicht bezüglich der **Einkünfte der Abgeordneten** in den Parlamenten dar.[46] Eine solche Regelung für den Deutschen Bundestag – umstritten in Ausmaß und näherer Ausgestaltung – wurde vom *BVerfG* mit (nur) 4:4 Stimmen gebilligt.[47]

2. Steuergeheimnis in Deutschland

19 Die Ambivalenz der Zuordnung von Informationen über Einkommens- wie auch Vermögensverhältnisse wird aus einer weiter ausgreifenden Bemerkung des *BVerfG* im Zusammenhang der Besteuerung von **Kapitalerträgen** ersichtlich:

> „Es kann *dahinstehen*, ob der Informationszugriff auf privates Finanzkapital und seine Erträge als Vorgang des marktoffenbaren Erwerbs ohne besonderen persönlichkeitsgeprägten Gehalt überhaupt vom Gewährleistungsinhalt des verfassungsrechtlichen Datenschutzes erfasst wird."[48]

20 Diese Aussage im „Zinsurteil" von 1991 hat als solche nachfolgend wenig Bedeutung erlangt.[49] Umgekehrt genießt das von den Amtsträgern zu wahrende **Steuergeheimnis** nach deutschem Recht inhaltlich aus § 30 AO, § 355 StGB umfassenden Schutz. Letzterer besteht – jedenfalls in wesentlichen Teilaspekten – den Darlegungen im *Flick*-Urteil (1984) zufolge **von Verfassungs wegen**, und zwar gemäß Art. 2 Abs. 1 i.V.m. Art. 1 Abs. 1 und Art. 14 GG im Rahmen „grundrechtliche[n] Datenschutz[es]"; allerdings sei das in § 30 AO umschriebene Geheimnis *„als solches* kein Grundrecht."[50]

---

[40] § 35a Abs. 6 S. 2 SGB IV.

[41] BSG, Urt. v. 4.7.2007 – B 1 A 3/06 R, NZS 2008, 89.

[42] BVerfG, Beschl. v. 25.2.2008 – 1 BvR 3255/07, NJW 2008, 1435 ff.

[43] Zum „symbiotischen Zusammenhang zwischen dem unionsrechtlichen Datenschutzrecht und Art. 8 EMRK" in dieser EuGH-Entscheidung *Schorkopf*, in. Ehlers, Hrsg., Europäische Grundrechte, 2009, § 16.1 Rn. 42; kritisch *Classen*, CMLRev 41 (2004), 1377 (1382 f.).

[44] Vgl. EuGH, Urt. v. 20.5.2003 – C-465/00 u.a., Slg. 2003, I-04989, RDV 2003, 231, Rn. 39 ff., auch Rn. 72.

[45] VfGH, Erkenntnis v. 28.11.2003 – KR1/00, Slg-Nr. 17065, Abschn. II 4b (vor 5).

[46] Nachweise in BVerfG, Urt. v. 4.7.2007 – 2 BvE 1/06 u.a., BVerfGE 118, 277 (356 f.).

[47] BVerfG, Urt. v. 4.7.2007 – 2 BvE 1/06 u.a., BVerfGE 118, 277 (352 ff., abw. Meinung 377 ff.); speziell zur Hervorhebung bzw. des Persönlichkeitsrechts bzw. des R.a. i.S. der Abgeordneten vgl. S. 307 f., 315 f., 385 ff., 393 ff.; zur Kritik an der Entscheidung *Linke*, NJW 2008, 24 (26 f.). Die Regelung selbst ist in der Anlage 1 der Geschäftsordnung des Bundestags enthalten.

[48] BVerfG, Urt. v. 27.6.1991 – 2 BvR 1493/89, BVerfGE 84, 239 (280) (Hervorhebung hinzugefügt); sehr ähnlich die Formulierung des *Schweizerischen Bundesgerichts* BGE 124 I 176, E. 5: „Die Frage, ob die allgemeine Zugänglichkeit der im Steuerausweis enthaltenen Daten überhaupt in den Schutzbereich der persönlichen Freiheit bzw. von Art. 8 EMRK fällt, kann offenbleiben …".

[49] Beachte *Seer*, FS Meilicke, S. 687 (S. 689 Fn. 9): bezüglich umfassenden Schutzes im Rahmen des R.a.i.S. „zweifelnd noch [!] BVerfG, Urt. v. 27.6.1991 – 2 BvR 1493/89, BVerfGE 84, 239, 278 ff."

[50] BVerfG, Urt. v. 17.7.1984 – 2 BvE 11/83 u.a., BVerfGE 67, 100 (142 f.).

Ausgehend von strikter Anwendung aus dem Volkszählungsurteil hergeleiteter **21** Grundsätze wird teilweise der verfassungsrechtliche Schutz für *jedwede* von § 30 AO umfasste Information zugrunde gelegt.[51] Aber eine solche Folgerung versteht sich nicht von selbst. Das BVerfG selbst argumentierte im Flick-Urteil durchaus differenziert von den betroffenen Inhalten her:

„Die Angaben, die ein Steuerpflichtiger…[dem Finanzamt] zu machen hat, ermöglichen weitreichende Einblicke in die persönlichen Verhältnisse… (bis hin beispielsweise zu gesundheitlichen Gebrechen, religiösen Bindungen, Ehe- und Familienverhältnissen oder politischen Verbindungen) *und* in die beruflichen, betrieblichen, unternehmerischen oder sonstigen wirtschaftlichen Verhältnisse."[52]

Informationen in Bezug auf die zweite Gruppe von „Verhältnissen" haben eine **22** nähere **Beziehung zum „marktoffenbaren Erwerb"** i. S. d. Ausführungen im Zinsurteil. Zudem merkte das *BVerfG* im Flick-Urteil an:

„Dabei kann hier *dahinstehen, ob alle Tatbestände des § 30 AO* durch verfassungsrechtliche Anforderungen an den Schutz individualisierter und individualisierbarer steuerlicher Daten *geboten sind* oder ihnen genügen."[53]

Darin zeigt sich eine Verbindung zwischen den beiden Entscheidungen. Wieder- **23** kehrend offene Formulierungen (zum „Dahinstehen" des Umfangs des Schutzbereichs) von verfassungsgerichtlicher Seite sollten (umso mehr) geeignet sein, **dem** *Gesetzgeber* **neue Wege** für den Fall **offen zu halten**, dass er zu einer veränderten finanz- bzw. sozialpolitischen Einschätzung gebotener Stringenz des Steuergeheimnisses gelangen würde. Als verfassungsrechtliche Bewertung ist diese klar zu trennen von der rechts*politischen* Frage, wie man z. B. den im Deutschen Bundestag 1950 gescheiterten Antrag, Steuerlisten offenzulegen,[54] beurteilt.[55]

3. Einkünfte, Vermögen, Steuern: Transparenz in Europa

Die Möglichkeit der **Einsichtnahme in Steuerlisten** entspricht dem Recht einer **24** Reihe von Mitgliedstaaten der EU – Schweden, Finnland, Italien, Frankreich – wie auch dem Recht Norwegens und diversen Kantonen der Schweiz.[56] Eine spezifische europäische Norm besteht diesbezüglich nicht. Das Einsichtsrecht hat – zumal nach den Grundsätzen der ORF-Entscheidung – Binnenmarktrelevanz, sei es (z. B.) mit Blick auf die Verhandlungsposition von Kaufleuten bei Abschluss grenzüberschreitender Rechtsgeschäfte, sei es mit Blick auf die Arbeitnehmerfreizügigkeit. Soweit

---

[51] Dezidiert in diesem Sinn *Seer*, FS Meilicke, S. 689 f.; auch Roßnagel, HdB DatenSR/ *Miedbrodt*, Abschn. 4.9 Rn. 52 a. E.; eher abwägend Klein/*Rüsken*, AO, 12. Aufl. 2014, § 30 Rn. 2; HHSp. AO/*Alber*, Lfg. 175 Oktober 2002, § 30 Rn. 12 ff.; Tipke/Kruse/*Drüen*, AO/FGO, 149. Lfg 07.2017, AO § 30 Rn. 6; Pahlke/Koenig/*Intemann*, 2. Aufl. 2009, AO § 30 Rn. 5; vgl. auch BFH, Beschl. v. 4.10.2007 – VII B 110/07, NJW 2007, 3742 (3743r).

[52] BVerfG, Urt. v. 17.7.1984 – 2 BvE 11/83 u. a., BVerfGE 67, 100 (142) – Hervorhebung hinzugefügt.

[53] BVerfG, Urt. v. 17.7.1984 – 2 BvE 11/83 u. a., BVerfGE 67, 100 (144) – Hervorhebung hinzugefügt.

[54] Verhandlungen des Deutschen Bundestages Bd. 7, 1. Wahlperiode, 145. Sitzung vom 31.5.1951 (5709 ff., 5740-45); auch Bd. 3, 1. Wahlperiode, 63. Sitzung vom 11.5.1959 (2292 ff.); beachte die entsprechende Forderung der Sozialdemokratie in den 1920er Jahren, dazu RT-Drs. V/1234.

[55] Übereinstimmend für die verfassungsrechtliche Zulässigkeit der Offenlegung von Steuerlisten *P. Kirchhof*, FS Tipke, S. 27 (40).

[56] Vgl. den Ländervergleich bei *Tipke*, Steuerrechtsordnung I, S. 214 ff.; HHSp AO/*Alber*, Lfg. 175 Oktober 2002, AO § 30 Rn. 11; ferner bei *Kruse*, Über das Steuergeheimnis, BB 1998, 2133 (2134). Zum Kanton Zürich vgl. *Schweizerisches Bundesgerichts* BGE 124 I 176, E. 5, zu Frankreich EGMR, Urt. v. 21.1.1999 – 29183/95, CEHD 1999-I – Fressoz & Roire ./. Frankr.; zu Schweden EGMR, Urt. v. 11.12.1985 – 10473/83, 45 DR 121 – Lundvall ./. Schweden.

es um die Steuerdaten natürlicher Personen geht, mag sich seit In-Kraft-Treten des Lissabon-Vertrages eine entsprechende Regelungskompetenz der EU zur Festlegung vertraulicher Behandlung der Daten aus Art. 16 Abs. 2 AEUV ergeben.[57]

25　　Nur indirekt betraf – aufgrund einer Vorlage durch das finnische Oberste Verwaltungsgericht – die Entscheidung des EuGH vom 16.12.2008[58] den offenen Zugang zu Steuerdaten durch alle Bürger. Ausgangspunkt des Verfahrens war ein vom finnischen Datenschutzbeauftragten beabsichtigtes Verbot der Verbreitung von aus den steuerbehördlichen Unterlagen erlangten Informationen über Einkünfte, Vermögen und Steuern, und zwar zum einen durch eine gedruckte, hierauf spezifisch ausgerichtete Zeitung und zum anderen auf dem Wege entgeltpflichtiger, über Handy abrufbarer Kurznachrichten. Dabei ging es dem Datenschutzbeauftragten nicht darum, die skandinavische Tradition zulässiger Einsichtnahme in die Steuerlisten bei der Behörde infrage zu stellen, sondern lediglich um die **Weiterverarbeitung der Daten durch privatwirtschaftliche Unternehmen.** Auch die vom finnischen Gericht formulierte zentrale Vorlagefrage bezog sich demgemäß nicht auf die Zulässigkeit der staatlichen Einschränkung des Steuergeheimnisses, sondern stattdessen darauf, ob die in Rede stehende unternehmerische Tätigkeit als eine solche **zu journalistischen Zwecken** angesehen werden und damit unter die Ausnahmeklausel des Art. 9 DSRL fallen könne.[59] Diese Möglichkeit wurde vom EuGH auf der Grundlage näherer Betrachtungen zur Meinungs- und Pressefreiheit bejaht, und zwar mit der Maßgabe, dass das nationale Gericht näher zu prüfen habe, ob die vorliegenden Tätigkeiten „ausschließlich zum Ziel haben, Informationen, Meinungen oder Ideen in der Öffentlichkeit zu verbreiten".[60] Eben dies hat das Oberste Verwaltungsgericht nachfolgend verneint.[61]

26　　Die Entscheidungsfindung des EuGH und sich daran anschließende Stellungnahmen[62] haben überwiegend Gewicht und Umfang des Medienprivilegs zum Fokus gehabt. Doch hat es sich dabei um einen fragwürdigen Problemzugang gehandelt. Schwerlich lässt sich effektiver, nachhaltiger Persönlichkeitsschutz dadurch bewirken, Medienunternehmen dabei einzuschränken, dem interessierten Bürger Informationen über Dritte zu vermitteln, die dieser durch einen Gang zur Behörde jederzeit ohne weiteres direkt erlangen kann. Der rechtliche Kern der Auseinander-

---

[57] Beachte aber Art. 114 Abs. 2 AEUV = Art. 100a Abs. 2 EGV (Maastricht) = Art. 95 Abs. 2 EGV (Amsterdam); zum Einschluss von Verfahrens-(Informations-) Normen unter den Begriff der „Bestimmungen über die Steuern" EuGH, Urt. v. 26.1.2006 – C-533/03, Slg. 2006, I-011025 Rn. 47, 63; damit übereinstimmend, Schwarze/*Herrnfeld*, EU-Komm., 3. Aufl. 2012, Art 114 Rn. 19; Geiger/Khan/Kotzur/*Khan*, EUV/AEUV, 6. Aufl. 2017, Art. 114 AEUV Rn. 16; a.A. – ohne Berücksichtigung der EuGH-Rechtsprechung – Grabitz/Hilf/Nettesheim/*Tietje*, AEUV Art. 114 Rn. 90. – Für die auf Art. 100a EGV (Maastricht) gestützte DSRL ergab sich von daher eine unmittelbare Einschränkung ihrer Anwendbarkeit. Soweit ersichtlich, ist eine *entsprechende* Einschränkung der Kompetenz aus Art. 16 Abs. 2 AEUV bislang nicht ausgelotet worden.

[58] EuGH, Urt. v. 16.12.2008 – C-73/07, Slg. 2008, I-09831, MMR 2009, 175 ff. = EuGRZ 2009, 23 ff. – Finnischer Datenschutzbeauftragter ./. Satakunnan & Satamedia.

[59] EuGH, Urt. v. 16.12.2008 – C-73/07, Slg. 2008, I-09831 Rn. 34 sub 2, dazu Rn. 50 ff. – Finnischer Datenschutzbeauftragter ./. Satakunnan & Satamedia.

[60] EuGH, Urt. v. 16.12.2008 – C-73/07, Slg. 2008, I-09831 Rn. 62 – Finnischer Datenschutzbeauftragter ./. Satakunnan & Satamedia.

[61] Entscheidung v. 23.9.2009; dazu *Ollila*, Processing Personal Data for Journalistic Purposes, Europarättslig Tidskrift (Stockholm) 2010, 366 (370 ff.). Gegen das daraufhin vom finnischen Datenschutzbeauftragten erneut ausgesprochene Verbot wurde wiederum die Verwaltungsgerichtsbarkeit angerufen.

[62] Vgl. *Zerdick*, RDV 2009, 56 (59 f.); *Docquir*, La (re)diffusion d'informations publiques dans les médias et les exigences de la protection des donnés, European Journal of Consumer Law 2009, 560 ff.

setzung lag demgegenüber woanders.[63] Voraussetzung zu dessen Erfassung ist die Differenzierung nach der Art der in Rede stehenden personenbezogenen Informationen. Es geht um den Umgang mit Informationen aus **allgemein zugänglichen Quellen**. Anders als das BGSG-alt kannte die DSRL zwar keine ausdrücklichen Sonderregeln zum freieren Umgang mit Informationen dieser Klasse. Doch die allgemeinen datenschutzrechtlichen wie auch die verfassungsrechtlichen Abwägungsgrundsätze, insbesondere in Gestalt des Art. 7 lit. f DSRL wie auch des Art. 8 EMRK, eröffnen den Weg zur Berücksichtigung des Umstands, dass dem Persönlichkeitsschutz gegenüber der Verbreitung von der Allgemeinheit ohnehin schon zugänglichen Informationen deutlich geringeres Gewicht zukommt.[64]

In diesem Rahmen war der EuGH wegen der besonderen Gesetzeslage in Finn- **27** land mit der noch weitergehenden Frage befasst, ob die DSRL es zulasse, insgesamt die Anwendbarkeit datenschutzrechtlicher Regeln auf bereits veröffentlichte Informationen auszuschließen. Das Gericht befand hierzu, dass eine solche

„allgemeine Ausnahme... die Richtlinie weitgehend leerlaufen... [ließe]. Es würde nämlich ausreichen, dass die Mitgliedstaaten Daten veröffentlichen ließen, um diese dem von der Richtlinie vorgesehenen Schutz zu entziehen."[65]

Daran ist richtig, dass der geminderte Schutzstatus (bzw. dessen kompletter Fort- **28** fall) durch Gewährung des öffentlichen Zugangs zu behördlichen Informationen auf eine Festlegung seitens des Mitgliedstaats zurückgehen würde. Doch würde daraus nicht ohne weiteres der Leerlauf etwaigen Persönlichkeitsschutzes folgen.[66] Denn grundsätzlich bleibt zu prüfen, ob der Mitgliedstaat zu solcher Zugangsgewährung in Übereinstimmung mit europäischem Recht berechtigt ist, mag dies auch im konkreten Fall prozessrechtlich für den EuGH nicht zur Entscheidung gestanden haben.[67] Es wäre allerdings überraschend, würde das Ergebnis letztlich die europarechtliche Unzulässigkeit öffentlicher Steuerlisten sein. Umgekehrt eröffnete sich dem EuGH mit dem Verweis auf den näher zu bestimmenden Umfang des Presseprivilegs durch die nationalen Gerichte ein eleganter **Umweg,**[68] **unterschiedliche mitgliedstaatliche Gewichtungen des Steuergeheimnisses zu respektieren.** Dies ist leicht akzeptabel, weil die in Rede stehenden Informationen sensitive Bereiche der Persönlichkeitsentfaltung regelmäßig nicht betreffen. Die komplette Wahrung des Steuergeheimnisses ist keineswegs Voraussetzung für eine rechtsstaatliche Ordnung. Eben dies entspricht europäischen Rechtsstandards.[69]

---

[63] Vgl. Näheres zum Folgenden insbesondere bei *Hins* in der Besprechung des Urteils, CMLRev 47 (2010), 215 ff.

[64] Vgl. insbesondere zu Art. 8 EMRK die in → § 6 Rn. 10 durchgeführte Erörterung der Rechtsprechung des EGMR sowie dessen dort zitierte Entscheidungen; im übrigen Näheres zu Daten aus allgemein zugänglichen Quellen unten § 14 Rn. 2f.

[65] EuGH, Urt. v. 16.12.2008 – C-73/07, Slg. 2008, I-09831 Rn. 48 – Finnischer Datenschutzbeauftragter ./. Satakunnan & Satamedia.

[66] Vgl. dazu *Kahlert,* Steuergeheimnis auf Finnisch, European Law Reporter 2009, 67 (68, 70, Nr. 2 sub (3)).

[67] Anders im Fall einer Nichtigkeitsklage oder einem Vertragsverletzungsverfahren, gerichtet gegen das finnische „Gesetz über die Öffentlichkeit und Geheimhaltung von Steuerdaten".

[68] Dazu kritsch *Oliver,* CMLRev 46 (2009) 1443 (1460 ff.).

[69] Vgl. nochmals *Tipke,* Steuerrechtsordnung I, S. 214 ff sowie HHSp AO/*Alber,* AO § 30 Rn. 11; *Kruse,* Über das Steuergeheimnis, BB 1998, 2133 (2134). Zum Kanton Zürich vgl. *Schweizerisches Bundesgericht* BGE 124 I 176, E. 5, zu Frankreich EGMR, Urt. v. 21.1.1999 – 29183/95, CEHD 1999-I – Fressoz & Roire ./. Frankr.; zu Schweden EGMR, Urt. v. 11.12.1985 – 10473/83, 45 DR 121 – Lundvall . /. Schweden; *P. Kirchhof,* FS Tipke, S. 27 (40); Tipke/*Lang,* Steuerrecht, 20. Aufl. 2010, § 4 Rn. 202; auch *Schomerus,* Steuergeheimnis und Informationsfreiheitsrecht, in: Internationales Steuer- und Gesellschaftsrecht aktuell, 2010, Seite 239 (246 mit Fn. 57).

C. Der von der Charta der Grundrechte der EU gewährleistete Schutz

I. Systematik

29   Mit der Grundrechte-Charta – gleichrangig mit dem EUV und dem AEUV[70] – sind die Grundrechte Teil des kodifizierten Primärrechts der EU geworden. Der EuGH ist oberste Instanz zu dessen Interpretation.[71] Die Grundrechte der EMRK sind ihrerseits gemäß Art. 6 Abs. 3 EUV „als allgemeine Grundsätze Teil des [primären] Unionsrechts." Art. 7 GRCh enthält im Wortlaut fast übereinstimmend mit Art. 8 Abs. 1 EMRK das Recht auf Achtung des Privat- und Familienlebens, der Wohnung und der Kommunikation (statt „Korrespondenz" nach der EMRK). Daneben regelt Art. 8 Abs. 1 GRCh das Recht auf Schutz der die jeweilige Person „betreffenden personenbezogenen Daten", zusammen mit kurz gefassten datenschutzrechtlichen Grundsätzen in Abs. 2 und 3. Gesetzliche Einschränkungsmöglichkeiten der Grundrechtsausübung sind für alle Gewährleistungen der Charta in Art. 52 Abs. 1 zugunsten des Gemeinwohls und der Rechte anderer vorgesehen, mit den Schranken-Schranken der Wahrung des jeweiligen Wesensgehalts und des Grundsatzes der Verhältnismäßigkeit.

30   Das Präsidium des Grundrechte-Konvents, der die Charta erarbeitete, hat den einzelnen Artikeln Erläuterungen mit auf den Weg gegeben,[72] welche, wie in der Präambel und in Art. 52 Abs. 7 GRCh bestimmt ist, bei der Auslegung der Charta durch die Gerichte „gebührend zu berücksichtigen" sind.[73] So halten die Erläuterungen fest, dass die „Rechte nach Art. 7... den Rechten, die durch Art. 8 EMRK garantiert sind..., entsprechen." Zugleich wird auf Art. 52 Abs. 3 GRCh verwiesen, der in Bezug auf die EMRK „die gleiche Bedeutung und Tragweite" einander entsprechender Vorschriften festlegt. Die Erläuterungen erstrecken die Parallelität ausdrücklich auch auf die Einschränkungsmöglichkeiten nach Art. 8 Abs. 2 EMRK. Für das Verständnis des Art. 7 GRCh sind damit deutliche Maßstäbe primärrechtlich vorgegeben, zugleich im Hinblick auf die dazu ergangene Rechtsprechung des EGMR. Letztere hat, wie oben näher dargelegt wurde, auch Grundsätze für den Umgang mit personenbezogenen Informationen entwickelt.[74]

31   Art. 8 GRCh findet als solcher keine Entsprechung in der EMRK. Die Erläuterungen weisen darauf hin, dass die Vorschrift auf die Datenschutzrichtlinie 95/46/EG (DSRL),[75] auf Art. 8 EMRK und auf das Datenschutz-Übereinkommen des Europarats vom 28.1.1981[76] gestützt ist.[77] Die Datenschutzrichtlinie insbeson-

---

[70] Art. 6 Abs. 1 UAbs. 1 Hs. 2 EUV.

[71] Vgl. Art. 19 Abs. 1 S. 2 EUV, dazu insbesondere Art. 267 AEUV.

[72] ABl. 2007 C 303, 17 ff.

[73] Dasselbe wird in Art. 6 Abs. 1 UAbs. 3 EUV vorgeschrieben.

[74] Das gilt gleichermaßen für den Umfang der Einschränkungsmöglichkeiten nach Art. 8 Abs. 2 EMRK und die damit verbundenen Abwägungserfordernisse nach den Kriterien der Notwendigkeit („in einer demokratischen Gesellschaft") bzw. Verhältnismäßigkeit. Anders, als *De Hert/Gutwirth*, S. 20 ff., meinen, besteht hierzu eine umfangreiche Judikatur des EGMR; dazu aus jüngerer Zeit EGMR, Urt. v. 4.12.2008 – 30562/04, CEHD 2008-V, NJOZ 2010, 696 Rn. 101 ff. – Marper; EGMR, Urt. v. 2.9.2010 – 35623/05, CEHD 2010-VI, NJW 2011, 1333 Rn. 77 ff. – Uzun; EGMR, Urt. v. 3.7.2012 – 30457/06, NJW 2013, 3081 Rn. 43 ff. – Robathin.

[75] ABl. 1995 L 281/31, in Geltung bis zum Inkrafttreten der DS-GVO.

[76] Übereinkommen zum Schutz des Menschen bei der automatischen Verarbeitung personenbezogener Daten (Konvention 108), BGBl. 1985 II S. 539, geändert am 16.8.2002, BGBl. II S. 1882.

[77] Eingangs wird weiterhin auf Art. 286 EVG, ersetzt durch Artt. 16 AEUV und 39 EUV, Bezug genommen.

dere[78] enthalte „Bedingungen und Beschränkungen für die Wahrnehmung des Rechts auf den Schutz personenbezogener Daten." In der Tat entsprechen die in Art. 8 Abs. 2 und 3 GRCh zusammengefassten Grundsätze der (bislang geltenden) Datenschutzrichtlinie und haben insoweit sekundäres Gemeinschaftsrecht auf die Primärebene gehoben. Allerdings enthalten sie – genauso wie das Recht auf den Schutz als solches nach Abs. 1 – keine Maßstäbe für die Abgrenzung/Abwägung zwischen Persönlichkeitsschutz (Schutz der „personenbezogenen Daten") einerseits und den Erfordernissen der Kommunikationsfreiheit, des Gemeinwohls, der öffentlichen Sicherheit usw. andererseits. Entsprechendes ergibt sich – in Form einer Generalklausel – erst aus dem Zusammenspiel mit Art. 52 Abs. 1 GRCh.[79] Im (Abwägungs-)Ergebnis führt das zu einer Konstellation großer Rechtsähnlichkeit mit Art. 8 Abs. 2 EMRK. Eine **eigenständige** primärrechtliche **Bedeutung des Art. 8 GRCh** neben Art. 7 GRCh ist im Hinblick auf weitgehende beiderseitige Übereinstimmung mit dem materiellen Regelungsgehalt des Art. 8 EMRK **nicht ohne weiteres erkennbar.**

II. Rechtsprechung des EuGH

Erwartungen dahingehend, der EuGH möge in seiner Rechtsprechung die jeweils gesonderte Bedeutung dieser beiden Charta-Bestimmungen herausarbeiten, wurden bislang enttäuscht.[80] Vielmehr hat sich das Gericht regelmäßig des Kunstgriffs bedient, Art. 7 und Art. 8 GRCh gewissermaßen in einem Atemzuge in die jeweilige rechtliche Argumentation einzubeziehen. Das bedeutet im Ergebnis, dass der EuGH im Rahmen der jeweiligen primärrechtlichen Untersuchung datenschutzrechtlicher Fragestellungen **Art. 7 und 8 GRCh als einheitlichen normativen Gehalt** behandelt hat. Art. 8 GRCh wird dabei gewissermaßen eingeschmolzen, wenngleich nicht vollständig; jedenfalls entbehrt der „Restbestand" bislang erforderlicher rechtsstaatlicher Klarheit.   **32**

Die erste primärrechtliche Überprüfung sekundärrechtlicher Normen, die der EuGH nach Inkrafttreten der Charta anhand der Artt. 7 und 8 vornahm, erfolgte durch Entscheidung vom 9.11.2010 im Fall *Schecke*.[81] Gegenstand der Auseinandersetzung war die Frage der Zulässigkeit behördlicher **Veröffentlichung gewährter Agrarsubventionen** für zwei Jahre im Internet, und zwar unter Nennung von Namen und Wohnsitzgemeinde des Empfängers sowie des dem einzelnen je Haushaltsjahr gezahlten Betrags. Diese Vorgehensweise entspricht dem Transparenzprinzip der EU,[82] hier zumal im Hinblick auf den hohen Anteil der Ausgaben der Union im Agrarbereich. Bedenken können bestehen, insoweit die Subventionsbeträge indirekt Aufschluss über die Höhe des jeweiligen Einkommens der Empfänger geben können.   **33**

Die Problematik der Sensitivität des persönlichen Einkommens im europäischen Rahmen wurde bereits weiter oben dargestellt, auch unter Bezugnahme auf die Entscheidungen des EuGH in Sachen *Österreichischer Rundfunk* bzw.   **34**

---

[78] Und entsprechend die parallele, den Datenschutz bei der Verarbeitung durch die Organe der Gemeinschaft betreffende VO (EG) Nr. 45/2001 v. 18.12.2000, ABl. 2001 L 8, 1.

[79] Vgl. dazu auch *Hustinx*, S. 18: Einschränkungen dieses Grundrechts sollten allein von Art. 52 GRCh her verstanden und beurteilt werden, während Art. 8 Abs. 2 und 3 GRCh (nur) den Inhalt des Grundrechts umschreiben.

[80] Vgl. *Lynskey*, 79 ff.; *Brink/Wolff*, JZ 2011, 206 (r. Sp.).

[81] EuGH, Urt. v. 9.11.2010 – C-92/09 u. a., Slg. 2010, I-11063, EuZW 2010, 939 = JZ 2011, 201 mit Anm. *Brink/Wolff*.

[82] Vgl. Art. 10 EUV, Art. 15 AEUV.

Satamedia.[83] In diesen beiden Vorabentscheidungsverfahren vermochte das Gericht die diesbezügliche Letztentscheidung offenzuhalten, also den Gerichten der Mitgliedstaaten zu überlassen. Die Überprüfung im Fall *Schecke* anhand des Grundsatzes der Verhältnismäßigkeit führte demgegenüber zur partiellen Ungültigkeitserklärung der die Veröffentlichung regelnden Verordnungen der EU, insoweit in diesen undifferenziert die individuelle Namensnennung vorgesehen war. Das Ergebnis ist umstritten[84] schon im Hinblick darauf, dass Rückschlüsse von der Subsumtionshöhe auf das Einkommen nur relativ vage erfolgen können.[85] Auf diese Überlegung gestützt hätte sich also (auch hier) für den EuGH ein Weg angeboten, die **Bedeutung** der Information über individuelles **Einkommen für das „Privatleben"** wegen unterschiedlicher mitgliedstaatlicher Befindlichkeiten unter Aufrechterhaltung der Verordnung offen zu lassen. Es liegt auf der Hand, dass die datenschutzrechtliche Bremse, die der EuGH im Fall *Schecke* gezogen hat, bei Vorhandensein offener Steuerlisten wenig Sinn machen kann.

35 Immerhin bietet Art. 7 i. V. m. Art. 52 Abs. 3 GRCh, Art. 8 EMRK bezüglich eines etwaigen Eingriffs ins Privatleben – in der weiten, aber doch eingegrenzten Auslegung des EGMR – Ansatzpunkte für die Berücksichtigung **unterschiedlicher (gesellschaftlicher) Bedingungen**. Entsprechende Ansätze kann man demgegenüber nach dem gegenwärtigen Stand der Rechtsprechung zu Art. 8 GRCh dieser Vorschrift nicht abgewinnen. Die Prüfung des EuGH in der *Schecke*-Entscheidung zum anwendbaren Regelungsgehalt dieser Vorschrift – losgelöst von der ansonsten vorgenommenen Kombination mit Art. 7 GRCh – umfasste nur einen Satz:

„Im Übrigen stellt die durch ... [die] Verordnung ... vorgeschriebene Veröffentlichung eine Verarbeitung personenbezogener Daten im Sinne des Art. 8 Abs. 2 der Charta dar."[86]

Wie wenig dieser Ansatz (für sich allein) der Problemlösung dienlich ist, erkennt man daran, dass die Informationen über gewährte Subventionen schon ganz unabhängig von möglichen Rückschlüssen auf das jeweilige Einkommen davon erfasst werden. Zur **Feineinstellung** für die (nachfolgend) erforderliche Abwägung nach Verhältnismäßigkeitsgrundsätzen gelangt man dabei **erst aufgrund der Kriterien des Art. 7 GRCh** (i. V. m. Art. 8 EMRK).[87]

36 Der EuGH hat den **Trend zur Verschmelzung** der beiden Charta-Bestimmungen **weiter fortgesetzt**. Das gilt z. B. für die bereits erörterte Entscheidung zur „Vorratsdatenspeicherung" vom 8.4.2014.[88] Das primärrechtlich geschützte Rechtsgut – „Art. 7 und 8" – wird weit überwiegend als Einheitliches behandelt;[89] und zum Verhältnis beider zueinander weist das Gericht darauf hin,

---

[83] Vgl. → Rn. 15 – 28.

[84] Vgl. *Hornung*, MMR 2011, 127 f.; *Guckelberger*, EuZW 2011, 126 ff. *Kilian*, NJW 2011, 1325 ff.; *Wollenschläger*, AöR 135 (2010), 363 (372 ff., 388 ff.); *Masing*, RDV 2014, Sonderveröffentlichung zu Heft 2, S. 3 ff.; dem EuGH zustimmend *Epiney*, NVwZ 2011, 976 (979 f.).

[85] Vgl. *Kühling/Klar*, JURA 2011, 771 (776).

[86] EuGH, Urt. v. 9.11.2010 – C-92/09 u. a., Slg. 2010, I-11063, EuZW 2010, 939 Rn. 60.

[87] Vgl. dazu die Ausführungen bei *Hustinx*, The relation between transparency and the rights of privacy and protection of personal data, 2009, S. 5 f. (dort in Abwägung zur Informationszugangsfreiheit), www.secure.edps.europa.eu/EDPSWEB/webdav/shared/Documents/EDPS/Publications/Speeches/2009/09–09-08_Stockholm_transparency_DP_EN.pdf, zuletzt eingesehen am 9.3.2016; *Härting*, BB 2014, 1105 (Zusammenfassung).

[88] → § 5 Rn. 79 f.

[89] Vgl. z. B. EuGH, Urt. v. 4.8.2014 – C-293/12 u. a., ECLI:EU:C:2014:238 Rn. 29 bis 37, 60, 65; weiterhin EuGH, Urt. v. 17.10.2013 – C-291/12, ECLI:EU:C:2013:670 Rn. 24, 39, 46, 49– Schwarz/Bochum; ähnlich EuGH, Urt. v. 13.5.2014 – C-131/12, ZD 2014, 350, Rn. 38, 69, 80 f.,97 – Google Spain; EuGH, Urt. v. 6.10.2015 – C-362/14, ECLI:EU:C:2015:650 Rn. 71 f., 78, 91 – Safe-Harbor; auch EuGH, Urt. v. 7.11.2013 – C-473/12, ECLI:EU:C:2013:715 Rn. 39 – IPI.

„dass der Schutz personenbezogener Daten, zu dem Art. 8 Abs. 1 der Charta ausdrücklich verpflichtet, für das in ihrem Art. 7 verankerte Recht auf Achtung des Privatlebens von besonderer Bedeutung ist."[90]

Allein für Fragen der Datensicherheit und der Kontrolle durch eine unabhängige Stelle wird ausschließlich auf Art. 8 (auch Abs. 3) GRCh Bezug genommen.[91]

III. Zur weiteren Interpretation des Art. 8 GRCh

Aufgrund dieses Befundes gestaltet sich die weitere Interpretation des Art. 8 **37** GRCh als schwierig. Eine Reihe **deutscher Interpreten** nimmt vereinfachend an, mit dieser Bestimmung sei das **R. a. i. S. (primär-)unionsrechtlich festgeschrieben.**[92] Unabhängig von der dargestellten verfassungsrechtlichen Problematik dieser Rechtsfigur[93] stehen einer solchen Annahme auf europäischer Ebene zwei Überlegungen entgegen.

1. Entstehung der Charta-Bestimmung

Im Rahmen der Erörterungen zum „Datenschutz" ist der Grundrechte-Konvent **38** einem Abänderungsantrag des Inhalts, ein Selbstbestimmungsrecht über die Preisgabe und Verwendung der personenbezogenen Daten ausdrücklich in die Charta aufzunehmen, im Ergebnis nicht gefolgt, um stattdessen an der Gewährleistung des Rechts auf Schutz der personenbezogenen Daten festzuhalten. Ursächlich dafür waren Einwände von Delegierten, geäußert u. a. in dem Bestreben, „das Datenschutzrecht weniger absolut zu gestalten" und der „Gefahr, dass Ordnungs-, Polizei- und Steuerbehörden in ihrer alltäglichen Arbeit behindert würden", vorzubeugen; das „Erfordernis der Zustimmung des Betroffenen zur Sammlung, Verwendung und Verbreitung aller seiner Daten [sei] … nicht hinnehmbar."[94] Die **gegenüber einem Selbstbestimmungsrecht weniger stringente Formulierung** eines Rechts auf Schutz ist also nicht etwa rein zufällig zustandegekommen, sondern mit dem erklärten Ziel elastischerer Ausgestaltungsmöglichkeiten.

2. Verfassungen – Überlieferungen – der Mitgliedstaaten

Entsprechendes ergibt sich aus gemeinsamen Verfassungsüberlieferungen der **39** Mitgliedstaaten.[95] Wie bereits hervorgehoben wurde, ist das R. a. i. S. den Rechtsordnungen (fast) aller anderen Mitgliedstaaten fremd.[96] „Informational self-determination" gilt – mit den Worten des vormaligen Europäischen Datenschutzbeauftragten *Hustinx* – als „German concept".[97] Andererseits sind in den letzten

---

[90] Vgl. EuGH, Urt. v. 4.8.2014 – C-293/12 u. a., ECLI:EU:C:2014:238 Rn. 53, NVwZ 2014, 709 ff. – Vorratsdatenspeicherung.

[91] EuGH, Urt. v. 4.8.2014, C-293/12 u. a., ECLI:EU:C:2014:238 Rn. 66, 68, NVwZ 2014, 709 ff. – Vorratsdatenspeicherung.

[92] Vgl. Meyer/*Bernsdorff*, GRCh Art. 8 Rn. 14, 18 f.; Calliess/Ruffert/*Kingreen*, EUV/AEUV, GRCh Art. 8 Rn. 1; s. weiter → § 6 Rn. 13 zum R. a. i. S. im Rahmen des Art. 8 EMRK.

[93] → § 4.

[94] Vgl. J. Meyer/*Bernstorff*, GRCh Art. 8 Rn. 5–10; *Bernstorff/Borowsky*, Die Charta der Grundrechte der EU, Handreichungen und Sitzungsprotokolle, 2002, S. 195 f., 293 f.; S. 68–73 zu Nr. 11, 28, 40, 50, 54, 67; Schwarze/*Knecht*, EU-Komm., 2012, GRCh Art. 8 Rn. 2.

[95] Vgl. zu den gemeinsamen Verfassungsüberlieferungen *Bleckmann*, Nationale Grundrechte im Anwendungsbereich des Rechts der EU, 2011, insbes. S. 267 ff.

[96] → vor § 6 Rn. 3.

[97] *Hustinx*, S. 50; Peers/Hervey/Kenner/Ward/*Kranenborg*, Art. 8 Rn. 08.25, unter Bezugnahme auf *Albers*, Informationelle Selbstbestimmung, 2005 (dazu → § 3 Rn. 27); *de Hert/Gutwirth*, S. 14.

Jahrzehnten in einer Vielzahl von Mitgliedstaaten verfassungsrechtliche Bestimmungen zum Schutz der Persönlichkeit/der Privatheit und (auch) zum Schutz personenbezogener/persönlicher Daten (personal data) entstanden.[98] Auf ihrer Grundlage ist mittlerweile[99] die Annahme des Vorliegens gemeinsamer Verfassungsüberlieferungen zum Schutz personenbezogener Daten gerechtfertigt, so dass sich aus Art. 52 Abs. 4 GRCh das Erfordernis ergibt, Art. 8 Abs. 1 GRCh „im Einklang mit diesen Überlieferungen" auszulegen.[100] Die in Rede stehenden Verfassungsbestimmungen nehmen ihrerseits **keine detaillierte/vertiefte Umschreibung des geschützten Rechtsguts** vor; regelmäßig verweisen sie zugleich auf die erforderliche Ausgestaltung durch den Gesetzgeber.

40 Bei einer Auswertung der diversen Bestimmungen darf es, um aus ihnen *gemeinsame* Überlieferungen herzuleiten, nicht etwa um die Ermittlung eines Maximalbzw. Minimalstandards gehen,[101] was ggfs. die vorausgesetzte Gemeinsamkeit konterkarieren würde. Letztere sollte sich vielmehr aus dem Rechtsverständnis einer relativ breiten Mehrheit der Mitgliedstaaten herleiten lassen.[102] Von daher ist die Annahme gerechtfertigt, dass eine weitgehende dezidierte Fixierung datenschutzrechtlicher Grundsätze bzw. datenschutzrechtlichen Grundsatzverständnisses auf der verfassungsrechtlichen Ebene gerade nicht gemeinsamer Überlieferung entspricht. Dieser ist vielmehr eine Tendenz zu entnehmen, **wesentliche Aussagen** über Inhalt und Grenzen des Schutzes von Privatheit und persönlichen/personenbezogenen Informationen den jeweiligen **Gesetzgebern zu überlassen**. Das deckt sich mit der entsprechend offenen Formulierung in der Endfassung des Art. 8 Abs. 1 GRCh. Es ist also klar angezeigt, aus dieser Bestimmung *nicht* die primärrechtliche Festlegung auf ein stringentes datenschutzrechtliches Konzept herzuleiten.

IV. Folgerungen

41 (1.) In welche Richtung auch immer die Wege sei es des EU-Gesetzgebers, sei es der mitgliedstaatlichen Legislativen zur Realisierung von Datenschutz gehen, die dabei einzuhaltenden **primärrechtlichen Vorgaben sind begrenzt**. Insbesondere kann aus dem Nebeneinander der Gewährleistungen in Art. 7 und Art. 8 der Charta nicht zwingend hergeleitet werden, dass letztere Bestimmung im Rahmen des „Schutz[es] der ... personenbezogenen Daten" nach Abs. 1 über den Schutzgehalt des Art. 8 EMRK – in der Interpretation durch den EGMR – nennenswert hinausgeht. In der Kommentarliteratur zu Art. 8 GRCh wird allerdings nicht selten angenommen, dass gemäß Art. 8 GRCh *jedwede* personenbezogenen Informationen Gegenstand des Schutzes seien, also ganz unabhängig von einem inhaltlichen Bezug zum „Privatleben" im Sinne der weit ausgreifenden EGMR-Recht-

---

[98] Abgedruckt bei *Simitis/Dammann*, Dokumentation zum BDSG, RL 95/46 Art. 3 Teil D; einen vorläufigen Überblick gibt Meyer/*Bernsdorff*, GRCh Art. 8 Rn. 3; zu den Verfassungen der Welt: www.constituteproject.org/.

[99] Art. 52 Abs. 4 GRCh verlangt nicht notwendig seit langem bestehende Überlieferungen; auch Verfassungsordnungen aus jüngster Zeit können die erforderliche Gemeinsamkeit aufweisen, vgl. dazu *Jarass*, GRCh Art. 52 Rn. 68.

[100] Dazu insgesamt Meyer/*Borowsky*, GRCh Art. 52 Rn. 44 ff.; beachte auch Art. 6 Abs. 3 EUV, wonach „Grundrechte, ... wie sie sich aus den gemeinsamen Verfassungsüberlieferungen der Mitgliedstaaten ergeben, ... als allgemeine Grundsätze Teil des Unionsrechts ... sind".

[101] Vgl. Schwarze/Becker/Hatje/Schoo/*Hatje*, EUV Art. 6 Rn. 18; Geiger/Khan/Kotzur/*Geiger*, EUV/AEUV, 2010, EUV Art. 6 Rn. 28.

[102] Vgl. *Jarass,* GRCh Art. 52 Rn. 68.

sprechung.[103] Der EuGH meint seinerseits in der *Schecke*-Entscheidung, dass sich beide Charta-Bestimmungen zusammengenommen mit der „Achtung des Privatlebens auf jede Information erstreckt, die eine bestimmte oder bestimmbare natürliche Person betrifft". Die Annahme des Gerichts, sich eben hierfür auf die Rechtsprechung des EGMR berufen zu können, [104] beruht allerdings auf einem gründlichen Missverständnis.[105] Verfassungs-/primärrechtliche Rechtsprechung und Literatur werden das weiter zu klären haben, um die gebotene Entscheidungsfreiheit der Legislativen bei der Entwicklung und Beurteilung künftiger Schutzkonzepte zu wahren.

(2.) **Art. 8 Abs. 2 S. 1 GRCh** macht mangels Einwilligung eine „gesetzlich geregelte ... legitime ... Grundlage" zur Voraussetzung für die Verarbeitung der *von Abs. 1 erfassten* Informationen. Er schreibt die Verarbeitung nach Treu und Glauben für festgelegte Zwecke vor. Diese Vorschrift entspricht dem gebotenen rechtlichen Rahmen für hoheitliche Tätigkeit. Unmittelbare **Drittwirkung** ist Art. 8 GRCh nicht beizumessen; beachte dazu die in Art. 51 Abs. 1 S. 1 GRCh vorgesehenen Adressaten.[106] Deren Schutzpflichten in Bezug auf die Datenverarbeitung von Privaten unterliegen erheblicher gesetzgeberischer Gestaltungsfreiheit.[107] Von daher kann für den nicht-öffentlichen Bereich die primärrechtliche Vorgabe einer lückenlosen gesetzgeberischen Regelung[108] (auch nur) im Rahmen des Art. 8 Abs. 2 S. 1 GRCh nicht angenommen werden.

42

---

[103] Vgl. Calliess/Ruffert/*Kingreen*, GRCh Art. 8 Rn. 9; Meyer/*Bernsdorff*, GRCh Art. 8 Rn. 15; Peers/Hervey/Kenner/Ward/*Kranenborg*, Art. 8 Rn. 08.85; differenzierend *Jarass*, GRCh Art. 8 Rn. 6.

[104] So in der Schecke-Entscheidung EuGH, Urt. v. 9.11.2010 – C-92/09 u. a., Slg. 2010, I-11063, Rn. 52, unter Bezugnahme auf EGMR, Urt. v. 16.2.2000 – 27798/95, CEHD 2000-II – Amann ./. Schweiz sowie auf EGMR, Urt. v. 4.5.2000 – 28341/95, CEHD 2000-V – Rotaru ./. Rumänien (zu diesen Entscheidungen → § 6 Rn. 7, 9, 12); zu in diesem Zusammenhang ggf. missverständlichen Formulierungen des EGMR durch Bezugnahme auf die Datenschutzkonvention des Europarats → § 6 Rn. 13.

[105] Vgl. nochmals → § 6 Rn. 13.

[106] Vgl. *Kokott/Sobotta*, IDPL 2013, 225; *Hustinx*, S. 8; *Jarass*, GRCh Art. 8 Rn. 3; a. A. *von Danwitz*, DuD 2015, 581 (585 f.).

[107] Vgl. *Jarass*, GRCh Art. 8 Rn. 10.

[108] Vgl. zu damit verbundenen Problemstellungen *Stentzel*, Der datenschutzrechtliche Präventionsstaat, PinG 2016, 45 (46 f.).

2. Teil. Datenschutzrecht in neuer Gestalt: Die Datenschutz-Grundverordnung 2016/679 vom 27.4.2016 insbesondere

Die Datenschutz-Grundverordnung (DS-GVO), in Kraft getreten am 25.5.2016 **1** mit Geltung ab 25.5 2018, markiert eine **Umbruchphase für das sekundäre Datenschutzrecht** der Union und zugleich für das entsprechende Gesetzesrecht in den MSen. Die seit zwei Jahrzehnten vorgegebene europarechtliche Steuerung durch die Datenschutzrichtlinie 95/46/EG (DSRL)[1] wird durch die unmittelbar in den Mitgliedstaaten geltende Verordnung 2016/679 abgelöst, verbunden mit eintretender Unanwendbarkeit entgegenstehenden nationalen Rechts.[2] Diese Entwicklung lässt sich allerdings nicht aus einem einseitigen Vorrang des Unionsrechts heraus verstehen. Zwar ist letzterer grundsätzlich geeignet, die Einheitlichkeit des geltenden Rechts in der EU voranzutreiben. Andererseits ist zu bedenken, dass man es mit einer rechtlichen Querschnittmaterie zu tun hat, die den Inhalt anderer Rechtsbereiche – z.B. Vertragsrecht, Arbeitsrecht, Gesundheits- oder Steuerrecht – nicht unwesentlich beeinflusst; von daher sind der Vereinheitlichung des Datenschutzrechts im Hinblick auf die Eigenart der jeweiligen mitgliedstaatlichen Rechtsmaterien notwendige Grenzen gesetzt. Dieser Umstand spiegelt sich weniger in förmlichen Kompetenzgrenzen der EU bei der Regelung des Datenschutzes wider [3] als vielmehr in den zahlreichen Öffnungsklauseln zugunsten einzelstaatlicher Regelung, wie sie in die DS-GVO auf Betreiben der MSen aufgenommen wurden.[4]

Die Erarbeitung des künftig maßgeblichen Rechtszustands im jeweiligen MS **2** kann sich deshalb nicht allein auf die Regelungen und das rechtliche Instrumentarium der DS-GVO stützen. Das **Zusammenspiel mit** – verbleibendem bzw. ergänzend neu geschaffenem – **nationalen Recht** ist zu berücksichtigen. Zwiespältige/widersprüchliche Lösungen sollten sich daraus in der Regel nicht ergeben. Das hängt wiederum mit umfangreich eingeschliffener Rechtsähnlichkeit der Bestimmungen auf europäischer und mitgliedstaatlicher Ebene zusammen. Ein Scharnier hierfür ist die DSRL von 1995 gewesen, die auch unter beträchtlichem deutschen Einfluss (vom BDSG her) entstanden und sodann zur Vorlage für die weitere Gestaltung datenschutzrechtlicher Vorschriften in den MSen geworden ist. Letzteres geschah für die BRD durch Anpassung des BDSG mit Novellierung vom 18.5.2001,[5] durch die – kennzeichnenderweise – nur Änderungen geringeren Umfangs herbeizuführen waren. Nunmehr stützt sich die DS-GVO in großem Umfang auf Systematik und Begrifflichkeit der DSRL. Daneben treten die (Durchführungs-)Bestimmungen in Teil 1 und in Teil 2 des BDSG 2018.[6]

---

[1] ABl. 1995 L 281, 31.
[2] Zum diesbezüglichen Vorrang des Unionsrecht vgl. BVerfG, Beschl. v. 6.7.2010 – 2 BvR 2661/06, BVerfGE 126, 286 (301 f.) – Honeywell.
[3] Vgl. zur Rechtssetzungskompetenz oben § 7 Rn. 1 ff.
[4] Eine gute Übersicht zu den Regelungsspielräumen für die MSen findet sich bei *Buchner*, DuD 2016, 155 (160).
[5] BGBl. 2001 I S. 904.
[6] BGBl. 2017 I S. 2097.

3   Einstweilen steht für die **Interpretation der DS-GVO** selbst eine diese ausformende administrative bzw. gerichtliche Praxis nicht zur Verfügung. Die Erwägungsgründe, die den Artikeln der Verordnung vorangestellt sind, dienen als Richtschnur für die Interpretation.[7] Besonders ins Gewicht fällt im Übrigen die juristische Erfahrung, wie sie bisher in Rechtsprechung und Literatur zum normativen Gefüge von DSRL und nationalem Recht ihren Niederschlag gefunden hat. Das deutsche Datenschutzrecht hat sich in vier Jahrzehnten zumal in der Kommentarliteratur zum BDSG besonders intensiver Durcharbeitung erfreut. Im Hinblick auf die aufgezeigten Zusammenhänge zwischen Datenschutzrecht der EU und deren MSen legt es sich nahe, auf diesen Fundus zum Verständnis der neuen Regelungen häufiger zurückzugreifen. Oft wird es darauf ankommen, im Anschluss an Wissenschaft und Praxis die Bedeutung der neuen DS-GVO-Vorschrift durch *Vergleich* mit dem bisherigen Rechtszustand zu erfassen.

---

[7] Vgl. Riesenhuber/*Köndgen*, Europäische Methodenlehre, 3. Aufl. 2015, § 6 Rn. 48 ff., mit Bezug auf die Rechtsprechung des EuGH.

1. Abschnitt. Geltungsbereich der DS-GVO

§ 8. Sachlicher Geltungsbereich
(Art. 2 DS-GVO)

Literatur: *Buchner,* Grundsätze und Rechtmäßigkeit der Datenverarbeitung unter der DS-GVO, DuD 2016, 155; *Bäcker/Hornung,* EU-Richtlinie für die Datenverarbeitung bei Polizei und Justiz in Europa, ZD 2012, 147; *Gola/Lepperhoff,* Reichweite des Haushalts- und Familienprivilegs bei der Datenverarbeitung. Aufnahme und Umfang der Ausnahmeregelung in der DS-GVO, ZD 2016, 9 ff.; *Szczekalla,* Sicherung grund- und menschenrechtlicher Standards gegenüber neuen Gefährdungen durch private und ausländische Akteure, DVBl 2014, 1108 ff.

A. Rechtssystematische Eingrenzungen

I. Grundregeln

Die Verordnung wird ausdrücklich auf die **unionsrechtliche Regelungskompe-** **4** **tenz** aus Art. 16 AEUV gestützt, nimmt jedoch die „Verarbeitung personenbezogener Daten durch die Organe, Einrichtungen, Ämter und Agenturen der Union" vom Geltungsbereich aus. Diesbezüglich gilt insbesondere die Verordnung (EG) 45/2001,[8] die allerdings ihrerseits an die Grundsätze der DS-GVO angepasst werden soll. Damit verbleibt als Regelungsgegenstand für die DS-GVO nach Art. 16 Abs. 2 AEUV die Verarbeitung „durch die Mitgliedstaaten im Rahmen der Ausübung von Tätigkeiten, die in den Anwendungsbereich des Unionsrechts fallen ..." Eben diese Eingrenzung wird – negativ herum formuliert – in der DS-GVO dahingehend vorgesehen, dass diese keine Anwendung finde „im Rahmen einer Tätigkeit, die nicht in den Anwendungsbereich des Unionsrechts fällt". Letzterer ist – auf der Grundlage vorangegangener EuGH-Rechtsprechung – weit zu verstehen.[9] Erwägungsgrund (ErwGr) Nr. 16 zur DS-GVO nennt – im Anschluss an Art. 4 Abs. 2 S. 3 EUV – als Beispiel für die Nichtanwendbarkeit „die nationale Sicherheit betreffende Tätigkeiten", ohne diese näher zu umschreiben.[10] Hierzu wird neben dem militärischen Verteidigungsbereich die Tätigkeit der Geheimdienste, also der Verfassungsschutzämter, des Bundesnachrichtendienstes und des Militärischen Abschirmdienstes, gerechnet.[11]

Ausgeschlossen ist weiterhin ausdrücklich die Verarbeitung durch MSen im **5** Rahmen der Gemeinsamen Außen- und Sicherheitspolitik (Art. 2 Abs. 2b DS-GVO sowie Art. 16 Abs. 3 AEUV i. V. m. Art. 39 EUV).[12]

---

[8] Vgl. zu dieser → § 7 Rn. 10.

[9] Vgl. → § 7 Rn. 3 ff.

[10] Beachte Art. 4 Abs. 2 S. 3 EUV; vgl. auch ErwGr 14 der RL 2016/680/EU (zu dieser nachfolgend in Rn. 7), wo „die nationale Sicherheit betreffende Tätigkeiten" ergänzt wird durch den Verweis auf „Tätigkeiten von Agenturen oder Stellen, die mit Fragen der nationalen Sicherheit befasst sind". Für enge Interpretation dieses Begriffs Schwarze/Becker/Hatje/Schoo/*Hatje,* EU-Komm, EUV Art. 4 Rn. 15 a. E.; kritisch zur Ausnahme „nationale Sicherheit" im Hinblick auf das Datenschutzrecht *Szczekalla,* DVBl. 2014, 1108 (1112).

[11] Vgl. dazu die Änderung des BVerfSchG und weiterer Sicherheitsgesetze durch das Gesetz zur Anpassung des Datenschutzrechts ..., Art. 2 ff., BGBl. I 2017, S. 2097 (2128 ff.); *Bäcker/Hornung,* EU-Richtlinie für die Datenverarbeitung bei Polizei und Justiz in Europa, ZD 2012, 147 (149).

[12] Zu letzterer Bestimmung Näheres bei Streinz/*Kugelmann,* EUV/AEUV, 2. Aufl. 2012, EUV Art. 39; als Beispiel werden Abkommen mit Drittstaaten über Fluggastdaten genannt; vgl. auch *Frenz,* VR 2016, 45.

II. Abgrenzung zum Geltungsbereich der neuen Richtlinie 2016/680 und deren Umsetzung im BDSG 2018

6 Ausgeschlossen von der Anwendung der DS-GVO ist weiterhin die Verarbeitung personenbezogener Daten zum Zweck der Straftatenverhütung, **Strafverfolgung** oder Strafvollstreckung, „einschließlich des Schutzes vor und der Abwehr von Gefahren für die öffentliche Sicherheit". Für eben diese Bereiche wurde zeitgleich mit der DS-GVO die **Richtlinie (EU) 2016/680** vom 27.4.2016[13] verabschiedet. Diese Abtrennung erklärt sich zum einen aus der vorangegangenen Rechtsentwicklung. Die DSRL von 1995 galt ihrerseits nicht im Rahmen polizeilicher bzw. strafverfolgender Tätigkeit, was sich vor Inkrafttreten des Vertrags von Lissabon schon aus der eingeschränkten Kompetenz der EG erklärte.[14] Zum anderen gilt – weiterhin –, dass den MSen in diesen Bereichen, für die die Freiheit von wirtschaftlichen Hemmnissen nicht unmittelbar Leitprinzip ist, z.T. größere Möglichkeit je eigener rechtlicher Gestaltung verbleiben soll.[15] Die Richtlinie ist mit Blick auf die erforderliche Umsetzung im Verhältnis zur Verordnung durch eine lockerere unionsrechtliche Führung gekennzeichnet. Dieser Umstand findet zusätzlich Ausdruck in der Öffnungsklausel des Art. 1 Abs. 3 RL 16/680 dahingehend, dass die MSen nicht daran gehindert sind,

„zum Schutz der Rechte und Freiheiten der betroffenen Personen bei der Verarbeitung personenbezogener Daten durch die zuständigen Behörden Garantien festzulegen, die strenger sind als die Garantien dieser Richtlinie."

Mit anderen Worten wird im Rahmen dieser Richtlinie das Harmonisierungsziel auf die Festlegung von Mindeststandards zurückgenommen.[16]

7 Mit dem Einschluss von Schutz und Abwehr bezüglich der „Gefahren für die öffentliche Sicherheit" bleibt die *präventive* **polizeiliche Tätigkeit** nicht auf die „Verhütung... von Straftaten" beschränkt. Im ErwGr 12 der RL 16/680 wird hierzu auf polizeiliche Tätigkeiten in Fällen hingewiesen, „in denen nicht von vornherein bekannt ist, ob es sich um Straftaten handelt oder nicht, ferner auf Tätigkeiten – Ergreifen von Zwangsmitteln – bei Demonstrationen, sportlichen Großveranstaltungen und Ausschreitungen", schließlich auf die „Aufrechterhaltung der öffentlichen Ordnung... zum Zweck... der Abwehr von Bedrohungen für ... grundlegende Interessen der Gesellschaft, die zu einer Straftat führen können." Aus diesem Kontext ist zu entnehmen, dass mit Abwehr von Gefahren für die öffentliche Sicherheit i.S.d. Art. 1 RL 16/680 nur ein eingegrenzter Kernbereich (vollzugs-)polizeilicher Tätigkeit gemeint ist,[17] nicht die Wahrnehmung sonstiger Gefahrenabwehraufgaben auf der Grundlage weit gefächerter Materien des besonderen Verwaltungsrechts, wie z.B. des Bodenschutz- oder des Bauordnungsrechts, auch des Pass-, Personalausweis- oder Aufenthaltsrechts.[18]

---

[13] ABl. 2016 L 119, 89.

[14] Vgl. Art. 3 Abs. 2 Spiegelstrich 1 DSRL und dazu *Dammann*/Simitis, EG-Datenschutzrichtlinie Art. 3 Rn. 6.

[15] Vgl. dazu die Bezugnahme auf „die verschiedenen Rechtsordnungen und -traditionen der Mitgliedstaaten" in Art. 67 Abs. 1 AEUV, auch die besondere Betonung des unionsrechtlichen Subsidiaritätsprinzips in Art. 69 AEUV.

[16] Zur demgegenüber umfassenden Harmonisierung nach der DSRL vgl. EuGH Urt. v. 24.11.2011 – C-468/10, Slg. 2011, I-12181 – ASNEF, ZD 2012, 33, Rn. 29.

[17] Zur „Entpolizeilichung" von Ordnungsbehörden im Recht der Bundesrepublik vgl. Lisken/Denninger/*Boldt/Stolleis,* HdB-Polizeirecht, 5. Aufl. 2012, Teil A Rn. 71; Lisken/Denninger/*Rachor,* HdB-Polizeirecht, 5. Aufl. 2012, Teil E Rn. 27.

[18] Vgl. dazu Lisken/Denninger/*Denninger/Poscher,* HdB-Polizeirecht, 5. Aufl. 2012, Abschn. B Rn. 105 ff.: „Polizei und andere Ordnungsbehörden".

Die Anwendungsbereiche von DS-GVO und RL 16/680 schließen einander aus.[19] **8**
Doch kann ein und derselbe Datenbestand je nach den verfolgten Zwecken der Verarbeitung in den Regelungsbereich der einen wie auch der anderen Vorschrift fallen.[20] – § 45 BDSG 2018 knüpft für dessen Teil 3, der auf Bundesebene der generellen Umsetzung der Richtlinie dient, an deren Anwendungsbereich gemäß §§ 1, 2 derselben an

III. „Öffentlicher Bereich"

1. Unterscheidung zwischen öffentlichem und nicht-öffentlichem Bereich

Das deutsche Datenschutzrecht hat schon immer zwischen der Datenverarbei- **9**
tung „öffentlicher Stellen" (sog. öffentlicher Bereich) und „nicht-öffentlicher Stellen" (sog. nicht-öffentlicher Bereich) unterschieden. Diese Zweiteilung beruht zum einen auf der (strengeren) Bindung der öffentlichen Hand an verfassungsrechtliche Gewährleistungen, hier an das Gebot des Persönlichkeitsschutzes, und zum anderen auf der Grundrechtsträgerschaft nicht-hoheitlicher Datenverarbeiter aus Artt. 12, 14 oder Art. 2 Abs. 1 i.V.m. Art. 1 Abs. 1 GG. Die „öffentlichen Stellen" des Bundes werden in § 2 Abs. 1, 3 S. 1 BDSG-alt/2018 benannt, diejenigen der Länder in § 2 Abs. 2 , 3 S. 2 BDSG-alt/2018 sowie in den entsprechenden Vorschriften der Landesdatenschutzgesetze. Damit werden (fast) alle öffentlich-rechtlich organisierten Einrichtungen der Exekutive, Judikative[21] und Legislative[22] erfasst. „Nichtöffentliche Stellen" (§ 2 Abs. 4 BDSG-alt/2018) sind natürliche Personen sowie die privatrechtlich organisierten Unternehmungen und Vereinigungen, also juristische Personen, weiterhin (insbesondere) Gesellschaften bürgerlichen Rechts, offene Handelsgesellschaften und Kommanditgesellschaften, Vereine und politische Parteien. Nach dem Grundmuster ist die **Organisationsform (Rechtsform)**, nicht die (etwa „verwaltungsprivatrechtliche" oder fiskalische) Handlungsform für die Abschichtung **ausschlaggebend**.

Das Datenschutzrecht der EU hat eine so geartete förmliche Aufteilung nicht **10**
vorgenommen. Dies gilt sowohl für die DSRL 95/46 als auch für die DS-GVO, während die RL 16/680 schon wegen ihrer spezielleren Thematik insgesamt dem öffentlichen Bereich zuzurechnen ist. Andererseits bleibt es dabei, dass die MSen für den öffentlichen Bereich insgesamt ein stärkeres Bedürfnis haben, aus ihren je eigenen Traditionen heraus rechtliche Gestaltungen vorzunehmen bzw. zu erhalten, als dies für den nicht-öffentlichen Bereich der Fall ist. In den Verhandlungen vor Verabschiedung der DS-GVO hat das in der Schlussphase auf Betreiben des Rats der EU zu einer Sonderregelung in Art. 6 Abs. 2 i.V.m. Abs. 1 lit. c und e DS-GVO geführt. Danach können die MSen (insbes.) für Datenverarbeitungen zum Zweck der „Wahrnehmung einer Aufgabe ..., die im öffentlichen Interesse liegt oder in Ausübung öffentlicher Gewalt erfolgt, ... spezifische Anforderungen für die Verarbeitung sowie sonstige Maßnahmen präziser bestimmen," und zwar im Wege der Beibehaltung oder durch Neueinführung entsprechender Vorschriften. Damit er-

---

[19] Vgl. ErwGr 19 DS-GVO.
[20] Vgl. dazu schon für die entsprechende Abgrenzung des Anwendungsbereichs der DSRL die Entscheidung des EuGH, Urt. v. 16.12.2008 – C-524/06, Slg. 2008, I-09705 – *Huber*, RDV 2009, 65 = DVBl 2009, 171 Rn. 44 ff.; beachte jetzt DS-GVO, ErwGr 19, und RL 16/680, ErwGr 12.
[21] Zu dieser Näheres → § 25.
[22] Dazu Simitis/*Dammann*, BDSG § 2 Rn. 30; Beispiel aus dem Recht der Landtage: § 39 HDSG, jetzt i.V.m. der Datenschutzordnung des Hessischen Landtags vom 18.1.2014 = Anl. 4 zur Geschäftsordnung des Hessischen Landtags, GVBl. 2014 I S. 49.

öffnet sich ein beträchtlicher **Spielraum für den einzelstaatlichen Gesetzgeber.** Dies gilt umso mehr insoweit, als die Rechtsgrundlage für die Realisierung der jeweiligen Aufgabe selbst – z. B. die Führung von Fahrzeugregistern oder die Durchführung einer Volkszählung – regelmäßig vom MS selbst kreiert wird (vgl. Art. 6 Abs. 3 S. 1 lit. b, auch i. V. m. S. 2 – 4 DS-GVO).

2. Deutsche Ausgestaltung im öffentlichen Bereich

11   Deutsches Datenschutzrecht in Bund und Ländern bietet (auch) bezüglich des öffentlichen Bereichs eine in der Praxis eingeübte, in wesentlichen Teilen näher ausgestaltete Grundlage für die Rechtmäßigkeit der Verarbeitung. Die vorfindliche Zweiteilung in öffentlichen und nicht-öffentlichen Bereich macht es dem deutschen Gesetzgeber leicht, im Hinblick auf europarechtliche Vorgaben vorzugsweise im erstgenannten Bereich an bestehenden Strukturen festzuhalten. Dabei gilt es, auch die bislang vorgesehenen **Ausnahmen von der Bereichszuordnung** nach der Organisationsform mit im Blick zu behalten:

12   (1.) Öffentlich-rechtliche **Unternehmen, soweit sie *am Wettbewerb teilnehmen*,** werden in Ansehung der materiell-rechtlichen Datenschutznormen nach §§ 12 Abs. 1, 27 Abs. 1 S. 1 Nr. 2a, S. 3 BDSG-alt sowie § 2 Abs. 5 BDSG 2018 als *nichtöffentliche* Stellen behandelt;[23] Entsprechendes gilt für Einrichtungen auf Länderebene nach den Landesdatenschutzgesetzen.[24] Am Wettbewerb nehmen Unternehmen der Daseinsvorsorge unabhängig vom Fehlen einer Gewinnerzielungsabsicht immer dann teil, wenn sie Leistungen am Markt erbringen, die auch von Privaten erbracht werden können. Dies ist nicht der Fall, insoweit ein öffentlich-rechtliches Monopol vorliegt, etwa aufgrund eines nach gemeindlicher Satzung bestehenden Anschluss- und Benutzungszwangs.[25] – Zweck der Regelung ist die Wahrung der Chancengleichheit zwischen staatlichen bzw. kommunalen Einrichtungen einerseits und privatwirtschaftlichen andererseits, z. B. für Kreditinstitute, Versicherungen, Verkehrs- und Versorgungsunternehmen. Diese **Zielsetzung** entspricht gleichermaßen derjenigen des europäischen **Binnenmarktes.**

13   (2.) Umgekehrt werden Privatpersonen/privatrechtliche Unternehmen als sogenannte **beliehene Unternehmer** von § 2 Abs. 4 S. 2 BDSG-alt/BDSG 2018 und von den Landesdatenschutzgesetzen als *öffentliche* Stellen behandelt. Das gilt z. B. bei der Wahrnehmung obrigkeitlicher Aufgaben durch Jagdaufseher, Flug- und Schiffskapitäne wie auch für die Durchführung schlicht hoheitlicher Aufgaben z. B. der Prüfingenieure, der TÜV-Sachbearbeiter oder der staatlich anerkannten Ersatzschulen.[26] Diese Zuordnung entspricht dem in Art. 6 Abs. 2 i. V. m. Abs. 1 lit. e DS-GVO vorgesehenen Regelungsansatz.

14   (3.) Eine verwandte Abweichung von der Zuordnung nach der jeweiligen Rechtsform der verantwortlichen Stelle ist in § 2 Abs. 1–3 BDSG-alt/BDSG 2018 in Bezug auf **„Vereinigungen des privaten Rechts von öffentlichen Stellen"**[27] des Bundes

---

[23] Beachte aber § 5 Abs. 1 S. 2 BDSG 2018.
[24] Welche die für nicht-öffentliche Stellen geltenden Vorschriften des BDSG für anwendbar erklären, z. B. § 2 Abs. 2 S. 2 DSG NRW; vgl. die Zusammenstellung bei Simitis/*Simitis*, BDSG § 27 Fn. 40.
[25] Vgl. insgesamt Gola/Schomerus/*Gola/Körffer/Klug*, BDSG § 27 Rn. 7, § 12 Rn. 2.
[26] Vgl. Taeger/Gabel/*Buchner*, BDSG § 2 Rn. 18; *Maurer*, Allgemeines Verwaltungsrecht, 18. Aufl. 2011, § 23 Rn. 56, mit zahlr. Beisp.; zu den „Grundlagen der Beleihung" *Stober* in Wolff/Bachof/Stober, Verwaltungsrecht, Bd. 3, 5. Aufl. 2004, § 90.
[27] So die Formulierung in § 2 Abs. 3 BDSG-alt/BDSG 2018; § 2 Abs. 1 und Abs. 2 BDSG-alt/BDSG 2018 – wie auch Landesdatenschutzgesetze – sprechen stattdessen von „Vereinigungen

und/oder der Länder vorgesehen. Voraussetzung für die Zuordnung zum öffentlichen Bereich ist die Wahrnehmung einer öffentlichen Aufgabe. Reine Finanzbeteiligungen, ohne Zusammenhang mit den spezifischen Aufgaben der beteiligten öffentlichen Stellen, scheiden aus.[28] In diesen Grenzen ergibt sich auch hier Übereinstimmung mit dem bezeichneten Regelungsansatz der DS-GVO.

3. Innerstaatliche Gesetzgebungskompetenzen

Für die weitere Ausgestaltung des deutschen Datenschutzrechts – im Kontext der 15 neuen unionsrechtlichen Regelungen – gilt es weiterhin, die Aufteilung der Gesetzgebungskompetenzen zwischen **Bund und Ländern** zu berücksichtigen. Zugleich lässt sich dabei anknüpfen an die bestehende Zuordnung zwischen BDSG einerseits und den Landesdatenschutzgesetzen andererseits.

a) Öffentlicher Bereich

In Bezug auf die Tätigkeit der öffentlichen Verwaltung ist Datenschutzrecht 16 teilweise als ein das **Verwaltungsverfahren** regelndes Recht anzusehen.[29] Jedenfalls in dem Umfang, in welchem dem Bürger gegenüber der öffentlichen Hand subjektive Rechte auf Auskunft, Berichtigung und Löschung eingeräumt werden, ist demgegenüber vom **materiell-rechtlichen Charakter** der datenschutzrechtlichen Vorschriften auszugehen.[30]

(1.) Für den Bund ergibt sich demgemäß die Zuständigkeit zur Regelung des Da- 17 tenschutzes bei der **Bundesverwaltung** zum einen aus der je entsprechenden Sachkompetenz (nach Artt. 73, 74 GG) und zum anderen – lückenfüllend zu Art. 86 GG – für das Verwaltungsverfahren aus der Natur der Sache.[31] – Soweit umgekehrt **Landesbehörden Landesrecht durchführen**, steht die Regelung des Datenschutzes ausschließlich dem Landesgesetzgeber zu.

(2.) Bei der **Ausführung von Bundesrecht durch die Landesbehörden** ergibt 18 sich eine Gesetzgebungskompetenz des Bundes hinsichtlich der materiell-rechtlichen Teile des Datenschutzrechts aus der Sachkompetenz, die dem jeweiligen Bundesrecht zugrunde liegt (Artt. 73, 74 GG).[32] Hinsichtlich der verfahrensrechtlichen Gehalte eröffnet sich die – eingeschränkte – Regelungsmöglichkeit durch den Bund aus Art. 84 Abs. 1 GG.[33] Vergleichbares gilt – lückenausfüllend – für die Bun-

---

ungeachtet ihrer Rechtsform"; dazu Beispiel auf Landesebene: Verkehrsverbünde in Form der GmbH.

[28] Vgl. *Bergmann/Möhrle/Herb*, BDSG § 2 Rn. 35; Simitis/*Dammann*, BDSG § 2 Rn. 41.

[29] Vgl. Jarass/Pieroth/*Pieroth*, GG Art. 84 Rn. 5; *Auernhammer*, 3. Aufl. 1993, BDSG Einf. Rn. 31.

[30] Vgl. AK-GG/*Bull*, 2001, Art. 84 Rn. 17; Simitis/*Simitis*, BDSG § 1 Rn. 9. Im einzelnen gestaltet sich die Abgrenzung zwischen materiell-rechtlichen Bestimmungen und verfahrensrechtlichen als komplex; vgl. dazu – in Parallelität zu § 15 BDSG-alt – die Beurteilung der Amtshilfebestimmungen des VwVfG: *Kopp/Ramsauer*, 17. Aufl. 2016, VwVfG Einf. I Rn. 14, messen den §§ 4–8 „überwiegend materiell-rechtlichen Charakter" bei; AK-GG/*Bull*, 2001, Art. 84 Rn. 17, spricht diesbezüglich von „Doppelnatur".

[31] Vgl. Maunz/Dürig/*Ibler*, GG Art. 86 Rn. 162; Sachs/*Sachs*, 7. Auf. 2014, GG Art. 86 Rn. 30; *Stern*, Staatsrecht Bd. 2, 1980, § 41 VII 4, S. 820; *Ule/Laubinger*, Verwaltungsverfahrensrecht, 1995, § 1 Rn. 2.

[32] Übereinstimmend die Annahme der Kompetenz des Bundesgesetzgebers für die „annexen", nämlich materiell-rechtlichen Materien des VwVfG, vgl. *Kopp/Ramsauer*, 17. Aufl., VwVfG, Einf. Rn. 15.

[33] Überzeugend *Lerche*, GG Art. 84 Rn. 14: Art. 84 Abs. 1 GG ist hierfür konstitutiv; andere Autoren gehen von einer entsprechenden Annexkompetenz aus, vgl. Stelkens/*Bonk*/Sachs, 1998, § 1 Rn. 22.

desauftragsverwaltung, Art. 85 GG.[34] Zwar hat der Bund bislang von diesen Kompetenzen in § 1 Abs. 2 Nr. 2a, § 12 Abs. 2 Nr. 1 BDSG-alt im Ausgangspunkt Gebrauch gemacht, beachte weiterhin § 1 Abs. 1 Nr. 2a BDSG 2018. Auf dieser Grundlage wäre allerdings eine Landesbehörde gezwungen, ggf. im Rahmen ein und desselben Verwaltungsvorgangs – z.B. der Beurteilung eines Bauvorhabens nach Bauplanungs- und Bauordnungsrecht – sowohl das BDSG als auch das Landesdatenschutzgesetz anzuwenden. Dies hat der Bundesgesetzgeber durch **Subsidiaritätsklauseln zugunsten vorhandener Landesdatenschutzgesetze,** wie sie in den soeben genannten Vorschriften des BDSG mitenthalten sind,[35] vermieden. Im Ergebnis findet deshalb, da alle 16 Bundesländer Datenschutzgesetze erlassen haben, bei den Landesbehörden gegenwärtig eine einheitliche Steuerung durch das jeweilige Landesdatenschutzgesetz statt.

b) Nicht-öffentlicher Bereich

19 Regelungen des Datenschutzrechts für die nicht-öffentlichen Stellen (für die die DS-GVO dem mitgliedstaatlichen Gesetzgeber wenig Raum lässt) können teilweise als Zivilrecht angesehen werden. Die Vorschriften über den Umgang mit personenbezogenen Informationen durch den Datenverarbeiter beinhalten Abgrenzungen zwischen dessen Rechtssphäre und derjenigen des betroffenen Individuums. Zu beachten ist freilich die besondere Schutztechnik, die von einem strafbewehrten Verarbeitungsverbot, eingeschränkt durch gesetzliche Zulässigkeitstatbestände, ihren Ausgang nimmt (→ § 12 Rn. 1 ff., § 24).[36] Hinzu kommen die Vorschriften über Aufsicht und Kontrolle, die fraglos **nicht dem „bürgerlichen Recht" zugerechnet** werden können.[37] Soweit demzufolge die Kompetenz des Bundesgesetzgebers nicht aus Art. 74 Abs. 1 Nr. 1 GG ableitbar ist, bedarf es anderer Grundlagen insbesondere aus dem Katalog eben dieses Artikels. In der Sache geht es überwiegend um Wirtschaftsregulierung i.w.S. Die gesetzgeberische Zuständigkeit ergibt sich im wesentlichen aus Nr. 11, 12[38] und 3. Es bleiben Lücken, insoweit wirtschaftliche Betätigung nicht vorliegt,[39] die Kulturhoheit der Länder betroffen ist[40] oder die je speziellere Zuständigkeitsnorm ausschließend[41] wirkt.

B. Eingrenzungen von der Sache her

20 Die DS-GVO **vermeidet eine umfassende Regelung allen Umgangs** mit personenbezogenen Informationen. Im Ergebnis sind zwei Bereiche ausmachbar, für die

---

[34] Dazu Näheres bei Maunz/Dürig/*F. Kirchhof,* GG Art. 85 Rn. 41 ff., unter Bezugnahme auf BVerfG, Beschl. v. 15.7.1969 – 2 BvF 1/64, BVerfGE 26, 338 (385).

[35] „soweit der Datenschutz nicht durch Landesrecht geregelt ist". Damit verzichtet der Bund, wenn eine solche Regelung vorliegt, hinsichtlich der materiellen-rechtlichen Teile auf die Ausübung konkurrierender Gesetzgebung nach Art. 72 GG; für Materien, die der ausschließlichen Gesetzgebung unterfallen, ist im Hinblick auf die soeben zitierte Klausel von einer ausdrücklichen Ermächtigung der Länder i.S.d. Art. 71 GG auszugehen. – Beachte die Parallelität des Regelungsmodells zu § 1 Abs. 2 und 3 VwVfG; vgl. dazu Stelkens/Bonk/Sachs/*Schmitz,* 8. Aufl. 2014, VwVfG § 1 Rn. 71 f.

[36] Vgl. dazu von Münch/Kunig/*Kunig,* GG-Komm., 5. Aufl. 2003, Bd. 3, GG Art. 74 Rn. 9; zuvor schon *Wochner,* DVBl. 1982, 233 f. .

[37] Vgl. insgesamt Simitis/*Simitis,* BDSG § 1 Rn. 6 ff.

[38] Zum Arbeitsrecht vgl Art. 88 DS-GVO; dazu *Wybitul/Pötters,* Der neue Datenschutz am Arbeitsplatz, RDV 2016, 10 ff.

[39] Vgl. dazu aber unten Rn. 30 betr. persönliche und familiäre Tätigkeiten.

[40] Vgl. Maunz/Dürig/*Maunz,* GG Art. 74 Rn. 153; zum Privatschulrecht Jarass/Pieroth/*Pieroth,* GG Art. 70 Rn. 21 m. Nw.

[41] ausdrücklich ausschließend z.B. Art. 74 Abs. 1 Nr. 11 GG für Gaststätten.

sie – um der Freiheitsentfaltung auf Seiten der verantwortlichen Stelle willen – auf eine persönlichkeitsrechtschützende Steuerung zu Gunsten des Betroffen verzichtet. Das ergibt sich zunächst von ihrem Regelungsschwerpunkt her.

I. Technik der Informationsverarbeitung

1. Automatisierte Verarbeitung

Die Geltung der DS-GVO ist zunächst gerichtet auf die „ganz oder teilweise automatisierte Verarbeitung", Art. 2 Abs. 1. Diese primäre Ausrichtung entspricht den ursprünglichen Zielsetzungen des Datenschutzrechts, vgl. dazu auf europarechtlicher Ebene die Konvention 108 des Europarats von 1981 „zum Schutz des Menschen bei der *automatischen* Verarbeitung personenbezogener Daten."[42] Das BDSG-alt spricht in letzter Fassung vom „Einsatz von Datenverarbeitungsanlagen" als Schwerpunkt für die Geltung des Gesetzes im nicht-öffentlichen Bereich, §§ 1 Abs. 2 Nr. 3, 27 Abs. 1, – im wesentlichen gleichbedeutend mit „automatisierte Verarbeitung" gemäß § 3 Abs. 2 BDSG-alt –; derselbe Begriff findet sich in § 1 Abs. 1 S. 2 BDSG 2018. Es geht um den besonders hohen Schutzbedarf im Hinblick auf die vielfältige Steigerung der informationellen Zugriffsmöglichkeiten bei *digitaler* **Datenverarbeitung**. Analoge Speicherung auf Bild- und Tonträgern als solche fällt nicht darunter; dasselbe gilt für Sendungen per Telefax und den Einsatz konventioneller Kopiergeräte. Textverarbeitungssysteme und E-Mail-Verkehr beruhen auf digitaler Verarbeitung.[43] Da die DS-GVO wie auch das BDSG 2018 ausdrücklich die *teilweise* Automatisierung einbeziehen, umschließt diese Regelung auch solche Vorgänge in ihrer Gesamtheit, bei denen Zwischenschritte, z. B. durch die Einschaltung von Speicher-Chips, digitalisiert sind.[44] Auch die unmittelbare Nutzung automatisiert gespeicherter Information außerhalb der Datenverarbeitungsanlage, etwa das Ausdrucken eines Textes und dessen – auch briefliche/mündliche[45] – Übermittlung gehören in diesen Zusammenhang. Diesbezüglich besteht Nähe zu der in § 27 Abs. 2 Hs. 2 BDSG-alt getroffenen Regelung, derzufolge personenbezogene Daten, „die offensichtlich aus einer automatisierten Verarbeitung entnommen worden sind", wie automatisiert gespeicherte Daten behandelt werden. Allerdings kann dies mangels einer entsprechenden ausdrücklichen Regelung in der DS-GVO unter deren Geltung nur in Bezug auf das Handeln der zunächst verantwortlichen Stelle, nicht auf dasjenige der Stellen bezogen werden, an die übermittelt wird.[46]

21

2. Nichtautomatisierte Verarbeitung im „Dateisystem"

a) Begriffliches

Art. 2 Abs. 1 DS-GVO erstreckt den sachlichen Anwendungsbereich weiterhin auf nicht automatisierte Verarbeitungen, „die in einem Dateisystem gespeichert sind oder gespeichert werden sollen" – kurz: **dateibasiert** sind –. Dasselbe gilt für § 1 Abs. 1 BDSG 2018, welcher darüber hinausgehend für den öffentlichen Bereich im

22

---

[42] Dazu → § 2 Rn. 83.

[43] Vgl. insgesamt *Bergmann/Möhrle/Herb*, BDSG § 3 Rn. 43 ff.

[44] Vgl. insoweit schon zum BDSG-alt BeckOK DatSR/*Schild*, BDSG § 3 Rn. 33; (teilweise enger) Simitis/*Dammann*, BDSG § 3 Rn. 79 ff.; zur DSRL Dammann/Simitis/*Dammann*, EG-Datenschutzrichtlinie, 1997, Art. 3 Rn. 4.

[45] Zum mündlichen Bekanntgeben/Weitergeben vgl. Simitis/*Dammann*, BDSG § 3 Rn. 146.

[46] Für die Interpretation des §§ 27 Abs. 2 Hs. 2 BDSG-alt selbst ist diese Frage streitig; vgl. dazu Gola/Schomerus/*Gola/Körffer/Klug*, BDSG § 27 Rn. 14 ff.; *Bergmann/Möhrle/Herb*, BDSG § 27 Rn. 16 ff.; jeweils mit weiteren Nachw.

Anschluss an das BDSG-alt die umfassende Regelung der Verarbeitung personenbezogener Daten vorsieht.

23   Ein Dateisystem ist gemäß Art. 4 Nr. 6 DS-GVO, § 46 Nr. 6 BDSG 2018

„jede strukturierte Sammlung personenbezogener Daten, die nach bestimmten Kriterien zugänglich sind, unabhängig davon, ob diese Sammlung zentral, dezentral oder nach funktionalen oder geografischen Gesichtspunkten geordnet geführt wird".

24   Diese Definition ist – von minimalen sprachlichen Abweichungen abgesehen – identisch mit der Definition der *Datei* in Art. 2 lit. c DSRL. Die jetzige Abweichung von der Bezeichnung „Datei" hin zu „Dateisystem" ist von daher ohne inhaltliche Relevanz. Das findet weitere Bestätigung darin, dass in den englischen bzw. französischen Fassungen der DSRL bzw. der DS-GVO die entsprechenden Bezeichnungen (nämlich **„filing system"** bzw. „fichier") völlig unverändert geblieben sind. Der Begriff „Datei" – ursprünglich eine Zusammensetzung aus *Da*ten und Kar*tei* – entstammt der EDV-Sprache, wird im vorliegenden Zusammenhang jedoch umgekehrt für die Informationsverarbeitung außerhalb der EDV verwandt. Entsprechendes gilt auch für den Begriff „Dateisystem", wobei dieser in der EDV ein der Zugriffssteuerung dienendes Zuordnungs- und Ablagesystem für Dateien bezeichnet.

b) Zielsetzung

25   Es geht um die Erstreckung der Anwendung der DS-GVO auf **manuelle Verarbeitungen in Kombination mit systematisierter Zugriffsmöglichkeit**, gewissermaßen in rudimentärer Ähnlichkeit mit den Möglichkeiten des Computers. Beispiele sind Karteikarten, Lochkarten, auch Formulare (aus Fragebogenaktion) und (Gehalts-)Listen mit jeweils gleichartiger Anordnung zu erfassender personenbezogener Informationen. Dabei kann es sich auch um sensitive Daten – z.B. Personal- oder Krankheitskarteien – handeln. Insgesamt hat man es allerdings in Ermangelung jedweder EDV-mäßigen Erfassung im Hinblick auf die erreichte Leistungsfähigkeit mit weniger bedeutsamen Vorgängen zu tun. Das hat der europäische Verordnungsgeber nicht übersehen. Seine Begründung für die partielle Einbeziehung manueller Verarbeitungen weist in eine andere Richtung:

„Um ein **ernsthaftes Risiko einer Umgehung** der Vorschriften zu vermeiden, sollte der Schutz natürlicher Personen technologieneutral sein … Der Schutz… sollte für die automatisierte Verarbeitung… ebenso gelten wie für die manuelle…, wenn die personenbezogenen Daten in einem Dateisystem gespeichert sind oder … werden sollen" (ErwGr 15 zur DS-GVO)

26   Danach ist Ziel nicht die rigide Einbeziehung möglichst weiter Bereiche manueller Verarbeitung, sondern die Vermeidung von *Anreizen* für die verantwortliche Stelle, statt naheliegender automatisierter Verfahren Karteikästen anzulegen. Folgt man dieser Intention, so ergeben sich entsprechend höhere Anforderungen an das Niveau/die Effektivität eines Dateisystems i.S.d. Art. 2 Abs. 1 DS-GVO. Das aufgestellte Postulat, technikneutral zu sein, führt im vorliegenden Zusammenhang[47] nicht weiter, weil es dem Verordnungsgeber gerade darum geht, **nach den verwendeten Techniken abgestuft zu reagieren** und in diesem Rahmen Umgehungen entgegenzuwirken.

27   Die zur Interpretation des Begriffs der nichtautomatisierten Datei in § 3 Abs. 2 S. 2 BDSG-alt bislang geführte Diskussion kann zur Interpretation der DS-GVO beitragen. Nach dem BDSG geht es dabei um die Abgrenzung von dessen Anwendung im nicht-öffentlichen Bereich. Von daher ergibt sich auch hier in Hinblick auf die zu berücksichtigenden beiderseitigen Grundrechtspositionen ein Erfordernis eher restriktiven Verständnisses des Dateibegriffs.[48] Nach beiden Normen geht es

---

[47] Allgemein zur Kritik dieses Postulats im Rahmen der DS-GVO *Sydow/Kring*, Die DS-GVO zwischen Technikneutralität und Technikbezug, ZD 2014, 271 ff.
[48] Zu den involvierten verfassungsrechtlichen Fragen → § 4 Rn. 35 ff.

um „Sammlungen" von (personenbezogenen) Informationen, also um thematisch festgelegte Zusammenstellungen, z. B. von Kundendaten oder Informationen über Sozialhilfeempfänger. Diese Sammlungen müssen eine gewisse inhaltliche Ordnung aufweisen, nämlich **„strukturiert" bzw. „gleichartig aufgebaut"** sein. Typisches Beispiel dafür ist die Karteikarte mit festgelegten Feldern, die für die Eintragung jeweils bestimmter Merkmale (Name, Adresse, Geburtsdatum, Kaufgewohnheit ...) vorgesehen sind. Damit ist regelmäßig auch die weitere Voraussetzung geschaffen, nämlich das Erfordernis der Zugänglichkeit „nach bestimmten Merkmalen [Kriterien]" (zumal in der Lochkartei), und weiterhin die Möglichkeit der **Auswertung nach eben diesen (mindestens zwei) Kriterien.**

Eine Unterlage, die sich nur auf *eine* Person bezieht und viele Informationen **28** über diese in geordneter Weise – durch Aufgliederung nach Lebens-/Tätigkeitsbereichen und Zeitabschnitten – enthält, mag zwar als „strukturiert" gelten. Sie ist jedoch nicht *gleichartig* aufgebaut, insoweit keine vergleichbaren gesammelten Unterlagen vorliegen. Der Auffassung, solch ein individuelles „Profil" stelle für sich genommen schon eine Datei/ein Dateisystem dar,[49] kann deshalb nicht gefolgt werden. Im Gegenteil wird die Rechtsprechung zur Interpretation des Begriffs des Dateisystems im Wege der teleologischen Reduktion von einer **Mindestanzahl betroffener Personen** auszugehen haben, die nicht unter 50 liegen sollte. Nur dann kann man von einer dateimäßigen Organisationsform ausgehen, die das Auffinden und Auswerten der Informationen effektiv erleichtert[50] und zugleich als eine Möglichkeit angesehen werden könnte, den mit automatisierter Verarbeitung verbundenen datenschutzrechtlichen Restriktionen auszuweichen.

c) Akten insbesondere

Akten sind im Ausgangspunkt keine Dateien/Dateisysteme. Davon ging schon **29** das BDSG 1977 aus,[51] verbunden mit einer Ausnahme für den Fall automatisierter Auswertungsverfahren. ErwGr Nr. 15 zur DS-GVO hält – im Anschluss an ErwGr Nr. 27 zur DSRL – fest, dass

„Akten oder Aktensammlungen sowie ihre Deckblätter, die nicht nach bestimmten Kriterien geordnet sind,... nicht in den Anwendungsbereich dieser Verordnung fallen ... sollten."[52]

Für Akten, in denen Unterlagen – zwecks Dokumentation und Aufbewahrung – undifferenziert chronologisch abgeheftet werden, ist das leicht nachvollziehbar. Sie sind nicht darauf angelegt, Informationen nach inhaltlichen Kriterien leicht zugänglich zu machen, sondern müssen ggf. vom suchenden Sachbearbeiter „durchgeblättert" werden. Andererseits ist in jeder gut geführten Einrichtung von einer Ordnung der Akten nach Sachgegenstand, auch i. V.m. jeweiligem Aktenzeichen, auszugehen. Von daher könnte ErwGr Nr. 15 mitsamt dem Verweis auf die Deckblätter den Schluss rechtfertigen, dass nur völlig ungeordnete Akten vom Anwendungsbereich der Verordnung ausgeschlossen wären,[53] womit die Einschränkung

---

[49] So Gola/Schomerus/*Gola/Körffer/Klug*, BDSG § 3 Rn. 19; Simitis/*Dammann*, BDSG § 3 Rn. 97; Taeger/Gabel/*Buchner*, BDSG § 3 Rn. 24; anders *Bergmann/Wöhrle/Herb*, BDSG § 3 Rn. 56.

[50] Insoweit im wesentlichen übereinstimmend Simitis/*Dammann*, BDSG § 3 Rn. 97.

[51] Dort § Abs. 3 Nr. 3; übereinstimmend BDSG 1990 § 3 Abs. 2 Nr. 2 S. 2.

[52] Im ErwGr Nr. 27 zur DSRL war die Formulierung rigoroser dahingehend, dass solche Dokumente „unter keinen Umständen in den Anwendungsbereich der Richtlinie" fallen.

[53] So *Weichert*, Die DS-GVO, www.netzwerk-datenschutzexpertise.de, S. 9; *Schantz/Wolff*, Das neue DatSchR, 2017, Rn. 311; auch BeckOK DatenSR/*Schild*, DS-GVO Art. 4 Rn. 83; zur Personengerichtetheit *Gola/Klug*, Grundzüge des Datenschutzrechts, 2003, S. 42 f.

auf Dateisysteme in Art. 2 Abs. 1 DS-GVO weitgehend ins Leere ginge. Nur sporadische Notizen und mündliche Äußerungen blieben unerfasst.[54] Doch das widerspräche gerade dem spezifischen, restriktiv orientierten Regelungsgehalt der Vorschrift. Für die Annahme einer Datei/eines Dateisystems ist es nicht ausreichend, dass die Akten – wenngleich gesteuert durch Beschriftung der Deckblätter – in einer äußeren Anordnung aufbewahrt werden.[55] Vom Anwendungsbereich der DS-GVO umfasst werden vielmehr die Fälle, in denen die **Akten eine spezifische innere Struktur** – Aufteilung nach einheitlich festgelegten personenbezogenen Kriterien – aufweisen.[56] Das kann etwa bei Personalakten, ggf. auch bei Akten über längerfristige Observationen,[57] der Fall sein. Demgegenüber dürfte sich die Aktenführung einer Detektei vorrangig an den Erfordernissen des Einzelfalls orientieren,[58] also schwerlich nach einheitlich festgelegten Kriterien organisiert werden. In solchen Fällen verbleibt immerhin und notwendigerweise der zivil- und ggf. strafrechtliche Schutz Betroffener aus dem allgemeinen Persönlichkeitsrecht.

II. Persönliche oder familiäre Tätigkeiten

30   Ein weiterer Bereich, den die DS-GVO und übereinstimmend § 1 Abs. 1 S. 2 BDSG 2018 nicht ihrer Anwendung unterwerfen, betrifft gemäß Art. 2 Abs. 2 lit. c die Datenverarbeitung „durch natürliche Personen zur Ausübung ausschließlich persönlicher oder familiärer Tätigkeiten" – das sogen. **Haushaltsprivileg**. Diese Bestimmung deckt sich inhaltlich mit Art. 3 Abs. 2 Spiegelstrich 2 DSRL, welcher durch §§ 1 Abs. 2 Nr. 3 Hs. 2, 27 Abs. 1 S. 2 BDSG ins deutsche Recht umgesetzt wurde. Der EuGH befand, dass die Regelung in der DSRL eng auszulegen sei, wobei er sich insbesondere auf die vorausgesetzte **Ausschließlichkeit**[59] stützte.[60] Dementsprechend falle die Videoüberwachung zum Schutz eines Einfamilienhauses, insoweit sie sich teilweise auf öffentlichen Raum erstreckt, nicht unter die Ausnahmeklausel.[61] Dieselbe Folgerung gilt für Dashcams. Zur eingegrenzten Bedeutung des Privilegs ist weiterhin ErwGr 18 DS-GVO zu beachten,[62] wonach Voraussetzung ist, dass die jeweilige Datenverarbeitung „ohne Bezug zu einer beruflichen oder wirtschaftlichen Tätigkeit vorgenommen wird." Auch die eigene Vermögensverwaltung nennenswerten Umfangs, z.B. die Vermietung eigener Grundflächen, ist damit von der Ausnahme nicht umfasst.[63]

---

[54] Vgl. auch *Bäcker/Hornung*, ZD 2012, 147 (149).

[55] Schwankend Gola/*Gola*, DS-GVO Artt. 2 Rn. 8, 4 Rn. 46.

[56] Vgl. entsprechend zu § 3 Abs. 2 S. 2 BDSG-alt *Duhr/Naujok/Peter/Seiffert*, DuD 2002, 5 (9); Däubler/Klebe/Wedde/Weichert/*Weichert*, BDSG § 3 Rn. 24.

[57] Vgl. § 163f StPO, § 15 HSOG.

[58] Vgl. dazu Simitis/*Ehmann*, BDSG § 29 Rn. 97; Roßnagel Hdb. DatenSR/*Duhr*, Abschn. 7.5 Rn. 6.

[59] Relativierend zu diesem Kriterium *Gola/Lepperhoff*, ZD 2016, 9 (10 l. Sp.); *Bergmann/ Möhrle/Herb*, Lfg. 9/2011, BDSG § 1 Rn. 22.

[60] Zu widersprechen ist einem weiteren, in der Literatur vorgebrachten Argument für eine enge Auslegung durch Hinweis auf die Verbindlichkeit der Konvention 108 des Europarats von 1981 (→ § 2 Rn. 83), welche ein Haushaltsprivileg nicht enthält; diese Regelungslücke erklärt sich aus dem auf automatisierte Verarbeitung beschränkten Geltungsbereich der Konvention, entstanden zu einer Zeit, in der solche Verarbeitung im persönlichen/familiären Bereich nicht in Betracht kam.

[61] EuGH, Beschl. v. 11.12.2014 – C-212/13, NJW 2015, 463 mit Anmerkung *Klar*.

[62] Insoweit präzisiert gegenüber ErwGr 12 zur DSRL.

[63] Diesbezüglich anders die bisherige Interpretation zu den o.g. Bestimmungen des BDSG, sofern nicht „durch die Art oder den Umfang eine gewerbliche Tätigkeit entsteht", so *Bergmann/*

Als Beispiele für die Anwendung der Klausel werden in ErwGr 18 DS-GVO das **31** „Führen eines Schriftverkehrs oder von Anschriftenverzeichnissen oder die Nutzung sozialer Netze und Online-Tätigkeiten" benannt. Wirtschaftsführung des Privathaushalts nebst privatem Konsum, **Freizeit, Urlaub, Tagebücher,** entsprechende Fotos, Hobbies, Kontakte mit der Verwandtschaft ... sind Stichworte für den Lebenskreis, um den es geht. Auch – informationshungrige – Familienforschung wird in diesem Zusammenhang oft genannt (soweit es sich nicht um die Daten Verstorbener handelt).[64] Durch den jeweiligen Informationsumgang inhaltlich betroffene Personen[65] sind nicht selten auch Dritte, zu denen eine persönliche/familiäre Beziehung *nicht* besteht.[66] – Streitig ist die Zuordnung kommunikativer Beziehungen in kleinen, von wechselseitiger Kenntnis (fast) aller Mitglieder untereinander geprägten Vereinen und ähnliche Gruppierungen.[67]

Verfassungsrechtliche Grundsätze zum Schutz des Persönlichkeitsbereichs des **32** Datenverarbeiters liegen dem Privileg zugrunde.[68] Allerdings ist ein Ausgleich zwischen **einander gegenüberstehenden (Grund-)Rechtspositionen** geboten. Auch Informationsverarbeitung im persönlichen oder familiären Tätigkeitsbereich kann zu erheblichen Verletzungen der Persönlichkeit/der Ehre auf Seiten des Betroffenen führen.[69] Dabei versteht sich auch hier, dass zivil- und strafrechtliche Sanktionen bei Verletzung des Persönlichkeitsrechts wirksame Steuerungsfunktion beinhalten.

Von der Zielsetzung der DS-GVO her lassen sich zudem konkretisierend Grenzen **33** des Privilegs begründen. Eine Beschränkung kann sich bezüglich des zulässigen Empfängerkreises ergeben. Zur Ausübung persönlicher oder familiärer Tätigkeiten gehört es regelmäßig, dass der damit verbundene Umgang mit Informationen **nicht beliebig in die Öffentlichkeit getragen** wird. Vom Privileg von vornherein nicht gedeckt ist aus dieser Sicht die Offenlegung der Information über eine für jedermann zugängliche persönliche Homepage,[70] desgleichen nicht die Einführung in ein soziales Netzwerk ohne Begrenzung des jeweiligen Teilnehmerkreises.[71] Denn als Ausnahmeregelung wird dieselbe nur im Rahmen einer Informationsverwendung gerechtfertigt, die dem persönlichen/familiären Charakter der Tätigkeit – der zu realisierenden Kommunikation – entspricht.[72]

Möhrle/Herb, BDSG § 1 Rn. 21; Plath/*Plath*, BDSG/DSGVO, BDSG § 1 Rn. 31; Auernhammer/ *v. Lewinski*, DS-GVO/BDSG, 5. Aufl. 2017, BDSG § 1 Rn. 19; Simitis/*Dammann*, BDSG § 1 Rn. 151.

[64] Vgl. → § 10 Rn. 6.

[65] Vgl. die Definition in Art. 4 Nr. 1 DS-GVO und dazu unten → § 10 Rn. 3 ff.

[66] Vgl. Simitis/*Dammann*, BDSG § 1 Rn. 152.

[67] Zustimmend Auernhammer/*v. Lewinski*, DSGVO § 1 Rn. 18; a. A. Simitis/*Dammann*, BDSG § 1 Rn. 151; Plath/*Plath*, BDSG/DSGVO, BDSG § 1 Rn. 33; *Bergmann/Möhrle/Herb*, BDSG § 1 Rn. 15.

[68] Zum Persönlichkeitsschutz auch für den Verantwortlichen [Verarbeiter] vgl. auch oben → § 5 Rn. 13–15.

[69] Dazu Auernhammer/*v. Lewinski*, DSGVO/BDSG, BDSG § 1 Rn. 10 f.

[70] Vgl. Plath/*Plath*, BDSG/DSGVO, BDSG § 1 Rn. 33; *Bergmann/Möhrle/Herb*, § 1 Rn. 18; Däubler/Klebe/Wedde/Weichert/*Weichert*, BDSG § 1 Rn. 9.

[71] Vgl. Simitis/*Dammann*, BDSG § 1 Rn. 151.

[72] Vgl. insgesamt auch den kritischen Ansatz bei *Gola/Lepperhoff*, ZD 2016, 9 ff. – zugleich mit kritischen Überlegungen zu einer „Vollüberwachung" der Computernutzung von Kindern und anderen Familienmitgliedern aufgrund einer Funktion von Windows 10.

C. Besonders geregelte Bereiche

I. Unionsrecht

34　Die EU – zuvor auch die EG – hat auf primärrechtlicher Grundlage Regelungen für diverse **Informationssysteme** geschaffen. Dabei wurden in jüngerer Zeit zunehmend detaillierte datenschutzrechtliche Vorschriften mit eingefügt. Vorrangig ist es um Systeme im Bereich der **polizeilichen/strafverfolgenden Zusammenarbeit** gegangen,[73] welche jetzt dem Geltungsbereich der Richtlinie 2016/680 unterfällt. Diese bestimmt in Art. 60, dass die datenschutzrechtlichen Bestimmungen in den genannten, früheren Rechtsakten der Union „unberührt ... bleiben".[74] In ErwGr 94 wird bezüglich der Datenverarbeitung im Verkehr der Mitgliedstaaten untereinander und des Zugangs derselben zu den Systemen lediglich postuliert, dass die Kommission die Frage einer Anpassung der bisherigen Bestimmungen an die jetzige Richtlinie prüfen soll. Neu ist demgegenüber die Verordnung der EU vom 11.5.2016,[75] die Agentur Europol betreffend (Art. 88 AEUV). Diese Verordnung enthält eine umfangreiche Regelung über Informationsverarbeitung, Übermittlung/Austausch personenbezogener Daten und Kontrolle. Hier heißt es in ErwGr 40, dass diese Bestimmungen „autonom sein ... sollten", wenngleich „vereinbar" insbesondere mit der Richtlinie 2016/680.

35　Der Text der DS-GVO enthält keine dem Art. 60 der Richtlinie 2016/680 entsprechende Regelung des Verhältnisses zu besonders geregelten Bereichen der Informationsverarbeitung im Unionsrecht. Art. 98 i. V. m. ErwGr 17 DS-GVO enthält freilich seinerseits einen Appell an die Kommission, „gegebenenfalls Gesetzgebungsvorschläge zur Änderung anderer Rechtsakte der Union zum Schutz personenbezogener Daten" vorzulegen, „damit ein einheitlicher und kohärenter Schutz natürlicher Personen bei der Verarbeitung sichergestellt wird". Das lässt dieselbe Grundregel erkennen, wonach bestehende Spezialregelungen zunächst unberührt bleiben. Im Geltungsbereich der DS-GVO betrifft das u. a. das **Schengener Informationssystem** der zweiten Generation (SIS II) gemäß Verordnung vom 20.12.2006[76] zum Zweck der Einreise- und Aufenthaltskontrolle,[77] ferner das Visa-Informationssystem (VIS) gemäß Entscheidung des Rats vom 8.6.2004[78] sowie das „Eurodac"-System, den Abgleich von Fingerabdrücken betreffend, gemäß Verordnung vom 26.6.2013.[79]

II. Mitgliedstaatliches Recht

1. Nicht-öffentlicher Bereich

36　(1.) Art. 95 DS-GVO geht vom Fortbestand der Regelungen nach der Datenschutzrichtlinie für die elektronische Kommunikation[80] aus. Im deutschen Recht ist

---

[73] Vgl. auch zu den polizeilichen Informationssystemen auf Unionsebene Lisken/Denninger/*Mokros,* HdB Polizeirecht, Teil O Rn. 170 ff.

[74] „shall remain unaffected" in der englischen Fassung.

[75] VO (EU) 2016/794, ABl. 2016 L 135, 53, gültig ab 1.5.2017.

[76] VO (EG) Nr. 1987/2006, ABl. 2006 L 381, 4 ff.; dazu parallel für die „Dritte Säule" Beschl. 2007/533/JI des Rates, ABl. 2007 L 205, 63 ff.

[77] Vgl. zu den Informationssystemen zu diesem Zwecke *Oppermann/Classen/Nettesheim,* Europarecht, 7. Auf. 2016, § 33 Rn. 66 ff.

[78] Entsch. 2004/512/EG des Rates, ABl. 2004 L 213, 5 ff. und dazu VO (EG) Nr. 767/2008.

[79] VO (EU) Nr. 603/2013, ABl. 2013 L 180, 1 ff., Art. 23 ff.; vgl. für weitere Vorschriften Kühling/Buchner/*Kühling/Raab,* Art. 99 Rn. 3 ff.

[80] RL 2002/58/EG, ABl. 2002 L 201, 37.

der Telekommunikationsdatenschutz in **§§ 88 ff. TKG** geregelt. Die Vorschriften beruhen auf einer Umsetzung der zuvor genannten Richtlinie und haben dementsprechend Bestand.[81] Eine Nachfolgerichtlinie ist in Vorbereitung. Für Näheres → § 26 Rn. 13 ff.

(2.) Demgegenüber habe die datenschutzrechtlichen Bestimmungen des **Teleme-** 37 **diengesetzes** (§§ 11 ff. TMG) mit Eintritt der Geltung der DS-GVO am 25.5.2018 mangels einer entsprechenden Öffnungsklausel keinen Fortbestand. Dies entspreche, so wird angenommen, der „Technikneutralität" der Verordnung.[82]

(3.) In Fortführung des in Art. 9 DSRL enthaltenen Privilegs für die Datenverar- 38 beitung „allein zu **journalistischen, künstlerischen oder literarischen** Zwecken"[83] legt Art. 85 Abs. 2 DS-GVO für die Mitgliedstaaten fest, dass diese für die genannten Verarbeitungen – auch solcher für wissenschaftliche Zwecke – „Abweichungen oder Ausnahmen" von fast allen Bestimmungen der Verordnung vorsehen, „wenn dies erforderlich ist, um das Recht auf Schutz der personenbezogenen Daten mit der Freiheit der Meinungsäußerung und der Informationsfreiheit in Einklang zu bringen."[84] Auf dieser Grundlage können die im deutschen Recht von Bund und Ländern schon immer enthaltenen datenschutzrechtlichen Privilegien für die Medien fortbestehen, wenngleich unter Berücksichtigung der Bestimmungen über Rechtsbehelfe, Haftung und Sanktionen des Kapitels VIII der DS-GVO (welches von der Privilegierung gemäß Art. 85 Abs. 2 DS-GVO ausgenommen ist). [85]

(4.) Art. 85 Abs. 1 DS-GVO sieht darüber hinaus noch eine beträchtliche Erwei- 39 terung der Öffnung der datenschutzrechtlichen Regelungen der Verordnung zugunsten freieren Umgangs mit personenbezogenen Informationen vor, und zwar wiederum mit der Maßgabe der Realisierung durch die Mitgliedstaaten. Diese sollen

„durch Rechtsvorschriften das Recht auf den **Schutz personenbezogener Daten** gemäß dieser Verordnung mit dem Recht auf **freie Meinungsäußerung** und Informationsfreiheit, einschließlich der Verarbeitung zu journalistischen Zwecken und zu wissenschaftlichen, künstlerischen oder literarischen Zwecken, **in Einklang ... bringen".**

Die Ausnahmeregel, die bislang gemäß Art. 9 DSRL *„allein* zu journalistischen 40 [usw.] Zwecken" festgelegt worden ist, wird also nunmehr viel breiter angelegt.[86] Es bleibt abzuwarten, welche Gestaltungsfreiheiten die nationalen Gesetzgeber aus Art. 85 Abs. 1 DS-GVO für sich herleiten werden, gerade auch im Hinblick darauf, dass die Garantie der Meinungs- und Informationsfreiheit nach Art. 11 GRCh weit – auch kommerzielle Inhalte umfassend – zu verstehen ist.[87]

---

[81] Übereinstimmend *Buchner*, DuD 2016, 155 (161).

[82] Vgl. nochmals *Buchner*, DuD 2016, 155 (161); kritisch *Piltz/Krohm*, PinG 2013, 56 (59); demgegenüber zustimmend *Keppeler*, MMR 2015, 779 ff.; → § 26 Rn. 21 ff.

[83] Vgl. für die Rechtsprechung des EuGH zu Art. 9 DSRL und zu den mit dieser Vorschrift eingeräumten Spielräumen der Mitgliedstaaten → § 7 Rn. 25 ff.

[84] Vgl. dazu *Schantz/Wolff*, DatSchR, 2017, Rn. 1317 ff.

[85] Ausgenommen von der Ausnahmeregelung des Art. 85 Abs. 2 sind außerdem die Allgemeinen Bestimmungen des Kap. I über Gegenstand und Ziele sowie Anwendungsbereich und Begriffsbestimmungen der Verordnung.

[86] Dies ist ein Endergebnis aus den sogen. Trilog-Verhandlungen zwischen Vertretern der Kommission, des EU-Parlaments und des Rats in Jahr 2015. Zunächst hatte sich die Kommission in ihrem Vorschlag eng an den Wortlaut des Art. 9 DSRL gehalten, vgl. deren Vorschlag v. 25.1.2012, KOM(2012) 11 endgültig – 2012/0011 (COD).

[87] Vgl. dazu *Jarass*, GRCh, Art. 11 Rn. 8; *Meyer/Bernsdorff*, GRCh Art. 11 Rn. 12 mit Fn. 2; Callies/Ruffert/*Callies*, AEUV/EUV, GRCh Art. 11 Rn. 6; Tettinger/*Stern*, Europäische Grundrechtscharta, 2006, Art. 11 Rn. 25; mit Nachw. aus der Rspr. des EGMR und des EuGH; auch Wirtschaftswerbung sei einzubeziehen.

41 (5.) Art. 88 DS-GVO eröffnet den MSen die Ausgestaltung des Beschäftigtendatenschutzes. Bislang galt hierfür § 32 BDSG-alt. An dessen Stelle tritt § 26 BDSG 2018.

2. Öffentlicher Bereich

a) Bereichsspezifisches Recht und Subsidiarität des allgemeinen Datenschutzrechts

42 Die weitreichende Öffnungsklausel des Art. 6 Abs. 2 DS-GVO wurde bereits oben in → Rn. 10 erörtert. Sie ist geeignet, Grundlage für *bestehende oder zukünftige* informationsrechtliche Regelungen gerade auch in spezifischen öffentlich-rechtlichen Rechtsbereichen zu sein. Das gilt z.B. für Bestimmungen in den diversen Teilen des **Sozialgesetzbuches, im Meldewesen,** im Aufenthalts-, Steuer- oder Schulrecht. Die Schaffung bereichsspezifischer Vorschriften des Datenschutzes entspricht einer alten rechtspolitischen Forderung dahingehend, gegenüber den sehr allgemeinen Abwägungsklauseln des BDSG konkretere Maßstäbe gesetzgeberisch vorzusehen.[88] Von vornherein hat sich deshalb das BDSG gegenüber „andere[n] Rechtsvorschriften des Bundes", die „auf personenbezogene Daten anzuwenden sind", Subsidiarität beigemessen, so § 1 Abs. 3 [früher Abs. 4] S. 1 BDSG-alt, nunmehr § 1 Abs. 2 BDSG 2018.[89] Ursprünglich befand sich diese Regelung in § 45 BDSG 1977, dort verbunden mit einem umfangreichen Beispielkatalog über „weitergeltende Vorschriften".[90]

43 Dieser Katalog hat zudem verdeutlicht, dass auch solche informationsrechtlichen Normen, die nicht den Schutz personenbezogener Daten als solchen zu ihrem Regelungsgegenstand haben, dazugehören; das betrifft etwa die dortigen Bestimmungen unter Nr. 7 und 8 über Rechnungslegung oder öffentliche Registerführung.[91] Auch ist nicht ausschlaggebend, ob die Anwendung der Spezialnorm zu einem intensiveren oder zu einem schwächer ausgestalteten Datenschutz führt.[92] Voraussetzung ist demgegenüber, dass die fragliche Spezialnorm **Vorgaben über den Umgang mit Information beinhaltet** und sich von daher auf personenbezogene Informationen erstrecken kann. Schreibt die Spezialnorm zwingend (und verfassungskonform) entsprechendes Handeln einer Behörde bzw. des Bürgers vor – z.B. in Gestalt einer Registrier-, Auskunfts- oder Zeugnispflicht –, bedarf es ihres Vorranges schon zur Wahrung der Widerspruchsfreiheit der Rechtsordnung.[93] Demgegenüber genügt es nicht, dass eine Norm (behördliche) Aufgaben umschreibt, zu deren Durchführung es der Informationsverarbeitung bedarf. In diesen Fällen gilt es vielmehr gerade, die Voraussetzungen des allgemeinen Datenschutzrechts als Rechtsgrundlage heranzuziehen. Aktualisiert hat sich diese Fragestellung u.a. in einem gesellschaftsrechtlichen Kontext, nämlich im Rahmen von (Banken-)

---

[88] Vgl. Simitis/Dammann/Mallmann/Reh/*Simitis,* Kommentar zum BDSG, 2. Aufl. 1979 und 3. Aufl. 1981, jeweils Einl. Rn. 64.

[89] Beachte entsprechende Regelungen in den Landesdatenschutzgesetzen, vgl. z.B. § 2 Abs. 5 S. 1 LDSG BW; § 2 Abs. 3 DSG NRW; enger z.B. § 3 Abs. 3 HDSG; § 2 Abs. 4 SächsDSG.

[90] In den späteren Fassungen des Gesetzes wurde auf die Aufnahme eines solchen Katalogs wegen des immer größeren Umfang der hierfür in Betracht kommenden Regelungen verzichtet, vgl. *Bergmann/Möhrle/Herb,* BDSG § 1 Rn. 25.

[91] Vgl. dazu auch die Auflistung bei Däubler/Klebe/Wedde/Weichert/*Weichert,* BDSG Einl. Rn. 73.

[92] So die h.M.; vgl. Gola/Schomerus/*Gola/Körffer/Klug,* BDSG § 1 Rn. 24; BeckOK DatenSR/ *Gusy,* BDSG § 1 Rn. 80; Taeger/Gabel/*Schmidt,* BDSG § 1 Rn. 34; Auernhammer, 3. Aufl. 1993, BDSG § 1 Rn. 26; differenzierend Simitis/*Dix,* BDSG § 1 Rn. 172.

[93] Für entsprechende Überlegungen zum anwaltlichen Berufsrecht vgl. *Rüpke,* Freie Advokatur, 1995, S. 6f.

Fusionen und dem damit verbundenen Schicksal – ggf. sensibler – Kundendaten. Das Umwandlungsgesetz enthält keine einschlägigen Regelungen über diesbezügliche Informationsprozesse. Es bedarf daher nach überwiegender Auffassung der Prüfung nach allgemeinem Datenschutzrecht.[94]

b) „Deckungsgleichheit"

Das Subsidiaritätsprinzip beinhaltet nicht, dass das allgemeine Recht in seiner **44** Gesamtheit zurücktritt, wenn immer überhaupt eine Regelung über den Informationsumgang im Spezialbereich vorliegt. Oft hat man es hierbei aus Sicht der datenschutzrechtlichen Systematik nur mit **Teilregelungen** zu tun. Diese beziehen sich z.B. nicht auf alle Phasen der Verarbeitung (etwa nur auf Speichern und Nutzen, nicht auf Übermitteln) oder zwar auf die gesamte Verarbeitung, nicht aber auf Betroffenenrechte (Art. 12ff. DS-GVO, §§ 32ff., 55ff. BDSG 2018) bzw. auf die Pflichten des Verantwortlichen (Art. 24ff. DS-GVO). In solchen Fällen springt das allgemeine Datenschutzrecht ergänzend ein, wenn immer personenbezogene Informationen in Rede stehen. Im Ergebnis weicht dieses nur insoweit zurück, als das Spezialrecht deckungsgleiche Regelungen enthält.[95]

Der Bedeutung der Subsidiaritätsklausel kann es allerdings auch entsprechen, **45** dass die einer spezielleren Rechtsvorschrift zugrunde liegende *Konzeption* zur Unanwendbarkeit gegenläufiger Bestimmungen des allgemeinen Rechts führen kann, ohne dass das bereichsspezifische Recht eine abweichende Regelung ausdrücklich enthält.[96] So hat das *BAG* im Hinblick auf die Bindungen des betrieblichen Datenschutzbeauftragten an die Unternehmerseite gefolgert, dass dieser in Abweichung von der Regelung im BDSG[97] für die Kontrolle der Datenverarbeitung des Betriebsrats nicht zuständig ist, obwohl das BetrVG eine solche Einschränkung nicht vorgesehen hat.[98]

Die DS-GVO enthält eine Reihe **neuerer Regelungsgegenstände**, die so bislang **46** im deutschen Datenschutzrecht nicht enthalten sind.[99] Das gilt sowohl in Bezug auf das BDSG als auch auf viele bereichsspezifische Normen. Demzufolge wird es bei diesen oft an entsprechender Deckungsgleichheit fehlen, so dass ergänzend den europarechtlichen Bestimmungen beträchtliche Bedeutung zukommen wird.

---

[94] Das Ergebnis ist damit keineswegs präjudiziert; vgl. Simitis/*Dix*, BDSG § 1 Rn. 170 Fn. 385 m. umfangr. Nachw.; Plath/*Plath*, BDSG/DSGVO, DS-GVO § 28 Rn. 69; Simitis/*Simitis*, BDSG § 28 Rn. 66.

[95] Vgl. Gola/Schomerus/*Gola/Körffer/Klug*, BDSG § 1 Rn. 24; *Bergmann/Möhrle/Herb*, BDSG § 1 Rn. 24; BeckOK DatenSR/*Gusy*, BDSG § 1 Rn. 80: gleichermaßen zutreffend ist die Bezeichnung *Tatbestandskonkurrenz.*

[96] Vgl. Gola/Schomerus/*Gola/Körffer/Klug*, BDSG § 1 Rn. 24, zum „Schweigen des Fachgesetzes"; *Auernhammer*, 3. Aufl. 1993, BDSG § 1 Rn. 26 a.E.

[97] Seinerzeit §§ 36 Abs. 5, 37, in der nachfolgenden Fassung noch §§ 4 f Abs. 5. 4g BDSG-alt.

[98] BAG, Beschl. v. 11.11.1997 1 – 1 ABR 21–97, NJW 1998, 2466ff. = RDV 1998, 64ff.; übereinstimmend BVerwG, Urt. v. 8.8.1986 – 4 C 16/84, NVwZ 1987, 488f., zur analogen Subsidiaritätsregelung in § 1 VwVfG; vgl. dazu weiter Kopp/Ramsauer//*Ramsauer*, 17. Aufl. 2016, VwVfG § 1 Rn. 34; Meyer/*Borgs*, VwVfG, 1982, § 1 Rn. 18.

[99] Vgl. dazu → §§ 19ff.

§ 9. Räumlicher Geltungsbereich

*Andre hielten leere Kartoffelsäcke ins Sonnenlicht, banden die Säcke
geschwind mit Stricken zu und schleppten sie ins fensterlose Rathaus.
Dort banden sie die Säcke auf und schütteten das Licht ins Dunkel.*
(Die Schildbürger)

A. Problemstellung

1 Elektronischer Datenverkehr mit weltweiter Vernetzung überwindet tradierte räumliche (Staats-)Grenzen mit Hochgeschwindigkeit. Das herkömmliche Territorialprinzip gerät gegenüber einem solch volatilen Medium in Gefahr, seinen Schutzzweck zu verpassen.

2 Daraus erklärt sich die Differenz der rechtlichen Ausgestaltung räumlicher Geltung von Datenschutzrecht in Art. 4 Abs. 1 lit. a, c DSRL einerseits und Art. 3 Abs. 1, 2 DS-GVO andererseits.[1] Die Regeln in der DSRL stellten ab auf den Standort einer Niederlassung, in deren Rahmen die Datenverarbeitung stattfindet bzw. auf die Belegenheit der jeweiligen Mittel der Verarbeitung. Zwecks erhöhter Flexibilität wurde das Kriterium der Niederlassung durch den EuGH weit ausgelegt, sowohl im Hinblick auf die Rahmenfunktion derselben[2] als auch auf das Erfordernis von Aktivitäten vor Ort.[3] Dem schiebt die DS-GVO in ErwGr 22 insofern einen Riegel vor, als zu Art. 3 Abs. 1 festgestellt wird, eine Niederlassung setze „die effektive und tatsächliche Ausübung einer Tätigkeit durch eine feste Einrichtung voraus." Dieses Erfordernis erlangt im Kontext der DS-GVO eigene Bedeutung gerade deshalb, weil umgekehrt der Ort der Datenverarbeitung ausdrücklich für die Bestimmung des anwendbaren Rechts als unerheblich gilt, Art. 3 Abs. 1 a. E. Insgesamt bleibt damit der gewährte Schutz sehr unvollkommen im Hinblick auf die Bedeutung unternehmerischer Tätigkeit aus Drittstaaten (zumal den USA).

B. Lösungswege

3 Ein wesentlicher Schritt zur Neuerung ist in Art. 3 Abs. 2 DS-GVO zu finden. Er orientiert sich nicht an der Belegenheit des Verantwortlichen bzw. dessen Verarbeitung, sondern an der (örtlichen) Betroffenheit. Grundlage des Persönlichkeitsschutzes soll dabei nicht etwa die Staats- bzw. Unionsbürgerschaft sein.[4] Vielmehr geht es um die „Verarbeitung personenbezogener Daten von betroffenen Personen, die sich in der Union befinden", und zwar – darin liegt die entscheidende Ausweitung – durch einen Verantwortlichen ohne Niederlassung oder sonstige Anbindung in der Union. Diese nimmt aufgrund der Regelung eine umfassende Schutzfunktion für alle Menschen im gesamten Unionsgebiet wahr. Ob ein nur vorübergehendes Verlassen des Gebiets schädlich ist, ist umstritten.[5]

4 Der Schutzanspruch ist *konsequent.* Seine Ausführung widerspricht allerdings angemessener internationaler Gestaltung, wie sie für die Regelung von Konflikten zwischen unterschiedlichen Rechtsordnungen angezeigt ist. Denn hier nimmt die

---

[1] Es geht dabei nicht um die örtliche Zuständigkeit der Aufsichtsbehörden, vgl. dazu Artt. 55 f. DS-GVO, §§ 9 Abs. 1, 40 Abs. 1 BDSG 2018.

[2] EuGH, Urt. v. 13.5.2014 – C-131/12, ZD 2014, 350, Rn. 52 ff. – Google Spain.

[3] EuGH, Urt. v. 1.10.2015 – C-230/14, ZD 2015, 580 Rn. 25 ff. – Weltimmo.

[4] ErwGr 2, 14 DS-GVO; Auernhammer/*v. Lewinski*, DSGVO/BDSG, DS-GVO Art. 3 Rn. 4 f.

[5] Vgl. dazu Plath/*Plath*, BDSG/DSGVO, DS-GVO Art. 3 Rn. 14.

EU für sich in Anspruch, alle Datenverarbeiter auf der Welt als Verantwortliche im Sinne der DS-GVO an deren Vorschriften zu binden. Dabei ist Voraussetzung – nach dem Marktortprinzip –, dass Datenverarbeiter (a) betroffenen Personen in der Union Waren oder Dienstleistungen anbieten[6] oder (b) das Verhalten betroffener Personen in der Union beobachten.[7] Der Betreiber einer Plantage in Costa Rica, der europäischen Kunden seinen Kaffee anbietet, soll danach u. a. auch an die organisatorisch-technischen Vorschriften der Grundverordnung gebunden sein,[8] und zwar ganz unabhängig davon, was das vor Ort geltende Recht von ihm bzw. seinen Konkurrenten verlangt. So mag man von einer imperialen Tendenz europäischen Datenschutzrechts sprechen. Ein geeignetes Informationskollisionsrecht hat sich noch nicht herausgebildet.[9]

Im Raum der EU stellt sich die Kollisionsfrage nicht, insoweit die DS-GVO die **5** Rechtseinheitlichkeit bewirkt. Diese ist freilich hinsichtlich der zahlreichen Öffnungsklauseln – insbesondere mit Blick auf Art. 23 DS-GVO – nicht gegeben. Insoweit wird die entsprechende Anwendung des Art. 4 DSRL diskutiert.[10]

Das BDSG 2018 legt in § 1 Abs. 4 S. 1 die Anwendbarkeit dieses Gesetzes auf alle **6** deutschen öffentlichen Stellen fest, gemäß S. 2 Nr. 1 und 2 gilt dasselbe für die nicht-öffentlichen Stellen bei Verarbeitung im Inland bzw. im Rahmen einer inländischen Niederlassung. Nicht-öffentliche Stellen innerhalb der EU werden, soweit sie nicht unter Nr. 1 oder Nr. 2 fallen, aufgrund der Nr. 3 von der Geltung des BDSG 2018 ausgenommen.[11]

---

[6] Die bloße Zugänglichkeit eines Internetauftritts reicht nicht aus, ErwGr 23 S. 3 DS-GVO.

[7] Insbesondere Tracking im Internet; dazu Näheres Gola/*Piltz*, DSGVO Art. 3 Rn. 31; Schantz/Wolff/*Schantz*, Das neue DatSchR, 2017, Rn. 137 f.

[8] Vgl. Schantz/Wolff/*Schantz*, Das neue DatSchR, 2017, Rn. 323.

[9] Vgl. dazu Auernhammer/*v. Lewinski*, DSGVO/BDSG, DS-GVO Art. 3 Rn. 25 ff.

[10] Dazu Näheres bei Auernhammer/*v. Lewinski*, DSGVO/BDSG, DS-GVO Art. 3 Rn. 28 ff.

[11] Vgl. dazu Schantz/Wolff/*Schantz*, Das neue DatSchR, 2017, Rn. 353 f.; Begründung im Gesetzentwurf der Bundesregierung, BT-Drs. 18/11325, 80.

2. Abschnitt. Rechtlich vorgegebene Grundstruktur für die Verarbeitung personenbezogener Informationen

§ 10. Betroffene. Personenbezogene Informationen

Literatur: *Brink/Eckhardt*, Wann ist ein Datum ein personenbezogenes Datum?, ZD 2015, 205; *Forgó/Krügel*, Der Personenbezug von Geodaten – Cui bono, wenn alles bestimmbar ist?, MMR 2010, 17 (21 ff.); *Haase*, Datenschutzrechtliche Fragen des Personenbezugs: Eine Untersuchung des sachlichen Anwendungsbereichs des deutschen Datenschutzrechts und seiner europarechtlichen Bezüge, 2015; *Härting*, Starke Behörden, Schwaches Recht – Der neue EU-Datenschutzentwurf, BB 2012, 459; *Guckelberger*, Veröffentlichung der Leistungsempfänger von EU-Subventionen und unionsgrundrechtlicher Datenschutz, EuZW 2011, 126; *Karg*, Die Rechtsfigur des personenbezogenen Datums – Ein Anachronismus des Datenschutzes?, ZD 2012, 255; *Kühling/Klar*, Unsicherheitsfaktor Datenschutzrecht – das Beispiel des Personenbezugs und der Anonymität, NJW 2013, 3611; *Kühling/Klar*, Transparenz vs. Datenschutz – erste Gehversuche des EuGH bei der Anwendung der Grundrechtecharta, JURA 2011, 771; *Schneider/Härting*, Warum wir ein neues BDSG brauchen – Kritischer Beitrag zum BDSG und dessen Defiziten, ZD 2011, 63; *Schwartz/Solove*, Reconciling Personal Information in the United States and European Union, California Law Review 102 (2014), 877; Artikel 29-Gruppe, in: Simitis u. a., Dokumentation, Teil F-EU 20, Working Paper (WP) 136: „zum Begriff ‚personenbezogene Daten'".

A. Einführung

1 In wesentlicher Übereinstimmung mit dem bislang geltenden deutschen Datenschutzrecht nimmt sich die DS-GVO vor, in Anbetracht der „Verarbeitung personenbezogener Daten…natürliche[n] Personen…Schutz" zu gewähren (Art. 1 Abs. 1). Sie bezieht sich dafür zugleich auf grundrechtlichen Schutz, insbesondere auf das „Recht auf Schutz der personenbezogenen Daten" (Art. 1 Abs. 2 DS-GVO, Art. 8 Abs. 1 GRCh). Als solche gelten „alle Informationen, die sich auf eine identifizierte oder identifizierbare natürliche Person (im Folgenden ‚betroffene Person') beziehen" (Art. 4 Nr. 1 DS-GVO). Darin ist einerseits eine wichtige Eingrenzung zu finden. Datenschutzrecht ist **kein allgemeines Informationsrecht**. Mit der DS-GVO wird zwar auch der freie Datenverkehr (in der EU) angestrebt, doch gilt dies nur bezüglich personenbezogener Informationen, also spiegelbildlich zu den um des Persönlichkeitsschutzes willen vorgesehenen Beschränkungen (Art. 1 Abs. 1 a. E.). Andererseits fragt sich, ob mit dem Kriterium des Personenbezugs eine hinreichende, klare Eingrenzung gefunden ist, zumal, wie bereits gezeigt wurde, der uneingeschränkte regelnde Zugriff des Gesetzgebers auf (irgendwie) personenbezogene Informationen nach richtiger Auffassung die verfassungs- bzw. primärrechtlichen Erfordernisse übersteigt.[1]

2 Das vorliegende Kapitel betrifft vorrangig die Explikation einer für das Datenschutzrecht wesentlichen **Schutztechnik**, und zwar in Besonderheit dessen, was den Personenbezug von Informationen als solchen ausmacht. Die Probleme, die mit dem Rechtsbegriff des Personenbezugs verbunden sind, weisen in mehrere Richtungen. Nicht nur kommt es darauf an, die gesetzlichen Regelungsgegenstände zu bestimmen bzw. abzugrenzen, so im Hinblick (auch) auf Bewertungen, Wünsche und Prognosen, auf pseudonymisierte, verschlüsselte und anonymisierte Informationen. Es geht weiterhin darum, welchen Personen als „Betroffenen" jeweils Rech-

---

[1] → § 4 Rn. 22.

te erwachsen; dazu gehört auch die Berücksichtigung von Mehrpersonenbezug und Gruppenzugehörigkeit. Von Bedeutung ist die Möglichkeit eines abgestuften rechtlichen Schutzes je nach der Qualität des Personenbezugs. – Man hat den Entwürfen zur DS-GVO zum Vorwurf gemacht, dass sie (wie zuvor das BDSG) sozusagen nach einem Schwarz-oder-Weiß-Prinzip ihre Geltung von dem Vorliegen oder Nichtvorliegen personenbezogener Information abhängig macht.[2] Letzteres trifft nur im Ausgangspunkt zu. Die DS-GVO eröffnet Wege zu flexibler Gestaltung.[3]

B. Personenbezogene Informationen (Merkmale)

Nach **§ 1 Abs. 1 BDSG-alt** sind personenbezogene Informationen „[1] Einzelan- **3** gaben [2] über persönliche oder sachliche Verhältnisse [3] einer bestimmten oder bestimmbaren natürlichen Person". Der dritte Teil dieser Definition deckt sich mit „identifizierte oder identifizierbare natürliche Person" in Art. 4 Nr. 1 DS-GVO,[4] wobei die Frage der Identifizierbarkeit parallel zu derjenigen der Bestimmbarkeit nach (bisherigem) deutschem Recht besondere Abgrenzungsprobleme beinhaltet.[5] Für den zweiten Teil der Definition enthält die DS-GVO keine Entsprechung. Das bedeutet keinen Verlust im Hinblick darauf, dass in der deutschen Diskussion „persönliche und sachliche Verhältnisse" als oftmals ununterscheidbar gelten,[6] die Umschreibung damit diffus geblieben und auch die Abgrenzung gegen reine Sachdaten nur schwer gelungen ist.[7] Zudem hat die Beschränkung auf „Verhältnisse" keiner korrekten Eingrenzung entsprochen, insofern Informationen mit bloßer Hinweisfunktion – so der Name und andere Kennungen – ebenfalls personenbezogen sind.[8] Der Hinweis auf *Einzel*angaben im ersten Teil der Definition ist hilfreich zur Unterscheidung von – zu statistischen Zwecken – *aggregierten* Informationen, wenngleich dieses Kriterium auch im Rahmen der Bestimmbarkeit (Identifizierbarkeit) zum Tragen kommt.[9]

Insgesamt stellt sich die Definition personenbezogener Daten[10] in **Art. 4 Nr. 1 4 DS-GVO Hs. 1** als eine begrüßenswerte Verschlankung gegenüber § 3 Abs. 1 BDSG-alt dar. Demgegenüber bietet *Hs. 2*, der Hinweise für die Identifizierbarkeit von Personen enthält, zusätzlich eine hilfreiche Gruppierung personenbezogener Daten an: einerseits geht es dabei um Kennungen, die auf eine direkte Zuordnung zum Individuum hin ausgerichtet sind, z.B. Personenkennzeichen/Identifikationsnummer (§ 139b AO), Künstlername, Kundennummer, Passbild, (genetischer) Fingerabdruck; andererseits hat man es mit „besonderen Merkmalen.." zu tun, welche das Individuum in einer Fülle von Hinsichten kennzeichnen mögen, aber regelmäßig zu einer Identifizierung erst führen, wenn sie bezüglich einer Person in besonderer (einmaliger) *Kombination* vorliegen (z B.: [1] eine Ärztin, [2] ca. 50 Jahre alt, [3] wohnhaft in Nancy, [4] BMW-Fahrerin und [5] Tennis-Spielerin).

Die zum Personenbezug **geeigneten Merkmale** sind unterschiedlicher Qualität. **5** Es kann sich um körperliche Eigenschaften wie auch um innere, geistige Zustände,

---

[2] Vgl. *Härting*, BB 2012, 459 (463); *Schneider/Härting*, ZD 2011, 63 (64 f.).
[3] → Rn. 35 ff.
[4] Vgl. dazu Plath/*Schreiber*, DS-GVO Art. 4 Rn. 7.
[5] → Rn. 23 ff.
[6] Vgl. Gola/Schomerus/*Gola/Körffer/Klug* BDSG § 3 Rn. 5; Simitis/*Dammann* BDSG § 3 Rn. 7.
[7] Dazu Näheres unten → Rn. 17 ff.
[8] Vgl. Simitis/*Dammann*, BDSG § 3 Rn. 10.
[9] Vgl. Simitis/*Dammann*, BDSG § 3 Rn. 14; → Rn. 24 f.
[10] Fast wortgleich mit Art. 4 Nr. 1 DS-GVO die Begriffsbestimmung für den Sicherheitsbereich in § 46 Nr. 1 BDSG 2018.

Einstellungen oder Wünsche handeln, um durchgeführte Handlungen, getane Äußerungen und gegenwärtiges Verhalten. Dazu gehören auch das Vorhandensein sozialer, familiärer und wirtschaftlicher Beziehungen sowie die Identität (Benennung) jeweiliger Bezugspersonen bzw. entsprechender Gruppierungen (Mitgliedschaften). Hinzutreten Einschätzungen, Erwartungen, Beurteilungen von dritter Seite (z.B. seitens des Arbeitgebers).[11] Nicht selten hat man es mit wechselseitigem/doppeltem Bezug der jeweiligen Information zu tun,[12] so kennzeichnenderweise auch bei der Mehrzahl der Verkehrsdaten nach § 96 TKG.[13]

6 Nach bisherigem deutschen Recht beginnt die Datenschutzberechtigung – in Übereinstimmung mit der Rechtsfähigkeit gemäß § 1 BGB – mit der Vollendung der **Geburt**; sie **endet mit dem Tod** (h.M.). Freilich können Aussagen über Verstorbene einen Bezug auf lebende Personen haben und von daher datenschutzrechtlich relevant sein. Das gilt insbesondere für genetische Informationen. Angaben aus pränataler Diagnostik sind der Mutter zuzuordnen.[14] Die DS-GVO lässt eine Abweichung von diesen Grundsätzen nicht erkennen. Eine Bestätigung derselben ist darin zu finden, dass für die Grundrechtsberechtigung sowohl nach der EMRK als auch nach der GRCh derselbe zeitliche Rahmen anzunehmen ist.[15]

7 Die DS-GVO erstreckt ihre Geltung auf Informationen, die sich auf natürliche Personen beziehen. **Juristische Personen** zählen gemäß Art. 4 Nr. 1 DS-DVO (übereinstimmend Art. 3 Nr. 1 RL 16/680, § 3 Abs. 1 BDSG-alt, § 46 Nr. 1 BDSG 2018) nicht zu den *Betroffenen;*[16] dasselbe gilt für nicht-rechtsfähige Gesellschaften, Vereine und sonstige Personengemeinschaften.[17] Im Ausgangspunkt ergibt sich daraus eine Ungleichbehandlung zwischen Einzelkaufleuten einerseits und Handelsgesellschaften andererseits bei der Ausübung gewerblicher Tätigkeiten. Eine Rechtfertigung dafür kann man in den Publizitäts- und Rechnungslegungspflichten juristischer Personen finden, womit diesen im Interesse des Rechtsverkehrs ohnehin eine transparentere Rechtsstellung zugewiesen ist.[18] Dass die letztere dessen ungeachtet nicht völlig schutzlos ist, lässt sich schon den verfassungsrechtlichen Grundlagen entnehmen. Vom BVerfG werden juristische Personen – vornehmlich im wirtschaftsorientierten Tätigkeitsfeld – als geeignete Träger des R. a. i. S. angesehen, zumal gegenüber hoheitlichem Handeln.[19] Dasselbe ergibt sich für die Grund-

---

[11] Vgl. insgesamt Simitis/*Dammann*, BDSG § 3 Rn. 10 ff.; Gola/Schomerus/*Gola/Körffer/Klug*, BDSG § 3 Rn. 5, 9; Gola/*Gola*, DS-GVO Art. 4 Rn. 3 ff.

[12] Für medizinische Wertungen vgl. OLG Brandenburg, Beschl. v. 12.2.2008 – 2 Vas 7/07, BeckRS 2008, 04292.

[13] Näheres zu Fragen des doppelten Personenbezugs unten → Rn. 9 ff.

[14] Vgl. für alles Simitis/*Dammann*, BDSG § 3 Rn. 17; Gola/Schomerus/*Gola/Körffer/Klug*, BDSG § 3 Rn. 12; Plath/*Schreiber*, BDSG/DSGVO, BDSG § 3 Rn. 10; auch Auernhammer/*Eßer*, DSGVO/BDSG, DS-GVO Art. 4 Rn. 14 f.; abweichend *Bergmann/Möhrle/Herb*, BDSG § 3 Rn. 5 ff.

[15] Vgl. *Grabenwarter/Pabel*, EMRK, § 17 Rn. 3 f.; *Jarass*, GrCh, EU-Grundrechtecharta § 4 Rn. 22, § 8 Rn. 8.

[16] Beachte dazu auch → Rn. 13 f.

[17] Vgl. dazu Sydow/*Ziebarth*, DS-GVO Art. 4 Rn. 13; Simitis/*Dammann*, BDSG § 3 Rn. 17.

[18] So Simitis/*Dammann*, BDSG § 3 Rn. 18.

[19] Vgl. BVerfG, Beschl. v. 1.10.1987 – 2 BvR 1178/86 u. a., BVerfGE 77, 1 (57, 61) – Neue Heimat; BVerfG, Beschl. v. 9.10.2002 – 1 BvR 1611/96 u. a., BVerfGE 106, 28 (42 f.) – Mithöreinrichtung; BVerfG, Beschl. v. 13.6.2007 – 1 BvR 1550/03 u. a., BVerfGE 118, 168 (203 f.) – Kontenstammdaten; BVerfG, Urt. v. 24.11.2010 – 1 BvF 2/05, BVerfGE 128, 1 (43) – GentechnikG; a. A. *Kloepfer*, Verfassungsrecht II, 2010, § 56 Rn. 76. Viel spricht dafür, im Rahmen gewerblicher Tätigkeit für juristische Personen den entsprechenden Grundrechtsschutz in Art. 12 und Art. 14 GG zu verankern, vgl. Maunz/Dürig/*Di Fabio*, GG Art. 2 Abs. 1 Rn. 225; *Jarass*, GG Art. 2 Rn. 52; *Bull*, Inf. Selbst-

rechtsträgerschaft nach Art. 8 EMRK.[20] Für Artt. 7, 8 GRCh kann Entsprechendes freilich nicht ohne weiteres gefolgert werden. Der EuGH hat vielmehr in der Entscheidung *Schecke* zur Bestimmung der Betroffenheit einen auf die dortigen *Gesellschafter* als *natürliche* Personen bezogenen Ansatz gewählt,[21] woraufhin die umstrittene Kernfrage selbst weiterhin als offengeblieben diskutiert wird.[22] – Insoweit die DS-GVO keinen Schutz gewährt, gilt mitgliedstaatliches Recht, in der BRD insbesondere auf der Grundlage des (allgemeinen) Persönlichkeitsrechts.[23] In einigen europäischen Staaten erstrecken die (bisherigen) Datenschutzgesetze den Schutz ausdrücklich auf juristische Personen.[24] Eine Sonderregelung zugunsten juristischer Personen besteht in Umsetzung europarechtlicher Vorgabe im Bereich der Telekommunikation.[25]

C. Mehrfacher bzw. eingeschränkter Personenbezug

Die Ausführungen in diesem Unterabschnitt sind im wesentlichen auf datenschutzrechtliche Grundsätze gestützt, wie sie sich in Rechtsprechung und Literatur[26] für das Recht der BRD in den vergangenen Jahrzehnten entwickelt haben. Auf unionsrechtlicher Ebene haben sie – zur Interpretation der DSRL – in erheblichem Umfang Niederschlag gefunden in der Stellungnahme 4/2007 zum Begriff „personenbezogene Daten" der Art. 29-Gruppe von 20.6.2007.[27] Es geht um die Entwicklung rechtssystematischer Zuordnungskriterien, die voraussichtlich unter der Geltung der DS-GVO gleichermaßen Bedeutung erlangen werden. **8**

I. Grundmodell

Dem Betroffenen sind in § 6 BDSG-alt ausdrücklich bestimmte Rechte zuerkannt worden. Die DS-GVO widmet sich den „Rechte[n] der betroffenen Person" im gesamten Kap. III (Art. 12 ff.), das BDSG 2018 in entsprechender Weise in **9**

---

bestimmung, 2011, S. 58 f. Entsprechendes gilt – von der Grundregel des Art. 19 Abs. 3 GG her – auch für teilrechtsfähige Personenmehrheiten, z.B. nicht-rechtsfähige Vereine; vgl. *Pieroth/Schlink/Kingreen/Poscher,* Staatsrecht II, 32. Aufl. 2016, Rn. 166 ff.

[20] Vgl. *Grabenwarter/Pabel,* EMRK, § 17 Rn. 5, § 22 Rn. 4; auch → § 6 Rn. 5–8.

[21] EuGH, Urt. v. 9.11.2010 – C-92/09, Slg. 2010, I-11063, EuZW 2010, 939, Rn. 53, 87 (Näheres zu dieser Entscheidung → § 7 Rn. 33 ff.); danach ist der Schutzbereich bei juristischen Personen nur betroffen, wenn deren Firmenname den Namen einer natürlichen Person mit beinhaltet, vgl. Rn. 53; beachte aber DS-GVO ErwGr 14 S. 2; zur Kritik an der Entscheidung Callies/Ruffert/*Kingreen,* EUV/AEUV, GRCh Art. 8 Rn. 11; *Kokott/Sobotta,* FS Hustinx, 2014, S. 89 f.; *Andoulsi,* Revue de droit européen 2012, 499 (512–514); *J. P. Schneider,* Die Verwaltung 2011, 499 (509 ff.); *Guckelberger,* EuZW 2011, 126 (128 f.); auch *Schnabel,* K&R 2009, 358 (359).

[22] Der Grundrechtsträgerschaft zuneigend *Jarass,* GRCh, EU-Grundrechte-Charta Art. 8 Rn. 7, Art. 51 Rn. 56 f.; differenzierend/schwankend Meyer/*Borowsky,* Charta der Grundrechte der EU, Art. 51 Rn. 35; Schwarze/*Knecht,* 2012, GRCh Art. 8 Rn. 3. Anders *Frenz,* Europarecht, 2016, Kap. 9 Rn. 1074: reine Geschäftsdaten seien vom Schutzbereich des Art. 8 GRCh ausgeschlossen; übereinstimmend *Kühling/Seidel/Sivridis,* DatSchR, Rn. 43; diesbezüglich seien vielmehr die Artt. 15 und 16 GRCh heranzuziehen, *Kühling/Klar,* JURA 2011, 771 (774); vgl. weiter *Siemen,* Datenschutz als europäisches Grundrecht, 2006, S. 281. Beachte nochmals die in → Fn. 21 genannten Autoren.

[23] Vgl. dazu ausführlich Erman/*Ehmann,* 12. Aufl. 2008, BGB Anh. § 12 Rn. 290 ff.

[24] So Österreich, Schweiz und Italien; für eine entsprechende Regelung in der BRD vgl. *Roßnagel/Pfitzmann/Garstka,* Modernisierung des Datenschutzrechts, Gutachten, 2001, S. 64 ff.

[25] Datenschutzrichtlinie für elektronische Kommunikation 2002/58/EG, zuletzt geändert durch RL 2009/136/EG v. 25.11.2009, Art. 1 Abs. 2 S. 2; § 91 Abs. 1 S. 2 TKG; Näheres zur Telekommunikation → § 26.

[26] Vorrangig bei Simitis/*Dammann,* mit der Kommentierung zu § 3 BDSG in den acht Folgeauflagen von 1978 bis 2014.

[27] Working Paper (WP) 136, abgedruckt in *Simitis/Dammann,* Dokumentation, Teil F-EU 20.

§§ 32 ff., 55 ff.[28] Die involvierten Rechte z. B. auf Auskunft oder auf Löschung personenbezogener Daten vermitteln dem Betroffenen Entscheidungsbefugnisse. Deren effektive Ausübung setzt optimale Klarheit voraus, wem dieselben jeweils zustehen sollen. Von daher entspricht es der datenschutzrechtlichen Systematik, eine straffe Zuordnung zugrundezulegen, so dass nach Möglichkeit in Ansehung der je einzelnen personenbezogenen Information auch nur *eine* **Person Betroffener** ist.[29] Wegen des Sozialcharakters (zwischen)menschlicher Beziehungen – ggf. mit vielen Haupt- und Nebenbeteiligten –, umso mehr wegen des Sozialcharakters von Information als solcher, stößt dies auf beträchtliche Schwierigkeiten.[30] Normative Festlegungen bzw. kasuistische Abwägungsprozeduren sind erforderlich, um eine Häufung von Mehrfachpersonenbezug zu vermeiden.

10　Gemäß § 21 Abs. 1 PStG werden im Geburtenregister die Namen des neugeborenen Kindes sowie seiner Eltern eingetragen. Das sind zunächst Informationen, die jeweils auf den Namensträger bezogen sind. Das Kind insbesondere wird damit erstmalig von Amts wegen *identifiziert*. – Zugleich ist das Kind-Haben nebst dessen Namen personenbezogene Information über die Eltern und umgekehrt das Eltern-Haben und deren Namen personenbezogene Information über das Kind: insoweit *doppelter Personenbezug*.[31] – Weiterhin werden nach der genannten Vorschrift Ort und Zeit der Geburt beurkundet. Die Standesämter teilen den Meldebehörden gemäß § 17 Abs. 4 BMG unverzüglich die Beurkundung der Geburt mit. Letztere haben sodann nach § 139b Abs. 7 AO dem Bundeszentralamt für Steuern zwecks Zuteilung einer einmaligen, lebenslangen „Identifikationsnummer" die Namen des Kindes und **Tag und Ort der Geburt** mitzuteilen. Damit wird eine dauerhafte Kennung des neugeborenen Bürgers begründet. Das Geburtsdatum selbst geht zwar nicht in die Identifikationsnummer ein. Doch wird dieses, um Verwechslungen auszuschließen, seinerseits sowohl im amtlichen als auch im geschäftlichen Umgang häufig zur Feststellung der Identität eingesetzt. Staat und Gesellschaft haben sich darauf geeinigt, dass *diese Information, obwohl sie ein zentrales Ereignis im Leben der Mutter betrifft, regelmäßig nicht als auf diese bezogen anzusehen ist.*

11　Vergleichbares gilt für **Drittkonstellationen** in alltäglichem Rahmen: *Keine* personenbezogenen Daten der Bürgerin sind die Eigenschaften (Krankheiten) ihres Partners oder ihrer Freunde, die Schulden ihres Geschäftspartners, die Vermögensverhältnisse des Arbeitgebers oder die Gewalttätigkeit des Nachbarn, obwohl es sich bei alledem nicht selten um Gegebenheiten handelt, die von beträchtlichem Einfluss auf die Lebenssituation der Einzelnen sind. Der Kreis rechtlich relevanter personenbezogener Informationen ist dem gesetzlichen Konzept zufolge also nicht nach der Bedeutsamkeit des zu Grunde liegenden Ereignisses für den Betroffenen bestimmbar. Vielmehr wird ein *materieller* Personen*bezug* der Information vorausgesetzt,[32] in Abgrenzung von einem etwaigen (unmittelbaren) Bezug der Information auf jeweils *andere* Personen.[33]

II. Gesteuerter Personenbezug

12　Dieses Ordnungsmuster kann allerdings durch die Art und Weise des Informationsumgangs beim Verantwortlichen durchbrochen werden. So kann eine Aus-

---

[28] → § 15.
[29] Vgl. Simitis/*Dammann* BDSG § 3 Rn. 20, 41; missverstanden von *Haase*, Datenschutzrechtliche Fragen, 2015, S. 105 f.
[30] Vgl. dazu → § 4 Rn. 19 ff.
[31] Zum doppelten Personenbezug zahlreiche Beispiele bei Simitis/*Dammann*, BDSG § 3 Rn. 43 f.
[32] → Rn. 19.
[33] Vgl. BVerwG, Urt. v. 24.3.2010 – 6 A 2/09, DVBl 2010, 1307 Rn. 34, → Rn. 16; ausführlich Simitis/*Dammann*, BDSG § 3 Rn. 20. In die gleiche Richtung geht die Behandlung des Kriteriums „über" aus Art. 2 lit. a DSRL (insoweit übereinstimmend mit § 3 Abs. 1 BDSG) durch die Art. 29-Gruppe (→ Rn. 8) Working Paper (WP) 136 –, abgedruckt in *Simitis/Dammann*, Dokumentation, Teil F-EU 20 Abschn. III 2.

kunftei durch Speicherung – Bereitstellung zum Zweck der Übermittlung – von drittbezogenen Informationen, die von Relevanz für die Bonität eines Einzelkaufmanns sind, den Kreis der (auch) auf diesen bezogenen Informationen erweitern. Aktualisiert hat sich dies für Informationen über eine zwischenzeitlich insolvent gewordene Ein-Mann-GmbH in Bezug auf deren vormaligen Gesellschafter und Geschäftsführer. Der BGH ist in der einschlägigen Entscheidung zutreffend zu dem Ergebnis gelangt, dass, obwohl Informationen über juristische Personen als solche nicht dem Schutzbereich des BDSG unterfallen, die Auskunftei aufgrund ihrer Vorgehensweise auf den Einzelkaufmann bezogene und damit datenschutzrechtlich geschützte Informationen speicherte. Zu berücksichtigen sei der „Zusammenhang.., in dem die Daten erscheinen", hier „die finanzielle Situation einer GmbH ... als Teil der Angaben über die [natürliche] Person".[34]

Gelegentlich wird unter Bezugnahme auf die genannte BGH-Entscheidung davon gesprochen, **13** dass Informationen über eine Ein-Mann-GmbH auf eine dahinter stehende natürliche Person (regelmäßig) „durchschlagen".[35] Diese Formulierung darf nicht zu dem Missverständnis verleiten, dass von daher sogeartete Gesellschaften ihrerseits datenschutzrechtlich geschützt seien. Das würde der Zielsetzung des BDSG wie auch der DS-GVO widersprechen, juristische Personen insgesamt vom Schutz auszuschließen.[36] Vielmehr sind auf jene Gesellschaften bezogene Informationen – im Rahmen der Verfolgung wirtschaftlicher/werberischer Zwecke des Verantwortlichen – datenschutzrechtlich ungeschützt, solange sie nicht zum Gegenstand einer Angabe über natürliche Personen werden. – Dasselbe gilt im Ausgangspunkt auch für Informationen über Gesellschaften/Gemeinschaften ohne eigene Rechtsfähigkeit, wenngleich sich hier das „Durchschlagen" zu **jeweiligen Gesellschaftern/Gruppenmitgliedern** u.a. aufgrund unbeschränkter Haftung leichter realisiert.[37]

Unter Bezugnahme auf die vorgenannte BGH-Entscheidung befasste sich das **14** OLG Hamm mit Wirtschaftsauskünften über eine Unternehmerin. Diese enthielten zugleich Mitteilungen über die desolaten Vermögensverhältnisse ihres **Ehemanns.** Aufgrund des so seitens des Datenverarbeiters hergestellten Zusammenhangs ging es dabei „auch um personenbezogene Daten der ... [Ehefrau]." Die Übermittlung solcher Daten wurde im entschiedenen Fall nach Abwägung gemäß § 29 Abs. 2 BDSG-alt für nicht erforderlich und damit für unzulässig erachtet.[38]

Man erkennt aus dieser Rechtsprechung, dass die **vom Verantwortlichen** bei der **15** Speicherung **verfolgte Intention** nicht ohne Einfluss auf die Zuordnung personenbezogener Daten auf den je Einzelnen ist. So vermag eine Auskunftei als Verantwortliche – aufgrund technischer Gestaltung oder im Einzelfall – über von ihr herstellbare Zusammenhänge selbst entscheiden. Deren Sachdienlichkeit/Erforderlichkeit unterliegt zwar datenschutzrechtlicher Überprüfung, doch geschieht

---

[34] Vgl. BGH, Urt. v. 17.12.1985 – VI ZR 244/84, NJW 1986, 2505f. = DB 1986, 855.

[35] Vgl. Gola/Schomerus/*Gola/Körffer/Klug*, BDSG § 3 Rn. 11a; Plath/*Schreiber*, BDSG/DSGVO, BDSG § 3 Rn. 11; differenzierend Gola/*Gola*, DS-GVO Art. 4 Rn. 24.

[36] So ErwG 14 DS-GVO; ErwG 24 DSRL; zum BDSG vgl. schon den Gesetzentwurf der BReg. v. 21.9.1973, BT-Drs. 7/1027, S. 19, insbesondere unter Verweis auf das Erfordernis praktikabler, rechtssicherer Abgrenzung; zuvor schon *Simitis*, Datenschutz – Notwendigkeit und Voraussetzungen einer gesetzlichen Regelung, DVR 2 (1973/74), 138 (155ff.).

[37] Vgl. Simitis/*Dammann*, BDSG § 3 Rn. 44; Gola/Schomerus/*Gola/Körffer/Klug*, BDSG § 3 Rn. 3, auch unter Bezugnahme auf Rechtsprechung des BAG zur Arbeit im Gruppenakkord; Gola/*Gola*, DS-GVO Art. 4 Rn. 7.

[38] OLG Hamm, Urt. v. 4.4.1995 – 9 U 42/95, NJW 1996, 131; übereinstimmend Simitis/*Dammann*, BDSG § 3 Rn. 43 (sowie Rn. 20 a.E.): „Daten der Beziehungsperson... betreffen nur diese, soweit sie nicht auch gegenüber der anderen Person genutzt werden..., soweit sie nicht gerade mit Blick auf sie verarbeitet werden"; hierauf Verweis bei Gola/Schomerus/*Gola/Körffer/Klug*, BDSG § 3 Rn. 14.

dies im Gefolge der von der Verantwortlichen selbst begründeten Prämisse vorliegenden Personenbezugs.

16   Diese Erkenntnis steht zwar auf ersten Blick im Spannungsverhältnis zu der Aussage des BVerwG in einer jüngeren Entscheidung zum Auskunftsanspruch eines Betroffenen (des klagführenden Journalisten gegenüber dem BND), wonach der Schutzbereich des R. a. i. S. „unabhängig von der Finalität und dem Speicherort der betreffenden Datenerhebung" zu verstehen sei.[39] Dabei ging es allerdings zunächst um die Interpretation des § 15 Abs. 1 S. 1 BVerfSchG bzw. § 19 Abs. 1 S. 1 Nr. 1 BDSG-alt, wonach dem Betroffenen Auskunft „über *zu seiner Person gespeicherte* Daten" zu gewähren ist. Dass darunter alle gespeicherten personenbezogenen Daten ohne Festlegung auf den Speicherort fallen, entspricht schon seit jeher der Rechtsprechung des BGH.[40] Doch ging es dem BVerwG im Übrigen – bei grundsätzlich bestehender Möglichkeit mehrfachen Personenbezugs – gerade umgekehrt um eine **Eingrenzung des Kreises personenbezogener Information Betroffener.** Dies geschah aufgrund der (vorfindlichen) funktionalen Abschichtung des streitgegenständlichen Informationsgehalts (eines Dossiers sog. BND-Meldungen) einerseits von der personellen Beziehung (zwischen einem indiskreten Mitarbeiter der Behörde und dem klägerischen Journalisten) andererseits. Die Klagabweisung ergab sich durch Abgrenzung gegenüber „rein sachverhaltsbezogene[n] Daten bzw. ... personenbezogene[n] Daten Dritter ohne einen relevanten Personenbezug zum Kläger".[41] Der BND hätte sich möglicherweise weitergehenden Auskunftsansprüchen ausgesetzt, wäre die Person des Klägers in eine der „BND-Meldungen" selbst inhaltlich einbezogen gewesen. – Solche Differenzierung stellt nicht infrage, dass der Verantwortliche *nicht* legitimiert ist, die Unwirksamkeit bestehenden unmittelbaren Personenbezugs kraft eigener Wahl herbeizuführen. Das Umgekehrte hingegen, die „Kreation" des Personenbezugs durch eigene Gestaltung, bleibt möglich, verbunden mit diesbezüglicher Unterwerfung unter das Regime des Datenschutzrechts.

III. Sachdaten. Geodaten

17   Die genannte Entscheidung des BVerwG nahm die Abgrenzung des Kreises personenbezogener Informationen des Klägers *gleichermaßen* gegenüber den personenbezogenen Informationen Dritter wie auch gegenüber rein sachverhaltsbezogenen Informationen vor. In der Tat hat man es in beiderlei Hinsicht mit einer **analogen Abgrenzungsproblematik** zu tun. Im Zusammenhang der neuen Technologien zur präzisen Erfassung der Erdoberfläche (Geolokalisierung) ist dies umso deutlicher hervorgetreten.[42] Zahlreiche Beispiele stammen freilich schon aus alter Zeit, zumal für technische Daten. So ist anzunehmen, dass die Details einer Planung nicht ohne weiteres durch die Unterschrift des Architekten bzw. Bauingenieurs zu deren personenbezogenen Daten werden.[43] Dasselbe gilt für den Grundstückseigentümer bezüglich der Daten z. B. über die Kanalisation. Anders kann es sein, wenn die technische Information – z. B. über Altlasten-Kontaminationen des Bodens – nachhaltige Auswirkung auf die Vermögenslage des Eigentümers hat.[44] Die mit den neuen Techniken erzielbaren detaillierten Informationen über die Erd-

---

[39] BVerwG, Urt. v. 24.3.2010 – 6 A 2/09, DVBl. 2010, 1307, Rn. 31.

[40] BGH, Urt. v. 19.5.1981, NJW 1981, 1738; vgl. weiter Simitis/*Mallmann*, BDSG § 19 Rn. 20; Simitis/*Dammann*, BDSG § 3 Rn. 16; allgemeine Auffassung.

[41] BVerwG, Urt. v. 24.3.2010 – 6 A 2/09, DVBl. 2010, 1307, Rn. 34 ff., 42; beachte dazu auch EGMR, Urt. v. 4.1.2007 – 39658/05, ECLI:CE:ECHR:2007:0104DEC003965805 – Smith ./. UK.

[42] Beachte dazu die ausdrückliche Erwähnung der „Standortdaten" als Zuordnungskriterium für die Identifizierbarkeit natürlicher Personen in Art. 4 Nr. 1 DS-GVO; auch „Stellungnahme 13/2011 zu den Geolokalisierungsdiensten von intelligenten mobilen Endgeräten" der Art. 29-Gruppe v. 16.5.2011, abgedruckt bei *Simitis/Dammann/Mallmann/Reh*, BDSG-Dokumentation, Teil F-EU 49.

[43] Vgl. Gola/Schomerus/*Gola/Körffer/Klug*, BDSG § 3 Rn. 8; Gola/*Gola*, DS-GVO Art. 4 Rn. 11. Übereinstimmend trifft das z. B. auch für einen Lageristen zu, der die Empfangsbestätigung für eine bei ihm eingegangene Warenlieferung unterschrieben hat.

[44] Für pragmatische Abgrenzungen Simitis/*Dammann*, BDSG § 3 Rn. 60.

oberfläche[45] wie auch über aufstehende Gebäude (Google Street View)[46] haben die Besonderheit, dass sie praktisch ausnahmslos in Kombination mit Flurkarten, Grundbüchern sowie Telefon- und Adressbüchern mit jeweiligen Personen als Grundstückseigentümer, Pächter oder Mieter in Verbindung gebracht werden können. Von hier aus zeichnet sich die Möglichkeit ab, jedwede verfügbaren Informationen als (mehrfach-)personenbezogene anzusehen.[47]

Eine Luftaufnahme vom Hühnerstall eines vermutlichen Kleinbauern ist als solche nicht als personenbezogene Information zu behandeln. Dasselbe gilt für eine Information über das Baujahr einer Gerätschaft, vorfindlich in einem Labor in einem Vorort von Wien, in Bezug auf den unbenannten Inhaber der Einrichtung. Dritte dürfen sich z.B. Kenntnis über das Alter vorhandener Gerätschaften verschaffen und sich per E-Mail darüber austauschen, ohne sich hierfür auf ein berechtigtes Interesse im Sinne des Art. 6 Abs. 1 lit. f DS-GVO (bzw. § 28 Abs. 1 Nr. 2 BDSG-alt) stützen zu müssen. **18**

Voraussetzung für datenschutzrechtliche Relevanz ist, wie für Drittkonstellationen bereits dargestellt wurde,[48] ein *materieller* **Personen**bezug, hier also **zum** in Rede stehenden **Sachverhalt**. So, wie die Vermögenslage des Geschäftspartners nicht per se eine eigene personenbezogene Information darstellt, so gilt das analog auch für die Eigenschaften im eigenen Umfeld vorfindlicher Sachen. Zur Veranschaulichung hat die Art. 29-Gruppe folgendes Beispiel gebildet: **19**

„Der **Wert einer Immobilie** ist eine Information über einen Gegenstand. Hier finden Datenschutzbestimmungen eindeutig keine Anwendung, wenn die Information ausschließlich dazu verwendet wird, die Immobilienpreise in einem bestimmten Wohngebiet zu veranschaulichen. Unter bestimmten Umständen ist jedoch auch diese Information der Kategorie ‚personenbezogene Daten' zuzurechnen. Die Immobilie ist nämlich ein Vermögenswert, der unter anderem zur Festsetzung der vom Eigentümer zu entrichtenden Steuern herangezogen wird. In diesem Kontext ist die Personenbezogenheit dieser Information nicht zu bestreiten."[49] **20**

Demzufolge ist auf den Kontext – auf den tatsächlichen oder vorgesehenen **Verwendungszusammenhang** abzustellen. Damit wird die Qualifizierung der Information als personenbezogen nicht subjektivem Belieben anheimgegeben. Maßgebliches ergibt sich regelmäßig aus dem Geschäftsmodell, in dem die Informationen zur Verwendung gelangen.[50] Hierin zeigt sich erneut die Parallelität zur Bedeutung der geschäftlichen/behördlichen Intentionen – z.B. einer Auskunftei oder eines Nachrichtendienstes – in Bezug auf (dritt)betroffene Personen.[51] **21**

Personenbezug liegt immer dann vor, wenn Sachdaten zu gemeinsamer Verwendung mit Identifikationsdaten einer Person in geeigneter Weise verknüpft sind[52] **22**

---

[45] Zur angewandten Technik *Weichert*, Geodaten – datenschutzrechtliche Erfahrungen, Erwartungen und Empfehlungen, DuD 2009, 347 ff.

[46] Hierzu *Spiecker gen. Döhmann*, Datenschutzrechtliche Fragen und Antworten in Bezug auf Panorama-Abbildungen im Internet – Google Steet View und die Aussichten, CR 2010, 311 ff.; Simitis/*Ehmann*, BDSG § 29 Rn. 99 m.w. Nachw.

[47] Zur Gefahr, dass das Datenschutzrecht so insgesamt nicht mehr handhabbar wäre, Simitis/ *Dammann*, BDSG § 3 Rn. 57 ff.

[48] → Rn. 11; beachte hierzu die kritische Analyse bei *Haase*, Datenschutzrechtliche Fragen, S. 240 ff.

[49] Art. 29-Gruppe in: Simitis u.a., WP 136, Abschn. III 2, Beispiel 5; vgl. auch Gola/Schomerus/ *Gola/Körffer/Klug*, BDSG § 3 Rn. 4 zu Angaben in einem Stadtführer.

[50] Übereinstimmend Simitis/*Dammann*, BDSG § 3 Rn. 59; *Forgó/Krügel*, Der Personenbezug von Geodaten – Cui bono, wenn alles bestimmbar ist?, MMR 2010, 17 (21 ff.); a.A. *Weichert*, DuD 2009, 347 (351); auch *Karg*, Die Rechtsfigur des personenbezogenen Datums – Ein Anachronismus des Datenschutzes?, ZD 2012, 255 (256 f.).

[51] → Rn. 15.

[52] Vgl. BVerfG, Urt. v. 24.11.2010 – 1 BvF 2/05, BVerfGE 128, 1 (42 ff.) zum Standortregister für technisch veränderte Organismen nach § 16a GenTG.

oder wenn eine solche Verknüpfung intendiert ist.[53] So ist die Standortüberwachung von Taxis geeignet, das Verhalten der beteiligten Taxifahrer zu überwachen, und beinhaltet von daher auf diese Personen bezogene Informationen.[54]

D. Identifizierte oder identifizierbare Betroffene

I. Die Einzelnen im Fokus

23   Neben die sachlich-inhaltliche Dimension des Personenbezugs tritt dessen formal-selektive **(sigmatische) Funktion**.[55] Als betroffen ist eine Person nur anzusehen, wenn die jeweilige Information einer identifizierten (bestimmten) oder zumindest identifizierbaren (bestimmbaren) Person gilt. Deshalb scheiden allgemeine Aussagen aus, z.B. über die Hilfsbereitschaft von Menschen, über deren Lebenserwartung oder über ein gegenwärtiges Erdbeben im Raum von Lissabon, obwohl solche Feststellungen durchaus Belangvolles für das Leben von Personen beinhalten. Insofern ziehen auch Meinungs- und Informationsfreiheit denkbarem Datenschutz deutlich Grenzen.[56]

24   Allerdings können umgekehrt bei statistischen Erkenntnissen – die auf der Aggregation von bei je Einzelnen erhobenen Informationen beruhen – Zweifel daran aufkommen, ob sie keinen Personenbezug aufweisen. Unkompliziert ist dazu das Beispiel sogenannter Ausreißer. Aus einer Darstellung der Ergebnisse einer Umfrage in einer Gemeinde mit 2000 Einwohnern nach deren parteipolitischen Präferenzen, aufgegliedert nach dem jeweiligen Lebensalter der Befragten, ist die Aussage des einzigen dort lebenden 91-Jährigen diesem leicht zuzuordnen.[57] **Höhere Aggregation** der Altersgruppen, – z.B. nach Jahrzehnten – bietet da Hilfe zur Aufhebung oder zumindest Erschwerung der Bestimmbarkeit des Betroffenen.[58]

25   Die datenschutzrechtliche Literatur hat von Anfang an die Frage beschäftigt, wieweit im Hinblick auf mathematische Analysetechniken („Schnüffeltechniken") zur Reidentifikation auf der Basis statistischen Datenmaterials von der *Bestimmbarkeit* Einzelner auszugehen sei. Der Gesetzgeber hat diesbezüglich durch die im Jahre 1990 eingefügte Definition des Anonymisierens eine Klarstellung bewirkt. Für den Ausschluss des Personenbezugs kommt es nicht darauf an, dass auch „nur mit einem unverhältnismäßig großen Aufwand an Zeit, Kosten und Arbeitskraft" die Identifizierung herbeigeführt werden könnte, § 3 Abs. 6 [früher Abs. 7] BDSG-alt. Ausschlaggebend ist danach die **faktische Anonymität**.[59]

II. Die Bedeutung des informationellen Umfelds

26   Das „Rätsel" der Identifizierbarkeit begegnet uns nicht nur bei zusammengefassten Informationen. Zur Veranschaulichung diene ein schlichtes Beispiel: Die Mittei-

---

[53] Vgl. *Forgó/Krügel*, MMR 2010, 17 (21 ff.).

[54] Beispiel Nr. 8 aus Stellungnahme 4/2007 der Art. 29-Gruppe, Working Paper (WP) 136, Abschn. III 2.

[55] Zur Terminologie Simitis/*Dammann*, BDSG § 3 Rn. 6 f., 59.

[56] Vgl. den Hinweis bei Simitis/*Dammann*, BDSG § 3 Rn. 58.

[57] Vgl. dazu BVerfG, Beschl. v. 18.12.1987 – 1 BvR 962/87 –, NJW 1988, 959 f.; *Dorer/Mainusch/Tubies*, Bundesstatistikgesetz, 1988, § 16 Rn. 27.

[58] Vgl. für Weiteres Simitis/*Dammann*, BDSG § 3 Rn. 14, der zur Erläuterung der Aggregation von 3er-Gruppen ausgeht; aus praktischer Sicht sollte sich die Zusammenfassung eher auf 5 bis 8 Personen erstrecken.

[59] Vgl. zur Volkszählung 1987 BVerfG, Beschl. v. 14.9.1987 – 1 BvR 970/87, NJW 1987, 2805 (2807 l.Sp. – wo es in der dritten Zeile „Deanonymisierung" heißen sollte); BVerfG, Beschl. v. 28.9.1987 – 1 BvR 1063/87, NJW 1988, 962 (963 f.).

lung darüber, dass A seinen Büroschlüssel verloren hat, wäre eine auf diese Person bezogene Information. Doch der Finder des Gegenstands erfährt durch seine Wahrnehmung zunächst nur, dass der Schlüssel *irgendjemandem* verloren gegangen ist. Später beobachtet er, dass A. dabei ist, in den Gängen des Bürogebäudes etwas zu suchen. Diese **Zusatzinformation** ermöglicht ihm die Schlussfolgerung, dass A (vermutlich) der Verlierer ist. – Immer dann, wenn die Erlangung entsprechender Zusatzinformation wahrscheinlich gelingen kann, ist schon aufgrund der Ausgangsinformation von der Identifizierbarkeit des Betroffenen auszugehen. Dieser Grundsatz wird in ErwG 26 der DS-DVO so festgehalten:

„Um festzustellen, ob eine natürliche Person identifizierbar ist, sollten alle Mittel berücksichtigt werden, die von dem Verantwortlichen oder einer anderen Person **nach allgemeinem Ermessen [vernünftigerweise]**[60] **wahrscheinlich genutzt** werden, um die natürliche Person ... zu identifizieren ... Bei der Feststellung, ob Mittel nach allgemeinem Ermessen [vernünftigerweise] wahrscheinlich zur Identifizierung ... genutzt werden, sollten alle objektiven Faktoren, wie die Kosten der Identifizierung und der dafür erforderliche Zeitaufwand herangezogen werden ...“

Die zuletzt genannten Kriterien[61] weisen große Ähnlichkeit mit den in § 3 Abs. 6 BDSG-alt aufgestellten Bedingungen für die *Herstellung* faktischer Anonymität auf. Sie begegnen uns – spiegelbildlich – wieder in der DS-GVO als Voraussetzungen der Identifizierbarkeit.

In der deutschen Rechtsprechung aus jüngerer Zeit finden sich zwei **konträre gerichtliche** **27** **Beurteilungen faktischer Anonymität** bezüglich der Speicherung von Kfz-Kennzeichen und Fahrzeugidentifikationsnummern beim Hinweis- und Informationssystem (HIS) der deutschen Versicherungswirtschaft. Die dortigen Einträge beruhen auf Meldungen regulierter Schadensfälle seitens der beteiligten Versicherungsunternehmen. Diese wollen sich durch die zentral vorgehaltenen Informationen dagegen schützen, dass nach einer sogen. fiktiven Schadensregulierung – ohne Vorlage einer konkreten Reparaturkostenrechnung – betrügerisch die erneute Inanspruchnahme einer Versicherung gelingen kann. Informationen zum Eigentümer des Fahrzeugs oder zu sonstigen Personen mit Berührung zum Versicherungsfall werden dafür nicht gespeichert. Das AG Coburg[62] meinte dessen ungeachtet, das Vorliegen auf den Eigentümer bezogener Informationen beim HIS ließe sich bejahen, weil sich aufgrund der diesem bereits vorliegenden Daten im Wege einer Halterauskunft[63] bei der Kfz-Zulassungsstelle bzw. beim Kfz-Bundesamt die erforderliche Zusatzinformation ohne unverhältnismäßigen Aufwand erlangen ließe. Das AG Kassel[64] wies demgegenüber auf den mit einem solchen Vorgehen erforderlichen Zusatzaufwand und auf die Notwendigkeit der „Darlegung des die Abfrage erlaubenden besonderen Interesses“ hin; dabei „handelt es sich nicht mehr um einen nicht unverhältnismäßigen Aufwand“. Ein solcher läge nur vor, „wenn zwanglos etwa Haltername oder -anschrift aus der Datenbank heraus ermittelt werden könnten.“

Das erläuterte Beispiel hat eine **typische Sachdatei** zum Gegenstand. Die in ihr **28** enthaltenen Informationen über Autos haben als solche die erforderliche Aussagekraft zur Erfüllung der vom HIS vertraglich eingegangenen Verpflichtungen zur Auskunftserteilung. Ein berechtigtes Interesse des HIS zur Einholung einer Halterauskunft ist daher nicht erkennbar. Eben dies ergibt sich aus dem verfolgten – begrenzten – Geschäftszweck. Die Erlangung personenbezogener „Zusatzinforma-

---

[60] Im entsprechenden ErwG 26 DSRL lautete die analoge Formulierung: „sollten alle Mittel berücksichtigt werden, die vernünftigerweise... eingesetzt werden könnten“. Eine wesentliche Bedeutung kommt der in der deutschsprachigen Fassung der Verordnung vorgenommenen sprachlichen Abwandlung nicht zu. In der französischen bzw. englischen Fassung wurde eine solche Abwandlung nicht vorgenommen; vielmehr ist hier übereinstimmend in DSRL und DS-GVO von „raisonnablement“ bzw. „reasonably“ – statt „nach allgemeinem Ermessen“ die Rede.
[61] Sie werden bei Roßnagel/*Barlag*, DS-GVO, 2017, § 3 Rn. 9f., nicht hinreichend berücksichtigt.
[62] AG Coburg, Urt. v. 7.11.2012 – 12 C 179/12, ZD 2013, 458.
[63] Vgl. § 39 Abs. 1 StVG.
[64] AG Kassel, Urt. v. 7.5.2013 – 435 C 584/13, ZD 2014, 90.

tion" verstieße also mangels Grundlage im StVG und mangels Erforderlichkeit gegen § 16 Abs. 1 Nr. 2 BDSG-alt bzw. gegen Art. 6 Abs. 1 lit. f DS-GVO. Dem AG Kassel ist also im Ergebnis zu folgen. Das gilt unabhängig davon, ob man seinem eher lakonischen Hinweis auf einen unverhältnismäßigen Aufwand zustimmen möchte. Zu darauf abgestimmten Gewichtungen wird es noch weiterer Konkretisierung durch die künftige Rechtsprechung bedürfen.

III. Zusatzwissen im rechtlichen Rahmen

29   Insgesamt kann nach zutreffender Auffassung etwaig **rechtswidrig erlangbare** Zusatzinformation **nicht zur Begründung des Personenbezugs** der Ausgangsinformation herangezogen werden.[65] Es besteht keine Grundlage, einen Verarbeiter von Information den Beschränkungen des Datenschutzrechts nur deshalb zu unterwerfen, weil es möglich ist, dass Personen in seiner Lage bereit sein können, das Recht zu verletzen. Dadurch ließe sich auch schwerlich erhöhter Persönlichkeitsschutz erreichen, weil solche Bereitschaft, wenn sie denn besteht, sich gleichermaßen bei feststehendem Personenbezug der Ausgangsinformation realisieren dürfte. Rechtssystematisch ist – über den zuvor erörterten Rechtsfall hinaus – zu berücksichtigen, dass die über möglichen Personenbezug gesteuerten datenschutzrechtlichen Normen nicht für sich allein stehen, sondern im Rahmen der Rechtsordnung, im Zusammenspiel mit anderen (informationsrechtlichen) Normen verstanden werden müssen.[66] Das gilt insbesondere mit Blick auf die Berufs- und Amtsgeheimnisse oder das Telekommunikationsgeheimnis, für deren Verletzung spezifische rechtliche Sanktionen vorgesehen sind.

IV. Zusatzwissen Dritter

1. Relativer/absoluter Personenbezug

30   Umfangreich ist in der Literatur die Frage diskutiert worden, ob der Verantwortliche personenbezogene Daten auch dann verarbeitet, wenn er über das erforderliche Zusatzwissen zur Herstellung des Personenbezugs nicht selbst verfügt, sondern nur Dritte (außerhalb seines kommunikativen Umfelds).[67] Nach herrschender Auffassung ist, was das Wissen Dritter anbetrifft, die erkennbare Zugänglichkeit für den Verantwortlichen rechtsstaatlich begründete Voraussetzung („relativer Personenbezug").[68] Nach der Theorie vom „absoluten Personenbezug" würde hingegen die Fähigkeit jedes beliebigen Dritten zur Deanonymisierung genügen.[69] Solche Versuche der Ausweitung des Kreises personenbezogener Daten kann dem Schutz damit einbezogener „Betroffener" durchaus nicht förderlich sein, weil ein diesbezüglich Verantwortlicher in Ermangelung möglicher Kenntnis der zu schützenden Individuen deren eventuelle Rechtsstellung nicht berücksichtigen kann und wird.[70] Für die Rechtslage nach der DS-GVO ist der bereits zitierte

---

[65] Näheres dazu bei Simitis/*Dammann*, BDSG § 3 Rn. 26 ff., 33.

[66] Das übersehen Däubler/Klebe/Wedde/*Weichert*, BDSG § 3 Rn. 15; *Pahlen-Brandt*, K&R 2008, 288 (289) im Anschluss an das AG Berlin Mitte, Urt. v. 27.3.2007 – 5 C 314/06, K&R 2007, 600.

[67] Vgl. dazu *Kühling/Klar*, Unsicherheitsfaktor Datenschutzrecht – das Beispiel des Personenbezugs und der Anonymität, NJW 2013, 3611 (3614 ff.).

[68] Vgl. Taeger/Gabel/*Buchner*, BDSG § 3 Rn. 13; *Brink/Eckhardt*, Wann ist ein Datum ein personenbezogenes Datum?, ZD 2015, 205 (209 ff.).

[69] Das gilt im wesentlichen für etliche Stellungnahmen von deutschen Datenschutzbeauftragten; vgl. Nachweise bei *Kühling/Klar*, NJW 2013, 3611 Fn. 30.

[70] Vgl. die Überlegungen zu Art. 11 DS-GVO → Rn. 40.

ErwG 26 (→ Rn. 26) zu berücksichtigen, in welchem allerdings ausdrücklich „von dem Verantwortlichen *oder einer anderen Person*" als mögliche Benutzer von Mitteln zur Identifizierung die Rede ist. Doch orientiert sich eben dieser Erwägungsgrund, wie bereits dargestellt wurde, an einer nach allgemeinem Ermessen [vernünftigerweise][71] zu erwartenden Nutzung. Zugleich gelten die Grundsätze zur Abgrenzung gegenüber faktischer Anonymität im nachfolgenden Satz des ErwG 26 DS-DVO.[72]

Damit ist deutlich geworden, dass ein Verarbeiter von Information sich nicht **31** um Identifizierungsmöglichkeiten zu kümmern hat, die jenseits seines Wirkungskreises liegen. Ein einzelner Unternehmer braucht sich nicht dafür zu interessieren, ob das statistische Material, das ihm sein Berufsverband zur Verfügung gestellt hat, möglicherweise von Letzterem durch diesem zur Verfügung stehende Methoden mit verhältnismäßigem Aufwand auf Individuen rückführbar sei. Das gleiche gilt für den **Cloud Service-Provider**, dem der Cloud Service-Nutzer stark verschlüsselte personenbezogene Informationen nach dem Stand der Technik anvertraut hat.[73] Demgegenüber ist bei einer Weiterleitung von Informationen ohne Personenbezug an einen Inhaber erforderlichen Zusatzwissens Vorsicht geboten. Insoweit kann von einer Übermittlung im Sinne des Art. 4 Nr. 2 DS-GVO auszugehen sein.[74]

2. Dynamische IP-Adresse als personenbezogenes Datum?

In diesem Kontext gehört auch die stattgefundene Kontroverse um die Qualität **32** der dynamischen *Internet Protocol*-Adresse.[75] Diese stellt sich als eine dem Rechner beim Anschluss an das Internet jeweils neu zugeteilte Zahlenfolge dar. Sie dient der Kommunikation zwischen Nutzern und jeweiligen Online-Mediendiensten (Content-Provider). Inhaltlich ermöglicht sie diesen lediglich eine grobe regionale Zuordnung des Nutzers. Die IP-Adresse lässt als solche einen Rückschluss auf die Person des Nutzers/Teilnehmers[76] nicht zu. Allein der Internet-Zugangsanbieter (Access-Provider), der die IP-Adressen jeweils vergibt, verfügt über die entsprechenden Bestandsdaten der Teilnehmer (§ 95 TKG) und hat die technische Möglichkeit der Verknüpfung. Nur er ist in der Lage, auf der Grundlage einer IP-Adresse und entsprechender Zeitangabe zu ermitteln, um welchen Teilnehmer es sich im Einzelfall gehandelt hat. Freilich ist ihm die Offenbarung im Hinblick auf das **Telekommunikationsgeheimnis** nur unter eng begrenzten, gesetzlich geregelten Voraussetzungen möglich (§ 88 TKG). Ohne Vorliegen dieser Voraussetzungen ist die IP-Adresse also durchweg für den Zugangsanbieter auf einen identifizierten/

---

[71] → Rn. 26 mit Fn. 60.

[72] Vgl. dazu auch *Brink/Eckhardt*, ZD 2015, 205 (208f.); der Auffassung *Härtings*, DS-GVO, 2016, Rn. 270ff., die DS-GVO tendiere zur Theorie vom absoluten Personenbezug, kann deshalb nicht gefolgt werden.

[73] Vgl. dazu *Grenzer/Heitmüller*, Zur Problematik des Personenbezuges beim Cloud Computing, PinG 2014, 221 (229f.). – Das schließt nicht aus, dass die für den Cloud Service-Nutzer zuständige Aufsichtsbehörde sich um die erforderliche Qualität der Übermittlung – der Verschlüsselung – an den Cloud Service-Provider, kümmern kann; vgl. zu diesen Besorgnissen die „Orientierungshilfe – Cloud Computing", Version 2.0, v. 9.10.2014, S. 12f.; dazu *Eckhardt*, DuD 2015, 176 (179f.).

[74] Vgl. Simitis/*Dammann*, BDSG § 3 Rn. 34; Gola/Schomerus/*Gola/Körffer/Klug*, BDSG § 3 Rn. 44a; *Kühling/Klar*, NJW 2013, 3611 (3615 bei Fn. 39).

[75] Eine Übersicht über den Meinungsstand gab der BGH in seinem Vorlagebeschluss an den EuGH v. 28.10.2014 – VI ZR 135/13, ZD 2015, 80 Rn. 23ff.; *Eckhardt*, IP-Adresse als personenbezogenes Datum – neues Öl ins Feuer, CR 2011, 399ff.

[76] Zu diesen Begriffen § 3 Nr. 14, 20 TKG.

identifizierbaren Teilnehmer bezogen, schwerlich aber für den Content-Provider (→ Rn. 30, 29).

33 Der **EuGH** hat am 19.10.2016[77] – auf Vorlage des BGH hin[78] – auf der Grundlage des Art. 2 lit. a DSRL entschieden, dass eine dynamische IP-Adresse für den Mediendienstanbieter ein personenbezogenes Datum darstellt, wenn dieser „über rechtliche Mittel verfügt, die es ihm erlauben, die betreffende Person anhand der Zusatzinformationen, über die der Internetzugangsanbieter dieser Person verfügt, bestimmen zu lassen." Diese Aussage steht für sich genommen in Übereinstimmung mit dem zuvor Dargelegten, vorausgesetzt, der Content-Provider hat Kenntnis davon erlangt, welcher Access-Provider die Zuordnung der entsprechenden IP-Adresse vorgenommen hat, um sich unter Bezugnahme auf triftige Gründe – Abwehr von Cyberattaken – an diesen mit der Bitte um Offenlegung des Teilnehmers wenden zu können. Unklar bleibt die Entscheidung freilich hinsichtlich einer entsprechenden rechtlichen Zulässigkeit für die Offenlegung. Der EuGH verweist diesbezüglich auf „vom vorlegenden Gericht insoweit vorzunehmende Prüfungen".[79] Die Entscheidung hierüber wurde dem BGH überlassen, der zwischenzeitlich zur Annahme vorliegenden Personenbezugs gelangte, wenngleich ohne den nachfolgend festgehaltenen Einwänden gerecht zu werden.[80]

34 Die letztlich verborgen gebliebene Grundsatzfrage wird unter der Geltung der DS-GVO gleichermaßen der Klärung bedürfen. Sie ergibt sich daraus, dass weder dem Content- noch dem Access-Provider die Möglichkeit offensteht, die von Ersterem gewünschte Information ohne **Einschaltung staatlicher Instanzen** – der Sicherheitsbehörden – in Erfahrung zu bringen. Deren Entscheidung im konkreten Fall beinhaltet fraglos einen Eingriff in den Persönlichkeitsbereich des Betroffenen, um dessen Identität es geht. Dafür stehen spezifische, die staatliche Tätigkeit eingrenzende Rechtsgrundlagen zur Verfügung.[81] Deren Einhaltung – vor dem Hintergrund der allseitigen Beachtung des Telekommunikationsgeheimnisses – dient dem insoweit nach Art. 10 GG gebotenen Persönlichkeitsschutz. Dem allgemeinen Datenschutzrecht verbleibt im Hinblick auf die spezialgesetzlichen Regelungen keine konfliktlösende Rolle. Denn soweit sich aufgrund des Spezialrechts im Einzelfall ergibt, dass der staatliche Zugriff unzulässig ist, gibt es für das Datenschutzrecht nichts mehr zu entscheiden. Dessen Anwendung wegen trotzdem abstrakt/absolut anzunehmenden Personenbezugs auch beim Content Provider ginge ins Leere. Darüber hinaus gilt es zu bedenken, dass staatliches Vorgehen seitens der Sicherheitsbehörden (oftmals vorbehaltlich richterlicher Entscheidung) in vielen anderen Lebensbereichen gleichermaßen in Betracht kommt. Es ist wenig plausibel und verfassungsrechtlich bedenklich, dass deshalb (faktisch) anonyme Datenbestände – interne Statistiken, Planungen, Berichte über betriebliche, technische Abläufe und Forschungsberichte – in großem Umfang als personenbezogene zu behandeln sein sollten.

---

[77] EuGH, Urt. v. 19.10.2016 – C-582/14, ZD 2017, 24, Rn. 31ff., 49 – Breyer./. BRD; orientiert an den Schlussanträgen des Generalanwalts GA *Campos Sánchez-Bordona,* SchlA v. 12.5.2016 – C-582/14, ECLI:EU:C:2016:339; Anm. von *Kühling/Klar,* ZD 2017, 27ff.
[78] BGH, EuGH-Vorlage v. 28.10.2014 – VI ZR 135/13, ZD 2015, 80ff.
[79] EuGH, Urt. v. 19.10.2016 – C 582/14, ZD 2017, 24, Rn. 47.
[80] BGH, Urt. v. 16.5.2017 – VI ZR 135/13, NJW 2017, 2416, Rn. 26.
[81] §§ 161, 163 StPO, § 22a Abs. 2 BPolG, Art. 34b Abs. 4 S. 1 BayPAG, § 15a Abs. 2 S. 5 HSOG, § 20a Abs. 1 S. 1 Nr. 1, Hs. 2 nrwPolG, § 8d Abs. 2 S. 1 BVerfSchG, jeweils i.V.m. § 113 Abs. 1 S. 3, Abs. 2–4 TKG; dazu BVerfGE 125, 260 (340ff., 356f. = Rn. 254ff., 288ff.); §§ 100g, 100j, 101a StPO.

V. Abstufung zwischen identifizierten und identifizierbaren Betroffenen

In der **Literatur zum BDSG-alt** findet sich häufiger die Überlegung, das Gesetz 35 mache zwischen der Bestimmtheit und der Bestimmbarkeit natürlicher Personen **keinen Unterschied**; eine Abgrenzung zwischen diesen beiden Kriterien sei deshalb überflüssig bzw. „allenfalls von theoretischem Interesse".[82] Diese Auffassung ist weder mit Blick auf die Rechtstatsachen noch auf die rechtlichen Erfordernisse nach der DS-GVO akzeptabel.

1. Pseudonymität

Insbesondere die Pseudonymisierung beruht regelmäßig auf einer **Umwandlung** 36 von auf *identifizierte* Personen bezogenen Informationen zu solchen, die mithilfe zusätzlicher Information, nämlich einer festgelegten Zuordnungsregel, auf *identifizierbare* Personen bezogen bleiben.[83] Im Anschluss an die Definition in Art. 4 Nr. 5 DS-GVO[84] wird in ErwG 26 und 28 DS-DVO u. a. ausgeführt:

> „Einer Pseudonymisierung unterzogene personenbezogene Daten, die durch Heranziehung zusätzlicher Informationen einer natürlichen Person zugeordnet werden könnten, sollten als Informationen über eine identifizierbare natürliche Person betrachtet werden."

> „Die Anwendung der Pseudonymisierung auf personenbezogene Daten kann die Risiken der betroffenen Person senken und die Verantwortlichen...bei der Einhaltung ihrer Datenschutzpflichten unterstützen."

In Art. 25 Abs. 1 und Art. 32 Abs. 1 lit. a DS-GVO wird die Pseudonymisierung/Verschlüsselung, welche nach § 3a S. 2 BDSG-alt nur als Programmsatz vorgesehen wird,[85] als geeignete technische/organisatorische Maßnahme vorgeschrieben.[86] Sie unterscheidet sich von der Datenaggregation (zu statistischen Zwecken) durch die Erhaltung der (verschleierten) Zuordnung jeweiliger Daten(sätze) zur einzelnen Person. Das ermöglicht die Verkettbarkeit mit nachfolgenden Speicherungen unter demselben Pseudonym und damit Langzeitstudien und Profilbildung.[87]

Pseudonymisierung ist ein **Instrument möglichen Interessenausgleichs** zwi- 37 schen Verantwortlichem und Betroffenem. Der alltägliche Umgang in Arbeit, Wirtschaft und Verwaltung orientiert sich überwiegend (anders bei Bargeschäften) an dem direkten – namentlichen – Bezug auf die jeweils beteiligten Personen. Demgegenüber sind (medizinische) Forschung, Planung, Rechnungsprüfung oder Qualitätssicherung darauf i. d. R. nicht angewiesen, wenngleich in einzelnen Fällen – z. B. aufgedeckter Erkrankungen – nicht darauf verzichtet werden sollte, den konkreten Personenbezug herzustellen. Die Ersetzung des Namens und vergleichbarer Identifikationsmerkmale[88] lässt regelmäßig die beteiligten Individuen unerkannt und er-

---

[82] Vgl. Taeger/Gabel/*Buchner*, BDSG § 3 Rn. 11; Simitis/*Dammann*, BDSG § 3 Rn. 23; *Kühling/Seidel/Sivridis*, DatSchR, Rn. 219; *Haase*, Datenschutzrechtliche Fragen, S. 259f.

[83] Vgl. – noch zu § 3 Abs. 6a BDSG-alt – Simitis/*Scholz*, BDSG § 3 Rn. 214f.; zur Vergleichbarkeit der beiden Bestimmungen auch Roßnagel/*Johannes*, DS-GVO, 2017, § 4 Rn. 92; zur Pseudonymisierung gerichtlicher Entscheidungen → § 25 Rn. 18.

[84] Im wesentlichen übereinstimmend – für den Sicherheitsbereich – § 46 Nr. 5 BDSG 2018.

[85] Vgl. Gola/Schomerus/*Gola/Körffer/Klug*, BDSG § 3a Rn. 2.

[86] Zu diesen Maßnahmen → §§ 19f.

[87] Hierzu und zum folgenden Simitis/*Scholz*, BDSG § 3 Rn. 216ff.; auch *Karg*, Anonymität, Pseudonyme und Personenbezug revisited?, DuD 2015, 520 (523f.); *Roßnagel/Scholz*, Datenschutz durch Anonymität und Pseudonymität, MMR 2000, 721ff.; beachte § 30 Abs. 1 BDSG-alt.

[88] Im Überblick → Rn. 5.

möglicht dem Verantwortlichen einen freieren Umgang mit der betroffenen (partiell verschlüsselten) Information, z. B. bei Übermittlungen in beteiligten Fachkreisen.[89]

2. Eingeschränkte Anwendung datenschutzrechtlicher Bestimmungen gemäß Art. 11 DS-GVO

38 Die Bedeutung der Unterscheidung zwischen Informationen mit Bezug auf identifizierte und auf identifizierbare Personen ist anhand der ausdrücklichen gesetzlichen Regelungen zur Pseudonymität deutlich hervorgetreten. Der Verordnungsgeber geht zurecht davon aus, dass der Umgang mit Direktinformationen datenschutzrechtlich einem anderen, strengeren Regime unterworfen sein soll als der Umgang mit pseudonymisierten Informationen, mögen auch beide Kategorien unter den Begriff personenbezogene Daten fallen. Das mehrfach hervorgehobene Postulat der Pseudonymisierung ist Ausdruck dieser Abstufung. Ein Beispiel dafür im deutschen Recht ist – als (bislang) verbindliche Regelung[90] – in **§ 15 Abs. 3 TMG** enthalten, wonach der Diensteanbieter für Zwecke der Werbung etc. Nutzungsprofile nur bei Verwendung von Pseudonymen erstellen darf (sofern der Nutzer dem nicht widerspricht – Opt-out-Regelung). Unter anderem Cookies-Dateien können dabei der Verknüpfung dienen.[91]

39 Diese Feststellungen werfen die weitere Frage auf, wieweit das Konzept der Pseudonymität aufgrund nur identifizierbarer Betroffener verallgemeinerungsfähig ist. Das betrifft gerade auch **Big-Data-Anwendungen**, etwa zur Vorhersage von Epidemien aufgrund individueller Nutzungen des Internet oder zur Beurteilung der Verkehrslage aufgrund der Erfassung von Echtzeit-Standortdaten.[92] Oftmals ist die Identifizierung der involvierten Personen selbst dabei überflüssig.[93] Die pseudonyme Erhebung des Basismaterials bzw. dessen pseudonyme Behandlung ist insoweit datenschutzrechtlich geboten. Von daher kann die Abwägung der wechselseitigen Interessen zu weitgehender Zulässigkeit der Weiterverwendung führen.[94]

40 Für die Fälle fehlender Identifizierung bei bestehender Identifizierbarkeit des Betroffenen legt Art. 11 DS-GVO dies fest:

„Ist für die Zwecke, für die ein Verantwortlicher personenbezogene Daten verarbeitet, die Identifizierung der betroffenen Person durch den Verantwortlichen nicht oder nicht mehr erforderlich, so ist dieser nicht verpflichtet, **zur bloßen Einhaltung dieser Verordnung zusätzliche Informationen** aufzubewahren, einzuholen oder zu verarbeiten, um die betroffene Person zu identifizieren."[95]

---

[89] In die gleiche Richtung weisen schon §§ 30, 40 Abs. 2 S. 2, 3 BDSG-alt; nicht gefolgt werden kann der skeptischen Interpretation zur DS-GVO bei *Härting*, DS-GVO, 2016, Rn. 300 ff.

[90] Die datenschutzrechtlichen Vorschriften der §§ 11 ff. TMG werden durch die GS-GVO verdrängt, vgl. Gola/*Gola*, DS-GVO Art. 6 Rn. 30; Plath/*Hullen/Roggenkamp*, BDSG/DSGVO, TMG Einleitung Rn. 13; → § 26 Rn. 21 ff.

[91] Vgl. Simitis/*Dammann*, BDSG § 3 Rn. 65; Spindler/Schuster/Nink/*Schuster/Nink*, Recht der elektronischen Medien, 2015, TMG § 15 Rn. 9; *Schleipfer*, Datenschutzkonformer Umgang mit Nutzungsprofilen, ZD 2015, 399 ff.

[92] Dazu das Beispiel „Intrix" bei *Mayer-Schönberger/Cukier*, Big Data, 2013, S. 169 f.; weitere Nachweise → § 1 Rn. 1 Fn. 7.

[93] Vgl. *Leonard*, Customer data analytics: privacy settings for ‚Big Data' business, IDPL 2014, 53 (60, 62); *Türpe u. a.*, Denkverbote für Star-Trek-Computer?, DuD 2014, 31 ff.

[94] Vgl. zur Pseudonymität als Abwägungsbelang Simitis/*Scholz*, BDSG § 3 Rn. 219d; *Härting*, NJW 2013, 2065 (2067); *Eckhardt/Kramer*, EU-DSGVO – Diskussionspunkte aus der Praxis, DuD 2013, 287 (288 f.).

[95] Zur Widersprüchlichkeit des nachfolgenden Abs. 2 S. 1 DS-GVO Plath/*Plath*, BDSG/DSGVO, DS-GVO Art. 11 Rn. 7; *Laue/Nink/Kremer*, § 2 Rn. 69; beachte auch ErwG 57 DS-GVO.

Man kann insoweit von einer **Obliegenheit des Vergessens** sprechen. Kommt der Verantwortliche dieser nach, so entgeht er etlichen Verpflichtungen, die ihm die Verordnung ansonsten bei der Verarbeitung personenbezogener Daten auferlegt. Dabei geht es zum einen um die eingeschränkte Realisierung der Rechte der betroffenen Person nach Kap. III der DS-DVO, zum anderen – jedenfalls teilweise – um die materiell-rechtlichen (Abwägungs-)Pflichten; die Berücksichtigung der Interessen einer *namenlosen* Person dürfte oftmals schwierig oder ausgeschlossen sein.

Die Problemstellung, für die Art. 11 DS-GVO eine Regelung trifft, blieb im **41** deutschen Recht bislang unberücksichtigt. In der führenden Kommentierung zu § 3 BDSG-alt wurde hierzu lakonisch ausgeführt:

„Der Gesetzgeber hat in Kauf genommen, dass die verantwortliche Stelle einige der datenschutzrechtlichen Verpflichtungen, wie etwa zur Benachrichtigung und zur Auskunft, nicht oder nur mit erheblichen Komplikationen erfüllen kann, wenn sie zu einem Datum oder einen Datensatz über keine Namens- und Adressdaten verfügt."[96]

Die DS-GVO nimmt diesbezüglich also eine wesentliche Klarstellung vor, die im Hinblick auf die entwickelten Techniken der EDV von besonderer Bedeutung ist.[97] Die neue Regelung bedarf in zweierlei Hinsicht **weiterer interpretatorischer Ausarbeitung**.[98] Zum einen geht es darum, zur Abgrenzung zwischen identifizierten und identifizierbaren natürlichen Personen für die Praxis handhabbare Maßstäbe zu entwickeln. Das jeweilige Geschäftsmodell des Verantwortlichen sollte dabei der Orientierung dienen. Solange nach diesem die alsbaldige Identifizierung wesentlicher Anteile der zu verarbeitenden Informationen (noch) in Betracht kommt, kann das Privileg des Art. 11 Abs. 1 DS-GVO nicht in Anspruch genommen werden. Zum anderen ist weitere Klarstellung vonnöten, in welchem Umfang datenschutzrechtliche Regeln zurücktreten bzw. aufrechterhalten bleiben. Unanwendbar sind jedenfalls solche Vorschriften, die die direkte Ansprache gegenüber dem Betroffenen zum Gegenstand haben. Anwendbar sind Bestimmungen über Datensicherheit und Technikgestaltung und im wesentlichen die Grundsätze des Art. 5 DS-GVO. Differenzierender Betrachtung bedarf die Übermittlung;[99] erforderlichenfalls sollte eine zusätzliche (ggfs. vertragliche) Absicherung gegen Identifizierung durch den Empfänger erfolgen.[100]

E. Zusammenfassung. Ausblick

Alle Personen sind potentiell Betroffene, und der Begriff personenbezogener In- **42** formation erscheint zunächst als weit offen und konturlos. Aus der Perspektive des deutschen Datenschutzrechts gilt das umso mehr im Hinblick auf die weitgreifende verfassungsrechtliche Ausgangsposition, die das BVerfG im Volkszählungsurteil umrissen hat. Die DS-GVO setzt auf der EU-Rechtsebene neue Akzente. Es erge-

---

[96] Simitis/*Dammann*, BDSG § 3 Rn. 23, aber mit dem demgegenüber zutreffenden Hinweis auf die kritische Stellungnahme zu einem „Betroffenenbegriff, bei dem der Betroffene für die verarbeitende Stelle letztlich unbekannt bleibt," bei *Meyerdierks*, MMR 2009, 8 (12); zu den mit solcher Situation gegebenenfalls verbundenen Haftungsrisiken noch Simitis/*Dammann* BDSG § 3 Rn. 38.

[97] Hierzu *Ohrtmann/Schwiering*, Big Data und Datenschutz, NJW 2014, 2984, welche u.a. in Fn. 68 ausführen, dass Art. 11 [seinerzeit Art. 10 des Entwurfs] DS-GVO zufolge „die Pseudonymisierung das Datenschutzrecht praktisch ausschließt"; zu dieser Vorschrift weiterhin *Schwartz/Solove*, California Law Review 102 (2014), 877 (909 f.).

[98] Vgl. zum folgenden *Schwartz/Solove*, California Law Review 102 (2014), 877 (906, 909 ff.).

[99] Beachte dazu auch das in → Rn. 31 a. E. zur Übermittlung Gesagte.

[100] Zu Fragen der Zweckbindung → § 12 Rn. 38 ff.

ben sich nunmehr noch deutlichere Ansätze zur **gebotenen Strukturierung** des Personenbezugs:

43 1. Personenbezug meint in der Regel den **Bezug** jeweiliger Information **auf *eine* Person**. Dies bedingt inhaltliche Zuordnungen und damit für zahlreiche Fälle tatsächlichen Mehrfachbezugs die Ausbildung von Prioritäten von der Sache her, übersteuerungsfähig durch die Intentionen des Verantwortlichen. Ein analoger Befund ergibt sich für die Zuordnung von sachverhaltsbezogenen Informationen inklusive Geodaten.

44 2. Personenbezug setzt die Identifikation oder zumindest die Identifizierbarkeit einer betroffenen Person voraus. Bei Aggregation zu statistischen Zwecken ist diese Voraussetzung nach Vorliegen wenigstens **faktischer Anonymität** nicht erfüllt. Dasselbe gilt für Informationen im Einzelfall, die keinen Aufschluss über involvierte Personen geben. Freilich sind bei dieser Beurteilung die Möglichkeiten des Verantwortlichen zu berücksichtigen, durch verfügbare oder erlangbare zusätzliche Information solchen Aufschluss zu gewinnen. Das betrifft auch eventuelles **Zusatzwissen Dritter**, die vernünftigerweise und im Rahmen verhältnismäßigen Aufwands rechtmäßig eingeschaltet werden können. Dies sollte – trotz gegenteiliger Ansätze in der Rechtsprechung des EuGH – nicht für die Aufdeckung des Personenbezugs dynamischer IP-Adressen zugunsten des Content-Providers gelten. Denn wegen des Telekommunikationsgeheimnisses ist die dafür erforderliche Mitwirkung des Access-Providers nur auf der Grundlage eines Eingriffs staatlicher Sicherheitsbehörden zulässig.

45 3. Wichtig ist – entgegen früheren Annahmen – die rechtliche **Abstufung zwischen identifizierten und identifizierbaren Betroffenen**. Die Pseudonymisierung, eine von der DS-GVO im Rahmen der Technikgestaltung und zur Sicherheit der Verarbeitung vorgeschriebene Maßnahme, beruht wesentlich auf dieser Unterscheidung[101] und dient aus materiell-rechtlicher Sicht oftmals dem Interessenausgleich zwischen Verantwortlichem und Betroffenem. Das Prinzip ist bislang auch zur rechtlichen Steuerung von Werbung im Internet ausdrücklich nach § 15 Abs. 3 TMG zum Tragen gekommen. Es ist geeignet, für Big-Data-Anwendungen eine wichtige Rolle zu spielen. Art. 11 DS-GVO nimmt insoweit den Geltungsanspruch datenschutzrechtlicher Regelungen in beträchtlichem Umfang zurück. Weitere interpretatorische Ausarbeitung ist diesbezüglich angezeigt.

---

[101]Vgl. noch Kühling/Buchner/*Weichert*, DS-GVO Art. 11 Rn. 12; unklar Ehmann/Selmayr/ *Klabunde*, DS-GVO Art. 11 Rn. 12.

§ 11. Verantwortliche und andere im Rahmen der Verarbeitung mitwirkende Stellen

Literatur: *Alich/Nolte,* Zur datenschutzrechtlichen Verantwortlichkeit (außereuropäischer) Hostprovider für Drittinhalte, CR 2011, 741; *Dovas,* Joint Controllership – Möglichkeiten und Risiken der Datennutzung? ZD 2016, 512; *Eckhardt,* DS-GVO: Anforderungen an die Auftragsverarbeitung als Instrument zur Einbindung Externer, CCZ 2017, 111; *Gola/Reif,* Kundendatenschutz, 2016; *Jandt/Roßnagel,* Datenschutz in Social Networks, ZD 2011, 160 (160 f.); *Kühling,* Im Dauerlicht der Öffentlichkeit – Freifahrt für personenbezogene Bewertungsportale?!, NJW 2015, 447; *Martini/Fritzsche,* Mitverantwortung in sozialen Netzwerken, NVwZ-Extra 21/2015, 1; *Müthlein,* ADV 5.0 – Neugestaltung der Auftragsdatenverarbeitung in Deutschland, RDV 2016, 74 ff.; *Paal,* Persönlichkeitsrechtsschutz in Online-Bewertungsportalen, NJW 2016, 2081; *Schmitz/von Dall'Armi,* Auftragsdatenverarbeitung in der DS-GVO – das Ende der Privilegierung?: Wie Daten künftig von Dienstleistern verarbeitet werden müssen, ZD 2016, 427 (428 f.); Artikel 29-Gruppe, in: Simitis u.a., Dokumentation, Teil F-EU 40, Stellungnahme vom 16.2.2010, Working Paper (WP) 169, zu den Begriffen „für die Verarbeitung Verantwortlicher" und „Auftragsverarbeiter".

A. „Verantwortlicher"

Das Pendant zum Betroffenen ist der Verantwortliche. Dessen Rolle ist dadurch 1 gekennzeichnet, dass er personenbezogene Daten eines anderen, nämlich des Betroffenen, verarbeitet. Letzterer genießt den Schutz der gesetzlichen Vorschriften, während Ersterer von diesen **in die Pflicht genommen** wird. Der Umgang mit sich selbst betreffenden Informationen ist dementsprechend datenschutzrechtlich irrelevant.[1] Das kann nach den Regeln doppelten Personenbezugs[2] auch dann gelten, wenn zugleich Aussagen über vorhandene Beziehungen zu anderen Personen mit enthalten sind, z.B. aufgrund übereinstimmenden Familiennamens.[3] Unberücksichtigt bleibt in der dichotomischen Regelungsstruktur des Gesetzes der Schutz, den auch der Verantwortliche als solcher von Verfassung wegen aus dem Grundrecht auf Gewährleistung der Vertraulichkeit und Integrität informationstechnischer Systeme (G-VIiS) genießt.[4]

Als Verantwortliche – dem Kreis der geeigneten (Haupt-)Adressaten der DS- 2 GVO zugehörig – kommen jede **„natürliche oder juristische Person, Behörde, Einrichtung oder andere Stelle"** in Betracht, Art. 4 Nr. 7 Hs. 1 DS-GVO.[5] Der deutschen Tradition entspricht zur Umschreibung des Anwendungsbereichs eine Dreigliederung der Verantwortlichen in (1) öffentliche Stellen des Bundes, (2) öffentliche Stellen der Länder und (3) nichtöffentliche Stellen, so auch künftig in § 1 BDSG 2018.[6] Bund und Länder sind als solche demgemäß keine „Stellen". Maßgebliche verantwortliche Organisationseinheiten sind im Bereich der Exekutive[7]

---

[1] Vgl. Simitis/*Dammann,* BDSG § 3 Rn. 226; Paal/Pauly/*Frenzel,* DS-GVO Art. 6 Rn. 19.

[2] → § 10 Rn. 9 ff.

[3] Für entsprechende Konflikte paradigmatisch BVerfG, Beschl. v. 24.3.1998 – 1 BvR 131/96, BVerfGE 97, 391 ff. – Äußerungen missbrauchter Tochter.

[4] → § 5 Rn. 2 ff., 11 f., 13 ff.

[5] Übereinstimmend – für den Anwendungsbereich der RL 16/680 – § 46 Nr. 7 BDSG 2018.

[6] Beachte → § 8 Rn. 9 ff.

[7] Für den Bereich der *Legislative* beachte die Hinweise bei Simitis/*Dammann,* BDSG § 2 Rn. 30; beachte weiterhin § 39 Abs. 1 HDSG sowie die dazu ergangene DatenschutzO des hess. Landtags v. 18.1.2014, Anl. 4 der GeschäftsO des hess. Landtags in der Fassung vom 27.5.2015 (GVBl. S. 222), hier insbes. § 2 zur Zweckbindung: „Die Wahrnehmung parlamentarischer Aufgaben ist als ein einheitlicher Zweck anzusehen. Die im Geltungsbereich der Datenschutzordnung gespei-

vielmehr Behörden oder sonstige öffentlich-rechtlich organisierte, eigenständige Einrichtungen, etwa Eigenbetriebe, Institute, Schulen; deren Teile – Referate, Dezernate, Abteilungen – sind für sich genommen keine Stellen.[8] Entsprechendes gilt für die Einrichtungen juristischer Personen des öffentlichen Rechts.[9] Die Kommunalverwaltung wird regelmäßig von *einer* Behörde, dem Gemeindevorstand, wahrgenommen.[10] – Juristische Personen des Zivilrechts sind *als solche* „nicht-öffentliche *Stellen*", also mögliche Verantwortliche. Dasselbe gilt für nicht-rechtsfähige Personenvereinigungen, insbesondere für OHG, KG, BGB-Gesellschaften, Vereine und politische Parteien. Zweigniederlassungen sind *Teil* der verantwortlichen Stelle.[11]

3   Voraussetzung für die Verantwortlichkeit einer Stelle ist, dass sie „**über die Zwecke und Mittel der Verarbeitung** von personenbezogenen Daten **entscheidet**". Diese Formulierung in Art. 4 Nr. 7 DS-GVO[12] stimmt mit derjenigen in Art. 2 lit. d DSRL überein. Dasselbe Verständnis ergab sich – in richtlinienkonformer Interpretation – auch aus § 3 Abs. 7 BDSG-alt, wonach eine verantwortliche Stelle die Daten „für sich selbst... verarbeitet... oder dies durch andere im Auftrag vornehmen lässt." Das BVerwG hat kürzlich darauf abgestellt, ob die Stelle „rechtlichen oder tatsächlichen Einfluss auf Ob, Art und Umfang der Nutzung der Datenverarbeitung ... in eigener Verantwortungs- und Gestaltungsmacht" hat.[13]

B. Beschäftigte

4   Es versteht sich, dass auf der bezeichneten Grundlage der einzelne Mitarbeiter/Beamte nicht Verantwortlicher ist, sofern er **im Rahmen eines Unternehmens/einer Institution/Behörde für diese handelt**. Dem entspricht die Regelung in Art. 29 DS-GVO, wonach jede dem Verantwortlichen unterstellte Person, die Zugang zu personenbezogenen Daten hat, in der Regel diese Daten „ausschließlich auf Weisung des Verantwortlichen verarbeiten" darf.[14] Ergänzend sieht Art. 32 Abs. 4 DS-GVO die Pflicht der Verantwortlichen vor, „sicherzustellen, dass ihnen unterstellte natürliche Personen, die Zugang zu personenbezogenen Daten haben, diese nur auf Anweisung des Verantwortlichen verarbeiten". Damit korreliert das Prinzip der „Integrität und Vertraulichkeit" nach Art. 5 Abs. 1 lit. f DS-GVO. Die Vornahme einer ausdrücklichen Verpflichtung Beschäftigter auf das Datengeheimnis – § 5 BDSG-alt entsprechend – sieht die DS-GVO hingegen obligatorisch nur für den „Auftragsverarbeiter" vor (vgl. Art. 28 Abs. 3 lit. b).[15]

---

cherten Daten dürfen nur für diesen Zweck verwandt werden." – Für den Bereich der *Judikative* → § 25.

[8] Vgl. Kühling/Buchner/*Hartung*, DS-GVO, Art. 4 Nr. 7 Rn. 9.

[9] Beachte dazu für die Bundesagentur für Arbeit als Körperschaft des öffentlichen Rechts mit nachgeordneten Regionaldirektionen und örtlichen Agenturen für Arbeit.

[10] Vgl. § 66 Abs. 1 S. 1 HessGemO. Davon ausgenommen sind Standesamt und Jugendamt mit eigenen gesetzlich festgelegten Kompetenzen, vgl. §§ 1, 2 PStG, § 69 Abs. 3 i. V. m. §§ 50 ff., 52 a ff. SGB VIII.

[11] Dazu Simitis/*Dammann*, BDSG § 3 Rn. 233.

[12] Übereinstimmend – für den Anwendungsbereich der RL 16/680 – § 46 Nr. 7 BDSG 2018.

[13] Vorlagebeschluss an den EuGH, BVerwG v. 25.2.2016 – 1 C 28/14, ZD 2016, 393 Rn. 27 f.; ähnlich die Formulierung bei Kühling/Buchner/*Hartung*, DS-GVO, Art. 4 Nr. 7 Rn. 13: „Entscheidungsbefugnis über den Zweck, dh über das Ob, Wofür und Wieweit einer Datenverarbeitung".

[14] So entsprechend Art. 23 RL 2016/680/EU.

[15] Vgl. für alles Ehmann/Selmayr/*Bertermann*, DS-GVO, Art. 29 Rn. 5 f.

C. „Auftragsverarbeiter"

I. Rechtliche Grundlagen

Von Anbeginn hat das Datenschutzrecht auch der Übertragung der Datenverar- 5
beitung von einer Einrichtung an eine *andere Stelle* Rechnung getragen. Das **BDSG**
(seit 1977) hat damit von vornherein Dienstleistungsunternehmen – insbesondere
Lohn- und sonstige Servicerechenzentren – zum geeigneten Gegenstand einer ge-
sonderten Regelung genommen.[16] Kennzeichnend ist dabei die Erledigung einer
vorbestimmten, zumal informationstechnischen Aufgabe durch einen „Auftragnehmer" nach den Weisungen eines anderen, des „Auftraggebers" (§ 11 BDSG seit
1990).

Nach **Art. 4 Nr. 8 DS-GVO** kann jede „natürliche oder juristische Person, Be- 6
hörde, Einrichtung oder andere Stelle... Auftragsverarbeiter"[17] sein; als solcher ist
er regelmäßig gehalten, personenbezogene Daten nur auf Weisung und unter Kontrolle des Verantwortlichen[18] zu verarbeiten, Art. 29 GS-GVO. Näheres bestimmt
Art. 28 DS-GVO – in beträchtlicher Übereinstimmung mit § 11 BDSG-alt.[19] Die
Betroffenenrechte i.S.d. Artt. 12ff. DS-GVO richten sich nur gegen den Verantwortlichen selbst, arg. Art. 28 Abs. 3 lit. e.[20] Im Übrigen wird der Auftragsverarbeiter mehrfach ähnlich einem Verantwortlichen in die Regelungen der DS-GVO ein-
bezogen. Das betrifft u.a. die Vorschriften über Datensicherheit (Artt. 32f., auch
Art. 28 Abs. 3 lit. c),[21] die Bestellung eines Datenschutzbeauftragten (Art. 37 DS-
GVO, §§ 38, 5 BDSG 2018),[22] die Befugnisse der Aufsichtsbehörde (Art. 58 DS-
GVO, §§ 9 Abs. 1, 16, 40 BDSG 2018),[23] die Haftung (Art. 82) und die Verhängung
von Geldbußen (Art. 83 DS-GVO, §§ 41ff. BDSG 2018).[24] Insgesamt wird dem
Rechtsinstitut der Auftragsverarbeitung von der Verordnung nunmehr erhöhtes
Gewicht beigemessen.[25] Das entspricht zugleich der ökonomischen Bedeutung heu-
tiger (Internet-)Dienstleister.[26]

Die durch die Verarbeitungsmöglichkeiten nach Art. 28 DS-GVO implizit be- 7
wirkte Eingrenzung der Rechtsposition des Betroffenen wird durch die strengen,
jetzt in Art. 28 (insbes. Abs. 3) festgelegten Voraussetzungen abgefedert, die regelmäßig in Form eines schriftlichen Vertrags (auch Textform gemäß Abs. 9) zwischen
Verantwortlichem und Auftragsverarbeiter festzulegen sind.[27] Ein solcher Vertrag
unterliegt auch der Kontrollbefugnis durch die Aufsichtsbehörde (Artt. 57 Abs. 1

---

[16] Vgl. *Simitis/Dammann/Mallmann/Reh*, 1978, BDSG § 31 Rn. 30f.; *Auernhammer*, 1977, BDSG § 31 Rn. 6.

[17] In der englischen bzw. französischen Fassung der DS-GVO: Processor/Sous-traitant. – Übereinstimmend – für den Anwendungsbereich der RL 16/680 – § 46 Nr. 8 BDSG 2018.

[18] In der englischen bzw. französischen Fassung der DS-GVO: Controller/Responsable du traitement.

[19] Zugleich in wesentlicher Übereinstimmung – für den Anwendungsbereich der RL 2016/
680/EU – § 64 BDSG 2018.

[20] So ausdrücklich – für den Anwendungsbereich der RL 16/680 – § 62 Abs. 1 S. 2 BDSG 2018.

[21] Für den Anwendungsbereich der RL 16/680 vgl. § 64 BDSG 2018.

[22] → § 21 Rn. 28, 31ff.

[23] → § 22.

[24] Für den Anwendungsbereich der RL 16/680 vgl. § 84 BDSG 2018; vgl. im Übrigen → § 24
Rn. 37.

[25] Vgl. Gola/*Klug*, DS-GVO Art. 28 Rn. 3 unter Hinweis auf ErwGr 13.

[26] Entsprechende Überlegungen zu einem Ungleichgewicht zwischen kleinen Verantwortlichen
und großen Dienstleistern finden sich bei der Art. 29-Gruppe in WP 169 Abschn. III 2 (vor
Beisp. 18).

[27] Dazu ausführlicher Mustervertrag bei Wybitul/*Ströbel/Sigel*, Hdb DS-GVO, Teil 1 Rn. 469ff.

lit. a, 58 Abs. 1 lit. a DS-DVO).[28] Er bewirkt, dass der Auftragsverarbeiter dem Verantwortlichen gegenüber **nicht Dritter** ist (Art. 4 Nr. 10 DS-GVO),[29] vielmehr umgekehrt **dem datenschutzrechtlichen Regelungsregime des Verantwortlichen unterfällt**.[30] Dieser darf sich, wie sich versteht, nicht eines Auftragsverarbeiters unter Umgehung der für seine eigene Datenverarbeitung geltenden Rechtsvorschriften bedienen.[31] Beachte dazu auch dessen Remonstrationspflicht gegenüber seinem Auftraggeber nach Art. 28 Abs. 3 UAbs. 2 [S. 3] DS-GVO.

8   Aufgrund dieser Systematik bedarf es keiner weiteren Rechtsgrundlage für den impliziten Informationsaustausch zwischen dem Verantwortlichen und dem Auftragsverarbeiter bzw. für die vertraglich begründete Weiterverarbeitung durch Letzteren.[32] **Art. 28** – insbesondere Abs. 3 – ist **Spezialnorm gegenüber Art. 6** DS-GVO.[33] Im Grunde geht es dabei auch nicht, wie oftmals – zugleich mit Bezug auf die bisherige deutsche Rechtslage – gesagt wird, um eine „Privilegierung" der Auftragsverarbeitung,[34] sondern gewissermaßen um eine wirtschaftlich begründete Selbstverständlichkeit: Genauso, wie der Geschäftsführer/Behördenleiter sich der Hilfe von Mitarbeitern bei der Datenverarbeitung bedienen kann und soll, entspricht die sachgemäße Kooperation mit geeigneten Dienstleistern unangefochtenen (wirtschaftlichen) Erfordernissen. Dem trägt in der DS-GVO die besondere rechtliche Ausgestaltung der Auftragsverarbeitung Rechnung. Diese kann freilich nicht beliebig Platz greifen. Der Abschluss eines die Kautelen des Art. 28 berücksichtigenden Vertrags ist für sich allein nicht hinreichend. Grundlage ist vielmehr eine funktionelle Betrachtungsweise mit Blick auf die faktischen/technischen/wirtschaftlichen Gegebenheiten.[35]

II. Anwendungen

9   Zwar ist Auftragsverarbeitung im Ausgangspunkt klar unterscheidbar von der weisungsunabhängigen Informationsverarbeitung durch den Verantwortlichen, welcher „über die Zwecke und Mittel der Verarbeitung... entscheidet", wohingegen der Auftragsverarbeiter „personenbezogene... Daten nur auf dokumentierte Weisung [hin]... verarbeitet".[36][37] In der Praxis zeigt sich jedoch, dass auf dieser Grundlage eine trennscharfe Abgrenzung nur selten in Betracht kommt, so etwa für den Auftrag zum Kopieren, zur Vernichtung von Datenträgern oder für das Lettershop-Verfahren.[38] Auch der Anbieter von **Hosting-Diensten** kann geeigneter Auf-

---

[28] Vgl. Kühling/Buchner/*Boehm*, DS-GVO Art. 58 Rn. 14; Gola/*Nguyen*, DS-GVO Art. 58 Rn. 4; → Rn. 6.

[29] → Rn. 34.

[30] Vgl. Kühling/Buchner/*Hartung*, DS-GVO Art. 28 Rn. 13.

[31] Vgl. dazu – von § 11 BDSG-alt ausgehend – Kühling/Buchner/*Hartung*, Art. 28 Rn. 13.

[32] Übereinstimmend Plath/*Plath*, BDSG/DSGVO, DS-GVO Art. 28 Rn. 3; Kühling/Buchner/*Hartung*, DS-GVO Art. 28 Rn. 18 f.; *Eckhardt*, CCZ 2017, 111 (113) mit umfangr. Nachw.

[33] Vgl. dazu Paal/Pauly/*Martini*, DS-GVO Art. 28 Rn. 10; Plath/*Plath*, BDSG/DSGVO, DSGVO Art. 28 Rn. 3; diesbezüglich a. A. Ehmann/Selmayr/*Bertermann*, DS-GVO Art. 28 Rn. 4; BeckOK DatenSR/*Spoerr*, DS-GVO Art. 28 Rn. 31.

[34] Vgl. dazu die Kritik an einem solchen Verständnis bei *Schmitz/von Dall'Armi*, ZD 2016, 427 (428 f.).

[35] So nachdrücklich die Art. 29-Gruppe in WP 169, S. 1; auch *Müthlein*, RDV 2016, 74 ff.

[36] Vgl. nochmals Art. 28 Abs. 3 lit. a DS-DVO.

[37] Zur entsprechenden Anwendung des Art. 28 DS-GVO auf die EDV-Prüfung und -Wartung – hierzu bislang § 11 Abs. 5 BDSG-alt – *Müthlein*, RDV 2016, 74 (83); Ehmann/Selmayr/*Bertermann*, DS-GVO Art. 28 Rn. 12; Kühling/Buchner/*Hartung*, DS-GVO Art. 28 Rn. 53 f.

[38] Differenzierend zu Letzterem Simitis/*Petri*, BDSG § 11 Rn. 36; zum Verfahren selbst Gola/Reif/*Gola*, Kundendatenschutz, 2016, Rn. 50.

tragsverarbeiter sein, insoweit er nicht die den Websites seiner Kunden zugehörigen Daten für eigene (Marketing-)Zwecke verwendet.[39] **Cloud Computing** ist i.d.R. als Auftragsverarbeitung anzusehen.[40]

Zumeist geht es zwischen den Beteiligten um ein Zusammenwirken aufgrund je 10 spezifischer Kenntnisse, Fähigkeiten, technischer Anlagen oder Routinen. Von daher ist ein hierarchisches Beziehungsgefüge nur zum Teil am Platz. So wird ein beauftragtes Unternehmen häufig relativ selbständig Entscheidungen über die Mittel bzw. die Art der Durchführung der Verarbeitung zu treffen haben.[41] Oft genanntes Beispiel für Auftragsverarbeitung ist das Betreiben eines **Callcenters**, zumal wenn es sich bei Kundenanrufen mit der Identität des Auftraggebers vorstellt.[42] Typisch für ein Zusammenwirken ist die konzernteilige Wahrnehmung festgelegter, spezieller Aufgaben durch *ein* Konzernunternehmen (als **Shared-Service**-Center), insoweit es dabei um Auswahl und Einsatz einheitlicher informationstechnischer Mittel/Systeme geht.[43] – Demgegenüber ginge die zentrale Steuerung in Bezug auf **Beschäftigtendaten** über den Rahmen gemeinsamen Einsatzes (nur) der Verarbeitungstechnik im Hinblick auf involvierte Personalentscheidungen hinaus.[44]

D. „Gemeinsam Verantwortliche" (Art. 26 DS-GVO)

I. Vorangegangene Regelungen gemeinsamer Verantwortlichkeit

Keinesfalls geht es bei den aufgezeigten Grenzen, die sich aus dem Charakter der 11 Auftrags-/Weisungsverhältnisse ergeben, um den Ausschluss anderweit möglicher Zusammenarbeit bei der Verarbeitung personenbezogener Informationen.[45] Auch sind die Beziehungen zwischen den Verantwortlichen im Übrigen nicht etwa eingeschränkt auf förmliche Übermittlungen von einer informationsverarbeitenden Stelle zur anderen. Eine so starre Aufgliederung würde der Lebenswirklichkeit in Wirtschaft und Gesellschaft nicht gerecht. Das Datenschutzrecht sieht **flexiblere Formen des Zusammenwirkens** zwischen – gleichgestellten – Verantwortlichen vor. Dafür hat die DSRL in Art. 2 lit. d die Richtung vorgegeben, indem sie von einer verantwortlichen Stelle gesprochen hat, „die allein oder gemeinsam mit anderen über die Zwecke und Mittel der Verarbeitung... entscheidet."[46]

---

[39] So Art. 29-Gruppe, WP 169, S. 31 Beispiel 16; Simitis/*Petri*, BDSG § 11 Rn. 32; auch Kühling/Buchner/*Bergt*, DS-GVO Art. 82 Rn. 40.

[40] Vgl. Kühling/Buchner/*Hartung*, DS-GVO Art. 28 Rn. 44; Simitis/*Petri*, BDSG § 11 Rn. 30; ausführlich Taeger/Gabel/*Gabel*, BDSG § 11 Rn. 18, sowie Plath/*Plath*, BDSG/DSGVO, § BDSG 11 Rn. 46 ff.

[41] Vgl. Ehman/Selmayr/*Bertermann*, DS-GVO Art. 28 Rn. 3; Kühling/Buchner/*Hartung*, DS-GVO Art. 28 Rn. 30, 43 – beide unter Bezugnahme auf Art. 29-Gruppe, WP 169, S. 17.

[42] Dazu Art. 29-Gruppe, WP 169, Beispiel 20; weiterhin Simitis/*Petri*, BDSG § 11.

[43] Vgl. dazu Kühling/Buchner/*Hartung*, DS-GVO Art. 28 Rn. 44; dazu die Bemerkung bei Simitis/*Petri*, BDSG § 11 Rn. 35, dahingehend, für das konzerninterne IT-Outsourcing gebe es zwar kein Konzernprivileg, aber auch keine „Konzerndiskriminierung".

[44] Vgl. Gola, DS-GVO Art. 6 Rn. 112; Simitis/*Petri*, BDSG § 11 Rn. 35.

[45] Unter dem BDSG-alt ist für die Fälle, in denen die Tätigkeit des Auftragnehmers in Bezug auf den Umgang mit personenbezogenen Daten nicht durch enge Bindung an die Vorgaben seitens des Auftraggebers gekennzeichnet ist – z.B. bei Steuerberatung im Unterschied zu bloßer Buchführung – das Vorliegen einer „Funktionsübertragung" angenommen worden. Dieser Hilfsbegriff wird unter der DS-GVO keine Rolle mehr spielen; vgl. Kühling/Buchner/*Hartung*, Art. 28 Rn. 44; *Müthlein*, RDV 2016, 74 (83 ff.).

[46] Eine klare Umsetzung dieser Vorschrift ins deutsche Recht hat nicht stattgefunden, vgl. dazu → Rn. 3.

12 Zuvor öffnete das BDSG 1990 in zwei Bestimmungen das Tor für diese Entwicklung:[47]

(1.) **§ 10 BDSG-alt hat die Vereinbarung „angemessener" automatisierter Abrufverfahren** unter Berücksichtigung der schutzwürdigen Interessen der Betroffenen einerseits und der Aufgaben oder Geschäftszwecke der beteiligten Stellen andererseits für zulässig erachtet. Der Abrufende hat in diesem Verfahren die Zulässigkeit des Abrufs im Einzelfall zu verantworten, während die Stelle, bei der abgerufen wird, sich auf geeignete Stichproben beschränken darf. Im Ergebnis bewirkt das keine Modifikation der materiellen Rechtslage bezüglich der Zulässigkeit der jeweiligen Übermittlung als solcher, wohl aber (zumindest) erhöhte Praktikabilität für umfangreicheren Informationsaustausch: das kann z. B. für konzernweite Personalinformationssysteme gelten.[48] – Für den Bereich der öffentlichen Verwaltung bestehen zumeist entsprechende gesetzliche Spezialregelungen, z. B. § 39e Abs. 3, 4 EStG für den Abruf der Lohnsteuerabzugsmerkmale durch den Arbeitgeber beim Bundeszentralamt für Steuern.[49]

13 (2.) § 6 Abs. 2 BDSG-alt betrifft Fälle, in denen „**mehrere** Stellen **speicherungsberechtigt** sind".[50] Es geht in dieser Vorschrift um *Verbunddateien*/gemeinsame Dateien/vernetzte Systeme mit *separater* Verantwortlichkeit derjenigen Stellen, seitens derer die jeweilige Speicherung vorgenommen worden ist, und gegen die sich demgemäß die in § 6 Abs. 1 bezeichneten unveräußerlichen Betroffenenrechte richten. Deren Wahrung trotz durch die Mehrzahl Verantwortlicher verursachter Unübersichtlichkeit des Datenmaterials ist Gegenstand der Regelung. Letztere hat damit zugleich auch die Zulässigkeit solcher Dateiorganisation im BDSG vorausgesetzt und bestätigt.[51] Anwendungsfälle können sich in Konzernnetzwerken und Cloud-Computersystemen finden.[52] Für den Bereich der öffentlichen Verwaltung bestehen wiederum korrelierende Spezialregelungen, z. B. für das polizeiliche Informationssystem INPOL gemäß § 29 BKAG 2018[53] oder für das nachrichtendienstliche Informationssystem NADIS nach § 6 BVerfSchG.[54]

Art. 4 Nr. 7 DS-GVO greift diesbezüglich wiederum[55] die Formulierung aus Art. 2 lit. d DSRL dahingehend auf, dass ein Verantwortlicher „allein oder gemeinsam mit anderen" über Zwecke und Mittel entscheidet. Mehr noch, Art. 26 DS-GVO regelt eigens die Position der „Gemeinsam für die Verarbeitung Verantwortliche[n]" – der *„Joint controllers"*.[56] Damit soll der Möglichkeit vielgestaltigen in-

---

[47] Die nachfolgend unter (1.) und (2.) beschriebenen Verarbeitungswege sind gleichermaßen unter Geltung des Art. 26 DS-GVO als zulässig zu erachten; vgl. dazu *Gola*, DS-GVO Art. 4 Rn. 52, auch Simitis/*Ehmann*, BDSG § 10 Rn. 144.

[48] Vgl. Gola/Schomerus/*Gola/Körffer/Klug*, BDSG § 10 Rn. 5; Simitis/*Ehmann* BDSG § 10 Rn. 14; zu Massenverfahren bei der SCHUFA Simitis/*Ehmann*, BDSG § 10 Rn. 73, 97.

[49] Zahlreiche weitere Beispiele aus dem öffentlichen Bereich (Grundbuch, Handelsregister ...) bei Simitis/*Ehmann*, BDSG § 10 Rn. 126 ff.

[50] Dazu klar und ausführlich Simitis/*Mallmann*, BDSG § 6 Rn. 27 ff.

[51] Vgl. Gola/Schomerus/*Gola/Körffer/Klug*, BDSG § 6 Rn. 6; vgl. auch § 15 HDSG und § 4a nwDSG.

[52] So BeckOK DatenSR/*Schmidt-Wudy*, BDSG § 6 Rn. 29; Taeger/Gabel/*Meents/Hinzpeter*, BDSG § 6 Rn. 12.

[53] Vgl. dazu Schenke/Graulich/Ruthig/*Graulich*, Sicherheitsrecht des Bundes, 2014, BKAG § 11 Rn. 1 ff.; Lisken/Denninger/*Petri*, Polizeirecht-HdB, 5. Aufl. 2012, Abschn. G Rn. 76 ff.

[54] Vgl. weiterhin § 486 StPO; dazu SK-StPO/*Weßlau*, Bd. VIII, 4. Aufl. 2013, § 486 Rn. 2 ff.

[55] Siehe → Rn. 3.

[56] Vgl. *Dovas*, Joint Controllership – Möglichkeiten und Risiken der Datennutzung? ZD 2016, 512.

formationellen Zusammenwirkens Rechnung getragen werden, wie es sich nunmehr u.a. auch über das Internet anbietet. Die Art. 29-Gruppe[57] hatte bereits in ihrem Arbeitspapier „zu den Begriffen ‚für die Verarbeitung Verantwortlicher' und ‚Auftragsverarbeiter'" von 2010 – zu Art. 2 lit. d DSRL – gestützt auf zahlreiche Beispiele eine insgesamt sehr flexible Interpretation des Begriffs „*gemeinsam* mit anderen" vorgeschlagen.[58] Die Darlegungen sind richtungweisend für die gegenwärtige Kommentarliteratur zur Interpretation des Art. 26 DS-GVO geworden. Demgegenüber ist allerdings eine **differenzierende Betrachtung** am Platz.

II. Inhalt und Ausprägungen gemeinsamer Verantwortlichkeit

Art. 26 Abs. 1 S. 1 DS-GVO präzisiert: „Legen zwei oder mehr Verantwortliche **14** gemeinsam die Zwecke der und die Mittel zur Verarbeitung fest, so sind sie gemeinsam Verantwortliche." Grundsätzlich entsprechen diese Voraussetzungen denjenigen für die Begründung einer Gesellschaft i.S.d. § 705 BGB, welche ihrerseits geeigneter Verantwortlicher nach Art. 4 Nr. 7 GS-GVO ist.[59] Sehr deutlich wird jeweils die gemeinsame Zielsetzung, das **gewollte Zusammenwirken**, als kennzeichnend zum Ausdruck gebracht. Wichtig soll weiterhin nach Art. 26 Abs. 1 S. 2, Abs. 2 DS-GVO das Gebot klarer Aufteilung/Zuordnung bestehender datenschutzrechtlicher Pflichten auf die beteiligten Verantwortlichen – respektive Gesellschafter – sein. Diese Pflichten werden allerdings nur sehr pauschal umrissen (wie ein Vergleich mit den sehr viel detaillierteren Angaben für den Auftragsverarbeiter in Art. 28 Abs. 3 verdeutlicht), und die Aufteilung selbst bleibt den Beteiligten zur freien Gestaltung überlassen.

Zunächst ist deshalb aus dem Text des Art. 26 nicht ohne weiteres deutlich, in- **15** wieweit dieser über den ansonsten bestehenden Rechtszustand wesentlich hinausführt. Eine Antwort auf diese Frage kann sich aus den schon erwähnten Ausführungen der Art. 29-Gruppe ergeben, insoweit es dort u.a. heißt, es sei für die Interpretation von Verarbeitung „gemeinsam mit anderen" nicht angängig,

> „den Schwerpunkt ausschließlich auf den Fall [zu] leg[en], in dem alle für die Verarbeitung Verantwortlichen in Bezug auf ein und dieselbe Verarbeitung gleichermaßen entscheiden und die gleiche Verantwortung tragen. Die tatsächlichen Gegebenheiten zeigen stattdessen, dass dies nur eine der verschiedenen möglichen Formen ‚pluralistischer Kontrolle' ist. Unter diesem Aspekt muss der Begriff ‚gemeinsam' im Sinne von **‚zusammen mit'** oder **‚nicht alleine'** in unterschiedlichen Spielarten und Konstellationen ausgelegt werden."[60]

Zur Orientierung bietet sich von daher mit Rücksicht auf den Text des Art. 26 **16** Abs. 1 S. 1 GS-GVO eine Zweiteilung vorfindlicher Konstellationen an. Zu unterscheiden ist danach zwischen Fällen geplanten/gezielten Zusammenwirkens, von denen der Wortlaut ausgeht, und sonstigem – zumal technisch bedingtem – Zusammentreffen/Ineinandergreifen der informationellen Aktivitäten.

(1) Zur ersten Kategorie gehört fraglos das „Beispiel 8: Reisebüro (2)" aus dem **17** Papier der Art. 29-Gruppe, ein Modell, nach dem ein Reisebüro, eine Hotelkette und eine Fluggesellschaft „beschließen, eine gemeinsame internetgestützte Plattform einzurichten, um ihre Zusammenarbeit bei der Verwaltung von Reisereservie-

---

[57] Eine unabhängige – einflussreiche – EU-Arbeitsgruppe mit beratender Funktion auf der Basis des Art. 29 DSRL.
[58] Stellungnahme 1/2010, WP 169 v. 16.2.2010, abgedruckt bei *Simitis/Dammann/Mallmann/Reh*, BDSG-Dokumentation, Teil F- EU 40, hier: Abschn. III.1.d).
[59] → Rn. 2.
[60] → Fn. 58, Abschn. III.1.d) Abs. 3, Hervorhebung hinzugefügt.

rungen zu verbessern". In diesem Fall hat man es insbesondere (auch) mit gemeinsamer Zielsetzung, nämlich der Realisierung von Serviceleistungen für die betroffenen Reisenden, zu tun.[61] – Entsprechendes gilt für die Informationsverarbeitung im Rahmen **gezielter, arbeitsteilig organisierter Zusammenarbeit** zwischen mehreren Unternehmen innerhalb eines Konzerns.[62]

18   (2) Das Verhältnis zwischen Handeln eines Host-Providers und eines Content-Providers ist demgegenüber ein anderes.[63] Es fehlt zumeist an gemeinsamer informationeller Zielsetzung. Der **Host-Provider** hat regelmäßig an dem Hauptziel des Betreibers der Website, dem Nutzer bestimmte Inhalte mitzuteilen, keinen Anteil. Er ist i.d.R. nicht legitimiert, über den Inhalt der Website mitzubestimmen. Dessen ungeachtet hat man es mit einer unverzichtbaren technischen Verkoppelung beider Tätigkeiten zu tun.

19   Zur Beurteilung einer sogearteten Sachlage findet sich ein interessanter Hinweis in der *Google*-**Entscheidung des EuGH.** Der Suchmaschinenbetreiber wird vom Gerichtshof als „für die Verarbeitung Verantwortlicher" gemäß Art. 2 lit. d i.V.m. lit. b DSRL angesehen, insoweit er Informationen aus dem Internet „erhebt, speichert und organisiert…"[64] An dieser Verantwortlichkeit ändert sich nach Auffassung des Gerichts nichts, wenn der Betreiber einer Website von einer für ihn bestehenden Möglichkeit keinen Gebrauch gemacht hat, durch Anwendung eines entsprechenden Ausschlussprotokolls die Nichterfassung durch Suchmaschinen zu veranlassen. Vielmehr könne diese Möglichkeit bedeuten, dass *beide* Betreiber – in einer Verarbeitungskette bzw. Vorgangsreihe[65] – nach Art. 2 lit. d DSRL *gemeinsam* über die Mittel der Verarbeitung durch die Suchmaschine entscheiden.[66] Anderenfalls, also ohne eine Ausschlussmöglichkeit für den Website-Betreiber, wäre dementsprechend davon auszugehen, dass der Suchmaschinenbetreiber für das, was er macht, allein verantwortlich ist. – Folgt man dieser Argumentation, ergibt sich für die „Gemeinsamkeit" der Verarbeitung hier nicht die gesellschaftsrechtlich vorgeprägte Voraussetzung[67] gemeinsam erfolgter Zwecksetzung, wohl aber der gezielten, im wesentlichen gleich gerichteten Entscheidung jedes Beteiligten, wenn auch zeitlich abgestuft.

III. Besondere Verarbeitungskonstellationen im Internet

20   Der EuGH wird sich alsbald wegen eines Vorlagebeschlusses des OLG Düsseldorf vom 19.1.2017[68] mit einer andersgearteten technischen Verkoppelung der Datenverarbeitung zu beschäftigen haben. Es geht dabei um die Einbindung des **Facebook-Gefällt-mir-Buttons** in die jeweilige Website. Die Verknüpfung erfolgt mit Zustimmung des Website-Betreibers, also aufgrund einer Entscheidung auch durch diesen. Der Button ermöglicht die Übertragung der IP-Adresse sowie weiterer technischer Informationen über den Benutzer der Website an Facebook und ver-

---

[61] Weitere Beispiele aus der Stellungnahme der Art. 29-Gruppe, welche dieser Kategorie zugeordnet werden können, sind etwa die Nr. 6 – Personalvermittler – und Nr. 10 – Finanztransaktionen.

[62] Vgl. Paal/Pauly/*Martini*, DS-GVO Art. 26 Rn. 2 m.w. Nachw.

[63] Dazu auch → Rn. 9; ferner → Rn. 23 ff.

[64] EuGH (Große Kammer), Urt. v. 13.5.2014 – C-131/12, ZD 2014, 350, Rn. 28 ff.

[65] Vgl. Art. 29-Gruppe, WP 169, vor Beispiel 9; Ehmann/Selmayr/*Bertermann*, DS-GVO Art. 26 Rn. 7.

[66] EuGH (Große Kammer), Urt. v. 13.5.2014 – C-131/12, ZD 2014, 350, Rn. 39 f.

[67] → Rn. 14.

[68] OLG Düsseldorf, Beschl. v. 19.1.2017 – I-20 U 40/16, ZD 2017, 334 = RDV 2016, 152 mit Anm. *Beyvers;* anhängig beim EuGH, C-40/17.

mittelt damit die Basis für die Identifizierbarkeit natürlicher Personen. Allerdings hat der Website-Betreiber keinerlei Kontrolle über die somit ausgelöste Datenverarbeitung durch Facebook. Mangels jedweden Mitbestimmungsrechts ist es zweifelhaft, ob er – gemeinsam mit Facebook – als Verantwortlicher angesehen werden kann.

Das BVerwG hat in seinem Vorlagebeschluss an den EuGH vom 25.2.2016 zur **21** Facebook-**Fanpage** deutlich Pflöcke zur Begrenzung der datenschutzrechtlichen Verantwortlichkeit eingeschlagen, wie folgt:

„Eine Stelle, die weder einen rechtlichen noch einen tatsächlichen Einfluss auf die Entscheidung hat, wie personenbezogene Daten verarbeitet werden, kann nicht als für die Verarbeitung Verantwortlicher angesehen werden."[69]

Die Inanspruchnahme der Plattform von Facebook (als Infrastrukturanbieter) für **22** die Eröffnung einer Fanpage erfolgt auf der Grundlage einer unabdingbaren Vertragsregelung, die Facebook das Recht gibt, bei Aufruf der Fanpage Daten über den jeweiligen Nutzungsvorgang zu erheben, auch um die Nutzer nach Möglichkeit zu identifizieren. Der Betreiber der Fanpage hat keinerlei Einfluss auf diesen Vorgang. Ihm werden von Facebook lediglich anonymisierte, statistische Informationen über die stattgefundenen Nutzungen übermittelt.[70] Er ist bar jeder Entscheidungsmöglichkeit über den zu Grunde liegenden Umgang mit personenbezogenen Informationen durch Facebook. Zur Vermeidung eines solchen verfügt er lediglich über die Alternative, auf eine Zusammenarbeit mit diesem Hostprovider überhaupt zu verzichten. Tut er dies nicht, setzt er immerhin wissentlich eine Ursache für die in Rede stehende (unzulässige[71]) Datenverarbeitung. Im Vorlagebeschluss wirft das BVerwG die Frage einer **Auswahlverantwortlichkeit** auf,[72] und zwar analog § 11 Abs. 2 S. 1 und 4 BDSG-alt,[73] eine Frage, die sich im Hinblick auf die zu gewärtigenden, großzügigen Geschäftsmethoden des Internet-Unternehmens nahelegen kann.

IV. Telemediendienste (Hostprovider/Portale), Nutzer und Betroffene

In einer Reihe von Entscheidungen hat sich der 6. Senat des BGH – umgekehrt – **23** mit Inhalt und Grenzen einer (gemeinsamen) Verantwortlichkeit des Hostproviders auseinandergesetzt. Teilweise geschah das – ausgelöst durch gegen diesen gerichtete Unterlassungsklagen – ganz ohne Bezugnahme auf das Datenschutzrecht. Ein gutes Beispiel dafür ist die Entscheidung vom 25.10.2011 über eine Klage, die inhaltlich den Eintrag eines (verantwortlichen) **Bloggers** über angebliche geschäftliche/persönliche Unregelmäßigkeiten des Klägers betraf.[74]

Infrastrukturanbieter sind, davon nimmt die gerichtliche Argumentation ihren **24** Ausgang, Diensteanbieter im Sinne des § 2 S. 1 Nr. 1 i.V.m. § 1 Abs. 1 S. 1 TMG. Nach § 10 TMG ist ein Diensteanbieter für fremde Informationen, die er für einen Benutzer speichert (Hosting), in der Regel „nicht verantwortlich". Die Haftungsbeschränkung gilt allerdings der Rechtsprechung zufolge nicht (uneingeschränkt) für

---

[69] BVerwG, EuGH-Vorlage v. 25.2.2016 – 1 C 28/14, ZD 2016, 393 (396 l. Sp.); anhängig beim EuGH, C-210/16.

[70] Als Reichweitenanalyse „Facebook-Insights".

[71] Wegen Verletzung der – bislang nach § 15 Abs. 3 TMG – zu beachtenden rechtlichen Voraussetzungen durch Facebook; vgl. dazu DS-GVO Art. 6 Abs. 1 lit. f und insbesondere Art. 13 Abs. 1 lit. c.

[72] Auch unter Bezugnahme auf *Martini/Fritzsche*, Mitverantwortung in sozialen Netzwerken, NVwZ-Extra, 21/2015 S. 1 (11 ff.).

[73] Nunmehr Art. 28 Abs. 1, 3 DS-GVO.

[74] BGH, Urt. v. 25.10.2011 – VI ZR 93/10, BGHZ 191, 219 = MMR 2012, 124.

Unterlassungsansprüche, sondern nur unter der Voraussetzung, dass der Hostprovider keine Kenntnis von etwaig rechtswidrigen, bei ihm gespeicherten Inhalten hat. Nach Kenntniserlangung obliegt es ihm, unter Einschaltung des verantwortlichen Nutzers und des Betroffenen ein vom BGH näher beschriebenes Abklärungsverfahren durchzuführen.[75] Ergibt sich die Unzulässigkeit der Speicherung, besteht die Pflicht des Providers zur Beseitigung der Beeinträchtigung des Persönlichkeitsrechts des Betroffenen analog § 1004 i.V.m. § 823 Abs. 1, Abs. 2 BGB („Störerhaftung"), zumeist durch Löschung.

25 Die Löschungspflicht hätte auch für den – vorliegend nicht beklagten, ggf. anonym handelnden – Blogger gemäß **§ 35 Abs. 2 S. 2 Nr. 1 BDSG**-alt bestanden. Diese Vorschrift hat der BGH auch zur Bestimmung der Pflichten des *Hostproviders* nicht angesprochen. Datenschutzrechtlich ließe sich davon ausgehen, dass der Senat den letzteren mangels dessen Steuerungsmöglichkeit der von den Bloggern hochgeladenen Inhalte nicht als für die Verarbeitung (gemeinsam) Verantwortlichen angesehen hat,[76] sondern als Auftragsverarbeiter,[77] gegen den sich die Betroffenenrechte aus Art. 6 BDSG-alt nicht richten, § 11 Abs. 1 S. 2 BDSG-alt.[78]

26 Ein vollständiges Bild von dem vom 6. Senat entwickelten Lösungsansatz erlangt man erst durch die Einbeziehung seiner Rechtsprechung zu den **Bewertungsportalen**. Sowohl in seiner Entscheidung vom 23.6.2009 zur Lehrerbewertung[79] als auch in derjenigen vom 23.9.2014 zur Ärztebewertung[80] behandelt er diese Hostprovider (auch) als verantwortliche Stellen i.S.d. § 3 Abs. 7 BDSG-alt. Er führt auf der Grundlage des § 29 Abs. 1 S. 1 Nr. 1, Abs. 2 BDSG-alt eine Abwägung zwischen dem Ausmaß der Beeinträchtigung der betroffenen Berufsträger in ihrem Persönlichkeitsrecht/R. a. i.S./freier Berufsausübung einerseits und dem Recht auf Kommunikationsfreiheit andererseits durch, und zwar mit dem Ergebnis grundsätzlicher Zulässigkeit der Portale.[81] Gegenstand der Entscheidungen war nicht die Unrichtigkeit oder besondere Verletzlichkeit jeweiliger Einzelbewertungen.

27 Der 6. Senat ist für eine Überraschung gut, indem er in der nachfolgenden Entscheidung vom 1.3.2016[82] zu eben demselben Ärztebewertungsportal das Datenschutzrecht umgekehrt unerwähnt lässt.[83] Allerdings steht nunmehr im Mittelpunkt der gerichtlichen Auseinandersetzung die Beanstandung eines Zahnarztes, der für die wichtigsten Funktionen seiner beruflichen Tätigkeit von einem anonymen „Patienten" jeweils mit der Schlechtestnote 6 versehen worden ist. Die Entscheidungsgründe korrelieren mit denjenigen der Blogger-Entscheidung. Rechtsgrundlage ist die (mittelbare) **Störerhaftung**, wie oben dargelegt;[84] weiter vertieft werden die Grundsätze zur Prüfungspflicht eines Hostproviders für fremde Einträge. Ausdrücklich weist der Senat noch auf Art. 14 der Richtlinie über den elektronischen Geschäftsverkehr hin,[85] auf dem die Umsetzung in § 10 TMG beruht; in Abs. 3 der erstgenannten Vorschrift wird nämlich für die Mitgliedstaaten die Möglichkeit er-

---

[75] Zum *notice and take down*-Verfahren *Hoeren*, MMR 2012, 127.

[76] Anders OLG Hamburg, Urt. v. 2.8.2011 – 7 U 134/1, DuD 2011, 897 (898), zust. Taeger/Gabel/*Buchner*, BDSG § 3 Rn. 52 mit Fn. 106, ablehnend *Alich/Nolte*, CR 2011, 741 (743 ff.).

[77] → Rn. 9.

[78] Diesbezüglich zur DS-GVO → Rn. 6.

[79] BGH, Urt. v. 23.6.2009 – VI ZR 196/08, BGHZ 181, 328 = NJW 2009, 2888.

[80] BGH, Urt. v. 23.9.2014 – VI ZR 358/13, BGHZ 202, 242 = ZD 2015, 85 – Ärztebewertung II.

[81] Vgl. dazu insgesamt *Kühling*, NJW 2015, 447; *Paal*, NJW 2016, 2081.

[82] BGH, Urt. v. 1.3.2016 – VI ZR 34/15, ZD 2016, 281 – Ärztebewertung III.

[83] Dazu *Kriegesmann*, CR 2016, 394; *Paal*, MMR 2016, 422.

[84] → Rn. 23 f.

[85] RL 2000/31/EG, ABl. 2000 L 178, 1.

öffnet, vom Diensteanbieter zu verlangen, die Rechtsverletzung abzustellen bzw. ein Verfahren für deren Entfernung festzulegen.[86]

V. Résumé

1. Öffnung zu neuem Lösungsweg

Im Ergebnis fußt die Rechtsprechung des 6. Senats datenschutzrechtlich auf *getrennten* Verantwortlichkeiten **für die Bewertungsforen**, nämlich einerseits für die Vorgaben des Betreibers und andererseits für die Eingaben/Bewertungen seitens der Benutzer,[87] wobei deren Verantwortlichkeit freilich für die unmittelbare Rechtsverfolgung gewissermaßen im Windschatten liegen bleibt. Die Entscheidungen vom 23.6.2009 und vom 23.9.2014 sind primär auf den jeweils ausgelegten Rahmen gerichtet, durch den der Ablauf der Informationsverarbeitungen festgelegt wird, inklusive die Registrierung oder sonstige Erfassung der Nutzer, wobei die Rolle des Betreibers bei der Lehrerbewertung im Hinblick auf das Lebensalter der Bewerter umso schwerer wiegt. In der Entscheidung vom 1.3.2016 geht es hingegen ausschließlich um die inhaltlichen Aussagen der Benutzer selbst. Obwohl es dabei um handfeste Verarbeitung personenbezogener Informationen geht, bietet das bisher geltende Datenschutzrecht kaum Hilfe; eine allgemeine zivilrechtliche Rechtsgrundlage springt in die Lücke. **28**

Auf Lücken ist die datenschutzrechtliche Rechtsprechung auch in anderen Zusammenhängen gestoßen, wie sie oben in Bezug auf die Plug-ins und die Fanpages bereits erörtert wurden. Sie haben Anlass zu den erwähnten Vorlagen zum EuGH gegeben. Insgesamt hat die Entwicklung das Erfordernis eines ausgeweiteten, **elastischeren Verständnisses von beieinanderliegenden Verantwortlichkeiten** gezeigt. Eben dieses Bedürfnis wird – auch im Anschluss an die genannte Stellungnahme der Art. 29-Gruppe – von Art. 26 DS-GVO aufgefangen. Die besprochene Rechtsprechung des BGH ist durchaus ein guter Anknüpfungspunkt, soweit an die Stelle der *getrennten* Verantwortlichkeiten die *gemeinsame* Verantwortung tritt. **29**

Es entspricht zumindest verbreiteter Auffassung, dass die Vorschrift geeignet ist, mehr **Klarheit und Sicherheit für die Rechtsbeziehungen im Internet** herbeizuführen.[88] Voraussetzung dafür ist die von Art. 26 DS-GVO vorgeschriebene Vereinbarung zwischen den Verantwortlichen, die im wesentlichen auf eigener Gestaltung der Beteiligten beruhen soll, die – anders als bei einer Regelung von hoher Hand – in genauer Kenntnis der vorgesehenen Verarbeitungskonstellationen das Konfliktpotenzial weitgehend auszuschöpfen in der Lage sind. Das betrifft zugleich die evt. Übernahme wie Eingrenzung von Verantwortlichkeit für Aktivitäten eines je anderen Verantwortlichen. Auch sollte eine klare Einbindung der Nutzer von Portalen durchaus möglich sein, womit bei entsprechender Ausgestaltung Hilfskonstruktionen wie die der Störerhaftung überflüssig werden können.[89] **30**

---

[86] Die Gültigkeit dieses Hinweises ist freilich wegen Art. 1 Abs. 5 lit. b sowie ErwGr 14 der genannten Richtlinie, wonach der DSRL Vorrang eingeräumt wird, zweifelhaft; vgl. dazu *Martini/Fritzsche*, NVwZ-Extra 21/2015, 1 (11).

[87] Vgl. dazu *Jandt/Roßnagel*, ZD 2011,160 (160f.); beachte dazu nunmehr auch die Regelungen des Netzwerkdurchsetzungsgesetzes vom 1.9.2017, BGBl. I S. 3352.

[88] Paal/Pauly/*Martini*, DS-GVO Art. 26 Rn. 8; Ehmann/Selmayr/*Bertermann*, DS-GVO Art. 26 Rn. 7f.; Wybitul/*Tinnefeld/Hanßen*, HdB DS-GVO, DS-GVO Art. 26 Rn. 9; Kühling/Buchner/*Hartung*, DS-GVO Art. 26 Rn. 17.

[89] Letztere kann allerdings unter Geltung der DS-GVO eine Stütze finden in ErwGr 21 mit dessen Rückverweis auf Artt. 12–15 der Richtlinie über den elektronischen Geschäftsverkehr, damit auch auf Art. 14 Abs. 3 derselben (→ Rn. 27).

2. Hemmnisse?

31 Insgesamt bietet Art. 28 DS-GVO eine „pluralistische" Grundlage für die informationelle Zusammenarbeit in sehr unterschiedlichen Konstellationen,[90] auch mit sehr unterschiedlichem Gewicht und Engagement der daran beteiligten Partner. Zu diesem Konzept passt allerdings sehr wenig die Annahme, aus Art. 28 Abs. 3 sei herzuleiten, der Betroffene könne seine Rechte aus der Verordnung gegenüber jedem der beteiligten Verantwortlichen – einer **Gesamtschuldnerschaft entsprechend** – uneingeschränkt geltend machen.[91] Das würde z.B. bedeuten, dass sich die Nutzer einer Plattform identischen Forderungen auf Auskunft, Löschung, Einschränkung (Sperrung) und Berichtigung gegenüber sehen würden, wie der Betreiber des Telemediendienstes selbst. Art. 26 Abs. 3, so will es scheinen, unterläuft deshalb die differenzierten Vorgaben der beiden vorangegangenen Absätze.[92]

32 Diesem scheinbaren Dilemma liegt freilich ein sprachliches Missverständnis zugrunde. Der Fassung des deutschen Textes mit der linkischen Formulierung *„bei und gegenüber* jedem einzelnen der Verantwortlichen" entspricht folgende englischsprachige Fassung des Abs. 3:

> „Irrespective of the terms of the arrangement referred to in paragraph 1, the data subject may exercise his or her rights under this Regulation *in respect of and against* each of the controllers."

Das Wort „bei" im deutschen Text gibt das Gemeinte sehr ungenau wieder.[93] „In respect of" bedeutet hinsichtlich/in Bezug auf/in Ansehung/betreffend. Eben daraus ergibt sich eine Einschränkung der Rechte des Betroffenen aus Art. 26 Abs. 3. Letzterer kann „ungeachtet der Einzelheiten der Vereinbarung gemäß Abs. 1" gegenüber jedem einzelnen der gemeinsam Verantwortlichen (nur) solche Rechte geltend machen, die gerade gegenüber diesem – in respect of him – vom Sachverhalt her begründet sind. Nur dieses Ergebnis entspricht dem mit Art. 26 DS-GVO neu ausgeformten Rechtsinstitut. Die mit diesem erfassten Konstellationen sind so vielfältig, dass man ihnen mit **durchweg stringenter, kumulativer Einstandspflicht** der Beteiligten **nicht gerecht** werden könnte.

33 Skepsis gegenüber dem neuen Modell des Art. 26 wird durch den nicht selten vertretenen Standpunkt signalisiert, die Vorschrift beinhalte, was die Übermittlung von Informationen zwischen den gemeinsam Verantwortlichen anbelangt, keine **„Privilegierung"**; vielmehr sei Art. 6 DS-GVO auf diesen Vorgang anzuwenden.[94] Eine solche Betrachtung vernachlässigt den sachbezogenen Regelungsgehalt des Art. 26. Es versteht sich, dass alle Verantwortlichen sich im Rahmen bestehenden Datenschutzrechts zu bewegen haben, auch im Hinblick auf die Zwecke, die sie verfolgen. Art. 26 bietet ihnen davon ausgehend die Grundlage für die Realisierung miteinander verbundener Zweckverfolgung ohne weitergehende Einschränkungen,

---

[90] Nach BeckOK DatenSR/*Spoerr*, DS-GVO Art. 26 Rn. 21, „besteht ein sehr hohes Ausmaß an Flexibilität bei der Ausgestaltung der Governance einer gemeinsamen Verantwortung."

[91] Ehmann/Selmayr/*Bertermann*, DS-GVO Art. 26 Rn. 14; Paal/Pauly/*Martini*, DS-GVO Art. 26 Rn. 36; Plath/*Plath*, DS-GVO Art. 26 Rn. 9; Wybitul/*Tinnefeld/Hanßen*, DS-GVO HdB, DS-GVO Art. 26 Rn. 19; unklar Kühling/Buchner/*Hartung*, DS-GVO Art. 26.

[92] So Gola/*Piltz*, DS-GVO Art. 26 Rn. 22, der dem mit einer anderen, wenngleich unbefriedigenden Interpretation entgegentritt.

[93] Ein Abgleich mit der französischen Fassung führt zu demselben Ergebnis.

[94] Vgl. *Laue/Nink/Kremer*, § 1 Rn. 58; BeckOK DatenSR/*Spoerr*, DS-GVO Art. 26 Rn. 23 f.; Kühling/Buchner/*Hartung*, DS-GVO Art. 26 Rn. 27; a. A. Wybitul/*Tinnefeld/Hanßen*, DS-GVO HdB, DS-GVO Art. 26 Rn. 3; Plath/*Plath*, DS-GVO Art. 26 Rn. 4; *Monreal*, „Der für die Verarbeitung Verantwortliche" – das unbekannte Wesen des deutschen Datenschutzrechts, ZD 2014, 611 (616).

soweit sie sich nicht aus Art. 26 Abs. 1 S. 2, Abs. 2 DS-GVO herleiten.[95] Ein restriktiveres Verständnis kann sich allerdings für die Verarbeitung sensitiver Daten i. S. d. Art. 9 DS-GVO ergeben.[96]

E. Dritte und Empfänger

Im **Definitionskatalog** der DS-GVO wird – wie zuvor im BDSG – niemand **34** vergessen. So ist gemäß Art. 4 Nr. 10 *Dritter* jede … Person, Behörde, … Stelle, welche nicht Betroffener (→ § 10), Verantwortlicher (→ Rn. 1 ff.), Auftragsverarbeiter (→ Rn. 5 ff.) oder Beschäftigter (→ Rn. 4) ist. Ausdrücklich werden die berechtigten Interessen eines Dritten gemäß Art. 6 Abs. 1 lit. f DS-GVO zum Gegenstand der Abwägung für die Bestimmung der Rechtmäßigkeit einer Verarbeitung. Dementsprechend erstreckt sich die Informationspflicht des Verantwortlichen gegenüber dem Betroffenen gemäß Art. 13 Abs. Abs. 1 lit. d bzw. Art. 14 Abs. 2 lit. b auch auf die mit einer Verarbeitung verfolgten Interessen Dritter. – Jeder Dritte ist, wie sich versteht, im Hinblick auf durch ihn selbst erfolgende Datenverarbeitung potentieller Verantwortlicher.

Der Begriff des **Empfängers** im Sinne des Art. 4 Nr. 9 DS-GVO umfasst alle **35** Personen, Behörden, Stellen …, denen „personenbezogene Daten offengelegt [insbesondere übermittelt] werden". Er ist weiter als der Begriff des Dritten, betrifft insbesondere auch die Bekanntgabe an Auftragsverarbeiter, nicht aber an Beschäftigte oder unselbständige Organisationseinheiten des Verantwortlichen selbst.[97] Von Bedeutung ist er für die Transparenzpflichten (Art. 13 Abs. 1 lit. e, Art. 14 Abs. 1 lit. e, Art. 15 Abs. 1 lit. c), für die Mitteilungspflicht nach Art. 19 und das Verfahrensverzeichnis (Art. 30 lit. d).

---

[95] Das beinhaltet als solches kein Konzernprivileg, → Rn. 10 mit Fn. 43.
[96] → § 14 Rn. 8.
[97] Vgl. Kühling/Buchner/*Hartung*, DS-GVO Art. 4 Nr. 9 Rn. 6; Auernhammer/*Eßer*, DSGVO/BSDG, DS-GVO Art. 4 Rn. 89 ff.; demgegenüber schwankend Paal/Pauly/*Ernst*, DS-GVO Art. 4 Rn. 57.

§ 12. Rechtsgrundlagen der Verarbeitung

Literatur: *Conrad,* Transfer von Mitarbeiterdaten zwischen verbundenen Unternehmen, ITRB 2005, 164; *Garstka,* Empfiehlt es sich, Notwendigkeit und Grenzen des Schutzes personenbezogener – auch grenzüberschreitender – Informationen neu zu bestimmen?, DVBl 1998, 981; *Gola/Reif,* Praxisfälle Datenschutzrecht, 1. Aufl. 2013; *Gola/Wronka,* Handbuch Arbeitnehmerdatenschutz, 2016; *Roßnagel,* Modernisierung des Datenschutzrechts für eine Welt allgegenwärtiger Datenverarbeitung, MMR 2005, 71; *Stern,* Zur Entstehung und Ableitung des Übermaßverbots, in: Festschrift für Peter Lerche, 1993, S. 165.

A. Datenschutzrechtlicher Regelungsansatz in der DS-GVO

1 Art. 6 DS-GVO regelt die „Rechtmäßigkeit der Verarbeitung". In Abs. 1 lit. a – f werden die „Bedingungen" aufgelistet, unter denen allein die automatisierte bzw. dateibasierte Verarbeitung[1] personenbezogener Daten rechtmäßig ist. Rechtstechnisch handelt es sich dabei um ein allgemeines **Verbot der Datenverarbeitung unter Vorbehalt** des Eingreifens gesetzlich vorgesehener Erlaubnistatbestände. Diese strukturelle Gestaltung des Datenschutzrechts entspricht Art. 7 DSRL wie auch § 4 Abs. 1 BDSG-alt. Sie ist, wie gezeigt wurde, insbesondere für den nichtöffentlichen Bereich verfassungs- bzw. primärrechtlich nicht zwingend gefordert.[2] Im Ergebnis führt der systematisch weit ausgreifende Ansatz[3] allerdings nicht zu einer massiven Einschränkung zulässiger Datenverarbeitung. Das erklärt sich einerseits aus dem oben dargelegten, eingegrenzten Verständnis von Personenbezug und dessen abgestuftem Charakter zwischen identifizierten und identifizierbaren Personen (§ 4 Nr. 1 DS-GVO)[4] sowie andererseits aus generalklauselartigen gesetzlichen Erlaubnistatbeständen, die ihrerseits allerdings durch die Leitprinzipien der Erforderlichkeit und der Zweckbindung maßvoll eingegrenzt werden.

2 Mit der systematischen Gestaltung korreliert[5] die mehrfach festgelegte „Rechenschaftspflicht"/Nachweispflicht des Verantwortlichen für das *Erlaubt-Sein* – die Zulässigkeit – der von ihm vorgenommenen Verarbeitung, so Artt. 5 Abs. 2, 24 Abs. 1 DS-GVO, auch Art. 28 Abs. 3 lit. h DS-GVO, mitsamt der daraus folgenden **Darlegungs- und ggfs. Beweislast** (mit Exkulpationsmöglichkeit[6]) im Haftungsprozess wegen rechtswidriger Verarbeitung, Art. 82 DS-GVO.[7]

3 Gegenüber Art. 7 lit. a–f DSRL lässt die Auflistung der Erlaubnistatbestände in Art. 6 Abs. 1 DS-GVO **nur begrenzte Änderungen** erkennen.[8] Die zentrale Regelung der DS-GVO beinhaltet wesentlich die Aufrechterhaltung des 20-jährigen status quo. Dieser EU-rechtliche Status – auf Richtlinienebene – stand nach allgemeiner Auffassung in Übereinstimmung mit dem BDSG 1990 (unter Berücksichtigung

---

[1] → § 8 Rn. 22 ff.

[2] → § 4 Rn. 38 f., 22 f.; → § 7 Rn. 41.

[3] Vorschläge der Eingrenzung des Anwendungsbereichs, insbesondere in Bezug auf kleine [und mittlere] Unternehmen (z. B. Bäcker und Schuster vor Ort), die in der Entwurfsphase der DS-GVO unterbreitet wurden (z. B. von *Masing,* Sonderveröffentlichung zu RDV 2/14, S. 3 ff.), konnten sich nicht durchsetzen.

[4] → § 10 Rn. 35 ff.

[5] Vgl. Eckhardt/Kramer, EU-DSGVO – Diskussionspunkte aus der Praxis, DuD 2013, 285 (289).

[6] Nach Art. 82 Abs. 3 DS-GVO, vgl. Plath/*Becker,* BDSG/DSGVO, DS-GVO Art. 82 Rn. 3; *Albrecht/Jotzo,* Teil 8 Rn. 22; unklar Paal/Pauly/*Frenzel,* DS-GVO Art. 82 Rn. 15.

[7] Näheres dazu → § 23; zum BDSG entsprechend Simitis/*Scholz/Sokol,* BDSG § 4 Rn. 3a a. E.

[8] Dazu Näheres bei Paal/Pauli/*Frenzel,* DS-GVO Art. 6 Rn. 3.

der seit 2001 erfolgten begrenzten Anpassungen an die Richtlinie) sowie mit den jüngeren Landesdatenschutzgesetzen.[9] Von daher bestehen keine Bedenken, zur Interpretation des Art. 6 Abs. 1 lit. b–f DS-GVO – jeweils mitgesteuert durch das Kriterium der Erforderlichkeit[10] – an die bisherige datenschutzrechtliche Praxis in der BRD mit anzuknüpfen.

Durch die unmittelbare Geltung der Verordnung hat das Verarbeitungsverbot 4 mit Erlaubnisvorbehalt allerdings eine veränderte systematische Stellung erlangt. Art. 7 DSRL enthielt lediglich die Vorgabe, dass die MSen ein solches Verbot *vorsehen*, dieses also durch die nationalen Legislativen (erst) zu etablieren sei. Letzteren eröffnete sich damit ohne weiteres die Möglichkeit, neben allgemeinen Datenschutzgesetzen diesen vorrangige Spezialvorschriften – inhaltlich richtlinienkonform[11] – für die Informationsverarbeitung in diversen Rechtsbereichen zu schaffen. Demgegenüber stellt sich die Verordnung – im Rahmen der Vorgaben des Art. 2 DS-GVO – als allgemeines europäisches Datenschutzrecht dar, grundsätzlich mit Anwendungsvorrang auch gegenüber **mitgliedstaatlichen Spezialregelungen**. Dies wiederum hat den Verordnungsgeber veranlasst, den MSen für solche Regelungen ausdrücklich gesonderte europarechtliche Grundlagen einzuräumen, vgl. dazu insbes. (für den öffentlichen Bereich) Art. 6 Abs. 2 DS-GVO.[12]

Die **Erlaubnistatbestände des Art. 6 Abs. 1** DS-GVO sind nicht nach dem im 5 deutschen Recht geläufigen Schema der Aufgliederung zwischen öffentlichem und nicht-öffentlichem Bereich[13] gegliedert: Auf die Einwilligung durch den Betroffenen (lit. a, → § 14) folgt die Anknüpfung der Informationsverarbeitung an die Erfüllung (auch öffentlich-rechtlicher)[14] Verträge (lit. b) und die Verarbeitung im Rahmen der Erfüllung rechtlicher Verpflichtungen (lit. c). Daran schließt die Verarbeitung zum Schutz lebenswichtiger Interessen einer Person an (lit. d). Besondere Komplexität weist sodann die – zweigliedrige – Position der Verarbeitung zur Wahrnehmung einer Aufgabe „im öffentlichen Interesse" respektive im Rahmen hoheitlicher Verwaltung auf (lit. e). Die letzte Position ist der Interessenabwägung unter Privaten gewidmet (lit. f mit UAbs. 2).

B. Informationsverarbeitung auf gesetzlicher Grundlage (Art. 6 Abs. 1 lit. b–f)

I. Vertragsrechtliche Beziehungen

Der Einwilligung nach Art. 6 Abs. 1 lit. a DS-GVO am nächsten steht der weite- 6 re Erlaubnistatbestand gemäß lit. b, nämlich die Zulässigkeit der Informationsverarbeitung „für die Erfüllung eines **Vertrags**, dessen Vertragspartei die betroffene Person ist, oder zur Durchführung vorvertraglicher Maßnahmen". Leitprinzip hierfür ist die einem Vertragsschluss zu Grunde liegende Einigkeit der Parteien über die Realisierung eines angestrebten Ergebnisses. Hierzu sind regelmäßig diverse personenbezogene Informationen über die Gegenseite – auch vorab – erforderlich, z.B.

---

[9] Vgl. zur EU-Rechtskonformität des bisherigen deutschen Datenschutzrechts kurz zusammengefasst Gola/Schomerus/*Gola/Klug/Körffer*, BDSG, Einleitung Rn. 10 f.
[10] → Rn. 17 ff.
[11] Vgl. umgekehrt zur mangelnden Konformität des § 15 Abs. 1 TMG mit der DSRL EuGH, Urt. v. 19.10.2016 – C-582/14, ZD 2017, 24, Rn. 50 ff. – Breyer.
[12] Vgl. insgesamt zusammenfassend Roßnagel/*Roßnagel*, DS-GVO, 2017, § 5 Rn. 10.
[13] → § 8 Rn. 9 ff.
[14] Übereinstimmend *Albrecht/Jotzo*, Teil 3 Rn. 51 a. E.

zur Abwicklung einer Lieferung, zur individuellen/maßgerechten Produktherstellung oder zur Bestimmung des Risikos bei einem Kredit- oder Versicherungsvertrag. Die Regelung deckt sich im wesentlichen mit § 28 Abs. 1 S. 1 Nr. 1 BDSG-alt.[15] Zum Schutz des Betroffenen hält sie ausdrücklich fest, dass vorvertragliche Maßnahmen die Verarbeitung nur rechtfertigen, wenn diese auf dessen Initiative hin durchgeführt werden.[16]

II. Erfüllung von Rechtspflichten

7　Art. 6 Abs. 1 lit. c DS-GVO geht von einer durch materielles Recht begründeten, **verpflichtenden Aufgabe** des Verantwortlichen aus, deren Erfüllung die personenbezogene Datenverarbeitung über jeweils Betroffene[17] erforderlich macht. Verantwortliche im Sinne dieser Bestimmung sind vornehmlich Private.[18] Die Rechtsgrundlage und mit ihr der Zweck der erforderlichen Verarbeitung muss entweder im Unionsrecht oder im Recht des jeweiligen MS festgelegt sein, Art. 6 Abs. 3 S. 1 i. V. m. S. 2 Alt. 1 DS-GVO. Als Beispiele hierzu werden oft die zahlreichen Aufzeichnungs-, Aufbewahrungs- und Meldepflichten im Handels-, Gewerbe-, Handwerks-, Sozial-, Arbeits- und allgemeinen Melderecht genannt.[19] Insoweit diese Vorschriften die Informationsverarbeitung selbst im einzelnen vorschreiben, impliziert das allerdings schon deren vom Gesetzgeber zugrundegelegte Erforderlichkeit zur Aufgabenerfüllung.[20] Solche Spezialregelungen fallen zudem unter die in Art. 6 Abs. 2 DS-GVO genannten Regelungsbefugnisse der Mitgliedstaaten. In diesem Rahmen entbehrt deshalb Art. 6 Abs. 1 lit. c eines eigenen Regelungsgehalts.

8　Demgegenüber wird in ErwGr 45 festgehalten, dass nach der Verordnung „**nicht für jede einzelne Verarbeitung ein spezifisches Gesetz** verlangt ...wird. Ein Gesetz als Grundlage für mehrere Verarbeitungsvorgänge kann ausreichend sein".[21] Dem können rechtliche Vorgaben entsprechen, welche zweckbestimmt Handlungs-/Verhaltenspflichten auferlegen, deren Realisierung je nach Sachlage personenbezogene Informationsverarbeitung *erforderlich* macht. Das kann z. B. für die Tätigkeit eines Betriebsbeauftragten für Immissionsschutz gelten, zumal im Zusammenhang einer Überprüfung von Betriebsangehörigen.[22] Eben die Erforderlichkeit („Kausalzusammenhang") als kennzeichnendes Tatbestandsmerkmal nach Art. 6 Abs. 1 lit. c soll dabei die Grenze abstecken und gibt somit dieser Bestimmung deren eigenständige Bedeutung.

---

[15] Vgl. *Laue/Nink/Kremer*, § 2 Rn. 26.

[16] Weiteres – zur „Erforderlichkeit" – im Zusammenhang des Art. 6 Abs. 1 lit. b DS-GVO → Rn. 34.

[17] Gemeint sind nicht personenbezogene Daten des Verarbeiters selbst, die dieser staatlichen Organen gegenüber zu offenbaren verpflichtet ist; vgl. dazu Paal/Pauly/*Frenzel*, DSGVO Art. 6 Rn. 19; Simitis/*Dammann*, BDSG § 3 Rn. 226; → § 11 Rn. 1.

[18] Beachte dazu die nachfolgend im Text genannten Beispiele mit Nachweisen; ferner den Hinweis auch auf „private Stellen" in Art. 55 Abs. 2 DS-DVO; insoweit übereinstimmend Paal/Pauly/*Frenzel*, DSGVO Art. 6 Rn. 18; *Kühling/Martini u. a.*, DS-GVO u. nationale Recht, S. 29; weitergehend Roßnagel/*Schaller*, DS-GVO, 2017, § 4 Rn. 15.

[19] Vgl. Paal/Pauly/*Frenzel*, DS-GVO Art. 6 Rn. 17; *Dammann*/Simitis, BDSG Art. 7 Rn. 8; Kühling/*Buchner/Petri*, DS-GVO Art. 6 Rn. 96 ff.

[20] Vgl. nochmals Paal/Pauly/*Frenzel*, DS-GVO Art. 6 Rn. 16.

[21] Vgl. dazu auch Kühling/*Buchner/Petri*, DS-DVO Art. 6 Rn. 91.

[22] Vgl. zur Tätigkeit des Immissionsschutzbeauftragten Landmann/Rohmer UmweltR/*Hansmann*, 28. EL Januar 2017, BImSchG § 54 Rn. 10 f.

III. Wahrnehmung öffentlicher Aufgaben

Art. 6 Abs. 1 lit. e DS-GVO stellt anders als lit. c nicht auf eine Verpflichtung, **9** sondern auf eine gesetzlich[23] vorgesehene Rechtsmacht zur Wahrnehmung jeweiliger Aufgaben ab, und zwar auf solche, die (1.) „im öffentlichen Interesse" liegen bzw. (2.) in Ausübung von Hoheitsrechten[24] erfolgen, „die dem Verantwortlichen übertragen" wurden. Auch hier wird durch Art. 6 Abs. 3 S. 1, 2 der Bezug zur jeweils rechtlich festgelegten Aufgabenstellung hergestellt.

Die Vorschrift steckt im zweiten Teil einen den **§§ 13 ff. BDSG-alt vergleichba-** **10** **ren Rahmen** ab. Sie tritt vermöge der unmittelbaren Geltung der Verordnung an die Stelle der entsprechenden nationalen Vorschriften (soweit der jeweilige MS nicht *Spezial*regelungen im Sinne des Art. 6 Abs. 2 DS-GVO beibehält oder einführt). Dies würde, soweit erkennbar, auch für sich genommen zu keiner wesentlichen Änderung der materiellen Rechtslage in der BRD führen: Ausgangspunkt ist nach altem wie nach neuem Recht die Wahrnehmung einer Aufgabe mit den damit verbundenen Zwecken (§§ 13 Abs. 1, 14 Abs. 1, 15 Abs. 1 BDSG-alt bzw. Art. 6 Abs. 1 lit. e i. V. m. Abs. 3 S. 2 DS-GVO). Vorausgesetzt wird dabei jeweils die durch Rechtsvorschrift festgelegte Zuständigkeit des Verantwortlichen (§§ 14 Abs. 1,[25] 15 Abs. 1 BDSG-alt bzw. Art. 6 Abs. 3 S. 1 DS-GVO).[26] Es versteht sich, dass Letztere selbst – genauso wie im BDSG-alt – in der DS-GVO nicht geregelt sein kann, vielmehr (insbesondere) die behördlichen Zuständigkeiten eine Angelegenheit verwaltungsrechtlicher Normen sind. Eben daran anknüpfend legt Art. 6 Abs. 1 lit. e DS-GVO die Zulässigkeit jeweils erforderlicher personenbezogener Informationsverarbeitung fest. – Demgegenüber hat der Bundesgesetzgeber es freilich für erforderlich befunden,[27] in § 3 BDSG 2018 (zusätzlich) eine *generelle* mitgliedstaatliche Rechtsgrundlage für die „Verarbeitung personenbezogener Daten durch eine öffentliche Stelle" zu schaffen, und zwar „zur Erfüllung der in der Zuständigkeit des Verantwortlichen liegenden Aufgabe ..."

Der in Art. 6 Abs. 1 lit. e vorangestellte Bezug auf das – allgemein gefasste – **öf-** **11** **fentliche Interesse** enthält seine gesonderte Bedeutung, insofern es dabei nicht um Hoheitsträger als Verantwortliche geht.[28] Sie können im Rahmen der **Daseinsvor-** **sorge** – zumal der Gesundheitsfürsorge – mit der Wahrnehmung öffentlicher Interessen betraut sein.[29] Das gilt z. B. auch für die nach dem Personenbeförderungsgesetz erfassten Unternehmen oder für Ersatzschulen in freier Trägerschaft. Staatliche

---

[23] Erforderlich ist eine materiell-rechtliche Grundlage im Unionsrecht oder im Recht des jeweiligen MSes, so Art. 6 Abs. 3 S. 1.

[24] Die amtliche deutschsprachige Version spricht weniger zielführend von „Ausübung öffentlicher Gewalt" – übereinstimmend Art. 7 lit. e DSRL –; die englische Version lautet demgegenüber „exercise of official authority", die französische „exercice de l'autorité publique"; insgesamt besteht kein Anhalt, dass der Verordnungsgeber schlichte Hoheitsverwaltung von der Regelung ausschließen wollte.

[25] Dass ein entsprechender Hinweis auf die Zuständigkeit in § 13 Abs. 1 BDSG-alt fehlt, ist belanglos, vgl. Simitis/*Sokol*/*Scholz*, BDSG § 13 Rn. 15, und beruht vermutlich auf einem Redaktionsversehen bei der Neufassung des Gesetzes von 1990.

[26] Vgl. Auernhammer/*Kramer*, DSGVO/BDSG, DS-GVO Art. 6 Rn. 39; Roßnagel/*Schaller*, DS-GVO, 2017, § 4 Rn. 9 a. E.; Paal/Pauly/*Frenzel*, DS-GVO Art. 6 Rn. 23.

[27] Zur Kritik *Schaar*/*Dix*/*Neumann*/*Büllesbach*, Stellungnahme der Europäischen Akademie für Informationsfreiheit und Datenschutz v. 1.12.2016, S. 2; fragwürdig seien die im Entwurf vorgenommenen umfangreichen und gemäß EuGH-Rechtsprechung vermutlich unzulässigen Normwiederholungen; vgl. dazu EuGH, Urt. v. 28.3.1985 – C-272/83, Slg. 1985, 1057 Rn. 26 f.

[28] Vgl. Roßnagel/*Schaller*, DS-GVO, 2017, § 4 Rn. 11 ff.; a. A. Paal/Pauly/*Frenzel*, DSGVO Art. 6 Rn. 24; *Albrecht*/*Jotzo*, Teil 3 Rn. 47, mit fehlgeleitetem Hinweis auf private Auskunfteien.

[29] So ErwGr 45 DS-GVO.

Bedarfsplanung (Krankenhausplanung), Förderung oder Kontingentierung sind Anzeichen für zu verfolgende öffentliche Interessen. – Eine Präzisierung dieses für das deutsche Datenschutzrecht neuen Ansatzes seitens des mitgliedstaatlichen Gesetzgebers bleibt vorbehalten und ist angezeigt.

Zum Widerspruchsrecht nach Art. 21 Abs. 1 i.V.m. Art. 6 Abs. 1 lit. e DS-GVO wird auf die entsprechenden Ausführungen zu lit. f in → Rn. 14 hingewiesen.

IV. Wahrung berechtigter Interessen Privater

12   Besondere Bedeutung kommt **Art. 6 Abs. 1 lit. f** DS-GVO zu. Es handelt sich um eine zentrale Vorschrift für die Datenverarbeitung von Privaten, vorrangig (aber nicht nur) für deren wirtschaftliche Betätigung. Die Bestimmung tritt neben den Erlaubnistatbestand für vertragliche Beziehungen mit dem Betroffenen (lit. b). Sie gilt z.B. für Fragen der Zulässigkeit von Werbung[30]/Webtrekking[31]/Data Mining,[32] des Informationsaustauschs bei Forderungsabtretung[33]/Unternehmenskauf[34]/Due Diligence,[35] der Zentralisierung von Datenverarbeitung in verbundenen Unternehmen,[36] der Inanspruchnahme von Warndiensten, des brancheninternen Austauschs schwarzer Listen[37] oder der Kontrolle/Überwachung zur Abwehr strafbarer Handlungen.[38] Anders als bei der Informationsverarbeitung im vertraglichen Rahmen fehlt es in diesen Konstellationen an einer gemeinsamen Zielsetzung mit dem Betroffenen. Dementsprechend geht lit. f vom *Gegenüberstehen* der „Interessen oder Grundrechte und Grundfreiheiten der betroffenen Person" einerseits und den (ggf.) „berechtigten Interessen des Verantwortlichen oder eines Dritten" andererseits aus. Von daher postuliert die Vorschrift eine **Abwägung der wechselseitigen Interessen**. Deren Durchführung fällt dem Verantwortlichen – in eigener Sache – zu, wobei die von ihm verfolgten – „berechtigten" – Interessen besonderer Transparenzpflicht unterliegen, Art. 13 Abs. 1 lit. d, Art. 14 Abs. 2 lit. b DS-GVO.

13   Inhaltlich kann man die vorgesehene Abwägung als dadurch vorgeprägt ansehen, dass sich die Unzulässigkeit der Verarbeitung nur ergibt, wenn die Gegenrechte des Betroffenen *„überwiegen"*, also nicht schon bei Gleichgewichtigkeit der beiderseitigen Interessen. Solches *Gleich*gewicht ist allerdings nicht mehr als eine aus der Physik entliehene Metapher und dementsprechend bei der Einschätzung sozialer Lebenssachverhalte als exakte Größe nicht ermittelbar/fixierbar, so dass der genannten Formulierung kein eigener Aussagewert zukommt. Auch ist fraglich, ob aus ihr eine Darlegungslast des Betroffenen abgeleitet werden könnte.[39] Letzteres entspräche kaum den vorerwähnten Rechenschaftspflichten des

[30] Dazu ErwGr 47 S. 7: „… Direktwerbung kann als eine einem berechtigten Interesse dienende Verarbeitung betrachtet werden."

[31] So *Härting,* DS-GVO, Rn. 437.

[32] Dazu Plath/*Plath*, BDSG/DSGVO, BDSG § 28 Rn. 55; *Büllesbach*, Datenschutz bei DATA Warehouses u. DATA Mining, CR 2000, 11 ff.

[33] Vgl. BGH, Urt. v. 27.2.2007 – XI ZR 195/05, BGHZ 171,180 = NJW 2007, 2106; dazu Taeger/Gabel/*Taeger*, BDSG § 28 Rn. 73.

[34] Vgl. dazu Plath/*Plath*, BDSG/DSGVO, BDSG § 28 Rn. 67 f.; *Conrad*, Datenhandel und Unternehmenskauf, ZD 2016, 1 (2).

[35] Vgl. Taeger/Gabel/*Taeger,* BDSG § 28 Rn. 69.

[36] Siehe ErwGr 48; dazu *Laue/Nink/Kremer*, § 1 Rn. 44 ff.; → Rn. 35.

[37] Vgl. Taeger/Gabel/*Taeger*, BDSG § 28 Rn. 77; als problematisch – weil nicht selten von subjektiv gefärbten Erfahrungen geprägt – werden Mieterwarndateien für Vermieter angesehen; vgl. auch den Beispielsfall für eine Warndatei bei *Gola/Reif*, Praxisfälle Datenschutzrecht, 2013, S. 160 ff.

[38] Siehe ErwGr 47 S. 6.

[39] So Paal/Pauly/*Frenzel*, DS-GVO Art. 6 Rn. 31.

Verantwortlichen (→ Rn. 2, 12). „Auf jeden Fall wäre", so heißt es im Übrigen in ErwGr 47 S. 3, „das Bestehen eines berechtigten Interesses besonders sorgfältig abzuwägen", und zwar in Relation zur Situation des Betroffenen. Verdeutlichend kann auch die Abweichung von der Wortwahl in der entsprechenden Bestimmung des § 28 Abs. 1 S. 1 Nr. 2 BDSG-alt sein. Nach dieser ist die Verarbeitung zulässig, soweit „kein Grund zu der Annahme besteht, dass das schutzwürdige Interesse des Betroffenen ... überwiegt". Diese Formulierung ist nach überwiegender Auffassung dahin zu verstehen, dass nur eine „pauschale Prüfung" durch den Verarbeiter durchzuführen sei. Aus dessen Sicht dürften „zumindest keine erheblichen, sofort ins Auge springenden Umstände ersichtlich sein, die eine Beeinträchtigung nahelegen".[40] Dem möchte die DS-GVO einen strengeren Maßstab entgegensetzen. Z.B. lenkt ErwGr 47 die Beurteilung hin auf die **vernünftigen Erwartungen der betroffenen Person**, die auf ihrer Beziehung zu dem Verantwortlichen beruhen". Diese können etwa aus einer Kundenbeziehung oder einem Dienstverhältnis bestehen. So wird der treue Kunde regelmäßig nicht überrascht sein, wenn seine Adressdaten gespeichert bleiben, um ihn über die technische Entwicklung ähnlicher Produkte oder neu produzierte Zusatzteile informieren zu können. Demgegenüber würde die jugendliche Käuferin eines Abendkleides überrascht sein, wenn ihre Adresse an Organisatoren eines Schönheitswettbewerbs weitergeleitet würde: „vernünftigerweise ... muss" die junge Dame diesbezüglich „nicht mit einer weiteren Verarbeitung rechnen".[41] Daran scheitert die Zulässigkeit der Datenverarbeitung, obwohl sich in solchen Fällen eine Beeinträchtigung nicht durchweg nahelegt.

Art. 21 Abs. 1 DS-GVO sieht außerdem für die Erlaubnistatbestände des Art. 6 **14** Abs. 1 lit. e und lit. f ein **Widerspruchsrecht Betroffener** vor „aus Gründen, die sich aus ihrer besonderen Situation ergeben".[42] Eine solche kann sich aus familiärer Situation, aus dem Bekanntheitsgrad der Person, aus Rufgefährdung, aus Betroffenheit durch besondere Schicksalsschläge,[43] aus zu gewärtigender politischer Verfolgung oder aus Bedrohungen durch Verbrechen/Terror ergeben.[44] Der Widerspruch ist für den Verantwortlichen immerhin überwindbar, und zwar durch den Nachweis „zwingende[r] schutzwürdige[r] Gründe für die Verarbeitung ..., die die Interessen, Rechte und Freiheiten der betroffenen Person überwiegen," Art. 21 Abs. 1 DS-GVO.[45] Diese Hürde dürfte für Wirtschaftsunternehmen nur schwer zu nehmen sein – anders etwa im Gesundheitswesen bei der Eindämmung von Epidemien –, so dass man es im Ergebnis mit einer **qualifizierten opt-out-Lösung** zu tun hat, deren Funktionsfähigkeit freilich von der Erfüllung/Erfüllbarkeit korrelierender Transparenzpflichten des Verantwortlichen abhängig ist.[46] – Das Widerspruchsrecht greift freilich nicht, wenn die Informationsverarbeitung der „Geltendmachung, Ausübung oder Verteidigung von Rechtsansprüchen" dient. Denn es soll nicht als Hebel dazu dienen, sich als Betroffener der Durchsetzung rechtlich geschützter Ansprüche zu entziehen.

---

[40] Vgl. BeckOK DatenSR/*Wolff*, BDSG § 28 Rn. 71; Gola/Schomerus/*Körffer/Klug/Gola*, BDSG § 28 Rn. 28; anders Simitis/*Simitis*, BDSG § 28 Rn. 129.
[41] So DS-GVO ErwGr 47 S. 4.
[42] Näheres dazu weiterhin → § 13 Rn. 124 ff.
[43] Zur Abgrenzung LG Karlsruhe, Urt. v. 16.10.2014 – 7 O 227/14.
[44] Vgl. Simitis/*Dix*, BDSG § 35 Rn. 56 ff.
[45] Näheres zu dieser Bestimmung bei Paal/Pauly/*Martini*, DS-GVO Art. 21 Rn. 34 ff.
[46] → § 15 Rn. 2 ff., 19 ff.

V. Schutz lebenswichtiger Interessen

15   Art. 6 Abs. 1 lit. d DS-GVO beinhaltet eine eigene Rechtsgrundlage zur Verarbeitung personenbezogener Informationen beim Erfordernis des Schutzes lebenswichtiger Interessen[47] sei es des Betroffenen, sei es einer anderen natürlichen Person. Mit Blick auf den Ersteren hat man es mit einer Abwägung/Konfliktlösung zwischen dem Schutz einer Person und deren eigener „informationeller Selbstbestimmung" zu tun. In Bezug auf eine dritte Person ergibt sich die Zulässigkeit der *erforderlichen* Verarbeitung aus der Garantenstellung des Betroffenen. Zu den lebenswichtigen Interessen sind – jedenfalls – Erhaltung des **Lebens** und das Freisein von schwerwiegenden körperlichen und **gesundheitlichen Beeinträchtigungen**, die Freiheit von Gefangenschaft und Folter,[48] auch von schwerwiegender psychischer Repression[49] zu zählen.

16   Der besonderen Schutzwürdigkeit dieser Interessen wird in der DS-GVO auch bei der Zulässigkeit der Verarbeitung sensitiver Daten[50] nach Art. 9 Abs. 2 lit. c sowie bei der Übermittlung in Drittländer gemäß Art. 49 Abs. 1 lit. f Rechnung getragen.[51] Nach letzteren Vorschriften ist übereinstimmend Voraussetzung der Zulässigkeit, dass der Betroffene „aus physischen[52] oder rechtlichen Gründen außer Stande ist, seine Einwilligung zu geben." Für die Verarbeitung weniger sensitiver Daten im Rahmen des Art. 6 ist diese Einschränkung – aufgrund entsprechender Anwendung – nicht ohne weiteres begründet.[53] Die Unzulässigkeit ergibt sich hier jedenfalls dann, wenn es (nur) um die lebenswichtigen Interessen des Betroffenen selbst geht und es sich nahelegt, dass dieser, wenn er sich denn erklären würde, seine Einwilligung verweigerte. Im Übrigen ist nach ErwGr 46 davon auszugehen, dass eine Verarbeitung überhaupt nur dann auf Art. 6 lit. d gestützt werden soll, wenn sie „offensichtlich nicht auf eine andere Rechtsgrundlage gestützt werden kann." Dazu wird auf die Parallelität zu wichtigen öffentlichen Interessen (Art. 6 Abs. 1 lit. e) etwa bei der Verfolgung humanitärer Zwecke hingewiesen.

C. Erforderlichkeit/Verhältnismäßigkeit

17   Die Erlaubnistatbestände des Art. 6 Abs. 1 lit. b–f haben eine gemeinsame Prägung. Sie wird durch das **Tatbestandsmerkmal „erforderlich"** hergestellt, jeweils in Verknüpfung mit gesetzten Aufgaben/Zielsetzungen. Diese richten sich auf jeweilige *„Erfüllung"* aufgrund vertraglicher/rechtlicher Festlegungen oder auf die *„Wahr(nehm)ung"/Durchsetzung* öffentlicher oder privater Interessen. Für die Qualifizierung ggfs. zulässiger Informationsverarbeitung als erforderlich geht es um die Notwendigkeit zur Erreichung eben dieser Ziele. Damit wird jeweils eine spezifische Verkoppelung zwischen der betreffenden Aufgabenerledigung und der Verarbeitungszulässigkeit postuliert.

I. Kausalzusammenhang?

18   Das Erforderlichkeitsprinzip kommt, so erscheint es zunächst, relativ schneidig daher. Dazu dürfte u.a. die Kommentierung des § 9 BDSG 1977 durch den Referenten des seinerzeitigen Gesetzentwurfs beigetragen haben, welcher ausführte:

---

[47] Englisch: vital interests.
[48] Vgl. Artt. 2 Abs. 1, 3 Abs. 1, Artt. 4, 5 und 6 GRCh; dazu Paal/Pauly/*Frenzel*, DS-GVO Art. 6 Rn. 20.
[49] Vgl. Taeger/Gabel/*Taeger*, BDSG § 28 Rn. 228.
[50] Dazu auch → § 14 Rn. 8 f.
[51] Vgl. dazu auch §§ 13 Abs. 2 Nr. 3, 28 Abs. 6 Nr. 1, 4c Abs. 1 S. 1 Nr. 5 BDSG-alt.
[52] In Art. 9 Abs. 1 lit. c heißt es stattdessen „aus körperlichen ... Gründen"; im englischen Text in beiden Fällen übereinstimmend „physical".
[53] Vgl. Paal/Pauly/*Frenzel*, DS-GVO Art. 6 Rn. 21.

„Die Daten müssen für die Erfüllung einer Aufgabe erforderlich sein im Sinne von conditiones sine quibus non."[54]

Die Formulierung **„conditio sine qua non"** wurde von den drei ältesten (weiteren) Kommentaren zum BDSG aufgegriffen und bis in die Gegenwart fortgeführt.[55] Sie wurde jeweils mit der Vorstellung eines besonders strengen Regimes von Notwendigkeit verbunden. Gemeint war und ist, dass die Zulässigkeit der Verarbeitung einer bestimmten Information davon abhängig sei, ob sie für die Erfüllung einer konkreten, aktuellen Aufgabe unerlässlich ist[56] – vergleichbar einer notwendigen Ursache.

Freilich kann es sich vom Sachgegenstand praktischer (Rechts-)Wissenschaft her 19 vorliegend nicht um eine *notwendige Bedingung* im Sinne einer logischen Beziehung handeln.[57] Im Übrigen bezieht sich der Maßstab der conditio sine qua non in der Rechtswissenschaft regelmäßig auf die Abbildung eines **„Kausalzusammenhangs"**[58] **i. S. d. Äquivalenztheorie**, wonach Ereignisse immer dann als Ursache anzusehen sind, wenn sie nicht *hinweggedacht* werden können, ohne dass der Erfolg in seiner konkreten Gestalt entfiele.[59] Auf dieser Grundlage wäre die (erfolgte) Verarbeitung einer jeweiligen Information eben deshalb gemäß Art. 6 Abs. 1 DSGVO „erforderlich" (gewesen), weil ohne deren Heranziehung im konkret vorliegenden Fall die in dieser Bestimmung genannten Aufgaben/Zielsetzungen nicht realisiert würden (worden wären). Alternative Wege der Erledigung blieben dabei außer Betracht; die Bestimmung äquivalenter Kausalität lässt es gerade nicht zu, dass Umstände zur Verursachungskette *hinzugedacht* werden, um die Kausalität auszuschließen.[60] Die Äquivalenztheorie analysiert empirische Abläufe im Rahmen der Zuordnung jeweiliger (haftungs-/strafrechtlicher) Verantwortlichkeit. Sie entbehrt insoweit des normativen Steuerungscharakters, der umgekehrt den in Rede stehenden datenschutzrechtlichen Bestimmungen über die Rechtmäßigkeit von Informationsverarbeitungen innewohnt. Die Metapher der „conditio sine qua non" ist in diesem Zusammenhang also irreführend.

II. Diskrepanzen der Interpretation

Schwierigkeiten bietet auch die Interpretation des vom **EuGH** ohne nähere 20 Begründung bevorzugten Begriffs des **„absolut Notwendigen"**.[61] Dieser kam zunächst zur Anwendung im Zusammenhang der Erfassung *notwendiger/erfor-*

---

[54] *Auernhammer*, Bundesdatenschutzgesetz, Kommentar, 1977, § 9 Rn. 4; 1993, § 13 Rn. 6.

[55] Vgl. Gola/Schomerus/*Gola/Klug/Körffer*, BDSG § 13 Rn. 3; Simitis/*Sokol/Scholz*, § 13 Rn. 26; Simitis/*Dammann*, § 14 Rn. 15; *Schaffland/Wiltfang*, Lfg. 4/11, § 13 Rn. 4b; vgl. weiter Taeger/Gabel/*Heckmann*, BDSG § 13 Rn. 20.

[56] So – noch für das bisherige BDSG – *Kühling/Seidel/Sivridis*, 3. Aufl. 2015, DatSchR, Rn. 460.

[57] Vgl. dazu Stichwort „Bedingung", in Enzyklopädie Philosophie und Wissenschaftstheorie, Hrsg. Mittelstraß, 2005. Dass es nicht darum geht, einem Kausalzusammenhang im naturwissenschaftlichen Sinn nachzugehen, ergibt sich schon aus der Qualität der (personenbezogenen) Informationen im sozialen Kontext, dazu Näheres → § 3 Rn. 15 ff., 30 ff.

[58] Vgl. *Zippelius*, Rechtsphilosophie, 6. Aufl. 2011, § 34 I, zur Kausalität als rechtswissenschaftlichem Hilfsbegriff.

[59] Dazu Schönke/Schröder/*Eisele*, 29. Auf. 2014, StGB Vorbem §§ 13 ff., Rn. 73a f.; MünchKommBGB/*Oetker*, 7. Aufl. 2016, § 249 Rn. 103; *Fischer*, 64. Aufl. 2017, StGB Vor § 13 Rn. 21 f. Zur „Kausalität" bei der Datenverarbeitung BeckOK DatenSR/*Wolff*, Prinzipien Syst. A Rn. 28.

[60] Vgl. BGH, Urt. v. 6.6.2013 – IX ZR 204/12, NJW 2013, 2345 Rn. 20; BGH, Urt. v. 5.5.2011 – IX ZR 144/10, NJW 2011, 2960 Rn. 35; BGH, Urt. v. 4.7.1994 – II ZR 126/93, NJW 1995, 126 (127 sub 2b); BGH, Urt. v. 24.10.1985 – IX ZR 91/84, BGHZ 96, 157 (172) = NJW 1986, 576 (579).

[61] „strictly necessary".

derlicher Beeinträchtigung der Privatsphäre/personenbezogener Daten auf der Grundlage der DSRL, so im Rahmen der weiter oben erörterten Entscheidung *Satamedia*.[62] Sodann wurde der Begriff vom Gericht aufgegriffen zur Auslegung der Artt. 7, 8 i.V.m. Art. 52 Abs. 1 GRCh, zunächst in der Entscheidung *Schecke*.[63] Freilich hat der EuGH nicht geklärt, worin das Spezifische des *Absoluten* jeweiliger Notwendigkeit zu finden sei. Zumal in der zuerst genannten Entscheidung, wo das Abwägungsergebnis zwischen Persönlichkeitsschutz und Pressefreiheit offengelassen und in die Hände des vorlegenden finnischen Gerichts gelegt wurde, wird deutlich, dass man es in dieser Sache gerade nicht mit einem „absolut" festlegbaren Resultat in der einen oder der anderen Richtung zu tun hatte.[64]

21   Insgesamt ist *erforderlich* (auch: *notwendig*)[65] ein **offener Begriff** geblieben. Dessen Offenheit geht über diejenige eines unbestimmten Rechtsbegriffs[66] beträchtlich hinaus, womit korreliert, dass er in einer sehr großen Anzahl datenschutzrechtlicher Vorschriften in unterschiedlichen Zusammenhängen übereinstimmend im Wortlaut Verwendung findet. Ein Beispiel dafür ist die Regelung der Rechtmäßigkeit in Art. 6 DS-GVO für Verarbeitungen im Rahmen vertragsrechtlicher Beziehungen einerseits (→ Rn. 6) und für außervertragliche, insbesondere öffentlichrechtliche Verhältnisse andererseits (→ Rn. 7ff.).

22   Von Interesse sind in diesem Zusammenhang die Wandlungen, die die Art. 6 Abs. 1 lit. b DS-GVO entsprechende BDSG-Bestimmung – zuletzt § 28 Abs. 1 S. 1 Nr. 1 – im Laufe der Zeit erfuhr. Denn ursprünglich erklärte das Gesetz die Verarbeitung schlicht *„im Rahmen* der Zweckbestimmung eines Vertragsverhältnisses" für zulässig;[67] später lautete die entsprechende Formulierung „wenn... [die Verarbeitung] der **Zweckbestimmung eines Vertragsverhältnisses... *dient*".**[68] Streitig war seinerzeit, ob diese Voraussetzung mit einem Erforderlich-Sein identisch zu erachten sei.[69] Erst durch die 2009 vorgenommene BDSG-Novellierung wurde die *Erforderlichkeit* der Verarbeitung für das jeweilige Rechtsgeschäft zur gesetzlichen Voraussetzung erhoben, insofern in Übereinstimmung mit Art. 7 lit. b DSRL. Das geschah laut amtlicher Begründung, um deutlich zu machen, dass neben den erforderlichen Daten „keine weiteren ,überschießenden Daten' ... verwendet werden dürfen".[70]

---

[62] → § 7 Rn. 25ff., und zwar in Rn. 56 der Entscheidung.

[63] → § 7 Rn. 33ff., und zwar in Rn. 65ff., 77 der Entscheidung; nachfolgend in der Entscheidung zur Vorratsdatenspeicherung EuGH, Urt. v. 8.4.2014 – C-293/12 u. a., ECLI:EU:C:2014:238 → § 5 Rn. 79ff., und zwar in Rn. 52; EuGH, Urt. v. 6.10.2015 – C-362/14, NJW 2015, 3151 Rn. 92 – Safe Harbor.

[64] Eben dasselbe gilt für die anhand der DSRL getroffene Entscheidung des EuGH, Urt. v. 7.11.2013 – C-473/12, ZD 2014, 137, Rn. 39 – IPI; beachte dazu auch EuGH, Urt. v. 16.12. 2008 – C-524/06, Slg. 2008, I-09705, DVBl. 2009, 171 = RDV 2009, 65, Rn. 62 – Huber, wo zu Art. 7 lit. e DSRL nur von schlichter Notwendigkeit die Rede ist und auf dieser Grundlage die tiefer eingreifende aber effiziente Anwendung der aufenthaltsrechtlichen Vorschriften akzeptiert wird.

[65] Für beide in der DS-GVO verwandten Begriffe steht im englischen Text gleichermaßen „necessary", im französischen „nécessaire".

[66] Zu dieser Qualität des Erforderlichkeitsbegriffs Gola/Schomerus/*Gola/Körffer/Klug*, BDSG § 13 Rn. 3.

[67] § 23 BDSG 1977; § 28 Abs. 1 Nr. 1 BDSG 1990.

[68] § 28 Abs. 1 S. 1 Nr. 1 BDSG 2003.

[69] Vgl. dazu Nachweise bei *Gola/Schomerus*, 9. Aufl. 2007, BDSG § 28 Rn. 13.

[70] Vgl. BT-Drs. 16/13657, 18. Eine sachliche Änderung wird der überwiegend abgesprochen, vgl. BeckOK-DatSR/*Wolff*, BDSG § 28 Rn. 33; *Gola/Schomerus*/Gola/Körffer/Klug, BDSG § 28 Rn. 14.

Art. 6 Abs. 1 lit. b DS-GVO übernimmt die Formulierung des Art. 7 lit. b **23** DSRL. Allerdings wird überwiegend angenommen, dass der Begriff „**erforderlich**" **hier weniger strikt zu verstehen** ist als in den nachfolgenden Alternativen des Art. 6 Abs. 1 DS-GVO.[71] Das überrascht nicht im Hinblick die besonderen kommunikativen Bedingungen (vor)vertraglicher Beziehungen.[72]

Ein vergleichbare Ambivalenz ergibt sich aus der übereinstimmenden Verwendung des Begriffs der Erforderlichkeit/Notwendigkeit als Voraussetzung für zulässige Verarbeitungen einerseits und für das Nichtbestehen einer **Pflicht zur Löschung** andererseits, vgl. Art. 6 Abs. 1 mit Art. 17 Abs. 1 lit. a DS-GVO bzw. §§ 13 ff., 28 mit §§ 20 Abs. 2 Nr. 2, 35 Abs. 2 Nr. 3 BDSG-alt.[73] In der deutschen Rechtsprechung ist eine deutliche Tendenz erkennbar, die Voraussetzung einer der Löschung entgegenstehenden Erforderlichkeit der Aufbewahrung in die bloße Förderlichkeit/Geeignetheit einer Aufbewahrung umzudeuten. Hierfür hat das BVerwG Marksteine gesetzt.[74] Weiterhin stellt die *Google*-Entscheidung des EuGH für die Zulässigkeit der Einschränkung des „Rechts auf Vergessenwerden" durch Aufrechterhaltung des Suchmaschinen-Zugriffs nicht etwa auf die fortgesetzte – absolute[75] – Notwendigkeit eines solchen ab. Stattdessen nimmt das Gericht eine Abwägung zwischen der Beeinträchtigung des Persönlichkeitsrechts und der kommunikativen Förderlichkeit des Internets (oder dem „Interesse der Öffentlichkeit am Zugang zu der Information") vor.[76] **24**

III. Erforderlichkeit/Verhältnismäßigkeit im (alten) Polizeirecht

Gegenüber dem schwankenden, ungesicherten Umgang mit dem Erforderlichkeitsprinzip im Datenschutzrecht kann zur weiteren Orientierung eine Anknüpfung an **vorhergehende deutsche Rechtstradition** hilfreich sein. Sie führt zurück in die rechtsstaatliche Entwicklung des Polizeirechts. In Eingrenzung vorangegangener absolutistischer/wohlfahrtsstaatlicher Steuerungsmacht der Obrigkeit[77] regelte das Preußische Allgemeine Landrecht die Aufgabe der Polizei wie folgt: **25**

---

[71] Vgl. Paal/Pauly/*Frenzel*, DSGVO Art. 6 Rn. 14; Plath/*Plath*, BDSG/DSGVO, Art. 6 DSGVO Rn. 12 i. V. m. § 28 BDSG Rn. 19 ff.; Auernhammer/*Kramer*, DSGVO/BDSG, DS-GVO Art. 6 Rn. 29; beachte *Gola*, DS-DVO Art. 6 Rn. 36; Kühling/*Buchner/Petri*, DS-GVO Art. 6 Rn. 38 ff.

[72] Vgl. nochmals → Rn. 6.

[73] Zur Löschungspflicht – zum Recht auf Vergessenwerden → § 15 Rn. 36 ff.

[74] Vgl. BVerwG, Beschl. v. 12.11.1992 – 1 B 164.92, Buchholz 402.41 Nr. 56; BVerwG, Beschl. v. vom 18.3.1994 – 11 B 76/93, NJW 1994, 2499 = DÖV 1994, 659; beachte BVerwG Urt. v. 20.2.1990 – 1 C 30/86, NJW 1990, 2768 (2770). Im Anschluss an die Nachweise aus der Rechtsprechung des Gerichts Simitis/*Mallmann*, BDSG § 20 Rn. 42: die weitere (polizeiliche) Speicherung ist (nur dann) unzulässig, wenn „nichts dafür spricht, dass die Eintragung in Zukunft noch praktische Bedeutung hat, und deshalb ausgeschlossen werden kann, dass die vorhandenen Daten die Arbeit der zuständigen Behörden noch fördern können." Daran anschließend auch OLG Dresden, Beschl. v. 19.5.2003 – 2 VAs 4/02, MMR 2003, 592 = RDV 2004, 84, Rn. 22 ff. (insbes. zu § 489 Abs. 2 StPO), auf die etwaige *praktische* Bedeutung der Eintragung abstellend. Es ist danach nicht nach eingriffsmilderen Alternativen zu fragen. Auch kann bloße behördliche Arbeitserleichterung praktische Bedeutung haben. Kriterien konsequent verstandener Notwendigkeit kommen demnach (zutreffend) in diesem Zusammenhang nicht zum Tragen.

[75] → Rn. 20.

[76] EuGH, Urt. v. 13.5.2014 – C-131/12, ZD 2014, 350, Rn. 81.

[77] Diese Qualität kann aus rechtsgeschichtlicher Sicht der Regelung selbst nicht ohne weiteres zugebilligt werden; vorrangig geht es dabei vielmehr um die nachfolgende Rechtsprechung insbesondere des preußischen OVG, die der Bestimmung eine entsprechende Prägung gegeben hat, vgl. dazu Lisken/Denninger/*Boldt/Stolleis*, Polizeirecht HdB, 5. Aufl. 2012, A 20, 49.

„Die **nöthigen** Anstalten zur Erhaltung der öffentlichen Ruhe, Sicherheit und Ordnung und zur Abwendung der dem Publiko oder einzelnen Mitgliedern desselben bevorstehenden Gefahr zu treffen, ist das Amt der Polizey."[78]

26   Das preußische Polizeiverwaltungsgesetz (PVG) von 1931 regelte Entsprechendes in § 14, wonach die „Polizeibehörden… die…*notwendigen* Maßnahmen zu treffen… haben, um von der Allgemeinheit oder dem einzelnen Gefahren abzuwehren…" § 41 PVG legte für polizeiliche Verfügungen ausdrücklich die *Erforderlichkeit* derselben für die Störungsbeseitigung/Gefahrenabwehr fest; soweit dafür mehrere Mittel in Betracht kämen, solle die Polizei *„tunlichst* das den Betroffenen und die Allgemeinheit am wenigsten beeinträchtigende Mittel" wählen. Daran schloss sich eine **Opt-out-Lösung** an:

„Dem Betroffenen ist auf Antrag zu gestatten, ein von ihm angebotenes anderes Mittel anzuwenden, durch das die Gefahr ebenso wirksam abgewehrt wird."[79]

27   Dieser Regelungsansatz beinhaltet in seiner Gesamtheit ein für die Praxis der Polizeiarbeit sachdienliches Lösungsmodell. Er stellt die **Geeignetheit/Effektivität** jeweiliger Gefahrenabwehrmaßnahmen **in den Mittelpunkt**, nicht deren Erforderlichkeit. Denn diese soll sich erst daraus ergeben, dass unter mehreren zur Verwirklichung der polizeilichen Zielsetzung geeigneten Mitteln das den Bürger schonendste zur Anwendung gelangt.[80] Diesbezüglich war das PVG bestrebt, der Polizei „komplizierte Untersuchungen" zu ersparen[81] und eine Obliegenheit des Bürgers zur Mitwirkung zugrundezulegen.

28   Hinter der Voraussetzung gleicher Effektivität des Austauschmittels verbergen sich richtigerweise Abwägungsfragen, etwa soweit einem im Ergebnis als gering einzuschätzenden Minus an Effektivität für die behördliche Zielsetzung beträchtliche Vorteile für die Rechtsposition des Betroffenen gegenüberstehen.[82] Damit wird im Rahmen einer jeweiligen Untersuchung die dritte Stufe der Verhältnismäßigkeit (i. w. S.) erreicht,[83] nämlich diejenige der Proportionalität (auch: Zumutbarkeit). Für diese geht es darum, zwischen gesetzlicher Zielsetzung (geschütztem Rechtsgut) und Gewicht des mit dem angewandten Mittel bewirkten Eingriffs in die Sphäre des Bürgers abzuwägen.[84] – Insgesamt werden daraus die Relationen deutlich, in

---

[78] § 10 II 17 prALR.

[79] Die Regelung findet sich gleichermaßen in zahlreichen heute gültigen Polizeigesetzen, vgl. dazu *Götz/Geis*, Allgemeines Polizei- und Ordnungsrecht, 16. Auf. 2017, § 11 Rn. 28.

[80] Zum heutigen Recht Lisken/Denninger/*Rachor*, Polizeirecht HdB, 5. Aufl. 2012, E Rn. 172 ff.; reich an Beispielen zur (mangelnden) Erforderlichkeit *Schoch*, Besonderes Verwaltungsrecht, 15. Aufl. 2013, 2. Kap., Rn. 157. Vergleichbares gilt im Rahmen des Grundsatzes der Verhältnismäßigkeit auf der verfassungsrechtlichen Ebene, vgl. Jarass/Pieroth/*Jarass*, GG Art. 20 Rn. 85 mit Nachweisen aus der Rechtsprechung des BVerfG.

[81] Vgl. *Drews/Wacke/Vogel/Martens*, Gefahrenabwehr, 1986, S. 427; für das gegenwärtige Recht z. B. in Hessen *Meixner/Fredrich*, HSOG, 2016, § 5 Rn. 7.

[82] Z. B. bei immissionsschutzrechtlichen Auflagen – mit nachfolgender zusätzlicher Überwachungslast für die Behörde – statt eines Nutzungsverbots, vgl. dazu *Götz/Geis*, Allgemeines Polizei- und Ordnungsrecht, 16. Aufl. 2017, § 11 Rn. 26. Grundsätzlich zur den bezeichneten Abwägungsproblematik Sachs/*Sachs*, GG, 7. Aufl. 2014, Art. 20 Rn. 153; *Th. Reuter*, JURA 2009, 511 (513 Fn. 31); *Schenke*, Polizei- und Ordnungsrecht, 9. Aufl. 2016, Rn. 335: das Austauschmittel darf nicht zu einer *gravierenden* Beeinträchtigung der Allgemeinheit führen. Überwiegend wird freilich angenommen, die Polizei brauche sich auf angebotene weniger effektive Austauschmittel gar nicht einzulassen.

[83] Für entsprechende Wechselbeziehungen zwischen Erforderlichkeit/Austauschmittel und Proportionalität auf der verfassungsrechtlichen Ebene des Grundsatzes der Verhältnismäßigkeit vgl. Jarass/Pieroth/*Jarass*, GG Art. 20 Rn. 85.

[84] Dieser Aspekt wurde im PVG so nicht berücksichtigt, obwohl er längst polizeirechtlichem Verständnis entsprach, vgl. *Stern*, FS Lerche, S. 165 (S. 168).

denen das Erforderlichkeitsprinzip steht. Zum einen baut Erforderlichkeit auf der Geeignetheit von Mitteln auf, zwischen denen gegebenenfalls auszuwählen ist. Zum anderen ist dabei das heranzuziehende Auswahlprinzip auf die Proportionalität (auch: Verhältnismäßigkeit i. e. S.) der zu realisierenden Maßnahme bezogen. „Erforderlich" steht somit nicht für einen eigenen materiell-rechtlichen Regelungsgehalt, sondern bezeichnet die **strukturelle Zuordnung zwischen Geeignetheit und Proportionalität.**

IV. Rechtsprechungspraxis

Die aufgezeigten datenschutzrechtlichen Interpretationsprobleme zum Begriff der **29** Erforderlichkeit können, bedenkt man dessen eingeschränkte Rolle für die Tätigkeit der Polizei, damit zu tun haben, dass ihm der häufig angenommene zentrale Stellenwert für die Einschränkung zulässiger Datenverarbeitung so nicht zukommt. Entsprechende Zweifel[85] finden in einem Teil der Rechtsprechung ihre Bestätigung. Nicht selten steht im Vordergrund die Frage, ob die vorgenommene Datenverarbeitung von dem dieser zugrunde gelegten Zweck voll gedeckt ist, ohne dass dabei alternative Lösungswege zur Erörterung gelangen. Dabei wird von der Erforderlichkeit der Verarbeitung gesprochen, während es genauer um deren **Geeignetheit oder Zweckgerechtigkeit** geht. Mit dieser ist nicht die diffuse Zweckmäßigkeit zur Befriedigung breit angelegter Informationsinteressen des Verantwortlichen gemeint,[86] sondern vielmehr dessen Zielgenauigkeit – bei sparsamem Einsatz von Daten – entsprechend der Kompetenz/Aufgabenstellung einer Behörde oder dem wirtschaftlichen Vorhaben eines ordentlichen Kaufmanns/Unternehmers.[87] Dieser Problemzugang dürfte sich im wesentlichen auch mit dem Verarbeitungsgrundsatz des Art. 5 Abs. 1 lit. c DS-GVO – „Datenminimierung" – decken, eine Bestimmung, deren Gehalt freilich nach dem gegenwärtigen Stand der Diskussion noch nicht voll ausgelotet ist.[88]

Aus der – wenig umfangreichen – Rechtsprechung der **Fachgerichte:** **30**
– BAG vom 22.10.1986 zum **Personalfragebogen** des Arbeitgebers:[89] Es dürfe in die private Sphäre des Arbeitnehmers „nicht tiefer eingedrungen werden…, als es der Zweck des Arbeitsverhältnisses *unbedingt erfordert…*" Doch sei Voraussetzung zulässiger Verarbeitung nicht, „dass die Daten für den Arbeitgeber unverzichtbar sein müssen…, weil damit berechtigte Informationsinteressen des Arbeitgebers zu wenig berücksichtigt würden." Diese erstreckten sich auch auf eine jeweilige Information, die erst künftig für eine „soziale Auswahl bei Kündigungen und für Entscheidungen über Versetzungen … *wichtig werden… kann*". Ausschlaggebend war damit nicht die alternativlose Unerlässlichkeit, sondern die Zwecktauglichkeit/gezielte Geeignetheit der Informationsverarbeitung.

---

[85] Vgl. etwa *Roßnagel*, MMR 2005, 71 (72); *Garstka*, DVBl 1998, 981 (983).

[86] Statt *zweckmäßig* besser: *zwecktauglich*, vgl. *Schoch*, Besonderes Verwaltungsrecht, 15. Aufl. 2013, 2. Kap., Rn. 156; *Lerche,* Übermaß und Verfassungsrecht, 1961, S. 76; auch BeckOK DatenSR/*Wolff*, Prinzipien Syst. A Rn. 28: „objektiv tauglich".

[87] Zur gesteigerten Sorgfalt desselben § 347 Abs. 1 HGB.

[88] Was „das für die Zwecke der Verarbeitung notwendige[= erforderliche/necessary, vgl. → Fn. 65] Maß" i. S. d. Bestimmung anbelangt, führt Paal/Pauly/*Frenzel*, DS-GVO Art. 5 Rn. 37, aus: „Mit der Zweckangemessenheit und der Erheblichkeit wird diese Anforderung regelmäßig konsumiert."; vgl. auch Kühling/Buchner/*Herbst*, DS-GVO Art. 5 Rn. 56 f. Und Roßnagel/*Barlag*, DS-GVO, 2017, § 3 Rn. 233 a. E., hält fest, Datenminimierung biete einen schwächeren Schutz als der Grundsatz der Erforderlichkeit; anders *Albrecht/Jotzo*, Neue DatSchR EU, 2017, Teil 2 Rn. 6. Beachte ErwGr 39 S. 7.

[89] BAG, Urt. v. 22.10.1986 – 5 AZR 660/85, NJW 1987, 2459 (2461) = RDV 1987 129 (131 f.) – Hervorhebungen hinzugefügt.

- VG Düsseldorf vom 6.11.1984:[90] Die Offenbarung von **Sozialdaten** auf Überweisungsträgern für die entsprechenden Leistungen ist – kurz gesagt – überflüssig/nicht zwecktauglich. Umgekehrt gehe es für die Zulässigkeit keineswegs darum, dass die Offenbarung solcher Daten „stets die ‚ultima ratio‘ sein muss“.
- OLG Köln vom 19.11.2010:[91] Wettbewerber auf dem Strommarkt (Beklagter) verwendet Informationen über solche vormaligen Kunden, die zu dem klagenden Unternehmen wechselten, um diese als Kunden zurückzugewinnen. Das Gericht vermochte jedoch ein Interesse des Datenverarbeiters dahingehend, „gezielt die zu den Klägerinnen gewechselten Kunden nun wieder abzuwerben,… nicht… als berechtigt anzuerkennen, sondern nur ein Interesse, jegliche verlorengegangene[n] Kunden zurückzugewinnen.“ Von daher sei die Datenverwendung „nützlich, aber… nicht erforderlich.“ Sie entsprach nicht dem vom Gericht anerkannten legitimen Ziel und war von daher (teilweise) **überflüssig und ungeeignet**.
- VG Berlin vom 13.1.2014:[92] Die Speicherung von Daten der Mitarbeiter eines beauftragten Unternehmens (Kartendienstes) durch den Auftraggeber zwecks **späterer Zeugenbenennung** im Urheberrechtsprozess beruhte auf einem berechtigten Interesse. Daraus ergab sich im Hinblick auf die vom Gericht dargelegten prozessualen Gründe die Eignung der Informationsverarbeitung. Ein alternatives, milderes Mittel – Speicherung beim Auftragnehmer – wird vom Gericht als nicht hinreichend verlässlich beiseite getan.
- Die Entscheidungen, die die „Erforderlichkeit“ fortbestehender Informationen bei anderenfalls bestehender Löschungspflicht zum Inhalt hatten, sind bereits in → Rn. 24 behandelt.
- Geringer ist die Zahl der Entscheidungen, in denen wegen eines geeigneten Austauschmittels die Erforderlichkeit der durchgeführten – geeigneten – Maßnahme verneint wurde. Dies gilt etwa für den Beschluss des SG Düsseldorf vom 23.11.2005[93] wegen behördlicherseits eingeholter Information beim Vermieter über eine bestehende eheähnliche Gemeinschaft vor Befragung der Betroffenen selbst. – Dazu gehört auch die Entscheidung des BSG vom 28.11.2002[94] betr. die Erhebung von Arbeitnehmer-Anfängerdaten durch eine Ersatzkrankenkasse beim Arbeitgeber: es genüge, Werbung im öffentlichen Raum zu betreiben.

31   Der Grundsatz der Verhältnismäßigkeit – begründet im Rechtsstaatsprinzip und in den Grundrechten selbst – hat **Verfassungsrang**. Er ist in dieser Eigenschaft Gegenstand umfangreicher Rechtsprechung des BVerfG geworden.[95] Einige Schlaglichter auf diese – jeweils mit Bezug auf personenbezogene Informationen – können im vorliegenden Zusammenhang zum Verständnis hilfreich sein:
- Quasi-lehrbuchmäßig hat das BVerfG im **Entmündigungsbeschluss** vom 9.3. 1988[96] die Verhältnismäßigkeit der öffentlichen Bekanntmachung von Entmündigungen wegen Trunksucht abgehandelt. Die Eignung der von § 687 ZPO a. F. vorgesehenen Maßnahme zur Zweckerreichung sei gegeben. Die öffentliche Zugänglichkeit der Information sei auch erforderlich. Allerdings ließ das Gericht dahingestellt, „ob andere Veröffentlichungsformen, etwa in Gestalt von Auskunfts- oder Einsichtsrechten, möglich wären“. Denn jedenfalls seien

---

[90] VG Düsseldorf, Urt. v. 6.11.1984 – 17 K 2376/83, NJW 1985, 1794 (1795).
[91] OLG Köln, Urt. v. 19.11.2010 – 6 U 73/10, CR 2011, 680 (681).
[92] VG Berlin, Urt. v. 13.1.2014 – 1 K 220.12, ZD 2014, 316 (317 f.).
[93] SG Düsseldorf, Beschl. v. 23.11.2005 – S 35 AS 343/05 ER, RDV 2006, 84.
[94] BSG, Urt. v. 28.11.2002 – B 7-1 A 2/00 R, RDV 2003, 142.
[95] Übersicht bei Jarass/Pieroth/*Jarass*, GG Art. 20 Rn. 80 ff.
[96] BVerfG, Beschl. v. 9.3.1988 – 1 BvL 49/86, BVerfGE 78, 77 (85 ff.).

die Grenzen des Zumutbaren überschritten, die Proportionalität also nicht gewahrt.

– Systematisch im wesentlichen übereinstimmend hat das Gericht über die „**Vorratsdatenspeicherung**" am 2.3.2010 entschieden: Das Vorhaben sei geeignet und erforderlich, aber im Ergebnis unverhältnismäßig i. e. S.[97]

– Zu gleichem (Teil-)Ergebnis gelangte das Gericht in der Entscheidung vom 11.3.2008 zur automatischen Erfassung von **Kraftfahrzeugkennzeichen**; das Verfahren sei zur Verfolgung präventiver/repressiver Zwecke geeignet, und mildere Mittel seien im Hinblick auf die vorgesehene neuartige Reichweite der Beobachtung nicht ersichtlich; verletzt sei die Verhältnismäßigkeit i. e. S.[98]

– Gleichermaßen entschied das BVerfG am 27.2.2008 über den durch das Verfassungsschutzgesetz NRW vorgesehenen Eingriff in das Grundrecht auf Gewährleistung der **Vertraulichkeit und Integrität informationstechnischer Systeme**.[99] Die Beurteilung der Eignung so gearteter heimlicher Zugriffe überließ das Gericht dem Gesetzgeber; dieser durfte auch davon ausgehen, dass ein den Bürger weniger belastender, für die staatliche Zielsetzung ebenso wirksamer Weg der Informationserhebung nicht zur Verfügung stehe; doch die vom Gesetzgeber gewählte defizitäre Ausgestaltung verletze die Verhältnismäßigkeit i. e. S.

Insgesamt lässt sich aus diesen Rechtsprechungsbeispielen zur Beeinträchtigung **32** des Persönlichkeitsrechts durch Informationsverarbeitung eine Tendenz des BVerfG entnehmen, der Frage **alternativer Lösungswege** unter dem Aspekt der Erforderlichkeit regelmäßig **nicht vertieft nachzugehen**; doch muss sich die zu überprüfende gesetzgeberische Regelung, auch wenn sie zweckgerecht/geeignet angelegt ist, dem grundrechtlichen Abwägungstest unter dem Gesichtspunkt der Proportionalität stellen. Das deckt sich mit der Gewichtung, die bei der Überprüfung datenschutzrechtlicher Fragestellungen bei den Fachgerichten beobachtet wurde.

V. Ausgewählte Folgerungen

Für die Interpretation der von der DS-GVO geschaffenen Rechtsgrundlagen – **33** insbes. des Art. 6 Abs. 1 lit. b–f – ergeben sich Konsequenzen. Denn sowohl systematische, historische als auch zweckgerichtete, praxisorientierte Überlegungen führen zu einer **veränderten Sicht** der tragenden rechtlichen Elemente informationeller Zweck-Mittel-Kopplungen, wie sie mit dem Rahmenbegriff „erforderlich" umschrieben werden. Die Verarbeitungsgrundsätze des Art. 5 Abs. 1 lit. a–e DS-GVO sind dabei zu beachten.

1. Vertragsverhältnis

Die Verarbeitung nach **Art. 6 Abs. 1 lit. b DS-GVO**[100] ist gekennzeichnet durch **34** einen – im wesentlichen von den Vertragsparteien gemeinsam angestrebten – Vertragszweck. Daran knüpft sich leicht die gesetzliche Forderung aus Art. 5 lit. b nach einer Verarbeitung „für festgelegte, eindeutige und legitime Zwecke". Die Zweckgerechtigkeit – gepaart mit dem Transparenzgebot und dem Minimierungsgebot[101]

---

[97] Dazu Näheres mit Nachweisen → § 5 Rn. 76 f.

[98] Vgl. → § 5 Rn. 58 f.; insbes. BVerfG, Urt. v. 11.3.2008 – 1 BvR 2074/05 u. a., BVerfGE 120, 378 (428).

[99] Dazu → § 5 Rn. 2 ff.; insbes. BVerfG, Urt. v. 27.2.2008 – 1 BvR 370/07 u. a., BVerfGE 120, 274 (320 ff.).

[100] Dazu schon → Rn. 6.

[101] Zu diesem → Rn. 29 mit Fn. 87.

gemäß Art. 5 Abs. 1 lit. a, c – bewirkt die *erforderliche* Steuerung. Zugleich verbleibt den Verantwortlichen Gestaltungsfreiheit im Rahmen vertragsautonomer Zielsetzungen.[102] Sie sind z.B. nicht gehalten, zur Realisierung des Vertragszwecks im Rahmen verkehrsüblichen Geschäftsbetriebs auf die Einschaltung von Dritten/Erfüllungsgehilfen nur deshalb zu verzichten, weil damit die Übermittlung vertragsbezogener Informationen verbunden sein würde. – Jeder Vertragspartner darf im Rahmen ständiger Geschäftsbeziehungen Bewertungen[103] über den anderen verarbeiten, die es ihm erleichtern, künftige Vorgänge reibungslos bzw. risikofrei abzuwickeln. – Diesen Möglichkeiten steht auf der anderen Seite die Offenheit/ Transparenz zu Gunsten des Betroffenen gegenüber, bewirkt durch die Informationspflichten des Verantwortlichen.[104] Diese bestehen freilich dann nicht, wenn dessen allgemein anerkannte Geschäftszwecke erheblich gefährdet sein würden, es sei denn, dass das Interesse des Betroffenen an der Informationserteilung dessen ungeachtet überwiegt.[105]

2. Verbundenene Unternehmen

35   Wesentliche Grundlage für die Zulässigkeit der Datenverarbeitung durch wirtschaftliche Unternehmen ist auch **Art. 6 Abs. 1 lit. f** DS-GVO.[106] Aufgrund der bisherigen Parallelvorschrift des § 28 Abs. 1 S. 1 Nr. 2, Abs. 2 Nr. 2a BDSG-alt wurde der Informationsaustausch innerhalb **verbundener** Unternehmen (§§ 15 ff. AktG) mangels eines „Konzernprivilegs", vermöge dessen die involvierten Unternehmen als *eine* Verantwortliche Stelle behandelt werden könnten, überwiegend streng begrenzt, sowohl hinsichtlich des Erfordernisses eines „berechtigten Interesses" auf Unternehmerseite als auch der Erforderlichkeit (Alternativlosigkeit) der Verarbeitung.[107] Anders als das BDSG enthalten Art. 4 Nr. 19, Artt. 37 Abs. 2, 47 und 88 Abs. 2 DS-GVO Bestimmungen über Unternehmensgruppen und berücksichtigen damit deren legitime Zwecke im Wirtschaftsleben. Zwar enthält die DS-GVO ihrerseits kein Konzernprivileg i.e.S., so dass der organisatorisch bedingte Informationsaustausch innerhalb einer Unternehmensgruppe seine Rechtsgrundlage in Art. 6 Abs. 1 lit. f findet. Der Maßstab zweckgerechter Verarbeitung – in Abwägung gegen die schutzwürdigen Belange der Betroffenen[108] – ist jedoch geeignet, zu praktikablen Ergebnissen zu führen. Dies findet seine Bestätigung in ErwGr 48, wonach ein berechtigtes Interesse an der Übermittlung „personenbezogene[r] Daten innerhalb der Unternehmensgruppe für interne Verwaltungszwecke, einschließlich der Verarbeitung personenbezogener Daten von Kunden und Beschäftigten", bestehen kann.[109]

---

[102] Vgl. Auernhammer/*Kramer,* DSGVO/BDSG, DS-GVO Art. 6 Rn. 29; auch BeckOK DatenSR/*Wolff,* Prinzipien Syst. A Rn. 31.

[103] Vgl. allgemein zu Werturteilen Simitis/*Dammann,* BDSG § 3 Rn. 12; zu Bonitätsdaten Gola/Schomerus/*Gola/Klug/Körffer,* BDSG § 28 Rn. 17, auch Rn. 19. Zu Scoring-Werten beachte § 31 BDSG 2018 sowie → § 16 Rn. 62 ff.

[104] Vgl. Artt. 13, 14 i.V.m. Art. 15 Abs. 1 HS 2 DS-GVO; dazu Näheres → § 15 Rn. 2 ff., 19 ff.

[105] So Art. 23 Abs. 1 lit. i DS-GVO i.V.m. § 33 Abs. 1 Nr. 2a BDSG 2018; dazu Näheres → § 15 Rn. 9 f., 12.

[106] Näheres zu dieser Bestimmung schon in → Rn. 12 ff.

[107] Vgl. Simitis/*Simitis,* BDSG § 28 Rn. 177; Gola/Schomerus/*Körffer/Klug/Gola,* BDSG, § 32 Rn. 30; *Gola/Wronka,* Handbuch Arbeitnehmerdatenschutz, 2016, Rn. 941 ff.; *Conrad,* ITRB 2005, 164 (168); Plath/*Plath,* BDSG/DSGVO, BDSG § 28 Rn. 73.

[108] Ergänzt durch des Widerspruchsrecht – quasi Opt-out-Regelung – nach Art. 21 DS-GVO, → Rn. 14.

[109] Dazu *Albrecht/Jotzo,* Teil 3 Rn. 15; *Laue/Nink/Kremer,* § 1 Rn. 44–46.

3. Öffentliche Verwaltung

Die Vielfalt der Bereiche öffentlicher Verwaltung und die dabei jeweils gegebene 36
Intensität der Anbindung an die gesetzliche Grundlage stellt sich der einheitlichen
Darstellung der Koppelung von Aufgabe/Zweck und zu verarbeitender personen-
bezogener Information entgegen. Das gilt sowohl mit Bezug auf **Art. 6 Abs. 1 lit. e**
DS-GVO als auch für die vorgesehene partielle Wiederholung dieser Norm – unter
Einschluss des Kriteriums der Erforderlichkeit – in § 3 BDSG 2018.[110] Ausdruck
der bezeichneten Vielfalt sind zudem die zahlreichen bereichsspezifischen daten-
schutzrechtlichen Normen (im Sozial-, Steuerrecht usw.), für die Art. 6 Abs. 2 DS-
GVO die Grundlage mitgliedstaatlicher Regelung bildet.

Gebundene öffentliche Verwaltung – so etwa vorrangig bei Genehmigungsver- 37
fahren im (bau)technischen Bereich – wird oftmals durch ein klar festgelegtes und
demgemäß abzuarbeitendes Programm bestimmt. Dadurch wird zweckgerechte
Informationsverarbeitung im wesentlichen eingegrenzt. Ein solches Vor-Bild ist bei
der Ermächtigung zur Beurteilung persönlichen Verhaltens[111] und zu **Ermessens-
entscheidungen**[112] genauso wenig gegeben wie bei Planungs- und Gestaltungsfra-
gen. Auch bedarf eine Behörde zusätzlicher Informationen, wenn Zweifel an der
Richtigkeit/Glaubwürdigkeit ihr vorgelegter Sachverhalte bestehen.[113] Bei alledem
wird schon vom verfassungsrechtlichen Grundsatz der Gesetzmäßigkeit der Verwaltung her konsequente Zweckverfolgung bei sparsamem Einsatz personenbezogener Informationen durch die Behörde vorausgesetzt.[114] Das schließt jedoch erhebliche informationelle Spielräume der öffentlichen Verwaltung nicht aus, die
ihrerseits eingegrenzt sind durch die Verhältnismäßigkeit i.e.S.,[115] auch in Kombination mit dem Widerspruchsrecht nach Art. 21 Abs. 1 DS-GVO.[116]

D. Zweckbindung

Das Zweckbindungsprinzip wurde unter dem Eindruck der Aussagen des 38
BVerfG im Volkszählungsurteil[117] in das BDSG 1990 für den öffentlichen Bereich inkorporiert, vgl. dazu auch § 14 Abs. 1 S. 1 a.E. BDSG 2016. Danach dürfen personenbezogene Daten nur für die Zwecke verarbeitet werden, „für die die
Daten erhoben worden sind." Diese Bindung trat neben das bereits seit dem BDSG
1977 geltende Erforderlichkeitsprinzip. Bei strikter Anwendung führt es, wenn
immer bei mehreren verantwortlichen Stellen Bedarf für ein und dieselbe Information besteht, zum Erfordernis der Mehrfacherhebung, also zum Ausschluss
wechselseitiger Informationshilfe. Insoweit besteht ein innerer Zusammenhang mit
dem im deutschen Datenschutzrecht bislang gleichermaßen geltenden Prinzip der
Erhebung beim Betroffenen, § 4 Abs. 2 S. 1 BDSG-alt.[118] Im Zusammenspiel bei-

---

[110] Vgl. schon → Rn. 10 mit Fn. 27.
[111] Dazu z.B. § 35 Abs. 1 GewO – Gewerbeuntersagung wegen Unzuverlässigkeit –, vgl. Land-
mann/Rohmer/*Marcks*, Umweltrecht, 75. EL März 2017, GewO § 35 Rn. 61, über „sonstige Un-
tersagungsgründe".
[112] Dazu z.B. die an die Person gerichtete Untersagung des weiteren Betriebs einer genehmi-
gungsbedürftigen Anlage nach § 21 Abs. 3 BImSchG, vgl. Landmann/Rohmer/*Hansmann/
Röckinghausen*, Umweltrecht, 82. EL Januar 2017, BImSchG § 20 Rn. 71.
[113] Vgl. zu alledem BeckOK DatenSR/*Albers*, BDSG § 14 Rn. 12; Simitis/*Dammann*, BDSG § 15
Rn. 17.
[114] → Rn. 29
[115] → Rn. 32, 28.
[116] Vgl. dazu auch → Rn. 14.
[117] → § 4 Rn. 13 ff.
[118] So auch schon § 13 Abs. 2 S. 1 BDSG 1990.

der Grundsätze[119] kann man das Streben nach Erfüllung des Postulats erkennen, dass der Einzelne wissen soll, was andere – die Verantwortlichen – über ihn wissen.[120]

39 Die DSRL hat die Erhebung beim Betroffenen nicht vorgeschrieben. Auch wurde die Frage einer Anbindung erhobener personenbezogener Information an vorgefasste Zwecke schon im Ausgangspunkt vorsichtiger angegangen. Dazu heißt es in Art. 6 Abs. 1 lit. b, es sei durch die MSen vorzusehen, dass die Daten

> „für festgelegte eindeutige und rechtmäßige Zwecke erhoben und nicht in einer mit diesen Zweckbestimmungen nicht zu vereinbarenden Weise weiterverarbeitet werden."

40 Mit dieser Formulierung hat die Richtlinie zunächst in Form einer Generalklausel sowohl dem Sozialcharakter – der Multifunktionalität – zwischenmenschlicher Information als auch den menschlichen/sozialen Bedürfnissen nach Vertraulichkeit Rechnung getragen. Freilich wäre auch in diesem Zusammenhang der Eindruck falsch, dass das deutsche Datenschutzrecht in Theorie und Praxis demgegenüber bislang einen rigiden Kurs realisiert hätte. Man erkennt das schon an den umfangreichen Ausnahmekatalogen zur Zweckbindung in den Datenschutzgesetzen des Bundes und der Länder, also insbesondere im Katalog des § 14 Abs. 2 Nr. 1–9 BDSG 2016. In dieser Aufzählung steckt nämlich in gewisser Weise eine Umschreibung vereinbarer Wege der Zweckänderung.

41 Art. 5 Abs. 1 lit. b DS-GVO wiederholt sinngemäß den vorangehend zitierten Grundsatz aus Art. 6 Abs. 1 lit. b DSRL. Im Rahmen der Regelungen für die Rechtmäßigkeit der Verarbeitung greift Art. 6 Abs. 4 DS-GVO darauf zurück; hier werden im Hs. 2 lit. a–e Kriterien vorgegeben, die der Verantwortliche zur Feststellung der Vereinbarkeit der Weiterverarbeitung für einen anderen Zweck zu berücksichtigen hat.[121]

42 Es geht dabei um „jede Verbindung zwischen den Zwecken", also z. B. zwischen der Buchung einer Reise und dem nachfolgenden Angebot von entsprechender Ausrüstung, Landkarten, Literatur; ferner geht es um den Zusammenhang, in dem die Daten erhoben worden sind, also insbesondere offen oder in vertraulichem Kontext; eine wichtige Rolle spielt die Art der Daten, seien es landläufige wie eine Adresse, solche aus allgemein zugänglichen Quellen oder umgekehrt solche den Bedarf an Alkohol betreffend; weiterhin bedarf es der Beurteilung über „die möglichen Folgen" für den Betroffenen; auch „geeignete Garantien", etwa Pseudonymisierung, fallen wesentlich ins Gewicht.

43 Unabhängig von diesen Vorgaben zur Konkretisierung der gesetzten Grenzen zulässiger Zweckänderung sieht Art. 6 Abs. 4 DS-GVO die Möglichkeit vor, dass im Rahmen des Art. 23 Abs. 1 DS-GVO[122] die Verarbeitung zu einem anderen Zweck durch Rechtsvorschrift der Union oder der MSen vorgesehen wird. Dies ist durch §§ 23 ff. BDSG 2018 in eingeschränktem Umfang geschehen. Für die Verarbeitung durch öffentliche Stellen gelten insoweit §§ 23, 25. Dabei wiederholt § 23 Abs. 1 im wesentlichen den Ausnahmekatalog des § 14 Abs. 2 BDSG 2016. § 24 BDSG 2018 sieht eine Zulässigkeit der Verarbeitung zu anderen Zwecken für nichtöffentliche Stellen vor, die auf Gefahrenabwehr, Verfolgung von Straftaten und auf die Geltendmachung, Ausübung und Verteidigung zivilrechtlicher Ansprüche beschränkt ist.

---

[119] Dies erkennt man besonders deutlich an verkoppelten Ausnahmekatalogen zu beiden Prinzipien, vgl. dazu etwa § 13 Abs. 2 i. V. m. § 12 Abs. 2 und 3 HDSG.

[120] Vgl. BVerfG vom 15.12.1983 – 1 BvR 209 u. a., BVerfGE 65, 1 (43) – Volkszählungsurteil, dazu → § 3 Rn. 5, → § 4 Rn. 13 ff.

[121] Vgl. dazu anschaulich Gola/*Schulz*, DS-GVO Art. 6 Rn. 177 ff.

[122] Dazu Näheres bei Kühling/*Buchner/Petri*, Art. 6 Rn. 180, 199 f.

ErwGr 50 S. 2 DS-GVO sieht vor, dass im Fall der Zweckvereinbarkeit zur Ver- **44** arbeitung für den neuen Zweck, „keine andere gesonderte Rechtsgrundlage erforderlich [sei] als diejenige für die [vorangegangene] Erhebung der personenbezogenen Daten." Eine solche Erleichterung für Zweckänderungen ist freilich aus rechtssystematischer Sicht nicht ohne weiteres überzeugend. Teilweise wird allerdings angenommen, dass es sich um ein Redaktionsversehen bei der Erstellung der Erwägungsgründe gehandelt habe.[123]

---

[123] Vgl. Gola/*Schulz*, DS-GVO Art. 6 Rn. 185 f. mit Nachw.

§ 13. Einwilligung und andere Willensäußerungen

Literatur: *Artikel 29-Gruppe*, Guidelines on Consent under Regulation 2016/679, Nov. 2017; *Beisenherz/Tinnefeld*, Aspekte der Einwilligung, DuD 2011, 110; *Buchner*, Informationelle Selbstbestimmung im Privatrecht, 2006; *Buchner*, Die Einwilligung im Datenschutzrecht, DuD 2010, 39–43; *Düsseldorfer Kreis*, Orientierungshilfe zur datenschutzrechtlichen Einwilligungserklärung in Formularen, Stand März 2016; *Ernst*, Die Einwilligung des Minderjährigen in der DS-GVO, DANA 1/2017, 14; *Fröde*, Willenserklärung, Rechtsgeschäft und Geschäftsfähigkeit, 2012; *Funke*, Dogmatik und Voraussetzung der datenschutzrechtlichen Einwilligung im Zivilrecht, 2017; *Geiger*, Die Einwilligung in die Verarbeitung personenbezogener Daten als Ausübung des Rechts auf informationelle Selbstbestimmung, NVwZ 1989, 35; *Gola/Schulz*, DS-GVO – Neue Vorgaben für den Datenschutz bei Kindern?, ZD 2013, 475; *Hermesträuwer*, Informationelle Selbstgefährdung, 2016; *Herbst*, Die Widerruflichkeit der Einwilligung in die Datenverarbeitung bei medizinischer Forschung, MedR 2009, 149; *Katko/Babaei-Beigi*, Accountability statt Einwilligung?, MMR 2014, 360; *Kosta*, Consent in European Data Protection Law, 2013; *Kothe*, Die rechtfertigende Einwilligung, AcP CLXXXV (1985), 105; *Krönke*, Datenpaternalismus, Der Staat 55 (2016), 319; *Krohm*, Abschied von der Schriftform der Einwilligung, ZD 2016, 368; *Lindner*, Die datenschutzrechtliche Einwilligung nach §§ 4 Abs. 1, 4a BDSG – ein zukunftsfähiges Institut?, 2013; *Mendes*, Schutz vor Informationsrisiken und Gewährleistung einer gehaltvollen Zustimmung, 2015; *Ohly*, „Volenti non fit iniuria" – Die Einwilligung im Privatrecht, 2002; *Pollmann/Kipker*, Informierte Einwilligung in der Online-Welt, DuD 2016, 378; *Raabe/Lorenz*, Die datenschutzrechtliche Einwilligung im Internet der Dienste, DuD 2011, 279; *Radlanski*, Das Konzept der Einwilligung in der datenschutzrechtlichen Realität, 2016; *Rauda*, Gemeinsamkeiten von US Children Online Privacy Protection Act (COPPA) und DS-GVO, MMR 2017, 15; *Riesenhuber*, Die Einwilligung des Arbeitnehmers im Datenschutzrecht, RdA 2001, 257; *Rogosch*, Die Einwilligung im Datenschutzrecht, 2013; *Sandfuchs*, Privatheit wider Willen?, 2015; *Selk*, EU-DS-GVO: Neue Anforderungen an die Einwilligung, DANA 2016, 59; *Schröder*, Die datenschutzrechtliche Einwilligung von Minderjährigen, in: Schmidt-Kessel/Langhanke, Datenschutz als Verbraucherschutz, 2016, S. 135; *Thüsing/Schmidt/Forst*, Das Schriftformerfordernis der Einwilligung nach § 4a BDSG im Pendelblick zu Art. 7 DS-GVO, RDV 2017, 116; *Zahn*, Der Einwilligungsunfähige in der Medizin, 2012; *Zscherpe*, Anforderungen an die datenschutzrechtliche Einwilligung im Internet, MMR 2004, 723.

A. Willensäußerungen im Datenschutzrecht

1   Im überkommenen deutschen Konzept der „informationellen Selbstbestimmung" (→ § 4 Rn. 31 ff.) nimmt der Wille des Betroffenen **konzeptionell eine wichtige Stellung** ein. Dies gilt gleichermaßen im europäischen Datenschutzrecht, was auf verfassungsrechtlicher (primärrechtlicher) Ebene nicht so eindeutig aus dem Text hervorgeht wie im deutschen Verfassungsrecht, da die europäischen Grundrechte ein ausdrückliches (Grund-)Recht auf „informationelle Selbstbestimmung" nicht kennen (→ § 6 Rn. 3).

2   Dem Willen des Betroffenen soll nach der Vorstellung des Datenschutzrechts gleichwohl v.a. durch die Einwilligung Rechnung getragen werden. Dies wird schon durch die **prominente systematische Stellung der Einwilligung** (→ C.) gegenüber den anderen Datenverarbeitungserlaubnistatbeständen deutlich, wenn in Art. 6 Abs. 1 S. 1 DS-GVO die Einwilligung in lit. a vor den übrigen Erlaubnistatbeständen in lit. b–f geregelt ist.[1] Darüber hinaus spielt der Wille des Betroffenen auch jenseits der Einwilligung im rechtstechnischen Sinne, nämlich als bloßer Realakt, eine wichtige Rolle (→ D.). Datenschutzrechtliche Willenserklärung und bloße datenschutzrechtliche Willensbetätigung haben durchaus einige Gemeinsamkeiten (→ B.).

---

[1] *Paal/Pauly/Frenzel*, DS-GVO Art. 7 Rn. 1.

Eine allgemeine und umfassende „datenschutzrechtliche Rechtsgeschäftslehre" 3 ist jedoch bislang noch nicht entwickelt worden. Ausdrücklich normiert ist nur die Einwilligung, punktuell auch deren Widerruf sowie der Widerspruch. Nicht geregelt sind der Widerruf des Widerspruchs und die bloße Willensäußerung. Auch die Rückkopplung mit allgemeinen Instituten wie z.B. der Anfechtung ist noch nicht abschließend geklärt.

I. Rechtsnatur

Trotz der ausführlichen Regelung der Einwilligung (Art. 6 Abs. 1 lit. a, Art. 7, 4 Art. 8 DS-GVO) enthält das europäische Datenschutzrecht kein eigenes Konzept von Einwilligung und überhaupt der datenschutzrechtlichen Willenserklärung. Jedenfalls stellt sich die Frage der **dogmatischen Einordnung** im Datenschutzrecht (→ 1.), im Zivilrecht (→ 2.) und im grundrechtlichen Kontext (→ 3.).

1. Datenschutzrechtliche Einordnung

Teilweise wird die Einwilligung als datenschutzrechtliches Betroffenenrecht ka- 5 tegorisiert.[2] **Systematisch** und **dogmatisch** allerdings kann dies nicht überzeugen. Zum einen sind die Einwilligung (Art. 7 DS-GVO; früher § 4a BDSG-alt) und die Betroffenenrechte (Art. 12ff. DS-GVO; früher §§ 19ff., §§ 33ff. BDSG-alt) im Gesetz getrennt dargestellt. Und zum anderen ist die Einwilligung nicht ein Mittel zum Schutz der informationellen Selbstbestimmung, sondern dient unmittelbar dessen Ausübung.

2. Zivilrechtliche Einordnung

a) Mitgliedstaatliche oder europäische Rechtsgeschäftslehre?

Nach der Europäisierung des Datenschutzrechts stellt sich die Frage, ob die 6 Rechtsgeschäftslehre, in die die Einwilligung eingebettet ist, ebenfalls vollharmonisiert ist oder sich nach wie vor nach mitgliedstaatlichem Recht bestimmt. Ausdrücklich erwähnt und geregelt ist nur die Einwilligung (Art. 7f. DS-GVO), deren Widerruf (Art. 7 Abs. 3 DS-GVO; → Rn. 144ff.) und der Widerspruch (→ Rn. 124ff.). Diese Vorschriften sind zweifellos **autonom europarechtlich auszulegen.**

Nur in dem (überschaubaren) **nicht-harmonisierten Teil des Datenschutzrechts** (→ § 8 Rn. 4ff.) 7 wäre Raum für eine autonom-mitgliedstaatliche Einwilligungsdogmatik; der mitgliedstaatliche Gewinn durch eine autonome Regelung würde freilich aufgewogen durch Zerreißungseffekte in der Willenserklärungsdogmatik.

Die im europäischen Recht nicht ausdrücklich angesprochenen Aspekte (Ge- 8 schäftsfähigkeit, Stellvertretung, Willensmängel und Anfechtbarkeit, Zugang usw.) können entweder weiterhin dem **mitgliedstaatlichen Recht** oder einem (ungeschriebenen) **gemeineuropäischen Privatrecht** unterfallen.[3] Für letzteres spricht der Effet utile und die Vermeidung von Zerreißeffekten, die ansonsten die datenschutzrechtliche Querschnittskodifikation begleiten. Für ein Fortgelten der Privatrechtsordnungen der Mitgliedstaaten spricht neben dem europarechtlichen Subsidiaritätsprinzip auch die Regelungstendenz im europäischen (Privat-)Recht, das Übergriffe in den Allgemeinen Teil größtenteils vermeidet.[4]

---

[2] Z.B. *Franck*, RDV 2015, 137 (137).
[3] Allg. zur Charakterisierung des europäischen Privatrechts, *Schulze*, ZEuP 1993, 442ff.; *Kötz*, Europäisches Vertragsrecht, 2015, § 1.
[4] S. allg. zum fragmentarischen Charakter des europäischen Zivilrechts, *Schulze/Zoll*, Europäisches Vertragsrecht, 2015, § 1 Rn. 33.

b) Willenserklärung oder Realakt?

9   Ob die Einwilligung Willenserklärung oder Realakt ist, ist im deutschen Privat-, Informations- und bisherigen Datenschutzrecht umstritten gewesen. Vertreten worden sind alle Auffassungen von Rechtsgeschäft[5] bis Realhandlung[6] mit allen Zwischenformen wie der „Rechtshandlung nichtrechtgeschäftlicher Art"[7] oder der „rechtsgeschäftsähnliche Handlung".[8] Oft ist die Frage unentschieden gelassen[9] und einzelfallbezogen[10] oder nach praktischen Gesichtspunkten[11] gelöst worden.

10   Zunächst einmal ist jede Äußerung eines Willens ein Realakt.[12] (Erst) durch rechtliche Anordnung werden Willensäußerungen dann zu (rechtsgeschäftlichen) Willenserklärungen. Dies ist allgemein dann der Fall, wenn die Willensäußerung auf einen rechtlichen Erfolg gerichtet ist.[13] Diesen rechtlichen Erfolg bestimmt Art. 6 Abs. 1 lit. a DS-GVO, wonach eine Verarbeitung (u.a. nur) rechtmäßig ist (= rechtliche Folge), wenn der Betroffene die Einwilligung gegeben hat. Dasselbe gilt für den Widerruf der Einwilligung (Art. 7 Abs. 3 DS-GVO), wonach die weitere Verarbeitung ex nunc nicht mehr auf Art. 6 Abs. 1 lit. a DS-GVO gestützt werden kann (vgl. Art. 7 Abs. 3 S. 2 DS-GVO). Der Widerspruch führt nach Art. 21 Abs. 1 S. 2 DS-GVO dazu, dass der Verantwortliche die Daten nicht mehr verarbeitet (= verarbeiten darf).

11   Ohne eine entsprechende rechtliche Anordnung bleiben Willensäußerungen Realakte, an die freilich das Recht ebenfalls Rechtsfolgen knüpfen kann. So sind Willensäußerungen, ohne zugleich eine Willenserklärung zu sein, im Rahmen einer Interessenabwägung bedeutsam.

3. Kein Grundrechtsverzicht

12   Grundrechtlich sind Einwilligungen und andere datenschutzrechtliche Willensäußerungen kein Grundrechtsverzicht,[14] sondern nur Grundrechtsausübungsver-

---

[5] LG Hamburg, Urt. v. 27.8.1982 – 74 O 80/82, ZIP 1982, 1313 (1315); LG Bremen, Urt. v. 27.2.2001 – 1 O 2275/00, DuD 2001, 620 (620); Simitis/*Simitis*, BDSG § 4a Rn. 20; *Kloepfer*, Informationsrecht, 2002, S. 300; *Hollmann*, NJW 1978, 2332 (2332); *Hümmerich*, DuD 1978, 135 (136); *Schuster/Simon*, NJW 1980, 1287 (1288).

[6] *v. Uckermann*, DuD 1979, 163 (166); *Dörr/Schmidt*, Neues Bundesdatenschutzgesetz, 1992, § 4 BDSG, Rn. 3; *Gola/Schomerus/Gola/Körffer/Klug*, 11. Aufl. 2012, BDSG § 4a Rn. 25 (anders jedoch Gola/Schomerus/*Gola/Körffer/Klug*, 12. Auf. 2015, BDSG § 4a Rn. 2); s. auch *Bergmann/ Möhrle/Herb*, § 4a BDSG, Rn. 9 mwN.

[7] *Schaffland/Wiltfang*, Stand 4/2016, BDSG § 4a Rn. 21; dagegen *Gallwas*, § 3 BDSG 1977, Rn. 15.

[8] BGH, Urt. v. 5.12.1958 – VI ZR 266/57, BGHZ 29, 33 (36); Roßnagel HdB DatenSR/ *Holznagel/Sonntag*, 2003, Kap. 4.8, Rn. 21; ähnlich Köhler/Bornkamm/*Köhler*, 2017, § 7 UWG Rn. 413.

[9] BAG, Urt. v. 11.12.2014 – 8 AZR 1010/13, K&R 2015, 433 (434); *Menzel*, DuD 2008, 400 (401); *Müller-Riemenschneider/Specht*, K&R 2014, 77 (77).

[10] OLG Hamburg, Urt. v. 23.11.1983 – 5 U 222/82, ZIP 1983, 1435 (1437); *Gallwas* in: Gallwas u.a., § 3 BDSG 1977, Rn. 12ff.

[11] Nachw. aus dem älteren Schrifttum bei *Höft*, Straf- und Ordnungswidrigkeiten im Bundesdatenschutzrecht, 1986, insb. S. 41ff.

[12] Für die grundsätzliche Einordnung datenschutzrechtlicher Erklärungen als tatsächliche Handlung (Realakt) wurde im deutschen Recht teilweise auch die „Einheit der Rechtsordnung" angeführt, wonach die Einordnung der „Einwilligung" im Straf- und Verwaltungsrecht als Realakt auch im Zivilrecht zu beachten sei (so *v. Uckermann*, DuD 1979, 163 (166); dagegen *Kohte*, AcP CLXXXV (1985), 105 (156ff.)).

[13] Palandt/*Ellenberger*, 76. Aufl. 2017, BGB vor § 116 Rn. 1.

[14] BVerfG, Beschl. v. 23.10.2006 – 1 BvR 2027/02, RDV 2007, 20 (21): „Auch die Freiheit, persönliche Informationen zu offenbaren, ist grundrechtlich geschützt."; Simitis/*Simitis*, BDSG § 4a Rn. 2.

zicht.[15] Die Nichtdisponibilität über das Allgemeine Persönlichkeitsrecht sowie über seine Ausprägungen wäre antiliberal und vorkonstitutionell.[16]

Allerdings gibt es im Datenschutz durchaus auch eine Richtung, die ein überindividuelles Ver- **13** ständnis hat und stärker die systemischen Gefahren der Datenverarbeitung betont. Wenn der Schutz personenbezogener Daten nicht mehr (nur) als subjektives Grundrecht verstanden wird, sondern als ein **überindividueller, gesellschaftlicher Wert**, kann man die Einwilligung nicht als Grundrechtsausübung verstehen, sondern deren Gebrauch auch mit Pflichtigkeiten verbinden.[17] Dies war von *Spiros Simitis* vor einiger Zeit in der Formel zusammengefasst worden, die Menschen müssten um der demokratischen Gesellschaft willen zum Datenschutz gezwungen werden.[18]

Zwar wird die Frage, ob es sich bei der datenschutzrechtlichen Einwilligung nach **14** Art. 8 Abs. 2 GRCh aus rechtsdogmatischer Sicht um einen Rechtfertigungsgrund handelt oder diese bereits den Eingriff ausschließt (Grundrechtsausübungsverzicht), auf der Ebene europäischer Grundrechte teilweise noch als nicht abschließend geklärt bezeichnet.[19] Vereinzelt wird die Einwilligung (außerhalb des unionsrechtlichen Kontexts) als Rechtfertigungsgrund bezeichnet.[20] Andere verweisen ohne nähere Diskussion und dann methodisch zweifelhaft in Anlehnung an das Volkszählungsurteil[21] des BVerfG pauschal auf das mitgliedstaatliche (deutsche) Recht, dessen Figur der informationellen Selbstbestimmung und die deutsche Dogmatik zur Einwilligung als Grundrechtsgebrauch,[22] wonach kein Eingriff vorläge. Mit Verweis auf den Wortlaut insbesondere des Art. 8 Abs. 2 S. 1 Var. 1 GRCh im Vergleich zu den Rechtfertigungsgründen in Var. 2 wird mehrheitlich davon ausgegangen, dass die Einwilligung bereits **den Eingriff ausschließt**.[23]

Für den Grundrechtsausübungsverzicht bestehen allerdings **Grenzen der Dispo- 15 sitionsbefugnis**,[24] die sich aus dem Schutz der Menschenwürde,[25] möglicherweise auch der guten Sitten (vgl. § 228 StGB),[26] ergeben.

II. Begrifflichkeit

Mangels eines umfassenden europarechtlichen Konzepts der Einwilligung und **16** erst recht wegen des Fehlens einer europäischen Rechtsgeschäftslehre (→ Rn. 8) gibt es **keine umfassende und konsistente Nomenklatur** für datenschutzrechtliche

---

[15] Hierzu allgemein *Bethge*, in: Isensee/Kirchhof, Handbuch des Staatsrechts, Bd. 9, 3. Aufl. 2011, § 203 Rn. 125–131.

[16] *Kohte*, AcP CLXXXV (1985), 105 (111).

[17] Gegen eine Reduzierung auf eine „rein individuelle Angelegenheit" Simitis/*Simitis*, BDSG Einf. Rn. 114; s. auch BVerfG, Urt. v. 15.12.1983 – 1 BvR 209/83 u. a., BVerfGE 65, 1 (43).

[18] Ausdrücklich und pointiert *Simitis*, in: F. A. S. v. 4.1.2015, S. 17.

[19] Callies/Ruffert/*Kingreen*, EUV/AEUV, GRCh Art. 8 Rn. 13.

[20] *Buchner*, DuD 2010, 39 (39); *Haft*, NJW 1997, 1194 (1195).

[21] BVerfG, Urt. v. 15.12.1983 – 1 BvR 20983 u.a., BVerfGE 65, 1 (41 ff.) – Volkszählung.

[22] Meyer/*v. Bernsdorff*, GRCh Art. 8 Rn. 21; Stern/Sachs/*Johlen*, 2016, GRCh Art. 8 Rn. 5.

[23] So Schwarze/Becker/Hatje/Schoo/*Knecht*, EU-Komm, GRCh Art. 8 Rn. 7; Callies/Ruffert/ *Kingreen*, EUV/AEUV, GRCh Art. 8 Rn. 13; *Jarass*, GRCh, EU-Grundrechte-Charta Art. 8 Rn. 9; v. der Groeben/Schwarze/Hatje/*Augsberg*, Europäisches Unionsrecht, GRCh Art. 8 Rn. 12. – Parallel hierzu die h. M. im Strafrecht, zuletzt OLG Karlsruhe, Beschl. v. 28.6.2017 – 1 Rb 8 Ss 540/16, ZD 2017, 478 m. Anm. *Golla*.

[24] Grundsätzlich *Jarass*, GRCh, EU-Grundrechte-Charta Art. 52 Rn. 20.

[25] EuGH, Urt. v. 14.10.2004 – C-36/02, Slg. 2004 I-0960; jeweils aus dem deutschen Recht BVerwG, Urt. v. 15.12.1981 – 1 C 232/79, NJW 1982, 664, 664 – Peepshow; BVerwG, Beschl. v. 11.2.1987 – 1 B 129.86, NVwZ 1987, 411 – Peepshow; VG Neustadt, Beschl. v. 21.5.1992 – 7 L 1271/92, NVwZ 1993, 98, 99; s. auch zu den „Zwergenweitwurf"-Entscheidungen in Deutschland und Frankreich *Schwarzburg*, Die Menschenwürde im Recht der Europäischen Union, 2011, S. 337 f.

[26] Dazu im Einzelnen, BeckOK StGB/*Eschelbach*, Stand: 1.5.2017, § 228 Rn. 21 ff.

Willensäußerungen. Manche Begriffe sind vom Recht vorgegeben (→ Rn. 18 ff.), andere müssen noch ergänzt werden (→ Rn. 22 ff.).

17 Im Vergleich mit dem APEC Privacy Framework fällt auf, dass dieses auf eine ähnlich detaillierte Begrifflichkeit verzichtet und in Art. 20 (nur) zusammenfassend von „Choice", also von **Wahlmöglichkeiten,** spricht, die der Betroffene bezüglich seiner Daten haben müsse.[27]

1. Legaldefinitionen, Gesetzesbegriffe und Lücken

18 An prominenter Stelle in Art. 6 Abs. 1 lit. a DS-GVO steht die **„Einwilligung"** der betroffenen Person. Sie ist nach Art. 4 Nr. 11 DS-GVO „jede freiwillig für den bestimmten Fall, in informierter Weise und unmissverständlich abgegebene Willensbekundung in Form einer Erklärung oder einer sonstigen eindeutigen bestätigenden Handlung, mit der die betroffene Person zu verstehen gibt, dass sie mit der Verarbeitung der sie betreffenden personenbezogenen Daten einverstanden ist" (ähnlich § 51 BDSG 2018).

19 Allerdings wird mit der Einwilligung nur *eine* Ausprägung von Willensbetätigungen benannt (und zugleich hervorgehoben). Das bisherige wie das aktuelle europäische Datenschutzrecht kennt daneben (Art. 4 Nr. 11, Art. 6 Abs. 1 lit. a DS-GVO) den **„Widerruf"**[28] (der Einwilligung)[29] (Art. 7 Abs. 3 DS-GVO) und den **„Widerspruch"** (Art. 21 DS-GVO).

20 Auch das bisherige **deutsche Datenschutzrecht** kannte die Begriffe „Einwilligung" (nach § 4a BDSG-alt), „Widerruf" der Einwilligung (z.B. § 28 Abs. 3a S. 1 a.E. BDSG-alt; § 13 Abs. 2 Nr. 4 TMG) und „Widerspruch" (nach § 20 Abs. 5, § 28 Abs. 4, § 35 Abs. 5 BDSG-alt). Das neue BDSG enthält keine umfassende Dogmatik der Willensäußerungen, sondern spezifiziert lediglich den Begriff der „Einwilligung" (§ 26 Abs. 2 u. 3, § 51 BDSG 2018).

21 Alle diese Gesetzesbegriffe beschreiben jeweils **nur Teilaspekte datenschutzrechtlicher Willensbetätigung.** Sie sind weder umfassend noch abschließend. So sind zusätzlich insbesondere das (einfache) Einverständnis und der Widerruf eines Widerspruchs zu nennen, ferner die allgemeinen (vertrags-)rechtlichen Institute wie die Anfechtung und die nachträgliche Genehmigung.

2. Umfassende Nomenklatur

22 Für die nachstehende Darstellung wird **vorgeschlagen,** systematisierend einerseits zwischen rechtsgeschäftlicher Willenserklärung und Realakt und andererseits zwischen „Zustimmung"[30] und „Ablehnung" zu unterscheiden. Stets muss auch der aufhebende Actus contrarius zu der jeweiligen Willensäußerung mitbedacht sein.

---

[27] APEC, Privacy Framework Doc. No. 205-SO-01.2 (2005); dazu *Hargreaves*, Can. J. L. & Tech. [Canadian Journal of Law and Technology] 1 (2010), 1 (6).

[28] ErwGr 42 S. 4 DS-GVO spricht (in der deutschen Sprachfassung) einmal auch von dem „Zurückziehen" der Einwilligung.

[29] Der „Widerruf" taucht im Verordnungstext auch noch in seiner verwaltungsverfahrensrechtlichen (wenn auch nicht notwendigerweise mit § 49 VwVfG identischen) Bedeutung auf (z.B. Art. 41 Abs. 5, Art. 42 Abs. 7 S. 2, Art. 43 Abs. 7, Art. 58 Abs. 2 lit. h DS-GVO, s.a. ErwGr 103 S. 3). Auch die Aufhebung von bestimmten Durchführungsrechtsakten (Art. 45 Abs. 5 DS-GVO) oder von Rechtssetzungsbefugnissen (Art. 92 Abs. 3 S. 1 DS-GVO) werden „Widerruf" genannt.

[30] Zumindest im europäischen Recht scheint der Begriff der Zustimmung aber auch zum Teil undifferenziert mit der Einwilligung gleichgesetzt zu werden (ErwGr 35, 37 der RL 2016/680); Im Rahmen der JI-RL Zustimmung erst einmal keine eigene Rechtsgrundlage, kann aber von den Mitgliedstaaten gesetzlich geregelt werden (Knyrim/*Dörnhofer*, Datenschutzgrundverordnung, 2016, S. 401 (402); problematisiert von *Schwichtenberg*, DuD 2016, 605 bei bestehenden Mitwirkungs- und Duldungspflichten (606); Untersuchung insofern bereits bestehender Einwilligungen/Zustimmungen im Bereich der StPO (607).

Im Einklang mit der eingeführten Terminologie soll im folgenden eine für die 23 Datenverwendung konstitutive Willensäußerung „Einwilligung" heißen.[31] Ein konstitutives Verbot, eine Untersagung, heißt „Widerspruch" (vgl. Art. 21 Abs. 1 DS-GVO, s. a. Art. 18 Abs. 1 lit. a DS-GVO);[32] auch sie ist Willenserklärung. – Wird eine solche Willenserklärung (vom Erklärenden einseitig) aufgehoben, soll von „Widerruf" gesprochen werden. Ein Widerruf kann sich also sowohl auf eine Einwilligung wie auf einen Widerspruch beziehen.

Einwilligung, Widerspruch und deren Widerruf sind rechtsgeschäftliche Wil- 24 lenserklärungen. Für sie gelten die allgemeinen Regeln für Willenserklärungen. Sie sind nach den allgemeinen Kriterien (des mitgliedstaatlichen oder gemeineuropäischen Rechts; → Rn. 8) anfechtbar und auch rückwirkend erklärbar (Genehmigung, vgl. § 184 BGB).

Bloße Willensäußerungen sollen „Einverständnis" und „Einwand" genannt 25 werden;[33] sie werden teilweise (im urheberrechtlichen Kontext) als „schlichte Einwilligung" bezeichnet.[34] Obwohl sie nicht auf einen unmittelbaren rechtlichen Erfolg gerichtet sind, kann das Gesetz an diese Willensäußerungen gleichwohl Rechtsfolgen knüpfen. Insbesondere beim Tatbestandsmerkmal der (schutzwürdigen) Interessen des Betroffenen kommt es auch auf dessen (geäußerten) Willen an. Besonders deutlich wird dies in Art. 6 Abs. 1 S. 1 lit. f DS-GVO, der darauf abstellt, dass „nicht die Interessen oder Grundrechte und Grundfreiheiten [...] überwiegen".[35]

Einen rechtlichen Begriff für den Wegfall des Einverständnisses bzw. eines Ein- 26 wands gibt es nicht, er ist aber auch nicht erforderlich. Denn als Realakt und damit als Tatsache entfaltet er keine (unmittelbaren) Rechtswirkungen. Soweit Rechtsnormen, insbesondere Interessenabwägungsklauseln, solche einfachen Willensäußerungen berücksichtigen, kommt es für die Prüfung der jeweiligen Verarbeitung lediglich darauf an, ob eine Willensäußerung tatsächlich vorliegt.

III. (Kommendes) Datenrecht?

Die Frage nach der (zulässigen) rechtlichen Wirkung von Einwilligungen stellt 27 sich aufgrund der technischen Entwicklung in neuen Zusammenhängen. Viele internetbasierte Dienste („Dienste der Informationsgesellschaft", vgl. Art. 8 Abs. 1 S. 1 DS-GVO) basieren auf dem Austausch von personenbezogenen Daten gegen Inhalte oder Dienste („Umsonst-Internet"). Dieses ökonomische Modell bestand freilich schon früher; Gewinnspiele und v.a. auch die Mischfinanzierung der Medien aus Vertriebs- und Werbeerlösen basieren hierauf.

---

[31] Am Begriff der „Einwilligung" im BDSG ist kritisiert worden, dass er eigentlich die Zustimmung zu einem Rechtsgeschäft Dritter bezeichne (*Hümmerich*, DuD 1978, 135 (136f.), der deshalb den Begriff „Einverständniserklärung" vorzieht). Dieser Einwand übersieht jedoch, dass es auch im sonstigen Recht – etwa im Strafrecht oder hinsichtlich Grundrechtseingriffen – durchaus den Unterschied zwischen der rechtfertigenden Einwilligung und der nach §§ 182ff. BGB gibt (*Kohte*, AcP CLXXXV (1985), 105 (111)).

[32] Gegen den Begriff des „Widerspruchs" kann geltend gemacht werden, dass er bereits und noch länger im Verwaltungsrecht eingeführt ist.

[33] Der Begriff des „Einwands" für die Ablehnung einer Datenverwendung durch Willenserklärung ist in das Datenschutzrecht noch nicht eingeführt. Im schleswig-holsteinischen Recht (§ 29 slhLDSG) wird er synonym für „Widerspruch" verwendet. Der ähnliche Begriff der „Einwendung" ist zivilrechtlich besetzt *Ulrici/Purrmann*, JuS 2011, 104ff., *Linhart*, JA 2006, 266ff.

[34] BGH, Urt. v. 29.4.2010 – I ZR 69/08, K&R 2010, 501 (505); dazu *Müller-Riemschneider/ Specht*, K&R 2014, 77 (78).

[35] Näheres zu dieser Vorschrift → § 12 Rn. 12ff.

28 Das überkommene deutsche persönlichkeitsbasierte Konzept des Datenschutzes stand einer solchen **Kommerzialisierung der Einwilligung** recht kritisch und skeptisch gegenüber. Hier nimmt das europäische Datenschutzrecht schon wegen der grundrechtlichen Verselbständigung des Datenschutzgrundrechts (Art. 8 GRCh) eine neutralere Funktion ein, wenngleich ErwGr 43 S. 2 Var. 2 DS-GVO ein Kopplungsverbot ($\rightarrow$ Rn. 57 ff.) enthält.

29 Tatsächlich scheint in einem Informations- und Datenzeitalter ein Verständnis des personenbezogenen Datums als Res extra commercium nicht recht passend und von der Wirklichkeit ohnehin unwiderruflich überholt. Zwar zeichnet sich ein **Datengüterrecht und Datenverkehrsrecht** erst in Umrissen ab. Eine „Verdinglichung" der personenbezogenen Daten aber ist wohl unausweichlich,[36] so dass die Kommerzialisierung der Einwilligungserklärung nunmehr nur noch ein faktischer Befund, nicht mehr aber ein (Gegen-)Argument ist.

B. Allgemeine Anforderungen an Willensäußerungen

30 Eine Reihe von Anforderungen muss an **alle Formen der Willensäußerung** gestellt werden.

I. Modi der Willensäußerung

31 Willensäußerungen können **auf beliebige Art** gemacht werden. Für den Realakt von Einverständnis und Einwand war das nie zweifelhaft, für die Einwilligung hatte das deutsche Datenschutzrecht bislang regelmäßig die Schriftform vorgesehen (§ 4a Abs. 1 S. 3 BDSG-alt; jetzt noch für den Beschäftigtendatenschutz § 26 Abs. 2 S. 3 BDSG 2018), was das europäische Datenschutzrecht nicht übernommen hat ($\rightarrow$ Rn. 103 ff.). In ErwGr 32 DS-GVO wird (für die Einwilligung) ausdrücklich von mündlichen Erklärungen und solchen in Schriftzeichen gesprochen, ebenso von einem Anklicken oder – ganz weitgefasst – „sonstigen Verhaltensweisen" (ErwGr 32 S. 2 DS-GVO). Entscheidend kommt es darauf an, dass es sich um eine Willensbetätigung des Betroffenen handelt, was durch die die Regel bestätigende Ausnahme („automatisierte Verfahren", Art. 21 Abs. 5 DS-GVO) deutlich wird.

32 Wie die Erwähnung der „sonstigen Verhaltensweise" (ErwGr 32 S. 2 DS-GVO) zeigt, reicht auch eine **konkludente** Willensäußerung aus. So kann etwa selbst in dem rügelosen Hinnehmen einer Datenverarbeitung über einen längeren Zeitraum eine Einwilligungserklärung liegen.[37] Überhaupt kann sich auch in einer (mehraktigen) Interaktion[38] eine Einwilligung manifestieren.

33 So gilt das **Überreichen von Visitenkarten** als Einwilligung in eine Verarbeitung und spätere (werbliche) Ansprache.[39] Ferner beinhaltet die **Tätigkeit als Messehostess** eine konkludente Einwilligung in Bildaufnahmen.[40] Keine konkludente Einwilligung in Bildaufnahmen liegt schon darin, dass man sich in der Öffentlichkeit bewegt oder an einer Demonstration teilnimmt.[41]

---

[36] *v. Lewinski*, Die Matrix des Datenschutzes, 2014, S. 48 ff.

[37] LAG Frankfurt am Main, Urt. v. 27.8.1981 – 9 Sa Ga 360/81, MDR 1982, 82 (83); *Wahlers*, PersV 1983, 225 (231). – Allerdings besteht keine generelle Vermutung für eine (konkludente) Einwilligung, da dies eine Minderung der eigenen Rechtsposition bedeutet (RG, Urt. v. 7.5.1927 – I 22/27, RGZ 116, 313 (316); RG, Urt. v. 20.9.1927 – VII 155/27, RGZ 118, 63 (66); BGH, Urt. v. 18.4.1989 – X ZR 85/88, NJW-RR 1989, 1373 (1374) („im allgemeinen nicht").

[38] Vgl. *Bizer*, DuD 2002, 276 (280).

[39] Auernhammer/*Kramer*, DSGVO/BDSG, DS-GVO Art. 7 Rn. 5.

[40] BGH, Urt. v. 11.11.2014 – IV ZR 9/14, RDV 2015, 147 (148).

[41] OLG Frankfurt am Main, Urt. v. 21.4.2016 – 16 U 251/15, ZD 2016, 586 (586 f.).

Die Annahme einer zulässigen Einwilligung allein aufgrund der Möglichkeit ei- 34
nes **Opt-Out**, also eines aktiven Abwählens einer voreingestellten Zustimmung zu
einer Klausel, ist auch im deutschen Recht schon kontrovers diskutiert worden. Der
BGH spricht sich aus datenschutzrechtlicher Sicht grundsätzlich für eine Zulässigkeit aus.[42]

Nichtstun als solches („Stillschweigen", ErwGr 32 S. 3 DS-GVO) ist dagegen 35
keine Willensäußerung. Entsprechend den allgemeinen zivilrechtlichen Grundsätzen hat **Schweigen** grundsätzlich keinen Erklärungswert. Anders verhält es sich,
wenn der Betroffene zwar den Mund nicht aufmacht, wohl aber beredt schweigt,
was dann eine konkludente Willensäußerung darstellen kann (→ Rn. 32).

Keine Einwilligung im rechtgeschäftlichen Sinne und auch keine Willensbetäti- 36
gung ist die **mutmaßliche Einwilligung**.[43] Diese Kategorisierung als Nicht-
Willensäußerung zeigt sich im Datenschutzrecht etwa darin, dass selbst bei einer
Lebensgefahr keine (mutmaßliche) Einwilligung angenommen wird, sondern hier-
für auf andere Erlaubnistatbestände zurückgegriffen wird (Art. 9 Abs. 2 lit. c, Art. 6
Abs. 1 lit. d DS-GVO, s.a. ErwGr 112 S. 1).

Datenschutzrechtlich kann eine solche mutmaßliche Einwilligung aber durchaus **im Rahmen der** 37
Interessenabwägung berücksichtigt werden.[44] Sie ist entgegen der begrifflichen Bezeichnung
keine Einwilligung und auch kein Realakt, sondern begründet (nur) ein (mutmaßliches) Interesse.
Im Rahmen der Bußgeld- und Straftatbestände kann das mutmaßliche Interesse einen Rechtfertigungsgrund darstellen.

Datenschutzrechtliche Erklärungen können auch **Gegenstand von Rechtsge-** 38
schäften[45] (schuldrechtlichen Verpflichtungsgeschäften) sein. Hier ist im Hinblick
auf die Rechtsfolgen einer Unwirksamkeit, eines Widerrufs oder einer Anfechtung
zu unterscheiden, ob die Einwilligung als Willenserklärung Teil des Rechtsgeschäfts
selbst ist bzw. das Erfüllungsgeschäft oder auch nur die Geschäftsgrundlage bildet
(dazu → Rn. 116 ff.).

II. Freiwilligkeit

Im Zusammenhang mit der **Einwilligung** wird im Datenschutzrecht die Freiwil- 39
ligkeit besonders betont. Nach ErwGr 43 S. 4 DS-GVO gilt eine Einwilligung als
freiwillig, wenn der Betroffene eine „echte und freie Wahl" hat und er aus der
Verweigerung oder dem Widerruf („Zurückziehen") keinen Nachteil erleidet.
Schon nach Art. 2 lit. h DSRL musste die Einwilligung „ohne Zwang" erfolgen,
nach § 4a Abs. 1 S. 1 BDSG-alt auf einer „freien Entscheidung […] beruhen";
Vergleichbares wird in § 26 Abs. 2 S. 1 BDSG 2018 für die Einwilligung durch
Beschäftigte angeordnet. Die Vorgabe der Freiwilligkeit gilt auch für **sonstige Wil-**
lensäußerungen, weil der Wille nur dann rechtlich relevant sein kann, wenn er frei
geäußert wird.

Im Schrifttum werden seit jeher unter Berufung auf die ausdrückliche Erwäh- 40
nung der „Freiwilligkeit" **Voraussetzungen für die Wirksamkeit** der Einwilligung
postuliert.[46] So sei die Freiwilligkeit mehr als das bloße Nichtvorliegen von Wil-

---

[42] BGH, Urt. v. 16.7.2008 – VIII ZR 348/06, MMR 2008, 731 (732).
[43] Roßnagel HdB DatenSR/*Holznagel/Sonntag*, 2003, Kap. 4.8, Rn. 36.
[44] Allerdings ist die Wertung des § 677 BGB zu berücksichtigen, der den mutmaßlichen Willen
durch das Interesse und den erklärten äußeren Willen begrenzt.
[45] Im Zusammenhang mit (privatrechtlichen) Verträgen ist jedoch zu beachten, dass Datenverarbeitung, um den (gemeinsamen) Vertragszweck zu erreichen, durch Art. 6 Abs. 1 S. 1 lit. b DS-
GVO gesetzlich erlaubt ist.
[46] Kritisch hierzu *Buchner*, Informationelle Selbstbestimmung im Privatrecht, S. 117 f.

lensmängeln. Eine Überrumplung,[47] übermäßige Anreize für eine Einwilligung,[48] seelische Zwänge (z. B. bei Heilbehandlungen),[49] Drohung (etwa mit einer Meldung an die Schufa),[50] Fehlen von praktischen Alternativen (bei Ablehnung der Schufa-Klausel durch Bankkunden)[51] oder Subordinationsverhältnisse gegenüber dem Staat oder auch dem Arbeitgeber werden als Beispiele angeführt. Hierbei handelt es sich um Konstellationen, die in der Rechtsgeschäftslehre als **Willensmängel** behandelt werden. Auch werden sie über das Wettbewerbsrecht (vgl. § 4a UWG) und das Verbot irreführender und verdeckter Klauseln im AGB-Recht (§ 307 Abs. 1 S. 2 BGB) adressiert. Daraus kann man herleiten, dass das Tatbestandsmerkmal der Freiwilligkeit keine weitergehenden Anforderungen an den Willen des Betroffenen stellt.[52] Allerdings schließt diese Sichtweise nicht aus, dass sich aus dem Datenschutzrecht (als speziellerem Recht) spezielle Regeln für Willensmängel ergeben, die schon auf der Ebene der rechtlichen Wirksamkeit der Erklärung selbst ansetzen (und nicht erst, wie im allgemeinen Zivilrecht, etwa eine Anfechtungsmöglichkeit eröffnen).

1. Grenzen des willensäußerungsbasierten Konzepts

41   Das Konzept der Einwilligung, wie überhaupt ein auf den individuellen Willen gründendes Datenschutzrecht, sieht sich **grundsätzlichen Einwänden** ausgesetzt. Sie mögen in einer freiheitlichen Gesellschaft nicht durchgreifen, zeigen aber gleichwohl Funktionsgrenzen auf.

a) Macht- und Wissensasymmetrien

42   Ein Bedenken macht daran fest, dass Datenverarbeitungssituationen typischerweise von Hierarchien, wirtschaftlichen Asymmetrien und Wissensgefälle geprägt sind. Die für eine Willensbetätigung erforderliche **Freiwilligkeit sei in Abhängigkeits- und Drucksituationen** nicht gegeben oder jedenfalls eingeschränkt. Dem ist grundsätzlich entgegenzuhalten, dass es eine umfassende Freiheit von sozialen und faktischen Randbedingungen nicht gibt und damit auch keine absolute Freiwilligkeit. Insoweit kann dies kein allgemeines Argument gegen Willensäußerungen sein, sondern nur Anlass zur entsprechenden Regelung bestimmter Konstellationen.

43   Das **klassische Subordinationsverhältnis** ist das zwischen Staat einerseits und Bürger bzw. Individuum andererseits. Weil der Staat in den meisten Situationen die erforderlichen Datenverarbeitungen auch aufgrund gesetzlicher Erlaubnis vornehmen darf und ggf. erzwingen kann, ist für eine Einwilligung nur wenig Raum und auch regelmäßig kein Bedarf. Das Datenschutzrecht trägt dieser typischen Drucksituation bei der **Einwilligung gegenüber Behörden** Rechnung (vgl. ErwGr 35, 37 RL 2016/680).

44   Auch in **Beschäftigungsverhältnissen** wird von einer besonderen Schutzbedürftigkeit und oftmals fehlender Freiwilligkeit der Beschäftigten ausgegangen. Kenn-

---

[47] *Tinnefeld*, NJW 2001, 3078 (3081).
[48] *Bergmann/Möhrle/Herb*, BDSG § 4a Rn. 7.
[49] BGH, Beschl. v. 21.6.1983 – VI ZR 108/82, VersR 1983, 957 (958) (unwirksame Einwilligung ohne Brille, unter dem Einfluss von Schmerzmitteln und in Bedrängnis); *Simitis*, MedR 1985, 195 (197).
[50] Vgl. AG Mainz, Beschl. v. 14.7.2006 – 84 C 107/06 [nicht veröffentlicht].
[51] Vgl. *Petri*, RDV 2007, 153 (155 f.).
[52] Bäumler/*Bull*, Der neue Datenschutz, 1998, S. 25 (33) („gut gemeint, aber nicht durchsetzbar").

zeichnend ist, dass auf bestimmte Fragen, wie insb. derjenigen nach einer Schwangerschaft, sogar gelogen werden darf,[53] was ansonsten Vertrauensverhältnisse schwer beschädigen würde. Allerdings ist selbst in Beschäftigungsverhältnissen eine wirksame Willensbetätigung von betroffenen Arbeitnehmern nicht ausgeschlossen (§ 26 Abs. 2 u. 3 BDSG 2018), etwa bei sog. **Vorteilseinwilligungen** (z.B. in Bezug auf Firmenwagen, private Nutzung betrieblicher IT-Ressourcen).[54]

Im Wirtschaftsverkehr besteht zwischen Verantwortlichen und Betroffenen in ihren Rollen als „**Verbraucher**" (§ 13 BGB) und „**Unternehmer**" (§ 14 BGB) ebenfalls oft ein Gefälle, das meist weniger rechtlich als faktisch begründet ist. Der Unternehmer wird aufgrund seiner Geschäftserfahrung manches besser überblicken und ist insoweit **intellektuell überlegen**. **45**

Speziell geregelt ist teilweise die Willensbetätigung in **monopolartig strukturierten Märkten** (vgl. § 28 Abs. 3b BDSG-alt). Datenschutzrechtlich nicht erheblich ist dagegen, ob der Betroffene auf eine Leistung des Verantwortlichen besonders oder gar existentiell angewiesen ist, solange er diese Leistung auf dem Markt auch ohne datenschutzrechtliche Einwilligung erhalten kann. **46**

b) Rationale Apathie

Ein weiterer Aspekt ist die „rationale Apathie" der Betroffenen.[55] Oftmals scheint es nicht nur günstiger, Datenschutzverletzungen oder informationelle Zudringlichkeiten von Datenverarbeitern hinzunehmen, sondern auch, sich mit der Tatsache und den Rahmenbedingungen personenbezogener Datenverarbeitung überhaupt nicht zu befassen. Dieses Phänomen hat mehrere Ursachen und Gründe, die auch in Kombination auftreten können. Ökonomisch lassen sie sich darauf zurückführen, dass die **Transaktionskosten für eine Willensbetätigung zu hoch sind**. **47**

So wird eine (ausdrückliche) Einwilligungserklärung nicht für jede (Verarbeitungs-)Situation abgegeben, etwa für **komplexe Verarbeitungskontexte mit nur geringem Gefährdungspotential für das Persönlichkeitsrecht**; hier ist es für den Betroffenen rational, sich keine vertieften Gedanken zu machen. In anderen Konstellationen ist die Frage der Einwilligung eine bloße Förmelei, wie etwa in den frühen Jahren der Fotografie mit mehrminütigen Belichtungszeiten, in der der Fotografierte ohnehin lange genau zum Zwecke der Aufnahme stillstehen musste; heute entspricht dem die Bitte: „Bitte recht freundlich!". **48**

Am landläufigen Beispiel von Beratungsprotokollen von Bankberatern zeigt sich ferner, dass umfangreiche Mitteilungs- und Dokumentationspflichten dem Verbraucher im Zweifel nicht helfen, wenn ihm eine Prüfung der mitgeteilten Informationen entweder aufgrund der Masse oder fehlender Fachkenntnisse kaum möglich ist. Die Gefahr eines solchen „**information overflow**" scheint auch im Hinblick auf die umfangreichen Informationspflichten der Art. 13, 14 DS-GVO durchaus real (→ § 15 Rn. 2). Dabei ist zu beachten, dass mehr Informationen eben nicht zwingend zu einem höheren Datenschutzniveau führen.[56] Man spricht insoweit auch vom „more is less"-Paradoxon.[57] **49**

[53] MünchKommBGB/*Armbrüster*, 7. Aufl. 2015, § 123 Rn. 41 ff.
[54] Auernhammer/*Kramer*, DSGVO/BDSG, BDSG § 4a Rn. 6.
[55] *v. Lewinski*, PinG 2013, 12 (13).
[56] *Leucker*, PinG 2015, 195 (198).
[57] *Moerel*, Big Data Protection – How to Make the Draft EU Regulation on Data Protection Future Proof, 2014, S. 47.

50 So ist die Möglichkeit für den Betroffenen, unter 59 potentiellen Empfängern seiner Daten im Zusammenhang mit einem Gewinnspiel in einer durch Hyperlink erreichbaren Liste eine individuelle Auswahl zu treffen, als weltfremd beurteilt worden.[58]

51 Hinzu kommt, dass informationelle Eingriffe nicht unmittelbar fühlbar sind. Sie haben meist auch keine direkte Konsequenz. Der Mensch reagiert auf solchermaßen gemittelte Reize und Impulse weniger stark als etwa auf körperlichen Schmerz oder eine unmittelbare finanzielle Einbuße. Somit ist es schon aus psychologischer Perspektive verständlich, dass Gefährdungen und Verletzungen der informationellen Privatheit als weniger dringlich empfunden werden als Beeinträchtigungen durch die körperliche Umwelt. Die häufigsten Verstöße befinden sich dazu auch noch auf einer sehr niederschwelligen Ebene (insb. im Werbebereich und im Internet), sodass von rechtlichen Schritten meist nicht nur abgesehen wird, sondern diese gar nicht erst als eine Option wahrgenommen werden.

52 Dies erklärt das vielfach beobachtete sog. „Privacy-Paradox", nach dem auf abstrakter Ebene Datenschutz einen hohen Stellenwert hat, dieser aber in der individuellen Umsetzung (Selbstdatenschutz, Datenenthaltsamkeit) schon für geringe materielle und ideelle Vorteile aufgegeben wird.

c) Individualität der Willensäußerung und soziale Aspekte von Datenverarbeitung

53 Auch ist das Willensäußerungskonzept in multipolaren Informationsbeziehungen unterkomplex,[59] was man schon im Dreipersonenverhältnis sieht, wie es etwa im Telekommunikationsrecht geregelt ist (→ § 26). Hier sind Konstellationen denkbar, in denen die Willensäußerung des einen im Widerspruch zur Willensäußerung des anderen Betroffenen steht. Ein datenschutzrechtliches „Kollisionsregime" für solche Fälle ist bislang nicht entwickelt worden.

54 Die gesamtgesellschaftlich (macht-)begrenzende Funktion von Datenschutz kommt in dem Konzept von Einwilligung ebenfalls nicht zum Ausdruck. Wenn und soweit Datenschutz informationelle Machtballungen einhegen will, kommt dies in dem allein auf das Individuum abstellenden Konzept der Einwilligung nicht zum Ausdruck.

2. Asymmetrien und Abhängigkeitsverhältnisse

55 Das praktische Hauptanwendungsgebiet der „Freiwilligkeit" ist das Vorliegen eines wirtschaftlichen, sozialen oder intellektuellen Machtgefälles, wie es oft zwischen Verantwortlichem und Betroffenem in Über-/Unterordnungsverhältnissen besteht (→ Rn. 42), namentlich im öffentlichen Bereich (ErwGr 43 S. 1 DS-GVO) und im Arbeitsleben, zunehmend aber gegenüber Anbietern von Internetdiensten. Es kommt auch in Betracht bei der Vorstrukturierung („Formatierung") der Einwilligung und ihre Reduzierung auf Ja/Nein-Fragen.

56 Zwar ist eine Willensäußerung auch in diesen Bereichen grundsätzlich möglich,[60] doch muss hier in spezifischer Weise die Möglichkeit für den Betroffenen betrachtet werden, sich auch anders als vorgegeben zu entscheiden.[61] Gerade wenn eine entgegenstehende Entscheidung des Betroffenen organisatorisch nicht abgebildet werden kann, wird der Druck regelmäßig so groß sein, dass jedenfalls faustregelhaft nicht von einer freien Willensbetätigung ausgegangen werden kann. Andererseits ist

---

[58] OLG Frankfurt am Main, Urt. v. 17.12.2015 – 6 U 30/15, K&R 2016, 197 (198).
[59] So auch Cebulla, ZD 2015, 507 (510), zur Einwilligung Drittbetroffener bei Kollateraldaten.
[60] BAG, Urt. v. 11.12.2014 – 8 AZR 1010/13, BB 2015, 1276 (1278); Lambrich/Cahlik, RDV 2002, 287 (292 f.) (zum Arbeitsrecht).
[61] Ausführlich und mit Fallbeispielen zum öffentlichen Bereich Menzel, DuD 2008, 400 (401 ff.).

der Umstand, dass andere Beschäftigte die Einwilligung nicht erteilt haben, ein Indiz für die Freiwilligkeit.[62] Auch **implizierte Verweigerungsmöglichkeiten**[63] indizieren die Freiwilligkeit der Willensäußerung.

3. Kopplungsverbote

Grundsätzlich kann sich eine **Willensbetätigung auf mehrere Aspekte oder** 57 **mehrere Gegenstände beziehen** (vgl. Art. 6 Abs. 1 lit. a DS-GVO: „einen oder mehrere bestimmte Zwecke"). Allerdings kann aus der Einwilligung in eine Verarbeitung nicht automatisch auf andere Verarbeitungen geschlossen werden.[64] Wenn es allerdings „nicht angebracht" ist, dürfen für verschiedene Verarbeitungen bzw. Verarbeitungszwecke Einwilligungen nicht en bloc eingeholt werden (ErwGr 43 S. 2 DS-GVO).

Ein **ausdrückliches Kopplungsverbot**, wie es bislang nach § 28 Abs. 2b BDSG- 58 alt bestand und nach § 95 Abs. 5 TKG noch besteht, gibt es unter der DS-GVO nicht.[65] Allerdings ist die Konstellation, in der die datenschutzrechtliche Einwilligung mit anderen Erklärungen verbunden wird, nicht frei von jeder rechtlichen Vorgabe (insbesondere Art. 7 Abs. 4 DS-GVO). Nach ErwGr 43 S. 2 Var. 2 besteht ein Kopplungsverbot dahingehend, dass eine im Zusammenhang mit einer Vertragserfüllung erklärte Einwilligung nicht möglich ist, wenn sie sich auf eine Verarbeitung bezieht, die nicht der Vertragserfüllung dient. Da für die Vertragserfüllung erforderliche Datenverarbeitungen auch ohne Einwilligung stets nach Art. 6 Abs. 1 lit. b DS-GVO erlaubt sind, wird hier (nur) die Konstellation adressiert, dass die vertragserforderliche Datenverarbeitung mit einer sonstigen zu einem Paket verschnürt wird.

Bei diesen Regelungen der Kopplung von Willenserklärungen wird nur **auf die** 59 **Situation des Betroffenen abgestellt**, nicht – wie etwa im Kartellrecht – auf den Marktanteil des Verantwortlichen.[66] Allerdings kann indirekt die Marktstellung des Verantwortlichen gleichwohl eine Bedeutung haben, wenn er nämlich den Markt in einer Weise dominiert, dass keine funktional äquivalenten Angebote bestehen. Wenn dann der Betroffene auf die monopol angebotene Leistung existenziell angewiesen ist, kann es am Tatbestandsmerkmal der Freiwilligkeit fehlen.

Unproblematisch ist die Verbindung einer datenschutzrechtlichen Einwilligung mit der Mög- 60 lichkeit der **Teilnahme an einem Gewinnspiel oder an Rabattsystemen**, weil es stets zumutbar ist, an einem Gewinnspiel nicht teilzunehmen.[67] Allerdings können sich nach den allgemeinen wettbewerbsrechtlichen Kriterien des „Anreißens" und der „Irreführung" auch für Gewinnspiele Grenzen ergeben.[68]

4. Einwilligungsverbot und Unbeachtlichkeit der Willensäußerung

In bestimmten Konstellationen schließt das Datenschutzrecht die Einwilligung 61 aus und betrachtet Willenserklärungen als unbeachtlich. Hierbei handelt es sich um

---

[62] Vgl. BAG, Urt. v. 11.12.2014 – 8 AZR 1010/13, K&R 2015, 433 (435).

[63] *Simitis*, MedR 1985, 195 (197).

[64] Vgl. OLG Frankfurt am Main, Urt. v. 21.4.2016 – 16 U 251/15, K&R 2016, 524 (525).

[65] *Kipker/Voskamp*, DuD 2012, 737 (738).

[66] So war (noch unter Geltung des BDSG a. F.) ein Marktanteil von über 73 % für unschädlich gehalten worden (OLG Brandenburg, Urt. v. 11.1.2006 – 7 U 52/05, RDV 2006, 210 (212) – ebay.

[67] BGH, Urt. v. 16.7.2008 – VIII ZR 348/06, BGHZ 177, 253 (261) – Payback.

[68] OLG Köln, Urt. v. 15.8.2007 – 6 U 63/07, RDV 2008, 25 (25) – WM-Tickets.

Vertypungen des Betroffenenschutzes. Wegen des rechtstechnischen Verbots mit Erlaubnisvorbehalt (→ § 12 Rn. 1) wird die Unbeachtlichkeit von Willensäußerungen legistisch teilweise auch als Verbot der Verarbeitung dargestellt.

62　§ 28a Abs. 2 S. 4 BDSG-alt enthielt ein solches **ausdrückliches Einwilligungsverbot.** Im Ergebnis handelt es sich dabei um ein Verbot, was aber wegen des rechtskonstruktiven Ausgangspunkts des BDSG, dem Verbot mit Erlaubnisvorbehalt, nicht auch so ausgedrückt wurde.

63　Für **sensitive Daten** besteht kein generelles Einwilligungsverbot, sondern vielmehr allgemein nur besondere Anforderungen an die Einwilligungserklärung, insb. hinsichtlich ihrer Ausdrücklichkeit (ErwGr 51 S. 6 DS-GVO). Allerdings kann durch Unions- oder mitgliedstaatliches spezielles Gesetz (Art. 9 Abs. 2 lit. a DS-GVO) ein solches Einwilligungsverbot normiert werden. Als Minus zu einem Verbot müssen durch eine solche Spezialregelung auch zusätzliche Anforderungen an die Einwilligung, etwa an deren Form, gemacht werden können.

64　§ 18 GenDG enthält immanent ein Einwilligungsverbot, da ansonsten der vom Gesetz bezweckte Schutz der **geninformationellen Selbstbestimmung** untergraben werden könnte.[69]

65　Ebenfalls kein generelles Einwilligungsverbot besteht für **Übermittlungen in Drittländer** (ErwGr 111 S. 1 DS-GVO).

66　Im **Beschäftigungskontext** besteht keine generelle Unbeachtlichkeit des Willens des Beschäftigten, auch wenn das Machtgefälle hier offensichtlich ist.

67　Allerdings ist auch über den Bereich der sensitiven Daten hinaus (→ Rn. 63) ein **mitgliedstaatlicher Ausgestaltungsvorbehalt** eingeräumt (ErwGr 155 DS-GVO), so dass für Teilbereiche auch kategorische Datenverarbeitungsverbote eingeführt werden können. In § 26 BDSG 2018 ist dies freilich nicht der Fall.

III. Willensäußerungen von Minderjährigen und beschränkt Geschäftsfähigen

68　Bei Minderjährigen wie auch bei sonst beschränkt Geschäftsfähigen muss der prinzipielle Vorrang der Entscheidung des Erziehungsberechtigten[70] und der **Minderjährigenschutz** gegen das **Selbstbestimmungsrecht des beschränkt Geschäftsfähigen** abgewogen werden.[71] Wegen dieser Abwägungsbedürftigkeit kommt es jedenfalls mit Blick auf das Persönlichkeitsrecht (nur) auf die Einsichtsfähigkeit an, bei Rechtsgeschäften zusätzlich auf die (Teil-)Rechtsgeschäftsfähigkeit.[72]

1. Allgemeine Einsichtsfähigkeit und typische Altersgrenzen

69　In der Praxis braucht ein Verantwortlicher die Einsichtsfähigkeit von Minderjährigen und beschränkt Geschäftsfähigen **nicht individuell festzustellen.** Gerade bei Massen- und Alltagsgeschäften kann man, auch im Hinblick auf die Verkehrssicherheit, auf die gesetzlich festgelegten Altersgrenzen zurückgreifen.[73] Danach gelten folgende Faustregeln für die Beachtlichkeit von Willensäußerungen:

70　Nach § 104 Nr. 1 BGB können **Kinder unter 7 Jahren** keine wirksame Einwilligungserklärung abgeben. Mangels Einsichtsfähigkeit werden ihre Willensäußerun-

---

[69] *Kröger*, MedR 2010, 751 (755 f.).
[70] *Gallwas* in: Gallwas u. a., § 3 BDSG 1977, Rn. 16.
[71] *Kohte*, AcP CLXXXV (1985), 105 (119).
[72] *Schröder in:* Schmidt-Kessel/Langhanke (Hrsg.), Datenschutz als Verbraucherschutz, 2016, S. 135 (141).
[73] *Schröder* in: Schmidt-Kessel/Langhanke (Hrsg.), Datenschutz als Verbraucherschutz, 2016, S. 135 (143): ähnlich *Zscherpe*, MMR 2004, 723 (724).

gen allgemein rechtlich unbeachtlich bleiben. Diese Altersgrenze von 7 Jahren, unterhalb derer Willensbetätigungen keine unmittelbare rechtliche Relevanz haben, findet sich auch in anderen Bereichen, etwa dem Deliktsrecht (§ 828 Abs. 1 BGB) und im Strafrecht (§ 10 StGB, ggf. i.V.m. § 1 Abs. 2 u. 3 JGG). Für diese Altersgruppe ist ausschließlich auf die Erziehungsberechtigten abzustellen.[74]

Bis zu einem Alter von 14 Jahren spricht eine Vermutung gegen die Einwilligungsfähigkeit (vgl. § 19 StGB; s. auch die jugendschutzrechtliche Unterscheidung zwischen Kind und Jugendlichem, § 1 Abs. 1 Nrn. 1 u. 2 JuSchG). Diese kann jedoch z.B. bei entsprechender und altersgerechter Aufklärung widerlegt werden.[75] Medienpädagogisch oder aus einer Marketingperspektive kann man mit dem Konzept einer „digitalen Volljährigkeit", die auf den gekonnten Umgang mit IT und Telemediendiensten abstellt, auch schon auf niedrigere Altersgrenzen (etwa 10 Jahren) kommen; entgegengehalten werden kann dem, dass es nicht auf das Technikverständnis, sondern auf das der persönlichen und gesellschaftlichen Folgen ankommt.[76]   **71**

Bei **Jugendlichen**[77] kann neben den §§ 104ff. BGB z.B. auch auf die Religionsmündigkeit (§ 5 KErzG:[78] 14 Jahre), die Sozialmündigkeit (§ 36 SGB I: 15 Jahren) und das in manchen Bundesländern bestehende Kommunalwahlrecht ab 16 Jahren[79] verwiesen werden. Allgemein geht das Gesetz für diese Altersgruppe von einer gewissen Mündigkeit aus. Die Einsichtsfähigkeit zur Willensbetätigung hinsichtlich des Persönlichkeitsrechts wird hier regelmäßig vorliegen. Entscheidend wird in Anlehnung an die Wertung des § 110 BGB die Tragweite der Erklärung des Jugendlichen sein. Die Einwilligung für die Zusendung eines Newsletters ist eher möglich als die in die Weitergabe an einen Adresshändler[80] oder auch die Nutzung zu (eigenen) Werbezwecken.[81]   **72**

Für **genetische Untersuchungen** stellt das Gesetz nicht auf die Volljährigkeit ab, sondern darauf, ob die Person „in der Lage ist, Wesen, Bedeutung und Tragweite der genetischen Untersuchung zu erkennen und ihren Willen danach auszurichten" (§ 8 i.V.m. § 14 Abs. 1 GenDG). Dies kann also schon unterhalb der Grenze von 18 Jahren der Fall sein, aber auch oberhalb dieser Grenze (noch) nicht.[82]   **73**

Problematisch ist auch die Feststellung des Alters durch den Verantwortlichen, insb. wenn er datensparsam in sein Angebot „Privacy by Design" einbaut.[83] Die in gewisser Weise **vorbildgebende Regelung des u.s.-amerikanischen COPPA**[84] (→ Fn. 89) stellt auf einen „Actual knowledge standard" ab, ist also auf Minderjährige, deren Alter nicht bekannt ist, nicht anwendbar.[85]   **74**

---

[74] Vgl. BVerfG, Beschl. v. 29.7.2003 – 1 BvR 1964/00, BVerfGK 1, 285 (287).

[75] So auch die Konzeption der beweglichen Altersgrenzen nach § 5 Abs. 1 S. 2 JMStV i.d.F. d. 19. RÄndStV.

[76] *Ernst*, DANA 1/2017, 14 (16).

[77] Nach § 3 Abs. 1 JMStV spricht das deutsche Recht bis zum Ende des 13. Lebensjahrs von „Kind", vom 14. bis zum 18. Geburtstag von „Jugendlichen".

[78] Gesetz über die religiöse Kindererziehung v. 15.7.1921 (RGBl. 1921, 939), zul. geänd. d. Art. 63 G v. 17.12.2008 (BGBl. 2008 I S. 2586).

[79] Vgl. § 7 Abs. 1 Nr. 1 mvpKWG; § 3 Abs. 1 Nr. 1 slhGKWG.

[80] *Zscherpe*, MMR 2004, 723 (724).

[81] OLG Hamm, Urt. v. 20.1.2012 – I-4 U 85/12, K&R 2013, 53 (55).

[82] Spickhoff/*Fenger*, Medizinrecht, 2014, § 14 GenDG Rn. 1.

[83] *Schröder* in: Schmidt-Kessel/Langhanke (Hrsg.), Datenschutz als Verbraucherschutz, 2016, S. 135 (145).

[84] *Rauda*, MMR 2017, 15ff.

[85] *Lejeune*, CR 2013, 755 (758).

2. Datenschutzrechtliche Rechtsgeschäftsfähigkeit

75 Für Willenserklärungen, namentlich die Einwilligung, gelten die formalen Schwellenwerte der Geschäftsfähigkeit (§§ 104 ff. BGB), die teilweise **durch spezielle Regelungen des Datenschutzrechts modifiziert** werden. Nach den allgemeinen Regeln (des deutschen Rechts) sind rechtsgeschäftliche Erklärungen eines Nicht-Geschäftsfähigen unwirksam, die eines beschränkt Geschäftsfähigen grundsätzlich schwebend unwirksam (§ 108 Abs. 1 BGB). – Diese Grundregeln erfahren aber Ausnahmen:

76 Insb. im Onlinekontext, aber auch allgemein wird man eine datenschutzrechtliche Willenserklärung kaum je als **„lediglich rechtlichen Vorteil"** i. S. d. § 107 **BGB** begreifen können, auch wenn ein Dienst dann kostenfrei genutzt werden kann. Zwar sind personenbezogene Daten im geltenden Datenschutzrecht nicht verdinglicht – das mag ein künftiges Datenrecht (→ Rn. 27 ff.) in der Zukunft anders regeln –, als gesetzlich geschützten Teil der Persönlichkeit begreift das geltende Datenschutzrecht allerdings die Einwilligung aufgrund der dadurch eintretenden Minderung der eigenen Rechtsposition auf. Eine kostenfreie Leistung, für die man aber „mit seinen Daten bezahlt", ist nicht „lediglich ein rechtlicher Vorteil" i. S. d. § 107 BGB.[86]

77 Gleiches gilt nach § 110 BGB an sich auch in Bereichen, für die der Erziehungsberechtigte seine Einwilligung (nach BGB, nicht nach DS-GVO) gegeben hat. Nach den allgemeinen zivilrechtlichen Regeln könnte der Jugendliche dann wirksam damit zusammenhängende Rechtsgeschäfte eingehen, also auch datenschutzrechtliche Einwilligungserklärungen sowie Widersprüche und deren Widerrufe abgeben. Fraglich ist aber, ob der **„Taschengeldparagraph"**[87] genannte § 110 BGB überhaupt auf die datenschutzrechtlichen Willenserklärungen anwendbar ist. Der Wortlaut spricht dagegen, denn die personenbezogenen Daten eines Minderjährigen sind kein „Mittel, die ihm zu diesem Zweck oder zur freien Verfügung von dem Vertreter [...] überlassen worden sind". Wenn man aber dieser Vorschrift den allgemeinen Gedanken entnimmt, dass beschränkt Geschäftsfähigen in bestimmten Bereichen ein autonomes Handeln gestattet sein soll, dann wird man für eben solche Bereiche auch die wirksame datenschutzrechtliche Einwilligung zulassen müssen.[88] Dies wird dadurch gestützt, dass man für die Einwilligung in Beeinträchtigungen oder Eingriffe in höchstpersönliche Rechtsgüter schon die natürliche Einsichtsfähigkeit (→ Rn. 69 ff.) genügen lässt.

78 Eine Ausnahme gilt für datenschutzrechtliche Willenserklärungen – Einwilligungserklärungen, Widersprüche und deren Widerrufe – im Rahmen des **selbständigen Betriebs eines Erwerbsgeschäfts** (§ 112 BGB) und in **Dienst- und Arbeitsverhältnissen** (§ 113 BGB). Hier besitzen Jugendliche gegenständlich beschränkt volle Geschäftsfähigkeit, was dann auch Rechtsgeschäfte im Bereich des Datenschutzes umfasst.

79 Vergleichbar mit dem Gedanken des „Taschengeldparagraphen" ist die Vorstellung des europäischen Datenschutzrechts, dass **Präventions- und Beratungsdienste**, die sich unmittelbar an Kinder wenden (z. B. Missbrauchshilfestellen), nicht auf die Einwilligung der Erziehungsberechtigten angewiesen sein sollen (ErwGr 38 S. 2 DS-GVO).

---

[86] Faust/*Faust*, 71. DJT, 2016, A 89.
[87] *Ulrici*, NJW 2003, 2053 (2054).
[88] So im Ergebnis auch *Zscherpe*, MMR 2004, 723 (724).

Für **Online-Dienste** setzt Art. 8 Abs. 1 DS-GVO allerdings als Spezialnorm[89] **80** eine Altersgrenze von 16 Jahren für die Einwilligungserklärung von Minderjährigen. Diese Grenze kann mitgliedstaatlich auf höchstens 13 Jahren abgesenkt werden, was durch das BDSG 2018 allerdings nicht geschieht. Das Mindestalter von 13 orientiert sich insoweit an dem U.S.-Children Online Privacy Protection Act v. 1998 (COPPA).[90]

IV. Spezialgesetzliche Regelungen und mitgliedstaatliche Abweichungsmöglichkeiten

Grundsätzlich sind wegen des Ziels der europäischen Vollharmonisierung im Da- **81** tenschutzrecht die Regelungen zur datenschutzrechtlichen Willensbetätigung abschließend. Die Mitgliedstaaten können lediglich die Schwelle für **die Einwilligung Minderjähriger im Zusammenhang mit Online-Diensten** von 16 auf 13 Jahre senken (Art. 13 Abs. 2 DS-GVO; → Rn. 80) und die Möglichkeit der **Einwilligung in die Verarbeitung sensitiver Daten** (sektoriell) ausschließen (Art. 9 Abs. 2 lit. a DS-GVO; → Rn. 63).[91] Allgemein ergeben sich aus der **Abweichungsvorschrift für öffentliche Zwecke** nach Art. 23 DS-GVO für die Mitgliedstaaten noch Möglichkeiten, das Widerspruchsrecht insb. im Zusammenhang mit der Erfüllung öffentlicher Aufgaben (Art. 21 Abs. 1 S. 1 i.V.m. Art. 6 Abs. 1 S. 1 lit. e DS-GVO) einzuschränken. Ähnliches gilt für die Verarbeitung im Zusammenhang mit **Forschung und Statistik** (Art. 89 Abs. 2 u. 3 DS-GVO).

Ansonsten werden viele bereichsspezifische Vorschriften und Regelungen des **82** mitgliedstaatlichen Rechts wegen des **Anwendungsvorrangs der DS-GVO** außer Anwendung geraten.

Ein Beispiel für eine deutsche mitgliedstaatliche Regelung ist bei klinischen Arzneimittelstudien **83** der gesetzliche Ausschluss, bei denen die Einwilligung hinsichtlich pseudonymisiert an die Zulassungsbehörde übermittelter Daten nicht widerrufen werden kann (§ 40 Abs. 2a S. 1 Nr. 2 AMG; ähnlich § 28c Abs. 2 Nr. 2 RöV; § 87 Abs. 2 Nr. 2 StrlSchV).[92] Diese **Beschränkung der Widerrufsmöglichkeit** über die DS-GVO hinaus widerspricht freilich Art. 7 Abs. 3 S. 1 DS-GVO, kann aber möglicherweise auf Art. 89 Abs. 2 u. 3 DS-GVO gestützt werden.

Nicht (mehr) möglich ist – etwa in Anlehnung an die Rechtsprechung des BAG[93] – die **Einfüh- 84 rung zusätzlicher Schriftformerfordernisse** durch die „Hintertür".[94] So könnte man zwar argumentieren, die DS-GVO verlange, dass der Einwilligende sich des Ausmaßes und der Tragweite der Einwilligung bewusst sei und die Schriftform insoweit eine zusätzliche Warnfunktion erfülle. Die Validität dieses Arguments wird jedoch schon im Hinblick auf die erwähnte BAG-Rechtsprechung bestritten und die Übertragung auf die DS-GVO abgelehnt.[95] V.a. aber fehlt es im Gegensatz zum Spezialbereich der Datenverarbeitung im Beschäftigungskontext (Art. 88 DS-GVO) wie eben dargestellt (→ Rn. 81) auch an einer allgemeinen Öffnungsklausel für eine solche mitgliedstaatliche Regelung.

Der § 22 S. 1 KUG war als speziell zum BDSG angesehen worden.[96] Diese Regelung wird als **85 Wiederholung der Regelung** der DS-GVO bestehen bleiben können, im Medienbereich wohl auch als innerstaatliche Ausgestaltung i.S.v. Art. 85 DS-GVO.

---

[89] *Kress/Nagel*, CRi 2017, 6 ff.

[90] 15 U.S.C. §§ 6501–6506 (Publ.L. 105–177, 112 Stat.); dazu *Buchner*, Informationelle Selbstbestimmung im Privatrecht, 2006, S. 18.

[91] *Laue*, ZD 2016, 463 (465); *Kühling/Martini u.a.*, DSGVO und das nationale Recht, 2016, S. 316f.

[92] Hierzu *Herbst*, MedR 2009, 149 (152).

[93] BAG, Urt. v. 11.12.2014 – 8 AZR 1010/13, ZD 2015, 330 (332).

[94] *Krohm*, ZD 2016, 368 (370).

[95] *Krohm*, ZD 2016, 368 (371).

[96] BAG, Urt. v. 11.12.2014 – 8 ARZ 1010/13, BB 2015, 1276 (1278), speziell für das Schriftformerfordernis nach § 4a Abs. 1 S. 4 BDSG-alt, allerdings mit einer (Rück-)Ausnahme für das Arbeitsrecht.

86   Den mitgliedstaatlichen Gesetzgebern ist eine Änderung bzw. Anpassung der Regelungen über die Einwilligung nicht möglich. Wohl aber besteht in einem gewissen Rahmen die **Möglichkeit, die Zweckänderungsmöglichkeiten usw. zu „konkretisieren".** Damit können u. U. zusätzliche gesetzliche Erlaubnistatbestände geschaffen werden, personenbezogene Daten zu verarbeiten. In diesem Maße ist dann für Verantwortliche die Einholung einer Einwilligung entbehrlich.

C. Datenschutzrechtliche Willenserklärungen

I. Einwilligung

87   Die prominenteste Form datenschutzrechtlicher Willensbetätigung ist die Einwilligung in die Verarbeitung der eigenen Daten durch einen anderen. Die **Einwilligung ist nach Art. 6 Abs. 1 lit. a DS-GVO** der erste gesetzliche Rechtmäßigkeitsgrund für die Datenverarbeitung. Die Einwilligung ist in der Praxis ein sehr flexibles Instrument von sektoriell teils großer Bedeutung. Für viele Bereiche stellt sie sogar die einzige Möglichkeit einer rechtmäßigen Datenverarbeitung dar.[97]

1. Informiertheit und Transparenz

88   Für die Einwilligung will das Recht in besonderer Weise einen bestimmten Wissensstand beim Betroffenen sicherstellen **(Wissenselement der Willensbetätigung).** Damit werden die allgemeinen Grundsätze über die Transparenz (Art. 5 DS-GVO, ErwGr 39 DS-GVO) für den Bereich der Einwilligung konkretisiert. Die Unterrichtungspflichten ergeben sich vor allem aus Art. 13 DS-GVO, weil einer Einwilligung meist eine Direkterhebung bei Betroffenen folgt.[98]

89   Die im wesentlichen inhaltsgleiche Vorschrift des Art. 14 DS-GVO erfasst die **einwilligungsgedeckte Erhebung bei einem Dritten.**

90   Relativiert wird dies jedoch im Lichte von Art. 13 Abs. 4 DS-GVO (s. auch ErwGr 62 DS-GVO), der die Unterrichtungspflicht entfallen lässt, wenn dem Betroffenen die **mitzuteilenden Informationen bereits bekannt** sind.

a) Vorangehende Unterrichtung

91   Die Unterrichtungspflicht bezieht sich v. a. auf folgende Umstände:
- **Identität des Verantwortlichen** und seine **Kontaktdaten** (Art. 13 Abs. 1 lit. a u. lit. b DS-GVO).
- **Zweck der Datenverarbeitung** (Art. 13 Abs. 1 lit. c DS-GVO).
- **Empfänger,** jedenfalls Kategorien nach (Art. 13 Abs. 1 lit. e DS-GVO)
- **Drittlandsübermittlungen** und deren Rahmenbedingungen (Art. 13 Abs. 1 lit. f DS-GVO)
- **Speicherungsdauer** (Art. 13 Abs. 2 lit. a DS-GVO)
- **Widerrufsmöglichkeit** (Art. 13 Abs. 2 lit. c, Art. 14 Abs. 2 lit. d DS-GVO)

92   Im Zusammenhang mit **wissenschaftlicher Forschung,** die aus der Natur der Sache nur ein Erkenntnisziel benennen kann, nicht aber die zukünftig erreichten Erkenntnisse, können Abstriche bei der Spezifität der Unterrichtung gemacht werden, wenn dies im Rahmen wissenschaftsethischer Standards geschieht (Art. 5 Abs. 1 lit. b Hs. 2, ErwGr 33 DS-GVO).[99]

---

[97] *Pollmann/Kipker*, DuD 2016, 378 (379).
[98] Vgl. dazu weiter → § 15 Rn. 2 ff.
[99] *Schaar*, ZD 2016, 244 (225).

Bei **Gentests** sind die Anforderungen an die „Aufklärung" ausdrücklich geregelt 93
(§ 9 GenDG).

Die Erfüllung der Informierungspflichten nach Art. 13 f. DS-GVO ist **keine** 94
Wirksamkeitsvoraussetzung für die Einwilligung,[100] die gleichwohl aber informiert erfolgen muss (Art. 4 Nr. 4 DS-GVO).

b) Vorangehende Belehrung

Der Betroffene ist auf sein Verlangen oder, wenn es die Umstände verlangen, 95
über die **Folgen der Verweigerung der Einwilligung** zu belehren. Dies schließt
eine Belehrung über die **Rechte hinsichtlich Auskunft, Berichtigung, Löschung
und Sperrung** ein. Die Belehrung über das Widerrufsrecht (Art. 13 Abs. 2 lit. c DS-
GVO) muss mit dem Hinweis verbunden werden, dass ein Widerruf der Einwilligung nur ex nunc wirkt (→ Rn. 143). Ebenfalls ist über ein ggf. bestehendes **Recht
auf Datenübertragbarkeit** (Art. 13 Abs. 2 lit. b DS-GVO) zu belehren. Ferner
hinzuweisen ist auf das Beschwerderechte bei einer Aufsichtsbehörde (Art. 13
Abs. 2 lit. d DS-GVO).

Im Zusammenhang mit **Direktwerbung** muss eine verständliche und von ande- 96
ren Unterrichtungen getrennte Belehrung über das Widerspruchsrecht in Bezug auf
Direktwerbung (ErwGr 70 S. 2 DS-GVO) erfolgen.

c) Verständlichkeit

Die datenschutzrechtlichen Informationen unterliegen **besonderen Verständ-** 97
lichkeitspflichten nach Art. 12 DS-GVO (ErwGr 58 DS-GVO), besonders auch
gegenüber Kindern (ErwGr 58 S. 4 DS-GVO).[101]

Dies bezieht sich zum einen auf eine **verständliche Form.** So hält die Rechtspre- 98
chung 56 Bildschirmseiten Fließtext ohne Gliederung für unverständlich.[102] Überhaupt spielt der Umfang hinsichtlich der Form eine Rolle.

Neben der Form fordert das Datenschutzrecht eine **verständliche Sprache.** Ge- 99
meint ist eine empfängerangemessene Alltagssprache, kein Juristen-Deutsch. Das
Sprachniveau der DS-GVO als einen sinnvollen Orientierungswert zu verstehen,
mag methodisch nicht abwegig sein. Die sprachliche Darstellung darf jedenfalls
aber keine verdeckte Generaleinwilligung darstellen.[103]

2. Bestimmtheit

Die rechtsgeschäftliche Willenserklärung bedarf, da sie auf eine unmittelbare 100
rechtliche Folge gerichtet ist, eines eindeutigen, jedenfalls eines eindeutig bestimmbaren Inhalts. Dieses Bestimmtheitsgebot kann als **„innere Form"** der Einwilligungserklärung begriffen werden.

Allerdings muss sich eine Einwilligungserklärung nicht auf eine festumrissene 101
Konstellation beziehen, sondern kann auch auf umschriebene oder bedingte künfti-
ge Verarbeitungen, gar auch auf erst zukünftige Konstellationen (ErwGr 39 S. 2
DS-GVO) bezogen sein. Lediglich **Blanketteinwilligungen** sind nicht möglich.[104]

In ErwGr 32 DS-GVO zeigt sich die DS-GVO gegenüber **maschinellen Einwil-** 102
ligungserklärungen durchaus offen. So wird die Formulierung einer Einwilligung

---

[100] *Albrecht/Jotzo*, Neue DatSchR EU, 2017, S. 71.
[101] *Laue*, ZD 2016, 463 (465 f.).
[102] Vgl. LG Frankfurt am Main, Urt. v. 10.6.2016 – 2–3 O 364/15, RDV 2016, 276 (Ls.).
[103] BGH, Urt. v. 14.3.2017 – VI ZR 721/15, DuD 2017, 449 (451).
[104] Paal/Pauly/*Frenzel*, DS-GVO Art. 6 Rn. 8.

durch „technische Einstellungen" teils als Hinweis auf die Möglichkeit einer Einwilligung mittels Browsereinstellungen verstanden.[105]

3. Form

a) Grundsatz der Formfreiheit

103   Willenserklärungen sind **grundsätzlich formfrei**; dies gilt auch nach DS-GVO. Nur für spezielle Fälle wird eine bestimmte Form und inhaltliche Gestaltung gefordert (Art. 7 Abs. 2 S. 1 DS-GVO).

104   Für die datenschutzrechtliche Einwilligungserklärung gab im **bisherigen deutschen Datenschutzrecht** § 4a Abs. 1 S. 3 BDSG-alt grundsätzlich die **Schriftform** vor, ließ aber zugleich auch Ausnahmen zu. Regelungen des deutschen Rechts, die bislang (bereichsspezifisch) Ausnahmen von dem Schriftformerfordernis zuließen (z.B. § 13 Abs. 2 TMG), sind nicht nur gegenstandslos, sondern in ihren (erleichternd gemeinten, nun aber gleichwohl beschränkenden) Vorgaben nun sogar europarechtswidrig. Ausnahmen gelten nur, soweit dies nach Art. 23 DS-GVO erlaubt ist, möglicherweise also nach § 5 Abs. 3 EGovG, und nach § 94 TKG im Telekommunikationsbereich.

105   Formvorgaben für Erklärungen, insb. der Schriftform, werden vor allem eine **Beweisfunktion** und eine **Warnfunktion** zugeschrieben. Da diese Funktionen aber im Datenschutzrecht durch andere Regelungen und Verfahren sichergestellt werden, ist richtigerweise nicht zusätzlich noch ein allgemeines Schriftformerfordernis festgeschrieben worden. Die Beweis- und Dokumentarfunktion ist durch die allgemeine Rechenschaftspflichtigkeit (Art. 5 Abs. 2 DS-GVO) abgedeckt, die Warnfunktion durch die Unterrichtungs- (Art. 13 Abs. 1, Art. 14 Abs. 1 DS-GVO) und vor allem Belehrungspflichten (Art. 13 Abs. 2, Art. 14 Abs. 2 DS-GVO).

106   Auch sind Formerfordernisse mit Blick auf die **„informationelle Selbstbestimmung"** nicht gänzlich unproblematisch, weil sie die rechtswirksame Artikulation des eigenen Willens in Bezug auf Datenverarbeitungen durch Dritte erschweren. So konnten die bisherigen Einwilligungsregelungen des BDSG mit der Formbedürftigkeit (§ 4a Abs. 1 S. 3 BDSG-alt) sich sogar **dysfunktional** auf die informationelle Selbstbestimmung auswirken, wenn sie etwa eine gewollte informationelle Preisgabe erschweren.[106]

b) Formvorgaben

aa) AGB

107   Eine Verschärfung der formularmäßig gegebenen Einwilligungserklärung ergibt sich aus Art. 7 Abs. 2 DS-GVO. Diese Norm bewirkt eine **Angleichung an das AGB-Recht**, insbesondere an das Verbot überraschender Klauseln (§ 305c Abs. 1 BGB). Als Regelung des allgemeinen Zivilrechts tritt das AGB-Recht allerdings grundsätzlich hinter dem spezielleren Datenschutzrecht zurück.[107] Soweit das Datenschutzrecht Regelungslücken enthält, werden diese durch das mitgliedstaatliche und ggf. gemeineuropäische Zivilrecht gefüllt. Komplizierte Abgrenzungsfragen ergeben sich unter anderem dann, wenn Datenschutzverstöße bspw. durch Verbraucherschutzverbände zum Gegenstand AGB-rechtlicher Klagen gemacht werden.[108]

---

[105] *Härting*, DSGVO, Rn. 364.
[106] *v. Lewinski*, Die Matrix des Datenschutzes, 2014, S. 85; *Sandfuchs*, Privatheit wider Willen, 2015.
[107] Zum Verhältnis im einzelnen s. *v. Lewinski/Herrmann*, PinG 2017, 165 (169 f.).
[108] S. bspw. EuGH, Urt. v. 28.7.2016 – C-191/15, ECLI:EU:C:2016:612 – Verein für Konsumenteninformation (Amazon).

Danach ist eine formularmäßige Einwilligungserklärung zwar nicht „besonders **108** hervorzuheben" (so noch nach § 4a Abs. 1 S. 4 BDSG-alt). Sie muss aber **„von anderen Sachverhalten" zu unterscheiden** sein (Art. 7 Abs. 2 S. 1 DS-GVO). Die Praxis kann hierfür wohl weiterhin auf die bisherige Handhabung zurückgreifen. Danach kann eine „klare Unterscheidung" durch Hinweis an hervorgehobener Stelle,[109] Sperrschrift, Fettdruck, Unterstreichung, Einrahmung, Trennlinien, Einrücken, vergrößerter Abstand vom übrigen Text, eine deutliche Überschrift oder seitlichen Balken bewirkt werden.[110] Bei der Gestaltung kann zudem auf die Judikatur zum früheren § 1b Abs. 2 S. 2 AbzG[111] zurückgegriffen werden. Danach ist die Hervorgehobenheit (= klare Unterscheidbarkeit) verneint worden, wenn der Text lang ist (im Bsp. 7 Seiten), durchgehend die gleiche Schrifttype verwendet wird, nur geringfügig vergrößerte Abstände zwischen den Zeilen bzw. Absätzen verwendet werden und nur wenig eingerückt wird, zumal, wenn die Datums- und Unterschriftszeile in gleichem Maße eingerückt ist.[112]

Ob eine „klare Unterscheidung" erforderlich ist, wenn daneben nur *eine* andere **109** Erklärung abgegeben wird, ist dem Gesetzeswortlaut nach zu bejahen. Ob neben der datenschutzrechtlichen Einwilligung noch andere Erklärungen hervorgehoben werden dürfen, ohne für diese die „klare Unterscheidbarkeit" entfallen zu lassen, ist teilweise verneint worden,[113] bestimmt sich aber danach, ob die datenschutzrechtliche Erklärung nach wie vor „klar zu unterscheiden" ist.

bb) Ausdrücklichkeit bei sensitiven und Gesundheitsdaten

Besondere Anforderungen an die Einwilligung in die Verwendung von **sensitiven** **110** **Daten** (Art. 9 Abs. 1 DS-GVO) bestimmt Art. 9 Abs. 2 DS-GVO. Danach muss sich die Einwilligung ausdrücklich (auch) auf diese Daten beziehen. Ein solcher Bezug kann durch die Erwähnung von „Gesundheitsdaten", aber auch durch einen insoweit eindeutigen Kontext ergeben.

Bislang unterlagen **nach deutschem Recht Schweigepflichtentbindungsklauseln**, insbesondere **111** im Gesundheitsbereich und anderer regulierter Berufe, als solche keinen Formvorschriften. Durch die geringen Anforderungen der DS-GVO an die Form der Einwilligung hat die Frage, wie weit für bestimmte Berufsgruppen Sonderregelungen bestehen, an Bedeutung verloren, ist aber nicht irrelevant geworden, etwas hinsichtlich der Nachweisbarkeit (Art. 7 Abs. 1 DS-GVO). Mitgliedstaatlicher Regelungsspielraum besteht hier im Wesentlichen nur nach Art. 23 DS-GVO; Art. 90 DS-GVO eröffnet den Mitgliedstaaten einen Regelungsspielraum nur bezüglich der Eingriffsbefugnisse der Aufsichtsbehörden im Falle von Verarbeitern, die einem Berufsgeheimnis oder einer vergleichbaren Pflicht unterliegen, also nicht hinsichtlich der Anforderungen an die Einwilligung als solche.

---

[109] *Bergmann/Möhrle/Herb*, BDSG § 4a Rn. 92; dagegen *Dörr*, DuD 1992, 167 (167) (der das Tatbestandsmerkmal „im äußeren Erscheinungsbild" des § 4 Abs. 2 S. 3 BDSG 1990 mit drucktechnisch gleichsetzt). Beachte aber demgegenüber nun § 4a Abs. 1 S. 4 BDSG a.F. („besonders hervorgehoben") und auch schon § 3 S. 2 BDSG 1977 („besonders hinzuweisen").

[110] BGH, Urt. v. 27.4.1994 – VIII ZR 223/93, NJW 1994, 1800 (1801) (zu § 1b Abs. 2 S. 2 AbzG: „in drucktechnisch deutlich gestalteter Weise"; *Bergmann/Möhrle/Herb*, BDSG § 4a Rn. 93.

[111] Gesetz betreffend die Abzahlungsgeschäfte v. 16.5.1894 (RGBl. S. 450) i.d.F. d 2. Novelle des AbzG v. 15.5.1974 (BGBl. I S. 1169), aufgeh. d. Art. 10 Abs. 1 S. 2 G. v. 17.12.1990 (BGBl. I S. 2840); vgl. BGH, Urt. v. 27.4.1994 – VIII ZR 223/93, NJW 1994, 1800 (1801).

[112] BGH, Urt. v. 27.4.1994 – VIII ZR 223/93, NJW 1994, 1800 (1801) (zu § 1b Abs. 2 S. 2 AbzG).

[113] OLG Köln, Urt. v. 11.1.2002 – 6 U 125/01, RDV 2002, 237 (238 f.).; *Petri*, RDV 2007, 153 (158).

cc) Ausdrücklichkeit bei automatisierten Einzelentscheidungen

112 Die „Ausdrücklichkeit" der Einwilligung ist Teil des Erlaubnistatbestands (Art. 22 Abs. 2 lit. c DS-GVO). Die Ausdrücklichkeit muss sich auch auf den **Umstand der automatisierten Einzelentscheidung** beziehen.[114]

dd) Schriftform bei Einwilligungen im Beschäftigungsverhältnis

113 Im Rahmen des Konkretisierungsspielraums von Art. 88 DS-GVO ist in § 26 Abs. 2 S. 3 BDSG 2018 in Beschäftigungsverhältnissen die Schriftform vorgeschrieben. Wie in der allgemeinen Regelung des § 4a Abs. 1 S. 3 BDSG-alt kann von der Schriftform abgesehen werden, wenn „wegen besonderer Umstände eine andere Form angemessen ist". So kann etwa auf die besondere Situation eines mit seinem Arbeitgeber nur **elektronisch kommunizierenden Heimarbeiters** Rücksicht genommen werden.[115]

c) Nachweisbarkeit

114 Anders als das bisherige deutsche Recht schreibt das europäische Datenschutzrecht also keine bestimmte Form für die Einwilligungserklärung und andere Willensäußerungen vor (→ Rn. 103). In gewisser Weise funktional ersetzt wird dies aber durch die **Obliegenheit**, die Einwilligung einschließlich ihrer Voraussetzungen hinsichtlich Freiwilligkeit und Informiertheit nachweisen zu können.[116] Dieses Dokumentationserfordernis wurde für die Einwilligungserklärung ausdrücklich in Art. 7 Abs. 1 DS-GVO niedergelegt.

115 In diesem Zusammenhang darf die **Tatsache der Einwilligung** vom Verantwortlichen gespeichert werden.

4. Rechtswirkungen

116 Die Rechtswirkungen der datenschutzrechtlichen Einwilligung **als rechtsgeschäftlicher Willenserklärung** bestimmen sich nach den Regeln der (gemeineuropäischen) Rechtsgeschäftslehre sowie datenschutzrechtlicher Spezialregeln.

a) Konstitutiver Erlaubnistatbestand

117 Aus dem datenschutzrechtlichen Regelungskonzept der „informationellen Fremdbestimmung"[117] heraus ist es konsequent, die Einwilligung nach Art. 6 Abs. 1 S. 1 lit. a DS-GVO nicht als eine (eigene) informationelle Verfügung zu betrachten, sondern als die **Gestattung einer (fremden) informationellen Handlung.**[118]

b) Zeitpunkt und Wirksamkeitsdauer

118 Die datenschutzrechtliche Einwilligung muss als Willenserklärung nach § 130 Abs. 1 S. 1, ggf. i. V. m. Abs. 3 BGB, dem Verantwortlichen zugehen.[119] Sie entfaltet

---

[114] Auernhammer/*Herbst*, DSGVO/BDSG, DS-GVO Art. 22 Rn. 17.

[115] *Thüsing/Schmidt/Forst*, RDV 2017, 116, 122.

[116] *Thüsing/Schmidt/Forst*, RDV 2017, 116, 121.

[117] Vgl. *v. Lewinski*, Die Matrix des Datenschutzes, 2014, S. 48.

[118] Auernhammer/*v. Lewinski*, DSGVO/BDSG, Einl. Rn. 27.

[119] Dies wurde auch unter dem BDSG von denjenigen Stimmen im Schrifttum anerkannt, die in der Einwilligung keine Willenserklärung sehen. Sie leiten die dann aus der ausdrücklichen Regelung zur Abgabe der Einwilligungserklärung (§ 4a BDSG-alt) ab (vgl. *Kohte*, AcP CLXXXV (1985), 105 (122)).

ihre Wirkungen mit **Zugang**, wenn nicht der Betroffene einen späteren Zeitpunkt bestimmt.

Nach bisheriger h. M. im deutschen Datenschutzrecht war eine Rückwirkung der 119 Einwilligung nicht möglich, ebenso wenig eine nachträgliche Zustimmung (Genehmigung).[120] Nach der allgemeinen Rechtsgeschäftslehre allerdings ist dies freilich ohne weiteres möglich. Da entgegenstehende Regelungen im insoweit speziellen Datenschutzrecht fehlen, muss allerdings auch eine **Rückwirkung möglich** sein.

Wie jede Willenserklärung kann die Einwilligung **befristet** werden, auch wenn sie 120 grundsätzlich, d. h. ohne eine weitere Erklärung, unbegrenzt gilt. Rechtspolitisch wird über eine Befristung oder regelmäßige Erneuerung von Willenserklärung in manchen Zusammenhängen wie der Einwilligung in die Veröffentlichung im Internet diskutiert.[121] Im wettbewerbsrechtlichen Werberecht geht die Rechtsprechung in vielen Fällen von einer zeitlichen Begrenzung der Einwilligung aus.[122]

Mit der Geltung von **Einwilligungserklärungen aus der Zeit vor Geltung des DS-GVO** für die 121 Zeit nach dem 25.5.2018 befasst sich ErwGr 171. Grundsätzlich müssen Einwilligungen dem Rechtsstand zum 25.5.2018 entsprechen. Nach dem Wortlaut von ErwGr 171 S. 3 in der deutschsprachigen Übersetzung bleiben auch Einwilligungserklärungen, die die Anforderungen der neuen DS-GVO nicht komplett erfüllen, wirksam,[123] soweit sie jedenfalls der DS-RL 95/46/EG entsprachen und die auch dem bislang geltenden deutschen Recht zugrunde gelegt wurden.[124]

c) Folgen ungenügender Einwilligung

Eine unwirksame Einwilligung ist **nichtig**. Manche Landesdatenschutzgesetze 122 hatten diese Rechtsfolge bislang ausdrücklich vorgesehen. Bei Teilbarkeit kann an eine **geltungserhaltende Reduktion** gedacht werden.[125]

Eine unwirksame Einwilligungserklärung, insb. eine bloß formunwirksame, kann 123 aber gleichwohl **als Einverständnis** im Rahmen der datenschutzrechtlichen Interessenabwägungsklausel Berücksichtigung finden, jedenfalls wenn dem Betroffenen nicht suggeriert wurde, es käme entscheidend auf seine Einwilligung an.[126] Auch kann eine unwirksame Einwilligung u. U. auch einen straf- und deliktsrechtlichen Rechtfertigungsgrund darstellen.[127]

II. Widerspruch

In einer Reihe von Verarbeitungskontexten kann der Betroffene der Verarbeitung 124 seiner Daten widersprechen. Das Widerspruchsrecht als konstitutive Untersagungsbefugnis (→ Rn. 138) besteht **nur für gesetzlich ausdrücklich aufgeführte**

---

[120] Vgl. BT-Drs. 7/5277, 6; *Petri*, RDV 2007, 153 (155).

[121] Insb. *Spindler*, Persönlichkeitsschutz im Internet – Anforderungen und Grenzen einer Regulierung, 69. DJT-Gutachten, 2013, F 79, F 109.

[122] Z. B. AG Bonn, Urt. v. 10.5.2016 – 104 C 227/15 (4 Jahre); LG München I, Urt. v. 8.3.2010 – 17 HK O 138/10, CR 2011, 830 (1,5 Jahre); LG Stuttgart, Urt. v. 31.8.2006 – 38 O 17/06 KfH, WRP 2006, 1548 (Ls.) (4 Wochen); LG Berlin, Beschl. v. 2.7.2004 – 15 O 653/03, CR 2004, 941 (2 Jahre); LG Hamburg, Urt. v. 17.2.2004 – 312 O 645/02 (10 Jahre); a. A. AG Hamburg, Urt. v. 24.8.2016 – 9 C 106/16; s. a. *Auer-Reinsdorff/Conrad*, IT- und Datenschutzrecht, 2. Aufl. 2016, § 36 Rn. 148 f.; Auernhammer/*Kramer*, DSGVO/BDSG, DS-GVO Art. 7 Rn. 20.

[123] Ehmann/Sedlmayr/*Heckmann/Paschke*, DS-GVO Art. 7 Rn. 58.

[124] BGH, Urt. v. 25.10.2012 – I ZR 169/10, NJW 2013, 2683 (2685); BGH, Urt. v. 14.3.2017 – VI ZR 721/15, ZVertriebsR 2017, 172, 175.

[125] A. A. Auernhammer/*Kramer*, DSGVO/BDSG, DS-GVO Art. 7 Rn. 14.

[126] Vgl. Simitis/*Scholz/Sokol*, BDSG § 4 Rn. 6.

[127] AWV-Fachinformationen Teil 2, S. 37 (zit. bei *Gallwas* u. a., § 3 BDSG 1977, Rn. 10); a. A. *Preuß*, Die Kontrolle von E-Mails und sonstigen elektronischen Dokumenten im Rahmen unternehmensinterner Ermittlungen, 2016, S. 401 f.

Konstellationen. Dies sind nach der DS-GVO die Datenverarbeitung im öffentlichen Interesse (Art. 21 Abs. 1 S. 1 i.V.m. Art. 6 Abs. 1 S. 1 lit. e DS-GVO), die Datenverarbeitung aufgrund Interessenabwägung (Art. 21 Abs. 1 S. 1 i.V.m. Art. 6 Abs. 1 S. 1 lit. f DS-GVO),[128] bei Profiling (Art. 21 Abs. 1 S. 1 Hs. 2 DS-GVO), Direktwerbung (Art. 21 Abs. 2 DS-GVO) und Forschung und Statistik (Art. 21 Abs. 6 DS-GVO).

125　**Widerspruchsrechte** sind **im Fachrecht** vielfach und vielgestaltig geregelt (z.B. § 20 Abs. 5, § 28 Abs. 4 S. 1, § 35 Abs. 5 BDSG-alt, vgl. auch § 24 Abs. 2 S. 4 BDSG-alt; § 95 Abs. 2 S. 2 u. 3 TKG; § 6 Abs. 2 S. 4 HwO; § 9 Abs. 4 S. 2 IHK-G). Ein allgemeiner Unterlassungs- und Beseitigungsanspruch (§ 1004 Abs. 1 i.V.m. § 823 Abs. 1 u. 2 BGB)[129] scheidet allerdings aus, weil das europäische Datenschutzrecht insoweit die speziellere Regelung enthält.

126　Nach § 36 BDSG 2018 ist das **Widerspruchsrecht gegenüber öffentlichen Stellen** ausgeschlossen, wenn an der Verarbeitung ein zwingendes öffentliches Interesse besteht, das die Interessen des Betroffenen überwiegt oder wenn durch eine Rechtsvorschrift die Datenverarbeitung vorgeschrieben ist.

127　Die **Rechtmäßigkeit der Verarbeitung** zum Zeitpunkt des Widerspruchs ist ohne Belang. Ist sie **rechtswidrig**, ändert der Widerspruch hieran nichts.

1. Transparenz als Voraussetzung

128　Wie sich aus der allgemeinen Vorschrift des Art. 12 Abs. 1 DS-GVO ergibt, gelten die in den nachfolgenden Normen bestimmten Transparenzpflichten auch für das Widerspruchrecht gem. Art. 21 DS-GVO. In den Verarbeitungskonstellationen, in denen ein solches besteht (→ Rn. 124), muss der Verantwortliche den Betroffenen **über das Bestehen von dessen Widerspruchsrecht belehren** (Art. 21 Abs. 4 DS-GVO); dies gilt freilich nicht für das Widerspruchsrecht gegen die Verarbeitung für wissenschaftliche und statistische Zwecke, da Art. 21 Abs. 4 DS-GVO nicht auf Art. 21 Abs. 6 DS-GVO verweist. Die formalen Anforderungen an die Belehrung ergeben sich allgemein aus Art. 12 DS-GVO.

129　Anders als bei der Einwilligung (→ Rn. 87 ff.) muss ein Widerspruch **nicht informiert** erfolgen, sondern kann auch in **Unkenntnis** oder aus **Unverstand** erhoben werden; hier geht das Datenschutzrecht von seiner Grundannahme aus, dass die Nicht-Verarbeitung stets weniger gefährdend sei als die Verarbeitung.

2. Bestimmtheit

130　Für den Widerspruch bestehen mangels besonderer gesetzlicher Anordnung keine speziellen Bestimmtheitserfordernisse. Es genügt, dass nach den allgemeinen Maßstäben (**objektivierter Empfängerhorizont**) die Erklärung des Betroffenen als Widerspruch zu interpretieren ist.

3. Formfreiheit

131　Mangels einer speziellen Formvorschrift ist der Widerspruch formfrei möglich.

132　Der Widerspruch kennt grundsätzlich **kein Begründungserfordernis** und unterliegt keiner Interessenabwägung. Er kann vom Betroffenen also ohne weitere Voraussetzungen erklärt werden.

133　Nur beim **Widerspruch gegen die Verarbeitung zu Forschungs- und Statistikzwecken** müssen „Gründe, die sich aus [der] besonderen Situation [des Betroffenen] ergeben" vorliegen und folglich

---

[128] Vgl. dazu → § 13 Rn. 14.
[129] So aber *Franck*, RDV 2015, 137 (138).

auch geltend gemacht werden. Anders als beim allgemeinen Widerspruch (→ Rn. 133) besteht hier ausnahmsweise eine Begründungslast beim Betroffenen.

Der Verantwortliche hat die **elektronische Einlegung von Widerspruch** zu er- 134 möglichen (ErwGr 59 S. 2 DS-GVO).

Bei **Internetdiensten** muss die Möglichkeit bestehen, den Widerspruch auch au- 135 tomatisiert einzulegen (Art. 21 Abs. 5 DS-GVO).

Die Kosten des Widerspruchs werden nur hinsichtlich des Werbeverarbeitungs- 136 widerspruchs (Art. 21 Abs. 2 DS-GVO) angesprochen und dieser muss dort „jederzeit unentgeltlich" sein (ErwGr 70 S. 1 DS-GVO). Hinsichtlich des Widerspruchs in anderen Konstellationen wird nur verlangt, dass „Mechanismen, die dafür sorgen, dass [vom] Widerspruchsrecht Gebrauch gemacht werden kann", vorgesehen sind (ErwGr 59 S. 1 DS-GVO). Eine Bestätigung über den Widerspruch ist außer bei Missbrauch und Exzess stets kostenfrei (Art. 12 Abs. 5 S. 1 DS-GVO). Auch wenn keine **grundsätzliche Kostenfreiheit** angeordnet wird, sind die Möglichkeiten der Bepreisung dieser Rechtsausübung ausgesprochen eingeschränkt. Der Widerspruch gegen **Direktwerbung** muss ausdrücklich jederzeit und unentgeltlich möglich sein (ErwGr 69 S. 1 DS-GVO).

Wie auch bei Willenserklärungen besteht **keine (selbständige) Überprüfungs-** 137 **pflicht hinsichtlich der Identität des Erklärenden.** Allerdings kommt es für die Rechtswirkung darauf an, von wem die Erklärung stammt. Insoweit darf der Verantwortliche die Identität des Erklärenden überprüfen, wobei das hierfür gewählte Verfahren angesichts der grundsätzlichen Formfreiheit nicht prohibitiv sein darf.[130]

4. Rechtswirkungen

Der Widerspruch ist eine Willenserklärung (→ Rn. 19). Als eine Willenserklärung 138 muss der Widerspruch **dem Verantwortlichen zugehen.**

Durch einen Widerspruch entfällt – unter den jeweiligen Voraussetzungen – der 139 Rechtsgrund für eine Datenverarbeitung. Insoweit handelt sich dabei also um eine **konstitutive Untersagungsbefugnis** (Art. 21 Abs. 1 S. 2 DS-GVO: „Der Verantwortliche verarbeitet die personenbezogenen Daten nicht mehr [...]"). Nach Art. 17 Abs. 1 lit. c DS-GVO sind die betreffenden Daten dann grundsätzlich zu löschen.

Unterschieden wird zwischen dem Werbewiderspruch (Art. 21 Abs. 2 DS-GVO) als einem „ab- 140 solutem Widerspruchsrecht" und einem „relativen Widerspruchsrecht".[131]

Allerdings kann die Datenverarbeitung gleichwohl erfolgen (bzw. fortgesetzt 141 werden), wenn spezielle und enge Voraussetzungen vorliegen. Diese ergeben sich entweder aus der speziellen, den Widerspruch überspielenden Vorschriften des Art. 21 Abs. 1 S. 2 DS-GVO, bei denen es darauf ankommt, dass der Verantwortliche seine überwiegenden Interessen darlegt, die angesichts des ausdrücklich entgegenstehenden Willens des Betroffenen den Grad von **„zwingenden berechtigten Interessen"** haben müssen (ErwGr 69 S. 2 DS-GVO). Ähnlich wie bei Art. 6 Abs. 1 S. 1 lit. f DS-GVO kommt es auf eine Interessenabwägung an, in der die Interessen des Verantwortlichen aber ein besonderes Gewicht haben müssen, um zu einer Erlaubtheit der Verarbeitung zu kommen.

Im Ergebnis führt der Widerspruch (außerhalb der Werbedatenverarbeitung) zu 142 einer **Aktualisierung der Rechenschaftspflicht** (Art. 5 Abs. 2 DS-GVO) hin-

---

[130] Vgl. Auernhammer/*Kramer*, DSGVO/BDSG, DS-GVO Art. 21 Rn. 25.
[131] Auernhammer/*Kramer*, DSGVO/BDSG, DS-GVO Art. 21 Rn. 2, 4.

sichtlich der Rechtmäßigkeit. Der Betroffene zwingt den Verantwortlichen durch seinen Widerspruch, die zuvor insb. auf öffentliche Zwecke (Art. 6 Abs. 1 S. 1 lit. e DS-GVO) oder die Interessenabwägung (Art. 6 Abs. 1 S. 1 lit. f DS-GVO) gestützte Verarbeitung auf eine andere Rechtsgrundlage zu stützen oder das Vorliegen der bisher angenommenen Verarbeitungsgrundlage zu untermauern.

143 Der Widerspruch **wirkt nur ex nunc** (Art. 21 Abs. 1 S. 2, Abs. 3 DS-GVO).

III. Widerruf von Einwilligung und Widerspruch

144 Der geäußerte **Wille in Bezug auf Datenverwendungen kann sich ändern.** Eine die Selbstbestimmung und Willensfreiheit achtende Rechtsordnung muss dies abbilden, gleichzeitig aber auch die Belange von Vertragspartnern oder der Allgemeinheit berücksichtigen.

145 Die Einwilligung und der Widerspruch sind im systematischen Sinne keine Gegenbegriffe, sondern beschreiben jeweils eine rechtsgeschäftliche Willensbetätigung in die eine bzw. die andere Richtung. Wie aber schon die Existenz der Kategorie des Widerrufs (der Einwilligung) zeigt, ist Widerspruch nicht der **Actus contrarius** zur Einwilligung (und auch nicht umgekehrt).

146 So ist im europäischen Datenschutzrecht der **Widerruf der Einwilligung** als rechtliche Kategorie anerkannt (Art. 7 Abs. 3 DS-GVO, s.a. ErwGr 65 S. 2); besonders wichtig war dem Normgeber die Widerrufbarkeit bei der Einwilligung von Minderjährigen (ErwGr 65 S. 3 DS-GVO).

147 Der **Widerruf des Widerspruchs** ist dagegen nicht ausdrücklich geregelt. Wenn man den Widerspruch als Willenserklärung einordnet, dann liegt es für dessen Actus contrarius nahe, hier dieselben Regeln anzuwenden, wie für den Widerruf der Einwilligung.

148 Der datenschutzrechtliche Widerruf ist, als Actus contrarius zur rechtgeschäftlichen Einwilligungs- oder Widerspruchserklärung, ebenfalls eine **Willenserklärung**.[132] Denn er beseitigt die für eine Datenverwendung konstitutive Einwilligung bzw. den entgegenstehenden Widerspruch.

1. Beschränkungen und Bedingungen

149 Die Widerruflichkeit einer Einwilligungserklärung zählte nach dem bisherigen BDSG nicht zu den unabdingbaren Rechten des Betroffenen (arg. ex § 6 Abs. 1 BDSG-alt).[133] Insoweit konnte sie nach deutschem Recht auch **durch Gesetz oder durch Vertrag ausgeschlossen** werden. Ein Beispiel für den gesetzlichen Ausschluss sind klinische Arzneimittelstudien, bei denen die Einwilligung hinsichtlich pseudonymisiert an die Zulassungsbehörde übermittelter Daten nicht widerrufen werden kann (§ 40 Abs. 2a S. 1 Nr. 2 AMG; ähnlich § 28c Abs. 2 Nr. 2 RöV; § 87 Abs. 2 Nr. 2 StrlSchV).[134] Ein vertraglich Ausschluss ist etwa bei Verträgen mit fester Laufzeit möglich, für die die Nutzung der Daten Voraussetzung ist.[135] Etwas anderes ist durch § 13 Abs. 2 Nr. 4 TMG für Telemediendienste bestimmt. Die dortige Formulierung scheint die Existenz eines solchen „Rechts auf jederzeitigen Widerruf mit Wirkung für die Zukunft" vorauszusetzen.

150 Allgemeinen Kriterien entsprechend wird man den **rechtsmissbräuchlichen Widerruf der Einwilligung** (§ 226 BGB, § 242 BGB) allerdings für unwirksam halten können.[136]

---

[132] Anders *Gallwas* in: Gallwas u. a., § 3 BDSG 1977, Rn. 12 ff.
[133] Anders Roßnagel HdB DatenSR/*Holznagel/Sonntag*, 2003, Kap. 4.8, Rn. 65, die einen „*endgültigen* Verzicht" ausschließen wollen.
[134] Hierzu *Herbst*, MedR 2009, 149 (152).
[135] Vgl. *Buchner*, Informationelle Selbstbestimmung im Privatrecht, S. 273 f.
[136] *Franck*, RDV 2015, 137 (138).

2. Informiertheit

Über die Wirkung des Widerrufs nur ex nunc ist der Betroffene zu belehren 151
(Art. 7 Abs. 3 S. 3 DS-GVO). Mangels besonderer Regelungen muss über die Widerruflichkeit des Widerspruchs nicht informiert werden.

3. Bestimmtheit

Hinsichtlich der Bestimmtheit des Widerrufs gibt es keine gesetzlichen Vorgaben. 152
Es kommt also **nach den allgemeinen Vorschriften** auf die Auslegung vom objek-
tivierten Empfängerhorizont aus an.

4. Formfreiheit

Der Widerruf einer Einwilligungserklärung ist mangels gesetzlicher Bestimmung 153
grundsätzlich formfrei. Aus Art. 7 Abs. 3 S. 4 DS-GVO folgt, dass für den Widerruf der Einwilligung keine strengere Form als für die Einwilligung gelten darf.

5. Rechtswirkungen

Die Einwilligung kann grundsätzlich **jederzeit widerrufen** werden (Art. 7 Abs. 3 154
S. 1 DS-GVO). Als Willenserklärung entfaltet der Widerruf nach Art. 7 Abs. 3 S. 2
DS-GVO seine Rechtswirkungen ab dem Zugang und dann (nur) mit Wirkung für
die Zukunft. – Gleiches gilt für den Widerruf des Widerspruchs.

Grundsätzliche Rechtsfolge eines Widerrufs der Einwilligung ist die **Pflicht des** 155
Verantwortlichen, die betreffenden **Daten zu löschen** (Art. 17 Abs. 1 lit. b DS-
GVO).

a) Rückgriff auf gesetzliche Erlaubnisnormen

Wenn die Einwilligung widerrufen wird, bedeutet das jedoch nicht automatisch 156
ein Verbot der Verarbeitung. Vielmehr kommt es darauf an, ob die Verarbeitung auf
einen anderen (gesetzlichen) Erlaubnistatbestand gestützt werden kann. Hier spielt
insb. die **Interessenabwägung** (Art. 6 Abs. 1 lit. f DS-GVO) eine Rolle, in der auch
der Umstand, dass zur Zeit der Geltung der Einwilligung ein Einverständnis mit
der Verarbeitung bestanden hat, Berücksichtigung finden kann. Wenn nun der Verantwortliche hierauf (vorhersehbar) vertraut und Aufwendungen getätigt hat, kann
auch eine Fortsetzung der Verarbeitung rechtmäßig sein.[137]

Das **Gebot von Treu und Glauben** (§ 242 BGB) kann den kurzfristigen Wider- 157
ruf und den Widerruf zur Unzeit verbieten.[138] Ebenso bleibt eine mögliche Scha-
denersatzpflicht bei Widerruf im Rahmen entgeltlicher Verträge unberührt.[139]

b) Rückwirkung auf Vertragsverhältnisse

Probleme treten jedoch auf, wenn die Einwilligung **Teil eines gegenseitigen** 158
Rechtsverhältnisses, z.B. eines Vertrages, ist. Die Folgen eines Widerrufs bestimmen sich dann nach dessen speziellen Bestimmungen und der Rechtsnatur des jeweiligen Vertragstyps[140] sowie nach dem Gebot von Treu und Glauben.[141]

---

[137] Vgl. BAG, Urt. v. 11.12.2014 – 8 AZR 1010/13, K&R 2015, 433 (436): Videoaufnahme von einem früheren Beschäftigten.
[138] *Kohte,* AcP CLXXXV (1985), 105 (138).
[139] *Kohte,* AcP CLXXXV (1985), 105 (138).
[140] So schon *v. Tuhr,* Der Allgemeine Teil des Deutschen Bürgerlichen Rechts, Bd. II/1, 1914,
S. 469.
[141] Roßnagel HdB DatenSR/*Holznagel/Sonntag,* 2003, Kap. 4.8 Rn. 66.

159 Ist eine Willensbetätigung Teil eines Vertrages, ohne dass die von ihr betroffene Datenverwendung für ein Vertragsverhältnis erforderlich wäre (Art. 6 Abs. 1 lit. b DS-GVO), ist zu differenzieren:[142] Ein **Dauerschuldverhältnis**, das als wesentlichen Teil eine Einwilligung enthält, kann jederzeit aus wichtigem Grund gekündigt werden (§ 314 BGB). Ansonsten ist es eine Frage des Einzelfalls, ob die (nachträgliche) Unwirksamkeit der Einwilligung **auf das Grundgeschäft durchschlägt.**[143]

6. Verhältnis zur Anfechtung

160 Neben der Möglichkeit des Widerrufs der Einwilligung kann deren Anfechtbarkeit stehen, so in den Fällen des § 123 BGB und bei den Irrtumsfällen des § 119 BGB. In diesen Fällen liegt **kein Mangel an „Freiwilligkeit"** mit der Folge der Unwirksamkeit der Willenserklärung vor. Denn man würde dem Betroffenen sonst die Möglichkeit nehmen, sich im Rahmen der Anfechtungsmöglichkeiten nach dem Ende des Willensmangels frei zu entscheiden. Auch sind keine materiellen Wertungsgesichtspunkte ersichtlich, nach denen im Datenschutzrecht von den im Privatrecht erprobten und lange bewährten Grundsätzen abgewichen werden muss. Dort gilt, dass eine nicht freiwillig abgegebene (Willens-)Erklärung anfechtbar (§ 123 BGB) ist und die Nichtigkeitsfolge (etwa nach § 138 BGB) verdrängt.[144]

161 Eine Anfechtung wirkt grundsätzlich **ex tunc**. Doch muss dies, wie für andere Dauerschuldverhältnisse, modifiziert werden. Datenverarbeitungen und ggf. Persönlichkeitsrechtsbeeinträchtigungen in der Vergangenheit können nicht ungeschehen gemacht werden, so dass regelmäßig nur eine **Anfechtungswirkung ex nunc** in Frage kommt.[145]

IV. Stellvertretung

1. Gewillkürte Vertretung

162 Für Einwilligung und Widerruf, die Willenserklärungen sind (→ Rn. 24), ist nach den allgemeinen Regeln für Rechtsgeschäfte eine Stellvertretung möglich.[146] Dies ergibt sich schon aus **Grundsätzen des Zivilrechts**, das Ausnahmen und Einschränkungen der Stellvertretung ausdrücklich regelt (z.B. in § 1311 BGB [Eheschließung], § 1904 Abs. 2 u. § 1906 Abs. 5 BGB). Im **Öffentlichen Recht** bestimmt § 14 Abs. 1 VwVfG, dass Bevollmächtigungen möglich sind. Der Befund wird zusätzlich dadurch gestützt, dass die Möglichkeit der Stellvertretung in „ausgebildeter Verkehrsgesellschaft erforderlich" ist.[147] Im Datenschutzrecht fehlt es an einer ausdrücklichen Vorschrift; in ErwGr 38 S. 3 DS-GVO wird aber die Stellvertretung am Rande erwähnt, also (in Bezug jedenfalls auf Minderjährige) implizit

---

[142] S. hierzu (noch auf der Basis des § 28 Abs. 1 S. 1 Nr. 1 BDSG-alt) *Buchner*, Informationelle Selbstbestimmung im Privatrecht, 2006, S. 201 ff. mit Verweis auf *Ohly*, Volenti non fit iniuria, 2002, S. 141 ff., wo ein dreistufiges Modell aus Einwilligung i.e.S., rechtsgeschäftlicher Einwilligung und der Einräumung von Datennutzungsrechten vorgeschlagen wird.

[143] Dies sieht *Kohte*, AcP CLXXXV (1985), 105 (136) sogar als den Regelfall an.

[144] Palandt/*Ellenberger*, 76. Auf. 2017, BGB § 138 Rn. 15; *Ohly*, Volenti non fit iniuria, 2002, S. 447.

[145] *Kroll*, Datenschutz im Arbeitsverhältnis, 1981, S. 169 f.; dagegen *Kohte*, AcP CLXXXV (1985), 105 (140).

[146] Roßnagel HdB DatenSR/*Holznagel/Sonntag*, 2003, Kap. 4.8 Rn. 27 m.w.N.; zutreffende Analyse der bezeichnenden Interessengeleitetheit der Argumentationen bei *Kohte*, AcP CLXXXV (1985), 105 (142 f.).

[147] *Ulrici*, NJW 2003, 2053 (2055 f.).

vorausgesetzt. Und da an dieser Stelle eine Ausnahme von der Stellvertretung angesprochen wird, muss davon ausgegangen werden, dass das europäische Datenschutzrecht insgesamt von der Möglichkeit einer Stellvertretung ausgeht.

Allerdings wird gegen die Möglichkeit der Vertretung bei der Einwilligung (und **163** damit auch beim Widerspruch sowie dem Widerruf von Einwilligung und Widerspruch) eingewandt, dass es sich bei der datenschutzrechtlichen Willenserklärung um ein **höchstpersönliches Rechtsgeschäft** handele.[148] Der Gesetzgeber habe ein „Höchstmaß an Schutz der Informationellen Selbstbestimmung" bezweckt, weshalb sich der Betroffene unmittelbar zu der Frage der Verarbeitung äußern müsse.[149] Daran ist im Ausgangspunkt richtig, dass die Vertretung bei manchen höchstpersönlichen Fragen nicht ohne weiteres möglich ist (vgl. die bereits erwähnten, allerdings ausdrücklichen Bestimmungen nach § 1904 Abs. 2 und § 1906 Abs. 5 BGB). Jedoch zeigen die genannten Vorschriften, dass eine Vertretung auch in diesen besonderen Fällen nicht per se ausgeschlossen, sondern lediglich an besondere Form- und Verfahrensvoraussetzungen geknüpft ist. Da eine entsprechende einschränkende Vorschrift im Datenschutzrecht jedoch fehlt, ist eine Vertretung bei der Abgabe einer datenschutzrechtlichen Einwilligung wie auch eines Widerspruchs deshalb nur in außergewöhnlichen Fällen ausgeschlossen, wie etwa bei Präventions- und Beratungsdiensten für Minderjährige (ErwGr 38 S. 3 DS-GVO).

Die Bevollmächtigung zur Abgabe einer Einwilligungserklärung ist nach § 167 **164** Abs. 2 BGB **nicht formbedürftig.**

Selbst die Abgabe einer **Einwilligungserklärung ohne Vertretungsmacht** ist **165** möglich. Die Wirksamkeit hängt dann von der Genehmigung des (vermeintlich) Vertretenen ab (§ 177 Abs. 1 BGB). Auch die Geschäftsführung ohne Auftrag kann die Abgabe von (dann wirksamen) Einwilligungs- und Widerrufserklärungen beinhalten. Unabhängig davon ist schließlich auch Botenschaft möglich.[150]

2. Gesetzliche Vertretung. Minderjährige

Gesetzliche Vertretungsmacht haben **Ehegatten** füreinander bei Geschäften zur **166** Deckung des (täglichen) Lebensbedarfs (§ 1357 Abs. 1 S. 1 BGB). Soweit dies die Abgabe einer datenschutzrechtlichen Einwilligungserklärung betrifft, kann diese auch vom jeweils anderen Ehegatten abgegeben werden.

Für **Minderjährige und sonstige in der Geschäftsfähigkeit Beschränkte** gelten **167** ebenfalls die allgemeinen rechtsgeschäftlichen Regeln. Dies ist in ErwGr 38 S. 3 DS-GVO ausdrücklich anerkannt. Grundsätzlich ist es deshalb dem Erziehungsberechtigten, solange und soweit er zur rechtsgeschäftlichen Vertretung berechtigt ist, auch möglich, die Einwilligung nach Art. 7 DS-GVO zu erklären. Im Rahmen der elterlichen Gewalt („elterliche Verantwortung") können die Erziehungsberechtigten den Minderjährigen auch zur Preisgabe von Daten zwingen. In Fällen allerdings, die stark in das Persönlichkeitsrecht eingreifen (z.B. ärztlichen oder psychologische Untersuchungen) muss individuell auf die Einsichtsfähigkeit und Grundrechtsmündigkeit abgestellt werden.[151] Ob hierfür der beschränkt Geschäftsfähige oder sein gesetzlicher Vertreter oder nur beide zusammen das Einverständnis erklären können, hängt von den Umständen des Einzelfalls ab.[152] Anhaltspunkte im Gesetz ergeben sich beispielsweise aus § 45 Abs. 1 JArbSchG, § 40 Abs. 4 Nr. 3

---

[148] *Auernhammer*, BDSG, 3. Aufl. 1991, § 4 Rn. 11.
[149] Simitis/*Simitis*, BDSG § 4a Rn. 30f.
[150] Simitis/*Simitis*, BDSG § 4a Rn. 31.
[151] *Gernhuber*, FamRZ 1962, 89 (94).
[152] *Kohte*, AcP CLXXXV (1985), 105 (143ff.).

AMG und § 3 KastrG; den speziellen Fall von Präventions- und Beratungsdiensten für Kinder spricht ErwGr 38 S. 3 DS-GVO an.

V. Genehmigung

168   Die Genehmigung als **nachträgliche Zustimmung**, wie nach allgemeinem Zivilrecht allgemein möglich, ist im Datenschutzrecht nicht vorgesehen. Von der bisher h.M. zum deutschen Datenschutzrecht war sie allerdings nicht anerkannt. Nach der hier vertretenen rechtsgeschäftsorientierten Auffassung muss eine nachträgliche Genehmigung als Erlaubnistatbestand aber gleichwohl möglich sein.

169   Jedenfalls aber kann eine nachträgliche Genehmigung durchaus datenschutzrechtliche Rechtswirkungen haben. Zum einen ist sie ein **Indiz für eine subjektiv fehlende Betroffenheit,** was etwa bei der (retrospektiven) Beurteilung von gesetzlichen Erlaubnistatbeständen mit Wertungs- und Abwägungsmöglichkeiten eine Rolle spielen kann. Vor allem auf der Sanktionenebene, vom Schadenersatz bis zum Ordnungswidrigkeiten- und Strafverfahren, spielt die Genehmigung hinsichtlich der Höhe der Sanktion und mit Blick auf ein Absehen von einer solchen eine Rolle.

170   Schließlich ist eine Genehmigung immer auch der **Verzicht auf einen Widerspruch,** der freilich nur ex nunc rechtliche Bedeutung hat.

VI. Verzicht auf Betroffenenrechte

171   Nach bisherigem deutschen Datenschutzrecht war der rechtsgeschäftliche Verzicht auf bestimmte Betroffenenrechte **ausdrücklich ausgeschlossen** (§ 6 Abs. 1 BDSG-alt).

172   Das europäische Datenschutzrecht enthält zum Verzicht auf Betroffenenrechte **keine ausdrückliche Vorschrift.** Ob ein solcher möglich ist, bestimmt sich also nach allgemeinen Grundsätzen; Klarheit wird erst nach einer entsprechenden Entscheidung des EuGH bestehen.

VII. Verhältnis datenschutzrechtlicher Ansprüche zur Unwirksamkeit des Rechtsgeschäfts

173   Die Unwirksamkeit eines Rechtsgeschäfts kann sich aus einem **gesetzlichen Verbot** (§ 134 BGB) sowie aus einem **Verstoß gegen die guten Sitten** (§ 138 Abs. 1 BGB) oder **Spezialnormen** ergeben. Rechtsprechung und Schrifttum haben sich bisher – soweit ersichtlich – noch nicht ausführlich mit diesem Thema beschäftigt.[153]

174   Dies hat seinen Grund sicherlich auch darin, dass die datenschutzrechtlichen Normen als die **spezielleren Normen zu den allgemeinen zivilrechtlichen Nichtigkeitsnormen** angesehen werden. Die undifferenzierte Nichtigkeit ist nicht erforderlich, wenn die spezialgesetzlichen Regelungen ausreichen, um den gesetzlich vorgesehen Schutz zu gewährleisten,[154] insbesondere, wenn der Betroffene spezialgesetzliche Möglichkeiten hat, sich zu wehren.[155] Im Datenschutzrecht hat der Gesetzgeber für die Fälle rechtswidriger Datenverarbeitungen solche differenzierten Lösungen vorgegeben (Widerspruchsrechte, Löschungspflichten, Sperrung, Berichtigung).

---

[153] *Kusserow/Dittrich,* WM 1997, 1786 (1791); zur Offenheit der Thematik der Rechtsfolgen von Verstößen gegen das Datenschutzrecht vgl. noch *Schantz/Wolff,* Das neue DatSchR, 2017, Rn. 1176 f.

[154] BGH, Urt. v. 23.10.1980 – IVa ZR 28/80, BGHZ 78, 263 (266); BGH, Urt. v. 19.1.1984 – VII ZR 121/83, BGHZ 89, 369 (373); BGH, Urt. v. 17.1.1985 – Az. III ZR 135/83, BGHZ 93, 264 (267).

[155] BGH, Urt. v. 22.5.1978 – III ZR 153/76, BGHZ 71, 358 (362).

Auch verträgt sich der **verarbeitungsschrittorientierte Regelungsansatz des** 175
Datenschutzrechts nicht mit der **pauschalisierenden Rechtsfolge einer Nichtig-keit** des Rechtsgeschäfts. Eine lediglich zwischen den Vertragsparteien wirkende Nichtigkeit eines Rechtsverhältnisses würde dem Betroffenen keine (zusätzlichen) Rechte gewähren.

Allerdings wird von der Rechtsprechung die abschließende Geltung des Daten- 176
schutzrechts durchbrochen, wenn nicht nur eine Persönlichkeitsrechts*beeinträchti-gung*, sondern eine **Persönlichkeitsrechts*verletzung*** vorliegt.[156] Aber nicht jeder Verstoß gegen das Datenschutzrecht auch eine solche Persönlichkeitsrechts*verlet-zung*.[157] § 1 Abs. 1 BDSG-alt schützte schon vor „Beeinträchtigungen" des Allge-meinen Persönlichkeitsrechts, nicht nur vor Verletzungen,[158] das BDSG ist insoweit eine Vorfeldregelung.[159] Deshalb ist eine über die datenschutzrechtlichen Folgen einer rechtswidrigen Datenverarbeitung hinausgehende und diese damit außer Kraft setzende Nichtigkeit nur dann anzunehmen, wenn höchstpersönliche Rechtsgüter betroffen sind,[160] wenn ein bewusster Verstoß beider Seiten vorliegt[161] sowie wohl auch bei jedem Verstoß gegen eine Strafnorm.[162] Bei letztgenanntem Fall ist insbe-sondere an die durch § 203 StGB besonders geschützten berufsrechtlichen Ver-schwiegenheitspflichten zu denken.

D. Bloße Willensäußerungen im Datenschutzrecht

Die bloße Willensäußerung ist **(nur) ein Realakt**. Ihr kommt keine unmittelbare 177
Rechtswirkung zu. Gleichwohl kann sie datenschutzrechtlich erheblich sein, insb. etwa im Zusammenhang mit einer Interessenabwägung, in der die Äußerung des Willens des Betroffenen maßgeblich einzustellen ist.[163]

Die bloße Willensäußerung kann den Gehalt eines positiven **Einverständnisses** 178
oder eines negativen **Einwands** haben. Im Widerspruch zu einem geäußerten Ein-wand ist etwa keine (gemeinsame) vertragliche Zweckbestimmung möglich. Der Verzicht auf einen Einwand ist nicht auch zugleich ein (rechtsgeschäftliches) Ein-verständnis.[164]

I. Formfreiheit von Einverständnis und Einwand

Einverständnis und Einwand sind – als Realakte – formfrei. Werden sie in einer 179
Interessenabwägung oder in eine Entscheidung über die Erforderlichkeit einer Da-tenverwendung einbezogen, ist jedoch mit Blick auf die für die Einwilligung be-zweckte Warnfunktion die Schriftform unter Umständen nützlich. Jedenfalls sind

---

[156] BGH, Urt. v. 19.5.1981 – VI ZR 273/79, NJW 1981, 1738 (1740); weitergehend Urt. v. 7.7.1983 – III ZR 159/82, NJW 1984, 436 ff.; Urt. v. 22.5.1984 – VI ZR 105/82, BGHZ 91, 233 ff.
[157] *Klippel*, BB 1983, 407 (409).
[158] Auf einen „Missbrauch" wie in BDSG 1977 wird nicht mehr abgestellt (Simitis/*Simitis*, BDSG § 1 Rn. 24).
[159] Gola/Schomerus/*Gola/Körffer/Klug*, BDSG § 1 Rn. 6. Damit korreliert das auf der verfas-sungsrechtlichen Ebene festzustellende geringe(re) Gewicht des R. a. i. S. in der Beziehung zwischen Privaten (→ § 4 Rn. 33, 35).
[160] BGH, Urt. v. 11.12.1991 – VII ZR 4/91, BGHZ 116, 268 (276 f.).
[161] BGH, Urt. v. 14.11.1960 – VIII ZR 116/59, WM 1960, 1417 (1419 f.); BGH, Urt. v. 11.12.1991 – VII ZR 4/91, BGHZ 116, 268 (276 f.).
[162] MünchKommBGB/*Armbrüster*, 7. Aufl. 2015, § 134 Rn. 110.
[163] Vgl. im Kontext des Sanktionenrechts OLG Karlsruhe, Beschl. v. 28.6.2017 – 1 Rb 8 Ss 540/16, ZD 2017, 478 f.; Auernhammer/*v. Lewinski*, DSGVO/BDSG, BDSG § 43 Rn. 60 m. w. N., auch zur a. A.
[164] Simitis/*Simitis*, BDSG § 28 Rn. 263.

sie im Rahmen der datenschutzrechtlichen Rechenschaftspflichtigkeit (Art. 5 Abs. 2 DS-GVO) zu **dokumentieren**.

II. Kenntnis des Verantwortlichen

180   Für Realakte wie das Einverständnis, aber auch den Einwand, fehlt es an einer Bestimmung über den Zugang der Äußerung entsprechend § 130 BGB. Denn in diesen Fällen kommt es maßgeblich auf einen **geäußerten Willen der Betroffenen** an, nicht auf die Kenntnisnahme des Verantwortlichen. Wenn jedoch eine solche Willensäußerung zur Grundlage einer Interessenabwägung oder der Entscheidung über die Erforderlichkeit einer Datenverwendung gemacht werden soll, muss der Verantwortliche auch Kenntnis von dem entsprechenden Willen haben.

III. Wegfall des Einverständnisses und des Einwands

181   Der Wegfall eines Einverständnisses wirkt als Realakt ex nunc. Sobald dieser dem Verantwortlichen zur Kenntnis gelangt, hat dieser die Auswirkungen der Rücknahme in dessen Auswirkungen auf die Interessenabwägung bzw. Erforderlichkeit zu prüfen. War das Einverständnis Geschäftsgrundlage, kommt auch eine Anwendung des § 313 BGB in Frage. Unbenommen bleibt es dem Betroffenen, sein allgemeines Widerspruchsrecht – als rechtsgeschäftliche Erklärung – geltend zu machen.

IV. „Vertretung" und „Genehmigung" bei Einverständnis und Einwand

182   Beim Einverständnis und dem Einwand sowie bei deren Wegfall als jeweils Realakte ist eine **Stellvertretung grundsätzlich nicht möglich**.

183   Die Mitteilung des Einverständnisses bzw. eines Einwands „in Vertretung" ist rechtlich als **Wissenserklärung über eine innere Tatsache eines Dritten** einzuordnen. Sie ist an keine rechtlichen Voraussetzungen geknüpft.[165] Da das Einverständnis und der Einwand datenschutzrechtlich nur insoweit Auswirkungen haben, als dass eine Interessenabwägung oder eine Erforderlichkeitsprüfung für oder gegen die eine Datenverarbeitung ausgeht, ist bei eben dieser Abwägung und Prüfung zu berücksichtigen, dass die entsprechende Tatsache nicht durch den Betroffenen selbst mitgeteilt worden ist.

---

[165] Allerdings kann eine solche Mitteilung durch einen Dritten, wenn dieser dem Datenschutzrecht personal unterfällt, eine Übermittlung darstellen, die ihrerseits datenschutzrechtlich gerechtfertigt sein muss.

§ 14. Datenklassen

Literatur: *Benecke/Wagner.* Öffnungsklauseln in der Datenschutz-Grundverordnung und das deutsche BDSG – Grenzen und Gestaltungsräume für ein nationales Datenschutzrecht, DVBl. 2016, 600; *Simitis,* Sensitive Daten: zur Geschichte und Wirkung einer Fiktion, in: Brem u.a. (Hrsg.), Festschrift zum 65. Geburtstag von Mario M. Pedrazzini, Bern 1990, 469; *Veil,* DS-DVO: Risikobasierter Ansatz statt rigides Verbotsprinzip, ZD 2015, 347;

Personenbezogene Informationen lassen sich klassifizieren im Hinblick auf das **1** regelmäßige Gewicht des Umgangs mit ihnen für die Integrität der Persönlichkeit. Dabei geht es um Unterschiede im gesellschaftlichen Kontext, in der kommunikativen Funktion oder um die besondere der Sensitivität der Inhalte. Die allgemeinen Grundregeln über die Rechtmäßigkeit der Verarbeitung nach Art. 6 DS-GVO sind auf diese Thematik nicht (unmittelbar) ausgerichtet. Dem galten schon im Entwurfsstadium der Verordnung kritische Überlegungen dahingehend, dass die beabsichtigte Regelung auf der Grundlage eines generellen Verbotsprinzips[1] einen stärker **risikobasierten Ansatz** vermissen lasse.[2] Im Ergebnis trifft das nur partiell zu. Die im Rahmen der nachfolgenden Darstellung zu erörternden Regelungen des Art. 9 DS-GVO, die sensitiven Informationen („besonderen Kategorien personenbezogener Daten") betreffend, weisen besonders deutlich in eine andere Richtung. Ähnliches mag auch in Bezug auf andere Informationsgruppen gelten, wie sie bislang schon von der Rechtsordnung differenziert behandelt wurden. Auf diese sonstigen Gruppierungen wird zunächst eingegangen.

A. Allgemein zugängliche Quellen

Das BDSG-alt enthält seit der Erstfassung durchweg ein Verarbeitungsprivileg **2** für Daten aus „allgemein zugänglichen Quellen", in der jüngsten Fassung u.a. in §§ 28 Abs. 1 Nr. 3, 33 Abs. 2 Nr. 7. Verfassungsrechtlich findet es seine Grundlage in **Art. 5 Abs. 1 GG**, wonach jeder das Recht hat, „sich aus allgemein zugänglichen Quellen ungehindert zu unterrichten."[3] Zu diesen gehören nicht nur die der Allgemeinheit zugänglichen Medien, wie Zeitungen, Rundfunk, Literatur, Internet (mit Suchmaschine), Telefon- und Adressbücher, öffentliche Register,[4] sondern auch faktisch allgemein wahrnehmbare Sachverhalte,[5] also z.B. Häuserfronten, Klingelschilder, Unfallstellen oder die Mimik und Gestik des öffentlichen Redners. Die DSRL hat ein solches Privileg zugunsten des für die Verarbeitung Verantwortlichen nicht (ausdrücklich) vorgesehen. Dasselbe gilt für die DS-GVO.[6] Sie sieht lediglich einmal einen eingeschränkten Schutzanspruch für den Betroffenen vor, wenn dieser

---

[1] → § 12 Rn. 1.

[2] Vgl. *Veil,* ZD 2015, 347 ff.

[3] Vgl. *Auernhammer,* BDSG 1977, § 23 Rn. 12; Simitis/Dammann/Mallmann/Reh/*Simitis,* 3. Aufl. 1981, § 23 Rn. 76.

[4] Vgl. Gola/Schomerus/*Gola/Körffer/Klug,* BDSG § 28 Rn. 32 ff., § 14 Rn. 19.

[5] „auch Ereignisse und Vorgänge", BVerfG, Urt. 24.1.2001 – 1 BvR 2623/95 u.a.–, BVerfGE 103, 44 (60); Jarass/Pieroth/*Jarass,* GG Art. 5 Rn. 22 m.w.Nachw.; Taeger/Gabel/*Taeger,* BDSG § 28 Rn. 80 ff., zu Google Street View Rn. 84.

[6] Allein in Art. 14 Abs. 2 lit. f DS-GVO ist im Rahmen der Informationspflicht für personenbezogene Daten von solchen die Rede, die „aus öffentlich zugänglichen Quellen stammen"; dazu Ehmann/Selmayr/*Knyrim,* DS-GVO, Art. 14 Rn. 35.

selbst die in Rede stehenden Informationen „offensichtlich öffentlich gemacht hat".[7]

3 In der großen Mehrzahl der Fälle ist davon auszugehen, dass die Beeinträchtigung des Betroffenen durch die Verarbeitung ohnehin allgemein zugänglicher Informationen wenig(er) schwer wiegt.[8] Daher ist die Annahme berechtigt, dass dem Kriterium der allgemeinen Zugänglichkeit wesentliche Bedeutung bei von der Verordnung vorgesehenen Interessenabwägungen bzw. bei der Anwendung des Erforderlichkeitsprinzips[9] zukommen wird. Das wird auch wegen **Art. 11 Abs. 1 GRCh**[10] ein Gebot der primärrechtskonformen Interpretation sein. Zugleich korreliert dies mit dem Regelungsauftrag des Art. 85 Abs. 1 DS-GVO.[11] Ein „Freibrief" für beliebige – zumal heimliche – Verarbeitung ergibt sich daraus nicht.[12] Wesentliche Aspekte zu dieser Thematik insgesamt vermittelt die Rechtsprechung des EGMR.[13]

B. Äußerer Umgang/Kontakt einerseits und Inhalte andererseits

4 Eine andere Abstufung des Schutzumfangs ist mit dem Brief- (und Post-)geheimnis verbunden, grundgesetzlich unter Gesetzesvorbehalt gewährleistet von Art. 10 Abs. 1, 2 S. 1 GG. Einerseits geht es um den Inhalt der Kommunikation (vgl. dazu § 202 StGB), andererseits um den – zwischenmenschlichen – Übermittlungsvorgang (dazu § 39 PostG, § 206 Abs. 1, 5 S. 1 StGB). In beiden Hinsichten liegen (auch) personenbezogene Informationen vor.[14] – Diese Abschichtung findet ihre Fortsetzung in den Regeln über Telekommunikation. Der **höhere Schutz für die Inhalte** lässt sich aus den gesteigerten Voraussetzungen für die Telekommunikationsüberwachung nach § 100a StPO gegenüber denjenigen für die Erhebung von Verkehrsdaten[15] nach § 100g Abs. 1 StPO[16] ableiten. Noch eingeschränkter ist der Schutz der – nicht Art. 10 GG unterfallenden – Bestands-/Kundendaten des Anbieters von Telekommunikationsdiensten, wie sich aus § 3 Nr. 3, § 95 i. V. m. §§ 111 f. TKG ergibt. – Mit dem automatisierten Auskunftsverfahren aus Kundendateien nach § 112 TKG vergleichbar ist der automatisierte Abruf von Kontoinformationen nach § 24c KWG, auch i. V. m. §§ 93b, 93 Abs. 7, 8 AO, der gemäß 24c Abs. 1 S. 1 KWG auf die Kontostammdaten beschränkt ist: *„Diese Informationen haben bei isolierter Betrachtung keine besondere Persönlichkeitsrelevanz."*[17]

5 Die dargelegten Abstufungen finden sich im Rahmen der Wahrung von Berufsgeheimnissen wieder. Zwar erstreckt sich bei diesen der Vertrauensschutz auch auf das Bestehen, das Wann und Wo eines **Mandats- bzw. Patientenverhältnisses** als solches. Doch sind auf dieser Ebene rechtlich vor-

---

[7] Art. 9 Abs. 2 lit. e.

[8] Vgl. BGH, Urt v. 29.4.2014 – VI ZR 137/13, NJW 2014, 2276; BGH, Urt. v. 5.11.2013 – VI ZR 304/12, ZD 2014, 410 – Vaterschaft eines Prominenten; Simitis/*Simitis*, BDSG § 28 Rn. 162.

[9] → § 12 Rn. 28.

[10] Vgl. *Jarass*, GrCH, Art. 11 Rn. 15.

[11] Vgl. zu diesem Paal/Pauly/*Pauly*, DS-GVO Art. 85 Rn. 4; *Benecke/Wagner*, DVBl 2016, 600 (602 f.); stärker eingegrenzend Kühling/Buchner/*Buchner/Tinnefeld*, DS-GVO Art. 85 Rn. 12.

[12] Vgl. dazu § 4 BDSG 2018; BVerwG, Urt. v. 25.1.2012 – 6 C 9/11, ZD 2012, 438 (440 f.) – Reeperbahn; weiterhin Art. 35 Abs. 3 lit. c DS-GVO; dazu Ehmann/Selmayr/*Baumgartner*, DS-GVO Art. 35 Rn. 23; beachte insbesondere EuGH, Urt. v. 13.5.2014 – C-131/12, ZD 2014, 350 Rn. 28–30 – Google; EuGH, Urt. v. 16.12.2008 – C-73/07, Slg. 2008, I-09831, MMR 2009, 175 Rn. 48 – Satamedia, dazu → § 7 Rn. 26, auch Rn. 27 f.

[13] → § 6 Rn. 10–12.

[14] → § 4 Rn. 18.

[15] Vgl. zu diesen § 3 Nr. 30, § 96 TKG.

[16] Wenngleich auch hier mit Richtervorbehalt nach § 101a Abs. 1 S. 1 i. V. m. § 100e StPO.

[17] So BVerfG, Beschl. v. 13.6.2007 – 1 BvR 1550/03 u. a., BVerfGE 118, 168 (198 f. = Rn. 135 ff.) = NVwZ 2007, 2464 ff.

gesehene[18] – wie auch den Erfordernissen der Praxis entsprechende[19] – Einschränkungen relativ zahlreich. Ein Beispiel dafür ist das Recht der Finanzbehörden, die nach § 22 UStG geforderten Aufzeichnungen zu kennen, aus denen sich (nur) die Honorarforderungen gegen die Betroffenen ergeben.[20]

C. Wirtschafts- und Finanzinformationen

Die Beziehungen von Wirtschaftsunternehmen zueinander mit entsprechenden **6** Informationen übereinander sind in sehr beträchtlichem Umfang nicht Gegenstand des Datenschutzrechts. Dasselbe gilt für entsprechende hoheitliche Steuerungseingriffe in Bezug auf solche Wirtschaftssubjekte. Dies folgt aus der Unanwendbarkeit des Datenschutzrechts auf juristische Personen als „Betroffene" gem. § 3 Abs. 1 BDSG-alt, Art. 4 Nr. 1 DS-GVO, § 46 Nr. 1 BDSG 2018.[21] Deshalb hat man es vor allem für einzelfallbezogene Wirtschafts- und Finanzdaten mit **je unterschiedlichen informationsrechtlichen Regimen** zu tun. Die damit verbundene, bereits erwähnte Diskrepanz, dass Einzelkaufleute diesbezüglich höheren Schutz genießen als ihre als GmbH organisierten Konkurrenten,[22] hätte freilich durch die gleichmäßige Herausnahme aller Wirtschaftsunternehmen aus dem Schutzbereich des Datenschutzrechts vermieden werden können. Dieser Weg wurde zuvor in der Fachdiskussion durchaus befürwortet.[23] Immerhin ist der Entwurfsbegründung der Bundesregierung zum BDSG 1977 zu entnehmen, dass die mangelnde Aufnahme gerade der juristischen Personen in den vorgesehenen gesetzlichen Schutz „deren Wünschen … entspricht".[24] Die erzielte, dauerhafte Lösung ist in Bezug auf den (einseitigen) Ausschluss juristischer Personen jedenfalls nicht selbstverständlich.[25] Das gilt schon im Hinblick auf den primär- bzw. verfassungsrechtlichen Schutz nach Art. 8 EMRK, Art. 7, 8 GRCh und Art. 2 Abs. 1 GG, wie er ihnen – gerade im Hinblick auf den wirtschaftlichen Schwerpunkt ihres jeweiligen Tätigkeitsbereichs[26] – teilweise zugute kommt.[27]

Mit der wirtschaftsdominierten Abschichtung zwischen juristischen und natürli- **7** chen Personen, wie sie auf der sekundär- und auch auf der primärrechtlichen Schutzebene besteht, korreliert die unterschiedliche Intensität des (sekundärrechtlichen) Datenschutzes zugunsten natürlicher Personen in Bezug auf Wirtschafts- und Finanzinformationen einerseits und in Bezug auf Informationen, die den privat-

---

[18] Vgl. § 802c ZPO für Forderungen gegen den Berufsträger.

[19] Angesprochen sind damit ggf. notwendige Darlegungen des Anwalts gegenüber einem potentiellen Mandanten bzw. einem Anwaltskollegen zur Vermeidung von Interessenkonflikten (§ 43a Abs. 4 BRAO, § 3 BORA) wie auch die praktischen Gegebenheiten in Bürogemeinschaften; vgl. dazu Hartung/Römermann/*Hartung*, 4. Aufl. 2008, BerufsO § 2 Rn. 18 ff.

[20] Vgl. zu den insofern gegenüber §§ 102, 104 AO vorzunehmenden Abgrenzungen BFH, Beschl. v. 11.12.1957 – II 100/53 U, BFHE 66, 225 (232), auch abgedruckt in BStBl. 1958 III, 86 (88) sowie DB 1958, 185; dazu auch Klein/*Rüsken*, 12. Aufl. 2014, AO § 104 Rn. 2; ferner HHSp/*Schuster*, Lfg. 192, Oktober 2006, AO § 104 Rn. 11; auch BFH, Urt. v. 26.2.2004 – IV R 50/01, NJW 2004, 1614 (1616 r. Sp.).

[21] Dazu schon → § 10 Rn. 7.

[22] → § 10 Rn. 7.

[23] Vgl. *C. Sasse*, Sinn und Unsinn des Datenschutzes, 1976, S. 45 ff.

[24] BT-Drs. 7/1027, 19 Abschn. 3.9.1; dazu auch *Tuner*, DuD 1985, 20 (25 l. Sp.).

[25] Vgl. Gola/Schomerus/*Gola/Körffer/Klug*, BDSG § 4 Rn. 23.

[26] Beachte dazu generell Art. 19 Abs. 3 Hs. 2 GG; Stern/Becker/*Brüning*, 2. Aufl. 2015, GG Art. 19 Rn. 58.

[27] Siehe dazu → § 10 Rn. 7 mit Fn. 19 ff.; zum „niedrigeren Schutzumfang" des Unternehmerpersönlichkeitsrechts gegenüber dem allgemeinen Persönlichkeitsrecht vgl. Gola/*Gola*, DS-GVO Art. 4 Rn. 23.

persönlichen Lebenskreis betreffen, andererseits.[28] Dies gilt umso mehr, soweit es ersterenfalls um gewerbliche Tätigkeit des Betroffenen geht.[29] Den Datenschutzgesetzen unterfallende **Wirtschaftsdaten des Einzelnen** sind demzufolge den **gegenläufigen Interessen** des Verantwortlichen **stärker ausgesetzt.** Verdeutlichen kann man sich dies an den Regelungen und Entscheidungen zur Publikation von Prominentengehältern in Abwägung gegen die Interessen öffentlicher Meinungsbildung.[30] Diesem Personenkreis wird umgekehrt ein geschützter Privatbereich in beträchtlichem Umfang zugebilligt.[31]

D. Verarbeitung „besonderer Kategorien personenbezogener Daten" (sensitive Information)

I. Normative Grundlagen

8   Eine ausdrückliche, besonders ausgearbeitete Stufung der Schutzintensität soll durch Art. 9 DS-GVO – zusammen mit weiteren Bestimmungen der Verordnung[32] – sowie aufgrund der §§ 22, 46 Nr. 11–14, § 48 BDSG 2018 erzielt werden, nämlich in Bezug auf die Verarbeitung „besonderer Kategorien personenbezogener Daten". Zum einen geht es bei diesen Informationen in Anlehnung an verfassungs-/primärrechtliche **Diskriminierungsverbote**[33] um deren vorsorgliche Beachtung, zum anderen um den Schutz eines **engeren persönlichen Lebenskreises** des Betroffenen.[34] Zu den in Rede stehenden sensitiven (sensiblen) Informationen gehören u. a. Angaben über die rassische oder ethnische Herkunft, über politische, religiöse Überzeugungen, über die Gesundheit, das Sexualleben oder die genetische Beschaffenheit des einzelnen. – Für die Verarbeitung personenbezogener Daten über Straftaten und strafrechtliche Verurteilungen/Sicherungsmaßregeln enthält Art. 10 DS-GVO eine separate Regelung (vgl. dazu schon Art. 8 Abs. 5 DSRL). –

9   Ein solcher gesteigerter Schutz war im BDSG zunächst nicht enthalten. Vorgesehen war und ist er (gegenüber automatisierter Verarbeitung) nach Art. 6 der Konvention 108 des Europarats. Für die EU hat er seit 1995 Gültigkeit aufgrund des **Art. 8 DSRL.**[35] Deren Umsetzung ins deutsche Recht erfolgte erst 2001; vgl. dazu §§ 3 Abs. 9, 13 Abs. 2, 14 Abs. 5, 6, 16 Abs. 1 S. 2, 28 Abs. 6–9, 29 Abs. 5, 30 Abs. 5, seit 2009 auch § 30a Abs. 1 S. 2 BDSG-alt.

II. Ein vormaliges interpretatorisches Missverständnis

10   Der Umstand, dass das **Recht der BRD** erst mit 24jähriger **Verspätung diesen besonderen Schutz legiferierte,** ging auf die verbreitete Auffassung in der deutschen rechtswissenschaftlichen Diskussion zurück, ein solcher Schutzansatz sei

---

[28] Zur verfassungsrechtlichen Ebene diesbezüglich verdeutlichend → § 7 Rn. 21 f.

[29] Vgl. Kühling/Buchner/*Buchner/Petri*, DS-GVO Art. 6 Rn. 150; Simitis/*Mallmann*, 5. Aufl. 2003, § 29 Rn. 115; auch Schantz/Wolff/*Wolff*, Das neue DatSchR, 2017, Rn. 659f.

[30] Vgl. die Nachw. → § 7 Rn. 16f. mit Fußn. 39–45, auch → § 6 Rn. 8 mit Fußn. 25; BayVGH, Beschl. v. 14.5.2012 – 7 CE 12.370, ZD 2012, 395.

[31] Zur diesbezüglichen Abgrenzung unter ausführlicher Bezugnahme auf die Rechtsprechung des BGH und des BVerfG vgl. EGMR, Urt. v. 19.9.2013 – 8772/10, NJW 2014, 1645 – von Hannover ./. Deutschland 3.

[32] Vgl. Artt. 6 Abs. 4 lit. c, 22 Abs. 4, 30 Abs. 5, 35 Abs. 3 lit. b, 37 Abs. 1 lit. c, 83 Abs. 5 lit. a DS-GVO.

[33] Vgl. Art. 3 Abs. 3 GG, Art. 21 GRCh, Art. 14 EMRK.

[34] Vgl. dazu Kühling/Buchner/*Weichert*, DS-GVO Art. 9 Rn. 15ff.

[35] Beachte dazu die Analyse und Entwicklungsvorschläge der Art. 29-Gruppe im „Advice paper on special categories of data (‚sensitive data')" v. 4.4.2011.

zwecklos, weil es für die Beeinträchtigung des Betroffenen nicht auf den Umgang mit einer je einzelnen Information, sondern allein auf den jeweiligen „Verwendungszusammenhang" ankomme.[36] Auf das dem zu Grunde liegende, fehlgeleitete Informationsverständnis wurde an früherer Stelle eingegangen.[37] Ein realisierbarer Vorschlag, auf welchem Weg vielfältige „Verwendungszusammenhänge" systematisch zu erfassen seien und so zur Grundlage für gestaffelten Persönlichkeitsschutz werden könnten, ist nie vorgelegt worden.[38] Die Kritik daran, umgekehrt zu demselben Zweck bestimmte Gruppen sensitiver Informationen konkret zu benennen, hat übersehen – und darin liegt die Ironie –, dass sich personenbezogene Informationen höheren Sensitivitätsgrads regelmäßig gerade dadurch auszeichnen, dass sie eine intensivere Bindung an jeweilige Verwendungszusammenhänge aufweisen. Mit anderen Worten stellt sich der Schutz der „besonderen Kategorien" zugleich als ein gangbarer Weg dar, auf dem Verwendungszusammenhänge Berücksichtigung finden. Die Ausgestaltung der Zulässigkeitsalternativen für den Umgang mit sensitiven Informationen in Art. 9 Abs. 2, 3 DS-GVO bestätigt dies.[39]

Evident ist der Unterschied zwischen Informationen über Religion oder Gesundheit einerseits und den üblichen Kontaktinformationen (Adresse, Telefonnummer, auch Beruf…)[40] andererseits. Letztere zeichnen sich gerade dadurch aus, dass sie nicht einem vorbestimmten Kontext zugehören. An dieser Qualität ändert sich auch dadurch nichts, dass im Einzelfall eine Adresse z. B. auf den Aufenthalt in einer Spezialklinik hinweist.[41] Das Besondere ist dann ggf. der mögliche Hinweis/Rückschluss nicht auf irgendeine (wenngleich „nicht-belanglose")[42] Eigenschaft des Betroffenen, sondern auf eine solche, die den besonderen Kategorien des Art. 9 DS-GVO zugehört. Allein dies vermag den gebotenen gesteigerten Schutz auszulösen. Die Berücksichtigung von **Rückschlussmöglichkeiten** sieht die Vorschrift ausdrücklich vor. Auch insofern kommt zur Begrenzung der Kontext zum Tragen. So ist die Adresse der Klinik im Rahmen der Lieferadressen eines Pizza-Service regelmäßig nicht als sensitiv i. S. d. Art. 9 zu betrachten. Der Eintrag des Ausleihers eines religiösen Buchs in der Datei der Bibliothek betrifft als solcher nicht die religiöse Überzeugung im Sinne des Art. 9. Das gleiche gilt für die Kundendatei des Weinhändlers in Bezug auf die Gesundheit der Kunden. Etwas anderes gilt für behördliche Aufzeichnungen über einen Personenkreis von (vermutlichen) Drogenkonsumenten.[43] Zu beachten ist der vom Verantwortlichen – objektiv erfassbar – verfolgte Zweck, der nicht auf die Erfassung/Berücksichtigung des verbotenen Merkmals gerichtet sein darf.[44] Die rechtlichen Maßstäbe, die insofern anzulegen sind, weisen beträchtliche **Ähnlichkeit** mit Grundsätzen für die **Interpretation des Art. 3 Abs. 3 GG** auf,[45] eine Parallelität, die noch der weiteren wissenschaftlichen Vertiefung bedarf.

11

---

[36] Hierzu umfassende Darstellung bei Simitis/*Simitis*, BDSG § 3 Rn. 251 f. mit umfangr. Nachw.; Gola/Schomerus/*Gola/Körffer/Klug*, BDSG § 3 Rn. 56; Taeger/Gabel/*Buchner*, BDSG § 3 Rn. 58.

[37] → § 3 Rn. 27–32.

[38] Vgl. Ehmann/Selmayr/*Schiff*, Art. 9 Rn. 3: „… eine normative Abstrahierung zahlenmäßig nicht zu überblickender Datenverarbeitungskontexte [ist] kaum möglich …"

[39] Das räumt auch Simitis/*Simitis*, BDSG § 3 Rn. 253, ein.

[40] Vgl. dazu → § 3 Rn. 9 f., auch § 4 Rn. 21, 25.

[41] So aber Simitis/*Simitis*, BDSG § 3 Rn. 251: ein Zirkelschluss.

[42] Im Sinne der Rechtsprechung des BVerfG, → § 3 Rn. 5, 7.

[43] Vgl. Kühling/Büchner/*Weichert*, DS-GVO Art. 9 Rn. 22 f.

[44] Vgl. Paal/Pauly/*Frenzel*, DS-GVO Art. 9 Rn. 9.

[45] Vgl. in diesem Zusammenhang zu Kausalität/Finalität/verdeckter Diskriminierung, auch zu mittelbarer Diskriminierung, Dreier/*Heun*, GG Art. 3 Rn. 121 ff.

12   Zu den Irrtümern, die zu der langwierigen Verzögerung der Regelung besonderer Kategorien personenbezogener Informationen in der BRD führten, gehört noch die früher geäußerte Auffassung, dass die Standards für den Schutz solcher Informationen in den einzelnen europäischen Staaten so unterschiedlich seien, dass sich eine einheitliche Basis für eine EU-rechtliche Gestaltung gar nicht würde finden lassen.[46] Diese Befürchtung hat sich durch die eingetretene Rechtsentwicklung von selbst erledigt.

---

[46] So *Simitis*, FS Pedrazzini, S. 469–482.

§ 15. Rechte der betroffenen Person

Literatur: *Ben-Shahar/Schneider*, The Failure of Mandated Disclosure, University of Pensylvania Law Review 159 (2011), 647; *Eckhardt*, EU-DatenschutzVO – Ein Schreckgespenst oder Fortschritt?, CR 2012, 195; *Robrecht*, EU-Datenschutzgrundverordnung: Transparenzgewinn oder Information-Overkill, 2015; *Roßnagel*, Wie zukunftsfähig ist die Datenschutz-Grundverordnung? Welche Antworten bietet sie für die neuen Herausforderungen des Datenschutzrechts?, DuD 2016, 561.

A. Informationsfluss vom Verantwortlichen zum Betroffenen

Im Anschluss an das Kap. II „Grundsätze" der DS-GVO, die vorliegend im wesentlichen in den §§ 10, 12–14 erörtert wurden, wird in Kap. III der DS-GVO ein eigenes System von Betroffenenrechten festgeschrieben. Es geht dabei vorrangig nicht um die Einschränkung zulässigen Umgangs mit Information, sondern im Gegenteil namens der „**Transparenz**" um eine Fülle vorgeschriebener Mitteilungen seitens des Verantwortlichen an den Betroffenen. Dieses Gegen-Konzept ist ein Novum gegenüber herkömmlichem, auf Abwehr beruhendem Persönlichkeitsschutz, doch ist es als solches essenziell für das Gesamtkonzept des Datenschutzes. Es beruht auf dem Faktum, dass zumal automatisierte Informationsverarbeitung für jeden, der ihr als außenstehender „Betroffener" gegenübersteht, schwer durchschaubar ist. Die Blackbox des Verantwortlichen soll sich öffnen, allerdings nicht, wie nach dem IFG (bei den Behörden) für jedermann,[1] sondern nur für den Betroffenen i.S.d. Art. 4 Nr. 1 DS-GVO.

I. Regelmäßige Informationspflichten des Verantwortlichen

1. Die Pflichten im einzelnen

Da der Betroffene oftmals gar nicht weiß, wer – in welchen Zusammenhängen – ihn betreffende Informationen verarbeitet, sieht die Verordnung eine aktive Informationspflicht des Verantwortlichen ihm gegenüber vor, Art. 14 DS-GVO. Diese Vorschrift findet Anwendung nur insoweit, als die zu verarbeitenden Informationen „nicht bei der betroffenen Person erhoben", also vom Verantwortlichen ohne deren Mitwirkung und ohne deren Kenntnis[2] erlangt wurden. Anderenfalls gilt Art. 13 DS-GVO, welcher die „Informationspflicht bei Erhebung von personenbezogenen Daten bei der betroffenen Person" regelt.[3] Insgesamt legt die Verordnung für beide Alternativen des Informationszugriffs größtenteils übereinstimmende, **umfangreiche Kataloge von (Meta-)Informationen** vor, die vom Verantwortlichen dem Betroffenen sei es bei der Erhebung, sei es innerhalb einer angemessenen Frist – so etwa „längstens ... innerhalb eines Monats"[4] – mitzuteilen sind.

---

[1] Vgl. dazu auch die EG-Transparenzverordnung Nr. 1049/2001 vom 30.5.2001 – ABl. 2001 Nr. L 145 S. 43 – über den Zugang von Dokumenten der EG-Organe, Art. 2 Abs. 1, Art. 6; auch → § 7 Rn. 6.

[2] So Gola/*Franck*, DS-GVO Art. 13 Rn. 4; BeckOK DatenSR/*Schmidt-Wudy*, DS-GVO Art. 14 Rn. 3.1f.; Ehmann/Selmayr/*Knyrim*, DS-GVO Art. 14 Rn. 2; es finden sich für die Abgrenzung unterschiedliche Akzente bei Kühling/Buchner/*Bäcker*, DS-GVO Art. 13 Rn. 13 mit weiteren Nachw. in Fn. 10; Schantz/Wolff/*Schantz*, Das neue DatSchR, Rn. 1150.

[3] Vgl. auch → § 13 Rn. 91ff.

[4] Details in Art. 14 Abs. 3 DS-GVO.

3   Dabei sind die beiden **Kataloge ihrerseits zweigeteilt**. In Art. 13 Abs. 2 bzw. 14 Abs. 2 werden solche Informationen zusätzlich benannt, „die [immer?] erforderlich sind, um der betroffenen Person gegenüber eine faire und transparente Verarbeitung zu gewährleisten".[5] Plausibler ist allerdings die Lesart *„Informationen ..., insoweit sie erforderlich sind, um ... eine faire ... Verarbeitung zu gewährleisten".* Somit wird nämlich dem Verantwortlichen ein Beurteilungsspielraum eingeräumt, und die jeweilige Aufgliederung der Mitteilungspflichten in zwei Absätze erlangt von daher eine klare Bedeutung.[6]

4   Im jeweiligen Abs. 1 geht es
– um den Namen und die Kontaktdaten des Verantwortlichen und des Datenschutzbeauftragten,
– um Information über die **Zwecke** der Verarbeitung und deren **Rechtsgrundlage,**
– um die **Empfänger** bzw. Kategorien von Empfängern der Daten, ggf. um beabsichtigte **Drittlandübermittlungen** ...;
– im Fall des Art. 14 kommt die Mitteilung über die „**Kategorien personenbezogener Daten,** die verarbeitet werden", hinzu (während die Pflicht zur Offenlegung verarbeiteter Inhalte selbst erst durch die Ausübung des Auskunftsrechts seitens des Betroffenen entsteht, → Rn. 19 ff.

5   Der jeweilige Abs. 2 betrifft
– die **Dauer** der Speicherung,
– die Unterrichtung über die vielfältigen weiteren Betroffenenrechte,
– ggf. die Unterrichtung über **automatisierte Entscheidungsfindungen** einschließlich Profiling;[7]
– wenn die Verarbeitung auf Art. 6 Abs. 1 lit. f beruht: die Mitteilung der **berechtigten Interessen** auf Seiten des Verantwortlichen oder eines Dritten (Art. 14 Abs. 2 lit. b); in Art. 13 wird dieser Topos dem Abs. 1 (lit. d) zugeordnet;
– nur in Art. 13 Abs. 2 lit. e: die Darlegung, ob die Bereitstellung der jeweiligen Daten durch den Betroffenen **gesetzlich oder vertraglich vorgeschrieben** oder für den Vertragsabschluss erforderlich ist, ob die betroffene Person verpflichtet ist, die Daten bereitzustellen und welche möglichen Folgen die Nichtbereitstellung hätte;
– nur in Art. 14 Abs. 2 lit. f: die **Quelle** der Daten.

6   Im Falle einer beabsichtigten Zweckänderung sind nach Art. 13 Abs. 3 bzw. 14 Abs. 4 dem Betroffenen „Informationen über diesen **anderen Zweck**" sowie über damit verbundene – durch die Änderung bedingte – „maßgebliche.. Informationen gemäß Abs. 2" zur Verfügung zu stellen. Dazu dürften auch solche über die entsprechende Rechtsgrundlage bzw. über Abwägungskriterien nach Art. 6 Abs. 4 lit. a–e gehören.[8]

---

[5] So Art. 14 Abs. 2; in Art. 13 Abs. 2 heißt es statt *erforderlich*: „notwendig"; in der englischen Version heißt es in beiden Fällen übereinstimmend: „necessary".

[6] Die Informationspflichten nach Art. 13 Abs. 2 bzw. Art. 14 Abs. 2 DS-GVO sind bei richtiger Lesart situationsabhängig – und damit risikobasiert – zu verstehen (vgl. dazu ErwGr 60); so zutreffend Ehmann/Selmayr/*Knyrim*, DS-GVO Art. 13 Rn. 19, Art. 14 Rn. 29; Gola/*Franck*, DS-GVO Art. 13 Rn. 5; **a. A.** Kühling/Buchner/*Bäcker*, DS-GVO Art. 13 Rn. 20; BeckOK DatenSR/ *Schmidt-Wudy*, DS-GVO Art. 13 Rn. 59.

[7] Dazu → § 16.

[8] Vgl. Kühling/Buchner/*Bäcker*, DS-GVO Art. 14 Rn. 47; Ehmann/Selmayr/*Knyrim*, DS-GVO Art. 13 Rn. 56; → § 12 Rn. 41 f.

2. Einschränkungen der Informationspflicht

a) Fälle nachträglicher Zweckänderung

Wie sich versteht, entfällt die Informationspflicht des Verantwortlichen, wenn die **7** **betroffene Person bereits** über die entsprechenden **Informationen verfügt**, Art. 13 Abs. 4, Art. 14 Abs. 5 lit. a DS-GVO. Im Übrigen regelt Art. 13 keine Ausnahmen. Gestützt auf Art. 23 Abs. 1 DS-GVO sehen §§ 32 Abs. 1, 29 Abs. 2 BDSG 2018 Einschränkungen der sich aus Art. 13 Abs. 3 DS-GVO **bei nachträglicher Zweck-** **änderung** ergebenden Informationspflichten vor:[9]

– § 32 Abs. 1 Nr. 1 beschränkt die hier geregelte Ausnahme auf „analog gespei- cherte … Daten" (!), erstreckt sich also auf Karteikästen u. ä.[10] und – im öffentli- chen Bereich – auch auf Akten.[11]

– § 32 Abs. 1 Nr. 4 befreit vorbehaltlich einer Abwägung mit den Gegeninteressen von der Informationspflicht, wenn deren Befolgung die **Geltendmachung** (usw.) bestehender **rechtlicher Ansprüche** gefährden würde.

– Die § 32 Abs. 1 Nr. 2–3, 5 betreffen die Wahrung **öffentlicher Aufgaben** und In- teressen.

– Der Vorschlag im Gesetzentwurf der Bundesregierung,[12] für nicht-öffentliche Stellen eine Ausnahme von der Informationspflicht vorzusehen, wenn deren Er- füllung *„einen unverhältnismäßigen Aufwand erfordern würde und das Interesse der betroffenen Person an der Informationserteilung nach den Umständen des Einzelfalls, insbesondere wegen des Zusammenhangs, in dem die Daten erhoben wurden, als gering anzusehen ist,"* blieb im Gesetzgebungsverfahren unberück- sichtigt. Anders als im Art. 14 Abs. 5 lit. b (→ Rn. 9 Spiegelstr. 1 Alt. 2) ist inso- weit der Grundsatz der Verhältnismäßigkeit nicht zum Tragen gekommen.

– § 29 Abs. 2 trägt den Erfordernissen vertraulicher Kommunikation zwischen dem **Mandanten und dem Berufsgeheimnisträger** Rechnung. Die vom Gesetzgeber beigefügte Abwägungsklausel unterliegt gravierenden verfassungsrechtlichen Be- denken.[13]

b) Fälle der Erhebung-nicht-beim-Betroffenen

aa) DS-GVO

Eine Ausnahme von den Informationspflichten nach Art. 14 DS-GVO besteht **8** nach dessen Abs. 5 lit. c für das Vorliegen ausdrücklicher (spezieller) anderweitiger Regelungen der Union oder der Mitgliedstaaten über die Erhebung/Offenlegung personenbezogener Informationen (z. B. für gesetzliche **Meldepflichten**).[14] Nach lit. d gilt dasselbe im Hinblick auf die **Berufsgeheimnisse**, auch unter Bezug auf Be- rufssatzungen.[15] Diese Geheimnisse umfassen regelmäßig auch die Metainformatio- nen.[16]

---

[9] Vgl. dazu *Schantz/Wolff*, Das neue DatSchR, 2017, Rn. 1164 ff.

[10] Genaueres zur nichtautomatisierten Verarbeitung in einem Dateisystem gespeicherter Infor- mationen → § 8 Rn. 23 ff.

[11] Zu Letzterem vgl. § 1 Abs. 8 BDSG 2018.

[12] BT-Drs. 18/11325, 33; dazu *Schantz/Wolff*, Das neue DatSchR, 2017, Rn. 1165.

[13] Vgl. *Rüpke*, Freie Advokatur, anwaltliche Informationsverarbeitung und Datenschutzrecht, 1995, S. 16 f., 131 ff.

[14] Vgl. Kühling/Buchner/*Bäcker*, DS-GVO, Art. 14 Rn. 64 ff.

[15] Vgl. Gola/*Franck*, DS-GVO Art. 14 Rn. 25.

[16] Vgl. dazu Kühling/Buchner/*Bäcker*, DS-GVO Art. 14 Rn. 70; → § 14 Rn. 5.

9 Art. 14 Abs. 5 lit. b DS-GVO enthält eine weitere Ausnahmeregelung, nämlich
 – für den Fall, dass sich „die Erteilung dieser Informationen als unmöglich erweist oder einen **unverhältnismäßigen Aufwand**[17] erfordern würde" (insbesondere bei im öffentlichen Interesse liegenden Verarbeitungen für Archivzwecke, für Zwecke der wissenschaftlichen oder historischen Forschung oder für statistische Zwecke) oder
 – soweit die Informationspflicht (nach Abs. 1) voraussichtlich die Verwirklichung der **Ziele der Verarbeitung unmöglich** macht oder ernsthaft beeinträchtigt.

10 Irritierend mag dabei die in lit. b vorgenommene Zusammenfassung zweier grundsätzlich verschiedener Gegebenheiten sein. Die Unmöglichkeit der Informationserteilung bzw. die Unverhältnismäßigkeit des dabei entstehenden Aufwands (z.B. mangels verfügbarer Kontaktdaten des Betroffenen) ist eine Sache, das Konterkarieren der Ziele einer Verarbeitung (z.B. durch Information des zu Beobachtenden seitens des Privatdetektivs) eine völlig andere.[18] Hervorgerufen wird die vorfindliche Irritation[19] durch ungenaue Interpunktion im deutschsprachigen Text. Klarheit bringt die französische Fassung.[20]

bb) BDSG 2018

11 Das BDSG 2018 enthält in §§ 33 Abs. 1, 29 Abs. 1 S. 1 Einschränkungen bezüglich der Informationspflichten nach Art. 14 DS-GVO.[21]
 – § 33 Abs. 1 Nr. 1, Nr. 2 lit. b dienen – ähnlich wie § 32 Abs. 1 Nr. 2–3 – der Wahrung **öffentlicher Aufgaben** und Interessen;[22]
 – § 33 Abs. 1 Nr. 2 lit. a regelt zunächst – ähnlich wie § 32 Abs. 1 Nr. 4 – für nichtöffentliche Stellen eine Ausnahme im Hinblick auf eine Gefährdung der Geltendmachung (usw.) *zivilrechtlicher* Ansprüche;
 – darüber hinaus umfasst jene Bestimmung Informationen aus der Verarbeitung zivilrechtlicher Verträge, insoweit diese „der Verhütung von Schäden durch Straftaten dient"; dabei geht es um **Warnsysteme**/„schwarze Listen", wie sie von Versicherungen, Krankenhäusern, Vermieterorganisationen und vom Versandhandel geführt werden.[23]

12 – Der Vorschlag im Gesetzentwurf der Bundesregierung, für nicht-öffentliche Stellen in § 33 BDSG 2018 eine Ausnahme für den Fall vorzusehen, dass die Informationspflicht *„allgemein anerkannte Geschäftszwecke des Verantwortlichen erheblich gefährden würde,"* und zwar (auch hier) verbunden mit einer Abwä-

---

[17] Beachte dazu ErwGr 62 a.E.: „Als Anhaltspunkte sollten dabei die Zahl der betroffenen Personen, das Alter der Daten oder etwaige geeignete Garantien in Betracht gezogen werden."
[18] Vgl. dazu Kühling/Buchner/*Bäcker*, DS-GVO Art. 5 Rn. 53ff., 60; Gola/*Franck*, DS-GVO Art. 14 Rn. 23.
[19] Vgl. dazu Ehmann/Selmayr/*Knyriem*, DS-GVO Art. 14 Rn. 39; auch *Schantz/Wolff*, Das neue DatSchR, 2017, Rn. 1169.
[20] „5. Les paragraphes 1 à 4 ne s'appliquent pas lorsque et dans la mesure où:
a) …
b) la fourniture de telles informations se révèle impossible ou exigerait des efforts disproportionnés, en particulier pour le traitement à des fins archivistiques dans l'intérêt public, à des fins de recherche scientifique ou historique ou à des fins statistiques …, ou dans la mesure où l'obligation visée au paragraphe 1 du présent article est susceptible de rendre impossible ou de compromettre gravement la réalisation des objectifs dudit traitement."
[21] Beachte auch § 33 Abs. 3 BDSG 2018 im Bezug auf Übermittlungen durch öffentliche Stellen an die Geheimdienste.
[22] Dazu *Schantz*/Wolff, Das neue DatSchR, 2017, Rn. 170.
[23] Vgl. dazu *Schantz/Wolff*, Das neue DatSchR, 2017, Rn. 1174 unter Bezugnahme auf BT-Drs. 18/12144, S. 5; Näheres zu Warndiensten bei Simitis/*Ehmann*, BDSG § 29 Rn. 110ff.

gungsklausel im Hinblick auf das gegenläufige Interesse betroffener Personen,[24] blieb im Gesetzgebungsverfahren unberücksichtigt. Den Gewährleistungen aus Artt. 15f. GRCh und Artt. 12, 14 GG wäre diese zunächst vorgesehene Ausnahme gerecht geworden. Im Wesentlichen ist das entsprechende Ergebnis nach richtiger Auffassung bereits mit Art. 14 Abs. 5 lit. b DS-GVO (→ Rn. 9 Spiegelstr. 2) gesichert. Hinzu tritt die Regelung in **§ 29 Abs. 1 S. 1** BDSG 2018, wonach die Informationspflicht aus Art. 14 DS-GVO nicht besteht,

„soweit durch ihre Erfüllung Informationen offenbart würden, die ihrem Wesen nach, insbesondere wegen der überwiegenden berechtigten Interessen eines Dritten, geheim gehalten werden müssen."[25]

Die Vorschrift ist §§ 19 Abs. 4 Nr. 3, 33 Abs. 2 Nr. 3 BDSG-alt wesentlich nachgebildet. Sie kann z.B. im Rahmen eines Whistleblowerverfahrens anwendbar sein.[26]

c) Übersicht

Zusammengefasst geht es bei den Ausnahmen von den Informationspflichten in 13 der DS-GVO und im BDSG 2018 vorrangig um folgende Problemkomplexe:
(1) Wahrung der **Aufgaben öffentlicher Stellen**[27] bzw. der **Geschäftszwecke** nichtöffentlicher Stellen[28] (§§ 32 Abs. 1 Nr. 2, 33 Abs. 1 Nr. 1 lit. a, Art. 14 Abs. 5 lit. b)
(2) Wahrung von **Geheimnissen** (Art. 14 Abs. 5 lit. d, § 29 Abs. 1 S. 1, Abs. 2, auch § 32 Abs. 1 Nr. 5),[29]
(3) Wahrung von **Ansprüchen inklusive Schadensverhütung** (§§ 32 Abs. 1 Nr. 4, 33 Abs. 1 Nr. 2 lit. a),
(4) **Gefahrenabwehr** und Wahrung des Wohls von Bund und Ländern[30] (§§ 32 Abs. 1 Nr. 3, 33 Abs. 1 Nr. 1 lit. b, Nr. 2 lit. b) und
(5) Wahrung des Grundsatzes der Verhältnismäßigkeit bezüglich des **Aufwandes** bei Informationserteilung[31] (Art. 14 Abs. 5 lit. b).

Insgesamt sind damit wichtige und – wie man mit Blick auf die vorangegangene 14 Entwicklung im deutschen Recht schließen kann – **bewährte Aspekte notwendiger Einschränkungen** der personenbezogenen Informationspflichten zusammengestellt.

Allerdings können Zweifel bestehen, ob die genannten, auf die Öffnungsklausel 15 des Art. 23 Abs. 1 DS-GVO gestützten Vorschriften des BDSG 2018 die von Art. 23 Abs. 2 lit. a bis lit. h DS-GVO aufgestellten Voraussetzungen erfüllen. Diese beinhalten – jedenfalls für den Regelfall – u.a. *spezifische* Regelungen in Bezug auf die Zwecke der Verarbeitung oder die Verarbeitungskategorien, die Kategorien der in Rede stehenden personenbezogenen Daten, den Umfang der vorgenommenen Beschränkungen, Garantien gegen Missbrauch, jeweilige Speicherfristen ...[32]

---

[24] BT-Drs. 11/11325, S. 34.
[25] Vgl. dazu *Schantz/Wolff*, Das neue DatSchR, 2017, Rn. 1366.
[26] Vgl. Gola/Schomerus/*Gola/Körffer/Klug*, BDSG § 33 Rn. 34.
[27] Vgl. § 19 Abs. 4 Nr. 1 i.V.m. § 19a Abs. 3 BDSG 2016.
[28] Vgl. § 33 Abs. 2 Nr. 7b BDSG 2016.
[29] Vgl. §§ 19 Abs. 3 Nr. 3, 33 Abs. 2 Nr. 3 i.V.m. § 19a Abs. 3 BDSG 2016.
[30] Vgl. § 19 Abs. 4 Nr. 2 i.V.m. § 19a Abs. 3 BDSG 2016, 33 Abs. 2 Nr. 6 BDSG 2016.
[31] Vgl. §§ 19a Abs. 2 Nr. 2 BDSG 2016, § 33 Abs. 2 Nr. 7a, 8, 9 BDSG 2016.
[32] Vgl. zu den „konkrete[n] inhaltliche[n] Mindestanforderungen" nach Art. 23 Abs. 2 DS-GVO Paal/Pauly/*Paal*, DS-GVO Art. 23 Rn. 44ff.; Plath/*Grages*, BDSG/DSGVO; DS-GVO Art. 23 Rn. 9: „Im Ergebnis müssen die Beschränkungen sehr spezifisch ausgestaltet werden; allgemeine

3. Wertung

16 Im Ergebnis wenig überzeugend ist das **entstandene Konglomerat** zwischen unions- und mitgliedstaatlichem Recht mit den sich daraus ergebenden unterschiedlichen Gewichtungen jeweiliger Kriterien für den nicht-öffentlichen bzw. den öffentlichen Bereich sowie im Rahmen der Informationserhebung beim Betroffenen einerseits und der indirekten Erhebung andererseits. Bei hoher Komplexität ergeben sich zum Teil wenig plausible Abgrenzungen und voraussichtlich nicht leicht umsetzbare Lösungen,[33] von gelungener Rechtsharmonisierung auf europäischer Ebene ganz zu schweigen.[34]

17 Das dahinterliegende Dilemma ist das sozialtheoretisch und verfassungsrechtlich aufweisbare **Missverständnis über „informationelle Selbstbestimmung",** welche gerade (auch) im Hinblick auf den gesetzlich verordneten Zugriff der Betroffenen auf das Informationsmaterial des Verantwortlichen in informationelle Fremdbestimmung umzuschlagen geeignet ist.[35] Das Nähere zur kritischen Prüfung der verfassungsrechtlichen Grundlagen wurde an früherer Stelle dargelegt.[36] Auch wurde gezeigt, dass die Europäische Grundrechtecharta – vor dem Hintergrund europäischer Grundrechtstradition – keine Begründung für „informationelle Selbstbestimmung" beinhaltet.[37]

18 Darüber hinaus haben empirische Untersuchungen aufgezeigt, dass der *Information-Overload,* in den ungezügelte Transparenzvorschriften hineinführen, **kontraproduktiv** ist.[38] Der Aufmerksamkeitsverlust durch die Überflutung mit oft umfangreichen Datenschutzerklärungen ist bekannt.[39] Ein nicht unwesentlicher Kritikpunkt ist auch darin zu finden, dass die nicht unerheblichen fixen Kosten für die gebotene Transparenz sich als beträchtlicher Wettbewerbsvorteil für Großunternehmen auswirkt.[40]

II. Auskunftsrecht des Betroffenen

1. Grundlagen

19 Das Recht auf Auskunft – zusammen mit den Rechten auf Berichtigung, Sperrung und Löschung – wurde (1.) vom **BDSG-alt** schon immer an hervorragender Stelle gewährleistet: diese Rechte können/konnten gemäß § 6 „nicht durch Rechtsgeschäft ausgeschlossen oder beschränkt werden." (2.) Sowohl Art. 8 der **Datenschutzkonvention** des Europarats von 1981 als auch Art. 12 **DSRL** sehen ein Aus-

---

Freistellungen ... in ganzen Sektoren sind damit regelmäßig unzulässig."; *Kühling/Martini,* Die DSGVO und das nationale Recht, 2016, S. 71 f.; Sydow/*Peuker,* DS-GVO Art. 23 Rn. 46 ff.

[33] Vgl. dazu die um konzeptionelle Geschlossenheit bemühte Darstellung bei *Schantz/Wolff,* Das neue DatSchR, 2017, Rn. 1163 ff.

[34] Vgl. *Albrecht/Jotzo,* Teil 4 Rn. 30.

[35] Vgl. *v. Lewinski,* in: Stiftung Datenschutz, Hrsg., Zukunft der informationellen Selbstbestimmung, 2016, S. 75 (78); *ders.,* Die Matrix des Datenschutzes, 2014, S. 40 ff., auch informationelle Fremdbeschränkung benannt.

[36] → § 3, § 4 Rn. 11 ff.

[37] → § 7 Rn. 29 ff., 37 ff.

[38] *Ben-Shahar/Schneider,* U. Pa. L. Rev. 159 (2011), 647 ff.; *Robrecht,* EU-Datenschutzgrundverordnung, passim, insbes. S. 72 f.; Schantz/*Wolff,* Das neue DatSchR, 2017, Rn. 1155; *Gola/Schulz,* RDV 2013, 1 (6 r. Sp.); Paal/Pauly/*Paal,* DS-GVO Art. 12 Rn. 5.

[39] *Roßnagel,* DuD 2016, 561 (563): „Eine ,Zwangs'-Information würde das Gegenteil ihres Zwecks erreichen."; *Eckhardt,* EU-DatenschutzVO, CR 2012, 195 (198); zur Apathie → § 13 Rn. 47 ff.

[40] Vgl. nochmals *Ben-Shahar/Schneider,* U. Pa. L. Rev. 159 (2011), 647 (738).

kunftsrecht des Betroffenen vor. (3.) Art. 8 Abs. 2 S. 2 **GRCh** gewährt jeder Person das Recht, „Auskunft über die sie betreffenden erhobenen Daten zu erhalten". (4.) Sehr ausführlich bestimmt nunmehr **Art. 15 Abs. 1 DS-GVO**[41] das dreigliedrige Auskunftsrecht der betroffenen Person, nämlich (a) auf Klarstellung, ob der Verantwortliche deren Daten überhaupt verarbeitet, (b) bejahendenfalls auf Mitteilung (auch in Kopie, Abs. 3)[42] des Inhalts dieser Daten sowie (c) über eine Reihe von Metadaten, ähnlich denjenigen, die Gegenstand der Informationspflicht nach Artt. 13, 14 sind,[43] nämlich folgendes betreffend:
– Verarbeitungszwecke;
– Kategorien personenbezogener Daten der Verarbeitung
– Empfänger oder Kategorien von Empfängern[44] der Daten in Vergangenheit und Zukunft; Drittstaatstransfer
– Näheres zur Dauer der Speicherung
– Hinweis auf weitere Rechte des Betroffenen
– Verfügbare Information über die Herkunft der Daten
– automatisierte Entscheidungsfindung inklusive Profiling.

2. Charakteristika der Auskunftspflicht

Der Unterschied zu den Informationspflichten nach Artt. 13, 14 ist im wesentlichen in zwei Punkten zu finden: **20**
– Verfahrensrechtlich gilt, dass sich die Auskunftspflicht des Verantwortlichen erst auf die **Initiative des Betroffenen** hin realisiert. Die vorangegangene Unterrichtung durch Ersteren kann und soll dabei Grundlage für entsprechende Auskunftsbegehren sein, ist aber keineswegs dessen Voraussetzung. Auch kann sich dieses – schon um der jeweiligen Aktualität der zu erlangenden Information willen – auch auf solche Kriterien richten, die schon Gegenstand einer vorangegangenen Informationserteilung waren.[45]
– Hauptgegenstand der Auskunftserteilung aufgrund eines Begehrens nach Art. 15 DS-GVO ist diejenige über die vom Verantwortlichen **verarbeiteten personenbezogenen Informationen selbst.** Erst die Auskunft zwingt also den Verantwortlichen dazu, seine informationellen Aktivitäten konkret in Bezug auf den Betroffenen offenzulegen.

Die Auskunftspflicht hindert den Verantwortlichen nicht daran, den Personenbezug bei ihm vorhandener Informationen zu löschen.[46] Im Gegenteil sieht Art. 11 DS-DVO ausdrücklich vor, dass der Verantwortliche nicht verpflichtet ist, nicht (mehr) erforderliche Informationen für die Zwecke der Verordnung „aufzubewah- **21**

---

[41] Beachte dazu ErwGr 63 GS-GVO.

[42] Unklar ist, ob sich diese Kopie auch auf die nachfolgend genannten Metadaten zu erstrecken hat; zur Ambivalenz des Wortlauts Paal/Pauly/*Paal*, DS-GVO Art. 15 Rn. 37; vgl. im Übrigen zu dieser Vorschrift *Schantz*/Wolff, Das neue DatSchR, 2017, Rn. 1199; Kühling/Buchner/*Bäcker*, DS-GVO Art. 15 Rn. 40 f.

[43] Dazu → Rn. 4 f.

[44] Der Betroffene hat das Wahlrecht, vgl. Schantz/Wolff/*Schantz*, Das neue DatSchR, 2017, Rn. 1198 mit weiteren Nachw.; str.; eher vermittelnd Gola/*Franck*, DS-GVO Art. 15 Rn. 10.

[45] So EuGH, Urt v. 7 5.2009 – C-553/07, Slg. 2009, I-03889, EuZW 2009, 546 Rn. 67 ff. – Rijkeboer; im Anschluss daran Kühling/Buchner/*Bäcker*, DS-GVO Art. 15 Rn. 10 f.

[46] Damit ist nicht etwa gemeint: in Reaktion auf einen Löschungsantrag, sondern im Rahmen regelmäßiger informationeller Verwaltung/Geschäftsführung, also insbesondere der Erledigung, des Fortfalls des Informationsbedarfs. Soweit Ehmann/Selmayr/*Ehmann*, DS-GVO Art. 15 Rn. 6, meint, der Verantwortliche habe nach dem Konzept der DS-GVO kein eigenständiges Recht auf Löschung, kann ihm keineswegs gefolgt werden; auch → Rn. 36.

ren, einzuholen oder zu verarbeiten, um die betroffene Person zu identifizieren." Dies deckt sich mit den Geboten der Datenminimierung und Pseudonymisierung.[47] Übereinstimmend wird in ErwGr 64 DS-GVO – insbesondere zur Identitätsfeststellung – festgehalten, dass ein Verantwortlicher personenbezogene Daten **nicht allein zu dem Zweck speichern** sollte, **auf mögliche Auskunftsersuchen reagieren** zu können.

22 Die soeben genannten Regeln können nicht ohne Einschränkung auf die Metadaten übertragen werden. Denn diese handeln nicht unmittelbar von den Eigenschaften bzw. vom Verhalten des im Ausgangspunkt Betroffenen,[48] sondern beschreiben primär das informationelle Verhalten des Verantwortlichen.[49] Der EuGH hat in vergleichbarem Zusammenhang von „zwei Kategorien von Daten" gesprochen; die begehrte Auskunft über eine erfolgte behördliche Weiterleitung der in Rede stehenden personenbezogenen Informationen betreffe die zweite. Es bestehe eine Pflicht der Behörde, **Nachweise** über durchgeführte Übermittlungen **zum Zwecke der Auskunftserteilung** für einen angemessenen Zeitraum **aufzubewahren** (ein Jahr sei dafür unzureichend, zumal wenn die Basisdaten von der Behörde viel länger aufbewahrt werden).[50]

3. Einschränkungen des Rechts auf Auskunftserteilung

a) DS-GVO

23 Die DS-GVO regelt eine ausdrückliche Ausnahme von der Pflicht des Verantwortlichen, Auskunft zu erteilen, nämlich in Art. 15 Abs. 4 DS-GVO in Bezug auf die Erteilung von Kopien gemäß Abs. 3.[51] Die **Berücksichtigung der „Rechte und Freiheiten anderer Personen"** auf die Ausgabe von Kopien zu beschränken, macht wenig Sinn. Demgegenüber befindet ErwGr 63 zum Auskunfts*recht* – nach Erörterung erwünschter *Möglichkeit* eines Fernzugangs (S. 4) – im S. 5:

„Dieses Recht sollte die Rechte und Freiheiten anderer Personen, etwa Geschäftsgeheimnisse oder Rechte des geistigen Eigentums und insbesondere das Urheberrecht an Software, nicht beeinträchtigen."

Eine primärrechtskonforme, teleologisch-ausweitende Interpretation in Bezug auf Auskunftspflichten im „Original" – statt nur in Kopie – drängt sich auf.[52]

b) BDSG 2018

24 Gestützt auf Art. 23 DS-GVO regelt § 34 BDSG 2018 Ausnahmen von der Auskunftspflicht unter Bezugnahme auf § 33 Abs. 1, Abs. 2 lit. b und Abs. 3 BDSG 2018. Es handelt sich dabei vornehmlich um die Gewährleistung der Wahrnehmung öffentlicher Aufgaben und öffentlicher (Sicherheits-)Interessen. Darüber hinaus

---

[47] Vgl. Art. 5 Abs. 1 lit. c, Art. 25 Abs. 1 DS-DVO; Näheres dazu → § 10 Rn. 35 ff.

[48] Vgl. auch die Sprachregelung bei Ehmann/Selmayr/*Ehmann*, DS-GVO Art. 15 Rn. 12, dahingehend, dass die Metadaten „am Personenbezug der ‚eigentlichen' personenbezogenen Daten" teilnehmen, sobald sie mit diesen verknüpft sind.

[49] Vgl. Näheres zum (mehrfachen) Personenbezug → § 10 Rn. 8 ff.; beachte weiter → § 14 Rn. 4 f.

[50] EuGH, Urt. v. 7.5.2009 – C-553/07, Slg. 2009, I-03889, EuZW 2009, 546 Rn. 41 ff. – Rijkeboer – zur DSRL; dazu *Schantz*/Wolff, Das neue DatSchR, 2017, Rn. 1196 ff.

[51] Versehentlich enthält die deutsche Fassung – anders als etwa die englische bzw. französische Fassung – an dieser Stelle einen Verweis auf „Absatz 1b"; es muss heißen: *Absatz 3.*

[52] Vgl. dazu schon zur Informationspflicht → Rn. 12. Näheres bei Sydow/*Specht*, DS-GVO Art. 15 Rn. 22 f., die zugleich von einem Redaktionsversehen ausgeht; vgl. weiter Paal/Pauly/*Paal*, DS-GVO Art. 15 Rn. 41 f.; a. A. Kühling/Buchner/*Bäcker*, Art. 15 Rn. 47.

sieht § 29 Abs. 1 S. 2 – in Parallelität zur Einschränkung der Informationspflicht[53] – eine Ausnahme vor, soweit durch eine Auskunft

„Informationen offenbart würden, die nach einer Rechtsvorschrift oder ihrem Wesen nach, insbesondere wegen der überwiegenden berechtigten Interessen eines Dritten, geheim gehalten werden müssen."

Im Hinblick auf die Übernahme dieser Ausnahmeregelung aus § 34 Abs. 7 i.V.m. **25** § 33 Abs. 2 S. 1 Nr. 3 BDSG-alt[54] kann zu deren Verständnis auf entsprechende Interpretationen zum alten Recht Bezug genommen werden. Dabei ist zu berücksichtigen, dass eine klare Abgrenzung zwischen den Ausnahmetatbeständen des § 33 Abs. 2 S. 1 Nr. 3 BDSG-alt und des § 33 Abs. 2 S. 1 Nr. 7 lit. b BDSG-alt – die erhebliche **Gefährdung der Geschäftszwecke** der verantwortlichen Stelle betreffend – nicht erkennbar geworden ist.[55] Zudem ergibt sich aus § 29 Abs. 1 S. 2 BDSG 2018 gegenüber § 34 Abs. 7 i.V.m. § 33 Abs. 2 S. 1 Nr. 3 BDSG-alt eine zusätzliche Öffnung durch die Verwendung des Begriffs (insbes.) *berechtigte* statt *rechtliche* Interessen (eines Dritten), womit auch (rein) wirtschaftliche oder ideelle Interessen umfasst sind.[56]

Somit bietet § 29 Abs. 1 S. 2 BDSG 2018 Raum für den Schutz nicht nur der hier **26** eigens benannten Geheimhaltungspflichten nach Rechtsvorschrift, sondern auch vertraglich **begründeter Verschwiegenheitspflichten**[57] (z.B. gegenüber einem Informanten[58] oder im Rahmen einer stillen Zession),[59] zum Schutz von **Geschäfts- und Privatgeheimnissen** sowie zum Schutz sachlich-fachlich begründeter Geschäftszwecke,[60] und zwar in Abwägung gegen das ggf. überwiegende Interesse des Betroffenen an der Auskunftserteilung.[61]

III. Datenportabilität

Zu den Betroffenenrechten gehört nach Art. 20 DS-GVO das neue Rechtsinstitut **27** der Datenübertragbarkeit (Datenportabilität). Es geht dabei allerdings **nicht um die Gewährleistung der technischen Möglichkeit** der Übertragbarkeit von einem Verantwortlichen auf einen anderen, vielmehr um das Recht auf Übertragung zwischen diesen unter der Voraussetzung der Übertragbarkeit.[62]

Der einzelne überlässt im informationellen Alltag zahlreiche auf sich selbst bezo- **28** gene Informationen z.B. bei Banken, Kreditkartenunternehmen und Versicherun-

---

[53] → Rn. 12.

[54] Ebenso § 19a Abs. 3 i.V.m. § 19 Abs. 4 Nr. 3 BDSG-alt.

[55] Vgl. dazu *Gola/Schomerus*, § 33 Rn. 33 (Abschn. „Geheimhaltungsbedürftige Daten") und Rn. 39 (Abschn. „Gefährdung der Geschäftszwecke"), in beiden Fällen die Problematik eventueller Informationspflicht bei stiller Zession erörternd; Simitis/*Düx*, § 33 Rn. 84, argumentiert zum Zwecke eingrenzender Interpretation des § 33 Abs. 2 S. 1 Nr. 3 BDSG-alt mit einer Quasi-Subsidiarität dieser Bestimmung gegenüber Abs. 2 S. 1 Nr. 7.

[56] Vgl. den Hinweis bei BeckOK DatenSR/*Uwer*, BDSG § 29 Rn. 10.

[57] Vgl. Schantz/Wolff/*Schantz*, Das neue DatSchR, 2017, Rn. 1366.

[58] Nach BDSG-alt offenlassend Gola/Schomerus/*Gola/Körffer/Klug*, BDSG § 33 Rn. 33; beachte zur datenschutzrechtlichen Problemstellung im Rahmen der Verkehrsfähigkeit von Geldforderungen BGH, Urt. v. 27.2.2007 – XI ZR 195/05, Rn. 25 ff., NJW 2007, 2106 (2108 ff.); BVerfG, Beschl. v. 11.7.2007 – 1 BvR 1025/07, NJW 2007, 3707 f.

[59] Differenzierend Simitis/*Dix*, BDSG § 33 Rn. 80.

[60] Zu diesen Gola/Schomerus/*Gola/Körffer/Klug*, BDSG § 33 Rn. 39.

[61] Zum Abwägungserfordernis – jenseits durch Rechtsvorschrift festgelegter Geheimhaltungspflichten – Schantz/Wolff/*Schantz*, Das Neue DatSchR, 2017, Rn. 1366; Hinweis auf die *„überwiegenden … Interessen"* im § 29 Abs. 1 S. 2 BDSG 2018 sowie in § 34 Abs. 7 i.V.m. § 33 Abs. 2 S. 1 Nr. 3, 7 lit. b BDSG-alt.

[62] Vgl. Sydow/*Sydow*, DS-GVO Art. 20 Rn. 10.

gen, bei Energieversorgern sowie insbesondere auf Online-Plattformen/sozialen Netzwerken, und zwar auf der Basis **freiwilliger ‚Bereitstellung'** (durch Einwilligung, Vertragsabschluss); vom Verantwortlichen bei einer Person ohne deren Wissen erhobene Informationen sind also nicht ohne weiteres umfasst.[63]

29 Art. 20 Abs. 1 DS-GVO räumt dem Betroffenen die Möglichkeit ein, die entsprechenden – automatisierten – **Daten** „in einem strukturierten, gängigen und maschinenlesbaren Format"[64] **zurückzuerhalten** und an einen anderen Verantwortlichen **zu übermitteln.** Zugleich kann er, wenn die Informationen für den Verantwortlichen nicht mehr erforderlich sind, bei diesem deren Löschung verlangen, Art. 20 Abs. 3 S. 1 i.V.m. Art. 17 DS-GVO.[65] Art. 20 Abs. 2 geht darüber hinaus. Danach wird dem Betroffenen gegenüber dem (Erst-)Verantwortlichen unter der Voraussetzung technischer Machbarkeit das Recht darauf eingeräumt, dass dieser die Daten einem anderen Verantwortlichen direkt übermittelt.

30 Wesentliches Ziel ist, dem einzelnen den **Wechsel zu einem anderen Vertragspartner**/Versorger/Provider zu **erleichtern** und zugleich den Wettbewerb zu fördern.[66] Nach Art. 20 Abs. 3 S. 2 gilt die Regelung nicht für Verarbeitungen im Sinne des Art. 6 Abs. 1 lit. e DS-GVO; sie findet deshalb im Ergebnis auf die Datenverarbeitung bei Behörden keine Anwendung.[67]

31 Nach Art. 20 Abs. 4 DS-GVO darf die Ausübung der bezeichneten Rechte auf Datenübertragbarkeit „die **Rechte und Freiheiten anderer Personen nicht beeinträchtigen.**"[68] Es geht dabei datenschutzrechtlich darum, dass die in Betracht kommenden Informationen zugleich Bezug auf Dritte haben respektive ein bestimmter Datensatz mehr als eine betroffene Person tangiert.[69] Bei der Rückübertragung an den Betroffenen selbst ergeben sich diesbezüglich keine Probleme, weil diesem die Informationen ohnehin schon bekannt sind. Bei der Übermittlung an einen anderen Verantwortlichen ist deren Zulässigkeit insbesondere nach Art. 6 Abs. 1 lit. f DS-DVO – vom Betroffenen – zu prüfen.[70] – Im Übrigen können Urheberrechte und Geschäftsgeheimnisse des Erstverantwortlichen oder Dritter der Übertragung entgegenstehen.[71]

32 Konzeptionell kann das Recht auf Datenportabilität als Fortentwicklung des Auskunftsanspruchs – mitsamt Gewährung einer Kopie[72] – verstanden werden.[73] Systematisch hat der Verordnungsgeber freilich das neue Rechtsinstitut in Abschnitt 3 der Betroffenenrechte mit dem Recht auf Berichtigung, Löschung und Verarbeitungseinschränkung (Sperrung) zusammengefasst.[74] Diese Sicht findet ihre

---

[63] Vgl. Gola/*Piltz*, DS-GVO Art. 20 Rn. 14; für eine weite Auslegung des Begriffs der Bereitstellung unter Bezugnahme auf die Entstehungsgeschichte *Schantz/Wolff*, Das neue DatSchR, 2017, Rn. 1239.

[64] Dazu BeckOK DatenSR/*v. Lewinski*, DS-GVO Art. 20 Rn. 68 ff.

[65] Vgl. Sydow/*Sydow*, DS-GVO Art. 20 Rn. 20 ff.

[66] Vgl. *Schantz/Wolff*, Das neue DatSchR, 2017, Rn. 1236 f.

[67] Vgl. Gola/*Piltz*, DS-GVO Art. 20 Rn. 5.

[68] Die in der deutschen Fassung enthaltene Bezugnahme auf „Absatz 2" beruht ausweislich der englischen und der französischen Fassung auf einem redaktionellen Übersetzungsversehen; es muss heißen: *Abs. 1;* übereinstimmend z.B. Sydow/*Sydow*, DS-GVO Art. 20 Rn. 18 f.

[69] Dazu ErwGr 68 DS-GVO S. 8.

[70] Dazu auch *Schantz/Wolff*, Das neue DatSchR, 2017, Rn. 1240.

[71] Vgl. für alles Kühling/Buchner/*Herbst*, DS-GVO Art. 20 Rn. 17.

[72] → Rn. 19; Näheres zur diesbezüglichen Abgrenzung bei Kühling/Buchner/*Herbst*, DS-GVO Art. 20 Rn. 19.

[73] Vgl. Sydow/*Sydow*, DS-GVO Art. 20 Rn. 5; zur Entstehungsgeschichte Kühling/Buchner/*Herbst*, DS-GVO Art. 20 Rn. 8.

[74] Anders noch die Entwurfsfassung, die die Datenportabilität zusammen mit dem Auskunftsanspruch regelte, COM(2012)0011 – C7–0025/2012 – 2012/0011 (COD), S. 92 f.

Rechtfertigung darin, dass es sich hier übereinstimmend um Rechtspositionen handelt, vermöge derer der **Betroffene aktiv Einfluss auf die Datenverarbeitung** selbst nehmen kann, ihm also Steuerungsbefugnisse eingeräumt werden.[75]

B. Interventionsrechte des Betroffenen

I. Berichtigung

Der Anspruch auf Berichtigung ist in Art. 8 Abs. 2 S. 2 GRCh primärrechtlich **33** verankert. Zu den Grundsätzen der DS-GVO gehört gemäß Art. 5 Abs. 1 lit. d die „Richtigkeit" personenbezogener Daten dahingehend, dass diese „sachlich richtig und erforderlichenfalls auf dem neuesten Stand" sind. Es seien „alle angemessenen Maßnahmen zu treffen, damit … Daten, die im Hinblick auf die Zwecke ihrer Verarbeitung unrichtig sind, unverzüglich gelöscht oder berichtigt werden …." Dementsprechend hat der Betroffene nach Art. 16 DS-GVO gegenüber dem Verantwortlichen ein Recht auf Berichtigung. Dieses entspricht im wesentlichen der bisherigen Regelung nach §§ 20 Abs. 1 S. 1, 35 Abs. 1 S. 1, auch § 6 Abs. 1 BDSG-alt. Art. 16 S. 2 DS-GVO gewährt ausdrücklich „unter Berücksichtigung der Zwecke der Verarbeitung" **auch das Recht auf Vervollständigung** unvollständiger Inhalte.

Es geht primär um die Korrektur unrichtiger **Tatsachenfeststellungen**. Auf un- **34** zutreffende Werturteile als solche findet Art. 16 DS-GVO keine Anwendung. Allerdings beruhen diese oftmals auf unzutreffenden tatsächlichen Annahmen. Treten diese deutlich hervor, so kann sich der Verantwortliche dem Berichtigungsverlangen nicht entziehen. Handfeste Bewertungen, z.B. die Bezeichnung einer Personen als unzuverlässig im Sinne der Gewerbeordnung, bedürfen zumeist der Vervollständigung und sind damit Grundlage für einen Anspruch nach S. 2 der Bestimmung. Insgesamt hat man es mit einer Abgrenzungsproblematik zu tun, die der Bestimmung des Umfangs zivil- bzw. strafrechtlichen Persönlichkeitsschutzes – in Abwägung zur Meinungsäußerungsfreiheit – rechtsähnlich ist.[76]

Eine **Aktualisierung** gespeicherter Informationen ist nicht geboten, wenn diese **35** sich inhaltlich auf die Situation in einem zurückliegenden Zeitpunkt beziehen.[77] Entsprechendes gilt für ein Protokoll über in einer Sitzung gefallene – inhaltlich unzutreffende – Äußerungen; denn die erfolgte Aufzeichnung hat gerade die Funktion, das Gesagte als solches zu dokumentieren.[78]

II. Löschung

1. Systematik

Im Recht des Betroffenen auf Löschung und in der Pflicht des Verantwortlichen **36** zur Löschung *spiegelt* sich das datenschutzrechtliche **Verarbeitungsverbot** mit Erlaubnisvorbehalt: Vom Grundsatz her ist die Verarbeitung personenbezogener Daten verboten – es sei denn, sie ist gesetzlich erlaubt.[79] Zwar wird nach Art. 4 Nr. 2 DS-GVO auch die Löschung formal der Verarbeitung zugerechnet. Doch materiell bewirkt diese gerade die Beendigung derselben. Dementsprechend steht

---

[75] Vgl. Sydow/*Sydow*, DS-GVO Art. 20 Rn. 3.
[76] Vgl. insgesamt Simitis/*Mallmann*, BDSG § 20 Rn. 17 ff.; Kühling/Buchner/*Herbst*, DS-GVO Art. 16 Rn. 8 f.
[77] Vgl. Gola/*Reif*, DS-GVO Art. 16 Rn. 12.
[78] Beispiel nach *Schantz/Wolff*, Das neue DatSchR, 2017, Rn. 1208.
[79] → § 12 Rn. 1.

denn auch das Löschungs*verbot* nicht im Vordergrund des Art. 17 DS-GVO, sondern umgekehrt die Realisierung des „Rechts auf Vergessenwerden" *durch* Löschung. In der Systematik dieser Bestimmung kommt das dadurch zum Ausdruck, dass zunächst in Abs. 1 lit. a – d zahlreiche Konstellationen zur Begründung der Löschungs*pflicht* aufgelistet werden, die zusammengefasst übereinstimmend die jeweilige Unzulässigkeit der Verarbeitung (außer Löschung) zum Inhalt haben.[80] Eventuelle Löschungsverbote kommen demgegenüber erst in Art. 17 Abs. 3 mit zum Tragen.[81]

37 Dieser Gewichtung zu Gunsten der Löschung personenbezogener Informationen hat – zugleich mit Blick auf die (eingegrenzte) Autonomie des Verantwortlichen – § 35 Abs. 2 S. 1 BDSG-alt sehr klar Rechnung getragen. Nach dieser Bestimmung „können … [p]ersonenbezogene Daten … jederzeit gelöscht werden" – soweit nicht gesetzliche, satzungsmäßige oder vertragliche Aufbewahrungsfristen entgegenstehen oder schutzwürdige Interessen des Betroffenen zu berücksichtigen sind –. Grundsätzlich beinhaltet das Datenschutzrecht **keine Pflicht zur Datenverarbeitung**, und es hindert demgemäß den einzelnen nicht daran, eine solche – durch Löschung – zu beenden.[82] Das entspricht zugleich dem Prinzip der „Datenminimierung" i.S.d. Art. 5 Abs. 1 lit. c DS-GVO. Etwas Gegenteiliges kann auch Art. 8 GRCh nicht entnommen werden. Die DS-GVO ist insofern primär- und verfassungskonform zu interpretieren: Der genannte Grundsatz aus dem BDSG-alt bleibt bestehen.

2. Information an Dritte

38 Ein die Effektivität von Löschungen – wie auch entsprechend von Berichtigungen und Verarbeitungseinschränkungen (→ Rn. 40ff.) – betreffendes Problem ergibt sich aufgrund vorangegangener Offenlegung (Übermittlung/Verbreitung) der zu tilgenden Information. §§ 20 Abs. 8, 35 Abs. 7 BDSG-alt haben hierfür die sogen. **Nachberichtspflicht** an die Stellen vorgesehen, an die Daten zur Speicherung übermittelt wurden.[83] Art. 19 S. 1 DS-GVO sieht nunmehr eine Mitteilungspflicht des Verantwortlichen an alle diejenigen vor, die von ihm die in Rede stehende Information empfangen haben, soweit dies nicht unmöglich ist oder einen unverhältnismäßigen Aufwand mit sich bringt. Der Betroffene ist nach S. 2 auf Verlangen über diesen Empfängerkreis zu informieren.

39 Art. 17 Abs. 2 DS-GVO geht für die Löschung über die individuelle Nachberichtspflicht hinaus. Es handelt sich um eine Spezialregelung für den Fall, dass der Verantwortliche die von ihm zu löschende Information „öffentlich gemacht" hat, also von ihm eine Veröffentlichung, gerichtet an einen unbestimmten Personenkreis, vorgenommen wurde.[84] Dieser Fall hat durch die Möglichkeiten der Informationsverbreitung im Internet besondere Bedeutung erlangt und den Ruf nach einem

---

[80] *Schantz/Wolff*, Das neue DatSchR, 2017, Rn. 1213, meinen deshalb zu Recht, die Löschungsgründe seien „sehr ausdifferenziert, was allerdings unnötig kompliziert ist."

[81] Der Auffassung, die in Abs. 3 geregelten Ausnahmen von der Löschungspflicht kämen durchweg Löschungsverboten gleich (so Kühling/Buchner/*Herbst*, DS-DVO Art. 17 Rn. 70) ist nicht zutreffend, was sich schon aus den in der Bestimmung eingeschlossenen flexiblen *Erforderlichkeits*klauseln ergibt (dazu → § 12 Rn. 17ff.); zum Löschungsrecht des Verantwortlichen weiter → Rn. 37.

[82] Anders Gola/*Nolte/Werkmeister*, DS-GVO Art. 17 Rn. 3, die jeweils einer einschlägige Rechtsgrundlage für die Löschung durch den Verantwortlichen verlangen.

[83] Zum Verhältnis der Regelungen im BDSG-alt zu Art. 19 DS-GVO Gola/*Gola*, DS-GVO Art. 19 Rn. 3; dieses übersieht Wybitul DS-GVO-HdB/*Wybitul*,2017, DS-GVO Art. 19 Rn. 9.

[84] Vgl. Kühling/Buchner/*Herbst*, DS-GVO Art. 17 Rn. 66.

„Recht auf Vergessenwerden" verstärkt. So soll der Verantwortliche unter Berücksichtigung verfügbarer Technologie und der Implementierungskosten alle weiteren Verantwortlichen, die die zu löschenden Daten ihrerseits verarbeiten, „darüber … informieren, dass eine betroffene Person von ihnen die Löschung aller Links zu diesen … Daten oder von Kopien oder Replikationen dieser … Daten *verlangt* …"[85] Die **Umsetzung** dieser Vorschrift ist freilich im Hinblick darauf, dass der Kreis der Empfänger unbestimmt ist, **außerordentlich schwierig**. Nicht umsonst hat der europäische Gesetzgeber in Art. 70 Abs. 1 lit. d DS-GVO dem Europäischen Datenschutzausschuss[86] die Aufgabe zugewiesen, zu Art. 17 Abs. 2 Leitlinien bereitzustellen. – Bisher gelingt es gegenüber Suchmaschinen, die gewünschte Wirkung dadurch herbeizuführen, dass eine Veröffentlichung auf einer Website mit entsprechenden Metatags versehen wird.[87]

III. Einschränkung der Verarbeitung (Sperrung)

Wenn Daten nicht gelöscht werden, aber auch nicht anderweitig mehr verwendet **40** werden sollen, wird ihre Verarbeitung eingeschränkt oder kurz: die Daten werden gesperrt.[88] Art. 4 Nr. 3 GS-GVO spricht von einer „Markierung" solcher Daten, ErwGr 67 DS-GVO beschreibt Methoden der Beschränkung, die unter anderem darin bestehen können, dass ausgewählte Daten vorübergehend auf ein anderes Verarbeitungssystem übertragen werden, dass sie für Nutzer gesperrt oder dass veröffentlichte Daten vorübergehend von einer Website entfernt werden. Einerseits geht es dabei um die dilatorische Regelung für **Zwischenphasen der Prüfung** und Entscheidung, andererseits um die Eingrenzung möglicher Verarbeitung für ganz bestimmten Zwecke.

Zur ersten Gruppe gehört zunächst der in Art. 18 Abs. 1 lit. a DS-GVO be- **41** schriebene Fall, dass der **Betroffene die Richtigkeit** auf ihn bezogener Informationen beim Verantwortlichen substantiiert **bestreitet**. Er kann dann die Einschränkung der Verarbeitung verlangen, „und zwar für eine Dauer, die es dem Verantwortlichen ermöglicht, die Richtigkeit der … Daten zu überprüfen." Die Verordnung enthält allerdings keine Regelung zu der Frage, was mit den gesperrten Daten zu geschehen habe, wenn eine Abklärung über die (Un-)Richtigkeit nicht gelingt, also die Sachlage streitig bleibt. §§ 20 Abs. 4, 35 Abs. 4 BDSG-alt haben für diesen Fall die fortgesetzte Sperrung vorgesehen. Dasselbe wird von einigen Autoren auch unter der Geltung der DS-GVO zur Schließung einer von ihnen angenommenen Lücke vertreten.[89] *Gola* legt demgegenüber die Beweislast des Betroffenen zu Grunde.[90] Dem steht Art. 6 Abs. 1 lit. d i. V. m. Abs. 2 DS-GVO klar entgegen.[91]

Art. 18 Abs. 1 lit. d sieht die Einschränkung der Verarbeitung auch für den Fall **42** vor, dass der Betroffene von seinem **Widerspruchsrecht** nach Art. 21 Abs. 1 DS-

---

[85] Zum Erfordernis eines Antrags des Betroffenen Gola/*Nolte/Werkmeister*, DS-GVO Art. 17 Rn. 36; Kühling/Buchner/*Herbst*, DS-GVO Art. 17 Rn. 52.

[86] Zu diesem → § 22.

[87] Vgl. dazu insgesamt Sydow/*Peuker*, DS-GVO Art. 17 Rn. 52 ff.; Ehmann/Selmayr/*Kammann/Braun*, DS-GVO Art. 17 Rn. 47 f.; auch EuGH, Urt. v. 13.5.2014 – C-131/12, ZD 2014, 350 Rn. 39 – Google ./. Spain, dazu → § 11 Rn. 19.

[88] Vgl. Näheres bei Kühling/Buchner/*Herbst*, DS-GVO Art. 18 Rn. 1, 19 ff.; kurze Übersicht bei *Schantz/Wolff*, Das neue DatSchR, 2017, Rn. 1223 ff.

[89] So BeckOK DatenSR/*Worms*, DS-GVO Art. 18 Rn. 33 ff.; Sydow/*Peuker*, DS-GVO Art. 18 Rn. 12; Ehmann/Selmayr/*Kamann/Braun*, DS-GVO Art. 16 Rn. 22.

[90] GS-GVO Art. 18 Rn. 8.

[91] So Kühling/Buchner/*Herbst*, DS-GVO Art. 18 Rn. 13.4.

GVO ($\rightarrow$ § 12 Rn. 14) Gebrauch gemacht hat, „solange noch nicht feststeht, ob die berechtigten Gründe des Verantwortlichen gegenüber denen der betroffenen Person überwiegen", ggf. bis zur Abklärung durch gerichtliche Entscheidung.[92]

43   Art. 18 Abs. 1 lit. b, c DS-GVO regeln hingegen Tatbestände, in denen eine Löschungspflicht des Verantwortlichen nach Art. 17 Abs. 1 lit. d bzw. lit. a klar besteht, der **Betroffene** jedoch die **Einschränkung** der Verarbeitung mit Blick auf eigene (Beweissicherung-)zwecke **verlangt**/benötigt.[93]

44   § 35 BDSG 2018 lässt für eine Reihe weiterer Fälle die Sperrung an die Stelle der Löschung treten, wobei er sich an §§ 20 Abs. 3, 35 Abs. 3 BDSG-alt orientiert. § 35 Abs. 3 BDSG 2018 gilt für den Fall, dass satzungsgemäße oder vertragliche Aufbewahrungsfristen der Löschung entgegenstehen, § 35 Abs. 2 BDSG 2018 greift Platz, wenn – auch ohne entsprechendes Verlangen des Betroffenen – Grund zu der Annahme besteht, dass durch die Löschung dessen schutzwürdige Interessen beeinträchtigt würden und § 35 Abs. 1 BDSG 2018 betrifft nicht automatisierte Datenverarbeitung, wenn eine Löschung wegen der besonderen Art der Speicherung nicht oder nur mit unverhältnismäßig hohem Aufwand möglich ist.

45   Art. 18 Abs. 2 DS-GVO legt den Umfang der verbleibenden **zulässigen Verarbeitung gesperrter Informationen** fest. Zulässig ist diese auf der Grundlage der Einwilligung des Betroffenen, ferner zur Geltendmachung, Ausübung oder Verteidigung von Rechtsansprüchen, also zur konkreten Überwindung von Beweisschwierigkeiten auf Seiten des Verantwortlichen, im Rahmen einer strengen Verhältnismäßigkeitsprüfung auch zum Schutz überwiegender Rechte Dritter sowie aus Gründen eines wichtigen öffentlichen Interesses der Union oder eines MSes.[94]

---

[92] Vgl. Ehmann/Selmayr/*Kamann/Braun*, DS-GVO Art. 18 Rn. 22; anders BeckOK DatenSR/*Worms*, DS-GVO Art. 18 Rn. 44.
[93] Vgl. dazu Sydow/*Peuker*, DS-GVO Art. 18 Rn. 13–15.
[94] Vgl. dazu Sydow/*Peuker*, DS-GVO Art. 18 Rn. 22–26.

3. Abschnitt. Steuerung riskanter Verfahren

§ 16. Automatisierte Einzelentscheidung einschließlich Profiling

Literatur: *Abel/Djagani*, Weitergabe von Kreditnehmerdaten bei Forderungskauf und Inkasso, ZD 2017, 114; *Born*, Bonitätsprüfungen im Online-Handel – Scorewert-basierte automatisierte Entscheidung über das Angebot von Zahlungsmöglichkeiten, ZD 2015, 66; *Culik/Döpke*, Zweckbindungsgrundsatz gegen unkontrollierten Einsatz von Big Data-Anwendungen, ZD 2017, 226; *Deuster*, Automatisierte Entscheidungen nach der Datenschutz-Grundverordnung, PinG 2016, 75; *Dzidam*, Big Data und Arbeitsrecht, NZA 2017, 541; *Ehmann*, BDSG-neu: Gelungener Diskussionsentwurf oder erneuter untauglicher Versuch zur „Nachbesserung" der DS-DVO?, ZD-Aktuell 2016, 04216; *Eichler*, Zulässigkeit der Tätigkeiten von Auskunfteien nach der DS-GVO, RDV 2017, 10; *Scheider*, Schließt Art. 9 DS-GVO die Zulässigkeit der Verarbeitung bei Big Data aus?, ZD 2017, 303; *Eschholz*, Big Data-Scoring unter dem Einfluss der Datenschutz-Grundverordnung, DuD, 3/2017, 180; *Helfrich*, DSAnpUG-EU: Ist der sperrige Name hier schon Programm?, ZD 2017, 97; *Hoeren*, Big Data und Datenqualität –ein Blick auf die DS-GVO, ZD 2016, 459; *Martini/Nink*, Wenn Maschinen entscheiden ... – vollautomatisierte Verwaltungsverfahren und der Persönlichkeitsschutz, NVwZ 2017, 681; *Schleipfer*, Datenschutzkonformes Webtracking nach Wegfall des TMG, ZD 2017, 460; *Taeger*, Scoring in Deutschland nach der EU-Datenschutzgrundverordnung, ZRP 2016, 72; *Taeger*, Verbot des Profilings nach Art. 22 DS-GVO und die Regulierung des Scorings ab Mai 2018, RDV 2017, 3.

Der Regelung über die Automatisierte Entscheidung in Art. 22 DS-GVO liegt **1** der Grundsatz zugrunde, dass **keine Maschine eine negative Entscheidung in Bezug auf einen Menschen** treffen soll. Allerdings verbietet die Regelung insoweit nicht die Bewertung durch eine Maschine überhaupt, sondern nur, dass eine Maschine das „letzte Wort" hat.[1]

Der Datenschutz wurde in Deutschland insbesondere aus der Menschenwürde ab- **2** geleitet.[2] Es war somit nur konsequent, eine Beeinträchtigung des Schutzes der betroffenen Person schon in einer (negativen) Maschinenentscheidung zu sehen. Im **BDSG-alt** war daher eine entsprechende Regelung in § 6a enthalten.[3] Auch die **Datenschutzrichtlinie 95/46/EG** (DSRL) enthielt in Art. 15 ebenfalls eine Regelung über die Automatisierte Entscheidung. Dieser Ansatz des Schutzes der betroffenen Person wird in Art. 22 DS-GVO fortgesetzt und bringt insoweit keine grundlegenden Änderungen.

Die DS-GVO geht vom materiellen **Verbot mit Erlaubnisvorbehalt in Art. 6** **3** **Abs. 1 DS-GVO** aus und flankiert dieses durch formale Anforderungen, insbesondere zur Dokumentation. Aber keine Verarbeitung personenbezogener Daten ist danach per se verboten. Vielmehr ist stets auf der Grundlage eines risikobasierten Ansatzes insbesondere durch Interessenabwägung (vgl. Art. 6 Abs. 1 lit. f, Abs. 4 DS-GVO) und Datenschutz-Folgenabschätzung (vgl. Artt. 35, 36 DS-GVO) die Zulässigkeit zu bewerten.

Art. 22 DS-GVO ist eine **flankierende Regelung zum eigentlichen Erlaubnis-** **4** **tatbestand** in Artt. 6ff. DS-GVO.[4] Art. 22 Abs. 1 DS-GVO knüpft an das Ergebnis der Bewertung an und verbietet eine bestimmte Art der Verarbeitung personenbe-

---

[1] BeckOK DatenSR/*v. Lewinski*, DS-GVO Art. 22 Rn. 2; *Albrecht/Jotzo*, Das neue Datenschutzrecht der EU, § 3 Rn. 61, Seite 78.

[2] Siehe hierzu → § 2.

[3] BeckOK DatenSR/*v. Lewinski*, DS-GVO Art. 22 Rn. 1; *Roßnagel/Nebel/Richter* ZD 2013, 103, 108.

[4] Taeger RDV 2017, 3, 6; BeckOK DatenSR/*v. Lewinski*, DS-GVO Art. 22 Rn. 3; Albrecht/Jotzo, Das neue Datenschutzrecht der EU, § 3 Rn. 62, Seite 79; Gola/*Schulz*, DS-GVO, Art. 22 Rn. 3.

zogener Daten. Art. 22 DS-GVO ist damit auch kein eigenständiger Erlaubnistatbestand, sondern es verbleibt bei den Regelungen in Artt. 6 ff. DS-GVO.[5]

5 Wie beispielsweise *Schantz* zu Recht anmerkt, ist Art. 22 DS-GVO im **Zeitalter der Digitalisierung** hoch aktuell. Denn Art 22 DS-GVO greift Mechanismen der computergestützten Entscheidungsfindung auf.[6] Der Spielraum digitaler Entscheidungsfindung ist vielfältig und reicht von Bonitätsbewertungen bis personalisiertem Marketing. Auch die Ablehnung von Kreditkartenbelastungen oder Online-Überweisungen anhand verdächtiger Muster ist ein Anwendungsfall computergestützter Entscheidungsfindungen. Selbst die Streckenberechnung eines Navigationsgeräts gehört hierzu.[7] Neben den durch menschliche Programmierung vorgegebenen Rechenschritten kommen unter den Stichworten Big Data[8] und Smart Data Formen einer Art maschinellen Lernens hinzu. Hierbei werden nicht nur durch Menschen aufgestellte Hypothesen bestätigt, sondern die Systeme beginnen auf der Grundlage von Daten zusätzlich neue Erkenntnisse zu entwickeln.

6 Einen weiteren Aspekt, der für eine kritische Haltung gegenüber automatisierten Einzelfallentscheidungen spricht, greift schon die Begründung des Kommissionsentwurfs zu Art. 15 der Datenschutz-Richtlinie 95/46/EG auf: Das von der Maschine gelieferte Ergebnis, dem immer höher entwickelte Software und Expertenwissen zugrunde liegt, hat einen **scheinbar objektiven und unbestreitbaren Charakter, dem der menschliche Entscheidungsträger übermäßige Bedeutung beimessen kann,** wenn er seiner Verantwortung nicht nachkommt.[9] Diesem Kritikpunkt kann eine Regelung wie Art. 22 DS-GVO nur eingeschränkt begegnen. Denn Art. 22 DS-GVO – ebenso wie Art. 15 der Datenschutz-Richtlinie 95/46/EG – verbietet nur, dass eine Maschine das „letzte Wort" hat. Sie sieht aber keine wirksamen Mechanismen gegen die Beeinflussung der menschlichen Entscheidung vor, wenn diese auf eine Automatisierte Entscheidung aufbaut.

A. Verbot der automatisierten Entscheidung im Einzelfall

7 Der **Begriff „Automatisierte Entscheidung im Einzelfall"** ist in der DS-GVO nicht legaldefiniert. Aus seiner Verwendung als gesetzliche Überschrift des Art. 22 DS-GVO ergibt sich, dass er die dort beschriebene Verarbeitung bezeichnet.

I. Automatisierte Entscheidung im Einzelfall

8 Eine Automatisierte Entscheidung im Einzelfall ist nach Art. 22 Abs. 1 DS-GVO durch **drei Merkmale gekennzeichnet:**
– Es muss sich um eine automatisierte Verarbeitung[10] handeln.[11] Insofern ist der Anwendungsbereich des Art. 22 DS-GVO enger als der Anwendungsbereich der Art. 6 ff. DS-GVO. Denn diese erfassen jede Verarbeitung und nicht nur automatisierte Verarbeitungen.

---

[5] Taeger RDV 2017, 3, 6; BeckOK DatenSR/*v. Lewinski*, DS-GVO Art. 22 Rn. 4; Gola/*Schulz*, DS-GVO, Art. 22 Rn. 3; missverständlich wohl *Albrecht/Jotzo*, Das neue Datenschutzrecht der EU, § 3 Rn. 64, Seite 79 („Im Umkehrschluss erlaubt Art. 22 Abs. 1 DS-GVO ...").

[6] Schantz/Wolff/*Schantz*, Das neue DatenSchR, 2017, S. 228.

[7] Schantz/Wolff/*Schantz*, Das neue DatenSchR, 2017, S. 228.

[8] Vgl. Wybitul DS-GVO-HdB/*Draf*, 2017, DS-GVO Art. 22 Rn. 2; vgl. Paal/Pauly/*Martini*, DS-GVO Art. 22 Rn. 8.

[9] Schantz/Wolff/*Schantz*, Das neue DatenSchR, 2017, S. 229 unter Bezugnahme auf *Dammann/Simitis*, Datenschutz-Richtlinie 95/46 EG, Art. 15, Vorbemerkung vor Rn. 1.

[10] Siehe hierzu → § 8 Rn. 22 ff.

[11] Siehe → Rn. 17.

– Das Ergebnis der Verarbeitung muss eine Entscheidung sein, welche gegenüber der betroffenen Person „rechtliche Wirkung entfaltet oder sie in ähnlicher Weise erheblich beeinträchtigt".
– Die vorgenannte Entscheidung muss ausschließlich auf einer automatisierten Verarbeitung beruhen.

Automatisierte Entscheidung und automatisierte Verarbeitung sind also nicht inhaltsgleich. Auch aus Art. 22 Abs. 4 DS-GVO ergibt sich, dass für Art. 22 DS-GVO das Element der Entscheidung prägend ist. 9

1. Automatisierte Verarbeitung

Eine Automatisierte Verarbeitung[12] ist **konstitutiv für eine Automatisierte Entscheidung**, macht die Verarbeitung aber noch nicht allein zu einer Automatisierten Entscheidung im Sinne des Art. 22 DS-GVO.[13] 10

Umstritten ist, ob Art. 22 DS-GVO auf jede automatisierte Verarbeitung zur Anwendung kommt[14] oder eine **„gewisse Komplexität"** Voraussetzung ist.[15] Für die zuerst genannte Ansicht spricht zunächst einmal der Wortlaut. Sinn und Zweck der Regelung streiten jedoch für die zweite Ansicht. Denn anderenfalls wären triviale Wenn/Dann-Entscheidungen wie automatisierte Genehmigungen von Abhebungen am Geldausgabeautomaten, automatisierte Genehmigungen von Kreditkartenverfügungen oder automatisierter Guthabenabgleich zur Ausführung von Überweisungs-, Scheck- oder Lastschriftaufträgen ebenfalls erfasst.[16] 11

2. Profiling

Art. 22 Abs. 1 DS-GVO spricht explizit das sog. **Profiling** an. Aus dem Wortlaut des Art. 22 Abs. 1 DS-GVO ergibt sich zunächst, dass die in Art. 22 DS-GVO geregelte **Automatisierte Entscheidung** und Profiling **nicht synonym** sind.[17] 12

„Profiling" ist gemäß der **Legaldefinition in Art. 4 Nr. 4 DS-GVO** jede Art der automatisierten Verarbeitung personenbezogener Daten, die darin besteht, dass diese personenbezogenen Daten verwendet werden, um bestimmte persönliche Aspekte, die sich auf eine natürliche Person beziehen, zu bewerten, insbesondere um Aspekte bezüglich Arbeitsleistung, wirtschaftliche Lage, Gesundheit, persönliche Vorlieben, Interessen, Zuverlässigkeit, Verhalten, Aufenthaltsort oder Ortswechsel dieser natürlichen Person zu analysieren oder vorherzusagen. Profiling ist danach eine Ausprägung der automatisierten Verarbeitung.[18] 13

Art. 22 DS-GVO unterwirft nicht jedes Profiling *per se* seiner Rechtsfolge.[19] Ein Profiling ist nur dann von Art. 22 DS-GVO erfasst, wenn alle **konstitutiven Merkmale einer „Automatisierten Entscheidung im Einzelfall"** erfüllt sind.[20] 14

---

[12] Siehe hierzu → § 8 Rn. 22 ff.
[13] Siehe → Rn. 8.
[14] Dammann ZD 2016, 307, 312.
[15] BeckOK DatenSR/*v. Lewinski*, DS-GVO Art. 22 Rn. 12 f.; Gola/*Schulz*, DS-GVO, Art. 22, Rn. 20.
[16] BeckOK DatenSR/*v. Lewinski*, DS-GVO Art. 22 Rn. 13.
[17] Wortlaut des Art. 22 Abs. 1 DS-GVO: „auf einer automatisierten Verarbeitung – einschließlich Profiling –".
[18] Zur automatisierten Verarbeitung siehe → § 8 Rn. 22 ff.
[19] Im Ergebnis ebenso: Taeger RDV 2017, 3, 4; Gola/*Schulz*, DS-GVO, Art. 22 Rn. 20; Paal/Pauly/*Martini*, DS-GVO Art. 22 Rn. 21; zum Profiling allgemein → Rn. 61 ff.
[20] Wohl ebenso: Paal/Pauly/*Martini*, DS-GVO Art. 22 Rn. 2; siehe oben → Rn. 8 f.

15 Die Formulierung „automatisierten Verarbeitung – einschließlich Profiling –" betont nach der hier vertretenen Ansicht lediglich, dass auch ein Profiling in den Anwendungsbereich des Art. 22 DS-GVO fallen kann, nicht aber dass jedes Profiling erfasst oder Art. 22 DS-GVO schon auf die bloße Profilbildung anzuwenden ist.[21] Auch im Wortlaut des Art. 22 Abs. 1 DS-GVO findet die **Anwendung auf die bloße Profilbildung keine Stütze**.[22] Ebenso wenig erfordert der Schutzzweck[23] eine Anwendung auf die bloße Profilbildung. ErwGr 71 DS-GVO spricht ebenso für diese Bewertung. Denn er spricht ausdrücklich an, dass Art. 22 DS-GVO ein Profiling erfassen soll, soweit dieses rechtliche Wirkung für die betroffene Person entfaltet oder sie in ähnlicher Weise erheblich beeinträchtigt.

II. Verbot der automatisierten Entscheidung im Einzelfall

16 Die Zulässigkeit der (automatisierten) Verarbeitungen bestimmt sich **materiell-rechtlich vor allem nach Artt. 6 ff. DS-GVO**. Gemäß Art. 22 Abs. 1 DS-GVO darf eine betroffene Person „nicht einer ausschließlich auf einer automatisierten Verarbeitung – einschließlich Profiling – beruhenden Entscheidung unterworfen [zu] werden, die ihr gegenüber rechtliche Wirkung entfaltet oder sie in ähnlicher Weise erheblich beeinträchtigt".

1. Ausschließlichkeit der automatisierten Verarbeitung

17 Art. 22 Abs. 1 ist nur dann anwendbar, wenn die **Entscheidung ausschließlich auf einer automatisierten Verarbeitung** beruht. Hierin kommt zum Ausdruck, dass das „letzte Wort" nicht bei einer Maschine liegen darf, sondern bei einem Menschen liegen muss. Nicht einschlägig ist Art. 22 Abs. 1 DS-GVO daher dann, wenn die automatisierte Entscheidung nur die Entscheidung vorbereitet oder nur ein Aspekt unter weiteren der Entscheidungsfindung ist.[24]

18 Dies verdeutlicht zugleich auch die Schwäche dieser Regelung. Denn die Regelung ist schon dann nicht anwendbar, wenn ein **menschlicher Entscheidungsträger** zwischengeschaltet ist.[25] Hat ein zwischengeschalteter menschlicher Entscheidungsträger allerdings keinerlei Befugnisse zu einer abweichenden Entscheidung und ist damit auf die Rolle des menschlichen Sprachrohrs reduziert, wird weiterhin von einer ausschließlich auf einer automatisierten Verarbeitung beruhenden Entscheidung im Sinne des Art. 22 Abs. 1 DS-GVO auszugehen sein.[26]

19 Welche Qualität der Entscheidungsspielraum haben muss, ist weder durch die DS-GVO vorgegeben, noch anhand der Vorgängerregelungen in BDSG-alt und DSRL gerichtlich entschieden worden.[27] Es wird mit Blick darauf vertreten, dass durch Art. 22 DS-GVO Automatisierte Entscheidungen im Einzelfall grundsätzlich

---

[21] Im Ergebnis ebenso *Taeger*, RDV 2017, 3, 4.

[22] So scheinbar auch *Albrecht/Jotzo*, Das neue Datenschutzrecht der EU, § 3 Rn. 66, Seite 79 unter Bezugnahme auf ErwGr 72 DS-GVO. Im Ergebnis ebenso wie hier: Taeger RDV 2017, 3, 6; wohl auch Paal/Pauly/*Martini*, DS-GVO Art. 22 Rn. 21, wenngleich nicht eindeutig mit Blick auf Paal/Pauly/*Martini*, DS-GVO Art. 22 Rn. 8.

[23] Hierzu siehe → Rn. 1 ff.

[24] Ebenso: Ehmann/Selmayr/*Hladjk*, DS-GVO Art. 22 Rn. 6; Schantz/Wolff/*Schantz*, Das neue DatSchR, 2017, S. 231.

[25] BeckOK DatenSR/*v. Lewinski*, DS-GVO Art. 22 Rn. 23; Gola/*Schulz*, DS-GVO, Art. 22 Rn. 14.

[26] Im Ergebnis ebenso: BeckOK DatenSR/*v. Lewinski*, DS-GVO Art. 22 Rn. 25; Paal/Pauly/*Martini*, DS-GVO Art. 22 Rn. 17 ff.

[27] BeckOK DatenSR/*v. Lewinski*, DS-GVO Art. 22 Rn. 25.1.

Anerkennung gefunden hätten, dass an den Entscheidungsspielraum keine zu hohen Anforderungen zu stellen seien und bspw. das bloße Aussortieren von nicht plausiblen „Maschinenentscheidungen" den Anforderungen des Art. 22 DS-GVO noch genüge.[28] Anderseits soll die bloße Entscheidung, auf den automatisierten Prozess nicht einzuwirken, nicht genügen.[29] Eine Stichprobenkontrolle soll ebenfalls nicht zur Annahme eines Entscheidungsspielraums genügen.[30] Wenngleich sich Argumente für diese Betrachtung anführen lassen, wird insoweit erst durch eine Entscheidung des EuGH Klarheit zu erwarten sein.

2. Rechtliche Wirkung und erhebliche Beeinträchtigung

Art. 22 Abs. 1 DS-GVO verbietet die ausschließlich auf einer automatisierten **20** Verarbeitung beruhende Entscheidung nur, wenn diese **gegenüber der betroffenen Person rechtliche Wirkung entfaltet oder sie in ähnlicher Weise erheblich beeinträchtigt.**

Art. 22 Abs. 1 DS-GVO erfasst nur negative Entscheidungen von einigem Ge- **21** wicht.[31] Der Wortlaut ist nicht eindeutig. Denn Art. 22 Abs. 1 DS-GVO lässt sich auch so lesen, dass jede Entscheidung unter diese Regelung fällt, die eine rechtliche Wirkung entfaltet.[32] Das würde aber voraussetzen, dass die DS-GVO jede rechtliche Wirkung als erhebliche Beeinträchtigung verstanden wissen möchte. Für eine so weitreichende Auslegung lassen sich keine Anhaltspunkte finden. Als klassische Fälle nennt ErwGr 71 die automatische Ablehnung des Abschlusses eines Online-Kreditvertrages und Online-Einstellungsverfahren ohne jegliches menschliches Eingreifen. Gleiches gilt für den Abschluss bei anderen Vertragsarten wie z.B. Mobilfunkverträgen.[33]

Art. 22 DS-GVO adressiert nur Fälle der **unmittelbaren rechtlichen Wirkung.** **22** Fälle der mittelbaren rechtlichen Wirkung sind nicht erfasst. Solche Fälle können jedoch von dem Merkmal „in ähnlicher Weise erheblich beeinträchtigt" erfasst sein, da hiervon Realakte und tatsächliche Handlungen umfasst sind.[34]

Die DS-GVO definiert nicht, was unter einer **erheblichen Beeinträchtigung** zu **23** verstehen sein soll. Aus der Formulierung ergibt sich nur, dass jedenfalls nicht jede Beeinträchtigung erfasst ist. Als Beispiele für erhebliche Beeinträchtigungen werden genannt das automatisierte „Aussieben" von Bewerbern für eine Stelle oder einen Studienplatz sowie andere Maßnahmen, die das berufliche Fortkommen betreffen.[35]

Die Erheblichkeit einer Beeinträchtigung ist **objektiv** und nicht aus Sicht der ein- **24** zelnen betroffenen Person zu bewerten.[36] Hierfür spricht ErwGr 76, der darauf abstellt, dass das in der DS-GVO an verschiedenen Stellen angesprochene „Risiko" objektiv zu bewerten ist.

---

[28] BeckOK DatenSR/*v. Lewinski*, DS-GVO Art. 22 Rn. 25.1.
[29] Paal/Pauly/*Martini*, DS-GVO Art. 22 Rn. 19.
[30] Paal/Pauly/*Martini*, DS-GVO Art. 22 Rn. 19.
[31] Schantz/Wolff/*Schantz*, Das neue DatSchR, 2017, S. 231; Paal/Pauly/*Martini*, DS-GVO Art. 22 Rn. 28; Gola/*Schulz*, DS-GVO, Art. 22 Rn. 22; im Ergebnis ebenso BeckOK DatenSR/ *v. Lewinski*, DS-GVO Art. 22 Rn. 31; a.A. Auernhammer/*Herbst*, DSGVO/BDSG, Art. 22 DS-GVO, Rn. 10.
[32] Vgl. BeckOK DatenSR/*v. Lewinski*, DS-GVO Art. 22 Rn. 27; Paal/Pauly/*Martini*, DS-GVO Art. 22 Rn. 28.
[33] Vgl. Schantz/Wolff/*Schantz*, Das neue DatSchR, 2017, S. 231.
[34] Vgl. BeckOK DatenSR/*v. Lewinski*, DS-GVO Art. 22 Rn. 37.
[35] Vgl. ErwGr 71; Schantz/Wolff/*Schantz*, Das neue DatSchR, 2017.
[36] BeckOK DatenSR/*v. Lewinski*, DS-GVO Art. 22 Rn. 38.

25　**Personalisierte Werbung** ist – wenngleich häufig Folge eines Profilings – grundsätzlich nicht von Art. 22 Abs. 1 DS-GVO erfasst.[37] Denn die Unterbreitung oder Nicht-Unterbreitung eines Angebots hat nicht unmittelbar eine rechtliche Wirkung und wird – abgesehen von extremen Ausnahmefällen – die betroffene Person auch nicht erheblich beeinträchtigen.[38] Auch die Auswahl des Werbeinhalts, wie sie beispielsweise auf den Werbeflächen auf Internetseiten im Rahmen des sog. „Real Time Bidding" zur Anwendung kommt, wird nicht von Art. 22 Abs. 1 DS-GVO erfasst.[39]

B. Ausnahmen vom Verbot der automatisierten Einzelentscheidung

26　In Art. 22 Abs. 2 DS-GVO sind **drei Ausnahmen** vom Verbot des Art. 22 Abs. 1 DS-GVO geregelt.

I. Ausnahmen vom Verbot der automatisierten Einzelentscheidung (Abs. 2)

27　Nach Art. 22 Abs. 2 lit. a DS-GVO greift das Verbot nicht, wenn die Entscheidung „für den **Abschluss oder die Erfüllung eines Vertrags** zwischen der betroffenen Person und dem Verantwortlichen erforderlich ist". Als Beispiel für eine Entscheidung über den **Abschluss eines Vertrags** lassen sich insbesondere Bonitätseinschätzungen vor Abschluss eines Dauerschuldverhältnisses mit Vorleistungspflicht des Leistungserbringers (z.B. Mobilfunkverträge) nennen. Beispiele für eine Entscheidung im Rahmen der **Erfüllung eines Vertrags** sind die Betrugserkennung bei Versicherungsleistungen oder der Kostenerstattung im Rahmen der Krankenversicherung. Zur Bejahung der Erforderlichkeit wird eine bloße Dienlichkeit nicht genügen. Vielmehr ist auf der Grundlage einer Abwägung der beiderseitigen Interessen die Erforderlichkeit festzustellen.

28　Der Erlaubnistatbestand ist insbesondere für **massenhafte oder zeitkritische Verträge** relevant.[40] Denn die Erforderlichkeit im Sinne von Art. 22 Abs. 2 lit. a DS-GVO wird insbesondere in dem Fall zu bejahen sein, in dem der Abschluss oder die Erfüllung des Vertrages dann nicht möglich wäre, wenn eine Überprüfung durch eine natürliche Person stattfinden müsste.[41]

29　Nach Art. 22 Abs. 2 lit. b DS-GVO kommt das Verbot nach Abs. 1 nicht zum Tragen, wenn die Entscheidung „**aufgrund von Rechtsvorschriften** der Union oder der Mitgliedstaaten, denen der Verantwortliche unterliegt, zulässig ist und diese Rechtsvorschriften angemessene Maßnahmen zur Wahrung der Rechte und Freiheiten sowie der berechtigten Interessen der betroffenen Person enthalten". Hierbei handelt es sich um eine Öffnungsklausel für automatisierte Entscheidungen für insbesondere nationale gesetzliche Regelungen.[42] Wenn von dieser Möglichkeit Gebrauch gemacht wird, muss die entsprechende gesetzliche Regelung angemessene

---

[37] *Schleipfer*, ZD 2017, 460, 462; Ehmann/Selmayr/*Hladjk*, DS-GVO Art. 22 Rn. 9; Kühling/Buchner/*Buchner*, DS-GVO Art. 22 Rn. 26; *Weigel*, CR 2016, 102 (107); Paal/Pauly/*Martini*, DS-GVO Art. 22, Rn. 23; Schantz/Wolff/*Schantz*, Das neue DatSchR, 2017, S. 232; BeckOK DatenSR/*v. Lewinski*, DS-GVO Art. 22 Rn. 34, 41; vgl. *Roßnagel/Richter/Nebel*, ZD 2013, 103, 108.
[38] Ebenso: BeckOK DatenSR/*v. Lewinski*, DS-GVO Art. 22 Rn. 34, 41; Paal/Pauly/*Martini*, DS-GVO Art. 22 Rn. 23.
[39] BeckOK DatenSR/*v. Lewinski*, DS-GVO Art. 22 Rn. 34.
[40] BeckOK DatenSR/*v. Lewinski*, DS-GVO Art. 22 Rn. 43.
[41] BeckOK DatenSR/*v. Lewinski*, DS-GVO Art. 22 Rn. 43.
[42] Schantz/Wolff/*Schantz*, Das neue DatSchR, 2017, S. 232.

Maßnahmen zur Wahrung der Rechte und Freiheiten sowie der berechtigten Interessen der betroffenen Personen vorsehen.

Auf Grundlage einer ausdrücklichen **Einwilligung der betroffenen Person** sind 30 nach Art. 22 Abs. 2 lit. c DS-GVO automatisierte Entscheidungen ebenfalls zulässig. Bei der Anwendung dieser Ausnahme muss darauf geachtet werden, dass das in Art. 22 Abs. 1 DS-GVO verankerte Verbot nicht durch eine unangemessene Nutzung der Einwilligungsmöglichkeit unterlaufen wird. Aufgrund des Vorbehalts der Ausdrücklichkeit sind konkludente Einwilligungen ausgeschlossen.

II. Schutz der Rechte der betroffenen Personen (Abs. 3)

Für die Ausnahmen nach Art. 22 Abs. 2 lit. a (**Abschluss und Erfüllung eines** 31 **Vertrages**) und lit. c (**ausdrückliche Einwilligung**) DS-GVO sieht Art. 22 Abs. 3 DS-GVO weitere Absicherungen vor. Art. 22 Abs. 3 DS-GVO zielt darauf ab, dass die betroffene Person eine menschliche Entscheidung erzwingen kann. Der Verantwortliche muss danach **angemessene Maßnahmen treffen, um die Rechte und Freiheiten** sowie d**ie berechtigten Interessen** der betroffenen Person zu wahren.

Die betroffene Person muss mindestens das Recht haben, das **Eingreifen einer** 32 **Person** seitens des Verantwortlichen zu erwirken. Wenn die betroffene Person dieses Recht vor der automatisierten Verarbeitung geltend macht, muss ein menschlicher Entscheidungsträger zwischengeschaltet werden. Hat eine automatisierte Entscheidung im Einzelfall bereits stattgefunden, muss die getroffene Entscheidung nachträglich durch einen menschlichen Entscheidungsträger überprüft werden.

Darüber hinaus kann die betroffene Person **ihren eigenen Standpunkt darlegen.** 33 Das soll ihr letztlich ermöglichen, auf die Bewertung des menschlichen Entscheidungsträgers Einfluss zu nehmen. Der Wortlaut des Art. 22 Abs. 3 DS-GVO spricht zwar nicht aus, dass der menschliche Entscheidungsträger sich mit diesem dargelegten Standpunkt auseinandersetzen muss. Nach dem Sinn und Zweck der Regelung ist dies jedoch zwingend.

Die betroffene Person muss außerdem das Recht haben, die automatisierte Ent- 34 scheidung im Einzelfall anzufechten. Die Regelung darf jedoch nicht im Sinne der deutschen gesetzlichen Regelungen über die „Anfechtung" (beispielsweise §§ 142 BGB, §§ 119ff. BGB oder § 42 VwGO) verstanden werden, sondern ist, wie die DS-GVO insgesamt, autonom unionsrechtlich auszulegen.[43] Die betroffene Person muss die **Möglichkeit eines gerichtlichen Rechtsbehelfs** haben.

Eine **Informationspflicht des Verantwortlichen** über die Rechte nach Art. 22 35 Abs. 3 DS-GVO **gegenüber der betroffenen Person** ist in Art. 22 DS-GVO nicht vorgesehen. Eine Informationspflicht ließe sich jedoch daraus ableiten, dass der Verantwortliche allgemein nach Art. 22 Abs. 3 DS-GVO angemessene Maßnahmen zur Wahrung der Rechte und Freiheiten sowie der berechtigten Interessen der betroffenen Person ergreifen muss.

III. Ausschluss besonderer Kategorien personenbezogener Daten (Abs. 4)

Die Regelung in Art. 22 Abs. 4 DS-GVO ist eine **Rückausnahme zu den Aus-** 36 **nahmen des Art. 22 Abs. 2 DS-GVO,** soweit besondere Kategorien personenbezogener Daten im Sinne des Art. 9 Abs. 1 DS-GVO betroffen sind. Mit dieser Rückausnahme wird dem besonderen Schutzbedürfnis dieser Kategorien Rechnung getragen.

---

[43] Ebenso: BeckOK DatenSR/*von Lewinski*, DS-GVO Art. 22 Rn. 50.

37   Durch diese Regelung soll verhindert werden, dass betroffene Personen nach Rasse, ethnischer Herkunft, Religion oder Weltanschauung, Gewerkschaftszugehörigkeit, genetischen Anlagen, Gesundheitszustand oder sexueller Orientierung diskriminiert werden.

38   Gleichzeitig enthält Art. 22 Abs. 4 DS-GVO eine **Einschränkung**. Denn die Rückausnahme gilt nur dann, wenn nicht die Voraussetzung von Art. 9 Abs. 2 lit. a oder lit. g DS-GVO vorliegen und angemessene Maßnahmen zum Schutz der Rechte und Freiheiten sowie der berechtigten Interessen der betroffenen Person getroffen wurden.

39   Voraussetzung ist nach Art. 22 Abs. 4 DS-GVO, dass die automatisierte Entscheidung nach Art. 22 Abs. 1 DS-GVO auf solchen Daten beruht. Wann hiervon auszugehen, ist nicht eindeutig gesetzlich geregelt. Auf solchen Daten wird eine Entscheidung jedenfalls dann **beruhen**, wenn ihnen entscheidender Einfluss zukommt.[44] Daraus ergibt sich im Umkehrschluss, dass solche Daten nicht generell von einer Verarbeitung im Rahmen einer automatisierten Entscheidung nach Art. 22 Abs. 1 DS-GVO ausgeschlossen sind.

40   § 37 Abs. 2 BDSG 2018 sieht für **Gesundheitsdaten** eine Ausnahme vor. Sie zielt darauf ab, den privaten Krankenversicherungen die automatisierte Bearbeitung von Erstattungsanträgen zu ermöglichen.[45] *Schantz* merkt hierzu kritisch an, dass es zweifelhaft sei, ob das Interesse privater Unternehmen an Kostensenkungen ein erhebliches öffentliches Interesse im Sinne von Art. 9 Abs. 2 lit. g DS-GVO sei.[46]

IV. Einschränkung nach Art. 23 DS-GVO

41   Nach Art. 23 Abs. 1 DS-GVO kann Art. 22 Abs. 1 DS-GVO **eingeschränkt** werden.

42   Der deutsche Gesetzgeber hat von dieser Möglichkeit Gebrauch gemacht. Nach § 37 Abs. 1 Nr. 1 **BDSG 2018** ist eine automatisierte Einzelentscheidung zulässig, wenn dem Begehren der betroffenen Person im Rahmen eines Versicherungsvertrags stattgegeben wird. Es wird vertreten, dass diese Regelung in Anbetracht von Art. 22 Abs. 1 DS-GVO nicht erforderlich gewesen sei, da es sich hierbei nicht um einen Fall einer „erheblichen Beeinträchtigung" handle.[47] Gleichwohl sorgt die Regelung für Rechtssicherheit, da Art. 22 Abs. 1 DS-GVO – wie oben ausgeführt – nicht zwingend auf negative Entscheidungen mit rechtlicher Wirkung beschränkt ist.

43   Darüber hinaus soll nach § 37 Abs. 1 Nr. 2 BDSG 2018 bei Versicherungsverträgen eine automatisierte Entscheidung zulässig sein, wenn diese auf der Anwendung verbindlicher Entgeltregelungen beruht. Dieser Regelung zielt auf die automatisierte Abarbeitung von Kostenerstattungsanträgen der **privaten Krankenversicherungen**.[48]

C. Zulässigkeit der automatisierten Einzelentscheidung und Transparenz

I. Zulässigkeit einer automatisierten Einzelentscheidung

44   Die Zulässigkeit jeder Verarbeitung personenbezogener Daten bestimmt sich nach **Artt. 6 ff. DS-GVO**. Art. 22 DS-GVO regelt nur das Verbot bestimmter au-

---

[44] Schantz/Wolff/*Schantz*, Das neue DatSchR, 2017, S. 236.
[45] Vgl. BT-Drs. 18/11325, 17.
[46] Schantz/Wolff/*Schantz*, Das neue DatSchR, 2017, S. 236.
[47] Schantz/Wolff/*Schantz*, Das neue DatSchR, 2017, S. 233.
[48] BT-Drs. 18/11325, 106.

tomatisierter Verarbeitungen aufgrund ihres Ergebnisses. Er lässt sich jedoch nicht als Rechtsgrundlage für die automatisierten Entscheidungen heran ziehen, welche nicht durch Art. 22 DS-GVO untersagt sind.

Im **Ergebnis** enthält Art. 22 DS-GVO nur zusätzlich ein Verbot der dort geregel- 45 ten Verarbeitung. Das Erfordernis einer Zulässigkeitsprüfung nach Artt. 6ff. DS-GVO bleibt durch Art. 22 DS-GVO unberührt.

II. Informationspflichten in Bezug auf die automatisierte Einzelentscheidung

Der Verantwortliche ist verpflichtet, der betroffenen Person proaktiv **automati-** 46 **sierte Entscheidungen im Sinne von Art. 22 DS-GVO transparent** zu machen. Nach Artt. 13 Abs. 2 lit. f, 14 Abs. 2 lit. g DS-GVO sind der betroffenen Person Informationen über „das Bestehen einer automatisierten Entscheidungsfindung einschließlich Profiling gemäß Artikel 22 Absätze 1 und 4 und — zumindest in diesen Fällen — aussagekräftige Informationen über die involvierte Logik sowie die Tragweite und die angestrebten Auswirkungen einer derartigen Verarbeitung für die betroffene Person" zur Verfügung zu stellen. Dieselbe Information ist dem Betroffenen nach Art. 15 Abs. 1 lit. h DS-GVO zu geben, wenn dieser seinen in Art. 15 DS-GVO verankerten **Auskunftsanspruch** geltend macht. Die explizite Nennung in dem Katalog der proaktiven Informationspflichten macht auch deutlich, dass der Gesetzgeber der Automatisierten Einzelentscheidung ein hohes Risiko beimisst.

Mit der Pflicht, die Tragweite und die angestrebten Auswirkungen einer derarti- 47 gen Verarbeitung für die betroffene Person transparent zu machen, soll die betroffene Person in die Lage versetzt werden, sich ein **Bild von der automatisierten Entscheidungsfindung** zu machen.

Für die Praxis von entscheidender Bedeutung ist, wie weit die Pflicht zu einer 48 **aussagekräftigen Information über die involvierte Logik** reicht. Artt. 13 und 14 DS-GVO enthalten hierzu weder eine weitergehende Konkretisierung noch eine Beschränkung der Pflicht zur proaktiven Unterrichtung der betroffenen Person.

Für das **Auskunftsrecht** der betroffenen Person nach Art. 15 DS-GVO sind 49 **Grenzen** vorgesehen. Diese sind zwar in Artt. 13 und 14 DS-GVO nicht in Bezug genommen. Gleichwohl müssen diese auch zur Einschränkung der Pflichten nach Artt. 13, 14 DS-GVO führen, da anderenfalls die Einschränkungen im Rahmen von Art. 15 DS-GVO leer liefen. Denn eine Einschränkung im Rahmen eines Auskunftsanspruchs nach Art. 15 DS-GVO wäre sinnfrei, wenn der Verantwortliche nach Artt. 13 und 14 DS-GVO ohne Einschränkung zur proaktiven Unterrichtung der betroffenen Person hierüber verpflichtet wäre. Damit sind die Einschränkungen des Art. 15 DS-GVO auch im Rahmen von Artt. 13, 14 DS-GVO anwendbar.

Art. 15 Abs. 4 DS-GVO sieht vor, dass das Recht der betroffenen Person **in den** 50 **Rechten und Freiheiten anderer Personen seine Grenzen** findet. Aus ErwGr 63 DS-GVO ergibt sich, dass auch **Geschäftsgeheimnisse und Rechte des geistigen Eigentums** und insbesondere das Urheberrecht an Software als Rechte und Freiheiten anderer Personen gelten.[49] ErwGr 63 stellt aber auch klar, dass dies nicht dazu führen darf, dass der betroffenen Person jegliche Auskunft verweigert wird. Daraus ergibt sich zunächst, dass der Verantwortliche den Quellcode einer Software im Rahmen der Pflicht zur Transparenz in Bezug auf eine automatisierte Einzelentscheidung nicht offenlegen muss.[50] Darüber hinaus ergibt sich hieraus aber

---

[49] ErwGr 63, S. 6 DS-GVO.
[50] Schantz/Wolff/*Schantz*, Das neue DatSchR, 2017, S. 233.

auch, dass der Verantwortliche nicht den Algorithmus oder die sogenannte „Scoringformel" offenlegen muss.[51]

51   Die Pflichten nach Artt. 13, 14 und 15 DS-GVO treffen den **Verantwortlichen**. Dies ist insbesondere dann von Bedeutung, wenn derjenige, welcher das Ergebnis einer automatisierten Entscheidungsfindung nutzt, und derjenige, welcher die automatisierte Entscheidungsfindung durchführt, auseinander fallen.[52] Der Wortlaut der Regelungen in Artt. 13, 14 DS-GVO lässt sich jedoch dahingehend verstehen, dass der Verantwortliche, welcher das Ergebnis einer automatisierten Entscheidungsfindung nutzt, zur Auskunft hierüber gegenüber der betroffenen Person verpflichtet ist. Denn die Regelungen sprechen davon, dass der Verantwortliche über „das Bestehen einer automatisierten Entscheidungsfindung einschließlich Profiling" zu unterrichten hat und in diesen Fällen dann auch aussagekräftige Informationen über die involvierte Logik mitteilen muss.

D. Regelung des Profiling in der DS-GVO

52   Kurioserweise hat der Gesetzgeber den **Begriff Profiling** zwar in Art. 4 Nr. 4 DS-GVO definiert, aber gleichwohl **keine explizite Regelung** hierzu in der DS-GVO vorgesehen. Die Überschrift des Art. 22 DS-GVO erweckt zwar den Eindruck, eine Regelung zum sog. Profiling zu enthalten. Dies ist jedoch nur begrenzt zutreffend. Art. 22 DS-GVO regelt das Profiling nicht umfassend, sondern nur insoweit als dieses eine automatisierten Entscheidung im Sinne von Art. 22 DS-GVO ist.[53] Art. 22 DS-GVO erfasst damit nur eine Teilmenge des Profiling.[54] Zwei typische Beispiele für Profiling sind einerseits das Scoring durch Auskunfteien an Versicherungen, das in Übernahme von § 28b BDSG-alt in § 31 Abs. 1 BDSG 2018 geregelt ist, sowie die Analyse des Verhaltens von Internetnutzern (Webtracking).[55]

I. Zulässigkeit des Profiling

53   Die Zulässigkeit des Profilings bestimmt sich, wie für jede Verarbeitung personenbezogener Daten, nach **Art. 6 ff. DS-GVO**. Das wird durch ErwGr 72 Satz 1 DS-GVO bestätigt.[56] ErwGr 72 Satz 2 DS-GVO fordert, dass der Europäische Datenschutzausschuss diesbezüglich Leitlinien herausgibt.

54   Aus ErwGr 71 DS-GVO ergeben sich **Leitlinien**, die bei der Zulässigkeitsbewertung eines Profiling berücksichtigt werden sollten: Um unter Berücksichtigung der besonderen Umstände und Rahmenbedingungen, unter denen die personenbezogenen Daten verarbeitet werden, der betroffenen Person gegenüber eine faire und transparente Verarbeitung zu gewährleisten, sollte der für die Verarbeitung Verantwortliche geeignete mathematische oder statistische Verfahren für das Profiling verwenden, technische und organisatorische Maßnahmen treffen, mit denen in geeigneter Weise insbesondere sichergestellt wird, dass Faktoren, die zu unrichtigen personenbezogenen Daten führen, korrigiert werden und das Risiko von Fehlern

---

[51] Paal/Pauly/*Paal*, DS-GVO Art. 13 Rn. 31; Ehmann/Selmayr/*Ehmann*, DS-GVO Art. 18 Rn. 16; *Roßnagel/Nebel/Richter*, ZD 2015, 455 (458); zweifelnd: Schantz/Wolff/*Schantz*, Das neue DatSchR, 2017, S. 23 f.
[52] Ebenso Schantz/Wolff/*Schantz*, Das neue DatSchR, 2017, S. 235.
[53] Siehe hierzu → Rn. 13 ff.
[54] Zur Einordnung personalisierter Werbung siehe → Rn. 28.
[55] Schantz/Wolff/*Schantz*, Das neue DatSchR, 2017, S. 229.
[56] ErwGr 72 Satz 1 DS-GVO: „Das Profiling unterliegt den Vorschriften dieser Verordnung für die Verarbeitung personenbezogener Daten, wie etwa die Rechtsgrundlage für die Verarbeitung oder die Datenschutzgrundsätze."

minimiert wird, und personenbezogene Daten in einer Weise sichern, dass den potenziellen Bedrohungen für die Interessen und Rechte der betroffenen Person Rechnung getragen wird und mit denen verhindert wird, dass es gegenüber natürlichen Personen aufgrund von Rasse, ethnischer Herkunft, politischer Meinung, Religion oder Weltanschauung, Gewerkschaftszugehörigkeit, genetischer Anlagen oder Gesundheitszustand sowie sexueller Orientierung zu diskriminierenden Wirkungen oder zu Maßnahmen kommt, die eine solche Wirkung haben.

II. Transparenz in Bezug auf das Profiling

Die Pflicht zur **Transparenz** in Bezug auf das Profiling ist ebenfalls **nicht explizit geregelt.** Die Regelungen über die Unterrichtung des Betroffenen nach Artt. 13, 14 DS-GVO sowie der Auskunftsanspruch nach Art. 15 DS-GVO nehmen nur ein Profiling im Sinne von Art. 22 DS-GVO explizit in Bezug. Aus ErwGr 60 DS-GVO ergibt sich allerdings, dass die Grundsätze einer fairen und transparenten Verarbeitung es erforderlich machen, dass die betroffene Person über die Existenz des Verarbeitungsvorgangs und seine Zwecke unterrichtet wird. „Der Verantwortliche sollte der betroffenen Person alle weiteren Informationen zur Verfügung stellen, die unter Berücksichtigung der besonderen Umstände und Rahmenbedingungen, unter denen die personenbezogenen Daten verarbeitet werden, notwendig sind, um eine faire und transparente Verarbeitung zu gewährleisten. Darüber hinaus sollte er die betroffene Person darauf hinweisen, dass Profiling stattfindet und welche Folgen dies hat." ErwGr 63 DS-GVO macht das Profiling auch über den Wortlaut des Art. 15 DS-GVO hinaus zum Gegenstand einer Auskunftspflicht.   55

ErwGr 91 DS-GVO betont das Erfordernis einer **Datenschutz-Folgenabschätzung** für das Profiling. Danach sollte sie auch durchgeführt werden, wenn die personenbezogenen Daten für das Treffen von Entscheidungen in Bezug auf bestimmte natürliche Personen im Anschluss an eine systematische und eingehende Bewertung persönlicher Aspekte natürlicher Personen auf der Grundlage eines Profilings dieser Daten verarbeitet werden.[57] Der Wortlaut des Art. 35 Abs. 3 lit. a DS-GVO ist jedoch nicht so eindeutig. Denn dort wird lediglich angesprochen, dass ein Profiling eben auch eine in Art. 35 Abs. 3 lit. a DS-GVO adressierte systematische und umfassende Bewertung persönlicher Aspekte natürlicher Personen sein könne, die sich auf automatisierte Verarbeitung gründe.[58]   56

III. Profiling zur Direktwerbung

Das Profiling zur Direktwerbung wird durch ErwGr 70 DS-GVO adressiert. Werden personenbezogene Daten verarbeitet, um **Direktwerbung** zu betreiben, sieht ErwGr 70 Satz 1 DS-GVO zunächst vor, dass die betroffene Person jederzeit unentgeltlich Widerspruch gegen eine solche – ursprüngliche oder spätere – Verarbeitung einschließlich des Profilings einlegen können sollte, soweit sie mit dieser Direktwerbung zusammenhängt.   57

Hierin bestätigt sich, dass auch das Profiling zur Direktwerbung in Bezug auf seine Zulässigkeit wie jede andere Verarbeitung zum Zwecke der Direktwerbung zu beurteilen ist. Bei der Interessenabwägung nach **Art. 6 Abs. 1 lit. f DS-GVO** sowie   58

---

[57] ErwGr 91 DS-GVO.

[58] „systematische und umfassende Bewertung persönlicher Aspekte natürlicher Personen, die sich auf automatisierte Verarbeitung einschließlich Profiling gründet und die ihrerseits als Grundlage für Entscheidungen dient, die Rechtswirkung gegenüber natürlichen Personen entfalten oder diese in ähnlich erheblicher Weise beeinträchtigen" (Art. 35 Abs. 3 lit. a DS-GVO).

bei der Kompatibilitätsprüfung im Rahmen einer zweckändernden Weiterverarbeitung nach **Art. 6 Abs. 4 DS-GVO** ist natürlich der konkreten Form des Profilings Rechnung zu tragen. Schon die Definition in Art. 4 Nr. 4 DS-GVO macht deutlich, dass es nicht das eine Profiling gibt, sodass sich eine abstrakte pauschale Prüfung unter dem Begriff Profiling verbietet.

59 ErwGr 70 Satz 2 DS-GVO betont, dass die betroffene Person ausdrücklich auf das in ErwGr 70 Satz 1 DS-GVO angesprochene **Recht zum Widerspruch** hingewiesen werden und dieser Hinweis in einer verständlichen und von anderen Informationen getrennten Form erfolgen muss. Wenngleich sich damit aus ErwGr 70 DS-GVO keine über Art. 21 Abs. 2 DS-GVO hinausgehende Pflicht ergibt, wird gleichwohl deutlich, dass die DS-GVO gerade auch beim Profiling auf Schutz durch Transparenz setzt.

60 Indem die DS-GVO das Profiling generell und insbesondere im Bereich Marketing nicht spezifisch regelt, bleibt sie hinter dem mit ihr verbundenen Anspruch zurück, ein **Datenschutzrecht für das digitale Zeitalter** zu schaffen. Die DS-GVO bleibt damit sogar hinter dem bisherigen deutschen Datenschutzrecht zurück,[59] das jedenfalls für Telemedien in § 15 Abs. 3 TMG eine spezielle Regelung für Nutzungsprofile enthält. Wenngleich diese Datenschutzbestimmung des TMG nicht am 25.5.2018 außer Kraft treten wird, so wird sie doch aufgrund des Anwendungsvorrangs der DS-GVO verdrängt werden.[60]

61 Die DS-GVO darf nicht anhand des BDSG-alt ausgelegt werden. Eine Übernahme der Regelung des § 15 Abs. 3 TMG kommt daher nicht in Betracht. Das gilt vor allem für die in der DS-GVO nicht vorgesehenen (Zulässigkeits-) Beschränkungen. Gleichwohl macht die Betonung und Privilegierung von pseudonymisierten Verarbeitungen in ErwGr 28 und 29 DS-GVO deutlich, dass eine **Pseudonymisierung** die Zulässigkeit befördert.[61]

IV. Scoring nach dem BDSG 2018

62 Unter der Überschrift „Schutz des Wirtschaftsverkehrs bei Scoring und Bonitätsauskünften" ist in § 31 Abs. 1 BDSG 2018 der Sache nach die Regelung über das Scoring aus § 28b BDSG-alt übernommen und in § 31 Abs. 2 BDSG 2018 die Verwendung eines Wahrscheinlichkeitswerts geregelt. Aus der Begründung zum Gesetzgebungsverfahren ergibt sich als Grund für die **Fortführung der entsprechenden Regelungen des BDSG-alt**, dass die bisherigen Regelungen zu Auskunfteien und Scoring dem Schutz des Wirtschaftsverkehrs dienen und für Betroffene wie auch für die Wirtschaft eine überragende Bedeutung besitzen. Verbraucher vor Überschuldung zu schützen, liege danach sowohl im Interesse der Verbraucher selbst als auch der Wirtschaft; die Ermittlung der Kreditwürdigkeit und die Erteilung von Bonitätsauskünften bilden das Fundament des deutschen Kreditwesens und damit auch der Funktionsfähigkeit der Wirtschaft.[62]

63 **§ 31 Abs. 1 BDSG 2018** knüpft an § 28b BDSG-alt an. Die Norm definiert den Begriff Scoring als die Verwendung eines Wahrscheinlichkeitswerts über ein bestimmtes zukünftiges Verhalten einer natürlichen Person zum Zweck der Entscheidung über die Begründung, Durchführung oder Beendigung eines Vertragsverhältnisses mit dieser Person und legt in seinen Nrn. 1–4 die Anforderungen an die

---

[59] Ebenso: *Schleipfer*, ZD 2017, 460, 462 f.
[60] Siehe hierzu → § 26 Rn. 22 ff.
[61] Ähnlich: *Schleipfer*, ZD 2017, 460, 462.
[62] BT-Drs. 18/11325, 101.

Zulässigkeit eines solchen Scorings fest. Ein Scoring im Rahmen von unternehmensinternen Compliance-Maßnahmen oder im Rahmen von Werbung und Marketing ist daher nicht von § 31 BDSG 2018 erfasst.

Die Definition von **Scoring** macht deutlich, dass es sich um ein Profiling im Sinne der DS-GVO handelt. Das so beschriebene bloße Scoring ist nach der hier vertretenen Auffassung aber keine Automatisierte Entscheidung im Sinne von Art. 22 Abs. 1 DS-GVO, sondern ein vorbereitendes Profiling. Denn das Scoring bereitet zwar eine Entscheidung vor, enthält aber nicht die für eine Automatisierte Entscheidung im Sinne von Art. 22 Abs. 1 DS-GVO konstitutiven weiteren Merkmale.[63] Diese Definition von Scoring schließt die menschliche Entscheidungsfindung nicht aus.[64]   **64**

Die Regelung über die **Verwendung des Scoringwertes** ist in Anlehnung an § 28a BDSG-alt gestaltet, aber anders als dort auf die Verwendung eines Wahrscheinlichkeitswerts über die Zahlungsfähig- und Zahlungswilligkeit beschränkt.[65]   **65**

Ob für die Regelungen in § 31 BDSG 2018 in der DS-GVO eine **Öffnungsklausel** enthalten ist, ist umstritten.[66] Soweit Art. 22 Abs. 2 lit. b DS-GVO als Rechtsgrundlage für das Scoring in Betracht gezogen werden soll, ist zu berücksichtigen, dass Art. 22 DS-GVO nur die Automatisierte Entscheidung im Sinne von Art. 22 Abs. 1 DS-GVO aber nicht das bloße Scoring erfasst.[67] Aus Art. 6 Abs. 1 lit. f DS-GVO lässt sich kein Spielraum für eine nationale Regelung ableiten, da für diese Regelung – gerade anders als bei Art. 6 Abs. 1 lit. c und lit. e DS-GVO – durch die DS-GVO keine Öffnung für nationale Konkretisierungen vorgesehen ist.[68] Das Bundesministerium des Innern stellte sich auf den Standpunkt, dass die Regelungen letztlich auf Artt. 6 Abs. 4 und 23 Abs. 1 DS-GVO gestützt werden können.[69]   **66**

---

[63] Siehe hierzu → 12 ff.

[64] Im Ergebnis ebenso: *Taeger*, RDV 2017, 3, 6; vgl. Gola/*Schulz*, DS-GVO, Art. 22 Rn. 15.

[65] BT-Drs. 18/11325, S. 101.

[66] *Ehmann*, ZD-Aktuell 2016, 04216; *Ehrig/Glatzner*, PinG, 2016, 211, 213; *Helfrich*, ZD 2017, 97, 98; *Taeger* RDV 2017, 3, 5.

[67] Ebenso: Plath/*Kamlah*, BDSG/DS-GVO, DS-GVO Art. 22, Rn. 9; Taeger RDV 2017, 3, 7.

[68] *Kühling/Martini u. a.*, DSGVO u. nationale Recht, S. 441 f.

[69] Referentenentwurf zum BDSG 2018 vom 23.11.2016; vgl. *Taeger*, RDV 2017, 3, 7 f.

§ 17. Verzeichnis von Verarbeitungstätigkeiten, Datenschutz-Folgenabschätzung, Vorherige Konsultation

Literatur: *Ashkar,* Durchsetzung und Sanktionierung des Datenschutzrechts nach den Entwürfen der Datenschutz-Grundverordnung, DuD 2015, 796; *Bieker/Hansen,* Normen des technischen Datenschutzes nach der europäischen Datenschutzreform, DuD 2017, 285; *Eckhardt/Kramer,* EU-DSGVO – Diskussionspunkte aus der Praxis, DuD 2013, 287; *Faust/Spittka/Wybitul,* Milliardenbußgelder nach der DS-GVO? Ein Überblick über die neuen Sanktionen bei Verstößen gegen den Datenschutz, ZD 2016, 120; *Gierschmann,* Was „bringt" deutschen Unternehmen die DS-GVO? – Mehr Pflichten, aber die Rechtsunsicherheit bleibt, ZD 2016, 51; *Gossen/Schramm:* Das Verarbeitungsverzeichnis der DS-GVO, ZD 2017, 7; *Kaufmann,* Meldepflichten und Datenschutz-Folgenabschätzung – Kodifizierung neuer Pflichten in der EU-Datenschutz-Grundverordnung, ZD 2012, 358; *Nguyen,* Die zukünftige Datenschutzaufsicht in Europa – Anregungen für den Trilog zu Kap. VI bis VII der DS-GVO, ZD 2015, 265; *Rath/Feuerherdt,* Datenschutz-Folgenabschätzung als Standard im Konzern: Hinweise zur Anwendung des Kriteriums „hohes Risiko" einer Datenverarbeitung und Vorschläge zur Verknüpfung mit dem Standard-Datenschutzmodell sowie ISO-Standard 29100 und 29134, CR 2017, 500; *Schmitz/Dall'Armi,* Datenschutz-Folgenabschätzung – verstehen und anwenden, ZD 2017, 57; *Wichtermann,* Die Datenschutz-Folgenabschätzung in der DS-GVO, ZD 2016, 797.

1 Das Verzeichnis von Verarbeitungstätigkeiten nach Art. 30 der Datenschutz-Grundverordnung (DS-GVO) und die Datenschutz-Folgenabschätzung nach Art. 35 DS-GVO werden im Vergleich zur Datenschutz-Richtlinie 95/46/EG (DSRL) als **Neuerung** und im Vergleich zum BDSG-alt jedenfalls als neu gefasste Pflichten des Verantwortlichen gesehen.[1]

2 Die **DSRL** sah in Artt. 18, 19 eine Pflicht zur Meldung bei der Kontrollstelle vor. Diese Vorgabe war im **BDSG-alt** in §§ 4d, 4f umgesetzt. In Art. 20 DSRL war daneben eine Vorabkontrolle vorgesehen, die in § 4d Abs. 5 BDSG-alt umgesetzt war. Im ErwGr. 89 DS-GVO wird in Bezug auf diese Vorgaben der DSRL ausgeführt, dass nach der DSRL Verarbeitungen personenbezogener Daten bei den Aufsichtsbehörden generell meldepflichtig gewesen seien. Diese Meldung sei mit einem bürokratischen und finanziellen Aufwand verbunden gewesen, habe aber dennoch nicht in allen Fällen zu einem besseren Schutz personenbezogener Daten geführt. Diese unterschiedslose **allgemeine Meldepflicht** werde daher durch die DS-GVO abgeschafft und durch wirksame Verfahren und Mechanismen ersetzt. Nach der **DS-GVO** sollen sich jene Verfahren und Mechanismen vorrangig mit denjenigen **Arten von Verarbeitungsvorgängen** befassen, die **aufgrund ihrer Art, ihres Umfangs, ihrer Umstände und ihrer Zwecke wahrscheinlich ein hohes Risiko für die Rechte und Freiheiten natürlicher Personen** mit sich bringen. Die Regelungen über die Meldepflicht der DSRL und der Vorabkontrolle der DSRL gehen in der Datenschutz-Folgenabschätzung auf, wenngleich das Instrument der Datenschutz-Folgenabschätzung eine neue und nur eingeschränkt mit diesen Vorläufern vergleichbare Ausgestaltung ist.

3 Nach Art. 18 Abs. 2 Spiegelstrich 2 DSRL konnten die Mitgliedsstaaten den Verantwortlichen von einer Meldung freistellen, wenn dieser einen Datenschutzbeauftragten bestellt und ein Verzeichnis mit den Inhalten der Meldepflicht führt (Art. 18 Abs. 2 Spiegelstrich 2 DSRL i. V. m. Artt. 21 Abs. 2, 19 Abs. 1 DSRL). Im deutschen Recht fand dies seinen Niederschlag insbesondere in §§ 4g Abs. 2, 4e BDSG-alt. Damit waren die Meldepflicht und das Verzeichnis miteinander verbunden. Das

---

[1] *Roßnagel/Marschall*, DS-GVO, 2017, S. 156.

Verzeichnis teilt in der DS-GVO aber nicht das Schicksal der Meldepflicht sondern findet in Art. 30 DS-GVO eine modifizierte Fortsetzung. Allerdings wird in der Gesamtschau auch deutlich, dass das Verzeichnis von Verarbeitungstätigkeiten und die Datenschutz-Folgenabschätzung miteinander verbunden sind.[2]

A. Verzeichnis von Verarbeitungstätigkeiten (Art. 30 DS-GVO)

ErwGr. 82 DS-GVO gibt die **Funktion des Verzeichnisse** von Verarbeitungstätigkeiten vor: Zum Nachweis der Einhaltung der DS-GVO soll der Verantwortliche oder der Auftragsverarbeiter ein Verzeichnis der Verarbeitungstätigkeiten führen, die seiner Zuständigkeit unterliegen. Jeder Verantwortliche und jeder Auftragsverarbeiter soll verpflichtet sein, mit der Aufsichtsbehörde zusammenzuarbeiten und dieser auf Anfrage das entsprechende Verzeichnis vorzulegen, damit die betreffenden Verarbeitungsvorgänge anhand dieser Verzeichnisse kontrolliert werden können. 4

In ErwGr. 83 DS-GVO schließt sich unmittelbar die Forderung nach einer Risikobewertung der Verarbeitungen an, womit auch die Funktion des Verzeichnisses von Verarbeitungstätigkeiten als Vorbereitung zur Durchführung einer Datenschutz-Folgenabschätzung deutlich wird. Dieser Zusammenhang besteht aber auch faktisch im Unternehmensalltag. Obgleich der Zusammenhang im Wortlaut der Artt. 30, 35 DS-GVO nicht explizit angelegt ist, so stellt sich de facto das Führen eines Verzeichnisses über die Verarbeitungstätigkeiten als Voraussetzung für die Erfüllung der Pflichten zur Datenschutz-Folgenabschätzung und damit letztlich auch zur Konsultation der Datenschutz-Aufsichtsbehörden dar. Denn nur das Führen eines Verzeichnisses von Verarbeitungstätigkeiten schafft für den Verantwortlichen die erforderliche Übersicht über die Verarbeitungstätigkeiten im Unternehmen und nur wenn diese Übersicht vorhanden ist, besteht die Möglichkeit, die Verarbeitungstätigkeiten zu identifizieren, die nach Art. 35 DS-GVO einer Datenschutz-Folgenabschätzung zu unterziehen sind. 5

Die durch Art. 30 DS-GVO vorgesehene **Dokumentationspflicht** in Gestalt des Verzeichnisses von Verarbeitungstätigkeiten verfolgt des Weiteren das Ziel, Transparenz bei der datenverarbeitenden Tätigkeit herzustellen (vgl. ErwGr 59 DS-GVO). Die Transparenz zielt in zwei Richtungen: Zum einen soll sich der Verantwortliche durch die Dokumentation und Beschreibung der Verarbeitungstätigkeiten diese vor Augen führen. Das soll verhindern, dass der Verantwortliche – bildlich gesprochen – die Augen vor den Risiken für die betroffenen Personen verschließt. Zum anderen soll die Umsetzung der Verpflichtung die Transparenz gegenüber der betroffenen Person erleichtern und nicht zuletzt auch die Möglichkeit der Überprüfung der ordnungsgemäßen Einhaltung ermöglichen, beispielsweise durch die zuständige Datenschutz-Aufsichtsbehörde.[3] 6

Das Verzeichnis von Verarbeitungstätigkeiten dient aber **nicht unmittelbar der Transparenz gegenüber dem Betroffenen**. Denn es besteht – anders als nach § 4g Abs. 2 S. 2 BDSG-alt – für den Verantwortlichen keine Pflicht, das Verzeichnis der betroffenen Person zugänglich zu machen. Allerdings hilft es bei der Vorbereitung der Transparenzpflichten nach Artt. 13, 14, 15 DS-GVO und somit mittelbar der Transparenz gegenüber dem Betroffenen, wenngleich der Inhalt des Verzeichnisses nach Art. 30 DS-GVO hinter dem Inhalt der Transparenzpflicht nach Artt. 13, 14 DS-GVO zurückbleibt (vgl. bspw. Art. 13 Abs. 1 lit. c 2. Halbsatz DS-GVO). Der 7

---

[2] Siehe hierzu insbesondere → Rn. 5.

[3] Vgl. ErwGr 39 DS-GVO; vgl. *Nguyen*, ZD 2015, 265 zur Datenschutzaufsicht; Siehe hierzu → Rn. 7.

Aufsichtsbehörde ist das Verzeichnis nach Art. 30 Abs. 4 DS-GVO **auf Verlangen vorzulegen**, sodass das Verzeichnis insoweit unmittelbar der Transparenz gegenüber der Aufsichtsbehörde dient.

I. Überblick

8 Die DS-GVO enthält mehrere **Einzelregelungen zu Dokumentationspflichten.** In Art. 30 DS-GVO besteht mit dem Verzeichnis von Verarbeitungstätigkeiten neben der Rechenschaftspflicht nach Art. 5 Abs. 2 DS-GVO eine zentrale Regelung der Dokumentation.

9 Durch die in §§ 4d und 4e BDSG-alt geregelte Meldepflicht sowie die in § 4g Abs. 2 BDSG-alt geregelte Pflicht zum Führen eines Verfahrensverzeichnisses, bestehen in gewisser Weise **Vorläufer-Regelungen des BDSG-alt** zur Dokumentationspflicht nach Art. 30 DS-GVO. Nicht zu übersehen ist jedoch, dass sich diese Pflichten sowohl in ihrer inhaltlichen Ausgestaltung als auch in der Verantwortlichkeit für das Führen dieses Verzeichnisses grundlegend unterscheiden.[4]

10 **Im Vergleich zum BDSG-alt** treten insbesondere zwei Aspekte hervor: Die nach BDSG-alt bestehende Meldepflicht von Verfahren gegenüber der Aufsichtsbehörde ist durch die DS-GVO entfallen. In der deutschen Praxis spielte die Meldepflicht auch nur eine eingeschränkte Rolle, da diese entfiel, wenn die verantwortliche Stelle einen Datenschutzbeauftragten bestellt hatte. Die DS-GVO sieht keine Ausnahmen von der Dokumentationspflicht für den Fall vor, dass ein Datenschutzbeauftragter bestellt wurde. Die DS-GVO wollte nämlich nicht das Prinzip der innerbetrieblichen Selbstkontrolle in dem Umfang übernehmen, wie sie beispielsweise im BDSG-alt durch den Datenschutzbeauftragten vorgesehen war.[5]

11 Anders als nach § 4g Abs. 2 S. 2 BDSG-alt ist das Verzeichnis über die Verarbeitungstätigkeiten nach Art. 30 DS-GVO **nicht mehr Jedermann auf Antrag** zur Verfügung zu stellen. Nach § 4g Abs. 2 S. 1 BDSG-alt war das Verzeichnis der Verarbeitungstätigkeit durch die verantwortliche Stelle dem Datenschutzbeauftragten zur Verfügung zu stellen. Der Datenschutzbeauftragte hatte nach § 4g Abs. 2 S. 2 BDSG-alt die Aufgabe, das Verzeichnis über die Verarbeitungstätigkeit Jedermann auf Antrag zur Verfügung zu stellen. In der Praxis wurden inhaltliche Unterschiede zwischen dem Verzeichnis nach § 4g Abs. 1 S. 1 und dem Verzeichnis nach § 4g Abs. 2 S. 2 BDSG-alt gemacht, denn das letztere war typischerweise sehr generisch und wenig detailbeschreibend. Durch die Änderung in der DS-GVO wird damit auch deutlicher, dass das Verzeichnis über die Verarbeitungstätigkeit nach Art. 30 DS-GVO **dazu dienen soll, dem Verantwortlichen seine Datenverarbeitung „vor Augen zu führen".**[6]

12 Für die Praxis besteht eine der wesentlichsten Änderungen vom BDSG-alt zur DS-GVO darin, dass Verstöße gegen Art. 30 DS-GVO – anders als Verstöße gegen § 4g Abs. 2 unter dem BDSG-alt (vgl. § 43 BDSG-alt) – **bußgeldbewehrt** sind (Art. 83 Abs. 4 DS-GVO).

II. Regelung in der DS-GVO

1. Verpflichtung zum Führen eines Verzeichnisses von Verarbeitungstätigkeiten

13 Jeder **Verantwortliche** hat nach Art. 30 Abs. 1 DS-GVO – und zwar in Bezug auf alle Verarbeitungstätigkeiten, die er ausführt – ein Verzeichnis nach Art. 30

---

[4] Siehe hierzu auch → Rn. 2.
[5] *Roßnagel/Marschall*, DS-GVO, 2017, S. 161.
[6] Siehe hierzu → Rn. 6.

Abs. 1 DS-GVO zu führen. Verantwortlicher ist nach der Legaldefinition in Art. 4 Nr. 7 DS-GVO die natürliche oder juristische Person, Behörde, Einrichtung oder andere Stelle, die allein oder gemeinsam mit anderen über die Zwecke und Mittel der Verarbeitung von personenbezogenen Daten entscheidet.

Ein **Auftragsverarbeiter** hat nach Art. 30 Abs. 2 DS-GVO ein Verzeichnis in 14 Bezug auf die als Auftragsverarbeiter ausgeführten Verarbeitungen zu führen. Auftragsverarbeiter ist nach der Legaldefinition in Art. 4 Nr. 8 DS-GVO eine natürliche oder juristische Person, Behörde, Einrichtung oder andere Stelle, die personenbezogene Daten im Auftrag des Verantwortlichen verarbeitet.

Der **Auftragsverarbeiter** ist in Bezug auf seine eigenen Verarbeitungen als Ver- 15 antwortlicher nach Art. 30 Abs. 1 DS-GVO zum Führen eines Verzeichnisses verpflichtet. Die Sonderregelung in Art. 30 Abs. 2 DSVO befreit den Auftragsverarbeiter nicht von den Pflichten nach Art. 30 Abs. 1 DS-GVO, sondern schafft eine **für die Rolle als Auftragsverarbeiter spezifische zusätzliche Pflicht.**[7] Das ergibt sich aus dem mit Abs. 1 verfolgten Sinn und Zweck[8] sowie aus dem Unterschied in Bezug auf die Inhalte der Verzeichnisse nach Abs. 1 und Abs. 2.

2. Gegenstand und Inhalt des Verzeichnisses

Der **Gegenstand und Inhalt** des Verzeichnisses von Verarbeitungstätigkeiten für 16 den Verantwortlichen ergibt sich aus Art. 30 Abs. 1 lit. a bis g DS-GVO, während Art. 30 Abs. 2 lit. a bis d DS-GVO für die Dokumentation in Bezug auf Tätigkeiten als Auftragsverarbeiter spezifische Angaben zum Auftragsverhältnis umfasst.

a) Verzeichnis von Verarbeitungstätigkeiten des Verantwortlichen

Gegenstand des Verzeichnisses nach Art. 30 Abs. 1 DS-GVO sind „alle Verarbei- 17 tungstätigkeiten". Der Begriff „Verarbeitungstätigkeit" ist in der DS-GVO nicht definiert. Für die Auslegung ergibt sich aus dem Plural zunächst, dass die DS-GVO davon ausgeht, dass ein **Verantwortlicher mehrere Verarbeitungstätigkeiten** ausführt und in Bezug auf jede den Inhalt nach Art. 30 Abs. 1 DS-GVO zu dokumentieren hat.

Die DS-GVO definiert den **Begriff „Verarbeitung"** in Art. 4 Nr. 2 DS-GVO, 18 was nur eingeschränkt weiterführt *(„jeden mit oder ohne Hilfe automatisierter Verfahren ausgeführten Vorgang oder jede solche Vorgangsreihe im Zusammenhang mit personenbezogenen Daten wie das Erheben, das Erfassen, die Organisation, das Ordnen, die Speicherung, die Anpassung oder Veränderung, das Auslesen, das Abfragen, die Verwendung, die Offenlegung durch Übermittlung, Verbreitung oder eine andere Form der Bereitstellung, den Abgleich oder die Verknüpfung, die Einschränkung, das Löschen oder die Vernichtung"* (Art. 4 Nr. 2 DS-GVO)). Denn offensichtlich ist eine „Verarbeitungstätigkeit" mehr als eine „Verarbeitung".[9]

Als Orientierung für den Inhalt des Verzeichnisses kann auf den **Sinn und** 19 **Zweck** abgestellt werden: Art. 30 DS-GVO soll der Aufsichtsbehörde die Kontrolle über die Einhaltung der Verordnung ermöglichen (vgl. ErwGr 82 DS-GVO).[10] Die

---

[7] Im Ergebnis ebenso: *BeckOK DatenSR/Spoerr*, DS-GVO Art. 30 Rn. 11; *Sydow/Ingold*, EU-DS-GVO, Art. 30 DS-GVO, Rn. 8.

[8] Siehe hierzu → Rn. 6.

[9] *BeckOK DatenSR/Spoerr*, DS-GVO Art. 30 Rn. 6, welcher dem Zusatz „tätigkeit" in „Verarbeitungstätigkeit" keine inhaltliche Bedeutung beimisst und auf „Verarbeitung" im Sinne der Legaldefinition abstellt.

[10] Siehe hierzu → Rn. 6.

Aufstellung der in Art. 30 Abs. 1 lit. a bis g DS-GVO genannten Informationen und Angaben soll daher so detailliert, systematisiert und geordnet sein, dass sie eine Überprüfung dazu ermöglicht, ob der Ersteller des Verzeichnisses seinen Pflichten nachgekommen ist.[11] Damit ist für den Konkretisierungsgrad allerdings nicht viel gewonnen. Denn hieraus ergibt sich nicht, was die zu beschreibende Verarbeitungstätigkeit ist: jede einzelne Verarbeitung oder eine Bündelung von Verarbeitungsvorgängen (vgl. Art. 35 Abs. 1 S. 2 DS-GVO).

20   Das BDSG-alt sprach zur Festlegung in § 4e BDSG-alt von **„Verfahren automatisierter Verarbeitungen"**, welche im Kontext der Formulierung in Art. 18 DSRL zu sehen ist: *„Verarbeitung oder eine Mehrzahl von Verarbeitungen zur Realisierung einer oder mehrerer verbundener Zweckbestimmungen"*. Diese Regelung wurde so angewendet, dass in dieser Weise zusammenhängende Verarbeitungen zusammengefasst und die Angaben hierauf gebündelt zusammengestellt wurden. Mit Blick darauf, dass Art. 18 DSRL in gewissem Umfang eine Nachfolge in Art. 35 und Art. 30 DS-GVO haben soll und „Verarbeitungtätigkeit" in der DS-GVO nicht definiert ist, kommt eine Auslegung in diesem Sinn in Betracht.

21   **Für diese Auslegung** spricht auch, dass eine kleinteilige Ausrichtung der Dokumentation an den einzelnen Verarbeitungen wie das Erheben, das Erfassen, die Organisation, das Ordnen, die Speicherung, die Anpassung oder Veränderung, das Auslesen, das Abfragen, die Verwendung, die Offenlegung durch Übermittlung, Verbreitung oder eine andere Form der Bereitstellung, den Abgleich oder die Verknüpfung, die Einschränkung, das Löschen oder die Vernichtung (siehe Art. 4 Nr. 2 DS-GVO) dazu führen würde, dass der „Wald vor lauter Bäumen" nicht mehr zu sehen wäre. Mit einer solchen Granularität wären die Zielsetzungen des Art. 30 DS-GVO nicht erreichbar, wonach der Verantwortliche sich die Verarbeitung transparent und damit bewusst machen soll, die Kontrolle durch die Aufsichtsbehörden erleichtert und eine Datenschutz-Folgenabschätzung vorbereitet werden soll.[12] Hierfür spricht auch, dass Art. 30 Abs. 1 lit. c und lit. d auf Kategorien personenbezogener Daten und Empfänger und nicht auf Einzelkonkretisierungen abstellen. Im Ergebnis müssen die Informationen auf einen Zweck oder die **Bündelung von Zwecken** bezogen sein. Hierfür spricht auch, dass eine datenschutzrechtliche Zulässigkeitsprüfung stets am Zweck ausgerichtet ist.

22   Der **Inhalt** des Verfahrensverzeichnisses von Verarbeitungtätigkeiten für den Verantwortlichen ist **enumerativ in Art. 35 Abs. 1 lit. a bis g DS-GVO** aufgeführt.

b) Verzeichnis von Verarbeitungtätigkeiten des Auftragsverarbeiters

23   Jeder Auftragsverarbeiter führt ein Verzeichnis zu allen *„Kategorien von im Auftrag eines Verantwortlichen durchgeführten Tätigkeiten der Verarbeitung"*. Der Bezug sind also die Kategorien der Verarbeitungen. Die DS-GVO geht damit von standardisierten Leistungen eines Auftragsverarbeiters für mehrere Auftraggeber aus.

24   Der **Inhalt** des Verfahrensverzeichnisses von Verarbeitungtätigkeiten für den Auftragsverarbeiter ist **enumerativ in Art. 35 Abs. 2 lit. a bis d DS-GVO** aufgeführt.

25   Die Erfüllung dieser Pflicht kann dem Auftragsverarbeiter im Einzelfall unmöglich sein. Denn nicht jeder Auftragsverarbeiter hat Kenntnis von den konkreten Verarbeitungtätigkeiten des Auftraggebers, die er unterstützt. Dies gilt insbesondere für die Bereitstellung von IT- und Telekommunikationsinfrastruktur. Es würde

---

[11] *BeckOK DatenSR/Spoerr*, DS-GVO Art. 30 Rn. 5.
[12] Siehe hierzu → Rn. 6.

den Grundsätzen der DS-GVO, insbesondere Art. 25 DS-GVO (Datenschutz durch Technikgestaltung und durch datenschutzfreundliche Voreinstellungen) widersprechen, wenn der Auftragsverarbeiter sich allein wegen Art. 30 Abs. 2 DS-GVO konkrete Kenntnis verschaffen müsste. Der Auftragsverarbeiter ist dann von der Verpflichtung zur Dokumentation der entsprechenden Einzelangabe befreit, aber nicht von der Dokumentationspflicht insgesamt entbunden.

Der Auftragsverarbeiter hat dann das **zu dokumentieren, was er dokumentie- 26 ren kann**, ohne sich Kenntnis verschaffen zu müssen. Denn eine Pflicht zur Beschaffung von Informationen vom Auftraggeber sieht Art. 30 Abs. 2 DS-GVO nicht vor.

3. Form und Bereitstellung des Verzeichnisses

Nach Art. 30 Abs. 3 DS-GVO ist die Dokumentation **schriftlich** zu führen, wo- 27 bei Art. 30 Abs. 3 DS-GVO gleichzeitig klarstellt, dass die **elektronische Form** genügt.[13]

Diese Formulierung, wonach eine Dokumentation schriftlich zu erfolgen hat, 28 was aber auch in elektronischer Form geschehen kann, findet sich in der DS-GVO an verschiedenen Stellen, beispielsweise auch im Rahmen der Gestaltung der Auftragsverarbeitung nach Art. 28 DS-GVO. Es ist hier eine einheitliche Auslegung der Wendung in der gesamten DS-GVO anzustreben. Der DS-GVO ist in ihrer Gesamtheit zu entnehmen, dass sie unter **„Schriftlichkeit" keine solche im Sinne des deutschen gesetzlichen Schriftformerfordernisses** versteht.

Die Dokumentation nach Art. 30 DS-GVO ist auf Anfrage der zuständigen Da- 29 tenschutz-Aufsichtsbehörde zur Verfügung zu stellen (**Vorlagepflicht nach Art. 30 Abs. 4 DS-GVO**). Hieran zeigt sich die Funktion der Dokumentation als Bestandteil der Überprüfungsmöglichkeiten durch die Datenschutz-Aufsichtsbehörden.

4. Befreiung vom Führen des Verzeichnisses

Die Dokumentationspflicht soll zur Vermeidung von Bürokratie und Kosten **nicht 30 für kleine und mittelständische Unternehmen gelten**, weshalb in Art. 30 Abs. 5 DS-GVO eine Ausnahmeregelung vorgesehen ist. Die Ausnahmeregelung wird jedoch aufgrund ihrer inhaltlichen Anforderungen[14] und der Bedeutung des Verzeichnisses von Verarbeitungstätigkeiten für eine Datenschutz-Folgenabschätzung[15] kaum praktische Bedeutung erlangen.[16]

Durch die EU-Empfehlung 2003/361[17] wird mittels der Anzahl der Beschäftigten 31 und des Jahresumsatzes bestimmt, was Kleinstunternehmen, kleine und mittlere Unternehmen (KMU) sind. Hieran knüpft Art. 30 Abs. 5 DS-GVO nicht vollständig an. Denn er stellt nur auf das **Kriterium der Anzahl der Beschäftigten** ab.[18] Für die Auslegung, wann von einem Beschäftigten ausgegangen werden kann, kann eine Anlehnung an diese Empfehlung erfolgen, wobei der Schutzzweck der DS-

---

[13] „schriftlich zu führen, was auch in einem elektronischen Format erfolgen kann", Art. 30 Abs. 3 DS-GVO.

[14] Siehe hierzu → Rn. 33 ff.

[15] Siehe hierzu → Rn. 5.

[16] Im Ergebnis ebenso: *BeckOK DatenSR/Spoerr,* DS-GVO Art. 30 Rn. 14; *Ehmann/Selmayr/ Bertermann,* DS-GVO Art. 30 Rn. 5.

[17] Empfehlung der Kommission v. 6.5.2003 betreffend die Definition der Kleinstunternehmen sowie die kleinen und mittleren Unternehmen, ABl. 2003 L 124, 36.

[18] Vgl. *BeckOK DatenSR/Spoerr,* DS-GVO Art. 30 Rn. 15; *Paal/Pauly/Martini,* DS-GVO Art. 30 Rn. 33.

GVO sowie der Sinn und Zweck der Pflicht nach Art. 30 DS-GVO zu berücksichtigen ist.

32   **Art. 30 Abs. 5 DS-GVO** enthielt folgende Regelung: *„Die in den Absätzen 1 und 2 genannten Pflichten gelten nicht für Unternehmen oder Einrichtungen, die weniger als 250 Mitarbeiter beschäftigen, sofern die von ihnen vorgenommene Verarbeitung nicht ein Risiko für die Rechte und Freiheiten der betroffenen Personen birgt, die Verarbeitung nicht nur gelegentlich erfolgt oder nicht die Verarbeitung besonderer Datenkategorien gemäß Artikel 9 Absatz 1 bzw. die Verarbeitung von personenbezogenen Daten über strafrechtliche Verurteilungen und Straftaten im Sinne des Artikels 10 einschließt."*

33   Der **Begriff Unternehmen** ist in Art. 4 Nr. 18 DS-GVO legaldefiniert. Der Begriff „Einrichtungen" erfasst jede organisatorische Selbständigkeit, wozu auch Behörden und soziale Einrichtungen gehören sollen.[19] Dieser Anknüpfungspunkt ist jedoch nicht stringent, da Adressaten der Regelung in Abs. 1 und Abs. 2 „Verantwortliche" (Art. 4 Nr. 7 DS-GVO) und „Auftragsverarbeiter" (Art. 4 Nr. 8 DS-GVO) sind. Die Regelung muss daher so gelesen werden, dass jeder Verantwortliche oder Auftragsverarbeiter befreit ist, wenn diese Voraussetzungen vorliegen. Der Begriff „Einrichtung" darf jedoch nicht so verstanden werden, dass es innerhalb eines Verantwortlichen oder eines Auftraggebers Einheiten geben könnte, die isoliert von der Pflicht ausgenommen sind.

34   Für die Befreiung nach Art. 30 Abs. 5 DS-GVO ist jedoch **nicht allein die Anzahl der Beschäftigten entscheidend.** Es ist eine Rückausnahme für Tätigkeiten vorgesehen, für die entsprechend dem risikobasierten Ansatz der DS-GVO die Mitarbeiterzahl nicht maßgeblich sein kann. Wie der vorstehende Wortlaut der Regelung zeigt, war sie – wie *Schantz* zutreffend salomonisch schreibt[20] – „unglücklich formuliert". Zunächst kam nicht klar zum Ausdruck, dass die Ausnahme nur dann bestehen bleibt, wenn keine Rückausnahme gegeben ist. Darüber hinaus führte der Wortlaut dazu, dass die Privilegierung gerade dann greift, wenn die Verarbeitung dauerhaft und nicht nur gelegentlich erfolgt. Dem Sinn und Zweck nach ist das Gegenteil gewollt, sodass die Regelung auch so zu handhaben gewesen sei.[21]

35   In gewisser Weise ist auch die durch die Formulierung *„nicht ein Risiko für die Rechte und Freiheiten der betroffenen Personen birgt"* beschriebene Rückausnahme kurios.[22] Denn die Prüfung, ob ein solches Risiko besteht oder nicht, setzt eine Prüfung aller Verarbeitungstätigkeiten voraus, für welche gerade die Informationen nach Art. 30 Abs. 1 DS-GVO benötigt werden. Um der Regelung Sinn zu geben, muss ein Risiko bestehen, das zwar höher ist als das allgemeine Grundrisiko, welches mit jeder Verarbeitung personenbezogener Daten verbunden ist, aber gleichzeitig die Schwelle eines „hohen Risikos" nicht überschreitet, wie es beispielsweise in Artt. 35, 36 aber auch 34 DS-GVO Tatbestandsmerkmal ist.[23] Die DS-GVO kennt Differenzierungen nach Risikokategorien, wie die differenzierte Verwendung im Regelungskomplex zur Verletzung des Schutzes personenbezogener Daten in Artt. 33, 34 DS-GVO zeigt: die

---

[19] *Wolff/Schantz/Schantz*, Das neue DatSchR, 2017, S. 269.
[20] *Wolff/Schantz/Schantz*, Das neue DatSchR, 2017, S. 269.
[21] Ebenso *Wolff/Schantz/Schantz*, Das neue DatSchR, 2017, S. 269, der ein Korrigendum erwartet; *Paal/Pauly/Martini*, DS-GVO Art. 30 Rn. 28.
[22] Zum Begriff „Risiko" im Vergleich zum Begriff „hohes Risiko" siehe die Ausführungen zu Artt. 33, 34 DS-GVO, da die beiden Regelungen über die Informationspflicht zwischen Risiko und hohem Risiko differenzieren. Die Begriffe sind jedoch in der Datenschutz-Grundverordnung nicht definiert und werden umstrittener Gegenstand der Auslegung sein.
[23] *BeckOK DatenSR/Spoerr*, DS-GVO Art. 30 Rn. 20f.; vgl. *Paal/Pauly/Martini*, DS-GVO Art. 30 Rn. 28.

Meldepflicht nach Art. 33 DS-GVO besteht bereits bei einem „Risiko" für die Rechte und Freiheiten natürlicher Personen, wohingegen die Benachrichtigungspflicht nach Art. 34 DS-GVO ein „hohes Risiko" voraussetzt.

Die Regelung wäre ihrem **Sinn und Zweck** nach so zu lesen gewesen: Ein Ver- 36 zeichnis über Verarbeitungstätigkeiten muss nicht geführt werden, *wenn weniger als 250 Mitarbeiter beschäftigt werden, es sei denn, die von ihnen vorgenommene Verarbeitung birgt ein Risiko für die Rechte und Freiheiten der betroffenen Personen oder die Verarbeitung erfolgt nicht nur gelegentlich oder die Verarbeitung schließt besondere Datenkategorien gemäß Artikel 9 Absatz 1 bzw. die Verarbeitung von personenbezogenen Daten über strafrechtliche Verurteilungen und Straftaten im Sinne des Artikels 10 ein.* Dem entspricht die zwischenzeitlich berichtigte Fassung.[24]

Letztlich wird die **Ausnahme in Art. 30 Abs. 5 DS-GVO** aus einem weiteren 37 Grund **wohl kaum praktische Bedeutung** erlangen. Denn die Durchführung der Datenschutz-Folgenabschätzung nach Art. 35 DS-GVO unterliegt keiner vergleichbaren oder gar inhaltsgleichen Ausnahme, wie sie in Art. 30 Abs. 5 DS-GVO vorgesehen ist. De facto setzt die Erfüllung der Pflicht nach Art. 35 DS-GVO voraus, dass der Verantwortliche sich einen Überblick über sämtliche Verarbeitungen bzw. Verarbeitungstätigkeiten verschafft.[25] Selbst wenn der Verantwortliche nicht zur Durchführung einer Datenschutz-Folgenabschätzung nach Art. 35 verpflichtet ist, muss er dokumentieren und nachweisen können, warum er zu einer solchen nicht verpflichtet ist. Das erfordert de facto das Erstellen einer Übersicht über alle Verarbeitungen bzw. Verarbeitungstätigkeiten, die durch den Verantwortlichen ausgeführt werden. Gerade auch mit Blick auf die Sanktionsdrohung bei Verstößen gegen Art. 35 der DS-GVO zeigt sich das Erfordernis, die Durchführung der Datenschutz-Folgenabschätzung oder das Nichtbestehen einer Pflicht deren Durchführung zu dokumentieren.

5. Sanktionierung eines Verstoßes

Mit Blick auf das Bestimmtheitserfordernis für Sanktionen lassen sich erhebliche 38 Zweifel in Bezug auf Art. 30 DS-GVO anmelden.[26] Art. 83 Abs. 4 lit. a DS-GVO verweist auf die Pflichten des Art. 30 DS-GVO und fordert eine **Sanktionierung** *„bei Verstößen gegen diese [...] Bestimmung"*. Welche Verstöße damit im konkreten Fall gemeint sind, bleibt unklar und wird durch Art. 83 Abs. 4 lit. a DS-GVO nicht näher definiert.[27]

B. Datenschutz-Folgenabschätzung (Art. 35 DS-GVO)

Das **Ziel der Datenschutz-Folgenabschätzung** (engl.: **Data Protection Impact** 39 **Assessment** – DPIA) ist es, die Sicherheit der Datenverarbeitung durch risikoorientierte Schutzmaßnahmen zu gewährleisten und dadurch die Vorgaben der DS-GVO sicherzustellen (vgl. ErwGr 83 DS-GVO). Damit soll der Schutz der Rechte und Freiheiten der betroffenen Personen vor potenziellen Risiken und Rechtsverletzungen erreicht werden (ErwGr 94, 90 und 91 DS-GVO). Insofern

---

[24] ABl. EU Nr: L 314 S. 72 vom 22.11.2016; vgl auch *Wolff/Schantz/Schantz*, Das neue DatSchR, 2017, S. 269, der jedoch eine Formulierung mit einer anderen Beweislastverteilung („sofern" anstatt hier „es sei denn") vorgeschlagen hat.
[25] Siehe hierzu → Rn. 5.
[26] Vgl. *Faust/Spittka/Wybitul*, ZD 2016, S. 120.
[27] *Roßnagel/Marschall*, DS-GVO, 2017, S. 164; *Ashkar*, DuD 2015, S. 796.

weist die Regelung einen Zusammenhang zum Datenschutz durch Technikgestaltung und durch datenschutzfreundliche Voreinstellungen (Art. 25 DS-GVO) (siehe → § 20) sowie zur Sicherheit der Verarbeitung (Art. 32 DS-GVO) (siehe → § 19) auf.[28]

40 Sie geht aber darüber hinaus, da sie letztlich auch eine Rechtmäßigkeitsprüfung bedeutet[29] und weist einen **Zusammenhang zu Artt. 6 bis 10 DS-GVO** auf. Denn eine Verarbeitung, deren Bewertung im Rahmen einer Datenschutz-Folgenabschätzung negativ ausfällt, wird höheren Begründungsanforderungen im Rahmen von Art. 6 ff. DS-GVO unterliegen als bei einem positiven Ergebnis. Gleichwohl ist die Rechtsfolge des Art. 35 DS-GVO nicht unmittelbar die Rechtmäßigkeit oder – widrigkeit.[30] Hierin kommt ein Element der DS-GVO zum Ausdruck, welches in der DSRL und dem BDSG-alt so nicht verankert war: Die Zulässigkeit der Verarbeitung personenbezogener Daten hängt auch davon ab, ob der Schutz der Daten gewährleistet ist. Im Ergebnis hat das Bundesverfassungsgericht (BVerfG) diesen Ansatz – wenngleich unter anderen Vorzeichen – auch im Rahmen der ersten Entscheidung über die Vorratsdatenspeicherung formuliert. Denn das BVerfG hat die Speicherung von Verkehrsdaten auf Vorrat, wie sie seinerzeit in §§ 113a, 113b TKG a. F. geregelt war, nicht per se für unzulässig gehalten, sondern hat die Regelungen (nur) deshalb für nichtig erklärt, weil es den Schutz der Daten durch die gesetzliche Ausgestaltung der Vorratsdatenspeicherung nicht ausreichend geregelt sah.[31] Das BVerfG hat darüber hinaus ausgeführt, dass bei der Zulässigkeitsprüfung auch berücksichtigt werden muss, ob und in welchem Maße weitere solche Maßnahmen erfolgen; in der konkreten Entscheidung waren zur damaligen Zeit keine weiteren Maßnahmen zu berücksichtigen.

41 Die Bedeutung des Art. 35 DS-GVO ist daher für den Ansatz der DS-GVO zur Realisierung von Datenschutz wesentlich und – wenngleich die DS-GVO im Übrigen nicht so zukunftsorientiert ist, wie das Gesetzgebungsprojekt ankündigte – ein **richtungsweisendes Element zur Gewährleistung des Datenschutzes in der digitalen Gesellschaft.** In Art. 35 DS-GVO kommt am deutlichsten der risikobasierte Ansatz der DS-GVO zum Ausdruck.[32]

I. Überblick

42 Eine der Datenschutz-Folgenabschätzung vergleichbare Regelung enthielt **Art. 20 DSRL,** welche in Gestalt der sogenannten Vorabkontrolle in § 4d Abs. 5 und 6 BDSG-alt umgesetzt wurde. Nach § 4d Abs. 5 BDSG-alt unterlagen automatisierte Datenverarbeitungsprozesse vor ihrer Inbetriebnahme einer Vorabkontrolle, soweit diese besondere Risiken für die Rechte und Freiheiten der Betroffenen aufwiesen. Zuständig war nach § 4d Abs. 6 BDSG-alt der Datenschutzbeauftragte.

43 Der entscheidende Unterschied zwischen der Datenschutz-Folgenabschätzung nach DS-GVO und der **Vorabkontrolle nach § 4d Abs. 5 BDSG-alt** besteht darin, dass die Datenschutz-Folgenabschätzung nach DS-GVO vorrangig dazu dient, die mit einer Datenverarbeitung verbundenen Risiken zu erkennen, während sich die

---

[28] Ebenso *Schantz/Wolff/Schantz,* Das neue DatSchR, 2017, S. 271.
[29] Ebenso: *Paal/Pauly/Martini,* DS-GVO Art. 35 Rn. 22.
[30] Siehe hierzu → Rn. 68.
[31] *BVerfG,* Urteil vom 2.3.2010 – 1 BvR 256/08, 1 BvR 263/08, 1 BvR 586/08, MMR 2010, 356 ff; *Eckhardt/Schütze,* CR 2010, 225 ff.
[32] Ähnlich *Schantz/Wolff/Schantz,* Das neue DatSchR, 2017, S. 271. Ebenso deutlich wird dies bspw. in Art. 39 Abs. 2 DS-GVO im Rahmen der Aufgaben des Datenschutzbeauftragten angesprochen (siehe hierzu → § 21).

Vorabkontrolle nach BDSG-alt stärker auf die Bewertung der Rechtmäßigkeit der Datenverarbeitung bezogen hat.[33]

Auch hierin kommt der mit dem Wechsel von BDSG-alt zur Datenschutz-Grundverordnung vollzogene **Paradigmenwechsel** zum Ausdruck. Während das BDSG-alt im Kern an der Frage und der Bewertung der Rechtmäßigkeit einer Datenverarbeitung ausgerichtet war, verfolgt die DS-GVO einen risikobasierten Ansatz. Dieser Ansatz fordert, die mit einer Verarbeitung personenbezogener Daten verbundenen Risiken zu identifizieren. Aus legislativer Sicht wird das Instrument der Dokumentation dazu eingesetzt, den Regelungsadressaten zu zwingen, sich mit der Datenverarbeitung und den Zulässigkeitsfragen auseinander zu setzen.[34] In diesem Kontext ist die Dokumentationspflicht nach Art. 30 DS-GVO sowie die Datenschutz-Folgenabschätzung nach Art. 35 DS-GVO und auch deren Bußgeldbewehrung zu sehen. **44**

Die Datenschutz-Folgenabschätzung bezieht sich dementsprechend auch – anders als die Vorabkontrolle nach BDSG-alt – **nicht nur auf automatisierte Verfahren**, sondern auf **alle Verarbeitungen** personenbezogener Daten. **45**

Ebenso ergibt sich eine Änderung in der **Zuständigkeit für die Durchführung der Datenschutz-Folgenabschätzung**. Während für die Vorabkontrolle nach BDSG-alt der Datenschutzbeauftragte zuständig war, ist die Datenschutz-Folgenabschätzung nach Art. 35 DS-GVO durch den Verantwortlichen durchzuführen. Der Verantwortliche hat bei der Durchführung der Datenschutz-Folgenabschätzung den Datenschutzbeauftragten zu Rate zu ziehen. Auch hierin wird die Veränderung der Rolle des Datenschutzbeauftragten im Verhältnis zum Verantwortlichen in der DS-GVO im Vergleich zum BDSG zum Ausdruck gebracht (siehe weitergehend → § 20). **46**

II. Regelung in der DS-GVO

1. Verpflichtung zur Datenschutz-Folgenabschätzung

Zur Durchführung der Datenschutz-Folgenabschätzung ist nach Art. 35 DS-GVO der **Verantwortliche** (Art. 4 Nr. 7 DS-GVO) verpflichtet. Der Auftragsverarbeiter wird durch Art. 35 DS-GVO anders als beim Verzeichnis über Verarbeitungstätigkeiten nach Art. 30 DS-GVO nicht in die Pflicht genommen. Hierin kommt die in Artt. 28, 29 DS-GVO und indirekt in Art. 26 DS-GVO angelegte Verantwortungsverteilung zwischen dem Verantwortlichem als Auftraggeber der Verarbeitung und dem Auftragsverarbeiter zum Ausdruck:[35] Auch wenn der Auftragsverarbeiter die Tätigkeit ausführt, ist der Auftraggeber der „Herr der Verarbeitung" und damit für die Zulässigkeit verantwortlich. **47**

Allerdings muss bei der Durchführung der Datenschutz-Folgenabschätzung durch den Verantwortlichen die **Einbindung des Auftragsverarbeiters** berücksichtigt werden. Dementsprechend muss der Auftragsverarbeiter den Verantwortlichen nach Art. 28 Abs. 3 Satz 2 lit. f DS-GVO bei der Datenschutz-Folgenabschätzung unterstützen. Bei einer Auftragsverarbeitung muss gegebenenfalls zwischen der Datenschutz-Folgenabschätzung in Bezug auf die ausgelagerte Verarbeitung einerseits und der Datenschutz-Folgenabschätzung in Bezug auf die Auslagerung an den Auftragsverarbeiter andererseits unterschieden werden. Denn dies sind zwei verschiedene Risiken. Nicht ausgeschlossen ist, dass beides als Einheit bewertet wird. **48**

---

[33] Vgl. *Roßnagel/Marschall*, DS-GVO, 2017, S. 158.
[34] Vgl. *Roßnagel/Marschall*, DS-GVO, 2017, S. 156, 164.
[35] Siehe hierzu oben → § 11. Rn. 5ff.

2. Pflicht zur Durchführung einer Datenschutz-Folgenabschätzung

49   Die Datenschutz-Folgenabschätzung nach Art. 35 DS-GVO zwingt dazu, **vor Beginn einer (neuen) Verarbeitung** personenbezogener Daten deren Risiken und Folgen zu analysieren sowie die notwendigen Schutzvorkehrungen zu planen und während des Betriebs der Anwendung die Einhaltung gesetzlicher Vorgaben zu dokumentieren (vgl. ErwGr. 90).[36] Allerdings kann sich auch bei bereits begonnenen Verarbeitungen eine Änderung ergeben, welche eine Datenschutz-Folgenabschätzung erforderlich macht.[37] Art. 35 DS-GVO ist also bei Einführung und Veränderung von Verarbeitungen zu berücksichtigen.

50   Wenngleich sich aus dem Wortlaut des Art. 35 DS-GVO nicht unmittelbar ergibt, dass die Datenschutz-Folgenabschätzung vor der Einführung der Verarbeitung vorzunehmen ist, so ergibt sich dies zumindest aus dem Sinn und Zweck der Regelung und insbesondere mittelbar aus der in Art. 36 DS-GVO geregelten und sich gegebenenfalls an die Datenschutz-Folgenabschätzung anschließenden **Konsultation der Datenschutz-Aufsichtsbehörde.** Die Konsultation der Aufsichtsbehörde muss nämlich vor Inbetriebnahme der Datenverarbeitung abgeschlossen sein und setzt tatbestandlich die Durchführung einer Datenschutz-Folgenabschätzung voraus.

a) Zweistufigkeit der Regelung in Art. 35 DS-GVO

51   Eine Datenschutz-Folgenabschätzung ist nach Art. 35 Abs. 1 S. 1 DS-GVO durchzuführen, wenn eine Form der Verarbeitung, insbesondere eine Verwendung neuer Technologien, aufgrund der Art, des Umfangs, der Umstände und der Zwecke der Verarbeitung voraussichtlich ein hohes Risiko für die Rechte und Freiheiten natürlicher Personen zur Folge hat. Aus dieser Tatbestandsvoraussetzung ergibt sich eine **Zweistufigkeit der Prüfung:**[38]
– **1. Stufe:** Zunächst ist unter Berücksichtigung der Kriterien des Art. 35 DS-GVO zu beurteilen, ob **voraussichtlich** ein hohes Risiko besteht.
– **2. Stufe:** Falls diese Prognose bejaht wird, muss anhand der Kriterien und Vorgaben des Art. 35 DS-GVO geprüft werden, ob **tatsächlich** ein hohes Risiko besteht.

52   Der Prüfungsgegenstand der **ersten Stufe** ergibt sich unmittelbar aus Art. 35 Abs. 1 DS-GVO. Die Ausrichtung der Prüfung auf der **zweiten Stufe** ergibt sich aus dem Zusammenspiel mit Art. 36 DS-GVO, der tatbestandlich zur Voraussetzung hat, dass eine Datenschutz-Folgenabschätzung nach Art. 35 DS-GVO zur Feststellung eines hohen Risikos geführt hat.

b) Gegenstand der Datenschutz-Folgenabschätzung

53   Gegenstand der Datenschutz-Folgenabschätzung ist die Verarbeitung (*„eine Form der Verarbeitung"*). Der Tatbestand knüpft damit – ebenso wie Art. 30 DS-GVO – an die Definition in Art. 4 Nr. 2 DS-GVO an. Es stellt sich somit in Bezug auf den **Gegenstand der Datenschutz-Folgenabschätzung** dieselbe Problematik wie beim Gegenstand des Verzeichnisses über Verarbeitungstätigkeiten (siehe hierzu oben → § 17 Rn. 17 ff.).

---

[36] *Wichtermann* DuD 2016, 797, 798.
[37] *Sydow/Sassenberg/Schwendemann*, EU-DS-GVO, Art. 35 DS-GVO, Rn. 6.
[38] Ebenso: *Schantz/Wolff/Schantz*, Das neue DatSchR, 2017, S. 271.

Art. 35 Abs. 1 S. 2 DS-GVO ermöglicht es aber, für **„mehrere ähnliche Ver-** 54
arbeitungsvorgänge", sofern diese ein ähnlich hohes Risiko aufweisen, eine
einzige Datenschutz-Folgenabschätzung durchzuführen. Der Wortlaut und die
Systematik sprechen dafür, dass hiermit eine über die Bündelung von Verarbeitungstätigkeiten im Sinne von Art. 30 DS-GVO[39] hinausgehende „gemeinsame"
Datenschutz-Folgenabschätzung für mehrere Verarbeitungstätigkeiten gemeint ist.[40]
Denn Art. 35 Abs. 1 S. 2 DS-GVO knüpft nicht an eine inhaltliche Gemeinsamkeit
der Verarbeitungen an, wie sie in Art. 30 DS-GVO vorgesehen ist, sondern das Kriterium für eine Bündelung der Verarbeitungen ist das ähnlich hohe Risiko.[41] Aus
ErwGr. 92 DS-GVO ergibt sich, dass eine einheitliche Datenschutz-Folgenabschätzung auch für einen gesamten Wirtschaftssektor, für ein bestimmtes Markt-
segment oder für eine weit verbreitete horizontale Tätigkeit erfolgen kann.

c) Pflicht zur Durchführung einer Datenschutz-Folgenabschätzung

Voraussetzung einer Datenschutz-Folgenabschätzung ist nach Art. 35 Abs. 1 S. 1 55
DS-GVO die **Prognose eines hohen Risikos** für die Rechte und Freiheiten natürlicher Personen als Folge einer Verarbeitung. Dieses Risiko muss sich nach Art. 35
Abs. 1 S. 1 DS-GVO kausal aus der Art, des Umfangs, der Umstände und der Zwecke der Verarbeitung ergeben. Dem Wortlaut nach ist diese Aufzählung abschließend.[42]

Die in Art. 35 Abs. 1 S. 1 DS-GVO angesprochenen neuen Technologien ver- 56
deutlichen nur die Intention des Gesetzgebers. Aber weder begründet die **Verwen-**
dung neuer Technologien stets tatbestandlich die Pflicht zur Durchführung einer
Datenschutz-Folgeabschätzung, noch ist die Neuheit an sich ein Aspekt, der zur
Bestimmung des Risikos relevant ist. Mittelbar werden neue Technologien über das
Kriterium „Art" der Verarbeitung Berücksichtigung finden und dort in der Praxis
aufgrund der Betonung des Gesetzgebers faktisch besonders berücksichtigt werden.

Eine nicht abschließende Aufzählung von Fällen, in denen eine Datenschutz- 57
Folgenabschätzung erforderlich ist,[43] enthält Abs. 3 des Art. 35 DS-GVO:
– systematische und umfassende Bewertung persönlicher Aspekte natürlicher Personen, die sich auf automatisierte Verarbeitung einschließlich Profiling gründet
  und die ihrerseits als Grundlage für Entscheidungen dient, die Rechtswirkung gegenüber natürlichen Personen entfaltet oder diese in ähnlich erheblicher Weise
  beeinträchtigt. Hierdurch entsteht ein Zusammenhang zu Art. 22 DS-GVO.
  (Siehe hierzu → § 16)
– umfangreiche Verarbeitung besonderer Kategorien von personenbezogenen Daten
  gemäß Artikel 9 Absatz 1 oder von personenbezogenen Daten über strafrechtliche
  Verurteilungen und Straftaten gemäß Artikel 10. Danach ist nicht bei jeder Verarbeitung nach Artt. 9 und 10 DS-GVO eine Datenschutz-Folgenabschätzung erforderlich, da es sich um eine umfangreiche Verarbeitung handeln muss.
– systematische umfangreiche Überwachung öffentlich zugänglicher Bereiche.

---

[39] Siehe hierzu oben → § 17 Rn. 17 ff.
[40] Wohl ebenso: *Paal/Pauly/Martini*, DS-GVO Art. 35 Rn. 21.
[41] „Für die Untersuchung mehrerer ähnlicher Verarbeitungsvorgänge mit ähnlich hohen Risiken
kann eine einzige Abschätzung vorgenommen werden." (Art. 35 Abs. 1 S. 2 DS-GVO); a. A.
scheinbar *Schantz/Wolff/Schantz*, Das neue DatSchR, 2017, S. 273, der auf die inhaltliche Verbundenheit der Verfahren abstellt.
[42] Der „insbesondere"-Einschub in Art. 35 Abs. 1 S. 1 DS-GVO bezieht sich nur auf die Verwendung neuer Technologien.
[43] *Rath/Feuerherdt*, CR 2017, 500, 501.

58   Eine **Konkretisierung durch Positiv-** (Art. 35 Abs. 4 DS-GVO)[44] **und Negativ-listen (Art. 35 Abs. 5 DS-GVO)** der Aufsichtsbehörden ermöglicht Art. 35 Abs. 4–6 DS-GVO. Der Systematik der Regelung nach können Fälle des Art. 35 Abs. 3 DS-GVO nicht im Wege einer Negativliste per se ausgenommen werden. Eine Konkretisierung der Tatbestandsmerkmale des Art. 35 Abs. 3 DS-GVO (bspw. „umfangreich") erscheint jedoch nicht ausgeschlossen.

59   Um die unionsweit einheitliche Anwendung der DS-GVO sicherzustellen, müssen die nationalen Listen vor deren Festlegung nach Art. 35 Abs. 6 DS-GVO im **Kohärenzverfahren** abgestimmt werden. Dies gilt jedenfalls dann, „wenn solche Listen Verarbeitungstätigkeiten umfassen, die mit dem Angebot von Waren oder Dienstleistungen für betroffene Personen oder des Beobachtungsverhaltens dieser Personen mit mehreren Mitgliedstaaten im Zusammenhang stehen oder die den freien Verkehr personenbezogener Daten innerhalb der Union beeinträchtigen können". Die Parallelität zur Regelung in Art. 3 Abs. 2 lit. a und lit. b DS-GVO, welche die Anwendung der DS-GVO regelt, wird hier erkennbar.[45] Im Ergebnis können die nationalen Aufsichtsbehörden lediglich in Fällen des E-Commerce und der Verhaltensbeobachtung ohne Auslandsbezug solche Positiv- und/oder Negativlisten ohne Durchführung des Kohärenzverfahrens festlegen.[46]

60   In der Praxis wird es den **Datenschutz-Aufsichtsbehörden** deutlich leichter fallen, Konstellationen zu definieren, in denen über Art. 35 Abs. 3 DS-GVO hinaus eine Datenschutz-Folgenabschätzung sicher durchgeführt werden muss, als Listen zu erstellen, in welchen eine Datenschutz-Folgenabschätzung nicht stattfinden muss. Denn der Erstellung einer solchen Liste ist sinnigerweise eine gewisse Abstrahierung immanent. Das würde dazu führen, dass auch für die Fälle, in denen keine Datenschutz-Folgenabschätzung durchzuführen wäre, ein relativ grobes Raster vorgegeben würde, was dann aufgrund des Abstraktionsgrades das Risiko bergen würde, dass auch Konstellationen ausgenommen wären, welche im konkreten Einzelfall einer Datenschutz-Folgenabschätzung bedürften.

61   Art. 35 Abs. 11 DS-GVO sichert folgende **Pflicht** ab: „Erforderlichenfalls führt der Verantwortliche eine Überprüfung durch, um zu bewerten, ob die Verarbeitung gemäß der Datenschutz-Folgenabschätzung durchgeführt wird; dies gilt zumindest, wenn hinsichtlich des mit den Verarbeitungsvorgängen verbundenen Risikos Änderungen eingetreten sind." Wann die Überprüfung nach Halbsatz 1 erforderlich ist, lässt sich der Regelung nicht klar entnehmen. Sie ist vorzunehmen, wenn Zweifel an der Umsetzung der Vorgaben bestehen. Darüber hinaus besteht die Pflicht jedenfalls dann, wenn die Verarbeitung geändert wird.

62   Eine **Ausnahme von der Pflicht zur Durchführung einer Datenschutz-Folgenabschätzung** besteht nach **Art. 35 Abs. 10 DS-GVO**, wenn der nationale Gesetzgeber im Rahmen des Gesetzgebungsverfahrens eine solche Datenschutz-Folgenabschätzung durchgeführt hat.

3. Durchführung einer Datenschutz-Folgenabschätzung

63   Durch Art. 35 Abs. 7 und 9 DS-GVO wird der Inhalt und das Verfahren der Datenschutz-Folgenabschätzung präzisiert. Art. 35 Abs. 7 DS-GVO gestaltet nur einen **Mindestinhalt** der Folgenabschätzung und bietet somit grundsätzlich Spielraum für Konkretisierungen und Ergänzungen.

---

[44] Zur Auswirkung der Positivlisten auf die Vorherige Konsultation nach Art. 36 DS-GVO → Rn. 84.

[45] *Roßnagel/Marschall*, DS-GVO, 2017, S. 162.

[46] *Roßnagel/Marschall*, DS-GVO, 2017, S. 162; vgl. *Gierschmann*, ZD 2016, 51, 53.

Das „Wie" der Datenschutz-Folgenabschätzung ist in Art. 35 DS-GVO nur 64
unvollständig geregelt. Denn in Art. 35 Abs. 7 DS-GVO ist allein festgelegt, dass
kumulativ zumindest Folgendes in einer Datenschutz-Folgenabschätzung enthalten
sein muss:
- eine systematische Beschreibung der geplanten Verarbeitungsvorgänge und der
  Zwecke der Verarbeitung, gegebenenfalls einschließlich der von dem Verantwortlichen verfolgten berechtigten Interessen,
- eine Bewertung der Notwendigkeit und Verhältnismäßigkeit der Verarbeitungsvorgänge in Bezug auf den Zweck,
- eine Bewertung der Risiken für die Rechte und Freiheiten der betroffenen Personen gemäß Absatz 1 und
- die zur Bewältigung der Risiken geplanten Abhilfemaßnahmen, einschließlich
  Garantien, Sicherheitsvorkehrungen und Verfahren, durch die der Schutz personenbezogener Daten sichergestellt und der Nachweis dafür erbracht wird,
  dass diese Verordnung eingehalten wird, wobei den Rechten und berechtigten
  Interessen der betroffenen Personen und sonstiger Betroffener Rechnung getragen wird.

Da Art. 35 Abs. 7 DS-GVO die **Inhalte der Datenschutz-Folgenabschätzung** 65
nicht abschließend regelt (deutsche Fassung: „zumindest"/englische Fassung: „at
least"), könnte rein formal betrachtet der nationale Gesetzgeber die Liste noch er-
gänzen bzw. konkretisieren, ohne gegen die Vorgaben der Verordnung zu verstoßen.[47] Dieser Ansatz ist jedoch mit Vorsicht zu betrachten, da die DS-GVO gerade
den Ansatz einer Vollharmonisierung verfolgt. Dies spricht dagegen, dass durch
nationale Regelungen der EU-Mitgliedstaaten unterschiedlich hohe Anforderungen
an die Einhaltung der Datenschutz-Grundverordnung gestellt werden.

Der Verantwortliche hat nach Art. 35 Abs. 2 DS-GVO bei der Durchführung ei- 66
ner Datenschutz-Folgenabschätzung den **Rat des Datenschutzbeauftragten** einzuholen. Selbstverständlich besteht diese Pflicht nur, wenn ein solcher benannt ist.
Die Pflicht, den Rat des Datenschutzbeauftragten einzuholen, besteht unabhängig
davon, ob es sich um eine Pflichtbenennung oder eine freiwillige Benennung eines
Datenschutzbeauftragten handelt (hierzu → § 21).

Die in **Art. 35 DS-GVO** geregelte **Rechtsfolge** ist ausschließlich die Pflicht zur 67
Durchführung der Datenschutz-Folgenabschätzung, also die Prüfung, ob tatsächlich ein hohes Risiko besteht. Die Konsequenz der Feststellung eines solchen Risikos ist in Art. 35 DS-GVO nicht geregelt.[48] Die Durchführung der Datenschutz-
Folgenabschätzung zwingt allenfalls mittelbar zu Maßnahmen zur Eindämmung
der Risiken. Die Bejahung eines hohen Risikos wirkt sich allerdings auf der Tatbestandsseite der Vorherigen Konsultation nach Art. 36 DS-GVO aus.[49]

Allein, dass durch eine Verarbeitung ein **hohes Risiko** für den Schutz personen- 68
bezogener Daten besteht, führt nach der DS-GVO **nicht zwingend zur Unzuläs-**
sigkeit.[50] Allerdings muss die Erkenntnis, dass ein solches Risiko besteht, bei der
Zulässigkeitsprüfung nach Artt. 6 ff. DS-GVO berücksichtigt werden.

Nicht explizit, aber der Sache nach, wird an das Ergebnis der Datenschutz- 69
Folgenabschätzung in verschiedenen Regelungen wie Art. 24 Abs. 1 S. 1, Art. 25,

---

[47] *Roßnagel/Marschall*, DS-GVO, 2017, S. 162.
[48] Siehe hierzu → Rn. 39. Ebenso: *Sydow/Sassenberg/Schwendemann*, EU-DS-GVO, Art. 35
DS-GVO, Rn. 1.
[49] Im Ergebnis ebenso: *Paal/Pauly/Martini*, DS-GVO Art. 35 Rn. 23 f. siehe → C.
[50] Siehe hierzu → Rn. 39. Ebenso: *Sydow/Sassenberg/Schwendemann*, EU-DS-GVO, Art. 35
DS-GVO, Rn. 1.

Art. 32 Abs. 1 DS-GVO für die Entscheidung über **Maßnahmen zum Schutz der Rechte und Freiheiten der betroffenen Personen** angeknüpft.[51]

70 Wenngleich Art. 35 DS-GVO **keine Formvorschrift** enthält, so zwingt doch die Pflicht zum Nachweis der Durchführung einer Datenschutz-Folgenabschätzung zu deren Dokumentation. Die Form der Dokumentation kann in Anlehnung an Art. 30 Abs. 3 DS-GVO jedenfalls auch in einem elektronischen Format erfolgen.[52]

71 Aus Art. 35 Abs. 11 DS-GVO ergibt sich, was eigentlich der Regelung bereits immanent ist, dass der Verantwortliche die Maßnahmen, welche er in der Datenschutz-Folgenabschätzung berücksichtigt hat, auch tatsächlich so umsetzt.[53]

4. Datenschutz-Folgenabschätzung im Rahmen von Gesetzgebungsverfahren

72 Nach Art. 35 Abs. 10 DS-GVO können die nationalen Gesetzgeber bei der Verarbeitung, die unter die Erlaubnistatbestände in Art. 6 Abs. lit. c oder lit. e DS-GVO fällt, eine **Datenschutz-Folgenabschätzung im Rahmen des Gesetzgebungsverfahrens** durchführen, was für die Verantwortlichen zur Folge hat, dass sie auf eine Datenschutz-Folgenabschätzung verzichten können.

73 Neben den sich hieraus möglicherweise ergebenden unterschiedlichen Schutzniveaus in den Mitgliedstaaten ist aus der Sicht des Datenschutzes auch **kritisch anzumerken**, dass die „Gesetzes-Datenschutz-Folgenabschätzung" zwangsweise in einer allgemeineren und abstrahierteren Form durchgeführt werden wird, als eine konkrete Datenschutz-Folgenabschätzung durch den Verantwortlichen nach Art. 35 DS-GVO. Es bleiben dann gerade die spezifischen, mit der konkreten Datenverarbeitung verbundenen Risiken der Rechte und Interessen der Betroffenen unberücksichtigt. Dies läuft der Zielvorstellung der Datenschutz-Folgenabschätzung nach Art. 35 Abs. 1 DS-GVO zuwider.[54]

74 Die Bedeutung **dieser Möglichkeit für den Verantwortlichen** ist allerdings ebenfalls nicht zu verkennen. Denn die Durchführung einer konkreten Datenschutz-Folgenabschätzung nach Art. 35 DS-GVO und ggf. der danach zwingend erforderlichen Vorherigen Konsultation der Datenschutz-Aufsichtsbehörden nach Art. 36 DS-GVO kann den Verantwortlichen in einem für ihn nicht auflösbaren Widerspruch zur Erfüllung der in Art. 6 Abs. 1 lit. c und lit. d DS-GVO in Bezug genommenen Pflichten führen. Denn Art. 6 Abs. 1 lit. c DS-GVO regelt, dass die Verarbeitung rechtmäßig ist, wenn die Verarbeitung zur Erfüllung einer rechtlichen Verpflichtung erforderlich ist, welcher der Verantwortliche unterliegt. Daneben regelt Art. 6 Abs. 1 lit. e DS-GVO, dass die Verarbeitung zulässig ist, wenn sie für die Wahrnehmung einer Aufgabe erforderlich ist, die im öffentlichen Interesse liegt oder in Ausübung öffentlicher Gewalt erfolgt, die dem Verantwortlichen übertragen wurde. Der Spielraum des Verantwortlichen zur Gestaltung von Maßnahmen, welche ein positives Ergebnis der Datenschutz-Folgenabschätzung bewirken, kann daher im Einzelfall erheblich begrenzt sein. Jedenfalls die Festlegung in Art. 36 Abs. 1 DS-GVO, wonach der Verantwortliche vor Abschluss der Vorherigen Konsultation die Verarbeitung nicht beginnen darf, bringt den Verantwortlichen in einen unlösbaren Konflikt, wenn er durch die in Art. 6 Abs. 1 lit. c und lit. e

---

[51] *Schantz/Wolff/Schantz*, Das neue DatSchR, 2017, S. 274.
[52] *Sydow/Sassenberg/Schwendemann*, EU-DS-GVO, Art. 35 DS-GVO, Rn. 37. Siehe hierzu → Rn. 26 f.
[53] *Schantz/Wolff/Schantz*, Das neue DatSchR, 2017, S. 273.
[54] Ebenso *Roßnagel/Marschall*, DS-GVO, 2017, S. 163.

DS-GVO in Bezug genommenen Regelungen gleichwohl verpflichtet ist, die Verarbeitungen auszuführen und die Durchführung des Konsultationsverfahrens nicht abgewartet werden kann.

5. Verhaltensregelungen und Zertifizierungen

Nach Art. 35 Abs. 8 DS-GVO ist die **Einhaltung genehmigter Verhaltensregeln** gemäß Artikel 40 DS-GVO durch die zuständigen Verantwortlichen oder die zuständigen Auftragsverarbeiter bei der Beurteilung der Auswirkungen der von diesen durchgeführten Verarbeitungsvorgänge, insbesondere für die Zwecke einer Datenschutz-Folgenabschätzung, gebührend zu berücksichtigen. 75

6. Übergangsregelung für die Datenschutz-Folgenabschätzung

ErwGr 89 lässt sich dahin verstehen, dass für bestimmte, **zum Zeitpunkt des Anwendungsbeginns der DS-GVO bereits bestehende Verarbeitungsvorgänge,** eine Datenschutz-Folgenabschätzung durchzuführen ist: *„Zu solchen Arten von Verarbeitungsvorgängen gehören insbesondere solche, bei denen neue Technologien eingesetzt werden oder die neuartig sind und bei denen der Verantwortliche noch keine Datenschutz-Folgenabschätzung durchgeführt hat bzw. bei denen aufgrund der seit der ursprünglichen Verarbeitung vergangenen Zeit eine Datenschutz-Folgenabschätzung notwendig geworden ist."* (ErwGr. 89 DS-GVO). Diese Auslegung ist zweifelhaft. Denn für bereits begonnene Verarbeitungsvorgänge muss ein Bestandsschutz in Betracht kommen können. 76

Selbst wenn eine solche Auslegung zutreffend sein sollte, so besteht die **Pflicht nach Art. 35 DS-GVO erst ab dem Anwendungsbeginn der DS-GVO**, sodass dieser Verpflichtung genügt wird, wenn die Datenschutz-Folgenabschätzung ab dem Anwendungsbeginn der DS-GVO ausgeführt wird. 77

Soweit sich aus der Systematik der Artt. 35, 36 DS-GVO ergibt, dass eine Verarbeitung erst nach Abschluss einer Datenschutz-Folgenabschätzung gem. Art. 35 DS-GVO und erforderlichenfalls zusätzlich nach einer Vorherigen Konsultation gem. Art. 36 DS-GVO begonnen werden dürfe, so kann dies **für bereits zum Anwendungsbeginn der DS-GVO stattfindende Verarbeitungen nicht gelten.** Denn anderenfalls würde die DS-GVO zur Durchführung einer Datenschutz-Folgenabschätzung vor ihrem Anwendungsbeginn zwingen und der Anwendungsbeginn würde entgegen dem eindeutigen Wortlaut des Art. 99 DS-GVO vorverlegt. 78

Jedenfalls bei **grundlegenden Änderungen der Verarbeitung** entstehen auch für bereits zum Anwendungsbeginn der DS-GVO stattfindende Verarbeitungen die Pflichten nach Artt. 35, 36 DS-GVO. 79

7. Sanktionierung eines Verstoßes

Das Unterlassen einer Datenschutz-Folgenabschätzung ist nach Art. 83 Abs. 4 lit. a DS-GVO mit Geldbußen von bis zu 10 Mio. Euro oder im Fall eines Unternehmens von bis zu 2% seines gesamten weltweit erzielten Jahresumsatzes des vorangegangenen Geschäftsjahres sanktioniert. Für die **Nichtdurchführung** ist dies offensichtlich. 80

Mit Blick auf das **Bestimmtheitserfordernis** für Sanktionen lassen sich erhebliche Zweifel in Bezug auf Art. 35 DS-GVO anmelden.[55] Art. 83 Abs. 4 lit. a 81

---

[55] Vgl. *Faust/Spittka/Wybitul*, ZD 2016, 120.

DS-GVO verweist auf die Pflichten aus Art. 35 DS-GVO und fordert eine Sanktionierung *„bei Verstößen gegen diese [...] Bestimmung"*. Welche Verstöße damit im konkreten Fall gemeint sind, bleibt unklar und wird durch Art. 83 Abs. 4 lit. a DS-GVO nicht näher definiert.[56] Jedenfalls die Frage der Schuldhaftigkeit eines Verstoßes wird mit Blick auf die Vagheit der Vorgaben in Art. 35 DS-GVO kritisch zu prüfen sein.

C. Vorherige Konsultation (Art. 36 DS-GVO)

I. Überblick

82 Die Regelung über die Vorherige Konsultation in Art. 36 DS-GVO ist im Zusammenhang mit Art. 35 DS-GVO zu sehen. Hierin stellen beide Regelungen eine Einheit dar. In dieser Einheit regelt Art. 35 DS-GVO die Tatbestandsvoraussetzungen und Art. 36 DS-GVO die Rechtsfolge.

II. Regelung in der DS-GVO

1. Verpflichtung zur Vorherigen Konsultation

Zur Durchführung der Vorherigen Konsultation ist der **Verantwortliche** verpflichtet. Es gelten die Ausführungen zu Art. 35 DS-GVO entsprechend.

2. Voraussetzungen und Inhalt einer Vorherigen Konsultation

83 Die Vorherige Konsultation setzt nach Art. 36 DS-GVO **tatbestandlich** eine **Datenschutz-Folgenabschätzung** mit dem Ergebnis voraus, dass **tatsächlich ein hohes Risiko** besteht.[57] Damit besteht in allen Fällen, in welchen eine Datenschutz-Folgenabschätzung nicht durchzuführen ist, allein schon deshalb auch keine Pflicht zur Vorherigen Konsultation. Der Unterschied zwischen den Tatbestandsvoraussetzungen des Art. 35 DS-GVO und Art. 36 DS-GVO ist, dass Art. 35 Abs. 1 DS-GVO ein voraussichtlich hohes Risiko fordert, während Art. 36 Abs. 1 DS-GVO ein festgestelltes hohes Risiko fordert.

84 Die **Auswirkungen der Negativlisten** nach **Art. 35 Abs. 5 DS-GVO**[58] und die damit einhergehende Befreiung von der Pflicht zur Datenschutz-Folgenabschätzung sind in Bezug **auf die Vorherige Konsultation** nach Art. 36 DS-GVO in der DS-GVO nicht explizit geregelt. Relevant ist die Frage dieser Befreiung insbesondere mit Blick auf das Bußgeld für den Fall einer Nicht-Durchführung einer Vorherigen Konsultation gemäß Art. 83 Abs. 4 DS-GVO. Art. 36 Abs. 1 sieht vor, dass der Verantwortliche vor der Verarbeitung die Aufsichtsbehörde konsultiert, *„wenn aus einer Datenschutz-Folgenabschätzung gemäß Art. 35 hervorgeht, dass die Verarbeitung ein hohes Risiko zur Folge hätte, sofern der Verantwortliche keine Maßnahmen zur Eindämmung des Risikos trifft."* Durch das Anknüpfen der Vorherigen Konsultation an die Durchführung einer Datenschutz-Folgenabschätzung gemäß Art. 35 DS-GVO ließe sich argumentieren, dass eine Befreiung von der Pflicht zur Durchführung einer Datenschutz-Folgenabschätzung durch eine Negativliste auch gleichzeitig die Befreiung von der Pflicht zur Vorherigen Konsultation bewirkt. Dieses Verständnis der Regelungssystematik ist auch in sich stimmig. Denn eine Verarbeitungstätigkeit wird durch die Datenschutz-Aufsichtsbehörden

---

[56] *Roßnagel/Marschall*, DS-GVO, 2017, S. 164; *Ashkar*, DUD 2015, S. 796.
[57] Ebenso: *BeckOK DatenSR/Hansen*, DS-GVO Art. 36 Rn. 1 ff.
[58] Siehe hierzu → Rn. 58 f.

nur dann in die Liste der nicht einer Datenschutz-Folgenabschätzung unterfallenden Tätigkeiten nach Art. 35 Abs. 5 DS-GVO aufgenommen werden, wenn eine entsprechende Verarbeitungstätigkeit kein hohes Risiko für die Rechte und Freiheiten natürlicher Personen (vgl. Art. 35 Abs. 1 DS-GVO) zur Folge hat. Wenn dies der Fall ist, entfällt auch das Tatbestandsmerkmal „hohes Risiko" im Sinne von Art. 36 Abs. 1 DS-GVO. Dieser Aspekt macht – wie bereits oben ausgeführt – deutlich, dass die Datenschutz-Aufsichtsbehörden in Bezug auf die Feststellung der Nicht-Erforderlichkeit einer Datenschutz-Folgenabschätzung nach Art. 35 Abs. 5 DS-GVO – jedenfalls in den Anfangszeiten der DS-GVO – zurückhaltend sein werden.

Nach dem Wortlaut der **Tatbestandsseite des Art. 36 Abs. 1 DS-GVO** ist **un-** 85 **klar**, wie der Halbsatz „*sofern der Verantwortliche keine Maßnahmen zur Eindämmung des Risikos trifft*" sich auswirkt. Sprachlich sind zwei Auslegungen denkbar:[59]

– Ein hohes Risiko besteht nur dann, wenn der Verantwortliche keine Maßnahmen zur Eindämmung trifft. Mit anderen Worten: Es besteht ein hohes Risiko, wenn die ergriffenen Maßnahmen hypothetisch weggedacht werden.

– Der Verantwortliche konsultiert die Aufsichtsbehörde nur dann, wenn er keine Maßnahmen zur Eindämmung trifft. Mit anderen Worten: Es besteht ein hohes Risiko und der Verantwortliche will oder kann nicht die gebotenen Maßnahmen zur Eindämmung ergreifen.

Der **Unterschied ist für den Anwendungsbereich weitreichend**. Im ersten Fall 86 wird die Aufsichtsbehörde stets bei einem hohen Risiko konsultiert werden und die zur Eindämmung ergriffenen Maßnahmen überprüfen. Im zweiten Fall führen alle Fälle, in denen Maßnahmen zur Eindämmung ergriffen sind dazu, dass keine Konsultation erforderlich ist.

ErwGr. 94 der DS-GVO spricht dafür, dass die **Konsultation nur erforderlich** 87 **ist, wenn** der Verantwortliche auf Basis einer durchgeführten Datenschutz-Folgenabschätzung zu dem Ergebnis gelangt, dass das verbleibende Risiko trotz getroffener Maßnahmen zu hoch ist und sich nicht durch Mittel eindämmen lässt, die zu den verfügbaren Technologien gehören und deren Implementierungskosten vertretbar sind.[60]

Voraussetzung für die Konsultationspflicht ist mithin, dass der Verantwort- 88 liche ein hohes Risiko der geplanten Verarbeitung erkennt, das er nach eigener Einschätzung angesichts des aktuellen Stands der Technik oder angesichts unvertretbarer Implementierungskosten nicht eindämmen kann. In dieser Situation ersucht er die Aufsichtsbehörde um Rat, bevor er die Verarbeitung aufnimmt.[61]

Aus Art. 36 Abs. 1 DS-GVO ergibt sich, dass **die Konsultation vor der Verar-** 89 **beitung** erfolgen muss. Nicht explizit ergibt sich aus Art. 36 DS-GVO, ob der Abschluss des Konsultationsverfahrens abgewartet werden muss.[62]

In den Fällen des Art. 36 Abs. 5 DS-GVO können Verantwortliche unabhängig 90 von Art. 36 Abs. 1 DS-GVO **zu einer Vorherige Konsultation verpflichtet werden.**

---

[59] Ebenso: *BeckOK DatenSR/Hansen*, DS-GVO Art. 36 Rn. 1 ff.

[60] Ebenso: *BeckOK DatenSR/Hansen*, DS-GVO Art. 36 Rn. 3; *Schmitz/Dall'Armi*, ZD 2017, 57, 63.

[61] *BeckOK DatenSR/Hansen*, DS-GVO Art. 36 Rn. 3; *Schmitz/Dall'Armi*, ZD 2017, 57, 63.

[62] So aber *Sydow/Reimer*, EU-DS-GVO, Art. 36 DS-GVO, Rn. 8; *BeckOK DatenSR/Hansen*, DS-GVO Art. 36 Rn. 7.

a) Aufgabe des Verantwortlichen

91 Die **Durchführung der Konsultation** besteht nach Art. 36 Abs. 3 DS-GVO für den Verantwortlichen darin, dass er der Aufsichtsbehörde kumulativ folgende Informationen zur Verfügung stellt:
- gegebenenfalls Angaben zu den jeweiligen Zuständigkeiten des Verantwortlichen, der gemeinsamen Verantwortlichen und der an der Verarbeitung beteiligten Auftragsverarbeiter, insbesondere bei einer Verarbeitung innerhalb einer Gruppe von Unternehmen,
- die Zwecke und die Mittel der beabsichtigten Verarbeitung,
- die zum Schutz der Rechte und Freiheiten der betroffenen Personen gemäß dieser Verordnung vorgesehenen Maßnahmen und Garantien,
- gegebenenfalls die Kontaktdaten des Datenschutzbeauftragten,
- die Datenschutz-Folgenabschätzung gemäß Artikel 35 und
- alle sonstigen von der Aufsichtsbehörde angeforderten Informationen.

b) Aufgabe der Aufsichtsbehörde

92 Nicht explizit geregelt ist die **Pflicht der Aufsichtsbehörde**, die Unterlagen zu prüfen. Dies ergibt sich nur indirekt aus Art. 36 Abs. 2 DS-GVO, da sich ohne eine solche Prüfung die dort genannten Pflichten nicht erfüllen lassen.

93 Die Aufsichtsbehörde prüft nach Art. 36 Abs. 2 DS-GVO, ob *„die geplante Verarbeitung gemäß Absatz 1 nicht im Einklang mit dieser Verordnung"* steht. Die Systematik spricht dafür, dass die Bezugnahme auf Abs. 1 nicht den **Prüfungsumfang** begrenzt, sondern den Prüfungsgegenstand – also die Verarbeitung nach Abs. 1, in Bezug auf welche die Tatbestandsvoraussetzungen vorliegen – in Bezug nimmt.

94 Auch hieraus ergibt sich, dass allein die Tatsache, dass die Verarbeitung ein **hohes Risiko bedeutet, nicht die Unzulässigkeit** begründet.[63] Die Unzulässigkeit muss sich aus anderen Regelungen der DS-GVO ergeben, bspw. Artt. 6 bis 10 DS-GVO.

95 Die **Aufgabe der Aufsichtsbehörde** ist es nach Art. 36 Abs. 2 DS-GVO, dem Verantwortlichen eine schriftliche Empfehlung zu erteilen. Diese kann sich nicht darauf beschränken, dass die Verarbeitung unzulässig ist, sondern muss konkrete Empfehlungen enthalten, wie die Zulässigkeit der Verarbeitung zu erreichen ist, falls die Aufsichtsbehörde diese (noch) nicht für gegeben hält. Dies ergibt sich aus dem Beispiel *„insbesondere weil der Verantwortliche das Risiko nicht ausreichend ermittelt oder nicht ausreichend eingedämmt hat"* für die Feststellung der Unzulässigkeit.

96 Kurios ist, dass die Empfehlung auch dem **Auftragsverarbeiter** unterbreitet werden kann, der jedoch weder nach Art. 35 DS-GVO noch nach Art. 36 DS-GVO im vorliegenden Kontext beteiligt ist.

97 Die Empfehlung hat **innerhalb eines Zeitraums von bis zu acht Wochen** nach Erhalt des Ersuchens um Konsultation schriftlich zu erfolgen. Diese Frist kann unter Berücksichtigung der Komplexität der geplanten Verarbeitung um sechs Wochen verlängert werden. Die Aufsichtsbehörde unterrichtet über eine solche Fristverlängerung innerhalb eines Monats nach Eingang des Antrags auf Konsultation zusammen mit den Gründen für die Verzögerung. Diese Fristen können ausgesetzt werden, bis die Aufsichtsbehörde die für die Zwecke der Konsultation angeforderten Informationen erhalten hat.

---

[63] Ebenso: *BeckOK DatenSR/Hansen*, DS-GVO Art. 36 Rn. 1 ff.

Die **Aufsichtsbehörde** kann zusätzlich ihre in Art. 58 DS-GVO genannten **Befugnisse** ausüben, wie Art. 36 Abs. 2 S. 1 DS-GVO explizit anspricht. Das bedeutet auch, der Gesetzgeber geht davon aus, dass allein eine negative Bewertung durch die Aufsichtsbehörde nicht ipso iure zur verbindlichen Unzulässigkeit der Verarbeitung führt. **98**

3. Übergangsregelung für die Vorherige Konsultation

Die Pflicht zur Vorherigen Konsultation hängt tatbestandlich von dem Ergebnis der Durchführung einer Datenschutz-Folgenabschätzung ab. Damit kann die **Pflicht zur Vorherigen Konsultation schon tatbestandlich nicht bestehen, solange keine Datenschutz-Folgenabschätzung durchgeführt werden musste** (ausführlich siehe oben → Rn. 77 ff.). **99**

4. Sanktionierung eines Verstoßes

Das Unterlassen einer Vorherigen Konsultation ist nach Art. 83 Abs. 4 lit. a DS-GVO mit **Geldbußen** von bis zu 10 Mio. Euro oder im Fall eines Unternehmens von bis zu 2 % seines gesamten weltweit erzielten Jahresumsatzes des vorangegangenen Geschäftsjahrs sanktioniert. **100**

Im Rahmen der Sanktionierung wird die **unklare Auslegung der Voraussetzungen** des Art. 36 DS-GVO erhebliche Auswirkungen haben. **101**

§ 18. Übermittlung personenbezogener Daten in die USA

Literatur: *Eckhardt*, „Safe Harbor ungültig: Wie geht es in der Praxis weiter?, Datenschutz-Berater, 11/2015, 236; *Ders.*, Privacy Shield: Was bedeutet das „Safe Harbor 2.0" für die Praxis, Datenschutz-Berater, 03/2016, 54; *Ders.*, Privacy Shield: Stellungnahme der Art. 29-Gruppe und der Datenschutzkonferenz, Datenschutz-Berater, 05/2016, 102; *Eichenhofer*, „e-Privacy" im europäischen Grundrechtsschutz: Das „Schrems"-Urteil des EuGH, EuR 2016, 76; *Kühling/Heberlein*, EuGH „reloaded": „unsafe harbor" USA vs. „Datenfestung" EU, NVwZ 2016, 7; *v. Lewinski*, Privacy Shield – Notdeich nach dem Pearl Harbor für den transatlantischen Datenverkehr, EuR 2016, 405; *Molnár-Gábor/Kaffenberger*, EU-US-Privacy-Shield – ein Schutzschild mit Löchern?, ZD 2017, 18; *Schreiber/Kohm*, Rechtssicherer Datentransfer unter dem EU-US-Privacy-Shield? – Der transatlantische Datentransfer in der Unternehmenspraxis, ZD 2016, 255; *Schwartmann*, Datentransfer in die Vereinigten Staaten ohne Rechtsgrundlage, EuZW 2015, 864; *Weichert*, EU-US-Privacy-Shield – Ist der transatlantische Datentransfer nun grundrechtskonform?, ZD 2016, 209; *Wuermeling*, Handelshemmnis Datenschutz, Die Drittländerregelung der Europäischen Datenschutzrichtlinie, 2000.

1   Die Datenschutzrichtlinie 95/46/EG (DSRL) betrachtete den grenzüberschreitenden Verkehr von personenbezogenen Daten zutreffend als **Notwendigkeit für die Entwicklung des internationalen Handels** (ErwGr 56).[1] Der grenzüberschreitende Datenfluss und damit auch die grenzüberschreitende Übertragung personenbezogener Daten ist in einer digital vernetzten Welt und nicht zuletzt aufgrund der Nutzungsmöglichkeiten des Internets selbstverständlich. Ein gleiches Datenschutzniveau oder auch nur ein gleiches Konzept des Datenschutzes ist hingegen nicht global gegeben.[2]

A. Einführung

2   Der Notwendigkeit des internationalen Datentransfers trug die **DSRL** durch Regelungen in Artt. 25, 26 Rechnung. Diese Regelungen waren im deutschen Datenschutzrecht in §§ 4b, 4c BDSG-alt umgesetzt.

3   Die DSRL entfaltete **zwei Wirkungen**: Sie schaffte einerseits einen unionsweiten Rahmen für die nationalen Datenschutzgesetze und damit eine Harmonisierung des Datenschutzniveaus in der EU. Damit schaffte sie die Rahmenbedingungen für einen grundsätzlich ungehinderten Transfer personenbezogener Daten innerhalb der EU. Andererseits grenzte sie die EU datenschutzrechtlich von anderen Ländern ab. Denn sie schrieb in Artt. 25, 26 vor, unter welchen Voraussetzungen Daten in andere Länder als die EU-Mitgliedstaaten übertragen werden durften. Sie bezeichnete diese als Drittländer (Art. 25 DSRL) bzw. Drittstaaten (ErwGr 60 DSRL).

4   Diesen Ansatz setzt die **DS-GVO** in Art. 44 bis 50 fort. Die **Regelungstiefe** geht über Artt. 25, 26 DSRL und über §§ 4b, 4c DS-GVO hinaus. Sie trägt damit der Entwicklung der Lebenswirklichkeit seit 1995 Rechnung. Einfluss auf die Ausgestaltung hatte auch die Entscheidung des EuGH in der Rechtssache Schrems.[3]

---

[1] Grundlegend: *Wuermeling*, Handelshemmnis Datenschutz, 2000.
[2] *v. Lewinski*, EuR 2016, 405.
[3] Siehe → Rn. 18 ff.

B. Übermittlung personenbezogener Daten in Drittländer

I. Überblick und Systematik

In **Artt. 44 bis 50 DS-GVO** ist die **Übermittlung personenbezogener Daten in** 5 **sog. Drittländer** geregelt. Aus Sicht des Verordnungsgebers handelt es sich bei Drittländern um solche Staaten, in denen die DS-GVO nicht gilt.[4] Da die DS-GVO nur für die EU-Mitgliedstaaten verbindlich ist, gelten als Drittländer damit alle Staaten, die nicht Mitglied der EU sind. Damit zählen auch die EWR-Staaten Island, Liechtenstein und Norwegen zur Gruppe der Drittländer, solange diese die Anwendung der DS-GVO nicht beschlossen haben.[5]

Die DS-GVO setzt damit den Ansatz der Datenschutz-Richtlinie 95/46/EG 6 fort.[6] Sie schafft unionsweit ein einheitliches Datenschutzniveau und grenzt gleichzeitig die EU von anderen Staaten ab, indem sie in Artt. 44ff. der Verarbeitung von personenbezogenen Daten in Drittländern Grenzen setzt.

Art. 44 DS-GVO legt die **allgemeinen Grundsätze für die Übermittlung** per- 7 sonenbezogener Daten in Drittländer fest. Artt. 45 bis 49 DS-GVO regeln **verschiedene Instrumente zur Rechtfertigung einer Übermittlung** personenbezogener Daten in ein Drittland. Art. 50 regelt die internationale Zusammenarbeit zum Schutz personenbezogener Daten.

Die Zulässigkeitstatbestände in Artt. 45 bis 49 DS-GVO stehen in **keinem recht-** 8 **lichen Stufenverhältnis** zueinander. Nach Art. 45 DS-GVO wird für einen bestimmten Rechtsraum (bspw. einen Staat) die Angemessenheit des Datenschutzniveaus anerkannt. Mit den Mechanismen der Artt. 46, 47 DS-GVO wird für bestimmte Unternehmen in Drittländern in Bezug auf bestimmte Datenverarbeitungen ein angemessenes Datenschutzniveau geschaffen. Auf der Grundlage von Artt. 48, 49 DS-GVO sind einzelne bestimmte Übermittlungen personenbezogener Daten zulässig. Unter dem Gesichtspunkt des Umfangs der Zulässigkeit ergibt sich damit gleichwohl ein Stufenverhältnis.

II. Zweistufigkeit der Zulässigkeitsprüfung

Die Bewertung der Zulässigkeit einer Übertragung personenbezogener Daten in 9 ein Drittland[7] erfordert eine **zweistufige Prüfung**.[8] Art. 44 Abs. 1 S. 1 Hs. 1 DS-GVO stellt ausdrücklich klar, dass neben den Artt. 44ff. DS-GVO auch die sonstigen Bestimmungen der DS-GVO einzuhalten sind. Es ist nicht klar, welche Regelungen konkret umfasst sind. Jedenfalls werden dies die Regelungen in Artt. 6, 9, 10 DS-GVO sein (vgl. ErwGr 101 Sätze 3–5 DS GVO).[9]

– Auf der **ersten Stufe** muss entsprechend dem in **Artt. 6, 9, 10 DS-GVO** verankerten Verbot mit Erlaubnisvorbehalt[10] geprüft werden, ob eine Rechtsgrundlage für die Übertragung der Daten an den Empfänger gegeben ist.

---

[4] Paal/Pauly/*Pauly,* DS-GVO Art. 44 Rn. 6.

[5] Paal/Pauly/*Pauly,* DS-GVO Art. 44 Rn. 6. – Für Datenschutzrichtlinie 95/46/EG hatten sie dies getan (vgl. Beschl. des gemeinsamen EWR-Ausschusses Nr. 83/1 1999 v. 25.6.1999, ABl. 2000 L 296, 41).

[6] Siehe → Rn. 3.

[7] Siehe → Rn. 7.

[8] Ebenso: *Albrecht/Jotzo,* Das neue DatSchR EU, 2017, Teil 6, Rn. 1; Paal/Pauly/*Pauly,* DS-GVO Art. 44 Rn. 9; Sydow/*Sydow,* DS-GVO Einl. Rn. 98.

[9] Ebenso: Schantz/Wolff/*Schantz,* Das neue DatSchR, 2017, S. 239; Ehmann/Selmayr/*Zerdick,* DS-GVO Art. 44 Rn. 15.

[10] Siehe → § 12 Rn. 1.

– Auf der **zweiten Stufe** muss geprüft werden, ob die Voraussetzungen der **Artt. 44 ff. DS-GVO** vorliegen. Denn nur dann ist die Übertragung personenbezogener Daten in das Drittland zulässig.

10 Diese **Zweistufigkeit** ergibt sich auch aus dem **Sinn und Zweck sowie der Systematik der DS-GVO.** Sie schafft in der EU einen einheitlichen Datenschutzrechtsrahmen.[11] Deshalb stellt eine grenzüberschreitende Verarbeitung (vgl. Art. 4 Nr. 23 DS-GVO) als solche kein Risiko für die betroffene Person dar. Das Risiko ergibt sich damit nur aus einer Übermittlung von einem Verantwortlichen zu einem anderen Verantwortlichen. Diesem Risiko tragen Artt. 6, 9, 10 DS-GVO Rechnung. Ein Datentransfer aus dem Raum des einheitlichen Rechtsrahmens hinaus stellt ein zusätzliches Risiko dar. Diesem Risiko wird durch Artt. 44 ff. DS-GVO Rechnung getragen. Systematisch ergibt sich dies daraus, dass nach Artt. 6, 9, 10 DS-GVO eine Übertragung personenbezogener Daten nur zulässig ist, wenn deren Voraussetzungen beachtet sind. Die Regelungen in Artt. 44 ff. DS-GVO sind dort nicht in Bezug genommen. Artt. 44 ff. DS-GVO enthalten demgemäß auch keine Aussage, wonach die Bestimmungen der Artt. 6, 9, 10 DS-GVO unter den Voraussetzungen der Artt. 44 ff. DS-GVO unbeachtlich wären oder in diesen aufgingen. Dementsprechend ist der Transfer in ein Drittland nicht auch schon bei einer Prüfung auf der ersten Stufe zu berücksichtigen.

III. Allgemeine Grundsätze der Datenübermittlung

11 **Art. 44 DS-GVO** stellt den **Grundsatz** auf, dass eine Übermittlung personenbezogener Daten in ein Drittland nur zulässig ist, wenn der Verantwortliche und der Auftragsverarbeiter die in Artt. 44 bis 49 DS-GVO geregelten Vorgaben einhalten.

12 Die **Entscheidung des EuGH zu den sog. Safe Harbor-Principles** hatte Auswirkungen auf die Ausgestaltung der Zulässigkeit der Übermittlung nach Artikel 44 DS-GVO. Denn jene erging während der Endphase des Gesetzgebungsverfahrens zur DS-GVO: Den Regelungen über die Drittlandübermittlung wurde in Art. 44 Satz 2 DS-GVO der **Auslegungsgrundsatz** vorangestellt, dass sie so anzuwenden seien, dass das Schutzniveau der DS-GVO nicht untergraben wird.[12] Der EuGH hatte in seiner Entscheidung zu den Safe Harbor-Principles allerdings kein inhaltsgleiches, sondern vielmehr ein „der Sache nach gleichwertiges" Datenschutzniveau gefordert.[13]

13 **Art. 44 Satz 2 DS-GVO** stellt eine **wesentliche Neuausrichtung der Anwendung der Regelungen im Vergleich zur DSRL** dar. Denn bis zu dieser EuGH-Entscheidung wurden die Regelungen über den Drittlandtransfer in dem Verständnis angewendet, dass bei der Übermittlung von personenbezogenen Daten in Drittstaaten gewisse Abstriche in Bezug auf das Schutzniveau im Vergleich zum Schutzniveau in der EU hingenommen werden müssen, da der Austausch personenbezogener Daten im internationalen Wirtschaftsverkehr unvermeidlich sei und gleichzeitig nicht in allen Drittstaaten dasselbe Niveau herrsche.[14]

14 **Art. 44 ff. DS GVO** gelten für jede Übermittlung in ein Drittland. Der englischen Textfassung ist zu entnehmen, dass Übermittlung im Sinne dieser Regelungen nicht

---

[11] Siehe → Rn. 6
[12] Schantz/Wolff/*Schantz*, Das neue DatSchR, 2017, S. 238.
[13] EuGH, Urt. v. 6.10.2015 – C-362/14, NJW 2015, 3151 (3155 Rn. 72 f.) – Schrems; ebenso *Kühling/Heberlein*, NVwZ 2016, 7 (9).
[14] Schantz/Wolff/*Schantz*, Das neue DatSchR, 2017, S. 238.

inhaltsgleich ist mit dem Begriff Übermittlung in der Definition des Oberbegriffs Verarbeitung in Art. 4 Nr. 2 DS-GVO.[15] Denn während Art. 44 Satz 1 Abs. 1 DS-GVO der englische Begriff „transfer" verwendet wird, ist es in Art. 4 Nr. 2 DSGVO der Begriff „transmission". Daher wird vertreten, dass Übermittlung als jede Offenlegung personenbezogener Daten gegenüber einem Empfänger in einem Drittland zu verstehen sei.[16] Diese Auslegung vermag allein mit dem Abstellen auf diese Begrifflichkeiten nicht zu überzeugen, da auch Art. 4 Nr. 2 DS-GVO in der englischen Fassung von „disclosure by transmission" – also Offenlegung durch Übermittlung – spricht. Nach Sinn und Zweck der Art. 44ff. DS-GVO und mit Blick auf die Erfassung der „Weiterübermittlung" in Art. 44 S. 2 DS-GVO wird dies vielmehr so auszulegen sein, dass die Regelungen zu beachten sind, **wenn eine Stelle in einem Drittland die personenbezogenen Daten so erlangt, dass sie sie verarbeiten und weiterübermitteln kann.** Es genügt jedoch nicht jede denkbare Form eines Offenlegens.

Durch Art. 44 S. 1 Hs. 2 DS-GVO wird das **Schutzniveau der DS-GVO** auch 15 nach der Übermittlung an den Empfänger im Drittland perpetuiert.[17] Die **Weiterübermittlung** durch den Empfänger im Drittland in ein Drittland ist ebenfalls nur zulässig, wenn die Art. 44ff. DS-GVO und auch die sonstigen Bestimmungen der DS-GVO eingehalten werden. Diese Erstreckung des Schutzes ist im Vergleich zur DSRL neu.[18] Damit kommt der DS-GVO im Fall der Übermittlung eine über Art. 3 DS-GVO hinausgehende exterritoriale Bedeutung zu.[19]

IV. EuGH zur Übermittlung personenbezogener Daten in Drittstaaten

Die Vereinigten Staaten von Amerika verfügen über kein der Datenschutzrichtli- 16 nie 95/46EG oder der DS-GVO gleichwertiges Datenschutzniveau. Der transatlantische Datenverkehr hat jedoch wirtschaftlich große Bedeutung. Die EU-Kommission entwickelte daher in Zusammenarbeit mit den USA den sog. Safe Harbor-Mechanismus.[20] Dieser wurde durch den EuGH für unwirksam erklärt.[21]

Die **Entscheidung des EuGH vom 6.10.2015** zu den Safe Harbor-Principle ist 17 von entscheidender Bedeutung für den Transfer personenbezogenen Daten in Drittländer und im Besonderen für den Transfer in die USA. In dieser Entscheidung legte der EuGH unter der DSRL grundlegende Eckpunkte fest.[22] Die Entscheidung hatte Einfluss auf die Gestaltung der Artt. 44–50 DS-GVO.[23]

Der Österreicher Maximilian Schrems wandte sich mit einer Beschwerde an die irische Daten- 18 schutzaufsichtsbehörde mit dem Ziel, die Unterbindung der Übermittlung seiner personenbezogenen Daten durch die Facebook Ireland an die Facebook Inc. in den USA zu erreichen. Alle im Unionsgebiet wohnhaften Personen, die Facebook nutzen wollten, mussten bei ihrer Anmeldung einen

---

[15] Ebenso: Paal/Pauly/*Pauly*, DS-GVO Vor. Art. 44 Rn. 3ff.; Schantz/Wolff/*Schantz*, Das neue DatSchR, 2017, S. 238f.

[16] Paal/Pauly/*Pauly*, DS-GVO Art. 44 Rn. 3ff.; Schantz/Wolff/*Schantz*, Das neue DatSchR, 2017, S. 238f.

[17] Ebenso: Paal/Pauly/*Pauly*, DS-GVO Art. 44 Rn. 3, 16; Sydow/*Towfigh/Ulrich*, DS-GVO Art. 44 Rn. 6.

[18] Sydow/*Towfigh/Ulrich*, DS-GVO Art. 44 Rn. 6; vgl. BeckOK DatenSR/*Schantz*, BDSG § 4b Rn. 10.

[19] Kritisch Schantz/Wolff/*Schantz*, Das neue DatSchR, 2017, S. 239, der die Regelung so auslegt, dass die datenexportierende Stelle mittels geeigneter Garantien sicherzustellen hat, dass der Schutz der übermittelten Daten nicht durch eine Weiterübermittlung gefährdet wird.

[20] Schantz/Wolff/*Schantz*, Das neue DatSchR, 2017, S. 242.

[21] Siehe → Rn. 18ff.

[22] EuGH, Urt. v. 6.10.2015 – C-362/14, NJW 2015, 3151ff. – Schrems.

[23] Siehe → Rn. 12f.

Vertrag mit Facebook Ireland abschließen, einer Tochtergesellschaft der in den Vereinigten Staaten ansässigen Facebook Inc. Die personenbezogenen Daten der im Unionsgebiet wohnhaften Nutzer von Facebook werden ganz oder teilweise an Server der Facebook Inc., die sich in den Vereinigten Staaten befinden, übermittelt und dort verarbeitet.[24] Die irische Datenschutzaufsichtsbehörde wies die Beschwerde als unbegründet zurück. Sie verwies zur Begründung unter anderem darauf, dass alle die Angemessenheit des Schutzes personenbezogener Daten in den Vereinigten Staaten betreffenden Fragen im Einklang mit der Entscheidung 2000/520 der EU-Kommission (sog. Safe Harbor-Principles) zu klären seien und dass die Kommission in dieser Entscheidung festgestellt habe, dass die Vereinigten Staaten von Amerika im Falle der Beachtung der Vorgaben in dieser Entscheidung ein angemessenes Schutzniveau gewährleistete.[25] Die irische Datenschutzaufsichtsbehörde sah sich an die Entscheidung der EU-Kommission ohne eigene Prüfungskompetenz gebunden. Herr Schrems beschritt daraufhin den Rechtsweg. Der irische High Court machte seine Bedenken gegen die Zulässigkeit der Datenübermittlung in die USA deutlich. Er legte schließlich dem EuGH die Frage zur Vorabentscheidung vor, ob die irische Datenschutzaufsichtsbehörde an die von der EU-Kommission in ihrer Entscheidung getroffene Feststellung, dass die Vereinigten Staaten von Amerika ein angemessenes Schutzniveau gewährleisteten, gebunden gewesen sei oder ob Art. 8 der GRCh ihn ermächtigt hätte, sich gegebenenfalls über eine solche Feststellung hinwegzusetzen.[26]

19   Die Frage der **Rechtmäßigkeit der Entscheidung 2000/520 der EU-Kommission (sog. Safe Harbor-Principles)** war **nicht Gegenstand der Vorlage** des irischen High Court. Der EuGH entschied sie gleichwohl.[27] Er wies hierzu darauf hin, dass Herr Schrems mit seiner Klage de facto eben diese Rechtmäßigkeit in Frage stelle.[28] Der EuGH erweiterte damit seinen Entscheidungsgegenstand.

20   Der EuGH kommt in Bezug auf die Vorlagefrage zu dem Ergebnis, dass die nationalen Datenschutzaufsichtsbehörden durch eine Entscheidung der EU-Kommission nach Artt. 25, 26 DSRL nicht in ihrer Prüfungskompetenz beschränkt sind (**Prüfungskompetenz der nationalen Aufsichtsbehörden**).[29] Die Kompetenz, eine Entscheidung der EU-Kommission für unwirksam zu erklären, liegt allerdings allein beim EuGH (**Verwerfungsmonopol des EuGH**).[30] Die nationalen Datenschutzaufsichtsbehörden müssen nach Ausübung ihrer Prüfungskompetenz den Rechtsweg beschreiten.

21   § 21 BDSG 2018 regelt daher den Antrag der Aufsichtsbehörden auf gerichtliche Entscheidung bei angenommener Rechtswidrigkeit eines Beschlusses der Europäischen Kommission. Das Antragsrecht ist nicht auf den Angemessenheitsbeschluss nach Art. 45 DS-GVO beschränkt, sondern umfasst auch die weiteren Beschlüsse der Kommission nach Artt. 44 ff. DS-GVO. Das BVerwG entscheidet über diesen Antrag im ersten und letzten Rechtszug (§ 21 Abs. 3 BDSG 2018). Falls das BVerwG zu dem Ergebnis kommt, dass der angegriffene Beschluss der Kommission ungültig ist, so hat es gemäß § 21 Abs. 6 S. 2 BDSG 2018 die Frage nach der Gültigkeit dem EuGH nach Art. 267 AEUV zur Entscheidung vorzulegen.

22   Der EuGH erklärte – über die eigentliche Vorlagefrage hinaus[31] – die Entscheidung 2000/520/EG der EU-Kommission (sog. **Safe Harbor-Principles**) für **unwirksam**.[32] Der EuGH begründet dies damit, dass die EU-Kommission im Rahmen der Entscheidungsfindung nach Art. 25 Abs. 6 DSRL nicht alle maßgeblichen Kriterien beachtet hatte. Denn die EU-Kommission hatte nicht auch die Möglichkeiten

[24] EuGH, Urt. v. 6.10.2015 – C-362/14, NJW 2015, 3151 – Schrems.
[25] EuGH, Urt. v. 6.10.2015 – C-362/14, NJW 2015, 3151 – Schrems.
[26] EuGH, Urt. v. 6.10.2015 – C-362/14, NJW 2015, 3151 (3152) – Schrems.
[27] Ebenso: *Schwartmann*, EuZW 2015, 864 (865); *Kühling/Heberlein*, NVwZ 2016, 7 (9).
[28] EuGH, Urt. v. 6.10.2015 – C-362/14, NJW 2015, 3151 (3152) – Schrems.
[29] EuGH, Urt. v. 6.10.2015 – C-362/14, NJW 2015, 3151 (3153 f.) – Schrems.
[30] EuGH, Urt. v. 6.10.2015 – C-362/14 NJW 2015, 3151 (3154) – Schrems.
[31] Siehe → Rn. 19.
[32] EuGH, Urt. v. 6.10.2015 – C-362/14, NJW 2015, 3151 (3157) – Schrems.

der US-amerikanischen Sicherheitsbehörden zum Zugriff auf personenbezogene Daten von EU-Bürgern mit berücksichtigt.[33]

Der EuGH erklärte damit die sog. Safe Harbor-Principles **allein aus formalen 23 Gründen** für unwirksam.[34] Der EuGH musste sich nicht und hat sich nicht direkt zur Rechtslage in den USA geäußert.[35]

Art. 25 Abs. 6 der DSRL sah insoweit lediglich vor, dass die Kommission fest- 24 stellen kann, dass ein Drittland aufgrund seiner innerstaatlichen Rechtsvorschriften oder internationaler Verpflichtungen, die es insbesondere infolge der Verhandlungen gemäß Abs. 5 eingegangen ist, hinsichtlich des Schutzes der Privatsphäre sowie der Freiheiten und Grundrechte von Personen ein angemessenes Schutzniveau im Sinne des Art. 25 Abs. 2 der DSRL gewährleiste. Die DSRL legte die Kriterien für die Prüfung selbst nicht explizit fest. Der **EuGH** stellte damit also nicht nur die Ungültigkeit fest, sondern legte mit seiner Entscheidung auch **Kriterien zur Prüfung der Angemessenheit eines Datenschutzniveaus** fest.[36] Dies wirkte sich auch auf die Gestaltung der Artt. 44 ff. DS-GVO aus.

Eine **mittelbare Auswirkung** ist, dass auch das Nachfolgeabkommen, das sog. 25 EU-US Privacy Shield, unter verschärfter datenschutzrechtlicher und datenschutzpolitischer Beobachtung steht.[37]

V. EU-US Privacy Shield

Um der Bedeutung des Datenverkehrs in die USA erneut Rechnung zu tragen,[38] 26 wurde am 12.7.2016 das **sog. EU-US Privacy Shield zum Datenaustausch mit den USA als Nachfolgeabkommen zu den Safe Harbor-Principles** auf der Grundlage einer Angemessenheitsentscheidung der EU-Kommission nach Art. 25 Abs. 6 der DSRL in Kraft gesetzt. Inhalt dieses Angemessenheitsbeschlusses der EU-Kommission ist, dass Unternehmen, die eine Selbstverpflichtung nach Maßgabe des EU-US-Privacy Shield abgeben, über ein angemessenes Datenschutzniveau verfügen (Art. 1 des Durchführungsbeschlusses (EU) 2016/2015).

Der EU-US-Privacy Shield-Mechanismus ist damit dem Safe Harbor-Abkommen 27 vergleichbar:[39] US-amerikanische Unternehmen verpflichten sich freiwillig gegenüber dem US-Handelsministerium, Daten, die aus der EU an sie übermittelt werden, nur nach bestimmten „Grundsätzen" (Anhang II des Durchführungsbeschluss (EU) 2016/1250) zu verarbeiten (**Selbstverpflichtung zur Wahrung des Datenschutzniveaus**). Die Federal Trade Commission und das US-Verkehrsministerium überwachen die Einhaltung dieser Selbstverpflichtung. Der EU-US Privacy Shield-Mechanismus steht damit nur Unternehmen offen, die der Aufsicht dieser Behörden unterliegen. Für die Überwachung der Einhaltung ist in erster Linie das Department of Commerce zuständig. Bei Verstößen können Strafen durch die Federal Trade Commission verhängt werden.

Entscheidend ist die Effektivität der Aufsicht durch die US-amerikanischen Be- 28 hörden, an der erhebliche Zweifel bestanden.[40] Das **Kernproblem** ist, dass die

---

[33] EuGH, Urt. v. 6.10.2015 – C-362/14, NJW 2015, 3151 (3156) – Schrems.

[34] EuGH, Urt. v. 6.10.2015 – C-362/14, NJW 2015, 3151 (3156 f.) – Schrems; *Kühling/Heberlein*, NVwZ 2016, 7 (9); *v. Lewinski*, EuR 2016, 405 (410) ; *Eichenhofer*, EuR 2016, 76 (83).

[35] EuGH, Urt. v. 6.10.2015 – C-362/14, NJW 2015, 3151 (3156 f.) – Schrems; *v. Lewinski*, EuR 2016, 405 (410); *Kühling/Heberlein*, NVwZ 2016, 7 (9).

[36] Ebenso: *Kühling/Heberlein*, NVwZ 2016, 7 (9).

[37] *Schneider*, Datenschutz nach der EU-Datenschutz-Grundverordnung, 2017, S. 290.

[38] Siehe → Rn. 16.

[39] Schantz/Wolff/*Schantz*, Das neue DatSchR, 2017, S. 242.

[40] Ebenso: Schantz/Wolff/*Schantz*, Das neue DatSchR, 2017, S. 242.

Überprüfung der Einhaltung der Selbstverpflichtung nicht proaktiv, sondern nur aufgrund einer Beschwerde erfolgt.[41]

29 Die deutschen Datenschutzaufsichtsbehörden stellten daher bereits im Jahr 2000 als Kernforderung auf, dass ein Datenexporteur prüfen müsse, ob der Empfänger in den USA diese Selbstverpflichtung einhalte.[42] Vergleichbares postulierte die Artikel 29-Gruppe im Jahr 2012.[43] Im Rahmen des EU-US Privacy Shields machten die zuständigen US-amerikanischen Behörden **Zusagen zur Überwachung der Einhaltung der Selbstverpflichtungen.**[44]

30 Ein **zweites Kernproblem** sind die **Zugriffsbefugnisse der US-amerikanischen Behörden und die Frage nach Rechtsbehelfen gegen diese Zugriffe.** Denn diese waren ein wesentlicher Aspekt der Entscheidung des EuGH, um die Safe Harbor-Principles für unwirksam zu erklären. Mit Blick auf EU-US Privacy Shield ist aber entscheidend, dass der EuGH in seiner Entscheidung keine tatsächlichen Feststellungen zur Rechtslage in den USA getroffen hat, sondern die fehlende Berücksichtigung dieses Aspekts durch die EU-Kommission zur Begründung heranziehen konnte.[45]

31 Die EU-Kommission stellt im Durchführungsbeschluss (EU) 2016/1250 fest, dass die **Zugriffsbefugnisse staatlicher Stellen in den USA den Anforderungen entsprechen**, welche der EuGH an ein gleichwertiges Schutzniveau formuliert hat.[46] Den erforderlichen Rechtsbehelf sieht die EU-Kommission darin, dass gegen Maßnahmen der Nachrichtendienste ein Ombuds-Mechanismus vorgesehen ist. Die Ombudsperson leitet Beschwerden an die internen Aufsichtsmechanismen der Nachrichtendienste weiter.[47] Es wird kritisiert, dass dies nicht den Anforderungen des EuGH an einen effektiven Rechtsschutz genügt.[48]

32 Nach Art. 45 Abs. 9 und ErwGr 171 DS-GVO bleibt der EU-US Privacy Shield-Beschluss durch das Inkrafttreten am 25.5.2016 und den Anwendungsbeginn am 25.5.2018 die DS-GVO unberührt.

---

[41] Vgl. *Erd*, K&R 2010, 624 (625 ff.); *Marnau/Schlehan*, DuD 2011, 311 (313 f.).

[42] Beschluss des Düsseldorfer Kreises vom 28./24.4.2010.

[43] Stellungnahme 05/2012 zum Cloud Computing; WP 196 v. 1.7.2012, S. 17 f.

[44] Durchführungsbeschluss (EU) 2016/1250, Anhang IV und V.

[45] Siehe → Rn. 24.

[46] Siehe ErwGr 64–135 Durchführungsbeschl. (EU) 2016/1250; Schantz/Wolff/*Schantz*, Das neue DatSchR, 2017, S. 243.

[47] Siehe ErwGr 116–122 i.V.m. Anhang III des Durchführungsbeschl. (EU) 2016/1250; Schantz/Wolff/*Schantz*, Das neue DatSchR, 2017, S. 243.

[48] *Schreiber/Kohm*, ZD 2016, 255 (257 ff.); Artikel 29-Gruppe, WP 238 v. 13.4.2016; wohl zurückhaltender *v. Lewinski*, EuR 2016, 405 (418 f.); *Molnár-Gábor/Kaffenberger*, ZD 2017, 18 (23) mit Blick auf die DS-GVO; grundlegend: *Weichert*, ZD 2016, 209 (214 ff.).

4. Abschnitt. Datensicherheit. Technischer/organisatorischer Datenschutz

§ 19. Sicherheit der Verarbeitung

Literatur: *Beck'scher TKG-Kommentar,* Hrsg. von Martin Geppert und Raimund Schütz, 4. Auflage, 2013; *Bieker/Hansen,* Normen des technischen Datenschutzes nach der europäischen Datenschutzreform, DuD 2017, 285; *Eckhardt,* Datenschutz und Überwachung im Regierungsentwurf zum TKG, CR 2003, 805; *ders.,* Rechtliche Aspekte der IT-Sicherheit, DuD 2008, 330; *Eckhardt/Schmitz,* Datenschutz in der TKG-Novelle, CR 2011, 436; *Eckhardt, DS-GVO:* Anforderungen an die Auftragsverarbeitung als Instrument zur Einbindung Externer, CCZ 2017, 111; *Gehrmann/Voigt,* IT-Sicherheit – Kein Thema nur für Betreiber Kritischer Infrastrukturen, CR 2017, 93; *Handbuch des Telekommunikationsrechts,* Hrsg. von Sven-Erik Heun, 2. Aufl., Köln 2007; *Voigt/Gehrmann,* Die europäische NIS-Richtlinie, ZD 2016, 355.

Die Sicherheit der Verarbeitung ist in Art. 32 DSG-VO im Abschnitt 2 des Kapitel IV der DS-GVO geregelt, welcher den Titel „Sicherheit personenbezogener Daten" trägt. Sie dient dem **Schutz der Rechte und Freiheiten natürlicher Personen in Bezug auf die Verarbeitung der personenbezogenen Daten.** Die ebenfalls in Abschnitt 2 des Kapitel IV der DS-GVO geregelten Pflichten zur Meldung (Art. 33 DS-GVO) und Benachrichtigung (Art. 34 DS-GVO) im Fall einer Verletzung des Schutzes personenbezogener Daten sollen die Transparenz gegenüber der betroffenen Person sicherstellen, falls der Sicherheit der Verarbeitung nicht genügt wurde.[1] **1**

Bereits die **Datenschutzrichtlinie 95/46/EG (DSRL)** sah in Art. 17 die Pflicht vor, technische und organisatorische Maßnahmen durchzuführen, die erforderlich sind für den Schutz gegen die zufällige oder unrechtmäßige Zerstörung, den zufälligen Verlust, die unberechtigte Änderung, die unberechtigte Weitergabe oder den unberechtigten Zugang und gegen jede andere Folge der unrechtmäßigen Verarbeitung personenbezogener Daten. In Deutschland wurde diese Regelung in § 9 BDSG-alt umgesetzt. **2**

Die Sicherheit der Verarbeitung nach Art. 32 DS-GVO muss auch im **Kontext der Datenschutz-Folgenabschätzung** nach Art. 35 DS-GVO (insbesondere Art. 35 Abs. 7 lit. d DS-GVO) und einer eventuell sich hieran anschließenden Vorherigen Konsultation nach Art. 36 DS-GVO gesehen werden. Denn hierbei spielen die Maßnahmen nach Art. 32 DS-GVO eine entscheidende Rolle für die Bewertung der Zulässigkeit einer Verarbeitung personenbezogener Daten. **3**

Mit Art. 32 der Datenschutz-Grundverordnung wurden im Rahmen der **Entstehungsgeschichte der DS-GVO** unterschiedliche Ziele verfolgt.[2] Der Vorschlag der Kommission enthielt in Art. 30 des Kommissionsentwurfes der Datenschutz-Grundverordnung[3] neben einer kurzen Auflistung der Schutzziele eine Ermächtigung der Kommission für delegierte Rechtsakte und Durchführungsbestimmungen. Demnach sollte die Kommission die Kriterien und Bedingungen für die technischen organisatorischen Maßnahmen festlegen und eine situationsbezogene Konkretisie- **4**

---

[1] Der Anwendungsbereich der Pflichten nach Artt. 33, 34 DS-GVO ist nicht auf Verstöße gegen Art. 32 DS-GVO beschränkt, sondern geht deutlich hierüber hinaus. Aber insbesondere Verletzungen der Pflichten nach Art. 32 DS-GVO können die Pflichten nach Artt. 33, 34 DS-GVO begründen.
[2] *BeckOK DatenSR/Paulus,* DS-GVO Art. 32 Rn. 1.
[3] Vorschlag der europäischen Kommission für eine Datenschutz-Grundverordnung vom 25.1.2012, KOM(2012) 11 endgültig; 2012/0011 (COD).

rung vornehmen.[4] Der Parlamentsentwurf sah in Art. 30[5] solche Ermächtigungen nicht vor, sondern listete detailliert auf, durch welche Maßnahmen eine sichere Datenverarbeitung gewährleistet wird. Unter anderem sah der Entwurf vor, Ergebnisse der Datenschutz-Folgenabschätzung ausdrücklich als einen dieser Faktoren zu benennen. Dies hat sich in den Trilog-Verhandlungen nicht durchgesetzt.[6] In Art. 32 DS-GVO wurden letztlich einerseits der umfangreiche Katalog des Parlamentsentwurfs erheblich gekürzt, aber andererseits auch – wie auch in weiteren Regelungen der Datenschutz-Grundverordnung – auf die Ermächtigung der Kommission zur Konkretisierung jeglicher Sicherheitsmaßnahmen verzichtet.[7]

A. Überblick

5   Bereits seit den ersten Datenschutzgesetzen wird der **Datenschutz nicht nur als Frage der (Un-)Zulässigkeit der Verarbeitung personenbezogener Daten** verstanden.[8] Andererseits war Datenschutz aber eben auch stets mehr als nur die Frage nach dem technischen Schutz personenbezogener Daten.

6   Für die Datensicherheit geht es um die **Gesamtheit der technischen und organisatorischen Maßnahmen**, mit denen ein unzulässiger Umgang mit personenbezogenen Daten verhindert und die in Art. 32 DS-GVO genannten Ziele der Datensicherheit erreicht werden sollen.[9] In der jüngeren Datenschutz-Vergangenheit wird die Datensicherheit um Überlegungen zur datenschutzfreundlichen Technikgestaltung ergänzt.[10] Die Datensicherheit hat den Schutz der personenbezogenen Daten vor Augen, wie beispielsweise Art. 32 Abs. 1 S. 1 lit. a DS-GVO und § 9 BDSG-alt zeigen. Die dort genannten Kriterien können und müssen zu jedem Zeitpunkt der Verarbeitung personenbezogener Daten angewendet werden. Dagegen hat datenschutzfreundliche Technikgestaltung (siehe → § 20) zum Ziel, technische und organisatorische Maßnahmen schon vorgelagert in die Technik zu implementieren.[11]

7   Die **zentrale Regelung der Datensicherheit** der DS-GVO ist Art. 32 DS-GVO und mit „Sicherheit der Verarbeitung" überschrieben. Nach Art. 32 DS-GVO sind technische und organisatorische Maßnahmen zu ergreifen, um ein dem Risiko angemessenes Schutzniveau bei der Verarbeitung personenbezogener Daten zu gewährleisten. Die Regelung verfolgt einen risikobasierten Ansatz der technisch-organisatorischen Maßnahmen zur Gewährleistung gesicherter Verarbeitung (*„um ein dem Risiko angemessenes Schutzniveau zu gewährleisten"*).[12]

8   Anders als § 9 BDSG-alt, der mit „Technische und organisatorische Maßnahmen" überschrieben war, fordert die DS-GVO technische und organisatorische Maßnahmen nicht nur im Kontext der Sicherheit der Verarbeitung und zur Gewährleistung eines angemessenen Schutzniveaus bei der Verarbeitung personenbezogener Daten, sondern sieht solche Maßnahmen auch in anderen Regelungen zur Erreichung derer Ziele und Zwecke vor, insbesondere in Artt. 12 (Transparente In-

---

[4] Vgl. *Paal/Pauly/Martini*, DS-GVO Art. 32 Rn. 20.

[5] Beschluss des europäischen Parlaments v. 12.3.2014 im Rahmen der ersten Lesung zu dem Vorschlag der europäischen Kommission für eine Datenschutz-Grundverordnung (interinstitutionelles Dossier des Rats der europäischen Union vom 27.3.2014, 2012/011 (COD); 7427/1/14, REV 1.).

[6] *Paal/Pauly/Martini*, DS-GVO Art. 32 Rn. 18.

[7] *Roßnagel/Barlag*, DS-GVO, 2017, S. 172.

[8] Vgl. *Rossnagel/Barlag*, DS-GVO, 2017, S. 165.

[9] *Rossnagel/Barlag*, DS-GVO, 2017, S. 165.

[10] Vergleiche beispielsweise § 3a BDSG-alt; Rossnagel/*Barlag*, DS-GVO, 2017, S. 165. Siehe → § 20.

[11] *Rossnagel/Barlag*, DS-GVO, 2017, S. 165.

[12] Vgl. *Paal/Pauly/Martini*, DS-GVO Art. 32 Rn. 3.

formation, Kommunikation und Modalitäten für die Ausübung der Rechte der betroffenen Person) und 24 (Verantwortung des für die Verarbeitung Verantwortlichen DS-GVO). Der Begriff der technischen und organisatorischen Maßnahmen ist daher in der Datenschutz-Grundverordnung weit zu verstehen.[13] Anders als unter dem BDSG-alt ist daher unter der Datenschutz-Grundverordnung der **Terminus „technische und organisatorische Maßnahmen" nicht (mehr) synonym für Sicherheit der Verarbeitung** wie sie in Art. 32 DS-GVO geregelt ist.[14]

Die Verpflichtung zur Sicherheit der Verarbeitung nach Art. 32 DS-GVO ist ein **9** **zentraler Grundsatz,** wie auch dessen Verankerung als einer der Grundsätze des Art. 5 Abs. 1 DS-GVO deutlich macht. Personenbezogene Daten müssen nach Art. 5 Abs. 1 lit. f DS-GVO in einer Weise verarbeitet werden, die eine angemessene Sicherheit der personenbezogenen Daten gewährleistet. Darin ist auch der Schutz vor unbefugter oder unrechtmäßiger Verarbeitung und vor unbeabsichtigtem Verlust, unbeabsichtigter Zerstörung oder unbeabsichtigter Beschädigung eingeschlossen, herzustellen durch geeignete technisch-organisatorische Maßnahmen („Integrität und Vertraulichkeit"). Wie sich aus ErwGr 39 der Datenschutz-Grundverordnung ergibt, gehört hierzu auch, dass Unbefugte keinen Zugang zu den Daten haben und weder die Daten noch die Geräte, mit denen diese verarbeitet werden, benutzen können. Der Regelungsgehalt des Art. 5 Abs. 1 lit. f DS-GVO und der in Art. 32 Abs. 1 DS-GVO beschriebene Schutzumfang sind aber nicht deckungsgleich. Der Auftragsverarbeiter ist durch Art. 5 DS-GVO nicht adressiert. Dies betont zusätzlich den Pflichtenkreis des Verantwortlichen.

B. Verpflichteter und Inhalt der Verpflichtung

Sowohl der Verantwortliche als auch der Auftragsverarbeiter werden zur Gewährleistung der Sicherheit der Verarbeitung verpflichtet. Hersteller insbesondere **10** von Hard- und Software sind nicht unmittelbar erfasst. Mittelbar werden sich die Vorgaben jedoch auch auf diese auswirken.[15]

I. Verpflichteter

Es müssen der **Verantwortliche als Auftraggeber** und der **Auftragsverarbeiter 11 als Auftragnehmer** geeignete technisch-organisatorische Maßnahmen ergreifen, um ein dem Risiko angemessenes Schutzniveau bei der Verarbeitung personenbezogener Daten sicher zu gewährleisten.

Im Rahmen der Auftragsverarbeitung ist zwischen den **Rollen des Auftragge- 12 bers als Verantwortlichem und als Auftragsverarbeiter** zu unterscheiden. Die eigenständige Nennung des Auftragsverarbeiters macht deutlich, dass dieser unmittelbar und nicht nur aufgrund der vertraglichen Verpflichtung gegenüber dem Auftraggeber (Art. 28 Abs. 3 S. 2 lit. c DS-GVO) zur Gewährleistung der Sicherheit der Verarbeitung verpflichtet ist.[16] Der Verantwortliche ist und bleibt auch im Rahmen der Auftragsverarbeitung für die Sicherheit der im Auftrag verarbeiteten personenbezogenen Daten verantwortlich. Denn nach Art. 28 DS-GVO ist der Auftraggeber als Verantwortlicher auch in Bezug auf technische und organisatorische Maßnah-

---

[13] Im Ergebnis ebenso *Rossnagel/Barlag,* DS-GVO, 2017, S. 166; wohl auch *Paal/Pauly/Martini,* DS-GVO Art. 32 Rn. 28 f.

[14] Wohl ebenso: *Paal/Pauly/Martini,* DS-GVO Art. 32 Rn. 28.

[15] Vgl. hierzu auch: → § 20 Rn. 19 ff.

[16] Ebenso: *Paal/Pauly/Martini,* DS-GVO Art. 32 Rn. 27; *Sydow/Mantz,* DS-GVO, Art. 32, Rn. 7.

men gegenüber dem Auftragsverarbeiter zur Weisung berechtigt und verpflichtet. Er ist insoweit im Außenverhältnis gegenüber der betroffenen Person primär haftbar (siehe → Art. 82 Abs. 4 i.V.m. Abs. 2 Satz 2 DS-GVO). Der Verantwortliche darf nach Art. 28 Abs. 1 DS-GVO auch nur solche Auftragsverarbeiter heranziehen, die hinreichend Garantien dafür bieten, dass geeignete technische und organisatorische Maßnahmen so durchgeführt werden, dass die Verarbeitung auch im Einklang mit einer Anforderung dieser Verordnung erfolgt und den Schutz der Rechte der betroffenen Personen gewährleistet. Damit ist die Sicherheit der Verarbeitung Bestandteil der Auswahlentscheidung und des Auftrags.[17] Vollkommen neu ist diese Ausgestaltung mit Blick auf das BDSG-alt nicht. Denn eine Inpflichtnahme beider findet sich auch in §§ 9, 11, Abs. 2 S. 2 Nr. 3, Abs. 4 BDSG-alt.

II. Inhalt der Verpflichtung

13 Der Verantwortliche und der Auftragsverarbeiter sind durch Art. 32 Abs. 1 DS-GVO dazu verpflichtet, geeignete technisch-organisatorische Maßnahmen[18] zu treffen, um **ein dem Risiko angemessenes Schutzniveau der Verarbeitung personenbezogener Daten** zu gewährleisten. Sie haben dabei nach Art. 32 Abs. 1 DS-GVO den Stand der Technik, die Implementierungskosten und die Art, den Umfang, die Umstände und die Zwecke der Verarbeitung sowie die unterschiedliche Eintrittswahrscheinlichkeit und Schwere des Risikos für die Rechte und Freiheiten natürlicher Personen zu berücksichtigen.

1. Gegenstand der Bewertung

14 Art. 32 DS-GVO zwingt seinem Wortlaut nach scheinbar jeden Verarbeiter personenbezogener Daten vor jeder Verarbeitung dazu, eine **Risikobewertung für den Einzelfall** durchzuführen und ein darauf abgestimmtes Schutzkonzept zu entwerfen, welches er nach Art. 32 Abs. 1 lit. d DS-GVO auch regelmäßig zu überprüfen hat.[19]

15 Art. 32 DS-GVO nimmt als **Gegenstand der Bewertung die „Verarbeitung"** in Bezug und nicht wie beispielsweise Art. 30 DS-GVO „Verarbeitungstätigkeiten". Er sieht auch nicht wie Art. 35 Abs. 1 S. 2 DS-GVO vor, dass mehrere ähnliche Verarbeitungsvorgänge mit ähnlich hohen Risiken zusammengefasst werden können. Eine kleinteilige Bewertung wie sie die Aufzählung der Tätigkeiten in Art. 4 Nr. 2 DS-GVO nahe legen könnte, würde aber zu einer das Schutzziel des Art. 32 DS-GVO konterkarierenden Kleinteiligkeit führen. Denn die Regelung in Art. 32 DS-GVO macht deutlich, dass es auf eine Gesamtheitlichkeit der Betrachtung und der Schutzmaßnahmen ankommt. Aber auch die Definition von „Verarbeitung" in Art. 4 Nr. 2 DS-GVO zwingt nicht zu dieser Kleinteiligkeit, da sie jeden mit oder ohne Hilfe automatisierter Verfahren ausgeführten Vorgang oder jede solche Vorgangsreihe im Zusammenhang mit personenbezogenen Daten erfasst, also selbst auch Vorgangsreihen in Bezug nimmt. Im Interesse der Einheitlichkeit der Handhabung der Regeln spricht auch die systematische Auslegung dafür, dass auch die Bewertung nach Art. 32 DS-GVO an einer Bündelung einzelner Verarbeitungen im Sinne einer Verarbeitungstätigkeit ausgerichtet wird.[20] Denn nach Art. 30 Abs. 1

---

[17] Andererseits zeigt sich in der Formulierung in Art. 28 Abs. 1 DS-GVO auch, dass die technisch-organisatorischen Maßnahmen nicht allein auf die Sicherheit der Verarbeitung beschränkt sind.
[18] Siehe zum Terminus → Rn. 9.
[19] Vgl. *Sydow/Mantz*, DS-GVO, Art. 32, Rn. 8.
[20] Siehe → § 17 Rn. 18 ff., 52 f.

lit. g DS-GVO sind auch die Maßnahmen nach Art. 32 DS-GVO zu beschreiben und nach Art. 35 DS-GVO zu bewerten.

2. Pflicht zu technischen und organisatorischen Maßnahmen (Abs. 1)

Art. 32 Abs. 1 DS-GVO regelt sowohl die **Pflicht** zu technischen und organisa- 16 torischen Maßnahmen und legt das Schutzziel und den Maßstab fest (Art. 32 Abs. 1 Hs. 1 DS-GVO) als auch welche **Maßnahmen** hierfür in Betracht kommen (Art. 32 Abs. 1 Hs. 1 DS-GVO).[21]

Eine **Definition von technischen und organisatorischen Maßnahmen** enthält 17 die DS-GVO nicht. Als technische Maßnahmen lassen sich mechanische, maschinelle und elektronische Maßnahmen (bspw. Zutrittskontrolle mittels Vereinzelungsanlage, Schlösser, Verschlüsselungstechniken) verstehen.[22] Der Terminus organisatorische Maßnahmen ist weit zu verstehen und erfasst alles, was nicht technische Maßnahmen sind.[23] Beispielhaft lassen sich Arbeitsanweisungen, Richtlinien, Dokumentations- und Berichtspflichten sowie Kontrollen nennen.

Mit der Bezugnahme auf die unterschiedlichen **Eintrittswahrscheinlichkeiten** 18 **und die Schwere der Risiken** sowie dem Ziel, ein angemessenes Datenschutz-Niveau zu gewährleisten, stellt die DS-GVO in Art. 32 Abs. 1 Hs. 1 DS-GVO noch deutlicher als das BDSG-alt (vgl. § 9 BDSG-alt) den die DS-GVO prägenden **risikobasierten Ansatz** heraus. Die technischen und organisatorischen Maßnahmen müssen stets das einem Risiko angemessene Schutzniveau gewährleisten. Dementsprechend hat ein kleiner Handwerksbetrieb andere Anforderungen zu erfüllen als ein Krankenversicherungsunternehmen.[24]

Art. 32 Abs. 1 Hs. 2 DS-GVO enthält eine **als „Maßnahmen" bezeichnete Auf-** 19 **zählung, die nicht abschließend ist** (deutsche Fassung: „u. a."/englische Fassung: „inter alia"):[25]
- die Pseudonymisierung und Verschlüsselung personenbezogener Daten (Art. 32 Abs. 1 lit. a DS-GVO);
- die Fähigkeit, die Vertraulichkeit, Integrität, Verfügbarkeit und Belastbarkeit der Systeme und Dienste im Zusammenhang mit der Verarbeitung auf Dauer sicherzustellen (Art. 32 Abs. 1 lit. b DS-GVO);
- die Fähigkeit, die Verfügbarkeit der personenbezogenen Daten und Zugang zu ihnen bei einem physischen oder technischen Zwischenfall rasch wiederherzustellen (Art. 32 Abs. 1 lit. c DS-GVO);
- ein Verfahren zur regelmäßigen Überprüfung, Bewertung und Evaluierung der Wirksamkeit der technischen und organisatorischen Maßnahmen zur Gewährleistung der Sicherheit der Verarbeitung (Art. 32 Abs. 1 lit. d DS-GVO).

Die Aufzählung enthält gleichwertig einerseits Ziele der Datensicherheit und an- 20 dererseits Maßnahmen zur Erreichung der Datensicherheit.[26] Dies ist **wenig systematisch** und erschwert die Anwendung der Regelung unnötig, ist aber letztlich dem Gesetzgebungsverfahren geschuldet.

---

[21] Vgl. *Paal/Pauly/Martini*, DS-GVO Art. 32 Rn. 30.

[22] Vgl. *Schantz/Wolff/Schantz*, Das neue DatSchR, 2017, S. 266; vgl. Paal/Pauly/*Martini*, DS-GVO Art. 32 Rn. 28.

[23] Vgl. *Paal/Pauly/Martini*, DS-GVO Art. 32 Rn. 28 f.

[24] Ebenso: *Schantz/Wolff/Schantz*, Das neue DatSchR, 2017, S. 265.

[25] Ebenso: *Wybitul* DS-GVO-HdB/*Schreibauer/Spittka*, 2017, DS-GVO Art. 32 Rn. 8; *Paal/Pauly/Martini*, DS-GVO Art. 32 Rn. 31.

[26] Vgl. ErwGr 83 DS-GVO; Roßnagel/*Barlag*, DS-GVO, 2017, S. 166.

21 Aus dem Wortlaut der Regelung (deutsche Fassung: „u.a."/ englische Fassung: „inter alia") ergibt sich nicht nur, dass die Aufzählung nicht abschließend ist, sondern vor allem auch, dass sie **nur Beispiele** nennt.[27] Dies zeigt auch der Vergleich mit der Formulierung in Abs. 2 (deutsch: „insbesondere"/englisch: „in particular"). Jedenfalls müssen nicht stets alle genannten Maßnahmen ergriffen werden. Hierfür spricht der Sinn und Zweck der Regelung. Denn eine Pseudonymisierung oder Verschlüsselung (Art. 32 Abs. 1 lit. a DS-GVO) wird weder bei allen Sachverhalten in Betracht kommen, noch bei allen Sachverhalten die angemessene Maßnahme sein. Die Maßnahmen sind jeweils darauf zu hinterfragen, ob und inwieweit sie dazu beitragen, den Verarbeitungsprozess an die Sicherheitsziele anzupassen, ohne die „Zwecke der Verarbeitung" (Art. 31 Abs. 1 Hs. 1 DS-GVO) zu gefährden.[28]

22 Die **Pseudonymisierung**[29] ist in Art. 4 Nr. 5 DS-GVO legaldefiniert. Sie unterscheidet sich von der Anonymisierung dadurch, dass es sich auch nach einer Pseudonymisierung weiterhin um personenbezogene Daten handelt.[30] Was unter **Verschlüsselung** zu verstehen ist, ist in der DS-GVO nicht festgelegt. Aus ErwGr 83 DS-GVO ergibt sich nur, dass es sich um eine Maßnahme zur Eindämmung der Risiken handeln soll. Die DS-GVO verwendet Pseudonymisierung und Verschlüsselung nicht synonym, was jedoch nicht ausschließt, dass eine Verschlüsselung zu einer Pseudonymisierung führt.

23 Die DS-GVO greift in Art. 32 Abs. 1 lit. b DS-GVO **Begrifflichkeiten aus der IT-Sicherheit** auf.[31] Der in der IT-Sicherheit gebräuchliche „Dreiklang" von Vertraulichkeit, Integrität und Verfügbarkeit darf im Rahmen der DS-GVO aber nicht ohne Berücksichtigung der unterschiedlichen Ausrichtung von IT-Sicherheit und Art. 32 DS-GVO verwendet werden. Unter Vertraulichkeit wird im Kontext der IT-Sicherheit verstanden, dass vertrauliche Informationen vor unbefugter Preisgabe geschützt werden müssen; unter Verfügbarkeit, dass dem Benutzer Dienstleistungen, Funktionen eines IT-Systems oder auch Informationen zum geforderten Zeitpunkt zur Verfügung stehen; unter Integrität, dass die Daten vollständig und unverändert sind.[32] Der Begriff „Belastbarkeit" ist im deutschen Datenschutzrecht nicht bekannt.[33] Die englische Textfassung von Art. 32 Abs. 1 lit. b DS-GVO spricht von „resilience". Im Kontext der Informationstechnologie wird unter „resilience" verstanden, dass es sich um ein widerstandsfähiges Gesamtsystem handeln muss, dass Störungen und/oder Angriffe unbeschadet absorbieren kann.[34] Obgleich die Datenschutz-Grundverordnung keine näheren Erläuterungen enthält, spricht die grammatische und vor allem die systematische Auslegung dafür, dass es sich bei der Belastbarkeit um ein weiteres Datensicherheitsziel handelt.[35]

---

[27] Ebenso: *Paal/Pauly/Martini*, DS-GVO Art. 32 Rn. 31; a.A. aber ohne Begründung: Schantz/Wolff/*Schantz*, Das neue DatSchR, 2017, S. 266, der von „Mindestvorgaben" spricht.

[28] *Paal/Pauly/Martini*, DS-GVO Art. 32 Rn. 31.

[29] Siehe → § 10 Rn. 36 ff.

[30] Was unter Anonymisierung zu verstehen ist, ergibt sich nicht aus Art. 4 DS-GVO sondern nur aus Erwägungsgrund 26 DS-GVO. Siehe → § 10 Rn. 23 ff.

[31] Ebenso: *Wybitul* DS-GVO-HdB/*Schreibauer/Spittka*, 2017, DS-GVO Art. 32 Rn. 11; Zum Verhältnis von Datenschutz und IT-Sicherheit: siehe → unten Rn. 37 ff.

[32] BSI Bundesamtes für Sicherheit in der Informationstechnik, Leitfaden Informationssicherheit, Februar 2012, S. 14; ; vgl. *Sydow/Mantz*, DS-GVO, Art. 32, Rn. 15 f.; vgl. Paal/Pauly/Martini, DS-GVO Art. 32 Rn. 36 f.

[33] *Roßnagel/Barlag*, DS-GVO, 2017, S. 166.

[34] *Sydow/Mantz*, DS-GVO, Art. 32, Rn. 17; vgl. *Paal/Pauly/Martini*, DS-GVO Art. 32 Rn. 39; *Roßnagel/Barlag*, DS-GVO, 2017, S. 166 f.

[35] Ebenso *Roßnagel/Barlag*, DS-GVO, 2017, S. 167.

Nach Art. 32 Abs. 1 lit. b DS-GVO muss dieses Ziel „auf Dauer" gewährleistet 24 sein. Es wird als Pflicht verstanden, die getroffenen Maßnahmen als nachhaltig wirksam anzulegen und umzusetzen sowie in regelmäßigen Abständen zu überprüfen, um dem Schutzanspruch des Art. 32 Abs. 1 und 2 DS-GVO zu genügen.[36]

Art. 32 Abs. 1 lit. c DS-GVO geht sogar noch über die Verfügbarkeit nach 25 Art. 32 Abs. 1 lit. b DS-GVO hinaus und fordert die **Gewährleistung einer raschen Wiederherstellung der Verfügbarkeit** für den Fall eines physischen oder technischen Zwischenfalls.

Die Maßnahmen zur Sicherheit der Verarbeitung sind jedoch nicht nur einmal zu 26 erfüllen, sondern müssen stets erfüllt sein. Wenngleich sich dies schon aus Art. 32 Abs. 1 Halbsatz 1 DS-GVO ergibt, wird dies durch Art. 32 Abs. 1 lit. d DS-GVO nochmals explizit klargestellt.[37] Der **Turnus („regelmäßig") für die Überprüfung ist risikobasiert** zu bestimmen, ausgerichtet am Schutzbedürfnis der betroffenen Personen, zu bestimmen.[38] Der Wortlaut des Art. 32 Abs. 1 lit. d DS-GVO legt nahe, dass nicht nur eine theoretische Überprüfung, sondern auch ein Test in der Realität erforderlich ist, weil die „Wirksamkeit" der getroffenen Maßnahmen in Bezug genommen wird.[39] Dies würde aber eine erhebliche Ausweitung der Pflichten begründen, da Wirksamkeitstests in der Praxis sehr aufwendig sind und über die Festlegung und Überprüfung der Umsetzung der Maßnahmen weit hinausgeht. Die genannte Überlegung spricht dafür, dass die Regelung nicht stets und für jede Verarbeitung auch einen praktischen Wirksamkeitstest erfordert.[40]

3. Kriterien zur Beurteilung der Angemessenheit des Schutzniveaus (Abs. 2)

Art. 32 Abs. 2 DS-GVO wiederholt zunächst, dass bei der Beurteilung des ange- 27 messenen Schutzniveaus „insbesondere" die **mit der Verarbeitung verbundenen Risiken** zu berücksichtigen sind. Diese Aussage führt zu keinem Mehrwert an Erkenntnis, sondern bleibt sogar hinter dem Regelungsgehalt des Abs. 1 zurück. Die Kernaussage des in der Formulierung unglücklichen Abs. 2 besteht darin, mit einer weiteren „insbesondere"-Aufzählung Risiken zu benennen.

Art. 32 Abs. 2 DS-GVO enthält eine nicht **abschließende (deutsch: „insbeson-** 28 **dere"/englisch: „in particular") Aufzählung von Risiken**, die bei der Bestimmung des nach Abs. 1 zu erreichenden Schutzniveaus zu berücksichtigen sind. Erforderlich ist damit eine Risikoanalyse unter Berücksichtigung zumindest dieser Kriterien.[41] Diese ist am Risiko für die Rechte und Freiheiten natürlicher Personen auszurichten, wie sich aus Art. 32 Abs. 1 DS-GVO ergibt.

Diese zunächst nur schwer greifbare Ausrichtung wird in ErwGr 83 DS-GVO 29 zum Teil konkretisiert, indem **physische, materielle oder immaterielle Schäden** in Bezug genommen werden. Dies darf aber nicht dahin missverstanden werden, dass die Regelung in Art. 32 DS-GVO vor jeglichen physischen, materiellen oder immateriellen Schäden schützen soll, sondern nur vor datenschutzspezifischen Schäden.

Während Art. 32 Abs. 1 DS-GVO zu berücksichtigende Aspekte anspricht, die 30 der Verarbeitung immanent und geplant sind, spricht Art. 32 Abs. 2 DS-GVO Aspekte an, die in die Kategorie **„Datenschutzpanne"** fallen. Erfasst werden durch

---

[36] So ausdrücklich *Paal/Pauly/Martini*, DS-GVO Art. 32 Rn. 40.
[37] *Wybitul* DS-GVO-HdB/*Schreibauer/Spittka*, 2017, DS-GVO Art. 32 Rn. 14.
[38] Sydow/*Mantz*, DS-GVO, Art. 32, Rn. 21.
[39] So wohl *Wybitul* HdB DS-GVO/Schreibauer/Spittka, 2017, DS-GVO Art. 32 Rn. 9; wohl auch *Sydow/Mantz*, DS-GVO, Art. 32, Rn. 20.
[40] Wohl ebenso: *Paal/Pauly/Martini*, DS-GVO Art. 32 Rn. 45.
[41] Wohl ebenso: *Paal/Pauly/Martini*, DS-GVO Art. 32 Rn. 47.

Art. 32 Abs. 2 DS-GVO nur die unbeabsichtigte und unrechtmäßige Vernichtung, Verlust, Veränderung und die unbefugte Offenlegung von bzw. der unbefugte Zugang zu personenbezogenen Daten. Denn gewollte Vorgänge sind nach Abs. 1 zu berücksichtigen und dürfen nur erfolgen, wenn sie rechtmäßig sind. Auch ist die Parallelität der Formulierung in Art. 32 Abs. 2 DS-GVO mit der Definition von „Verletzung des Schutzes personenbezogener Daten" in Art. 4 Nr. 12 DS-GVO gegeben, welche dann die Melde- und Benachrichtigungspflicht nach Artt. 33, 34 DS-GVO auslösen. Das darf aber nicht mit Risiken von außen (bspw. „Hacking") verwechselt werden. Denn hierauf ist weder Art. 32 Abs. 2 DS-GVO noch Art. 4 Nr. 12 DS-GVO beschränkt.

31   Verdeutlichen lässt sich das am **Beispiel** eines Profilings (siehe → § 16 Rn. 13 ff, 52 ff.). Einem Profiling sind aufgrund der Art, des Umfangs und der Umstände sowie der Zwecke der Verarbeitung das Risiko für die Rechte und Freiheiten der betroffenen Person immanent. Ein umfassendes Scoring zur Bewertung der Bonität unter Einbeziehung aller in § 31 BDSG 2018 (siehe → § 16 Rn. 62 ff.) vorgesehenen Daten, birgt an sich schon ein Risiko für den Betroffenen, das nach Art. 32 Abs. 1 DS-GVO anhand der Art, des Umfangs und der Umstände und der Zwecke der Verarbeitung zu bewerten ist, sodass diesem Risiko angemessene Maßnahmen ergriffen werden. Das muss auch bei der Zulässigkeitsprüfung nach Artt. 6 ff. DS-GVO berücksichtigt werden. Nach Art. 32 Abs. 2 DS-GVO muss zusätzlich bewertet werden, wie sich eine unbeabsichtigte oder unrechtmäßige Vernichtung, Verlust, Veränderung oder unbefugte Offenlegung von bzw. unbefugter Zugang zu personenbezogenen Daten auswirken und entsprechende Maßnahmen ergriffen werden.

4. Verhaltensregeln und Zertifizierungen (Abs. 3)

32   Art. 32 Abs. 3 DS-GVO sieht vor, dass die **Einhaltung genehmigter Verhaltensregeln** nach Art. 40 DS-GVO oder eines genehmigten **Zertifizierungsverfahrens** nach Art. 42 DS-GVO als Faktor herangezogen werden kann, um die Erfüllung der in Art. 32 Abs. 1 DS-GVO genannten Anforderungen nachzuweisen. Die Formulierung „als Faktor" (englisch: „*as an element by which*") macht deutlich, dass die Einhaltung solcher Verhaltensregeln oder genehmigter Zertifizierungsverfahren nicht *per se* als Nachweis der Verpflichtung nach Art. 32 Abs. 1 DS-GVO dienen, sondern als einer von gegebenenfalls mehreren Aspekten zu berücksichtigen sind.[42]

5. Verpflichtung der Personen mit Zugang zu personenbezogenen Daten

33   Während Art. 32 Abs. 1–3 DS-GVO die **Verpflichtung des Verantwortlichen und des Auftragsverarbeiters** im Sinne der DS-GVO regelt, bricht Art. 32 Abs. 4 DS-GVO diese Pflicht auf die handelnden Personen hinunter.

34   Nach Art. 32 Abs. 4 DS-GVO haben der Verantwortliche und der Auftragsverarbeiter Schritte zu unternehmen, dass ihnen unterstellte natürliche Personen – also insbesondere Beschäftigte –, die Zugang zu personenbezogenen Daten haben, diese nur auf Anweisung des Verantwortlichen verarbeiten, es sei denn, sie sind nach dem Recht der Union oder der Mitgliedstaaten zur Verarbeitung verpflichtet. Damit wird die Schutzverpflichtung in die Organisation des Unternehmens des Verant-

---

[42] Ebenso: *Paal/Pauly/Martini*, DS-GVO Art. 32 Rn. 63; *Schantz/Wolff/Schantz*, Das neue DatSchR, 2017, S. 267.

wortlichen und des Auftragsverarbeiters hineingetragen (**organisatorische Gewährleistungspflicht**).[43]

Die in Art. 32 Abs. 4 DS-GVO gewählte Formulierung „unternehmen Schritte, um sicherzustellen" (englisch: „take steps to ensure") relativiert die Pflicht insoweit, als **nicht ein Sicherstellen** gefordert ist. Ein Sicherstellen würde bedeuten, dass der Erfolg geschuldet ist. Gerade mit Blick auf das unvermeidbare und hinzunehmende menschliche Versagen kann von dem Verantwortlichen und dem Auftragsverarbeiter ein Sicherstellen in Bezug auf die Handelnden verlangt werden. Diesem Umstand trägt die Formulierung in Art. 32 Abs. 4 DS-GVO Rechnung. Der Pflicht ist genügt, wenn Maßnahmen ergriffen werden, die auf das Ziel hinwirken. Bei der Gestaltung muss ebenfalls der risikobasierte Ansatz der DS-GVO (vgl. Art. 32 Abs. 1 DS-GVO) berücksichtigt werden. **35**

Eine mögliche Maßnahme besteht in der **Verpflichtung der Mitarbeiter** auf die Einhaltung der Datenschutz-Grundverordnung und deren Belehrung über die Datenschutz-Grundverordnung, wie sie beispielsweise § 5 BDSG-alt vorgesehen hat; wenngleich natürlich die inhaltliche Vorgabe des Art. 32 DS-GVO über die des § 5 BDSG-alt hinausgeht. **36**

6. Sicherheit der Verarbeitung nach DS-GVO und IT-Sicherheit

Die IT-Sicherheit und die Sicherheit der Verarbeitung nach der DS-GVO sind nicht dasselbe. Die IT-Sicherheit unterscheidet sich von der Sicherheit der Verarbeitung nach DS-GVO durch das Schutzziel. Die IT-Sicherheit richtet sich am Schutz der informationstechnischen Systeme im Interesse des Unternehmens aus,[44] wohingegen sich der Datenschutz und damit auch die durch den Datenschutz geregelte Sicherheit am Schutz der betroffenen Person ausrichtet.[45] **37**

Das **Schutzziel des IT-Sicherheitsgesetzes** vom 17.7.2015[46] geht noch hierüber hinaus, da es am Schutz der Infrastruktur im Interesse der Gemeinschaft ausgerichtet ist und die Sicherheit der informationstechnischen Systeme unter diesem Aspekt fordert. Es geht um den Schutz kritischer Infrastrukturen. **38**

IT-Sicherheit wird daneben zusätzlich auch von der sog. **NIS-Richtlinie**[47] geregelt. Sie verfolgt unionsweit ebenfalls das Ziel, kritische Infrastruktur im Interesse der Gesamtbevölkerung zu schützen. Aus Art. 1 Abs. 1 NIS-Richtlinie ergibt sich, dass mit ihr Maßnahmen festgelegt werden, mit denen ein hohes gemeinsames Sicherheitsniveau von Netz- und Informationssystemen in der Union erreicht werden soll, um so das Funktionieren des Binnenmarkts zu verbessern. **39**

Zu beachten ist, dass es zu inhaltlichen Überschneidungen der nationalen Regelungen des IT-Sicherheitsgesetzes und der NIS-Richtlinie insbesondere in Fällen der „Panne" kommen kann, sodass neben den Melde- und Benachrichtigungspflichten nach Artt. 33, 34 DS-GVO weitere Melde- und Benachrichtigungspflichten bestehen können. **40**

---

[43] *Paal/Pauly/Martini*, DS-GVO Art. 32 Rn. 64.

[44] Vgl. BSI Bundesamtes für Sicherheit in der Informationstechnik, Leitfaden Informationssicherheit, Februar 2012, insbesondere S. 14.

[45] Art. 32 Abs. 1 DS-GVO: *„für die Rechte und Freiheiten natürlicher Personen"*. Siehe → Rn. 1.

[46] Gesetz zur Erhöhung der Sicherheit informationstechnischer Systeme (IT-Sicherheitsgesetz) v. 17.7.2015, BGBl. 2015 I S. 1324 ff.; siehe auch unten → Rn 51).

[47] RL 2016/1148/EU des EUROPÄISCHEN PARLAMENTS UND DES RATES v. 6.7.2016 über Maßnahmen zur Gewährleistung eines hohen gemeinsamen Sicherheitsniveaus von Netz- und Informationssystemen in der Union, Abl. 2016 L 194, 1.; siehe auch unten → Rn 52 ff.

III. Datenschutz als Grenze der Sicherheit der Verarbeitung

41 Art. 32 DS-GVO fordert, ein dem Risiko für die Rechte und Freiheiten natürlicher Personen angemessenes Schutzniveau zu gewährleisten. Der DS-GVO ist immanent, dass aber auch hierfür ergriffene **Maßnahmen ihrerseits im Einklang mit den Schutzbestimmungen der DS-GVO** stehen müssen. Denn auch die nach Art. 32 DS-GVO in Betracht kommenden Maßnahmen können ihrerseits eine Verarbeitung personenbezogener Daten darstellen und damit in die Rechte und Freiheiten der natürlichen Person eingreifen.

42 Es wäre ein **Zirkelschluss**, anzunehmen, dass jede den Vorgaben des Art. 32 DS-GVO dienende Maßnahme allein deshalb zulässig wäre. Art. 32 DS-GVO legitimiert nicht den Ansatz „Der Zweck heiligt die Mittel".

43 Entweder ist auf dem in Art. 32 DS-GVO enthaltenen Grundsatz der Verhältnismäßigkeit in Bezug auf eine Verarbeitung personenbezogener Daten und dem damit verbundenen Eingriff in die Rechte und Freiheiten der natürlichen Person abzustellen, oder die Beschränkung des Zulässigen ergibt sich aus dem in Art. 6 Abs. 1 DS-GVO verankerten **Verbot mit Erlaubnisvorbehalt**, von dem Art. 32 DS-GVO keine Ausnahme vorsieht. Dogmatisch ist es vorzugswürdig, die Maßnahmen nach Art. 32 DS-GVO wie jede Verarbeitung personenbezogener Daten nach der DS-GVO zu behandeln und ihre Zulässigkeit nach Artt. 6 ff. DS-GVO, insbesondere Art. 6 Abs. 1 lit. f (Interessenabwägung) DS-GVO, zu bewerten.[48]

44 Aus ErwGr. 49 DS-GVO ist zu entnehmen, dass die **Sicherheit ein berechtigtes Interesse** ist und einer Verhältnismäßigkeitsprüfung unterliegt.[49] Dies muss gleichermaßen für die nach Art. 32 DS-GVO zu gewährleistende Sicherheit der Verarbeitung und für die IT-Sicherheit gelten. Damit spricht auch ErwGr 49 DS-GVO dafür, dass die Zulässigkeit der Verarbeitung personenbezogener Daten zum Zweck der Sicherheit der Verarbeitung anhand von Art. 6 Abs. 1 lit. f DS-GVO zu prüfen ist.

45 Auch die weiteren Anforderungen der DS-GVO gelten für die Maßnahmen nach Art. 32 DS-GVO. Hierbei ist insbesondere an Art. 25 DS-GVO (**Datenschutz durch Technikgestaltung und durch datenschutzfreundliche Voreinstellungen**) und Artt. 35 (**Datenschutz-Folgenabschätzung**), bzw. 36 (**Vorherige Konsultation**) DS-GVO zu denken.

---

[48] *Wybitul* DS-GVO-HdB/*Schreibauer/Spittka*, 2017, DS-GVO Art. 32 Rn. 22.

[49] „Die Verarbeitung von personenbezogenen Daten durch Behörden, Computer-Notdienste (Computer Emergency Response Teams – CERT, beziehungsweise Computer Security Incident Response Teams – CSIRT), Betreiber von elektronischen Kommunikationsnetzen und -diensten sowie durch Anbieter von Sicherheitstechnologien und -diensten stellt in dem Maße ein berechtigtes Interesse des jeweiligen Verantwortlichen dar, wie dies für die Gewährleistung der Netz- und Informationssicherheit unbedingt notwendig und verhältnismäßig ist, d. h. soweit dadurch die Fähigkeit eines Netzes oder Informationssystems gewährleistet wird, mit einem vorgegebenen Grad der Zuverlässigkeit Störungen oder widerrechtliche oder mutwillige Eingriffe abzuwehren, die die Verfügbarkeit, Authentizität, Vollständigkeit und Vertraulichkeit von gespeicherten oder übermittelten personenbezogenen Daten sowie die Sicherheit damit zusammenhängender Dienste, die über diese Netze oder Informationssysteme angeboten werden bzw. zugänglich sind, beeinträchtigen. Ein solches berechtigtes Interesse könnte beispielsweise darin bestehen, den Zugang Unbefugter zu elektronischen Kommunikationsnetzen und die Verbreitung schädlicher Programmcodes zu verhindern sowie Angriffe in Form der gezielten Überlastung von Servern („Denial of Service"-Angriffe) und Schädigungen von Computer- und elektronischen Kommunikationssystemen abzuwehren." (ErwGr 49 DS-GVO).

IV. Relevanz im Rahmen der Festsetzung einer Sanktion

Nach Art. 83 Abs. 2 S. 2 DS-GVO sind bei der Entscheidung über die Verhän- **46** gung einer Geldbuße – also das Ob – und über deren Betrag – also die Höhe – in jedem Einzelfall die dort genannten Faktoren zu berücksichtigen. Nach Art. 83 Abs. 2 S. 2 lit. d DS-GVO ist der Grad der Verantwortung des Verantwortlichen oder des Auftragsverarbeiters unter Berücksichtigung der von ihnen gemäß den Artikeln 25 und 32 getroffenen technischen und organisatorischen Maßnahmen zu bestimmen. Damit erlangt die Beachtung des Art. 32 DS-GVO auch über die Sanktionierung anderer Datenschutzverstöße Bedeutung. Hiervon zu unterscheiden ist die Sanktionierung des Verstoßes gegen Art. 32 DS-GVO selbst.

V. Bußgeldsanktion

Ein Verstoß gegen die Pflicht nach Art. 32 BDSG zur Gewährleistung der Si- **47** cherheit personenbezogener Daten ist nach Art. 83 Abs. 4 DS-GVO bußgeldbewährt. Dies stellt im Vergleich zur Rechtslage unter dem BDSG-alt eine wesentliche und für die Praxis sehr entscheidende Veränderung dar. Denn obgleich auch im BDSG-alt die Datensicherheit verpflichtend war, so waren Verstöße gegen diese Regelungen nicht bußgeldsanktioniert. Die fehlende Sanktionierung schlug sich in der Praxis durchaus als Vernachlässigung der Thematik nieder.

Die Abstraktheit der Vorgaben, insbesondere die Festlegung der Maßnahmen un- **48** ter Berücksichtigung von Implementierungskosten und dem Stand der Technik, machen den Nachweis eines Verstoßes nicht leicht.[50]

C. Regelungen in Deutschland

Nach § 9 BDSG-alt hatten sowohl öffentliche als auch nicht öffentliche Stellen, **49** die personenbezogene Daten erheben, verarbeiten oder nutzen, die zur Ausführung des Gesetzes erforderlichen technischen und organisatorischen Maßnahmen zu treffen. Durch § 9 S. 2 BDSG-alt wurde klargestellt, dass (nur) die Maßnahmen erforderlich sind und getroffen werden müssen, deren Aufwand im angemessenen Verhältnis zum Schutzzweck stehen. Ergänzt wurde die Regelung in § 9 BDSG-alt durch eine Anlage, welche acht Maßnahmen festlegte, die zu ergreifen waren: Zutritts-, Zugangs-, Zugriffs-, Weitergabe-, Eingabe-, Auftrags-, Verfügbarkeits- und Trennungsgebot. Verschlüsselungsverfahren wurden als Maßnahme zur Gewährleistung der Zugangs-, der Zugriffs- und der Weitergabekontrolle in der Anlage zu § 9 BDSG-alt genannt. Diese Regelung wird durch die DS-GVO abgelöst. In der Praxis muss das aber nicht bedeuten, dass an § 9 BDSG-alt ausgerichtete Maßnahmen kraft Gesetzes unwirksam oder unbeachtlich werden. Allerdings zeigt zumindest das neue Kriterium „Belastbarkeit", dass Abweichungen auch nicht ausgeschlossen sind.

Darüber hinaus gab es auch in weiteren Gesetzen, insbesondere in den Daten- **50** schutzbestimmungen des **Telemediengesetzes**[51] und des **Telekommunikationsgesetzes**,[52] speziellere Regelungen zur Datensicherheit. Diese waren dem BDSG-alt als lex specialis vorrangig.

---

[50] Vgl. Wybitul DS-GVO-HdB/*Hanßen*, Art. 25 DS-GVO, Rn. 14; vgl. Roßnagel/*Barlag*, DS-GVO, 2017, S. 175.
[51] Zur Unanwendbarkeit → § 26 Rn. 2 ff.
[52] Siehe → § 26 Rn. 13 ff, 100 ff.

51 Die Regelung zur Datensicherheit im § 13 Abs. 7 TMG ist durch **Art. 4 des IT-Sicherheitsgesetzes vom 17.7.2015**[53] eingeführt worden. Diensteanbieter haben, soweit dies technisch möglich und wirtschaftlich zumutbar ist, im Rahmen ihrer jeweiligen Verantwortlichkeit für geschäftsmäßig angebotene Telemedien durch technische und organisatorische Vorkehrungen sicherzustellen, dass kein unerlaubter Zugriff auf die für ihre Telemedienangebote genutzten technischen Einrichtungen möglich ist und diese gegen Verletzungen des Schutzes personenbezogener Daten und gegen Störungen, auch soweit sie durch äußere Angriffe bedingt sind, gesichert sind. Die Vorkehrungen müssen den Stand der Technik berücksichtigen. Eine solche Maßnahme ist insbesondere die Anwendung eines als sicher anerkannten Verschlüsselungsverfahrens.

D. NIS-Richtlinie

52 Die Richtlinie über **Maßnahmen zur Gewährleistung eines hohen gemeinsamen Sicherheitsniveaus von Netz- und Informationssystemen** in der Union (NIS-Richtlinie)[54] trägt dem Umstand Rechnung, dass Netz- und Informationssysteme mit den zugehörigen Diensten eine zentrale Rolle in der Gesellschaft spielen. Für wirtschaftliche und gesellschaftliche Tätigkeiten und insbesondere für das Funktionieren des Binnenmarkts ist es von entscheidender Bedeutung, dass sie verlässlich und sicher sind (ErwGr 1 der NIS-Richtlinie).

53 Die NIS-Richtlinie legt **Maßnahmen** fest, mit denen ein hohes gemeinsames Sicherheitsniveau von Netz- und Informationssystemen in der Union erreicht werden soll, um so das Funktionieren des Binnenmarkts zu verbessern (Art. 1 Abs. 1 NIS-Richtlinie).[55] Zu diesem Zweck sieht diese Richtlinie Folgendes vor (Art. 1 Abs. 2):
– die Pflicht für alle Mitgliedstaaten, eine nationale Strategie für die Sicherheit von Netz- und Informationssystemen festzulegen;
– die Schaffung einer Kooperationsgruppe, um die strategische Zusammenarbeit und den Informationsaustausch zwischen den Mitgliedstaaten zu unterstützen und zu erleichtern und Vertrauen zwischen ihnen aufzubauen;
– die Schaffung eines Netzwerks von Computer-Notfallteams (CSIRTs-Netzwerk – Computer Security Incident Response Teams Network), um zum Aufbau von Vertrauen zwischen den Mitgliedstaaten beizutragen und eine rasche und wirksame operative Zusammenarbeit zu fördern;
– Sicherheitsanforderungen und Meldepflichten für die Betreiber wesentlicher Dienste und für Anbieter digitaler Dienste;
– die Pflicht für die Mitgliedstaaten, nationale zuständige Behörden, zentrale Anlaufstellen und CSIRTs mit Aufgaben im Zusammenhang mit der Sicherheit von Netz- und Informationssystemen zu benennen.

54 Art. 3 NIS-Richtlinie stellt klar, dass es sich um eine **Mindestharmonisierung** handelt. Die Mitgliedstaaten können daher grundsätzlich Bestimmungen erlassen oder aufrechterhalten, mit denen ein höheres Sicherheitsniveau von Netz- und Informationssystemen erreicht werden soll.

---

[53] Gesetz zur Erhöhung der Sicherheit informationstechnischer Systeme (IT-Sicherheitsgesetz) v. 17.7.2015, BGBl. 2015 I S. 1324 ff.
[54] Richtlinie (EU) 2016/1148 des Europäischen Parlaments und des Rates vom 6. Juli 2016 über Maßnahmen zur Gewährleistung eines hohen gemeinsamen Sicherheitsniveaus von Netz- und Informationssystemen in der Union, ABl. L 194/1 vom 19.7.2016.
[55] Ausführlich: *Voigt/Gehrmann*, ZD 2016, 355 ff; *Gehrmann/Voigt*, CR 2017, 93 ff.

Art. 2 Abs. 1 NIS-Richtlinie verweist darauf, dass die Verarbeitung personenbe- **55** zogener Daten gemäß dieser NIS-Richtlinie nach Maßgabe der Richtlinie 95/46/EG erfolgt. Die Maßnahmen zur Erreichung der Ziele der NIS-Richtlinie finden damit ihre **Grenze in den Datenschutzbestimmungen.** Nach Art. 94 Abs. 2 DS-GVO gilt, dass Verweise auf die aufgehobene Richtlinie 95/46/EG (siehe → Art. 94 Abs. 1 DS-GVO) als Verweise auf die DS-GVO gelten.

§ 20. Datenschutz durch Technikgestaltung und datenschutzfreundliche Voreinstellung

Literatur: *Baumgartner/Gausling,* Datenschutz durch Technikgestaltung und datenschutz-freundliche Voreinstellungen, ZD 2017, 308; *Bretthauer,* Compliance-by-Design-Anforderungen bei Smart Data – Rahmenbedingungen am Beispiel der Datennutzung im Energiesektor, ZD 2016, 267; *Bieker/ Hansen,* Normen des technischen Datenschutzes nach der europäischen Datenschutz-reform, DuD 2017, 285; *Hornung,* Datenschutz durch Technik in Europa – Die Reform der Richt-linie als Chance für ein modernes Datenschutzrecht, ZD 2011, 51; *Jandt,* Datenschutz durch Tech-nik in der DS-GVO, DuD 2017, 562; *Schulz,* Privacy by Desgin, CR 2012, 204

1   Ein Datenschutz durch Technikgestaltung (Data Protection by Design) und da-tenschutzfreundliche Voreinstellungen (Data Protection by Default) wurde im Da-tenschutz lange Zeit gefordert und in der Wissenschaft seit vielen Jahren diskutiert.[1]

2   Das Schlagwort „Datenschutz durch Technik" sollte den Unterschied zu dem in den Datenschutzgesetzen enthaltenen Primat des „Datenschutzes durch Recht" deutlich machen.[2] *Bieker/Hansen* weisen dabei zutreffend darauf hin, dass es hier-bei aber nicht um ein „entweder-oder" gehen darf, sondern um ein „sowohl-als-auch" gehen muss.[3] Ein Datenschutz durch Technik darf nicht nur die Technik be-trachten, sondern muss auch deren Einsatzumgebung, die Organisation und die Geschäftsmodelle betrachten.[4] Datenschutz durch Technik verfolgt einen ganzheit-lichen Ansatz. Er muss daher auch mehr sein als nur die Schutzmauer um die per-sonenbezogenen Daten in Form von technisch-organisatorischen Maßnahmen.[5]

A. Überblick über die historische Entwicklung

3   Die **Datenschutz-Richtlinie 95/46/EG (DSRL)** kannte die Begriffe „Daten-schutz durch Technikgestaltung" und „datenschutzfreundliche Voreinstellungen" nicht. ErwGr. 46 sah zwar vor, dass im Zeitpunkt der Planung des Datenschutzsys-tems sowie zum Zeitpunkt der eigentlichen Verarbeitung geeignete technische und organisatorische Maßnahmen getroffen werden müssen, um die Datensicherheit zu gewährleisten und unrechtmäßige Verarbeitungen zu verhindern. Einen weiterge-henden Niederschlag hat dieser Ansatz in der Datenschutz-Richtlinie nicht gefun-den.

4   Die **DSRL** enthielt mit Art. 6 Abs. 1 lit. c den **Grundsatz der Erforderlichkeit.** Danach hatten die Mitgliedstaaten vorzusehen, dass personenbezogene Daten „den Zwecken entsprechen, für die sie erhoben und/oder weiterverarbeitet werden, dafür erheblich sind und nicht darüber hinausgehen". Die Erforderlichkeit des Art. 6 Abs. 1 lit. c ist auf den konkreten Fall bezogen und hat die Funktion, die jeweilige Verarbeitung von Daten auf ein gerade noch dem Zweck angemessenes Maß zu re-duzieren.[6] Der Grundsatz der Erforderlichkeit bezog sich also auf einen festgeleg-ten Zweck in einem gegebenen Datenverarbeitungsprozess. Der Datenschutz durch

---

[1] Statt vieler: Roßnagel/Pfitzmann/Garstka, Modernisierung des Datenschutzrechts, Gutachten im Auftrag des Bundesministeriums des Inneren, Berlin 2001; Roßnagel HdB DatenSR/*Hansen,* Kapitel 3.3, Rn. 7 ff. m. w. N.
[2] Bieker/Hansen, DuD 2017, 285, 285.
[3] Bieker/Hansen, DuD 2017, 285, 285.
[4] Bieker/Hansen, DuD 2017, 285, 285.
[5] Bieker/Hansen, DuD 2017, 285, 285.
[6] So auch Roßnagel HdB DatenSR/*Dix,* 2003, Kap. 3.5, Rn. 25.

Technik ist hingegen ein vorsorgendes Gestaltungsprinzip.[7] Denn danach ist die Datenverarbeitung von Vornherein so zu gestalten, dass keine oder aber möglichst wenig personenbezogene Daten verarbeitet werden (müssen).[8]

Auch im **BDSG-alt** war der Datenschutz durch Technikgestaltung und durch datenschutzfreundliche Voreinstellungen nicht so deutlich wie in Art 25 DS-GVO geregelt. § 3a BDSG-alt sah den sog. Grundsatz der Datenvermeidung und Datensparsamkeit vor. Der deutsche Gesetzgeber verfolgte damit das Ziel, dass bereits durch die Gestaltung technischer Systeme die Erhebung, Verarbeitung und Nutzung personenbezogener Daten vermieden wird. So sollte das Recht auf informationelle Selbstbestimmung des Betroffenen geschützt werden.[9] Die Gefahren für das Recht auf informationelle Selbstbestimmung sollten dadurch reduziert werden, dass stets das mildeste Mittel zu wählen ist, wann immer mehrere gleich effektive Mittel zur Erfüllung einer Aufgabe zur Verfügung stehen.[10] Die Datensparsamkeit setzt damit zeitlich früher an als die in der Datenschutz-Richtlinie normierte Erforderlichkeit und ist strenger. Denn sie ist der Zweckbestimmung vorgeschaltet und hinterfragt diese.[11] Nach § 13 Abs. 6 TMG[12] hat ein Diensteanbieter im Sinne der Datenschutzbestimmung des TMG die Nutzung von Telemedien und ihre Bezahlung anonym oder unter Pseudonym zu ermöglichen, soweit dies technisch möglich und zumutbar ist; der Nutzer ist über diese Möglichkeit zu informieren.[13] Diese **nationalen Regelungen** verfolgten im Ergebnis den gleichen Zweck wie Art. 25 DS-GVO.[14] 5

Der Vergleich des Grundsatzes der **Datenvermeidung und Datensparsamkeit** 6
nach § 3a BDSG-alt mit dem **Grundsatz der Erforderlichkeit** des Art. 6 Abs. 1 lit. c der DSRL zeigt, dass das Prinzip der Datenvermeidung und Datensparsamkeit über den Grundsatz der Erforderlichkeit der Datenschutzrichtlinie hinaus ging. Der Grundsatz der Datenvermeidung und Sparsamkeit nach § 3a BDSG-alt war gleichwohl ein stumpfes Schwert. Denn die Missachtung der Vorgaben des § 3a BDSG-alt führte weder zur Rechtswidrigkeit der entsprechenden Verarbeitung personenbezogener Daten noch zu einer Sanktion.[15] Damit verblieb es nach dem BDSG-alt dabei, dass nur die Missachtung des Grundsatzes der Erforderlichkeit die Rechtswidrigkeit der Verarbeitung begründete und mit Bußgeldern sanktioniert war. Auch ein Verstoß gegen die Regelung in § 13 Abs. 6 TMG ist nach § 16 TMG nicht mit einem Bußgeld belegt.

B. Überblick und Ziel

Mit dem Datenschutz durch Technikgestaltung und durch datenschutzfreundliche Voreinstellung in Art. 25 DS-GVO ergibt sich eine **zentrale Neuerung** des europäischen Datenschutzrechts.[16] 7

Ziel der Regelung in Art. 25 DS-GVO ist es, die Entwicklung von Technik zu 8
erzwingen, die es gar nicht erst ermöglicht, nicht erforderliche Daten zu verar-

---

[7] Roßnagel/*Barlag,* DS-GVO, 2017, S. 177; vgl. Ehmann/Selmayr/*Baumgartner,* DS-GVO, Art. 25 DS-GVO, Rn. 1f.
[8] Roßnagel/Barlag, DS-GVO, 2017, S. 177.
[9] BT-Drs. 14/4329, 33; Gola/*Nolte/Werkmeister*, DS-GVO, Art. 25 DS-GVO, Rn. 6.
[10] Vgl. Roßnagel/Barlag, DS-GVO, 2017, S. 176; vgl. BT-Drs. 14/4329, 30.
[11] Vgl. Roßnagel/*Barlag,* DS-GVO, 2017, S. 176.
[12] Telemediengesetz v. 26.2.2007, BGBl. 2007 I S. 179.
[13] Zur Kollision des TMG mit der DS-GVO: siehe → § 26 Rn. 22ff.
[14] Vgl. Ehmann/Selmayr/*Baumgartner,* DS-GVO, Art. 25 DS-GVO, Rn. 7.
[15] Roßnagel/*Barlag,* DS-GVO, 2017, S. 177; Gola/Schomerus/*Gola/Körffer/Klug,* BDSG § 3a, Rn. 2.
[16] Siehe zur bisherigen Rechtslage → Rn. 3ff.

beiten, insbesondere zu erheben. Datenschutz durch Technikgestaltung soll damit schon im Vorfeld der Verarbeitung personenbezogener Daten implementiert und damit in der zur Datenverarbeitung verwendeten Technik enthalten sein.[17] Die Grundrechte auf Privatleben nach Art. 7 GRCh und Datenschutz nach Art. 8 GRCh werden dann bereits durch den Entwurf der zur Verarbeitung personenbezogener Daten eingesetzten Systeme geschützt. Der Ansatz des Datenschutzes durch Technikgestaltung und datenschutzfreundliche Voreinstellung geht insoweit über den Grundsatz der Erforderlichkeit in Art. 5 Abs. 1 lit. c DS-GVO und den Grundsatz der Speicherbegrenzung in Art. 5 Abs. 1 lit. e DS-GVO hinaus.

C. Datenschutz durch Technikgestaltung und datenschutzfreundliche Voreinstellung

9 Art. 25 DS-GVO normiert den Datenschutz durch Technikgestaltung und datenschutzfreundliche Voreinstellungen als allgemeine **Pflicht des Verantwortlichen**. Art. 25 Abs. 1 DS-GVO regelt den Datenschutz durch Technikgestaltung. Art. 25 Abs. 2 DS-GVO enthält den Datenschutz durch datenschutzfreundliche Voreinstellungen.

10 Es ist **keine explizite Verankerung** des Datenschutzes durch Technikgestaltung und datenschutzfreundliche Voreinstellung **in den Grundsätzen des Art. 5 Abs. 1 DS-GVO** erfolgt. Soweit die Vorgaben des Art. 25 DS-GVO insbesondere über die Anforderungen der Datenminimierung in Art. 5 Abs. 1 lit. c DS-GVO und der Speicherbegrenzung in Art. 5 Abs. 1 lit. e DS-GVO hinausgehen, ist die Umsetzung der Vorgaben des Art. 25 DS-GVO nicht von der Rechenschaftspflicht nach Art. 5 Abs. 2 DS-GVO umfasst. Der Datenschutz durch Technikgestaltung und durch datenschutzfreundliche Voreinstellung ist aber eigenständig mit einem **Bußgeld** sanktioniert,[18] sodass die Sanktionierung eines Verstoßes nicht auf die dahinter zurück bleibenden Vorgaben des Art. 5 Abs. 1 DS-GVO beschränkt ist.[19]

I. Regelungsadressat des Art. 25 DS-GVO

11 Art. 25 DS-GVO verpflichtet nur den Verantwortlichen aber **nicht den Auftragsverarbeiter** und insbesondere auch **nicht den Hersteller der Technik**, die zur Datenverarbeitung verwendet wird.

12 **Mittelbare Auswirkungen** wird Art. 25 DS-GVO gleichwohl auf die Hersteller der Technik haben.[20] Denn die Verantwortlichen sind verpflichtet, auf Leistungen zurückzugreifen, die den Anforderungen des Art. 25 DS-GVO genügen. Eine Relativierung dieser mittelbaren Pflicht ergibt sich dadurch, dass die Pflicht nach Art. 25 DS-GVO unter dem Vorbehalt steht, dass die datenschutzfreundliche Technik dem Stand der Technik entsprechen muss.[21] Die Regelung zwingt damit nämlich nicht zur Fortentwicklung sondern nur zur Umsetzung des Stands der Technik.

---

[17] *Baumgarter/Gausling*, ZD 2017, 308, 209; Roßnagel/*Barlag*, DS-GVO, 2017, S. 173; Vgl. Roßnagel HdB DatenSR/*Hansen*, 2003, Kap. 3.3, Rn. 2 zum BDSG-alt.

[18] Siehe → Rn. 28 f.

[19] Zur Bedeutung von Art. 25 DS-GVO im Rahmen Bemessung eines Bußgelds → Rn. 27.

[20] So auch Ehmann/Selmayr/*Baumgartner*, DS-GVO, S. 550; *Bieker/Hansen*, DuD 2017, 285, 286; *Baumgarter/Gausling*, ZD 2017, 307, 309. Siehe auch unten → Rn. 19.

[21] Roßnagel/*Barlag*, DS-GVO, 2017, S. 175; vgl. Wybitul DS-GVO-HdB/*Hanßen*, 2017, Art. 25 DS-GVO, Rn. 10.

II. Datenschutz durch Technikgestaltung (Data Protection by Design)

Art. 25 Abs. 1 DS-GVO regelt den **Datenschutz durch Technikgestaltung**. Der 13
Verantwortliche hat sowohl zum Zeitpunkt der Festlegung der Mittel für die Verarbeitung als auch zum Zeitpunkt der eigentlichen Verarbeitung geeignete technische und organisatorische Maßnahmen – wie z.B. Pseudonymisierung – zu treffen, die dafür ausgelegt sind, die Grundsätze des Datenschutzes wie etwa die Datenminimierung wirksam umzusetzen und die notwendigen Garantien in die Verarbeitung aufzunehmen, um den Anforderungen dieser Verordnung zu genügen und die Rechte der betroffenen Personen zu schützen. Zu berücksichtigen sind der Stand der Technik, die Implementierungskosten, die Art, der Umfang, die Umstände und die Zwecke der Verarbeitung sowie die unterschiedlichen Eintrittswahrscheinlichkeiten und die Schwere der mit der Verarbeitung verbundenen Risiken für die Rechte und Freiheiten natürlicher Personen. Hierin kommt der risikobasierte Ansatz der DS-GVO zum Ausdruck.[22]

Durch das Anknüpfen an den Zeitpunkt der Festlegung der Verarbeitung wird 14
betont, dass die **Bewertung nach Art. 25 Abs. 1 DS-GVO vor dem Beginn** der eigentlichen Verarbeitung zu erfolgen hat.[23]

Die aufgrund der expliziten Bezugnahme in Art. 25 Abs. 1 DS-GVO betonte 15
Datenminimierung ist in Art. 5 Abs. 1 lit. c DS-GVO als Grundsatz der Verarbeitung personenbezogener Daten festgelegt. Danach hat die Verarbeitung dem Zweck angemessen und für diesen erheblich sowie auf das für die Zwecke der Verarbeitung notwendige Maß zu beschränkt zu sein. Das bedeutet, dass nur solche Daten verarbeitet werden dürfen, die für den konkreten Zweck unbedingt notwendig sind.

Welche Bedeutung Art. 25 Abs. 1 DS-GVO im Datenschutz daher erhalten wird, 16
hängt maßgeblich davon ab, ob er aufgrund seiner Bezugnahme auf die Grundsätze in Art. 5 Abs. 1 DS-GVO und insbesondere den Grundsatz der Datenminimierung lediglich zur Absicherung des Grundsatzes der Erforderlichkeit angewendet wird oder hierüber hinausgehend als Verpflichtung zum Datenschutz durch Technik verstanden wird.[24]

ErwGr 78 der DS-GVO fordert, dass der Verantwortliche zum **Nachweis der** 17
Einhaltung der Vorgaben der DS-GVO interne Strategien festlegt und Maßnahmen ergreift, die insbesondere den Grundsätzen des Datenschutzes durch Technik und durch datenschutzfreundliche Voreinstellungen Genüge tun. Solche Maßnahmen können nach ErwGr 76 DS-GVO u.a. darin bestehen, dass die Verarbeitung personenbezogener Daten minimiert wird, personenbezogene Daten so schnell wie möglich pseudonymisiert werden, die Transparenz in Bezug auf die Funktion und die Verarbeitung personenbezogener Daten hergestellt wird, es der betroffenen Person ermöglicht wird, die Verarbeitung personenbezogener Daten zu überwachen, und der Verantwortliche in die Lage versetzt wird, Sicherheitsfunktionen zu schaffen und zu verbessern.

ErwGr 28 DS-GVO stellt heraus, dass die Anwendung der **Pseudonymisierung** 18
auf personenbezogene Daten die Risiken für die betroffenen Personen senken und die Verantwortlichen und Auftragsverarbeiter bei der Einhaltung ihrer Datenschutzpflichten unterstützen kann. Gleichzeitig wird dort klargestellt, dass die aus-

---

[22] Vgl. insbesondere Art. 24 Abs. 1 und Art. 35 Abs. 1 DS-GVO.
[23] Vgl. Wybitul DS-GVO-HdB/*Hanßen*, 2017, Art. 25 DS-GVO, Rn. 5; *Baumgarter/Gausling*, ZD 2017, 307, 308 f.
[24] Siehe → Rn. 1 ff.

drückliche Einführung der Pseudonymisierung der DS-GVO nicht darauf abzielt, andere Datenschutzmaßnahmen auszuschließen.

19 Der Bezug zu den **Herstellern der für die Verarbeitung personenbezogener Daten genutzter Technik** ergibt sich aus ErwGr 78 DS-GVO. Auch hierdurch werden die **Hersteller zwar** nicht direkt verpflichtet, jedoch zum Datenschutz durch Technikgestaltung ermutigt:[25] In Bezug auf Entwicklung, Gestaltung, Auswahl und Nutzung von Anwendungen, Diensten und Produkten, die entweder auf der Verarbeitung von personenbezogenen Daten beruhen oder zur Erfüllung ihrer Aufgaben personenbezogene Daten verarbeiten, sollen die Hersteller der Produkte, Dienste und Anwendungen ermutigt werden, das Recht auf Datenschutz bei der Entwicklung und Gestaltung der Produkte, Dienste und Anwendungen zu berücksichtigen und unter gebührender Berücksichtigung des Stands der Technik sicherzustellen, dass die Verantwortlichen und die Verarbeiter in der Lage sind, ihren Datenschutzpflichten nachzukommen. Wie dieser zu ermitteln ist, lässt die Datenschutz-Grundverordnung jedoch offen.[26] Darüber hinaus wird für die Hersteller auch die Verpflichtung zum Datenschutz durch Technikgestaltung mittelbar Auswirkungen haben.[27]

III. Datenschutzfreundliche Voreinstellung (Data Protection by Default)

20 Nach Art. 25 Abs. 2 S. 1 DS-GVO trifft der **Verantwortliche** geeignete technische und organisatorische Maßnahmen, die sicherstellen, dass durch **Voreinstellung** grundsätzlich nur personenbezogene Daten verarbeitet werden, die für den jeweiligen Verarbeitungszweck erforderlich sind. Insofern stellt die Regelung in Art. 25 Abs. 2 DS-GVO eine Flankierung zur Vorgabe der Datenminimierung in Art. 5 Abs. 1 lit. c DS-GVO dar, geht aber auch nicht hierüber hinaus.[28] Art. 25 Abs. 2 S. 2 DS-GVO stellt klar, dass die Verpflichtung des Satzes 1 für die Menge der erhobenen personenbezogenen Daten, den Umfang ihrer Verarbeitung, ihre Speicherfrist und ihre Zugänglichkeit gilt.

21 Art. 25 Abs. 2 S. 3 DS-GVO fordert zusätzlich, dass die durch den Verantwortlichen zu treffenden technischen und organisatorischen Maßnahmen insbesondere sicherstellen müssen, dass personenbezogene Daten durch Voreinstellung **nicht ohne Eingreifen der Person einer unbestimmten Zahl von natürlichen Personen zugänglich** gemacht werden. Diese Gestaltung zielt insbesondere auf Portale mit geschlossenen Nutzgruppen ab, wie etwa soziale Netzwerke oder ähnliche Online-Plattformen[29] sowie auf Suchmaschinen.[30] Mit „der Person" ist die „betroffene Person" nach Art. 4 Nr. 1 DS-GVO gemeint.[31] Diese muss die Möglichkeit bekommen, die Veröffentlichung personenbezogener Daten vorab selbst zu bestimmen.[32]

---

[25] So auch Gola/*Nolte/Werkmeister*, DS-GVO, Art. 25 DS-GVO, Rn. 10 ; *Baumgarter/Gausling*, ZD 2017, 307, 309.

[26] Vgl. Gola/*Nolte/Werkmeister*, DS-GVO, Art. 25 DS-GVO, Rn. 14 ff..

[27] Siehe → Rn. 12.

[28] Vgl. Roßnagel/*Barlag*, DS-GVO, 2017, S. 174; vgl. *Baumgarter/Gausling*, ZD 2017, 307, 312.

[29] So auch Ehmann/Selmayr/*Baumgartner*, DS-GVO, Art. 25 DS-GVO, Rn. 13, 16 mit weiteren Beispielen.

[30] Roßnagel/*Barlag*, DS-GVO, 2017, S. 174.

[31] Ehmann/Selmayr/*Baumgartner*, DS-GVO, Art. 25 DS-GVO, Rn. 16.

[32] Vgl. Ehmann/Selmayr/*Baumgartner*, DS-GVO, Art. 25 DS-GVO, Rn. 16.

IV. Genehmigte Zertifizierungsverfahren

Ein genehmigtes **Zertifizierungsverfahren** im Sinne von Art. 42 DS-GVO kann **22** nach Art. 25 Abs. 3 DS-GVO als Faktor herangezogen werden, um die Erfüllung der in den Absätzen 1 und 2 genannten Anforderungen nachzuweisen. Der Wortlaut macht deutlich, dass ein eingehaltenes Zertifizierungsverfahren nur ein Faktor unter verschiedenen ist.[33] Das bedeutet einerseits, dass eine Zertifizierung nicht zwingend ist, sondern der Nachweis auch auf andere Weise erbracht werden kann. Das bedeutet andererseits auch, dass die Einhaltung einer genehmigten Zertifizierung nicht *per se* den Nachweis der Einhaltung der Vorgaben des Art. 25 DS-GVO erbringt.

Der Verantwortliche bleibt trotz einer Zertifizierung für die fortlaufende Kon- **23** trolle und die Umsetzung seines Datenschutzkonzepts im Sinne des Art. 25 DS-GVO verantwortlich.[34]

V. Technisch-organisatorische Maßnahmen

Auf technische und organisatorische Maßnahme wird in der DS-GVO in ver- **24** schiedenen Regelungen Bezug genommen. Was hierunter zu verstehen ist, ist jeweils normspezifisch auszulegen. Gerade wegen des Zusammenhangs der Regelungen in Art. 25 DS-GVO und der Regelung über die **Sicherheit der Verarbeitung** in Art. 32 DS-GVO, der ebenfalls technische und organisatorische Maßnahmen fordert, ist zu beachten, dass trotz gleicher Formulierung nicht dieselben Maßnahmen gemeint sein müssen.[35]

Hinter dem Datenschutz durch Technikgestaltung und datenschutzfreundlicher **25** Voreinstellung steht die Überlegung, Technik in einer Art und Weise zu gestalten, dass überhaupt nur solche Daten erhoben werden können, die unbedingt erforderlich sind.[36] Hierfür müssen die technischen und organisatorischen **Maßnahmen bereits bei der Entwicklung der Technik ansetzen**. Die Sicherheit der Verarbeitung durch technische und organisatorische Maßnahmen nach Art. 32 DS-GVO kann hingegen auch zu einem späteren Zeitpunkt der Verarbeitung personenbezogener Daten eingesetzt werden.

Zusammengefasst bedeutet das: Die technischen und organisatorischen Maß- **26** nahmen im Sinne des Datenschutzes durch Technikgestaltung und datenschutzfreundliche Voreinstellung zielen darauf, personenbezogene Daten nicht verarbeitet, insbesondere schon nicht erhoben, werden. Die technisch organisatorischen Maßnahmen nach Art. 32 DS-GVO dienen der Sicherheit beim Umgang mit personenbezogenen Daten.[37]

VI. Relevanz im Rahmen der Festsetzung einer Sanktion

Nach Art. 83 Abs. 2 S. 2 DS-GVO sind bei der **Entscheidung über die Verhän- 27 gung eines Bußgelds und über dessen Höhe** in jedem Einzelfall die dort genannten Faktoren zu berücksichtigen.[38] Nach Art. 83 Abs. 2 S. 2 lit. d DS-GVO ist der Verantwortungsgrad des Verantwortlichen oder des Auftragsverarbeiters unter Be-

---

[33] Vgl. Wybitul DS-GVO-HdB/*Hanßen*, 2017, Art. 25 DS-GVO, Rn. 53.
[34] Gola/*Nolte/Werkmeister*, DS-GVO, S. Art. 25 DS-GVO, Rn. 31.
[35] Ebenso: Roßnagel/*Barlag*, DS-GVO, 2017, S. 175. Zu Art. 32 DS-GVO siehe → § 19.
[36] Siehe → Rn. 1 ff.; Roßnagel/*Barlag*, DS-GVO, 2017, S. 175.
[37] Roßnagel/*Barlag*, DS-GVO, 2017, S. 175.
[38] Siehe → § 24 Rn. 55 ff.

rücksichtigung der von ihnen gemäß den Artt. 25 und 32 DS-GVO getroffenen technischen und organisatorischen Maßnahmen zu bestimmen. Dadurch erlangt Art. 25 DS-GVO mittelbar weitergehende Beachtung. Hiervon zu unterscheiden ist die Sanktionierung des Verstoßes gegen Art. 25 DS-GVO.[39]

VII. Sanktionierung eines Verstoßes

28   Für die Praxis besteht eine der wesentlichsten Änderungen vom BDSG-alt zur DS-GVO darin, dass Verstöße gegen Art. 25 DS-GVO **bußgeldbewehrt** sind (Art. 83 Abs. 4 DS-GVO).[40]

29   Die Abstraktheit der Vorgaben insbesondere die Festlegung der Maßnahmen unter Berücksichtigung von Implementierungskosten und des Stands der Technik macht den Nachweis eines Verstoßes nicht leicht.[41]

D. Bewertung des Ansatzes

30   Eine **effektivere Verwirklichung** des Datenschutzes durch Technikgestaltung und datenschutzfreundliche Gestaltung wäre gelungen, wenn einerseits auch die Hersteller durch Art. 25 DS-GVO unmittelbar in die Pflicht genommen worden wären[42] und andererseits der Datenschutz durch Technikgestaltung nicht an den Grundsätzen in Art. 5 Abs. 1 DS-GVO ausgerichtet worden wäre.[43]

---

[39] Siehe → Rn. 27 ff.

[40] Zur Rechtslage vor Anwendungsbeginn der DS-GVO → Rn. 6; zu den Sanktionen nach der DS-GVO → § 24.

[41] Wybitul DS-GVO-HdB/*Hanßen*, Art. 25 DS-GVO, Rn. 14; vgl. Roßnagel/*Barlag*, DS-GVO, 2017, S. 175.

[42] Hierzu insbesondere Rn. 12.

[43] Hierzu insbesondere Rn. 16.

5. Abschnitt. Datenschutzkontrolle

§ 21. Interne (Selbst-)Kontrolle: Datenschutzbeauftragter

Literatur: *Behling*, Die datenschutzrechtliche Compliance – Verantwortung der Geschäftsleitung, ZIP 2017, 697; *Bongers/Krupna*, Haftungsrisiken des internen Datenschutzbeauftragten – Zivilrechtliche Haftung, Bußgelder und Strafen, ZD 2013, 594; *Hamann*, Europäische Datenschutz-Grundverordnung – neue Organisationspflichten für Unternehmen, BB 2017, 1090; *Jaspers/Reif*, Der Datenschutzbeauftragte nach der Datenschutz-Grundverordnung: Bestellpflicht, Rechtsstellung und Aufgaben, RDV 2016, 61; *Klug*, Der Datenschutzbeauftragte in der EU – Maßgaben der Datenschutzgrundverordnung, ZD 2016, 315; *Kort*, Was ändert sich für Datenschutzbeauftragte, Aufsichtsbehörden und Betriebsrat mit der DS-GVO? Die zukünftige Rolle der Institutionen rund um den Beschäftigtendatenschutz, ZD 2017, 3; *Marschall*, Strafrechtliche Haftungsrisiken des betrieblichen Datenschutzbeauftragten? Notwendige Handlungsempfehlungen, ZD 2014, 66; *Marschall/Müller*, Der Datenschutzbeauftragte im Unternehmen zwischen BDSG und DS-GVO – Bestellung, Rolle, Aufgaben und Anforderungen im Fokus europäischer Veränderungen, ZD 2016, 415.

Kapitel IV der DS-GVO regelt die **Pflichten des Verantwortlichen und des Auftragsverarbeiters.** In den Artt. 37–39 DS-GVO ist der Datenschutzbeauftragte verortet. Sie regeln die Benennung (Art. 37 DS-GVO), die Stellung (Art. 38 DS-GVO) und die Aufgaben des Datenschutzbeauftragten (Art. 39 DS-GVO). **1**

Der Datenschutzbeauftragte ist ein **Instrument der Selbstkontrolle**, wie es auch andere Rechtsgebiete kennen, insbesondere das Umweltrecht.[1] Anders als im deutschen Recht[2] ist die Regelung einer verpflichtenden Benennung eines Datenschutzbeauftragten im EU-Datenschutzrecht neu.[3] Dementsprechend war die Frage, ob und unter welchen Voraussetzungen ein Datenschutzbeauftragter zu benennen ist, eine Frage, bei der unter den Mitgliedstaaten im Rahmen des Gesetzgebungsverfahrens zur DS-GVO nur schwer eine Einigung zu erzielen war.[4] **2**

Eine Regelung über die Ausgestaltung des Datenschutzbeauftragten war im **Gesetzgebungsverfahren** so umstritten,[5] dass es sich bei den Regelungen der Artt. 37–39 DS-GVO um eine Kompromissfassung handelt.[6] Während der Vorschlag des Rates der EU zur DS-GVO vom 11.6.2015[7] ursprünglich lediglich eine Option für die Mitgliedsstaaten vorsah, eine Verpflichtung zur Benennung eines Datenschutzbeauftragten national zu regeln, bestanden EU-Kommission und das EU-Parlament auf eine unionsweite Verpflichtung zur Benennung eines Datenschutzbeauftragten.[8] Im Ergebnis sieht nun die DS-GVO in Art. 37 DS-GVO eine unionsweite Pflicht zur Benennung eines Datenschutzbeauftragten vor. Dieses Ergebnis war keine Selbstverständlichkeit, sondern beruhte maßgeblich auf der Darlegung der Vorteile des Instituts eines Datenschutzbeauftragten für den Datenschutz – und auch für die verpflichteten Unternehmen – durch deutsche Institutionen. **3**

---

[1] Schantz/Wolff/*Wolff*, Das neue DatSchR, 2017, S. 276; Kort, ZD 2017, 3 ff.

[2] Dort geregelt in § 4f BDSG-alt.

[3] Vgl. Art. 18 Abs. 2 – 2 DSRL 95/46/EG, der eine Vereinfachung bzw. Ausnahme der Meldepflicht für den Fall einer Benennung eines Datenschutzbeauftragten vorsah.

[4] Vgl. Paal/Pauly/*Paal*, DS-GVO Art. 37 Rn. 4; Schantz/Wolff/*Wolff*, Das neue DatSchR, 2017, S. 275.

[5] Albrecht, CR 2016, 88 (94); Schantz/Wolff/*Wolff*, Das neue DatSchR, 2017, S. 275.

[6] Schantz/Wolff/*Wolff*, Das neue DatSchR, 2017, S. 275; Dammann, ZD 2016, 307 (308).

[7] Vgl. Art. 35 Abs. 1 des Vorschlags des Rates der EU zur DS-GVO, interinstitutionelles Dossier: 2012/0011 (COD), 9565/15.

[8] Wybitul DS-GVO-HdB/*Ettig/Bausewein*, DS-GVO Art. 37 Rn. 1.

4   Auch wenn sich die EU-Kommission und das EU-Parlament in ihrer Forderung nach einer **unionsweiten Verpflichtung zur Benennung eines Datenschutzbeauftragten** einig waren, so waren doch die Kriterien für eine Benennungspflicht stark divergierend. Der Entwurf der EU-Kommission sah bspw. im Kern vor, dass eine Pflicht zur Benennung bei nicht-öffentlichen Stellen dann bestehen solle, wenn die Bearbeitung durch ein Unternehmen erfolgt, das 250 oder mehr Mitarbeiter beschäftigt.[9] Der Entwurf des EU-Parlaments stellte auf die Verarbeitung der Daten von mehr als 5.000 betroffener Personen innerhalb eines Zeitraums von 12 aufeinanderfolgenden Monaten ab.[10] Zur Begründung dieses Quorums wurde vor allem angeführt, klein- und mittelständische Unternehmen durch die Pflicht zur Benennung eines Datenschutzbeauftragten nicht über Gebühr zu belasten. Diesem Argument wurde insbesondere von deutschen Institutionen entgegengehalten, dass die deutsche Praxis zeige, dass hierfür ein so hoch angesetztes Quorum nicht erforderlich sei und die Benennung eines Datenschutzbeauftragten attraktiver gestaltet werden könne, indem betroffene Unternehmen durch die Benennung eines Datenschutzbeauftragten von anderen Dokumentationspflichten der DS-GVO befreit würden. Hierzu konnte insbesondere auf das deutsche Modell verwiesen werden, wonach unter dem BDSG-alt der Verantwortliche[11] von der Meldepflicht gegenüber den Aufsichtsbehörden befreit war, sobald ein betrieblicher Datenschutzbeauftrager benannt war. Der deutsche Gesetzgeber hatte damit von der Möglichkeit nach Artt. 18, 21 der Datenschutzrichtlinie 95/46/EG (DSRL) Gebrauch gemacht, den Verantwortlichen von der Meldepflicht zu entbinden, wenn der Verantwortliche einen Datenschutzbeauftragten benennt.[12]

5   In Art. 37 DS-GVO wird letztlich für die **Benennungspflicht** entsprechend dem in der DS-GVO verankerten risikobasierten Ansatz auf bestimmte Konstellationen der Verarbeitung personenbezogener Daten abgestellt.

6   *Maier/Ossoinig* weisen zutreffend darauf hin,[13] dass der Berufsverband der Datenschutzbeauftragten Deutschlands (BvD) e.V. im Gesetzgebungsprozess ermahnend darauf hingewiesen hat, dass die Benennung betrieblicher Datenschutzbeautrager in Industrie, Handel- und Mittelstand mit Geltung der DS-GVO auslaufen würde, wenn eine Benennungspflicht bei nicht-öffentlichen Stellen lediglich in den seinerzeit diskutierten und nunmehr in Art. 37 Abs. 1 lit. b und lit. c DS-GVO vorgesehenen Fällen bestehen würde.[14] Hierzu wurde darauf hingewiesen, dass der Großteil der Unternehmen, die nach dem BDSG-alt zur Bestellung betrieblicher Datenschutzbeauftrager verpflichtet waren, weder ihre Kerntätigkeit in der systematischen Beobachtung von Betroffenen haben, noch ihre Kerntätigkeit darin besteht, Daten gem. Artt. 9, 10 DS-GVO zu verarbeiten.[15] Auch diesen Befürchtungen wurde durch die Öffnungsklausel in Art. 37 Abs. 4 DS-GVO Rechnung

---

[9] Vgl. Art. 35 des Vorschlags der Kommission für eine Verordnung des Parlaments und des Rates zum Schutz natürlicher Personen bei der Verarbeitung personenbezogener Daten und zum freien Datenverkehr (Datenschutz-Grundverordnung) v. 25.1.2012, KOM (2012), 11 endgültig.

[10] Vgl. Art. 35 des Beschlusses des europäischen Parlaments v. 12.3.2014 im Rahmen der ersten Lesung zu dem Vorschlag der europäischen Kommission, interinstitutionelles Dossier des Rates der europäischen Union vom 27.3.2014, 2012/0011 (COD), 7427/1/14; REV1.

[11] In der Terminologie des BDSG-alt: verantwortliche Stelle.

[12] Siehe Art. 18 Abs. 2 DSRL 95/46/EG; siehe auch → § 17 Rn. 2ff.

[13] Roßnagel/*Maier/Ossoinig*, DS-GVO, 2017, S. 211.

[14] BvD e.V., „Betriebliche Selbstkontrolle vor dem Aus", Pressemitteilung vom 7.12.2015, www.bvdnet.de/presse/betriebliche-selbstkontrolle-vor-dem-aus/ (zuletzt abgerufen am 1.3.2018).

[15] Vgl. BvD e.V., „Betriebliche Selbstkontrolle vor dem Aus", Pressemitteilung vom 7.12.2015, www.bvdnet.de/presse/betriebliche-selbstkontrolle-vor-dem-aus/ (zuletzt abgerufen am 1.3.2018).

getragen.[16] Von dieser Möglichkeit hat der deutsche Gesetzgeber im BDSG 2018 Gebrauch gemacht.[17]

In der DS-GVO ist **keine Befreiung** von der Pflicht zur Benennung eines Daten- 7 schutzbeauftragten **für kleine und mittelständische Unternehmen** vorgesehen – anders als bspw. für die in Art. 30 Abs. 5 DS-GVO geregelte Ausnahme vom der Pflicht zum Führen des Verzeichnisses von Verarbeitungstätigkeiten.[18]

Die **DSRL** sah **keine Verpflichtung zur Benennung** eines Datenschutzbeauf- 8 tragten vor. Sie gewährte den Mitgliedsstaaten lediglich die Möglichkeit, einen solchen in den nationalen Datenschutzgesetzen vorzusehen. Nach Art. 21 Abs. 1 der DSRL kam einem Datenschutzbeauftragten die Aufgabe zu, die dort vorgesehenen Informationen über Verarbeitungen zusammenzustellen.[19]

Wenngleich der Vergleich der Regelungen in Artt. 37–39 DS-GVO mit den Rege- 9 lungen des BDSG-alt zeigt, dass von einer **deutschen Prägung der Regelungen** über den Datenschutzbeauftragten in der DS-GVO ausgegangen werden kann, kommt nach allgemeinen unionsrechtlichen Grundsätzen eine Auslegung der DS-GVO anhand der Regelungen des BDSG-alt nicht in Betracht.

A. Benennung eines Datenschutzbeauftragten

Die DS-GVO sieht in Art. 37 **drei Konstellationen der Benennung** von Daten- 10 schutzbeauftragten vor:
– die unionsweit verpflichtende Benennung eines Datenschutzbeauftragten in den Fällen des Art. 37 Abs. 1 lit. a bis lit. c DS-GVO;
– die nach nationalem Recht verpflichtende Benennung eines Datenschutzbeauftragten unter Nutzung der Öffnungsklausel in Art. 37 Abs. 4 Satz 1 HS. 2 DS-GVO;
– eine freiwillige Benennung eines Datenschutzbeauftragten Art. 37 Abs. 4 Satz 1 HS. 1 DS-GVO.

Darüber hinaus ist durch Art. 37 Abs. 2 DS-GVO gestattet, dass eine **Unter-** 11 **nehmensgruppe einen gemeinsamen Datenschutzbeauftragten** ernennt, sofern von jeder Niederlassung aus der Datenschutzbeauftragte leicht erreicht werden kann. Nach Art. 37 Abs. 3 DS-GVO ist es Behörden und öffentlichen Stellen möglich, **für mehrere Behörden oder Stellen** unter Berücksichtigung ihrer Organisationsstrukturen und ihrer Größe einen gemeinsamen Datenschutzbeauftragten zu benennen. Bei beiden Regelungen handelt es sich jedoch nicht um Regelungen über die Benennungspflicht. Denn sie knüpfen inhaltlich an die vorgenannten Konstellationen der Benennung an und setzen diese voraus.

Für die Stellung und die Aufgaben des Datenschutzbeauftragten ist es unerheb- 12 lich, aufgrund welcher der vorgenannten Konstellationen die Benennung erfolgt. **Allein entscheidend ist die erfolgte Benennung.** Insofern ist eine Bezeichnung als „drei Formen von Datenschutzbeauftragten" aus Sicht der DS-GVO missverständlich.[20] Denn es gibt nicht drei Formen von Datenschutzbeauftragten. Das BDSG 2018 differenziert aber – wie bereits das BDSG-alt – in Bezug auf den Schutz des Datenschutzbeauftragten nach dem BDSG 2018 zwischen Pflichtbenennung und freiwilliger Benennung.[21]

---

[16] Vgl. Roßnagel/*Maier*/*Ossoinig*, DS-GVO, 2017, S. 211.
[17] Siehe → Rn. 29 ff.
[18] Siehe → § 17 Rn. 30 ff.
[19] Vgl. Roßnagel/*Maier*/*Ossoinig*, DS-GVO, 2017, S. 208; siehe auch → § 17 Rn. 2 ff.
[20] So aber Schantz/Wolff/*Wolff*, Das neue DatSchR, 2017, S. 275.
[21] Siehe → Rn. 37.

I. Unionsweite Benennung eines Datenschutzbeauftragten

13   Eine **unionsweite Verpflichtung zur Benennung** eines Datenschutzbeauftragten besteht nur unter den engen Voraussetzungen des Art. 37 Abs. 1 DS-GVO. Dieser unterscheidet in Art. 37 Abs. 1 lit. a, lit. b und lit. c DS-GVO **drei Fallgruppen**.

1. Behörden und öffentliche Stellen

14   Nach Art. 37 Abs. 1 lit. a DS-GVO hat im Anwendungsbereich der DS-GVO jeder Verantwortliche und Auftragsverarbeiter einen Datenschutzbeauftragten ohne Ausnahme zu benennen, wenn die Verarbeitung von einer **Behörde oder öffentlichen Stelle** durchgeführt wird. Ausgenommen sind nur Gerichte im Rahmen ihrer justiziellen Tätigkeit. Damit ist praktisch der gesamte öffentliche Bereich von der Pflicht zur Benennung eines Datenschutzbeauftragten erfasst.[22]

15   Die Formulierung des Art. 37 Abs. 1 lit. a DS-GVO ist durch die Einbeziehung des Auftragsverarbeiters missverständlich, darf aber nicht dahin verstanden werden, dass jeder Auftragsverarbeiter allein schon deshalb zur Benennung eines Datenschutzbeauftragten verpflichtet ist, weil er als Auftragsverarbeiter einer durch Art. 37 Abs. 1 lit. a DS-GVO zur Benennung eines Datenschutzbeauftragten verpflichteten Stelle tätig wird.

16   Das BDSG-neu regelt in seinem Anwendungsbereich in den §§ 5 bis 7 **BDSG 2018** den behördlichen Datenschutzbeauftragten recht ausführlich, wobei das BDSG 2018 auch Teile behandelt, die unionsrechtlich in der DS-GVO schon vorgegeben sind.[23] Das BDSG 2018 regelt in § 5 Abs. 1 die Pflicht zur Benennung, in § 5 Abs. 2 die Benennung eines gemeinsamen Datenschutzbeauftragten (vgl. Art. 37 Abs. 3 DS-GVO), in § 5 Abs. 3 die Qualifikation des Datenschutzbeauftragten (vgl. Art. 37 Abs. 5 DS-GVO), in § 5 Abs. 4 wahlweise die Benennung eines internen oder externen Datenschutzbeauftragten (vgl. Art. 37 Abs. 6 DS-GVO) sowie in § 5 Abs. 5 die Publikation der Kontaktdaten des Datenschutzbeauftragten (vgl. Art. 37 Abs. 7 DS-GVO).

17   **§ 6 BDSG 2018** regelt die **Stellung des Datenschutzbeauftragten**, obgleich auch Art. 38 DS-GVO hierzu Regelungen enthält.[24] Nach § 6 Abs. 1 BDSG 2018 ist der Datenschutzbeauftragte ordnungsgemäß und frühzeitig in alle, mit dem personenbezogenen Datenschutz zusammenhängenden Fragen einzubinden. § 6 Abs. 2 BDSG 2018 regelt die Unterstützung des Datenschutzbeauftragten durch die Bereitstellung von erforderlichen Ressourcen, den Zugang zu personenbezogenen Daten und Bearbeitungsvorgängen sowie die zur Erhaltung seines Fachwissens erforderlichen Ressourcen. In § 6 Abs. 3 BDSG 2018 ist die Weisungsfreiheit in Bezug auf die Ausübung der Aufgaben (*„dieser Aufgaben"*) geregelt, sowie die Berichterstattung an die höchste Leitungsebene der öffentlichen Stelle und das Abberufungs- und Benachteiligungsverbot wegen der Erfüllung seiner Aufgaben.

18   Während § 6 Abs. 3 BDSG 2018 sowie Art. 38 Abs. 3 Satz 2 DS-GVO schlicht regeln, dass der Datenschutzbeauftragte von dem Verantwortlichen oder dem Auftragsverarbeiter wegen der Erfüllung seiner Aufgaben nicht abberufen oder benach-

---

[22] Schantz/Wolff/*Wolff*, Das neue DatSchR, 2017, S. 276, Paal/Pauli/*Paal*, DS-GVO Art. 37 Rn. 6; Kühling/Buchner/*Berndt*, DS-GVO Art. 36 Rn. 16; vgl. Ehmann/Selmayr/*Heberlein,* DS-GVO Art. 37 Rn. 19.
[23] Schantz/Wolff/*Wolff*, Das neue DatSchR, 2017, S. 276.
[24] Siehe → Rn. 60 ff.

teiligt werden darf, geht § 6 Abs. 4 BDSG 2018 darüber hinaus und regelt einen speziellen **Kündigungsschutz**. Der Datenschutzbeauftragte darf nur in entsprechender Anwendung des § 626 BGB abberufen werden. Die Kündigung des Arbeitsverhältnisses ist damit unzulässig, es sei denn, dass Tatsachen vorliegen, welche die öffentliche Stelle zur Kündigung aus wichtigem Grund ohne Einhaltung einer Kündigung berechtigen. Nach dem Ende der Tätigkeit als Datenschutzbeauftragter ist die Kündigung des Arbeitsverhältnisses innerhalb eines Jahres unzulässig, es sei denn, dass die öffentliche Stelle zur Kündigung aus wichtigem Grund ohne Einhaltung einer Kündigungsfrist berechtigt ist. Das BDSG 2018 greift damit den Kündigungsschutz des BDSG-alt auf.

Durch § 6 Abs. 5 BDSG 2018 wird die Anrufung des Datenschutzbeauftragten **19** durch betroffene Personen geregelt (vgl. auch Art. 38 Abs. 4 DS-GVO). Während Art. 38 Abs. 5 DS-GVO lediglich vorsieht, dass der Datenschutzbeauftragte bei der Erfüllung seiner Aufgaben an die Wahrung der Geheimhaltung oder der Vertraulichkeit gebunden ist, geht § 6 Abs. 5 Satz 2 DS-GVO hierüber hinaus. Danach ist der Datenschutzbeauftragte zur **Verschwiegenheit über die Identität der betroffenen Person** sowie über Umstände, die Rückschlüsse auf die betroffene Person zulassen, verpflichtet, soweit die betroffene Person ihn nicht davon befreit.

§ 6 Abs. 6 BDSG 2018 sieht – was in Artt. 37–39 DS-GVO nicht geregelt ist – ein **20** Zeugnisverweigerungsrecht des Datenschutzbeauftragten vor. Wenn der Datenschutzbeauftragte bei seiner Tätigkeit Kenntnis von Daten erhält, für die der Leitung oder einer bei der öffentlichen Stelle beschäftigten Person aus beruflichen Gründen ein **Zeugnisverweigerungsrecht** zusteht, steht dieses Recht auch dem Datenschutzbeauftragten und den ihm unterstellten Beschäftigten zu. Über die Ausübung des Rechts entscheidet die Person, der das Zeugnisverweigerungsrecht aus beruflichen Gründen zusteht, es sei denn, dass diese Entscheidung in absehbarer Zeit nicht herbeigeführt werden kann.[25] Ergänzt wird das Zeugnisverweigerungsrecht in § 6 Abs. 6 Satz 3 BDSG 2018 durch ein **Beschlagnahmeverbot** im Umfang des Zeugnisverweigerungsrechts.

Artt. 37–39 DS-GVO sehen keine umfängliche Öffnungsklausel vorsehen. Daher **21** stellt sich die **Frage der Unionskonformität dieser Regelung.** Für eine Unionskonformität wird angeführt, dass Art. 37 DS-GVO durch die ausdrückliche Sonderstellung des behördlichen Datenschutzbeauftragten konkludent auf die Ausgestaltungsbefugnis der Mitgliedsstaaten im Organisationsbereich verweist.[26] Weiter sei durch die Möglichkeit, in weiteren Fällen Datenschutzbeauftragte durch mitgliedsstaatliches Recht zu normieren,[27] die Materie insgesamt teilweise für das mitgliedsstaatliche Recht geöffnet.[28] Schließlich spricht für die Regelungsbefugnis auch die Organisationshoheit der Länder.[29] Gleichwohl bleiben Zweifel an der Unionskonformität, insbesondere wegen des Fehlens einer ausdrücklichen Öffnungsklausel.

§ 7 BDSG 2018 regelt die **Aufgaben des Datenschutzbeauftragten.** Diese Regelung **22** lung ist inhaltlich an Art. 39 DS-GVO ausgerichtet, geht jedoch inhaltlich über diesen hinaus. Da die Benennung der Aufgaben in Art. 39 Abs. 1 DS-GVO nicht enumerativ ist, besteht Spielraum für nationale Regelungen.

---

[25] § 6 Abs. 6 Satz 2 BDSG-neu.
[26] Schantz/Wolff/*Wolff*, Das neue DatSchR, 2017, S. 276.
[27] Siehe → Rn. 29 ff.
[28] Schantz/Wolff/*Wolff*, Das neue DatSchR, 2017, S. 276.
[29] Schantz/Wolff/*Wolff*, Das neue DatSchR, 2017, 276.

2. Benennungspflicht aufgrund der Kerntätigkeit

23　Für eine Benennungspflicht nach Art. 37 Abs. 1 lit. b und lit. c DS-GVO ist es entscheidend, ob die **„Kerntätigkeit" des Verantwortlichen oder des Auftragsverarbeiters** aus einer der in Art. 37 Abs. 1 lit. b oder lit. c DS-GVO genannten Tätigkeiten besteht. ErwGr 97 S. 2 DS-GVO beschreibt für den privaten Sektor die Kerntätigkeit als die **Haupttätigkeit eines Verantwortlichen** und grenzt die Verarbeitung personenbezogener Daten als Nebentätigkeit aus. Danach sollen nur die Geschäftsbereiche, die für die Umsetzung der Unternehmensstrategie entscheidend sind und nicht bloß routinemäßige Verwaltungsaufgaben darstellen, als Kerntätigkeit verstanden werden.[30] Diese enge Voraussetzung führt dazu, dass in Bezug auf die Gesamtwirtschaft nur wenige Unternehmen in den Anwendungsbereich des Art. 37 Abs. 1 DS-GVO fallen.[31]

24　Ob mit dieser Beschreibung tatsächlich in der **praktischen Handhabung** Rechtsicherheit gewonnen ist, lässt sich bezweifeln.[32] Sicherlich kann vertreten werden, dass der Betreiber eines Handelsgeschäfts, der Kundendaten analysiert, um seinen Kunden Produktvorschläge zu unterbreiten – sei es offline, sei es online – nicht unter die Verpflichtung fällt, da seine Haupttätigkeit der Verkauf von Waren ist.[33] Andererseits wird vertreten, dass Unternehmen mit persönlich individualisierten Marktstrategien[34] und Betreiber von sozialen Netzwerken, deren Werbeinhalte gerade durch eine fortlaufende Beobachtung des Nutzerverhaltens angepasst werden,[35] in den Anwendungsbereich der Regelung fallen. Ebenso soll dies für Versicherungsunternehmen mit Risikobewertungen gelten,[36] obwohl sich hiergegen argumentieren ließe, dass das Kerngeschäft einer Versicherung eben nicht Risikobewertung ist, sondern der Vertrieb und das Erbringen von Versicherungsdienstleistungen. Auskunfteien, die Scoring durchführen,[37] und Adresshändler, die Datenbestände aufbauen um sie Dritten zu Marketingzwecken zur Verfügung zu stellen,[38] fallen hingegen sicherlich in den Anwendungsbereich. Dies macht deutlich, dass dem Kriterium Kerntätigkeit die Trennschärfe fehlt. Im Ergebnis wird sich eine starre Betrachtung verbieten und unter Berücksichtigung des risikobasierten Ansatzes der DS-GVO sowie des Schutzes der Rechte und Freiheiten der betroffenen Personen darauf abzustellen sein, ob die Daten die „Ware" sind oder ob die Verarbeitung der personenbezogenen Daten als Hilfstätigkeit zur Verfolgung des eigenen Geschäftszwecks erfolgt.

25　Dasselbe gilt im Ergebnis auch für das weitere **Merkmal „umfangreiche" Verarbeitung personenbezogener Daten** in Art. 37 Abs. 1 lit. b und c DS-GVO. Die DS-GVO selbst enthält hierfür keine Konkretisierung. Eine konkrete Zahl wird sich ebenfalls kaum festlegen lassen, sodass es unter Berücksichtigung des risikoba-

---

[30] Schantz/Wolff/*Wolff*, Das neue DatSchR, 2017, S. 277; Paal/Pauly/*Paal*, DS-GVO Art. 37 Rn. 8; *Jaspers/Reif*, RDV 216, 61 (62); vgl. Klug ZD 2016, 315 (316); Kühling/Buchner/*Bergt*, DS-GVO Art. 36 Rn. 19; Ehmann/Selmayr/*Heberlein*, DS-GVO Art. 37 Rn. 25.

[31] Wybitul DS-GVO-HdB /Ettig/Bausewein, Art. 37 Rn. 11.

[32] Vgl. Wybitul DS-GVO-HdB/*Ettig/Bausewein*, DS-GVO Art. 37 Rn. 11; Schantz/Wolff/*Wolff*, Das neue DatSchR, 2017, S. 277.

[33] So Wybitul DS-GVO-HdB/*Ettig/Bausewein*, Art. 37 Rn. 11; *Gierschmann* ZD 2016, 51 (52).

[34] So Schantz/Wolff/*Wolff*, Das neue DatSchR, 2017, S. 277.

[35] So Wybitul DS-GVO-HdB/*Ettig/Bausewein*, Art. 37 Rn. 11.

[36] So Schantz/Wolff/*Wolff*, Das neue DatSchR, 2017, S. 277.

[37] So Schantz/Wolff/*Wolff*, Das neue DatSchR, 2017, S. 277.

[38] So Wybitul DS-GVO-HdB/*Ettig/Bausewein*, Art. 37 Rn. 11 unter Bezugnahme auf *Hornung*, ZD 2012, 99 (104).

sierten Ansatzes der DS-GVO im konkreten Fall darauf ankommt, welche Quantität der Verarbeitung gegeben ist.[39]

Nach Art. 37 Abs. 1 lit. b DS-GVO muss die **Kerntätigkeit in der Durchführung von Verarbeitungsvorgängen** bestehen, welche aufgrund ihrer Art, ihres Umfangs und/oder ihrer Zwecke eine umfangreiche, regelmäßige und systematische Überwachung von betroffenen Personen erforderlich machen. Diese Regelung zielt offenbar auf Verarbeitungsformen wie Profiling.[40] Hierunter fallen bspw. Auskunfteien, die Scoring betreiben.   26

Nach Art. 37 Abs. 1 lit. c DS-GVO sind Verantwortliche und Auftragsverarbeiter, deren Kerntätigkeit in der umfangreichen Verarbeitung von **Daten gem. Art. 9 DS-GVO** oder von personenbezogenen Daten über strafrechtliche Verurteilungen und Straftaten **gem. Art. 10 DS-GVO** besteht, zur Benennung eines Datenschutzbeauftragten verpflichtet. In dieser Regelung setzt sich das in der DS-GVO bereits durch die Einführung von Sonderregelungen in Art. 9 DS-GVO und Art. 10 DS-GVO für die Verarbeitung solcher Daten vorgesehene besondere Schutzniveau fort.   27

Art. 37 Abs. 1 lit. b und c DS-GVO nehmen gleichermaßen den Verantwortlichen und den **Auftragsverarbeiter** in die Pflicht.[41] Dies erscheint mit Blick auf die Stellung des Auftragsverarbeiters, wie sie insbesondere in Art. 4 Nr. 8 und Artt. 28, 29 DS-GVO zum Ausdruck kommt, nur eingeschränkt stimmig. Die Rolle des Auftragsverarbeiters ist hiernach dadurch gekennzeichnet, dass er nach Weisung des Verantwortlichen personenbezogene Daten für den Verantwortlichen verarbeitet. Er nimmt eine solche Tätigkeit nur als abhängige Kerntätigkeit wahr. Es lässt sich aber argumentieren, dass die Einbeziehung des Auftragsverarbeiters in die Pflichtenstellung nach Art. 37 Abs. 1 lit. a und lit. b DS-GVO dem Schutzbedürfnis der betroffenen Person bei solchen Tätigkeiten Rechnung trägt. Unter diesem Aspekt lässt sich auch die andere Bewertung als im Rahmen von Art. 37 Abs. 1 lit. a DS-GVO rechtfertigen, da Art. 37 Abs. 1 lit. a DS-GVO pauschal an die Eigenschaft des Auftraggebers anknüpft.[42] Die Konsequenz für den Auftragsverarbeiter ist, dass er nicht nur aufgrund eigener Tätigkeit zur Benennung eines Datenschutzbeauftragten verpflichtet sein kann, sondern auch aufgrund abhängiger und weisungsgebundener Tätigkeit. Der Regelung ist damit aber auch immanent, dass die Benennungspflicht für Auftragsverarbeiter nur dann besteht, wenn er die in Art. 37 Abs. 1 lit. b und lit. c DS-GVO beschriebene Kerntätigkeit für den Auftraggeber – also für den Verantwortlichen – ausführt und nicht schon, wenn er hierfür nur die technischen Rahmenbedingungen (wie bspw. Cloud-Services) zur Verfügung stellt.   28

II. Pflicht zur Benennung eines Datenschutzbeauftragten nach nationalem Recht

Art. 37 Abs. 4 S. 1 HS. 2 DS-GVO sieht vor, dass in anderen als den in Abs. 1 genannten Fällen ein Datenschutzbeauftragter benannt werden muss, *„falls dies nach dem Recht der Union oder der Mitgliedsstaaten vorgeschrieben ist"* (**Öffnungsklausel**).[43] **Kriterien oder Vorgaben zur Ausgestaltung dieser Pflicht** enthält Art. 37 DS-GVO nicht.   29

---

[39] Ebenso Wybitul DS-GVO-HdB/*Ettig/Bausewein*, Art. 37 Rn. 12.

[40] Vgl. Schantz/Wolff/*Wolff*, Das neue DatSchR, 2017, S. 277; vgl. Paal/Pauli/*Paal*, DS-GVO Art. 37 Rn. 8; Siehe → § 16, insbesondere Rn. 12 ff und 52 ff.

[41] Zum Auftragsverarbeiter siehe → § 11 Rn. 5 ff.

[42] Siehe → Rn. 15.

[43] Schantz/Wolff/*Wolff*, Das neue DatSchR, 2017, S. 278; Roßnagel/*Maier/Ossoinig*, DS-GVO, 2017, S. 211; Wybitul DS-GVO-HdB/*Ettig/Bausewein*, Art. 37 Rn. 2.

30 Der deutsche Gesetzgeber hat mit § 38 BDSG 2018 von der Öffnungsklausel Gebrauch gemacht. In § 38 Abs. 1 BDSG 2018 sieht der deutsche Gesetzgeber zwei weitere Fälle von Pflichtbenennungen in Anlehnung an § 4f BDSG-alt vor. Für das Verständnis der Regelungen in § 38 BDSG 2018 ist zu sehen, dass § 4f Abs. 1 BDSG-alt von einem anderen Regel-Ausnahme-Verhältnis als Art. 37 DS-GVO geprägt war. Art. 37 DS-GVO und dem folgend § 38 BDSG 2018 gehen von dem Grundsatz aus, dass keine Benennungspflicht besteht (Regelfall). Eine Pflicht zur Benennung besteht nur unter den Voraussetzungen des Art. 37 DS-GVO und § 38 BDSG 2018 (Ausnahme). Nach § 4f Abs. 1 S. 1 BDSG-alt war die Pflicht zur Bestellung eines „Beauftragten für den Datenschutz" der Grundsatz (Regelfall des BDSG-alt). § 4f Abs. 1 S. 4 BDSG-alt sah hiervon eine Ausnahme vor für nicht-öffentliche Stellen, die in der Regel höchstens neun Personen ständig mit der automatisierten Verarbeitung personenbezogener Daten beschäftigen (Ausnahmefall des BDSG-alt). Gleichwohl bestand nach § 4f Abs. 1 S. 5 BDSG-alt, unabhängig von der Anzahl der mit der automatisierten Verarbeitung personenbezogener Daten Beschäftigen, eine Pflicht zur Bestellung, soweit nicht-öffentliche Stellen automatisierte Verarbeitungen vornahmen, die einer Vorabkontrolle unterliegen oder personenbezogene Daten geschäftsmäßig zum Zwecke der Übermittlung, der anonymisierten Übermittlung oder für Zwecke der Markt- oder Meinungsforschung automatisiert verarbeiten (Rückausnahme des BDSG-alt).

31 Nach § 38 Abs. 1 S. 1 BDSG 2018 haben Verantwortliche und Auftragsverarbeiter einen Datenschutzbeauftragten zu benennen, *„soweit sie in der Regel mindestens zehn Personen ständig mit der automatisierten Verarbeitung personenbezogener Daten beschäftigen."* Damit wurde die bisherige Regelung in § 4f Abs. 1 S. 4 BDSG-alt inhaltlich übernommen. Die Veränderung in der Formulierung ergibt sich allein daraus, dass dem geänderten Regel-Ausnahme-Verhältnis[44] Rechnung getragen werden muss. Für die Merkmale „in der Regel" und „ständig" kann auf die bisherige Auslegung zu § 4f Abs. 1 S. 4 BDSG-alt zurückgegriffen werden. Der Terminus „automatisierte Verarbeitung"[45] wird in der DS-GVO verwendet und unterliegt daher einer unionseinheitlichen Auslegung. An die Auslegung nach BDSG-alt kann insoweit nicht angeknüpft werden kann.

32 Nach § 38 Abs. 2 HS. 1 BDSG 2018 besteht die Pflicht zur Benennung eines Datenschutzbeauftragten, wenn der Verantwortliche oder Auftragsverarbeiter Verarbeitungen vornimmt, **die einer Datenschutz-Folgenabschätzung** nach Art. 35 DS-GVO unterliegen. Diese Regelung knüpft an § 4f Abs. 1 S. 6 HS. 1 BDSG-alt, der bei automatisierten Verarbeitungen, die einer Vorabkontrolle im Sinne des § 4g Abs. 5 S. 1 BDSG-alt unterlagen, eine Pflichtbenennung vorsah. Auch wenn die Datenschutz-Folgenabschätzung eine gedankliche Fortsetzung dieser Vorabkontrolle ist, verkennt die Fortschreibung der Benennungspflicht im BDSG 2018 die grundlegenden Unterschiede beider Pflichten. Mit dieser Bezugnahme wird im Ergebnis die Komplexität der Datenschutz-Folgenabschätzung[46] – und auch die gerade zu Beginn der Anwendung der DS-GVO bestehende die Rechtunsicherheit bei der Auslegung des Art. 35 DS-GVO – in die Frage der Benennungspflicht eines Datenschutzbeauftragten inkorporiert.

33 Nach § 38 Abs. 1 S. 2 HS. 2 BDSG 2018 haben der Verantwortliche oder der Auftragsverarbeiter, die personenbezogene Daten geschäftsmäßig zum Zwecke der

---

[44] Siehe → Rn. 30.
[45] Siehe → § 8 Rn. 21 ff.
[46] Siehe → § 17 Rn. 39 ff.

Übermittlung, der anonymisierten Übermittlung oder für Zwecke der Markt- oder Meinungsforschung verarbeiten, die Pflicht einen Datenschutzbeauftragten zu benennen. Damit wird die Regelung in § 4f Abs. 1 S. 6 HS. 2 BDSG-alt aufgegriffen. Für das Verständnis dieser Regelung muss auf Begrifflichkeiten des BDSG-alt zurückgegriffen werden:

Der Terminus „geschäftsmäßig" lässt sich aus dem BDSG 2018 und der DS- **34** GVO heraus allein nicht verstehen. Hierzu muss auf das Verhältnis der §§ 28, 29 BDSG-alt zueinander abgestellt werden. Der Anwendungsbereich der Regelungen in § 28 BDSG-alt wurde vom Anwendungsbereich des § 29 BDSG-alt dadurch abgegrenzt, dass § 28 BDSG-alt bei einer Verarbeitung „für die Erfüllung eigener Geschäftszwecke" zur Anwendung kam,[47] wohingegen § 29 BDSG-alt auf das „geschäftsmäßige Erheben, Speichern, Verändern oder Nutzen personenbezogener Daten zum Zweck der Übermittlung" zur Anwendung kam.[48] Bereits unter dem BDSG-alt war diese Abgrenzung anhand des Begriffs „geschäftsmäßig" nicht leicht zu verstehen, da auch eine Datenverarbeitung nach § 28 BDSG-alt typischerweise geschäftsmäßig erfolgte. Denn wenn sie nicht geschäftsmäßig, sondern ausschließlich für persönliche oder familiäre Tätigkeiten erfolgen würde, wäre das BDSG-alt nach § 1 Abs. 2 Nr. 3 BDSG-alt schon nicht zur Anwendung gekommen. Unter dem BDSG-alt hat sich dabei zur Verbildlichung der erforderlichen Abgrenzung Folgendes herausgebildet: Erfolgte die Datenverarbeitung als Hilfstätigkeit zur Erreichung des eigentlichen Geschäftszwecks, so war § 28 BDSG-alt anzuwenden, wohingegen § 29 BDSG-alt dann anzuwenden war, wenn die Verarbeitung der Daten der eigentliche Geschäftszweck war (Stichwort: Daten als Ware). § 28 Abs. 3 BDSG-alt machte dabei deutlich, dass allein das Bereitstellen von Daten an Dritte zu Marketingzwecken nicht zwingend und automatisch eine Einordnung unter § 29 BDSG-alt erforderte. Da § 29 BDSG-alt andererseits inhaltlich für den Bereich Werbe- und Adresshandel auf die Regelung in § 28 Abs. 3–3b BDSG-alt verwies, war auch deutlich, dass die Bereitstellung von Daten zu Marketingzwecken nicht allein nach § 28 BDSG zu behandeln war. Mithin musste in diesen Bereichen auch eine Abgrenzung an einer Art „Kerntätigkeit" des Unternehmens zur Bestimmung der Anwendung des § 28 oder § 29 BDSG-alt stattfinden. Dieser Aspekt der Abgrenzung zwischen § 28 BDSG-alt einerseits und § 29 BDSG-alt andererseits, erinnert an die oben dargestellte Auslegung des Merkmals „Kerntätigkeit" in Art. 37 Abs. 1 lit. b und lit. c DS-GVO. Wenngleich natürlich eine Auslegung des unionsrechtlich geprägten Begriffs „Kerntätigkeit" durch das BDSG-alt nicht möglich ist, so ist gleichwohl ein Rückgriff auf die zur Abgrenzung von §§ 28, 29 BDSG-alt angestellte Überlegung unter diesem Aspekt sinnvoll.

Auch unter weiteren Aspekten scheint die Übernahme der Formulierung in § 38 **35** Abs. 1 S. 2 HS. 2 wenig sinnvoll: Der Begriff „Übermittlung" ist zwar in der DS-GVO nicht legaldefiniert, wird aber in der DS-GVO verwendet (vgl. Art. 4 Nr. 2 DS-GVO), womit eine Auslegung anhand der Definition in § 3 Abs. 4 S. 2 Nr. 3 BDSG-alt aufgrund des Erfordernis der unionsweit einheitlichen Auslegung nicht in Betracht kommt. Der Begriff „Anonymisierung" ist in Art. 4 DS-GVO nicht legaldefiniert. Aus ErwGr 26 ergeben sich jedoch Anhaltspunkte für das Verständnis von „anonym".

---

[47] Siehe auch die gesetzliche Überschrift des § 28 BDSG-alt: „Datenerhebung und -speicherung für eigene Geschäftszwecke".

[48] Siehe auch die gesetzliche Überschrift des § 29 BDSG-alt: „Geschäftsmäßige Datenerhebung und –speicherung zum Zwecke der Übermittlung".

36   Selbst wenn aufgrund der Öffnungsklausel und dem damit für § 38 BDSG 2018 eröffneten nationalen Spielraum, eine **nationale – und eben nicht unionsweite – Auslegung** der in § 38 Abs. 1 BDSG 2018 verwendeten Begriffe in Betracht kommt, muss hiervon Abstand genommen und eine unionsweite einheitliche Auslegung zugrunde gelegt werden. Denn es konterkariert den Ansatz der DS-GVO, ein unionseinheitliches Datenschutzrecht zu schaffen, wenn ohne Not eine „Parallel-Auslegung" nach Unionsrecht und nationalem Recht für dieselben Begrifflichkeiten stattfindet. Dies ist auch der Rechtsicherheit abträglich. So begrüßenswert aus nationaler Sicht die Übernahme der alten Regelung aus § 4f Abs. 1 BDSG-alt in § 38 BDSG 2018 ist, so hätte der Gesetzgeber gut daran getan, die Übernahme auf § 38 Abs. 1 S. 1 zu beschränken und für die Fälle des § 38 Abs. 1 S. 2 entweder terminologisch an die DS-GVO oder an die in der DS-GVO verwendete Begrifflichkeit „Risiko" und „hohes Risiko"[49] anzuknüpfen. Wenngleich dem Gesetzgeber natürlich zuzugeben ist, dass das Anknüpfen an diese Begrifflichkeiten ebenfalls Kritik ausgelöst hätte, weil keine hinreichenden Anhaltspunkte in der DS-GVO dahingehend bestehen, wie diese Begriffe auszulegen sind und sie bis zu einer Klärung durch den EuGH mit einer erheblichen Rechtsunsicherheit behaftet sein werden.

37   § 38 Abs. 2 BDSG 2018 erklärt die § 6 Abs. 4, 5 S. 2 und Abs. 6 BDSG 2018 für anwendbar, § 6 Abs. 4 BDSG 2018 jedoch nur für die Pflichtbenennung.[50] Zunächst stellt sich jedoch die Frage, ob die Bezugnahme durch § 38 Abs. 2 BDSG 2018 ausschließlich für die nach § 38 Abs. 1 BDSG 2018 zu benennenden Datenschutzbeauftragten gilt oder für alle Konstellationen der Benennung nach der DS-GVO.[51] Aus dem Umstand, dass § 38 Abs. 2 HS. 2 BDSG 2017 eine Ausnahme für freiwillig benannte Datenschutzbeauftragten von der Regelung des § 6 Abs. 4 BDSG 2018 vorsieht, ist von der Anwendung des § 38 Abs. 2 BDSG 2018 auf alle Konstellationen der Benennung auszugehen. Denn § 38 Abs. 1 BDSG 2018 regelt nicht Fälle der freiwilligen Benennung, sondern nur solche der Pflichtbenennung, wohingegen Art. 37 DS-GVO sowohl die Pflicht- als auch die freiwillige Benennung vorsieht.[52]

38   Aufgrund der Regelungsmaterie der DS-GVO und der Gesetzgebungszuständigkeit ist davon auszugehen, dass der nationale Gesetzgeber **ohne Verstoß gegen das Unionsrecht und ohne Anwendungsvorrang der DS-GVO** berechtigt ist, einen **nationalen Kündigungsschutz** zu regeln.[53] Der in § 6 Abs. 4 BDSG 2018 geregelte besondere Kündigungsschutz gilt nach § 38 Abs. 2 HS. 2 BDSG 2018 aber nur für Pflichtbenennungen.

III. Freiwillige Benennung eines Datenschutzbeauftragten

39   Art. 37 Abs. 4 S. 1 HS. 1 DS-GVO sieht vor, dass der Verantwortliche und der Auftragsverarbeiter jederzeit einen Datenschutzbeauftragten freiwillig benennen können (**Freiwillige Benennung**).[54]

40   Darüber hinaus sieht Art. 37 Abs. 4 S. 1 HS. 1 DS-GVO vor, dass Verbände und andere Vereinigungen, die Kategorien von Verantwortlichen oder Auftragsverarbeitern vertreten, einen Datenschutzbeauftragten (**Datenschutzbeauftragter von Verbänden und anderen Vereinigungen**) benennen können. Der Sinngehalt dieses

---

[49] Vgl. Artt. 33, 34, 35 DS-GVO.
[50] Siehe → Rn. 17 ff.
[51] Siehe → Rn. 10.
[52] Es geltend hierzu die obigen Ausführungen zu § 6 BDSG-neu entsprechend.
[53] Ebenso Schantz/Wolff/*Wolff*, Das neue DatSchR, 2017, S. 277; *Franck/Reif*, ZD 2015, 405 ff.
[54] Schantz/Wolff/*Wolff*, Das neue DatSchR, 2017, S. 278.

zweiten Teils erschließt sich nicht. Soweit der Verband oder eine andere Vereinigung ein Verantwortlicher oder Auftragsverarbeiter ist, ist in Art. 37 DS-GVO bereits hinreichend geregelt, unter welchen Voraussetzungen die Pflicht zur Benennung besteht und dass im Übrigen die Möglichkeit zur freiwilligen Benennung besteht.

Für Unternehmensgruppen ist in Art. 37 Abs. 2 und für Behörden oder andere **41** öffentliche Stellen in Art. 37 Abs. 3 DS-GVO die Möglichkeit zur **Benennung eines gemeinsamen Datenschutzbeauftragten** geregelt. Die Regelungen in Art. 37 Abs. 4 S. 1 HS. 1, Alt. 2 DS-GVO lässt sich daher nur so verstehen, dass Verbände und andere Vereinigungen für die durch sie vertretenen Unternehmen dann einen gemeinsamen Datenschutzbeauftragten benennen können, wenn es sich um eine freiwillige Benennung für alle handelt. Dass es sich um eine freiwillige Benennung handeln muss, lässt sich aus der Einleitung des Art. 37 Abs. 4 S. 1 DS-GVO schließen.

Für den freiwillig benannten Datenschutzbeauftragten gelten dieselben Regelungen der DS-GVO wie für den pflichtgemäß benannten Datenschutzbeauftragten.[55] **42**

Das bedeutet, dass der Verantwortliche und der Auftragsverarbeiter bei der Einsetzung von Mitarbeitern und/oder externen Dritten zur Umsetzung des Datenschutzrechts differenzieren und deutlich machen muss,[56] ob er diese als Datenschutzbeauftragter oder in andere Funktion bspw. als **Chief-Data-Officer (CDO)** einsetzt. Denn für den Datenschutzbeauftragten sind die Stellung, Pflichten und Aufgaben durch Artt. 38, 39 DS-GVO festgelegt und nicht frei gestaltbar.[57] Dem Datenschutzbeauftragten dürfen nach der DS-GVO zwar weitere Aufgaben als die Pflichtaufgaben nach Art. 39 Abs. 1 DS-GVO übertragen werden.[58] Allerdings ist dies nur in dem Maß zulässig, in dem diese weiteren Aufgaben nicht mit den zugewiesenen Aufgaben kollidieren (Art. 38 Abs. 6 DS-GVO).[59] Auch hierdurch kann sich eine Unterscheidung zwischen einem CDO und einem Datenschutzbeauftragten zwingend ergeben. Denn während der CDO im Wege der Delegation die Aufgaben des Unternehmens zur Einhaltung der DS-GVO (vgl. Art. 5 Abs. 2, Art. 12, 24, 35 DS-GVO.) übernehmen kann, dürfte es mit der Rolle des Datenschutzbeauftragten unvereinbar sein, diese an ihn zu delegieren.[60] **43**

IV. Qualifikation des Datenschutzbeauftragten

Der Datenschutzbeauftragte wird nach Art. 37 Abs. 5 DS-GVO auf der Grundlage seiner **beruflichen Qualifikation und insbesondere des Fachwissens** benannt, das er auf dem Gebiet des Datenschutzrechts und der Datenschutzpraxis besitzt, sowie auf der Grundlage seiner **Fähigkeit zur Erfüllung der in Art. 39 DS-GVO genannten Aufgaben.** Damit stellt Art. 37 Abs. 5 DS-GVO eine Reihe von Anforderungen an die fachliche Eignung auf. Die im **Entwurfstext des EU-Parlaments** zur DS-GVO formulierten Mindestanforderungen in Bezug auf das Fachwissen sind nicht in Art. 37 DS-GVO eingeflossen.[61] **44**

---

[55] Siehe → Rn. 12.
[56] Siehe zum Fehlen von Formvorschriften für die Benennung → Rn. 53.
[57] Siehe zur Möglichkeit der Übertragung weiterer Aufgaben auf den Datenschutzbeauftragten → Rn. 86 ff.
[58] Siehe → Rn. 86 ff., 89 ff.
[59] Siehe → Rn. 89 ff.
[60] Vgl. Art. 39 Abs. 1, Art. 35 Abs. 2 DS-GVO; siehe ausführlich → Rn. 91.
[61] ErwGr 75a des Beschlusses des europäischen Parlaments vom 12.3.2014 zu dem Vorschlag der europäischen Kommission zur DS-GVO interinstitutionelles Dossiers des Rates der europäischen

45 Aufgrund der Bezugnahme auf seine Fähigkeit zur Erfüllung seiner in Art. 39 DS-GVO genannten Aufgaben ergibt sich, dass es **kein abstrakt beschreibbares Anforderungsprofil** gibt. Je größer der Umfang der Datenverarbeitung und je höher das Risiko und der Schutzbedarf, desto höhere Anforderungen sind daher an das erforderliche Fachwissen zu stellen.[62]

46 Der Datenschutzbeauftragte wird zwar in erster Linie aufgrund seiner beruflichen Qualifikation benannt. Aus der Formulierung „und insbesondere des Fachwissens" ergibt sich, dass sein **Fachwissen auf dem Gebiet des Datenschutzrechts und der Datenschutzpraxis nur eine Teilkomponente** der Qualifikationskriterien ist.

47 Dies ist auch relevant für die Frage, ob ein zu benennender Datenschutzbeauftragter über die erforderliche Qualifikation **bereits im Zeitpunkt der Benennung** verfügen muss oder sich diese nach seiner Benennung verschaffen kann. Gerade für Verantwortliche, die auf einen Angestellten als Datenschutzbeauftragten zurückgreifen wollen und insbesondere dies dann, wenn dieser im Unternehmen nicht ausschließlich die Rolle des Datenschutzbeauftragen als Vollzeitkraft ausfüllt, sondern auch andere Tätigkeiten im Unternehmen wahrnimmt,[63] ist es entscheidend, ob die Person zunächst qualifiziert und dann benannt oder zunächst benannt und dann entsprechend qualifiziert werden kann. Entscheidend ist dies auch, da die Pflicht zur Benennung nach Art. 37 DS-GVO sofort und unmittelbar gilt und nicht wie bspw. § 4f Abs. 1 S. 2 BDSG-alt für die Benennung einen Zeitraum von bis zu einem Monat nach Aufnahme der Tätigkeit vorsieht. Art. 37 Abs. 5 DS-GVO scheint durch die gewählte Formulierung Spielraum dafür zu bieten, dass der benannte Datenschutzbeauftragte zum Zeitpunkt seiner Benennung diese Anforderungen noch nicht vollständig erfüllen können muss. Entsprechend dem risikobasierten Ansatz der DS-GVO, welcher auch in Bezug auf die Ausübung der Tätigkeit durch den Datenschutzbeauftragten in Art. 39 Abs. 2 DS-GVO zum Ausdruck kommt, wird anhand der in Art. 39 Abs. 2 DS-GVO beschriebenen Kriterien darüber zu entscheiden sein, ob der Datenschutzbeauftragte bereits bei Aufnahme seiner Tätigkeit über die vollständige Qualifikation nach Art. 39 Abs. 5 DS-GVO in Bezug auf das Fachwissen verfügen muss oder nicht. Hierfür spricht auch, dass Art. 37 Abs. 5 DS-GVO auf Art. 39 DS-GVO und damit auch auf Art. 39 Abs. 2 DS-GVO Bezug nimmt.

48 Das **Fachwissen** des Datenschutzbeauftragten muss sich **sowohl auf das Datenschutzrecht als auch auf die Datenschutzpraxis** beziehen. Allein aus der Bezugnahme auf die „Datenschutzpraxis" lässt sich ebenfalls nicht schließen, dass der Datenschutzbeauftragte bereits vor Übernahme seiner Tätigkeit hierzu qualifiziert sein muss. Daraus zu schließen ist aber, dass der Datenschutzbeauftragte über Kenntnisse in Bezug auf das Datenschutzrecht entsprechend der Erfüllung seiner Tätigkeit nach Art. 39 DS-GVO, insbesondere unter Berücksichtigung des risikobasierten Ansatzes in Art. 39 Abs. 2 DS-GVO, verfügen muss. Während Kenntnisse der DS-GVO sowie des BDSG 2018 generell als zwingend zu betrachten sind, müssen je nach Tätigkeit weitere Rechtskenntnisse bspw. im Bereich Datenschutz der Kommunikationsdienste[64] oder im Bereich des Sozialdatenschutzes verfügen muss.

Union vom 27.3.2014, 2912/0011 (COD), 7427/1/14, REV 1.; vgl. Wybitul DS-GVO-HdB/*Ettig/ Bausewein*, Art. 37 Rn. 18 vgl. *Klug*, RDV 2014, 90 ff.; *Bittner*, RDV 2014, 138 ff..

[62] Roßnagel/*Maier/Ossoinig*, DS-GVO, 2017, S. 212; Wybitul DS-GVO-HdB/*Ettig/Bausewein*, Art. 37 Rn. 17; so auch ErwGr 97 DS-GVO.

[63] Vgl. zur Zulässigkeit Art. 38 Abs. 6 DS-GVO.

[64] Zum Datenschutz im Bereich der Kommunikationsdienste siehe → § 26.

Darüber hinaus sollte der Datenschutzbeauftragte auch über technisches Verständnis verfügen, um Sachverhalte der Informationstechnologie zu verstehen und Risiken aus IT-Systemen und Applikationen in IT-Prozessen erkennen zu können, sowie – je nach Tätigkeit des Unternehmens – sinnvollerweise auch über betriebswirtschaftliche und organisatorische Grundkenntnisse verfügen, um Sachverhalte im Unternehmenskontext beurteilen und ein Datenschutzmanagement betreiben zu können.[65]

Die **Vorgabe an die Qualifikation** des Datenschutzbeauftragten in Art. 37 **49** Abs. 5 DS-GVO wirkt sich über Art. 38 Abs. 2 DS-GVO hinaus auch darauf aus, dass der Verantwortliche und Auftragsverarbeiter seiner Pflicht nach Art. 37 DS-GVO zur Benennung eines qualifizierten Datenschutzbeauftragten nur nachkommt, wenn er dem internen Datenschutzbeauftragten eine ausreichende Möglichkeit zur Teilnahme an Fort- und Weiterbildungsveranstaltungen auf Kosten des Verantwortlichen bzw. des Auftragsverarbeiters ermöglicht, um so im Rahmen der Entwicklungen das Qualifikationsniveau aufrecht zu erhalten.[66]

Wenngleich Art. 37 DS-GVO, anders als § 4f Abs. 2 S. 1 BDSG-alt, die **Zuver- 50 lässigkeit** des Datenschutzbeauftragten nicht als Auswahlkriterium benennt, so lässt sich auf der Grundlage der Bezugnahme des Art. 37 Abs. 5 DS-GVO auf die Aufgaben, wie sie in Art. 39 DS-GVO beschrieben sind, ohne weiteres ableiten, dass die Zuverlässigkeit eine dem Art. 37 DS-GVO immanente Voraussetzung für die Benennung eines Datenschutzbeauftragten ist.[67]

Die DS-GVO regelt nicht explizit, ob der **externe Datenschutzbeauftragte eine 51 juristische Person** sein kann oder nicht. Zum Teil wird aus den Anforderungen nach Art. 37 Abs. 5 DS-GVO abgeleitet, dass nur eine natürliche Person zum Datenschutzbeauftragten benannt werden kann.[68] Da die DS-GVO dies weder fordert noch ausschließt, ist von der Zulässigkeit der Benennung einer juristischen Person auszugehen.[69] Für diese Sichtweise spricht vor allem auch das oben dargestellte Anforderungsprofil, das an den Datenschutzbeauftragten zu stellen ist. Denn bei praxisnaher Betrachtung wird das Anforderungsprofil des Art. 37 Abs. 5 DS-GVO leichter und besser durch die aufgabenteilige Wahrnehmung der mit entsprechender Fachkompetenz erforderlichen Tätigkeiten durch verschiedene Personen in einer Unternehmung gewährleistet.

V. Modalitäten der Benennung eines Datenschutzbeauftragten

Art. 37 DS-GVO regelt nicht den **Zeitpunkt der Benennung** des Datenschutz- **52** beauftragten. Mithin hat die Benennung des Datenschutzbeauftragten unmittelbar zu erfolgen.

Es ist **kein Formerfordernis** für die Benennung vorgesehen. Aus Beweis- und **53** Dokumentationsgründen wird eine dokumentierte Benennung des Beauftragten erfolgen.

---

[65] Wybitul DS-GVO-HdB/*Ettig/Bausewein*, Art. 37 Rn. 18; vgl. zu den persönlichen und fachlichen Voraussetzungen für Datenschutzbeauftragte: Berufliches Leitbild der Datenschutzbeauftragten, Bundesverband der Datenschutzbeauftragten e. V. (BvD), 3. Auf. 2016; Düsseldorfer Kreis, RDV 2011, 53.
[66] Ebenso Rossnagel/*Maier/Ossoinig*, DS-GVO, 2017, S. 212.
[67] Ebenso Wybitul DS-GVO-HdB/*Ettig/Bausewein*, Art. 37 Rn. 19.
[68] Wybitul DS-GVO-HdB/*Ettig/Bausewein*, Art. 37 Rn. 17.
[69] Ebenso Schantz/Wolff/*Wolff*, Das neue DatSchR, 2017, S. 279; *Bittner*, RDV 2014, 183 (186).

54   Der Verantwortliche bzw. der Auftragsverarbeiter haben die **Kontaktdaten des Datenschutzbeauftragten zu veröffentlichen und diese Daten der Aufsichtsbehörde mitzuteilen** (Art. 37 Abs. 7 DS-GVO). Im Ergebnis erfolgt jedenfalls hierdurch eine Dokumentation der Benennung. Die DS-GVO enthält keine Vorgaben, wie eine solche Veröffentlichung zu erfolgen hat. Daher ist bspw. die Nennung auf einer frei zugänglichen Internetseite des Verantwortlichen oder des Auftragsverarbeiters ausreichend.[70] Nach Sinn und Zweck genügt eine nur unternehmens- bzw. behördenintern zugängliche Veröffentlichung nicht.[71]

55   Art. 37 Abs. 6 DS-GVO stellt klar, dass als Datenschutzbeauftragter des Verantwortlichen oder des Auftragsbearbeiters **sowohl ein Beschäftigter als auch ein Externer** auf der Grundlage eines Dienstvertrags benannt werden kann.

56   In den Entwürfen zur DS-GVO war die **Befristung der Benennung** des Datenschutzbeauftragten vorgesehen,[72] Art. 37 DS-GVO enthält letztlich hierzu jedoch keine Regelung. Eine Benennung des Datenschutzbeauftragten kann demnach befristet oder unbefristet erfolgen.[73]

57   Art. 37 Abs. 2 DS-GVO sieht vor, dass eine Unternehmensgruppe einen gemeinsamen Datenschutzbeauftragten (**sog. Konzerndatenschutzbeauftragter**) benennen kann. In Art. 37 Abs. 3 DS-GVO ist eine entsprechende Regelung für Behörden und öffentliche Stellen vorgesehen. Zu Art. 37 Abs. 2 DS-GVO wird vertreten, dass es nur noch eines einzigen Benennungsaktes für alle Unternehmen der Unternehmensgruppe bedarf.[74] Diese Auffassung ist eine Überinterpretation des Art. 37 Abs. 2 DS-GVO. Weder der Systematik, noch der Historie, oder dem Wortlaut des Art. 37, insbesondere des Art. 37 Abs. 2 DS-GVO, lässt sich eine so weitreichende Regelung entnehmen. Seinem Wortlaut nach regelt Art. 37 Abs. 2 DS-GVO lediglich den Umstand, dass es nicht ausgeschlossen ist und damit auch kein Interessenkonflikt darstellt, wenn in einer Unternehmensgruppe dieselbe Person als Datenschutzbeauftragter tätig wird. Die genannte Interpretation würde zumal bedeuten, dass die DS-GVO die Konzernleitung ermächtigt, in alle Unternehmen „hineinzuregieren". Mit Blick auf das Ausmaß der damit verbundenen Durchbrechung der gesellschaftsrechtlichen Regelungen bedürfte es hierfür einer expliziten Regelung in der DS-GVO.

VI. Sanktion der Nichtbenennung

58   Ein Verstoß des Verantwortlichen und des Auftragsverarbeiters gegen die Pflichten nach Art. 37 – 39 ist nach Art. 83 Abs. 4 lit. a DS-GVO mit einer **Geldbuße** von bis zu 10 Millionen Euro, oder im Falle eines Unternehmens von bis zu zwei Prozent seines gesamten weltweit erzielten Jahresumsatzes des vorangegangenen Geschäftsjahres, zu sanktionieren. Die Inbezugnahme des gesamten Art. 37 DS-GVO durch die Sanktionsandrohung führt dazu, dass sämtliche in Art. 37 DS-GVO geregelten Pflichten mit diesem Bußgeldrahmen bußgeldbewehrt sind.

---

[70] Ebenso Wybitul DS-GVO-HdB/*Ettig/Bausewein*, Art. 37 Rn 20.

[71] Vgl. Wybitul DS-GVO-HdB/*Ettig/Bausewein*, Art. 37 Rn 20.

[72] Vgl. Art. 35 Abs. 7 des EU-Kommissionsentwurfs; vgl. Art. 35 Abs. 7 des EU-Parlamentsentwurfs.

[73] Die deutschen Datenschutz-Aufsichtsbehörden hatten für den Datenschutzbeauftragten eine Mindestvertragslaufzeit von vier Jahren empfohlen (*Düsseldorfer Kreis*, RDV 2011, 53).

[74] Schantz/Wolff/*Wolff*, Das neue DatSchR, 2017, S. 278; Roßnagel/*Meyer/Osoinek*, DS-GVO, 2017, S. 210; Wybitul DS-GVO-HdB/*Ettig/Bausewein*, Art. 37 Rn 16; *Jaspers/Reif*, RDV 2016, 61 (63); Paal/Pauly /*Paal*, DS-GVO Art. 37 Rn 10; Kühling/Buchner/Bergt, DS-GVO Art. 36 Rn 27.

Darüber hinaus stellt sich für den Verantwortlichen und den Auftragsverarbeiter 59
auch die Frage, ob die Verletzung der Pflicht zur Benennung eines Datenschutzbeauftragten für sich genommen Grundlage für einen Schadensersatzanspruch einer
betroffenen Person sein kann. Hierfür ließe sich das in Art. 38 Abs. 4 DS-GVO
normierte Anhörungsrecht der betroffenen Person anführen. Obgleich im Kontext
dieser Regelung in Art. 38 Abs. 4 DS-GVO auch vom „Anwalt des Betroffenen"
gesprochen wird, so sieht die Regelung dennoch nur vor, dass die betroffene Person
den Datenschutzbeauftragten „zu Rate ziehen" kann. Dem Wortlaut der Regelung
ist kein Ansatz dafür zu entnehmen, dass diese Regelung Schutzwirkung oder einen
subjektiven Anspruch des Betroffenen auf Einbindung oder Tätigwerden für den
Betroffenen vorsieht.

B. Stellung des Datenschutzbeauftragten

Art. 38 DS-GVO regelt in den Absätzen 1 – 6 die **Stellung des Datenschutzbe-** 60
auftragten. Unabhängig von den rechtlichen Voraussetzungen und insbesondere
auch unabhängig davon, ob es sich um eine Pflicht oder um eine freiwillige Benennung als Datenschutzbeauftragten handelt, legt Art. 38 DS-GVO die Stellung des
Datenschutzbeauftragten fest.[75]

Die Regelungen in Art. 38 DS-GVO **dienen zur Absicherung der Erfüllung der** 61
nach Art. 39 DS-GVO zugewiesenen Aufgaben. Dies geschieht insbesondere dadurch, dass eine Einbindung des Datenschutzbeauftragten in die Entscheidung über
die Prozesse zur Verarbeitung personenbezogener Daten erfolgen muss (Art. 38
Abs. 1 DS-GVO) und ihm eine zur Erfüllung der Aufgaben (Art. 38 Abs. 2
DS-GVO) erforderliche Ausstattung zur Verfügung gestellt wird. Auch zur Gewährleistung der Unabhängigkeit wird sein persönlicher Schutz in Art. 38 Abs. 3
DS-GVO geregelt. Die Funktion des Datenschutzbeauftragten wird dadurch abge-
rundet, dass nach Art. 38 Abs. 4 DS-GVO sich auch die betroffenen Personen an
ihn wenden können.

Um dem Verantwortlichen und dem Auftragsverarbeiter einerseits und dem 62
Betroffenen andererseits die Befassung des Datenschutzbeauftragten mit Themen
der Verarbeitung personenbezogener Daten zu erleichtern, wird in Art. 38 Abs. 5
DS-GVO seine **Pflicht zur Wahrung der Geheimhaltung und Vertraulichkeit**
geregelt. Art. 38 Abs. 6 DS-GVO regelt sodann, dass der Datenschutzbeauftragte
nicht ausschließlich die Funktion als Datenschutzbeauftragter wahrnehmen muss,
sondern auch andere Aufgaben und Pflichten wahrnehmen kann. Gleichzeitig stellt
Art. 38 Abs. 6 S. 2 DS-GVO klar, dass andere Aufgaben und Pflichten nicht zu einem **Interessenkonflikt** mit der Aufgabenstellung als Datenschutzbeauftragter führen dürfen.

Dem Datenschutzbeauftragten werden durch Art. 38 DS-GVO aber keine Be- 63
fugnisse, insbesondere keine Weisungs- und/oder Durchsetzungsbefugnisse, eingeräumt.[76]

I. Einbeziehung des Datenschutzbeauftragten

Der Verantwortliche und der Auftragsverarbeiter haben den Datenschutzbeauf- 64
tragten „ordnungsgemäß und frühzeitig in alle mit dem Schutz personenbezogener
Daten zusammenhängenden Fragen" einzubinden (**Pflicht zur frühzeitigen Einbe-**

---

[75] Siehe oben → Rn 12 und 42 ff.
[76] Insofern erscheint die Verwendung des Begriffs „Befugnisse" bei Schantz/Wolff/*Wolff*, Das
neue DatSchR, 2017, S. 279 f. missverständlich.

ziehung). Diese Einbeziehung haben sie durch organisatorische Maßnahmen sicherzustellen. Gleichwohl muss der Datenschutzbeauftragte nicht in sämtliche Vorüberlegungen der Unternehmensleitung eingebunden werden.[77]

65 Die DS-GVO stellt darauf ab, dass der Datenschutzbeauftragte **frühzeitig und nicht nur rechtzeitig** in alle mit dem Schutz personenbezogener Daten zusammenhängenden Fragen eingebunden wird. Damit macht der europäische Gesetzgeber deutlich, dass die Einbindung eines Datenschutzbeauftragten ein wesentlicher Aspekt zur Gewährleistung eines effektiven Datenschutzes nach der DS-GVO ist.[78] Denn der Verantwortlicher und der Auftragsverarbeiter sind dadurch verpflichtet, von Anfang an zu prüfen, ob eine Datenverarbeitung den Schutz personenbezogener Daten tangiert, um den Datenschutzbeauftragten rechtzeitig einbinden zu können. Durch diese Vorgabe wird abgesichert, dass der Datenschutzbeauftragte so rechtzeitig Kenntnis erlangt, dass er mit Hinweisen und einer Beratung (vgl. Art. 38 Abs. 1 lit. a DS-GVO) auf die Gestaltung der Verarbeitung personenbezogener Daten Einfluss nehmen kann. Hier lassen sich Parallelen zur Datenschutz-Folgenabschätzung nach Art. 35 DS-GVO finden, die den Verantwortlichen ebenfalls zwingt, sich vor der Verarbeitung personenbezogener Daten inhaltlich mit dieser auseinanderzusetzen.

66 Nach Art. 35 Abs. 2 DS-GVO ist bei der Durchführung einer **Datenschutz-Folgenabschätzung** der Rat des Datenschutzbeauftragten einzuholen. Hiermit wird im besonderen Kontext der Datenschutz-Folgenabschätzung die Einbindung des Datenschutzbeauftragten zusätzlich verankert.

II. Pflicht zur Unterstützung des Datenschutzbeauftragten

67 Art. 38 Abs. 2 DS-GVO macht deutlich, dass die DS-GVO die Funktion des Datenschutzbeauftragten als **effektives Instrument des Datenschutzes** versteht. Denn durch Art. 38 Abs. 2 DS-GVO wird geregelt, wie der Verantwortliche und der Auftragsverarbeiter den Datenschutzbeauftragten bei der Erfüllung seiner Aufgaben nach Art. 39 zu unterstützen haben.

68 Dem Datenschutzbeauftragten sind die **zur Erfüllung seiner Aufgaben erforderlichen Ressourcen** zur Verfügung zu stellen. Dies umfasst auch ein ausreichendes Zeitbudget für die Erfüllung seiner Tätigkeit einzuräumen, insbesondere wenn die Tätigkeit nicht Vollzeit ausgeübt wird.[79] In der Konkretisierung der Unterstützungspflicht bleibt Art. 38 Abs. 2 DS-GVO hinter Art. 38 Abs. 3 des Kommissionsentwurfs zurück, der vorsah, dass dem Datenschutzbeauftragten „das erforderliche Personal, die erforderlichen Räumlichkeiten, die erforderliche Ausrüstung und alle sonstigen Ressourcen" zur Verfügung zu stellen sind.[80] Wenngleich diese Formulierung keinen Eingang in Art. 38 Abs. 2 DS-GVO gefunden hat, sind damit die grundlegenden Ressourcen benannt.

69 Der **Umfang der zur Verfügung zu stellenden Ressourcen** ist auf der Grundlage des in Art. 39 Abs. 2 DS-GVO festgelegten **risikobasierten Ansatzes** zu bestimmen. Denn der Datenschutzbeauftragte kann seine nach Art. 39 DS-GVO

---

[77] Wybitul DS-GVO-HdB/*Ettig/Bausewein*, Art. 38 Rn. 7.
[78] Ebenso Wybitul DS-GVO-HdB/*Ettig/Bausewein*, Art. 38 Rn. 5.
[79] Ebenso Wybitul DS-GVO-HdB/*Ettig/Bausewein*, Art. 38 Rn. 15.
[80] Art. 38 Abs. 3 des Vorschlags für eine Verordnung des europäischen Parlaments und des Rates zum Schutz natürlicher Personen bei der Verarbeitung personenbezogener Daten und zum freien Datenverkehr (Datenschutz-Grundverordnung) vom 25.1.2012, KOM (2012) 11 endgültig; Wybitul DS-GVO-HdB/*Ettig/Bausewein*, Art. 38 Rn. 12.

zugewiesene Funktion nach Maßgabe des Art. 39 Abs. 2 DS-GVO nur wahrnehmen, wenn er über die entsprechenden Ressourcen verfügt.

Wenngleich Art. 38 Abs. 2 DS-GVO **keinen Vorbehalt der Finanzierbarkeit** 70 vorsieht, ist auch Art. 38 DS-GVO der Grundsatz der Verhältnismäßigkeit immanent. Das ist bei der Bestimmung des Umfangs der erforderlichen Ressourcen zu beachten.[81] Der DS-GVO ist damit aber auch immanent, dass Verantwortlicher und Auftragsverarbeiter im Rahmen der wirtschaftlichen Planung ihrer Geschäftstätigkeit nicht nur sonstige Kostenfragen sondern auch entsprechend ihrer Verarbeitungstätigkeit die für eine ordnungsgemäße Ausstattung des Datenschutzbeauftragten erforderlichen Kosten einzuplanen haben.[82]

Art. 38 Abs. 2 DS-GVO postuliert darüber hinaus den **Zugang des Daten-** 71 **schutzbeauftragten zu personenbezogenen Daten und Verarbeitungsvorgängen.** Dies erfordert entsprechende Zutritts- und Einsichtsrechte in alle betrieblichen Belange des Unternehmens. Das Unternehmen ist aufgrund der Geheimhaltungspflicht des Datenschutzbeauftragten nach Art. 38 Abs. 5 DS-GVO abgesichert.

Darüber hinaus müssen Verantwortlicher und Auftragsverarbeiter den Daten- 72 schutzbeauftragten in der **Erhaltung seines Fachwissens** durch erforderliche Ressourcen unterstützen. Dies bedeutet, dass Verantwortlicher und Auftragsverarbeiter dem Datenschutzbeauftragten auf ihre Kosten Zugang zu aktuellen Fachpublikationen und Fortbildungen ermöglichen müssen. Dies ist auch vor dem Hintergrund zu sehen, dass nach Art. 37 Abs. 5 DS-GVO Verantwortlicher und Auftragsverarbeiter ihrer Pflicht zur Benennung eines Datenschutzbeauftragten nur genügen, wenn der Datenschutzbeauftragte auf der Grundlage seiner beruflichen Qualifikation „und insbesondere des Fachwissens" benannt wird. Aus dem Zusammenspiel der Regelung in Art. 38 Abs. 2 und Art. 37 Abs. 5 DS-GVO ergibt sich, dass die Aufrechterhaltung des Fachwissens ein dynamischer Prozess ist und nicht nur einmalig im Zeitpunkt der Benennung gegeben sein muss.

III. Weisungsfreiheit

Art. 38 Abs. 3 DS-GVO sieht vor, dass der Datenschutzbeauftragte „bei der 73 Erfüllung seiner Aufgaben keine Anweisungen bezüglich der Ausübung dieser Aufgaben" erhalten darf. Diese **Weisungsfreiheit** ist Ausdruck des in ErwGr 97 DS-GVO zum Ausdruck kommenden Prinzips der Unabhängigkeit des Datenschutzbeauftragten und macht zugleich die Bedeutung des Datenschutzbeauftragten als Instrument der Selbstkontrolle für den Datenschutz nach der DS-GVO deutlich.

Die Weisungsfreiheit ist allerdings **nicht inhaltlich unbeschränkt.** Sie ist doppelt 74 beschränkt. Denn er ist einerseits nur bei der Erfüllung seiner Aufgaben und andererseits nur in der Ausübung dieser Aufgaben weisungsfrei. Diese Doppelnennung spricht dafür, dass der Datenschutzbeauftragte unter Berücksichtigung der Vorgaben in Art. 39 DS-GVO nur hinsichtlich des Ob und des Wie keinen Weisungen unterliegt.

Die Weisungsfreiheit schränkt das **Direktionsrechts des Arbeitsgebers bzw. des** 75 **Auftraggebers** allerdings nur in Bezug auf die Ausübung der Aufgaben des Datenschutzbeauftragten ein. Da der Datenschutzbeauftragte im Übrigen bei organisatorischen Entscheidungen, die keinen datenschutzrechtlichen Bezug aufweisen dem

---

[81] Im Ergebnis wohl ebenso Wybitul DS-GVO-HdB/*Ettig/Bausewein*, Art. 38 Rn. 12.
[82] Wybitul DS-GVO-HdB/*Ettig/Bausewein*, Art. 38 Rn. 12.

Direktionsrecht untersteht,[83] ist dieser Schutz im Alltag faktisch eingeschränkt. Dies gilt im besonderen Maße dann, wenn der Datenschutzbeauftragte im Rahmen des Art. 38 Abs. 6 DS-GVO andere Tätigkeiten im Unternehmen wahrnimmt. Nach Sinn und Zweck ist die Regelung daher so auszulegen und anzuwenden, dass sie den Datenschutzbeauftragten auch vor anderen Maßnahmen schützt, die sich im Ergebnis gleich auswirken.

IV. Benachteiligungs- und Abberufungsverbot

76 Der Datenschutzbeauftragte darf nach Art. 38 Abs. 3 S. 2 DS-GVO von dem Verantwortlichen und dem Auftragsverarbeiter wegen Erfüllung seiner Aufgaben nicht abberufen oder benachteiligt werden. Dieses **Benachteiligungs- und Abberufungsverbot** flankiert die Weisungsfreiheit und die Unabhängigkeit des Datenschutzbeauftragten. Gleichzeitig kommt hierin die Bedeutung des Datenschutzbeauftragten als Instrument des Datenschutzes nach der DS-GVO zum Ausdruck.[84] § 38 Abs. 2 i. V. m. **§ 6 Abs. 4 BDSG 2018** sieht einen **Sonderkündigungsschutz** vor.[85]

V. Direkte Berichtslinie

77 Nach Art. 38 Abs. 3 S. 3 DS-GVO berichtet der Datenschutzbeauftragte **unmittelbar der höchsten Managementebene** des Verantwortlichen oder des Auftragsverarbeiters. Für den deutschen Text der DS-GVO ist es eine gewisse Kuriosität, dass hier eine Kombination aus einem englischen und einem deutschen Terminus, „Management" und „Ebene", verwendet wird und für erstgenannten keine geeignete deutsche Übersetzung gefunden werden konnte.

78 In der Sache ist mit höchster Managementebene die **Unternehmensleitung** gemeint. Soweit die Unternehmensleitung aus mehreren Personen besteht, spricht die DS-GVO nicht dagegen, die Berichtspflicht auf eine Ressortzuständigkeit eines Mitglieds der Geschäftsleitung zu beziehen.

79 Die **direkte Berichtslinie** ist erforderlich, um dem Datenschutzbeauftragten das erforderliche Gehör zu verschaffen. Durch die Pflicht der Unternehmensleitung eine unmittelbare Berichtslinie zu sich selbst einzurichten, werden die Wege zu Organisationsformen von vornherein unterbunden, bei denen der Datenschutzbeauftragte zwar in die Hierarchie hinein berichtet, aber ein solcher Bericht nie bei der Geschäftsleitung ankommen muss. Soweit nach Art. 37 Abs. 2 und Abs. 3 DS-GVO ein gemeinsamer Datenschutzbeauftragter[86] benannt wurde, so gilt die Berichtslinie nach Art. 38 Abs. 3 S. 3 DS-GVO gleichwohl an die jeweilige Unternehmensleitung des betroffenen (Tochter-) Unternehmens.

VI. Anrufungsrecht der betroffenen Person

80 Die betroffene Person kann nach Art. 38 Abs. 4 DS-GVO den Datenschutzbeauftragten zu allen mit der Verarbeitung ihrer personenbezogenen Daten und mit der Wahrnehmung ihrer Rechte gemäß dieser Verordnung in Zusammenhang stehenden Fragen zu Rate ziehen (**Anrufungsrecht**). Das Anrufungsrecht wird durch die Verpflichtung zur Geheimhaltung und Vertraulichkeit nach Art. 38 Abs. 5 DS-GVO abgesichert. Unter dem BDSG-alt wurde der Datenschutzbeauftragte auch

---

[83] Wybitul DS-GVO-HdB/*Ettig/Bausewein*, Art. 38 Rn. 18.
[84] Wybitul DS-GVO-HdB/*Ettig/Bausewein*, Art. 38 Rn. 19.
[85] Siehe → Rn. 18.
[86] Siehe → Rn. 41.

als „**Anwalt des Betroffenen**" bezeichnet.[87] Dies dürfte mit Blick auf die Ausgestaltung in Art. 38 Abs. 4 DS-GVO nur noch eingeschränkt zutreffend sein.

Aus dem Wortlaut ergibt sich, dass das Anrufungsrecht der betroffenen Person **81** auf **Fragestellungen der Verarbeitung ihrer personenbezogenen Daten** beschränkt ist. Das bedeutet insbesondere eine Beschränkung auf die Interessen der betroffenen Person selbst.[88]

Für das BDSG-alt wurde vertreten, dass das Recht, den Datenschutzbeauftragten **82** zu Rate ziehen, mit dessen **Pflicht** korrespondiert, **jeder Frage eines Betroffenen nachzugehen und diesen über das Ergebnis der Anrufung zu informieren**.[89] Diese Reichweite muss mit Blick auf die Formulierung des Art. 38 Abs. 4 DS-GVO bezweifelt werden. Aus dem Wortlaut „zu Rate ziehen" ergibt sich nur, dass der Datenschutzbeauftragte gegenüber der betroffenen Person beratend tätig ist. Inwieweit er sich gegenüber dem Verantwortlichen für die Anliegen einsetzen muss, bestimmt sich allein nach Art. 39 Abs. 1 DS-GVO.

Soweit darüber hinausgehend eine Pflicht des Datenschutzbeauftragten gesehen **83** wird, den **Betroffenen über das Ergebnis zu informieren**, so lässt sich dies jedenfalls nicht dem Wortlaut des Art. 38 Abs. 4 DS-GVO entnehmen. Zur Begründung wird angeführt, dass anderenfalls das Anrufungsrecht zum Schutz der betroffenen Person praktisch wirkungslos sei und die betroffene Person letztlich keine Klarheit über die Rechtmäßigkeit der Verarbeitung ihrer personenbezogenen Daten erlangt.[90] Hiergegen lässt sich anführen, dass nach Ausgestaltung der Artt. 38 und 39 DS-GVO der Datenschutzbeauftragte als Instrument der Selbstkontrolle des Verantwortlichen und in dessen Interesse in der DS-GVO vorgesehen ist. Darüber hinaus kann der Datenschutzbeauftragte bei einer entsprechenden Berichterstattung in Konflikt geraten zu seiner Geheimhaltungs- und Vertraulichkeitspflicht gem. Art. 38 Abs. 5 DS-GVO, die nach der hier vertretenen Auffassung auch zugunsten des Verantwortlichen und des Auftragsverarbeiters besteht.

VII. Pflicht zur Geheimhaltung und Vertraulichkeit

Der Datenschutzbeauftragte ist nach dem Recht der Union oder der Mitglieds- **84** staaten bei der Erfüllung seiner Aufgaben an die **Wahrung der Geheimhaltung oder der Vertraulichkeit** gebunden. Diese Pflicht wirkt in **zwei Richtungen**:
– Der Datenschutzbeauftragte ist nach Art. 38 Abs. 5 DS-GVO zugunsten des Verantwortlichen bzw. des Auftragsverarbeiters zur Geheimhaltung und Vertraulichkeit verpflichtet. Dies sichert die Interessen des Verantwortlichen bzw. des Auftragsverarbeiters im Rahmen seiner Pflicht, den Datenschutzbeauftragten nach Art. 38 Abs. 1 und Art. 35 Abs. 2 DS-GVO einzubinden.
– Darüber hinaus ist der Datenschutzbeauftragte nach Art. 38 Abs. 5 DS-GVO im Rahmen der Anrufung durch eine betroffene Person nach Art. 38 Abs. 4 DS-GVO zur Wahrung der Geheimhaltung und Vertraulichkeit verpflichtet. Dies umfasst auch, dass der Datenschutzbeauftragte grundsätzlich nicht die Identität der betroffenen Person, die sich nach Art. 38 Abs. 4 DS-GVO an ihn gewandt hat, kundtun darf, es sei denn, er ist durch diese Person von seiner Verschwiegenheitpflicht befreit worden.[91]

---

[87] Anstatt aller: Gola/Schomerus/*Gola/Klug/Körffer*, BDSG § 4f Rn. 57.
[88] Wybitul DS-GVO-HdB/*Ettig/Bausewein*, Art. 38 Rn. 26.
[89] Gola/Schomerus/*Gola/Klug/Körffer*, BDSG § 4f Rn. 57; Taeger/Gabel/*Scheja*, BDSG § 4 Rn. 99; vgl. Wybitul DS-GVO-HdB/*Ettig/Bausewein*, Art. 38 Rn. 27.
[90] Wybitul DS-GVO-HdB/*Ettig/Bausewein*, Art. 38 Rn. 27.
[91] Wybitul DS-GVO-HdB/*Ettig/Bausewein*, Art. 38 Rn. 28.

85   Verantwortlicher und Auftragsverarbeiter sind im Rahmen der **Bereitstellung der Ressourcen** nach Art. 38 Abs. 2 DS-GVO auch verpflichtet, dem Datenschutzbeauftragten solche Ressourcen in der Weise zur Verfügung zu stellen, dass ihm die Geheimhaltung des Betroffenen im Rahmen des Art. 38 Abs. 4 DS-GVO in sozialadäquater Weise möglich ist.

VIII. Weitere Aufgaben des Datenschutzbeauftragten

86   Nach Art. 38 Abs. 6 S. 1 DS-GVO kann der Datenschutzbeauftragte auch **andere Aufgaben und Pflichten** wahrnehmen. Zum Verbot der Interessenkollision → Rn. 89 ff.

87   Die Position des Datenschutzbeauftragten muss danach **nicht zwangsläufig als Vollzeitstelle** ausgestaltet sein.[92] Unter Berücksichtigung des risikobasierten Ansatzes, der insbesondere in Art. 39 Abs. 2 und Art. 38 Abs. 2 DS-GVO zum Ausdruck kommt, können der Verantwortliche und der Auftragsverarbeiter den Datenschutzbeauftragten mit anderen Tätigkeiten im Unternehmen befassen. Damit wird dem Umstand Rechnung getragen, dass nicht in allen Unternehmen eine derartige Datenverarbeitung stattfindet, die eine Vollzeitstelle des Datenschutzbeauftragten erforderlich macht. Darüber hinaus ist dadurch auch klargestellt, dass **externe Datenschutzbeauftragte** benannt werden können, die dann in anderen Unternehmen weitere Aufgaben wahrnehmen.

88   Eine andere Frage ist, ob der Datenschutzbeauftragte auch **andere Aufgaben nach der DS-GVO** wahrnehmen darf, die ihm nicht nach Art. 39 DS-GVO zugewiesen sind. Art. 38 Abs. 6 S. 1 DS-GVO spricht jedenfalls nicht dagegen. Auch Art. 39 Abs. 1 DS-GVO spricht nicht zwingend dagegen, da er die Aufgaben des Datenschutzbeauftragten nicht abschließend regelt. Zum Verbot der Interessenkollision → Rn. 89 ff.

IX. Verbot der Interessenkollision

89   Nach Art. 38 Abs. 6 S. 2 DS-GVO stellen der Verantwortliche und der Auftragsverarbeiter sicher, dass die Übernahme anderer Aufgaben durch den Datenschutzbeauftragten nach Art. 36 Abs. 6 S. 1 DS-GVO **nicht zu einem Interessenskonflikt** führen.

90   Hierbei ist zunächst an einen Konflikt aufgrund von **weiteren Aufgaben und Pflichten des Datenschutzbeauftragten außerhalb der DS-GVO** zu denken. Der Datenschutzbeauftragte gerät insbesondere in einen Konflikt, wenn er die Ergebnisse seiner anderweitigen Tätigkeiten in seiner Eigenschaft als Datenschutzbeauftragter kontrollieren und überwachen soll.[93] Solche Konflikte ergeben sich bspw. bei einer Kombination mit Tätigkeiten als Leiter der IT-, der Personal- oder der Marketingabteilung, aber auch bei der Benennung eines Mitglieds der höchsten Managementebene.[94] Das BAG hat unter der Geltung des BDSG-alt bspw. keinen Interessenskonflikt für die gleichzeitige Stellung als Mitglied des Betriebsrates und Datenschutzbeauftragter gesehen.[95]

91   Ob der Datenschutzbeauftragte **Aufgaben und Pflichten** übernehmen darf, **welche dem Verantwortlichen und dem Auftragsverarbeiter zugewiesen sind,** ist

---

[92] Wybitul DS-GVO-HdB/*Ettig/Bausewein*, Art. 38 Rn. 29.
[93] Auenhammer/*Raum*, DSGVO/BDSG, BDSG § 4f Rn. 95.
[94] Wybitul DS-GVO-HdB/*Ettig/Bausewein*, Art. 38 Rn. 30.
[95] BAG, Urt. v. 23.3.2011 – 10 AZR 562/99, NZA 2011, 1036; andere Ansicht zu Recht *Dzida/Kröpelin*, NZA 2011, 1018.

ebenfalls nach Art. 38 Abs. 6 S. 2 DS-GVO zu bewerten. Die DS-GVO stellt gerade in Abweichung von der DSRL und auch in Abweichung vom BDSG-alt die Verantwortung der Unternehmensleitung in den Vordergrund und betont dies an einer Vielzahl von Stellen. Die Unternehmensleitung ist nach Art. 5 Abs. 2, Art. 12, Art. 24, Art. 32 sowie Art. 35 DS-GVO verpflichtet, das Unternehmen so zu organisieren, dass die DS-GVO eingehalten werden kann. Die Konfliktlage entsteht dadurch, dass der Datenschutzbeauftragte die Umsetzung der genannten Vorgaben nach Art. 39 Abs. 1 lit. b DS-GVO – jedenfalls auch – überwacht. Das nicht ganz von der Hand zu weisende Argument, dass die Übertragung dieser Aufgaben an den Datenschutzbeauftragten gerade die idealtypische Erfüllung des Art. 39 Abs. 1 lit. b DS-GVO sei, verkennt allerdings die in der DS-GVO grundsätzlich angelegte Verantwortlichkeit des Unternehmens und die Ausgestaltung der Rolle des Datenschutzbeauftragten als Instrument der Selbstkontrolle nach Art. 38 DS-GVO. Diese systematische Ausgestaltung, welcher die DS-GVO folgt, wäre mit einer Übertragung der Aufgaben an den Datenschutzbeauftragten durchbrochen.[96]

C. Aufgaben des Datenschutzbeauftragten

Art. 39 DS-GVO legt die dem Datenschutzbeauftragten **kraft Gesetzes obliegenden Aufgaben** fest und stellt klar, dass dies nur der **Mindestinhalt der Aufgaben** des Datenschutzbeauftragten ist. Dem Datenschutzbeauftragten können damit weitere Aufgaben übertragen werden, wenn diese nicht zu einem Interessenkonflikt mit der Tätigkeit als Datenschutzbeauftragter führen.[97] Wird der Datenschutzbeauftragte benannt ohne Beschreibung seiner Aufgaben oder schlicht unter Bezugnahme auf die gesetzlichen Regelungen, so hat er ausschließlich die Aufgaben nach Art. 39 DS-GVO kraft Gesetzes auszuführen. 92

Die durch die DS-GVO vorgesehene **Aufgabenverteilung** zwischen dem Datenschutzbeauftragten einerseits und dem Verantwortlichen bzw. Auftragsverarbeiter andererseits lässt anhand der Aufgaben nach Art. 39 Abs. 1 lit. a und lit. b DS-GVO nicht den Schluss zu, dass die Aufgaben des Datenschutzbeauftragten mit denen des Verantwortlichen bzw. des Auftragsverarbeiters faktisch deckungsgleich sind.[98] 93

Für die Stellung des Datenschutzbeauftragten ist entscheidend, dass ihm durch Art. 39 DS-GVO zwar Aufgaben zugewiesen, aber **keinerlei Weisungs- und/oder Durchsetzungsbefugnisse** zugestanden sind. Hinsichtlich der Durchsetzung der DS-GVO und Erfüllung seiner Aufgaben ist der Datenschutzbeauftragte, wie sich aus dem Zusammenspiel von Art. 39 Abs. 1 DS-GVO und unter Art. 38 Abs. 3 S. 3 DS-GVO ergibt, auf das Berichten und dadurch auf das Hinwirken zur Beachtung der DS-GVO beschränkt. 94

Art. 39 Abs. 1 DS-GVO weist dem Datenschutzbeauftragten über die in Art. 39 Abs. 1 lit. a bis lit. c DS-GVO beschriebenen Aufgaben als Organ der Selbstkontrolle des Verantwortlichen bzw. des Auftragsverarbeiters in Art. 39 Abs. 1 lit. d und lit. e DS-GVO hinaus auch **Aufgaben im Verhältnis zur Aufsichtsbehörde** zu. 95

Art. 38 Abs. 6 S. 1 DS-GVO und Art. 39 Abs. 1 S. 1 DS-GVO sind nicht inhaltsgleich. Art. 38 Abs. 6 S. 1 DS-GVO regelt, dass dem Datenschutzbeauftragter außerhalb seiner Funktion als Datenschutzbeauftragter andere Aufgaben und Pflichten übertragen werden können. Art. 39 Abs. 1 S. 1 DS-GVO regelt, dass ihm 96

---

[96] Siehe → 106 ff.
[97] Siehe → Rn. 89.
[98] Wybitul DS-GVO-HdB/*Ettig/Bausewein*, Art. 39 Rn. 3.

in seiner Eigenschaft als Datenschutzbeauftragter weitere Aufgaben übertragen werden können. Werden dem Datenschutzbeauftragten weitere Aufgaben in seiner Eigenschaft als Datenschutzbeauftragten übertragen, so kommen auch in Bezug auf diese weiteren Aufgaben die Regelungen der Artt. 37, 38 und 39 DS-GVO zur Anwendung.

I. Unterrichtung und Beratung

97 Nach Art. 39 Abs. 1 lit. a DS-GVO obliegt dem Datenschutzbeauftragten die **Pflicht zur Unterrichtung und Beratung.** Die Aufgabe obliegt dem Datenschutzbeauftragten gegenüber dem Verantwortlichen oder dem Auftragsverarbeiter und den Beschäftigten, die Verarbeitungen durchführen, hinsichtlich ihrer Pflichten nach der DS-GVO sowie nach sonstigen Datenschutzvorschriften der Union bzw. der Mitgliedsstaaten.

98 Die Unterrichtung des Verantwortlichen und des Auftragsverarbeiters bedeutet letztlich die **Information über die Rechte und Pflichten** nach der DS-GVO und weiterer Datenschutzgesetze. Die Pflicht zur Beratung bedeutet sowohl die proaktive als auch die auf Nachfrage erfolgende – und damit reaktive – Erteilung von Ratschlägen gegenüber dem Verantwortlichen und Auftragsverarbeiter. Ebenso besteht die Pflicht gegenüber den mit der Datenverarbeitung Beschäftigten.

99 Die **Unterrichtung über die Datenschutzbestimmungen** ist allgemein und stets möglich. Vor allem in Bezug auf die Beschäftigten wird hierin der Schwerpunkt bestehen, da hier der Ansatz zum Ausdruck kommt, dass nur ein informierter Beschäftigter die Grenzen der Datenverarbeitung kennt und einhalten kann. Die Beratung hingegen wird auf solche Vorgänge beschränkt sein, von welchen der Datenschutzbeauftragte entweder nach Art. 38 Abs. 1 DS-GVO (Einbindung durch den Verantwortlichen und Auftragsverarbeiter) oder durch Anrufung durch den Betroffenen nach Art. 38 Abs. 4 DS-GVO oder auf sonstigen Wegen Kenntnis erlangt.

100 Entgegen dem **Entwurf der EU-Kommission**[99] ist eine Pflicht des Datenschutzbeauftragten zur Dokumentation seiner Aufgabenerfüllung nicht vorgesehen.

II. Überwachung der Einhaltung des Datenschutzrechts

101 Nach Art. 39 Abs. 1 lit. b DS-GVO obliegt dem Datenschutzbeauftragten die „**Überwachung der Einhaltung** dieser Verordnung, anderer Datenschutzvorschriften der Union bzw. der Mitgliedsstaaten sowie der Strategien des Verantwortlichen oder des Auftragsverarbeiters für den Schutz personenbezogener Daten einschließlich der Zuweisung von Zuständigkeiten, der Sensibilisierung und Schulung der an den Verarbeitungsvorgängen beteiligten Mitarbeiter und der diesbezüglichen Überprüfungen".

102 Wenngleich die Formulierung „**Überwachung der Einhaltung**" zunächst nahe legt, dass die Einhaltung der DS-GVO dem Datenschutzbeauftragten obliegt, so ist dies nicht zutreffend. Für das Verständnis der Rolle und der Aufgaben des Datenschutzbeauftragten ist die Betrachtung der Aufgaben und der Verantwortlichkeiten des Verantwortlichen nach der DS-GVO entscheidend. Ihrer Systematik nach geht die DS-GVO von einem **eigenverantwortlichen Überwachungs- und Handlungssystem des Verantwortlichen** aus.[100] Dies muss für das Verständnis des

---

[99] Siehe Art. 39 Abs. 1 lit. a des Vorschlags der Kommission für eine Verordnung zum Schutz natürlicher Personen bei der Verarbeitung personenbezogener Daten und zum freien Datenverkehr (Datenschutz-Grundverordnung), KOM(2012) 11 endgültig.
[100] Vgl. in Ehmann/Selmayr/*Heberlein*, DS-GVO Art. 37 Rn. 1.

Überwachens als Aufgabe des Datenschutzbeauftragten berücksichtigt werden. Jede isolierte Betrachtungsweise des Begriffs „Überwachen" verkennt diese systematische und teleologische Auslegung.

1. Überwachungs- und Handlungssystem des Verantwortlichen

Der **Verantwortliche ist die zentrale Figur der Einhaltung der DS-GVO.** 103 Denn die DS-GVO nimmt den Verantwortlichen an mehreren Stellen (und insoweit über die DSRL und das BDSG-alt hinaus gehend) in die Pflicht und betont damit seine zentrale Rolle.

Besonders deutlich ergibt sich dies aus Art. 5 Abs. 2 DS-GVO: Art. 5 Abs. 2 104 HS. 1 DS-GVO spricht aus, was sich ipso iure ergibt und betont gerade damit die Verantwortung des Verantwortlichen für die **Einhaltung der Grundsätze** des Art. 5 Abs. 1 DS-GVO. Nach Art. 5 Abs. 2 HS. 2 DS-GVO besteht für ihn insoweit zusätzlich eine **Rechenschaftspflicht**.[101] Der Verantwortliche wird daher ins Zentrum der Einhaltung der Regelungen der DS-GVO und deren Dokumentation gerückt. Das Überwachungs- und Handlungssystem der DS-GVO ist maßgeblich in Artt. 5, 12 und 24 DS-GVO geregelt. Im Zentrum dieses Systems stehen demnach der Verantwortliche und die entsprechenden Organe des Unternehmens.[102] Art. 35 Abs. 1 DS-GVO sieht die Pflicht zur Durchführung der Datenschutz-Folgenabschätzung beim Verantwortlichen.[103] Durch Art. 35 Abs. 2 DS-GVO ist der Datenschutzbeauftragte nur als Ratgeber vorgesehen und damit aus dem Zentrum der Pflicht zur Datenschutz-Folgenabschätzung gerückt.

In der **Gesamtschau** dieser zentralen Regelungen der DS-GVO zeigt sich, dass 105 der Verantwortliche und nicht der Datenschutzbeauftragte im Zentrum der Sicherstellung der Einhaltung der DS-GVO steht.

2. Pflicht des Datenschutzbeauftragten

Dem Datenschutzbeauftragten obliegt es, zu überwachen, ob der Verantwortliche oder der Auftragsverarbeiter deren Pflichten gem. der DS-GVO nachkommen. 106 Ein Überwachen bedeutet jedoch **nicht** – weder nach dem Wortlaut noch der Systematik der DS-GVO – die Einhaltung der DS-GVO vorzunehmen und/oder sicherzustellen. Der Datenschutzbeauftragte trägt damit **keine Verantwortung für die Einhaltung des Datenschutzes**.[104]

Seine Aufgabe erschöpft sich darin, wie sich aus dem Zusammenspiel nach 107 Art. 39 Abs. 1 lit. a DS-GVO mit Art. 38 Abs. 3, S. 3 DS-GVO ergibt, **bei der Feststellung von Abweichungen den Verantwortlichen bzw. den Auftragsverarbeiter hierüber zu unterrichten**. Bei enger wörtlicher Auslegung, würde dem Datenschutzbeauftragten noch nicht einmal diese Pflicht obliegen, denn Art. 39 Abs. 1 DS-GVO regelt zwar die Pflicht des Datenschutzbeauftragten zur Überwachung, aber nicht wie dieser mit seinen Kenntnissen umzugehen hat.[105]

Dies wird auch dadurch unterstrichen, dass dem Datenschutzbeauftragten durch 108 Art. 39 DS-GVO **keinerlei Weisungs- und Durchsetzungsbefugnis oder sonstige Befugnis für Gegenmaßnahmen** zugestanden werden.

---

[101] Vgl. hierzu *Hamann*, BB 2017, 1090 (1091 f.).
[102] So auch *Behling*, ZIP 2017, 697 (699 f.).
[103] Hierzu siehe → § 17 Rn. 39 ff., 46.
[104] Ebenso Wybitul DS-GVO-HdB/*Ettig/Bausewein*, Art. 39 Rn. 16; *Jaspers/Reif*, RDV 2012, 78 (81).
[105] So im Ergebnis auch Wybitul DS-GVO-HdB/*Ettig/Bausewein*, Art. 39 Rn. 17.

109   Das **Überwachen der Einhaltung** dieser Verordnung ist auch nicht dahin zu verstehen, dass der Datenschutzbeauftragte selbst organisatorische Maßnahmen ergreifen und Prozesse im Unternehmen installieren muss, um von allen Vorgängen in Bezug auf die Verarbeitung personenbezogener Daten im Unternehmen Kenntnis zu erlangen. Denn dies würde zum einen den Wortlaut der Regelung überspannen und zum anderen kommt in Art. 39 Abs. 1 DS-GVO zum Ausdruck, dass die DS-GVO davon ausgeht, dass der Datenschutzbeauftragte durch den Verantwortlichen frühzeitig in alle Überlegungen zur Verarbeitung personenbezogener Daten einbezogen wird. Der Datenschutzbeauftragte muss ebenso wenig Prozesse oder organisatorische Maßnahmen ergreifen, um Kenntnis zu erlangen, in welchem Umfang Datenschutzverstöße abgestellt werden, die er moniert hat. Denn seine Aufgabe erschöpft sich in der Hinweispflicht entsprechend der Berichtslinie.[106] Auch trifft den Datenschutzbeauftragten keine Pflicht – unabhängig von der Schwere des Verstoßes – die Aufsichtsbehörden über Vorgänge in Kenntnis zu setzen.[107]

110   Der Datenschutzbeauftragte ist damit **kein Überwachergarant im zivil- und arbeits- oder strafrechtlichen Haftungsregime,** der die Einhaltung des Datenschutzrechts zu gewährleisten hat. Er hat daher auch haftungsrechtlich nicht hierfür einzustehen. Das bedeutet aber nicht, dass er per se und in jeder Hinsicht von der Haftung frei ist. Er haftet für die Nichterfüllung seiner nach Art. 39 DS-GVO vorgegebenen und ihm gegebenenfalls darüber hinaus übertragenen Aufgaben wie jeder andere Beschäftigte und Dienstleister auch.

111   Darüber hinaus sieht Art. 39 Abs. 1 lit. b DS-GVO vor, dass es die Aufgabe des Datenschutzbeauftragten ist, die an der Datenverarbeitung beteiligten Mitarbeiter des Verantwortlichen bzw. des Auftragsverarbeiters zu sensibilisieren und zu schulen.

III. Beratung im Zusammenhang mit der Datenschutz-Folgenabschätzung

112   Art. 39 Abs. 1 lit. c DS-GVO ist das Gegenstück zur Verpflichtung des Verantwortlichen, nach Art. 35 Abs. 2 DS-GVO bei der Durchführung einer **Datenschutz-Folgenabschätzung den Rat des Datenschutzbeauftragten** einzuholen. Die Regelung in Art. 39 Abs. 1 lit. c DS-GVO geht jedoch über Art. 35 Abs. 2 DS-GVO insoweit hinaus, als sie anspricht, dass der Datenschutzbeauftragte auch die Durchführung der Datenschutz-Folgenabschätzung zu überwachen hat. In Bezug auf die Überwachung gelten die Ausführungen zu Art. 39 Abs. 1 lit. b DS-GVO entsprechend.

113   Die Durchführung der Datenschutz-Folgenabschätzung wird nicht durch den Datenschutzbeauftragten federführend geleitet.[108] Dies stünde in Konflikt zur Beratungs- (Art. 35 Abs. 2 DS-GVO) und Überwachungspflicht (Art. 39 Abs. 1 lit. c DS-GVO).

IV. Zusammenarbeit mit und Ansprechpartner der Aufsichtsbehörde

114   Nach Art. 39 Abs. 1 lit. d ist die **„Zusammenarbeit mit der Aufsichtsbehörde"** eine Aufgabe des Datenschutzbeauftragten. Diese Regelung wird mit Blick auf die Pflicht zur Geheimhaltung und Vertraulichkeit nach Art. 38 Abs. 5 DS-GVO zunächst dahingehend auszulegen sein, dass es sich hierbei nur um eine **reaktive Zu-**

---

[106] Siehe → 77 ff.
[107] Siehe → 116 ff.
[108] So aber wohl Wybitul DS-GVO-HdB/*Ettig/Bausewein*, Art. 39 Rn. 22.

sammenarbeit mit der Aufsichtsbehörde handelt, soweit es um konkrete Vorgänge geht.

Es lässt sich in Art. 39 DS-GVO kein Anhaltspunkt finden, dass sich der Daten- **115** schutzbeauftragte aktiv an die Datenschutz-Aufsichtsbehörde wenden müsste. Vielmehr widerspricht es den Pflichten des Datenschutzbeauftragten, sich bei Unklarheiten bzw. in Zweifelsfällen an die zuständige Aufsichtsbehörde zu wenden. Der Datenschutzbeauftragte ist daher nicht gehalten – auch nicht bei schweren – Datenschutzverstößen, diese selbst der Aufsichtsbehörde zu melden.[109]

Nach Art. 39 Abs. 1 lit. e DS-GVO obliegt dem Datenschutzbeauftragten die **116** Aufgabe der „**Tätigkeit als Anlaufstelle für die Aufsichtsbehörde** in mit der Verarbeitung zusammenhängenden Fragen, einschließlich der vorherigen Konsultation gemäß Art. 36 und gegebenenfalls Beratung zu allen sonstigen Fragen". Der Datenschutzbeauftragte ist durch die Pflicht zur Wahrung der Geheimhaltung und Vertraulichkeit nach Art. 38 Abs. 5 DS-GVO in seiner Zusammenarbeit mit der Aufsichtsbehörde beschränkt.

Durch die **Pflicht zur Mitteilung der Kontaktdaten** des Datenschutzbeauftrag- **117** ten nach Art. 37 Abs. 7 DS-GVO wird diese Funktion des Datenschutzbeauftragten unterstrichen. In der Gesamtschau in der Regelung bildet der Datenschutzbeauftragte nach der Vorstellung der DS-GVO die zentrale Anlaufstelle für die Aufsichtsbehörde.[110]

V. Risikobasierter Ansatz

Der Datenschutzbeauftragte trägt nach Art. 39 Abs. 2 DS-GVO bei der Erfül- **118** lung seiner Aufgaben **dem mit den Verarbeitungsvorgängen verbundenen Risiko** gebührend Rechnung, wobei er die Art, den Umfang, die Umstände und die Zwecke der Verarbeitung berücksichtigt.

Hierin kommt maßgeblich der **risikobasierte Ansatz der DS-GVO auch in Be- 119 zug auf die Tätigkeit des Datenschutzbeauftragten zum Ausdruck.** Das ist die Möglichkeit, aber auch die Pflicht des Datenschutzbeauftragten seine Tätigkeit an dem Risiko auszurichten. Der Datenschutzbeauftragte muss die Verarbeitungsvorgänge, von denen er nach Art. 38 Abs. 1 DS-GVO (Einbindung durch den Verantwortlichen bzw. Auftragsverarbeiter) oder nach Art. 38 Abs. 4 DS-GVO (Anrufung durch die betroffene Person) oder auf sonstige Weise Kenntnis erlangt, mit Blick auf die damit verbundenen Risiken für die Rechte und Freiheiten der betroffenen Person bewerten und danach in Bezug auf den jeweiligen Verarbeitungsvorgang die Erfüllung seiner Aufgaben ausrichten.

---

[109] A. A. Wybitul DS-GVO-HdB/*Ettig/Bausewein*, Art. 39 Rn. 7.
[110] Wybitul DS-GVO-HdB/*Ettig/Bausewein*, Art. 39 Rn. 25.

§ 22. Fremdkontrolle

Literatur: *Bräutigam/v. Sonnleithner,* Stiftung Datenschutz – Ein Schritt in die richtige Richtung, AnwBl. 2011, 240; *Casper,* Das aufsichtsbehördliche Verfahren nach der EU-Datenschutzgrundverordnung – Defizite und Alternativregelungen, ZD 2012, 555; *Dahm, P.,* Unverbindlich verbindlich, DuD 2002, 412; *Dammann,* Die Kontrolle des Datenschutzes, 1977; *Dix,* Datenschutzaufsicht im Bundesstaat – ein Vorbild für Europa, DuD 2012, 318; *Flanderka,* Der Bundesbeauftragte für den Datenschutz, Heidelberg 1988; *Garstka,* Völlige Unabhängigkeit der Bundesdatenschutzbeauftragten?, in: Dix/Franßen/Kloepfer/Schaar/Schoch/Voßhoff (Hrsg.), Jahrbuch Informationsfreiheit und Informationsrecht 2015, S. 87; *Giurgiu/Larsen,* Roles and Powers of National Data Protection Authorities, EDPL 2016, S. 342; *Häner,* Unabhängigkeit der Aufsichtsbehörden, 2008; *Härting,* Starke Behörden, schwaches Recht – der neue EU-Datenschutzentwurf, BB 2012, 459; *Heil,* Die Artikel 29-Datenschutzgruppe, DuD 1999, 471; *Herb,* Die Struktur der Datenschutzkontrollstellen in der Bundesrepublik, ZUM 2004, 530; *Hijmans,* The DPAs and Their Cooperation: How Far Are We in Making Enforcement of Data Protection Law More European?, EDPL 2016, 362; *Hochhuth,* Vor schlichthoheitlichem Verwaltungseingriff anhören?, NVwZ 2003, 30; *Hüttl,* The content of „complete independence" contained in the Data Protection Directive, IDPL 2012, 137; *Immermann,* Die Stiftung Datenschutz, Diss. jur. Passau 2017; *Jóri,* Shaping vs applying data protection law: two core functions of data protection authorities, IDPL 2015, 133; *Kahler,* Die Europarechtswidrigkeit der Kommissionsbefugnisse in der Grundverordnung, RDV 2013, 69; *Klein,* Die verfassungsrechtliche Problematik des ministerialfreien Raumes. Ein Beitrag zur Dogmatik weisungsfreier Verwaltungsstellen, 1974; *Kluth,* Datenschutzkontrolle und Geheimnisschutz, in: Wolff, Hans J. (Begr.)/Bachof, Otto/Stober, Rolf, Verwaltungsrecht, Bd. 3, 5. Aufl. 2004, § 103 Rn. 1–13; *Kranig,* Zuständigkeit der Datenschutzaufsichtsbehörden – Feststellung des Status quo mit Ausblick auf die DS-GVO, ZD 2013, 550; *Kröger/Pilniok,* Unabhängiges Verwalten in der Europäischen Union, 2016; *Kruse,* Der öffentlich-rechtliche Beauftragte, 2007; *v. Lewinski,* Formelles und informelles Handeln der datenschutzrechtlichen Aufsichtsbehörden, RDV 2001, 275; *v. Lewinski,* „Völlige Unabhängigkeit" von Aufsichts- und Regulierungsbehörden, DVBl. 2013, 339; *v. Lewinski,* Unabhängigkeit des Bundesbeauftragten für den Datenschutz und die Informationsfreiheit, ZG 2015, 228; *v. Lewinski,* Datenschutzaufsicht in Europa als Netzwerk, NVwZ 2017, 1483; *Lüdemann/Wenzel,* Zur Funktionsfähigkeit der Datenschutzaufsicht in Deutschland, RDV 2015, 285; *Mähring,* Institutionelle Datenschutzkontrolle in der Europäischen Gemeinschaft, 1993; *Mitrou,* Die Entwicklung der institutionellen Kontrolle des Datenschutzes, 1993; *Müller,* Das datenschutzpolitische Mandat des BfD, RDV 2004, 211; *Nguyen,* Die zukünftige Datenschutzaufsicht in Europa – Anregungen für den Trilog zu Kap. VI bis VII der DS-GVO, ZD 2015, 265; *Papakonstantinou,* Self-regulation and the protection of privacy, 2002; *Roßnagel,* Datenschutzaufsicht nach der EU-Datenschutz-Grundverordnung, 2017; *Schild,* Die völlige Unabhängigkeit der Aufsichtsbehörde aus europarechtlicher Sicht, DuD 2010, 549; *v. Schmeling,* Datenschutz-Aufsicht: Vom Papiertiger zur Sonderordnungsbehörde, DuD 2002, 351; *Schmidt,* Staatliches Informationshandeln und Grundrechtseingriff, 2004; *Simantiras,* Netzwerke im Europäischen Verwaltungsverbund, 2016; *Thomé,* Die Unabhängigkeit der Bundesdatenschutzaufsicht, VuR 2015, 130; *Thomé,* Reform der Datenschutzaufsicht: effektiver Datenschutz durch verselbstständigte Aufsichtsbehörden, 2015; *Tinnefeld/Buchner,* Völlige Unabhängigkeit der Datenschutzkontrolle, DuD 2010, 581; *Tinnefeld/Ehmann,* CR 1989, 637; *Tinnefeld/Petri,* Völlige Unabhängigkeit der Datenschutzkontrolle, MMR 2010, 157; *Wagner,* Bundesstiftung Datenschutz – Chancen? Grenzen!, RDV 2011, 229; *Wind,* Die Kontrolle des Datenschutzes im nicht-öffentlichen Bereich, 1994; *Ziebarth,* Demokratische Legitimation und Unabhängigkeit der deutschen Datenschutzbehörden, CR 2013, 60; *Zöllner,* Der Datenschutzbeauftragte im Verfassungssystem, 1995.

A. Allgemeines

1   Kein Recht kann wirksam sein, wenn nicht kontrolliert wird, ob es auch eingehalten wird. Das Datenschutzrecht unterscheidet sich von vielen anderen Rechtsgebieten darin, dass individuelle Rechtsverletzungen meist unbedeutend sind und oft auch unbemerkt bleiben. Insoweit hat die Datenschutzaufsicht eine

Kompensationsfunktion[1] für die „rationale Apathie" der Betroffenen (→ § 13 Rn. 47ff.).

Auch will das Datenschutzrecht nicht nur der konkreten (persönlichkeitsrechts- 2 beeinträchtigenden) Verarbeitung, sondern generell dem Entstehen von Informationsstrukturen, die zu **Datenmacht** des Verantwortlichen und zu Befangenheit der Betroffenen führen, begegnen. Überhaupt soll Transparenzdefiziten entgegengewirkt werden.[2]

Aus diesen Gründen ist die Datenschutzkontrolle nicht allein dem Einzelnen 3 (und an seiner Seite den Gerichten) überlassen, sondern – daneben und hauptsächlich – internen und externen Kontrollstellen. Charakteristisch ist ein **Nebeneinander von Eigen- und Fremdkontrolle** des Verantwortlichen, namentlich das der (betrieblichen und behördlichen) Beauftragten für den Datenschutz einerseits und der Datenschutzbehörden andererseits. Daneben gibt es noch weitere Selbstregulierungsmechanismen (Branchenvereinbarungen, Audit usw.). – Gleichwohl wurde bislang ein Kontrolldefizit konstatiert.[3]

Die Ausführungen dieses Kapitels beschränken sich auf die Fremdkontrolle; zur Eigenkontrolle → § 21.

B. System der Datenschutzaufsicht

Die Regeln über die Datenschutzaufsicht sind weitgehend europäisiert 4 (Art. 51ff. DS-GVO), wohingegen eine einheitliche europäische Aufsicht in Form eines für die gesamte EU zuständigen Datenschutzkontrollgremiums nicht existiert.[4] Die Datenschutzaufsicht kann als organisatorisch-institutionelles System[5] beschrieben werden, das im wesentlichen aus zwei Ebenen besteht: Den **mitgliedstaatlichen Aufsichtsbehörden** sowie dem **Europäischen Datenschutzbeauftragten** und dem **Europäischen Datenschutzausschuss.** Daneben und in einem weiteren, funktionalen Sinne können auch die Europäischen Kommission (→ Rn. 32ff.), sonstige Behörden (→ Rn. 35ff.) sowie die (Bundes-)Stiftung Datenschutz (→ Rn. 36ff.) als Datenschutzinstitutionen verstanden werden. Datenschutzverbände (→ § 23 Rn. 55) können ebenfalls zu den Durchsetzungsinstanzen gezählt werden.

I. Allgemeine Datenschutzbehörden

1. Europäischer Datenschutzbeauftragter

Auf europäischer Ebene gibt es, wie in den Mitgliedstaaten, einen Datenschutz- 5 beauftragten als zentrale Datenschutzinstanz[6] (vgl. Art. 39 S. 2 EUV i.V.m. Art. 16 Abs. 2 S. 2 AEUV; Art. 41ff. VO 45/2011).[7] Aufgabe des Europäischen Daten-

---

[1] Insoweit zum besonders sensiblen Sicherheitsbereich BVerfG, Urt. v. 20.4.2016 – 1 BvR 966/09 u.a., NJW 2016, 1781 (1789 [Rn. 141]) – BKA-Gesetz; BVerfG, Urt. v. 24.4.2013 – 1 BvR 1215/07, NJW 2013, 1499 (1517 [Rn. 217]) – Antiterror-Datei.

[2] BVerfG, Urt. v. 15.12.1970 – 2 BvF 1/69, BVerfGE 30, 1 (23, 31); BVerfG, Urt. v. 15.12.1983 – 1 BvR 209, BVerfGE 65, 1 (46) – Volkszählung; BVerfG, Urt. v. 20.5.1984 – 1 BvR 1494/78, BVerfGE 67, 157 (185).

[3] *Lepperhoff/Petersdorf/Thursch*, DuD 2010, 716ff. – S. auch die Meldung der F.A.Z. v. 24.9.2010, S. 3, dass ein Unternehmen nur alle knapp 40000 Jahre mit einer Kontrolle durch die Datenschutzbehörden zu rechnen hätte.

[4] So auch *Hijmans*, EDPL 2016, 362.

[5] *Auernhammer/v. Lewinski*, DSGVO/BDSG, Einl. Rn. 15; *ders.*, NVwZ 2017, 1483ff.

[6] Dazu *Zilkens*, RDV 2007, 196 (199).

[7] Verordnung (EG) Nr. 45/2001 des Europäischen Parlaments und des Rates vom 18. Dezember 2000 zum Schutz natürlicher Personen bei der Verarbeitung personenbezogener Daten durch

schutzbeauftragten ist in erster Linie die **Überwachung der Einhaltung des Da-tenschutzes innerhalb der EU-Verwaltung und der EU-Organe** (Art. 41 Abs. 2 VO 45/2001). Daneben berät der Europäische Datenschutzbeauftragte die Or-gane der EU sowie die Einrichtungen der EU in Belangen des Datenschutzes (Art. 41 Abs. 2 i.V.m. Art. 46 lit. d VO 45/2001), bearbeitet Beschwerden (Art. 46 lit. a VO 45/2001) und führt diesbezügliche Untersuchungen durch (Art. 46 lit. b VO 45/2001).[8] Der Europäische Datenschutzbeauftragte ist zudem Mitglied im Europäischen Datenschutzausschuss (Art. 68 Abs. 3 DS-GVO), in dem er aber nur ein eingeschränktes Stimmrecht hat (Art. 68 Abs. 6 DS-GVO). Der Europäische Datenschutzbeauftragte stellt zudem das Sekretariat für den Europäischen Daten-schutzausschuss bereit (Art. 75 Abs. 1 DS-GVO). Nach Art. 28 Abs. 2 VO (EG) Nr. 45/2001 ist der Europäische Datenschutzbeauftragte zu konsultieren, wenn die Kommission einen Vorschlag für datenschutzrechtliche Regelungen macht.

2. Mitgliedstaatliche Datenschutzaufsichtsbehörden

6   Die Mitgliedstaaten der Europäischen Union müssen unabhängige Datenschutz-aufsichtsbehörden vorsehen (Art. 51 Abs. 1 DS-GVO, Art. 41 JI-RL).[9] Dabei über-lassen die DS-GVO und die JI-RL die Entscheidung über Anzahl und Zuschnitt der Behörde(n) den Mitgliedstaaten, die also **eine oder mehrere Behörden** errich-ten können. Die deutsche Datenschutzaufsicht besteht im Bereich der Fremdkon-trolle aus dem BfDI (§§ 8ff. BDSG 2018) sowie den Datenschutzbeauftragten der Bundesländer (§ 40 BDSG 2018) sowie ggf. noch weiterer Behörden.

a) Bundesbeauftragter für den Datenschutz und die Informationsfreiheit (BfDI)

7   Auf Ebene des Bundes ist der Bundesbeauftragte für den Datenschutz und die Informationsfreiheit (BfDI) für die Datenschutzaufsicht zuständig. Er kontrolliert die **Einhaltung datenschutzrechtlicher Vorschriften bei den öffentlichen Stellen des Bundes**. Er ist außerhalb der Datenschutzkontrolle für die Begleitung der In-formationszugangsfreiheit zu Akten und Informationen des Bundes zuständig (§ 12 Abs. 2 IFG).

b) Landesdatenschutzbeauftragte

8   Jedes Bundesland besitzt einen Landesdatenschutzbeauftragten, dessen Stellung und genauen Befugnisse näher in den jeweiligen Landesdatenschutzgesetzen gere-gelt werden und deren Bezeichnungen variieren;[10] teilweise ist ihre Stellung auch

---

die Organe und Einrichtungen der Gemeinschaft und zum freien Datenverkehr, ABl. 2001 L 8, 1–22.

[8] Zu weiteren Aufgaben des Europäischen Datenschutzbeauftragten s. Art. 46 VO (EG) Nr. 45/2001.

[9] RL 2016/680/EU des Europäischen Parlaments und des Rates v. 27. April 2016 zum Schutz na-türlicher Personen bei der Verarbeitung personenbezogener Daten durch die zuständigen Behörden zum Zwecke der Verhütung, Ermittlung, Aufdeckung oder Verfolgung von Straftaten oder der Strafvollstreckung sowie zum freien Datenverkehr und zur Aufhebung des Rahmenbeschlusses 2008/977/JI des Rates, ABl. 2016 L 119, 89–131; siehe dazu, Knyrim/*Wildpanner-Gugatschka*, Datenschutz-Grundverordnung Praxishandbuch, 2016, S. 389–400, *Schwichtenberg*, DuD 2016, 605–608; *Weinhold*, ZD-aktuell 2017, 05451.

[10] In Rheinland-Pfalz wurde früher die Datenschutzkontrolle durch eine Datenschutzkommis-sion des Landtags wahrgenommen (dazu *Mitrou*, Die Entwicklung der institutionellen Kontrolle des Datenschutzes, 1993, S. 66f.). In Angleichung an die anderen Bundesländer ist diese 1991 zu

(landes-)verfassungsrechtlich abgesichert.[11] Die Landesdatenschutzbeauftragten sind in der Regel für die **Datenschutzaufsicht über den öffentlichen Bereich des jeweiligen Landes sowie für den nicht-öffentlichen Bereich** zuständig.

Eine Ausnahme der monistischen Aufsicht in den Ländern bildet **Bayern**. Dort ist die Zuständigkeit für die Datenschutzaufsicht im nicht-öffentlichen Bereich dem **Landesamt für Datenschutzaufsicht** (LDA; Art. 34 f. bayLDSG-alt) zugewiesen, während der **Landesdatenschutzbeauftragte** (Art. 29–33 bayLDSG-alt) die Aufsicht über den öffentlichen Bereich ausübt. **9**

II. Koordinierungsgremien und Netzwerke

Um die **einheitliche Anwendung des Datenschutzrechts** zu gewährleisten, gibt **10** es sowohl auf europäischer als auch auf mitgliedstaatlicher Ebene Koordinierungsgremien. Auf Ebene der Europäischen Union erfüllt der Europäische Datenschutzausschuss diese Funktion. Auf mitgliedstaatlicher Ebene bestehen in Deutschland die Konferenz der Datenschutzbeauftragten des Bundes und der Länder sowie der sogenannte Düsseldorfer Kreis.

1. Europäischer Datenschutzausschuss

Auf europäischer Ebene wurde der Europäische Datenschutzausschuss eingerichtet, der v.a. die einheitliche Anwendung des europäischen Datenschutzrechts sicherstellen soll (Art. 70 Abs. 1 S. 1 DS-GVO, Art. 51 JI-RL. Der Ausschuss **löst die bisherige Artikel 29-Gruppe ab**. Zusammengesetzt ist der Europäische Datenschutzausschuss aus den Leitern einer Aufsichtsbehörde jedes Mitgliedstaats und dem Europäischen Datenschutzbeauftragten bzw. dem jeweiligen Vertreter. Diese Zusammenarbeit der mitgliedstaatlichen Aufsichtsbehörden im Europäischen Datenschutzausschuss macht es notwendig, dass Mitgliedstaaten mit mehreren Aufsichtsbehörden wie Deutschland eine Behörde bestimmen, die die mitgliedstaatlichen Aufsichtsbehörden im Europäischen Datenschutzausschuss vertreten (Art. 51 Abs. 3 DS-GVO). **11**

2. Koordinierungsgremien bundesstaatlicher Datenschutzaufsicht

Auch die Aufsichtsbehörden der verschiedenen Datenschutzbehörden der Bundesländer untereinander und die der Bundesländer mit derjenigen des Bundes gilt es zu koordinieren. Hierzu existieren auf bundesstaatlicher Ebene **zwei Gremien**. **12**

a) Konferenz der Datenschutzbeauftragten des Bundes und der Länder

Die Konferenz der Datenschutzbeauftragten des Bundes und der Länder tritt seit **13** 1978 zweimal im Jahr zusammen. Sie besteht aus den **Aufsichtsbehörden des öffentlichen Bereichs**, d.h. dem BfDI und den Datenschutzbeauftragten der Länder. Ihre Aufgabe ist die Formulierung datenschutzrechtlicher Empfehlungen, die auf der Grundlage wechselseitigen Informationsaustauschs zustandekommen. Ergebnisse der Konferenz sind Konferenzbeschlüsse und Konferenzentschließungen. Zur Konferenz der Datenschutzbeauftragten des Bundes und der Länder zählen mehre-

---

einer „Kommission *beim* Landesbeauftragten für den Datenschutz" umgeformt worden (Gesetz zur Bestellung eines Landesbeauftragten für den Datenschutz v. 13.2.1991, rlpGVBl. S. 46).
[11] Vgl. *Tettinger*, in: Isensee/Kirchhof, Handbuch des Staatsrechts, Bd. 5, 3. Aufl. 2007, § 111 Rn. 14 ff. – So regeln beispielsweise Art. 62 Abs. 3 S. 1 ndsLVerf. und Art. 37 Abs. 2 S. 1 der mvpLVerf, dass der Landesbeauftragte für den Datenschutz unabhängig und nur an Recht und Gesetz gebunden ist.

re Arbeitskreise, die sich mit aktuellen und grundlegenden datenschutzrechtlichen Themen befassen.

b) Düsseldorfer Kreis

14 Der Düsseldorfer Kreis ist die ständige Arbeitsgemeinschaft der Vertreter der Aufsichtsbehörden der Länder für den nicht-öffentlichen Bereich unter Beteiligung des BfDI. Seine Hauptfunktion liegt, neben dem allgemeinen Erfahrungsaustausch, in der **Vereinheitlichung der Handhabung der Aufsicht** und der Erarbeitung einheitlicher Positionen in überregionalen Datenschutzfragen. Im Rahmen des Düsseldorfer Kreises koordinieren sich die Aufsichtsbehörden des nicht-öffentlichen Bereichs. Der Düsseldorfer Kreis arbeitet informell und kollegial, so dass es dort beispielsweise keine förmlichen und die Behörden bindende Abstimmungen gibt[12] und die Beschlüsse keine rechtliche Bindungswirkung haben.[13]

15 Obwohl er auf diese Weise einen erheblichen Einfluss auf die Entwicklung der Aufsichtspraxis gehabt hat, arbeitete er lange **im Stillen und vor der Öffentlichkeit verborgen.** Vieles von den Ergebnissen der Sitzungen des „Düsseldorfer Kreises" findet sich in den „Hinweisen zum Bundesdatenschutzgesetz für die private Wirtschaft",[14] die seit 2002 regelmäßig im Staatsanzeiger Baden-Württemberg[15] abgedruckt wurden. Seit 2006 werden die „Entschließungen" auf der Internetseite des BfDI veröffentlicht.

c) Vertretung im Europäischen Datenschutzausschuss

16 Föderale EU-Mitgliedstaaten wie Deutschland haben im Europäischen Datenschutzausschuss nur einen Sitz, besitzen aber u. U. mehrere Datenschutzaufsichtsbehörden (in Deutschland: BfDI, 16 LfDs und aus Bayern noch zusätzlich das BayLDA) Diese beiden Ausgangspunkte sind miteinander zu verbinden, was wegen der „völligen Unabhängigkeit" aller Akteure **konzeptionell freilich unmöglich** ist. Wesentlicher Zankapfel zwischen Bund und Ländern ist die Frage, wie die Vertretung im Europäischen Datenschutzausschuss zu regeln ist. Art. 51 Abs. 3 DS-GVO geht vom Wortlaut der Norm her davon aus, dass eine Behörde die Vertretung im Europäischen Datenschutzausschuss übernimmt.[16] Entsprechend sieht § 17 Abs. 1 BDSG 2018 vor, dass der BfDI im Europäischen Datenschutzausschuss als sogenannter gemeinsamer Vertreter mitarbeitet.

17 Hinsichtlich der Vertretung im Europäischen Datenschutzausschuss ist aber bereits die **Verbandskompetenz** des Bundes für diese Regelung nicht eindeutig. Art. 68 Abs. 4 DS-GVO sieht lediglich vor, dass der Vertreter im Europäischen Datenschutzausschuss in Einklang mit den Rechtsvorschriften des Mitgliedstaates benannt werden soll. Auf welche Gesetzgebungskompetenz der Art. 70 ff. GG abzustellen ist, wird europarechtlich nicht determiniert.[17] Bundesstaatlich liegt es freilich durchaus nahe, dass die Außenvertretung Deutschlands durch den Bund bzw. jedenfalls ein Bundesorgan wahrgenommen wird (vgl. Art. 32 Abs. 1 GG).[18] Allerdings bestehen hinsichtlich der Mitwirkung der Länder auf der Ebene der Europäischen Union in Art. 23 GG Sonderregeln, die es auch im Falle der Vertretung der deutschen Datenschutzbehörden auf Ebene der europäischen Union zu beachten gilt.

18 Kritik an der Stellung des BfDI als gemeinsamer Vertreter kommt mehrheitlich aus den Datenschutzaufsichtsbehörden der Länder. Sie fordern eine **gleichberechtigte Vertretung im Europäi-**

---

[12] Simitis/*Petri*, BDSG § 38 Rn. 42.

[13] *Mester*, DuD 2012, 274.

[14] Gola/Schomerus/*Gola/Körffer/Klug*, BDSG § 38 Rn. 34.

[15] Die Hinweise waren früher im Internet (vgl. www.rainer-gerling.de/hinweise/) und im Kommentar von *Schaffland/Wiltfang* zum BDSG 1990 (Ziff. 7010; dort auch mit Fundstellen im StAnz. BaWü) zugänglich.

[16] So auch *Piltz*, K&R 2016, 777 (781).

[17] Vgl. *Kühling/Martini*, EuZW 2016, 448 (453).

[18] So auch *Kühling/Martini*, EuZW 2016, 448 (453).

schen Datenschutzausschuss durch den BfDI und die Landesdatenschutzbeauftragten, die Bestimmung des Vertreters im Europäischen Datenschutzausschuss durch die Konferenz der unabhängigen Datenschutzbehörden des Bundes und der Länder sowie mehr Mitwirkungsmöglichkeiten der Landesdatenschutzbeauftragten im Europäischen Datenschutzausschuss.

Alternativ zur Lösung des § 17 Abs. 1 BDSG 2018 wäre durchaus auch ein **Rotationsmecha-** 19 **nismus** der deutschen Aufsichtsbehörden denkbar,[19] der zu einer stärkeren Berücksichtigung der Länderinteressen sowie deren Mitwirkung im Europäischen Datenschutzausschuss führen würde. Für die Benennung eines Vertreters, der ständig die Bundes- sowie Länderinteressen im Europäischen Datenschutzausschuss vertritt, spricht aber pragmatisch die Aufgabenbündelung bei einer Stelle und der damit verbundene Kompetenzaufwuchs an einer Stelle.

III. Sektorielle Aufsicht

Nicht der Aufsicht durch den BfDI und die Landesdatenschutzbehörden un- 20 terliegen traditionell die Medien und die Kirchen. Auch Bereiche, die Berufsgeheimnissen unterliegen, sind teilweise von der allgemeinen Datenschutzaufsicht ausgenommen.

1. Medien

Die Medien unterliegen hinsichtlich der journalistischen Datenverarbeitung auf- 21 grund des Medienprivilegs (→ § 8 Rn. 38) keiner Fremdkontrolle. Nach Art. 85 Abs. 2 DS-GVO können die Mitgliedstaaten für Datenverarbeitungen zu journalistischen Zwecken Ausnahmen auch im Bereich der Datenschutzaufsicht vorsehen, was vor dem Hintergrund der Medienfreiheit verfassungsrechtlich geboten ist.

Die Anbieter von **Rundfunk und von journalistisch-redaktionellen Teleme-** 22 **dien** haben bislang nach Maßgabe des jeweiligen (Landes-)Medienrechts aber (interne) Datenschutzbeauftragte zu bestellen.[20] Für die Aufsicht über den nichtjournalistischen Bereich der öffentlich-rechtlichen Rundfunkanstalten sind in manchen Ländern die Landesdatenschutzbeauftragten zuständig.[21]

Die bisherige sehr weitgehende Freistellung von der Pflicht zur Bestellung eines 23 Beauftragten für den Datenschutz der **Presse** in § 41 BDSG a. F. ist aus Kompetenzgründen nicht in das BDSG 2018 übernommen worden, so dass das Presseprivileg nunmehr über das Landesrecht abgesichert werden muss.

2. Kirchen und Religionsgemeinschaften

Art. 140 GG in Verbindung mit Art. 137 Abs. 3 WRV garantiert den Religions- 24 gemeinschaften die selbstständige Ordnung ihrer Angelegenheiten im Rahmen der für alle geltenden Gesetze (sog. **Kirchenautonomie**). Die Bindung der Kirchen und Religionsgemeinschaften an das staatliche Datenschutzrecht war deshalb bisher umstritten.[22] Jedenfalls waren diese Bereiche bislang von den staatlichen Datenschutzgesetzen ausgespart worden; stattdessen galten sowohl in der römischkatholischen als auch in der evangelischen Kirche **eigene Kirchendatenschutzgesetze**.

---

[19] *Kühling/Martini*, EuZW 2016, 448 (453).

[20] Paschke/Berlit/Meyer/*Kramer*, Hamburger Kommentar Gesamtes Medienrecht, 3. Aufl. 2016, 9. Teil 2. Kapitel Rn. 18 ff.; zu den Gestaltungsmöglichkeiten *König*, DuD 2013, 101 ff.

[21] Dies ist wegen der tatsächlich problematischen Trennung von journalistischen und Verwaltungsdaten (Bsp.: Vertrag mit freiem Mitarbeiter über Beitrag zu einem bestimmten Thema) verfassungsrechtlich bedenklich (*Dörr/Schiedermair*, Rundfunk und Datenschutz, 2002, S. 47 f.).

[22] *Preuß*, ZD 2015, 217 (218 ff.); *Ziegenhorn/v. Aswege*, KuR [Kirche und Recht] 2015, 580 ff.; Tinnefeld/Philipps/Weis/*Walf*, Institutionen und Einzelne im Zeitalter der Informationstechnik, 1994, S. 89 (91 f.); *Dammann*, NVwZ 1992, 1147 ff.; *Hoeren*, Kirchen und Datenschutz, 1986, 56 ff.

25　Die **römisch-katholische Kirche** hat zur Regelung des Datenschutzes die Anordnung über den kirchlichen Datenschutz (KDO) erlassen; hinzukommen Durchführungsbestimmungen der Bistümer.[23] Nach § 16 Abs. 1 KDO haben die Bischöfe für die Bereiche ihres Bistums einen Diözesandatenschutzbeauftragten für die Dauer von drei Jahren zu bestellen. Die Regelungen zur Stellung des Diözesandatenschutzbeauftragten ähneln denen der staatlichen Datenschutzbeauftragten. Zum Diözesandatenschutzbeauftragten darf nur bestellt werden, wer die zur Erfüllung seiner Aufgaben erforderliche Fachkunde und Zuverlässigkeit besitzt (§ 16 Abs. 2 KDO). Auch der Diözesandatenschutzbeauftragte ist unabhängig (§ 16 Abs. 3 KDO) und unterliegt einer Verschwiegenheitspflicht (§ 16 Abs. 4 KDO). Gerichtliche und außergerichtliche Aussagen stehen unter Genehmigungsvorbehalt (§ 16 Abs. 5 KDO).

26　Die **evangelische Kirche** hat zur Regelung des Datenschutzes das Kirchengesetz über den Datenschutz in der Evangelischen Kirche in Deutschland (DSG-EKD)[24] erlassen. Nach § 18 DSG-EKD bestellen die Evangelische Kirche in Deutschland, ihre Gliedkirchen und ihre gliedkirchlichen Zusammenschlüsse jeweils Datenschutzbeauftragte, deren Amtszeit mindestens vier und maximal acht Jahre beträgt. Datenschutzbeauftragte der Evangelischen Kirche in Deutschland müssen die erforderliche Fachkunde und Zuverlässigkeit besitzen (§ 18 Abs. 3 S. 1 DSG-EKD) und sind an Weisungen nicht gebunden sowie organisatorisch und sachlich unabhängig (§ 18 Abs. 4 S. 1, 2 DSG-EKD). Die Unabhängigkeit der Datenschutzbeauftragten darf durch die Dienstaufsicht nicht gefährdet werden (§ 18 Abs. 4 S. 3 DSG-EKD). Zudem besteht eine Verschwiegenheitspflicht nach § 18 Abs. 10 S. 1 DSG-EKD sowie ein Genehmigungsvorbehalt für gerichtliche und außergerichtliche Aussagen und Erklärungen nach § 18 Abs. 10 S. 4 DSG-EKD.

27　Art. 91 DS-GVO sieht vor, dass Kirchen und Religionsgemeinschaften ihre Regeln zum Datenschutz auch nach Inkrafttreten der DS-GVO weiter anwenden dürfen und bindet die Kirchen nicht unmittelbar an das staatliche Datenschutzrecht.[25] Dennoch müssen die **kirchlichen Datenschutzregeln mit der DS-GVO in Einklang gebracht** werden (Art. 91 Abs. 1 DS-GVO). Dies beinhaltet nach Art. 91 Abs. 2 DS-GVO die Kontrolle des Datenschutzes durch eine unabhängige Aufsichtsbehörde.[26] Möglich ist auch weiterhin die Aufsicht durch die bereits jetzt durch die KDO und das DSG-EKD vorgesehenen Datenschutzbeauftragten, wobei abzuwarten bleibt, inwiefern hinsichtlich der Unabhängigkeit der Stellung Anpassungen vorzunehmen sein werden.[27]

3. Berufsgeheimnissen unterliegende Bereiche

28　In Berufsgeheimnissen unterliegenden Bereichen ist eine inhaltliche Datenschutzkontrolle durch die Aufsichtsbehörde für den Fall, dass durch die Datenschutzkontrolle das Berufsgeheimnis verletzt würde, ausgeschlossen; möglich bleibt eine rein technikbezogene Kontrolle.[28] § 29 Abs. 3 BDSG 2018 setzt Art. 90 Abs. 1 DS-GVO um und schließt die Untersuchungsbefugnisse aus Art. 58 Abs. 1 lit. e (Zugang zu personenbezogenen Daten und Informationen) und lit. f (Zugang zu Geschäftsräumen) DS-GVO (→ Rn. 82) aus, soweit bei der Inanspruchnahme der Befugnisse Geheimhaltungspflichten verletzt würden. Betroffen von der nur eingeschränkten Datenschutzkontrolle durch die allgemeinen Datenschutzbehörden sind die **in § 203 Abs. 1, 2a und 3 StGB genannten Personen** (z.B. Ärzte, Anwälte, Steuerberater).

29　Dieser Ausschluss der Datenschutzkontrolle wird vor dem Hintergrund des Gebots einer effektiven Datenschutzkontrolle kritisiert und teilweise sogar für verfas-

---

[23] Roßnagel HdB DatSchR/*Arlt*, 2003, Kap. 8.15 Rn. 17.

[24] ABl. EKD 2013, S. 2.

[25] Ausführlich zum Datenschutzrecht der Religionsgemeinschaften nach der DS-GVO *Preuß*, ZD 2015, 217ff.

[26] Gola/*Gola*, DS-GVO Art. 91 Rn. 18; Plath/*Grages/Jenny*, BDSG/DSGVO, DSGVO Art. 91 Rn. 5.

[27] Plath/*Grages/Jenny*, BDSG/DSGVO, DSGVO Art. 91 Rn. 6.

[28] DuD Report, DuD 07/2017, 458.

sungswidrig[29] gehalten. Allerdings darf nicht übersehen werden, dass die von § 203 StGB, auf den § 29 Abs. 3 BDSG 2018 verweist, geschützten Bereiche direkt oder jedenfalls indirekt ebenfalls Verfassungsrang haben. So liegt der Schutz der Geheimnisse vor dem Datenschutz u.U. auch im Interesse der Kunden/Mandanten/Patienten. Eine **praktische Konkordanz** wird sich durch die Einführung einer sektoriellen Aufsicht durch spezielle Aufsichtsbehörden für die Aufsicht über Berufsgeheimnisträger herstellen lassen.[30]

4. Gerichte

Ausgenommen von der Datenschutzaufsicht sind nach Art. 55 Abs. 3 DS-GVO, **30** Art. 45 Abs. 2 JI-RL und § 9 Abs. 2 BDSG 2018 sowie entsprechendem Landesdatenschutzrecht die Gerichte im Rahmen ihrer **justiziellen Tätigkeit**. § 9 Abs. 2 BDSG 2018 setzt Art. 45 Abs. 2 JI-RL um. Art. 55 Abs. 3 DS-GVO gilt unmittelbar.[31]

Diese Ausnahme von der Datenschutzaufsicht dient der **Sicherstellung der Un-** **31** **abhängigkeit der Justiz** (Art. 97 GG), insbesondere hinsichtlich der gerichtlichen Beschlussfassung (ErwGr 20 DS-GVO). Die Ausnahme der justiziellen Tätigkeit von der Datenschutzaufsicht bedeutet nicht die Unanwendbarkeit der DS-GVO, ihre materiellen Regelungen sind auf die Gerichte anwendbar. Nur die Kontrolle der Einhaltung des Datenschutzrechts erfolgt im Bereich der justiziellen Tätigkeit durch eine Selbstkontrolle der Justiz.[32]

IV. Europäische Kommission

Die Europäische Kommission ist die zentrale Behörde der EU. Wegen der Vor- **32** gabe der Unabhängigkeit der Datenschutzaufsichtsbehörden (Art. 16 Abs. 2 S. 2 AEUV; Art. 8 Abs. 3 GRCh) kann sie nicht eine vergleichbare zentrale Stellung im Bereich der Datenschutzaufsicht einnehmen.[33] Nach der DSGVO **beschränkt sich die datenschutzrechtliche Rolle der Europäischen Kommission** deshalb auf die Beurteilung der Angemessenheit des Datenschutzniveaus in Drittländern und den Abschluss von internationalen Abkommen zu deren Gewährleistung (Art. 45, 50 DS-GVO). Hier geht die Zuständigkeit der Europäischen Kommission für die Außenbeziehungen der Union der Unabhängigkeit der Datenschutzaufsicht vor. Zudem ist sie für den Erlass von Standarddatenschutzklauseln (Art. 46 Abs. 2 lit. c

---

[29] Netzwerk Datenschutzexpertise (*Schuler/Weichert*), Gutachten „Beschränkung der Datenschutzkontrolle bei Berufsgeheimnisträgern nach § 29 Abs. 3 BDSG-neu ist grundrechtswidrig", 2017, S. 8 f., online abrufbar unter: www.netzwerk-datenschutzexpertise.de/sites/default/files/gut_2017_dskontrolleinschr_bdsg-neu_03.pdf, letzter Abruf 1.6.2017.

[30] So für die Rechtsanwälte Stellungnahme der BRAK, 41/2016, Dezember 2016, S. 11 f., online abrufbar unter www.brak.de/zur-rechtspolitik/stellungnahmen-pdf/stellungnahmen-deutschland/2016/dezember/stellungnahme-der-brak-2016-41.pdf, letzter Abruf 1.6.2017; a. A. Netzwerk Datenschutzexpertise (*Schuler/Weichert*), Gutachten „Beschränkung der Datenschutzkontrolle bei Berufsgeheimnisträgern nach § 29 Abs. 3 BDSG-neu ist grundrechtswidrig", 2017, S. 9, online abrufbar unter: www.netzwerk-datenschutzexpertise.de/sites/default/files/gut_2017_dskontrolleinschr_bdsg-neu_03.pdf, letzter Abruf 1.6.2017.

[31] BT-Drs. 18/11325, S. 84.

[32] Ehmann/Selmayr/*Selmayr*, DS-GVO § 55 Rn. 13.

[33] Nach dem Kommissionsentwurf für die DS-GVO hatte sich die Europäische Kommission, jedenfalls im Ergebnis, eine durchaus zentrale Stellung in der europäischen Datenschutzarchitektur zugedacht. Zwar wäre danach pro forma die Unabhängigkeit der Datenschutzbehörden nicht angetastet worden, wohl aber hätte die Kommission über die Änderung oder Einführung von Tertiärrechtsakten (an vielen Stellen) den Datenschutzbehörden rechtlich „den Teppich unter den Füßen wegziehen" können (*v. Lewinski*, DuD 2012, 564 (567)).

i. V.m. Art. 93 Abs. 2 DS-GVO) und die Erstellung von Berichten über die Bewertung und Überprüfung der DS-GVO (Art. 97 Abs. 1 DS-GVO) zuständig.

V. „Konkurrierende" Aufsichtsbehörden

33 Die Aufsicht über Telekommunikationsunternehmen wird vom BfDI und der **Bundesnetzagentur** für Elektrizität, Gas, Telekommunikation, Post und Eisenbahnen (BNetzA) wahrgenommen (§ 115 Abs. 4 TKG). Der BfDI richtet etwaige Beanstandungen an die BNetzA. Auch weitere Ergebnisse der vom BfDI durchgeführten Kontrolle kann er nach pflichtgemäßem Ermessen an die BNetzA weiterleiten, der insoweit die eigentlichen Aufsichtsentscheidungen obliegen.

34 Zwischen der Datenschutz- und der **Kartellaufsicht** ist eine Konkurrenz der Aufsichtstätigkeiten denkbar,[34] insbesondere nun im Bereich der Datenportabilität (Art. 20 DS-GVO).[35] Nicht nur für diesen Fall, sondern allgemein, ordnet § 50c GWB den Informationsaustausch der Kartell-, Regulierungs-, Verbraucherschutzbehörden und der Datenschutzbehörden untereinander an. Hintergrund des Einbezugs mit der 9. GWB-Novelle war die Anpassung des Kartellrechts an die digitalen Märkte.[36]

35 Auch ist eine Überschneidung von Aufgaben der Datenschutzaufsichtsbehörden und der **(allgemeinen) Sicherheits- und Ordnungsbehörden** denkbar. Das Datenschutzrecht lässt die Zuständigkeiten der Gewerbebehörden – sprich: der Wirtschaftsaufsicht – unberührt (§ 40 Abs. 7 BDSG 2018; so auch schon § 38 Abs. 7 BDSG-alt). Die völlig unabhängige Stellung der Datenschutzaufsichtsbehörden gebietet es aber, dass die Sicherheits- und Ordnungsbehörden nicht im Bereich der Datenschutzaufsicht tätig werden. In Fällen, in denen nicht nur das Datenschutzrecht, sondern auch andere Schutzgüter betroffen sind, ist ein Tätigwerden der Wirtschaftsaufsichts- und auch der allgemeinen Sicherheits- und Ordnungsbehörden dagegen denkbar und möglich.[37]

VI. Stiftung Datenschutz

36 Zu den Datenschutzinstitutionen in einem weiteren Sinne muss auch noch die Stiftung Datenschutz[38] gezählt werden. Von ihren Befürwortern wurde die Stiftung Datenschutz als mögliche „dritte Kraft" der Datenschutzaufsicht gesehen,[39] von Kritikern dagegen als **Beeinträchtigung der Unabhängigkeit des institutionalisierten Datenschutzes** beäugt.[40] Eine solche Beeinträchtigung wird man richtigerweise nicht generell an der bloßen Existenz einer Institution festmachen dürfen, auch nicht an der Stiftung Datenschutz als formal Stiftung privaten Rechts; entscheidend ist vielmehr funktional eine Beeinträchtigung der Aufsichtsbehörden, etwa durch die (staatliche oder private) Finanzierung der Stiftung Datenschutz. Es müssten also kumulativ zwei Voraussetzungen vorliegen, um die „völlige Unabhängigkeit" der Datenschutzbehörden durch die Stiftung Datenschutz beeinträchtigt zu sehen: eine (rechtliche, aufsichtliche oder finanzielle) Steuerung der Stiftung Da-

---

[34] Hierzu *Kieck*, PinG 2017, 67 ff.
[35] *Härting*, BB 2012, 459 (465); *Hennemann*, PinG 2017, 5 (6).
[36] Gesetzentwurf der Bundesregierung Entwurf eines Neunten Gesetzes zur Änderung des Gesetzes gegen Wettbewerbsbeschränkungen, BT-Drs. 18/10207, 1.
[37] *v. Lewinski/Herrmann*, ZD 2016, 467 (472).
[38] Umfassend *Immermann*, Die Stiftung Datenschutz, 2017.
[39] *Piltz/Schulz*, RDV 2011, 117 (119).
[40] Kritisch insb. *Wagner*, DuD 2012, 825 (830).

tenschutz, die dann begrenzende Auswirkungen auf den Aufgabenkreis der Datenschutzaufsichtsbehörden hat.

Ursprünglich sollte die Stiftung Datenschutz ein wesentlicher Akteur bei „Datentests" und Zertifizierungen werden. Diskutiert wurde dann später die Zusammenführung mit der Stiftung Warentest, die Integration in die Dienstelle des BfDI, die Umwandlung in eine Verbrauchsstiftung und auch ihre Auflösung. Heute ist sie vor allem ein **Think Tank** und eine **datenschutzrechtliche Debattenplattform.** Ihr Störpotential der Unabhängigkeit der Datenschutzaufsicht (→ Rn. 36) ist auch schon deshalb gering, weil die Erträge aus dem Stiftungskapital (ursprünglich 10 Mio. EUR) in der gegenwärtigen Niedrigzinsphase nicht hinreichen, um sie dauerhaft als Vermögensstiftung zu führen. 37

C. Zuständigkeit der Aufsichtsbehörden

Entsprechend dem **Querschnittscharakter des Datenschutzrechts** haben die Datenschutzbehörden umfassende Zuständigkeiten; schon früh war auf die Gefahr einer „Superbürokratie" hingewiesen worden.[41] 38

I. Europarechtliches Territorialitätsprinzip

Für die Zuständigkeit der Aufsichtsbehörden gilt nach Art. 55 DS-GVO und Art. 45 Abs. 1 JI-RL das Territorialitätsprinzip. Die Ausübung der Befugnisse und die Aufgabenerfüllung der Aufsichtsbehörde beziehen sich im Ausgangspunkt nur auf das **Hoheitsgebiet eines Mitgliedstaates.** Insoweit übt die deutsche Datenschutzaufsicht ihre Befugnisse nur auf deutschem Hoheitsgebiet aus. Bei einer grenzüberschreitenden Datenverarbeitung ist nach Art. 56 Abs. 1 DS-GVO die Aufsichtsbehörde der Hauptniederlassung (vgl. Art. 4 Nr. 16 DS-GVO) oder der einzigen Niederlassung des Verantwortlichen oder des Auftragsverarbeiters zuständig (sog. One Stop Shop-Prinzip).[42] Die nach dem One Stop Shop-Prinzip zuständige Behörde ist dann die sog. federführende Aufsichtsbehörde. 39

II. Innerstaatliche Zuständigkeitsabgrenzung von BfDI und Landesdatenschutzbehörden

Art. 51 Abs. 1 DS-GVO und Art. 41 Abs. 1 JI-RL überlassen den Mitgliedstaaten die Wahl, eine oder mehrere Aufsichtsbehörden zu errichten. Die DS-GVO und die JI-RL unterscheiden, anders als das bisherige deutsche Recht (vgl. §§ 22 ff. u. § 38 BDSG-alt; s.a. § 40 Abs. 1 BDSG 2018), nicht kategorial zwischen der **Aufsicht über öffentliche und nicht-öffentliche Stellen.** 40

Wegen des föderalen Staatsaufbaus in Deutschland teilen sich der BfDI und die Landesdatenschutzbehörden die Überwachung des Datenschutzrechts. Die Zuständigkeitsabgrenzung zwischen dem BfDI und den Landesdatenschutzbehörden erfolgt anhand des Kreises der von ihnen Beaufsichtigten. Der BfDI ist zuständig für die **Aufsicht über die öffentlichen Stellen des Bundes** (§ 9 Abs. 1 S. 1 BDSG 2018). Die Aufsichtätigkeit des BfDI erstreckt sich ausdrücklich auch auf Auftragsverarbeiter, die nicht-öffentliche Stellen sind, bei denen der Bund aber die Anteils- oder Stimmenmehrheit hält und sofern der Auftraggeber eine öffentliche Stelle des Bundes ist (§ 9 Abs. 1 S. 2 BDSG 2018). Die Landesdatenschutzbehörden 41

---

[41] *Kloepfer*, Datenschutz als Grundrecht, 1980, S. 10.

[42] Zur Kritik am One Stop Shop-Prinzip Schmidt-Kessel/Langhanke/*Roder*, Datenschutz als Verbraucherschutz, 2016, S. 24; ausführlich zum One Stop Shop-Prinzip, Knyrim/*Leissler/ Wolfbauer*, Datenschutz-Grundverordnung Praxishandbuch, 2016, 291 ff.; *Hijmans*, EDPL 2016, 362 (367 ff.).

überwachen die Einhaltung der datenschutzrechtlichen Vorschriften bei **nicht-
öffentlichen Stellen sowie den öffentlichen Stellen der Länder**.

42   Eine **Ausnahme bildet Bayern**, wo der Landesbeauftragte für den Datenschutz die Aufsicht nur
über den öffentlichen Bereich ausübt und die Aufsicht für den nicht-öffentlichen Bereich dem Bay-
erischen Landesamt für Datenschutzaufsicht (LDA) übertragen ist (Art. 34 bayLDSG-alt).

43   Neben diese grundsätzliche Zuständigkeitsabgrenzung entsprechend dem Kreis
der Beaufsichtigten können spezielle Zuständigkeitszuweisungen treten. Zu nennen
ist hier die Zuständigkeit des BfDI für die Datenschutzaufsicht auch über (Lan-
des-)Finanzbehörden nach dem neuen § 32h Abs. 1 AO[43] für den Bereich der Verwaltung bundes- oder unionsrechtlich geregelter Steuern. Nach der neuen Regelung
wird die **Datenschutzaufsicht über die Finanzbehörden** damit allein beim BfDI
liegen. Begründet wird die Erforderlichkeit dieser Zuständigkeitszuweisung mit
dem Einsatz bundeseinheitlicher Datenverarbeitungsprogramme und der Sicherstellung einer einheitlichen Datenschutzprüfung.[44] § 32 Abs. 3 AO sieht zudem vor,
dass die Länder die Datenschutzaufsicht in den Bereichen der landesrechtlichen
oder kommunalen Steuergesetze auf den BfDI übertragen können, sofern und soweit diese Steuergesetze auf bundesgesetzlich geregelten Besteuerungsgrundlagen
oder bundeseinheitlichen Festsetzungen beruhen.

44   Zudem sind die **Zuständigkeitsbereiche der Landesdatenschutzbeauftragten
untereinander** abzugrenzen. Die Landesdatenschutzbeauftragten werden jeweils
auf dem Gebiet ihres Bundeslandes tätig. Welche Behörde im jeweiligen Bundesland für diese Überwachung zuständig ist, ergibt sich nach § 40 Abs. 1 BDSG 2018
aus dem Landesrecht. Für Zweifelsfälle und Konstellation mehrfacher Zuständig-
keitsanknüpfung gilt § 40 Abs. 2 BDSG 2018. Für ihre Aufsichtstätigkeit dürfen sie
nach § 40 Abs. 3 S. 1 BDSG 2018 Daten verarbeiten und an andere Aufsichtsbehörden übermitteln.

D. Stellung der Aufsichtsbehörden

I. „Völlige Unabhängigkeit" der Aufsichtsbehörden

45   Die Datenschutzaufsichtsbehörden müssen nach Art. 52 Abs. 1 DS-GVO und
Art. 42 Abs. 1 JI-RL bei der Erfüllung ihrer Aufgaben und der Ausübung ihrer Befugnisse „völlig unabhängig" gestellt sein.[45] Diese völlige Unabhängigkeit der Datenschutzaufsicht hat der EuGH in einer Grundsatzentscheidung im Jahr 2010[46]
näher charakterisiert. Demnach bedeutet „völlige Unabhängigkeit" in erster Linie
Regierungsferne der Datenschutzaufsicht.[47] Die Gefahr der Auswirkung politischer Einflussnahme auf die Entscheidungen der Datenschutzaufsicht müsse minimiert werden,[48] und die Datenschutzaufsicht müsse völlig frei von Weisungen und
Druck handeln können.[49]

---

[43] Hierzu BT-Drs. 18/12611 insb. S. 99f.
[44] BT-Drs. 18/12611 insb. S. 99.
[45] Zur Kritik an der Steigerung der Unabhängigkeit auf eine völlige Unabhängigkeit v. *Lewinski*,
ZG 2015, 228 (229); zur geschichtlichen Entwicklung der Unabhängigkeit der Datenschutzaufsicht
Garstka in Dix/Franßen/Kloepfer/Schaar/Schoch/Voßhoff u.a. (Hrsg.), Jahrbuch Informationsfreiheit und Informationsrecht 2015, S. 87ff.
[46] EuGH, Urt. v. 9.3.2010 – C-518/07, Slg. 2010, I-01885.
[47] EuGH, Urt. v. 9.3.2010 – C-518/07, Slg. 2010, I-01885 Rn. 32ff.; *Kröger* in Kröger/Pilniok
(Hrsg.), Unabhängiges Verwalten in der Europäischen Union, 2016, 1, 6.
[48] EuGH, Urt. v. 9.3.2010 – C-518/07, Slg. 2010, I-01885 Rn. 36.
[49] EuGH, Urt. v. 9.3.2010 – C-518/07, Slg. 2010, I-01885 Rn. 18.

Die DS-GVO und die JI-RL treffen verschiedene Vorkehrungen für die Absiche- **46** rung der unabhängigen Stellung der Aufsichtsbehörde. Zum einen statuiert Art. 52 Abs. 2 DS-GVO eine **Weisungs- und Beeinflussungsfreiheit der Mitglieder der Aufsichtsbehörde.** Mitglied der Aufsichtsbehörde meint den Leiter der Aufsichtsbehörde.[50] Zum anderen enthält Art. 52 Abs. 3 DS-GVO eine allgemeine **Inkompatibilitätsklausel,** nach der Mitglieder der Aufsichtsbehörde keine mit dem Amt unvereinbaren entgeltlichen oder unentgeltlichen Tätigkeiten oder Handlungen ausüben dürfen; hiervon geht auch Art. 42 Abs. 3 JI-RL aus.

Mit dem Zweiten Gesetz zur Änderung des Bundesdatenschutzgesetzes v. 2015[51] wurde die Un- **47** abhängigkeit des BfDI bereits vor Inkrafttreten der DS-GVO gesetzlich abgesichert. Insbesondere wurde dem BfDI der Status als oberste Bundesbehörde zuerkannt und die Rechtsaufsicht seitens der Bundesregierung sowie die Dienstaufsicht seitens des BMI aufgegeben. Eine unabhängige Stellung von Behörden ist in Deutschland zwar eine Ausnahme, aber kein Novum, sondern findet sich auch schon früh in der modernen Verwaltungsgeschichte.[52]

II. Ausstattung der Aufsichtsbehörde

Die Aufsichtsbehörde muss über für eine unabhängige Aufgabenwahrnehmung **48** hinreichende personelle und sachliche Mittel verfügen. Nur so kann die Unabhängigkeit durch die zur Verfügung stehenden Ressourcen abgesichert werden. Art. 52 Abs. 4 DS-GVO und Art. 42 Abs. 4 JI-RL geben vor, dass die Aufsichtsbehörde mit den für ihre Aufgabenerfüllung **notwendigen personellen, technischen und finanziellen Ressourcen** sowie Räumlichkeiten und Infrastrukturen ausgestattet wird.

1. Personelle Ausstattung

Die personelle Ausstattung der Aufsichtsbehörde muss der Aufgabe der Auf- **49** sichtsbehörde entsprechen, und zwar in quantitativer wie auch qualitativer Hinsicht. Das Personal der Aufsichtsbehörde wird seitens der Aufsichtsbehörde selbst ausgewählt und untersteht ausschließlich der Leitung der Aufsichtsbehörde (Art. 52 Abs. 5 DS-GVO; Art. 42 Abs. 5 JI-RL. Die Regelungen stellen somit die **Personalhoheit der Aufsichtsbehörde** über ihre Bediensteten sicher.

Gemäß Art. 54 Abs. 1 lit. f DS-GVO und Art. 44 Abs. 1 lit. f JI-RL ist den Mit- **50** gliedstaaten die Regelung der Pflichten der Bediensteten sowie der Beendigung der Beschäftigungsverhältnisse der Bediensteten der Aufsichtsbehörde überlassen. Dabei richtet sich die Beendigung der Beschäftigungsverhältnisse der Bediensteten grundsätzlich nach dem allgemeinen **Beamten- und Arbeitsrecht.**

Die Bediensteten müssen für ihre Dienstzeit und auch nach Beendigung der **51** Dienstzeit gem. Art. 54 Abs. 2 S. 1 DS-GVO zur **Wahrung von Verschwiegenheit** über vertrauliche Informationen, die ihnen im Rahmen der Wahrnehmung ihrer Aufgaben und Ausübung ihrer Befugnisse bekannt geworden sein, verpflichtet sein. Für Mitarbeiter der Aufsichtsbehörde gilt gem. § 13 Abs. 3 S. 2 BDSG 2018 ein Zeugnisverweigerungsrecht, über dessen Ausübung der BfDI im Einzelfall entscheidet.

---

[50] *Piltz,* K&R 2016, 777 (781).
[51] 2. BDSGÄndG v. 25.2.2015 (BGBl. I S. 162).
[52] *Frenzel* in Kröger/Polniok (Hrsg.), Unabhängiges Verwalten in der Europäischen Union, 2016, 45, 50 ff.

2. Sachliche Ausstattung

52 Auch in sachlicher Hinsicht müssen die Aufsichtsbehörden so ausgestattet sein, dass sie ihre vielfältigen Aufgaben (→ Rn. 64 ff.) wahrnehmen können. Zur sachlichen Ausstattung zählt neben einer üblichen Büroausstattung vor allem eine zeitgemäße **technische Ausstattung und IT-Infrastruktur**, die es den Bediensteten der Aufsichtsbehörde ermöglicht, die Einhaltung des Datenschutzrechts effektiv zu kontrollieren.

3. Finanzielle Ausstattung

53 Zudem muss die Aufsichtsbehörde auch budgetär unabhängig sein. Dies bedeutet nicht nur **ausreichende finanzielle Mittel**, sondern auch einen eigenen, öffentlichen und jährlichen **Haushaltsplan** (Art. 52 Abs. 6 Hs. 2 DS-GVO; Art. 42 Abs. 6 JI-RL).[53] In seiner Entscheidung zur österreichischen Datenschutzaufsicht ging der EuGH davon aus, dass die haushaltsrechtliche Zuordnung der österreichischen Datenschutzkommission als solche nicht gegen das Unabhängigkeitsgebot verstößt, sondern die Datenschutzaufsicht lediglich über eine eigene „Haushaltslinie" verfügen muss.[54] Ebenfalls muss die Finanzkontrolle so ausgestaltet sein, dass die Unabhängigkeit der Aufsichtsbehörde nicht beeinträchtigt wird (Art. 52 Abs. 6 Hs. 2 DS-GVO).

III. Leitung der Aufsichtsbehörde

54 Die Aufsichtsbehörde wird von einem **sog. „Mitglied"** (oder mehreren Mitgliedern) geleitet. Für die Aufsicht auf Bundesebene ist das der Bundesbeauftragte für den Datenschutz und die Informationsfreiheit (BfDI).

1. Persönliche und fachliche Anforderungen

55 Die DS-GVO stellt persönliche und fachliche Anforderungen an das Mitglied der Aufsichtsbehörde. In fachlicher Hinsicht muss das Mitglied der Aufsichtsbehörde über die für die Erfüllung seiner Aufgaben und Ausübung seiner Befugnisse erforderliche Qualifikation verfügen (Art. 53 Abs. 2 DS-GVO; Art. 43 Abs. 2 JI-RL). Dies setzt vor allem **Erfahrung und Sachkunde im Datenschutz und Datenschutzrecht** voraus. Ziel des Erfordernisses fachlicher und persönlicher Anforderungen ist ein Ausschluss einer Ernennung aus rein politischen Gründen.[55]

56 Die weiteren Voraussetzungen für die Ernennung zum Mitglied der Aufsichtsbehörde **regeln die Mitgliedstaaten** (Art. 54 Abs. 1 lit. b DS-GVO; Art. 44 Abs. 1 lit. b JI-RL). Das BDSG sieht ein Mindestalter von 35 Jahren vor (§ 11 Abs. 1 S. 3 BDSG 2018) und stellt für die Qualifikation ebenso wie Art. 53 Abs. 2 DS-GVO auf die für die Aufgabenerfüllung erforderliche Qualifikation ab (§ 11 Abs. 3 S. 4 BDSG 2018). Abweichend von Art. 53 Abs. 2 DS-GVO sieht § 11 Abs. 1 S. 5 BDSG 2018 vor, dass der BfDI über eine einschlägige Berufserfahrung sowie über Kenntnisse des deutschen und europäischen Datenschutzrechts verfügen und die Befähigung zum Richteramt oder für den höheren Verwaltungsdienst haben muss.

---

[53] Zur Haushaltshoheit, *Garstka* in Dix/Franßen/Kloepfer/Schaar/Schoch/Voßhoff u. a. (Hrsg.), Jahrbuch Informationsfreiheit und Informationsrecht 2015, S. 87 (90 f.).
[54] EuGH, Urt. v. 16.10.2012 – C-614/10, ECLI:EU:C:2012:631, ZD 2012, 563 (565 [Rn. 58]).
[55] Gola/*Nguyen*, DS-GVO Art. 53 Rn. 4.

2. Wahl und Ernennungsverfahren

Das Verfahren zur Ernennung des BfDI muss **transparent und nachvollziehbar** 57
gestaltet sein (Art. 53 Abs. 1 DS-GVO, Art. 43 Abs. 1 JI-RL). Dazu bedarf es eines
öffentlichen Bekanntseins des Ernennungsverfahrens[56] und wohl auch die Möglichkeit für die Öffentlichkeit, dieses Verfahren zu verfolgen. Ansonsten kann die Ernennung sowohl durch das Parlament, von der Regierung, vom Staatsoberhaupt
oder von einer unabhängigen Stelle, die nach mitgliedstaatlichem Recht mit der
Aufgabe der Ernennung betraut wird, erfolgen. Bei einer unabhängigen Stelle nach
Art. 53 Abs. 1 DS-GVO ist an eine Wahlkommission zu denken.[57]

Nach § 11 Abs. 1 S. 1 BDSG 2018 wird der BfDI **vom Deutschen Bundestag** 58
auf Vorschlag der Bundesregierung und ohne Aussprache **gewählt**. Dass der
BfDI seitens der Bundesregierung und nicht seitens des Parlaments vorgeschlagen
wird, wird von manchen als Widerspruch zur unabhängigen Stellung des BfDI, die
ein Herauslösen aus der Exekutive erfordert, gesehen.[58] Der BfDI ist gem. § 11
Abs. 1 S. 2 BDSG 2018 vom Bundespräsidenten zu ernennen. Die Formulierung in
§ 11 Abs. 1 S. 2 BDSG 2018 („ist zu ernennen") lässt keinen Ermessensspielraum
und kein (materielles) Prüfungsrechts hinsichtlich der Ernennung zu. Der BfDI
leistet vor dem Bundespräsidenten den in § 11 Abs. 2 BDSG 2018 genannten Eid.

3. Amtszeit

Die Amtszeit des BfDI beginnt nach § 12 Abs. 2 S. 1 BDSG 2018 mit der Aus- 59
händigung der Ernennungsurkunde. Die Amtszeit des BfDI ist begrenzt; sie beträgt
5 Jahre (§ 11 Abs. 3 S. 1 BDSG 2018). Dabei ist eine **einmalige Wiederwahl möglich** (§ 11 Abs. 3 S. 2 BDSG 2018). Auf Ersuchen des Präsidenten des Bundestags ist
der BfDI nach § 12 Abs. 2 S. 6 BDSG 2018 nach Ablauf seiner Amtszeit zu einer
sechsmonatigen Weiterführung der Geschäfte verpflichtet. Die Amtszeit kann außer durch Ablauf gem. § 12 Abs. 2 S. 2 BDSG 2018 auch durch Rücktritt enden.
Eine vorzeitige Enthebung aus dem Amt ist nur durch den Bundespräsidenten auf
Vorschlag des Präsidenten des Bundestags in Fällen einer schweren Verfehlung oder
in Fällen, in denen der BfDI die Voraussetzungen für die Wahrnehmung seiner
Aufgaben nicht mehr erfüllt, möglich (§ 12 Abs. 2 S. 3 BDSG 2018).

4. Verschwiegenheitspflicht

Der BfDI unterliegt einer Verschwiegenheitspflicht, die **auch nach Ende seiner** 60
Amtszeit wirkt (§ 13 Abs. 4 S. 1 BDSG 2018). Diese Verschwiegenheitspflicht umfasst solche Angelegenheiten, die dem BfDI amtlich bekanntgeworden sind. Ausgenommen von der Verschwiegenheitspflicht sind Mitteilungen des dienstlichen Ver-
kehrs, offenkundige Tatsachen und solche Tatsachen, die gemessen an ihrer
Bedeutung keine Geheimhaltung erfordern.

5. Aussageverweigerungsrecht

Der BfDI entscheidet gem. § 13 Abs. 4 S. 3 BDSG 2018 nach **eigenem pflicht-** 61
gemäßen Ermessen, ob, und wenn ja inwieweit, er gerichtlich oder außergericht-

---

[56] *Piltz*, K&R 2016, 777 (781).
[57] Gola/*Nguyen*, DS-GVO Art. 53 Rn. 2.
[58] So *Garstka* in Dix/Franßen/Kloepfer/Schaar/Schoch/Voßhoff u. a. (Hrsg.), Jahrbuch Informationsfreiheit und Informationsrecht 2015, S. 87 (91).

lich über die der Verschwiegenheitspflicht unterliegenden Tatsachen aussagt oder diesbezüglich Erklärungen abgibt. Beschränkt wird die Ausübung des Ermessens ausdrücklich durch die Pflicht des BfDI, Straftaten zur Anzeige zu bringen und durch die Verpflichtung bei Gefährdung der freiheitlichen demokratischen Grundordnung auf deren Erhalt hinzuwirken.

62 Für gerichtliche und außergerichtliche **Aussagen und Erklärungen eines ehemaligen BfDI** bedarf es nach § 13 Abs. 4 S. 3 BDSG 2018 der Genehmigung des amtierenden BfDI. Damit werden zwar gerichtliche und außergerichtliche Aussagen und Erklärungen von der Bewertung des amtierenden BfDI abhängig gemacht. Die Abhängigkeit von der Unabhängigkeit des Nachfolgers[59] ist jedoch unproblematisch, zumal die europarechtlich geforderte Unabhängigkeit wegen ihres klaren Bezugs zur unabhängigen Aufgabenwahrnehmung nur die Stellung des amtierenden BfDI und nicht die des ehemaligen BfDI betrifft.

63 Grundsätzlich darf der BfDI **als Zeuge aussagen.** Hiervon gibt es drei Ausnahmen: Zum darf der BfDI nicht aussagen, wenn seine Aussage dem Wohl des Bundes oder eines Landes Nachteile bereiten würde (§ 13 Abs. 5 Nr. 1 BDSG 2018); zu diesen Nachteilen zählen insbesondere solche für die Sicherheit der Bundesrepublik Deutschland oder Nachteile für die Beziehungen der Bundesrepublik Deutschland zur anderen Staaten. Zudem darf der BfDI nicht aussagen, wenn durch seine Aussage Grundrechte verletzt werden würden (§ 13 Abs. 5 Nr. 2 BDSG 2018). In Fällen, in denen die Aussage des BfDI solche Vorgänge betrifft, die den Kernbereich exekutiver Eigenverantwortung der Bundesregierung berühren, darf der BfDI nur im Benehmen mit der Bundesregierung aussagen (§ 13 Abs. 5 S. 2 BDSG 2018).

E. Handeln der Aufsichtsbehörde

I. Aufgaben der Aufsichtsbehörde

64 Die DS-GVO enthält einen **umfangreichen Katalog** an Aufgaben der Aufsichtsbehörde in Art. 57. Zu den Aufgaben nach der DG-GVO hinzukommen für den BfDI Aufgaben nach § 14 BDSG 2018.

1. Klassische Aufsichtstätigkeit

65 Zu den Aufgaben der Datenschutzaufsicht zählt zunächst die **Überwachung und Durchsetzung der Anwendung des Datenschutzrechts** (Art. 57 Abs. 1 lit. a DS-GVO; § 14 Abs. 1 Nr. 1 BDSG 2018). Dies ist die klassische Aufsichtstätigkeit. Verstöße gegen die DS-GVO und die gem. Art. 58 Abs. 2 DS-GVO getroffenen Maßnahmen hat die Aufsichtsbehörde in einem internen Verzeichnis aufzuführen (Art. 57 Abs. 1 lit. u DS-GVO).

2. Informationelle Aufgaben

a) Hinweise an Betroffene, Verantwortliche und die Öffentlichkeit

66 Die Datenschutzbehörden haben **daneben informationelle Aufgaben.** So sollen sie die Öffentlichkeit über **Risiken, Vorschriften, Garantien und Rechte** hinsichtlich der Datenverarbeitung **aufklären** und die Öffentlichkeit gleichzeitig für diese Themen sensibilisieren (Art. 57 Abs. 1 lit. b DS-GVO; § 14 Abs. 1 Nr. 2 BDSG 2018). Ein besonderes Augenmerk sollen die Datenschutzbehörden dabei auf spezi-

---

[59] So *Garstka* in Dix/Franßen/Kloepfer/Schaar/Schoch/Voßhoff u. a. (Hrsg.), Jahrbuch Informationsfreiheit und Informationsrecht 2015, S. 87 (92).

fische Maßnahmen für Kinder richten. Darüber hinaus haben sie auf Anfrage jedes Betroffenen **Informationen** über die Ausübung der Betroffenenrechte nach der DS-GVO bereitzustellen (Art. 57 Abs. 1 lit. e DS-GVO; § 14 Abs. 1 Nr. 5 BDSG 2018).

Auch die Verantwortlichen und die Auftragsverarbeiter soll die Datenschutzauf- 67 sicht sensibilisieren. Diese Sensibilisierung zielt nicht auf die Risiken der Datenverarbeitung ab, sondern vielmehr auf die Pflichten, die der Verantwortliche und der Auftragsverarbeiter nach der DS-GVO haben (Art. 57 Abs. 1 lit. d DS-GVO, § 14 Abs. 1 Nr. 4 BDSG 2018).

Die FTC in den USA bezeichnet solch präzeptorales Handeln als „educational letters".[60] 68

b) Tätigkeitsbericht

Zu den informationellen Aufgaben zählt auch die jährliche Erstellung eines Tä- 69 tigkeitsberichts (Art. 59 DS-GVO; für den BfDI § 15 BDSG 2018). Der Tätigkeitsbericht ist dem Parlament zuzuleiten sowie der Öffentlichkeit sowie der Europäischen Kommission und dem Europäischen Datenschutzausschuss zugänglich zu machen. Der nähere Inhalt des Tätigkeitsberichts ist gesetzlich nicht vorgegeben. § 15 BDSG 2018 und Art. 59 DS-GVO machen lediglich den Vorschlag, dass der Bericht eine Liste der Arten gemeldeter Verstöße und Arten der getroffenen Maßnahmen enthalten kann. Der Bericht dient auch der **Transparenz der Arbeit der Aufsichtsbehörde.**[61]

3. Beratende Aufgaben

Eng verknüpft mit den informationellen Aufgaben sind die beratenden Aufgaben 70 der Datenschutzbehörden. So berät der BfDI den **Bundestag**, die **Bundesregierung**, den **Bundesrat** und andere Einrichtungen und Gremien in datenschutzrechtlichen Fragen (§ 14 Abs. 1 Nr. 3 BDSG 2018 i. V. m. Art. 57 Abs. 1 lit. c DS-GVO).

Beratung hat die Datenschutzaufsicht auch hinsichtlich solcher Verarbeitungs- 71 vorgänge zu leisten, die in Art. 36 Abs. 2 DS-GVO genannt sind. Das sind solche Verarbeitungsvorgänge, bei denen die Aufsichtsbehörde einen Verstoß gegen die DS-GVO sieht, weil der Verantwortliche das **Risiko der Datenverarbeitung nicht zutreffend ermittelt** oder hinreichend eingedämmt hat.

4. Untersuchungen

Die Datenschutzbehörde kann zudem **Untersuchungen über die Anwendung** 72 **der DS-GVO** (Art. 57 Abs. 1 lit. h DS-GVO) und die Anwendung sonstiger datenschutzrechtlicher Vorschriften (vgl. § 14 Abs. 1 Nr. 8 BDSG 2018) durchführen.

5. Beobachtende Aufgabe

Um seinen Aufsichtstätigkeiten gerecht werden zu können, müssen die Daten- 73 schutzbehörden die **maßgeblichen Entwicklungen mit Auswirkungen auf den Datenschutz** und die **Entwicklung der Informations- und Kommunikationstechnologie** beobachten (Art. 57 Abs. 1 lit. i DS-GVO; für den BfDI § 14 Abs. 1 Nr. 9 BDSG 2018).

---

[60] *Lejeune*, CR 2013, 755 (758).
[61] Gola/*Nguyen*, DS-GVO Art. 59 Rn. 1.

6. Beschwerdestelle

74 Die Datenschutzbehörde fungiert zudem als Beschwerdestelle (Art. 57 Abs. 1 lit. f DS-GVO; ErwGr. 81, 85 JI-RL. Aufgabe des BfDI ist es etwa, sich mit Beschwerden von Betroffenen, Stellen, Organisationen oder Verbänden zu befassen (§ 14 Abs. 1 Nr. 6 BDSG 2018). Dabei hat der BfDI den Gegenstand der Beschwerde zu untersuchen und innerhalb einer angemessenen Frist den Beschwerdeführer zu bescheiden. Auch ErwGr 48 der JI-RL sieht vor, dass die mitgliedstaatlichen Aufsichtsbehörden sich mit Ersuchen von Betroffenen befassen müssen und betroffene Personen über ihr Recht, sich an die Aufsichtsbehörde zu wenden, unterrichtet werden sollten. Das **Recht auf Beschwerde bei einer Aufsichtsbehörde** regeln Art. 77 DS-GVO[62] und § 60 BDSG 2018.

7. Datenschutzzertifizierung

75 Der BfDI übernimmt im Rahmen der Datenschutzzertifizierung eine Reihe von Aufgaben. So regt er die Einführung von **Datenschutzzertifizierungsmechanismen** und **Datenschutzsiegeln und -prüfzeichen** nach Art. 42 Abs. 1 DS-GVO an und billigt die Zertifizierungskriterien nach Art. 42 Abs. 5 DS-GVO. Der BfDI überprüft gegebenenfalls regelmäßig erteilte Zertifizierungen.

76 Auch im Rahmen von **Akkreditierungsverfahren** kommen dem BfDI Aufgaben zu. Hier fasst er zum einen die Kriterien für die Akkreditierung einer Stelle nach Art. 41 DS-GVO und einer Zertifizierungsstelle nach Art. 43 DS-GVO ab und veröffentlicht diese. Zum anderen nimmt der BfDI auch die eigentliche Akkreditierung einer Stelle nach Art. 41 DS-GVO und einer Zertifizierungsstelle nach Art. 43 DS-GVO vor.

8. Genehmigungen

77 Die Datenschutzbehörden haben zudem genehmigende Aufgaben. Diese bestehen in der **Genehmigung von Vertragsklauseln** und Bestimmungen nach Art. 46 Abs. 3 DS-GVO und der **Genehmigung interner Vorschriften** nach Art. 47 DS-GVO.

9. Sonstige Aufgaben

78 Die Datenschutzbehörden legen zudem Standardvertragsklauseln nach Art. 28 Abs. 8 und Art. 46 Abs. 2 lit. d DS-GVO fest (Art. 57 Abs. 1 lit. j DS-GVO) und erstellen eine Liste für solche Verarbeitungstätigkeiten, bei denen eine Datenschutz-Folgenabschätzung nach Art. 35 Abs. 4 DS-GVO vorzunehmen ist (Art. 57 Abs. 1 lit. k DS-GVO). Zudem haben sie jede **sonstige Aufgabe im Zusammenhang mit dem Schutz personenbezogener Daten** zu erfüllen (Art. 57 Abs. 1 lit. v DS-GVO).

10. Aufgaben nach JI-RL

79 Die JI-RL normiert in Art. 46 ebenfalls Aufgaben der Aufsichtsbehörde, die sich teilweise mit denen aus Art. 57 DS-GVO decken. Die klassische Aufsichtstätigkeit umfasst auch nach Art. 46 Abs. 1 lit. a die **Überwachung und Durchsetzung des Datenschutzes im Sicherheitsbereich**. Die informationellen Befugnisse aus der JI-

---

[62] Auernhammer/*v. Lewinski*, DSGVO/BDSG, DS-GVO Art. 77 Rn. 1 ff.

RL decken sich ganz überwiegend mit denen der DS-GVO. Lediglich der in Art. 56 Abs. 1 lit. b DS-GVO enthaltene besondere Fokus auf Kinder ist in Art. 46 der JI-RL nicht enthalten.

Die beratenden Tätigkeiten decken sich inhaltlich. Ebenso die Rolle als Be- 80 schwerdestelle, die Art. 56 Abs. 1 lit. f DS-GVO und Art. 46 Abs. 1 lit. f JI-RL wortgleich vorsehen. Gleiches gilt für die von Art. 56 Abs. 1 lit. g DS-GVO und Art. 46 Abs. 1 lit. h JI-RL geforderte Zusammenarbeit der Aufsichtsbehörden sowie die von Art. 56 Abs. 1 lit. h DS-GVO und Art. 46 Abs. 1 lit. i JI-RL vorgesehene Untersuchung der Anwendung der DS-GVO bzw. der JL-RL. Die beobachtende Aufgabe aus Art. 56 Abs. 1 lit. i DS-GVO deckt sich mit der aus Art. 46 Abs. 1 lit. j JI-RL. Ebenfalls sehen beide Regelwerke die Mitwirkung der Aufsichtsbehörde im Europäischen Datenschutzausschuss vor (Art. 56 Abs. 1 lit. t DS-GVO und Art. 46 Abs. 1 lit. l DS-GVO). **Anders als Art. 56 DS-GVO** enthält Art. 46 Abs. 1 lit. g i. V. m. Art. 17 Abs. 3 JI-RL ausdrücklich die Aufgabe, die Rechtmäßigkeit der Verarbeitung nach Art. 17 JI-RL zu überprüfen und den Betroffenen innerhalb einer angemessenen Frist über das Ergebnis dieser Überprüfung zu informieren.

II. Befugnisse der Aufsichtsbehörde

Zur Erfüllung dieser Aufgaben verfügt die Aufsichtsbehörde über eine ganze 81 Reihe an Befugnissen. Diese sind in der DS-GVO in Art. 58 grundsätzlich **abschließend**[63] aufgelistet. In § 16 BDSG 2018 wird explizit auf Art. 58 DS-GVO Bezug genommen. Die Befugnisse sind systematisch auf die drei Absätze des Art. 58 DS-GVO aufgeteilt, welche ein gestuftes System der Befugnisse enthalten. Absatz 1 beinhaltet die Untersuchungsbefugnisse, Absatz 2 die Abhilfebefugnisse und Abs. 3 die Genehmigungsbefugnisse und beratende Befugnisse.

1. Untersuchungsbefugnisse

Zu den Untersuchungsbefugnissen der Aufsichtsbehörde zählen die Durchfüh- 82 rung von Datenschutzüberprüfungen (Art. 58 Abs. 1 lit. b DS-GVO) und die Überprüfung der nach Art. 42 Abs. 7 DS-GVO erteilten Zertifizierungen (Art. 58 Abs. 1 lit. c DS-GVO). Der Begriff der **Datenschutzüberprüfung** kann durchaus weit verstanden werden als eine Überprüfung zur Ermittlung von Verstößen gegen das Datenschutzrecht.[64] Zu den Untersuchungsbefugnissen zählen auch Befugnisse mit dem Zweck der Informationsbeschaffung. So ist die Aufsichtsbehörde befugt, vom Verantwortlichen, vom Auftragsverarbeiter und gegebenenfalls auch vom Vertreter des Verantwortlichen und des Auftragsverarbeiters alle Informationen, die die Aufsichtsbehörde zur Erfüllung ihrer Aufgaben benötigt, anzufordern (Art. 58 Abs. 1 lit. a DS-GVO) und vom Verantwortlichen und dem Auftragsverarbeiter Zugang zu allen personenbezogenen Daten und Informationen, die für die Erfüllung der Aufgaben der Aufsichtbehörde notwendig sind, zu erhalten (Art. 58 Abs. 1 lit. e DS-GVO). In Durchführung von Untersuchungen ist die Aufsichtsbehörde zudem befugt, Zugang zu den Geschäftsräumen und Datenverarbeitungsanlagen des Verantwortlichen oder des Auftragsverarbeiters zu erhalten (Art. 58 Abs. 1 lit. f DS-GVO). Nicht umfasst von Art. 58 Abs. 1 lit. f DS-GVO sind Privatwohnungen. Sollte die Untersuchung einen Verstoß gegen die DS-GVO zeigen, so ist die Aufsichtsbehörde zunächst befugt, den Verantwortlichen oder den Auftragsverarbeiter auf diesen Verstoß hinzuweisen.

---

[63] So auch *Piltz*, K&R 2016, 777 (783).
[64] Gola/*Nguyen*, DS-GVO Art. 58 Rn. 6.

2. Abhilfebefugnisse

83 In einem weiteren Schritt stehen der Aufsichtsbehörde verschiedene Abhilfebefugnisse zu. Hierzu zählen die **Warnung** (Art. 58 Abs. 2 lit. a DS-GVO) und die **Verwarnung** (Art. 58 Abs. 2 lit. b DS-GVO) des Verantwortlichen und des Auftragsverarbeiters hinsichtlich Verstöße gegen die DS-GVO. Die Aufsichtsbehörde kann zudem verschiedene **Anweisungen** gegenüber dem Verantwortlichen und dem Auftragsverarbeiter aussprechen. Hierzu zählen die Anweisung, Anträgen des Betroffenen auf Ausübung ihm nach der DS-GVO zustehenden Rechte zu entsprechen (Art. 58 Abs. 2 lit. c DS-GVO), die Anweisung, Verarbeitungsvorgänge auf bestimmte Weise und innerhalb einer bestimmten Frist mit der DS-GVO in Einklang zu bringen (Art. 58 Abs. 2 lit. d DS-GVO), und die Anweisung, die Personen, die von einer Verletzung des Datenschutzrechts betroffen ist, über diese Verletzung zu benachrichtigen (Art. 58 Abs. 2 lit. e DS-GVO). Ferner darf die Aufsichtsbehörde eine **Datenverarbeitung vorübergehend oder endgültig beschränken** oder ein **Verbot der Verarbeitung** verhängen (Art. 58 Abs. 2 lit. f DS-GVO), eine **Geldbuße** nach Art. 83 DS-GVO aussprechen (Art. 58 Abs. 2 lit. i DS-GVO; → § 24 Rn. 51 ff.) und die **Datenübermittlung in ein Drittland**[65] oder an eine **internationale Organisation aussetzen** (Art. 58 Abs. 2 lit. j DS-GVO). Zudem ist die Aufsichtsbehörde befugt, eine **Berichtigung oder Löschung personenbezogener** Daten oder eine Einschränkung der Datenverarbeitung und die Unterrichtung von Empfängern, an die personenbezogene Daten nach Art. 17 Abs. 2 und Art. 19 DS-GVO offengelegt wurden, anzuordnen.

84 Den Aufsichtsbehörden – in Deutschland dem BfDI – stehen auch hinsichtlich von **Zertifizierungen** Befugnisse zu. Der BfDI ist zum Widerruf einer Zertifizierung befugt (Art. 58 Abs. 2 lit. h Var. 1 DS-GVO). Anstatt die Zertifizierung selbst zu widerrufen, kann der BfDI auch die Zertifizierungsstelle anweisen, eine Zertifizierung zu widerrufen (Art. 58 Abs. 2 lit. h Var. 2 DS-GVO) oder eine Zertifizierung gar nicht erst zu erteilen, wenn die Zertifizierungsvoraussetzungen nicht oder nicht mehr erfüllt werden (Art. 58 Abs. 2 lit. h Var. 3 DS-GVO).

3. Genehmigungsbefugnisse

85 Zu den Genehmigungsbefugnissen zählen die **Genehmigung von Vertragsklauseln** nach Art. 46 Abs. 3 lit. a DS-GVO, die **Genehmigung von Verwaltungsvereinbarungen** nach Art. 46 DS-GVO, die **Genehmigung der verbindlichen internen Vorschriften** nach Art. 47 DS-GVO sowie die Genehmigung von Verarbeitungen zur Erfüllung einer im öffentlichen Interesse liegenden Aufgabe nach Art. 36 Abs. 5, sofern der jeweilige Mitgliedstaat eine solche Genehmigung verlangt (Art. 58 Abs. 3 lit. c DS-GVO). Art. 36 Abs. 5 DS-GVO eröffnet den Mitgliedstaaten die Möglichkeit, eine Konsultation durch die Aufsichtsbehörde zwecks Genehmigung vorzusehen. Zu beachten ist, dass Genehmigungspflichten einer strengen Verhältnismäßigkeitsprüfung unterliegen.[66]

4. Beratende Befugnisse

86 Hinzukommen beratende Befugnisse der Aufsichtsbehörde. Die Aufsichtsbehörde ist dazu befugt, den Verantwortlichen im Verfahren der vorherigen **Konsul-**

---

[65] Hierzu *Piltz*, K&R 2016, 777 ff.; Knyrim/*Knyrim*, Datenschutz-Grundverordnung Praxishandbuch, 2016, S. 253 ff.
[66] Gola/*Nolte/Werkmeister*, DS-GVO Art. 36 Rn. 12 f.

tation nach Art. 36 DS-GVO zu beraten und **Stellungnahmen** zum Datenschutz auf Anfrage oder von sich aus an das mitgliedstaatliche Parlament, die Regierung oder an sonstige Einrichtungen und Stellen und auch an die Öffentlichkeit zu richten (Art. 58 Abs. 3 lit. b DS-GVO). Ferner ist die Aufsichtsbehörde befugt, hinsichtlich von Verhaltensregeln, die von Verbänden oder anderen Vereinigungen geändert werden (Art. 40 Abs. 5 DS-GVO), Stellungnahmen abzugeben und die Entwürfe von Verhaltensregeln zu billigen.

5. Weitere Befugnisse

Schließlich darf die Aufsichtsbehörde auch **Zertifizierungen** billigen (Art. 58 **87** Abs. 3 lit. f Alt. 2 DS-GVO). Die Aufsichtsbehörde ist zudem befugt, Zertifizierungen zu vergeben (Art. 58 Abs. 3 lit. f Alt. 1 DS-GVO) und Zertifizierungsstellen zu akkreditieren (Art. 58 Abs. 3 lit. e DS-GVO). Zudem darf die Aufsichtsbehörde **Standardvertragsschutzklauseln**[67] gem. Art. 28 Abs. 8 und Art. 46 Abs. 2 lit. d DS-GVO festlegen.

Auch müssen die Mitgliedstaaten durch Rechtsvorschrift die Befugnis der Auf- **88** sichtsbehörde vorsehen, Verstöße gegen das Datenschutzrecht den **Justizbehörden zur Kenntnis zu bringen** (Art. 58 Abs. 5 DS-GVO). Ob dies ein Klagerecht für die Aufsichtsbehörde beinhaltet und was genau die Betreibung eines gerichtlichen Verfahrens beinhaltet, ist der Norm nicht eindeutig zu entnehmen.[68]

6. Befugnisse nach der JI-RL

Die in Art. 47 JI-RL normierten **Befugnisse der Datenschutzbehörden im Poli-** **89** **zei- und Sicherheitsbereich** fallen wesentlich knapper aus als die der DS-GVO. Die Einteilung in Untersuchungs-, Abhilfe- und Beratungsbefugnisse ist in Art. 47 JI-RL die gleiche wie in Art. 58 DS-GVO. Die Abhilfebefugnisse sind in Art. 47 Abs. 2 lit. a–c JI-RL nicht abschließend, sondern nur beispielshaft aufgezählt. Auch sie enthalten die drei Stufen Warnung, Anweisung und Verbot. Genehmigungsbefugnisse enthält Art. 47 JI-RL nicht.

7. Umsetzung in mitgliedstaatliches Recht

Art. 58 Abs. 6 S. 1 DS-GVO überlässt es den Mitgliedstaaten, **zusätzliche Be-** **90** **fugnisse** zu den in Art. 58 Abs. 1 bis 3 DS-GVO genannten vorzusehen. Dabei dürfen diese mitgliedstaatlich geregelten Befugnisse nicht zu einer Beeinträchtigung der effektiven Durchführung der Zusammenarbeit und des Kohärenzverfahrens führen. § 16 Abs. 3 BDSG 2018 sieht zwar in der Sache nicht neue Befugnisse vor, jedoch eine Erstreckung der Befugnisse aus Art. 58 DS-GVO auf von öffentlichen Stellen des Bundes erlangte personenbezogene Daten über den Inhalt und die näheren Umstände des Brief-, Post- und Fernmeldeverkehrs (§ 16 Abs. 3 Nr. 1 BDSG 2018) sowie personenbezogene Daten, die einem besonderen Amtsgeheimnis, insbesondere dem Steuergeheimnis, unterliegen (§ 16 Abs. 3 Nr. 2 BDSG 2018). Zu diesem Zweck unterliegen die öffentlichen Stellen Kooperationspflichten. Diese umfassen die Gewährung von Zugang (§ 16 Ab. 4 Nr. 1 BDSG 2018) sowie die Bereitstellung aller für die Erfüllung der Aufgaben des BfDI erforderlichen Informationen (§ 16 Abs. 3 Nr. 2 BDSG 2018).

---

[67] Hierzu Knyrim/*Knyrim* Datenschutz-Grundverordnung Praxishandbuch, 2016, S. 253 (264 ff.).
[68] *Piltz*, K&R 2016, 777 (784).

8. Ausübung der Befugnisse

91 Die Ausübung der Befugnisse richtet sich nach Art. 58 Abs. 4 DS-GVO sowohl nach dem Unionsrecht als auch nach mitgliedstaatlichem Recht. Maßgeblich im mitgliedstaatlichen Recht sind insbesondere das VwVfG[69] und die grundlegenden, verfassungsrechtlichen Prinzipien wie **Verhältnismäßigkeit** und **Rechtstaatlichkeit**. Wegen des **Effet utile-Grundsatzes** muss bei der Ausübung der Befugnisse der Aufsichtsbehörde dem Unionsrecht eine größtmögliche Wirksamkeit eingeräumt werden.

F. Zusammenarbeit der Aufsichtsbehörden

92 **Expliziter als das BDSG-alt** betont die DS-GVO die Kooperation zwischen den Aufsichtsbehörden und wirkt vor allem auf einen konsistenten Informationsfluss zwischen den Aufsichtsbehörden hin. Das siebte Kapitel des zweiten Abschnitts der JI-RL enthält ebenfalls Vorschriften zur Zusammenarbeit der Aufsichtsbehörden. Im BDSG 2018 regelt in § 82 im Hinblick auf die Zusammenarbeit der Aufsichtsbehörden die gegenseitige Amtshilfe.

I. Formen der Zusammenarbeit

93 Die DS-GVO kennt grundsätzlich **zwei Modi der Zusammenarbeit**: Zum einen existieren unterschiedliche Kooperationsgebote und Amtshilfevorschriften an verschiedenen Stellen der DS-GVO. Zum anderen regelt der zweite Abschnitt des Kapitels VII ausführlich und zusammenhängend Details des sogenannten Kohärenzverfahrens.

1. Kooperationsgebote und Amtshilfe

94 Zunächst sind bei den Aufgaben der Datenschutzaufsichtsbehörde in Art. 57 DS-GVO und § 14 BDSG 2018 bereits eine Reihe von Kooperationsgeboten aufgeführt. So zählt es zu den Aufgaben der Aufsichtsbehörde, mit anderen Aufsichtsbehörden zusammenzuarbeiten (Art. 57 Abs. 1 lit. g DS-GVO); Art. 46 Abs. 1 lit. h JI-RL enthält eine inhaltlich gleichlaufende Bestimmung. Diese Zusammenarbeit kann im Rahmen eines **Informationsaustausches** und der **Amtshilfe** erfolgen und dient der Durchsetzung der einheitlichen Anwendung der DS-GVO bzw. der JI-RL. Zudem hat die Aufsichtsbehörde **Beiträge zur Arbeit des Europäischen Datenschutzausschusses** (→ Rn. 11) zu leisten. Die Zusammenarbeit der Aufsichtsbehörden der Mitgliedstaaten im Europäischen Datenschutzausschuss dient ebenfalls der Sicherstellung der einheitlichen Anwendung der DS-GVO (Art. 70 Abs. 1 S. 1 DS-GVO, ErwGr 84 JI-RL).

95 Für das Verhältnis zwischen der Aufsichtsbehörde und dem Verantwortlichen und dem Auftragsverarbeiter normiert Art. 31 DS-GVO eine **allgemeine Kooperationspflicht**,[70] welche sich an den Verantwortlichen und den Auftragsdatenverarbeiter und gegebenenfalls deren Vertreter richtet. Neben dieser allgemeinen Kooperationspflicht kennt die DS-GVO auch eine **besondere Kooperationsnorm**, die mit Art. 31 DS-GVO in Zusammenhang steht. Art. 30 Abs. 1 DS-GVO verlangt vom Verantwortlichen und dem Auftragsverarbeiter sowie gegebenenfalls von deren jeweiligem Vertreter das Führen eines Verzeichnisses aller Verarbeitungstätigkeiten

---

[69] Gola/*Nguyen*, DS-GVO Art. 58 Rn. 20.
[70] Hierzu Auernhammer/*Kieck*, DSGVO/BDSG, DS-GVO Art. 31 Rn. 1 ff.

in ihrem Zuständigkeitsbereich. Die Normadressaten müssen in diesem Zusammenhang gem. Art. 30 Abs. 4 DS-GVO insofern mit der Aufsichtsbehörde zusammenarbeiten, als dass sie auf Anfrage seitens der Aufsichtsbehörde dieser das Verzeichnis vorlegen müssen. Auch Art. 24 JI-RL verlangt das Führen eines solchen Verzeichnisses seitens des Verantwortlichen und Auftragsverarbeiters sowie deren Zusammenarbeit mit der Aufsichtsbehörde.

Die **Zusammenarbeit zwischen der federführenden Aufsichtsbehörde und den** **96** **anderen betroffenen Aufsichtsbehörden** regelt Art. 60 DS-GVO in Form eines Abstimmungsverfahrens ausführlich. Die federführende Aufsichtsbehörde ist gem. Art. 56 DS-GVO die Aufsichtsbehörde der Hauptniederlassung oder der einzigen Niederlassung des Verantwortlichen und des Auftragsverarbeiters, die in Fällen grenzüberschreitender Datenverarbeitung aufgrund des sog. One Stop-Shop-Prinzips eine federführende Rolle einnimmt. Im Falle einer grenzüberschreitenden Verarbeitung nimmt die federführende Aufsichtsbehörde eine zentrale Rolle in der Abstimmung und dem Informationsaustausch mit den anderen betroffenen Behörden ein. Es ist Aufgabe der federführenden Behörde, einen Konsens mit den anderen betroffenen Behörden zu erzielen (Art. 60 Abs. 1 DS-GVO) sowie zweckdienliche Informationen und einen Beschlussentwurf zu übermitteln (Art. 60 Abs. 2 DS-GVO). Gegen die Stellungnahme der federführenden Aufsichtsbehörde können die anderen betroffenen Aufsichtsbehörden Einspruch einlegen (Art. 60 Abs. 4 DS-GVO). Diesem Einspruch kann sich die federführende Behörde anschließen (Art. 60 Abs. 5 DS-GVO). Die federführende Aufsichtsbehörde erlässt den Beschluss und teilt ihn auch gegenüber dem Adressaten mit (Art. 60 Abs. 7 DS-GVO).

Art. 62 Abs. 1 DS-GVO sieht die **Durchführung gemeinsamer Maßnahmen** **97** **der Aufsichtsbehörden** der Mitgliedstaaten der Europäischen Union vor. Zu diesen gemeinsamen Maßnahmen zählen insbesondere gemeinsame Untersuchungen sowie gemeinsame Durchsetzungsmaßnahmen. Diese gemeinsamen Maßnahmen kommen dann in Betracht, wenn ein Verantwortlicher oder Auftragsverarbeiter Niederlassungen in mehreren Mitgliedstaaten hat. Das Erfordernis der Zusammenarbeit ergibt sich in diesen Fällen daraus, dass jede Aufsichtsbehörde nur für ihr jeweiliges Hoheitsgebiet zuständig ist (sog. Territorialitätsprinzip).

Im Verhältnis der Aufsichtsbehörden untereinander sehen Art. 61 EU-DatSchGr- **98** VO und Art. 50 Abs. 1 JI-RL **Amtshilfe**[71] vor, welche die einheitliche Anwendung der DS-GVO bzw. der JI-RL gewährleisten soll und vor allem durch die Übermittlung von Informationen über durchgeführte Untersuchungen im Wege von Auskunftsersuchen erfolgt. Um das Verfahren der Amtshilfe wirksam zu gestalten, sind eine Frist von einem Monat für das Nachkommen eines Amtshilfeersuchens (Art. 61 Abs. 2 DS-GVO, Art. 50 Abs. 2 JI-RL und eine Informationsübermittlung auf elektronischem Wege mittels eines Standardformats (Art. 61 Abs. 6 DS-GVO, Art. 50 Abs. 6 JI-RL) vorgesehen.

2. Kohärenzverfahren

Die DS-GVO sieht als weiteres Verfahren der Zusammenarbeit das sog. Kohä- **99** renzverfahren[72] in Art. 63 ff. DS-GVO vor. Es soll die einheitliche Anwendung der

---

[71] Hierzu Knyrim/*Schmidl*, Datenschutz-Grundverordnung Praxishandbuch, 2016, S. 303 (305 f.).

[72] Instruktiv zum Verfahrensablauf Knyrim/*Schmidl*, Datenschutz-Grundverordnung Praxishandbuch, 2016, S. 303 (307 f.); *Hijmans*, EDPL 2016, 362 (369 ff.).

DS-GVO sicherstellen. Nach Art. 63 DS-GVO betrifft die Zusammenarbeit im Kohärenzverfahren die Aufsichtsbehörden untereinander und gegebenenfalls die Europäische Kommission, deren Zusammenarbeit Art. 63 DS-GVO ausdrücklich vorsieht. Eine entscheidende Rolle im Kohärenzverfahren spielt jedoch vor allem der **Europäische Datenschutzausschuss**, der mithilfe von Stellungnahmen (Art. 64 DS-GVO) und in streitigen Fällen durch verbindliche Beschlüsse (Art. 65 DS-GVO) für eine einheitliche Anwendung des europäischen Datenschutzrechts sorgt. Der Europäische Datenschutzausschuss gibt Stellungnahmen in der Regel binnen acht Wochen zu den in Art. 64 Abs. 1 lit. a–f DS-GVO genannten Tätigkeiten der Aufsichtsbehörde ab. Die Aufsichtsbehörde hat der Stellungnahme des Europäischen Datenschutzausschusses sodann „weitestgehend" Rechnung zu tragen und ändert ihren Beschlussentwurf unter Umständen ab (Art. 64 Abs. 7 DS-GVO). Sollte die Aufsichtsbehörde die Stellungnahme des Europäischen Datenschutzausschusses ablehnen, so entscheidet der Europäische Datenschutzausschuss im Streitbeilegungsverfahren nach Art. 65 DS-GVO.[73] In diesem Verfahren erlässt der Europäische Datenschutzausschuss in der Regel innerhalb eines Monats einen verbindlichen Beschluss. Die von dem Beschluss betroffene Aufsichtsbehörde trifft ihren endgültigen Beschluss dann auf Grundlage des Beschlusses des Europäischen Datenschutzausschusses (Art. 64 Abs. 6 DS-GVO).

3. Dringlichkeitsverfahren

100 Das Dringlichkeitsverfahren nach Art. 66 DS-GVO erlaubt es der Aufsichtsbehörde, vom Kohärenzverfahren oder der Zusammenarbeit nach Art. 60 DS-GVO abzuweichen und eine **einstweilige Anordnung** zu erlassen. Dies soll in „außergewöhnlichen Umständen" möglich sein. Unter außergewöhnlichen Umständen werden ausweislich der Verfahrensbezeichnung dringende Angelegenheiten fallen, deren Befassung durch die Aufsichtsbehörde zeitlich nicht ein umfangreiches Kooperationsverfahren zwischen verschiedenen Aufsichtsbehörden duldet. Die Geltungsdauer der einstweiligen Anordnung beträgt maximal drei Monate (Art. 66 Abs. 1 S. 1 DS-GVO). Die handelnde Aufsichtsbehörde muss andere betroffene Aufsichtsbehörden sowie den Europäischen Datenschutzausschuss und die Kommission über die Maßnahme und Gründe in Kenntnis setzen (Art. 66 Abs. 1 S. 2 DS-GVO). Vor dem Erlass einer endgültigen Maßnahme muss die handelnde Aufsichtsbehörde den Europäischen Datenschutzausschuss um eine Stellungnahme oder einen verbindlichen Beschluss ersuchen (Art. 66 Abs. 2 DS-GVO).

II. Zusammenarbeit und Unabhängigkeit

101 Je nach dem Grad und der Intensität der Zusammenarbeit der Aufsichtsbehörde mit dem Verantwortlichen, dem Auftragsverarbeiter oder anderen Behörden oder öffentlichen Stellen wird die Unabhängigkeit berührt. In einem Verfahren der Zusammenarbeit kann keiner der Beteiligten völlig unabhängig sein. Die Begriffe der **völligen Unabhängigkeit und der Zusammenarbeit schließen sich gegenseitig aus**. Im Wege der Zusammenarbeit kann es demnach keine völlige Unabhängigkeit der Aufsichtsbehörde geben, sondern nur Lösungen, die einen möglichst hohen Grad an Unabhängigkeit gewährleisten.

---

[73] Hierzu Knyrim/*Schmidl*, Datenschutz-Grundverordnung Praxishandbuch, 2016, S. 303 (308 f.).

III. Netzwerk und Legitimation

Die Datenschutzaufsicht ist als Netzwerk organisiert.[74] Dieses Aufsichtsnetz- 102
werk ergibt sich aus den Zusammenarbeitserfordernissen der DS-GVO (bspw.
Art. 61 DS-GVO, Art. 63 ff. DS-GVO) und aus dem BDSG (§ 14 Abs. 1 Nr. 7, § 16
Abs. 5 BDSG 2018) sowie der Struktur der Datenschutzaufsicht. Zwar dient die
Kooperation der Aufsichtsbehörden auf mitgliedstaatlicher und europäischer Ebene
der einheitlichen Durchsetzung des Datenschutzrechts, es stellen sich jedoch **Legi-
timationsprobleme im Bereich der unabhängigen Eingriffsverwaltung**. Rechtstaatlichkeit ist auf eine bestimmte Form und vorgegebene Verfahren gegründet,
denen das Netzwerk als bewegliche und informale[75] Struktur auf den ersten Blick
entgegenzustehen scheint.[76] Um mit dem Rechtstaatsprinzip vereinbar zu sein,
muss die unabhängige Datenschutzaufsicht der Rechtsbindung sowie einem präzisen Normprogramm unterliegen, verfahrensmäßig flankiert werden und ein effektiver Rechtsschutz[77] bestehen.[78] Zudem ist für eine rechtstaatliche Gestaltung der
unabhängigen Datenschutzaufsicht darauf zu achten, dass die Datenschutzaufsicht
ihren Aufgaben entsprechend zusammengesetzt ist und Zuständigkeiten und Kompetenzen der Aufsicht gesetzlich bestimmt sind. Nicht zuletzt muss sich die Netzwerkstruktur der Datenschutzaufsicht am Demokratieprinzip messen lassen, was
vor allem aufgrund der mangelnden Übertragbarkeit der einzelstaatlichen Organi-
sationsprinzipien auf die europäische Ebene Schwierigkeiten bereitet.[79] Trotz der
durch unterschiedliche Kooperationen geprägten Netzwerkstruktur der Datenschutzaufsicht muss zudem die Verantwortlichkeit des Aufsichtshandelns klar zuzuordnen bleiben.[80]

G. Rechtsschutz gegen Aufsichtsbehörden

I. Vorgaben der DS-GVO und verwaltungsgerichtlicher Rechtsschutz

Art. 78 Abs. 1 DS-GVO und Art. 53 JI-RL sehen vor, dass jede natürliche oder 103
juristische Person unabhängig von einem anderweitigen verwaltungsrechtlichen
Rechtsschutz und außergerichtlichen Rechtsbehelfen ein **wirksamer gerichtlicher
Rechtsbehelf** hinsichtlich eines sie betreffenden rechtsverbindlichen Beschlusses
der Aufsichtsbehörde zusteht. Es handelt sich um den „klassischen" Verwaltungs-
rechtsschutz. Unklar ist vom Wortlaut der Norm her, welche rechtsverbindlichen
Beschlüsse dies betrifft.[81] Rechtsverbindliche Beschlüsse sind wohl in erster Linie
das Ergebnis der Ausübung der Untersuchungs-, Abhilfe- und Genehmigungsbefugnisse nach Art. 58 Abs. 1–3 DS-GVO bzw. der Abhilfebefugnisse nach Art. 47

---

[74] *v. Lewinski*, NVwZ 2017, 1483 (1484 ff.); zu Verwaltungsnetzwerken in der EU allgemein
Schwind, Netzwerke im Europäischen Verwaltungsrecht, 2018.

[75] *Schliesky*, Von der organischen Verwaltung Lorenz von Steins zur Netzwerkverwaltung im
Europäischen Verwaltungsverbund, 2009, S. 7, mit Verweis auf *Möllers* in Oebbecke, Nicht-
normative Steuerung in dezentralen Systemen, 2005, S. 285 ff. und zur informellen Steuerung
S. 297 f.

[76] Weniger kritisch *Augsberg* in Kröger/Polniok, Unabhängiges Verwalten in der Europäischen
Union, 2016, 17, 32 f.

[77] Ausführlich zum Rechtsschutz im Zusammenhang mit Netzwerken *Simantiras*, Netzwerke im
europäischen Verwaltungsverbund, 2016, 145 ff.

[78] *v. Lewinski*, DVBl. 2013, 339 (342); *ders.*, NVwZ 2017, 1483 (1489).

[79] *Simantiras*, Netzwerke im europäischen Verwaltungsverbund, 2016, 47 ff.

[80] *v. Lewinski*, NVwZ 2017, 1483 (1487 ff.); zu Legitimationsmodi *Kröger* in Kröger/Pilniok,
Unabhängiges Verwalten in der Europäischen Union, 2016, 1, 10 ff.

[81] Plath/*Becker*, BDSG/DSGVO, DS-GVO Art. 78 Rn. 1.

Abs. 2 JI-RL und umfassen damit vor allem die Verwarnungen und Anweisungen gem. Art. 58 Abs. 2 DS-GVO und Genehmigungen und Verweigerungen von Genehmigungen nach Art. 58 Abs. 3 DS-GVO bzw. die in Art. 47 Abs. 2 lit. a–c JI-RL genannten Maßnahmen.[82] Es handelt sich um konkret-individuelle Maßnahmen der Aufsichtsbehörde mit Außenwirkung und kann damit dem Verwaltungsakt gleichgesetzt werden.[83]

104 **Klagebefugt** sind diejenigen, die von einem Beschluss betroffen sind. Darunter fallen die Adressaten der rechtverbindlichen Beschlüsse und damit auch der Verantwortliche und der Auftragsverarbeiter. Bei einem Beschluss mit Drittwirkung kann auch ein mittelbar Betroffener klagebefugt sein.[84] Nach Maßgaben von Art. 80 DS-GVO[85] bzw. Art. 55 JI-RL klagebefugt sind auch bestimmte Verbände (**Prozessstandschaft**).

105 Die Rechtsschutzmöglichkeit gilt nach Art. 78 Abs. 2 DS-GVO und Art. 53 Abs. 2 JI-RL auch für Fälle, in denen sich die Aufsichtsbehörde gar nicht mit einer Beschwerde des Betroffenen befasst oder die Frist zur Benachrichtigung des Betroffenen über den Stand oder das Ergebnis der Beschwerde versäumt (**Untätigkeitsrechtsschutz**). Im Rahmen des Untätigkeitsrechtsschutzes sind nur Betroffene, die eine Beschwerde nach Art. 77 DS-GVO eingereicht haben, klagebefugt. Der Untätigkeitsrechtsschutz ist auf ein Tätigwerden oder Zwischenbescheidung gerichtet.

106 Die Zuständigkeit für die Durchführung dieser Verfahren liegt bei den **mitgliedstaatlichen Gerichten** (Art. 78 Abs. 3 DS-GVO; Art. 53 Abs. 3 JI-RL). In Deutschland betrifft dies in erster Linie die Verwaltungsgerichte,[86] die rechtsverbindliche Beschlüsse der Aufsichtsbehörden auf Antrag des Betroffenen im verwaltungsgerichtlichen Verfahren auf ihre Rechtmäßigkeit hin überprüfen. Maßgeblich für die Durchführung dieser Verfahren ist nicht das europäische Recht, sondern das deutsche Verwaltungsprozessrecht.[87] Die Gerichtszuständigkeit richtet sich nach mitgliedstaatlichem Recht. § 20 Abs. 1 BDSG 2018 sieht für Streitigkeiten unter Beteiligung einer Datenschutzaufsichtsbehörden, abgesehen vom Bußgeldverfahren, den Verwaltungsrechtsweg vor.

107 Ist dem Beschluss der Aufsichtsbehörde eine Stellungnahme oder ein Beschluss des Europäischen Datenschutzausschusses vorangegangen, so hat die Aufsichtsbehörde die **Stellungnahme oder den Beschuss dem Gericht zuzuleiten** (Art. 78 Abs. 4 DS-GVO). Daraus folgt keine direkte, wohl aber eine indirekte Überprüfung der Entscheidung des Europäischen Datenschutzausschusses.

II. Staatshaftung

108 In Betracht kommen auch staatshaftungsrechtliche Ansprüche des Verantwortlichen oder Auftragsverarbeiters im nicht-öffentlichen Bereich. Zu denken ist an einen **Folgenbeseitigungsanspruch** wegen Verletzung wirtschaftlicher Grundrechte oder je nach Lage des Falles auch ein **Amtshaftungsanspruch**, der neben dem ver-

---

[82] Gola/*Pötters/Werkmeister*, DS-GVO Art. 78 Rn. 4; Kühling/Buchner/*Bergt*, DS-GVO Art. 78 Rn. 6; Plath/*Becker*, BDSG/DSGVO, DS-GVO Art. 78 Rn. 1 f.; Paal/Pauly/*Körffer*, DS-GVO Art. 78 Rn. 3.

[83] Kühling/Buchner/*Bergt*, DS-GVO Art. 78 Rn. 6; Plath/*Becker*, BDSG/DSGVO, DS-GVO Art. 78 Rn. 2; Gola/*Pötters/Werkmeister*, DS-GVO Art. 78 Rn. 4; Paal/Pauly/*Körffer*, DS-GVO Art. 78 Rn. 3; a. A. Ehmann/Selmayr/*Nemitz*, DS-GVO § 78 Rn. 6.

[84] So auch Gola/*Pötters/Werkmeister*, DS-GVO Art. 78 Rn. 6.

[85] Plath/*Becker*, BDSG/DSGVO, DS-GVO Art. 78 Rn. 2.

[86] So auch Paal/Pauly/*Körffer*, DS-GVO Art. 78 Rn. 2; Plath/*Becker*, BDSG/DSGVO, DS-GVO Art. 78 Rn. 1.

[87] So auch Plath/*Becker*, BDSG/DSGVO, DS-GVO Art. 78 Rn. 1.

waltungsgerichtlichen Rechtsschutz steht, ein **Folgenentschädigungsanspruch** oder aber auch ein **öffentlich-rechtlichen Erstattungsanspruch.** Zu denken ist bei einer Verletzung von europäischem Recht auch an einen Anspruch wegen Verletzung des Unionsrechts.

III. Entscheidungen des Europäischen Datenschutzausschusses

Der endgültige Beschluss der Aufsichtsbehörde auf Grundlage des Beschlusses des Europäischen Datenschutzausschusses kann im Wege des Art. 78 DS-GVO bzw. Art. 53 JI-RL von den deutschen Verwaltungsgerichten überprüft werden. Für diese besteht auch die Möglichkeit eines **Vorlageverfahrens an den EuGH** gem. Art. 267 AEUV.[88] **109**

Daneben besteht für den Verantwortlichen oder den Auftragsverarbeiter die Möglichkeit einer **Nichtigkeitsklage** hinsichtlich des Beschlusses des Europäischen Datenschutzausschusses vor dem EuGH nach Art. 263 Abs. 4 AEUV.[89] **110**

Denkbar wäre zudem auch, den **Aufsichtsbehörden,** die von dem Beschluss des Europäischen Datenschutzausschusses betroffen sind, eine **Klagebefugnis** im Wege der Nichtigkeitsklage nach Art. 263 Abs. 4 AEUV zuzusprechen.[90] **111**

---

6. Abschnitt. Haftung, Sanktionen

§ 23. Haftung

Literatur: *Buchner*, Informationelle Selbstbestimmung im Privatrecht, 2006, S. 299; *Galetzka*, Datenschutz und unlauterer Wettbewerb, K&R 2015, 77; *Halfmeier*, Die neue Datenschutzverbandsklage, NJW 2016, 1126; *Kamlah/Hoke*, Datenschutz und UWG – Unterlassungsansprüche bei Datenschutzverstößen, RDV 2008, 226; *Kautz*, Schadenersatz im europäischen Datenschutzrecht, 2006; *Kosmides*, Zivilrechtliche Haftung für Datenschutzverstöße, 2010 (hauptsächlich zum griechischen Recht); *v. Lewinski*, Formelles und informelles Handeln der datenschutzrechtlichen Aufsichtsbehörden, RDV 2001, 275; *Linsenbarth/Schiller*, Datenschutz und Lauterkeitsrecht, WRP 2013, 576; *Podszun/de Toma*, Die Durchsetzung des Datenschutzes durch Verbraucherrecht, Lauterkeitsrecht und Kartellrecht, NJW 2016, 2987; *Rissing-van Saan*, Privatsphäre und Datenverarbeitung, Diss. jur. Bochum 1978; *Schmidt*, Wann haftet der Staat?, 1989; *Schröder*, Die Haftung für Verstöße gegen Privacy Policies und Codes of Conduct nach US-amerikanischem und deutschem Recht, 2007; *v. Westerholt*, Wettbewerbsrecht und Datenschutzrecht – Ein ungeklärtes Verhältnis, in: FG Beier, 1996, 561; *Wind*, Haftung bei der Verarbeitung personenbezogener Daten, RDV 1991, 16; *Woertge*, Die Prinzipien des Datenschutzrechts und ihre Realisierung im geltenden Recht, 1984.

1 Verletzungen datenschutzrechtlicher Vorschriften sind (sekundär-)rechtlich oft folgenlos.[1] Bekanntermaßen aber manifestiert sich die praktische Bedeutung von Rechtsvorschriften in einer Rechtsfolge. Dabei kommt es nicht so sehr auf die geschriebenen **Folgen von Rechtsverstößen** an, sondern auf die tatsächlichen. So wirken sich einerseits Verfolgungsdefizite negativ auf die Verbindlichkeit von Normen aus, während andererseits die Verbindlichkeit durch erwartbare Sanktionen vergrößert werden kann. Solche Folgen können durchaus auch außerrechtlicher Natur sein, etwa in Gestalt eines Imageverlusts (gerade im Endkundengeschäft) und stets in der Form des Lästigkeitswerts (nuisance value), der die gebundenen internen Ressourcen und externen (Rechtsberatungs-) Kosten beschreibt.

2 Gesetzlich vorgesehen sind jedenfalls Sanktionen auf dem Gebiet des **Zivilrechts** (Schadenersatzansprüche; → Rn. 3 ff.), auch in Form von **Verbandsklagen**, des **Wettbewerbsrechts** (→ Rn. 54 ff.) sowie des **Ordnungswidrigkeiten- und Strafrechts** (→ § 24). Als Sanktion im weiteren Sinne ist ein Ausschluss von den Verhaltensregeln (Art. 41 Abs. 4 DS-GVO) nebst anderer geeigneter Maßnahmen durch eine zur Überwachung der Verhaltensregeln akkreditierte Stelle möglich. In einem noch weiteren Sinne haben auch die Informationspflichten bei sog. „Datenpannen" nach Art. 33 f. DS-GVO, § 15a TMG und § 93 Abs. 3 TKG und bisher § 42a BDSG-alt, (→ § 15) als **„Naming and Shaming"**[2] einen (wenngleich unechten) Sanktionscharakter.

A. Schadenersatz

3 Aus der ursprünglichen Natur des Datenschutzrechts als Ordnungsrecht, jedenfalls aber aus seiner Eigenschaft als **Vorfeldschutz vor Persönlichkeitsverletzungen** folgt, dass ein Schadenersatzanspruch nicht für jede Verletzung einer Datenschutznorm gewährt wird bzw. gewährt werden muss. Das Datenschutzrecht ist

---

[1] Umfassend *Lindhorst*, Sanktionsdefizite im Datenschutzrecht, 2010.

[2] Zur öffentlichen und politischen Bedeutung der Scham *Jacquet*, Scham, 2015; zu den bisher umfangreichen Veröffentlichungen in Frankreich s auch Art. 46 des Gesetzes (Nr. 78-17) v. 6. Januar 1978, sowie Conseil d'Etat, Beschl. v. 7.2.2014 – n° 374595 – Google Inc.

deswegen aber kein „Recht zweiter Klasse",[3] sondern, weil es den Schutz des Persönlichkeitsrechts bewirken soll (vgl. § 1 BDSG-alt; unschärfer aber nun etwa ErwGr 2 DS-GVO), sind Verletzungen institutioneller und technisch-organisatorischer Vorgaben keine Verletzung eines subjektiven Rechts; nach überkommener Dogmatik ist dann grundsätzlich kein Schadenersatzanspruch gegeben, sondern die Durchsetzung insb. den Aufsichtsbehörden überwiesen.

Anders mag dies nun unter Geltung des Art. 82 DS-GVO werden, der dem Wortlaut nach **jeden Verstoß gegen Vorschriften des Datenschutzrechts** – inklusive der in delegierten Rechtsakten und Durchführungsrechtsakten der Union sowie in Rechtsvorschriften der Mitgliedsstaaten enthaltenen (ErwGr 146 S. 5) – für einen Schadenersatzanspruch genügen lässt und damit zumindest auch die technisch-organisatorischen Maßnahmen mit einschließt.[4] 4

I. Anwendbare Normen

1. Datenschutzrecht

Jedenfalls enthält Art. 82 DS-GVO eine spezielle datenschutzrechtliche Schadenersatznorm und damit erstmals eine eigenständige unionsrechtliche Anspruchsgrundlage. Normiert ist dort eine **spezielle deliktische Haftung**.[5] Dabei ist die Regelung nicht abschließend und lässt bestehende Haftungsansprüche unberührt[6] (s. auch ErwGr 146 S. 4 DS-GVO). Das genaue Verhältnis zu den (vornehmlich) mitgliedstaatlichen Schadenersatznormen und die Einpassung in die (jeweilige) Dogmatik von Vertrags-, Delikts- und Staatshaftungsrecht werden noch zu klären sein. Die deutsche Vorgängernorm des § 7 BDSG-alt verdrängte die allgemeinen zivilrechtlichen Anspruchsgrundlagen nicht, sondern stand neben ihnen.[7] Dies wird auch zu Art. 82 DS-GVO bisher vertreten.[8] Ferner wären ergänzende mitgliedstaatliche Haftungsnormen denkbar,[9] sind aber im BDSG 2018 nicht vorgesehen. 5

Änderungen der **datenschutzrechtlichen Spezialgesetze** und der dort enthaltenen Schadenersatzregelungen (bspw. § 7 TMG [→ Rn. 13], § 81b SGB X) werden noch einige Zeit in Anspruch nehmen. Diese sind im Lichte der DS-GVO auszulegen. 6

Im Zentrum der Überlegungen für Auslegung und ggf. Neuschaffung des mitgliedstaatlichen Rechts muss im Hinblick auf den **Effet utile-Grundsatz** jeweils die Garantie eines wirksamen und insbesondere nicht ungünstigeren oder praktisch unmöglichen Anspruches auf Schadenersatz stehen.[10] 7

Auch Art. 56 JI-RL sieht die Schaffung mitgliedstaatlicher Regelungen zum Ersatz materieller und immaterieller Schäden vor. 8

2. Zivilrechtliche Haftung

Eine zivilrechtliche Haftung auf Schadenersatz kann auf **Vertrag und Delikt** beruhen. 9

Die DS-GVO sieht als Instrument zur **Konkretisierung** der dort aufgestellten Anforderungen verschiedene Instrumente der „regulierten Selbstregulierung" vor, u.a. auch Verhaltensregeln nach 10

---

[3] So aber *Ehmann*, CR 1999, 751 (752).
[4] Auernhammer/*Eßer*, DS-GVO/BDSG, DS-GVO Art. 82 Rn. 6.
[5] Gola/*Gola/Piltz*, DS-GVO Art. 82 Rn. 1.
[6] Auernhammer/*Eßer*, DS-GVO/BDSG, DS-GVO Art. 82 Rn. 1.
[7] Gola/Schomerus/*Gola/Körffer/Klug*, BDSG § 7 Rn. 16.
[8] Auernhammer/*Eßer*, DS-GVO/BDSG, DS-GVO Art. 82 Rn. 2 u. 15.
[9] Kühling/Buchner/*Bergt*, DS-GVO Art. 82 Rn. 67.
[10] *Frenz*, Handbuch des Europarecht, 2010, Bd. 5, § 7 Rn. 441.

Art. 40, 41 DS-GVO (sog. „Code of Conduct"). Genau so vielfältig wie deren Rechtsnatur gestalten sich auch die möglichen Folgen bei Verstößen. Sie ergeben sich beispielsweise aus den Vereinssatzungen, aus vertrags-/vertragsähnlichem Rechtsgrund oder Deliktsrecht.[11] Noch größer ist die Variabilität der Erscheinungsformen bei Privacy Policies, da es sich hierbei nicht um einen deutschen Rechtsbegriff handelt. Liegt im Verstoß gegen den Code of Conduct oder die Privacy Policy auch ein solcher gegen die Vorschriften der DS-GVO, ergeben sich insoweit keine Besonderheiten.

a) Vertragliche und vorvertragliche Ansprüche

11   Anspruchsgrundlagen bei Verletzung einer – auch ungeschriebenen – (vor-)vertraglichen Pflicht können § 280 Abs. 1, § 241 Abs. 2 sowie § 311 Abs. 2 BGB sein.[12] Hierzu muss es zu einer Verletzung einer vertraglichen Haupt- oder Nebenpflicht gekommen sein. Zwar scheint eine auf den Datenschutz bezogene Hauptleistungspflicht nicht ausgeschlossen[13] – insbesondere bei Auskunfteien oder Servicerechenzentren[14] –, in der Regel wird es sich bei datenschutzrechtlichen Pflichten aber um eine **Nebenpflicht** handeln.[15] Häufig sind zudem auch vorvertragliche Ansprüche, wenn die Datenerhebung bereits zur Anbahnung eines Vertragsverhältnisses vorgenommen wird.

b) Deliktische Ansprüche

12   Neben und außerhalb eines Vertragsverhältnisses können Schadenersatzansprüche auf Delikt beruhen. Anspruchsgrundlage ist dann § 823 Abs. 1 BGB. Das **Allgemeine Persönlichkeitsrecht** (Art. 2 Abs. 1 GG) ist ein absolutes Recht im Sinne des § 823 Abs. 1 BGB. Auch § 823 Abs. 2 BGB ist in Verbindung mit **Vorschriften des Datenschutzrechts**, die „den Schutz eines anderen bezwecken", eine mögliche Anspruchsnorm.[16] So war beispielsweise § 31 BDSG-alt (Zweckbindung) als Schutznorm i.S.d. § 823 Abs. 2 BGB angesehen worden.[17] Denkbar sind darüber hinaus Ansprüche aufgrund von Kreditgefährdung (§ 824 BGB) sowie in Sonderfällen auch aus sittenwidriger Schädigung (§ 826 BGB).[18]

13   Im Rahmen von Ansprüchen nach § 823 BGB muss – richtigerweise – vom Charakter des **Datenschutzrechts als Vorfeldschutz** ausgegangen werden. Das Vorliegen einer Persönlichkeitsrechtsverletzung wird also nicht durch die Verletzung einer Datenschutznorm indiziert.

3. Öffentlich-rechtliche Haftungsansprüche

14   Schadenersatz nach Öffentlichem Recht kann sich aus Amtshaftung (Art. 34 S. 1 GG i.V.m. § 839 Abs. 1 BGB) ergeben; auch weitere **staatshaftungsrechtliche Anspruchsgrundlagen** sind bei vertraglicher oder deliktischer Haftung (§§ 31, 89 bzw. § 831 BGB) nicht ausgeschlossen.[19] Bei Verstößen gegen die Vorgaben der DS-

---

[11] Dazu im Einzelnen *Schröder*, Die Haftung für Verstöße gegen Privacy Policies und Codes of Conduct, 2007, S. 174 ff.

[12] So auch Taeger/Gabel/*Taeger*, BDSG § 7 Rn. 24.

[13] *Greve*, Haftung für Datenverarbeitung, 1988, S. 2.

[14] So *Jacquemain*, Der deliktische Schadensersatz im europäischen Datenschutzprivatrecht, 2017, S. 132.

[15] Taeger/Gabel/*Taeger*, BDSG § 7 Rn. 24.

[16] LG Gera, Urt. v. 6.1.2010 – 3 O 1/10, MMR 2011, 282 f.

[17] Däubler/Klebe/Wedde/Weichert/*Weichert*, BDSG § 31 Rn 1a.

[18] Moll/*Dendorfer-Ditges*, Münchener Anwaltshandbuch Arbeitsrecht, 4. Aufl. 2017, Teil G, § 35 Rn. 259.

[19] So Gola/Schomerus/*Gola/Körffer/Klug*, BDSG § 7 Rn. 17; BeckOK DatenSR/*Quaas*, DS-GVO Art. 82 Rn. 11.

GVO sind hierbei die Grundlagen der Haftung der Mitgliedsstaaten für Verstöße gegen das Unionsrecht zu beachten, die seit der Francovich-Entscheidung[20] vom EuGH aus dem Effet utile-Grundsatz entwickelt wurden.[21] Ausdrückliche Haftungsgrundlagen bestehen dabei nicht, weil deren grundsätzliches Bestehen bereits aus dem Wesen der mit den Verträgen geschaffenen Rechtsordnung folge.[22] Die Abwicklung hat im Rahmen des mitgliedstaatlichen Haftungsrechts zu erfolgen[23] (zu unionsrechtlichen Vorgaben zum Anspruchsumfang → Rn. 32 ff.).

II. Anspruchsberechtigter

Anspruchsberechtigter ist nach Art. 82 DS-GVO trotz fehlender expliziter Benennung nur der **Betroffene**. Für alle anderen, bspw. Wettbewerber, bleibt damit nur ein Verweis auf andere mögliche Ansprüche (→ Rn. 53 ff.).   **15**

III. Anspruchsverpflichtete

Im Gegensatz zum Anspruchsberechtigten wird der Anspruchsverpflichtete in Art. 82 Abs. 1 DS-GVO ausdrücklich benannt. Datenschutzrechtliche Schadenersatzansprüche können sich nur gegen den **Verantwortlichen** und den **Auftragsverarbeiter** richten. Verantwortlicher im Sinne des Art. 4 Nr. 7 DS-GVO ist dabei nur derjenige, der im Rahmen der Verarbeitung die Möglichkeit hat, deren Zweck und Mittel zu bestimmen.   **16**

Dies schließt **Angestellte des Verantwortlichen** als eigenständig Verpflichtete aus, zudem wohl auch weiterhin die unabhängigen betrieblichen und behördlichen **(Datenschutz-)Beauftragten** oder Gremien innerhalb des Verarbeiters, wie Betriebs- oder Personalräte[24] (→ § 11). Ansprüche gegen weitere Beteiligte regelt Art. 82 DS-GVO nicht. Das schließt Ansprüche gegen den behördlichen bzw. betrieblichen Datenschutzbeauftragten oder die handelnden Personen, z.B. aus der Geschäftsführung, nach mitgliedstaatlichem Recht nicht aus.[25]   **17**

Umfangreich regeln Art. 82 Abs. 2–5 DS-GVO die Haftung einer **Mehrzahl von Verantwortlichen**, insb. ihr Verhältnis untereinander sowie zu Auftragsverarbeitern. Ziel dieser Regelungen ist dabei, einen umfänglichen und wirksamen Schadenersatz für den Betroffenen unabhängig vom Innenverhältnis der an der Verarbeitung Beteiligten sicherzustellen (s. ErwGr 146). So haftet jede an der Verarbeitung beteiligte Stelle grundsätzlich für den gesamten Schaden (Art. 83 Abs. 4 DS-GVO), soweit nur irgendeine (auch minimale) Verantwortlichkeit für den Schaden besteht,[26] was allerdings den sehr unterschiedlichen (Verantwortlichkeits-)Modellen der Zusammenarbeit nicht immer gerecht wird (→ § 11 Rn. 31). Die Auseinandersetzung zwischen den an der Schadensherbeiführung Beteiligten regelt Art. 83 Abs. 5 DS-GVO.   **18**

---

[20] EuGH, Urt. v. 19.11.1991 – C-6/90 u.a., Slg. 1991, I-05357 – Francovich.

[21] Dazu *Haratsch/Koenig/Pechstein*, Europarecht, 7. Aufl. 2010, Rn. 618 ff.

[22] *Frenz*, Handbuch des Europarecht, 2010, Bd. 5, § 1 Rn. 553; EuGH, Urt. v. 5.3.1996, C-46/93 u.a., Slg. 1996, I-1029 Rn. 29 – Brasserie du pêcheur.

[23] EuGH, Urt. v. 19.11.1991 – C-6/90, C-9/90, Slg. 1991, I -05357 Rn. 42 – Francovich.

[24] Auernhammer/*Eßer*, DSGVO/BDSG, DS-GVO Art. 4 Rn. 38; a.A. wohl Gola/*Gola*, DS-GVO Art. 4 Rn. 55 f.

[25] Vgl. Kühling/Martini/*Bergt*, DSGVO und das nationale Recht, 2016, § 82 Rn. 16; *Steffen*, DuD 2018, 145 ff.

[26] Gola/*Gola/Piltz*, DS-GVO Art. 82 Rn. 7.

IV. Anspruchsvoraussetzungen

19　**Voraussetzungen für die Haftung** nach Art. 82 DS-GVO ist das Vorliegen eines Schadens, ein rechtswidriges Handeln des Verantwortlichen oder Auftragsverarbeiters (Verstoß „gegen diese Verordnung") sowie Verschulden.

1. Schaden

20　Unproblematisch ist eine Haftung des Verantwortlichen zunächst für alle **materiellen Schäden**, die (adäquat kausal) durch Datenschutzverstöße verursacht werden.

21　Das **deutsche Zivilrecht** und damit auch das Amtshaftungsrecht (Art. 34 GG i.V.m. § 839 BGB) kennt in seiner ursprünglichen Konzeption **keinen (Geld-)Ersatz für immaterielle Schäden** (vgl. § 253 Abs. 1 BGB). In § 253 Abs. 2 BGB ist ein Schadenersatz nur für „Verletzungen des Körpers, der Gesundheit, der Freiheit und der sexuellen Selbstbestimmung" bestimmt. Eine ausdrückliche Erwähnung des Persönlichkeitsrechts, des „Rechts auf informationelle Selbstbestimmung" oder des „Datenschutzes" fehlt. Aber schon bald nach dem II. Weltkrieg erkannten die Gerichte zumindest bei schwerwiegenden Verletzungen[27] des Persönlichkeitsrechts Schadenersatzansprüche zu.[28] Im Schrifttum wird dies teils immer noch abgelehnt und allenfalls eine Geltendmachung immaterieller Schäden nach § 823 Abs. 1 BGB i.V.m. Art. 2 Abs. 1, Art. 1 Abs. 2 GG für möglich gehalten.[29] Gleichwohl besteht für immaterielle Schäden nach den allgemeinen zivilrechtlichen Voraussetzungen im deutschen Recht ein Schmerzensgeldanspruch jedoch nur, wenn überhaupt eine **Persönlichkeitsverletzung vorliegt und diese so schwer** ist, dass ein unabweisbares Bedürfnis für einen solchen Anspruch besteht,[30] der nicht auf andere Weise befriedigend aufgefangen werden kann.[31]

22　So ist bisher für die wiederholte (fahrlässige) **Weitergabe von Daten in ein Drittland** kein Schadenersatz anerkannt worden,[32] ebenso wie für die wiederholte **rechtswidrige Eintragung in ein öffentliches Telefonbuch**,[33] selbst wenn dies zum **Bekanntwerden des Wohnortes eines Kriminalbeamten** führt und dieser aufgrund dessen um seine Familie fürchtet.[34] Ebenso stellt eine **Speicherung trotz Löschpflicht** alleine keinen Verstoß dar, soweit Dritte die Daten nicht zur Kenntnis genommen haben und auch darüber hinaus keine nachteilige Folgen eingetreten sind.[35]

23　Nach der DS-GVO soll nun laut ErwGr 146 S. 3 der Schadensbegriff in Anlehnung an die bisherige Rechtsprechung des EuGH und entsprechend der Ziele der DS-GVO ausgelegt werden, wobei eine ggf. abweichende mitgliedstaatliche Dogmatik europarechtlich nun überspielt wird, da Art. 82 Abs. 1 DS-GVO materiellen und immateriellen Schaden nebeneinanderstellt. So muss nach st. Rspr. der Umfang des Schadenersatzes angesichts des erlittenen Schadens angemessen sein, um effektiven Schutz zu gewährleisten,[36] sowie die Erlangung von Schadenersatz nicht praktisch unmöglich oder übermäßig erschwert,[37] jedenfalls aber nicht ungünstiger als

---

[27] BGH, Urt. v. 14.2.1958 – I ZR 151/56, BGHZ 26, 349 – Herrenreiter; s. auch BVerfG Beschl. v. 14.2.1973 – 1 BvR 112/54, BVerfGE 34, 269.

[28] Zur Entwicklung der Rspr. *Gottwald*, Das allgemeine Persönlichkeitsrecht, 2000, S. 199 ff.; *Götting*, Perspektiven der Kommerzialisierung des Persönlichkeitsrechts, in: Götting/Lauber-Rönsberg, Aktuelle Entwicklungen im Persönlichkeitsrechts, 2010, S. 11; s. auch *Ricker/Weberling*, Handbuch des Presserechts, 6. Aufl. 2012, § 44 Rn. 43 m.w.N.

[29] *Wolf/Neuner*, BGB AT, 11. Aufl. 2016, § 13, Rn. 56.

[30] BGH, Urt. v. 26.1.1971 – VI ZR 95/70, NJW 1971, 698 (700); BAG, Urt. v. 18.12.1984 – 3 AZR 389/83, DB 1985, 2307 (2308).

[31] BVerfG, Urt. v. 26.8.2003 – 1 BvR 1338/0, NJW 2004, 591 (592); BGH, Urt. v. 30.1.1996 – VI ZR 386/94, BGHZ 132, 13 (27).

[32] AG Kassel, Urt. v. 1.12.1998 – 6 U 301/97, CR 1999, 749 (750 f.).

[33] LG Hanau, Beschl. v. 16.6.2003 – 2 S 395/02, NJW-RR 2003, 1410.

[34] OLG Jena, Urt. v. 18.8.2004 – 2 U 1038/03, RDV 2005, 70 (71 f.).

[35] AG Speyer, Urt. v. 2.4.2008 – 33 C 34/08, RDV 2008, 161 (162).

[36] EuGH Urt. v. 5.3.1996 – C-46/93 u.a., Slg. 1996, I-1029 Rn. 32 – Brasserie du pêcheur.

[37] EuGH, Urt. v. 19.11.1991 – C-6/90 u.a., Slg. 1991, I-5357 Rn. 43 – Francovich u.a.; EuGH, 24.3.2009 – C-445/06, Slg. 2009, I-2119 Rn. 39 – Danske Slagterier.

die zur Erlangung von Schadenersatz nach mitgliedstaatlichen Ansprüchen,[38] sein. Dies könnte in **europarechtskonformer Auslegung** zu einem, im Vergleich zu obigen Ausführungen, erweiterten Anspruch auf den Ersatz immaterieller Schäden führen.

2. Rechtswidriges Handeln (Datenschutzverstoß)

Die Anzahl der **haftungsbegründenden Handlungen** unter der DS-GVO ist groß. Es genügt jeder Verstoß gegen die Verordnung, was nicht nur die einzelnen Datenschutzvorschriften, sondern auch die Generalklauseln und die allgemeinen Grundsätze umfasst. ErwGr 146 weist zudem darauf hin, dass auch eine Haftung für Verstöße gegen die mitgliedsstaatlichen Umsetzungen im Rahmen von Öffnungsklauseln sowie gegen delegierte Rechtsakte der Europäischen Kommission und des Europäischen Datenschutzausschusses möglich ist. Im Sonderfall der Allgemeingültigkeitserklärung nach Art. 40 Abs. 9 DS-GVO kann auch der Verstoß gegen einen aufgestellten Code of Conduct den Anspruch nach Art. 82 Abs. 1 DS-GVO begründen (→ Rn. 9). **24**

3. Kausalität

Eine Haftung besteht dem Wortlaut nach nur dann, wenn die rechtswidrige Verarbeitung für den eingetretenen Schaden kausal war (Art. 82 Abs. 1 u. 2 DS-GVO, ErwGr 146 S. 1). Der Schaden muss also **gerade durch den Rechtsverstoß** entstanden sein.[39] Es genügt dabei auch eine Mitursächlichkeit für den Schaden. Der erforderliche Grad der Kausalität wird durch die DS-GVO nicht geregelt. Während die bisherige Rspr. des EuGH zur Amtshaftung insoweit nur einen unmittelbaren Zusammenhang genügen lässt,[40] genügt bei Kartellschäden (→ Rn. 67 ff.) ein ursächlicher Zusammenhang.[41] Sofern man von einer Überformung des mitgliedstaatlichen Rechts durch das europäische Recht ausgehen möchte und eine ähnliche Schutzrichtung der Normen von Datenschutz- und Kartellrecht annimmt, erscheint ein rein ursächlicher Zusammenhang ausreichend.[42] **25**

4. Verschulden

Es gilt sowohl für den Verantwortlichen als auch für den Auftragsverarbeiter eine **verschuldensabhängige** Haftung. Exkulpieren kann sich der Verantwortliche nur, wenn er für die zum Schadenersatz führenden Umstände in keiner Weise verantwortlich ist,[43] sodass auch die geringste Fahrlässigkeit genügt[44] (Art. 82 Abs. 3 DS-GVO). Andere sehen in dieser Regelung lediglich eine Beweislastumkehr und gehen von einer Anwendung des Verschuldensbegriffes in § 276 BGB aus.[45] **26**

---

[38] *Haratsch/Koenig/Pechstein*, Europarecht, 7. Aufl. 2010, Rn. 637.

[39] Ausführlich dazu Kühling/Buchner/*Bergt*, DS-GVO Art. 82 Rn. 42 f.

[40] EuGH Urt. v. 4.10.1979 – C-64/76 u. a., Slg. 1979, 3091 Rn. 21; Urt. v. 6.11.2012 – C-199/11, ECLI:EU:C 2012:684, Rn. 65.

[41] EuGH Urt. v. 13.7.2006 – C-295/04 u. a., ECLI:EU:C:2006:461 Rn. 61; EuGH Urt. v. 6.11.2012 – C-199/11, ECLI:EU:C 2012:684 Rn. 43; Urt. 5.6.2014 – C-557/12, ECLI:EU:C:2014: 1317, Rn. 22.

[42] Kühling/Buchner/*Bergt*, DS-GVO, Art. 82 Rn. 44.

[43] So Plath/*Becker*, BDSG/DSGVO, DS-GVO Art. 82 Rn. 5; BeckOK DatenSR/*Quaas*, DS-GVO Art. 82 Rn. 17.

[44] Kühling/Buchner/*Bergt*, DS-GVO Art. 82 Rn. 54.

[45] Gola/*Gola/Piltz*, DS-GVO Art. 82 Rn. 18.

27   In einem Umkehrschluss dazu wird teilweise angenommen, dass ein **Mitver-schulden des Geschädigten** nicht berücksichtigt werden könne.[46] Auch vertreten wird aber die Anwendbarkeit des jeweiligen mitgliedstaatlichen Rechts, was in der Folge zu kollisionsrechtlichen Fragen im Hinblick auf die Anwendbarkeit der Rom I- oder Rom II-Verordnung bei grenzüberschreitenden Sachverhalten führt.[47]

28   Nach bisherigem Recht war ein haftungsausschließendes Mitverschulden im EDV-Bereich beispielweise angenommen worden, wenn **Sicherungskopien** vor einem Fremdkontakt, etwa vor einer Reparatur, nicht angefertigt wurden.[48]

V. Modifikationen des Anspruchs

29   Aus spezialgesetzlichen Normen ergeben sich teils **Haftungsprivilegierungen** für bestimme Beteiligte.

30   Freilich werden diese bezüglich der Haftung aus Art. 82 Abs. 2 DS-GVO in den meisten Fällen schon aus der Definition des Verantwortlichen i.S.v. Art. 4 Nr. 7 DS-GVO herausfallen. So ergibt sich aus den Art. 12 bis 15 der RL 2000/31/EG über den **elektronischen Geschäftsverkehr** („E-Commerce-Richtlinie") die Verpflichtung für die Mitgliedstaaten zur Schaffung von Haftungsprivilegien für die reine Durchleitung (Art. 12), das Caching (Art. 13) sowie das Hosting (Art. 14), ferner das Verbot einer allgemeinen Überwachungspflicht für diese drei Kategorien von Anbietern (Art. 15). Dies gilt allerdings nur insoweit, als dass diese von dem Verstoß keine Kenntnis haben, dieser nicht offensichtlich ist und bei Kenntnis unverzüglich eine Entfernung oder Sperrung vorgenommen wird.[49] Die Haftung liegt in diesen Fällen beim Nutzer der Dienste. Dem ist der Bundesgesetzgeber in Form von §§ 7ff. TMG nachgekommen. Dass diese Vorschriften von der DS-GVO unberührt bleiben sollen, wurde nach anfänglicher Kritik[50] zumindest in die Erwägungsgründe (ErwGr 21 S. 1) aufgenommen.

31   Eine Privilegierung enthält auch § 44a TKG für Anbieter öffentlich zugänglicher **Telekommunikationsdienste**. Im Hinblick auf nicht vorsätzlich verursachte Vermögensschäden ist der Anspruch sowohl pro Betroffenem auf 12.500 Euro, als auch in der Gesamtsumme bei einheitlichen Handlungen oder Schäden auf 10 Mio. Euro beschränkt. Der Anteil jedes Betroffenen wird in letzterem Fall entsprechend gekürzt.

32   Eine vergleichbare Privilegierung findet sich im **Presserecht** für den presserechtlich Verantwortlichen („V.i.S.d.P.") nach § 8 des (Muster-)Pressegesetzes. Diesem kommen umfangreiche Privilegierungen im Rahmen des pressespezifischen Straf- und Ordnungswidrigkeitenrechts (s. bspw. Art. 11–13 BayPrG; §§ 20–22 PresseG BW) zu.[51]

VI. Schadenersatzhöhe

33   Die Höhe eines Schadenersatzes ist abhängig von der **Genugtuung des Opfers**[52] und der **Intensität der Persönlichkeitsrechtsverletzung**, soll aber nach herrschen-

---

[46] *Laue/Nink/Kremer*, Neue DatSchR betrieblichen Praxis, 2016, § 11 Rn. 11; Kühling/Buchner/*Bergt*, DS-GVO Art. 82 Rn. 59.
[47] So Plath/*Becker*, BDSG/DSGVO, DS-GVO Art. 82 Rn. 8.
[48] OLG Hamm, Urt. v. 1.12.2003 – 13 U 133/03, DuD 2004, 368.
[49] Kühling/Buchner/*Bergt*, DS-GVO Art. 82 Rn. 40.
[50] Dazu umfassend *Sartor*, IDPL 2013, 3.
[51] Dazu Löffler/*Kühl*, Presserecht, 6. Aufl. 2015, Vor §§ 20ff. LPG Rn. 2ff.
[52] Dazu *Mincke*, JZ 1980, 86ff.

der Rechtsprechung auch eine **Präventionswirkung** haben.[53] Dies wird durch die Ableitung des Anspruchs aus der Verfassung und der besonderen Verletzlichkeit des Persönlichkeitsrechtes gerechtfertigt.[54] Der Schadenersatz hat aber im deutschen Recht **keine Straffunktion**, auch und gerade nicht bei Persönlichkeitsrechtsverletzungen.[55] Die Entschädigung müsse jedoch zumindest fühlbar sein und den wirtschaftlichen Vorteil nehmen.[56]

Die Summen, die als Schadenersatz bislang zuerkannt wurden, sind aber dennoch **bescheiden**. So **34** wurde für eine zweimonatige verdeckte Videoüberwachung ein Schmerzensgeld in Höhe eines Viertels eines Monatsgehalts (damals 1.300 DM) zugesprochen.[57] Bei 5.000 DM für die wiederholte Überwachung des Nachbargrundstückes durch fest eingebaute Videokameras[58] handelt es sich schon um einen Extremfall, wobei dasselbe Gericht später und in einem anderen Fall einen Schadenersatz ganz verneint hat.[59]

ErwGr. 146 lässt bezüglich des Umfangs eine **Tendenz zu umfassendem Scha- 35 denersatz** erkennen (s. auch Art. 82 Abs. 1 DS-GVO). Zum Teil wird daher eine Steigerung insbesondere beim Ersatz immaterieller Schäden gefordert, um rein symbolische Schadenersatzzahlungen zu vermeiden.[60] In Anbetracht der fehlenden Straffunktion sind einer deutlichen Steigerung aber rechtliche Grenzen gesetzt, sofern nicht tatsächlich ein objektiver Schaden ermittelbar ist.

Häufig stellt sich an dieser Stelle das Problem sog. „**Streuschäden**", die für den **36** jeweils Betroffenen zu vernachlässigen, in ihrer Gesamtsumme aber dennoch erheblich sind.[61] Sofern man den Grund hierfür auch in dem fehlenden Ersatz immaterieller Schäden sieht,[62] scheint eine Besserung durch die DS-GVO insoweit durchaus denkbar.

VII. Beweislast

Nach den allgemeinen Regeln über die Beweislast obliegt der Nachweis des den **37 haftungsbegründenden Tatbestandes** für einen Schaden beim Verletzten. Im Umkehrschluss aus Art. 82 Abs. 3 DS-GVO verlangt das Unionsrecht nur noch den **Anscheinsbeweis** einer Verletzung der Regelungen der Verordnung.[63] Auch § 7 BDSG-alt kehrte schon diese Regeln für Schadenersatzansprüche, die auf (bloße) Verletzungen des BDSG gestützt wurden, um. Dem Verantwortlichen oder Auftragsverarbeiter ist aber der Entlastungsbeweis möglich, wofür diesem die ohnehin verpflichtenden umfangreichen Nachweise nach Art. 5 Abs. 1 DS-GVO zur Verfügung stehen.

Keine ausdrückliche Regelung findet sich für den Nachweis der Kausalität zwi- **38** schen rechtswidriger Verarbeitung und Schaden. Es wird in **Anlehnung an die etablierte Rechtsprechung zum Kartellrecht**[64] davon ausgegangen, dass hier, wie

[53] BGH, Urt. 5.10.2004 – VI ZR 255/03, BGHZ 128, 1 ff. – Caroline von Monaco; BGH, Urt. v. 5.12.1995 – VI ZR 332/94, NJW 1996, 984; BGH Urt. 12.12.1995 – VI ZR 223/94 NJW 1996, 985; kritisch zu dieser Doppelfunktion *Honsell*, VersR 1974, 205.
[54] MünchKommBGB/*Rixecker*, 7. Aufl. 2015, § 12 Anh., Rn. 274.
[55] BGH, Urt. v. 5.10.2004 – VI ZR 255/03, BGHZ 160, 298, Rn. 13.
[56] BGH, Urt. v. 5.10.2004 – VI ZR 255/03, BGHZ 160, 298, Rn. 8.
[57] ArbG Frankfurt/Main, Urt. v. 26.9.2000 – 18 Ca 4036/00, RDV 2001, 190 (191 f.).
[58] OLG Köln, Urt. v. 13.10.1988 – 18 U 37/88. NJW 1989, 720.
[59] OLG Köln, Urt. v. 22.9.2016 – 15 U 33/16, NJW 2017, 835 (837).
[60] So Kühling/Buchner/*Bergt*, DS-GVO Art. 82 Rn. 18.
[61] *Golla*, Die Straf- und Bußgeldtatbestände der Datenschutzgesetze, 2016, S. 219 m. w. N.
[62] So *Kautz*, Schadenersatz im europäischen Datenschutzrecht, 2005, S. 302.
[63] Auernhammer/*Eßer*, DSGVO/BDSG, DS-GVO Art. 82 Rn. 10.
[64] EuGH Urt. v. 5.6.2014 – C-557/12, ECLI:EU:C:2014:1317 Rn. 34.

bereits bei § 7 BDSG-alt, nur zu beweisen ist, dass der Anspruchsgegner an der Verarbeitung beteiligt war, ein Schaden entstanden ist und die rechtswidrige Handlung grundsätzlich zur Verursachung des Schadens geeignet war.[65]

39 Rechtspolitisch wurde über eine **Beweiserleichterung für den Verantwortlichen** diskutiert, wenn sich dieser hat auditieren lassen.[66] Unter der DS-GVO ist damit zu rechnen, dass die Einhaltung der auch ansonsten bestehenden Rechenschafts- und Dokumentationspflichten die Entlastungsbeweisführung im Einzelfall erleichtern wird.[67]

VIII. Keine Versicherungspflicht

40 Eine (Haftpflicht-)Versicherungspflicht gibt es im Datenschutzrecht nicht.[68] Dies ist rechtspolitisch nicht zu kritisieren, da die individuellen Schäden, die durch eine Versicherung abgedeckt werden müssten, selten und sehr überschaubar sind (→ Rn. 1).

IX. Rechtsweg und Geltendmachung

41 Die **deutschen Gerichte** sind für die Geltendmachung von Schadenersatzansprüchen aus der DS-GVO grundsätzlich zuständig, wenn der Verantwortliche oder der Auftragsverarbeiter hierzulande seinen Sitz hat (Art. 79 Abs. 2 S. 1 DS-GVO) und wenn eine deutsche Behörde im Rahmen ihrer hoheitlichen Befugnisse tätig geworden ist (Art. 79 Abs. 2 S. 2 Hs. 2 DS-GVO). Bei nicht-hoheitlicher Verarbeitung besteht allerdings für den Betroffenen jeweils ein Wahlrecht, die Ansprüche auch bei **Gerichten des Landes seines Aufenthalts** geltend zu machen (Art. 79 Abs. 2 S. 2 Hs. 1 DS-GVO).

42 Unabhängig davon, ob die Verarbeitung durch öffentliche oder nicht-öffentliche Stellen erfolgt, sind die Schadenersatzansprüche vor **Zivilgerichten** geltend zu machen (§ 13 GVG, Art. 34 S. 3 GG, § 40 Abs. 2 VwGO).[69] Eine Sonderzuweisung besteht für die Arbeitsgerichte bei Arbeitnehmerdaten (§ 2 Abs. 1 Nr. 3 ArbGG).

43 Dem Problem der Streuschäden (→ Rn. 35) versucht die DS-GVO mit der Schaffung von **Verbandsklagerechten** zu begegnen. Die Umsetzung ist den Mitgliedstaaten allerdings freigestellt, sofern der Verband auch unabhängig von der Beauftragung durch den Betroffenen tätig werden können soll (Art. 80 Abs. 2 DS-GVO). In Deutschland besteht ein eigenes Recht[70] der Verbände bezüglich der in § 2 Abs. 2 S. 1 Nr. 11 UKlaG beispielhaft aufgelisteten Verstöße, welche auch solche gegen die DS-GVO erfassen sollen.[71]

X. Übertragbarkeit, Vererblichkeit

44 Zwar wird die Übertragbarkeit und Vererblichkeit von Schadenersatzansprüchen aus Persönlichkeitsrechtsverletzungen **generell abgelehnt;**[72] in Bezug auf die daten-

---

[65] Kühling/Buchner/*Bergt*, DS-GVO Art. 82 Rn. 48; a. A. wohl *Spindler*, DB 2016, 937 (947).
[66] Dazu, Auernhammer/*Hornung*, DSGVO/BDSG § 9a Rn. 79.
[67] So Kühling/Buchner/*Bergt*, DS-GVO Art. 82 Rn. 50.
[68] Vgl. Simitis/*Ernestus*, BDSG § 9 Rn. 21; allgemein zur informationsrechtlichen Deckungsvorsorge: *Kloepfer*, Informationsrecht, 2002, § 4, Rn. 47. – In einer der ersten Ausgaben der DuD (damals DS+DS), Heft 2 1978, hinter S. 110 gab es eine Anzeige der Allianz für eine „Datenschutz-Versicherung"; zu damaligen Möglichkeiten des Versicherungsschutzes, *v. Uckermann*, DS+DS 1978, 64 (68).
[69] Dazu, Simitis/*Simitis*, BDSG § 7 Rn. 77 ff.
[70] Hierzu ausführlich *Spindler*, ZD 2016, 114 ff.; *Gola*, RDV 2016, 17 ff.; *Schulz*, ZD 2014, 510 ff.
[71] So *Halfmeier*, NJW 2016, 1126 (1127).
[72] BGH, Urt. v. 29.11.2016 – VI ZR 530/15, NJW 2017, 800; BGH, Urt. v. 29.4.2014 – VI ZR 246/12, BGHZ 201, 45 Rn. 8 ff.

schutzrechtliche Regelung des Art. 82 DS-GVO wird dies jedoch vielfach befürwortet.[73] Anders als im Rahmen der presserechtlichen Rechtsprechung angeführt,[74] stehe hier aber nicht der Genugtuungsgedanke im Fokus.[75] Abschreckung und wirksame Durchsetzung der DS-GVO stünden hier deutlich im Vordergrund.[76] Ob sich diese Ansicht in der Rspr. durchsetzen wird, bleibt freilich abzuwarten.

Exkurs: Bereicherungsausgleich

Zwischen den datenschutzrechtlichen Ansprüchen auf Löschung und dem Bereicherungsrecht werden viele Parallelen gesehen, sodass dieses auch zur Lückenfüllung herangezogen werden kann.[77] Auch besteht eine **Ähnlichkeit zu den Unterlassungs- und Beseitigungsansprüchen** (§ 1004, § 823, § 824 BGB)[78] sowie Parallelen der Ansprüche auf Berichtigung, Sperrung, Löschung und zum Folgenbeseitigungsanspruch.[79] Es scheint daher naheliegend, auch andere Ansprüche des BGB auf ihre Anwendbarkeit im Datenschutz hin zu untersuchen. Vorteilhaft kann dieser Anspruch sein, da er als Bereicherungsanspruch, anders als die Schadenersatzansprüche, **nicht vom Verschulden des Verletzers** abhängig ist.[80]   **45**

So sind bei Eingriffen in das Persönlichkeitsrecht generell Ansprüche auf Herausgabe nach § 812 Abs. 1 S. 1 Alt. 2 BGB (**Eingriffskondiktion**)[81] und auf Gewinnabschöpfung nach § 823 Abs. 1 BGB i.V. mit Art. 2 Abs. 1 (allgemeines Persönlichkeitsrecht) denkbar. Der Anspruch nach § 812 Abs. 1 S. 1 Alt. 2 BGB wird insbesondere im Presserecht als weitere Grundlage neben dem Deliktsrecht für die Zahlung einer **fiktiven Lizenzgebühr**[82] **bei Persönlichkeitsrechtsverletzungen** diskutiert.[83] Daneben wird auch die Herausgabe des erlangten Gewinnes teilweise für möglich gehalten.[84] Bei einer Auswertung zu kommerziellen Zwecken ist der erlangte Vermögensvorteil herauszugeben (s. aber § 818 Abs. 3 BGB!).[85]   **46**

Als problematisch erweist sich in diesem Bereich die noch **nicht abschließend geklärte Frage zu Ausschließlichkeitsrechten an Informationen** und deren Zuordnung. Denkbar erscheint dabei ein Anknüpfen an das Sacheigentum am Datenträger, die Betroffeneneigenschaft i.S.d. Datenschutzgesetzes, aber auch wirtschaftliche Investitionen.[86] Bei Annahme einer Eigentumsähnlichkeit wäre insofern auch an Vindikationsansprüche im Rahmen eines Eigentümer-Besitzer-Verhältnisses zu denken.   **47**

---

[73] BeckOK DatenSR/*Quaas*, DS-GVO Art. 82 Rn. 5; Kühling/Buchner/*Bergt*, DS-GVO, Art. 82 Rn. 65, so auch bereits Plath/*Becker*, BDSG/DSGVO, BDSG § 7 Rn. 22.

[74] BGH, Urt. v. 29.4.2014 – VI ZR 246/12, NJW 2014, 2871 (2872) Rn. 18 m.w.N.

[75] Kühling/Buchner/*Bergt*, DS-GVO Art. 82 Rn. 65.

[76] Plath/*Becker*, BDSG/DSGVO, DS-GVO Art. 82 Rn. 4.

[77] *Woertge*, Prinzipien des Datenschutzrechts und ihre Realisierung, 1984, S. 120.

[78] *Woertge*, Prinzipien des Datenschutzrechts und ihre Realisierung,1984, S. 191; sogar für deren analoge Anwendung im Datenschutzrecht BeckOK DatenSR/*Quaas*, DS-GVO Art. 82 Rn. 12.

[79] *Woertge*, Prinzipien des Datenschutzrechts und ihre Realisierung, 1984, S. 166.

[80] BGH, Urt. v. 14.4.1992 – VI ZR 285/91, NJW 1992, 2084 (2085).

[81] *Canaris*, FS Erwin Deutsch, 1999, S. 85, 87ff.; *Siemes* AcP 2001, 202 (215ff.); Jauernig/*Teichmann*, 16. Aufl. 2015, BGB § 253 Rn. 14; *Beuthien/Schmölz*, Persönlichkeitsschutz durch Persönlichkeitsgüterrechte, 1999, S. 50ff.; *Woertge*, Prinzipien des Datenschutzrechts und ihre Realisierung, 1984, S. 119f.

[82] Zur Wertermittlung bei persönlichen Daten BeckOK DatenSR/*Quaas*, DS-GVO Art. 82 Rn. 34.1 mwN.

[83] Ausführlich *Ricker/Weberling*, Handbuch des Presserechts, 6. Aufl. 2012, § 44 Rn. 50a, 50b.

[84] So noch *Larenz*, Allgemeiner Teil, 8. Aufl. 1997, § 8, Rn. 57; str. mittlerweile bei *Wolf/Neuner*, 11. Aufl. 2016, § 13, Rn. 56.

[85] *Gola/Hümmerich/Kerstan*, Datenschutzrecht, Teil 2, 1978, S. 50f.

[86] Umfassend dazu *Specht*, CR 2016, 288.

48 Probleme ergeben sich aber hier auch schon im Medienrecht, soweit der **Gewinn nicht unmittelbar aus dem Wert der verletzten Persönlichkeit** resultiert.[87] Hinzu tritt hier wiederum die datenschutzrechtliche Spezialität der Streuschäden (→ Rn. 35). Einen Gewinn erzielen die Verarbeiter in der Regel nur aus der Masse der Daten. Der durch die Daten des Einzelnen erzielte Gewinn, auf den sich der Anspruch richtet, wäre in diesem Fall häufig gering.

49 Denkbar erscheint zur Lösung des Problems insoweit eine weitere Orientierung an der medienrechtlichen Rechtsprechung im Fall Caroline von Monaco[88].[89] Dabei kann anstelle des Gewinnes aus der konkreten Persönlichkeitsverletzung auf den **Gewinn aus dem einzelnen Verarbeitungsvorgang** für die Bemessung der Entschädigung abgestellt werden.

B. Verbandsklage

50 **Datenschutzorganisationen** steht aus § 4 UKlaG diesbezüglich ein eigenes (Verbands-)Klagerecht zu, wie in Art. 80 Abs. 2 DS-GVO vorgesehen (→ Rn. 42). Daneben ist im europäischen Recht die Schaffung einer Verbandsklage in Vertretung der Betroffenen vorgesehen (Art. 80 Abs. 1 DS-GVO).

51 Im Gegensatz zur früheren Rechtslage[90] **gelten bestimmte Datenschutzregelungen auch als Verbraucherschutzgesetze** zumindest im Sinne des § 2 Abs. 1 UKlaG (§ 2 Abs. 1 S. 1 Nr. 11 UKlaG). Dies soll durch die dynamische Verweistechnik auch solche der erst später in Kraft getretenen DS-GVO erfassen.[91]

C. Wettbewerbliche Haftung

I. Lauterkeitsrecht

52 Das Datenschutzrecht ist seiner ursprünglichen Konzeption nach **nicht Verbraucherschutzrecht**. Es dient dem Persönlichkeitsschutz (§ 1 Abs. 1 BDSG-alt), unabhängig von seiner Eigenschaft als Verbraucher, Bürger oder Unternehmer.[92] Funktional allerdings erscheint der Datenschutz im nichtöffentlichen Bereich aber durchaus als Verbraucherschutz. Diese Lücke wird funktional durch das Wettbewerbsrecht geschlossen.

53 Umstritten ist dabei, ob die Regelung des § 5 UKlaG die Durchsetzung des Datenschutzrechts durch § 3a UWG obsolet mache.[93] Teilen der DS-GVO wie bspw. Art. 20 wird ein deutlich verbraucher- und wettbewerbsschützender Einschlag attestiert.[94] Dem wird entgegengehalten, dass die Ansprüche nach dem UWG insgesamt weiter gehen.[95] Der Regierungsentwurf zur Änderung des UKlaG[96] stellte insoweit auch nur auf eine Ergänzung der Ansprüche aus UWG und nicht auf deren Ersatz ab. Die Ansprüche aus § 3 Abs. 1, § 3a i.V.m. § 8 Abs. 1 u. 3 UWG bleiben somit

---

[87] *Buchner*, Informationelle Selbstbestimmung im Privatrecht, 2006, S. 307 ff.

[88] BGH, Urt. v. 15.1.1994 – VI ZR 56/94, BGHZ 128, 1; dazu ausführlich *Canaris*, FS Erwin Deutsch, 1999, S. 85 ff.

[89] *Buchner*, Informationelle Selbstbestimmung im Privatrecht, 2006, S. 309.

[90] So bspw. noch OLG Frankfurt, Urt. v. 30.6.2005 – 6 U 168/04, MMR 2005, 696 ff. – Autokids; *Kamlah/Hoke*, RDV 2008, 226 (228 f.).

[91] So Köhler/Bornkamm/*Köhler*, UWG, 35. Aufl. 2017, § 2 UKlaG Rn. 17; *Halfmeier*, NJW 2016, 1126 (1127).

[92] Zur Anwendbarkeit des BDSG auf Kaufleute *v. Lewinski*, DuD 2000, 39 ff.

[93] So *Köpernick*, VuR 2014, 240 (242).

[94] *Kühling/Martini*, EuZW 2016, 44 (450).

[95] *Podszun/Toma*, NJW 2016, 2987 (2989).

[96] BT-Drs. 18/4631, 13, 17, 24.

weiterhin daneben relevant.[97] Daneben eröffnet es durch **das Tätigwerden der Konkurrenten** eine weitere Durchsetzungsebene zur Beseitigung der Vollzugsdefizite.[98]

1. Anwendungsbereich des Wettbewerbsrechts

Gegen das Wettbewerbsrecht verstoßen können nur verantwortliche Stellen, die 54 im Wettbewerb stehen („geschäftliches Handeln" i.S.d. § 2 Abs. 1 Nr. 1 UWG). Wettbewerbshaftung trifft **nur Unternehmen**; damit scheiden öffentliche Stellen von vornherein aus.[99]

Möglich ist zusätzlich die AGB-Kontrolle durch „qualifizierte Einrichtungen" 55 und rechtsfähige **Wettbewerbsverbände** (§§ 3, 4 UKlaG), die auch dort enthaltene datenschutzrechtliche Regelungen betreffen kann. Schon in der DSRL war zudem vorgesehen, dass „Verbände" (Art. 28 Abs. 4 S. 1 DSRL; Art. 80 DSGVO; vgl. § 2 Abs. 2 UKlaG) zur Unterstützung des Betroffenen tätig werden können. Reine Datenschutzverbände dieser Art haben sich bislang nicht herausgebildet; allgemein wird diese Funktion von Verbraucherschutzverbänden wahrgenommen, daneben auch von Netzaktivisten und anderen politischen Zusammenschlüssen.[100]

2. Datenschutzverstoß als Wettbewerbsverstoß

a) Wettbewerbsbezug des Datenschutzrechts

Schrifttum und Rechtsprechung sind in der Frage, ob **Datenschutzverstöße** 56 **gleichzeitig Marktverhaltensregelungen** i.S.d. § 3a UWG sind, unentschlossen.[101] So wird teilweise ein Datenschutzverstoß regelmäßig auch als Wettbewerbsverstoß angesehen,[102] teilweise ebenso grundsätzlich nicht.[103] Bei der Bestimmung einer h.M. darf man sich nicht auf das einfache Auszählen der einschlägigen Entscheidungen beschränken. Denn wegen des sog. „fliegenden Gerichtsstands" im Internetrecht[104] können sich Kläger faktisch ein Gericht aussuchen, dessen Rechtsprechung dem Begehr des Klägers entgegenkommt. Ob die datenschutzrechtlichen Normen wettbewerbsbezogen sind, kann nicht pauschal entschieden werden.[105] Eine Datenschutzverletzung ist jedenfalls nicht ohne weiteres auch ein Wettbewerbsverstoß.[106]

Anders als das BDSG[107] dient die DS-GVO nicht nur dem Persönlichkeits- 57 schutz (§ 1 Abs. 1 BDSG-alt; Art. 1 Abs. 1 Hs. 1 DS-GVO), sondern auch dem

---

[97] Köhler/Bornkamm/*Köhler*, UWG, 35. Aufl. 2017, § 2 UKlaG Rn. 18.

[98] Dazu *Lindhorst*, DuD 2010, 713.

[99] OLG Frankfurt, Urt. v. 30.6.2005 – Az. 6 U 168/04, MMR 2005, 696 (697) – Autokids; *Heil*, RDV 2004, 205 (210 f.).

[100] Zur Rechtsdurchsetzung durch Datenschutzverbände *v. Lewinski/Herrmann*, PinG 2017, 209 (215 f.).

[101] Aktuelle Zusammenfassung des Streitstandes *Podszun/de Toma*, NJW 2016, 2987; *Galetzka*, K&R 2015, 77 (79 f.); *Linsenbarth/Schiller*, WRP 2013, 576 ff.

[102] *Ihde*, CR 2000, 413 (421 ff.); so auch OLG Karlsruhe Urt. v. 9.5.2012 – 6 U 38/11, NJW 2012, 3312 ff.; OLG Hamburg, Urt. v. 27.6.2013 – 3 U 26/12 (zu § 13 TMG).

[103] OLG München, Urt. v. 12.1.2012 – 29 U 3926/11, ZD 2012, 330 ff (zu §§ 4, 28 Abs. 1, Abs. 3, 35 Abs. 2, Abs. 3 BDSG); KG, Beschl. v. 29.4.2011 – 5 W 88/11, GRUR-RR 2012, 19 (zu § 13 TMG); LG München I, Urt. v. 23.6.2003 – 1 HK O 175/03 – DuD 2004, 53 (zu § 4 Abs. 1 S. 1 TDDSG 2001); LG Berlin, Urt. v. 1.10.2002 – 16 O 531/02 MMR 2003, 200 f. (zu § 6 TDG).

[104] *Härting*, Internetrecht, 5. Aufl. 2014, Rn. 2404 mwN.; *Hoeren*, Internet- und Kommunikationsrecht, 2. Aufl. 2012, S. 450 f.

[105] *v. Westerholt*, FG Beier, 561 (568 ff.).

[106] *Köhler/Piper*, 3. Aufl. 2002, § 1 UWG, Rn. 751; LG München I, Urt. v. 22.5.2003 – 17 HK O 344/03 – DuD 2003, 709 (709); *Taeger*, K&R 2003, 220 (224).

[107] OLG Düsseldorf, Urt. v. 20.2.2004 – I-7 U 149/03, DuD 2004, 631 (632); a. A. OLG Naumburg, Urt. v. 10.10.2003 – 1 U 17/03, NJW 2003, 3566 (3567); *Podszun/de Toma*, NJW 2016, 2987 (2989).

freien Datenverkehr (Art. 1 Abs. 1 Hs. 2 DS-GVO). Die DS-GVO stellt Datenschutz in einen **spezifischen (Binnen-)Marktkontext** (vgl. ErwGr 2 S. 2 DS-GVO), so dass es einerseits naheliegt, jeden Datenschutzverstoß als einen Marktverstoß zu begreifen. Andererseits aber ist der Binnenmarkt ein europapolitisches Konzept und nicht identisch mit dem (jeweiligen) Markt im Sinne des Wettbewerbsrechts.

58 Ohnehin können auch außerwettbewerbsrechtliche Normen im Kontext des UWG relevant sein: Die wichtigste **Transmissionsnorm ist § 3a UWG.** Danach handelt wettbewerbswidrig, wer gegen eine wettbewerbsbezogene Norm verstößt.[108] Hinsichtlich der Transparenzvorschriften des Datenschutzrechts kann auch der § 5a Abs. 2 UWG Relevanz haben, der das „Vorenthalten wesentlicher Informationen" betrifft. Abzustellen ist also auf den Wettbewerbsbezug der jeweiligen Norm; eine „sekundäre marktbezogene Schutzfunktion" reicht aus.[109]

59 Die Tendenz zeigt bisher dahin, bei Verletzung von Datenschutzrecht auch einen Wettbewerbsverstoß anzunehmen (insb. bei § 4, § 28, 28a, 28b, 28c, 29, 35 BDSG-alt).[110] Nur die **verarbeitungsbezogenen Normen**, die also die Befugnisse gegenüber den Betroffenen regeln und damit Außenwirkung haben, können sich auch auf den Wettbewerb auswirken. **Technisch-organisatorische Normen** hingegen betreffen regelmäßig nur die Binnensphäre einer verantwortlichen Stelle.[111]

60 Soweit das BDSG **vor Werbung schützte**, wurde ein Wettbewerbsbezug der Vorschriften angenommen.[112] Ebenso sieht man in einem Verstoß gegen Informationspflichten im Zusammenhang mit Werbung stets einen Wettbewerbsverstoß.[113] Nach Art. 7 Abs. 5 i.V.m. Anlage II der UGP-Richtlinie 2005/29/EG gilt dies auch für die Informationspflichten nach § 5 TMG, also für telefonische und Onlinewerbung. Da bei der Unlauterkeit – anders als bei der Belästigung – aber nicht nach dem Kommunikationsmedium unterschieden werden kann, ist über die europarechtlichen Vorgaben hinaus jeder Verstoß gegen Informationspflichten bei Werbung und Marketing ein Wettbewerbsverstoß.

61 Daneben ist an Verstöße gegen **datenschutzrechtliche Unterrichtungs- und Benachrichtigungspflichten** (→ § 15 Rn. 2ff.) zu denken. Dies gilt in besonderem Maße für Informationen über die verantwortliche Stelle (vgl. § 5 Abs. 1 Nr. 3 UWG). Bei Verstößen gegen andere (allgemeine) datenschutzrechtliche Informierungs- und Unterrichtungspflichten wurde bisher aber nicht immer ein Wettbewerbsverstoß angenommen,[114] in anderen Fällen jedoch schon.[115] Offen scheint bisher, ob die Regelung des § 5a Abs. 2 UWG hier zu Änderungen führt.

---

[108] Vgl. zum Streit, ob zwischen wertbezogenen und wertneutralen bzw. wettbewerbsbezogenen und wettbewerbsneutralen Normen zu unterscheiden ist: *v. Westerholt*, FG Beier, S. 561 (564–566).

[109] BGH, Urt. v. 11.5.2000 – I ZR 28/98, WRP 2000, 1116 (1120) – Abgasemissionen; BGH, Urt. v. 25.4.2002 – I ZR 250/00, NJW 2002, 2645 (2647) – Elektroarbeiten; BGH, Urt. v. 26.9.2002 – I ZR 293/99, WRP 2003, 262 (264) – Altautoverwertung; BGH, Urt. v. 15.5.2003 – I ZR 292/00, WRP 2003, 1350 (1352) – Ausschreibung von Vermessungsdienstleistungen; s. ferner dazu *Heil*, RDV 2004, 205 (210).

[110] So *Podszun/de Toma*, NJW 2016, 2987 (2990).

[111] *Taeger*, K&R 2003, 220 (224).

[112] OLG Köln, Urt. v. 17.1.2014 – 6 U 167/13, NJW 2014, 1820; OLG Köln, Urt. v. 19.11. 2010 – I-6 U 73/10, CR 2011, 680; OLG Karlsruhe, Urt. v. 9.5.2015 – 6 U 38/11, DuD 2012, 911 (914).

[113] Vgl. OLG Köln, Urt. v. 19.11.2010 – 6 U 73/10, m. Anm. *Eckhardt*, CR 2011, 680.

[114] KG Berlin, Beschl. v. 29.4.2011 – 5 W 88/1, MMR 2011, 464 (zu § 13 Abs. 1 TMG).

[115] OLG Hamburg, Urt. v. 27.6.2013 – 3 U 26/12, GRUR-RR 2013, 482; a.A. KG, Urt. v. 14.3.2011 – 5 W 88/11, MMR 2011, 464 – Like-Button.

Denkbar erscheint jedenfalls, in **Verstößen gegen Verhaltensregeln**, sofern diese 62
veröffentlicht worden sind,[116] einen Wettbewerbsverstoß zu sehen.[117] Es handelt
sich dann um eine irreführende geschäftliche Handlung nach § 5 Abs. 1 S. 2 Nr. 6
UWG.[118]

b) Wettbewerbsrechtliche Unlauterkeit

Sodann ist zu prüfen, ob der **Verstoß wettbewerbliche Relevanz** hat und „un- 63
lauter" i.S.d. § 3 UWG ist.

Es spricht viel dafür, Verstöße gegen das Werbedatenschutzrecht stets als Wettbewerbsverstoß 64
anzunehmen.[119] Dies wird bei **Werbeanschreiben ohne Einwilligung** der Betroffenen und ohne
Widerrufsbelehrung angenommen.[120] Auch die **Übermittlung von personenbezogenen Daten**
gegen Entgelt an Dritte, der damit einen Wettbewerbsverstoß begeht, ist ein eigener Wettbewerbsverstoß.[121]

Ob die bisherige Rechtsprechung, dass eine **Sammlung von Daten (im Internet)** kein Wettbe- 65
werbsverstoß ist, wenn alle Wettbewerber gleichermaßen dagegen verstoßen, da dann kein Vor-
sprung durch Rechtsbruch entsteht,[122] so in der heutigen Zeit noch aufrecht zu halten ist, darf bezweifelt werden.

3. Geltendmachung/Rechtsfolgen

Ein Verstoß gegen das UWG führt zu **Unterlassungsansprüchen** (§ 8 UWG).[123] 66
Weiter kann **Schadenersatz** geltend gemacht werden (§ 9 UWG). Seit 2004 besteht
zusätzlich die Möglichkeit der **Gewinnabschöpfung zugunsten des Bundeshaus-
halts** (§ 10 UWG). Von den Möglichkeiten des Schadenersatzes und der Gewinn-
schöpfung wird allerdings bisher nur sehr selten Gebrauch gemacht.[124]

Die Ansprüche nach §§ 8, 9 UWG stehen Wettbewerbern, also **anderen Unter-** 67
nehmen, Wettbewerbs- und Verbraucherschutzvereinigungen sowie den **Han-
dels- und Handwerkskammern** zu (§ 8 Abs. 3 UWG). Der Gewinnabschöpfungs-
anspruch[125] kann nur von den genannten Vereinigungen und Kammern geltend
gemacht werden (§ 10 Abs. 1 UWG).

II. Datenschutzverstöße im Kartellrecht

Das Kartellrecht enthält in § 33 GWB Unterlassungs-, Beseitigungs- und auch 68
Schadenersatzansprüche. Die Datenschutzpolitik eines Unternehmens kann durchaus einen **Wettbewerbsfaktor** darstellen.[126]

Grundsätzlich anerkannt sind dabei kartellrechtliche Ansprüche auf **diskriminie-** 69
rungsfreien Zugang zu bestimmten Daten.[127] Dies betraf aber bisher soweit ersichtlich nicht die personenbezogenen Daten Dritter. Wettbewerblich ähnliche Situationen im Hinblick auf solche Daten scheinen dabei aber durchaus denkbar.

---

[116] Umfassend *Kahlert*, DuD 2003, 412 ff.

[117] *Martini*, NVwZ Extra 6/2016, 1 (9); *Wronka*, RDV 2014, 93 (96).

[118] So zu § 38a BDSG *Kahlert*, DuD 2003, 412, *Gola/Reif*, RDV 2009, 104 (110); *Peifer*, K&R
2011, 543 (546 f.).

[119] *Golla*, RDV 2017, 123 (127).

[120] OLG Köln, Urt. v. 14.8.2009 – 6 U 70/09, DuD 2009, 696 (696 ff.).

[121] OLG Stuttgart, Urt. v. 15.2.2007 – 3 U 253/06, MMR 2007, 438 (438 f.).

[122] *Weber*, DuD 2003, 625 (629–630).

[123] Dazu *Kamlah/Hoke*, RDV 2008, 226 (229 f.).

[124] *Henning-Bodewig*, GRUR 2015, 731 (735).

[125] Dazu allgemein *Hager*, Streuschäden im Wettbewerbsrecht, 2011; zu Möglichkeiten der Gewinnabschöpfung de lege ferenda *Lindhorst*, Sanktionsdefizite im Datenschutzrecht, 2010, S. 65 ff.

[126] So auch *Körber* in Körber/Immenga (Hrsg.), Daten und Wettbewerb in der digitalen Ökonomie, 2017, S. 102 f.

[127] S. bspw. LG Frankfurt a. M., Urt. v. 21.1.16 – 2-03 0 05/13, ZD 2016, 331.

70   Im Belgien wurde durch die dortigen Kartellbehörden zumindest dann ein **Miss**brauch von Marktmacht angenommen, wenn die Kundendaten missbräuchlich erworben wurden.[128] Weitergehend sehen in der Literatur einige die Gefahr einer generellen Ausbeutung der Internetnutzer, denen der Wert der im Tausch hergegebenen Daten möglicherweise unbekannt ist, durch Informationsasymmetrien.[129] In dieser Pauschalität mag dies wohl etwas zu weit gehen, in Extremfällen scheint eine solche Argumentation aber durchaus denkbar.[130] Diskutiert wird auch bezüglich dort enthaltener Bestimmungen zum Datenschutz ein Konditionenmissbrauch durch unangemessene AGB.[131]

71   Die Monopolkommission hat das Problem der Datenmacht bereits in einem Gutachten umfangreich untersucht und dem jetzigen System insbesondere eine inneffektive **Fusionskontrolle** bescheinigt.[132] Bisher wird den Kartellbehörden im Bereich des Datenschutzes allerdings eine eher zurückhaltende Einstellung zugeschrieben.[133] Kommission und EuGH scheinen in der Tendenz sogar eine strikte Trennung von durch Marktmacht verursachten Wettbewerbsbeschränkungen und den dadurch erhöhten datenschutzrechtlichen Risiken zu sehen. Letztere lägen zumindest außerhalb des europäischen Kartellrechts.[134]

72   Der Bundesgesetzgeber hat das im Kartellrecht bestehende Problem von **Marktbeherrschung bei unentgeltlichen Leistungen** mit § 18 Abs. 2a GWB angegangen, indem auch diese nun dem Marktbegriff unterstellt sind, sowie auch bei Unternehmen mit großen Datenmengen, aber kleinen Umsätzen, eine Fusionskontrolle ermöglicht, § 35 Abs. 1a GWB.[135] Datenbasierte Geschäftsmodelle sollen so stärker im Hinblick auf mögliche Marktkonzentrationen und Marktmissbrauch überwacht werden können. Insgesamt bewegen sich Kartellrecht und Datenschutz trotz großer systematischer Unterschiede aufeinander zu.[136]

---

[128] Belgische Mededingingsautoriteit, Entsch. v. 22.9.2015, BMA-2015-P/K-27-AUD, WUW 1189183 – Nationale Loterij NV.

[129] Vgl. *Calo*, The George Washington Law Review 2014, 995 (1005 f.); *Newman*, Yale Journal on Regulation, Vol. 31, Nr. 2, 2014, 401 (441 f.).

[130] Umfassend dazu auch *Körber* in Körber/Immenga (Hrsg.), Daten und Wettbewerb in der digitalen Ökonomie, 2017, S. 93 f.

[131] Aus *Körber* in Körber/Immenga (Hrsg.), Daten und Wettbewerb in der digitalen Ökonomie, 2017, S. 92, 108.

[132] *Monopolkommission* (Hrsg.), Sondergutachten 68 Wettbewerbspolitik: Herausforderung digitaler Märkte, 2015, insb. S. 194 ff.; s. auch *Monopolkommission* (Hrsg.), Eine Wettbewerbsordnung für die Finanzmärkte, 20. Hauptgutachten 2012/2013, 2014, S. 72.

[133] So *Podszun/de Toma*, NJW 2016, 2987 (2992).

[134] Europäische Kommission, COMP/M.7217 Rn. 164; EuGH, Urt. v. 23.11.2006 – C-238/05, Slg. 2006-I, 11125 Rn. 63 – Asnef-Equifax; dazu auch *Kamann* in Körber/Immenga (Hrsg.), Daten und Wettbewerb in der digitalen Ökonomie, 2017, 61 f. m. w. N.

[135] Dazu *Kieck*, PinG 2017, 67 (68).

[136] S. *Kamann* in Körber/Immenga (Hrsg.), Daten und Wettbewerb in der digitalen Ökonomie, 2017, S. 63, 78.

§ 24. Sanktionen bei Datenschutzverstößen

Literatur: *Bestmann,* „Und wer muss zahlen?". Datenschutz im Internet – Die Bußgeldvorschriften, K&R 2003, 496; Bundesministerium der Justiz (Hrsg.), Empfehlungen zur Ausgestaltung von Straf- und Bußgeldvorschriften im Nebenstrafrecht, 2. Aufl. 1999; *Eckhardt/Menz,* Bußgeldsanktionen der DSGVO, DuD 2018, 139; *Faust/Spittka/Wybitul,* Milliardenbußgelder nach der DS-GVO?, ZD 2016, 120; *Golla,* Die Straf- und Bußgeldtatbestände der Datenschutzgesetze, 2015; *Golla,* Säbelrasseln in der DS-GVO: Drohende Sanktionen bei Verstößen gegen die Vorgaben zum Werbedatenschutz, RDV 2017, 123; *Haft,* Zur Situation des Datenschutzstrafrechts, NJW 1979, 1194; *Höft,* Straf- und Ordnungswidrigkeitenrecht im Bundesdatenschutzgesetz, 1986; *Holländer,* Datensündern auf der Spur – Bußgeldverfahren ungeliebtes Instrument der Datenschutzaufsichtsbehörden, RDV 2009, 215; *Lindhorst,* Sanktionsdefizite im Datenschutzrecht, 2010; *Pohl,* Durchsetzungsdefizite der DSGVO? – Der schmale Grat zwischen Flexibilität und Unbestimmtheit, PinG 2017, 85.

Die DS-GVO begründet in Art. 84 DS-GVO zwar wie schon Art. 24 der EG-Datenschutzrichtlinie eine Pflicht der Mitgliedstaaten, **Sanktionen „für Verstöße gegen [diese] Verordnung" festzulegen** sowie „alle erforderlichen Maßnahmen", zu ergreifen; selber regelt sie aber lediglich Bußgelder. Alle weiteren Arten von Sanktionen, insbesondere das Strafrecht, sind also durch die Mitgliedstaaten zu regeln. **1**

Die DS-GVO selbst gibt einen **Katalog von mit Geldbuße bewehrten Ordnungswidrigkeiten** (→ Rn. 22 ff.) vor (Art. 83 Abs. 3–6 DS-GVO), welcher entsprechend den vorweggestellten Grundsätzen „wirksam, verhältnismäßig und abschreckend" seine Wirkung entfalten, dabei aber auch unter Berücksichtigung der den Einzelfall prägenden Gegebenheiten (Art. 83 Abs. 1 DS-GVO) angewendet werden soll. **2**

Dagegen wird von der DS-GVO eine **strafrechtliche Sanktionierung nicht zwingend vorgegeben.** So können grundsätzlich auch aufsichtsrechtliche (Eingriffs-)Befugnisse und auch die wettbewerbsrechtlichen Reaktionsmöglichkeiten sowie die zivilrechtliche Haftung als wirksame, verhältnismäßige und abschreckende Maßnahmen (Art. 83 Abs. 1 S. 1 DS-GVO) ausreichen. Die Strafbewehrung von Verstößen ist jedenfalls immer nur als **Ultima ratio**[1] in Betracht zu ziehen. Das BVerfG hat allerdings die gebotene Chance, im Rahmen der Entscheidung zur Rindfleischetikettierung[2] auch im Detail hierzu Stellung zu nehmen, verstreichen lassen[3] und sich in der Entscheidung im Wesentlichen auf die Probleme der dynamischen Verweisung gestützt (→ Rn. 9). Zumindest bezüglich der Bedenken gegenüber unionsakzessorischen Blankettstrafgesetzen wurde aber den in der Literatur[4] schon lange vorgetragenen Bedenken Rechnung getragen.[5] **3**

Art. 57 der RL-PJ enthält ebenfalls einen **Regelungsauftrag an die Mitgliedsstaaten** zur Schaffung von Sanktionen für Verstöße. Die Sanktionen sollen wirksam, verhältnismäßig und abschreckend sein. ErwGr 89 verdeutlicht dabei, dass die Sanktionsfolge bei Verstößen den Regelfall darstellen soll. Gem. Art. 49 JI-RL ist **4**

---

[1] BVerfG, Urt. v. 25.2.1975 – 1 BvF 1/74, BVerfGE 39, 1 (44, 47); Urt. v. 28.5.1993 – 2 BvF 2/90, BVerfGE 88, 203 (258); Urt. v. 10.4.1997 – 2 BvL 4/92, BVerfGE 96 10 (25 f.); Urt. v. 9.6.1997 – 2 BvR 1371/96, BVerfGE 96, 245 (249); Beschl. v. 26.2.2008 – 2 BvR 392/07, BVerfGE 120, 224 (239 f.); kritisch insoweit *Bittmann,* NStZ 2016, 249 (254); *Frisch,* NStZ 2016, 16 (22).

[2] BVerfG, Beschl. v. 21.9.2016 – 2 BvL 1/15, Rn. 42 – Rindfleischetikettierung.

[3] *Kempf,* AnwBl. 2017, 34 (34 f.).

[4] *Hecker,* Europäisches Strafrecht, 5. Aufl. 2015, § 7 Rn. 95 ff. m. w. N.

[5] So *Hecker,* NJW 2016, 3648 (3653).

ein Bericht über Verstöße und verhangene Sanktionen durch die Aufsichtsbehörde vorgesehen.

A. Rechtstaatliche Grenzen des Datenschutzsanktionsrecht

5 Die Bußgeldtatbestände der Art. 83 Abs. 4–6 DS-GVO sind – wie auch schon Ordnungswidrigkeiten- und Straftatbestände des BDSG in §§ 43, 44 BDSG-alt – aus rechtspolitischer Sicht kritisch zu betrachten und rechtstaatlicherseits mit Vorsicht zu genießen.[6] Die grundsätzliche Kritik daran, ein aufsichtsseitig **nicht konsequent umgesetztes, weite Ermessensspielräume einräumendes Gesetz mit hoher Strafe** durchsetzen zu wollen, ist im Strafrecht nicht neu.[7] Auch die anderen Kritikpunkte sind dabei schon seit Jahrzehnten Teil der datenschutzrechtlichen Diskussion.[8]

6 Wenn nun also die einzelnen datenschutzrechtlichen Sanktionsbestimmungen angewendet werden, müssen die **unionsrechtlichen Anforderungen** und (bei mitgliedstaatlichem Umsetzungsspielraum) ggf. zusätzlich auch die **Anforderungen des Art. 103 Abs. 2 GG** berücksichtigt werden. Hierbei ist durchaus auch eine Primärrechts- oder Verfassungswidrigkeit einzelner datenschutzrechtlicher Sanktionsnormen möglich. Schon in außerstrafrechtlichem Zusammenhang, in dem weniger strenge Maßstäbe als für Sanktionsnormen gelten, hat das Bundesverfassungsgericht Rechtsnormen, die sich durch Verweise und Generalklauseln auszeichneten, für nichtig erklärt.[9]

7 Jedenfalls aber kann eine **europarechtliche Pflicht zur effektiven Durchsetzung** nicht in der Weise Wirkung entfalten, dass etwaige unions- oder verfassungswidrige Bußgeld- oder v. a. Strafvorschriften des BDSG dennoch angewendet werden. Anders als bei Unionsrecht besteht bezüglich einer innerstaatlichen Norm, die mit Unionsrecht nicht vereinbar ist, immer eine Verwerfungskompetenz für die Gerichte und die Verwaltung.[10] Ein ggf. bestehendes Umsetzungsdefizit durch den deutschen Gesetzgeber geht nicht zulasten des Täters.

8 Komplizierter ist die Rechtslage im Hinblick auf Umsetzungs- und Konkretisierungsakte. Bei fehlendem mitgliedstaatlichen Spielraum und insbesondere bei wortgleicher Übernahme ist davon auszugehen, dass die Normen am Vorrang des Unionsrechts teilnehmen.[11] Gibt es einen **Ausgestaltungs- oder Konkretisierungsspielraum** – wie in der Regel bei Richtlinien gem. Art. 288 Abs. 3 AEUV und insb. nach Art. 23 DS-GVO –, so unterliegt dieser in vollem Umfang einer verfassungsrechtlichen Überprüfung.

I. Verweisungstechnik

9 Es ist eine in Deutschland übliche gesetzgeberische Technik, nebenstrafrechtlichen Normen auf materielle Vorschriften verweisen zu lassen (Akzessorietät). Solche sog. Blankett(straf)normen sind dabei auch nicht per se unzulässig.[12] Auch einer **Verweisung auf Unionsrecht** stehen keine grundsätzlichen Bedenken entgegen.[13] Die Länge der Verweisketten auch über mehrere Ebenen hinweg wird auch vom BVerfG nicht als entscheidend angesehen.[14] Zu problematisieren sind insofern nur

---

[6] Simitis/*Ehmann*, BDSG § 43 Rn. 11 (noch zu §§ 43, 44 BDSG-alt).

[7] *Maurach/Zipf*, Strafrecht I, 8. Aufl. 1992, § 2, Rn. 14 ff.

[8] Hierzu schon zum damaligen § 41 BDSG *Haft*, NJW 1979, 1194 (1194 f.).

[9] Z. B. BVerfG, Urt. v. 3.3.2004 – 1 BvF 3/92, BVerfGE 110, 33 (62 ff.).

[10] EuGH, Urt. v. 22.6.1989 – C-103/88, Slg. 1989, 01839 Rn. 30 ff. – Constanzo.

[11] *Frenz*, Handbuch Europarecht V, 1. Aufl. 2010, § 4, Rn. 171.

[12] Schönke/Schröder/Eser/*Hecker*, 29. Aufl. 2014, StGB § 1 Rn. 8.

[13] BVerfG, Beschl. v. 21.9.2016 – 2 BvL 1/15, Rn. 42 – Rindfleischetikettierung.

[14] BVerfG, Urt. v. 3.3.2004 – 1 BvF 3/92, NJW 2004, 2213 (2218); *Bundesjustizministerium*, Empfehlungen zur Ausgestaltung von Straf- und Bußgeldvorschriften im Nebenstrafrecht, 2. Aufl. 1999, Rn. 102.

sog. **dynamische Verweisungen** auf die jeweils geltende Fassung: Solche hält das BVerfG zwar ebenfalls grundsätzlich für möglich,[15] jedoch nicht, wenn dies dazu führt, dass der Gesetzgeber den Inhalt seiner Vorschrift nicht mehr in eigener Verantwortung bestimmt, sondern die Entscheidung Dritter überlässt.[16]

Die DS-GVO bedient sich der Regelungstechnik einer **Blankettstrafnorm**, die in 10 Art. 83 lediglich grundsätzliche rechtsstaatliche Anforderungen an die Bußgelder (Abs. 1) und Bemessungsgrundsätze aufzählt (Abs. 2), in den Absätzen 4 bis 6 auf den Verstoß gegen fast 50 verschiedene materiellrechtliche Pflichten privatrechtlicher und öffentlich-rechtlicher Natur aus der DS-GVO abstellt.

Im Bereich der strafrechtlichen Sanktionierung verwendet das neue BDSG als 11 **zentrales Tatbestandsmerkmal das Nicht-Bestehen einer Berechtigung** zur Übermittelung (§ 42 Abs. 1 Nr. 1 BDSG 2018), Zugänglichmachung (§ 42 Abs. 1 Nr. 2 BDSG 2018) oder Verarbeitung (§ 42 Abs. 2 Nr. 1 BDSG 2018). Damit wird – wenn auch indirekt – auf die die Zulässigkeit dieser Vorgänge regelnden Vorschriften der DS-GVO in umfassender Weise verwiesen.

Ferner verweist das BDSG zur **Regelung des Straf- und Bußgeldverfahrens** auf 12 Teile des OWiG, GVG und StPO (§ 40 Abs. 1 u. 2 BDSG 2018).

II. Unverständlichkeit

Zudem ist das Datenschutzrecht ausgesprochen schwer verständlich. [17] Der 13 (internationale) Anwendungsbereich, die Abgrenzung zwischen allgemeinem Datenschutzrecht, Datenschutzrecht für Polizei und Justiz sowie Telekommunikationsdatenschutzrecht (zur Abgrenzung → § 8 Rn. 1 ff.), die Verteilung der Regelungskompetenzen zwischen Union und Mitgliedstaaten, die kaum anschauliche Sprache, der in der Informationsgesellschaft kontraintuitive Regelungsansatz des „Verbots mit Erlaubnisvorbehalt" und die „vielen unbestimmten Rechtsbegriffe[...], zahlreichen Verweisungsketten und vielen schon sprachlich schwer zu erfassenden Formulierungen"[18] lassen nur wenige Experten dieses Rechtsgebiet überschauen.[19] Die **generalklauselartige und technikneutrale Ausgestaltung** soll eine flexible Anwendung ermöglichen, was aber auf Kosten der Anschaulichkeit geht.[20]

III. Fehlende Bestimmtheit

Straftatbestände müssen auch nach Unionsrecht (Art. 49 Abs. 1 GRCh)[21] so be- 14 stimmt sein, dass der hiervon Betroffene dem Gesetz entnehmen kann, welches Verhalten sanktionsbewehrt ist. Die Formulierung muss so klar sein, dass der Betroffene die Rechtslage erkennen und sein Verhalten hiernach richten kann.[22] Dieses Gebot gilt auch für andere Sanktionen ohne strafrechtlichen Charakter.[23] Wie auch

[15] BVerfG, Urt. v. 1.3.1978 – 1 BvR 786, BVerfGE 47, 285 (312 ff.); BVerfG, Beschl. v. 25.2.1998 – 2 BvL 26/84, BVerfGE 78, 32 (36).

[16] BVerfG, Beschl. v. 21.9.2016 – 2 BvL 1/15, Rn. 43 – Rindfleischetikettierung.

[17] So schon zum BDSG-alt z.B. *Dammann*, NJW 1978, 1906 (1907) („undurchdringliches Dickicht").

[18] Simitis/*Ehmann*, BDSG § 43 Rn. 11; vgl. *Haft*, NJW 1979, 1194 (1195) (zu BDSG 1977).

[19] Hierzu und im Folgenden Auernhammer/*v. Lewinski*, DSGVO/BDSG, BDSG vor § 43 Rn. 9; Auernhammer/*Golla*, DSGVO/BDSG, DSGVO Art. 83 Rn. 15 ff.

[20] Dazu *Pohl*, PinG 2017, 85 (86).

[21] *Jarass*, GRCh, EU-Grundrechte Charta Art. 49 Rn. 11 m.w.N.

[22] BVerfG, Beschl. v. 7.4.1964 – 1 BvL 12/63, BVerfGE 17, 306 (314) – Personenbeförderungsgesetz.

[23] EuGH, Urt. v. 25.9.1984 – 117/83, EuGHE 1984, 3291, Rn. 11 – Könecke.

schon beim BDSG-alt erscheint die Einhaltung dieses Grundsatzes bezüglich der Bestimmtheit der Tatbestandsmerkmale, insbesondere im Hinblick auf die **häufige Verwendung von Generalklauseln und unbestimmten Rechtsbegriffen,** durchaus zweifelhaft.

15 Insbesondere erfordern die zentralen Erlaubnistatbestände (Art. 6 Abs. 1 lit b–f DS-GVO) eine **methodisch unsichere Güterabwägung,** vor allem im Hinblick auf das Kriterium der Erforderlichkeit einer Verarbeitung.[24] Das Gesetz gibt dabei weder vor, wann eine Datenverarbeitung erforderlich ist, noch welche Interessen berechtigt oder schutzwürdig sind, noch wie man sie abzuwägen hat.

16 Bei der Bestimmtheitsanforderung an eine Sanktionsnorm ist der **Verständnishorizont der Normadressaten** zu berücksichtigen. Dies wirkt sich insbesondere für Täter mit einer beruflichen Erfahrung aus.[25] Je weiter jedoch deren Kreis, desto verständlicher und konkreter muss die Norm gefasst sein.[26] Das Datenschutzrecht als Querschnittsmaterie, das den gesamten Wirtschafts- und Verwaltungsbereich erfasst, muss insoweit besonders hohen Standards genügen. Es richtet sich in vielen Fällen eben gerade auch an Gruppen ohne eine solche besondere Expertise.

17 Das Bestimmtheitsdefizit wird durch das **Tatbestandsmerkmal „ohne berechtigt zu sein"** in § 42 Abs. 1 u. Abs. 2 Nr. 1 BDSG 2018 noch verstärkt. Es wird dem an offenen Rechtsbegriffen reichen Datenschutzrecht noch eine weitere Quelle der Interpretationsbedürftigkeit hinzugefügt. Fast entlarvend ist es, wenn festgestellt wird, das (vormalige) Tatbestandsmerkmal „unbefugt" (§ 43 Abs. 2 Nrn. 1–3 BDSG-alt) gebe den Strafverfolgungsbehörden einen weiten Beurteilungsspielraum.[27] Denn gerade eine solche Unsicherheit will Art. 103 Abs. 2 GG ebenso wie Art. 49 Abs. 1 GRCh – eine grundlegende rechtstaatliche Errungenschaft – verhindern (zur Bestimmtheit auf Rechtsfolgenseite → Rn. 57).

IV. Folgen von Unionsrechtswidrigkeit oder Verfassungswidrigkeit

18 Sollte eine Datenschutzsanktionsvorschrift rechtstaatlichen Anforderungen des Unions- oder Verfassungsrechts nicht genügen,[28] führt ein solcher Verstoß gegen höherrangiges Recht dazu, dass sie **ex tunc nichtig** ist. Eine zurückhaltende Verfolgungspraxis kann eine Verfassungswidrigkeit nicht beseitigen.[29]

19 Allerdings ist nach Art. 100 Abs. 1 GG und Art. 267 Abs. 1 AEUV den **Fachgerichten** die Möglichkeit genommen, selbst über die Verfassungswidrigkeit bzw. die Auslegung des Unionsrechts oder die Gültigkeit abgeleiteten Unionsrechts zu entscheiden. Zumindest letztinstanzliche Gerichte müssen (Art. 267 Abs. 3 AEUV), wenn sie eine Norm für unionsrechtswidrig halten, diese **dem EuGH vorlegen,** der dann hierüber und mit allgemeiner, also über den konkreten Fall hinausreichender Wirkung entscheidet (Art. 91 der VerfO des Gerichtshofs). Für andere Gerichte besteht die Möglichkeit einer Vorlage (Art. 267 Abs. 2 AEUV). Ferner ist eine inzidente Überprüfung möglich (Art. 277 AEUV). Der EuGH ist berechtigt, die Wirkung eines Urteils auf zukünftige Sachverhalte zu begrenzen.[30] Hält ein Gericht eine datenschutz(straf)rechtliche Norm für verfassungswidrig,

---

[24] Dazu → § 12 Rn. 17 ff.; BeckOK DatenSR/*Holländer*, DS-GVO Art. 83 Rn. 6; zum BDSG 1978 schon *Haft*, NJW 1979, 1194 (1195).

[25] *Satzger*, Internationales und europäisches Strafrecht, 7. Aufl. 2016, § 9 Rn. 67; BVerfG, Beschl. v. 15.3.1976 – 2 BvR 927/76, BVerfGE 48 (57); BVerfG, Beschl. v. 6.5.1987 – 2 BvL 11/85, BVerfGE 75, 329 (345).

[26] *Bundesjustizministerium*, Empfehlungen zur Ausgestaltung von Straf- und Bußgeldvorschriften im Nebenstrafrecht, 2. Aufl. 1999, Rn. 13.

[27] Roßnagel HdB DatenSR/*Bär*, 2003, Kap. 5.7, Rn. 28.

[28] Im Ergebnis die Verfassungswidrigkeit (der Sanktionsvorschriften des BDSG a. F.) *Tiedemann*, NJW 1981, 945 (952); *Dannecker*, BB 1996, 1285 (1287).

[29] Hierzu und im folgenden Auernhammer/*v. Lewinski*, DSGVO/BDSG, BDSG vor § 43 Rn. 14.

[30] EuGH, Urt. v. 16.7.1992 – C-163/90, Slg. 1992, I-4625 Rn. 30.

muss es diese **dem Bundesverfassungsgericht vorlegen**, das dann hierüber und mit allgemeiner, also über den konkreten Fall hinausreichender Wirkung entscheidet (§ 78 BVerfGG).

Für die **Verwaltung** ist weder im deutschen Recht noch auf europäischer Ebene ein solches kon- 20 kretes Normenkontrollverfahren vorgesehen; im Unterschied zu Gerichten können sie ein Gesetz nicht vorlegen. Anders als im deutschen Recht, wo wegen der Bindung der Exekutive an Recht und Gesetz (Art. 20 Abs. 3 GG) davon ausgegangen wird, dass Behörden daran gehindert seien, ein verfassungswidriges Gesetz anzuwenden, wird bezüglich der Verwerfung von unionsrechtlichen Normen von einem Auslegungs- und Verwerfungsmonopol des EuGH auch im Verhältnis zur Verwaltung ausgegangen.[31] Verwerfen dürfen aber sowohl Gerichte als auch die Verwaltung eine offenkundig unionswidrige Umsetzung im mitgliedsstaatlichen Recht. In Zweifelsfällen bleibt nur der Weg über die Vorlage durch ein Gericht.[32]

Zwar schreibt Art. 84 Abs. 1 DS-GVO (s. ebenso Art. 57 der RL-PJ) den Mit- 21 gliedstaaten vor, im mitgliedstaatlichen Recht wirksame, verhältnismäßige und ab-schreckende Sanktionen bei Datenschutzverstößen festzulegen. Jedoch kann eine europarechtliche Pflicht nicht in der Weise Wirkung entfalten, dass verfassungswid-rige Bußgeld- oder Strafvorschriften dennoch angewendet werden. Ein ggf. beste-hendes **Umsetzungsdefizit** durch den deutschen Gesetzgeber geht nicht zulasten des Täters (→ Rn. 7).

B. Datenschutzordnungswidrigkeiten

Die Sanktionsvorschriften der DS-GVO sind **umfassend** und betreffen die in der 22 DS-GVO festgelegten Pflichten. Darüber hinaus enthält Art. 83 Abs. 5 lit. d DS-GVO noch eine **dynamische Verweisung** auf weitere Vorschriften, die die Mit-gliedsstaaten im Rahmen von Öffnungsklauseln in Kapitel IX der DS-GVO schaf-fen können. Verstöße hiergegen ziehen ebenfalls ein Bußgeld nach sich.

Die Bußgeldtatbestände in Art. 83 DS-GVO haben über die **Einteilung in zwei** 23 **Bußgeldkategorien** hinaus keine systematische Ordnung und orientieren sich al-lenfalls in Ansätzen an den Kapiteln der DS-GVO. Der Katalog lässt sich grob in **vier Gruppen** zusammenfassen (→ Rn. 25 ff.): Verstöße gegen Pflichten der für die Verarbeitung Verantwortlichen bzw. Auftragsverarbeiter (Art. 83 Abs. 4 lit. a DS-GVO), Pflichten der Zertifizierungs- und Überwachungsstellen (Art. 83 Abs. 4 lit. b u. c DS-GVO), Verstöße im Rahmen der konkreten Verarbeitung von Daten (Art. 83 Abs. 5 lit. a–d DS-GVO), sowie Verstöße gegen Anweisungen der Auf-sichtsbehörde bzw. deren Behinderung (Art. 83 Abs. 5 lit. e, Abs. 6 DS-GVO).

Auch das **bereichsspezifische Datenschutzrecht** kennt zum Teil Bußgeldnor- 24 men. Hingewiesen sei hier insbesondere auf § 16 TMG und § 149 Nrn. 16–18 TKG sowie den Ordnungswidrigkeitstatbestand des § 383a AO, der die zweckwidrige Verwendung der steuerlichen Identifikationsmerkmale (§§ 139a ff. AO) mit Sank-tion belegt.

I. Bußgeldtatbestände

1. Verstoß gegen Pflichten der Verantwortlichen bzw. der Auftragsverarbeiter

Ein Großteil der in Art. 83 Abs. 4 DS-GVO bezeichneten Bußgelder bezieht sich 25 auf die Verantwortlichen bzw. Auftragsverarbeiter (lit. a). Mit den weiteren buß-geldbewerten Pflichten innerhalb des Absatzes für Zertifizierungs- und Überwa-chungsstellen haben sie die Maximalhöhe des Bußgeldes von 10 Mio. Euro oder 2 % des Jahresumsatzes bei Unternehmen gemeinsam.

---

[31] *Frenz*, Handbuch Europarecht V, 1. Aufl. 2010, § 4, Rn. 167.
[32] Zur Verwerfungskompetenz im einzelnen *Frenz*, Handbuch Europarecht V, 1. Aufl. 2010, § 4, Rn. 162 ff.

26   Dabei listet die DS-GVO in Art. 83 Abs. 4 lit. a DS-GVO die bußgeldbewerten **Pflichten zu Datenverarbeitungsverfahren** detailliert in Form einer statischen Verweisung auf die Art. 8, 11, 25–39, 42 und Art. 43 DS-GVO auf. Die Auslegung muss ergeben, dass jeweils nur die dort enthaltenen Pflichten der Verantwortlichen bzw. des Auftragsverarbeiters gemeint sein können. Dies sind keinesfalls immer die gesamten Normen. So richtet sich bspw. Art. 8 Abs. 1 S. 3 DS-GVO als Öffnungs- klausel an die Mitgliedstaaten, und Abs. 3 klärt das Verhältnis zum eigenen Ver- tragsrecht.

27   Die Regelungen der Art. 25–39 DS-GVO betreffen v. a. **Vorfeldpflichten der Verarbeiter.** Sie umfassen insbesondere auch die Regelungen zu Datenschutz durch Technikgestaltung sowie die datenschutzfreundlichen Voreinstellungen (Art. 25 DS-GVO), die Datenschutzfolgeabschätzung (Art. 35, 36 DS-GVO), sowie auch die Regelungen zum betrieblichen bzw. behördlichen Datenschutzbeauftragten (Art. 37–39 DS-GVO).

28   Mit den Regelungen zur Mitteilung von Verletzungen des Schutzes personenbe- zogener Daten („Data Breach Notifications") gegenüber den Aufsichtsbehörden (Art. 33) und gegenüber dem Betroffenen (Art. 34) enthält die Bußgeldnorm aber auch Verweisungen auf **Verpflichtungen im Nachgang** an eine (rechtmäßige) Ver- arbeitung.

29   **Außerhalb dieser Systematik** der bußgeldbewehrten Vorfeldpflichten stehen mit Art. 8 DS- GVO die Bußgeldbewehrung der Regelungen zur Einholung der elterlichen Einwilligung bei Kin- dern sowie die speziellen Transparenzanforderungen des Art. 11 DS-GVO in Fällen der Datenver- arbeitung, die die Identifizierung der Betroffenen nicht oder nicht mehr erfordern.

2. Verstöße gegen Pflichten der Zertifizierungs- und Überwachungsstellen

30   Ebenfalls in Art. 83 Abs. 4 DS-GVO enthalten sind bestimmte Pflichten der **Zer- tifizierungsstellen** nach Art. 42, 43 DS-GVO (Art. 83 Abs. 4 lit. b) und die Pflich- ten der **Überwachungsstelle** aus Art. 41 Abs. 4 DS-GVO (Art. 83 Abs. 4 lit. c DS- GVO).

31   Art. 4 DSG-VO enthält für die „Zertifizierungsstellen" keine Definition, sondern sie ergibt sich aus Art. 43 DS-GVO. Es handelt sich dabei um solche Stellen, die nach dem dort näher beschriebenen Verfahren als Private zur Vergabe von Zertifi- katen akkreditiert werden können. Bußgeldbedroht sind danach nicht die akkredi- tierenden Stellen selber und somit auch nicht die diesbezüglichen Regelungen des Art. 43 DS-GVO. Übrig bleibt aus Art. 43 DS-GVO damit nur noch der Abs. 4, welcher die Grundvoraussetzung der Zertifizierung oder deren Widerrufung („an- gemessene Bewertung") bestimmt. Auch Art. 42 DS-GVO enthält keine weiteren konkreten Pflichten für die Zertifizierungsstelle selber.

32   „Überwachungsstellen" meint an dieser Stelle solche, die nach Art. 41 Abs. 1 DS- GVO aufgrund ihres Fachwissens für die Überwachung der Einhaltung von ge- nehmigten Verhaltensregeln i. S. d. Art. 40 DS-GVO akkreditiert worden sind. Auch hier enthält die Norm, auf welche verwiesen wird, wieder größtenteils **An- forderungen für die Akkreditierung.** Die Voraussetzungen für die Überwachung an sich ergeben sich aus Abs. 4, welche den Überwachungsstellen die Möglichkeit, „geeignete Maßnahmen" zu treffen, gibt. Dies kann auch einen vorläufigen oder endgültigen Ausschluss von den Verhaltensregeln bedeuten. Insgesamt bleiben die konkreten Pflichten der Überwachungsstellen hier vage.

3. Verstöße im Rahmen der konkreten Verarbeitung

Die Anforderungen des Art. 83 Abs. 5 DS-GVO richten sich wiederum an die 33
Verantwortlichen und Auftragsverarbeiter. Anders als die obigen Pflichten des
Abs. 4 beziehen sich die hier bußgeldbewehrten **Pflichten auf die konkrete Verarbeitung**. Hierzu gehören die gesamten Grundsätze der Verarbeitung (Art. 5), die
Anforderungen an die Rechtmäßigkeit der Verarbeitung (Art. 6) und insbesondere
auch der Einwilligung (Art. 7 bzw. Art. 9 bezüglich der Einwilligung bei besonderen Kategorien personenbezogener Daten, mit Ausnahme der Bedingungen für die
Einwilligung von Kindern (→ Rn. 29)).

Ebenfalls dieser Bußgeldregelung unterfallen die Rechte der Betroffenen nach 34
Art. 12–22 DS-GVO. Dies beinhaltet somit neben den konkreten Informierungsvorgaben und Rechten auch die allgemeinen **Transparenzanforderungen** (Art. 12
DS-GVO) und insbesondere auch das neu geschaffene Recht auf Datenübertragbarkeit (Art. 20 DS-GVO) sowie die Regelungen zu automatisierten Einzelentscheidung (Art. 22 DS-GVO). Ferner umfasst sind die Regelungen der DS-GVO
zur **Übermittelung personenbezogener Daten in Drittländer** oder an internationale Organisationen (Art. 44–49 DS-GVO) sowie auch solche Regelungen, die die
Mitgliedsstaaten ggf. nach Kapitel IX der DS-GVO noch für besondere Verarbeitungssituationen schaffen (können).

4. Behinderung der Aufsichtsbehörden

Deutlich stärker wird in Zukunft auch die Nichtumsetzung aufsichtlicher Anweisungen [33] sowie die Behinderung von deren Untersuchungen sanktioniert 35
(Art. 83 Abs. 5 lit. f sowie Art. 83 Abs. 6 DS-GVO). Art. 83 Abs. 5 lit. f DS-GVO
bezieht sich dabei auf **Anweisungen oder Beschränkungen der Aufsichtsbehörde**
nur bzgl. Datenübermittelungen und auf die **Nichtgewährung des Zugangs** für die
Aufsichtsbehörde nach Art. 58 Abs. 1 DS-GVO. Art. 83 Abs. 6 DS-GVO erweitert
dies auf **alle gemäß Art. 58 Abs. 2 DS-GVO ergangenen Anweisungen**. Dadurch
ergibt sich die Besonderheit, dass in den Fällen einer vollstreckbaren Anweisung
der Aufsichtsbehörde ein eigentlicher Verstoß gegen die materiellen Regelungen der
DS-GVO zur Verhängung eines Bußgeldes nicht zu prüfen ist.[34] Zu unterscheiden
ist dies von ggf. auf Basis mitgliedstaatlicher Regelungen zu verhängender Zwangsgelder zur Durchsetzung der Anordnungen der Aufsichtsbehörde.[35]

5. Weitere Bußgeldtatbestände nach dem BDSG

Art. 84 DS-GVO ermöglicht grundsätzlich die Schaffung weiterer Sanktionen 36
durch die Mitgliedstaaten. Im Bußgeldbereich wurde davon bisher aber kein Gebrauch gemacht. Zwar enthält § 43 BDSG 2018 über die DS-GVO hinausgehende
Bußgeldvorschriften. Bei diesen handelt es sich aber wohl nicht um solche i. S. d.
Art. 84 DS-GVO, da sie sich auf die in § 30 Abs. 1 und 2 BDSG 2018 ebenfalls mitgeregelten **Informationspflichten für Verbraucherkredite** beziehen.

II. Täter

Ein Großteil der Normen, auf die in Art. 83, 84 DS-GVO bezüglich der Pflich- 37
ten mittelbar verwiesen wird, ist **auf Organisationen, nicht auf Personen zuge-**

---

[33] Im einzelnen zur Zusammenarbeit mit der Aufsicht Auernhammer/*Kieck*, DSGVO/BDSG,
DS-GVO Art. 31 Rn. 3 ff.
[34] Paal/Pauly/*Frenzel*, DS-GVO Art. 83 Rn. 25.
[35] Gola/Schomerus/*Gola/Körffer/Klug*, BDSG § 38 Rn. 26.

schnitten. Zentrale Normadressaten der DS-GVO sind die Verantwortlichen (Art. 4 Nr. 7 DS-GVO) und Auftragsverarbeiter (Nr. 8).[36] Dies umfasst grundsätzlich auch natürliche Personen, sofern diese über die Zwecke und Mittel der Verarbeitung personenbezogener Daten entscheiden. Hier ist jedoch auf die sog. Haushaltsausnahme (Art. 2 Abs. 2 lit. c DS-GVO) hinzuweisen. Den überwiegenden Anteil der Verantwortlichen bzw. Auftragsverarbeiter iSd DS-GVO dürften deshalb die juristischen Personen und Behörden stellen. Dazu treten als taugliche Täter im Rahmen des Art. 83 Abs. 4 lit. b DS-GVO die Zertifizierungsstellen und nach Art. 83 Abs. 4 lit. c DS-GVO die Überwachungsstellen.

38 Angenommen wird für die Bußgelder unter der DS-GVO eine vom sonstigen Recht abweichende **unmittelbare Verbandshaftung** am Vorbild des kartellrechtlichen Modells.[37] Ohne Exkulpationsmöglichkeit haftet das Unternehmen damit für die Handlungen aller Mitarbeiter und für die der Organe.[38] Begrenzungen findet dies nur bei Handlungen, die klar außerhalb des Aufgabenbereiches liegen und dem Unternehmen auch nicht wegen der Billigung solcher Handlungen auf andere Weise zurechenbar sind (s. auch § 30 OWiG). Nicht vorgesehen ist durch die DSGVO bisher eine Bestrafung der Mitarbeiter selbst. War eine solche im Referentenentwurf zum BDSG 2018 noch vorgesehen,[39] wäre sie zumindest außerhalb der Öffnungsklauseln abzulehnen gewesen.[40]

39 Art. 83 Abs. 7 DS-GVO ermöglicht auch die Verhängung von **Bußgeldern gegen Behörden und öffentliche Stellen.** Bußgelder gegen öffentliche Stellen sind dem deutschen Recht bislang fremd und trotz der Öffnungsklausel in Art. 83 Abs. 7 DS-GVO bisher auch im Datenschutz nicht geplant; § 43 Abs. 3 BDSG 2018 sieht von der Möglichkeit explizit ab. Eine strafrechtliche Sanktionierung der handelnden Personen und das Geltendmachen von Schadenersatzansprüchen (→ § 23 Rn. 5 ff.) gegen die öffentliche Stelle ist freilich nicht ausgeschlossen.

40 Im Ordnungswidrigkeitenrecht wird zwischen Täterschaft und Teilnahme nicht differenziert (§ 13 OWiG, sog. **Einheitstäterbegriff**).

III. Tatbegehungsformen

41 Zu den Formen der Tatbegehung nimmt die DS-GVO nicht explizit Stellung. Da der Umstand einer **vorsätzlichen und fahrlässigen Begehung** aber gem. Art. 83 Abs. 2 lit. b DS-GVO relevant für die Bußgeldbemessung ist, ist davon auszugehen, dass jedenfalls vorsätzliche und fahrlässige Verstöße erfasst sind.

42 Teils wird das Schweigen im Hinblick auf die Begehungsform in Zusammenschau mit der expliziten Nennung in den Entwürfen von Kommission und Rat als Hinweis für die **Sanktionierbarkeit von Verstößen auch ohne jedes Verschulden** gewertet.[41] Problematisch erscheint diese Interpretation im Hinblick auf den **Schuldgrundsatz** als Teil der Verfassungsidentität[42] und ebenso als allgemeiner Rechtsgrundsatz des Unionsrechts.[43] Teils wird dies daher abgelehnt[44] und in unionsrechts-

[36] Dazu Auernhammer/*Eßer*, DSGVO/BDSG, DS-GVO Art. 4 Rn. 39 ff.
[37] Kühling/Buchner/*Bergt*, DS-GVO Art. 83 Rn. 20.
[38] *Faust/Spittka/Wybitul* ZD 2016, 120 (121).
[39] BT-Drs. 18/11325, 38.
[40] Dazu im einzelnen BeckOK DatenSR/*Holländer*, DS-GVO Art. 83 Rn. 21.
[41] Kühling/Buchner/*Bergt*, DS-GVO Art. 83 Rn. 35.
[42] Vgl. BVerfG Beschl. v. 15.12.2015 – 2 BvR 2735/14 (Ls. 2).
[43] *Esser* in Sieber/Satzger/v. Heintschel-Heinegg, Europäisches Strafrecht, 2. Aufl. 2014, § 55 Rn. 62.
[44] Auernhammer/*Golla*, DSGVO/BDSG; DS-GVO Art. 83 Rn. 9; Plath/*Becker*, BDSG/DSGVO, DS-GVO Art. 83 Rn. 11; *Härting*, Datenschutzgrundverordnung, 2016, Rn. 253; BeckOK DatenSR/*Holländer*, DS-GVO Art. 83 Rn. 18 f.

konformer Auslegung eine zumindest fahrlässige Begehung gefordert, wobei dies im Hinblick auf ein häufig vorliegendes **Organisationsverschulden** praktisch nur zu geringen Unterschieden führt.[45] Auch wird für die mindestens fahrlässige Begehung aus systematischer Perspektive die Formulierung des Art. 83 Abs. 3 DS-GVO angeführt, der denjenigen, der einen Tatbestand ohne Verschulden verwirklicht, gegenüber den schuldhaft Handelnden benachteiligen würde.[46]

IV. Bußgeldverfahren

Die Aufgabe der Überwachung und Durchsetzung der DS-GVO ist in Art. 57 **43** Abs. 1 lit. a DS-GVO den **Aufsichtsbehörden** zugewiesen und umfasst insbesondere die Abhilfebefugnisse nach Art. 58 Abs. 2 DS-GVO.[47] Die Befugnis zur Verhängung von Bußgeldern ergibt sich aus Art. 58 Abs. 2 lit. i DS-GVO.

Das Verfahren selbst wird von der DS-GVO nicht geregelt. Die Ausübung aller **44** **Befugnisse erfolgt nach dem Recht der Mitgliedstaaten** (Art. 57 Abs. 4 DS-GVO). ErwGr 129 konkretisiert die schon in Art. 57 Abs. 4 DS-GVO enthaltenen Anforderungen an die Vereinbarkeit mit Unionsrecht und der GRCh.[48] Es umfasst die Bearbeitung in angemessener Frist und den Grundsatz der Verhältnismäßigkeit. Ausgangspunkt ist das Äquivalenz- und Effektivitätsgebot (Effet utile), nach welchem die mitgliedstaatliche Regelung das Regelungsziel des Unionsrechts nicht behindern darf und die einfache Realisierung der Rechte des Einzelnen schon im Mitgliedstaat sicherstellen muss.[49]

§ 41 BDSG 2018 sieht, wie auch schon bisher, über die Regelung des § 2 OWiG **45** hinaus die sinngemäße **Anwendung großer Teile des OWiG** auch für die Bußgelder nach Art. 83 DS-GVO vor. § 46 OWiG verweist dabei wiederum auf die Befugnisse der StPO, die über diejenigen aus der DS-GVO weit hinausgehen.[50] Diverse Normen aus dem OWiG werden aber in § 41 Abs. 2 BDSG 2018 von der Anwendung ausgenommen. Eine Verfahrensregelung ist darüber hinaus noch in § 43 Abs. 4 BDSG 2018 enthalten. Nach Art. 33, 34 DS-GVO (sog. „Data Breach Notification") darf eine **Meldung einer Datenpanne nicht in Bußgeld- oder Strafverfahren gegen den Meldepflichtigen verwendet** werden.

Die Verfolgung kann dabei von Amts wegen erfolgen und unterliegt dem **Oppor-** **46** **tunitätsprinzip.**

Nach § 67 OWiG kann gegen den Bußgeldbescheid binnen zweier Wochen nach **47** Zustellung **Einspruch** eingelegt werden. Abweichend von § 69 OWiG geht, falls die Ausgangsbehörde im Zwischenverfahren keine Abhilfe verschafft, die Verfahrensherrschaft nicht vollständig auf die Staatsanwaltschaft über. Aufgrund § 41 Abs. 2 S. 3 BDSG 2018 kommt eine Einstellung in Zukunft in Betonung der unabhängigen Stellung der Datenschutzaufsichtsbehörde nur noch mit deren Zustimmung in Betracht. Wird das Verfahren beim Gericht (Amtsgericht, § 68 Abs. 1 OWiG, bei Geldbußen über 100 000 Euro nun gem. § 41 Abs. 1 S. 3 BDSG 2018 das Landgericht) anhängig gemacht, entscheidet der Richter.

V. Sanktionen

Das Datenschutzordnungswidrigkeitenrecht kennt ein **gestuftes System von** **48** **Sanktionen.**

---

[45] So bei Paal/Pauly/*Frenzel*, DS-GVO Art. 83 Rn. 14.
[46] Bisher soweit ersichtlich nur Auernhammer/*Golla*, DSGVO/BDSG, DS-GVO Art. 83 Rn. 9.
[47] Auernhammer/*v. Lewinski*, DSGVO/BDSG, DS-GVO Art. 57, Rn. 9.
[48] Dazu Auernhammer/*v. Lewinski*, DSGVO/BDSG, DS-GVO Art. 57, Rn. 54ff.
[49] *Frenz*, Handbuch Europarecht, 2010, Bd. 5, Kap. 4 § 6 Rn. 434.
[50] BeckOK DatenSR/*Holländer*, BDSG § 43 Rn. 72.

1. Verwarnungen

49   Es beginnt mit der **Möglichkeit einer Verwarnung** (Art. 58 Abs. 2 lit. b DS-GVO) bei Verstoß gegen die DS-GVO. Zur Einordnung in das Gesamtsystem der Aufsichtsmittel, die keine Sanktionen im technischen Sinne darstellen,[51] sei auf die dortigen Ausführungen verwiesen (→ § 22 Rn. 83).

50   Denkbar erscheint auch weiterhin ein der **Verwarnung vorgelagertes normerläuterndes Gespräch** gestützt auf die allgemeinen Aufsichtsbefugnisse, wobei es sich hierbei im technischen Sinne nicht um eine Sanktion für einen Verstoß gegen die obigen Normen handelt.[52] Die DS-GVO sieht zudem explizit eine sog. belehrende Warnung (Art. 58 Abs. 2 lit. a DS-GVO) durch die Aufsichtsbehörde bei Verdacht eines Verstoßes vor.

2. Bußgeld

a) Höhe des Bußgelds

51   Die Bußgelder nach § 43 BDSG-alt waren, obwohl der Bußgeldrahmen recht groß ist, **traditionell ausgesprochen niedrig.** Lange Zeit war die höchste bekannte Summe – soweit ersichtlich – 2500 €.[53] Darin mag sich Vorsicht der Aufsichtsbehörden wegen der verfassungsrechtlichen Bedenken (→ Rn. 5 ff.) widergespiegelt haben. Schon der Bundesgesetzgeber gab in § 43 Abs. 3 BDSG-alt (seit 2009) zu erkennen, dass deutlich höhere Bußgelder drohen. So waren nun Bußgelder bis zu 300 000 € möglich (§ 43 Abs. 3 S. 1 BDSG-alt), die im Falle eines höheren wirtschaftlichen Vorteils sogar im Sinne einer Vorteilsabschöpfung überschritten werden konnten (§ 43 Abs. 3 S. 2 BDSG-alt; vgl. § 17 Abs. 4 OWiG). – Dieser Trend setzte sich unter der EG-Datenschutzrichtlinie fort. Gleichwohl unterschied sich der Bußgeldrahmen in den EU-Mitgliedstaaten bis zur DS-GVO beträchtlich.[54]

52   In Anlehnung an das Kartellrecht[55] ist in der DS-GVO für Unternehmen eine **umsatzabhängige Bußgeld-Obergrenze** vorgesehen. Art. 83 Abs. 4 DS-GVO (erste Gruppe – Verstöße gegen Pflichten der für die Verarbeitung Verantwortlichen bzw. der Auftragsverarbeiter) sieht nun Bußgelder in einer Höhe von bis zu 10 000 000 € bzw. bis zu 2 % des gesamten weltweit erzielten Jahresumsatzes des vergangenen Geschäftsjahres im Falle eines Unternehmens vor. Es gilt der jeweils höhere Betrag. Art. 83 Abs. 5 DS-GVO ermöglicht (zweite und dritte Gruppe – Verstöße im Rahmen der konkreten Verarbeitung von Daten Verstöße gegen Anweisungen der Aufsichtsbehörde bzw. deren Behinderung) sogar Bußgelder in Höhe von bis zu 20 000 000 € bzw. im Unternehmensfalle bis zu 4 % des gesamten weltweit erzielten Jahresumsatzes des vergangenen Geschäftsjahres.

53   Ein Anknüpfen an weltweite Jahresumsätze von Unternehmen scheint aber insofern fragwürdig, als eine Bezugnahme auf Umsätze auf dem europäischen Markt in Anbetracht auch des europäischen Anwendungsbereiches der DS-GVO (Art. 3 DS-GVO) viel eher eine **Relation zwischen Fehlverhalten und Nutzen** herstellen würde.

54   Zum **Begriff des „Unternehmens"** verweist die DS-GVO in ErwGr 150 auf die Vorschriften der Art. 101 und 102 AEUV. Das unionsrechtliche Verständnis des Unternehmens ist dabei ein funktionales[56] und somit vom Begriff der juristischen

---

[51] Paal/Pauly *Frenzel*, DS-GVO Art. 83 Rn. 8; differenzierend mit Verweis auf ErwGr 150 S. 7 DS-GVO *Golla*, RDV 2017, 123, 124.

[52] Dazu Auernhammer/*v. Lewinski*, DSGVO/BDSG, BDSG § 43 Rn. 72.

[53] Aufsichtsbehörde Hessen, 9. nöTB, hessLT-Drs. 14/1902, S. 17 f. (5000 DM).

[54] Dazu *Weiß*, PinG 2017, 97; zu einem Bußgeld in Höhe von 150 000 Euro in Frankreich s. bspw. Conseil d'Etat, Beschl. v. 7.2.2014 – n° 374595 – Google Inc.

[55] *Faust/Spittka/Wybitul*, ZD 2016, 120 (120); s. auch ErwGr 150 DS-GVO.

[56] Grabitz/Hilf/Nettesheim/*Schuhmacher/Stockenbauer*, Recht der EU, AEUV Art. 101 Rn. 51.

Person innerhalb des mitgliedstaatlichen Rechts grundsätzlich unabhängig.[57] Für global tätige Datenverarbeiter scheinen somit Bußgelder auch in Milliardenhöhe unabhängig von der Unternehmensstruktur zumindest theoretisch denkbar.[58] Unklar bleibt daneben aber die Bedeutung der in Art. 4 Nr. 18 und Nr. 19 DS-GVO zu findenden Definitionen von „Unternehmen" und „Unternehmensgruppe".[59] Dem Willen des Verordnungsgebers scheint die Anwendung des funktionalen Unternehmensbegriffes zumindest in Bezug auf die Sanktionsnormen aber näherzukommen.[60] Außerhalb der Bußgeldberechnung ist in den weiteren Bereichen der DS-GVO aber mangels anderer Anhaltspunkte auf die Definitionen in Art. 4 DS-GVO abzustellen, die jede natürliche und juristische Person umfasst, die regelmäßig einer wirtschaftlichen Tätigkeit nachgeht. Es wird damit auf das jeweils einzelne Unternehmen abgestellt.[61]

b) Maßstäbe der Bußgeldbemessung

Geldbußen können nach Art. 83 Abs. 2 DS-GVO zusätzlich oder anstelle der **55** Maßnahmen der Aufsicht nach Art. 58 Abs. 2 lit. a–h u. i DS-GVO (→ § 22 Rn. 83 ff.) verhängt werden. In Art. 83 Abs. 2 lit. a–k DS-GVO ist diesbezüglich ein **umfangreicher Katalog von Abwägungskriterien** für die im Einzelfall festzulegende Geldbuße aufgeführt. Große Abweichungen vom bisherigen deutschen Recht (v. a. nach OWiG) erscheinen durch die nahezu klassischen Kriterien von u. a. Art und Schwere des Verstoßes, Ausmaß des Schadens und Verschuldensform kaum zu erwarten.[62] Neu ist aber insoweit die explizite Berücksichtigung des Wohlverhaltens der Verantwortlichen bspw. durch Aufstellung von Verhaltensregeln oder Nutzung von Zertifikaten (Art. 82 Abs. 2 lit. j DS-GVO), die eigene Meldung des Verstoßes (lit. h) und allgemein weitere mildernde Umstände[63] (lit. k).

Art. 83 Abs. 3 DS-GVO begrenzt die Höhe der Gesamtgeldbuße bei mehreren **in 56 Tateinheit begangenen Verstößen** auf den Betrag für den schwerwiegendsten Verstoß.

Das **Bestimmtheitsgebot** ist auch für die Rechtsfolgen eines Verstoßes zu beachten.[64] Die An- **57** zahl der Kriterien in Verbindung mit einem Strafrahmen, der nur durch eine Obergrenze harmonisiert wird (→ Rn. 52), führt nicht zu größerer Vorhersehbarkeit[65] und lässt eine auch in Zukunft uneinheitliche Praxis der Aufsichtsbehörden möglich erscheinen. Hinzu treten die Unklarheiten des Unternehmensbegriffes. Zumindest lassen die Erwägungsgründe aber erkennen, dass eine Bestrafung den Regelfall darstellen soll (ErwGr 148). Dies engt den Ermessensspielraum der Aufsichtsbehörden ein.[66] Auch ist neben dem ohnehin möglichen Kohärenzverfahren zwischen den Aufsichtsbehörden (Art. 63 ff. DS-GVO) eine Konkretisierung in Form von Leitlinien des Datenschutzausschusses zur Bußgeldverhängung vorgesehen (Art. 70 Abs. 1 lit. k DS-GVO). Hiervon ist Gebrauch zu machen, um die Unbestimmtheit der DS-GVO im Hinblick auf eine einheitliche Durchsetzung abzumildern.[67] Allerdings ist anzumerken, dass sich der EuGH beispielsweise im Kartellrecht bisher mit deutlich weniger konkreten Bemessungskriterien bei noch höherer Strafandrohung zufriedengegeben hat.[68]

---

[57] Callies/Ruffert/*Weiß*, EUV/AEUV, AEUV Art. 101 Rn. 25.
[58] *Faust/Spittka/Wybitul*, ZD 2016, 120 (120).
[59] Zur Abweichung von diesen nur durch die ErwGr *Gola*, K&R 2017, 145 (146).
[60] Auerhammer/*Golla*, BDSG/DSGVO, DS-GVO Art. 83 Rn. 26.
[61] Kühling/Buchner/*Schröder*, DS-GVO Art. 4 Nr. 18 Rn. 1 f.
[62] So auch *Nolde*, DSRITB 2016, 757 (763).
[63] Ebenso BeckOK DatenSR/*Holländer*, DS-GVO Art. 83 Rn. 21
[64] EuGH Urt. v. 22.5.2008 – C-266/06, Slg. 2008, I-00081 Rn. 43 f.
[65] So auch BeckOK DatenSR/*Holländer*, DS-GVO Art. 83 Rn. 7.
[66] Auernhammer/*Golla*, DSGVO/BDSG, DS-GVO Art. 83 Rn. 4.
[67] So auch *Pohl*, PinG 2017, 85 (91); BeckOK DatenSR/*Holländer*, DS-GVO Art. 83 Rn. 11.1.
[68] Dazu Kühling/Buchner/*Bergt*, DS-GVO Art. 83 Rn. 48 f.

C. Datenschutzstraftaten

58　Datenschutzkriminalität hat **keine große praktische Relevanz.**[69] Noch stärker als das Datenschutzordnungswidrigkeitenrecht ließen die zuständigen Behörden bisher angesichts der verfassungsrechtlichen Fragwürdigkeit vieler Tatbestände klugerweise Zurückhaltung walten.

I. Strafnormen des allgemeinen Datenschutzrechts

59　Eigentliche datenschutzrechtliche Strafvorschriften enthält die DS-GVO nicht. Vom Regelungskonzept des BDSG-alt, bei dem Straf- und Ordnungswidrigkeitstatbestand bezüglich der „Grundtatbestandsmerkmale" übereinstimmten und erst durch das Hinzutreten weiterer Merkmale zu einer Straftat „qualifiziert" wurden,[70] hat man sich verabschiedet. Dies ist im Hinblick auf die Unbestimmtheit einiger Bußgeldtatbestände auch begrüßenswert.[71] Art. 84 DS-GVO enthält aber eine **Öffnungsklausel für „andere Sanktionen"**, was in Zusammenschau mit ErwGr 152 auch strafrechtliche Sanktionen erfasst.[72] Diese müssen „wirksam, verhältnismäßig und abschreckend" sein (Art. 84 Abs. 1 S. 2 DS-GVO, ebenso 56 der JI-RL). Dies ist letztendlich nur eine Wiederholung der Anforderungen des EuGH bezüglich einer Verpflichtung zur Sanktionierung von Verstößen gegen Unionsrecht („Mindesttrias"[73])[74], die im Sinne eines weit verstandenen Effet utile-Grundsatzes eine möglichst wirksame Anwendung des Unionsrechts schon im Mitgliedstaat selbst sicherstellen sollen.[75]

60　Bei der Umsetzung ist jedoch zu beachten, dass die reine Effektivität im Hinblick auf **das Strafrecht als Ultima ratio**[76] den Einsatz strafrechtlicher Sanktionen nicht alleine rechtfertigen kann.[77] Gerade im Hinblick auf die durch die geringen Verurteilungszahlen implizierte Wirkungslosigkeit strafrechtlicher Ansätze bisher[78] scheint es darüber hinaus auch kaum zweckmäßig, unter Weiterverfolgung des gleichen regelungstechnischen Ansatzes[79] eine effektivere Durchsetzung zu erwarten. Zudem besteht ein Spannungsverhältnis zwischen der europarechtlichen Sanktionsandrohungspflicht und den grundgesetzlichen Grenzen für die Sanktionierung und für Strafvorschriften.

61　In § 42 BDSG 2018 hat sich der Bundesgesetzgeber für die Schaffung von Straftatbeständen über die DS-GVO hinaus entschieden. Er bedient sich dabei einer sog.

---

[69] Roßnagel HdB DatenSR/*Bär*, 2003, Kap. 5.7, Rn. 2; *Woertge*, Die Prinzipien des Datenschutzrechts und ihre Realisierung im geltenden Recht, 1984, S. 101; *Haft*, NJW 1979, 1194 (1196); vgl. auch LG Bad Kreuznach, Beschl. v. 10.3.1978 – 1 Qs 11/78, NJW 1978, 1931, m. Anm. *Dammann*, NJW 1978, 1906. – Die Polizeiliche Kriminalitätsstatistik (PKS) 2016 weist für die BDSG-Straftaten [Straftaten-Schlüssel 728020] 296 Taten aus.

[70] *Bundesjustizministerium*, Empfehlungen zur Ausgestaltung von Straf- und Bußgeldvorschriften im Nebenstrafrecht, 2. Aufl. 1999, Rn. 124 f.; Simitis/*Ehmann*, BDSG § 43 Rn. 3.

[71] Vgl. Auernhammer/*Golla*, DSGVO/BDSG, DS-GVO Art. 84 Rn. 8.

[72] Auernhammer/*Golla*, DSGVO/BDSG, DS-GVO Art. 84 Rn. 3.

[73] *Hecker*, Europäisches Strafrecht, 5. Aufl. 2015, § 7 Rn. 20 ff.

[74] EuGH Urt. v. 21.9.1989 – C-68/88, Slg. 1989, 2965 – Griechischer Mais.

[75] *Frenz*, Handbuch Europarecht, 2010, Bd. 5, Kap. 4 § 6 Rn. 434.

[76] BVerfG, Urt. v. 25.2.1975 – 1 BvF 1/74 u. a., BVerfGE 39, 1 (44, 47); Urt. v. 28.5.1993 – 2 BvF 2/90 u. a., BVerfGE 88, 203 (258); Urt. v. 10.4.1997 – 2 BvL 45/92, BVerfGE 96, 10 (25 f.); Urt. v. 9.7.1997 – 2 BvR 1371/96, BVerfGE 96, 245 (249); Urt. v. 26.2.2008 – 2 BvR 392/07, BVerfGE 120, 224 (239 f.).

[77] *Satzger* in Böse, Europäisches Strafrecht, 2013, § 2 Rn. 30.

[78] Dazu *Pohl*, PinG 2017, 85 (91); ausführlich zur Schwierigkeit des empirischen Nachweises *Golla*, Die Straf- und Bußgeldtatbestände der Datenschutzgesetze, 2015, S. 221.

[79] „[M]ore of the same law", *Koops*, IDPL, 2014, 250 (256).

dynamischen Verweisung auf Unionsrecht. Dabei werden die europarechtlichen Normen nicht genannt, sondern müssen in das Merkmal der „ohne Berechtigung" der gewerbsmäßigen Übermittelung oder Zugänglichmachung (§ 42 Abs. 1 BDSG 2018) bzw. der Verarbeitung (§ 42 Abs. 2 Nr. 1 BDSG 2018) hineingelesen werden. Im Rahmen des § 42 Abs. 2 Nr. 2 BDSG 2018, der die Erschleichung von Daten durch unrichtige Angaben bestraft, wird sich die Auslegung des Merkmales „unrichtig" mittelbar an den Informationspflichten des DS-GVO orientieren müssen. Zu beachten ist an dieser Stelle, dass die Bestimmungen der DS-GVO im Rahmen der Verweisung aus formaler Sicht mitgliedstaatliches Recht darstellen.[80] Sie machen lediglich die Wiederholung des Wortlautes überflüssig („Inkorporierungslehre"[81]).[82]

Die Prüfung der Bestimmtheit dieser konkreten Strafnorm wäre daher, anders als **62** oben (→ Rn. 18) bei den Normen der DS-GVO, am Maßstab des Grundgesetzes auszurichten.[83] Sowohl die verweisende Norm selbst als auch das Verweisungsobjekt müssen dabei den **verfassungsrechtlichen Anforderungen** entsprechen.[84] Die Auslegung der Merkmale, auf die verwiesen wird, folgt aber weiterhin europarechtlichen Regeln.[85] Abweichungen zwischen datenschutzrechtlicher und datenschutzstrafrechtlicher Auslegung sind somit an dieser Stelle möglich (sog. Normspaltung bzw. Normambivalenz[86]).[87] – Inhaltlich ändert sich an der grundsätzlichen Kritik durch das Abstellen auf das grundgesetzliche Bestimmtheitsgebot (Art. 103 Abs. 2 GG) nichts. Insoweit kann auf die obigen Ausführungen zur Verweisungsproblematik (→ Rn. 9 ff.), zur Unverständlichkeit (→ Rn. 13) und Unbestimmtheit (→ Rn. 14 ff.) verwiesen werden.

Unterschiede zum Bereich des Bußgeldes ergeben sich beim strafrechtlichen Be- **63** griff des **Täters**, der vom Adressat der datenschutzrechtlichen Normen abweicht. Diese sind zum Großteil juristische Personen, welche nach deutschem Recht selber jedoch zumindest nicht strafrechtlich sanktioniert werden können. Abweichend zum Bußgeld (→ Rn. 37) stellen die § 42 Abs. 1 und 2 BDSG 2018 daher im Rahmen der strafrechtlichen Sanktionierung auf die **handelnde Person** ab, die Daten verarbeiten, zugänglich machen oder übermitteln, ohne hierzu berechtigt zu sein.

II. Strafnormen im bereichsspezifischen Datenschutzrecht

Spezialgesetzliche Datenschutzstrafvorschriften finden sich außerhalb des BDSG. **64** Deren Notwendigkeit ergibt sich bereits aus den Vorgaben des Volkszählungsurteils zum bereichsspezifischen Datenschutz.[88] Eine bedeutende datenschutzrechtliche Strafvorschrift enthält bspw. § 85a SGB X für den **Umgang mit Sozialdaten**. Auch für den **Landesgesetzgeber** besteht die Möglichkeit der Schaffung von daten-

---

[80] *Satzger* in Sieber/Satzger, Europäisches Strafrecht, 2. Aufl. 2014, § 9, Rn. 29.

[81] Insoweit zur bundesrechtlichen Verweisung auf Landesrecht, Beschl. v. 15.6.1969 – 2 BvF 1/64, BVerfGE 26, 338 (368); BVerfG, Urt. v. 1.3.1978 – 1 BvR 786, BVerfGE 47, 285 (309 f.); *Karpen*, Die Verweisung als Mittel der Gesetzgebungstechnik, 1970, S. 31 f.

[82] *Satzger*, Internationales und europäisches Strafrecht, 7. Auf. 2016, § 9 Rn. 63.

[83] Allg. hierzu *Satzger*, Die Europäisierung des Strafrechts, 2001, S. 237 ff.

[84] *Esser*, Europäisches und internationales Strafrecht, 1. Aufl. 2014, § 2 Rn. 106 m. w. N.

[85] *Satzger*, Internationales und europäisches Strafrecht, 7. Auf. 2016, § 9 Rn. 64.

[86] Dazu *Tiedemann*, Wirtschaftsstrafrecht AT, 2009, Rn. 222; speziell im Kontext des Datenschutzrechts; *Golla*, Die Straf- und Bußgeldtatbestände der Datenschutzgesetze, 2015, S. 168 ff.

[87] So wohl auch *Bergmann/Möhrle/Herb*, BDSG § 43 Rn. 8; Auernhammer/*v. Lewinski*, DSGVO/BDSG, BDSG Vor. zu § 43 Rn. 12.

[88] BVerfG, Urt. v. 15.12.1983 – 1 BvR 209, BVerfGE 65, 1 (46) – Volkszählung; dazu im einzelnen *Golla*, Die Straf- und Bußgeldtatbestände der Datenschutzgesetze, 2015, S. 68.

schutzrechtlichen Straftatbeständen, von der vor der Änderung im Rahmen der Anpassung an die DS-GVO auch überwiegend Gebrauch gemacht wurde.[89] Eine Weiteranwendung dieser und weiterer Strafvorschriften kommt jedenfalls nur insoweit in Betracht, als dass eine von der DS-GVO abweichende mitgliedstaatliche Regelung in einem Spezialgesetz vom Anwendungsbereich einer Öffnungsklausel gedeckt ist.[90]

65   Eine Strafvorschrift findet sich etwa auch in § 148 Abs. 1 Nr. 1 TKG (**Strafbarkeit des Abhörens**). Sie kann im weitesten Sinne dem Datenschutzrecht zugerechnet werden. Deren Zukunft bleibt im Hinblick auf die anstehende E-Privacy-VO,[91] die inhaltlich teils an die DS-GVO anknüpft, abzuwarten (zur künftigen E-Privacy-VO → § 26).

66   **Andere Spezialgesetze** enthalten zwar datenschutzrechtliche Vorschriften (§§ 11 ff. TMG, §§ 87 c ff. AO, § 16 Abs. 6 TierSchG, § 5a EnWG, §§ 3, 33 ff. BMG),[92] jedoch keine eigenständigen Strafvorschriften für Verstöße.[93]

III. Allgemeines Strafrecht

67   Das Allgemeine Strafrecht enthält in §§ 201–206 StGB Rechtsfolgen für die **Verletzung des „persönlichen Lebens- und Geheimbereichs".**[94] Strafbarkeitsvoraussetzung ist ggf. ein entsprechender Antrag hinsichtlich eines Verstoßes gegen § 203 StGB.[95] Als Generalklausel des das Persönlichkeitsrecht schützenden Datenschutzstrafrechts wird der § 203 Abs. 2 S. 2 StGB verstanden, der über klassisches Geheimnisschutzrecht weit hinaus reicht.[96] Bei vielen weiteren Straftaten scheint zudem ein gleichzeitiger Verstoß gegen datenschutzrechtliche Vorschriften in vielen Fällen naheliegend (bspw. §§ 303a, 303b StGB: Datenveränderung und Computersabotage).[97] Als strafrechtliche Sanktionen im weiteren Sinne können auch der Verfall (§§ 73 ff. StGB; ebenso in § 29a OWiG), sowie die Einziehung (§§ 74 ff. StGB, ebenso in §§ 22 ff. OWiG) angesehen werden.

---

[89] Dazu im einzelnen *Golla*, Die Straf- und Bußgeldtatbestände der Datenschutzgesetze, 2015, S. 78.

[90] Dazu BeckOK DatenSR/*Holländer*, DS-GVO Art. 84 Rn. 11.

[91] Entwurf der Kommission COM(2017) 10 final, 2017/0003 (COD).

[92] Zu den dortigen Übermittlungskompetenzen im einzelnen *Kieck/Pohl*, DuD 2017, 567 (570).

[93] Die Anwendbarkeit des BDSG in diesen Bereichen war bislang umstritten, s. *Golla*, Die Straf- und Bußgeldtatbestände der Datenschutzgesetze, 2015, S. 133; insb. zum TMG Taeger/Gabel/*Moos*, TMG § 16 Rn. 4 f.

[94] Allg. zu den Schutzgütern des Strafrechts und deren notwendigen Pönalisierung *Golla*, Die Straf- und Bußgeldtatbestände der Datenschutzgesetze, 2015, S. 86, insb. auch mit konkreten Reformvorschlägen zum StGB, S. 235 ff.

[95] Bei einer Kollision eines landesdatenschutzrechtlichen Offizialdelikts mit einem bundesrechtlichen Antragsdelikt geht die Bundesnorm (Art. 31 GG) vor (OLG Koblenz, Beschl. v. 3.6.2008 – 1 Ss 13/08, NJW 2008, 2794 (2795)).

[96] Dazu im einzelnen *Golla*, Die Straf- und Bußgeldtatbestände der Datenschutzgesetze, 2015, S. 33 f.; ausführlich *Wronka*, DuD 2017, 129 ff.

[97] Dazu Kühling/Buchner/*Bergt*, DS-GVO Art. 84 Rn. 26.

3. Teil. Ausgewählte, von der DS-GVO nicht umfasste Bereiche

§ 25. Gerichtsbarkeit

Literatur: R.B. Abel (Hrsg.), Datenschutz in Anwaltschaft, Notariat und Justiz, 2003; *Kloepfer/v. Lewinski,* Das Informationsfreiheitsgesetz des Bundes, DVBl 2005, 1277; *Liebscher,* Datenschutz bei der Datenübermittlung im Zivilverfahren, 1994; *Prütting,* Datenschutz und Zivilverfahrensrecht in Deutschland, ZZP 106 (1993), 427; *Putzke/Zenthöfer,* Der Anspruch auf Übermittlung von Abschriften strafgerichtlicher Entscheidungen, NJW 2015, 1777; *Pötters/Wybitul,* Anforderungen des Datenschutzrechts an die Beweisführung im Zivilprozess, NJW 2014, 2074; *Roßnagel,* Konflikte zwischen Informationsfreiheit und Datenschutz?, MMR 2007, 16; *Zuck,* Das rechtliche Interesse auf Akteneinsicht im Zivilprozess, NJW 2010, 2913 (2915 f.).

A. Zur Anwendbarkeit des Datenschutzrechts

I. Überblick

Nach bislang geltendem Recht sind BDSG und die Mehrzahl der Landesdaten- **1** schutzgesetze davon ausgegangen, dass allgemeines Datenschutzrecht im Rahmen der Regelungen für öffentliche Stellen auch auf die „Organe der Rechtspflege" anwendbar ist, zu denen vor allem die Gerichtsbarkeit gehört.[1] Insofern die Gerichte (Justiz-)Verwaltungsaufgaben wahrnehmen, stehen sie allerdings datenschutzrechtlich den Behörden gleich. Demgegenüber geht es vorliegend um die **streitentscheidende Spruchpraxis** unter Einschluss der freiwilligen Gerichtsbarkeit,[2] insgesamt also um denjenigen Bereich, auf den sich die verfassungsrechtliche Gewährleistung der Unabhängigkeit des Richters gemäß **Art. 97 GG** erstreckt.[3] BDSG und die Landesdatenschutzgesetze schließen insoweit immerhin die Kontrolle durch Datenschutzbeauftragte aus.[4] In einigen Bundesländern ist darüber hinaus das jeweilige DSG auf die Gerichtsbarkeit überhaupt nicht anwendbar.[5] Mangels einschlägigen Datenschutzrechts auf Landesebene ist insoweit jedoch auf der Grundlage des § 1 Abs. 2 Nr. 2b BDSG-alt /§ 1 Abs. 1 Nr. 2b BDSG 2018 die Anwendbarkeit des Bundesrechts für die Gerichte dieser Länder anzunehmen.[6]

Dass sich die Geltung allgemeiner Datenschutzgesetze auch auf den Wirkungs- **2** kreis des Richters erstrecken würde, ist, soweit ersichtlich, bei der Entstehung der Datenschutzgesetze unreflektiert angenommen worden. In ErwGr 20 DS-GVO hat

---

[1] Vgl. §§ 1 Abs. 2 Nr. 1, § 2 Abs. 1 BDSG-alt.

[2] Zur Freiwilligen Gerichtsbarkeit als Teil der rechtsprechenden Gewalt differenzierend Jarass/Pieroth/*Pieroth,* GG Art. 92 Rn. 3 mit weiteren Nachw.

[3] Vgl. dazu die in § 24 Abs. 1 S. 3 HDSG getroffene Abgrenzung in Bezug auf die Kontrollmöglichkeiten des Landesdatenschutzbeauftragten.

[4] Vgl. zum BDSG 2018 § 7 Abs. 1 S. 2 für den beim Gericht bestellten Datenschutzbeauftragten und § 9 Abs. 2 für den Bundesdatenschutzbeauftragten.

[5] Vgl. § 2 Abs. 1 S. 2 DSG NRW; § 2 Abs. 1 S. 2 bbgDSG; § 2 Abs. 1 S. 4 saarlDSG; § 2 Abs. 4 S. 2 mvDSG.

[6] So ausdrücklich § 1 Abs. 4 S. 1 brDSG; vgl. weiterhin *Brink/Wolff,* Die verfassungsrechtliche Ausstrahlung des Datenschutzes auf den Verwaltungs- und Sozialgerichtsprozess, NVwZ 2011, 134 (134); Roßnagel HdB-DatenSR/*Werner,* 2003, Abschn. 8.2 Rn. 52 f.; *Bäumler/Nordmann,* Gerichtliche Datenschutzbeauftragte, in: Abel, Hrsg., § 8 S. 131; auch *Prütting,* ZZP 106 (1993), 427 (437 f.); a. A. BeckOK DatenSR/*Schild,* BDSG Justiz Rn. 5.

demgegenüber die besondere Rolle der Justiz Berücksichtigung gefunden: Bei grundsätzlicher Geltung der Verordnung[7] auch für die Gerichte – unter der Voraussetzung automatisierter bzw. dateimäßiger Verarbeitung nach Art. 2 Abs. 1, die im Folgenden zugrunde gelegt wird[8] – „könnte im Unionsrecht oder im Recht der Mitgliedstaaten festgelegt werden, wie die Verarbeitungsvorgänge und Verarbeitungsverfahren bei der Verarbeitung personenbezogener Daten durch Gerichte... im Einzelnen auszusehen haben." Diese Öffnungsklausel ist auch auf bereits bestehende rechtliche Regelungen zu beziehen.[9] Im Übrigen ergibt sich die entsprechende **Regelungsmöglichkeit durch die Mitgliedstaaten** aus Art. 6 Abs. 2 DS-GVO.

3   Für **Strafgerichte** ergibt sich nach der EU-Richtlinie 2016/680[10] Entsprechendes aus deren ErwG 20, wonach die MSen nicht daran gehindert sind, „in den nationalen Vorschriften für Strafverfahren Verarbeitungsvorgänge und Verarbeitungsverfahren bei der Verarbeitung personenbezogener Daten durch Gerichte ... festzulegen, insbesondere in Bezug auf personenbezogene Daten in einer gerichtlichen Entscheidung oder in Dokumenten betreffend Strafverfahren."

II. Veränderter Grundansatz

4   Die dahinter stehende Problemstellung ist prinzipieller Natur. Sie ist im Charakter der Tätigkeit von Gerichten begründet sowie in der Sprache des Rechts, deren sich diese zur Entscheidungsfindung bedienen. Rechtsnormen beinhalten Festlegungen/Einschränkungen sozialen Verhaltens zur Konfliktvermeidung respektive Konfliktlösung.[11] Der Richter, der diese Normen praktiziert, ist damit nicht ein allgemeiner Teilnehmer am Sozialleben. Das gleiche gilt auch für die am Prozess Beteiligten, insoweit sie sich den Regeln der gerichtlichen Auseinandersetzung zu fügen haben. Der rechtliche *Code*, wie er für Ablauf und Ergebnis eines Gerichtsverfahrens maßgeblich ist, führt schon um der Berechenbarkeit/Rechtssicherheit willen zu einer Reduktion der Sprech- und Verhaltensmöglichkeiten gegenüber denjenigen des komplexeren Lebens der Gesellschaft. Dementsprechend ist weniger Platz für freie Entfaltung der Persönlichkeit und für „informationelle Selbstbestimmung". So kann, um von den Grundannahmen *Steinmüllers* auszugehen, dem einzelnen Prozessbeteiligten kein Recht darauf zustehen, ihn betreffende Informationen gegenüber dem Richter nach freier Entscheidung preiszugeben oder zurückzuhalten, um so dessen Verhalten besser einschätzen und sein eigenes zukünftiges Verhalten dementsprechend besser steuern zu können.[12] Vielmehr liegt das **Steuerungsrecht** wesentlich **beim Richter**. Dieses ersetzt damit auch das dem Datenschutzrecht weithin zu Grunde liegende Interessenabwägungsprinzip.[13] An dessen

---

[7] Zur datenschutzrechtlichen Regelungskompetenz der EU → § 8 Rn. 4 i. V. m. → § 7 Rn. 1 ff.

[8] Beachte dazu die durch das Gesetz zur Einführung der elektronischen Akte in der Justiz und zur weiteren Förderung des elektronischen Rechtsverkehrs vom 5.7.2017, BGBl. I S. 2208, vorgesehenen Änderungen.

[9] Vgl. für Entsprechendes zu Art. 88 DS-GVO – Arbeitsrecht – *Wybitul/Pötters*, RDV 2016, 10 (14); Kühling/Buchner/*Maschmann*, Art. 88 Rn. 56.

[10] Zu dieser → § 8 Rn. 6 ff.

[11] Vgl. *H. Messmer*, Zur kommunikativen Neutralisierung sozialer Konflikte in den Verfahren des Rechts, in: Die Sprache des Rechts, Bd. 3: Recht vermitteln, Lerch, Hrsg., 2005, S. 233 ff.; *Luhmann*, Ausdifferenzierung des Rechts, 1981, S. 35 (37 ff.).

[12] Vgl. dazu *Steinmüller u. a.*, Grundfragen des Datenschutzes, Gutachten im Auftrag des BMI, 1971, BT-Drs. VI/3826 Anlage 1, S. 86 – 88. Der Handelnde sei, so heißt es, im Hinblick auf „das Zurücklassen von Information über ...[sein Handeln] in der Umwelt... eine optimale Strategie mit der sozialen Umwelt an... Diese Selbstoptimierung... dient der Entfaltung seiner Persönlichkeit." (Zitate aus Abschn. 2.2.3.2). Zur Kritik schon → § 3 Rn. 11 f.

[13] Dazu Näheres → § 12.

Stelle tritt die richterliche Entscheidung über den Umgang mit personenbezogenen Informationen im wesentlichen nach der jeweiligen Prozessordnung und nach den Gegebenheiten des einzelnen Verfahrens.

III. Verfassungsrechtliche Anbindung

Diesen Feststellungen stehen besorgte Stimmen dahingehend gegenüber, das Gerichtsverfahren sei ein datenschutzfreier Raum – ein „weißer Fleck auf der Landkarte des Datenschutzes" – geblieben.[14] Zur Bekräftigung wird hierzu auch darauf hingewiesen, dass die deutschen Prozessordnungen i.d.R. weitaus älter seien als das Volkszählungsurteil des *BVerfG*; von daher sei es leicht einsichtig, dass diese Gesetze allenfalls rudimentäre Datenschutzgehalte aufwiesen.[15] Solche Fixierung auf die zunächst in Auseinandersetzung mit Eingriffen seitens der öffentlichen Verwaltung – Meldewesen, Statistik, Polizei … – entwickelten datenschutzrechtlichen Maximen greift freilich schon auf verfassungsrechtlicher Ebene zu kurz. Für die Judikative hält die Verfassung eindeutige, (auch) vorrangige Grundsätze bereit. Herausragendes verfassungsgerichtliches Prinzip für das gerichtliche Verfahren ist die Unabhängigkeit des Richters, Art. 92, 97 GG, § 1 GVG (womit sich dessen Stellung und Wirken grundlegend von den Gegebenheiten bei einer in der öffentlichen Verwaltung tätigen Person unterscheidet). Von dieser Grundvoraussetzung ausgehend gewährleistet die Verfassung dem Bürger den Rechtsweg gegenüber der „öffentlichen Gewalt" (Art. 19 Abs. 4 GG), weiterhin den allgemeinen Justizgewährungsanspruch, der das Recht auf *Effektivität* des Rechtsschutzes umschließt und der gesetzlichen Ausgestaltung bedarf, wie auch das faire Strafverfahren.[16] Diesbezüglich sind entsprechende **Grundlagen** (insbesondere) durch **VwGO, ZPO und StPO** – jeweils **i.V.m. dem GVG** – geschaffen worden. Von ihrem Ursprung her sind dies in der Tat ältere, aber durchaus *bewährte* Gesetze,[17] 1991, 2005, 1987 bzw. 1975 neu bekannt gemacht und seither vom Gesetzgeber regelmäßig – sogar jährlich mehrfach – aktualisiert worden. Es versteht sich, dass die Verfahrensordnungen – in Ausgestaltung der verfassungsrechtlichen Vorgaben für die Dritte Gewalt – nicht ungebunden sind von Einschränkungen, die durch die Grundrechte des Bürgers geboten sind. Deshalb ist in Prozessrecht und -praxis das Persönlichkeitsrecht klar zu berücksichtigen.[18] Offener ist demgegenüber, ob dessen Ausformung als Recht auf informationelle Selbstbestimmung (R.a.i.S.)[19] in diesen Bereichen von Verfassung wegen Platz greifen könnte.

IV. Datenschutzrechtliche Leitprinzipien im Gerichtsverfahren

Zielsetzung datenschutzrechtlicher Regelungen ist regelmäßig die Eingrenzung des zulässigen Umgangs mit personenbezogenen Informationen. Die allgemeinen

---

[14] Vgl. *Prütting*, ZZP 106 (1993), 427 (436 f.), BeckOK DatenSR/*Schild*, Grundlagen Justiz Rn. 5.
[15] BeckOK DatenSR/*Schild*, Grundlagen Justiz Rn. 1.
[16] Vgl. dazu Jarass/Pieroth/*Jarass*, GG Art. 20 Rn. 91 f., 98 ff., mit Nachweisen aus der Rechtsprechung des BVerfG.
[17] Soweit ersichtlich, ist dies unter Prozessrechtlern allgemeine Auffassung.
[18] Einen Ansatz dafür bietet etwa das Recht des Zeugen, über Fragen, deren Beantwortung ihm bzw. seinen Angehörigen zur Unehre gereichen würde, das Zeugnis zu verweigern, § 384 Nr. 2 ZPO, auch i.V.m. § 98 VwGO. § 68a StPO sieht sachlich weiterreichend vor, dass auch Fragen nach Tatsachen, die den persönlichen Lebensbereich des Zeugen betreffen, nur gestellt werden sollen, wenn dies unerlässlich ist; vgl. dazu die Ausführungen des BGH, Beschl. v. 11.1.2005 – 1 StR 498/04, NJW 2005, 1519 (1520 f.).
[19] Zur verfassungsrechtlichen Kritik an dieser Rechtsfigur → § 3 Rn. 5 ff., → § 4 Rn. 8 ff.

Datenschutzgesetze nehmen dabei zum grundsätzlichen **Ausgangspunkt die jeweilige Aufgabe,** die die zuständige (öffentliche) Stelle wahrnimmt. Hieran knüpfen sich die grundlegenden Kriterien der Zweckgerichtetheit/Zweckbindung und Verhältnismäßigkeit (i. w. S.).[20]

7 Ausgangspunkt eines gerichtlichen Rechtsstreits ist die Klage. Zur Klageerhebung bedarf es (z. B.) nach § 253 Abs. 1 Nr. 2 ZPO der bestimmten Angabe des Gegenstands und des Grundes des erhobenen Anspruchs. §§ 42 f. i. V. m. § 81 f. VwGO verfolgen im Rahmen veränderter Regelungstechnik eine parallele Zielsetzung.[21] In beiden Prozessordnungen korreliert damit die nur beschränkte Möglichkeit von Klagänderungen, § 263 ZPO, § 91 VwGO.[22] Die „Aufgabe", die einem Gericht jeweils gesetzt wird, ist also innerhalb eines Rechtsstreits – auf eben diesen bezogen – eng eingegrenzt.[23] Zugleich ist sie informationell sehr anspruchsvoll. Denn zumeist ist das Gericht mit einem Sachverhalt konfrontiert, der von den Prozessparteien kontrovers dargelegt wird. Auf dem angestrebten Weg zur Erkenntnis sieht sich der Richter hoher **Komplexität der Informationsquellen** gegenüber. Es versteht sich, dass er sich bei der Auswertung nur mit sachdienlicher, zur Abklärung geeigneter Information befassen soll.[24] Allerdings ist es ihm nicht möglich, gewissermaßen vorab zu entscheiden, welche Information für den entscheidenden Erkenntnisgewinn des Gerichts erforderlich/unerlässlich ist bzw. sein wird. Kommt es z. B. für die Vertragsinterpretation auf den Gang der vorangegangenen Vertragsverhandlungen an, wird das Gericht den Ablauf derselben in ihrer Gesamtheit zu erfassen haben, um daraus für die Subsumtion notwendige Schlüsse zu ziehen. Hier ist kein Raum für ein – der Erhebung/Verarbeitung vorangehendes – Sortieren der jeweiligen Information nach (Graden der) Erforderlichkeit.[25]

8 Die Regeln zulässigen Umgangs mit personenbezogener Information durch den Richter im Rahmen des jeweiligen Verfahrens sowie durch die übrigen Verfahrensbeteiligten, soweit diese innerhalb des Gerichtsverfahrens agieren, sind deshalb den Prozessordnungen zu entnehmen. *Diese* beinhalten – mit Blick auf die angestrebte Umsetzung materiellen Rechts – die Festlegung auf den Rechtsgang mit seinem juridisch-kommunikativem Code,[26] der für den Ablauf des Verfahrens und eine *juristische* Entscheidungsfindung ausschlaggebend ist. Er enthält durchaus informationelle Begrenzungen, doch sind diese nicht mit denjenigen des allgemeinen Datenschutzrechts identisch. So ist es denn kein Zufall, dass § 1 Abs. 4 BDSG-alt / § 1 Abs. 3 BDSG 2018 – und entsprechend die Landesdatenschutzgesetze – für die „Ermittlung des Sachverhalts"[27] den Vorrang der Datenschutzbestimmungen gegenüber den Verwaltungsverfahrensgesetzen vorgesehen haben, nicht aber gegen-

---

[20] Dazu → § 12 Rn. 17 ff., Rn. 38 ff.

[21] Zum Strafverfahren vgl. entsprechend §§ 170, 199 f. 207, 264 StPO.

[22] Vgl. weiterhin § 265 StPO.

[23] Zusammenfassend hierzu für den Strafprozess Meyer-Goßner/Schmitt/*Meyer-Goßner,* 60. Aufl. 2017, § 264 Rn. 2 StPO.

[24] Beachte dazu § 241 Abs. 2 StPO, wonach es Aufgabe des Richters ist, „ungeeignete oder nicht zur Sache gehörende Fragen" zurückzuweisen; zur diesbezüglichen Verhandlungsleitung (§ 238 StPO) BGH, Beschl. v. 5.11.2003 – 1 StR 368/03, BGHSt 48, 372 = NJW 2004, 239 f.

[25] Zur Problematik dieses Rechtsbegriffs insgesamt → § 12 Rn. 17 ff.

[26] Vgl. schon → Rn. 4.

[27] Überwiegend wird diese Klausel weit ausgelegt, also auch auf den weiteren Fortgang des Verwaltungsverfahrens nach erfolgter Sachverhaltsermittlung erstreckt; vgl. Simitis/*Dix,* BDSG § 1 Rn. 192 f. m. w. Nachw.; BeckOK DatenSR/*Gusy,* BDSG § 1 Rn. 92.

über den **Prozessordnungen**. Diese sind vielmehr **vorrangige (Spezial-)Gesetze** gegenüber den Datenschutzgesetzen.[28]

B. Beteiligte. Öffentlichkeit

I. Parteiöffentlichkeit

„Vor Gericht hat jedermann Anspruch auf rechtliches Gehör", Art. 103 GG (vgl. **9** Art. 47 GRCh, Art. 6 EMRK). Anspruchsberechtigt ist jede Person, die am Verfahren als „Partei oder in ähnlicher Stellung beteiligt ist oder unmittelbar rechtlich von dem Verfahren betroffen wird".[29] Diesem Anspruch zugeordnet ist das **Recht auf Kenntnis des Prozessstoffes**. Demgemäß sind bei Gericht eingereichte Schriftsätze der Gegenpartei zuzustellen bzw. mitzuteilen, vgl. §§ 270 f. ZPO, § 86 Abs. 4 S. 3 VwGO.[30] Beide Parteien haben Einsicht in die Prozessakten nach § 299 Abs. 1 und 3 ZPO, § 100 VwGO.[31] Eben dieses Recht steht Dritten so nicht zu. Diesen *kann* nach § 299 Abs. 2 ZPO durch den *Vorstand des Gerichts* die Akteneinsicht ohne Einwilligung der Parteien gestattet werden, „wenn ein rechtliches Interesse glaubhaft gemacht wird."[32] Letzteres kommt einem datenschutzrechtsähnlichen Abwägungsgrundsatz gleich,[33] der im Rahmen eines Justizverwaltungsakts zu realisieren ist.[34] Demgegenüber findet im Rahmen von § 299 Abs. 1 und 3 ZPO eine Berücksichtigung von Geheimhaltungsinteressen der jeweils anderen Partei nicht statt.[35]

II. Parteivortrag

Die Beteiligten sind allerdings rechtlich nicht völlig frei, im Rahmen ihres Vor- **10** trags beliebig – rücksichtslos – Information in das Verfahren einzuführen. Das ergibt sich zum einen aus Sinn und Zweck der Gewährleistung rechtlichen Gehörs. Voraussetzung für zulässigen Vortrag ist ein zumindest denkbarer Zusammenhang mit dem Streitgegenstand. Insofern gilt der Grundsatz potentieller Erheblichkeit für das Verfahren,[36] welcher andererseits hinter den datenschutzrechtlichen Erforderlichkeitsprinzip erkennbar weit zurückbleibt. Darüber hinaus schützt Art. 103 Abs. 1 GG nicht Äußerungen des Beteiligten beleidigenden Inhalts. Insofern gelten verfassungsimmanente **Schranken zugunsten des Persönlichkeitsrechts** der von der Äußerung betroffenen Personen. Das läuft auf eine Orientierung an den Gren-

---

[28] Auf diesem grundsätzlichen Verständnis beruht auch die Gegenäußerung der Bundesregierung zu Nr. 6 der Stellungnahme des Bundesrats im Gesetzgebungsverfahren zum BDSG 2018, vgl. BT-Drs. 18/11655 S. 47.

[29] Vgl. BVerfG, Beschl. v. 18.1.2000 – 1 BvR 321/96, BVerfGE 101, 397 (404).

[30] Für das Strafverfahren vgl. insbes. § 200 Abs. 1, Abs. 2 S. 1, § 201 StPO.

[31] Vgl. dazu weiterhin § 147 StPO.

[32] Die Anwendbarkeit der Bestimmung im Verwaltungsprozess gemäß § 173 VwGO ist wegen des auf Beteiligte reduzierten Regelungsbereichs des § 100 VwGO streitig; bejahend Kopp/Schenke/*W.-R. Schenke*, 23. Aufl. 2017, VwGO § 100 Rn. 2 m.w.Nachw.; für das Strafverfahren vgl. § 475 StPO.

[33] Vgl. dazu *Zuck*, Das rechtliche Interesse auf Akteneinsicht im Zivilprozess, NJW 2010, 2913 (2915 f.); MünchKommZPO/*Prütting*, 5. Aufl. 2016, § 299 Rn. 32; → § 12 Rn. 12.

[34] Vgl. Musielak/Voit/*Huber*, ZPO 14. Aufl. 2017, ZPO § 299 Rn. 5.

[35] Vgl. MünchKommZPO/*Prütting*, 5. Aufl. 2016, § 299 Rn. 31 m.w.Nachw.; Näheres bei *Wullweber*, Datenschutz im Zivilprozess, in: Abel (Hrsg.), § 9 Rn. 11; entsprechend zum Beweisverfahren *Liebscher*, S. 59 ff.

[36] Vgl. Maunz/Dürig/*Schmidt-Aßmann*, GG Art. 103 Rn. 86; Sachs/*Degenhardt*, 7. Aufl. 2014, Art. 103 Rn. 26; BeckOK GG/*Radtke/Hagemeier*, 33. Ed. 1.3.2015, GG Art. 103 Rn. 11.

zen der Meinungsfreiheit gemäß Art. 5 Abs. 2 GG hinaus[37] und damit an einer Rechtsprechung, für die mit ihrer dominanten Ausrichtung an hoher Sensitivität der jeweiligen Information das allgemeine Datenschutzrecht keine Basis ist.[38]

11   Die Absicht des einzelnen, **anderweit zu gewinnende Information** (ggf.) in einem Gerichtsverfahren zu verwenden, befreit diesen nicht von den Beschränkungen geltenden Datenschutzrechts. Denn insoweit handelt er nicht als Beteiligter im Verfahren, und Art. 103 Abs. 1 GG ist auf solche Informationserhebungen nicht anwendbar.[39] Die Datenschutzgesetze eröffnen jedoch den Weg, bei der jeweils gebotenen Interessenabwägung einer bevorstehenden rechtlichen Auseinandersetzung erhöhtes Gewicht beizumessen, zumal dies (sogar) für die besonderen Arten personenbezogener Daten in Art. 9 Abs. 2 lit. f DS-GVO ausdrücklich geschehen ist.[40] Umgekehrt darf nicht übersehen werden, dass eine Verletzung datenschutzrechtlicher Bestimmungen bei der Gewinnung personenbezogener Informationen oft nachhaltigen Einfluss auf deren prozessuale Verwertbarkeit hat.[41]

III. Verwendung der Information jenseits des Gerichtsverfahrens

12   Auch die Frage, in welchem Umfang die Beteiligten von im Rahmen des Gerichtsverfahrens zu dessen Zwecken erlangten personenbezogenen Informationen außerhalb dieses Kontexts weiteren Gebrauch zu machen befugt sind, bestimmt sich mangels Aussage des Prozessrechts nach allgemeinem Datenschutzrecht. Eine Ausnahme ergibt sich insbesondere aus § 174 Abs. 3 GVG für den Fall, dass die Öffentlichkeit von der mündlichen Verhandlung aus den in dieser Vorschrift bezeichneten Gründen ausgeschlossen worden ist.[42] Hier hat das Gericht die Möglichkeit, den Beteiligten die Geheimhaltung von Tatsachen zur Pflicht zu machen, die ihnen durch die Verhandlung zur Kenntnis gelangt sind.

13   Im Übrigen ist bei Anwendung der DS-GVO/des BDSG 2018 ggf. von einer Zweckbindung[43] der Informationen auszugehen mit der Folge, dass eine **anderweitige Verwendung im Gerichtsverfahren erlangter Kenntnisse** unzulässig sei.[44] Eine generalisierende Annahme dieses Inhalts entspräche jedoch weder altem noch neuem Recht. Nach § 28 Abs. 2 BDSG-alt ist die Übermittlung und Nutzung personenbezogener Informationen für einen anderen Zweck zulässig gewesen, und zwar vor allem gemäß Nr. 1 unter der Voraussetzung des Abs. 1 S. 1 Nr. 2 (aufgrund einer Abwägung der berechtigten Interessen gegen die schutzwürdigen Belange) oder der Erforderlichkeit zur Wahrung berechtigter Interessen eines Dritten (§ 28 Abs. 2 Nr. 2a). Nach der DS-GVO wird nunmehr nach Art. 5 Abs. 1 lit. b der

---

[37] Vgl. Maunz/Dürig/*Schmidt-Aßmann*, GG Art. 103 Rn. 88; Jarass/Pieroth/*Pieroth*, GG Art. 103 Rn. 16.

[38] Vgl. → § 4 Rn. 28 ff., 31 ff.

[39] Das in Art. 103 Abs. 1 GG implizierte Recht auf Information – Kenntniserlangung vom Prozessstoff – richtet sich gegen das Gericht (die öffentliche Hand).

[40] Beachte dazu auch § 28 Abs. 6 Nr. 3 BDSG-alt.

[41] Vgl. BAG, Urt. v. 20.6.2013 – 2 AZR 546/12, BB 2014, 890 (892 ff.) – Spinddurchsuchung; dazu *Schuppert*, Datenschutz und Compliance im Unternehmen, PinG 2014, 119 ff.; *BGH*, Beschl. v. 15.5.13 – XII ZB 107/08 , NJW 2013, 2668 – Überwachung mit GPS-Sender; *Pötters/Wybitul*, Anforderungen des Datenschutzrechts an die Beweisführung im Zivilprozess, NJW 2014, 2074 (2077 f.).

[42] Zur Saalöffentlichkeit Näheres nachfolgend in → Rn. 14 ff.

[43] Zur Zweckbindung nach diesen Vorschriften → § 12 Rn. 38 ff.

[44] Vgl. dazu – nach altem Recht – *Wullweber*, Datenschutz im Zivilprozess, in: Abel (Hrsg.), § 9 Rn. 12 unter missverständlicher Bezugnahme auf BGH, Urt. v. 22.5.1984 – VI ZR 105/82, BGHZ 91, 233 = NJW 1984, 1886 f.

Maßstab der wechselseitigen Vereinbarkeit der Zwecke zu Grunde zu legen sein; weitere Orientierung dazu kann Art. 6 Abs. 4 lit. a – e entnommen werden. Ein generelles Verbot der Weiterverwendung wäre auch sach- und lebensfremd. Erlangt z.B. jemand im Rahmen einer Prozessführung Kenntnis davon, dass X ein schlechter Zahler/honoriger Kunde ist, kann und soll man ihn nicht daran hindern, sein geschäftliches Verhalten diesem gegenüber danach einzurichten. Abweichendes gilt für sensitive Informationen (insbes.) im Sinne des Art. 9 Abs. 1 DS-GVO.[45]

IV. Saalöffentlichkeit

1. Inhalt und Umfang

Gemäß § 169 S. 1 GVG ist die Verhandlung vor dem erkennenden Gericht einschließlich der Verkündung der Urteile und Beschlüsse öffentlich. Entsprechende Festlegungen finden sich in § 6 Abs. 1 S. 1 EMRK und Art. 47 GRCh.[46] Das Öffentlichkeitsprinzip ist europäische Tradition[47] in Abwendung vom Absolutismus und von Geheimjustiz. Es ist begründet im Rechtsstaatsprinzip,[48] auch im Demokratieprinzip.[49] Doch unterliegt es wesentlichen **Einschränkungen:** 14

(1.) Im Hinblick auf die umfassende, auch langwierige Vorbereitung einer Gerichtsverhandlung und durch (jeweils zulässige) Bezugnahme auf gewechselte Schriftsätze im Termin betrifft es oftmals nur einen relativ schmalen Ausschnitt des Verfahrens. 15

(2.) Das Gebot erstreckt sich nicht auf **Ton- und Fernseh-Rundfunkaufnahmen** sowie Ton- und Filmaufnahmen zum Zwecke der öffentlichen Vorführung oder Veröffentlichung, § 169 S. 2 GVG. Insoweit bleibt nur die akustisch-optische Information im Gerichtssaal, zu dem jedermann in Abhängigkeit von dessen Größe Zutritt hat – sog. Saalöffentlichkeit.[50]

(3.) Verhandlungen in **Familiensachen** sowie Angelegenheiten der freiwilligen Gerichtsbarkeit sind regelmäßig nicht öffentlich, § 170 Abs. 1 GVG. Ähnliche Regelungen gelten zum Schutz beteiligter Kinder und Jugendlicher, § 171b Abs. 1 S. 3 und 4, Abs. 2 GVG.

(4.) Der **Ausschluss der Öffentlichkeit** zum Schutz der **Privatsphäre** durch Gerichtsbeschluss (§ 174 GVG) ist gemäß § 171b Abs. 1, 3 und 4 GVG möglich und auf Verlangen des Betroffenen geboten[51] bzw. gegen dessen erklärten Willen unzulässig. Der Ausschluss findet nicht statt, „soweit das Interesse an der öffentlichen Erörterung… überwiegt." Vorgesehen ist also eine Abwägung, die vom Vorrang des Privatheitsschutzes ausgeht. Gegenstand des Schutzes ist der „persönliche Lebensbereich eines Prozessbeteiligten, eines Zeugen oder…Verletzten", wie Einzelheiten

---

[45] → § 14 Rn. 8.

[46] Zum interpretatorischen Zusammenhalt zwischen diesen beiden Vorschriften Jürgen Meyer/ *Eser*, GRCh Art. 47 Rn. 35.

[47] Dazu EGMR, *Urt. v.* 8.12.1983 – 7984/77, Série A no. 71, NJW 1986, 2177 (2178) – Pretto ./. Italien; auch EGMR, Urt. v. 17.1.2008 – 14810/02, CEDH 2008-I, NJW 2009, 2873 Nr. 30 – Biryukow ./. Russland; abwägend zum Erfordernis mündlicher Verhandlung die Mehrheit in EGMR, Urt. v. 23.11.2006 – 73053/01, CEDH 2006-XIV – Jussila ./. Finnland; Übersicht bei Karpenstein/ Mayer/*Meyer*, 2. Aufl. 2015, EMRK Art. 6 Rn. 60ff.

[48] BVerfG, Urt. v. 24.1.2001 – 1 BvR 2623/95 u.a., BVerfGE 103, 44 (63f.) – Krenz.

[49] Insofern streitig, ablehnend mit nachvollziehbarer Begründung *Kloepfer.*

[50] Vgl. zur Verfassungsmäßigkeit dieser Eingrenzung und deren näherer Spezifikation BVerfG, Urt. v. 24.1.2001 – 1 BvR 2623/95, BVerfGE 103, 63 ff; Beschl. v. 19.12.2007 – 1 BvR 620/07, BVerfGE 119, 309 (320ff.) – Rekrutenmisshandlung.

[51] Beachte die Sonderregelung nach § 52 Abs. 2 FGO, wonach die Öffentlichkeit – ohne weitere Voraussetzung – auszuschließen ist, wenn ein Beteiligter, der nicht Finanzbehörde ist, es beantragt.

des Familienlebens, persönliche Eigenarten oder Neigungen, Gesundheitszustand, die Sexualsphäre, politische oder religiöse Einstellungen. Nicht hierher gehören Informationen aus dem Berufs- oder Erwerbsleben, über politische oder sonstige öffentliche Tätigkeiten oder über künstlerisches Schaffen. Voraussetzung des Ausschlusses ist die objektiv zu gewärtigende Verletzung schutzwürdiger Interessen des Betroffenen, also nicht nur die Vermeidung von Peinlichkeiten. Demgemäß soll die Ausschließung die Ausnahme bleiben, nicht etwa zur Regel werden.[52] Insgesamt ist die Praxis zur Anerkennung des Privatheitsschutzes nach § 171b GVG (zu) restriktiv.[53]

2. Bewertung

16   Die Öffentlichkeit der Gerichtsverhandlung – als Errungenschaft der Aufklärung[54] – wird allgemein als ein hohes Gut betrachtet. Bisweilen wird der involvierte Konflikt mit dem Persönlichkeitsrecht in der Literatur Gegenstand näherer, abwägender Erörterung, jedoch (fast) durchweg mit dem Resultat, dass die **Einschränkung des privaten Lebensbereichs zu Gunsten der Transparenz** der Dritten Gewalt und des **öffentlichen Vertrauens** in diese in Kauf zu nehmen ist.[55] Dieses Ergebnis wird man schwerlich anzweifeln können, auch im Hinblick darauf, dass es bei der Verhandlungsöffentlichkeit zugleich auch um den Schutz – ggf. vor Willkür oder Verfolgung – betroffener Individuen geht. So gesehen hat man es mit einem Paradoxon von Persönlichkeitsschutz zu tun. Die Abweichung von angenommenen Maximen des Datenschutzrechts, wie sie durch §§ 169 ff. GVG bewirkt wird, ist allerdings gravierend. Soweit die Ausnahmeregelungen des Ausschlusses der Öffentlichkeit nicht greifen, werden sämtliche Äußerungen der Verfahrensbeteiligten – fast immer personenbezogen – an die Zuhörerschaft im Saal übermittelt. Letztere setzt sich aus einem weithin individuell unbekannten Personenkreis zusammen,[56] der der Registrierung nicht unterliegt und nicht unterliegen soll.[57] Damit besteht für die Betroffenen (§ 3 Abs. 1 BDSG) nicht die mindeste Möglichkeit der Kontrolle darüber, ob und wie die Zuhörer die erlangten Informationen über die Verfahrensbeteiligten verwenden werden. So entsteht für diese genau die Situation, die das *BVerfG* im Volkszählungsurteil als nicht akzeptabel beschrieben hat, nämlich dass „der Bürger nicht mehr wissen [kann], wer was wann … über [ihn] weiß."[58] Das Ergebnis ist kurz gefasst: für die Dauer der mündlichen Verhandlung wird das „Recht auf informationelle Selbstbestimmung" der Verfahrensbeteiligten aufgeho-

---

[52] Vgl. für alles *Kissel/Mayer*, GVG, 8. Aufl. 2015, § 171b Rn. 3–10.

[53] Vgl. MünchKommZPO/*Zimmermann*, 4. Aufl. 2013, GVG § 171b Rn. 9; 19. Tätigkeitsbericht des *LfD SH*, 1997, S. 78 f.

[54] Dazu *Gierhake*, Zur Begründung des Öffentlichkeitsgrundsatzes im Strafverfahren, JZ 2013, 1030 (1032 f.).

[55] So *Kissel/Mayer*, 8. Aufl. 2015, GVG § 171b Rn. 12 ff.; *Liebscher*, S. 231; *Wullweber*, Datenschutz im strafrechtlichen Hauptverfahren, in: Abel (Hrsg.), § 11 Rn. 20.

[56] Der andererseits je nach Art der Bekanntgabe der Gerichtstermine relativ leicht auch geleitet von einem Interesse für die Aussagen bestimmter Beteiligter den Weg in den Verhandlungssaal finden kann. Dazu verhilft umso mehr eine Ankündigung im Internet, wie man sie nicht selten mit partieller Namensbezeichnung vorfinden kann (in Nordrhein-Westfalen wird nur das jeweilige Aktenzeichen einbezogen, im Übrigen erfolgen gerichtliche Bekanntgaben im Internet regelmäßig nur mit Beschränkung auf Vornamen und Anfangsbuchstaben des Nachnamens). BeckOK DatenSR/*Schild*, Grundlagen, Justiz Rn. 74 (im Abschn. „Terminsaushänge"), hält diese Vorgehensweise für unzulässig. Zulässig sei „allenfalls ein abstrakter Hinweis [dahingehend], dass um X Uhr ein Bauprozess… usw. ansteht."

[57] BeckOK DatenSR/*Schild*, Grundlagen, Justiz Rn. 62 ff.

[58] BVerfG, Urt. v. 15.12.1983 – 1 BvR 209/83 u. a., BVerfGE 65, 1 (43).

ben, und zwar vollständig für alles, was zum Inhalt der Verhandlung wird. Verfassungsrechtlich ist das bei korrekter Anwendung des § 171b GVG unbedenklich, insofern das Persönlichkeitsrecht im Rahmen der Privatheit gewahrt bleibt.[59]

V. Veröffentlichung gerichtlicher Entscheidungen

1. Publikationsgebot

Im Lehrbuch zur ZPO von Rosenberg/Schwab/*Gottwald* wird (noch) in der letzten Auflage[60] ausgeführt: **17**

> „Da nach § 311 III ZPO auch die Gründe [der Entscheidung] verkündet werden können, kann die Entscheidung (entgegen einer verbreiteten deutschen Praxis) durchaus mit Namen der Parteien veröffentlicht werden,.. sofern diese nicht ein besonderes Geheimhaltungsinteresse haben (vgl. § 173 II GVG)."

Richtig ist, dass der internationale Vergleich[61] nicht zu dem Ergebnis führt, die Identifizierung der Verfahrensbeteiligten im Rahmen der Publikation von Gerichtsentscheidungen widerspräche schlechthin rechtsstaatlichen Grundlagen. Andererseits ist der Kurz-Schluss von der Saalöffentlichkeit auf die Publikation nicht gerechtfertigt. Denn Letztere bewirkt eine erhöhte Qualität des involvierten informationellen Eingriffs. Die öffentliche Bekanntmachung ist, wie das *BVerfG* im Zusammenhang eines Planfeststellungsbeschlusses festhielt, „die intensivste Form einer Übermittlung personenbezogener Daten …"[62] Auf der anderen Seite ist die Publikation veröffentlichungswürdiger Gerichtsentscheidungen (der Kreis derselben ist weit zu ziehen[63]) eine öffentliche Aufgabe, mehr noch, eine **Rechtspflicht der Gerichtsverwaltung**. Das *BVerwG* hat dies – mangels einer entsprechenden gesetzlichen Vorschrift – als verfassungsunmittelbaren Grundsatz („**kraft Bundesverfassungsrecht**") hergeleitet, freilich mit der Maßgabe, dass nur eine „anonymisierte" Fassung herausgabefähig sei. Ähnlich wie die Öffentlichkeit der mündlichen Verhandlung ist das Publikationsgebot Ausfluss des Rechtsstaats- und Demokratieprinzips. Denn gerichtliche Entscheidungen konkretisieren das Recht und bilden es fort; ihrer Bekanntmachung kommt „eine der Verkündung von Rechtsnormen vergleichbare Bedeutung zu". Zugleich stellt sich die Judikative damit der öffentlichen Kritik und der fachwissenschaftlichen Diskussion.[64]

---

[59] Vgl. zu den involvierten verfassungsrechtlichen Fragen → §§ 3 f.

[60] *Rosenberg/Schwab/Gottwald*, Zivilprozessrecht, 17. Aufl. 2010, § 21 Rn. 27.

[61] Die Aufnahme der Klarnamen entspricht gerade auch der Praxis der europäischen Gerichtshöfe; aus der datenschutzrechtlichen Rechtsprechung des EuGH vgl. dazu schon den Ausgangsfall *Stauder ./. Ulm*, EuGH, Urt. v. 12.11.1969 – C-29/69, Slg. 1969. Der Fall ist eine Kuriosität deshalb, weil es dem Kläger, dessen Namen nunmehr permanent festgehalten ist, im Gerichtsverfahren gerade um die vertrauliche Behandlung seines Namens bei der Gewährung von Sozialhilfe ging.

[62] BVerfG v. 24.7.1990 – 1 BvR 1244/87, NVwZ 1990, 1162 = RDV 1991, 31.

[63] Sie bezieht sich auch auf die Instanzgerichte. Grundsätzlich gilt das auch für nicht rechtskräftige Urteile; insofern einschränkend OVG Weimar, Beschl. v. 13.3.2015 – 1 EO 128/15, NJW 2015, 1836; aufgehoben durch BVerfG, Beschl. vom 14.9.2015 – 1 BvR 857/15, NJW 2015, 3708.

[64] BVerwG, Urt. v. 26.2.1997 – 6 C 3/96, BVerwGE 104, 105 (108 – 112); hierzu bestätigend BVerfG, Beschl. vom 14.9.2015 – 1 BvR 857/15, NJW 2015, 3708 = ZD 2016, 77; vgl. dazu *Putzke/Zenthöfer*, Der Anspruch auf Übermittlung von Abschriften strafgerichtlicher Entscheidungen, NJW 2015, 1777 ff. Zur Rechtslage nach Art. 6 Abs. 1 EMRK zusammenfassend Karpenstein/Mayer/*Meyer*, 2. Aufl. 2015, EMRK Art. 6 Rn. 71.

2. Pseudonymisierung

18   Die regelmäßige „Anonymisierung" deutscher Gerichtsentscheidungen ist darin zu finden, dass – anders als im Entscheidungsoriginal – die Namen (nebst Adresse/ Geburtstag) der Beteiligten nicht mehr erkennbar sind, sondern diese nur als „Kläger", „Beklagte", „Beigeladener" usw. bzw. mit dem Anfangsbuchstaben des Nachnamens in Erscheinung treten. Auch Örtlichkeiten, deren Angabe zur Identifizierung hilfreich sein könnten, werden entsprechend abgekürzt. Datenschutzrechtlich handelt es sich dabei um den Vorgang der Pseudonymisierung i.S.d. Art. 4 Nr. 5 DS-GVO,[65] also um das Ersetzen von Identifikationsmerkmalen durch Kennzeichen zu dem Zweck, die Bestimmung des Betroffenen auszuschließen bzw. wesentlich zu erschweren.[66] Über das – publizierte – Aktenzeichen bleibt (nur) dem Gericht der unmittelbare Rückgriff auf die Originalakten und damit die Zuordnung zu den beteiligten Personen ohne weiteres möglich. Diese Vorgehensweise gewährleistet jedoch keineswegs durchweg die Herstellung der (faktischen) Anonymität.[67] Ausgehend vom mitgeteilten Verfahrensgang – mit Gerichtsbezirk – und den Zusatzinformationen, die sich aus dem publizierten Sachverhalt ergeben, mag eine Google-Recherche, eventuell auch professionelles Vorgehen seitens einer Detektei, relativ leicht zur Reidentifizierung führen. Rechtsprechung und Literatur erwarten demgemäß auch von der „Anonymisierung", von der oftmals statt *Pseudonymisierung* die Rede ist, regelmäßig nur, dass „ein Bezug zu den Verfahrensbeteiligten *nur schwer herstellbar* ist".[68] In der Regel überwiege insoweit das **Informationsinteresse der Öffentlichkeit** den Persönlichkeitsschutz. Es wird darauf hingewiesen, dass ein etwaiges Fortlassen weiterer Angaben aus dem Sachverhalt zum Zweck zusätzlicher Erschwerung der Reidentifizierung nur insoweit erfolgen dürfe, als die Verständlichkeit erhalten bleibt.[69] Soweit besonders sensitive Information (z.B. medizinische/psychiatrische Gutachten) in Rede steht, gilt das allerdings nicht.[70] Diesbezüglich ist auch eine Orientierung an den Kriterien der §§ 171b, 172 GVG angezeigt (während umgekehrt ein erfolgter Ausschluss der Öffentlichkeit von der Gerichtsverhandlung nicht zwangsläufig zu einer entsprechenden Einschränkung der Publikation der Entscheidung führt[71]).[72]

3. Rechtliche Folgerung

19   Die Veröffentlichung gerichtlicher Entscheidungen ist bislang gesetzlich nicht geregelt.[73] Sie enthält freilich, sofern die Anonymität nicht hergestellt ist, ausgehend

---

[65] Vgl. dazu → § 10 Rn. 36; auch § 46 Nr. 5 BDSG 2018.

[66] So zutreffend Roßnagel HdB-DatenSR/*Werner*, 2003, Abschn. 8.2 Rn. 26. Zum Verfahren der „Identitätsverschleierung" Simitis/*Scholz*, BDSG § 3 Rn. 214 f.; Simitis/*Bizer*, BDSG, 6. Aufl. 2006, § 3 Rn. 215 ff.

[67] Vgl. dazu die Definition in § 3 Abs. 6 BDSG-alt.

[68] So BeckOK DatenSR/*Schild,* Grundlagen, Justiz Rn. 56.

[69] Vgl. *Wullweber*, Datenschutz im Zivilprozess, in: Abel (Hrsg.), § 9 Rn. 37; *Kockler*, Publikation von Gerichtsentscheidungen und Anonymisierung, JurPC 1996, 46 ff., Abschn. 2.

[70] Vgl. dazu VGH Mannheim, Beschl. v. 23.7.2010 – 1 S 501/10, MMR 2011, 277; *Dieterle*, ZD 2016, 79 (81).

[71] Siehe dazu Näheres in § 173 GVG.

[72] Vgl. insgesamt nochmals *Putzke/Zenthöfer*, NJW 2015, 1777 ff. mit umfangr. Nachw.

[73] Ausnahmen bilden § 31 Abs. 2 S. 3 und 4 BVerfGG sowie § 47 Abs. 5 S. 2 VwGO (Normenkontrollverfahren), jeweils beschränkt auf die Entscheidungsformel.

von dem im Volkszählungsurteil des $BVerfG$[74] vorgegebenen Ansatz, einen Eingriff in das R.a.i.S., der einer **gesetzlichen Grundlage** bedürfte. Dies entspricht zugleich der Rechtslage nach allgemeinem Datenschutzrecht, welches den Umgang mit personenbezogenen Daten nur aufgrund gesetzlicher Erlaubnis bzw. Einwilligung des Betroffenen gestattet.[75] Gelegentlich wurden deshalb § 16 BDSG-alt bzw. entsprechende Normen der Landesdatenschutzgesetze zur Beurteilung herangezogen.[76] Jene Norm ist hierfür im Hinblick auf die mit einer Veröffentlichung verbundenen (Freigabe der) Zweckänderung[77] wie auch wegen der Orientierung am berechtigten Interesse des Informationsempfängers im Einzelfall[78] nach § 16 Abs. 1 Nr. 2 BDSG-alt kaum als normenklare Grundlage geeignet gewesen; zum gleichen Ergebnis gelangt man für die Nachfolgenorm in § 25 Abs. 2 BDSG 2018.[79] Dasselbe gilt für die bisweilen angenommene analoge Anwendung des § 299 Abs. 2 ZPO.[80] Eher in Betracht zu ziehen ist § 5 IFG bzw. – soweit vorhanden – entsprechende Bestimmungen in Informationsfreiheitsgesetzen der Länder.[81] § 5 IFG ist lex specialis zu § 16 BDSG-alt (gewesen).[82] Die Vorschrift ist geeignet, das Zweckbindungsverbot zu überwinden.[83] Doch wäre deren Anwendung in zweifacher Weise brüchig. Zum einen ist das Gesetz darauf abgerichtet, Transparenz der öffentlichen $Verwaltung$ zu erzielen, § 1 Abs. 1 IFG. Mag auch die Publikation der Entscheidungen nebst der erforderlichen Vorbereitung Aufgabe der Gerichts$verwaltung$ sein, so geht es doch inhaltlich um den Zugang zu im Rahmen unabhängiger Gerichtsbarkeit entstandener Information.[84] Zum anderen ist § 5 IFG – im Rahmen des nach § 7 IFG geregelten (Antrags-) Verfahrens – seinerseits auf eine im Einzelfall vorzunehmende Abwägung abgestimmt.

Das $BVerwG$ hat sich in der zuvor erörterten Entscheidung – gestützt auf das **20** Postulat der „Anonymisierung" – mit der Frage eines möglichen $Eingriffs$ nicht auseinandergesetzt. Freilich hat es sich für die Herleitung von Aufgabe und Pflicht der Gerichtsverwaltung auf höherrangiges Recht gestützt. Folgt man diesem Ansatz, führt dies im Hinblick auf das R.a.i.S. zu einer verfassungsimmanenten Einschränkung des Schutzbereichs.[85] Dies deckt sich mit den Aussagen des $BVerfG$ zu staatlicher Öffentlichkeitsarbeit, wie sie in den Beschlüssen $Glykol$[86] und $Osho$[87] – im Hinblick auf Berufsfreiheit bzw. Religionsfreiheit – zum Gegenstand einer Re-

---

[74] BVerfG, Urt. v. 15.12.1983 – 1 BvR 209/83 u.a., BVerfGE 65,1 – Volkszählungsurteil.

[75] → § 12 Rn. 1; Art. 6 Abs. 1 GS-GVO; § 4 Abs. 1 BDSG-alt.

[76] Vgl. Roßnagel HdB-DatenSR/$Werner$, 2003, Abschn. 8.2 Rn. 26; $Liebscher$, S. 129 ff.; auch VGH Mannheim, Beschl. v. 23.7.2010 – 1 S 501/10, MMR 2011, 277.

[77] Beachte § 16 Abs. 1 Nr. 1 i.V.m. § 14 BDSG-alt.

[78] So § 16 Abs. 1 Nr. 2 BDSG-alt.

[79] Erst recht kann im vorliegenden Zusammenhang § 3 BDSG 2018 nicht als eine normenklare Grundlage angesehen werden.

[80] Für die analoge Anwendung $Liebscher$, S. 128, S. 134.

[81] Für die unmittelbare Anwendung auf den Zugang zu Gerichtsentscheidungen $Schoch$, IFG, 2016, § 1 Rn. 212; gegen die Anwendung auf die „Pflicht der Gerichte zur Veröffentlichung wichtiger Entscheidungen" $Rossi$, Informationsfreiheitsgesetz, 2006, IFG § 1 Rn. 63.

[82] Soweit ersichtlich, ist dies einhellige Auffassung; vgl. BeckOK DatenSR/$Schiedermair$, Informationsfreiheitsgesetz Rn. 20; $Schoch$, IFG, 2. Aufl. 2016, § 5 Rn. 3 m.w.Nachw.

[83] Vgl. $Schoch$, IFG, 2. Aufl 2016, § 5 Rn. 11; $Kloepfer/v. Lewinski$, Das Informationsfreiheitsgesetz des Bundes, DVBl 2005, 1277 (1283 r.Sp.); kritisch $Roßnagel$, Konflikte zwischen Informationsfreiheit und Datenschutz?, MMR 2007, 16 (18 r.Sp.).

[84] Vgl. $Bohne$, Die Informationsfreiheit und der Anspruch von Datenbankbetreibern auf Zugang zu Gerichtsentscheidungen, NVwZ 2007, 656 (656 l.Sp.).

[85] Vgl. dazu im Überblick Dreier/$Dreier$, GG Vorb. Rn. 139ff.

[86] BVerfG, Beschl. v. 26.6.2002 – 1 BvR 558/91 u.a., BVerfGE 105, 252 (265 ff.).

[87] BVerfG, Beschl. v. 26.6.2002 – 1 BvR 670/91, BVerfGE 105, 279 (293 ff.).

striktion der grundrechtlichen Gewährleistung wurde.[88] Insbesondere in *Osho* führte jedoch die Feststellung, dass die Grenze, die dabei in Gestalt einer zurückhaltend-neutralen öffentlichen Bewertung/Warnung bezüglich religiös-weltanschaulicher Vorgänge einzuhalten ist, nicht beachtet wurde, zum Ergebnis verfassungswidrigen Verhaltens der Bundesregierung. Eben dieser Ansatz zur Grenzziehung bietet sich gleichermaßen zum Schutz des Persönlichkeitsrechts gegenüber der Publikation von Gerichtsentscheidungen an[89] und dürfte im Ergebnis der herrschenden Auffassung, wie dargelegt,[90] entsprechen.[91] Die Gerichte sind gehalten, **bei der Herstellung herausgabefähiger Entscheidungstexte dem Schutz** *sensitiver* **Informationen**[92] im Rahmen einer *vorzunehmenden Abwägung* Rechnung zu tragen. (Sie sollten sich dabei des Unterschieds zwischen Anonymität und bloßer Pseudonymität bewusst sein.) Eine Befestigung solcher Grenzziehung in der Gerichtspraxis ist zu fordern, wenngleich gegenwärtig noch nicht erkennbar.

---

[88] Dazu kritisch Dreier/*Dreier,* GG, Vorb. Rn. 127 f.; Dreier/*Morlok*, GG Art. 4 Rn. 120; zustimmend Dreier/*Wieland*, GG Art. 12 Rn. 72.

[89] Demgegenüber würde die Orientierung an dem vom BVerfG in seinem Beschl. v. 24.5.2005 – 1 BvR 1072/01, BVerfGE 113, 63 zum staatlichen Informationshandeln im Rahmen eines Verfassungsschutzberichts gewählten Ansatz (zur Unterscheidung vgl. insbesondere *Liebscher,* S. 77) für die Publikation von Gerichtsentscheidungen wenig geeignet sein.

[90] → Rn. 18 mit Nachweisen.

[91] Das R. a. i. S. enthält insoweit kein geeignetes Beurteilungskriterium.

[92] Insbesondere unter Einschluss der besonderen Arten personenbezogener Daten i. S. d. Art. 9 GS-GVO.

§ 26. Datenschutz im Bereich Telekommunikation

Literatur: *Auer-Reinsdorff/Conrad*, Handbuch IT- und Datenschutzrecht, 2. Auflage 2016; *Beck'scher TKG-Kommentar*, Hrsg. von Martin Geppert und Raimund Schütz, 4. Auflage, 2013; *Berliner Kommentar zum TKG*, Hrsg. Säcker, 3. Auflage 2013; *Buchner*, Grundsätze und Rechtmäßigkeit der Datenverarbeitung unter der DS-GVO, DuD 2016, 155; *Eckhardt*, Datenschutzrichtlinie für elektronische Kommunikation - Auswirkungen auf Werbung mittels elektronischer Post, MMR 2003, 557; *ders.*, Datenschutz und Überwachung im Regierungsentwurf zum TKG, CR 2003, 805; *ders.*, Zur Zulässigkeit der Verbindungsdatenspeicherung bei Festpreisangeboten, K&R 2006, 293; *ders.*, EU-DatenschutzVO – Ein Schreckgespenst oder Fortschritt?, CR 2012, 195; *Eckhardt /Schmitz*, Informationspflicht bei „Datenschutzpannen", DuD 2008, 390; *Eckhardt, Jens/Schmitz, Peter*, Datenschutz in der TKG-Novelle, CR 2011, 436; *Handbuch des Telekommunikationsrechts*, Hrsg. von Sven-Erik Heun, 2. Aufl., Köln 2007; *Herrmann*, Modernisierung des Datenschutzrechts – ausschließlich eine europäische Aufgabe?, ZD 2012, 49; *Heun*, IT-Unternehmen als Telekommunikationsanbieter, CR 2008, 79 ff.; *Keppeler*, Was bleibt vom TMG-Datenschutz nach der DS-GVO? - Lösung und Schaffung von Abgrenzungsproblemen im Multimedia-Datenschutz, MMR 2015, 779; *Nebel/Richter*, Datenschutz bei Internetdiensten nach der DS-GVO – Vergleich der deutschen Rechtslage mit dem Kommissionsentwurf, ZD 2012, 407; *Ohlenburg*, Die neue EU-Datenschutzrichtlinie 2002/58/EG - Auswirkungen und Neuerungen für elektronische KommunikationMMR 2003, 83; *Spindler/Schuster*, Recht der elektronischen Medien, 3. Auflage 2015; *Sydow/Kring*: Die Datenschutzgrundverordnung zwischen Technikneutralität und Technikbezug - Konkurrierende Leitbilder für den europäischen Rechtsrahmen, ZD 2014, 271

Die **DS-GVO** beansprucht als EU-Verordnung **in ihrem Anwendungsbereich** 1 **Anwendungsvorrang vor den nationalen Bestimmungen des Datenschutzes.** Das durch den EuGH entwickelte Normwiederholungsverbot wirkt sich bei bereits vor dem Inkrafttreten der Verordnung bestehenden Regelungen als Normaufhebungsgebot aus.[1] Ausweislich ErwGr. 15 DS-GVO ist die DS-GVO technikneutral anzuwenden und soll insbesondere die Risiken des digitalen Zeitalters abbilden (vgl. zum sachlichen Anwendungsbereich → § 8).[2] Nach dieser Konzeption der DS-GVO bleibt also kein Raum mehr für nationales Datenschutzrecht, das spezifische Regelungen anknüpfend an die verwendete Technik vorsieht.[3]

Allerdings sieht **Art. 95 DS-GVO** vor, dass die DS-GVO natürlichen oder juris- 2 tischen Personen „in Bezug auf die Verarbeitung in Verbindung mit der Bereitstellung öffentlich zugänglicher elektronischer Kommunikationsdienste in öffentlichen Kommunikationsnetzen in der Union keine zusätzlichen Pflichten" auferlegt, „soweit sie besonderen in der e-Privacy-Richtlinie festgelegten Pflichten unterliegen, die dasselbe Ziel verfolgen".

Dementsprechend **kollidieren die Regelungen der DS-GVO mit den Daten-** 3 **schutzbestimmungen im Telekommunikationsgesetz,** wie sie in §§ 91 ff. TKG enthalten sind, und im Telemediengesetz (TMG), wie sie in §§ 11 ff. TMG enthalten sind. Allerdings kommt in Betracht, dass sie im Rahmen des Art. 95 DS-GVO fortgelten. Denn gerade die Datenschutzbestimmungen des TKG dienten der Umsetzung der Datenschutzrichtlinie 2002/58/EG.[4]

---

[1] Sydow/*Sydow*, EU-DS-GVO, Einl., Rn. 39.
[2] „Um ein ernsthaftes Risiko einer Umgehung der Vorschriften zu vermeiden, sollte der Schutz natürlicher Personen technologieneutral sein und nicht von den verwendeten Techniken abhängen. …" (Auszug aus ErwGr 15 DS-GVO).
[3] Ebenso: Sydow/*Sydow*, DS-GVO, Einl., Rn. 43; *Buchner* DuD 2016, 155, 161.
[4] Siehe → Rn. 12 ff.

A. e-Privacy-Richtlinie

4   Die Datenschutzrichtlinie für elektronische Kommunikation (e-Privacy-Richtlinie)[5] enthält verbindliche Mindestvorgaben für den Datenschutz im Bereich elektronischer Kommunikation.[6] Die e-Privacy-Richtlinie ergänzt die Datenschutzrichtlinie 95/46/EG (DSRL) durch verbindliche Mindestvorgaben für den Datenschutz im Bereich elektronischer Kommunikation. Sie verfolgt die gleichen Ziele wie die DSRL – also sowohl die Wahrung der Rechte der Betroffenen als auch die Absicherung des freien Daten- und Warenverkehrs.[7] **Durch die e-Privacy-Richtlinie wurden die Mitgliedsstaaten verpflichtet, spezifische Regelungen zum Datenschutz für elektronische Kommunikation zu erlassen.** Die Richtlinie enthielt insbesondere Vorgaben zu Einzelverbindungsnachweisen, zur Anzeige und Unterdrückung von Rufnummern, zur automatischen Anrufweiterschaltung sowie zur Aufnahme von Teilnehmern in Teilnehmerverzeichnissen. Es handelte sich um spezifische Datenschutzbestimmungen für den Bereich der elektronischen Kommunikation, wobei die Regelung 2002 noch eine deutlichere Prägung im Sinne der klassischen Telekommunikation hatte.

5   Diese e-Privacy-Richtlinie wurde 2009 durch die **Richtlinie 2009/136/EG,**[8] die auch als **sogenannte Cookie-Richtlinie** bezeichnet wird, geändert. Diese Richtlinie enthielt Änderungen der e-Privacy-Richtlinie insbesondere für die Meldepflichten bei der Verletzung des Schutzes personenbezogener Daten.[9] Sie sah auch für bestimmte Konstellationen die Einwilligung der Nutzer vor, wenn Daten auf ihren Endgeräten gespeichert werden sollten oder anderweitig darauf zugegriffen wird (Art. 5 Abs. 3 der e-Privacy-Richtlinie in der Fassung durch Art. 2 Nr. 5 der Richtlinie 2009/136/EG).[10] Da dies insbesondere auf die sogenannten Cookies[11] abzielte, erhielt diese Änderungs-Richtlinie unter Vernachlässigung ihrer weiteren substanziellen Inhalte die Bezeichnung Cookie-Richtlinie.

6   Im Rahmen der **Umsetzung dieser Änderungsrichtlinie** erwies sich einmal mehr die Zweiteilung der Datenschutzbestimmungen im Bereich elektronischer Kommunikationsdienste in Deutschland – nämlich **einerseits im Telekommunikationsgesetz und andererseits im Telemediengesetz** – als problematisch. Denn während die Regelungen dieser Änderungsrichtlinie mit Ausnahme der „Cookie-Regelung" im TKG umgesetzt werden konnten und wurden, hätte die Regelung zu

---

[5] RL 2002/58/EG des europäischen Parlaments und des Rates vom 12.7.2002 über die Verarbeitung personenbezogener Daten und dem Schutz der Privatsphäre in der elektronischen Kommunikation.

[6] Siehe → dazu *Ohlenburg,* MMR 2003, 83 ff., vgl. *Eckhardt,* MMR 2003, 557 ff.

[7] Schantz/Wolff/*Wolff,* Das neue DatSchR, 2017, S. 86.

[8] RL 2009/136/EG des Europäischen Parlaments und des Rates vom 25.11.2009 zur Änderung der RL 2002/22/EG über den Universaldienst und Nutzerrechte bei elektronischen Kommunikationsnetzen und -diensten, der RL 2002/58/EG über die Verarbeitung personenbezogener Daten und den Schutz der Privatsphäre in der elektronischen Kommunikation und der VO (EG) Nr. 2006/2004 über die Zusammenarbeit im Verbraucherschutz, ABl. 2009 L 337/11.

[9] Hierzu Beck TKG-Komm/*Eckhardt,* TKG § 109, Rn. 1 ff.

[10] *Conrad/Hausen* in HdB IT- und DatenschutzR, § 36, Rn. 9 ff.

[11] Spindler/Schuster/*Spindler/Nink,* TMG § 11 Rn. 5 wörtlich: Cookies sind kleine Datenpakete, die von einem Web-Server erzeugt und bei Kommunikation des Nutzers mit dem Web-Server auf der Festplatte des Web-Client des Nutzers abgelegt werden. Bei einem erneuten Betreten des Web-Servers des Anbieters werden diese Datenpakete, sofern der Cookie eine über den einmaligen Besuch hinausgehende Lebensdauer hat, wieder an den Anbieter zurückgesandt. Bei einem vorhandenen Profil können die Daten diesem also zugeordnet werden, wodurch sich dann der Personenbezug herstellen lässt, d.h. nunmehr personenbezogene Daten existieren. Somit dient bereits das Setzen des Cookies der Vorbereitung eines späteren Datenumgangs.

Cookies nach der deutschen Systematik eine Umsetzung in den Datenschutzbestimmungen des TMG erfordert. Der deutsche Gesetzgeber nahm jedoch keine Änderung am TMG vor, um die Vorgaben aus der Änderungsrichtlinie umzusetzen, und verwies darauf, dass die Vorgaben der Änderungsrichtlinie bereits im TMG umgesetzt seien.[12] Das führte wiederum zu kontroversen Diskussionen, ob dies zutreffend sei.[13]

Besondere Aufmerksamkeit erhielt die e-Privacy-Richtlinie durch die Entschei- **7** dung des **EuGH zur Richtlinie über die Vorratsdatenspeicherung.** Aus Art. 15 der e-Privacy-Richtlinie ergab sich, dass sich eine nationale Regelung über die Vorratsdatenspeicherung an den Vorgaben des Art. 7 der Europäischen Grundrechtscharta orientieren müsse.[14] Nach Auffassung des EuGH war Art. 15 der e-Privacy-Richtlinie so auszulegen, dass mit ihm eine nationale Regelung kollidiert, die für Zwecke der Bekämpfung von Straftaten eine allgemeine Vorratsdatenspeicherung sämtlicher Verkehrs- und Standortdaten aller Teilnehmer und registrierter Nutzer auf alle elektronischen Kommunikationsmittel vorsehe.[15]

B. Verhältnis der DS-GVO zur e-Privacy-Richtlinie und den nationalen Regelungen

Das Verhältnis der e-Privacy-Richtlinie zur DS-GVO wird in Art. 95 DS-GVO **8** geregelt.[16] Da eine Richtlinie der Umsetzung in nationales Recht bedarf, stellt sich darauf aufbauend die Frage nach dem Verhältnis der nationalen Regelungen zur Umsetzung der e-Privacy-Richtlinie zur DS-GVO anhand von Art. 95 DS-GVO.[17]

I. Verhältnis der DS-GVO zur e-Privacy-Richtlinie

Nach Art. 95 DS-GVO legt die DS-GVO „natürlichen oder juristischen Perso- **9** nen in Bezug auf die Verarbeitung in Verbindung mit der Bereitstellung öffentlich zugänglicher elektronischer Kommunikationsdienste in öffentlichen Kommunikationsnetzen in der Union keine zusätzlichen Pflichten auf, soweit sie besonderen in der e-Privacy-Richtlinie festgelegten Pflichten unterliegen, die dasselbe Ziel verfolgen". Damit wird das **Verhältnis zwischen der e-Privacy-Richtlinie und der DS-GVO** zwar klargestellt, jedoch nicht deutlich.[18]

Im Ergebnis bedeutet die Regelung in Art. 95 DS-GVO den **Vorrang der Rege-** **10** **lungen der e-Privacy-Richtlinie gegenüber den Regelungen der DS-GVO.**[19] Die e-Privacy-Richtlinie ist jedoch anders als die DS-GVO nicht unmittelbar anwendbar, sodass der Anwendungsvorrang in der Praxis sich nicht unmittelbar in der e-Privacy-Richtlinie auswirkt, sondern **Auswirkungen in Bezug auf die nationalen Gesetze zur Umsetzung der e-Privacy-Richtlinie** hat. Das bedeutet: Soweit im

---

[12] Siehe → Darstellung im Beschluss des Düsseldorfer Kreises vom 24./25.11.2010; vgl. *Conrad/ Hausen* in HdB IT- und DatenschutzR, § 36 Rn. 12; Spindler/Schuster/*Spindler/Nink*, TMG § 13 Rn. 6.

[13] *Conrad/Hausen* in HdB IT- und DatenschutzR, § 36 Rn. 12; Spindler/Schuster/*Spindler/Nink*, TMG § 13 Rn. 6f.

[14] Schantz/Wolff/*Wolff*, Das neue DatSchR, 2017, S. 87.

[15] EuGH, Urt. v. 21.12.2016 – C-203/15 u. a., NJW 2017, 717, Rn. 107f. – Tele2 Svirige AB/Post; Schantz/Wolff/*Wolff*, Das neue DatSchR, 2017, S. 87.

[16] Siehe → Rn. 9ff.

[17] Siehe → Rn. 12ff.

[18] Ebenso Schantz/Wolff/*Wolff*, Das neue DatSchR, 2017, S. 87.

[19] Ebenso: Paal/Pauly/*Frenzel*, DS-GVO Art. 95 Rn. 2; Schantz/Wolff/*Wolff*, Das neue DatSchR, 2017, S. 87; wohl auch BeckOK DatenSR/*Holländer*, DS-GVO Art. 95 Rn. 1; Rossnagel/*Geminn/ Richter*, DS-GVO, 2017, S. 81 ff.; vgl. *Nebel-Richter*, ZD 2012, 407, 408.

nationalen Recht, insbesondere in den Datenschutzbestimmungen des Telekommunikationsgesetzes, Vorgaben der e-Privacy-Richtlinie umgesetzt sind, bleiben diese
vom Anwendungsvorrang der DS-GVO ausgenommen.

11   Der Gesetzgeber der DS-GVO fordert in ErwGr 173 DS-GVO die EU-
Kommission zur **Reform der e-Privacy-Richtlinie** auf, um Kohärenz mit der DS-
GVO zu schaffen. Die EU-Kommission hat hierzu am 10.1.2017 einen ersten Entwurf einer **e-Privacy-Verordnung**[20] vorgelegt. Zuletzt hat der Rat der EU am
8.9.2017 eine geänderte Fassung eines Entwurfs veröffentlicht.[21] Dieser knüpft an
die Regelungsmaterien der e-Privacy-Richtlinie an und wird insbesondere wegen
der möglichen Regelungen zum Einsatz von sog. Cookies[22] kontrovers diskutiert.
Eine e-Privacy-Verordnung würde in ihrem Anwendungsbereich als *lex specialis*
der DS-GVO vorgehen. Der ursprüngliche Zeitplan eines Anwendungsbeginns
einer e-Privacy-Verordnung zeitgleich zur DS-GVO ist aufgegeben. Obgleich im
September 2017 ein weiterer Entwurf vorgelegt wurde, ist weder der Regelungsgehalt noch der Zeitpunkt des Inkrafttretens sicher absehbar gewesen.

II. Verhältnis der DS-GVO zu den Datenschutzbestimmungen des TKG und des TMG

12   Der nationale Gesetzgeber hätte das Verhältnis der DS-GVO zu den Datenschutzbestimmungen des TKG und des TMG – wie er dies mit dem BDSG tat[23] –
auch für die Datenschutzbestimmungen des TKG und des TMG durch eine Neugestaltung der gesetzlichen Regelungen klären können. Da er dies nicht getan hat, ist
es erforderlich, dass vor Anwendung der konkreten Regelung zunächst geprüft
wird, ob sie 1. durch Art. 95 DS-GVO von dem Anwendungsvorrang der DS-GVO
ausgenommen ist und 2. auf Vorgaben der e-Privacy-Richtlinie beruht. Denn nur in
diesem Rahmen sieht Art. 95 DS-GVO einen Spielraum für nationale Regelungen
vor.

1. Datenschutzbestimmungen des TKG

13   Die Problemlage in Bezug auf die Datenschutzbestimmungen des TKG ist, dass
der **deutsche Gesetzgeber mit den §§ 91ff. TKG zwar die e-Privacy-Richtlinie
umgesetzt, sich bei der inhaltlichen Gestaltung jedoch nicht hierauf beschränkt
hat.**[24] Es kann mithin nicht in „Bausch und Bogen" angenommen werden, dass
die Datenschutzbestimmungen in §§ 91ff. TKG vom Anwendungsvorrang der
DS-GVO verschont bleiben. Vielmehr bedarf es nach der überwiegenden Meinung
einer konkreten Analyse der Regelungen im Einzelfall.[25]

14   Es wird allerdings auch vertreten, dass in Bezug auf die Erbringung von Tele-
kommunikations-Dienstleistungen, die eine unabdingbare Grundversorgung nach
§ 78 TKG darstellen (Universaldienste) und unter anderem auf Artt. 3ff. der Richt-

---

[20] KOM (2017) 10 Finalpunkt 2017/0003 (COD).
[21] Quelle: www.eur-lex.europa.eu/legal-content/EN/TXT/PDF/?uri=CONSIL:ST_11995_2017_
INIT&from=EN (letzter Abruf: 6.10.2017).
[22] Siehe → Rn. 5, Fn. 11.
[23] Art. 8 des DSAnpUG vom 30.6.2017, BGBl. I 2017, 2097, wonach das BDSG-neu am
25.5.2018 in Kraft tritt und gleichzeitig das BDSG-alt außer Kraft tritt.
[24] BeckOK DatenSR/*Holländer*, DS-GVO Art. 95 Rn. 3.
[24] Ebenso: BeckOK DatenSR/*Holländer*, DS-GVO Art. 95 Rn. 4.
[25] Ebenso: Schantz/Wolff/Wolff, Das neue DatSchR, 2017, S. 89; Rossnagel/*Geminn/Richter*,
DS-GVO, 2017, S. 81; vgl. *Nebel-Richter*, ZD 2012, 407, 408; Sydow/*Sydow*, DS-GVO, Einl.
Rn. 39.

linie 2002/22/EG (Universaldiensterichtlinie)[26] sowie Art. 87f Abs. 1 GG beruhen, der deutsche Gesetzgeber die Öffnungsklausel des Art. 6 Abs. 2 und Abs. 3 i.V.m. Art. 6 Abs. 1 lit. c DS-GVO in Anspruch nehmen kann.[27] Diese Ansicht kann – wie nachfolgend gezeigt wird – in dieser Pauschalität nicht überzeugen und relativiert sich in ihren weiteren Ausführungen selbst.[28]

Darüber hinaus kann sich eine **Veränderung der Auslegung der nationalen Be-** **stimmungen zur Umsetzung der e-Privacy-Richtlinie** ergeben, soweit die e-Privacy-Richtlinie auf Regelungen der DSRL verweist. Sie verweist bspw. in den Begriffsbestimmungen auf die DSRL. Dementsprechend hat der BGH bei der Auslegung des Begriffs „Einwilligung" in § 7 des Gesetzes gegen den unlauteren Wettbewerb (UWG) die Definition in Art. 2 lit. h der DSRL zugrunde gelegt.[29] Denn § 7 UWG beruht teilweise auf Art. 13 der e-Privacy-Richtlinie,[30] welcher wiederum auf die Definition von Einwilligung in der DSRL verweist. Aus Art. 94 Abs. 2 DS-GVO ergibt sich, dass Verweise und Bezugnahmen der e-Privacy-Richtlinie auf die DSRL als Verweise auf die DS-GVO zu verstehen sind. Dementsprechend erlangt die DS-GVO mittelbar Einfluss auf die Auslegung der e-Privacy-Richtlinie und damit auf die nationalen Bestimmungen zur Umsetzung der e-Privacy-Richtlinie. Nach anderer Ansicht ist jedoch Art. 95 DS-GVO nicht nur als Regelung zur Klarstellung des Rangverhältnisses zu verstehen, sondern als allgemeine Bestandsschutz-Regelung für die durch die e-Privacy-Richtlinie vorgegebenen Regelungen.[31]

Neben diesem sich aus Art. 95 DS-GVO ergebendem Rangverhältnis zwischen der e-Privacy-Richtlinie und der DS-GVO ergibt sich auf Grund der Umsetzung der Vorgaben der e-Privacy-Richtlinie durch den deutschen Gesetzgeber in den §§ 91ff. TKG ein weiteres Problem. Dieses kann trotz des beschriebenen Vorrangs der e-Privacy-Richtlinie dazu führen, dass gleichwohl die **Bestimmungen der** **§§ 91ff. TKG hinter der DS-GVO zurücktreten:** Die e-Privacy-Richtlinie knüpft ihre Anwendung jedenfalls - soweit es um die kommunikationsspezifischen Schutzbestimmungen geht – an das Bereitstellen von öffentlich zugänglichen Kommunikationsdiensten.[32] Art. 2 der e-Privacy-Richtlinie verweist hierfür auf die Definition der Rahmenrichtlinie für elektronische Kommunikationsdienste.[33] Unabhängig da-

---

[26] RL 2002/22/EG, ABl. 2002 L 108, 51 in der Fassung der RL 2009/136/EG, ABl. 2009 L 337, 11.

[27] BeckOK DatenSR/*Holländer*, DS-GVO Art. 95 Rn. 3; „Die Erbringung von Universaldiensten im Hoheitsgebiet kann aufgrund vorstehend genannter Universaldiensterichtlinie als europarechtlich bereits normiertes öffentliches Interesse angesehen werden, so dass die §§ 91ff. TKG weiter anwendbar sein werden." (BeckOK DatenSR/*Holländer*, DS-GVO Art. 95 Rn. 3).

[28] BeckOK DatenSR/*Holländer*, DS-GVO Art. 95 Rn. 4–6.

[29] *BGH*, Urteil vom 25.10.2012 – I ZR 169/10, MMR 2013, 380, 381 mit Anmerk. *Eckhardt*; *BGH*, Urteil vom 14.3.2017 – VI ZR 721/15, ZD 2017, 327, 329 mit Anmerk. *Eckhardt*.

[30] Hierzu *Eckhardt*, MMR 2003, 557 (561 f.).

[31] Schantz/Wolff/*Wolff*, Das neue DatSchR, 2017, S. 88 unter Bezugnahme auf die Äußerungen der Kommission während der Beratungen, wie sie bei *Piltz*, K&R 2016, 557, 560, dargestellt werden.

[32] Art. 3 Abs. 1 e-Privacy-Richtlinie: „Diese Richtlinie gilt für die Verarbeitung personenbezogener Daten in Verbindung mit der Bereitstellung öffentlich zugänglicher elektronischer Kommunikationsdienste in öffentlichen Kommunikationsnetzen in der Gemeinschaft."

[33] RL 2002/21/EG des Europäischen Parlaments und des Rates vom 7.3.2002 über einen gemeinsamen Rechtsrahmen für elektronische Kommunikationsnetze und –dienste (Rahmenrichtlinie) zuletzt geändert durch die Richtlinie RL 2009/140/EG des Europäischen Parlaments und des Rates vom 25.11.2009 zur Änderung der RL 2002/21/EG über einen gemeinsamen Rechtsrahmen für elektronische Kommunikationsnetze und -dienste, der RL 2002/19/EG über den Zugang zu elektronischen Kommunikationsnetzen und zugehörigen Einrichtungen sowie deren Zusammenschal-

von, dass im deutschen Telekommunikationsrecht umstritten ist, was ein öffentlich zugänglicher Kommunikations- bzw. Telekommunikationsdienst ist, ergibt sich das Kernproblem daraus, dass die §§ 91 ff. TKG ihren Anwendungsbereich an den Begriff „Diensteanbieter" bzw. an das „geschäftsmäßige Erbringen von Telekommunikationsdiensten" knüpft.[34]

17   Der **persönliche Anwendungsbereich der Datenschutzbestimmungen in §§ 91 ff. TKG** ist damit nicht auf die Erbringer öffentlich zugänglicher Kommunikationsdienste beschränkt, sondern gilt gerade auch für die Erbringer nicht öffentlich zugänglicher Telekommunikationsdienste. Das hat zur Konsequenz, dass das Erbringen anderer als öffentlich zugänglicher Kommunikationsdienste nicht unter den sich aus Art. 95 DS-GVO ergebenden Vorrang für die e-Privacy-Richtlinie, sondern unter die DS-GVO fällt, aber gleichwohl von §§ 91 ff. TKG umfasst ist.[35]

18   Aufgrund der unterschiedlichen Festlegung des persönlichen Anwendungsbereichs in der e-Privacy-Richtlinie (*„öffentlich zugängliche Kommunikationsdienste"*) einerseits und der Datenschutzbestimmung im Telekommunikationsgesetz (*„Diensteanbieter"* bzw. *„geschäftsmäßiges Erbringen von Telekommunikationsdiensten"*) andererseits werden nicht alle durch §§ 91 ff. TKG erfassten Datenverarbeiter von der Vorrangregelung des Art. 95 DS-GVO zugunsten der e-Privacy-Richtlinie umfasst. Nur für **Erbringer öffentlich zugänglicher Telekommunikationsdienste** kommt es aufgrund von Art. 95 DS-GVO zur **Fortgeltung der §§ 91 ff. TKG.** Für die weiteren durch §§ 91 ff. TKG erfassten Telekommunikationsdienstleistungen gilt der Anwendungsvorrang der DS-GVO.

19   Hinzu kommt allerdings, dass die Regelungen in **§§ 91 ff. TKG nur insoweit fortgelten, als sie auch inhaltlich der Umsetzung der Richtlinie 2002/58/EG dienen** und damit auf dieser beruhen. Das erzwingt eine Detailbewertung in Bezug auf jede Regelung der §§ 91 ff. TKG, ob sie sich im Rahmen des Art. 95 DS-GVO befindet.

20   **Im Ergebnis bedeutet das eine zweistufige Prüfung der Anwendbarkeit der §§ 91 ff. TKG:**
   1. Nur für die von Art. 95 DS-GVO erfassten Datenverarbeiter kommen die Datenschutzbestimmungen der §§ 91 ff. TKG zur Anwendung.
   2. Auch für diese kommen nur die Datenschutzbestimmungen der §§ 91 ff. TKG zur Anwendung, welche der Umsetzung der Richtlinie 2002/58/EG dienen.
   Es muss also bei jeder Verarbeitung eine solche zweistufige Prüfung der Anwendbarkeit der jeweiligen Regelung stattfinden.

2. Datenschutzbestimmungen des TMG

21   Art. 95 DS-GVO *„erlegt natürlichen oder juristischen Personen in Bezug auf die Verarbeitung in Verbindung mit der Bereitstellung öffentlich zugänglicher elektronischer Kommunikationsdienste in öffentlichen Kommunikationsnetzen in der Union keine zusätzlichen Pflichten auf, soweit sie besonderen in der Richtlinie 2002/58/EG festgelegten Pflichten unterliegen, die dasselbe Ziel verfolgen".* Nach **Art. 3 Abs. 1 gilt die Richtlinie 2002/58/EG (e-Privacy-Richtlinie)** „für die Verarbeitung personenbezogener Daten in Verbindung mit der Bereitstellung öffentlich

---

tung und der RL 2002/20/EG über die Genehmigung elektronischer Kommunikationsnetze und -dienste.

[34] Ausführlich Heun, TelekomR-HdB/*Eckhardt*, 2. Aufl. 2017, S. 65 ff; hierzu siehe → Rn. 34, 47.
[35] Ebenso: Schantz/Wolff/*Wolff*, Das neue DatSchR, 2017, S. 89; Rossnagel/*Geminn/Richter*, DS-GVO, 2017, S. 81; vgl. *Nebel-Richter*, ZD 2012, 407 (408).

zugänglicher elektronischer Kommunikationsdienste in öffentlichen Kommunikationsnetzen in der Gemeinschaft". Die e-Privacy-Richtlinie nimmt zur Definition dieser Begriffe Bezug auf die Richtlinie 2002/21/EG („Rahmenrichtlinie"). Art. 2 lit. c der Richtlinie 2002/21/EG definiert elektronische Kommunikationsdienste als gewöhnlich gegen Entgelt erbrachte Dienste, die ganz oder überwiegend in der Übertragung von Signalen über elektronische Kommunikationsnetze bestehen, einschließlich Telekommunikations- und Übertragungsdienste in Rundfunknetzen, jedoch ausgenommen Dienste, die Inhalte über elektronische Kommunikationsnetze und -dienste anbieten oder eine redaktionelle Kontrolle über sie ausüben; nicht dazu gehören die Dienste der Informationsgesellschaft im Sinne von Artikel 1 der Richtlinie 98/34/EG, die nicht ganz oder überwiegend in der Übertragung von Signalen über elektronische Kommunikationsnetze bestehen.

Das **TMG** gilt nach seinem § 1 Abs. 1 für alle elektronischen Informations- und **22** Kommunikationsdienste, soweit sie nicht Telekommunikationsdienste nach § 3 Nr. 24 TKG, die ganz in der Übertragung von Signalen über Telekommunikationsnetze bestehen, telekommunikationsgestützte Dienste nach § 3 Nr. 25 TKG oder Rundfunk nach § 2 des Rundfunkstaatsvertrages sind (Telemedien). § 11 Abs. 3 TKG regelt ergänzend, dass bei Telemedien, die überwiegend in der Übertragung von Signalen über Telekommunikationsnetze bestehen, für die Erhebung und Verwendung personenbezogener Daten der Nutzer nur § 15 Abs. 8 und § 16 Abs. 2 Nr. 4 TMG gelten.

Die Datenschutzbestimmungen des TMG knüpfen ihren Anwendungsbereich **23** **in § 11 TMG nicht an das Erbringen öffentlich zugänglicher Kommunikationsdienste,** weshalb die Datenschutzbestimmungen des TMG nicht unter die Regelung des Art. 95 DS-GVO fallen. **Die Datenschutzbestimmungen des TMG werden durch den Anwendungsvorrang der DS-GVO verdrängt.**[36] Der deutsche Gesetzgeber ist damit berufen, die Datenschutzbestimmungen in §§ 11 ff. TMG aufzuheben.[37]

Nach anderer Ansicht sollen wegen § 11 Abs. 3 TMG jedenfalls die Regelungen **24** § 15 Abs. 8 und § 16 Abs. 2 Nr. 4 TMG weiterhin anwendbar sein, da sich dies mit der Definition in Art. 2 lit. c der Richtlinie 2002/21/EG vereinbaren lasse.[38] Eine weitere Ansicht teilt zwar diesen Standpunkt, verweist jedoch dann darauf, dass die Regelungen in § 15 Abs. 8 und § 16 Abs. 2 Nr. 4 TMG nicht auf der Richtlinie 2002/58/EG beruhen, und daher auch im Rahmen des Art. 95 DS-GVO nicht anwendbar sind.[39] Nach der hier vertretenen Ansicht macht gerade die Definition in Art. 2 lit. c der Richtlinie 2002/21/EG[40] deutlich, dass Telemediendienste nicht erfasst sind.

3. E-Commerce-Richtlinie

Die **weiteren Bestimmungen des TMG, die nicht den Datenschutz betreffen,** **25** also die §§ 1–10 TMG und damit insbesondere die Haftungsprivilegierungsregelungen in §§ 7–10 TMG, bleiben von der DS-GVO unberührt. Dies ergibt sich schon daraus, dass sie nicht in den Anwendungsbereich der DS-GVO fallen. Für die Haftungsprivilegierung für Durchleitung, Cashing und Hosting nach §§ 7–10 TMG

---

[36] Im Ergebnis ebenso: Sydow/*Sydow*, DS-GVO, Einl. Rn. 43; *Buchner*, DuD 2016, 155 (161); *Keppler*, MMR 2015, 779 (781); *Nebel/Richter*, ZD 2012, 407 (408).
[37] Siehe → Rn. 1; Sydow/*Sydow*, DS-GVO, Einl. Rn. 43.
[38] Rossnagel/*Geminn/Richter*, DS-GVO, 2017, S. 290/291.
[39] *Nebel/Richter*, ZD 2012, 407 (408).
[40] Siehe → Rn. 21.

ergibt sich dies auch daraus, dass sie auf den Artt. 12–15 der sogenannten E-Commerce-Richtlinie 2000/31/EG beruhen, für die Art. 2 Abs. 4 DS-GVO explizit klarstellt, dass diese Regelungen unberührt bleiben.

26   Diese Klarstellung in Art. 2 Abs. 4 DS-GVO ist jedenfalls deshalb sinnvoll, weil in den Konstellationen nach Artt. 12–15 der E-Commerce-Richtlinie durch zwischenzeitliche Speicherung eine datenschutzrechtliche Verantwortlichkeit des Intermediärs jedenfalls dann entstehen könnte, wenn dadurch personenbezogene Daten zwischengespeichert werden – wenngleich die Verarbeitung im Einzelnen durch einen Dritten erfolgt.[41]

III. Zusammenfassung

27   Für die Bereiche der Telemedien sowie der Telekommunikation gelten die Regelungen der DS-GVO, soweit es nicht um das Erbringen öffentlich zugänglicher Telekommunikationsdienste geht. Für das Erbringen öffentlich zugänglicher Telekommunikationsdienste können die Datenschutzbestimmungen in §§ 91 ff. TKG zur Anwendung kommen, sofern sie inhaltlich auf der e-Privacy-Richtlinie beruhen.

C. Datenschutz in der Telekommunikation

28   Der bereichsspezifische Datenschutz (§§ 91–97 TKG) sowie der Schutz des Fernmeldegeheimnisses (§§ 88–90 TKG) werden im ersten und zweiten Abschnitt des 7. Teils des TKG geregelt. Beide Schutzrichtungen zielen auf den Schutz des Nutzenden gegenüber dem Leistenden ab. Sie überschneiden sich zum Teil, der Datenschutz geht jedoch in seinem Schutzumfang zugunsten des Nutzenden weiter.

I. Datenschutz im Telekommunikationsgesetz

29   Der telekommunikationsrechtliche Datenschutz ist in den §§ 91–107 TKG geregelt. Der Sache nach sind auch § 109a TKG (Daten- und Informationssicherheit) und jedenfalls zum Teil § 109 TKG (Technische Schutzmaßnahmen) im Kontext der Datenschutzbestimmungen zu sehen, obgleich sie im Unterabschnitt über die Öffentliche Sicherheit (§§ 108–115 TKG) eingefügt sind.

1. Schutzbereich

30   Der Schutzbereich des telekommunikationsrechtlichen Datenschutzes wird durch den Schutzgegenstand und die spezifische Schutzbeziehung bestimmt.

a) Schutzgegenstand

31   § 91 Abs. 1 Satz 1 TKG legt den Schutzgegenstand der §§ 91 ff. TKG fest. Danach sind die personenbezogenen Daten der Teilnehmer und Nutzer von Telekommunikation bei der Erhebung und Verwendung dieser Daten durch Unternehmen und Personen, die geschäftsmäßig Telekommunikationsdienste erbringen oder an deren Erbringung mitwirken, geschützt. Die Bestimmung des Personenbezugs erfolgt anhand der Vorgaben der DS-GVO.[42]

---

[41] Schantz/Wolff/*Wolff*, Das neue DatSchR, 2017, S. 89.
[42] Siehe → Rn. 15; Artt. 95, 94 Abs. 2 DS-GVO.

b) Persönlicher Schutzbereich

Eine weitere wesentliche Begrenzung des Anwendungsbereichs ergibt sich in 32 § 91 Abs. 1 Satz 1 TKG durch die Nennung derjenigen, deren Daten geschützt werden sollen.

Im persönlichen Schutzbereich kommt die für die Anwendung der Datenschutz- 33 bestimmungen des TKG spezifische Beziehung zum Ausdruck: Der Datenerhebende/-verwendende muss dem Betroffenen, welcher Teilnehmer oder Nutzer sein muss, als Diensteanbieter gegenübertreten. Die Feststellung, ob diese TKG-spezifische Beziehung gegeben ist, war früher entscheidend für die Abgrenzung gegenüber dem TMG und dem BDSG-alt und ist zukünftig für die Abgrenzung zum Anwendungsbereich der DS-GVO entscheidend.

Teilnehmer war nach der Definition in § 3 Nr. 20 TKG 2004 „jede natürliche 34 oder juristische Person, die mit einem Anbieter von Telekommunikationsdiensten einen Vertrag über die Erbringung derartiger Dienste geschlossen hat". Teilnehmer ist nach dem § 3 Nr. 14 TKG in der Fassung der **TKG-Novelle 2012**[43] „jede natürliche oder juristische Person, die mit einem Anbieter von **öffentlich zugänglichen** Telekommunikationsdiensten einen Vertrag über die Erbringung derartiger Dienste geschlossen hat". Nutzer war nach der Definition in § 3 Nr. 14 TKG 2004 „jede natürliche Person, die einen Telekommunikationsdienst für private oder geschäftliche Zwecke nutzt, ohne notwendigerweise Teilnehmer zu sein". Nutzer ist nach dem § 3 Nr. 14 TKG in der Fassung der **TKG-Novelle 2012** „jede natürliche oder juristische Person, die einen **öffentlich zugänglichen** Telekommunikationsdienst für private oder geschäftliche Zwecke in Anspruch nimmt oder beantragt, ohne notwendigerweise Teilnehmer zu sein". Die Ergänzung der Definitionen um das **Merkmal „Öffentlichkeit"** („öffentlich zugänglich") war dem Umstand geschuldet, dass der Definitionskatalog in § 3 TKG im Zuge der TKG-Novelle 2012 den Vorgaben der EU-Kommunikationsrichtlinien angepasst wurde. Hier zeigte sich bereits 2012 die oben angesprochene Diskrepanz des Anwendungsbereichs der e-Privacy-Richtlinie und der Datenschutzbestimmungen des TKG.[44]

Durch die Änderung erlangte das Merkmal „Öffentlichkeit" erstmalig Relevanz 35 im Kontext der §§ 91 ff. TKG. Die Einfügung der Wendung „öffentlich zugängliche" in die Definitionen des Nutzers und des Teilnehmers durch die TKG-Novelle 2012[45] bewirkte eine Begrenzung des Personenkreises. Die Änderung der Definitionen durch die TKG-Novelle 2012 erfolgte – ausweislich der Entwurfsbegründung – schlicht zur Anpassung an die Definitionen in Art. 2 Rahmenrichtlinie, ohne dass eine Reflektion seitens des Gesetzgebers in Bezug auf die Auswirkungen auf die §§ 91 ff. TKG erkennbar war[46]. Im Zuge der TKG-Novelle 2004 wurde hingegen noch die Definition in § 3 Nr. 14 TKG 2004 an Art. 2 lit. a der EK-DSRL und nicht – an die nicht deckungsgleiche – Definition des Nutzers in Art. 2 lit. h Rahmenrichtlinie angepasst. Der Widerspruch zwischen diesen beiden Richtlinienvorgaben wurde datenschutzspezifisch gelöst,[47] sodass – jedenfalls bis zur TKG-

---

[43] Gesetz zur Änderung telekommunikationsrechtlicher Regelungen vom 3.5.2012, BGBl. 2012 I Nr. 19 S. 958 ff.

[44] Siehe → oben Rn. 13 ff.

[45] Gesetz zur Änderung telekommunikationsrechtlicher Regelungen vom 3.5.2012, BGBl. 2012 I Nr. 19 S. 958 ff.

[46] BT-Drs. 17/5707, 48: Anpassung von § 3 Nr. 14 TKG an Art. 2 lit. h RRL und von § 3 Nr. 20 TKG an Art. 2 lit. k RRL.

[47] *Ohlenburg*, K&R 2003, 265 (266).

Novelle 2012 – der Begriff „Nutzer" datenschutzspezifisch auszulegen war.[48] In der Praxis blieben die 2012 erfolgten Änderungen der Definitionen in Bezug auf den telekommunikationsspezifischen Datenschutz ohne nennenswerte Auswirkung.

36   Für die Datenschutzbestimmungen des TKG grenzt sich der **Teilnehmer** vom **Nutzer** dadurch ab, dass er in einem Vertragsverhältnis zum Anbieter von Telekommunikationsdiensten steht. Mit der Einbeziehung beider wird dem Umstand Rechnung getragen, dass der Anbieter auch auf personenbezogene Daten Zugriff erlangen kann, die nicht seinem Vertragspartner (Teilnehmer) zuzuordnen sind. Dieses Auseinanderfallen zwischen Vertragspartner und tatsächlichem Nutzer wird im TKG berücksichtigt und angemessen gelöst. Vergleichbare Problemlagen werden sich auch im Bereich „Connected Car", „Smart City" oder „Smart Home" ergeben.

37   Die **Anwendung der Bestimmungen in §§ 91–107 TKG** erfährt durch § 91 Abs. 1 Satz 2 TKG eine **Ausdehnung auf** dem Fernmeldegeheimnis unterliegende Einzelangaben über Verhältnisse einer bestimmten oder bestimmbaren **juristischen Person oder Personengesellschaft, sofern sie mit der Fähigkeit ausgestattet ist, Rechte zu erwerben oder Verbindlichkeiten einzugehen.** Dieser Schutz gilt allerdings **nur insoweit, als die Daten dem Schutz des Fernmeldegeheimnisses** unterliegen. Die "Bestandsdaten" juristischer Personen beispielsweise unterliegen daher regelmäßig nicht den datenschutzrechtlichen Bestimmungen, weil Bestandsdaten nicht unter den Schutz durch das Fernmeldegeheimnis fallen (siehe → Rn. 101).

2. Dienstespezifischer Anwendungsbereich

38   Durch die Bezugnahme auf die Telekommunikation und die Verpflichtung der „geschäftsmäßigen Erbringer von Telekommunikationsdiensten" wird die **Beschränkung** der Datenschutzregelungen der §§ 91 ff. TKG **auf den telekommunikationsspezifischen Datenschutz** deutlich. Dadurch wird der Schutz der Personen gerade in ihrer Beziehung als Nachfrager zu den Unternehmen oder Personen in ihrer Eigenschaft als Erbringer von geschäftsmäßigen Telekommunikationsdiensten beschrieben.

39   Die Beschränkung der Schutzbeziehung auf einen telekommunikationsspezifischen Datenschutz machte eine **Abgrenzung** zu den **Datenschutzbestimmungen des TMG und dem BDSG-alt** erforderlich. Diese Abgrenzung kann an dem Begriff „Telekommunikation" als dem zentralen Merkmal des Anwendungsbereichs der §§ 91 ff. TKG festgemacht werden.

40   Im Datenschutzrecht hatte sich zur Abgrenzung von TKG, TMG und BDSG-alt eine **Abgrenzung anhand eines sog. Schichtenmodells** entwickelt. Aus der **dienstespezifischen Geltung der bereichsspezifischen Datenschutzgesetze** einerseits und der **Subsidiarität des BDSG-alt** andererseits ergab sich, dass die beiden bereichsspezifischen Datenschutzgesetze gegeneinander abzugrenzen waren. Das BDSG-alt griff erst dann, wenn keines der beiden einschlägig war.

41   Dieses Modell hat sich vor dem Inkrafttreten des TKG 2004 durchgesetzt[49] und blieb trotz der TKG-Novelle 2012 erforderlich. Die **funktionelle Abgrenzung** der Anwendungsbereiche der verschiedenen datenschutzrechtlichen Regelungen an-

---

[48] Im Ergebnis ebenso BerlKommTKG/*Säcker*, TKG § 3 Rz. 24.
[49] So auch *Büttgen*, RDV 2003, 213 (214). In BT-Drs. 15/2316, 88 wird das Absehen von der Zusammenführung der Datenschutzbestimmungen für Telekommunikations- und Teledienste mit der Umsetzungsfrist der EK-DSRL bis Ende Oktober 2003 begründet. Ausführlich zu den Gründen und Hintergründen *Ohlenburg*, MMR 2004, 431.

hand des **sog. Schichtenmodells**[50] unterscheidet drei verschiedene Ebenen.[51] Entscheidend ist, ob es um die **Übertragung von Inhalten einerseits** oder das **Angebot und die Verantwortung für die Inhalte andererseits** geht.
- **Inhaltsebene:** Es werden Daten für Zwecke jenseits des Telemediendienstes übermittelt. Der Umgang mit diesen wurde dem BDSG-alt zugeordnet.[52]
- **Diensteebene** (bspw.: WWW): Interaktion zwischen Anbieter und Nutzer eines Telemediendienstes. Dies wurde den Datenschutzbestimmungen des TMG zugeordnet.[53]
- **Verbindungsaufbau** (Bspw.: TCP/IP-Protokoll): Diese Ebene betrifft die Daten, die zum Transport der Inhalte erforderlich sind. Sie wurde dem TKG zugeordnet.[54]

Das TMG regelt das inhaltliche Angebot, während das TKG die Technik regelt, **42** die ohne Rücksicht auf den Inhalt diese überträgt.[55]

Nach der hier vertretenen Auffassung ist die Abgrenzung zu den Datenschutzbe- **43** stimmungen des TMG obsolet, da diese durch die DS-GVO verdrängt werden.[56] Aufgrund Art. 95 DS-GVO haben die §§ 91 ff. TKG weiterhin einen Anwendungsbereich, wobei die Abgrenzung nach Maßgabe des Art. 95 DS-GVO zu erfolgen hat.[57] Auch diese Abgrenzung setzt daran an, ob eine kommunikationsspezifische Leistungsbeziehung besteht. Die vorgenannte Abgrenzung anhand des Schichtenmodells erscheint damit allerdings insoweit ebenfalls obsolet.

3. Verpflichteter Personenkreis – Datenschutz

a) Diensteanbieter und geschäftsmäßiges Erbringen von Telekommunikationsdiensten

§ 91 Abs. 1 Satz 1 TKG regelt den Anwendungsbereich des Datenschutzes nach **44** TKG. Danach sind Unternehmen und Personen, die „geschäftsmäßig Telekommunikationsdienste erbringen" oder „an deren Erbringung mitwirken", verpflichtet.

Obgleich in **§§ 92–107 TKG** der Begriff **„Diensteanbieter"** und **nicht** wie in § 91 **45** Abs. 1 Satz 1 TKG der **Begriff „geschäftsmäßiges Erbringen von Telekommunikationsdiensten"** zur Festlegung des Verpflichteten verwendet wird, ist damit **derselbe Personenkreis** beschrieben. Denn mit dem Begriff „Diensteanbieter" ist nach der Definition in § 3 Nr. 6 TKG jeder erfasst, der ganz oder teilweise geschäftsmäßig Telekommunikationsdienste erbringt oder an der Erbringung solcher Dienste mitwirkt.[58]

b) Abgrenzung zum Erbringen von Telekommunikationsdiensten

Die Begriffe **„geschäftsmäßiges Erbringen von Telekommunikationsdiensten"** **46** und „Telekommunikationsdienst" sind im TKG jeweils und unterschiedlich ei-

---

[50] *Gola/Klug*, Grundzüge des Datenschutzrechts, 2003, S. 59 f., 189; vgl. *Schaar*, Datenschutz im Internet, 2002, Rz. 246 f.; ebenso *Schrey/Meister*, K&R 2002, 171 (181).
[51] Heun HdB-TelekommR/*Eckhardt*, 2. Aufl. 2007, S. 1472 f.
[52] Heun HdB-TelekommR/*Eckhardt*, 2. Aufl. 2007, S. 1473.
[53] Heun HdB-TelekommR/*Eckhardt*, 2. Aufl. 2007, S. 1473.
[54] Heun HdB-TelekommR/*Eckhardt*, 2. Aufl. 2007, S. 1473.
[55] Heun HdB-TelekommR/*Eckhardt*, 2. Aufl. 2007, S. 1473 f.; BerlKommTKG/*Säcker*, 2006, TKG § 3 Rz. 38 ff.; BGH, Urt. v. 22.11.2001 – III ZR 5/01, CR 2002, 107 m. Anm. *Eckhardt* = NJW 2002, 361, 362.
[56] Siehe → oben Rn. 22 ff.
[57] Siehe → oben Rn. 13 ff.
[58] Heun HdB-TelekommR/*Eckhardt*, 2. Aufl. 2007, S. 1480.

genständig definiert. Soweit sie zur Festlegung des persönlichen Anwendungsbereiches verwendet werden, ist dieser damit ebenfalls verschieden. Die Definition erfolgt einerseits in § 3 Nr. 10 TKG und andererseits in § 3 Nr. 24 TKG.[59] Die Definition von „geschäftsmäßiger Telekommunikationsdienst" rekurriert nicht auf den Begriff und damit auch nicht auf die Definition von Telekommunikationsdienst: Geschäftsmäßiges Erbringen von Telekommunikationsdiensten ist das nachhaltige Angebot von Telekommunikation für Dritte mit oder ohne Gewinnerzielungsabsicht (§ 3 Nr. 10 TKG), wohingegen Telekommunikationsdienste in der Regel gegen Entgelt erbrachte Dienste sind, die ganz oder überwiegend in der Übertragung von Signalen über Telekommunikationsnetze bestehen, einschließlich Übertragungsdiensten in Rundfunknetzen (§ 3 Nr. 24 TKG).[60]

47   Die Begriffe „**Diensteanbieter**" und „**geschäftsmäßiges Erbringen**" von Telekommunikationsdiensten" werden zur Beschreibung des Kreises der Verpflichteten in **Abschnitt 2 (Datenschutz) des Teils 7 – also in §§ 91–107 TKG** – genutzt. Die Wendung „**geschlossene Benutzergruppe**" wird nur in diesem Abschnitt 2 (Datenschutz) verwendet. Geschlossene Benutzergruppen sind nicht generell von der Verpflichtung zum Datenschutz ausgenommen worden. Sie sind von bestimmten Pflichten in einzelnen Regelungen ausgenommen.[61] Das Merkmal „öffentlich" bzw. „öffentlich zugänglich" wird in den Datenschutzbestimmungen des TKG nicht verwendet.

48   Zur Festlegung des Kreises der Verpflichteten in **Abschnitt 3 (Öffentliche Sicherheit) des Teils 7 des TKG – also in §§ 108 ff. TKG** – wird an den **Begriff „Telekommunikationsdienst"** angeknüpft. Das Merkmal „**öffentlich zugänglich**" wird in diesem Abschnitt 3 verwendet, um den Kreis der Verpflichteten in einzelnen Regelungen der §§ 108 ff. TKG weiter zu begrenzen. Bloße Telekommunikationsdienste fallen damit nicht in den Anwendungsbereich dieser Regelungen.[62] Im Zuge der TKG-Novelle 2012[63] ist die Formulierung „*für die Öffentlichkeit*" (bis zur TKG-Novelle 2012: „*Telekommunikationsdienst für die Öffentlichkeit*") durch die Formulierung „öffentlich zugänglich" (seit der TKG-Novelle 2012: „öffentlich zugänglicher Telekommunikationsdienst") ersetzt worden, ohne dass – so der Gesetzgeber ausdrücklich in der Entwurfsbegründung – damit eine inhaltliche Änderung erfolgen sollte.[64] Trotz der sprachlichen Neufassung hat sich inhaltlich an dem Merkmal „öffentlich" nichts geändert.

49   Verständlich wird die Verwendung der Begriffe einerseits in §§ 91 ff. TKG und andererseits §§ 108 ff. TKG durch die **Betrachtung der historischen Entwicklung:**

---

[59] Heun HdB-TelekommR/*Eckhardt*, 2. Aufl. 2007, S. 63.

[60] Grundlegend und ausführlich: Heun HdB-TelekommR/*Eckhardt*, 2. Aufl. 2007, S. 63 ff.

[61] Heun HdB-TelekommR/*Eckhardt*, 2. Aufl. 2007, S. 1480 f. Solche Ausnahmen sind vorgesehen in §§ 91 Abs. 2 (geschlossene Benutzergruppen öffentlicher Stellen der Länder), 99 Abs. 1 Satz 7, Abs. 2 Satz 7 (Anforderungen an den Einzelverbindungsnachweis), 101 Abs. 1 Satz 4 (Mitteilung der Rufnummer ankommender Verbindungen), 102 Abs. 3 (Rufnummernanzeige und -unterdrückung) und 103 Satz 2 (Automatische Rufweiterschaltung) TKG.

[62] Nur wer öffentlich zugängliche Telekommunikationsdienste erbringt, hat die Vorgaben nach § 112 TKG (Automatisiertes Auskunftsverfahren) umzusetzen, wohingegen der Erbringer eines Telekommunikationsdienstes hierzu nicht verpflichtet ist.

[63] Gesetz zur Änderung telekommunikationsrechtlicher Regelungen vom 3.5.2012, BGBl. 2012 I Nr. 19 S. 958 ff.

[64] „Aus Gründen der Vereinheitlichung des Sprachgebrauchs wird im TKG nunmehr durchgehend statt der Bezeichnung „Telekommunikationsdienste für die Öffentlichkeit" die Bezeichnung „öffentlich zugängliche Telekommunikationsdienste" verwendet, da dies der Bezeichnung in den Richtlinien entspricht. Inhaltliche Änderungen sind mit der neuen Begriffswahl nicht verbunden" (BT-Drs. 17/5707, 50).

Zunächst wurde „Öffentlichkeit" und „geschlossene Benutzergruppe" als begriffliches Gegensatzpaar verwendet. Öffentlichkeit wurde verneint, wenn eine geschlossene Benutzergruppe gegeben war. Im TKG hat sich im Laufe der Jahre ab 1996 eine sehr wechselhafte Auslegung des Merkmals Öffentlichkeit ergeben. Die Diskussion um die Auslegung fand dabei aber nicht mit Blick auf die Datenschutzbestimmungen sondern mit Blick auf die Frage der Regulierung des Telekommunikationsmarktes statt. Der Begriff „geschlossene Benutzergruppe" wurde im Jahr 1995 als Ausnahme von dem fernmelderechtlichen Monopol zunächst weit ausgelegt. Nach der Privatisierung und Liberalisierung wurde er dann aber eng ausgelegt, weil der Ex-Monopolist im Bereich der geschlossenen Benutzergruppen nicht der Regulierung unterlag. Die Auslegung war damit in erster Linie regulatorisch veranlasst. Sie unterlag damit stets dem Wandel des Kontexts, in dem das Begriffspaar verwendet wurde.[65] Mit der Novellierung des TKG im Zuge der EU-Kommunikationsrichtlinie aus dem Jahr 2002 erlangte die Verwendung des Begriffs Öffentlichkeit ein unionsrechtliches Gepräge.

Dementsprechend wurde für das TKG vertreten, dass eine von dem Begriffspaar **50** gelöste, eigenständige Definition von *„Öffentlichkeit"* zu erfolgen hat. Aufgrund des Verzichts auf eine normübergreifende gesetzliche **Definition von „Öffentlichkeit"** in § 3 TKG kann und muss eine **normspezifische Auslegung** erfolgen.[66]

Die gesamte zum Anwendungsbereich der Datenschutzbestimmungen des TKG **51** geführte Diskussion über die Definition von „öffentlich zugänglich" und „geschlossene Benutzergruppe"[67] dürfte sich mit Blick auf den Anwendungsvorrang der DS-GVO und den durch Art. 95 DS-GVO nur für öffentlich zugängliche Telekommunikationsdienste geschaffenen „Korridor" zur Anwendung der Datenschutzbestimmungen des TKG (§§ 91 bis 107 TKG)[68] erledigt haben.

4. Inhalt der Verpflichtung und Rechtmäßigkeitstatbestände

Die Regelungen im Abschnitt Datenschutz (Abschnitts 2 des Teils 7) des TKG **52** lassen sich in **zwei Kategorien** einteilen. Die **erste Kategorie** umfasst die Regelungen über die Verarbeitung geschützter Daten, die für die betriebliche Abwicklung des Leistungsangebots erforderlich sind (§§ 91–100 TKG). Sie gestalten das Binnenverhältnis des Diensteanbieters zum Teilnehmer. Die **Regelungen der zweiten Kategorie** entspringen zwar diesem Binnenverhältnis, haben aber auch eine Außenwirkung (§§ 101–107 TKG) wie bspw. die Mitteilung ankommender Verbindungen (§ 101 TKG).[69]

a) Informationspflichten (§ 93 TKG)

Nach § 93 Abs. 1 Satz 1 TKG ist der Teilnehmer über **Art, Umfang, Ort und** **53** **Zweck der Erhebung und Verwendung** der personenbezogenen Daten zu unterrichten. Eine pauschale Information genügt ebensowenig wie eine Unterrichtung **in nicht (allgemein) verständlicher Form.**[70] Der Teilnehmer ist gemäß § 93 Abs. 1 Satz 2 TKG zusätzlich auf seine zulässigen **Wahl- und Gestaltungsmöglichkeiten**

---

[65] Grundlegend und ausführlich: Heun HdB-TelekommR/*Eckhardt*, 2. Aufl. 2007, S. 66.
[66] Heun HdB-TelekommR/*Eckhardt*, 2. Aufl. 2007, S. 66 f.
[67] Grundlegend und ausführlich: Heun HdB-TelekommR/*Eckhardt*, 2. Aufl. 2007, S. 65 ff.
[68] Siehe → oben Rn. 13 ff.
[69] Heun HdB-TelekommR/*Eckhardt*, 2. Aufl. 2007, S. 1481.
[70] Spindler/Schuster/*Eckhardt*, TKG § 93 Rn. 6.

hinzuweisen. Der **Hinweis** muss **bei Vertragsabschluss** erfolgen.[71] Diese Informationspflicht bleibt inhaltlich hinter den Vorgaben der DS-GVO, insbesondere Artt. 13, 14 DS-GVO, zurück, hat aber den Vorzug, sich auf das für die betroffene Person Wesentliche zu beschränken, womit auch die Aufmerksamkeit der betroffenen Person auf das Wesentliche fokussiert wird.

54 § 93 Abs. 2 TKG sieht eine weitergehende **Informationspflicht** vor. Danach „hat der Diensteanbieter in den Fällen, in denen ein besonderes Risiko der Verletzung der Netzsicherheit besteht, die Teilnehmer über dieses Risiko und, wenn das Risiko außerhalb des Anwendungsbereichs der vom Diensteanbieter zu treffenden Maßnahme liegt, über mögliche Abhilfen, einschließlich der für sie voraussichtlich entstehenden Kosten, zu unterrichten."

55 Bis zur TKG-Novelle 2012[72] enthielt § 93 Abs. 3 TKG eine eigenständige Regelung zu **Informationspflichten bei Datenschutzpannen.** Diese Regelung wurde zusammen mit §§ 42a BDSG-alt, 15a TMG im Zuge der sog. BDSG-Novelle II zum 1.9.2009 eingefügt.[73] Im Zuge der TKG-Novelle 2012 wurde sie durch eine Verweisung auf § 109a TKG ersetzt.

56 Die Informationspflichten nach § 93 Abs. 1 TKG sind nur teilweise in der e-Privacy-Richtlinie enthalten.[74] Es wird daher vertreten, dass insbesondere § 93 Abs. 1 TKG von Art. 13, 14 DS-GVO verdrängt wird, sofern nicht die in § 93 Abs. 1 S 1 und 3 TKG enthaltenen Informationen aus Art. 6 Abs. 4, Art. 9 Abs. 1 S. 2 und Art. 12 Abs. 1 der e-Privacy-Richtlinie entnommen werden können.[75] Darüber hinaus widerspricht § 93 TKG auch in Bezug auf die Formalie der Informationspflicht der DS-GVO, sodass auch insoweit die Verdrängung durch Art. 12 Abs. 1 S. 1 und Abs. 5 S. 1 DS-GVO erfolgt. Ebenso legt Art. 12 Abs. 5 S. 1 DS-GVO die Unentgeltlichkeit der Information fest, was in § 93 TKG jedenfalls nicht ausdrücklich geregelt ist.[76] Art. 4 Abs. 2 der e-Privacy-Richtlinie ist in § 93 Abs. 2 TKG nahezu wörtlich umgesetzt.[77] § 93 Abs. 2 TKG bleibt daher anwendbar.[78] § 93 Abs. 3 TKG im Zusammenspiel mit der Begriffsbestimmung in § 3 Nr. 30a TKG (Verletzung des Schutzes personenbezogener Daten) setzt Art. 4 Abs. 4 und Art. 2 lit. e der e-Privacy-Richtlinie um und wird daher nach Maßgabe des Art. 95 DS-GVO nicht verdrängt.[79]

b) Einwilligung (§ 94 TKG)

57 § 94 TKG regelt die **sog. elektronische Einwilligung.** Diese Sonderregelung war unter der Geltung des BDSG-alt entscheidend, da nach BDSG-alt grundsätzlich die Schriftform galt. Mit der Einwilligung im elektronischen Verfahren in **§ 94 TKG** ist nur eine weitere Form der Erklärung der Einwilligung aber **keine eigenständige Einwilligung für das TKG** geregelt.[80]

---

[71] Spindler/Schuster/*Eckhardt*, TKG § 93 Rn. 8.

[72] Gesetz zur Änderung telekommunikationsrechtlicher Regelungen vom 3.5.2012, BGBl. 2012 I Nr. 19 S. 958 ff.

[73] Vertiefend: *Eckhardt/Schmitz*, DuD 2010, 390 ff.

[74] Vgl. Spindler/Schuster/*Eckhardt*, TKG § 93 Rn. 10.

[75] Rossnagel/*Geminn/Richter*, DS-GVO, 2017, S. 280 f.; vgl. *Nebel/Richter*, ZD 2012, 407 (408).

[76] Rossnagel/*Geminn/Richter*, DS-GVO, 2017, S. 280 f.

[77] Vgl. Spindler/Schuster/*Eckhardt*, TKG § 93 Rn. 11.

[78] Rossnagel/*Geminn/Richter*, DS-GVO, 2017, S. 280 f.; vgl. *Nebel/Richter*, ZD 2012, 407 (408).

[79] Rossnagel/*Geminn/Richter*, DS-GVO, 2017, S. 280 f. vgl. Spindler/Schuster/*Eckhardt*, TKG § 93 Rn. 16 f. zum Verhältnis zur e-Privacy-Richtlinie in der Fassung der RL 2009/136/EG.

[80] Heun HdB-TelekommR/*Eckhardt*, 2. Aufl. 2007, S. 1485; Spindler/Schuster/*Eckhardt*, TKG § 94 Rn. 8.

Die **Voraussetzungen sind im Einzelnen in § 94 Nr. 1–4 TKG** festgelegt. Nach 58
§ 94 Nr. 1 TKG muss die Einwilligung bewusst und eindeutig erteilt werden. Ein
zufälliges und unbeabsichtigtes Auslösen muss ausgeschlossen sein. Die in § 94
Nr. 2 TKG vorgesehene Protokollierung soll die Information sicherstellen, wann
und in welchem Umfang elektronisch eingewilligt wurde. Entsprechend dem
Zweck der Protokollierung, das Ob und den Umfang der Einwilligung zu dokumentieren, bedarf es zumindest der Speicherung des Inhalts und des Zeitpunkts der
Einwilligung.[81] Den Inhalt der Einwilligung muss der Betroffene jederzeit abrufen
können (§ 94 Nr. 3 TKG). Dies dient der Transparenz.[82] Nach § 94 Nr. 4 TKG ist
sicherstellen, dass der Betroffene die Einwilligung jederzeit mit Wirkung für die
Zukunft widerrufen kann.

Aus der Bezugnahme der e-Privacy-Richtlinie in Art. 2 lit. f auf Art. 2 lit. h der 59
DSRL ergibt sich kein Formerfordernis für die Einwilligung. § 94 TKG beruht allein auf der deutschen Überlegung, eine Ausnahme von dem in § 4a BDSG konsti-
tuierten Schriftformerfordernis schaffen zu müssen.[83] Die Regelung in § 94 TKG ist
daher nicht Gegenstand **der durch Art. 95 DS-GVO geschaffenen Ausnahme**.[84]

Eine Voraussetzung für eine wirksame Einwilligung ist die Freiwilligkeit. Eine 60
Ausprägung des Freiwilligkeitsprinzips ist das **sog. Kopplungsverbot, das in § 95
Abs. 5 TKG** in Bezug auf Bestandsdaten geregelt ist. Die Erbringung des Telekommunikationsdienstes darf nicht von der Einwilligung des Teilnehmers in eine
Verwendung seiner Daten für andere Zwecke als die Leistungserbringung abhängig
gemacht werden, wenn dem Teilnehmer ein anderer Zugang zu diesen Telekommunikationsdiensten nicht oder nicht in zumutbarer Weise möglich ist. Die Regelung
in § 95 Abs. 5 TKG **beruht nicht auf der e-Privacy-Richtlinie** und wird daher
nicht nach Maßgabe von Art. 95 DS-GVO weiterhin anwendbar sein.[85]

c) Gesetzliche Rechtmäßigkeitstatbestände des TKG

Die telekommunikationsrechtlichen Datenschutzbestimmungen erlauben die für 61
die geschäftsmäßige Erbringung des Telekommunikationsdienstes erforderliche
Erhebung und Verwendung personenbezogener Daten.

aa) Bestandsdaten (§ 95 TKG)

Nach **§ 95 Abs. 1 Satz 1 TKG** ist der Diensteanbieter berechtigt, **Bestandsdaten** 62
in einem für die geschäftsmäßige Erbringung des Telekommunikationsdienstes erforderlichen Umfang zu erheben. Die für die Begründung, inhaltliche Ausgestaltung, Änderung oder Beendigung eines Vertragsverhältnisses über Telekommunikationsdienste erforderlichen Daten (sog. Bestandsdaten, § 3 Nr. 3 TKG) darf er
erheben und verwenden. Dementsprechend sind nur die Daten des Teilnehmers
erfasst, da nur dieser Vertragspartner ist.

Die konkrete Ausgestaltung der Dienstmerkmale sowie die Vertriebsform 63
bestimmen, welche Daten das sind. Eine abschließende Aufzählung der Daten ist
im TKG nicht erfolgt. Die Beurteilung, welche Daten hierfür erforderlich sind, hat
nach verobjektivierten Gesichtspunkten zu erfolgen.[86]

---

81 BerlKommTKG/*Klesczewski*, TKG § 95 Rn. 10; Spindler/Schuster/*Eckhardt*, TKG § 94 Rn. 9.
82 Spindler/Schuster/*Eckhardt*, TKG § 94 Rn. 10.
83 Ebenso Rossnagel/*Geminn/Richter*, DS-GVO, 2017, S. 282.
84 Ebenso Rossnagel/*Geminn/Richter*, DS-GVO, 2017, S. 282; Sydow/*Sydow*, DS-GVO, Einl.,
Rn. 44; *Nebel/Richter*, ZD 2012, 407 (408).
85 Siehe → unten Rn. 70 ff. zu § 95 TKG.
86 Heun HdB-TelekommR/*Eckhardt*, 2. Aufl. 2007, S. 1489.

64 § 95 Abs. 1 Satz 2 TKG legitimiert die Erhebung und Verwendung, insbesondere Übermittlung, von Bestandsdaten zur **Erfüllung eines Vertrages zwischen zwei Diensteanbietern.** Diese Regelung ist beispielsweise bei der Abrechnung von sog. Call-by-Call-Leistungen relevant.[87]

65 Nach § 95 Abs. 4 TKG ist der Diensteanbieter zwar unter dem Vorbehalt der Erforderlichkeit **berechtigt, aber keinesfalls verpflichtet,** die **Vorlage eines amtlichen Ausweises** zur Überprüfung der Angaben zu verlangen. Von einer solchen Erforderlichkeit ist zumindest dann auszugehen, wenn der Diensteanbieter in Vorleistung geht oder dem Diensteanbieter gegenüber Dritten aufgrund eines Verhaltens des Teilnehmers Verpflichtungen entstehen können.[88] In diesem Rahmen ist die Erstellung einer Kopie des amtlichen Ausweises zulässig, die unverzüglich nach der Überprüfung zu vernichten ist (§ 95 Abs. 4, Sätze 3, 4 TKG).

66 Für Bestandsdaten ist in § 95 Abs. 3 TKG eine **eigenständige Löschungspflicht** geregelt. Die Löschung hat danach mit Ablauf des auf die Beendigung folgenden Kalenderjahrs zu erfolgen. Die Regelung weicht damit von dem Grundsatz der Löschung nach Erfüllung des Zwecks der Erhebung und Verwendung ab. Der Grund für diese Regelung ist das Interesse an einem Gleichlauf mit § 111 Abs. 1 Satz 4 TKG im Hinblick auf die Auskunftsregelung nach § 113 TKG.[89]

67 § 95 TKG lässt sich **nur zu einem geringen Teil zurückführen auf die e-Privacy-Richtlinie.**[90] Nur § 95 Abs. 2 S. 2 und 3 TKG beruhen auf Art. 13 der e-Privacy-Richtlinie.[91] Im Übrigen haben die Regelungen des § 95 TKG keine Verankerung in der e-Privacy-Richtlinie.[92] Die Regelung in § 95 Abs. 4 TKG, welche eine Vorlage und Kopie eines amtlichen Ausweises zur Überprüfung der Identität legitimiert und die darin anschließende Vernichtung fordert, fällt nicht in den Anwendungsbereich der DS-GVO. Denn es handelt sich um eine nicht automatisierte und nicht in einem Dateisystem stattfindende Verarbeitung (vgl. Art. 2 Abs. 1 DS-GVO).[93] Sie wird daher nicht durch die DS-GVO verdrängt.

bb) Verkehrsdaten (§§ 96, 97 TKG)

68 In §§ 96 ff. TKG ist die **Verwendung von Verkehrsdaten** geregelt. § 96 TKG regelt die Verwendung zur Leistungserbringung und § 97 TKG zur Abrechnung der Leistungen. § 98 TKG regelt standortbezogene Dienste (sog. Location Based Service), erfasst aber neben Verkehrs- auch Standortdaten. Die weiteren Regelungen sind telekommunikationsspezifischen Umständen geschuldet.

69 § 96 TKG regelt die Erhebung und Verwendung von Verkehrsdaten zum **Herstellen und Aufrechterhalten einer Telekommunikationsverbindung** (vgl. § 96 Abs. 1 S. 1 Nr. 5 TKG).[94] Verkehrsdaten sind die Daten, die bei der Erbringung eines Telekommunikationsdienstes erhoben, verarbeitet oder genutzt werden (§ 3 Nr. 30 TKG). Welche Daten erforderlich sind, bestimmt sich im jeweiligen Einzelfall nach der konkreten Ausgestaltung des Telekommunikationsdiens-

---

[87] BeckTKG-Komm/*Büttgen,* TKG § 95 Rn. 8; Spindler/Schuster/*Eckhardt,* TKG § 95 Rn. 4.

[88] Heun HdB-TelekommR/*Eckhardt,* 2. Aufl. 2007, S. 1490.

[89] Spindler/Schuster/*Eckhardt,* TKG § 95 Rn. 21.

[90] Rossnagel/*Geminn/Richter,* DS-GVO, 2017, S. 283; Spindler/Schuster/*Eckhardt,* TKG § 95 Rn. 1.

[91] Rossnagel/*Geminn/Richter,* DS-GVO, 2017, S. 283 unter Bezugnahme auf Spindler/Schuster/*Eckhardt,* TKG § 95 Rn. 14.

[92] Rossnagel/*Geminn/Richter,* DS-GVO, 2017, S. 283 unter Bezugnahme auf Spindler/Schuster/*Eckhardt,* TKG § 95 Rn. 14 ff.

[93] Rossnagel/*Geminn/Richter,* DS-GVO, 2017, S. 283.

[94] Heun HdB-TelekommR/*Eckhardt,* 2. Aufl. 2007, S. 1491 f.

tes.[95] § 96 Abs. 1 Satz 1 TKG enthält eine nicht enumerative Aufzählung der Daten, die erforderlichenfalls erhoben werden dürfen.[96]

§ 96 Abs. 1 Satz 2 TKG regelt die Verwendung der nach § 96 Abs. 1 Satz 1 TKG **70** erhobenen Daten. Die Verkehrsdaten, die zu keinem der in § 96 Abs. 1 S. 2 TKG genannten Zweck erforderlich sind, sind gemäß § 96 Abs. 1 Satz 3 TKG **unverzüglich nach Beendigung der Verbindung zu löschen.** Die Regelung ist im Kontext von § 97 Abs. 3 TKG zu bewerten.[97]

§ 96 TKG bleibt für Anbieter öffentlich zugänglicher Telekommunikationsdiens- **71** te anwendbar, da er seine Grundlagen in Art. 2 lit. b in Verbindung mit ErwGr. 15 der **e-Privacy-Richtlinie** sowie Art. 6 der e-Privacy-Richtlinie hat.[98] Für nicht öffentlich zugängliche Kommunikationsdienste wird die Regelung hingegen durch die DS-GVO verdrängt.

§ 97 TKG enthält die **Regelungen über die Entgeltermittlung und -ab-** **72** **rechnung.** § 97 Abs. 1 Satz 1 TKG knüpft hierzu an die Verkehrsdaten i. S. d. § 96 Abs. 1 TKG an. Zur Ermittlung und Abrechnung dürfen neben den Verkehrsdaten (§ 97 Abs. 2 Nr. 1 TKG) die weiteren in § 97 Abs. 2 TKG genannten Daten verwendet werden.

Die Verkehrsdaten dürfen **unter dem Vorbehalt der Erforderlichkeit für die** **73** **Entgeltermittlung und -abrechnung** verwendet werden. Die Abs. 2–6 des § 97 TKG konkretisieren die Verarbeitung der Daten. Der Grundsatz ist: Daten, die nicht zur Entgeltberechnung erforderlich sind, sind auch nicht zum Nachweis der Richtigkeit erforderlich.[99]

Durch § 97 Abs. 1 Satz 3 TKG wird es dem Diensteanbieter ermöglicht, mit **74** Dritten **Inkassoverträge** zu schließen. Erfolgt der **Einzug des Entgeltes durch** **Dritte,** legitimiert § 97 Abs. 1 Satz 3 TKG die Übermittlung der in § 97 Abs. 2 TKG genannten Daten unter dem Vorbehalt der Erforderlichkeit hierzu sowie zur Erstellung einer detaillierten Rechnung.[100] Der Datenempfänger ist gemäß § 97 Abs. 1 Satz 4 TKG explizit auf das Fernmeldegeheimnis sowie die Wahrung des Datenschutzes nach §§ 93, 95–97, 99, 100 TKG zu verpflichten.[101]

Trotz der gesetzlichen Zulässigkeitsregelung in § 97 Abs. 1 Satz 3 TKG wurde in **75** der Instanzrechtsprechung vereinzelt eine **Inkassoabtretung** als unwirksam wegen Verstoßes gegen ein gesetzliches Verbot bewertet. Der BGH hat in zwei und der EuGH in einer Grundsatzentscheidung den Rahmen für Inkassozessionen abgesteckt:[102]

Nach der Entscheidung des BGH vom 16.2.2012 ist eine (erste) Abtretung einer **76** Entgeltforderung aus einer Telekommunikationsleistung zulässig, auch wenn dies zur Folge hat, dass dem Zessionar zum Nachweis der Entgeltforderung die Verkehrsdaten übermittelt werden müssen. Auf der Grundlage des nationalen TKG

---

[95] Heun HdB-TelekommR/*Eckhardt*, 2. Aufl. 2007, S. 1491 f.

[96] Heun HdB-TelekommR/*Eckhardt*, 2. Aufl. 2007, S. 1491 f.

[97] Siehe → Rn. 77.

[98] Rossnagel/*Geminn/Richter*, DS-GVO, 2017, S. 284; vgl. Spindler/Schuster/*Eckhardt*, TKG § 96 Rn. 9.

[99] *Eckhardt*, K&R 2006, 293 (295); ebenso *Schmitz*, MMR 2003, 213 (215); *Kühling/Neumann*, K&R 2005, 478 (479).

[100] Mit § 97 Abs. 1 Satz 3 TKG existiert auch die erforderliche Rechtsgrundlage um Forderungen abzutreten, auch wenn das Informationsrecht nach § 402 BGB bestehen bleibt. Denn § 97 Abs. 1 Satz 3 TKG legalisiert gerade diesen Datentransfer (ausführlich und zur Gegenansicht: BerlKommTKG/*Klesczewski*, TKG § 97 Rz. 6). Zu Rechtsproblemen bei der Forderungsabtretung aus TK-Verträgen siehe → auch *Geuer*, ZD 2012, 515 ff.

[101] Heun HdB-TelekommR/*Eckhardt*, 2. Aufl. 2007, S. 1494 f.

[102] Grundlegend: *Koch/Neumann*, RTkom 2001, 226 ff.

liefert der BGH in dieser Entscheidung eine stichhaltige und überzeugende Begründung.[103] Die Frage nach der Vereinbarkeit mit Art. 6 der e-Privacy-Richtlinie legte der BGH dem EuGH zur Entscheidung vor. Mit Urteil vom 22.11.2012, C-119/12, folgte der EuGH der Wertung des BGH und erkannte keinen Verstoß gegen Art. 6 der e-Privacy-Richtlinie. Mit Urteil vom 14.6.2012 erklärte der BGH jedoch eine zweite und jede weitere Abtretung der Forderung für unzulässig.[104] Der BGH begründet dies damit, dass Kettenabtretungen dem Schutzzweck zuwiderliefen, wonach nur ein begrenzter Kreis Kenntnis von den Verkehrsdaten erlangen solle.[105] Diese Auslegung wurde in der Literatur kritisch hinterfragt.[106] Zusammengefasst ist nach dieser **Rechtsprechung des BGH** eine **Abtretung der Forderung zulässig. Eine Weiterabtretung durch den Zessionar ist hingegen unzulässig.**

77 **Höchstspeicherfristen** werden durch § 97 Abs. 3 TKG festgelegt. Aus den Verkehrsdaten nach § 96 Abs. 1 Nr. 1–3 und Nr. 5 TKG sind unverzüglich die für die Entgeltberechnung erforderlichen Daten zu ermitteln. Hiervon ausgenommen sind die in § 96 Abs. 1 Nr. 4 TKG genannten Daten, bei denen der Gesetzgeber wohl davon ausgeht, dass sie stets entgeltrelevant sind.[107] Nach § 97 Abs. 3 Satz 2 TKG dürfen die **zur Entgeltermittlung und -abrechnung erforderlichen Verkehrsdaten** bis zu **sechs Monate nach Versendung der Rechnung gespeichert werden.**

78 § 97 TKG hat seine **Grundlage in Art. 6 der e-Privacy-Richtlinie.**[108] Für die Anbieter öffentlich zugänglicher Kommunikationsdienste bleibt § 97 TKG anwendbar, wohingegen er im Übrigen durch die DS-GVO verdrängt wird (vgl. Art. 6 Abs. 1 lit. b DS-GVO).[109]

cc) Dienst mit Zusatznutzen und Standortdaten (§ 98 TKG)

79 Ein Dienst mit Zusatznutzen ist nach § 3 Nr. 5 TKG jeder Dienst, der die Erhebung und Verwendung von Verkehrsdaten oder Standortdaten in einem Maße erfordert, das über das für die Übermittlung einer Nachricht oder die Entgeltabrechnung dieses Vorgangs erforderliche Maß hinausgeht. In Bezug auf Dienste mit Zusatznutzen hat aufgrund der unterschiedlichen Ausgestaltung eine **Unterscheidung** zu erfolgen zwischen solchen unter **Rückgriff auf Verkehrsdaten, die in § 96 Abs. 3, 4 TKG geregelt sind,** und solchen unter **Rückgriff auf Standortdaten, die in § 98 TKG geregelt sind.** Die mit den Begriffen Verkehrs- und Standortdaten erfassten Daten überschneiden sich. Keiner der beiden Begriffe kann als Oberbegriff verstanden werden.[110]

80 Die Vorgaben nach Artt. 9 und Art. 10 lit. b der **e-Privacy-Richtlinie** werden durch § 98 TKG in Bezug auf den Umgang mit Standortdaten umgesetzt.[111] § 98 TKG ist sprachlich sehr eng hieran angelehnt und ebenfalls in seinem Anwendungsbereich inhaltlich beschränkt (*„in öffentlichen … und öffentlich zugänglichen …"*). Die Regelung kann nach Maßgabe des Art. 95 DS-GVO mit Ausnahme des

---

[103] BGH, Urt. v. 16.2.2012 – III ZR 200/11, ZD 2012, 229ff. Hierzu grundlegend: *Neumann*, CR 2012, 235ff.

[104] BGH, Urt. v. 14.6.2012, III ZR 227/11, ZD 2012, 429ff.

[105] BGH, Urt. v. 14.6.2012, III ZR 227/11, Rz. 16, ZD 2012, 429ff.

[106] Vgl. *Neumann*, CR 2012, 235ff.; Schmitz, ZD 2012, 8ff.

[107] Ebenso: Plath/*Jenny*, BDSG/DS-GVO, TKG § 97 Rn. 4.

[108] BerlKommTKG/*Klesczewski*, TKG § 97 Rn. 2.

[109] Rossnagel/*Geminn/Richter*, DS-GVO, 2017, S. 284.

[110] Heun HdB-TelekommR/*Eckhardt*, 2. Aufl. 2007, S. 1503; *Schütz/Attendorn/König*, Elektronische Kommunikation, 2003, Rz. 271 (insbesondere Abb. 17); *Reimann*, DuD 2004, 421 (423).

[111] Vgl. Spindler/Schuster/*Eckhardt*, TKG § 98 Rn. 5ff.

Schriftformerfordernisses, das nicht auf die e-Privacy-Richtlinie beruht, angewendet werden.[112]

dd) Einzelverbindungsnachweis (§ 99 TKG)

Der Anspruch auf einen Einzelverbindungsnachweis des Teilnehmers ergibt sich 81
aus § 45e TKG. Hierin ist auch dessen Ausgestaltung geregelt. § 99 TKG beschreibt
den Umgang mit den entsprechenden personenbezogenen Daten.

Beiden Regelungen ist gemein, dass ein Einzelverbindungsnachweis nicht rück- 82
wirkend verlangt werden kann, sondern nur für die Zeit nach einem entsprechenden Verlangen (§§ 45e Abs. 1 Satz 1, 99 Abs. 1 Satz 1 TKG). Der Teilnehmer erhält
nach § 99 TKG einen Einzelverbindungsnachweis nur, wenn er einen solchen **im
Vorhinein in Textform verlangt** hat. Nur im Fall von Beanstandungen unter den
Voraussetzungen des § 45i Abs. 1 TKG hat der Teilnehmer einen Anspruch für die
Vergangenheit.

Gegenstand des Einzelverbindungsnachweises sind nach § 99 TKG nur Verbin- 83
dungen, für die der Teilnehmer **entgeltpflichtig** sind.[113] Nach § 99 Abs. 1 Satz 1
Halbs. 2 TKG dürfen dem Teilnehmer auf seinen Wunsch auch die Verkehrsdaten
pauschal abgegoltener Verbindungen mitgeteilt werden.[114]

Der Teilnehmer entscheidet gemäß § 99 Abs. 1 Satz 2 TKG, ob ihm die **Zielruf-** 84
nummern im Einzelverbindungsnachweis **ungekürzt oder um die letzten drei
Ziffern gekürzt** mitgeteilt werden. Eine gesetzliche Vorrangregelung der einen oder
anderen Alternative ist nicht vorgesehen. Der Umfang der Speicherung nach § 97
Abs. 3 TKG wird durch § 99 Abs. 1 Satz 2 TKG nicht verändert. Die Diensteanbieter sind daher nach § 97 Abs. 3 TKG zur Speicherung unabhängig von der durch
den Teilnehmer für den Einzelverbindungsnachweis getroffenen Wahl berechtigt.

Ein **datenschutzrechtliches Problem** besteht insoweit, als der **Nutzer des An-** 85
schlusses nicht stets der Teilnehmer sein muss. Der Ausgleich der Interessen wird
durch § 99 Abs. 1 Sätze 3–6 TKG geschaffen. Danach ist es ausreichend, wenn die
Mitbenutzer im Haushalt sowie in Betrieben und Behörden über die Mitteilung der
Verkehrsdaten an den Teilnehmer informiert werden. Der Teilnehmer muss gegenüber dem Diensteanbieter erklären, dass er dieser Informationspflicht nachgekommen ist und in Bezug auf zukünftige Mitbenutzer unverzüglich nachkommen
wird.[115] Diese Regelung kann datenschutzrechtlich kritisch gesehen werden, da insofern eine datenschutzrechtliche Einwilligung der betroffenen Person durch eine
bloße Mitteilung gegenüber der betroffenen Person und ohne Einflussmöglichkeit
der betroffenen Person ersetzt wird.

§ 99 TKG ist nach Maßgabe des Art. 95 DS-GVO weiterhin anwendbar, da er 86
sich im Rahmen des durch Art. 7 i.V.m. ErwGr 3 der **e-Privacy-Richtlinie** gesteckten Rahmens hält.[116]

ee) Weitere telekommunikationsspezifische Regelungen (§§ 100–107 TKG)

Zwei verschiedene Konstellationen sind in **§ 100 TKG** unter der Überschrift **Stö-** 87
**rung von Telekommunikationsanlagen und Missbrauch von Telekommunika-
tionsdiensten** geregelt: das Erkennen, Eingrenzen und Beseitigen von Störungen
und Fehlern (§ 100 Abs. 1 und 2 TKG) und das Aufdecken und Unterbinden von

---

[112] Rossnagel/*Geminn/Richter*, DS-GVO, 2017, S. 284/285.
[113] Heun HdB-TelekommR/*Eckhardt*, 2. Aufl. 2007, S. 1500.
[114] Vgl. auch BT-Drs. 15/2316, S. 90.
[115] Heun HdB-TelekommR/*Eckhardt*, 2. Aufl. 2007, S. 1501.
[116] Rossnagel/*Geminn/Richter*, DS-GVO, 2017, S. 285/286.

Leistungserschleichungen und sonstigen rechtswidrigen Inanspruchnahmen (§ 100 Abs. 3 und 4 TKG).

88   § 100 Abs. 1 und Abs. 3 TKG setzen die Vorgaben aus Art. 6 Abs. 5 und Art. 15 Abs. 1 der e-Privacy-Richtlinie um. Sie regeln die **Verwendung von Verkehrsdaten zur Störungsbeseitigung bzw. zur Betrugserkennung.** Sie sind daher nach Maßgabe des Art. 95 DS-GVO weiterhin anwendbar.[117] § 100 Abs. 2 TKG ist ebenfalls weiterhin anwendbar. Er fällt nämlich nicht in den Anwendungsbereich der DS-GVO. Denn die DS-GVO ist gemäß Art. 2 Abs. 2 DS-GVO nicht anwendbar, wenn es sich nicht um eine automatisierte Verarbeitung handelt, wovon bei einem rein akustischen Mithören – also einem sogenannten Aufschalten – auszugehen ist.[118]

89   § 101 TKG regelt das **Mitteilen ankommender Verbindungen** (früher sog. **Fangschaltungsverfahren).** Nach einem nach Maßgabe des § 101 Abs. 1 TKG begründeten Antrag des Anschlussinhabers darf sein Diensteanbieter Daten über die Anrufer dieses Anschlusses erheben, verwenden und dem Antragsteller mitteilen. Das Ziel ist es, den Störer zu identifizieren. Die störende Verbindung hat der Antragsteller so einzugrenzen, dass bestenfalls nur eine Auskunft – und zwar über den Störer - erfolgen muss. Eine **umfassende Auskunft darf hingegen nicht erfolgen.**[119] Die Vorgabe des Art. 10 lit. a der e-Privacy-Richtlinie wird in § 101 TKG umgesetzt,[120] womit die durch § 101 TKG geregelte Aufhebung der Unterdrückung der Rufnummeranzeige nach Maßgabe des Art. 95 DS-GVO anwendbar bleibt.[121]

90   In § 102 TKG ist die **Rufnummeranzeige und -unterdrückung** geregelt. In § 103 TKG ist die **automatische Anrufweiterschaltung** geregelt. Beide sind weiterhin nach Maßgabe des Art. 95 DS-GVO anwendbar. Denn sie fußen auf Artt. 8, 13 bzw. Art. 23 der e-Privacy-Richtlinie.[122]

91   § 104 TKG regelt die Erstellung von Teilnehmerverzeichnissen und § 105 die Auskunftserteilung. § 104 Abs. 1 S. 1 TKG regelt den Grundsatz. Danach ist eine **Eintragung in Teilnehmerverzeichnisse** nur zulässig, wenn und soweit der Teilnehmer dies beantragt hat. § 104 TKG sichert dem Teilnehmer verschiedene Gestaltungsmöglichkeiten seines Eintrags unter datenschutzrechtlichen Gesichtspunkten. Gegenstand der **Auskunftserteilung** sind die in Teilnehmerverzeichnissen enthaltenen Informationen **(§ 105 Abs. 1 TKG).** Hierdurch erfolgt eine Anbindung an das Bestimmungsrecht nach § 104 TKG. Eine über § 104 TKG hinausgehende Information darf auch im Wege der Auskunft nicht entgegen der durch den Teilnehmer bezüglich des Teilnehmerverzeichnisses getroffenen Entscheidung erteilt werden. Die Zulässigkeit der **sog. Inverse-Auskunft** – also eine Auskunft von der Rufnummer ausgehend - ist in § 105 Abs. 3 TKG geregelt und im Rahmen der Telefonauskunft zulässig, sofern der Teilnehmer in ein Teilnehmerverzeichnis eingetragen ist, und er nach einem Hinweis auf die Möglichkeit zum Widerspruch gegen die Inverse-Auskunft nicht widersprochen hat.[123] §§ 104, 105 TKG bleiben nach Maßgabe des Art. 95 DS-GVO anwendbar, da sie die Vorgaben des Art. 12 der e-Privacy-Richtlinie umsetzen.[124]

---

[117] Rossnagel/*Geminn/Richter,* DS-GVO, 2017, S. 286.
[118] Rossnagel/*Geminn/Richter,* DS-GVO, 2017, S. 286.
[119] Heun HdB-TelekommR/*Eckhardt,* 2. Aufl. 2007, S. 1511.
[120] Plath/*Jenny,* BDSG/DS-GVO, TKG § 101 Rn. 1.
[121] Rossnagel/*Geminn/Richter,* DS-GVO, 2017, S. 286.
[122] Rossnagel/*Geminn/Richter,* DS-GVO, 2017, S. 286/287.
[123] Im Referentenentwurf zum TKG 2004 war sie noch verboten und im Entwurf zum TKG v. 15.10.2003 nur mit Einwilligung zulässig (*Eckhardt,* CR 2003, 805 (811)).
[124] Rossnagel/*Geminn/Richter,* DS-GVO, 2017, S. 287.

§ 107 TKG regelt die datenschutzrechtlichen **Mindestvoraussetzungen** für sog. 92
Nachrichtenübermittlungssysteme mit Zwischenspeicherung. Als solche kommen
beispielsweise Mailbox- bzw. Mobilbox-Angebote, Anrufbeantworter im Netz
(Voice-Mail-Dienste) sowie der Short Message Service (SMS) in Betracht.[125] Auch
§ 107 TKG wird nach Maßgabe des Art. 95 DS-GVO als Umsetzung von Art. 5
Abs. 1 der e-Privacy-Richtlinie anwendbar bleiben.[126]

*ff) Technische Schutzmaßnahmen und Daten- und Informationssicherheit (§§ 109,
109a TKG)*

Die Technischen Schutzmaßnahmen (§ 109 TKG) und Daten- und Informations- 93
sicherheit (§ 109a TKG) sind trotz ihrer thematischen Verbundenheit nicht im Abschnitt Datenschutz sondern im **Abschnitt Öffentliche Sicherheit** (beide in Abschnitt 3 des 7. Teils des TKG) geregelt.

Der Kreis der Verpflichteten ist im Abschnitt Öffentliche Sicherheit abweichend 94
vom Abschnitt Datenschutz geregelt und stellt nicht auf das geschäftsmäßige
Erbringen von Telekommunikationsdiensten bzw. den Diensteanbieter ab.[127] Ebenso wenig haben alle Normen des Abschnitts Öffentliche Sicherheit denselben persönlichen Anwendungsbereich.

§ 109 TKG ist das telekommunikationsrechtliche Gegenstück zu Art. 32 DS- 95
GVO, wenngleich die inhaltlichen Unterschiede grundlegend sind. § 109a TKG ist
das telekommunikationsrechtliche Gegenstück zu Artt. 33, 34 DS-GVO und
knüpft im Kern ebenfalls an die Verletzung des Schutzes personenbezogener Daten
an.

Die Parallelitäten von § 109 TKG zu Art. 32 DS-GVO sind offensichtlich. 96
Gemin/Richter weisen darauf hin, dass § 109 Abs. 2 TKG als Umsetzung von Art. 5
Abs. 1 der **e-Privacy-Richtlinie** angesehen werden kann, obgleich dieser unions-
rechtliche Bezug im Gesetzgebungsverfahren nicht gesehen wurde.[128] Die in § 109
TKG geregelte Sicherstellung des Fernmeldegeheimnisses kann auch als Aufgabe im
öffentlichen Interesse verstanden werden, womit die Vorgabe in § 109 Abs. 1 S. 1
TKG, welche „sonstige Maßnahmen" regelt, nach Art. 6 Abs. 2 DS-GVO weiter
angewendet werden könnte. Art. 32 DS-GVO verdrängt hingegen § 109 Abs. 1 S. 1
Nr. 2 TKG, da Art. 32 DS-GVO insoweit konkretere Maßnahmen vorsieht.[129] Dasselbe ist für die Durchsetzungsvorschriften in Bezug auf § 109 Abs. 1 TKG in den
Abs. 4–8 des § 109 TKG anzunehmen.[130]

Die Zielrichtung des § 109 Abs. 2 TKG ist die **Aufrechterhaltung der Funk-** 97
tionsfähigkeit der Netze und Dienste. Damit ist er weiterhin anwendbar, weil er
nicht in den Anwendungsbereich der DS-GVO fällt.[131] Obgleich § 109 Abs. 2 S. 4
TKG auf § 11 BDSG-Alt Bezug nimmt, ändert dies nichts an der Fortgeltung der
Regelung. Denn dadurch wird nur klargestellt, dass sich an der Pflichtenstellung
durch die Einschaltung eines Dritten als Dienstleister nichts ändert.[132]

---

[125] BerlKommTKG/*Klesczewski,* TKG § 107 Rz. 3; Beck TKG-Komm/*Braun,* § 107 Rz. 2.
[126] Rossnagel/*Geminn/Richter,* DS-GVO, 2017, S. 288.
[127] Siehe → Rn. 46 ff.
[128] Rossnagel/*Geminn/Richter,* DS-GVO, 2017, S. 288 unter Bezugnahme auf BT-Drs. 15/2316,
S. 91 f.
[129] Rossnagel/*Geminn/Richter,* DS-GVO, 2017, S. 288.
[130] Rossnagel/*Geminn/Richter,* DS-GVO, 2017, S. 288.
[131] Rossnagel/*Geminn/Richter,* DS-GVO, 2017, S. 289 unter Bezugnahme auf Beck
TKG-Komm/*Eckhardt,* TKG § 109 Rn. 41; vgl. auch Beck TKG-Komm/*Eckhardt,* TKG § 109
Rn. 4.
[132] Ebenso Rossnagel/*Geminn/Richter,* DS-GVO, 2017, S. 289.

98   Art. 4 Abs. 3 und 4 der **e-Privacy-Richtlinie** werden in § 109a TKG umgesetzt, weshalb die Regelung nach Maßgabe des Art. 95 DS-GVO anwendbar bleibt.[133]

II. Schutz des Fernmeldegeheimnisses (§§ 88–90 TKG)

99   Die Vorschriften der §§ 88–90 TKG konkretisieren das aus Artikel 10 Abs. 1 GG abgeleitete **Fernmeldegeheimnis.** Sie sind nicht Bestandteil des mit „Datenschutz" überschriebenen Abschnitts 2 des TKG, sondern in Abschnitt 1 des 7. Teils des TKG geregelt.

100   Der Begriff „Telekommunikation" bestimmt den Schutzbereich des Fernmeldegeheimnisses nach § 88 Abs. 1 TKG. **Telekommunikation** ist nach § 3 Nr. 22 TKG der technische Vorgang des Aussendens, Übermittelns und Empfangens von Signalen mittels Telekommunikationsanlagen. Als **Telekommunikationsanlage** definiert § 3 Nr. 23 TKG technische Einrichtungen oder Systeme, die als Nachrichten identifizierbare elektromagnetische oder optische Signale senden, übertragen, vermitteln, empfangen, steuern oder kontrollieren können. Der Schutz des Fernmeldegeheimnisses ist damit umfassend. Er ist insbesondere nicht auf Sprachtelefondienste beschränkt.

101   **Zweck des Fernmeldegeheimnisses** ist es, die Kommunizierenden so zu stellen, wie sie ohne Inanspruchnahme der Kommunikationstechnologie, also bei unmittelbarer Kommunikation in beiderseitiger Gegenwart, stünden.[134] Geschützt sind der **Inhalt und die näheren Umstände der Telekommunikation, nicht aber die sog. Bestandsdaten.**[135] Der Schutz zielt auf die technikspezifischen Risiken der unbemerkten Kenntnisnahme der Inhalte oder der näheren Umstände ab. Der Schutzbereich des Art. 10 Abs. 1 Var. 3 GG beginnt dort, wo zumindest die Tatsache eines Kommunikationsvorgangs registriert wird.[136] Diese Festlegung ist **entscheidend für die Auslegung des Schutzbereichs.**

102   Nach § 88 Abs. 2 TKG ist jeder **Diensteanbieter**[137] zum Schutz verpflichtet. Der **persönliche Schutzbereich** ist in § 88 TKG nicht ausdrücklich festgelegt. Aus § 88 Abs. 1 Satz 1 TKG ergibt sich jedoch, dass jeder Kommunikationsbeteiligte geschützt ist. Geschützt sind **natürliche und auch juristische Personen sowie Personengesellschaften,** soweit sie mit der Fähigkeit ausgestattet ist, Rechte zu erwerben oder Verbindlichkeiten einzugehen. Beteiligter ist sowohl der **Anrufende als auch der Angerufene.**

103   Obgleich durch den Schutz durch Art. 10 Abs. 1 GG als lex specialis das Recht auf Informationelle Selbstbestimmung verdrängt wird,[138] sind die Regelungen damit nicht *per se* dem Anwendungsvorrang der DS-GVO entzogen. Inhaltlich sind sie nämlich zumindest auch mit dem Schutz personenbezogener Daten befasst.[139] Der **Anwendungsvorrang der DS-GVO** kann daher bestehen, soweit nicht ein Schutz außerhalb des Anwendungsbereichs der DS-GVO vermittelt wird. Dies ist insbesondere für juristische Personen und nicht automatisierte Verarbeitungen ohne

---

[133] Ebenso Rossnagel/*Geminn/Richter,* DS-GVO, 2017, S. 289 unter Bezugnahme auf Beck TKG-Komm/*Eckhardt,* TKG § 109a Rn. 4.

[134] BVerfG, Urt. v. 14.7.1999 – 1 BvR 2226/94 u. a., NJW 2000, 55.

[135] BVerfG, Beschl. v. 24.1.2012 – 1 BvR 1299/05, Rz. 113, MMR 2012, 410 mit Anmerk. Meinicke; vgl. BVerfG, Urt. v. 2.3.2010 – 1 BvR 256/08 u. a., NJW 2010, 833.

[136] St. Rspr. BVerfG, Urt. v. 12.3.2003 – 1 BvR 330/96 u. a., NJW 2003, 1787 (1789 m. w. N.).

[137] Siehe → oben Rn. 44 ff.

[138] Mauntz/Dürig/*Durner,* GG Art. 10 Rn. 209.

[139] Ebenso: Rossnagel/*Geminn/Richter,* DS-GVO, 2017, S. 279 unter Bezugnahme auf Beck TKG-Komm/*Bock,* TKG § 88 Rn. 11.

Speicherung in Dateisystemen der Fall. Ebenso für Regelungen die der Umsetzung der e-Privacy-Richtlinie dienen (Art. 95 DS-GVO).[140]

Durch Art. 5 Abs. 1 S. 1 der **e-Privacy-Richtlinie** sind die Mitgliedsstaaten verpflichtet worden, die Vertraulichkeit der Nachrichten und der damit verbundenen Verkehrsdaten durch nationale gesetzliche Regelungen sicherzustellen, sofern die Nachrichten in öffentlichen Telekommunikationsnetzen mit öffentlich zugänglichen Telekommunikationsdiensten übertragen werden. Insoweit lässt sich darauf abstellen, dass § 88 Abs. 1 TKG das allgemeine Gebot der Vertraulichkeit des Art. 5 der **e-Privacy-Richtlinie** umsetzt.[141]   **104**

Der Anwendungsbereich des § 88 Abs. 2 TKG geht allerdings **über den durch Art. 95 DS-GVO geschaffenen „Korridor" für nationale Regelungen hinaus,** indem der Anwendungsbereich nicht auf öffentlich zugängliche Telekommunikationsdienste beschränkt ist.[142] Insofern bleibt die Vorgabe des § 88 TKG für die Anbieter im Sinne von Art. 95 DS-GVO – also für die Erbringung öffentlich zugänglicher Kommunikationsdienste – bestehen. Für den hierüber hinaus gehenden Anwendungsbereich wird die Regelung in § 88 Abs. 2 TKG durch den Anwendungsvorrang der DS-GVO verdrängt.   **105**

D. Datenschutz in den Telemedien

Im Anwendungsbereich des TMG sind in §§ 11 ff. TMG spezielle Datenschutzbestimmungen vorgesehen. Wie oben unter → Rn. 21 ff. dargelegt, werden diese durch den Anwendungsvorrang der DS-GVO verdrängt.[143]   **106**

---

[140] Ebenso: Rossnagel/*Geminn/Richter*, DS-GVO, 2017, S. 279 unter Bezugnahme auf Beck TKG-Komm/*Bock*, TKG § 88 Rn. 11.

[141] Rossnagel/*Geminn/Richter*, DS-GVO, 2017, S. 280.

[142] Ebenso Rossnagel/*Geminn/Richter*, DS-GVO, 2017, S. 280.

[143] Ebenso: Konferenz der unabhängigen Datenschutzbehörden des Bundes und der Länder, 26.4.2018, zur Anwendbarkeit des TMG für nicht-öffentliche Stellen ab den 25.5.2018.

Sachverzeichnis

Fette Zahlen bezeichnen die Paragraphen, magere Zahlen die Randnummer;
Hauptfundstellen sind kursiv gedruckt.